舟山市
浙江舟山群岛新区

- 全国文明城市
- 全国双拥模范城
- 中国优秀旅游城市
- 全球海岛旅游目的地
- 全国首批AAAAA级景区（普陀山）
- 中国海鲜之都
- 中国渔都
- 海上花园城市
- 国家森林城市
- 国家园林城市
- 国家环境保护模范城市
- 全国绿化模范城市
- 全国社会治安综合治理优秀城市，中国最具安全感十大城市之一
- 海洋综合开发试验区
- 舟山港综合保税区
- 江海联运服务中心
- 波音公司737完工和交付中心
- 绿色石化基地
- 自由贸易试验区

舟山年鉴

《舟山年鉴》(2021)编纂委员会暨编辑部人员名单

《舟山年鉴》编辑部

12 月 30 日，省长郑栅洁（右）在舟山调研。图为郑栅洁到定海区社会矛盾纠纷调处化解中心接访
（沈磊 / 摄）

1 月 2 日，省委常委、组织部部长黄建发（前左二）到舟山远洋渔业基地调研 （沈磊 / 摄）

1 月 29 日(正月初五)晚,甬舟高速金塘服务区,医务人员正在测量司机体温　　(姚凯乐 / 摄)

1 月 31 日,女辅警乐丹维在金塘检查站举牌劝导群众配合防疫检查　　(陈炳群 / 摄)

2 月 25 日晚，舟山体育馆停车场，一位随父母从安徽阜阳抵达舟山的小女孩坐在行李箱上

（姚凯乐 / 摄）

4 月 12 日，舟山第三批援鄂医疗队回到舟山，至此援鄂人员全部安全返回舟山　（陈永建 / 摄）

12 月 22 日，甬舟铁路开工仪式在定海区册子岛举行　　（陈炳群 / 摄）

普陀山观音法界　　（陈博闻 / 摄）

建设中的舟岱大桥　（邵明军／摄）

7 月 17 日，满载 30 万吨原油的“阿奎拉”号油轮靠泊黄泽山石油储运基地 1 号泊位　（方佳／摄）

定海册子岛原油码头　　（邵明军／摄）

远洋渔业基地　　（邵明军／摄）

岱山港口夜景 （符鸿雁／摄）

六横深蓝小镇 （葛恩嘉／摄）

沈家门渔港夜景 （黄竞奋／摄）

嵊泗枸杞岛 （张磊／摄）

编辑说明

一、《舟山年鉴(2021)》以马克思列宁主义、毛泽东思想、邓小平理论、"三个代表"重要思想、科学发展观、习近平新时代中国特色社会主义思想为指导，坚持辩证唯物主义和历史唯物主义的立场、观点和方法，全面记载2020年舟山人民在舟山市委、市政府和浙江舟山群岛新区党工委、管委会领导下，面对复杂的宏观环境和新区建设繁重任务，克服新冠肺炎疫情带来的影响，贯彻中央"六稳""六保"方针，加快复工复产，稳定发展，加强文明城市建设，协调发展各项社会事业，不断完善民生建设，全面推进浙江舟山群岛新区建设的新动态、新事物、新成就。

二、《舟山年鉴》是集资料、信息、知识为一体的大型年度资料性文献。旨在全面、系统、真实地记载舟山市政治、经济、文化、社会的基本面貌和发展状况，为各级领导资政决策提供依据，为社会各界了解舟山提供信息，为研究市情和编修综合志书积累资料；既服务当代，又为后人提供存史和借鉴。

三、《舟山年鉴(2021)》采用分类法编辑，设类目、分目、条目三个层次。全书41个类目，分别为特载、专记、市情综述、大事记、中共舟山市委员会(新区党工委、管委会)、舟山市人大常委会、舟山市人民政府、政协舟山市委员会、中共舟山市纪律检查委员会(舟山市监察委员会)、新任市级领导简介、市(新区)直属机关及县(区)负责人名录、民主党派和工商联、群众团体、法治、军事、海洋与渔业、农业、工业、商贸、城乡建设与城市管理、经济开发与产业集聚、水利水务、自然资源和规划、生态环境、交通、港航与口岸、邮政快递、无线电管理·通信、金融、经济管理、教育、科技与气象工作、文化广电旅游体育、新闻媒体、卫生与健康、人力资源和社会保障、民政、社会生活、县(区)综情、先进集体与先进人物、逝世人物。设分目324个、条目1752个；引用图表83张，彩色图照254帧。

四、编纂体例

1．记述时限，从2020年1月1日至12月31日止。特载选用当年文件、报告，以更突出年鉴时效性。部分跨年事件，为说明事物因果，适当追溯历史。

2．记述范围，以2020年行政区划为界，以市区为重点，兼顾各县，并按事物分类法作城乡一体记述。

3．记述体例，采用记、述、图、表、录等形式，除特载、专记外，一般采用记叙体，力求结构严谨、文风朴实、语言简洁。

4．本年鉴所用数据，以统计部门提供为准；统计部门没有的，则以职能部门提供为准。

5．文中标点、称谓、数字、纪年、计量单位等，按国家标准《标点符号用法》（GB/T 15834—2011）、《出版物上数字用法》（GB/T 15835—2011）、《国际单位制及其应用》（GB 3100—93）、《有关量、单位和符号的一般原则》（GB 3101—93）等书写。

6．文中有关“是年”“全年”“一年来”等记述，及未作说明的年份，均指2020年。

特　载

专　记

市情综述

大事记

中共舟山市委员会(新区党工委、管委会)

舟山市人大常委会

舟山市人民政府

政协舟山市委员会

中共舟山市纪律检查委员会（舟山市监察委员会）

新任市级领导简介

市(新区)直属机关及县(区)负责人名录

民主党派和工商联

群众团体

法　治

军　事

海洋与渔业

农　业

工　业

商　贸

城乡建设与城市管理

经济开发与产业集聚

水利水务

自然资源和规划

生态环境

交　通

港航与口岸

邮政快递

无线电管理·通信

金 融

经济管理

教　育

科技与气象工作

文化广电旅游体育

新闻媒体

卫生与健康

人力资源和社会保障

民　政

社会生活

县（区）综情

先进集体与先进人物

逝世人物

索　引

Contents

Special Reports

Monographs

General Survey of Zhoushan

Events

Zhoushan Municipal Party Committee of the CPC(Working Committee of the CPC and Management Committee of Zhoushan Archipelago New Area)

Standing Committee of Zhoushan Municipal People´s Congress

Zhoushan Municipal Government

Zhoushan Municipal Committee of the Chinese People´s Political Consultative Conference

Commission for Discipline Inspection of Zhoushan Municipal Party Committee of the CPC (Zhoushan Supervisory Commission)

Brief Introduction to the New Municipal Leaders

Leaders of Zhoushan Archipelago New Area and the Municipal Institutions, Departments and Counties

Democratic Parties and Federation of Industry and Commerce

Mass Organizations

Rule of Law

Military Affairs

Ocean and Fishery

Agriculture

Industry

Commerce and Trade

Constructions of Urban and Rural Areas · City Administration

Economic Development and Industry Cluster

Water Conservancy and Water Business

Natural Resources and Planning

Ecological Environment

Transportation

Harbor and Shipping · Port

Postal Service

Radio Management and Telecommunications

Banking

Economic Administration

Education

Technology and Meteorology

Culture, Broadcasting and TV, Tourism and Sports

News Media

Hygiene and Health

Human Resource and Social Security

Civil Affairs

Social Life

General Remarks about the Districts and Counties

Advanced Groups and Figures

The Deceased

Index

建设现代化海上花园城市　创造新时代舟山发展新奇迹

——新华网专访舟山市委书记俞东来

（2021 年 1 月）

新华网：刚刚过去的“十三五”，舟山经济社会取得了极大发展，舟山近年来的主要发展成绩有哪些？

“十三五”期间，舟山市全力打好“五大会战”、建设“四个舟山”，“十三五”规划主要目标任务顺利完成。特别是过去一年，舟山市统筹推进疫情防控和经济社会发展取得重大阶段性胜利，在浙江省率先实现疫情图、复工图“双绿色”，顶住了海上疫情输入的巨大压力，经受住了大战大考的考验，推动高水平全面建成小康社会取得决定性成就。

经济呈现逆势飞扬新气象。全市地区生产总值过去五年年均增长 9.2%，其中去年增长 12%，增速均位居全省第一。人均生产总值、城乡居民收入均衡度均位居全省前列。

干成了一批大事要事。甬舟铁路顺利开工，筹建速度创国内同类项目最快。国内规模首屈一指的绿色石化基地建设创造了鱼山速度，项目一期已全面达产稳产，二期正在加快建设。成功获评全国文明城市，城市面貌“一年一个样、五年大变样”。

自贸试验区建设持续推进。制度创新成果数量位居第三批自贸试验区前列，油气全产业链初具规模。

民生福祉不断改善，社会保持和谐稳定。连续 15 年蝉联省“平安市”，捧回全国综治领域最高奖“长安杯”，第 8 次荣获“全国双拥模范城”。

新华网：2021 年舟山市推动经济高质量发展有哪些举措？

2021 年舟山市经济发展主要预期目标为：地区生产总值增长 10%，规上工业增加值增长 20%，固定资产投资增长 5%，实际利用外资增长 25%，研发经费投入强度增至 1.8%。主要是抓好五项工作：

一要坚持把项目作为生命线工程。集中力量、集聚资源，大抓项目、抓大项目好项目，全力推进重大产业项目建设，包括一批省市重点项目、省“六个千亿”产业项目、“两新一重”项目和省市县长工程项目。牢牢盯住“三百工程”，就是要出让或盘活产业用地 100 宗，开工产业项目 100 个，竣工投产 100 个。

二要以超常规力度、超常规举措抓“双招双引”。坚持“一把手”抓招商，发挥县（区）和平台主力军作用，强化驻外招商，瞄准央企、外企、民企精准招商，力争引进落地 100 亿元以上 1 个、50

亿元以上2个、20亿元以上8个、1亿元以上项目100个。加大数字经济和智能制造领域的引资引智力度,千方百计吸引城市人口集聚,提高城市人力资源净流入,争取引进落户“5313”企业20家以上,创新人才(团队)10个,高校毕业生1.6万人。

三要打造具有国际竞争力的现代产业。坚持主导产业提升与新兴产业培育“两翼齐飞”,大力提高产业链供应链现代化水平,打造海洋经济强市。一方面,要发展绿色石化和船舶海工、海洋生物、海洋电子信息、现代渔业“1+4”标志性产业,推动绿色石化产业规模倍增,建设世界级炼化一体化和新材料产业基地、海洋特色制造业强市、中国远洋渔业第一市。另一方面,要加快培育新能源、生命健康、高端装备、现代航空、新一代信息技术等战略性新兴产业,构筑未来产业优势。

四要建设区域性海洋科技创新高地。坚持科技创新在高质量发展中的核心地位,实施科技新政,构建全域创新体系,打造石化新材料、海洋电子信息、海洋生物、海洋智能装备四大区域性产业创新高地。要建成国家高新区,建设东海实验室,面向经济主战场,打好关键技术攻坚战,发挥企业创新主体作用,推动专精特新、高新技术企业和科技型中小企业成为产业创新策源地。持续升级人才政策,建设高端海洋科技人才港。

五要以数字化改革撬动各方面改革。以数字化改革为引领,打造一流营商环境。研究制定数字化改革行动方案,发挥党政机关数字化转型示范作用,统筹各领域数字化转型。建立全市营商环境智控指数,探索数字贸易标准规则,推进营商环境集成改革。高质量建设数字口岸,提升国际贸易“单一窗口”功能,推动国际海事服务智慧通关升级,拓展海上无感智慧监管应用,打造船舶通关效率最高的口岸。深化“证照分离”改革,推动企业项目投资高效审批,低风险小型项目全流程审批最多20天。

新华网:自贸试验区建设是畅通国际国内双循环、加快构建新发展格局的重要一环,舟山是浙江自贸实验区的主战场,请问下一步在这方面有哪些举措?

浙江自贸试验区自2017年4月挂牌以来,经过3年多探索实践,走出了一条有别于其他自贸试验区、“无中生油”的创新发展之路,顺利完成了第一阶段3年改革试点任务。主要有三方面成效:

一是改革创新走在全国自贸区前列。累计形成特色制度创新成果123项,其中全国首创58项。去年3月获批国务院支持油气全产业链开放发展26条措施,成为第三批自贸试验区中唯一单独获得国家赋权的自贸试验区。

二是油气全产业链初具规模。集聚油气企业7600多家,成为全国油气企业最集聚的地区。舟山港区成为全球第八、全国第一大加油港。去年油品交易额达5300亿元,原油加工2300余万吨,油品储存能力达3230万方,跨境人民币结算突破1000亿元。

三是大宗商品全球资源配置能力明显提升。2020年港口货物吞吐量达5.71亿吨,油气、铁矿石吞吐量均占全国10%左右。江海联运量达2.56亿吨,占长江干线江海联运量约16%。加快布局建设海上LNG登陆中心,规模总量占全国22.5%。

下一步,我们将着眼新发展阶段、新发展格局,以赋权、扩区为新契机,对标新加坡、迪拜等国际一流自由贸易港,优化营商环境,加快建设“一中心三基地一示范区”,打造链接国内国际油气全产业链的战略节点,充分发挥好舟山在链接双循环中的战略枢纽作用。重点做好三方面工作:

一是推动油气全产业链深化改革开放。高质量落地国务院赋权26条措施,对标国际最高标准,深化油气体制改革,争创国家自由贸易港。

二是打造以油气为核心的大宗商品资源配置基地。加快推进一批重大项目,推动油气产业延链、补链、强链。推进绿色石化基地二期全面投产、三期规划报批工作。建设LNG接收中心,探索打造氢能海上供应链。做大油气贸易,建设国际油气贸易中心、区域能源贸易消费结算中心,形成外贸竞争新优势。

三是加强联动发展。充分发挥资源和产业互补优势,推动与杭州、宁波、金义片区联动发展,共同推进浙江自贸试验区实现新一轮高质量发展。推动浙沪自贸试验区联动发展,研究谋划自贸试验区一体化协作的新机制,协同推进海陆统筹、高度开放的自贸试验区建设。深化与上期所合作,建设大宗商品期现一体化交易市场。

新华网：舟山地处海岛，既是交通末梢，又是开放前沿，今后一个时期，如何扬长补短，更好融入长三角一体化？

舟山是长三角中心区27个城市之一，是上海大都市圈“1+8”城市之一，也是浙江成为长三角世界级城市群一体化发展“金南翼”的“海上明珠”。我们要以交通为先行官、突破口，更好地发挥自身独特的区位、资源、产业和开放优势，在长三角一体化的大舞台上扮演好重要的开放高地、港口枢纽、海洋产业基地、海上花园城市等角色。

一是坚持打好综合交通大会战。把甬舟铁路作为改变舟山交通格局的龙头项目，举全市之力推进，仅用3年8个月就完成全部前期工作，去年年底项目正式开工，项目建成后将使舟山的交通格局发生革命性的改变，补齐浙江“市市通高铁”最后一块“拼图”，舟山将全面融入长三角2小时交通圈。此外，我们在过去几年还建成了一批跨海大桥、全市第一条快速路以及全长47公里的滨海大道，全长16.3公里的舟岱跨海大桥将于今年建成，届时岱山也将成为半岛。我们还在谋划沪舟甬跨海大通道，这条通道已经列入长三角一体化规划纲要，争取早日提上日程。

二是加强重点区域合作。一方面，积极接轨上海，推进浙沪共同开发洋山区域，加快建设小洋山北侧集装箱支线码头等项目，深化大洋山整体开发研究。协同发展国际海事服务业务，提升国际航运服务功能，共同建设世界级港口群。另一方面，建设甬舟一体化合作先行区，加快推进甬舟“六个一体化”，合力推进港航设施、制造业、新能源、新材料基地等建设，与宁波共建全球海洋中心城市，全力推进宁波舟山港建设世界一流强港。

三是发挥通江达海优势，做强江海联运服务。全方位扩大对内对外合作，积极融入“一带一路”，高水平建设舟山江海联运服务中心，完善江海联运合作机制和信息平台，与长江沿岸主要城市建立“港船货”联盟，打造陆海统筹、双向开放的江海联运综合港航枢纽。加强与长三角城市在规划、平台、产业、基础设施、科技创新、公共服务等方面的对接协同，实施自贸联动、港航协同、产业提质、创新引智、民生共享、环境提升六大合作行动，全面融入长三角。

新华网：舟山这次成功获评了全国文明城市，城市面貌发生了哪些显著变化，下一步在这方面还有哪些考虑？

经过全市上下3年不懈努力，舟山以优异成绩进入全国文明城市行列，这是舟山城市发展史上具有重要意义的大事喜事。我们在创城工作中强化“以人民为中心、让生活更美好”的宗旨理念，广大人民群众共建共享美好家园，舟山城市面貌有了根本性改观，城乡环境有了革命性变化，城市形象和市民素质得到极大提升，海上花园城市初展英姿，呈现出“不一样”的气质。

坚持创建为民、创建惠民。通过创城办好了一大批群众所急所需所盼的事情，全市人民的归属感、认同感和幸福感显著增强。累计完成城中村改造52个、拆迁2.2万户；改造老旧小区1838幢，惠及群众3.9万户；小区物业管理覆盖面上升到90%。新建及改造农贸市场117家、公园37座、运动场25个、公厕456个。

推动市容面貌焕然一新。强力推进城乡环境综合整治大会战，打好“洁化、序化、绿化、美化、亮化”组合拳，开展“洁美杯”市容环境秩序竞赛，消除了户外广告等“视觉污染”，农贸市场告别“脏乱差”，马路市场销声匿迹，在全省首批完成县区“基本无违建”创建。

极大提升城市品质。新建及提升改造城市道路51条，海天大道、滨海大道、千岛路等成为四季鲜花、移步易景的高品质城市道路。建成了一批城市公园、亲水绿道、亮化工程，新增绿化面积446.4万平方米，全市建成区绿化覆盖率41.78%，人均公园绿地面积居全省第二。强力推进垃圾分类，城区垃圾分类实现全覆盖，实现城市生活垃圾全焚烧处理和餐厨垃圾处理全覆盖。

推动城市精细化管理。构建精细化、智慧化、法治化的城市管理体系，推动城市治理现代化。改革管理体制机制，成立市城市管理局，构建“大城管”体制，开展市区一体化改革破除管理碎片化问题。建成智慧城管指挥中心，完成了数字城管向智慧城管的转型。开展了交通秩序、“两非”车辆、出租车、人力客运三轮车、流浪犬、运输车辆等上百项专项整治行动，管理乱象基本遏制。

引导市民文明素质养成。“礼让斑马线”已成为舟山城市文明的名片，烟头不落地、公筷公勺、光盘行动、移风易俗等文明新风尚逐渐养成，注册志愿者22.6万名，志愿服务活跃率位居全省前列。现在，乱停车、不排队、乱扔垃圾的少了，自觉遵守公共秩序、爱护公共卫生的多了；损坏公共设施、不讲社会公德的少了，自觉参加志愿者服务活动、与不文明行为作斗争的多了，一些好的行为习惯正逐渐成为市民普遍践行的社会规范。

下一步，我们将重整行装再出发，持续提升市民文明素质和城市文明程度，持续提升城市精细化管理水平，持续打造以人为核心的品质城市，持续推动文明创建向纵深拓展，持续打造具有舟山辨识度的文明地标，推动文明创建工作走上规范化、科学化、制度化轨道，打造山清水秀人美的更高水平的全国文明城市。

在市委七届十一次全体(扩大)会议结束时的讲话

俞东来

(2021年7月20日)

经过大家共同努力，市委七届十一次全体(扩大)会议圆满完成了各项议程。这次全会主题突出、内容丰富、意义重大，达到了统一思想、理清思路、振奋精神的目的。大家围绕报告和市委《实施方案》进行了充分讨论。大家认为，市委全会提出舟山争当共同富裕示范区先行市，既是对中央、省委部署的主动回应，也是“四个舟山”建设的继承和升华，必将有力推动我市经济社会发展和现代化建设。会议结束后，各地各部门要迅速传达学习全会精神，结合自身实际，提出切实可行的工作举措，真正把市委全会决策部署落实到“十四五”发展实践中，落实到现代化建设各项工作中，奋力推动全会精神结出丰硕成果。下面，我再讲三点意见：

一、以新机制新思维推动共同富裕

推动共同富裕是新使命新实践。各地各部门要坚决扛起政治担当，落实责任，创新机制，有力有效推动工作落实。

1. 建立健全工作机制。按照省委要求，市、县(区)要成立社会建设委员会，承担社会建设和社会领域的改革抓总工作，发挥统筹协调、督促指导、整体推进作用，形成系统集成、精准施策、一抓到底的工作体系。建立年度工作推进会机制，不定期召开现场会，总结工作经验，交流工作情况，明确目标任务和突破路径，解决重点难点关键点问题。建立评估、考核、督查闭环工作链，坚持定量与定性、客观评价与主观评价相结合，统筹考虑省定目标和舟山实际，把共同富裕有关目标要求纳入党政领导班子和领导干部综合绩效考核。

2. 清单化推进。紧扣我市《实施方案》，编制好“五张清单”，明确时间表、路线图、任务书，实行年度动态管理，确保每一项任务落地见效。一是重点任务清单，抓紧梳理提出各领域各方面重点任务举措，锻长板、强优势，实施一批牵一发动全身的重大任务。二是短板问题清单，全面对标目标任务和指标体系，找准工作推进中存在的薄弱点，有什么问题就解决什么问题。三是突破性抓手清单，聚焦教育、医疗、卫生、养老、住房、文化、生态、农业农村等与群众息息相关的事情，创新推出一批特色平台和品牌抓手。四是重大改革清单，对事关重大、需要国家和省里给予先行先试的重大改革事项进行再梳理再明确，及时报送，积极争取支持。五是最佳实践清单，及时总结推广工作中涌现出来的好经验好做法，形成亮绩赛马、比学赶超机制。

3. 鼓励改革创新。推动共同富裕，许多工作没有现成经验可以借鉴，需要我们跳出传统的思维定势和路径依赖，以崭新的视角和全局的高度来谋划和推进。省里正在开展试点申报评选工作，我市要在海洋科技创新、数字化改革、自贸区建设、城市建设管理、海岛协调发展、渔农村产权制度改革、公共服务均等化、海洋生态产品价值实现等方面先行先试，把具有舟山特色的创新性、突破性制度成果做起来、推出去，争取更多有优势的工作进入省级试点清单。市级层面要加紧研究配套政策措施，各县(区)、功能区、市直部门要以强有力的工作抓手探索示范任务，开展集成式创新和专项试点，打造最佳实践案例。特别是对于条件成熟的、群众关切的改革，要先试起来、干起来，及时推广改革探索和试点经验，把盆景变成风景，推进我市共同富裕建设取得整体性突破。要深化“两个担当”良性互动，完善精准培养、正向激励、容错纠错机制，提升领导干部推动共同富裕的能力，大胆选拔任用一批善于抓创新发展、改革突破、社会建设的闯将干将，营造干事创业浓厚氛围。

二、全力交出今年经济社会发展高分报表

今年以来，全市上下认真贯彻落实省委省政府决策部署，坚持稳中求进，做好“六稳”“六保”，经济社会呈现平稳健康发展的喜人态势。主要有以下特点：一是经济发展质效提升。上半年，预计全市地区生产总值增长 13.2%，规上工业总产值增长 54.0%，规上工业增加值增长 28.8%，规上工业企业利润 165 亿元，增长 440%，明显好于去年同期。财政总收入 191.2 亿元，增长 30.9%，一般公共预算收入 116.2 亿元，增长 21.5%，税收收入 161.3 亿元，增长 37.4%，增速为全省第一，固定资产投资增长 12.7%，社会消费品零售总额增长 11.5%，进出口总额增长 39.4%，出口增长 34.8%，实际利用外资 3.17 亿美元。产业结构调整取得进展，战略性新兴产业、高新技术产业增加值分别增长 32.6% 和 37.5%。招商引资持续发力，一批重大项目签约，总面积 17.1 平方公里的绿色石化基地拓展区获省批准，为我市下一步大力发展石化中下游产业和新材料开辟了新空间。重大项目建设取得突破，绿色石化二期加快推进，中广核岱山风电一期、新奥 500 万吨 LNG 项目建成投运，商业综合体宝龙广场建成营业，集聚区年产 100 万吨聚苯乙烯、大洋世家等重点项目加快建设，产业项目落地和工业用地出让明显提升，开工产业项目 41 个，完工产业项目 47 个，出让及盘活产业用地 40 宗，面积 2642 亩。旅游消费、住宿餐饮消费加快恢复，网络等新型消费快速发展，旅游接待人次 563.9 万人，旅游收入 74.79 亿元，分别增长 81.4% 和 81.2%，均恢复到 2019 年的 90% 以上水平。港口经济势头良好，港口货物吞吐量增长 6.7%，集装箱吞吐量增长 13.4%，江海联运量增长 15%，全市船舶运力突破 800 万载重吨。渔业生产保持稳定，水产品产量 59.03 万吨，增长 0.6%，其中远洋渔业产量增长 5.9%。二是重大改革深入推进。数字化改革“1+5+2”体系建设全面拉开，多跨场景开发应用引领生产生活方式创新。出台自贸区舟山片区高质量发展若干意见，自贸区赋权措施全部落地实施，油气全产业链改革多点突破，连续 3 期共 10 项成果入选浙江自贸试验区十大标志性改革成果，加工原油 1382.35 万吨，实现油气贸易额 3903 亿元，国际船加油 244.15 万吨，增长 21.7%，跨境人民币结算量 708.3 亿元，增长 4.3%。三是创业创新持续活跃。科技和人才新政赋能发展，一批新产业、新业态、新模式加速成长。上半年，全市新设企业 6826 户，增长 51.02%，个体工商户 8354 户，增长 16.21%。新认定省级科技型中小企业 53 家，新入库高新技术企业 61 家。引进大学生 8510 人，同比增长 70.1%。实施 13 项省海洋领域重点研发项目和 10 个“揭榜挂帅”科技攻关项目。四是城市建设和管理不断提升。深入实施海上花园城市建设行动，“保、改、拆”组合发力，改造老旧小区 700 幢、城中村 450 户、旧厂房 5 个，动迁中弄地块、夏新地块等 4 个棚户区，征迁住户 514 户，建设安置小区 20 个共 1.39 万套，开工新建 7 条城市主干道和 28 条城市道路，提升改造 22 条城市道路，市民广场、千岛公园等项目加快

建设。打响全国文明城市复评攻坚战，开展新一轮城乡环境综合整治，拆除违法建筑12.3万平方米，全面建设智慧停车，垃圾分类深入推进。重大交通基础设施项目加快推进，甬舟高速金塘至大沙项目日前获省发改委批准。全面部署推进碳达峰碳中和工作，抓好中央环保督察问题整改。五是社会大局保持稳定。居民消费价格、城镇登记失业率保持低位运行。开展因病致贫返贫问题专项治理，全市1.05万名特困、低保、低边人员纳入医疗救助。抓好常态化疫情防控，截至7月19日完成新冠疫苗全程接种57.3万人。推进教育现代化和城乡义务教育共同体建设，11所学校创建首批省现代化学校，新建学校全部实施集团化办学。政法队伍教育整顿取得积极成果，重点领域"遏重大"坚决有效，迅速稳妥处置独立学院转设引发的社会矛盾，社会治安总体良好。六是党的建设不断加强。着力构建党建统领整体智治体系，认真抓好"七张清单"问题整改。开展党史学习教育、庆祝建党100周年活动。部署市县乡换届工作。清廉舟山建设纵深推进，立案查处违纪违法案件256件，党纪政务处分党员干部213人，涉及市民政局原副局长马远辉、普陀区原副区长杨海滨等县处级干部10人。

全年时间已经过半，工作任务十分繁重。做好下半年工作，事关建设共同富裕示范区先行市破题开局。各地各部门要统筹兼顾、科学安排，提高效率、克难攻坚，确保完成全年目标任务。

1. 抓经济工作。要把招商引资切实提上"一号工程"位置，把精力聚焦到招项目、抓投资上来，坚持一切围着项目转、一切盯着项目干，以优质项目和有效投资引领高质量发展。抢抓我省建设共同富裕示范区增创的发展空间，围绕特色主导产业、"两新一重"、公共服务等领域，积极引进一批强基础、利长远的大项目好项目，加快实施一批补短板、强弱项的项目。上半年有的县(区)、功能区、省级开发区招商、投资情况较差，要引起足够重视，迅速扭转局面，确保全市招商和投资引得进、有后劲。"一把手"要抓招商，紧盯外资、央企、上市公司，强化产业链招商、驻外招商、以商引商，切实提高项目招引精准性、实效性，强化项目要素保障，提升产业平台能级，营造大干快上的浓厚氛围。今年确定的省市重点项目、市县长工程项目、集中开工项目要加快进度，切实把投资量抓上去。要高度重视产业投资、科技创新投资，为经济发展积蓄动能。重点抓好绿色石化基地二期及新材料、甬舟铁路及高速公路复线、舟岱大桥、海上风电、LNG等重大项目。自贸区要发挥开放引领作用，着力突破油气领域关键政策和集成改革，办好第四届世界油商大会，大力引进外资大项目好项目，发展海事服务业，推进航空产业园建设，丰富自贸区发展内涵，打造动力强劲的经济增长极。发挥重大项目示范效应，推进石化与新材料、船舶修造、海洋食品三大省级产业链协同创新共同体建设，加快制造业高质量发展、数字经济创新突破。探索"腾笼换鸟、凤凰涅槃"新路径，推进两化融合、智能车间、工业互联网应用，加快5G基站建设。提升企业科技创新水平，加快实施一批产业创新科技攻关项目。深入实施制造业首台(套)提升工程，支持企业培育浙江制造精品、"专精特新"小巨人，推进小微企业上规升级。整合后的市、县区省级开发区要加快发展步伐。积极培育外资外贸发展新优势，壮大国际贸易主体。深化"亩均论英雄"改革，加大低效企业整治力度，完成亩均税收低于3万元企业整治。科学安排项目用地布局，加快消化批而未供土地和闲置土地，合理调整耕地空间，开展可恢复地类的复垦，保质保量完成永久基本农田整改补足划定工作。大力发展现代服务业，发展特色商圈，培育新零售、新消费、新国货等消费热点，各板块都要打造1～2条特色商业街。推进楼宇经济、总部经济、夜间经济发展，提升城市服务功能，加快建设万达广场、保利航空大世界、长乔海洋公园等项目，要把邮轮母港搞起来，积极引进一批国际品牌酒店，引进批发贸易总部型企业。推进全域旅游示范市建设，提升旅游服务质量，围绕增加过夜游客，策划、引进一批旅游项目，做大旅游经济。大力发展金融业，引进证券、保险等金融机构集聚发展，培育一批上市公司，4个县区和省级开发区至少要有1家上市公司，进一步打开乡村旅游、农村电商、渔农家乐等美丽经济发展通道，迭代升级民宿。抓好国家远洋渔业基地和绿色渔业实验基地建设，打造海洋牧场和冷链物流基地，推动渔业稳产增效，遏制耕地非农化。加强企业家队伍建设，增强市场主体发展活力。

2. 抓数字化改革。当前数字化改革大幕已全面拉开，初步形成了市县一体推进的良好态势。要按照一年出成果的要求，准确把握“1+5+2”体系重点任务，高质量推动改革任务落地，实现年内综合应用模块全上线。加快数据专题库和数据仓建设，建好一体化智能化公共数据平台。坚持需求导向，聚焦百姓、企业、基层的高频事项，做好核心业务梳理和应用场景谋划，急用先行、形成示范，切实提高群众的获得感。要以数字化改革撬动各领域改革，在更大场景中谋划改革，高效落地重大需求、重大多跨场景、重大改革“三张清单”，增强改革系统集成。在数字化改革中，我们要看看哪个单位创造了最佳实践，哪个单位承接了省级任务，哪个单位拿到了省级“揭榜挂帅”项目，哪个单位走在了前列，在全市形成你追我赶、争先进位的局面。

3. 抓城市建设与管理。紧盯现代化海上花园城市建设目标，以绣花的功夫抓好城市建设、管理，不断提升城市品质。坚持城市建设“一盘棋”，统筹市区城市建设，高水平实施“七个一”提升工程，全面推进滨海城市带建设，新城总长7.2公里的滨海游步道国庆贯通开放，实施惠飞路以南滨海游步道开发建设，拓展三湾两岸公共活动空间。加快城市更新，老城区棚户区改造要抓紧抓实，这是重中之重，两区要排出清单，压实责任，强力推进。抓好拆迁项目清零，推进拆迁货币化安置。抓好老旧小区改造、未来社区建设。完善城市路网系统，抓好市区主要道路改造提升、背街小巷改造、道路白改黑、架空线上改下，补齐城市排涝、污水处理等短板。提升城市绿化，提高养护水平。抓好城市亮灯工程，让夜景亮起来。抓好经营性建设用地出让招商工作，促进城市可持续发展。提升城市精细化管理水平，打好城乡环境综合整治大会战，消除城市视觉污染，让城市有更多地方能席地而坐。抓好垃圾分类，开展第二批66个小区撤桶并点。狠抓执法巡查，加强智慧城管，实现中心城区全天候监管，对动态性、反复性大的城管突出问题，各单位要拿出办法，强化常态长效管理。抓好智慧停车系统建设，年内全面完成，切实解决停车管理上的难题。当前全国文明城市复评在即，全市上下要集中力量、抓住时间窗口，全面对标对表、查漏补缺、整改提升，确保高分通过。抓好美丽舟山建设，抓紧制定碳达峰碳中和行动施工图、路线图，探索海岛生态系统生产总值（GEP）核算及生态产品价值实现机制。

4. 抓社会事业发展。办好人民满意教育，实施学前教育三年行动计划，加快发展幼儿托育服务，推进名校集团化和学校结对帮扶，推动普通高中分类特色办学，加强师资培训和优秀教师引进，抓好教育质量提升、校外培训机构整治等工作。推进健康舟山建设，深化县（区）医共体、医联体建设，推动基层医疗卫生机构开展夜间门诊，抓好疫情防控和疫苗接种工作，国家有新的要求和具体任务下达，要积极做好工作。健全为民办实事长效机制，保障和改善民生。精准帮扶重点群体就业，实施高校毕业生就业创业服务专项行动，破解企业用工难，保持就业形势稳定。完善社会保障体系，落实企业职工基本养老保险省级统筹，规范被征地农民参加基本养老保险，提升医保待遇保障。丰富文体产品供给，推进群众文艺精品创作，拓展公共文化场馆服务功能，扩大文体赛事品牌影响力，提升城市吸引力。

5. 抓“遏重大”和社会稳定。各地各部门特别是主要负责同志，要切实扛起第一责任人职责，守土有责、守土尽责，严防发生有重大影响的政治类敏感案事件、群体性事件、去省进京集访事件、暴恐事件、个人极端暴力犯罪案件、重特大公共安全事故和重大舆情事件，确保全市政治社会大局持续安全稳定。要把维护政治安全放在首位，全力整治意识形态领域问题，常态化开展扫黑除恶，严厉打击各类违法犯罪活动，维护城市有序运行。推进社会治理现代化，抓好“一中心四平台一网格”建设，打响东海渔嫂品牌，发展新时代海上枫桥经验，切实做好信访和矛盾纠纷化解工作。压实安全生产责任，打好“遏重大”攻坚战，突出城市运行、交通运输、危化品、消防等重点领域，全面排查，消除隐患。落实夏季高温及台风暴雨汛期防范举措，推进防洪排涝工程建设，确保安全度汛。

三、加强党的全面领导，干出新形象新业绩

争当共同富裕示范区先行市

是一项推动社会全面进步和人的全面发展的综合性系统工程，必须加强党的全面领导，发挥党建统领作用，把党的政治优势和制度优势转化为推动共同富裕的强大动力和坚强保障。

把党的领导贯穿于推动共同富裕全过程。各级党组织要充分发挥领导作用，坚决扛起职责担当，以推动共同富裕新实践检验党史学习教育成效。人大常委会要研究制定高质量发展建设共同富裕示范区的决议。政府要全力抓好推动共同富裕各项工作落实。政协要在推动共同富裕中展现新担当新作为。统一战线、群团组织、社会组织要发挥桥梁纽带作用，积极引导社会各界人士齐心协力推动共同富裕。

坚定不移推进全面从严治党。压实管党治党主体责任和监督责任，深化四责协同，一体推进不敢腐、不能腐、不想腐，净化政治生态。各级领导干部一定要守住底线，吸取惨痛教训，不该做的坚决不做。突出政治监督，高质量完成本届市委全部巡察工作。抓好“七张清单”问题整改。建设变革型组织，提高领导干部塑造变革能力。抓好市县乡领导班子换届。巩固政法队伍教育整顿成果。力戒形式主义、官僚主义，严肃查处发生在群众身边的不正之风和腐败问题，抓好清理规范违规发放公务员工资津贴补贴工作，不准以任何借口发放工作津补贴。

焕发担当作为狠抓落实的激情。共同富裕是干出来、拼出来的。担当彰显干事的胆识，激情折射干事的气魄，执着反映干事的定力，唯有激情创业、拼搏赶超，才能把美好蓝图变成现实。要不断学习、锤炼本领，深刻理解把握共同富裕的重大意义、本质要求、目标任务和实现路径，努力提升自己，克服本领恐慌，为推动共同富裕提供能力保证。要解放思想、开阔视野，增强竞争意识、主动意识，克服因循守旧、坐井观天、习惯思维，敢闯无人区，勇于改革破题。要拉高标杆、激发斗志，向好的学、与强的比、跟快的赛，竭尽全力把本职工作做出彩，以每个人的努力汇聚成推动全市各项事业发展的强大合力。要攻坚克难、打开局面，面对困难矛盾不回避，勇挑重担、突破攻坚。要脚踏实地、久久为功，扑下身子抓发展，做到问题在一线解决、工作在一线推进、面貌在一线改变，唯实惟先、善作善成，多出亮点、多出特色、多出成绩。要当运动员，不当评论员，营造能者上、庸者下的干事创业环境，让有本事、想干事、能干事的人大展身手。各级领导干部要带头主动作为，一级带着一级干、一级干给一级看，让敬业、乐业、专业成为每个人的自觉追求，勇当“四个舟山”建设主力军。

政府工作报告

在舟山市第七届人民代表大会第六次会议上

舟山市市长　何中伟

（2021年2月3日）

一、“十三五”发展成就和2020年主要工作

“十三五”以来，面对复杂多变的国内国际环境和艰巨繁重的改革发展稳定任务，在市委的坚强领导下，市政府坚持以习近平新时代中国特色社会主义思想为指导，全面贯彻党中央国务院和省委省政府各项决策部署，打好

"五大会战",建设"四个舟山",完成"十三五"规划主要目标任务,高水平全面建成小康社会取得决定性成就。全市地区生产总值年均增长9.2%,增速全省第一;人均生产总值由2015年的8.1万元增加到约12.7万元,居全省前列;一般公共预算收入增加到159.2亿元,年均增长9%;城乡居民收入分别从44845元、25903元提高到63702元、39096元,城乡居民收入比从1.73缩小到1.63,居全省前列。干成一批大事要事,甬舟铁路顺利开工,自贸试验区落地见效,国内首屈一指的鱼山大型石化基地即将全面建成。城市面貌"一年一个样、五年大变样",发生根本性改观,成为全国文明城市。社会大局保持稳定,连续15年蝉联省"平安市",捧回全国综治领域最高奖"长安杯"。

这五年,我们坚持项目为王,强化谋划招引落地,经济发展积蓄新动能。坚定不移推进招商引资"一号工程",累计引进百亿元以上项目8个,累计实际到位市外资金超2600亿元,实际利用外资19.36亿美元,分别较"十二五"增长1.4倍、1.5倍。363个市重点项目开工建设,全市固定资产投资"十三五"末比"十二五"末增长57.4%。4000万吨/年炼化一体化项目基本建成。波音飞机完工和交付中心建成使用。观音文化园竣工开园。500千伏输变电工程、大陆引水三期项目陆续建成。宁波舟山港主通道即将完工。

这五年,我们坚持先行先试,推进国家战略实施,全面开放形成新格局。获批国家第三批自贸试验区,三年试点任务圆满完成,油气全产业链初步形成,制度创新成果数、全国复制推广数位居前列,集聚油气企业7607家,成为全国油气企业最集聚的地区。舟山港区成为全球第八、全国第一大加油港。外贸进出口总额年均增长18%,出口额年均增长8.8%,占全国比重从2.7‰提高到3.3‰。新区"四岛一城"建设初具成效,综合实力在国家级新区中处于中上水平。港口货物吞吐量达5.71亿吨,江海联运量达2.56亿吨。普陀山机场改扩建完成,旅客年吞吐量突破150万人次。积极融入长三角一体化,推进甬舟一体化,沪舟甬跨海通道列入国家规划。

这五年,我们坚持统筹发展,建设品质高端独具韵味的海上花园城市,城乡面貌展现新形象。重大基础设施建设取得历史性突破,甬舟铁路历经三年八个月筹建顺利开工,甬舟高速复线前期工作加快推进。建成富翅门、秀山、鱼山、港岛、新城、新江南等6座跨海大桥,东西快速路、滨海大道建成通车,改造提升海天大道等一批高品质城市道路,舟岱大桥主线贯通。荣获国家森林城市、国家园林城市等称号,人均公园绿地面积居全省第二,PM2.5浓度每立方米从30微克下降到17微克,空气质量持续保持全国前三。成为全省首个全域旅游示范市。省级美丽乡村示范县覆盖率全省第二,全域美丽乡村画卷初步呈现。

这五年,我们坚持创新引领,推进重点领域和关键环节改革,体制机制迸发新活力。全市规上工业企业研究开发经费投入、高新技术产业增加值增幅均居全省前列,高新技术企业、省级科技型中小企业数量实现翻番,获国家科学技术进步奖3项、省科学技术奖24项、授权发明专利2684项,实施省级以上重点技术攻关项目170项。推行"最多跑一次"改革,加快政府数字化转型,互联网"+政务""+监管"扎实推进。工程建设项目审批改革全国复制推广。陆上和海洋综合行政执法体制改革走在全国前列。实施"亩均论英雄""岸线效益论英雄"改革。列入国家社会信用体系建设示范创建城市。推进国资国企改革。完成社区村体制改革完善工作。深化农村宅基地"三权分置"改革,实施集体建设用地入市改革。

这五年,我们坚持以人民为中心,不断满足人民群众美好生活新期待,社会事业取得新进步。民生支出年均增长7.4%,占一般公共预算支出达68.7%。新增城镇就业12.34万人,城镇登记失业率保持低位。开展社保服务城乡一体化国家试点,全市养老保险参保率达95.76%。在全省率先实现低保标准城乡并轨。基本形成具有海岛特色的养老服务体系。在全省率先实现教育基本现代化,实施市区一体化高中招生,城区名校集团化办学18所,浙江大学海洋学院建成投用,浙江国际海运职业技术学院岱山校区设立,新区旅游与健康职业学院组建。加快建设健康舟山,健康城市综合指数位列全国前15%,海岛远程医疗获国务院表彰,县域医共体全面建成,人均期望寿命达80.51岁。全域推进现代公共文化体育服务体系建设，基本公共文化服务、人均体育场地面积居全省前列。创新社会治理，率先建立县区级社会综合治理服务中心，打响“东海渔嫂”品牌，完善渔业基层组织管理体制。推行“一把手”信访接听制度，加大信访积案化解力度。大力支持国防海防和军队建设，加强国家安全、国防动员、人民防空、民兵预备役、双拥优抚等工作，第八次荣膺全国双拥模范城市称号，成为首批省级军民融合创新示范区。民族、宗教、侨务、老龄、工会、妇女、青少年、档案、史志、气象、红十字、慈善、志愿者、助残扶残、关心下一代等工作取得新发展。高标准做好东西部扶贫协作、对口支援和对口合作工作，结对帮扶的四川省达州市宣汉县和万源市提前实现脱贫摘帽。

2020年是极不平凡的一年。面对突如其来的新冠肺炎疫情，我们扎实做好“六稳”“六保”工作，统筹推进疫情防控和经济社会发展，实现经济逆势增长，保持社会大局稳定，较好完成了市七届人大五次会议确定的目标任务。全市地区生产总值增长12%，增速全省第一。规上工业增加值、外贸进出口总额、出口额等主要经济指标增速均位居全省前列。在省政府加快经济发展、激励先进的“争先创优”行动中，我市连续拼得全省第二。

1. 疫情防控和复工复产走在前列。疫情发生以来，全市上下众志成城，打好疫情防控主动仗，在全省率先采取居民小区、高校集中封闭隔离措施，率先关闭景区、宾馆、酒店，率先启动防输入、打造海陆空立体管控的“铁桶”机制，率先启动复工复产准备工作，确诊病例数一直保持全省最少，治愈出院率全省领先，成为全省首个实现疫情图和复工图“双绿色”的城市。全力降低企业生产成本，企业用水价下调10%，企业用电价下调5%，非居民用气每方下降1.15元。顶住海上疫情防控巨大压力，扎实筑牢海上疫情防线，服务保障国际航线换班船员29000人，占全省的81%、全国的四分之一，全部落实闭环管控，未发生一例本土感染病例。

2. “双招双引”卓有成效。中石化、中化、航天科工、上海卓然、扑浪科技、霍尼韦尔、SK等一批重大产业项目落户落地，110个亿元以上产业项目取得实质性进展，全年实际到位市外资金524.22亿元。实际利用外资4.02亿美元，增长1.7倍。抓好“2+6”重大项目清单落实，省市县长工程项目落地率达79%，省市重点项目提前完成年度任务，集中开工项目进度全省领先。“双百工程”落地开工项目102个，出让、盘活土地123宗。定海城西未来社区全面开工。定海远洋渔业小镇、沈家门渔港小镇正式命名为省级特色小镇。全年研发经费投入强度增长32%，规上工业高新技术产业增加值增长96.3%。引进大院名校共建创新载体13家、领军人才创业企业33家，新入库高新技术企业60家。组建东海实验室，新增省级产业创新服务综合体3家。引进高校毕业生1.37万人，“高精尖”人才引育数超出年度指标70%，国家、省“引才计划”入选数增长1.5倍，均创历史新高。

3. 城市建设强势推进。编制国土空间规划，完成一批“多规合一”村庄规划。实施海上花园城市建设攻坚行动，新建、提升改造城市道路24条，整治隧道12座，整治完成城区道路飞线6条。主要城区、主要城镇实现5G全覆盖，启动智慧停车平台建设，新增停车位1961个。建成城市公园2个，建成中心城区社区公园、口袋公园15个，新增绿道30公里。完成亮灯工程4个，核心区亮化工程初具规模。加快城市有机更新，改造完成老旧小区住宅884幢，受益群众17927户，新开工棚户区改造6178套，完成城中村改造清零409户，新建安置房2811套，安置住户1353户，城镇危房解危947幢。实施防洪排涝三年行动计划，启动“五山分洪”工程。打好治水治污大会战，完成153个污水零直排区建设，新建、改造污水管网17.37公里，创建品质河道100条。扎实推进中央、省生态环保督察和长江经济带生态环境问题整改。实现省级生态文明建设示范县(区)全覆盖。打造美丽城镇省级样板4个，新增省级美丽乡村示范乡镇4个、新时代美丽乡村60个、美丽风景线4条。

4. 全国文明城市创建成功。举全市之力打赢创城攻坚战，以优异成绩进入全国文明城市行列。实施城乡环境综合整治大会战，开展城市乱象专项整治百余项，一大批影响市容市貌的突出问题得到有效治理，积存垃圾、卫生死角、违章建筑得到及时清除，36条精品示范街、177条背街小巷旧貌换新颜，在全省首批完成县（区）“基本无违建”创建。城区垃圾分类实现全覆盖，143条主次干道实行撤桶进店，成为全省首个城乡生活垃圾全焚烧城市。颁布文明行为促进条例、城市绿化条例等5部法规，创新实施80余项常态化管理制度，居民小区物业管理覆盖率扩大到91%。城市管理向精细化、智慧化转变。培育文明学校、文明家庭等6000余个，注册志愿者22.6万名，斑马线礼让蔚然成风，城市文明程度明显提升。

5. 改革开放取得突破。自贸试验区新一轮建设扎实起步，国务院改革赋权获批落地，上期所入股浙油中心，跨港区供油试点、低硫油出口退税政策顺利实施。实现油气贸易额5580亿元，原油加工2306万吨，油品储存能力3230万立方米，跨境人民币结算额突破1000亿元。船用燃料油加注量达472.4万吨，海事服务总产出达270亿元。加快布局建设海上LNG登陆中心，规划总量占全国22.5%。油气吞吐量首破亿吨，铁矿石吞吐量达1.73亿吨。铁矿石混配量达1656万吨。实施便企“一件事”集成改革，企业投资全流程审批最多80天，政务服务事项均可“掌上办”。率先开展“证照分离”改革全域全覆盖试点。国际贸易“单一窗口”形成“舟山样板”，船舶通关效率全国领先。

6. 惠民安民成效彰显。民生实事项目顺利完成。高标准打好脱贫攻坚战，出台关爱困难群众系列政策，低收入农户人均可支配收入达1.92万元，居全省第二。城镇登记失业率保持在1.55%。强化“菜篮子”市长负责制，生猪存栏量超额完成省定指标，居民消费价格指数涨幅保持较低水平。学前教育招生服务区制度全面推行，市区普通高中一体招生政策顺利实施，新组建舟山一小、普陀二中2个教育集团，义务教育标准化学校比例达97.6%，“银龄助学”受援范围实现县域、学段全覆盖，出台在舟高校对地方发展贡献度评价体系。举办马拉松、国际铁人三项等体育赛事，新建25家渔农村文化礼堂，改造提升一批图书馆、博物馆、体育场馆。国家级卫生乡镇占比全省领先，6个重点海岛开设住院服务，在全省率先实现特殊病门诊医疗费用异地联网刷卡结算，高血压、糖尿病等12个病种纳入门诊慢性病保障范围。累计建成29家示范型居家养老服务中心，探索建设“幸福驿家”。开展国家市域社会治理现代化试点。创建省级食品安全城市。打好扫黑除恶收官战。全面禁止和打击海上非法采砂行为。生产安全事故起数和死亡人数分别下降22%和20.5%，人民群众安全感满意率位居全省前列，荣获全省首批一星“平安金鼎”。

我们始终坚持党的领导，不断加强政治建设，牢固树立“四个意识”，坚定“四个自信”，坚决做到“两个维护”，始终同以习近平同志为核心的党中央保持高度一致。持续加强作风建设，建立重点工作清单，推行工作项目化，实施晾晒制度，坚决整肃庸政懒政怠政，破除“中梗阻”，雷厉风行大抓落实。全面加强法治政府建设，完善政府重大决策规则，自觉接受人大监督、政协民主监督、司法监督和社会监督，深入推进依法行政。重视发挥新区决策咨询委和新区顾问作用。切实加强廉政建设，压紧压实全面从严治党主体责任，严格落实中央八项规定精神，深入开展工程项目招投标、征地拆迁等领域专项治理，“三公”经费支出下降19.6%。坚决惩处各类腐败行为，一批违纪违法案件得到严肃查处。

在肯定成绩的同时，我们也清醒地看到发展中还存在不足：经济高质量发展压力较大；企业核心竞争力不强，创新引领需持续发力；城市品质能级、城乡融合发展水平有待提高，海上花园城市建设需不断推进；资源约束趋紧，环境承载力下降；人口老龄化压力增大，海岛基本公共服务还存在短板。少数政府工作人员不作为、不会为，政府治理体系和治理能力现代化建设任务艰巨。对此，我们须采取更加有效的举措，认真加以解决。

二、“十四五”发展目标和主要任务

“十四五”是我国开启全面建设社会主义现代化国家新征程的第一个五年，是我市赶超发展的关键突破期。按照市委七届十次全会部署，我市“十四五”发展的指导思想是：高举习近平新时代中国特色社会主义思想伟大旗帜，深入贯彻党的十九大和十九届二中、三中、四中、五中全会精神，全面贯彻党的基本理论、基本路线、基本方略，以“五位一体”总体布局和“四个全面”战略布局为统领，以“八八战略”为总纲,以稳中求进为总基调,坚持党的全面领导,坚持以人民为中心,坚持新发展理念,坚持深化改革开放,坚持系统观念,聚焦聚力高质量发展、高效能治理、高品质生活,积极构建新发展格局,率先建设现代化海洋经济体系,率先塑造人与自然和谐共生的生态文明标杆,率先推进市域治理现代化,率先推动全市人民实现共同富裕,彰显城市之美、发展之美、生态之美、人文之美、和谐之美,建设“四个舟山”,展示“重要窗口”海岛风景线,争创社会主义现代化海上花园城市。

围绕2035年远景目标,“十四五”发展的主要目标是:到2025年,全市地区生产总值、人均地区生产总值分别达到2500亿元、20万元,常住人口城镇化率达75%左右,全市综合实力、科技创新、改革开放、生活品质、生态环境、治理效能等方面取得新突破,“四个舟山”和“重要窗口”海岛风景线建设取得重要标志性成果,争创社会主义现代化海上花园城市。

推进“十四五”发展,实现“十四五”目标,必须集中力量干好市委七届十次全会提出的十二件大事。重点抓好四方面工作:

1. 坚持创新驱动,全力构建凸显舟山特色的现代海洋经济体系。突出创新在现代化建设中的核心地位,全面提高产业链供应链创新链现代化水平,加快构筑现代海洋产业体系,打造海洋经济强市。建设区域性海洋科技创新高地。建成国家高新区,布局海洋科技创新港,以东海实验室为引领,突破海洋关键技术应用,大力发展以企业为主体的技术创新中心,引进科研大院大所,激发浙江大学海洋学院、浙江海洋大学等在舟高校创新活力,加快海洋高技术服务基地建设,着力打造“产学研用金、才政介美云”十联动创新创业生态系统。研发经费投入强度达2.7%以上,科技进步贡献率达65%以上。加大科技成果应用和产业化政策支持,财政投入年均增长15%以上。打造具有国际竞争力的现代海洋产业。加快发展绿色石化、船舶装备、新材料、新能源、电子信息、现代渔业等产业,大力发展现代服务业,推动产业链价值链向高端延伸。大力发展数字经济。实施数字经济三年行动计划,着力发展智慧海洋、海洋电子信息、海上智能终端、5G、数字基础产业等,全市数字经济核心产业增加值达60亿元。打造海洋人才高地。持续升级人才政策,全面实施“舟创未来”海纳计划、高校毕业生聚舟计划和新时代工匠培育工程,引育“高精尖”人才400人、大学生10万人、高技能人才3.5万名。

2. 坚持开放引领,全力打造链接国内国际双循环的海上战略枢纽。以系列国家战略为牵引,深度融入“一带一路”和长三角一体化,充分发挥舟山在全球资源配置、链接国内国际双循环中的战略枢纽作用。全力建设自贸试验区。坚持油气全产业链发展特色不动摇,坚持“三个1亿吨”建设目标不动摇,坚持谋划推进自由贸易港不动摇。实现大宗商品交易额2万亿元,油气贸易额8000亿元,炼油能力4000万吨,油品储存能力4000万立方米,天然气接收能力1100万吨,船用燃料油加注1000万吨,跨境人民币结算额1500亿元。加快建设国际油品交易中心、亚太铁矿石分销中心、国际农产品贸易中心和LNG登陆中心,提高大宗商品战略资源全球配置能力,铁矿石、原油、天然气吞吐量分别占全国的13%、11%、11%。争创国家自由贸易港。建设国际一流现代化枢纽港口。坚持陆海统筹、内外联动,推进港口国际化、标准化、智慧化、绿色化发展,提升港口集疏运能力,全力推进宁波舟山港建设世界一流强港,增强联动长三角、联通长江、辐射亚太的枢纽功能。舟山港域货物吞吐量突破7亿吨。全面优化江海联运物流体系,建成规模化江海直达运输船队,推动江海联运数据服务覆盖长江沿线主要节点,江海联运量达3.6亿吨。深度融入长三角一体化。谋划推进沪舟甬跨海通道,深化洋山区域开发,加快推进甬舟“六个一体化”,与宁波共建全球海洋中心城市,谋划实施一批重大项目。打造最优营商环境。以数字化改革引领全面深化改革,深入实施营商环境便利化行动,着力畅通要素循环,推动土地、岸线等资源要素更多向优势区域、优势产业、优势项目集中,加快推进投资贸易自由化便利化,不断提升营商环境便利度。

3. 坚持新型城镇化,全力建设品质高端独具韵味的海上花园城市。加快推进以人为核心的新型城镇化,全面提升城市能级品质和核心竞争力,城乡发展平衡度、融合度走在前列,全域打造高品质的海上花园城市。持续提升城市品质。加快建设滨海城市带，提升"三湾两岸"品质，打造海上画廊。加快城市有机更新，深入开展棚户区、城中村、旧厂区、老旧住宅改造和古城保护等五大攻坚行动。高质量推进美丽城镇建设。加快建设智慧城市，完善"大城管"体制机制，以一体化、网格化、智慧化、法治化推动城市治理精细化。构建以甬舟高铁为标志的现代化基础设施体系。全力建设甬舟铁路及甬舟高速公路复线，打通连接大陆的第二条通道。加快普陀山机场向浙东中型国际机场目标迈进。谋划推进舟山引域外优质水工程。统筹完善综合交通网、能源供给网、水利保障网、城乡服务设施网，加快实现城乡交通、供水、电网、燃气同规同网，构建系统完备、高效实用、智能绿色、安全可靠的现代化基础设施体系。加快农业农村现代化步伐。全面推进乡村产业、人才、文化、生态、组织全面振兴，一体推进城乡基础设施现代化、人口城镇化、公共服务均等化，率先实现新时代美丽乡村全覆盖，省级新时代美丽乡村精品村达80%以上，打造具有舟山气质、海岛韵味的美丽乡村。加强生态建设。强化国土空间规划引领，加强"三区三线"管控，推进蓝天、碧水、净土、清废四大行动，推行生态系统生产总值核算，全面构建生态保护和国土空间开发利用新格局，确保空气质量持续保持全国前列，打造省级"无废城市"，全域创建国家生态文明建设示范市县（区）。

4. 坚持以人民为中心，全力构筑共建共治共享的美好家园。健全为民办实事长效机制，实施富民惠民安民、推进共同富裕新举措，提升公共服务供给能力和质量，持续推动人的全面发展和社会全面进步，建设可知可感的幸福舟山。以更加充分更高质量就业促增收。全面落实就业优先战略和积极的就业政策，健全公共就业服务和终身职业技能培训制度，完善企业职工工资正常增长机制，实施低收入群体同步基本实现现代化行动，多渠道增加居民财产性收入。完善现代化公共服务体系。实施住房保障、社会救助、慈善公益和高质量助残等四大行动，建立健全多层次的社会保障体系。高质量普及学前教育到高中段15年教育，教育现代化、均衡化走在前列。加快完善公共卫生体系，推动优质医疗资源扩容和均衡布局，基本建成健康舟山。建设海洋文化名城，打造海上体育赛事集聚地。积极应对人口老龄化。增强城市吸引力，增加人口净流入，健全居家养老为主体、医养康养相结合的养老服务体系。打造最安全城市。建设全国市域社会治理现代化试点城市，推进扫黑除恶常态化，实施第二轮安全生产综合治理三年行动，建立健全海上安全精密智控机制，完善自然灾害防治体系，坚决守住不发生区域性系统性风险底线，争创二星、三星"平安金鼎"，群众安全感满意率始终走在前列。

三、全力以赴做好"十四五"开局工作

2021年是中国共产党成立100周年，是"十四五"开局之年，必须迈好第一步，展现新气象。按照市委总体部署，今年工作的总体要求是：以习近平新时代中国特色社会主义思想为指导，坚持稳中求进总基调，立足新发展阶段，坚持新发展理念，构建新发展格局，以推动高质量发展为主题，以深化供给侧结构性改革为主线，以改革创新为动力，做好"六稳""六保"，打好"五大会战"，建设"四个舟山"，展示"重要窗口"海岛风景线，开启争创社会主义现代化海上花园城市新征程，实现"十四五"良好开局。

综合考虑各方面因素，建议全市经济和社会发展的主要预期目标为：全市地区生产总值增长10%，规上工业增加值增长20%，固定资产投资增长5%，出口额增长9%，实际利用外资增长25%，研发经费投入强度增至1.8%，一般公共预算收入、城乡居民人均可支配收入与经济增长基本同步，生态环境质量稳定向好，主要污染物排放总量持续减少，能源和环境指标完成省下达目标。

重点抓好九方面工作：

1. 着力抓好新冠肺炎疫情防控

慎终如始抓好疫情防控，坚持外防输入、内防反弹，深入运用精密智控机制，做到人防、物防、技防并重，强化重点场所日常监管，筑牢海上疫情输入防线，创新医防融合机制，提高突发应急处置能力，切实守牢国门、医院门、公共场所门、社区门，确保冷链物防闭环管控，确保不出现聚集性疫情，确保不发生院内感染，确保不发生疫情风险点失管漏管，力争不发生本土新增病例，继续交出防疫高分报表。

2. 着力构建新发展格局

坚定不移抓好招商引资和项目建设。把招商引资作为“一号工程”,抓牢谋划、招引、落地三个环节,强化压力层层传导,形成“坐不住、等不得”的倒逼机制,争取项目落地100亿元以上2个、50亿元以上3个、20亿~50亿元8个、10亿~20亿元14个、1亿元以上100个,确保实际到位市外资金550亿元,力争600亿元以上。打造绿色石化、新材料、船舶装备、航空、现代渔业、电子信息等产业链,每条产业链排出一批重大产业项目、争取落地10个以上。抓好150个省市重点项目建设,新开工重大项目56个。省市县长工程项目落地率达50%以上。推进“三百工程”,出让或盘活产业用地100宗,开工产业项目100个,竣工投产100个。央企项目落地10个。加快2个省级未来社区建设,争创新批次未来社区1个。交通投资、民间投资、高新技术产业投资以及生态环保、城市更新和水利设施投资增速达到省定目标。加强要素保障,建立盘活存量土地挂钩奖惩机制,强化重大项目跟踪服务和落地协调,形成量化管控的、强有力的推进机制。

全面促进消费。实施促消费十件实事,提升夜经济十大标志性项目,打造1个智慧商圈、5条高品质步行街。打造数字生活新服务平台,实施数字商贸、数字学习、数字出行、数字文旅、数字健康、数字政务六大行动,培育建设1个数字生活新服务样板县(区)。合理增加公共消费,提高教育、医疗、养老、育幼等公共服务支出效率。开展“放心消费在新区”行动,新培育放心消费单位3000家,培育放心消费重点县(区)1个。全年社会消费品零售总额增长8%,网络零售额增长12%。

持续稳外贸稳外资。出台新一轮稳外贸政策,强化出口“订单+清单”监测管理,帮助外贸企业拓市场、抢订单、增信心。力争全年外贸进出口总额达1800亿元,出口额占全国比重达3.0‰以上。实际利用外资5亿美元。

高质量推进自贸试验区建设。加快油气全产业链发展,实现大宗商品交易额8000亿元、油气贸易额6500亿元,油品储存能力3600万立方米,天然气接收能力500万吨,农产品贸易交易额250亿元,人民币跨境结算额1100亿元,船用燃料油加注600万吨。坚持安全和环保优先,确保浙石化二期建成投产。加快改革赋权政策落地,新增制度创新成果38项以上。深化与上期所战略合作,加快浙江油气交易中心建设,建成运营天然气交易平台。探索商储国储轮换机制。推进数字自贸区建设。

积极融入长三角一体化。争取将沪舟甬跨海通道纳入国家高速公路网。推进北部海域和跨洋山港区供油常态化,试点开展LNG加注业务。推进各县(区)与上海市辖区结对,加强产业转移和优质教育、医疗资源合作。深入推进甬舟“六个一体化”重点项目,启动创建全球海洋中心城市。

启动江海联运服务中心2.0版。实现江海联运量2.8亿吨。运营首支江海直达运输船队,实现粮食“散改集”多式联运常态化,开辟“海进江”散货准班轮航线。引进国际船员管理、第三方供应链、仲裁、金融等现代航运服务企业60家以上,实现海事服务总产出350亿元。

3. 着力推进科技创新和产业转型升级

加快推进海洋科技创新。实施研发投入“三年倍增计划”,企业研发支出、高新技术产业增加值较快提升。完成滨海科创大走廊规划。建设东海实验室、绿色石化产业研究院。新增高新技术企业30家、省科技型中小企业130家,新增技术创新中心3家。探索设立产业科创基金,实施10项以上产业创新重大科技攻关项目,启动“揭榜挂帅”机制,建立“市场化应用为唯一验证”评价体系。制定“舟创未来”海纳计划,出台大学毕业生留舟、回舟创业扶持政策,力争引育“高精尖”人才60名以上,招引大学生1.6万人,新增高技能人才6000名。

持续打造高能级产业平台。深化开发区、园区整合提升工作,争取石化园区扩展区获批。强化开发区、园区、功能区经济主战场,定海建设海洋电子信息产业基地、新材料产业基地、海洋生物医药产业基地和冷链物流基地;普陀建设水产品绿色加工小镇、金融小镇、生命健康产业基地、绿色海洋大数据产业基地和楼宇经济集聚地;岱山建设石化装备制造基地、石化服务业基地、新材料研发制造基地和油品储运基地;嵊泗建设临港产业基地和海洋牧场;海洋产业集聚区建设先进信息材料基地、国家应急产业示范基地、先进装备制造基地和航空产业小镇；普朱建设旅游禅意小镇；新城培育服务外包、电子竞技等吸引年轻人集聚的业态，建设海洋科考服务产业基地、楼宇经济集聚地和服务外包基地，加快小干岛建设；海洋科学城建设大数据和云计算产业基地、创新创业产业园。每个产业平台都要有1个标志性项目落地。

加快金塘、六横开发建设步伐，坚持同步规划、同步设计、同步招商、同步建设，金塘围绕先进材料、装备制造、港口物流、螺杆产业提升，加快基础设施建设，落地一批重大项目，打造农副产品加工及高端制造岛；六横围绕船舶装备、清洁能源，完善基础设施建设，落地一批重大项目，打造清洁能源岛。

加快传统产业改造提升。提升制造业竞争力，实施制造业产业基础再造和产业链提升工程项目100项，营收超千亿级企业实现零突破，企业“小升规”20家。实施新一轮企业技改工程，全年技改投资增长10%。推进存量船企重组合作、绿色改造，培育船舶动力、电子、游艇、专用船、清洁能源船等制造产业，至少引进1个游艇制造项目。推动渔业全产业链发展，持续实施国内渔业减产增收行动，高效发展大型深水网箱、围栏养殖，建设绿色水产品加工小微企业园，深化绿色渔业权改革试点和国家新材料渔船试点，高质量实施远洋渔业发展五年计划，打造远洋渔业第一市，实现产值600亿元以上。普陀、嵊泗各引入1个规模较大的海水养殖项目。推进亩均税收3万元以下低效企业整治提升，规上工业亩均增加值增长10%以上。

提升数字经济发展水平。数字经济核心产业增加值增长10%以上。推进企业高水平上云用云，打造数字化标杆企业10家以上。建好浙江省智慧海洋大数据中心。探索建设国际数字离岛。新开通5G基站1000座以上，基本实现5G网络陆域全覆盖。建成国际互联网数据专用通道。加快推进智慧海洋舟山群岛试点示范工程，启动船联网建设，海洋电子信息产业增速达15%。

大力发展现代服务业。发展港航物流业，推进国际航运服务集聚区建设，完善港口物流集疏运体系，提升航运业综合竞争力。港口货物吞吐量突破6亿吨，沿海船舶运力达810万载重吨。提升海洋文化旅游体育产业，文化产业增加值增长7%。建设国际海岛休闲度假目的地，打造“3+3”海岛公园样板区和8个文化旅游主题岛，各县（区）均引入1家高品质旅游度假酒店。筹办2021国际海岛旅游大会。推进文化产业融合发展，开发具有舟山特色的系列文化产品，争创省文化产业重点县（区）1个、省级文化产业重点园区1个、省级文创街区2个。办好精品体育赛事，推进海上体育赛事集聚地建设。加快金融产业集聚发展，企业上市取得突破，直接融资超120亿元，融资租赁业务规模达450亿元以上。完善现代国际服务贸易产业体系，国际服务贸易实现正增长。

4.着力提升城市品质

高标准推进城市规划建设。完成城市控规和专项规划编制。按照一体化要求，强化城市建设项目标准审查工作机制，推进海上花园城市建设攻坚行动。打好综合交通大会战，加快建设甬舟铁路及甬舟高速公路复线，建成舟岱大桥、526国道嵊泗段等重点项目，推进城市中部通道、滨海大道甬东段工程，建设提升陆岛交通码头12座，新增更新公交车50辆以上，更新提升客渡轮8艘。普陀山机场增开国内重要城市航线2条，旅客年吞吐量突破200万人次。积极发展岛际航线。新建城市道路20条，提升改造道路10条，整治中心城区道路飞线5条，新增停车位1000个。高标准建设滨海城市带，改造提升千岛路—体育路段，实施滨海游步道贯通提升工程，打造沈家门—鲁家峙“一港两岸”和新城夜游景观亮化精品工程。构建山城海融合的特色公园绿道体系，新改建城镇绿道15公里，新建城市公园2个，建成社区公园、口袋公园15处。努力打造城市社区“10分钟健身圈”。建设美丽城镇省级样板3个、达标乡镇8个。加快本岛生活污水处理一体化，推进舟山污水处理厂一期及配套污泥处理工程建设，新建改造城镇污水管网15公里。加快全面融入全省水资源调配体系，实施本岛水资源提升利用综合工程。全面建成大陆引水三期工程，开工建设嵊泗大陆引水工程，推进城乡供水一体化。

积极推进城市有机更新。坚持整体连片，实施棚户区改造项目4个、旧厂区改造项目5个，推进城中村改造安置房建设项目20个，货币化安置比例达50%以上。

改造老旧小区住宅700幢以上。注重城市历史文化传承，启动定海古城保护项目2个，推进定海古城太平弄区块建设，打造具有古城特色的商业文化示范区。海洋产业集聚区强化产城融合，加快基础设施建设，不断完善学校、医院、商贸等配套功能。全面开展地下管网补测补绘，实施防洪排涝项目67个，建设强排泵站9个，提标加固海塘14条。

提升城市精细化管理水平。巩固全国文明城市创建成果，推行市容市貌城管网格管理制，深入实施“洁化、序化、绿化、美化、亮化”工程，建设志愿者之城。实施新一轮城乡环境综合整治大会战，深入开展违法乱建、垃圾乱扔、烟蒂乱丢、车辆乱停等专项整治行动，新建精品示范街8条，创建“门前三包”示范街10条，建设席地能坐示范区30个。打好城镇生活垃圾分类处理攻坚战，创建25个省级高标准分类示范小区，完成66个小区生活垃圾撤桶并点。完成15个公园、122个公厕服务提升。加大存量违法建筑拆除力度，全面遏制新增违法建筑，拆后土地利用达80%以上。实现居民小区物业管理全覆盖。推进市区管理一体化，完善城市精细化管理标准体系，加快智慧城管开发应用，推进智慧交管建设，建成市区智慧停车系统。岱山、嵊泗争创全国文明县城。

5. 着力优化营商环境

实施数字化改革行动。制定实施数字化改革行动方案，统筹推进数字政府、数字经济、数字社会和数字法治融合发展。深化政务服务“一网通办”，加快推行“全域通办”，力争推出30项“智能秒办”事项，以数字化手段推动“一件事”集成改革。深化惠企政策兑现等数字化应用。推进低风险小型项目审批“最多20个工作日”改革，全市投资项目审批实现“4个100%”。推进规划用地“多审合一、多证合一”。深化“办事不出岛”改革，推广“云上大厅”远程办事模式。政务服务事项线上受理率达85%以上。实施综合执法数字化改革，实现对企业“综合查一次”。加强个人信息保护，确保数据安全。

深化营商环境提升行动。深入实施优化营商环境便利化行动2.0版。对标实施自贸试验区营商环境特色指标体系，搭建油气企业智慧监管平台，建设数字口岸。深化“证照分离”改革，探索自贸试验区商事主体登记确认制改革试点。提高金融服务便利性，利率水平保持全省低位。争创国家社会信用体系示范城市。建立全市营商环境智控指数，季度排名居全省中偏上位次。

精准服务企业。深化“三服务”，谋划实施新一轮降本减负措施，积极落实国家、省水电使用等优惠政策。深化“企业码”应用，提升涉企服务精准化水平。开展“十百千”务工人员招引计划。实施融资畅通工程升级版，金融机构贷款余额增长15%以上，不良率控制在合理水平。防范化解企业债务风险，打击逃废债，营造良好金融环境。深化环保服务企业示范行动，提高生态环境执法规范化精准化水平。深入实施国企改革三年行动方案，突出营业收入和利润率，完善业绩与薪酬挂钩机制。

6. 着力打造乡村振兴海岛样板

壮大渔农村经济。启动实施农业农村现代化规划。创建乡村产业融合示范区3个、省级休闲乡村3个。打好“粮、猪、菜”保质保量保供组合拳，落实粮食安全责任制，确保粮食播种面积7.9万亩以上，生猪存栏量完成省定任务。实施新一轮提升村级集体经济发展能级五年行动计划，落实土地征收补偿费村集体提留不少于20%制度，全市行政村集体经济均实现年收入20万元以上且经营性收入10万元以上，提前完成省定相对薄弱村清零任务。

加快美丽乡村建设。深化“千万工程”，新建、提升美丽小岛5个，打造美丽乡镇4个、美丽风景线4条，培育新时代美丽乡村70个，实现美丽乡村示范县全覆盖。完成农村房屋安全隐患排查整治工作。加快数字乡村建设，实现主要乡村5G网络全覆盖。

创新渔农村治理。做好换届后半篇文章，完善“一肩挑”后村社治理体系。健全“两进两回”长效机制，将农村人才纳入全市人才体系，实施农创客培育行动，提升渔农村带头人能力素质。提高乡村“四治”融合水平，创建省级善治示范村30个、民主法治村10个。集成推进渔农村各项改革。开展耕地非农化、非粮化、抛荒专项整治行动，建立农村合理用地保障机制。

7. 着力强化生态环境保护

加强自然资源规划管理。高质量编制国土空间总体规划和重点领域专项规划，构建“多规合一”规划体系。开展自然资源资产统一确权登记，建立“云账簿”。强化公益林建设和天然林保护，完成绿化造林6480亩。综合推进闲置用海、用地和低效土地整治，处置历史围填海1万亩以上，消化批而未供土地3000亩，盘活存量建设用地3000亩，新开发低效用地3000亩，启动垦造耕地7000亩。

持续推进环境治理。扎实做好中央、省生态环保督察和长江经济带生态环境问题整改。制定碳排放达峰行动方案。守护“舟山好空气”金名片，做好PM2.5和臭氧浓度“双控双减”工作，确保空气质量保持全国前列。深化碧水行动，建成污水零直排区50个，确保省控以上断面水质全面达标。推行“一证式”环境监管模式，完善海陆统筹环境协同管理平台。探索海上生态产品价值实现机制。

强化海洋生态保护。深入推进“蓝色海湾”工程，全面推进生态海岸线建设，严控近岸海域污染排放，建成全国海岛生态减灾示范区。强化码头岸线整治，完善本岛及周边岛屿产业准入负面清单。加强船舶生产和生活垃圾投放管理。深化舟山渔场修复振兴，推进海洋特别保护区、国家级海洋牧场建设，放流各类海洋水生生物5.5亿单位，不断提升海洋生物多样性保护水平。持续开展“清海清网”专项执法行动，严格规范休渔开渔管理。

8. 着力保障和改善民生

加强就业和社会保障。确保财政投入民生支出不低于66.7%。登记失业率保持在3%以内。完成第七次人口普查。积极应对人口老龄化，加快居家养老服务立法工作，实现示范型居家养老服务中心乡镇（街道）全覆盖。推进医保市级统筹省级试点。万人以上人口集聚乡镇（街道）全部建成“残疾人之家”。持续推进安居工程，竣工559套、交付1333套。强化“菜篮子”市长负责制，完善直采直销体系，新建“菜篮子”销售点15个。

提升公共服务水平。持续实施海岛教育三年行动计划，抓好名校集团化办学，提升普通高中教学质量，完成市特殊教育学校主体工程，推进职业教育产教融合，开展在舟高校服务地方发展贡献度评价。推进健康舟山建设，深入开展爱国卫生运动。深化城市医联体和县域医共体建设，持续提升基层卫生服务能力，力争基层就诊率达65%以上。启动基层中医师承培养项目。加强青少年近视防范，实施青少年心理健康关爱行动。广泛开展全民阅读活动，新建提升城市书房10家。启动第二批“幸福驿家”建设。重视关心下一代工作，切实加强慈善、民族宗教、外事等工作。支持工会、共青团、妇联、科协等群团发展。加强国防动员建设，推进军民融合发展，争创新一轮全国双拥模范城。做好东西部扶贫协作和对口支援工作。

高质量建设平安舟山。制定最安全城市建设指标体系。实施“618”工程，加快推进全国市域社会治理现代化城市建设。建立完善县、乡、村三级矛盾纠纷分级调解体系，深化基层治理四平台与110报警服务平台、网格员与社区民警双联动。深化“海上枫桥”“东海渔嫂”等品牌建设。推行重大决策（重大项目）社会风险全过程监管机制。推进雪亮工程、智慧村社、天罗海网建设，实施“智治铁桶”“海岸卫士”工程。完成12345热线升级改造，推进重复信访事项治理，创建信访工作示范县（区）。加强网络安全整体能力建设。建立海上精密智控机制，加强重点海域气象灾害精准监测预警，铁腕推进渔船、海上交通运输船安全管理，强化危化品、道路交通、消防等重点领域专项整治，确保事故起数、死亡人数持续“双下降”。

9. 着力打造整体智治现代政府

强化政府系统政治建设。学懂弄通做实习近平新时代中国特色社会主义思想，树牢“四个意识”，坚定“四个自信”，坚决做到“两个维护”，旗帜鲜明讲政治，不断提高政治判断力、政治领悟力、政治执行力，自觉在思想上政治上行动上同以习近平同志为核心的党中央保持高度一致，把坚持和加强党的全面领导贯穿到政府工作的全过程、各领域，闻令即动，雷厉风行，推动党中央国务院、省委省政府和市委决策部署落地见效。

加快整体智治政府建设。深化政府数字化转型，建成投用“舟山大脑”，加快建设“掌上办公之市”“掌上办事之市”“掌上治理之市”，实现部门间非涉密事项100%线上办理。深化“县乡一体、条抓块统”改革，解决基层“看得见、管不住”和职能部门“管得着、看不见”问题。推动“基层治理四平台”系统与社会矛盾纠纷调处化解系统协同对接,提升社会智治能力。争先创优,唯实惟先,坚持指标化、项目化、闭环化、协同化抓落实,确保说一件、干一件、成一件。

深化法治政府建设。发挥政府重要作用,推动重点领域立法。实施“大综合、一体化”行政执法改革,推进基层“一支队伍管执法”和跨部门跨领域综合执法。深化行政复议体制改革。依法接受人大监督,自觉接受政协民主监督,加强审计监督、司法监督、监察监督、统计监督、群众监督、舆论监督。

加强清廉政府建设。全面压实从严治党主体责任和“一岗双责”,持之以恒纠正“四风”。深化廉政风险分析会制度,强化防范堵漏洞。建设节俭政府,严控“三公”经费和会议费、培训费,非刚性、非重点项目支出压减不低于10%,真正把群众“盼的事”变成政府“干的事”。

舟山市高水平全面建成小康社会纪实

从全面建设小康社会到全面建成小康社会

1979年12月，邓小平创造性提出“小康之家”这样一个中国式的“四个现代化”概念。1982年9月，中国共产党第十二次全国代表大会将邓小平关于中国到20世纪末实现小康社会发展目标的构想，确定为此后20年中国经济发展的战略目标。进入21世纪，中国虽然总体上实现了小康，但还是低水平、不全面、发展很不平衡的小康。2000年10月，中共十五届五中全会提出，从21世纪开始，中国进入全面建设小康社会。2002年11月，中国共产党第十六次全国代表大会确立全面建设小康社会的奋斗目标，提出要在21世纪头20年，全面建设惠及十几亿人口的更高水平的小康社会。2012年11月，中国共产党第十八次全国代表大会将“全面建设小康社会”调整为“全面建成小康社会”。

改革开放以来，浙江省锐意进取，奋力创新，一步步从温饱线走向小康社会，在各个方面取得丰硕成果。就在2012这一年，浙江省第十三次党代会郑重宣布，浙江已基本实现了全面建设惠及浙江省人民小康社会的目标，从而向全面建成小康社会迈进。

2019年11月，第三方机构竞争力智库和中国信息协会信用专业委员会，在北京联合发布《中国城市全面建成小康社会监测报告2019》。报告以全面建成小康社会新目标为根本依据，利用各城市2018年公开数据，分别从经济发展、人民生活、文化建设、生态环境、城市治理五个领域进行监测，依次形成五个小康分项指数，五个小康分项指数集成“全面建成小康社会指数”，衡量城市全面建成小康社会整体水平。报告公布“2019中国地级市全面小康指数前100名(含副省级城市)”名单。舟山市位列第八，全面小康指数为138.06。在率先全面建成小康社会20个优秀城市中，舟山市列第一位。

高水平全面建成小康社会补短板

2015年5月，习近平在浙江考察时，就对浙江提出“干在实处永无止境，走在前列要谋新篇”，希望浙江在提高全面建成小康社会水平上更进一步，在推进改革开放和社会主义现代化建设中更快一步，继续发挥先行和示范作用。2016年1月28日，省十二届人大四次会议审议通过《浙江省国民经济和社会发展第十三个五年规划纲要》，描绘了高水平全面建成小康社会的宏伟蓝图，标志着浙江省进入高水平全面建设小康社会时代。

舟山市在全面建成小康社会的“社会短板”主要是人民生活领域的渔农民增收、经济发展领域的创新研发投入、环境资源领域的人均公园绿地面积指标等方面。特别是海洋经济、高科技产业招商、引才留才、北向大通道等方面的工作。不同短板背后都有长期的复杂成因，对其进行科学评估，对必须完成的任务和存在的突出制约因素进行梳理，探索针对性措施补齐短板。补齐短板对标习近平赋予浙江“重要窗口”的新目标新定位，对照高水平全面建成小康社会的指标体系，按照省委书记车俊提出的“找准”“聚焦”“攻坚”六字要求，确保补短提升工作“结出发展硕果、交出满意答卷”。进一步突出工作重点，抓住关键要害，对科技创新、产业升级、基础设施、营商环境、公共服务、社会治理、生态环境、防范化解风险等方面的短板问题，加大财力、集中精力、提升能力,推动各项工作落地见效。通过补齐这些短板,舟山从全面建成小康社会向高水平全面建成小康社会取得了质的飞跃。

2020年6月3—5日,全国政协常委、省政协副主席、民革浙江省委会主委吴晶带队赴舟山,围绕"高水平建成小康社会补短板"专题,开展三级政协联动民主监督。6月4日上午,召开专项民主监督座谈会。吴晶高度评价舟山在"高水平全面建成小康社会补短板"工作方面所取得的成效。

高水平全面建成小康社会交出高分答卷

2020年11月23日,在浙江高水平全面建成小康社会主题系列新闻发布会——舟山专场上,舟山用数字解读全面建成小康社会的成就,用项目讲述舟山经济社会发展的美好未来,交出一份高分答卷。

一组组数据,从多个维度解读舟山"小康答卷"的高水平。从综合实力提升看,从2012年到2019年,全市地区生产总值(GDP)年均增长8.4%;2019年人均GDP达到11.7万元,居全省第三。2020年前三季度,舟山市出口增长30.1%,实际利用外资增长333.9%,增速居全省第一,自贸试验区贡献率达四分之三。从产业转型突破看,绿色石化、海工装备、海洋电子信息、航运服务等产业加快发展,国家北斗海洋产业应用示范基地、海洋大数据中心等重大项目落户舟山,研发形成世界首座海洋潮流能发电站等一批重大成果,2012年以来全市高新技术产业增加值年均增长10.3%,近三年全市高新技术企业数增长近2倍。从城乡面貌变化看,城市品质持续提升,成功创建全国文明城市,连续11年获生态省和美丽浙江考核优秀,空气质量保持全国领先,人均公园绿地面积居全省第二,"处处有景、岛岛花园"的海上花园城市正在形成。从人民生活水平看,2019年,城乡居民人均可支配收入分别达到6.15万元和3.68万元,收入比缩小至1.67∶1,居全省第二,恩格尔系数达到富足标准;在全省率先实现教育基本现代化和公共文化服务标准化,健康城市综合指数位列全国前15%。

对浙江自贸试验区建设情况,舟山同样用数字说话。自2017年4月挂牌以来,已累计形成制度创新成果123项,位居第三批自贸区首位,向全国首创58项,向全国复制推广27项。2020年3月又获批国务院支持浙江自贸试验区油气全产业链开放发展26条措施。油气全产业链初具规模,集聚油气企业7200余家,其中世界500强企业43家,成为全国油气企业最集聚的地区,年油品贸易额突破3200亿元;船用保税燃料油年加注位居全国第一、全球第八;年炼化一体化4000万吨基地正在加快建成;油品储备能力达2790万吨,占到全国的四分之一;年跨境人民币结算量达960亿元,占全省16%。加快向一流营商环境挺进。舟山优化国际贸易"单一窗口",在全国首推船舶通关一体化。涉企事项100%实现"最多跑一次",企业开办常态化4小时办结,企业投资全流程审批时间"最多80天";国际船舶通关时间从16小时缩减到2小时;进口货物从申报到提离由4小时缩短至最快1分钟半,效率全国领先。创建国家信用示范城市,打造最安全城市。以油气为代表的大宗商品资源配置能力大幅提高。四港联动枢纽功能不断完善。舟山打通海、陆、空、信息通道,为扩大开放、畅通双循环提供关键支撑。近四年完成交通投资380亿元,相继建成鱼山、秀山、新城等一批跨海大桥和全市第一条快速路,全市累计建成跨海大桥24座、超80千米。全长16.3千米的舟岱跨海大桥即将建成。甬舟铁路于2020年底正式开工。舟山加快建设世界一流港口,宁波舟山港吞吐量连续11年居世界第一,舟山港域占比近半。2019年,港口货物吞吐量达5.36亿吨,占全国5.82%。其中油气吞吐量占全国8.28%;铁矿石吞吐量占全国11.35%。加快建设江海联运服务中心,打造智慧港航,2015年以来江海联运量年均增长9.8%,占长江干线江海联运总量的16%。普陀山机场完成改造,2019年吞吐量超150万人次。

回答"五大会战"这道考题,舟山的解答有故事、有数据。以城乡环境综合整治为例,已开展了上百项的专项整治,治出了城市新貌、宜居环境、文明秩序,消除大量"脏乱差"现象,改造城中村53个,老旧小区160个,新建改造城市道路51条,城市公园37座。城市精细化管理不断提高,城区垃圾分类实现全覆盖,主次干道垃圾桶实现"撤桶进店",市民的文明习惯逐渐养成,"文明礼让斑马线"蔚然成风。从招商引资情况来看，舟山近三年引进的外资是过去八年的总和；把招商引资和招才引智结合起来，三年来引进的大学生占全市人口2.7%。在治水治污方面，舟山实现省控地表水断面、交接断面和县级以上饮用水源地全面达标，100多个入海排污口全部完成整治。生活垃圾消灭填埋，2018年做到垃圾全焚烧处理。数据显示，三年来，舟山市中心任务的完成率每年都在95%以上，群众满意率也较高。全力抓好重大项目特别是重大产业项目推进工作，取得明显成效。2021年观音文化园开园，鱼山石化基地炼化一体化4000万吨项目有望全面建成达产，甬舟铁路开工建设，投资160亿元的舟山本岛到岱山的海上大通道正在加快建设。引进一批以油气和先进制造业为主的重大项目，签约异质结太阳能电池片项目，中储粮项目、日本住友海底电缆项目等相继落户，引进霍尼韦尔和BP项目，以及投资200亿元的中石化LNG、投资160亿元的浙能LNG等大项目。引进光学板材、量子点等一批先进信息材料项目。

区域一体化迈出坚实步伐。舟山主动融入长三角、接轨大上海、推进甬舟一体化，与沪、杭、甬等地签署合作框架协议。浙沪海上合作示范区建设有序推进，小洋山纳入上海自贸试验区临港新片区，小洋山北侧合作开发项目开工建设，上期所明确入股浙江国际油气交易中心，浙沪跨港区供油开始试点。主动承接辐射带动，在沪杭甬三地建立5个“人才飞地”。加强与杭州、宁波、金义自贸新片区联动，推动数字赋能海事服务，共建万亿级石化产业集群。舟山是上海大都市圈“1+8”城市的一员，是宁波都市圈的一员，在长三角城市群中具有得天独厚的优势。省委提出，浙江要成为长三角城市群一体化发展的“金南翼”，舟山定位为“金南翼”上的一颗“海上明珠”。如何让“海上明珠”发挥作用、展现担当，舟山要实施“126”行动计划：“1”就是要建设跨海大通道，北上是连接上海的沪舟甬跨海通道，南下是甬舟高铁，建成后，舟山将全面融入长三角2小时交通圈；“2”就是推进两个一体化，推进浙沪海上合作，推进甬舟一体化，实现分工协作，优势互补；“6”是推动六大合作行动，包括实施自贸联动、港航协同、产业提质、创新引智、民生共享、环境提升六大行动，每项行动都要谋划一批抓手和载体，全面融入长三角。

展望未来，面对习近平赋予浙江“重要窗口”的新目标，舟山将贯彻落实好“八八战略”，推开浙江这扇“重要窗口”看舟山，就是绚丽夺目的海岛风景线。舟山已明确9大标志性亮点：以鱼山岛绿色石化为标志性亮点的世界级炼化一体化基地，以甬舟高铁为标志性亮点的世界第一跨海大桥群，以浙江自贸区油气全产业链为标志性亮点的国家战略，以宁波舟山港、洋山深水港为标志性亮点的世界一流港口，以世界百年渔港为标志性亮点的现代渔业，以优良生态、宜居宜业、美丽千岛为标志性亮点的海上花园城市，以观音文化园、普陀山为标志性亮点的世界佛教文化圣地，以海天佛国、渔都港城为标志性亮点的国际海岛休闲旅游目的地，以平安舟山为标志性亮点的社会治理舟山样本。舟山未来令人期待：在海岛风景线上打造一颗颗“明珠”，绘制一幅幅“工笔画”，形成“百花齐放、处处有景”的生动局面，让“重要窗口”海岛风景线绚丽夺目。

舟山市“十三五”期间高质量推进对口帮扶、支援、合作纪实

开展对口帮扶、对口支援和对口合作，是以习近平同志为核心的党中央作出的重大战略部署。舟山市认识到对口帮扶、对口支援和对口合作的战略意义，响应党中央的战略号召，听从全省工作部署，开拓创新，开展对口帮扶、对口支援和对口合作工作。

“十三五”期间，舟山对口帮扶、支援、合作的地区主要有西藏那曲市、新疆阿克苏地区、吉林省松原市及以四川省达州市为主的东西部地区。经过积极谋划，周密部署，主动作为，真抓实干，确保舟山市对口帮扶、支援、合作工作卓有成效，为对口地区实现精准脱贫、为全社会的共同富裕贡献舟山力量。

对口帮扶西藏那曲市

加大资金实物支持 “十三五”期间，舟山市各相关单位主动对接，支持那曲市的项目建设，其间援藏建设资金233万元，其中援助那曲小学和那曲第一小学各5万元，那曲环卫工人救助基金10万元；九三舟山市委会发动社员

捐赠图书近千册。

加强交流互访 2016年9月，2017年8月、9月和2020年8月、11月，五批舟山市领导带队的代表团到那曲访问和看望舟山籍援藏干部人才，并召开座谈会，为那曲市发展献计献策。2017年12月3—12日，那曲地区行署副专员扎南带队一行17人赴浙江杭州、宁波、舟山考察市政市容工作；在舟山期间，分别考察了舟山市城市展览馆、浙江海洋大学、岙山国家战略储备基地、定海新建社区、长宏国际修造船有限公司、人防应急救援指挥中心和地下指挥所、团鸡山垃圾焚烧发电厂、临城水厂和定海污水处理厂等地。2018年7月，舟山市总商会领导带队访问那曲，并给那曲市环卫工人送去温暖。2019年1月，那曲市挂职单位有关领导带队再次到舟山考察访问。

做好浙江对口援藏 “十四五”规划前期有关工作援助干部配合省对口工作领导小组办公室开展前期调研，组织召开由那曲市组织部、教体局等16个单位负责人参加的座谈会，深入了解、交流“十四五”时期那曲市发展特征、趋势和主要矛盾等；陪同前往那曲嘉黎县、色尼区、比如县实地调研幸福小区、杭嘉中学、人民医院等浙江省援藏项目，总结援藏项目建设过程中遇到的难题，进一步了解县(区)对“十四五”对口援藏的相关诉求；联系浙江商会，听取老浙商对那曲发展的对策建议。

深化实施脱贫攻坚助力行动 协助编制那曲市复工复产方案。认识巩固脱贫攻坚成果的重要性，面对疫情影响，支持编制复工复产方案，指导那曲结合自身实际科学防控、有序复工。牵头编制《2020年“破冰扫雪”助力那曲消费扶贫行动实施方案》。根据那曲市巩固脱贫攻坚成果新需求，结合浙江现有资源渠道，整合提出十二个“一批”重要举措，以提升自我造血能力为重点，打造长期、稳定、高效的消费扶贫协作机制。

深化实施产业融合提升行动 开展“浙商进那曲”系列活动。梳理那曲资源特点和实际需求，积极对接、牵线有意向、有实力在那曲发展的优质企业，牵头开展“浙商进那曲”系列活动，进一步挖掘浙商投资潜力。已引进7家企业赴那曲投资，总投资1.97亿元，已有精康口罩厂、长荣秀娜制衣一期、神山智美蔬果基地、雅阁养生会所4个招商项目建成投产，长荣秀娜制衣二期、那曲市建材市场2个项目正在建设，另有那曲净土仓储物流项目、那曲大厦二楼超市项目、那曲市地热开发使用项目等10余个项目正在抓紧对接协商。探索那曲“飞地”经济发展的可行性。主动总结浙江经验，探索开展“飞地”“扶贫车间”等发展可行性研究，结合高海拔地区易地搬迁后牧民就业困难现状，编制《关于推进那曲市特色“飞地经济”发展研究的建议》。配合推进重要产业项目实施。重点推进浙江省产业援藏精准脱贫示范区暨百亩连栋温室建设项目，加强与那曲市农业农村局、牧发公司等沟通，长远谋划、全面布局，多方筹措项目资金、优化项目审批备案，确保项目如期建成投运。

强化地方志援藏工作 舟山市的地方志援藏工作坚持“受援方为主、支援方为辅”的原则，按照省地方志办公室“各司其职、倒排进度”的工作要求，以实现那曲市尼玛县地方志“两全目标”(地方志书完成二轮编纂，地方综合年鉴实现正常连续出版)为工作重点，有序推进地方志援藏工作。2017年12月，舟山市派地方志专业人员参加省方志办举办的援藏志书编纂业务培训班，接受中指组、省及其他各地领导专家的专业培训；2018年7月，随省方志系统对口指导专家组赴西藏拉萨、那曲等地参加座谈交流及授课学习；2019年3月和5月，分别参加省方志办援藏工作座谈会和推进会，学习各方先进工作经验，查找不足，提升地方志援藏专业素养。志书编修方面涉及政治、民族、宗教及史实等内容时，由受援单位负责把关；指导专家侧重在志书体例、记述原则、内容特色、行文规范以及印刷出版等方面给予指导帮助。舟山市的方志援藏工作借助业务培训班、座谈会及实地考察指导等场合和契机，与尼玛县开展对接交流。坚持每月两次电话沟通，了解尼玛县志书编修进度以及年鉴编纂情况，有针对性地实施“一对一”帮扶指导。先后寄送《舟山市志》、《舟山市志(1989—2005)》、1994年版《定海县志》和《定海区志(1988—2007)》，寄送《舟山年鉴》《定海年鉴》近期出版的卷本，寄送《定海区志编修始末》以及其他历史文化丛书和地情文化丛书等资料给尼玛县方志办，供借鉴交流。对《尼玛县志》

（首轮志书）终审稿进行通读，梳理修改意见和建议；帮助尼玛县志书终审稿撰写近5000字的县情概述；通读《尼玛年鉴（2017）》送审稿，提出书面修改意见；对尼玛年鉴2018卷和2019卷在目录框架设置、体例特色及语言规范等方面给予指导帮助；对《尼玛县志（续志）》的编目设置给予富有建设性的指导意见，并对该续志在史料收集和初稿撰写方面加强指导。2020年，舟山市将援藏工作重点放在《尼玛县志（续志）》的编纂方面。该志书字数已由25万字左右丰富增加到50万字左右，史料内容进一步丰富，对加快其进度、解决记述断线、内容留白过多以及照片严重缺乏等问题起到关键的指导作用。至2020年底，《尼玛县志》基本完成印刷稿，准备付印。

对口帮扶新疆阿克苏地区

舟山市持续援疆20年，连年选派干部进驻阿克苏地区。尤其是"十三五"期间，舟山援疆干部人才在浙江省援疆指挥部、地委行署、挂职单位党委（组）的正确领导和舟山市对口办的指导支持下，完成援疆工作任务，援疆干部人才先后被评为省指挥部优秀党员、"四比四创"先进个人、兵团先进个人等荣誉，得到省援疆指挥部和挂职单位的高度肯定。舟山市的援疆工作为维护新疆稳定发展、支持新疆教育提升，以及加强先进经验交流、促进先进理念落地生根做出贡献。

结对扶贫　舟山市作为全省唯一没有设立指挥部的市，没有对应的对口支援县市。根据中央和浙江省委、省政府助力脱贫攻坚的要求，舟山市与国家贫困县乌什县4个深度贫困村和兵团第一师16团困难连队结对帮扶。2018年8月，舟山市委书记俞东来带队到现场考察并与5个结对村签订帮扶协议，五个功能区管委会主动对接开展帮扶活动，进一步深入开展结对扶贫工作，并组织社会力量进行捐赠，以"抓党建、强基础，兴产业、促发展，解难题、办实事"为主要任务，助推当地政府打赢脱贫攻坚战。通过对接舟山市各界单位和爱心企业，开发资源，争取支持。进疆以来，已累计向舟山博爱希望小学、阿克苏第六中学、16团幼儿园等捐赠教学用品、校服、奖（教）学金13批次，援建兵团一师16团荷花广场主题沙雕，援赠（补助）款物折合人民币100余万元。在受到阿克苏各地各族群众广泛好评的同时为浙江援疆增添了鲜明的舟山元素。

项目援疆　主动对接舟山旅游集团，2018年在16团荷花公园投资50万元建设完成舟山沙雕公园（一期），2019年继续投资50万元建设舟山沙雕公园（二期），丰富了团场干部职工的业余生活。争取资金1900万元建设十六团塔河"第一连"红色旅游、美丽村庄、中学综合楼、日间照料中心建设等项目，改善团场的基础设施建设。

产业援疆　由舟山商贸集团牵头，结合浙江援疆"十城百店"工程模式，2019年在舟山商贸惠众广场专门设立阿克苏农产品销售门店，协调推动阿克苏农产品在舟山的销售，助力当地百姓脱贫增收。2020年，开展"十城百店"活动，在舟山设立新疆消费扶贫专店。

教育援疆　舟山市9位援疆教师分别在新疆理工学院、阿克苏地区教育学院及阿克苏第六中学任职。9位教师做好顶岗补缺，顶岗上课共计1726节，参加教研活动25次，通过成立传帮带工作室签约带徒，帮带徒弟11人。

与吉林省松原市开展对口合作

2017年，浙江省与吉林省开展对口合作，舟山市与吉林松原市开展对口合作交流工作。舟山市委、市政府高度重视，各项交流活动扎实推进，各领域合作不断深化，特别是在加强衔接互动、探索产业协作、对标先进经验等方面，取得重要成果。

夯实对口合作工作基础　确立对口合作总体布局。2017年11月，舟山市与松原市正式签订对口合作协议，确定体制机制、产业发展、创业创新、平台建设、干部人才交流等5个方面14项合作要点。在此基础上，两市各县（市、区）又分别签订战略合作协议，实现县级层面对口合作全覆盖。其中，普陀区与扶余市、前郭县，定海区与乾安县、长岭县，岱山县与宁江区，嵊泗县与松原经济技术开发区建立对口合作关系。

建立对口合作工作机制。两市共同制定《松原市与舟山市对口合作实施方案》，确定近期对口合作工作目标和重点任务，逐一明确责任分工。两市分别成立由市政府主要领导任组长的对口合作工作领导小组，制定对口合作工作机制，建立联席会议制度，形成政府、企业及社会力量广泛参与的对口合作推进体系。

开展多层次对接交流。松原、舟山两市党委政府主要领导实现互访，分管领导多次开展对接交流，双方开展互访交流活动30余次，推动重大合作事项的落实。两市各部门之间多次开展对接，在经贸交流、行政审批、发展理念等方面展开合作，先后签订《松原市工商联与舟山市工商联友好商会协议》《松原与舟山签署两市旅游合作框架协议》《松原市前郭灌区与舟山市商贸集团签订东北大米合作经营协议》《松原市与舟山市人力资源优化合作协议》《两市科技工作会商制度议定书》“1+7”科技创新合作协议等一系列合作协议，各领域合作不断深化，形成高位统筹、部门联动、县（区）发力的对口合作工作新局面。

细化对口合作工作任务。两市反复研究对口合作重点领域和主要内容，结合对口合作实施方案的具体要求，组织双方有关单位和有关县（区）、开发区分别制定《2018年松原、舟山两市对口合作事项清单》《2019年松原市与舟山市对口合作重点项目清单》《2020年松原、舟山两市对口合作重点项目清单》，分年度细化工作任务，明确责任部门，建立对接推进机制，制定时间表、路线图，实现两市相关部门之间的对接合作，推进合作事项取得实效。

推进体制机制创新　推进松原市“只跑一次”改革。按照吉林省政府提出的“只跑一次”要求，松原市到舟山学习“最多跑一次”等政务服务方面的先进经验，实现政务服务“一窗通办”全面升级。松原市公布的1078个事项中，有672个事项的审批时限与舟山相同，88%的事项承诺期限与舟山相近。

推进跨地区耕地占补平衡合作。国家跨区域补充耕地相关政策文件出台后，舟山、松原两市国土部门积极对接，深入研究开展跨区域耕地占补平衡合作事项，提出从盐碱地治理的角度，将松原市海峡两岸实验区内的可利用地块实施土地整治，将水田补充耕地指标申请纳入国家统筹范围的方案。至2020年底，两市已经完成耕地指标调剂的相关前期工作，并达成一致意见，争取成为国家首批交易试点。

推进产业协同合作　推进两地特色农产品产销合作。通过两市政府和有关企业共同推进，在舟山粮油批发市场建立松原农副产品展示展销中心，松粮集团、德伟米业等企业的产品上架销售，并通过舟山市本地公司开展线上线下销售。松原市松粮集团与舟山市粮食收储有限公司签订5000吨水稻异地储备合同，前郭农垦集团与舟山商贸集团开展贸易合作，定向销售“松莲大米”。前郭华展公司与舟山菜篮子服务有限公司就前郭大米、杂粮、杂豆等农副产品结成长期战略合作关系，与舟山禾一商贸有限公司就一亩田私人订制板块达成合作，开始在全浙境内销售。推动松原市成为舟山优质海产品展销集散中心，承接、中转的物流企业以及松原本土海鲜分销商初步确定。

推进两地旅游产业深度合作。2018年8月，松原市在舟山举办松原旅游推介会，推动两地旅游企业在冰雪旅游、避暑旅游、民俗旅游、文化旅游等领域的合作。2018年9月，松原市参加“2018年国际海岛旅游博览会”，以“生态松原魅力查干湖”为主题，通过3天的展会，集中展示松原的旅游资源和产品，现场接受旅游咨询1000余人次，发放旅游宣传资料3000余份，提升松原在舟山旅游的知名度和影响力。松原、舟山两市共同出台优惠政策，打造“松舟游客互换”“旅游通道”等品牌。重点推动建立两市旅游航线事项，2019年5月，松原市常务副市长姜国凡带队到舟山对接考察，商定两市采取季节性旅游包机直飞的模式实现通航，每年分两个季节共4个月通航时间，并对航线补贴费用及方式进行初步商讨，争取早日实现通航，促进两地旅游及其他产业发展。2020年，通过互相对接，重点围绕提升宗教文化资源开发能力，舟山市佛教界指导帮助松原市打造佛教文化园、开发禅修康养等项目。

推动科技领域合作。吉林牧神机械有限责任公司与浙江大学舟山海洋研究中心联合申报《高效精准型免耕播种机的研制与示范（松原－舟山科技合作专项）》，吉林三马电子技术有限公司与舟山国脉海洋信息发展有限公司联合申报《IT运维平台（松原－舟山科技创新专项）》。松原市乾安县大汇永昌种植养殖专业合作社与浙江海洋大学签订合作意向书，推动浙江海洋大学与松原市前郭县八郎镇穆家村鑫盛特种狐貉养殖场合作开展“海洋低聚氨基多糖添加剂研制关键技术及其在毛皮经济动物中的应用研究”、浙大舟山海洋研究中心与吉林牧神机械有限责任公司合作建设“高效精准型免耕播种设备研制与示范”项目。

推动特色产业小镇建设合作。通过借鉴舟山市特色小镇成功经验，松原市在长岭县、扶余市、前郭县谋划提出一批特色小镇建设计划，并启动项目申报工作。2020年重点启动查干湖特色小镇建设工作，完成一期征地拆迁，并启动实施5个重点项目。

推动重点产业项目合作　自对口合作工作开展以来，舟山市帮助松原市积极引进浙江资金，通过政府与企业合作、企业与企业合作等模式，加快重点项目建设。至2020年底，推动落地浙商投资合作项目10个，积极对接洽谈项目8个。

推进合作平台建设　搭建企业交流合作平台。两市对口合作的不断深入推动两市企业间的交流合作，两市科技部门签订《科技工作会商制度议定书》等“1+7”科技创新合作协议，推动松原市松云电子科技有限公司、吉林石油装备公司、吉林牧神机械有限责任公司、吉林三马电子技术有限公司等企业与舟山企业开展合作，分别签订战略合作协议。松原市就业服务局与舟山市就业管理服务局签订《松原市与舟山市人力资源优化合作协议》，建立互动交流、对口劳务合作、劳务信息沟通等机制。两市工商联多次组织企业互访考察和对接交流，推动人力资源、农副产品、食品等方面企业的对接合作。2018年11月，松原特色农产品走进浙江，参加吉林省第二届优质特色农产品浙江展销宣传周，并举行推介活动，两市企业就品牌建设、产销对接和产业合作等方面进行深度对接。

搭建脱贫攻坚合作平台。松原市组织全市驻村“第一书记”代表到舟山开展“浙里有粮缘——松原第一书记代言农产品进舟山”对口交流活动。活动现场设立“第一书记”代言农产品展位，集中发放宣传资料，推介产品，打开销路。活动中，组织7名“第一书记”参加松原舟山两地粮食产销协作洽谈会，现场有12家企业签署意向协议，其中2位“第一书记”代言的农村专业合作社与当地企业签约，提高贫困村和贫困群众收入。

搭建文化交流平台。两市开展形式多样的文化交流活动。2018年8月，舟山市代表团赴松原市专场演出大型传统越剧《观音得道》，举办浙江舟山群岛新区海洋艺术精品展览；2018年9月，舟山市普陀区文广新局与扶余市文广新局共同承办以“品牌筑梦·共享共赢”为主题的吉林省扶余市首届花生博览会大型文艺晚会，普陀区文化交流团与扶余市满族艺术团共同演绎了一场具有地方文化特色的晚会，加深两地间的文化交流。

推进干部人才交流合作　为进一步密切合作，畅通渠道，两市互派干部挂职锻炼，建立双向干部交流挂职长效机制，开展分层次挂职交流。舟山市选派普陀区委常委、宣传部部长李升到扶余市挂职锻炼，并作为两市对口合作总协调人，负责对口合作联系协调具体事宜。松原市先后选派2名厅级、3名处级、13名科级及以下干部到舟山挂职，市政府办公室选派10名科室负责人到舟山市政府办公室对口科室工作学习。在此基础上，松原市举办对口合作培训班7期，培训各级领导干部289人（次），通过挂职锻炼、对口学习和各类培训活动的开展，松原的广大干部学习了先进地区发展理念和工作方法，从政能力、工作素质得到大幅提升。松原职业技术学院与浙江国际海运职业技术学院开展对接，合作开展师资交流及技工技能培训，结合舟山市专业技术人才、管理人才需求，开展订单人才培养，拓展人才交流渠道。并与浙江海中洲集团有限公司等企业签订校企合作协议。

推动对口合作“一市一平台”工作两市按照浙江、吉林两省关于对口合作“一市一平台”的有关要求，在审视两市资源优势、产业基础、园区现状等情况基础上，提出共同打造对口合作产业园区，深化两市对口合作，进一步建立互利共赢的区域合作关系。松原－舟山产业园平台依托松原市宁江区雅达虹工业集中区的区位优势和发展基础，在杭州锦江集团、杭萧钢构股份有限公司等已落地企业的基础上，发挥企业实施的项目带动作用，承接上下游产业转移，在产业对接、项目建设、品牌创建、人才交流等领域展开合作，引导舟山市优质企业投资建设新项目，重点发展新材料、新能源、装备制造、科技创新成果转化等项目，促进两地产业优势互补和新动能培育。宁江区雅达虹工业集中区与岱山县岱山经济开发区签订合作园区共建协议；松原富东石油技术服务有限公司与浙江友联修造船有限公司和舟山市华丰船舶修造有限公司签订油泥、危废处理合同，由落户园区的松原市鑫盛环保科技有限公司(浙江企业)进行处理；雅达虹工业集中区与岱山县周富食品有限公司达成合作，由岱山县周富食品有限公司向宁江区雅达虹工业集中区提供产品研发、技术支持、设备采购、工艺更新、市场开拓等支持，雅达虹工业集中区向岱山县周富食品有限公司提供食品原材料支持，强化双方在食品加工领域的合作。

东西部扶贫协作

按照国家东西部扶贫协作和对口支援工作部署，2018年以来，舟山市定海区、普陀区分别与达州市宣汉县、万源市结对开展扶贫协作，主要开展组织领导、人才交流、资金使用、产业合作、劳务协作、携手奔小康行动6项重点内容。自结对帮扶以来，舟山、达州两地发挥比较优势，建立长效机制，拓展帮扶领域，创新帮扶形式，开展全方位、多层次、宽领域的帮扶与合作，各项工作进展顺利、成效明显。

强化组织保障　舟山市、区两级均成立对口工作领导小组，由党政主要领导任组长，形成“主要领导亲自抓、分管领导具体抓、领导小组办公室综合协调、成员单位各司其职”的工作格局。市委常委会、市政府常务会议专题听取东西部扶贫协作工作情况，并作出全面部署。针对消费扶贫、产业合作等重点难点任务，市政府多次召开工作推进会，进一步明确工作目标，强化工作责任，狠抓落实。达州市组织党政和部门(单位)负责人等到舟山市开展党政交流、劳务协作、产业合作等，累计开展互访交流、对接考察42人次。2018年5月2—4日，舟山市委书记俞东来赴达州调研并召开联席会议，签订两市《东西部对口帮扶框架协议》；2019年6月26—28日、2020年8月31日至9月2日，舟山市委副书记、市长何中伟赴达州调研并召开联席会议，签订《舟山市达州市东西部扶贫协作商贸产业合作战略协议》《东西部劳务协作技能人才培养合作协议书》等一系列合作协议。三年来，舟山市召开专题研究部署会议10次，听取工作汇报，研究部署全市东西部扶贫协作工作。市委常委会议每年都听取东西部扶贫协作工作汇报，市委书记俞东来高度重视，要求提高政治站位，强化使命担当，高质量完成东西部扶贫协作各项任务。

加强人才培育交流　将扶智和扶志相结合，聚焦对口帮扶地区需求，持续推动干部人才输出，深化“组团式”帮扶，送培训、送技能、送理念多策并举，加强干部人才交流，强化理念交融，帮助对口地区培养“带不走”的人才队伍。三年来，两市累计开展互访交流、对接考察活动31批次。舟山市派出5名党政干部长期在达州市挂职，专职分管东西部扶贫协作工作；在教育、医疗、农业技术、畜牧业技术等领域派出专业技术人才95人，为对口帮扶地区带来新技术新方法，促进智力帮扶；开展党政干部培训19期，培训党政干部1189人；开展专业技术人才培训56期，培训各类专业技术人才4179人。通过互派互挂，推进双方交流合作，逐步实现互学互通、共同提高的目标。

发动社会力量参与　全方位发动企业、团体、个人等社会力量参与东西部扶贫，全力汇聚各方爱心投入捐资助学、扶危济困、公益事业，三年累计募集社会援助资金及物资4912万元，全部用于帮扶宣汉、万源贫困村改善基础设施、助学助农、改善贫困人口生活质量。深入开展“万企帮万村”行动，实施组团式教育帮扶、医疗帮扶、农技帮扶和结对活动。三年舟山市有6个乡镇、6个村(社区)、64家企业、23个社会组织、11家学校、10家医院参与结对帮扶，分别结对宣汉县、万源市10个乡镇、176个贫困村、14个学校和15家医院。争取到省国资委6家省属国有企业与宣汉县、万源市26个贫困村结对。在全市范围内启动“中国社会扶贫网”全面推广活动，爱心人士注册用户达1.4万余人，开展“国家扶贫日”活动，全市捐赠超10万元。

坚持产业合作　把发展产业作为推动脱贫攻坚的根本之策、根本出路。三年来，全市投入财政资金2.2亿元，全部投向宣汉县、万源市的贫困村和建档立卡贫困户，实施帮扶项目72个，帮助建成茶叶、脆李、蔬菜等产业基地2.67万亩(1780公顷)，惠及贫困群众5.5万人。普陀区帮助万源市打造茶叶基地建设的产业扶贫模式，得到浙江、四川两省领导的高度肯定，被《人民日报》专题报道，经验在全国推广。协同开展招商引资，引导23家浙商企业落地宣汉县和万源市，累计投资15.2亿元，带动贫困人口1582人脱贫增收。开展旅游康养合作，签订《舟山－达州旅游战略框架协议》，已组织38批次1005名舟山干部职工赴达州开展疗休养。出台优惠政策，使达州市民与舟山市民享受一样的旅游惠民政策。推动消费扶贫，挖掘达州农特产品，在舟山开设宣汉牛肉、万源黑鸡蛋等4家特色农产品销售专卖店，三年实现销售收入100余万元。借助"达菜入舟"项目，探索基地直供+农业企业订销模式，在宣汉、万源精心打造高山蔬菜、富硒水果等直供基地，发展订单农业，采取舟山龙头企业+当地合作社+农户的形式，舟山市龙荫农业专业合作社分别与宣汉、万源农业合作社、种植农场签订《精准扶贫"达菜入舟"订单种植收购合同》，采购富硒土豆、尖包菜、猕猴桃等10多个农产品1700余吨，实现销售额626.36万元。

创新劳务协作　重点做好"就业扶贫"，舟山、达州两地找准互利合作点，创新合作机制，打出"校企合作、见习实习、镇企对接"组合拳，实现多方互利共赢，《浙江省舟山市创新东西部劳务协作工作》入选2019年人社扶贫典型事例。校校合作，创新"东西部职教劳务协作2+1"机制。2019、2020年两年组织4批次共140名旅游专业和机电专业学生赴舟山学习，并且举办海员培训班，"2+1"模式得到成功实践。校企合作，创新"不间断滚动式见习用工"机制。舟山海中洲集团先后引进5批次共132名学生，帮助企业渡过春节期间和旅游高峰期的用工紧缺难关。滚动式顶岗实习也为贫困学生解决了部分学费和生活费难题。2019、2020年连续两年，舟山市东西部劳务协作"2+1"扶贫机制、"订单式"劳务协作机制入选全国"人社扶贫助力全面建成小康社会优秀成果"，受到人社部的表彰。找准劳务协作切入点，聚焦舟山紧缺用工行业，发挥舟山海员培养优势，开办2期"海员班"，面向达州青年劳动力招募学员，通过技能提升和订单就业双管齐下，让西部山区劳动力从大山走向大海，甚至走出国门成为国际化远洋船员。通过"订单"机制，全市帮助330余名四川达州籍劳动力实现就业增收。镇企合作，创新"区域式点对点深度合作"机制。在达州－舟山对口协作基础上，推动舟山吸纳就业潜力大、用工规范的特色产业企业与两县(市)的乡镇直接建立长期劳务协作关系，形成以区块为单位的点对点深度合作。

做好亮点宣传引导工作　巩固脱贫攻坚主流思想舆论，讲好舟山帮扶故事，传播舟山帮扶声音，展示舟山帮扶形象，为打赢东西部扶贫攻坚战注入强大精神动力。2019年9月，省委、省政府组织开展"携手奔小康同心共追梦"——浙江省对口地区民族文艺巡演活动，舟山市上报省对口办相关对口工作方面资料，在省级层面展示舟山对口工作内容。全面调动全市各类型宣传渠道开展全方位宣传，利用融媒体，结合舟山市对口工作，推送文艺巡演相关信息，做好宣传展板展示，调动巡演氛围，展示舟山市对口工作成效。市东西部扶贫协作工作多次登上央视、《人民日报》、新华社等中央媒体。2020年8月24日，舟山市组织新华社、《浙江日报》、浙江新闻等国家级省级新闻媒体以及舟山各新闻单位记者，与四川及达州当地媒体，开展为期10天的"同走小康路，共营美丽家"大型新闻行动，集中采访并报道舟山、达州两地东西部扶贫协作工作。9月18日，《浙江日报》专版报道舟山市东西部扶贫协作工作。

甬舟一体化发展纪实

甬舟一体化的背景与现实意义

自古以来，宁波(甬)和舟山(舟)就是一体的，两地一衣带水，渊源深厚，习俗相近，经济活动难舍难分。改革开放后，行政区域相对于经济区域的壮大其概念逐渐显得狭小。中共十八届三中全会确定改革目标，即使市场在资源配置中起决定性作用，政府重新定位以发挥更好的作用。遵照这个目标，行政划分不应成为地域发展的障碍，其在现实的行政治理下实现区域整合显得尤为重要。

舟山所处的地理区位条件，决定了其离开宁波将很难发展起来，而宁波的发展也离不开舟山港口。整合一体化是大势所趋，对于宁波和舟山的发展来说都很重要。从国家能源战略的角度着想，港口一体化对甬舟区域实现国家能源储备的战略决策至关重要,以此为基础,衍生城市之间的深度融合,得以形成更大的经济腹地。对舟山而言,有了经济实力支撑;对宁波而言,降低了经济发展的成本。

发布甬舟一体化行动方案

2003年,浙江省委、省政府提出加快推进港口一体化的决策,2004年,甬舟两市联合设立经济合作协调小组及其办公室。2006年1月1日,宁波—舟山港正式启用,标志着两地实现港口一体化,港口资源实质性整合。2011年,浙江海洋经济发展示范区上升为国家战略,宁波市发改委增设宁波舟山合作处,并配备行政编制组建专门合作职能机构。2019年1月26日,浙江省委、省政府印发《浙江省大都市区建设行动计划》,明确要求推进宁波中心城和舟山花园城一体化同城发展。2019年1月27日,浙江省十三届人大二次会议上,省委副书记、省长袁家军代表省政府作工作报告。其中最受关注的,当属"宁波舟山一体化"。这是甬舟一体化首次写进省政府工作报告。浙江省明确支持宁波舟山两地的一体化建设。

2019年8月16日,宁波与舟山共同召开甬舟一体化推进会,提出加快打造高质量发展共同体,携手谱写甬舟一体化发展新篇章,在推进会上宁波发布《宁波市推进甬舟一体化发展行动方案》。根据行动方案,到2025年,甬舟一体化发展取得实质性进展。方案指出全面建立一体化发展的体制机制,基础设施、科创产业、生态环保、公共服务等领域基本实现同城化,现代化国际港口名城初具规模。行动方案提出共同打造快速便捷通勤圈、优势互补的产业大格局、同城化民生服务体系、共保共治生态保障体系、高端资源自由流动的要素市场、政策叠加的改革开放新高地6大重点任务。

甬舟一体化,交通一体化是关键。方案指出,以宁波舟山港深度一体化为突破口,统筹推进一批重大交通基础设施建设,打造宁波舟山"一小时"通勤交通圈。深入推进宁波舟山港管理一体化。共同配合省级部门推进宁波舟山港总体规划调整报批工作,研究制定宁波舟山港港口章程。推动宁波舟山港整合码头功能,优化港口布局,加强重要航道、锚地、引航基地的共同规划建设。共同推进舟山江海联运服务中心建设,推进港口智能化改造。创建宁波—舟山港口型国际物流枢纽。完善高速公路网,推进甬舟高速复线前期,争取尽快全面开工建设六横公路大桥。共建现代轨道交通体系,加快推动甬舟铁路前期工作。协同建设其他重大基础设施。共同谋划两市水务一体化。

聚焦港航物流、海洋经济等产业,加快构建分工协作、优势互补的产业链条和创新体系,整体提升产业竞争力和科技竞争力。协同推进重大创新平台建设。共同打造世界级石化产业基地。合力打响港航物流服务品牌。联合打造海洋经济发展高地。以六横、金塘等开发潜力大的甬舟毗邻地区为重点研究区域,选取适当范围,谋划建设甬舟合作区。以跨海交通、能源、水利等基础设施通道为支撑,以管理体制突破和开发模式创新为切口,打造甬舟一体化示范区。

推动教育、医疗、旅游、社会保障、金融服务、电信服务等民生各领域的广泛对接与合作,促进社会资源共享,不断提高两市的公共服务能力和社会发展水平。进一步扩大异地就医医疗费直接结算范围,推进定点医院纳入省级异地就医联网平台。鼓励基层医疗机构纳入异地定点联网结算范围,加快实现两地异地门诊直接结算范围统筹区域全覆盖。推动建立两地远程医疗系统,支持鼓励两地开展医学学术交流培训。加大旅游互惠分享力度,深入推进"甬舟双城旅游惠民季"等活动,探索旅游门票同城待遇。推动社会保障服务无缝对接。建一批国家级、省级"双创"示范基地、产教融合实训基地、人力资源服务产业园。探索养老保险关系和失业保险关系无障碍转移。共同谋划推进市民卡一卡通和通信资费标准统一。

共同打造共保共治生态保障体系。联动实施污染防治攻坚战。合力开展生态保护,共同打造一批集生态保护、科学研究、环境教育、生态旅游等功能于一体的自然保护地体系。

政务同城化,实现两市"一网通办"。打造"最多跑一次"改革升级版。探索户口迁移网上审批,身份证、护照等异地申领,民生档案异地查询。启动制定市场主体"甬舟通办"方案,实现大部分类型企业注册登记异地受理、属地审核的跨市通办和部分许可事项的跨市通办。推进要素市场一体化。推动人才资源一体化。

强化宁波舟山港作为上海"两个中心"建设的主要组成部分的目标定位,争取国家赋予舟山群岛新区的航运服务、大宗商品交易等优惠政策向宁波延伸,实施船舶特案免税登记、启运港退税等政策。探索宁波市与舟山市各类政策整合互用,共同制定新的政策。合力提升宁波舟山港开放能级,进一步开辟国际航线,助力港口经济圈建设。

推进甬舟一体化高质量发展

至2020年上半年,两市已在港口一体化、基础设施互联互通、开放联动发展、公共服务共建共享等领域取得显著成效,甬舟深度一体化驶入"快航道"。

项目引领,擘画发展蓝图。2020年7月底、8月初,由中铁第四勘察设计院集团有限公司总体勘察设计的甬舟铁路"隧道风险评估与金塘海底隧道关键技术方案""西堠门及桃夭门跨海大桥初步设计方案"分别通过由中国工程院院士钱七虎、陈政清领衔的专家组评审。全长16.18千米的金塘海底隧道,海底盾构段长11.04千米,最大埋深78米,直径14米,建成后将成为世界最长的海底高铁隧道;主跨1488米的西堠门特大桥,将成为世界同类项目中跨度最大的公铁合建大桥。水利、电力、油气管路联网有序推进。大陆引水三期岱山段工程由岱山岛引水工程、衢山岛引水工程和秀山岛引水工程组成,管线总长65.97千米,总投资4.6亿元。完工后,年引水量可达2838万立方米,每日可增加原水补充7.78万立方米。2020年3月底,来自宁波姚江的原水经马目泵站加压,入地跨海,穿越过19.5千米的海底管道后,在岱山西南塘上岸登陆,为小高亭、岱南平地、枫树三座水库送去活水。舟山500千伏联网北通道第二回输电线路宁波段已建成。六横公路大桥先行段开工建设,甬舟高速复线配合舟山开展工可研究,象山湾疏港高速昆亭至塘溪段加快建设。

人才要素,高效"动"起来。2020年4月中旬,省委人才办与宁波市委、舟山市委联合印发《宁波市舟山市推进甬舟人才一体化发展行动方案(2020—2025)》,立足两地资源禀赋、人才结构、产业基础等实际,明确10项可量化的主要指标和18项主要任务、32项重点举措。甬舟人才一体化工作进入实质性阶段。聚焦人才资源一体化开发,两地明确将进一步加强青年人才引育合作、教科文卫人才协同合作,推进人才活动同城化。聚焦人才机制一体化创新,两地建立健全人才流动互通、人才评价互认、人才利益互享"三互机制"。位于舟山的浙江中科立德新材料有限公司顺利从宁波"借"到人才。人力社保领域,致力打造甬舟人才共同培养新格局。依托上海海事大学宁波研究生院,已培养高学历港航物流紧缺人才20人。依托国家级专业技术人员继续教育基地和宁波市专业技术人员继续教育网,面向浙江海港集团下属舟山子公司开展各类人才线上培训12家企业、720余人。

科技发力,共建产业大格局。2020年4月,中科院宁波材料所、金塘管委会、舟山市科技局三方正式签署《新材料科技合作协议》。三方将围绕金塘螺杆产业开展技术服务,同时打造中科院宁波材料所中试基地,为金塘建设"中国塑机螺杆之都"提供动能。中科院宁波材料所中试基地作为甬舟两地科技交流的"枢纽",还将承载起宁波科技成果转化、舟山产业发展升级的"新使命"。甬舟两地围绕高端装备制造、新材料等重点产业持续发力,谋划共建区域性海洋创新体系。2020年上半年,宁波市向舟山市输出技术交易额4500余万元,关键领域、重点项目的联合攻关渐入佳境。科研仪器设备的共享,显著拔高舟山企业的研发"水平线"。自2019年8月以来,宁波市大型科学仪器设施管理与共享服务平台多次向舟山中小企业提供化工方面的检测服务。338台大型"共享"仪器有效解决舟山企业研发过程中的大型仪器设备需求,为舟山企业研发能力的提升注入"润滑剂"。

社会服务,铸就坚实"后盾"。2020年上半年,宁波市依托教育信息资源,完善推动甬舟教育数字资源交流互通。甬舟两地聚焦中高职人才一体化培养、特殊教育"甬舟共育"、国际化办学优质教育资源共享,教育交流的对象、形式和深度进一步拓展。2020年,浙江工商职业技术学院等宁波本地高职高专学校与舟山地区中等职业学校开展"中高职一体化五年制职业教育"人才培养工作,宁波英伦外籍人员子女学校的招生范围,覆盖至舟山地区。远程医疗系统的建设、旅游门票同城待遇的探索等得到有效推进落实。甬舟一体化就医直接结算进度加快。医疗服务领域一体化合作显著加强。两地共同组建浙东地区糖尿病、骨科、眼科、新生儿等7个区域专科联盟，就卫生应急领域一体化达成合作。2020年上半年，舟山向宁波送检核酸检测标本6178例次，检测出病毒核酸阳性23例；血液供应调剂方面，宁波从舟山市中心血站应急调入75个单位红细胞和1个治疗量血小板，同时将298.5个单位红细胞和9个治疗量的血小板调给舟山使用。2020年4月，舟山市发放的“疫去福自来，还你惠民季”美景、美食、美宿、美乐四类消费券汇集对象覆盖宁波游客，宁波88家A级以上旅游景区、酒店、民宿等已不同程度优惠向舟山市民开放。

“两地奔波”到“一步到位”。4月15日，长住舟山市普陀区的宁波市江北区市民王星华，经两地无差别业务系统，无须回宁波拿户口本，就完成了孙女的户籍迁移手续，成为甬舟户籍业务“跨市通办”上线后的第一个办理者。至此，甬舟两地群众办理户籍“费时费力两地跑”的问题，拥有了“参考答案”。甬舟两地响应长三角一体化发展国家战略，进一步深化省委、省政府“最多跑一次”改革，通过“政策协同、系统互联、数据共享、结果互认”等途径，打破宁波舟山两地的区域限制，探索出“一窗受理、受办分离、异地可办”的政务服务新模式，实现从“两地奔波”到“一步到位”。在普陀区、江北区户籍业务“跨市通办”的基础上，甬舟两地拓展政务服务“一网通办”应用场景构建。参照“就近受理申请、审批权属不变、数据网络流转、批件快递送达”的运行模式，力图将“一网通办”向“甬舟通办”“全省通办”延伸；结合政务2.0建设的要求，调研建立政务服务“一网通办”自助服务终端专区的可行性，通过数据互联互通，实现群众与企业24小时自助申办。数字化的应用场景还将渗透至方方面面。甬舟两地可通过“企业开办全程网上办平台”，实现企业开办线上操作。在消费者权益保护方面，两地已实现消费投诉异地受理和数据交换。甬舟两地推进异地异店无理由退货机制。由企业自主承诺，消费者在参与承诺的企业门店购买商品，在符合公开声明规则的情况下，可跨地区跨门店享受退换货服务。宁波市吉利汽车、方太、欧琳、帅康、埃美柯等5家企业已首批加入“长三角异地异店退货承诺联盟”。

甬舟一体化取得阶段性成果

2020年8月20日，宁波市人民政府、舟山市人民政府印发《推进宁波舟山一体化发展2020年工作要点》。提出谋划建设甬舟一体化合作先行区、升级建设宁波舟山港一体化2.0、推进基础设施互联互通、推进产业创新协同发展、推进改革开放联动发展、推动人才发展一体化等9个方面工作要点。

自工作要点发布以来，一体化工作全面有序推进。

随着甬舟铁路的开建，在不久的将来，宁波舟山的时空距离将大大缩短。深化港口一体化是推进甬舟一体化的一项极为重要的工作。2019年，港口一体化步伐明显加快，至2020年已实现宁波舟山港内国际中转货物跨关区互通，实现边检部门全港锚地共享、船舶出入港手续简化，实现边检部门行政许可、备案登记“一站签发、全域通用”。甬舟两市在港口服务业经营许可互认领域已达成共识，有效实施宁波舟山港船舶跨港域供受油作业一体化。一批码头航道项目顺利推进。大浦口集装箱码头3号泊位、马迹山三期码头陆域工程等一批重点港口项目正式开工建设。虾峙门口外30万吨级航道扩建等一批高等级航道建设项目加快推进，条帚门外、香炉花瓶礁等一批大型公共锚地正式启用。

随着甬舟一体化的不断深化，甬舟重大基础设施顺利推进。其中，甬舟铁路方面，两市共同推进金塘海底隧道专题研究、宁波段征拆工作方案、先行段开工筹备工作、投融资工作等。六横公路大桥方面，一期工程梅山互通至柴桥枢纽段由宁波负责先行按PPP模式实施。

水务合作领域，拟定甬舟一体化清水供应和原水供应两个方案，推进舟山大陆引水三期工程，至宁波海上段除金塘支线外基本建成，按计划推进宁波陆上段工程。油气项目方面，顺利推进舟山新奥LNG、六横LNG、浙能LNG等工程。

在产业和科技合作方面，甬舟两地共同打造具有世界竞争力的石化产业基地，推进宁波绿色石化基地项目、舟山绿色石化(二期)工程等项目建设。共推海洋经济高质量发展，推进科技资源开放共享，共建海洋生物医药基地，共同打造现代港航服务业集群。

人才等市场要素合作方面，进一步打造一体化市场准入环境，推进市场监管、社保、政务、劳动保障维权等相关领域的合作，推动市场要素自由流动。继续做好基本养老保险关系转移接续工作，继续开放工伤医疗及康复资源共享，协商住房公积金提取同城办理，探索法人类事项“跨城通办”。共建人才发展平台，深化人力资源合作，持续推进人才服务同城化，加大人才共同引育。

在公共服务同城化方面，初步实现同建共享。率先在全省实现两地中初级职称证书互通互认，推进两市社保数据共享对接与互认。扩大异地就医结算范围，宁波、舟山分别有237家、55家定点医疗机构纳入甬舟一体化就医直接结算范围。推进公共交通同城化出行，加快实现交通部标准下的公交卡互通使用。舟山智慧城市运营公司与宁波公交市民卡公司经过多次专题对接，初步拟定2个公共交通一卡通技术实施方案。联合推出“雪窦山—普陀山”“海上丝绸之路”等文化之旅，教育数字资源互通。

应急救援和生态环保合作方面，宁波市生态环境局举行2020年甬舟环境应急联动暨宁波市突发环境事件应急演练，进一步完善甬舟环境应急联动工作程序、提高甬舟突发环境事件应对能力。合作开展海上非法捕捞重点区、渔业资源保护区、非法海砂采运区、管辖海域交叉区联合专项整治，深入开展“一打三整治”等海上联合执法检查，共同推进两市海域海岛保护利用。

舟山抗击新冠肺炎纪实

舟山新冠肺炎疫情发展情况

2019年底，新型冠状病毒肺炎（简称“新冠肺炎”）疫情突如其来。

2020年1月19日，市疾控中心接到定海区疾控中心通报，市中医院发热门诊收治一例发烧咳嗽病例，经市疾控中心采样检测为2019-nCov冠状病毒核酸阳性，同时将样本送往浙江省疾控中心复检。经省、市两级疾控中心实验室确认和省诊断专家组确诊，1月21日，舟山对外公布该例病例确诊为舟山首例新冠肺炎病例，并将该病例收治于舟山医院负压病房。

以此为开端，舟山陆续发现报告新冠肺炎患者。

1月24日，舟山新增确诊病例1例，累计报告确诊病例2例；1月26日，舟山新增确诊病例2例，累计报告确诊病例4例；1月28日，舟山新增确诊病例2例，累计报告确诊病例6例；1月30日，舟山新增确诊病例1例，累计报告确诊病例7例，其中治愈出院1例，住院治疗6例；2月2日，舟山新增治愈出院病例1例，累计报告确诊病例7例，治愈出院2例；2月10日，舟山新增确诊病例3例，累计报告确诊病例10例，累计治愈出院5例。

1月31日，舟山首例新冠肺炎患者治愈出院。3月2日，舟山最后两例治愈的新冠肺炎患者相继出院。至此，舟山市累计报告的10例确诊病例均已治愈，这也标志着舟山市新冠肺炎确诊病例清零。

此后，舟山无本地新冠肺炎病例出现，陆续出现的输入性新冠肺炎病例都得到了有效隔离和控制。

建立疫情防控快速反应机制

新冠疫情突如其来后，根据上级指示，舟山市委市政府迅速启动新冠肺炎疫情防控工作，于1月16日在舟山医院设立隔离病区，开启负压病房，做好接收新型冠状肺炎患者的准备工作。并迅速成立冬春季传染病防控工作领导小组及办公室，下设综合协调组、疫情防控组、医疗救治组、信息宣传组、后勤保障组等部门，统筹全市新冠疫情防控工作。

1月19日晚和20日晚，市委副书记、市长何中伟三次主持召开疫情防控工作会议，部署全市防控工作。

1月21日晚，市委常委（扩大）会议在市行政中心举行，市委传达省新冠肺炎疫情防控工作领导小组会议精神，分析研判舟山所面临的疫情防控形势，研究部署全市防控工作。市委书记、新区党工委书记俞东来主持会议并讲话。何中伟作传达。会议指出，党中央、国务院对新冠肺炎疫情高度重视，省委、省政府对疫情防控工作进行了全面部署。舟山要认真贯彻落实习近平重要指示精神和中央及省委、省政府部署要求，把疫情防控工作作为当前一项重要政治任务，以对人民群众生命安全和身体健康高度负责的态度,全力以赴、积极稳妥地做好疫情防控各项工作。

1月22日,副市长方维召开疫情防控工作会议,研究部署对某高校小区相关密切接触者的医学观察措施。市长何中伟参加疫情防控工作会议,听取疫情防控工作落实情况汇报。何中伟指出,疫情防控要抓早抓小,要及时掌握疑似病例、密切接触对象和武汉到舟山人员的信息;对确诊患者要采取积极稳妥治疗方式,确保病情稳定。何中伟分别到舟山医院、市妇女儿童医院和市中医院,查看隔离病区和预检分诊、发热门诊病人就诊情况,并看望慰问坚守一线的医护人员。

为应对疫情带来的严峻形势,统筹全市疫情防控工作,1月22日市疫情防控工作领导小组成立,由市长何中伟挂帅,上下联动开展疫情防控工作。市疫情防控工作领导小组研究决定,对已确认病例居住过的相关小区人员实行医学观察,医学观察时间自2020年1月22日16时起至2020年2月4日4时止。

为提高市民对于疫情防控工作的重视,有效有序在全市范围内规范疫情防控以及发热病人收治工作,市疫情防控工作领导小组办公室发布《告舟山市民书》,向社会公开全市36家开设发热门诊的医疗机构名单和各级疾控中心咨询电话。后又于1月29日印发《关于调整发热门诊的通告》,将36个发热门诊数量减少为21个。

随着全省疫情形势越发严峻,1月23日,浙江省在全国率先启动重大公共突发卫生事件Ⅰ级响应。次日,舟山市疫情防控工作领导小组发布《关于加强新型冠状病毒感染的肺炎疫情防控工作的通告》,宣布舟山启动公共卫生事件Ⅰ级响应。

1月25日,鼠年正月初一,在全省新冠肺炎疫情防控工作领导小组电视电话会议召开后,舟山市立即举行会议贯彻落实省领导小组会议精神,并对全市防控工作进一步作出部署。市委副书记、市长何中伟出席会议,并就下一步工作作出具体部署。市领导刘永艺、方维参加。俞东来代表市委、市政府,向放弃春节休假坚守岗位、战斗在防疫工作一线的干部员工表示亲切慰问和衷心感谢。

当日下午,舟山市又召开新冠肺炎疫情防控工作领导小组会议。市领导通过密集地开会、调研,快速建立防疫领导机制,对控制疫情起到关键作用。

在舟山全力抗疫的过程中,得到省委、省政府的大力支持。1月29日,省委常委、政法委书记王昌荣到舟山检查指导疫情防控工作。2月18日,省委书记车俊到舟山医院看望慰问抗疫一线医护人员,并与医院负压病房医护人员进行视频连线。

调动医疗资源进入全面治防

市疾控中心召开疫情防控工作会议,讨论防控策略,搭建技术团队,做好政府参谋,部署相关工作。

1月17日,舟山迅速组建舟山医院突发病房医疗团队,由舟山医院、舟山市妇女儿童医院、舟山市中医院精干医护人员组成,前后共有20名医生、51位护士进驻突发病房,救治新冠肺炎患者。

在1月19日,舟山医院收治第一例新冠肺炎确诊患者后,一支由舟山医院10名医生和20位护士组成的团队,最早到达突发病房加入抗击疫情工作。他们克服困难、优化流程、总结经验,确保救治和护理工作有条不紊进行。

首例新冠肺炎患者收治入院时,剧烈咳嗽、痰中有血丝,并伴有发热症状。负压病房医生在对其诊断检查确定病情后,发现患者肺部有明显炎症,随即对其展开针对性抗病毒治疗,并对患者进行心理疏导。在治疗中,医生每天根据病情变化调整治疗方案,在治疗进入第5天时,患者病情加重,出现多叶肺部病变。在医疗团队调整治疗方案后,患者病情趋于稳定,治疗10天后开始逐渐恢复健康,体温也趋于正常。1月30日,该患者体温正常,基本没有咳嗽咳痰症状,胸片显示炎症明显吸收,核酸检测结果阴性,达到国家规定的新冠肺炎患者解除隔离和出院标准。首例患者的治愈,坚定了医疗团队的信心。

在陆续收治新冠肺炎确诊患者的同时,市疾控中心组建包括流行病学、现场消毒、采样检测、健康教育、后勤保障、信息沟通等专业人员组成的应急队伍,在新冠肺炎疑似患者确诊后,进行采样样本检测、流行病学调查和接触者判定,经过讨论分析明确可疑人员后,再次上门进行标本采集,并携带专业设备、物资,对可疑人员经常活动的区域进行现场消毒,同时对相关交通枢纽、商场、超市、电影院及其他公众聚集地开展消杀和指导。

全市开展公共场所传染病防治检查。以车站、码头、商场、浴室、影剧院、宾馆等人群聚集的公共场所作为防控重点，督促各场所落实市防控领导小组决定部署，指导开展场所预防性消毒，要求集中做好空调的清洗消毒工作。

开展医疗机构传染病防控工作指导检查。以医疗机构疫情报告、预检分诊落实、发热门诊运行、医务人员防护和医疗废物处置为重点开展工作指导检查，确保各级医疗机构整体防控工作安全运转，坚决杜绝无资质诊所接诊发热病人。

开展消毒剂生产企业监督检查，对已投入生产的相关企业生产环境、生产工艺、设施设备和原材料进行全方位指导，要求做好产品质量控制。

对制定医学观察点防控措施落实情况进行督导。重点对驻点医护人员防护措施落实、场所消杀、生活垃圾处置等进行督导。

对社会群众开展健康教育。通过健康舟山微信公众号发布疫情信息及科普稿件，紧急编印海报、传单，制作视频。通过95120热线24小时解答群众疑问，日均应答百余人次咨询，正确引导公众舆论。

3月2日，随着最后两位新冠肺炎患者痊愈出院，舟山市10例确诊病例已全部治愈出院，实现清零目标，治愈率100%，创下医疗队员无一人感染，新冠肺炎患者无一例死亡的战绩。

全民动员群防群治

疫情重在防控。市、县(区)、乡镇(街道)建立三级联防联控机制，全面统筹全市医疗卫生资源做好患者救治、人员调配、应急值守、物资储备等工作。

2月4日，舟山发布《再致全市人民倡议书》，提出要求：舟山市民尽量减少外出，重点疫区人员暂缓返舟，医学观察对象严守规定。

根据疫情发展情况，在疫情防控方面，全市主要从八个方面入手。

坚持抓早抓小，做到管控及时、处置有效。在疫情发生后，第一时间开展人员摸排，做到第一时间发现、第一时间隔离、第一时间治疗，尽最大努力控制疫情蔓延。

坚持关口前移，做到不漏一人、不留死角。启动大数据分析，对来自和去过疫区的人员加强防控。依靠基层网格管理，组织上门摸排，全面排查相关人员。对全面排查发现的相关人员，居家观察或转移到独立场所进行医学观察，减少人员流动，阻断传染路径。

坚持底线思维，做到严格防护、关心关爱。全方位加强一线医务人员防护措施，升级预检分诊医护人员的防护，提前谋划启动备用医院，打好提前量。

坚持提级响应，做到更高标准、更严举措。按照“外防内控”原则，落实“比响应更高一级，比要求更深一步”的要求，以更高标准、更严举措，做到防患于未然。

坚持立体联动，做到严密防控、筑牢铁桶。打造“铁桶工程”，严把各个入舟关口，坚决阻断新的输入性传染源，对全市32座客运码头实施严格管控，停运12条航线，成立机场管控工作专项组，对入境人员全部进行逐一筛查。

坚持联防联控，做到严控增量、减少存量。针对居家观察管理、渔农村防控氛围不够以及节后返工带来的防控难点，提出有针对性的处理办法。

坚持全民动员，做到舆论引导、信息透明。加强舆论引导，保持内容更新，主动接受媒体采访，发出权威声音，开展科普宣传，及时推送预防知识，增强群众防护意识。

坚持重点保障，做到市场平稳、供应有序。重点解决医疗防护物资的保障工作，严厉打击药店针对口罩、消毒水等防控疫情物品的囤积、涨价等行为。调运物资，保证民生物资的供应，市场上主要的民生物资总体供应充足、价格平稳，未出现脱销、抢购情况。

3月2日，浙江省疫情防控应急响应从原来的Ⅰ级调整为Ⅱ级。

复工复产推动经济社会恢复发展

重心下沉，精准智控，全面组织开展助企进村(社区)和驻校进点健康指导行动。从2月25日起，及时提出疫情风险评估、重点区域调整及复工复产复学防控策略，“点穴”式推动助企指导、驻校助学服务覆盖率达到100%，企业和学校反映问题处理率100%，成为全省首个疫情图和复工图相匹配的城市，推动从严防死守向复工复产健康指导服务转变。

2月25日，全市统筹推进新冠肺炎疫情防控和经济社会发展工作部署会议召开。市委书记、新区党工委书记俞东来主持会议。会议强调,全市上下要认真贯彻习近平在统筹推进新冠肺炎疫情防控和经济社会发展工作部署会议上的重要讲话精神,按照中央和省委、省政府的部署要求,奋力推动全市各项工作率先从疫情影响中走出来,把疫情耽搁的时间、造成的损失夺回来,努力实现疫情防控和经济社会发展"双胜利"。

下午,市卫生健康委员会召开疫情防控专题会议暨驻村健康指导行动部署会。会议对展开"助企进村健康指导行动"提出具体工作要求,组建6个健康指导组,对各县(区)、市本级及重大项目基地进行分组指导。

为保障全市企业顺利复工复产,全市卫生健康系统组建由400名机关、公共卫生机构、医共体牵头及成员单位干部和卫生专业人员组成的健康指导员队伍,为全市1500家规模以上企业和若干中小企业提供疫情防控技术指导。

累计开展规模以上企业健康指导服务783家,覆盖率45.82%。全市共有小微企业园区15家,累计健康指导服务15家,实现全覆盖。开展中小企业健康指导服务累计990家。全市共有村(社区)406个,配备健康指导员340人,累计指导306个村(社区)。

驰援湖北贡献舟山力量

新冠疫情突如其来后,全国各地纷纷组织援鄂医疗队。

在做好舟山本地疫情防治的同时,舟山抽调精干力量,参加浙江省援鄂医疗队,奔赴湖北,演绎支援前线的生命大救援。

舟山市委市政府根据上级指示,对医务工作者发出支援湖北的号召。舟山医务人员响应号召,奔赴抗疫前线,仅第一批主动请缨参加援鄂或参加一线救治工作的医务人员就有270余人。从1月25日起,舟山紧急从7家医疗机构中抽调31名精兵强将,先后分三批驰援湖北武汉,为全国控制疫情蔓延、挽救患者生命贡献舟山力量。

1月25日,农历大年初一,舟山医院外科护士长助理吴文燕,舟山医院ICU护士长、副主任郑汉阳,舟山医院呼吸科副主任、副主任医师李海峰,舟山医院ICU主管护师肖明江,舟山医院呼吸内科护师高婷,普陀医院重症医学科护师虞丹旎6名医护人员参加浙江省首批援鄂医疗队驰援湖北武汉。市委书记、新区党工委书记俞东来,市委副书记、市长何中伟等市领导专程送行。

首批出征的援鄂医疗队队员中,舟山医院的李海峰、肖明江、郑汉阳、吴文燕、高婷在抵达武汉后,进驻武汉市第四医院,在武汉连续工作57天,累计管理床位111张,收治患者293人,其中重症156人,危重症65人,累计治愈出院252人,为浙江省援鄂医疗队中时间最长、工作量最大、收治重症危重症患者最多且出院人数最多的队伍。他们所在的医疗队获浙江省委、省政府授予的"新冠肺炎疫情防控工作中表现突出先进集体"称号。

普陀医院的虞丹旎参加的是浙江省援鄂重症护理支援队。1月27日,她驰援武汉后进驻武汉市肺科医院,在武汉连续工作54天,累计管理床位20张,护理患者70人,其中危重症65人,其所在的支援队获"全国卫生健康系统新冠肺炎疫情防控工作先进集体"称号。

1月27日,第二批驰援武汉的舟山医院呼吸内科副主任医师杨志强、舟山市中医院呼吸消化科主管护师庄朋风、舟山市中医院重症医学科护士余金容、普陀医院呼吸内科护师王少儿、岱山医疗健康集团感染科护师罗静静5名医务人员出征。市委副书记、市长何中伟,副市长方维等市领导专程送行。

2月9日,舟山再次紧急调集20名医疗骨干,作为浙江省第三批医疗队队员驰援湖北。市委副书记、市长何中伟等领导专程送行。20位援鄂医护人员分别是舟山医院的王辉、罗斌、沈飞燕、张依妮,舟山妇女儿童医院的吴常裕、丛博、郭姝、何璐君,舟山市中医院的张斌、王赛赛,舟山第二人民医院的基燕平、李宁,定海区中心医院的郑杰、丁丽娜,普陀医院的兰建阳、姚宝锋、戎妍、沈露丹,岱山医疗健康集团的夏金松、冯叶柳。

第三批援鄂医疗队(方舱医院分队)是浙江省援鄂医疗队中队伍人数最多、收治患者最多、换防次数最多的队伍。2月9日抵达武汉后,连续工作49天,先后转战黄陂方舱医院、江夏日海方舱医院、袁家台方舱医院、袁家台医院等。在武汉期间,累计经管新冠肺炎患者1282人,累计治愈出院1067人,检测核酸标本2680人次,肺CT检查2200余人次,完成咽拭子采样1500余人次，采血1200人次，组织方舱医院疫情防控培训25场，获“全国卫生健康系统新冠肺炎疫情防控工作先进集体”称号。

在援助湖北、抗击新冠疫情的日日夜夜中，31名舟山医护人员团结在临时党支部的周围，坚守岗位、认真工作，不负党的期望，无愧舟山人民的重托，面对疫情不畏艰险、冲锋在前、舍生忘死，挽救了一条又一条垂危的生命，成为抗疫主战场的生命守护者。

2月29日下午，在舟山市援鄂医疗队驻地宾馆，普陀医院的王少儿作为第二批援鄂医疗队的一员，面向党旗庄严宣誓，成为一名光荣的中国共产党预备党员。

在抗疫一线，有6名援鄂队员递交入党申请书。

舟山医院呼吸内科护士高婷在援鄂一线递交的入党申请书中写道：“作为一名医护人员，我愿意用我微薄的力量去温暖那些病中的人们，愿意用我学到的所有知识去抚慰那些痛苦的患者……”

舟山医院ICU护士长郑汉阳在入党申请书中表示：“我想成为一名共产党员，以党员的标准严格要求自己，抗击疫情、冲锋在前，用实际行动，为抗击疫情贡献自己的力量……”

随着湖北新冠肺炎疫情逐渐得到控制，全国各地援助湖北的医护人员分批撤离。

3月19日，舟山市5名援鄂医护人员随首支返浙医疗队回到杭州，该批返浙医疗队共有150名医护人员，于1月28日从杭州出发，整建制接管武汉科技大学附属天佑医院两个重症病房和一个危重症病房，在完成救治任务后返回浙江。

3月22日，舟山医院的李海峰、郑汉阳、肖明江、吴文燕、高婷和普陀医院的虞丹旎随第二批返浙医疗队踏上回乡的路途。

4月12日下午2时，舟山第三批援鄂医疗队凯旋，至此，舟山31名援鄂英雄全部返回舟山。市委副书记、市长何中伟，副市长方维迎接英雄凯旋。

（市史志研究室整理）

责任编辑：徐飞舟

舟山龙文化

龙是原始社会形成的一种图腾崇拜的标志，是中国传说中的一种呼风唤雨、无所不能的神异动物，在中国的历史传统文化中扮演了十分重要的角色，而舟山和龙有关的传说和信俗也是特别多，走在舟山的乡镇、街道，或是礁石、港湾中，带有“龙”字的地名随处可见。

岑港的白老龙、马岙的龙潭坑、紫微的锦线女龙、六横的龙头金钗、嵊泗的龙王输棋、沈家门的龙王失印服渔翁、金塘的煮海治龙王、普陀山的龙女拜观音、岱山的八仙斗花龙……常常一个地方有着“龙”的印记。

毫无疑问，舟山人和龙之间，有着深厚的情感基础和信仰基础，东海龙王信仰是海洋文化的重要组成部分，有千百年的传承历史，被列入省级非物质文化遗产保护名录。旧时渔民由于生产工具落后，每逢风暴，渔民在海上的人身安全受到极大威胁，于是将传说中的海上诸神奉为生命保护神和丰收的赐福神，所以每逢渔汛开洋、谢洋时节均要举行祭海仪式，渔民称“谢龙水酒”或“行文书”。此习俗千百年来，代代相传。

龙王治水是民间信仰中一个广为流传的神话。在定海，流传着“岑港白老龙”故事。岑港镇司前社区的小岙村有一个白龙潭，相传很久以前，潭里有一条白龙，每当干旱之年，那白龙便吸来东海之水，化作甘霖喷降下来，使方圆数十里的村庄年年风调雨顺，五谷丰登。人们感念白龙，都称他为“岑港白老龙”。尽管是传说，但它的精神指向是健康美好的，白老龙作为人们善良愿望的寄托与化身存在民间。每逢风雨失调，居民们都要到龙王庙烧香祈愿，祈祷风调雨顺，以求农业丰产。

舟山人习惯用“舞龙”来展现海洋文化。龙舞是各地尤其是定海白泉庙会中的一个传统民间舞蹈节目，流传历史悠久。旧时的舞龙作为一种游戏玩耍，到了清代时，舞龙作为一种游艺节目，列入行会队形，后改成龙贝形状，自编白泉彩龙。舞龙作为一种具有鲜明地方特色的传统舞蹈表演节目，因为场面宏大、表演热闹，且带着吉祥韵味，越来越多地成为各种庆典活动的保留节目。

历史沿革

舟山市在浙江省东北部的舟山群岛。千岛之城历史悠远，文化底蕴丰厚。自2001年起，有关部门相继在舟山海域经四年时间的打捞和征集，发现在海底沉睡了几万年的各类晚更新世哺乳动物骨骼化石300余件，并发现4万年前原始人类使用的木制棍棒工具。哺乳动物骨骼化石经中科院古脊椎动物与古人类研究所鉴定确认，分别是2.5万年前的大型动物古棱齿象牙齿、德氏水牛下颌骨、犀牛下颌骨、水鹿部分头骨和角4种骨骼。原始人类使用的木制棍棒工具，成为舟山在距今4万多年前有古人类活动的可靠的物证。证明4万～5万年前，各类晚更新世哺乳动物和古人类在此共同繁衍生息。

据1975年定海白泉十字路、1978年岱山衢山孙家山和1979年定海马岙唐家墩等地考古发现表明，远在5000年前的新石器时代，就有人类在这里繁衍生息。

春秋时属越，称“甬东”。战国时楚灭越，遂属楚。秦王政二十五年（前222）甬东为会稽郡鄮县东境地。两汉、三国（吴）、晋、宋（南朝）、齐、梁、陈因之。隋开皇九年（589）废会稽郡，并鄞、鄮、余姚三县为句章县，甬东随鄮县并入句章县。

唐武德四年（621）以句章、鄞、鄮地置鄞州，甬东归鄞州。八年（625），又废鄞州置鄮县，甬东属之。开元二十六年（738），江南东道采访使齐澣奏请，析越州鄮县地，置鄮、慈溪、奉化、翁山（今定海）四县。古甬东境始置翁山县，下辖富都、安期、蓬莱三乡。鄮县县令王叔通兼翁山县第一任县令。宝应元年（762）翁山设富都监，隶朝廷盐铁使。袁晁率起义军占翁山。大历六年（771）翁山县废，属鄮县。五代后梁开平三年（909）升明州为望海军，改鄮县为鄞县。原翁山地域析出复翁山县，隶于望海军。

北宋太平兴国三年（978）废翁山入鄞县。端拱二年（989）置巡检司。熙宁六年（1073）七月，应原鄞县令王安石奏，析鄞县之富都、安期、蓬莱三乡，建县治，名昌国。

元至元十五年（1278），因“海道险要”和“户口倍万”，升县为州。

明洪武二年（1369），改昌国州为县。十二年（1379），置昌国守御千户所。至十七年（1384）置昌国卫。二十年（1387）六月，废昌国县，置昌国乡。徙昌国卫于象山县南天门山。舟山置中中、中左两千户所，隶昌国卫，二十五年（1392）改隶定海卫。此后，史书始称昌国为舟山。

清康熙二十三年（1684），朝廷颁“展海令”，开海禁，舟山开始展复，渔业农业渐兴。移定海镇于舟山，称舟山镇。二十六年（1687）五月，康熙帝以“山名为舟，则动而不静”，诏改“舟山”为“定海山”，并题“定海山”匾额。二十七年（1688），建定海县（原定海县改为镇海县）。

道光二十年（1840），鸦片战争爆发，定海陷落。二十一年（1841）二月，英军自定海撤退。定海镇总兵葛云飞、寿春镇总兵王锡朋、处州镇总兵郑国鸿率兵3000人重建定海防务。四月，定海县升为直隶厅。

宣统三年（1911），辛亥革命后，定海光复。旋改定海直隶厅为定海县。

1949年7月，中共定海县委、定海县人民政府在宁波庄桥成立。1950年5月17日定海解放后，定海县人民政府迁至定海城关。1953年2月27日中央同意设立舟山专区。据此，中共浙江省委决定成立舟山地委。3月，中共浙江省委通知成立舟山专员公署。6月10日,中央同意舟山专区辖原定海县析为定海、普陀、岱山3个县,连同从江苏省划入的嵊泗县。1967年3月,舟山专区改称舟山地区。1978年9月,成立舟山地区行政公署。1987年1月,撤销舟山地区,建立舟山市,辖定海、普陀两区和岱山、嵊泗两县。2011年6月30日,国务院正式批准设立浙江舟山群岛新区。2013年3月27日,中共浙江舟山群岛新区工作委员会、浙江舟山群岛新区管理委员会挂牌成立。

地理概况

舟山市位于长江口南侧、杭州湾外缘的东海海域。舟山群岛由嵊泗列岛、马鞍列岛、崎岖列岛、川湖列岛、中街山列岛、浪岗山列岛、七姊八妹列岛、火山列岛和梅散列岛组成。地理坐标北纬29°32′—31°04′,东经121°30′—123°25′。东濒太平洋,南接象山县海界,西临杭州湾,北与上海市海界相接。处中国沿海南北航线与长江水道交汇点,北靠长三角经济区,是中国南北海运和远东国际航线的主通道之一。境域东西长182千米,南北宽169千米,总面积2.22万平方千米,其中海域面积2.08万平方千米。4696个岛礁陆地总面积1440.2平方千米,有岛屿2085个,有居民海岛141个。人口、资源发展主要集中在一本岛(舟山本岛包括朱家尖岛)、两县城(岱山县城所在地岱山岛和嵊泗县城所在地泗礁岛)、三大岛(金塘、六横、衢山三个乡镇大岛)。

市境地质构造复杂。地层大部分为中生界侏罗系、白垩系火山——沉积岩所覆盖,偶见上古生界变质岩系露头,新生界第四系分布在各岛边缘。

境内广布巨厚的中生代火山岩,有火山喷岩、侵入岩、变质岩三大类。

群岛呈西南—东北走向排列,地势由西南向东北倾斜,南部岛大,海拔高,排列密集;北部岛小,地势低,分布稀疏。岛上丘陵起伏,高丘占9%,低丘占61%,平原30%,形成不同土壤类型及农作利用格局。桃花岛对峙山为最高峰,海拔544米。多数岛屿山峰在海拔200米以下,南北地势差400米。

海岸线总长2444千米,其中基岩海岸1855千米,人工海岸(海塘)530千米,沙砾海岸50千米,泥质海岸(涂)13千米。水深15米以上岸线200.7千米,水深20米以上岸线103.7千米。

舟山本岛东西长44.3千米,南北宽18千米,面积502.65平方千米(不包括朱家尖岛),是中国第四大岛,浙江第一大岛。水资源总量11.78亿立方米,其中地下水总量1.97亿立方米。

衢山岛(局部)(迟名尊 摄)

特色资源

舟山群岛虽悬水于海中,但历代人才辈出,文化积淀深厚,拥有丰富独特的海洋经济和文化资源。定海古城是浙江省历史文化名城。舟山市集港、渔、景为一体,全市综合实力现已跻身全国地级市百强,成为全国海洋经济比重最高的城市和具有独特海洋文化特色的花园式城市。

境域港湾众多,航道纵横,水深浪平。舟山港港域面积1000平方千米,已发展成为以水运中转为主,集大宗物资中转储备基地和大型船舶服务基地于一身的深水良港。

舟山群岛"得海独厚",舟山渔场面积10.6万平方千米,外侧是浩瀚的东海洋面,大陆架渔场面积为57.29万平方千米,是中国最大的渔场,素有"东海渔仓"和"中国渔都"之美誉。也是世界著名渔场,与千岛渔场、加拿大纽芬兰渔场和秘鲁的秘鲁渔场并称为世界四大渔场。沈家门渔港与挪威的卑尔根港和秘鲁的卡俄亚港并称为世界三大渔港。

舟山群岛有普陀山、嵊泗列岛两个国家级风景名胜区，和桃花岛、岱山岛两个省级风景名胜区。普陀山佛教旅游的文化内涵，吸引着众多海内外弟子、佛教信徒、香客游人聚缘“海天佛国”。2007年5月，普陀山景区被国家旅游局评为“全国首批AAAAA级景区”。嵊泗列岛是全国唯一的国家级列岛风景名胜区，海光山色壮美，岛屿星罗棋布，奇岩异石、摩崖石刻点缀青山碧海之间，渔场风情浓郁。

（撰稿：市史志研究室）

气象特征

【概况】 2020年，全市平均气温比常年偏高，降水量偏多，日照时数偏少；而降水日数和雾日偏多，大风出现偏少，霾日接近常年。年平均气温17.8℃，连续第八年高于常年。年平均降水量为1377.6毫米，比常年偏多；年日照时数1755.3小时，比常年偏少。全年有4个台风影响，连阴雨天气多次出现，年末又受强寒潮侵袭，但无重大灾情。

2020年舟山市各县(区)主要天气现象出现日数

表1

县(区)	降水	大风	雾	霾
定海	153	7	22	11
普陀	154	20	83	10
岱山	151	22	35	17
嵊泗	130	86	62	9

【气温】 全市年平均气温为17.8℃，相比常年偏高1.2℃。四县(区)年平均气温为17.4℃（嵊泗）~ 18.0℃（定海、岱山），相比常年偏高1.0℃(嵊泗)~ 1.3℃(定海)。各月气温情况，7月、9月和10月平均气温比常年偏低0.9℃、0.2℃和0.1℃，其他月份都偏高；1—3月气温分别偏高2.9℃、2.8℃和2.2℃，4月和12月气温偏高＜1.0℃，其余月份平均气温偏高1～2℃。1月市及各县(区)平均气温都为历年同期最高，2月市及各县(区)月平均气温之高仅次于2007年同期。2020年全市极端最高气温为36.1℃，出现在6月18日(定海)；极端最低气温为−5.4℃，出现在12月31日(嵊泗)。

2020年舟山市四季气候节律变化

表2

	冬季	春季	夏季	秋季
入季日期	2019年12月2日	3月7日	5月31日	10月5日
相比常年	提前7天	提前8天	提前8天	延迟3天
周期	95天	85天	127天	68天
增减	缩减1天	持平常年	增多11天	持平常年

说明：下年度入冬日期2020年12月12日

【降水】 全市年降水量平均为1377.6毫米，相比常年增多155.0毫米，偏多13%；四县(区)年降水量为1237.2毫米(嵊泗)~ 1481.2毫米(岱山)，相比常年偏多0（定海）~ 37%（岱山）。

全市降水主要出现在5—7月和9月，4个月降水占全年的六成。各月降水量相比常年，4月、8月、10—12月降水量各偏少56%、73%、85%、28%、63%，且月降水量＜100.0毫米，10月降水量最少为13.1毫米。1—3月、5—7月、9月降水量各偏多111%、25%、13%、32%、76%、82%和44%；6月降水量最多为297.0毫米，9月降水量≥200.0毫米；1月、3月、5月、7月降水量均≥100.0毫米。降水发生时段情况，1月至2月中旬多阴雨天气；春季降水主要发生在3月、5月的上旬和下旬、4月的中旬，3月21日闻初雷，5月5日局地暴雨；夏季主要降水为6月、7月梅雨，其中6月3日、5日、19—22日和30日有大雨或暴雨，7月2—11日全市连续降水，14—16日局地有暴雨，24日嵊泗出现暴雨；秋季降水集中在9月中旬和11月下旬，9月2日出现中到大雨局部暴雨，9月11日大雨到暴雨，9月18—19日全市普遍出现暴雨，局部大暴雨。

全年降水各县(区)区域差异较小。岱山、定海降水较多，普陀居中，嵊泗较少；岱山年降水量比嵊泗偏多两成。

【日照】 全市年日照时数平均为1755.3小时，相比常年减少207.8小时，偏少11%。四县(区)年日照时数为1681.9小时(定海)~1849.4小时(岱山)，相比常年减少185.6小时(岱山)~234.7小时(普陀)，偏少9%(岱山)~12%(普陀)。

除2—4月和8月日照比常年偏多，其他月份均偏少。2—4月和8月日照时数比常年分别偏多21%、2%、33%和20%，其中4月和8月日照超过200小时，8月日照时数最多为281.8小时。1月日照不足100小时，为61.3小时，比常年偏少49%，该月日照之少仅次于1989年同期；7月日照比常年偏少46%，为舟山市近60年来最少。5—6月、9—12月日照时数比常年分别偏少19%、21%和15%、1%、25%、17%。

6月13日，新城晚霞(迟名尊　摄)

【连阴雨】 年初多阴雨天气，1月各旬降水均比常年偏多，各旬日照时数均明显偏少；尤其1月22—28日出现连续阴雨天气。2月11—16日出现连阴雨天气，11—15日出现连续性浓雾或雾天气。

梅期连阴雨，自6月19日至月底全市连续阴雨，普陀、岱山连续降水日数12天；定海、嵊泗雨日为12天，降水日数各为11天和9天。受梅雨锋影响，7月上中旬又持续多降水；上中旬累计降水日，定海、普陀、嵊泗为14天，岱山为15天；上中旬日照比常年少72%和53%。5—7月日照短缺(比常年偏少20%、23%、46%)。

初秋连续阴雨，9月中旬全市气温明显偏低，降水明显偏多，日照明显偏少。

【春季雷雨大风】 3月21日傍晚到夜里，定海、普陀、岱山普遍出现雷电和中雨，普陀海域出现8~9级雷雨大风。25日、26日夜里全市出现两次雷阵雨过程。

受高空冷涡影响，4月12日傍晚到夜里舟山市出现明显强对流天气，嵊泗和岱山有强雷电，嵊泗局部区域有冰雹，全市普遍出现10~11级雷雨大风，局部海域12级；12日20时16分，岱山下三星测点极大风速40.8米/秒风向NNW(北西北)。

5月5日中午到夜里，受低涡系统影响，舟山市出现大雨到暴雨，局部区域有雷电。

5月15日全市出现雷阵雨，普陀南部和岱山分别出现8~10级和9~11级雷雨大风，定海西部区域和岱山长涂出现暴雨。16日下午岱山以南区域、17日早晨定海、普陀南部区域出现雷雨。

【梅雨】 全市自5月29日入梅，于7月18日出梅，梅期长50天，比常年长29天；全市平均梅雨量494.1毫米，比常年偏多194%。梅期之长、梅雨量之多都为近60年来之最。

2020年度舟山市各县(区)梅雨量情况

表3　　单位:毫米

	定海	普陀	岱山	嵊泗	全市平均
梅雨量	495.8	481.8	579.3	419.3	494.1
常年	194.8	170.5	129.9	177.2	168.1
增幅	155%	183%	346%	137%	194%

【台风】 全年全市受4次台风影响。8月3—5日，受202004号台风“黑格比”影响，舟山市出现中到大雨，沿海出现11级偏南风；9级大风从4日5时持续至5日14时，10级大风从4日7时持续至5日4时，11级大风从4日12

时持续至22时；岱山衢山桥梁山和普陀东亭站极大风速达12级为33.6米/秒。8月25—26日受202008号台风“巴威”影响，定海、岱山有小雨，普陀雨量中等，嵊泗出现大雨，单站最大降水为嵊泗五龙站45.8毫米；沿海出现9～10级西北大风。9月上旬，舟山市受2次台风外围环流影响，其中受202009号台风“美莎克”外围环流影响，1日夜里到2日出现中到大雨，局部暴雨；1日下午到夜里沿海出现9—10级北到西北风。受202010号台风“海神”外围环流影响，9月6日下午到夜里舟山沿海出现8～9级北到西北风。

【寒潮】 12月29—31日，受强寒潮侵袭，舟山市出现大风严寒天气。因预报准确、防范得力，除作物冻害，无重大灾情。

受强寒潮影响，市及沿海出现8～12级偏北大风；9级及以上大风持续时间40小时（29日16时至31日7时），10级及以上大风持续时间34小时（29日17时至31日2时），11级及以上大风持续时间25小时（29日18时至30日18时），过程极大风速38.2米/秒，风向NW（北西）（29日19时42分）。

29日下午起气温呈现断崖式下降，29日最高气温和30日最低气温差定海、普陀、岱山、嵊泗分别为22.2℃、22.7℃、20.2℃、21.2℃，29—30日24小时日平均气温下降幅度分别为12℃、13.5℃、12.4℃和13.7℃。30日、31日全市平均气温均在0℃以下，31日全市最低气温为−5.4℃。另29日傍晚到夜里出现小到中雨，29日半夜短暂出现小雪。

（撰稿：林丰富）

经济和社会发展

【概况】 2020年，面对复杂多变的国际国内环境和突如其来的新冠肺炎疫情，全市上下做好“六稳”“六保”工作，统筹推进疫情防控和经济社会发展，全年经济逆势快速增长，完成“十三五”规划主要目标任务，实现高水平全面建成小康社会，为“十四五”经济社会发展和争创社会主义现代化海上花园城市奠定基础。

按户籍人口统计，全年全市家庭总户数37.6万户，户籍人口96.2万人。其中，男性人口为47.35万人，女性人口为48.85万人，分别占总人口的49.2%和50.8%。全年出生人口4830人，出生率为5.01‰；死亡人口7807人，死亡率为8.10‰；自然增长率为−3.09‰。

根据全省统一初步核算，全年舟山市地区生产总值（GDP）为1512.1亿元，按可比价格计算，比上年增长12.0%。分产业看，第一产业增加值152.9亿元，增长2.2%；第二产业增加值590.2亿元，增长29.6%；第三产业增加值769.0亿元，增长1.7%。三次产业增加值结构为10.1:39.0:50.9。“十三五”期间地区生产总值年均增长9.2%。

全年居民消费价格（CPI）比上年上涨1.9%，其中食品烟酒类

2020年舟山市分大类居民消费价格比上年涨跌幅度

表5

类　别	比上年增长（%）
居民消费价格	1.9
食品烟酒	6.3
衣着	−0.5
居住	−0.8
生活用品及服务	1.5
交通和通信	−3.2
教育文化和娱乐	1.4
医疗保健	4.0
其他用品和服务	4.5

2020年末舟山市户籍人口数及其构成

表4

指　　标	年末数（人）	比重（%）
全市总人口	962028	100
其中：男性	473521	49.22
女性	488507	50.78
其中：0～17岁（含不满18周岁）	110732	11.51
18～59岁（含不满60周岁）	560183	58.23
60周岁及以上	291113	30.26

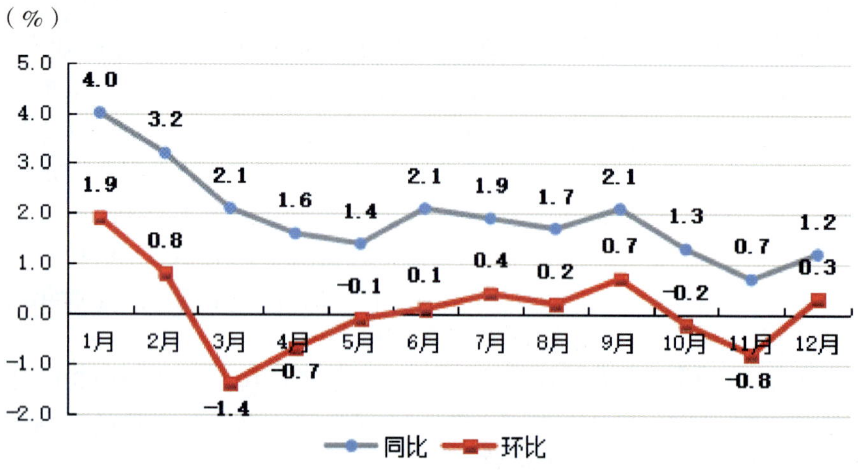

图 1:2020 年居民消费价格月度涨跌幅度情况

价格上涨 6.3%。商品零售价格上涨 0.9%。工业生产者出厂价格下降 2.6%。

全年新增城镇就业 4.0 万人,比上年增长 21.0%。年末城镇登记失业率为 1.55%,同比下降 0.21 个百分点。

全年新设企业 9848 户,同比增长 1.1%;新设个体工商户 15904 户,增长 6.2%。年末在册市场主体 13.8 万户,增长 10.1%,其中企业 5.2 万户,增长 13.6%。

全年财政总收入 254.5 亿元,同比增长 10.4%。一般公共预算收入 159.2 亿元,增长 2.8%。一般公共预算支出 312.7 亿元,同比下降 3.3%。其中,社会保障和就业支出增长 14.4%,卫生健康支出增长 2.8%。

【农业】 全年农作物播种面积 1.55 万公顷,比上年增长 1.9%;其中粮食播种面积 5300 公顷,增长 5.9%。年末生猪存栏 6.3 万头,比上年末增长 1.06 倍;家禽存栏 30.4 万只,下降 15.7%。全年生猪出栏 5.6 万头,比上年增长 23.7%;猪肉产量 4494 吨,增长 25.1%。鸡鸭鹅蛋产量 1059 吨,增长 10.9%;禽肉产量 987 吨,下降 3.5%;牛肉产量 14 吨,增长 40.0%。全年水产品总产量 179.2 万吨,增长 2.1%;其中远洋渔业产量 63.1 万吨,增长 16.3%。全市年末海水养殖面积 3977 公顷,下降 4.8%;海水养殖产量 29.2 万吨,增长 2.5%。

至年末,全市累计建成粮食生产功能区 38 个,总面积 3 万亩(2000 公顷);建成省级现代农业园区 1 个,总面积 2.7 万亩(1800 公顷)。有效灌溉面积 21.8 万亩(145.33 平方千米)。累计土地流转面积 7.7 万亩(5133.33 公顷),农地流转率 57.6%。至年末,全市有市级以上农业龙头企业 79 家,绿色食品 46 个;省级无公害水产品基地 23 个。推进数字三农发展,创建省级数字渔农业工厂 6 个,完成 22 个渔农业种养基地数字化改造,打造普陀田园综合体“智慧田园”示范项目。

【工业和建筑业】 全年全市规模以上(下称“规上”)工业增加值比上年增长 60.2%。“十三五”期间规上工业增加值年均增长 24.8%。全市规上工业总产值 1572.4 亿元,同比增长 64.0%。

至年末,全市具有资质等级的总承包和专业承包建筑业企业 206 家,比上年增加 12 家。全年全社会建筑业增加值 135.6 亿元,占 GDP 的比重为 9.0%。

【固定资产投资和房地产业】 全市固定资产投资比上年增

2020 年舟山市渔农业主要产品产量及其增长速度

表 6

农产品	产量(万吨)	比上年增长(%)	水产品	产量(万吨)	比上年增长(%)
粮食	2.9	8.5	水产品	179.2	2.1
晚稻	1.7	17.0	贝类、头足类	76.7	15.2
蔬菜	11.9	3.0	虾类	20.0	-10.4
水果	7.6	2.5	蟹类	12.4	-6.0
油菜籽	0.2	-9.5	带鱼	8.1	-6.9

2020 年舟山市规上工业主要产业情况

表 7

产业类别	绝对值(亿元)	比上年增长(%)
规上工业总产值	1572.4	64.0
石油化工业	815.8	232.8
船舶修造业	241.1	21.7
水产品加工业	93.2	−26.6
电力生产供应业	104.1	10.6
机械制造业	73.3	24.3
水泥及制品业	44.9	14.1
汽配制造业	25.0	−21.6

2020 年舟山市外贸货物出口总额及其增长速度

表 8

指　　标	出口额(亿元)	比上年增长(%)
出口总额	588.1	17.4
其中:油品	244.9	31.3
水产品	66.6	−16.3
造船	64.6	−32.9
修船	122.3	104.9
其中:一般贸易	205.2	31.5
加工贸易	98.9	−18.7
其中:巴拿马	101.9	28.5
利比里亚	88.8	36.3
欧盟	82.4	15.4
“一带一路”沿线国家	81.3	−6.0
中国香港	80.5	34.2
东盟	64.4	−4.1

长 1.5%。其中,第一产业下降 78.7%;第二产业增长 17.2%,其中工业增长 16.3%;第三产业下降 10.3%。全年房地产开发投资比上年增长 6.0%。商品房销售面积 129.7 万平方米,下降 13.5%。

【国内贸易和对外经济】 全年社会消费品零售总额比上年下降 7.5%。按经营地统计,城镇消费品零售额下降 8.0%;乡村消费品零售额下降 5.4%。按消费类型统计,商品零售额下降 6.1%;餐饮收入下降 12.3%。

全年全市实现网络零售额 80.6 亿元,增长 29.7%。居民网络消费额 194.1 亿元,增长 4.3%。

至年末,已登记商品交易实体市场 108 个,其中消费品市场 100 个,生产资料市场 7 个。全年商品交易市场成交额为 492.7 亿元。亿元以上商品交易市场 20 个,年成交额 467.9 亿元。

全年外贸货物进出口总额 1667.3 亿元,同比增长 21.6%,“十三五”期间年均增长 18.0%。其中,出口 588.1 亿元,增长 17.4%;进口 1079.2 亿元,增长 24.0%。进出口、进口、出口增速分别列全省首位、第四和第二,出口占全国份额从上年末的 2.91‰ 提升至 3.28‰。服务贸易进出口 208.8 亿元,增长 8.7%。其中,出口 174.2 亿元,增长 7.9%;进口 34.6 亿元,增长 12.4%。

全年舟山口岸进出口货运量 14847 万吨,比上年增长 22.3%。其中,进口货运量 14020 万吨,增长 22.3%;出口货运量 827 万吨,增长 21.2%。

全年全市合同外资16.7亿美元，实际利用外资4.0亿美元，同比增长1.7倍。实际到位市外资金524.2亿元，增长2.7%。

浙江自贸区（舟山）建设持续推进稳步向好。全年自贸区新增注册企业7357家，注册资本总额921.0亿元。其中，新增内资企业7298家，注册资本总额870.8亿元；新增外商投资企业59家，合同外资9.1亿美元，实际利用外资2.3亿美元。全年自贸区企业实现外贸进出口总额1236.2亿元，同比增长43.5%。船用燃料油直供量达到472.4万吨，同比增长15.1%，跃升为全国第一、全球第八大船用燃料油加注港。船用燃料油结算量848.9万吨，增长35.9%。全年跨境人民币结算量达到1048.3亿元，同比增长9.2%。

【交通运输、邮电和旅游】 全年全市水路货运量31965万吨，比上年增长1.4%，水路货运周转量3332.0亿吨千米，下降6.5%；水路客运量2480万人，下降23.3%，水路客运周转量3.5亿人千米，下降33.6%。公路货运量7235万吨，增长8.5%，公路货运周转量125.7亿吨千米，增长8.5%；公路客运量1162万人，下降52.6%，公路客运周转量5.5亿人千米，下降54.2%。普陀山机场全年完成客运量114.1万人次，下降25.0%；货邮运量（不包括行李）893.5吨，增长43.5%。至年末，全社会民用汽车拥有量21.1万辆，比上年末增长7.7%；其中私人汽车（小型载客汽车）16.9万辆，增长8.4%。

至年末，全市有海上运输船舶1568艘，运力794.95万载重吨，比上年末增长3.3%。其中，万吨级以上船舶179艘，运力464.5万载重吨。至年末，舟山海事局注册船员4.1万人，比上年末增长1.6%。

全年舟山港域港口货物吞吐量57142万吨，比上年增长6.6%。其中，外贸货物吞吐量17982万吨，增长12.2%。全年集装箱吞吐量166.8万标箱，增长22.2%。至年末，全市有生产性泊位301个，其中万吨以上深水泊位83个。

全年邮电业务收入17.3亿元，比上年增长5.8%。至年末，全市固定电话用户22.1万户，比上年末下降7.0%；移动电话用户192.7万户，增长2.9%；宽带网用户59.9万户，增长3.2%。全年快递业务量2135.7万件，增长26.3%。

全年实现旅游总收入871.1亿元，比上年下降17.4%。旅游接待人数5944.0万人次，下降15.7%。其中，入境过夜人数1.6万人次，下降89.8%。全市住宿设施客房出租率42.4%。全市有A级景区37个；其中AAAAA级景区1个，AAAA级景区6个，比上年增加2个。

【金融和保险】 至年末，全市有各类金融机构77家。其中，银行业机构28家，保险业机构25家，证券业机构15家，小额贷款公司9家。至年末，全部金融机构本外币各项存款余额2540.0亿元，比上年末增长11.3%；全部金融机构本外币各项贷款余额2773.8亿元，增长13.9%。全市银行融资总量余额3025.4亿元，比年初增加330.9亿元。

全年保险业实现保费收入39.8亿元，比上年增长5.8%。其中，财产险保费收入15.6亿元，增长6.8%；人身险保费收入24.2亿元，增长5.2%。保险

2020年末舟山市金融机构存贷款及其增长速度

表9

指　　标	年末数（亿元）	比上年末增长（%）
金融机构人民币存款余额	2479.3	11.6
住户存款	1125.3	15.8
金融机构人民币贷款余额	2703.3	11.4
工业贷款	640.6	22.3
建筑业贷款	86.8	1.4
交通运输、仓储和邮政业贷款	255.2	11.5
个人贷款	782.6	15.6

公司赔款支出12.4亿元，下降16.6%；保险公司给付支出2.3亿元，下降13.0%。

【人民生活和社会保障】 全年全体常住居民人均可支配收入55830元，比上年增长4.2%。城镇常住居民人均可支配收入63702元，增长3.6%；城镇常住居民人均生活消费支出36478元，增长0.4%。全年渔农村常住居民人均可支配收入39096元，增长6.3%；渔农村常住居民人均生活消费支出23915元，增长0.1%。城镇、渔农村居民收入比为1.63∶1。城镇居民恩格尔系数为29.9%，渔农村居民恩格尔系数为32.2%，均与上年持平。

至年末，全市参加基本养老保险人数83.9万人，基本医疗保险参保人数100.8万人，失业保险参保人数25.8万人，工伤保险参保人数40.1万人，生育保险参保人数26.8万人。城乡居民基本医疗保险人均筹资水平1415元，比上年提高30元。

至年末，全市有敬老院39所，社会福利院6所，有床位数4517张。城镇“三无”对象集中供养率54.8%，渔农村“五保”老人集中供养率77.2%。城乡居民得到政府最低生活保障人数9509人，其中城镇低保对象1336人，渔农村低保对象8173人。城乡低保对象最低生活补助标准每人每月810元，比上年提高90元。

【教育和科学技术】 至年末，全市有小学56所，全年招生8456人；在校生50617人，比上年增长0.9%；小学学龄儿童入学率为100%。小学生均校舍建筑面积10.5平方米，生均图书37册，每百名学生拥有计算机21台，小学体育运动场（馆）面积达标的学校比例为100%。有初中29所，招生7984人；在校生22468人，比上年增长3.0%。初中生均校舍建筑面积18.9平方米，生均图书57册，每百名学生拥有计算机37台，初中体育运动场（馆）面积达标的学校比例为100%。义务教育中小学专任教师5836人，比上年增长1.1%。

全市各类中等职业教育学校4所，全年招生2532人，在校生6665人，毕业生2214人；普通高中12所，全年招生3958人，在校生11419人。全市有普通高等院校4所，全年招生7834人，在校生25640人，毕业生6512人。中等职业教育（含技工学校）专任教师607人，增长2.2%。普通高等学校专任教师中副高职称以上教师所占比例为41.3%，具有硕士以上学位教师比例为58.8%。

全市有幼儿园118所，全年招生9081人，在园幼儿26663人。学前教育毛入园率99.97%。

全年财政一般公共预算支出中科技支出7.2亿元，完成当年预算的121.2%。

全年组织实施各级各类科技项目751项，其中国家级104项，省级389项。申请专利2947件，其中发明专利918件。专利授权量2805件，比上年增长38.4%；其中发明专利授权量863件，比上年增长48.8%。全年全市新增高新技术企业52家，累计211家；新增省级科技型中小企业191家，累计1005家。

至年末，全市拥有各类注册商标12300件，其中中国驰名商标12件，中国地理标志（包括证明、集体）商标20件。

【卫生和文化体育】 至年末，全市有卫生机构719个（含村卫生室），其中医院35个，社区卫生服务中心（卫生院）36个，社区卫生服务站113个。卫生技术人员（含村卫生室）10128人，其中执业医师4027人，注册护士4003人。医疗卫生机构开放床位6157张。全年免费婚检率69.23%，孕产妇住院分娩率99.98%，一孩率66.34%，二孩率32.44%。

至年末，全市有文化艺术表演团体2072个，比上年增加68个。艺术表演场所15处，比上年增加9处。文化馆5个，文化站36个。公共图书馆5个，藏书244.9万册。全市有线电视用户数28.1万户，数字电视用户数28.1万户。广播人口综合覆盖率100%，电视人口综合覆盖率100%。

全年全市新建全民健身路径116条，同比增长3.1倍。新建各类体育健身场所71个，同比增长2.1倍。开展群众体育活动231次，参加体育活动18.8万人次，同比增长23.4%。在省级以上比赛获得奖牌53枚，其中金牌15枚，银牌14枚，铜牌24枚。

【城市建设和新渔农村建设】 建设海上花园城，获评全国文明城市。全年全市新建、改造城市道路20条，拓宽瓶颈路4条，新增公共停车泊位1961个，建成城市公园2个，中心城区社区和口袋公园15个,新增绿道30千米。

推进美丽乡村建设。建成24个省市美丽乡村精品村、4条主题风景线,培育美丽庭院2200户。新建改造污水管网17.37千米,河道3条。城区垃圾分类实现全覆盖,成为全省首个城乡生活垃圾全焚烧城市。

【能源和环境】 全社会用电量103.4亿千瓦时,比上年增长57.9%。其中,工业用电64.4亿千瓦时,增长1.5倍;城乡居民生活用电10.9亿千瓦时,增长3.5%。

全市县级以上城市集中式饮用水水源水质全部达标。全年$PM_{2.5}$平均浓度为17微克/立方米,比上年减少3.0微克/立方米。日空气质量优良达标天数比例为97.8%,比上年提高1.1个百分点,空气质量持续保持全国前三。区域环境噪声平均等效声级52.2分贝。

全市达到一、二类海水水质标准的海域面积占42.8%;四类和劣四类海水海域面积占46.2%,比上年下降11.0个百分点;近岸海域环境功能区达标率25.0%,比上年提高17.2个百分点。

(撰稿:徐妍)

责任编辑:徐飞舟

大事记

1月

1日　中央电视台新闻频道《朝闻天下》和“你好2020——新变化新气象”直播节目，分别直播岙山海上加油站及舟山绿色石化基地建设和秀山海上锚地船用燃料油加注。

2日　由市委宣传部牵头，20余家市属机关单位共同参与的2020年全市文化科技卫生“三下乡”活动在普陀区展茅街道路下徐文化礼堂启动。

2—3日　省委常委、组织部部长黄建发到舟山开展“深化‘三服务’、助推开门红”活动。

12日　俞东来、何中伟等市四套班子领导走访浙江省军区领导机关。省委常委、省军区司令员冯文平等部队首长，会见舟山市领导一行，军地双方进行座谈交流。

14日　全国首个由舟山市消防救援支队自主研发的危化品企业消防安全“管控灭”综合平台通过验收。

17日　商务部、国家发展改革委、财政部、海关总署、国家税务总局、国家市场监管总局联合发布《关于扩大跨境电商零售进口试点的通知》，舟山等50个城市（地区）和海南全岛纳入跨境电商零售进口试点范围。

18日　舟山市成立冬春季传染病防控工作领导小组及办公室，下设综合协调组、疫情防控组、医疗救治组、信息宣传组、后勤保障组等部门。（21日，市委常委扩大会议研究部署新冠疫情防控工作。全市启动联动防控工作机制）

19日　由市委宣传部、舟山日报社、舟山广播电视总台主办的“最美舟山人·舟山魅力——2018—2019年度最具影响力人物”颁奖典礼在新城举行。王鲁、孙斌勇、林剑、杨玉斌、饶欣雨、倪芳芬、东海渔嫂团队、东西快速路建设团队、鱼山绿色石化基地建设者、舟山500千伏输变电工程建设团队当选年度最具影响力人物。

同日　舟山发现首例疑似新型冠状病毒感染肺炎患者。（20日，报告首例确诊病例；31日，患者治愈出院）

22日　舟山被住房和城乡建设部正式命名为国家园林城市。

23日　舟山启动公共卫生事件一级响应。

25日　舟山派出首批6名医务人员驰援湖北武汉一线抗击新冠肺炎疫情。（1月28日5名，2月9日20名，前后三批31名医务人员赶赴湖北抗击新冠疫情。至4月12日，全部安全返还舟山）

2月

10日　舟山本岛首批企业包

2月10日，首批企业包车返岗人员抵达舟山市汽车客运中心（沈磊　摄）

车返岗人员抵达。该批人员均在舟山波音完工中心有限公司工作。

18日　省委书记车俊赴舟山督查疫情防控和复工复产工作。

19日　舟山市开出全省首单复工复产企业疫情防控综合保险，将重点保障企业因疫情防控要求进行封闭或隔离所导致的在产品损失、员工工资及隔离费用的支出。

21日　舟山群岛新区海洋产业集聚与上海的准时达能源科技(上海)有限公司线上签约，总投资5亿元的准时达全球罐式LNG供应链转运项目落地海洋产业集聚区。

22日　一名新冠肺炎康复者到血站进行血浆捐献，送省血液中心统一调配后用于新冠危重病患救治，为全市首例、全省第12例。

24日　由中海石油舟山石化有限公司生产的4500吨船用低硫燃料油，卸入中化兴中石油转运(舟山)公司出口监管仓，标志着全省首票船用燃料油出口退税业务正式启动。这也是全市炼厂首次出口船用燃料油。

25日　舟山成为全省首个“疫情图”和“复工图”实现绿色的地市。

同日　市市场监督管理局通过“一对一”服务向浙江惠雅医疗用品有限公司核发医疗器械备案证，为全市首次核发的首张医用防控用品(一次性隔离衣)备案证。

是月　针对新冠肺炎疫情，市委密集召开会议，贯彻中央、省委防控要求，严密部署，指导督促全市重点企业复工复产。

3月

2日　全市最后两名新型冠状病毒肺炎患者治愈出院，全市新冠肺炎患者清零，治愈出院比例100%。

3日　省委、省政府举行全省扩大有效投资重大项目集中开工仪式。舟山市作为分会场之一，同步开工建设11个重大项目，总投资918亿元。

6日　省发改委正式批复新建宁波至舟山铁路项目可行性研究报告。该项目线路西起宁波东站，经宁波市鄞州区、北仑区，新建海底隧道至舟山市金塘岛，新建跨海大桥至册子岛及本岛，终于定海区白泉镇。线路全长77千米，新建桥梁33座，隧道17座。(5月23日，全国首条海底高铁隧道——甬舟铁路金塘海底隧道海上钻探工作全部完成)

10日　南洞艺谷文旅融合示范项目等12个市文旅重大项目，在省文化和旅游重大项目集中开工舟山分会场宣布集中开工，总投资103亿元。(是年，全市有文旅重大建设项目69个，总投资413亿元)

13日　市检察院检察长黄辉和舟山海警局局长林存联会签《关于加强检警协作配合的若干意见》，并为市检察院驻海警局检察官办公室揭牌，为全省检察机关在海警部门设立的首个检察官办公室。

18日　副省长朱从玖到舟山调研浙江自贸试验区建设工作。

同日　龙山船厂佩森脱硫塔项目投产后制造的首套船舶脱硫塔装置完工交付，为全市自主制造的首套船舶脱硫塔。

25日　全市通过网络形式举行中国(浙江)自由贸易试验区“云招商”对接会，同步在新华社现场云、央视新闻移动网、新浪新闻、优酷视频、爱奇艺等平台直播。总投资超70亿元的13个项目落地舟山。

同日　浙江自贸试验区开展的首单网购保税进口业务——4箱市民网购来自泰国某品牌的猫粮罐头，完成通关手续。至此，跨境电商零售进口政策在舟山全面落地。

4月

1日　市政协举行首场“请你来协商”专题提案协商会，围绕《加快推进夜间经济发展，着力提升“品质舟山”建设》提案开展专题协商。

同日　舟山迎靠首艘Q-Max超大型LNG轮，始发卡塔尔的装载约21万立方米液化天然气“AL GHARRAFA(加拉法)”轮，靠泊新奥舟山液化天然气(LNG)码头1号泊位。

9日　省长袁家军到舟山调研，先后到舟山中学、中海油舟山基地、舟岱大桥建设现场和鱼山岛绿色石化基地考察了解开学复课准备工作、重点企业重大项目复工复产、石化基地生产建设及疫情防控等情况。

同日　由市委宣传部、市自贸办主办的“央媒省媒看舟山——国家战略与舟山实践”采风活动启动。人民日报(人民网)、新华社(新华网)、光明日报、科技日报、浙江日报、文汇报等30余位国家级、省级及长三角媒体记者组成的采访团到舟山采访了解挂牌3周年间浙江自贸试验区在打造油气全产业链方面取得的成就。

14日　在全省建设平安浙江工作会议上,舟山市获全省首批一星平安金鼎。[舟山四县(区)均被命名为“平安县(区)”,其中定海、普陀、嵊泗同步获一星平安金鼎]

15日　作为全省试点,宁波、舟山率先开通宁波江北－舟山普陀户籍业务“跨市通办”服务,首批3大类33项户籍业务在两地范围任一户籍窗口实现无差别受理。

19日　位于宁波浙江创新中心的宁波、舟山首块合作飞地正式启用。

20日　12时30分至16时,央视现场直播鱼山石化基地建设情况。

20—22日　中国人民政治协商会议第七届舟山市委员会第四次会议在新城召开。

21—23日　舟山市第七届人民代表大会第五次会议在新城召开。大会选举张明超为舟山市第七届人民代表大会常务委员会主任,选举陈宏为市七届人大常务委员会副主任,选举郑定距、赵利平为市七届人大常务委员会委员。

23日　浙江自贸试验区船用燃料供油“舟山船型”首制船——“润吉1”号在位于岱山的舟山和泰船舶修造有限公司码头下水。这是首艘由舟山自行设计、自行建造的船用燃料油专用供应船。该船总长96米,型宽16米,型深7米,5000载重吨级,单航次可以供应船用燃料油4600吨以上。(6月4日,“润吉1”号轮在岱山水域完成试航任务;8月21日,“润吉1”号正式投运,为18万吨级巴拿马籍“KM OSAKA”轮供油)

4月27日,省政协主席葛慧君(中)考察舟山绿色石化基地(沈磊　摄)

同日　市中级人民法院对一起走私燃料油入境8万多吨、偷逃应缴税款达2.2亿余元的案件作出一审宣判。被告人高某被判处无期徒刑,剥夺政治权利终身,并处没收个人全部财产;另有35人分别被判处15年6个月(含)以下有期徒刑。

26日　由舟山市委网信办和中国移动舟山分公司共同组建的“全景舟山5G应用创新中心”挂牌,该中心首个5G应用品牌“5G+VR全景看舟山”同时启动。

27—28日　省人大常委会党组副书记、主任李卫宁一行到舟山调研新冠肺炎疫情防控和数字经济发展等工作。其间,召开座谈会,听取市政府及相关部门关于疫情防控和数字经济发展情况的汇报。

27—29日　省政协主席葛慧君到舟山调研重大项目建设、企业和渔业生产经营、“协商民主进高校”等情况。

是月　市林科院申报的普陀鹅耳枥保育项目获世界最大的植物多样性保护机构、三大国际环保组织之一的国际植物园保护联盟(BGCI)立项资助,资助金额为8000英镑,保育任务从2020年1月1日起为期一年。

5月

4日　从舟山本岛马目下海的长达18.35千米的220千伏鱼山第三回路最后一根海底电缆,登陆岱山鱼山岛东部海堤,标志着220千伏舟山至鱼山第三回路海底电缆敷设工程收官。

7日　市市场监管局六横分局举行市特检院六横工作站启用仪式。这是全省首个在海岛乡镇成立的专业化检测中心。

10日　以“文学照亮生活，阅读铸就品质”为理念的全市首家文学“创作驿站”在舟山新城长峙欢喜书店挂牌。(7月14日，省作协在“创作驿站”举办2场“浙江作家文学大课堂”。省作协党组书记、副主席臧军，党组副书记、二级巡视员曹启文代表省作协赠送部分文学书籍)

12日　市中级人民法院对“5·14”特大通信网络诈骗案作出一审判决。庭审以视频宣判的模式对在定海和普陀看守所的被告人进行公开宣判，以诈骗罪、偷越国境罪、掩饰隐瞒犯罪所得罪，判处陈某杰等13人有期徒刑6个月至15年4个月不等。

同日　洋山特殊综合保税区(一期)通过国务院联合验收组验收，成为全国151个海关特殊监管区域中唯一的特殊综合保税区。

15日　普陀区丁四家庭在全国妇联举办的“最美我的家抗疫‘家’力量”全国抗疫“最美家庭”云发布活动中获“最美家庭”称号。

20—21日　省政协党组副书记、副主席孙景淼一行到舟山市调研经济社会发展和政协工作情况。

21日　市税务犯罪研判中心成立，开启“税警联合”打击涉税违法犯罪新模式。

22日　定海新建生态村入选省文化和旅游厅公布的14家第二批浙江文艺创作采风基地的名单。是继2019年4月普陀区桃花镇入选后又一个入选基地。

25—27日　省委常委、常务副省长冯飞调研舟山市“六稳”“六保”工作，并到人大代表联络站开展代表接访活动。

27日　舟山至安徽首条豆粕“江海直达”新航线正式开通，5000吨级散货船“润宇15”轮在老塘山四期码头装载完成舟山良海粮油有限公司近4000吨散装豆粕，首航安徽马鞍山郑蒲港。

28日　总投资60亿元、全长47.1千米的滨海大道正式通车。

29日　舟山海警局首次通过“非现场执法”模式办结一起非法海洋倾废案，查证非法倾倒疏浚泥约500立方米，涉案公司被警告并处5万元罚款。

同日　舟山市人民检察院、岱山县人民检察院驻浙石化检察服务工作站在鱼山岛挂牌。

同日　省交通集团舟岱大桥金塘预制厂内的一组1200吨轮胎式起重机被上海大世界基尼斯总部授予大世界基尼斯之最，即全国最大的轮胎式起重机。

是月　为庆祝首个“国际茶日”，农业农村部、浙江省政府、联合国粮农组织以“茶和世界共品共享”为主题联合举办系列活动，发布生态观光茶旅线路，“舟山千岛禅茶文化休闲之旅”入围全国茶乡旅游精品线路40强。

是月　由浙江省海洋开发研究院与浙江工业大学联合共建的“中国轻工业食品大分子资源加工技术重点实验室”正式挂牌，这是全市获批的首个中国轻工业重点实验室。

6月

2日　定海区干䃎镇新建村和普陀区东极镇东极村上榜省文化和旅游厅公布的第二批全国乡村旅游重点村推荐名单。

3—5日　省政协副主席吴晶率队到舟山市，围绕“高水平全面建成小康社会补短板”开展三级政协联动民主监督。

5日　定海香炉花瓶礁锚地由舟山海事局发布航行通告正式对外公布启用，缓解进出定海白泉港区和马岙港区船舶锚泊紧张局面。

9日　“洽在‘浙’里，势聚云端”，第二十二届中国浙江投资贸易(网上)洽谈会在宁波开幕，全省各市通过网络方式与主会场连线，完成重大项目签约。舟山分会场同步举行中国(浙江)自由贸易试验区油气全产业链网上产业对接会暨一月一签专项活动，总投资超281亿元的6个重点产业项目签约。市委副书记、市长何中伟出席舟山分会场活动，并连线主会场，通过视频方式全面推介舟山、浙江自贸试验区的投资环境。

11日　市政府与中国华腾工业有限公司在市行政中心签订战略合作协议，双方将在油品贸易国际化发展、先进制造业产研结合等方面展开多维度、高层次、体系化合作。

12日　在杭州举行的第十七届浙商(投融资)大会上，舟山市获“2020浙商最佳投资城市”称号。

同日　舟山技师学院（筹）的学生姚安杰，拿到由该学院颁发的编号后6位为“000001”的“车工三级”职业技能等级证书。这是全市开展社会化职业技能等级认定试点工作后，首本由第三方评价机构颁发的职业技能等级证书，也是全省第一本此类证书。

13—15日　全国政协副主席何维率调研组到舟山专题调研“海洋资源保护与开发”。全国政协常委、人口资源环境委员会副主任姜大明等参加调研。省政协副主席周国辉等陪同。

14日　市委副书记、市长何中伟在市行政中心会见中国诚通集团总裁李洪凤一行，双方就深化合作、共谋发展进行座谈交流。

15日　杭州市与舟山市在舟山市行政中心举行经济社会发展情况交流座谈会，杭州市政府和舟山市政府签署“长三角一体化背景下深化合作框架协议”，杭州市商务局与浙江自贸试验区管委会综合协调局签署“推进高水平开放协同合作协议”，杭州市文广旅游局与舟山市文广旅体局签署“文化旅游合作协议”。

17日　“舟山市蓝色海湾整治行动”项目通过国家和省有关部门的验收。项目位于普陀区沈家门港湾，是国家海洋局海岛和海域保护资金第二批计划项目。（项目总投资6.2亿元，于2017年3月正式启动）

同日　舟山海关委托宁波一家具有废物处理资质的企业进行现场无害化销毁侵权货物，共计6万余件、4000余千克。这是“龙腾行动2020”知识产权保护专项行动开展以来，舟山海关首次针对侵权货物组织集中销毁工作。

19日　由浙江大学与海洋二所共建的浙江省大湾区（智慧海洋）创新发展中心正式落户舟山市，并在浙大海洋学院举行建设启动暨签约仪式。省发改委、省自然资源厅联合向该中心授牌，中心还与浙江省海港集团、中国电建集团华东勘测设计研究院有限公司、江苏中天科技股份有限公司等7家企业签约，共同推进智慧海洋创新发展。

6月15日，杭州市与舟山市在舟山市行政中心举行经济社会发展情况交流座谈会并签署协议（沈磊　摄）

21日　浙江舟山群岛新区研究中心（CZZC）与舟山市影视家协会共同成立数字影像产业发展研究所，并在浙江海洋大学举办该所第一届学术沙龙。

22日　省级金融机构支持舟山高质量发展恳谈会在舟山国际会议中心举行。省级金融管理部门和36家省级金融机构有关负责人出席。会上，市政府与6家省级金融机构代表签订合作框架协议。

23日　省委常委、政法委书记王昌荣在舟山专题调研政法队伍建设。

28日　普陀山社区卫生服务中心在全省率先启动基层医疗机构胸痛救治单元建设，成为全省首家胸痛救治单元。

30日　公、检、法驻市生态环境局办公室和联络室揭牌设立，由市生态环境局牵头组建，公安、检察院、法院协同参与的“绿剑特别行动队”同时成立，将重点查办全市生态环境领域大案要案、疑难案件、督办案件。

同日　位于嵊泗县洋山镇大洋岛西南部的外云鹅海塘内，约27公顷的海涂地建成的全国首家单体最大工厂化渔光互补项目正式并网发电。该项目总投资5.8亿余元。

7月

1日　舟山市地质灾害风险防控信息管理平台正式上线，为全省首个依托“浙江省地质灾害防治风险防控平台”部署的市级数字化地质灾害动态风险管控平台。

同日　市区范围内(新城、普陀、定海)正式实施不动产抵押登记“一地办”。办证人可就近选择登记中心(点)办理不动产抵押登记业务,享受跨区办事的便利。

2日　浙江自贸试验区与联动创新区对接活动在舟山市举行。浙江自贸试验区与杭州、宁波、温州、嘉兴、金华、台州6个联动创新区将进一步加强对接交流、联动发展,加快形成浙江“自贸区+联动创新区”整体发展格局。

3日　全市村(社区)组织换届工作领导小组第一次会议在市行政中心召开。会议学习贯彻全省村(社区)组织换届工作会议精神,探讨交流换届工作试点范围、时间安排,并研究部署全市村(社区)组织换届工作。

7日　以舟山国家远洋渔业基地为主体的舟山国家骨干冷链物流基地列入国家发展改革委公布的2020年17个国家骨干冷链物流基地建设名单。

7—8日　省政协副主席孙景淼在舟山市调研沈家门渔港小镇创建等工作,并考察观音文化园项目建设推进情况。

8日　由省文化和旅游厅主办,市文化和广电旅游体育局承办的2020年全省文化和旅游系统防汛防台应急演练在朱家尖大青山里沙海滨浴场举行,全省各地市、各县区文旅部门安全负责人190人参与。

9日　舟山市应急产业协会在中化舟山应急救援基地成立,西云净业、新奥LNG、海安溢油等35家浙江自贸区应急产业产、学、研、用企业及院校加入协会。协会成立现场还举行国家应急产业示范基地授牌和舟山市应急管理学院揭牌仪式。

10日　全球首条航运气象指数在宁波舟山港正式发布。该指数是宁波航运交易所联合宁波市气象局应用大数据、风险评估和指数统计等技术和方法,采集航运、气象等多项数据编制发布。

14日　全省首个海洋检察专家工作室在舟山市成立。该工作室由市检察院和宁波大学法学院共同设立。

16—17日　省政协副主席张泽熙到舟山市调研激发民营企业科技创新活力工作。

17日　浙能集团旗下浙石油黄泽山储运基地成功靠泊30万吨的“阿奎拉”号油船,标志着该基地实现码头最大的设计承载能力。

18日　上海大学－舟山市7412工厂高端紧固件研究院在舟山签约并揭牌成立,7412工厂省级企业研究院同时挂牌。

21—23日　省人大常委会党组书记、副主任梁黎明到舟山市调研。省人大常委会秘书长李火林、市人大常委会主任张明超等参加调研。

22日　普陀区入围全省18个县(市、区)省级文化和旅游消费试点城市名单,为全市首个。

23日　市农行政银企项目对接会在新城举行,现场签订11个重大项目合作框架协议,包括甬舟铁路、浙石化二期工程、六横LNG综合产业园等。市委书记、新区党工委书记俞东来,中国农业银行首席专家、浙江省分行党委书记、行长冯建龙出席并讲话。

同日　舟山市第二届最美退役军人发布仪式暨首届退役军人创业创新大赛在新城举行,15名“最美退役军人”受表彰。并举行退役军人创业创新大赛决赛,舟山爱尚海洋运动俱乐部有限公司的海洋特色体育旅游项目获一等奖。

28日　由舟山市气象部门联合宁波市气象服务中心、宁波市标准化研究院、宁波海事局、宁波舟山港股份有限公司4家单位共同起草的甬舟两地首个区域协同地方标准《港口作业气象预警等级及图标》正式发布。

29日　舟山—西安航班首飞。

29—31日　副省长陈奕君到舟山市调研海洋海岛生态环境保护、证照分离改革、“两直”政策落实等工作。

31日　沪舟医卫政协委员会客厅在上海瑞金医院舟山分院举行揭牌仪式,并进行首场活动。

同日　舟山市首家行业关工委组织——普陀立德医院关心下一代工作委员会成立。

8月

1日　普陀湾(上海)众创码头正式启用,为全市在上海设立的首个人才飞地园区。

6日　舟山市体育产业联合会(从事体育产业的企事业单位、体育产业专家和体育产品经营者自愿参加的,具有法人资格的联合性非营利性体育社团组织）成立。

同日 舟山市与宁波市“甬舟侨务一体化”合作发展战略协议在新城签署。

7日 国内领先的船舶供应商——上海蔓意船舶技术服务有限公司落户舟山。

8日 由市垃圾分类办、市商务局主办，舟山报业传媒集团承办，以“推广资源再生理念，促进垃圾源头减量”为主题的全市首个“再生资源回收日”设立仪式在新城淘味城海城商业广场启动。之后每年8月的第二个星期六将作为全市的“再生资源回收日”。

同日 舟山市鱿鱼冷藏运输船“宁泰冷8”“宁泰冷6”“中巨冷1”列入欧盟委员会健康与食品评审分析司官网公布的最新一批对欧盟注册中国水产品企业（含渔船）名单，为全国首次以鱿鱼冷藏运输船名义在欧盟注册。

13日 舟山港口协会油气储运行业分会成立，首批21家油气储运企业加入分会，并通过《舟山市油气储运行业自律公约》。

14日 全国台企联常务副会长、旺旺集团北京首席代表林天良带领11名台商组成参访团到舟山市实地考察国家远洋渔业基地、海洋产业集聚区，以及普陀大健康产业、金融服务业等。

同日 中欧双方宣布签署《中欧地理标志协定》，嵊泗贻贝、普陀佛茶、舟山三疣梭子蟹和舟山带鱼入选首批纳入互保名录的中欧各100个地理标志产品。

18日 舟山海事局、市海洋与渔业局、浙江海洋大学《共同防范商渔船碰撞事故战略合作协议》签约暨教育培训基地揭牌仪式，在浙江海洋大学海洋职业技能培训中心举行，标志着全国首个防范商渔船碰撞事故警示教育培训基地正式建立。

19日 宁波、舟山两地市政协“推进甬舟一体化发展”课题调研座谈会在新城举办，双方就甬舟合作区、基础设施和公共服务等重点关注领域的一体化建设开展交流。

19—20日 副省长高兴夫到舟山调研工业和科技工作，实地调研舟山绿色石化基地。

20日 舟山市青年越剧团团长陈艳萍获浙江省“最美残疾人”称号。

25日 宁波舟山港集团与巴西淡水河谷在宁波举行巴西淡水河谷鼠浪湖磨矿中心建成投产仪式，这是淡水河谷在中国建设的首个磨矿中心。

26—28日 省人大常委会副主任史济锡率队到舟山开展乡村振兴调研工作。

27日 中国银行浙江省分行支持浙江自贸区发展暨重点项目签约活动在新城举行，《中国银行浙江省分行支持中国（浙江）自由贸易试验区开放发展金融服务十五条》正式发布，8个重大项目现场签约，授信金额总计509亿元。

28日 沪、苏、浙、皖三省一市政协联合调研组到舟山市，就“长三角地区污染防治协作机制落实情况”开展联动民主监督调研。

29—30日 由浙江省电子信息分会、舟山市委人才办、宁波市委人才办等联合主办的甬舟人才活动一体化——2020智慧海洋人才高峰论坛在舟山市举行，49位海内外海洋电子信息的高端人才集聚舟山参加论坛，舟山智慧海洋产业工程师协同创新中心启动建设。

已经投产的巴西淡水河谷鼠浪湖磨矿中心（沈磊　摄）

9月

2日　市委副书记、市长何中伟率舟山市代表团到四川省达州市考察学习，巩固脱贫成果，推动对口协作工作取得新成效。

3日　《自主创业登记管理服务规范》舟山市地方标准正式发布，对自主创业登记的服务内容和要求、服务流程、服务监督、服务评价与改进作出明确规定，是全省首个创业服务领域的地方标准。

6日　由舟山市人民政府主办，舟山市文化和广电旅游体育局和上海春秋国际旅行社(集团)有限公司承办的“海岛骑缘·自在舟山”2020第一届环舟山自行车骑游大会在新城体育场开幕。

8日　市政府与省金融控股有限公司举行“上门送‘1+3’服务”合作协议签约仪式。

同日　舟山市的全国抗击新冠肺炎疫情先进个人严剑波、刘军在北京人民大会堂举行的全国抗击新冠肺炎疫情表彰大会上受到表彰。

10日　舟山市与中国移动通信集团浙江有限公司、中兴新通讯有限公司签署建设海洋卫星通信标杆战略合作协议。

16日　由舟山市人民政府主办，市商务局、市海洋与渔业局、定海区人民政府、舟山国家远洋渔业基地建设指挥部、舟山报业传媒集团承办，2020东海开渔节暨舟山远洋渔市节启动仪式在舟山国家远洋渔业基地举行。启动仪式现场，举行上海海洋大学工程技术研究中心舟山分中心揭牌仪式、金枪鱼开鱼仪式、顺丰岛际无人机首飞仪式。市商务局与淘宝、快手签约。

同日　舟山普陀山机场推出“沪舟风景快线”，开通水上飞机往返上海金山水上机场航线。

9月16日，“沪舟风景快线”运营。图为一架水陆两用飞机从朱家尖首航飞往上海(沈磊　摄)

17—18日　省人大常委会副主任李卫宁率队到舟山调研矛盾纠纷化解“最多跑一地”工作，并开展《浙江省华侨权益保护条例》执法检查。

18日　在2020中国浙江·宁波人才科技周开幕期间，在宁波国际会展中心和浙江创新中心，现场分别举行甬舟人才专家服务一体化平台启用仪式和甬舟人才一体化发展飞地开园仪式。

21—22日　省政协党组副书记、副主席孙景淼率队到舟山市开展社会治理领域“最多跑一地”改革三级政协联动专项集体民主监督，实地考察部分县(区)和乡镇(街道)的社会综治中心和矛盾调处中心。

22—24日　宁波市人大常委会党组书记、主任余红艺率浙江省选举产生的十三届全国人大代表第二小组到舟山，就浙江自贸区建设、长三角一体化、休闲渔业等工作开展专题调研。

25日　舟山海事局与辖区大型油运企业中化能源物流有限公司联动，推出并实施全国首个“到港油轮安全质量控制”工作机制。

25—27日　由省体育局主办、市足球协会协办的2020年浙江省全民健身沙滩足球嘉年华活动在朱家尖南沙景区举办，邀请全省6支沙足代表队进行友谊赛。

26日　由中国海洋学会、舟山市人民政府、浙江海洋大学、中国海洋大学主办，以长三角一体化与区域海洋经济发展为主题的2020中国海洋经济论坛在舟山市举行。

10月

3—4日　全国人大常委会副委员长王晨到舟山视察。

9日 由中国科协主办、中国女科技工作者协会和浙大海洋学院承办的，以“从陆地到海洋：环境保护与生态修复中的她力量”为主题的中国青年女科学家论坛在舟山市举行。来自国内外高校、科研院所和企业的近80位科学家参加。

10日 普陀区获评浙江省农村文化礼堂建设示范县(市、区)称号，是全市唯一上榜的示范县(市、区)。

10—12日 中国国民党原主席洪秀柱到舟山考察。

11日 舟山市正式启动第七次全国人口普查清查摸底工作。

同日 舟山公交32路驾驶员夏梅红获评交通运输部、中华全国总工会联合发布的“百名最美公交司机”。

12日 普陀山观音文化园法界项目竣工仪式在朱家尖观音法界观音圣坛广场举行。中国佛教协会、市政协、普陀山佛教协会、普陀山－朱家尖管委会、市委统战部、市民宗局相关负责人和中建八局、中建三局、苏州园林等各参建单位代表等500余人出席竣工仪式。(11月14日上午，观音文化园正式开园迎客)

同日 “舟叁鲜”舟山市农产品区域公用品牌在新城发布，符合条件的舟山农产品均可在产品包装上使用该标志。

14日 位于舟山国家远洋渔业基地商务中心的政协委员会客厅正式启用。省政协副主席陈小平等为会客厅揭牌。

15日 市委副书记、市长何中伟在舟山国际会议中心会见招商轮船董事长谢春林一行，双方就深化合作、共谋发展进行座谈交流。

16日 由浙江省人民政府主办，浙江省人民政府自由贸易试验区工作联席会议办公室、中国(浙江)自由贸易试验区管理委员会、招商局能源运输股份有限公司承办的2020国际油气贸易与海事服务高峰论坛——世界油商大会专题会议在舟山举行。

10月16日，世界油商大会专题会议现场(沈磊 摄)

17日 浙江石油化工有限公司与浙江海洋大学签订深化全面合作协议书。根据协议，双方决定依托浙江海洋大学石油化工与环境学院共建“浙石化学院”(暂名)，建设浙江省实验室，举办浙江海洋大学“浙石化班”。

20日 在北京召开的全国双拥模范城(县)命名暨双拥模范单位和个人表彰大会上，舟山市第八次获全国“双拥模范城”称号。

22日 舟山远洋渔业高质量发展推进大会在新城举行。会议通报舟山市远洋渔业发展突出贡献人物，举行项目签约仪式，10个项目现场签约。

23日 省委、省政府举行全省扩大有效投资重大项目集中开工活动，舟山在位于朱家尖的长乔海洋世界科技馆项目建设现场设立分会场。全市有12个重大项目集中开工，总投资113亿元。

26日 “海洋检察理论创新与实践发展”研讨会在舟山召开。最高人民检察院党组书记、检察长张军对该次活动作出指示。最高人民检察院检察委员会专职委员万春，浙江省人民检察院党组书记、检察长贾宇等出席会议。

26—28日 四川省人大常委会副主任、达州市委书记包惠率达州市代表团到舟山市对接东西部扶贫协作工作。27日，舟山市与四川达州市东西部扶贫协作联席会议在市行政中心举行，共谋两地合作发展，推动两市扶贫协作。

26—29日 市委书记、新区党工委书记俞东来率团赴海南省学习考察。

28日　浙江舟山金塘螺杆产业知识产权联盟正式成立，成为全市首个知识产权联盟。

30日　舟山滨海绿道普陀段入选第四届"浙江最美绿道"榜，为全市首条省级最美绿道。

是月　由舟山市7412工厂为主起草制定的《汽车用环槽铆钉连接副》正式获批发布，成为7412工厂牵头制定的第二个"浙江制造"标准。

11月

2日　由中海石油舟山石化有限公司生产、浙江自贸区中石油国际事业有限公司经营的4090吨低硫燃料油期货标准仓单，在中化兴中石油转运(舟山)有限公司正式生成。这是自6月22日低硫燃料油期货在上海国际能源交易中心挂牌上市以来，全国首单低硫燃料油期货标准仓单注册业务，也是全国首单国内炼厂生产的出口退税油品标准仓单注册业务。

同日　位于岱山的中国台风博物馆在中国气象局和科技部公示的首批国家气象科普基地评审结果中，被列为首批16个国家气象科普基地之一。

5日　在第三届中国国际进口博览会浙江－欧洲数字经济和高新技术产业高峰对接会上举行的浙江省重大外资项目集中签约活动中，舟山市的浙石化和壳牌意向合作项目、大洋世家的日本鲜鱼采购项目正式签约，涉及金额1.4亿美元。(至7日，全市签约18个项目，签约额27.85亿元)

7日　在云南举行的第八届亚洲微电影艺术节上，由舟山市电影电视艺术家协会选送，蒋高峰、石林编剧，刘舟波导演的微电影《此情此警》获得最佳作品奖(一等奖)。

8日　由浙江省体育局、舟山市人民政府主办，以"潮涌东海，逐梦舟铁"为主题的2020舟山群岛铁人三项赛(游泳、自行车、跑步)在朱家尖南沙景区举行。来自世界各地的800名运动员参加。该赛事为国家C级赛事，也是舟山市首次举办铁人三项赛。

8—10日　由中国足球协会、浙江省体育局、舟山市人民政府主办的2020年第二届全国女子沙滩足球锦标赛在嵊泗县南长涂沙滩举行。辽宁师范大学获得冠军，浙江大学高水平女足队获得亚军，沈阳盛杰足球俱乐部获得季军。

10日　中央文明办公布第六届全国文明城市入选城市名单，舟山市入选地级市名单。(20日，中央文明委发布《关于表彰第六届全国文明城市、文明村镇、文明单位和第二届全国文明家庭、文明校园及新一届全国未成年人思想道德建设工作先进的决定》。其中，舟山市获全国文明城市称号；白泉镇、白泉镇白泉村、六横镇五星村、岱东镇涂口村、五龙乡黄沙村获得全国文明村镇称号；国网浙江省电力有限公司舟山供电公司、国家税务总局舟山市普陀区税务局、岱山海事处、宁波舟山港舟山港务有限公司获得全国文明单位称号；曹杏娣家庭获得全国文明家庭称号；舟山中学获得全国文明校园称号；严燕获得全国未成年人思想道德建设工作先进工作者称号。在北京举行的全国精神文明建设表彰大会上，舟山被中央文明委命名为"全国文明城市"，市委副书记、市长何中伟代表舟山市领取全国文明城市奖牌)

同日　停靠在招商局港口

11月10日，招商局港口(舟山)滚装码头开港。图为滚装船"长发隆"轮准备装载小汽车驶往天津(沈磊　摄)

（舟山）滚装码头的滚装船“长发隆”轮装载小汽车离泊驶往天津，标志着该码头正式开港，舟山迈入国内汽车滚装运输港口行列。

11—12日　在广东省广州市举办的首届全国退役军人创业创新大赛决赛中，由舟山市选送的“新一代船舶智能移动导航系统”项目获创新团队专项赛二等奖。

12—15日　由中国足球协会、浙江省体育局和舟山市人民政府主办的“普陀山杯”2020年第十二届全国沙滩足球锦标赛总决赛在浙江省舟山市朱家尖举行。舟山保罗队夺得总决赛冠军，为舟山球队首次获得全国性沙足赛事冠军。

13日　在杭州举行的全省抗击新冠肺炎疫情总结表彰大会上，舟山市有10家单位获得“浙江省抗击新冠肺炎疫情先进集体”，30人获得“浙江省抗击新冠肺炎疫情先进个人”，3个党组织获得“浙江省先进基层党组织”，7人获得“浙江省优秀共产党员”，5人获得“浙江省担当作为好干部”荣誉称号。

14日　2020浙籍侨商家乡行——走进浙江自贸试验区专场活动在新城举行，来自15个国家和地区的60余位侨胞汇集舟山，意向投资金额近60亿元的6个侨商项目现场签约。

15日　市政府与钧石能源有限公司举行签约仪式，计划总投资约80亿元的10吉瓦异质结太阳能电池片项目落户舟山。

18日　在杭州召开的2020中国幸福城市论坛上，普陀区入选“中国最具幸福感城市（城区）”榜单，这也是普陀继2018年和2019年后，连续第三次获“中国最具幸福感城市”称号。

19日　全省见义勇为先进人物记功奖励暨见义勇为工作会议在杭州举行，舟山市设分会场。会上，16位见义勇为先进人物受到省政府记功奖励；由舟山市申报的钟耿平被记一等功，丁鑫军被追记一等功。

20日　由上港集团和中石油在舟山合资成立的中石油上港（舟山）能源有限公司，获浙江自贸试验区国际航行船舶保税油经营资质证书，标志着全国最大的港口集团正式加盟舟山市船舶燃料油供应市场，沪舟两地开启跨港区常态化供油。

同日　舟山市人防飞鲸救援队在浙江飞鲸新材料科技股份有限公司成立，填补舟山市在大型工业园区无人防应急救援队伍的空白。

23日　省政府新闻办在杭州举行浙江高水平全面建成小康社会主题系列新闻发布会——舟山专场。围绕“努力打造对外开放新高地，全面展示‘重要窗口’海岛风景线”，市委书记、新区党工委书记俞东来，市委副书记、市长何中伟介绍有关情况，并回答记者提问。

24日　在北京人民大会堂召开的全国劳动模范和先进工作者表彰大会上，朱家尖街道莲花村党总支副书记、村委会主任兼樟州党支部书记王沛国，舟山交通投资集团有限公司党委书记、董事长袁海滨，浙江石油化工有限公司副总裁刘明辉3名全国劳动模范，嵊泗县花鸟乡党委书记杨玉斌1名全国先进工作者受到党中央、国务院表彰。

27日　由市政府主办的2020年中国·浙江舟山群岛新区全国大学生创业大赛总决赛在新城举行。黑科技赋能文化、文旅及文创项目获金奖，规模化优育“野生”大黄鱼领军者项目、致一环保——高效水产品监测提供商项目获银奖，海洋仿生机器人项目、联创智云——大数据与人工智能赋能者项目、全息智能展窗（3D视觉智能解决方案）项目获铜奖。

30日　副省长高兴夫到浙江海洋大学，宣讲中共十九届五中全会精神和省委十四届八次全会精神。

12月

1日　省政协副主席、党组副书记孙景淼到位于普陀东港的舟山总商会政协委员会客厅，向民营企业家、新社会阶层人士宣讲中共十九届五中全会精神和省委十四届八次全会精神。

同日　在中国施工企业管理协会发布的2020—2021年度第一批国家优质工程奖名单中，位于六横的国电舟山普陀6号海上风电场2区工程获“国家优质工程金奖”，为唯一获金奖的“浙江工程”。

3日　位于舟山国际粮油产业园区的中储粮集团浙江（舟山）粮食仓储物流项目正式开工。

4日　舟山市信用惠民发布会暨社会信用体系建设观摩会在新城举行，舟山市个人诚信分正式上线发布。

8日　普陀山佛顶山一带,普陀山公用事业管理中心等单位联合竖起一块台湾蚊母树古树群保护牌。该古树群有台湾蚊母树古树205棵,最大树龄500年,300～500年的有11株,其余为100～300年之间,整个树群面积约4公顷。

11日　作为2020年宪法周系列活动之一,浙江省以宪法为主题的"十百千万"普法工程授牌仪式在中国佛学院普陀山学院举行。

12日　在洋山四期自动化码头,供油船"紫云1"号完成为大型集装箱船长荣海运EMC THALASSA HELLAS(海希)供应1000吨低硫保税船用燃料油的补给服务。这是中石油上港(舟山)能源有限公司于11月20日获得浙江自贸试验区国际航行船舶保税油经营资质证书后,开展的首单船用保税油加注业务。

18日　舟山市影视艺术产业协会在普陀成立,首批33家本土影视企业入会。

19日　中国体育彩票长三角马术联赛暨浙江省马术总决赛在舟山体育场开赛。代表舟山元棋马术队出战的梁锐基以行进时间28.16秒、零罚分的成绩获得场地障碍1.2米争时赛的冠军。

同日　由浙江国际海运职业技术学院和市科学技术局联合主办,乌克兰马卡洛夫国立造船大学、舟山报业传媒集团、海运圈网共同协办,以"关心海洋,认识海洋,经略海洋"为主题的中国(浙江)自贸试验区"海洋工程技术"国际学术交流论坛在舟报传媒集团多功能厅举行。来自国内外研究(设计)院所、高等院校、船舶与海工装备企业、航运企业、海洋科技企业、相关学会和协会的百余名专家学者参加论坛。

22日　舟山市委、市政府在定海区册子岛小晒网村举行甬舟铁路开工仪式。央视晚间《新闻联播》以《甬舟铁路在浙江舟山开工建设》为题,介绍甬舟铁路项目。

24日　普陀氢能产业集群战略合作签约仪式在舟山国际水产城举行。根据相关协议,舟山国际水产城将携手浙江锡力科技有限公司,共同打造全市第一批氢燃料电池运输车队。

25日　中广核新能源岱山4号23.4万千瓦海上风电项目实现54台风机全容量投产运行,为岱山县首个投运的海上风电项目。

28日　位于鱼山绿色石化基地的220千伏鱼东输变电工程投运。

28—30日　市七届人大常委会第三十七次会议在新城举行。会议第一次审议《舟山市居家养老服务促进条例(草案)》;听取和审议市政府民生实事项目实施情况的报告,并进行满意度测评等。

30日　省长郑栅洁在舟山调研,到定海区社会矛盾纠纷调处化解中心接访,检查指导强寒潮防御、疫情防控和安全生产等工作。

同日　浙江海洋大学、舟山国家远洋渔业基地、舟山联合动能新能源开发有限公司等3家单位被授予全市首批"同根海联"交流实践基地。

31日　由市人大常委会法工委、市司法局和浙江海洋大学联合主办,舟山市地方立法研究中心承办的2020年舟山市地方立法论坛在新城举行。

同日　在北京召开的第十二届全国五好家庭暨家庭工作先进集体、先进个人表彰及2020年全国"最美家庭"揭晓电视电话会议中,舟山市的杨玉斌家庭获全国五好家庭,史根娣家庭获全国最美家庭,新城管委会金燕娜获全国家庭工作先进个人。

(撰稿:童涵)

责任编辑:徐飞舟

中共舟山市委员会（新区党工委、管委会）

市委领导

书　记：俞东来（续—）
副书记：何中伟（续—）
　　　　华　伟（续—）
　　　　徐张艳（续—）
常　委：周　峰（续—2020.12）
　　　　魏　明（续—2020.08）
　　　　刘永艺（续—）
　　　　宝音太（续—2020.04）
　　　　沈国通（续—）
　　　　许小月（续—）
　　　　章青山（2020.12—）
　　　　蒲晓斌（续—）
　　　　王高瞻（2020.05—）
　　　　姜建明（2020.08—）
　　　　唐春所（续—2020.12）
　　　　王京东（2020.12—）
秘书长：刘永艺（续—）
副秘书长（专职）：郑学军（续—）
　　　　　　　　　任爱珍（续—）
　　　　　　　　　张　立（续—）

新区党工委领导

书　记：俞东来（续—）
副书记：何中伟（续—）
　　　　华　伟（续—）
　　　　徐张艳（续—）
委　员：周　峰（续—2020.12）
　　　　魏　明（续—2020.08）
　　　　刘永艺（续—）
　　　　宝音太（续—2020.04）
　　　　沈国通（续—）
　　　　许小月（续—）
　　　　章青山（2020.12—）
　　　　蒲晓斌（续—）
　　　　王高瞻（2020.05—）
　　　　姜建明（2020.08—）
　　　　唐春所（续—2020.12）
　　　　王京东（2020.12—）

新区管委会领导

主　任：俞东来（续—）
副主任：何中伟（续—）
　　　　许小月（续—）
　　　　姜建明（续—2020.08）
　　　　方　维（续—）
　　　　俞晓丹（续—2020.12）
　　　　陈　隆（续—）
　　　　毛江平（续—）
　　　　韩　峻（续—）
　　　　赵　骏（2020.08—）

概　述

2020 年，中共舟山市委贯彻习近平考察浙江重要讲话精神，统筹推进疫情防控和经济社会发展，落实“六稳”“六保”任务，疫情防控取得阶段性胜利，社会大局保持稳定，各方面工作取得新成绩。

学习习近平新时代中国特色社会主义思想，贯彻中央和省委决策部署。通过市委常委会会议、理论中心组学习、工作部署会、调研宣讲等方式，传达学习习近平重要讲话精神。组织全市党员干部学习《习近平谈治国理政》，建立“不忘初心、牢记使命”长效机制。领会习近平赋予浙江的新目标新定位，组织市党政班子成员分 19 个课题进行调研，召开市委七届九次全会，作出建设“四个舟山”、展示“重要窗口”海岛风景线、打造九大标志性成果等部署。贯彻中共十九届五中全会和省委十四届八次全会精神，谋划“十四五”发展思路。做好东西部扶贫协作和对口支援、对口合作。结对帮扶的四川省达州市宣汉县和万源市提前实现脱贫摘帽。

疫情防控。坚持把人民群众生命安全和身体健康放在第一位，实施硬核隔离、集中救治、闭环管控、复工复产、助企政策等，实现“本土病例全省最少、患者率先清零、无院内感染”，成为全省首个实现疫情图、复工图“双绿色”的城市。抓实常态化疫情防控,加强人物并防,顶住海上疫情输入压力,对国外抵市船舶、回港远洋渔船实施严格防疫检查,及时发现并救助涉疫国际船员,没有发生疫情扩散事件。

经济新动能。全年规模以上(下称“规上”)工业增加值比上年增长60.2%。开展争先创优行动,落实“五减”“两直”等惠企纾困政策资金114.5亿元。推进重大项目建设,省市重点项目提前完成年度任务,省市县长工程落地率79%,固定资产投资同比增长1.5%。浙石化一期项目安全稳定运行,二期项目加快建设。抓双招双引,中石化、浙能、中化、华腾工业等一批百亿级项目落户舟山,110个亿元以上项目取得实质性进展,实际利用外资4.02亿美元,同比增长170%。引进高校毕业生1.37万人,引育“高精尖”人才超出年度指标70%,国家、省“引才计划”入选数增长1.5倍,国家级人才计划入选3人,均创历史新高。抓科技创新,全年研发经费投入强度同比增长32%,规上工业高新技术产业增加值同比增长96.3%,新入库高新技术企业60家,新增省级产业创新服务综合体3家。远洋渔业小镇和沈家门渔港小镇获评省级特色小镇。培育旅游新业态,举办马拉松、国际铁人三项、帆船跳岛拉力赛等赛事。观音文化园竣工开园。推动传统商贸业转型,提升改造商业街,发展夜间经济,打造一体化数字生活新服务平台。提出建设中国远洋渔业第一市,全国首座全潜式深远海大黄鱼养殖平台投试生产,获批国家骨干冷链物流基地。

对外开放。把自贸试验区作为扩大开放、引领发展的重要平台,走出“无中生油”创新之路。自贸试验区新一轮建设起步,国务院改革赋权获批落地,上期所入股浙油中心,跨港区供油试点、低硫油出口退税政策顺利实施。实现油气贸易额5580亿元,原油加工2306万吨,油品储存能力3230万立方米,跨境人民币结算额突破1000亿元。船用燃料油加注量472.4万吨,海事服务总产出270亿元。布局建设海上LNG登陆中心,规划总量占全国22.5%。油气吞吐量首破亿吨,铁矿石吞吐量1.73亿吨。铁矿石混配量1656万吨。实施便企“一件事”集成改革,企业投资全流程审批最多80天,政务服务事项均可“掌上办”。率先开展“证照分离”改革全域全覆盖试点。国际贸易“单一窗口”形成“舟山样板”,船舶通关效率全国领先。宁波舟山港加快建设世界一流强港,舟山港区吞吐量同比增长6.6%,集装箱吞吐量同比增长22.2%。牵头编制上海都市圈沿海地区一体化行动规划,18个项目列入省长三角一体化重大项目库。推进甬舟一体化,开工、续建16个基础设施项目,500千伏电力联网工程第二通道建成投用。稳外贸稳外资取得较好成绩,全市进出口总额同比增长21.6%,出口额同比增长17.4%,增速居全省前列。

建设海上花园城市。把创建全国文明城市、提升城市品质提到重要位置,以优异成绩进入全国文明城市行列。编制国土空间规划,完成一批“多规合一”村庄规划。实施海上花园城市建设攻坚行动,新建、提升改造城市道路24条,整治隧道12座,整治完成城区道路飞线6条。主要城区、主要城镇实现5G全覆盖,启动智慧停车平台建设,新增停车位1961个。建成城市公园2个,建成中心城区社区公园、口袋公园15个,新增绿道30千米。完成亮灯工程4个,核心区亮化工程初具规模。加快城市更新,改造完成老旧小区住宅884幢,受益群众17927户,新开工棚户区改造6178套,完成城中村改造清零409户,新建安置房2811套,安置住户1353户,城镇危房解危947幢。累计实施上百项城乡环境综合整治专项行动,颁布5部城市管理法规,建立80余项长效管理制度,小区物业管理扩大到90%,全面实施城市生活垃圾分类,143条城市主次干道实行撤桶进店,礼让斑马线蔚然成风,市民文明习惯逐渐养成。建设美丽城镇、美丽乡村,完成34个小城镇环境综合整治,11个小城镇获评省级样板。打好治水治污大会战,完成153个污水零直排区建设,新建、改造污水管网17.37千米,创建品质河道100条。推进中央、省生态环保督察和长江经济带生态环境问题整改。重大交通设施建设取得历史性突破,甬舟高铁开工,甬舟高速复线前期工作加快推进,舟岱大桥即将建成,新江南大桥通车,鲁家峙至东港海底隧道实现洞通,普陀山机场改扩建工程完成。

提升人民群众获得感。把人民满意作为检验工作的唯一标尺。打好脱贫攻坚战,低收入农户人均可支配收入1.92万元,居全省第二。做好稳就业工作,城镇登记失业率保持低位。扩大基本养老保险和医疗保险参保面,规范被征地农民转保补缴行为。保障"菜篮子"供应,生猪存栏量超额完成省定指标。深化"三医联动",市级医院均与沪杭两地医疗机构建立合作关系,推动就医体验和医疗服务大提升。促进教育均衡,名校集团化扎实推进,"互联网+"城乡学校结对扩面提质,实施市区普通高中一体招生政策,入选全国"区域终身学习发展共同体"项目试点。新建25家渔农村文化礼堂,提升改造一批图书馆、博物馆、体育场馆,基本公共文化服务、人均体育场地面积居全省前列。提升改造一批敬老院,提高居家养老服务水平。殡葬改革取得实效。做好国防动员、退役军人和双拥工作,第八次获得全国双拥模范城称号。抓好档案、史志、气象、红十字、慈善、残疾人、关心下一代等工作。

推进社会治理。树立整体智治、便民安民的理念,构建社会治理新格局。以数字化推进"一件事"集成改革,实现企业投资全流程审批"最多80天",涉企许可事项办理时间缩短至3天,政务服务事项实现"一网通办"。完成机关事业单位工作人员职业生涯全周期管理"一件事"改革。推进跨境贸易便利化改革,船舶通关效率全国领先。开展国家市域社会治理现代化试点,打造"海上枫桥""东海渔嫂"品牌,各县(区)矛盾纠纷调处化解中心和基层治理"四平台"建成运行,成效良好。推行"一把手"信访接听制度,加大信访积案化解力度。开展全面禁止和打击海上非法采砂专项行动,解决多年来想办未办的历史遗留难题。深化平安舟山建设,打好扫黑除恶收官战,命案、"两抢"、五类恶性案件全部破案,生产安全事故起数、死亡人数和直接经济损失持续下降,连续十五年蝉联省"平安市"。

加强党的建设。加强党的领导,推进全面从严治党向纵深发展。加强党对意识形态工作的领导,对17家市属单位开展意识形态专项巡察。坚持大抓基层,实施新一轮"整乡推进、整县提升"三年行动计划,选派230名村"第一书记"、200名驻村指导员帮扶集体经济发展,组织全市375个兼合式党组织、3万余名党员参与抗疫、创城等工作。做好村、社区组织换届工作,95%的村、社区完成"两委"换届选举,"一肩挑"人选均顺利当选。加强干部队伍建设,强化干部考察,树立正确用人导向,开展容错裁定工作试点,表彰、选拔、重用一批在重要工作中表现突出的干部。盘活干部资源,选派50名年轻干部集中交流任职。实施公务员职务与职级并行制度,建成干部监督信息系统。推进清廉舟山建设,完善"四责协同"联动机制,推动政治监督常态化。落实中央八项规定精神,整治形式主义、官僚主义,防止"四风"问题反弹,推进基层减负。完成对12家市属单位巡察工作。加大查办案件力度,全市立案384件,受党纪政务处分的党员干部312人,其中县处级干部17人。

重要会议

【市委七届八次全体(扩大)会议】 1月6日在新城举行。全会以习近平新时代中国特色社会主义思想为指导,学习贯彻中共十九届四中全会精神,动员全市各级党组织和党员干部,干出逆周期经济飞扬新气象,确保高水平全面建成小康社会和"十三五"规划圆满收官。市委委员、候补委员出席会议。市委书记、新区党工委书记俞东来代表市委常委会向全会作报告,并在第二次大会上讲话。市委副书记何中伟、华伟、徐张艳等出席。

【全市"不忘初心、牢记使命"主题教育总结大会】 1月9日在新城举行。市委书记、新区党工委书记、市委主题教育领导小组组长俞东来出席会议并讲话。省委巡回指导组组长蒋永志讲话。市委副书记、市长何中伟主持会议,市领导钟达、江建国、华伟、徐张艳和全市副厅以上领导干部等出席。

【市委常委(扩大)会议】 1月21日在新城举行,传达省新冠肺炎疫情防控工作领导小组会议精神,分析研判全市当前疫情防控形势,研究部署全市防控工作。市委书记、新区党工委书记俞东来主持会议并讲话。市委副书记、市长何中伟,市委副书记华伟、徐张艳,市委常委周峰、魏明、刘永艺、宝音太、沈国通、许小月、唐春所、蒲晓斌参加会议。有关市领导列席会议。

【全市招商引资招才引智大会】 3月5日在新城举行。市委书记、新区党工委书记俞东来出席会议并讲话。市委副书记、市长何中伟主持会议，钟达、江建国、华伟等市四套班子领导出席。

【全市推进城市建设和城市精细化管理大会】 3月19日在新城举行。市委书记、新区党工委书记俞东来出席会议并讲话。市委副书记、市长何中伟主持会议，市领导钟达、江建国、刘永艺、毛江平及新区总规划师周建军等出席。

【全市民政会议暨慈善事业发展大会】 4月10日在新城举行。市委书记、新区党工委书记俞东来出席会议并讲话。市委副书记、市长何中伟主持会议，市领导刘永艺、钱军、姜建明、邬振悦等出席。

【争创国家生态文明建设示范市暨全市治水治污大会战工作会议】 5月6日在新城举行。市委书记、新区党工委书记俞东来出席会议。市委副书记、市长何中伟讲话。市领导刘永艺、周松宽、陈隆、张伟平等出席。

【全市建设平安舟山暨全国市域社会治理现代化试点城市工作会议】 5月15日在新城举行。市委书记、新区党工委书记俞东来出席会议并讲话。市委副书记、市长何中伟主持会议。市领导张明超、王伟、魏明、刘永艺、沈国通、许小月、蒲晓斌等出席，市委副书记、政法委书记徐张艳宣读表扬文件。

【全市科技创新工作推进会】 5月21日在新城举行。市委书记、新区党工委书记俞东来出席会议。市委副书记、市长何中伟讲话。市领导刘永艺、蒲晓斌、钱军、孙小晓、干松章、董文平，集聚区管委会主任陈麟等出席。副市长陈隆主持并解读舟山科技新政。

【省级金融机构支持舟山高质量发展恳谈会】 6月22日在朱家尖举行。市委书记、新区党工委书记俞东来讲话。市委副书记、市长何中伟主持并介绍舟山经济社会发展情况，市委副书记、新区党工委副书记华伟介绍浙江自贸试验区建设情况。市领导刘永艺、许小月、陈隆、干松章、董文平，集聚区管委会主任陈麟及省级金融管理部门、36家省级金融机构和28家市级金融机构有关负责人出席。

【交通强市建设暨综合交通大会战推进会】 7月2日在新城举行。市委书记、新区党工委书记俞东来出席会议并讲话。市委副书记、市长何中伟主持会议，市领导刘永艺、许小月、李善忠、毛江平、邬振悦、干松章、董文平等出席。

【中共舟山市委七届九次全体(扩大)会议】 7月15日在新城举行。全会以习近平新时代中国特色社会主义思想为指导，贯彻习近平考察浙江重要讲话精神，按照省委决策部署，动员全市党员干部激情创业、拼搏赶超，持续打好“五大会战”，开启“四个舟山”建设新征程，展示“重要窗口”海岛风景线。市委委员、候补委员出席会议。市委书记、新区党工委书记俞东来主持会议并代表市委常委会向全会作报告，并在第二次大会上讲话。市委副书记何中伟、华伟、徐张艳出席。

【全市村(社区)组织换届工作会议】 10月10日在新城举行。市委书记、新区党工委书记俞东来出席会议并讲话。周峰、刘永艺、蒲晓斌、姜建明、钱军等市领导在市主会场出席。会议以视频形式召开，各县(区)、功能区和乡镇(街道)设分会场。

【舟山远洋渔业高质量发展推进大会】 10月22日在新城举行。市委书记、新区党工委书记俞东来出席会议并讲话。市委副书记、市长何中伟主持会议，市领导张明超、王伟、刘永艺、姜建明等出席。

【舟山市创建全国文明城市总结表彰暨再出发动员大会】 11月25日在新城召开。市委书记、新区党工委书记俞东来出席会议并讲话。市委副书记、市长何中伟主持会议，张明超、王伟、华伟、徐张艳等市四套班子领导出席。

【全市深化“千万工程”建设新时代美丽乡村现场会】 12月4日在普陀举行。市委书记、新区党工委书记俞东来出席会议并讲话。市委副书记、市长何中伟主持会议，市领导张明超、王伟、徐张艳、刘永艺、沈国通、蒲晓斌、姜建明、干松章等出席。

重大决策

【制定《关于深化“千村示范、万村整治”工程高水平建设新时代美丽乡村的实施意见》】 为贯彻落实《中共浙江省委办公厅浙江省人民政府办公厅关于深化“千村示范、万村整治”工程高水平建设新时代美丽乡村的实施意见》精神，3月25日，制定下发《关于深化“千村示范、万村整治”工程高水平建设新时代美丽乡村的实施意见》。意见指出，要践行绿水青山就是金山银山理念，实施乡村振兴战略，以全域化理念、绣花针功夫、标准化提升、品牌化经营、数字化融合为新途径，深化“千村示范、万村整治”工程，打造特色鲜明的海岛乡村大花园，成为具有时代特征、创新特质的中国海上美丽乡村建设的标杆。

【制定《关于进一步推进我市村级集体经济高质量发展的实施意见》】 为贯彻落实中央组织部、财政部、农业农村部《关于坚持和加强农村基层党组织领导扶持壮大村级集体经济的通知》和省委省政府办公厅《关于推进村级集体经济“飞地”抱团发展的实施意见》精神，3月25日，制定下发《关于进一步推进我市村级集体经济高质量发展的实施意见》。意见指出，要坚持问题导向、因地制宜、改革创新、综合施策，按照发展薄弱村、壮大一般村、做强富裕村的要求，推进村级集体经济高质量发展。

【制定《关于高质量推进新时代民政工作打造民生幸福新高地的意见》】 为贯彻习近平关于民政工作的重要指示精神，落实全国、全省民政会议部署，4月9日，制定下发《关于高质量推进新时代民政工作打造民生幸福新高地的意见》。意见指出，要坚持以人民为中心，提升基本民生保障、基层社会治理、基本社会服务水平，打造新区民生幸福新高地。

【制定《关于进一步实施招商引资“一号工程”的若干意见》】 为加强新形势下招商引资工作，加大对外开放力度，加快新区、自贸试验区高质量发展，4月8日，制定下发《关于进一步实施招商引资“一号工程”的若干意见》。意见指出，要强化招商引资工作的组织领导，加强机构力量，加大社会化招商力度，强化驻外招商，形成招商合力，强化招商引资工作保障。

【制定《关于深入实施创新驱动发展战略推动高质量发展的若干意见》】 为贯彻落实中共十九大和习近平关于科技创新重要讲话精神，实施创新驱动发展战略，推进“创新舟山”建设，5月18日，制定下发《关于深入实施创新驱动发展战略推动高质量发展的若干意见》。意见指出，要加大全社会科技投入，建设高能级创新平台，推进产业技术创新，培育壮大企业创新主体，夯实科技创新工作基础。

【制定《舟山市推进市域治理现代化三年行动方案(2020—2022年)》】 为贯彻落实习近平在浙江考察时的重要讲话精神和中共十九届四中全会、省委十四届六次全会精神，按照市委七届八次全会部署，5月26日，制定下发《舟山市推进市域治理现代化三年行动方案(2020—2022年)》。方案指出，要健全落实党的领导制度体系、依法治市制度体系、高质量发展制度体系、海上花园城市建设制度体系、幸福舟山建设制度体系、社会治理制度体系、基层治理制度体系、市域治理现代化保障体系，通过三年努力，为基本实现市域治理现代化奠定基础。

【制定《关于深入开展新时代爱国主义教育的实施意见》】 为贯彻落实新时代爱国主义教育工作要求，6月10日，制定下发《关于深入开展新时代爱国主义教育的实施意见》。意见指出，要坚持以马克思列宁主义、毛泽东思想、邓小平理论、“三个代表”重要思想、科学发展观、习近平新时代中国特色社会主义思想为指导，增强“四个意识”，坚定“四个自信”，做到“两个维护”，聚焦培养担当民族复兴大任的时代新人，弘扬浙江精神、红船精神、舟山精神，始终高扬爱国主义旗帜、坚定爱国信念、厚植爱国情怀，使爱国主义精神成为新时代舟山人的坚定信念、精神力量和自觉行动。

【制定《关于贯彻落实〈新时代公民道德建设实施纲要〉的实施意见》】 为贯彻落实《中共中央、国务院〈新时代公民道德建设实施纲要〉》精神，6月21日，制定下发《关于贯彻落实〈新时代公民道德建设实施纲要〉的实施意见》。意见指出，要贯彻中共十九大和十九届二中、三中、四中全会精神，弘扬社会主义核心价值观，推进社会公德、职业道德、家庭美德、个人品德建设，到“十四五”末，市民道德素质明显提升。

【制定《关于进一步打好“综合交通大会战”建设高水平交通强市的实施意见》】 为贯彻落实交通强国战略，建设高水平交通强市，7月1日，制定下发《关于进一步打好“综合交通大会战”建设高水平交通强市的实施意见》。意见指出，要牢记舟山在系列国家战略中的政治责任和使命担当，打好“综合交通大会战”、实施“1128”工程，建设门户功能一流、群岛特色鲜明、基础保障多元、管理服务先进的综合立体交通网，为打造“新时代全面展示中国特色社会主义制度优越性的重要窗口”海岛风景线提供支撑。

【制定《关于高质量推进新时代党建带群建工作的实施意见》】 为贯彻落实新时代党的建设总要求和新时代党的组织路线，加强党对群团工作的领导，7月8日，制定下发《关于高质量推进新时代党建带群建工作的实施意见》。意见指出，要全面贯彻中央、省委党的群团工作会议精神，坚持党对群团工作的统一领导，深化群团组织改革，持续做好党建带群建工作，为建设“四个舟山”和“重要窗口”海岛风景线提供保证。

【制定《新时代舟山产业工人队伍建设改革实施方案》】 为贯彻落实中共中央、国务院《新时期产业工人队伍建设改革方案》和省委、省政府《新时代浙江产业工人队伍建设改革实施方案》精神，9月4日，制定下发《新时代舟山产业工人队伍建设改革实施方案》。方案指出，要坚持党的领导、服务大局、以人为本原则，促进产业工人全面发展，为开启“四个舟山”建设新征程，展示“重要窗口”海岛风景线发挥产业工人队伍主力军作用。

【制定《关于激励村（社区）党组织书记担当作为的若干意见》】 为健全完善村（社区）组织换届后基层干部激励保障机制，打造适应新形势、担当新使命的村（社区）党组织书记队伍，9月21日，制定下发《关于激励村（社区）党组织书记担当作为的若干意见》。意见指出，要畅通“能上能下”渠道，加大关心关爱力度，树立实干鲜明导向，优化干事创业环境，健全完善村（社区）书记晋升管理、待遇保障、“两个担当”良性互动、履职支撑机制。

【制定《关于全面强化知识产权工作的实施意见》】 为实施知识产权战略，推进知识产权事业发展，营造最优营商环境，10月14日，制定下发《关于全面强化知识产权工作的实施意见》。意见指出，要持续深化知识产权领域改革创新，促进知识产权创造运用，严格知识产权保护，优化知识产权服务，提升知识产权治理能力和水平，推动经济社会高质量发展。到2022年，知识产权保护环境明显改善，创造质量显著提高，运用效益更加突出，管理服务水平大幅提高，到2025年，知识产权严保护、大保护、快保护、同保护工作格局基本形成，知识产权竞争优势更加明显，知识产权与区域产业、科技、经济融合发展，知识产权工作社会满意度达到较高水平。

【制定《关于高质量做好村（社区）组织换届选举工作的实施意见》】 为做好村（社区）组织换届选举工作，10月16日，制定下发《关于高质量做好村（社区）组织换届选举工作的实施意见》。意见指出，要对标习近平关于基层组织建设和村（社区）组织换届的一系列重要指示精神，落实中央和省、市委部署要求，运用试点经验开展全面换届，整个换届按照先党组织、后村（居）民委员会，再村（居）务监督委员会和经济合作社的顺序进行。到2021年1月底完成，实现“五好”“两确保”总目标。

【制定《舟山市学前教育深化改革规范发展实施方案》】 为建成公平有质量的学前教育公共服务体系，办好新时代学前教育，10月21日，制定下发《舟山市学前教育深化改革规范发展实施方案》。方案指出，要贯彻中共中央、国务院和省委、省政府关于学前教育深化改革规范发展的要求，推进舟山学前教育普及普惠发展走在全省前列。到2020年，基本建成覆盖城乡、布局合理、更加公平更有质量的学前教育公共服务体系。到2022年，建成覆盖城乡、布局合理、更加公平更有质量的学前教育公共服务体系。到2035年，全面建成公平优质的学前教育公共服务体系。

【制定《舟山市文明城市常态化建设管理三年行动计划(2021年—2023年)》】 为巩固提升全国文明城市创建成果,建设更高水平文明城市,11月23日,制定下发《舟山市文明城市常态化建设管理三年行动计划(2021年—2023年)》。计划指出,要巩固和深化文明城市创建成果,提升人民思想觉悟、道德水准、文明素养和全社会文明程度。以入选全国文明城市为新起点,加强文明城市"网格化、精细化、智慧化、法治化"建设,确保舟山通过全国文明城市复评,岱山县、嵊泗县在巩固浙江省示范文明城市创建成果的基础上,创建全国文明城市(县),高水平推进文明村镇、文明单位等基层创建活动。

重要活动

1月2日,市委书记、新区党工委书记俞东来到朱家尖蜈蚣峙码头和普陀山景区开展"深化'三服务'、助推开门红"活动。市委常委、秘书长刘永艺参加活动。

1月21—22日,市委书记、新区党工委书记俞东来和市委副书记、市长何中伟分别带队检查新冠肺炎疫情防控和节日民生保障、安全生产等工作。俞东来先后到新城惠众广场、菜篮子直供店、千岛派出所、舟山供电公司海底电缆监控中心、鱼山绿色石化基地检查和慰问。何中伟到朱家尖蜈蚣峙码头和普陀山机场检查。市领导华伟、魏明、刘永艺等分别参加检查或慰问。

1月25日,市委、市政府主要领导等一行看望慰问出征武汉医护人员(沈磊 摄)

1月25日上午,市委书记、新区党工委书记俞东来,市委副书记、市长何中伟一行看望坚守在防疫战斗一线的工作人员,代表市委、市政府向出发前往疫情重点地区支援的5位医护人员表示钦佩和感谢。市委常委、秘书长刘永艺参加。

1月26—27日,市委书记、新区党工委书记俞东来,市委副书记、市长何中伟多次到疾控中心、各大医院、交通枢纽、乡镇(街道)、居民小区、留观人员隔离点等,检查指导全市疫情防控工作。市委常委、秘书长刘永艺参加检查。

2月3日下午,市委书记、新区党工委书记俞东来到新城、普陀等地,督查暗访城市社区、渔农村疫情防控工作。市委常委、秘书长刘永艺参加督查暗访。

2月28日,市委领导俞东来、何中伟、钟达、江建国、华伟、徐张艳和其他党员市领导带头在所在支部为支持新冠肺炎疫情防控工作捐款。

3月18日上午,市委书记、新

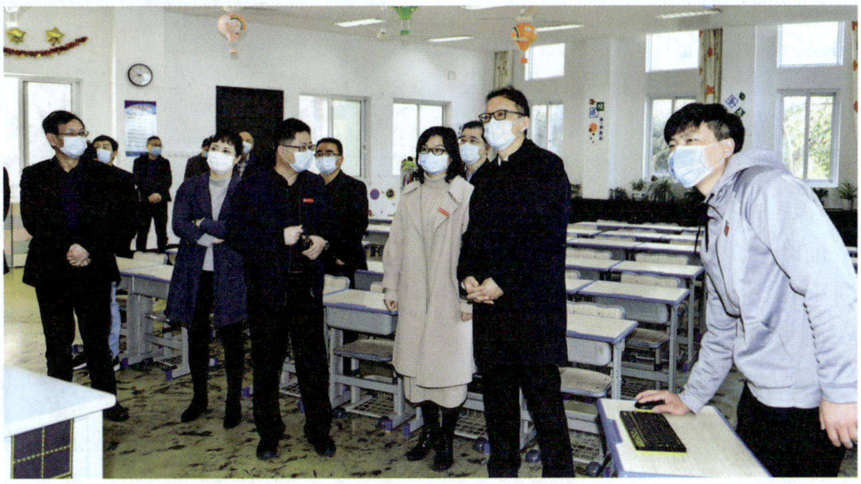

3月18日,市委书记、新区党工委书记俞东来(右二)调研教育防疫开学准备工作(沈磊 摄)

区党工委书记俞东来调研全市教育工作，看望慰问在疫情影响期间坚守岗位、辛勤工作的教育工作者。市领导刘永艺、方维参加调研。

3月30日，市委书记、新区党工委书记俞东来到新城、定海等地调研垃圾分类工作。市委常委、秘书长刘永艺参加调研。

5月20日上午，市委书记、新区党工委书记俞东来调研滨海大道建设工作。刘永艺、毛江平、周建军、董文平等领导参加调研。

6月1日下午，市委书记、新区党工委书记俞东来和市委副书记、市长何中伟分别来到市明珠学校和市特殊教育学校，看望慰问孩子们，代表市委、市政府向全市少年儿童致以节日祝贺，向教育工作者表示诚挚问候。市领导刘永艺、姜建明、方维参加活动。

6月10日上午，市委书记、新区党工委书记俞东来采用“四不一直”（不发通知、不听汇报、不用陪同接待、不预定检查点、直插基层现场）的方式，到普陀区督查全国文明城市创建工作。市领导刘永艺、毛江平参加督查。

6月15日上午，2020年海洋渔业资源增殖放流活动在朱家尖外的莲花洋上举行，“亮剑2020”海洋伏季休渔专项执法行动同时启动。市委书记、新区党工委书记俞东来宣布活动启动，市领导何中伟、张明超、徐张艳、刘永艺、姜建明等参加。

6月28日下午，市委书记、新区党工委书记俞东来到定海区昌国街道，就学习贯彻习近平新时代中国特色社会主义思想，并结合贯彻落实省委十四届七次全会精神，向基层党员干部群众开展“七一”宣讲。市委常委、秘书长刘永艺参加宣讲。

6月28日下午，市委书记、新区党工委书记俞东来到定海区走访慰问基层党员，代表党组织送上节日的祝福。市委常委、秘书长刘永艺参加慰问。“七一”前夕，市领导何中伟、华伟、徐张艳等分赴各地，看望慰问基层老党员、生活困难党员和在疫情防控及复工达产一线表现突出的优秀党员代表，向全市党员致以节日的问候。

7月7日上午，市委书记、新区党工委书记俞东来调研防汛防台防灾工作。市领导刘永艺、姜建明、董文平参加调研。

8月11日上午，市委书记、新区党工委书记俞东来走访道路保洁点、公交车修理厂和在建项目工地，看望慰问坚守在岗位上的干部职工，代表市委、市政府向全市各地奋战在高温一线的劳动者表示感谢和问候。市领导周松宽、董文平参加慰问。

9月8日上午，市委书记、新区党工委书记俞东来和市委副书记、市长何中伟分赴部分学校，看望慰问教师，并向全市教师和教育工作者致以节日的问候，感谢大家长期以来为舟山教育事业发展作出的贡献。市领导刘永艺、方维参加慰问。

9月23日上午，市委党校举行2020年秋季学期开学典礼。市委书记、新区党工委书记俞东来出席并作开学第一课。市领导刘永艺、蒲晓斌出席，市委组织部、市委党校相关负责人和市委党校主体班次学员等参加。

9月23日下午，市委书记、新区党工委书记俞东来到新城甬东村实地督办中央第三生态环境保护督察组转办舟山的信访件。市领导刘永艺、陈隆、董文平参加督办。

8月11日，市委书记、新区党工委书记俞东来（左一）走访道路保洁点，看望慰问坚守在岗位上的职工（沈磊 摄）

9月24日上午,中国(浙江)自贸试验区扩区挂牌仪式在杭州举行。市委书记、新区党工委书记俞东来参加仪式。

10月16日,2020国际油气贸易与海事服务高峰论坛——世界油商大会专题会议在舟山国际会议中心举行。副省长朱从玖致辞并作主旨演讲。省政府副秘书长高屹,市委书记、新区党工委书记、自贸试验区管委会主任俞东来,宁波市副市长李关定,上海组合港委员会办公室主任徐国毅等出席。市委副书记、自贸试验区管委会副主任华伟主持。

11月3日晚上,俞东来、何中伟、张明超、王伟、华伟、徐张艳等市四套班子领导调研新城滨海湾城市建设,聚焦建设"品质舟山"和海上花园城市,推动城市建设发展取得更大成绩。

11月10日下午,共建长三角一体化油气交易市场推进会在舟山国际会议中心举行。副省长朱从玖出席会议并致辞。市委书记、新区党工委书记、浙江自贸试验区管委会主任俞东来,中国证监会期货部副主任严绍明,上海期货交易所理事长姜岩,省地方金融监管局局长张雁云等出席。市委副书记、浙江自贸试验区管委会副主任华伟主持会议。

11月14日上午,位于朱家尖白山景区的观音文化园正式开园迎客。市四套班子领导俞东来、何中伟、张明超、王伟、华伟等,省委统战部常务副部长王晓峰,省民宗委主任楼炳文,省文旅厅厅长褚子育出席开园活动。

11月15日上午,2020舟山群岛马拉松举行。市领导俞东来、刘永艺、方维出席开赛仪式,并为赛事鸣枪发令。

12月2日下午,市委书记、新区党工委书记俞东来到朱家尖街道,宣讲中共十九届五中全会精神和省委十四届八次全会精神,调研村(社区)组织换届工作。市领导刘永艺、干松章参加宣讲调研。

办公室工作

【落实推动重要工作】 组织办好市委七届八次、九次、十次全会等重要会议,统筹协调自贸试验区、甬舟铁路、创城、绿色石化等重要会议活动,推动建设"四个舟山"、展示"重要窗口"海岛风景线重大部署细化落实到全市各方面。深化五大会战工作机制,推进"清单上墙、挂图作战",加强平时督查和重点督查。打好创城攻坚战,协调"省测""国测"两次测评迎检工作,整理上报创城台账资料22项,组织开展督查暗访、结对社区创城、文明交通劝导等。履行改革统筹职能,做好对全市改革工作的参谋、协调、督促、推进等,有关领域改革获得上级部门肯定,15项改革创新举措在省《领跑者》《竞跑者》上刊登,2项改革试点经验在全国复制推广。做好疫情防控和经济社会发展统筹工作,落实各项防控要求,高标准统筹协调、高水平决策参谋、高效率文件流转、高质量信息报送,为全市"两手硬、两战赢"(一手抓疫情防控,一手抓经济社会发展,两手都要硬;既要打赢疫情防控阻击战,又要打赢经济发展保卫战,两战都要赢)提供保障。深入推进"三服务"活动,全年收集各类问题10070个,解决问题10036个,上报"三服务"典型案例23篇,9篇入选全省"三服务"活动月度好典型。协调推进政法、信访、机关党建、群团改革等工作,推动做好海上非法采砂整治等维稳工作。

【推进辅政参谋献策】 坚持目标导向,把握市委精神,领会领导意图,加强分析研判,为市委、市政府和新区党工委管委会决策施政当好参谋、作好助手。调研能力提升。开展市域治理现代化专题研究,起草推进市域治理现代化三年行动方案。谋划"十四五"发展,政研室牵头组织力量开展"十四五"专题调研,完成建议文本起草工作,并在市委七届十次全会上通过,为市"十四五"规划纲要的制定明确思路和方向。牵头做好市委、市政府领导年度调研课题工作,形成调研成果10余项,3篇成果获市委主要领导肯定性批示。编印《改革专报》6期,《舟山政研》13期,《舟山瞭望》6期。加强对市级预算单位课题研究工作的统筹协调,开展全市市级预算单位研究课题立项、结题申报工作。文稿质量提升。坚持"短实新"原则,发挥以文辅政作用,全年完成市委、市政府重大文稿300余篇,组织起草市委各类报告总结、领导讲话材料、《浙江日报》《今日浙江》署名文章等280余篇,统筹协调和审核内外宣重要新闻稿件,突出舟山特色亮点,材料质量不断提升。信息服务水平提升。发挥信息工作参谋助手、桥梁纽带作用,处理紧急信息583条,编报《舟山信息》113期,获市领导批示34条。被省委办公厅录用信息269篇,获省领导批示16篇,全省信息考核进位到第八;被中央办公厅录用信息15篇,2篇入选“上报中办好稿”。

【加强综合协调】 发挥承上启下、协调左右、沟通内外作用,服务保障市委日常工作高效有序运转。联系沟通制度不断完善。“4+5”新格局的四套班子秘书长(办公室主任)联席会议制度不断优化,完成疫情防控期间全市“两会”服务保障工作。完善市委每月、每周工作预安排制度,市委月度工作预安排执行率保持在95%以上。加强与省委办公厅、市级部门以及各县(区)、功能区的联系沟通,上情下达、下情上报、横向传达等各项工作无缝衔接。保障重要会议和重大活动。全年承办重大会议活动135场次,服务保障书记会议、常委会会议及各类专题会议102次。保障市委领导调研,落实中央八项规定精神和省市委纪律要求,确保调研考察活动按时顺畅进行。完成各项重大接待任务,全年完成接待任务450批次,其中二级警卫任务1批,三级警卫任务3批,各类检查组、调研组等61批。推进“精文减会”。对照“比2019年只减不增”目标要求,严格审核把关,市本级发文、会议同比下降28.2%、31.2%。精准督查督办。加强督查检查考核计划管理,规范评比达标表彰活动管理工作,严格执行年度项目审批制。牵头完成2019年度全市年底综合考核工作,制订2020年度全市综合考核实施办法。做好领导批示办理,完成市委主要领导批示件办理303件。

【综合服务保障】 规范管理,抓好基础性工作。做好公文办理,全年收文3500余件,处理来访报告单275件。严格发文立项审批制度和发文前置审核制度,核发各类文件495件。开展机构编制核查和事业单位改革“回头看”自查自评,深化机关内部“最多跑一次”改革,推进机关内部多部门联办“一件事”梳理和事项“网上办”。做好档案工作,完善档案工作体制机制,推进“最多跑一次”电子化归档,做好市统建业务平台和市自建平台电子化归档督导,抓牢规范化档案室和数字档案室创建。推进党内法规和国家安全相关工作,全年向省委办公厅报备规范性文件26件,审查各县(区)报备规范性文件45件,市级各部门10件。强化国安机构和队伍建设,做好情报信息报送和重大风险防范化解。强化机要保密工作,组织新修订保密法颁布实施10周年系列保密宣传教育活动,加强保密技术检查,统筹协调推进党政机关信创工程和党政专用通信普网建设。做好总值班工作,接报各类突发事件和前兆信息230余条,向市委市政府领导上报重大突发事件信息100余条,上报省委总值班室突发信息11条。加强后勤服务保障,及时采购、更新、维护办公设备,做好车辆调度、财务管理、垃圾分类、节能降耗等工作。

【强化队伍建设】 把讲政治摆在首位,建设清廉机关、创建模范机关。加强党的政治、思想、组织建设,执行“三会一课”、谈心谈话等制度,组织机关党委会会议9次,各支部开展主题党日活动30次。制订《2020年市委办公室干部理论学习计划》,召开12次中心组学习会。组织开展“夜课堂”“微讲座”“三服务”学习课堂等活动,用好“学习强国”平台,举行办公室机关“迎国庆、心向党、我最喜爱的习总书记的一句话”微宣讲活动。严把选人用人关,坚持公道正派评价选拔干部。加强干部教育培训,举办全市党委系统办公室主任会议暨业务培训班,延伸开展保密、信息、政研、改革等业务培训班。压紧压实全面从严治党主体责任和“一岗双责”,室务会议专题研究部署党风廉政建设相关工作9次,制定《2020年党风廉政建设组织领导和责任分工》《落实党风廉政建设主体责任任务清单》等,班子成员、各处(室)长均签订党风廉政建设工作责任书。按照组织要求开展相关专项整治和自查工作,开展半年度、年度政治生态自查自评,支持驻市委办纪检监察组履行职责。

(撰稿:市委办)

政策研究工作

2020年,组织起草、修改各类文稿300余篇。包括市委七届九次全会、市委七届十次全会、市政府工作报告、疫情防控和经济社会发展会议、制造业高质量发展大会、远洋渔业高质量发展推进大会、深化“千万工程”建设新时代美丽乡村现场会、全市村(社区)组织换届工作会议、争创国家生态文明建设示范市暨推进治水治污大会战工作会议、“高水平全面建成小康社会”新闻发布会等文稿。

组织开展调查研究。协助做好2020年市委市政府领导年度调研课题工作,主要有“舟山市‘十四五’经济社会发展总体思路研究”“长三角一体化背景下加快推进甬舟一体化研究”“舟山市‘十四五’经济社会发展若干重大问题研究”“打造具有核心竞争力的现代海洋产业集群研究”等课题。开展《中共舟山市委国民经济和社会发展第十四个五年规划和二〇三五年远景目标建议》专题调研,形成规划建议征求意见稿后,印发各县(区)、各单位、各部门征求各界意见,吸纳人大代表、政协委员、党外人士、专家学者建议,并形成提交市七届十次全会审议的最终稿。

做好市委全面深化改革委员会办公室日常事务工作。谋划全市年度改革工作要点、市领导领衔重点突破改革项目,明确各改革项目责任单位,参与做好改革专项小组重点改革任务清单整理。建立重大改革项目进展月报制度,汇总梳理全市推进落实全省十大牵一发动全身重大改革项目进展以及改革考核和第三方评估发现的有关问题整改情况。印发全面深化改革绩效考核赋分办法,在了解掌握相关单位改革推进情况基础上,对各县(区)、功能区、市级部门改革推进情况进行考核,提出赋分建议。下发《关于全面使用机关内部“最多跑一次”协同办公平台的通知》,排摸部门间办事事项通过部门自建业务系统办理情况,督促部门自建系统与内跑平台实现对接,全市机关内跑平台办件量明显上升。

(撰稿:张雪东)

组织工作

【概况】 2020年,全市组织系统按照各级组织工作会议和组织部长会议部署,紧扣新区、自贸区重大战略使命,聚焦建好基础干部梯队、建强基层组织力量、做大人才基本盘子,推动干部活力转化为发展活力、组织资源转化为发展资源、人才优势转化为发展优势,以组织工作高质量发展服务保障统筹推进疫情防控和经济社会发展,为打好“五大会战”、建设“四个舟山”、展示“重要窗口”海岛风景线提供组织保障。

是年,市委直管地方党委4个(定海、普陀两个区委和岱山、嵊泗两个县委),市委派出工委2个,市委直属党委5个,市一级机关党组56个。全市有基层党委328个,党总支部405个,党支部4200个。全市有党员85801人,其中少数民族党员312人;女党员28688人,占党员总数(下同)33.4%;35岁及以下18693人,占21.8%;36~45岁16241人,占18.9%;46~55岁16787人,占19.6%;56~60岁8101人,占9.4%;61岁及以上25979人,占30.3%;研究生学历2855人;大学本科学历28759人;大学专科学历15543人;中专、高中、中技学历14245人;初中及以下24399人。全市有公务员(参公人员)10819人,女性2999人,中共党员8375人,研究生学历699人,大学学历8546人,大专及以下学历1574人,35岁及以下3311人,56岁及以上1056人;市本级3974人,县(区)机关5698人,街道436人,乡镇711人。市本级研究调配干部19批次403人次,其中提任正县处长级领导干部16人,提任副县处长级领导干部53人,职级晋升154人次;同级交流57人;安置正团职三年以上军转干部4人;退出领导职务42人。

【巩固提升主题教育成果】 落实“第一议题”和专题读书班制度,围绕习近平调研浙江时的重要讲话精神等开展集中学习4421场次。开展“三服务”,深化领导干部领衔调研破难、领办民生实事等实践载体。探索构建经常性党性教育机制,开设《“锋”采》等在线教育栏目,开展“万名党员进党校”集中轮训,全年轮训党员27811人,占全市党员总数32.65%。制定《习近平总书记对舟山组织工作重要指示批示及办理情况汇总表》,形成责任清单、任务清单,确保习近平重要指示批示精神在全市组织系统中贯彻有力、落实到底。

【做好选人用人工作】 突出政治首位标准,出台市管干部日常调配及强化各级班子配备工作原则,完善政治素质考察方法,建立干部政治素质档案。突出实干实绩导向,实行“赛马”机制,聚焦“四个舟山”建设主战场考察识别干部,开展文明城市创建、招商引资等专项调研考察,近距离观察干部的现实表现。推进“两个担当”良性互动,以普陀区为试点建立容错裁定机制,精准科学实施函询工作,做好不实信访举报澄清。开展担当作为好干部、最美公务员评选,5 人被授予“省担当作为好干部”。

【开展培训赋能行动】 抓好习近平新时代中国特色社会主义思想学习,市、县(区)两级开设习近平新时代中国特色社会主义思想进修班,分层分类、全员覆盖开展学习轮训。加强理想信念教育和党性教育,推进绿色石化基地、红色蚂蚁岛等优质现场教学基地建设。开展实践练兵,搭建多维立体历练平台,推进“四个一批”挂职历练,对接先进地区,拉高学习标杆,选派 105 名干部到上级机关、先进地区、“三重”项目和基层一线挂职锻炼。开展第二批聘任制公务员招聘工作,推进“创新赋能”培训,接收 20 名第三批新“百人计划”干部人才到舟山帮助工作。

【培养优秀年轻干部】 对照“两个 15%”和“两个 20%”的配备目标,逐个班子进行优化配备结构模型分析,对优秀年轻干部实行分类建库、个性定制、跟踪培养。完善干部管理综合平台,建立健全年轻干部分类数据库和成长档案,梳理掌握一批熟悉绿色石化、数字经济、大宗商品和油品贸易等专业知识的优秀年轻干部。研究制定《关于进一步加强和改进选调生工作的通知》,新招录 46 名“双一流”选调生,建立导师帮带制和“成长档案”制。以市属部门与县(区)、功能区科级干部为重点,选派 50 名优秀年轻干部进行集中交流,盘活干部资源。

【健全完善干部监督体系】 强化工作基础,率先建成市县联动的干部大监督信息系统,完善联席会议制度,征集各类监督信息 2300 余条次。加强日常监管,推行领导干部个人有关事项报告、重大事项请示报告、经济责任审计监督、家庭财产内部公示等制度,严格疫情防控期间领导干部因私出国(境)审批管理。抓好专项整治,严查选人用人方面突出问题,清理规范长期借用人员问题,常态治理违规兼职取酬、违规因私出国(境)、个人有关事项漏报瞒报等问题。是年,个人有关事项报告查核一致率 99%,对 5 起党员干部违规兼职取酬典型案例予以公开通报。

【公务员工作】 推进公务员职务与职级并行制度改革,实施公务员分类改革,加强公务员管理工作标准化体系建设。深化公务员聘任制改革,加大专业化干部人才引进和培养力度,开展自贸区建设“创新赋能”培训培养工作。规范做好公务员考录工作,建立新录用公务员政治素质考察和负面清单制度。是年,全市新录用公务员 283 人(其中选调生 46 人)。推进机关事业单位工作人员职业生涯全周期管理“一件事”改革,完善工资福利政策,做好各级“最美公务员”推荐表彰工作。

【保障“两手硬、两战赢”】 细化落实省“暖心八条”“助企八条”,采取政治激励、及时奖励等方式关心关爱一线工作人员。深入开展“两战”专项考核,提拔或使用“两战”中表现突出的干部 49 人,

2 月,市疾控中心党总支在新城举行党员誓师大会(市委组织部提供)

优先晋升职级161人;对235个集体、908人给予表彰表扬或记功奖励,严剑波、刘军2名党员获“全国抗击新冠肺炎疫情先进个人”荣誉称号。聚力复工达产,选派驻企服务员1000余人,帮助企业解决困难问题4513个,依托红帆贷、先锋贷等为企业提供资金支持2.6亿元。

【打好村(社区)换届攻坚战】 做好村(社区)组织换届工作,压实工作责任,拓宽选人视野,加强风险防范,落实“一肩挑”,完成村(社区)组织换届选举工作。优化选举环境,开展换届风险隐患排查,换届期间未发生一例违反换届纪律的案件和影响换届的重大情况。坚持干中换、换中干,推行新任班子“履新三堂课”“开门一件事”,制定实施《关于激励村(社区)党组织书记担当作为的若干意见》,激发基层干事创业热情。注重梯队打造,探索青年人才“提级管理”机制,加强后备力量的接续培养。

【推动各领域党组织建设】 推进渔农村党建“双整”三年行动计划,创设“双整”示范乡镇(街道)9个,示范村57个,示范带17条。深化城市党建区域党建联盟建设,推进小区党建工作,375个兼合式党组织、3万余名小区党员在新冠肺炎疫情防控、创建全国文明城市等一线发挥作用。实施两新党建培育计划,推进“蓝海红帆”海上党建工作。推动党建引领乡村振兴,市县两级新选派230余名“第一书记”、200名驻村指导员。是年,全市行政村总收入及经营性收入全部达到省定标准。

【加强支部规范化标准化建设】 实施基层党组织组织力提升工程,举办基层党务工作示范培训班,推行党支部底线管理,“一村一策”开展22个后进村党组织的整转工作。推进基层党支部“推磨互查”,紧盯违规违纪发展党员、组织制度落实不到位等问题开展排查,以嵊泗县为试点开展农村发展党员违规违纪问题排查整顿。开展“最强支部”创建活动,评选奖励“金种子”党建项目20个,营造比学赶超的良好氛围。

5月14日,2020年第一期基层党务工作示范培训班结业仪式在市委党校举行(市委组织部提供)

【做大做强人才储备】 实施招才引智任务清单化管理,完善目标考核、定期通报和比学赶超机制,确保招才引智各项任务落到实处。抓住引才“窗口期”,推进高校毕业生聚舟计划、“高精尖”人才集聚计划、“银龄”三师计划、技能人才提升计划等重点人才工程。新引育“高精尖”人才85人,国家“引才计划”“万人计划”、省“引才计划”等重点人才工程入选数均创历史新高,为上年的2倍以上;全市新引进高校毕业生1.37万人,同比增长26.8%;累计引进56名“银龄”人才到海岛工作,完成年度计划的146%。

【提升人才平台承载力】 加快推进甬舟人才一体化发展,两地共同制定《六年行动方案》和《2020年重点任务》,探索两地人才资源共享,实现科技创新券通用、10万余台科研设备共用、4万余项创新服务共享;开展两地人才服务互认,上线甬舟专家人才“一库一网一码”,两地1.4万余名高层次人才共享同城化待遇;加强区域人才合作,联合举办甬舟青年人才“云招聘”、全球海洋经济创业

5月8日，第四届中国舟山全球海洋经济创业大赛暨甬舟人才活动一体化合作启动仪式在舟山举行（市委组织部提供）

大赛暨甬舟人才活动一体化合作等品牌活动5场，共建教授（专家）工作室11家。市县全覆盖布局“舟创未来”人才飞地，建立6个“人才飞地”，在全省率先实现市县（区）全覆盖，集聚科技型企业60余家，人才300余人。探索“平台+人才”的集聚模式，加快东海实验室、智慧海洋产业工程师协同创新中心等新型双创平台建设，办好自贸区国际青年学者论坛、智慧海洋人才高峰论坛。

【优化人才发展环境】 实行“揭榜挂帅”制，面向全市发布首批62个“揭榜挂帅”项目，揭榜率68%，解决多项“卡脖子”技术难题。培育“5313”（500名海内外科技创业领军人才，30个创业领军团队，100名科技创业家，30名国家、省级计划人才）企业，全年引进落户“5313”创新创业领军人才（团队）40个，新认定国家高新技术企业6家，成为产业转型发展的新动能。打造“人才之家”等人才服务综合体，建成高品质、国际化的人才社区，建好“浙江院士之家”。推进人才创新创业全周期“一件事”改革，推出数字化“人才码”，近30项人才服务实现“一码清、一码通、一码办”，为人才提供智慧服务。

（撰稿：丁文平）

8月29日，在舟山举行的2020智慧海洋人才高峰论坛上发布“揭榜挂帅”榜单（市委组织部提供）

机构编制管理

【事业单位清理规范整合】 调整优化事业单位设置。改革后，除高校、医院外，市属事业单位设置227家，精简104家，精简31.4%，收回事业编制166人，精简处级、科级领导职数50人。推进机构编制规范管理，规范事业单位名称，重新制定机构编制规定，合理界定主管部门与事业单位职责权限，统一单位定类、经费形式和人员身份。强化市县一体联动，县（区）精简整合事业单位122家，平均精简比例18.5%。出台《舟山市事业编制周转使用管理办法》，打破编制资源部门所有的传统思维，明确除新成立、新增职责任务较多的事业单位外，不再核增无使用期限的事业编制，形成编制周转的制度规范。冲刺经营类事业单位改革“最后一公里”，推进资产处置、费用提留、人员安置等后续工作，完成11家单位改革。

【做好机构改革下一步工作】 优化部门运行体系，推动全面深化改革、审计、全面依法治市、网络安全和信息化、国家安全等市委重要议事协调机构健全工作机制，完善党对重大工作领导的体制机制。调整优化海防工作机构职能，规范完善城市管理、综合执法、应急管理等关键领域条块关系。做好部门清单事项动态调整工作，完善乡镇(街道)权力清单，组织全市36个乡镇(街道)做好140项行政权力的调整公布工作。召开全市编制乡镇(街道)“属地管理”事项责任清单部署会，按照基层实际运行需要，指导各地梳理编制“属地管理”事项责任清单，规范县乡条块职责。

【重点领域和关键环节体制机制改革】 推进五大领域综合行政执法改革，研究制定涉及的6支执法队“三定”规定；对市县乡三级执法权限进行梳理，明确交通、文化、农业等领域派驻队伍属地管理模式，推动县级执法力量下沉，在乡镇(街道)探索一支队伍管执法；指导做好执法人员锁定工作，确保新老执法队伍平稳过渡。完善自然资源行政执法体制改革，整合自然资源部门内部执法职能，实行部门内一支队伍管执法，市区一个执法层级；将全市18个基层国土资源中心所按区域整合为7个自然资源(中心)所。推进开发区(园区)管理机构精简整合，在市本级开发区(园区)整合方案基础上，提前研究对应管理机构清理规范建议方案；调整6个功能区管理机构的内设机构设置和职能配置，实现职能上下有序衔接。深化森林公安机关管理体制改革，市、县(区)森林公安机关按照属地化原则划归同级公安机关管理。

【机构编制保障中心工作】 加大机构编制资源统筹调剂力度，将事业单位清理规范收回的编制主要调剂到重点民生领域，核增市本级中小学和幼儿园事业编制99人，核增舟山医院等5家市属公立医院报备员额879人，核准的单位用编计划中涉及教育、卫生等公共服务的占61.76%。动态调整机关内部“最多跑一次”事项，配合推进多部门联办“一件事”梳理和事项“网上办”工作，助力数字政府建设。

【机构编制监督检查】 采取“线上+线下”模式，开展机构编制核查暨事业单位改革“回头看”，检验各项工作进展情况和改革实际成效。实施县(区)“互查互对”专项检查，核查县(区)行政事业单位1264家，实有人员信息数据21774条。加强事业单位事中事后监管，开展事业单位法人公示信息抽查，完善民办事业单位公益指数评估，强化事业单位信用体系建设。开展自贸区“法定机构”可行性研究，形成调研报告。

(撰稿：蒋晓晓)

宣传思想文化工作

【推动党的创新理论宣贯】 2020年，宣传部门规范中心组理论学习，完善督查、巡听、通报等制度，围绕习近平在浙江考察时的重要讲话精神，市委理论学习中心组带头专题学习13次。打造“新潮声”宣讲品牌、“青声说理”“东海渔嫂”等特色宣讲团队，实施理论宣讲“十百千”工程，组织开展中共十九届五中全会精神、“新思想新区行”“我最喜爱的习总书记的一句话”等主题宣讲近3万场次，在融媒体平台开辟“每日一宣”专栏，推动党的创新理论深入人心。成立“蚂蚁岛精神研究中心”，开展新时代“蚂蚁岛精神”理论研究，形成一批研究成果。

【营造高水平全面建成小康社会舆论氛围】 组织“解放70年千岛小康路”新闻行动，推出“走向我们的小康生活”“自贸区三周年的答卷”“‘重要窗口’的海岛风景线”等20余个专题专栏，开展“小城故事多”群众性主题宣传活动，征集短视频、音频等新媒体作品400余部，举办“我们的小康、我们的家乡”微型党课大赛，推出《潮起东海——舟山解放70周年》系列电子画册，开展“庆祝舟山解放70周年”本土电影展映、美术书法摄影作品展、地名文化图片展、百家文化礼堂图片巡展等活动，反映舟山经济逆势飞扬，展示高水平建成小康社会的突出成就，在全市营造强信心暖人心聚民心的舆论氛围。

【巩固疫情防控和创建全国文明城市主流舆论】 围绕疫情防控和复工复产，防疫宣传组全员放弃春节休假，第一时间进驻市疫情防控指挥中心，施行“5+2”值班工作制，协调全市媒体集中推出“众志成城　坚定打赢疫情防控阻击战”等专题专栏，推出《战疫——舟山力量》特刊，刊播相关稿件6500余篇，短视频全网点击量超过 6800 万次。围绕全国文明城市创建，组织开展“把准‘决胜年’的文明坐标”等新闻行动，开展“创城决战”摄影大赛和公益广告大赛，推出《创城——舟山印记》特刊，开展“市民巡访”5 次，“新区聚焦”50 期，得到市委、市政府主要领导批示 18 次，刊播创城主题稿件 2600 余篇。打造新型传播平台集群，和浙报舟山分社联合搭建“舟融体”平台［平台建立后，各县（区）融媒体中心在全省传播力榜单中，由原来的后十名直接跃升为第一、第二名，集聚效应明显］，市级媒体、各县（区）融媒体中心完善采、编、发等流程，形成以报、网、端、屏为传播渠道的全媒体传播新格局。舟山日报社《掌尚舟山》新闻客户端入选全省新媒体创新应用经典案例。

【推进精神文明建设】 坚持长效常态，完善管理测评、创建督查、网上申报和点位责任制等常态化机制。坚持“执法必严”，加大交通秩序、流浪犬、占道经营等专项整治的媒体曝光力度。开展“垃圾分类”“文明就餐”“文明出行”等十大文明好习惯养成行动，城区垃圾分类实现全覆盖，大型宾馆饭店“公筷公勺”使用率 100%，斑马线礼让率超 95%。深化移风易俗、诚信建设、“传承好家训，培育好家风”等文明实践活动。在疫情防控、生产建设一线选树李海峰等一批“最美人物”“道德模范”“中国好人”，弘扬新时代道德风尚。培育一批文明单位、文明村镇、文明家庭等“文明细胞”。成功创建全国文明城市，测评成绩居全国地级市第九。

【发展海洋文化产业】 加大文艺精品创作扶持力度，长篇报告文学《大鱼山》等 3 个项目入选浙江文化艺术基金，《出发，光的方向》《我要活到一百岁》参评第八批“中国梦”主题新创作歌曲。聚力文化惠民，办好“阿拉过节嘞”、新区越剧（戏剧）节等文化节庆活动，推动“广电、体育进文化礼堂”等服务活动，开展农村流动电影公益放映超 5000 场次，普惠基层群众。推进电影行业健康发展，深化“证照分离”改革，完成 18 张电影放映经营许可证和 1 张发行经营许可证的信息收集。国庆档票房居历史第二。推动文旅深度融合，观音法界项目、“南洞·大乐之野”精品民宿群竣工并投入运营，朱家尖保利航空小镇、长乔海洋世界、南洞艺谷文旅融合示范项目等开工，引进举办舟山群岛马拉松、环本岛自行车骑行大会、国际铁人三项赛、帆船拉力赛、马术赛等精品赛事。深化“三服务”活动，助力文化企业做好疫情防控和复工复产，文创贷平台加大对中小文化企业放贷力度，定向扶持文化企业疫情后发展项目。

【改善网络舆论生态】 完善市、县（区）二级网信工作体制，落实网络意识形态工作责任制，推动形成“大网信”工作格局。出台三年行动计划，1 人获“五个一百”网络正能量榜样。建立网信执法市域一体化工作体系，承办全省网信行政执法现场会。实施网络生态“瞭望哨”工程。加强网络安全保障，完成网络安全指挥协调平台（一期）建设，规范突发公共卫生事件个人信息保护。统筹全市信息化建设，协调推进 5G 商用、IPv6 规模化部署等。

【推动舟山故事出新出彩】 围绕浙江自贸区挂牌 3 周年、甬舟铁路开工建设等专题，开展“国家战略与舟山实践”等外宣活动，邀请《人民日报》、新华社、《光明日报》等媒体到舟山采访［其中浙江自贸区挂牌 3 周年累计刊发原创报道 580 余篇（条），网络阅读量超 3900 万次；甬舟铁路开工建设吸引 40 余家中央、省级主流媒体报道，亮相央视《新闻联播》达 24 秒］。完善新闻发布网上申报机制，全年举办“甬舟铁路开工”等新闻发布会 26 场，其中针对疫情防控和复工复产，召开高质量、高密度新闻发布会 13 场，第一时间进行“权威发布”，为群众解疑释惑。协调市委、市政府主要领导参加“高水平全面建成小康社会”主题新闻发布会并答记者问，新华社等权威媒体刊发（播）原创报道 60 余篇，网络点击量超 1000 万次。舟山广播、电视外宣成绩居全省前列（广播前三、电视第四）。

【夯实意识形态工作责任制基层基础】 制定出台《中共舟山市委贯彻〈中国共产党宣传工作条例〉实施细则》。做好意识形态工作责任制落实情况专项检查和意识形态领域情况的通报工作，配合市委巡察组对 17 家市属单位开展意识形态专项巡察。建强基层阵地，新建文化礼堂 34 家，总数达 243 家，覆盖率居全省前列。在抓好定海区新时代文明实践中心全国试点和普陀区全省试点的基础上向全市拓展，实现新时代文明实践中心4个县（区）全覆盖。新建定海城东、城南城市书房，打造全市首批非遗体验基地5家，市博物馆首次入选全国热搜百强馆。推动“扫黄打非”进基层，加强基层站点标准化建设，开展正道、新风等专项行动，破获涉案资金达2500万元的网上传播淫秽物品案。

（撰稿：方颖）

统一战线工作

【观音文化园建设】 2020年，组建专班，建设观音文化园。每天一分析、每周一调研，观音文化园按期开园并于11月14日举办开园活动，成为展示舟山“重要窗口”海岛风景线标志性亮点之一。省委统战部常务副部长王晓峰，省委统战部副部长、省民宗委主任楼炳文，省文旅厅厅长褚子育和浙旅集团董事长方敬华等省级有关单位负责人以及俞东来、何中伟、张明超、王伟和华伟等市四套班子领导出席，乡贤代表、海外侨胞走进自贸区嘉宾以及省市佛教界代表和普陀山佛协法师等来自市内外的嘉宾近500人应邀参加。

【“双招双引”工作】 立足开放，引进市外统战资源。推动省民建企业家协会到舟山考察和项目对接，推介舟山产业政策，助推传统产业转型升级。举办2020浙籍侨商家乡行——走进浙江自贸区专场活动，成立舟山侨界“同舟·共享”联盟，打通“一带一路”沿线引才引资渠道，签订“百名侨商助力自贸区”战略合作协议，签订市外侨商投资项目6个，签约意向金额60亿元。争取省侨办、省侨联的支持，联系中国侨商会、省侨商会、宁波侨商会、丽水侨商会组团到舟山考察投资项目，累计有100余名侨商企业家组团或个别来访，开展经贸洽谈，侨商投资舟山的后续效应日趋显现。推动各单位引进人才，中国科学院院士张东辉正式受聘为浙江海洋大学发展顾问、特聘教授。

【疫情防控工作】 引导统一战线力量参与疫情防控。全市统一战线累计捐款捐物超2500万元，其中普陀山佛协捐款1000万元专项用于武汉火神山医院建设。全市党外人士响应号召，坚守岗位；400余位党外人士奋战在抗疫一线，其中民盟市委会李海峰、李世波，农工党市委会吴常裕、朱存跃等分别获评省委、省政府授予的“抗击新冠肺炎疫情先进个人”、中央文明办授予的“中国好人”、共青团中央授予的“青年志愿服务先进个人”等荣誉称号。定海畚金针织服装厂和金塘商会被全国工商联分别评为“抗击新冠肺炎疫情作出优异成绩先进民营企业”“抗击新冠肺炎疫情先进商会组织”。在疫情发生后，新的社会阶层人士第一时间发出倡议，发挥自身优势，以接力方式团购防疫物资，推进各项防控工作落实到位；组织成立“助企复工”同心律师服务团，助力各类企业依法有序复工复产；“大舟·蓝海星空”网络界人士创新实践基地所在的舟山本土门户网站，支持配合政府开展宣传引导工作。引导2200余家工商联会员企业承诺在疫情影响期间员工带薪休息、不解除劳动合同。组建海外物资接收、防境外输入等侨务工作专班，倡议海外侨胞捐赠购买防疫物资，跑出物资驰援“加速度”；参与精密智控，摸排涉侨信息，引导入境人员健康申报；建立海外侨团与留学人员互帮互助机制，提供线上医疗咨询、法律法规释疑等服务4700余人次；做好急需返乡的人才、侨胞和留学人员等回舟服务工作，为近300名出国留学生接种新冠疫苗，市侨联被评为“全国侨联系统抗击新冠肺炎疫情先进集体”。

【服务中心大局】 组织统一战线发挥作用。参与创建全国文明城市工作，在机关、企业、乡镇、社区（村）、学校、宗教活动场所等利用宣传栏、图片展等形式宣传民族团结进步，先后举办36场演讲比赛、知识竞赛、板报比赛等活动，3万余名群众参与。引导各民主党派、工商联、无党派人士参政议政、履职尽责，围绕“市委七届九次全会重大事项协商”“高水平推进市域治理现代化”等主题，组织召开政党协商会7次，全年提交提案议案295件，撰写社情民意信息150余篇，被党委、政府采纳76篇。发挥民营企业扶贫工作主力军作用，组织有关商会与四川凉山州喜德县2个村、达州市宣汉县和万源市的4个村签订帮扶协议，分别落实资金各20万元。联合开展百地千名行长助企复工复产活动，为民营企业解决优惠贷款 9305 万元,一般性贷款 5247 万元,提供总商会转贷基金 156 次累计转贷 5.5 亿元,为“六稳”“六保”作出贡献。

【改善民生】 支持统一战线各领域助力民生改善。开展如民革的同舟议政“博爱公益”社会法律服务,民盟的“烛光”行动、结对桃花岛公益服务活动,民进的助力普陀区虾峙岛整体打造,农工党的“彩虹堂”关爱自闭症儿童活动,九三学社的科技扶贫、科普支教活动,民建的“思源敬老、思源助学、思源救助”活动等,累计服务 8 万余人次。指导普陀山佛教协会捐助善款 2625 万元,用于大病救助、助学助残、孤寡老人抚养等。

【探索新乡贤工作模式】 探索新乡贤工作模式。按照书记办公会议的要求,筹备成立舟山发展联合会,已建立新乡贤组织 54 个,建成 2000 余人的新乡贤数据库。开展乡贤回归活动,已完成“两委”换届选举的村中,一肩挑为“两回”人员(青年回农村、乡贤回农村)的 71 人,占总数的 29%;“两委”班子成员为“两回”人员的 360 人,占总数的 20.24%。探索“新乡贤工作室”共同参与基层社会治理的“多元化融合”模式,发挥“新乡贤 + 互联网”作用,推动有特色的新乡贤工作室助推民宿经济发展。

【开展民族团结进步教育宣传】 开展民族团结进步教育宣传活动。以“七进四微”为载体,拓展延伸服务内容;以“三点三面三维度”为抓手,丰富主题活动内容;秉持“一站一室一特色,一点一地一主题”理念,突出民族团结进步创建载体建设。普陀山佛协获评全国民族团结进步模范集体,市民宗局等 2 个单位获评省民族团结进步先进集体,迪丽拜尔等 4 人被评为省民族团结进步先进个人。普陀区六横镇、嵊泗县枸杞乡等 5 家单位被评为第三批省级民族团结进步创建重点培育单位。

【推进宗教中国化】 总结提炼民族宗教工作经验。指导全市佛教界以普陀山为样板,以点带面,加强县(区)佛教中国化方向进程,普陀山佛协推进《坚持佛教中国化方向五年工作规划纲要》,完善普陀山佛协人财物三大支柱性制度,开展全山教风常态化巡查,取得良好成效;指导市天主教爱国会在全省率先制订《舟山市推进天主教中国化五年工作规划纲要实施细则(2020—2024)》;指导市基督教两会按照五年规划纲要推进基督教中国化工作,举办“纪念中国基督教三自爱国运动发起 70 周年”活动;推行民间信仰活动场所“升降制”动态管理,从文物保护、文化底蕴、代表性强、影响广泛、管理规范五个方面进行考核,守好渔农村群众“第二文化礼堂”;承办全省“普法用法五教同行”——2020 年“十百千万”普法工程授牌仪式,营造全市宗教界人士尊法学法守法用法的氛围。市民宗局、岱山县民宗局和嵊泗县民宗局获省民宗委通报表扬。

【加强统一战线队伍建设】 加强统一战线队伍建设。强化政治方向、思想政治引领工作,举办全市统一战线读书会,指导各民主党派完成全市 46 个民主党派基层组织换届,推进民主党派“星级”支部创建活动。贯彻落实“三个文件”精神,协助市委出台全市参政党建设工作实施意见,完善参政党建设的顶层设计和政策支持;召开组统两部联席会议,专题研究党外代表人士队伍建设工作,统筹协调,推进党外干部队伍结构优化和素质提升。出台《舟山市工商联所属商协会管理暂行办法》,制定《舟山市工商联开展“四好商会”创建工作的实施意见》,推动非公企业党建工作,在全市 53% 以上执委企业成立党组织,推进打造清廉民企示范点 5 家,在 1 家商会设立统战工作联络员。创新“云换届·微直播”形式,完成舟山海外联谊会换届工作。

【构筑大统战格局】 推动形成工作合力。召开市委统战工作领导小组会议 1 次,研究全年统战重点工作任务。召开全市宗教工作、组织统战等各领域联席会议 5 次,加强对重大任务、重要事项的组织领导。以市委统战工作领导小组及办公室名义发文 6 个,对全市统战工作进行部署,印发年度统战工作考核赋分办法,将统战工作整体纳入全市党建责任制考核,对 4 个县(区)、5 个功能区管委会、64 家市直属单位全覆盖考核。

【加强统战干部队伍建设】 提升统战干部队伍战斗力。树立正确选人用人导向,推进机关干部选拔任用工作。是年,部机关提拔干部 3 人,晋升职级 8 人,各处室交流21人。打造讲政治、讲清廉、讲品质、有思考、有活力、有幸福"三讲三有"机关文化,开展五个"有没有"(有没有大局观念、有没有风险意识、有没有创新精神、有没有进取心态、有没有学思践悟习惯)大讨论活动。创新搭建"20·21"思享会平台,建立统战系统单位工作交流例会制度和全市统战部长例会制度。推进巡察整改工作,分解细化任务,按照新"三定"方案完成机构改革,修改完善系列制度。

(撰稿:市委统战部)

党校工作

【干部教育】 2020年,中共舟山市委党校(舟山行政学院、舟山市社会主义学院)举办各类主体班次52期,累计培训、轮训干部6108人次,其中线上举办县处级干部十九届四中全会培训班,受训学员1043人次。组织教师对外宣讲218场次,宣讲对象13091人次。课程优秀平均率93.3%。主体班次教学中,理论教育和党性教育占总课时比例79.8%,其中党性教育占总课时比例45.4%。把马克思列宁主义、毛泽东思想和习近平新时代中国特色社会主义思想作为理论教育的主要内容;把党章党规党纪教育、革命历史传统教育、反腐倡廉警示教育等作为党性教育的重要内容。根据教学需要,及时对教学内容、教学方式、教学布局、专题设置等进行相应调整,推进理论教育和党性教育进教材、进课堂、进头脑。围绕学研习近平新时代中国特色社会主义思想开发主干课程,11位教师开发完成14堂课程,初步形成习近平新时代中国特色社会主义思想完整内容体系,基本满足教学和宣讲需要。

【教学方法】 注重教学创新,提升培训实效。围绕市委、市政府中心工作,重点开设城乡综合整治、海上花园城建设、长三角一体化、数字经济、乡村振兴、综合交通等专题课程,提升学员理论联系实际,服务新区建设的能力和水平。互动式教学比重,研讨式、案例式、模拟式、体验式等新型教学方式在主体班次中的比重达到30%以上。尝试建立情景课堂、青年先锋讲堂等教学平台。按照串点成线的思路,推进市内党性教育基地整合利用,丰富教学形式,增强教学吸引力和实效性。打造教学精品线(点),重点打造7条干部教育现场教学精品线(点),涵盖机关单位、功能区、企业和基层社区,现场教学基地6个。围绕文明城市创建、海上花园城建设、自贸区建设、国际农产品贸易中心建设、"最多跑一次"改革等重点工程、重大项目、重大改革工作组织学员开展现场教学,适时出台现场教学基地管理办法。

【智库建设】 全年有33项课题立项,其中地厅级16项;发表论文50篇,其中公开刊物发表23篇;获厅局级科研成果奖12项。编印《领导决策参阅》10期,其中5期获市领导肯定性批示。在《党校学报》开设"新区论坛""海洋经济""社会治理""学员论坛"等栏目,围绕习近平重要讲话精神、中央和省市重要会议精神、"五大会战""四个舟山"等重点、热点内容开辟专栏,增强学报服务新区、自贸区建设的针对性有效性。面向市属部门、高校以及党校学员等多渠道做好约稿工作,扩大稿源提升学报质量。全年除编印常规性双月刊6期外,在自贸区挂牌三周年之际,新增1期自贸区3周年纪念专刊。

【对外培训】 加强同杭州、宁波、绍兴、嘉兴及其他长三角兄弟城市党校的联系,建立同上海宝山区委党校、上海海关学院等毗邻地区党校、高校的办学合作关系。整合校内校外培训资源,树标杆补短板,以主体班次标准规范社会班次教学,优化培训设计,精选教学基地,提升培训质量,打造具有舟山特色的社会培训品牌,提升培训水平,增强对外培训的影响力。全年完成各类社会培训班次32期,培训学员2250人次。办好在职研究生教育。与华东交通大学继续合作,在校内设立在职研究生教学点,开展研究生在职教育。做好华东交大MBA学员的教学管理工作,秉承质量第一、服务至上的培训理念,为新区建设输送一批高层次人才。

【行政后勤】 统筹安排各项保障工作。通过改善资源要素、优化布局配置等多种方式,挖掘内部潜力,提升管理水准和服务水平。重点对学员讨论室、学员食堂进行内部挖潜,在没有扩大食堂和讨论室空间体量的前提下,通过调整更新桌椅配置扩大实际容量。办学过程中,各科室以教学为中心形成密切协同、顺畅作业的运转模式,保障各项教学活动。完善基础设施建设。针对部分办学设施陈旧落后,难以适应新形势下办学需要的问题,争取市政府和市财政局支持,争取近700万元专项资金,用于党校基础设施功能挖潜完善。持续推进校园环境建设。秉持自然、精美、和谐、可持续理念,建设生态校园,提升校园环境品位,营造优美舒心学习环境,获评省级园林式单位。加快"智慧党校"信息化建设。以建设"智慧党校"为目标,提升信息化服务水平。采用多媒体教学,打造"红色学府网",为教职工和学员获取数字资源提供一站式服务。推进"i课堂"等新型互动式教学方式,搭建起由"互联网+投影大屏+移动终端"等设备组成的交互式研讨平台。加强数字图书馆建设,加快数字图书文献的采集编录。根据党校教研人员申报成功的省市课题,开展一对一图书、情报、市情资料主动推送服务。开发专题理论数据资源,充实专网、党校网站等20余个数据库。

【干部队伍】 加快年轻人才引进。通过公开招考招录硕士研究生6人,其中专业教师4人,教学管理人员2人,人数为历年最多。加强师资业务培训,全市党校系统师资集训由原来两年一次变为一年一次。是年,集训专题为教学方式创新,以互动式教学理论辅导和实操比赛观摩为主要内容,促进教师提高业务水平。开展常态化培训。全年组织校内教师参加各类培训11批次46人次,校内听课233人次,组织全校性新专题试讲7次,开发新专题、新课程25课。

【机关党建】 加强红色文化建设。从宗旨文化、讲坛文化、廉洁文化、制度文化和有形文化等方面入手,进行系统化建设,形成浓厚教育氛围,助推红色学府建设,得到《今日浙江》《舟山日报》《新区宣传》等媒体的关注与报道。班子成员落实"一岗双责",带头遵守中央八项规定,开展党风廉政建设岗位风险防控,确保党风廉政建设落到实处。完善管理制度建设,形成相关制度汇编55项,内容涵盖教学、科研、行政、人事、财务、后勤、基建、信息化、党的建设、廉政建设等方面,强化制度管校。完成办学质量创优评估,获评优秀等级,跻身全省少数几个创新奖序列。配合承担新冠肺炎疫情防控隔离点任务。根据市委市政府工作部署,承担起医学观察点任务。实现"隔离人员零确诊、工作人员零感染、安全保障零事故"。

【系统建设】 以资源共享、课题共研、学科共建为基本思路,以教学观摩会、科研研讨会、调研座谈会、业务培训会等为基本方式,市县二级党校联手互动,共谋发展大计。在全市党校系统建立统一的师资库、数字资源库和现场教学基地库,实现资源共建共享。安排县(区)党校教师到市委党校参加教学、科研活动和跟班学习。通过组织精品课评选、教学比武竞赛等,搞好业务指导传帮带。利用《市委党校学报》,刊发县(区)党校教师优秀科研论文。

中共舟山市委党校2020年度主体班次办班情况

表10

时 间	班 次	人数(人)
4.29	市级机关公务员职业生涯全周期管理"一件事"改革工作业务培训会	109
5.14—5.15	舟山新"百人计划"第三批挂职干部人才岗前培训班	20
5.19—7.17	2020年全市中青年干部培训二班	46
5.19—12.11	2020年度浙江自贸试验区"创新赋能"培训班	100
5.19—5.22	市域治理能力现代化专题研讨班(第一期)	61
5.25—6.19	舟山市2019年度军转干部培训班	59
6.09—6.12	定海区习近平新时代中国特色社会主义思想培训二班(第一期)	46

续表 10

时间	班次	人数(人)
6.16—6.19	定海区习近平新时代中国特色社会主义思想培训二班(第二期)	46
6.15—7.15	全市县处级领导干部学习贯彻中共十九届四中全会精神培训(线上)	1043
6.29—6.30	全市侨务干部培训班	59
6.29—7.01	市直机关科级领导干部十九届四中全会专题轮训班(第一期)	154
7.03	嵊山镇基层党员培训班	40
7.13—7.17	市直机关科级领导干部十九届四中全会专题轮训班(第二期)	161
7.16—7.17	舟山市七届人大代表第六期培训班	70
7.20—7.23	全市妇联执委培训班	41
7.22—7.24	2020 年县处级领导干部任职培训班	41
7.27—7.31	2020 年定海区年轻干部培训二班	49
7.29—7.31	全市纪检监察综合业务培训班	236
7.27—7.30	全市党外知识分子(新的社会阶层人士)培训班	31
8.01—8.03	2020 年舟山市党校系统教学方式创新培训班	55
8.31	全市侨界人士法律法规培训班	60
7.06—7.08	推进浙江自贸试验区高质量发展专题培训班	100
9.08—9.11	全市政研工作培训班	35
9.09—9.11	2020 年舟山市新党员培训示范班	56
9.24—9.26	全市民主党派领导班子培训班	59
9.23—9.28	市域治理能力现代化专题研讨班(第二期)	55
9.23—11.06	2020 年习近平新时代中国特色社会主义思想进修班	54
9.23—12.11	2020 年全市中青年干部培训一班	37
10.15—10.16	定海宗教界人士培训班	65
10.15	市(新区)直属单位组织人事干部业务培训班	148
10.19—10.23	2020 年东西部扶贫协作基层干部能力提升培训班	50
10.26—10.29	全市天基两教骨干人士培训班	50
10.26—10.29	市直机关科级领导干部十九届四中全会专题轮训班(第三期)	150
10.26—10.30	2020 年松原市市管干部赴舟山对口岗位实岗实训培训班	30
10.28—10.30	全市民宗干部培训班	43
11.09—11.11	全市基层妇联主席培训班	97
11.11—11.13	优秀年轻政法干警培训班	59

续表 10

时　间	班　　次	人数(人)
11.23—11.24	2020 年市直机关党员政治理论轮训班(第一期)	89
11.24—11.25	2020 年市直机关党员政治理论轮训班(第二期)	69
11.26—11.27	市直机关纪检干部培训班	86
11.23—11.25	2020 年全市实施乡村振兴战略培训班	55
12.04	2020 年度定海区党员教育骨干培训班	106
12.07—12.09	全市审计系统干部综合素质提升班	74
12.14—12.16	市直机关新任党支部书记上岗培训班	63
12.13—12.14	市管领导干部学习贯彻中共十九届五中全会精神集中轮训班(第一期)	143
12.17—12.19	市管领导干部学习贯彻中共十九届五中全会精神集中轮训班(第二期)	265
12.20—12.22	市管领导干部学习贯彻中共十九届五中全会精神集中轮训班(第三期)	275
12.24—12.26	市管领导干部学习贯彻中共十九届五中全会精神集中轮训班(第四期)	280
12.28	市直机关科级领导干部中共十九届五中全会精神轮训班(第一期)	274
12.29	市直机关科级领导干部中共十九届五中全会精神轮训班(第二期)	263
12.30	市直机关科级领导干部中共十九届五中全会精神轮训班(第三期)	227
12.31	市直机关科级领导干部中共十九届五中全会精神轮训班(第四期)	224
合　计		6108

中共舟山市委党校 2020 年度社会培训办班情况

表 11

时　间	班　　次	人数(人)
5.11	2020 年第一期基层党务工作示范培训班	50
5.25—5.28	2020 年度发展对象培训班	140
6.08—6.10	“最多跑一次”改革工作培训班	85
6.16—6.19	市财政局 2020 年度第一期党务工作培训班	50
6.18—6.19	定海区发展对象培训班	30
6.22—6.24	2020 年渔农村工作指导员培训班	80
7.04—7.05	2020 年医院党务干部培训班	130
7.08—7.09	大桥管理处全体党员集中教育培训班	37
7.20—7.21	市科协系统秘书长培训班	29
7.27—7.29	舟山市烟草系统 2020 年党员集中培训班	36
8.05—8.08	温州市龙湾区台侨、外事干部和党外人士研训班	53

续表 11

时　间	班　　次	人数(人)
8.05—8.07	2020 年度第二期党务干部培训班	100
8.04—8.05	2020 年第一期全市基层工会干部培训班	80
8.25—8.26	南海实验学校 2020 年党员集中培训班	300
8.24—8.26	商贸集团党务干部暨党支部书记培训班	75
8.31—9.01	2020 年度发展对象培训班	156
8.31—9.02	2020 年舟山市税务系统党务干部培训班	65
8.31—9.01	舟山市烟草系统 2020 年度党务干部培训班	32
8.27—8.28	绍兴市决策咨询委第二期智库培训班	32
9.07—9.12	2020 年全国税务系统执法资格统一考试参考人员集中学习培训班	13
9.14—9.17	绍兴市柯桥人大系统干部综合素质提升专题培训班	33
9.07—9.09	岱山县直机关 80 后支部书记、党务干部培训班	32
10.24	农发行党员培训班	42
11.07—11.08	中石油舟山分公司党员培训班	32
11.02—11.03	定海区统战干部培训班	40
11.02—11.06	达州市干部教育培训师资体能示范研讨班	52
11.15—11.17	全市计划生育业务暨服务乡村振兴培训班	125
11.19—11.20	全市涉密人员培训班	150
11.16—11.18	2020 年度全市基层党代表履职能力专题培训班	30
11.21—11.27	都兰县人大代表政协委员及人大机关工作人员履职能力提升培训班	44
12.02	定海区两新组织党务工作者培训班	27
12.28—12.30	2019 年至 2020 年定海区新聘用事业人员岗前培训班	70
合　计		2250

（撰稿：丁越佳）

市直机关党的工作

【概况】 2020 年，中共舟山市委直属机关工作委员会直属 82 个机关党组织，其中机关党委 47 个，党总支 12 个，党支部 23 个，合计党员 10369 人。是年，市委直属机关工作委员会贯彻落实上级决策部署，紧扣“围绕中心、建设队伍、服务群众”核心任务，补短板、抓规范、求突破，各项工作取得新成绩，全市机关党的建设质量不断提高。

【基层组织建设】 是年，以提升组织力为重点，树立问题意识，深化“支部规范化建设提升年”活动，推动基层党组织全面进步、全面过硬。开展全市机关党建工作调研。摸清情况、查找短板，提出解决建议措施。市委书记俞东来亲自审阅调研报告，相关意见建议被市委采纳。市委召开全市机关党的工作座谈会，调整市和县（区）工委领导体制，制定贯彻落实《党和国家机关基层组织工作条例》和省委实施意见的具体措施,转发《浙江省直属机关党组织落实机关党建责任制实施办法(试行)》,调整县(区)、功能区机关党建工作为由工委单列考核,明确功能区机关党建工作统一接受工委领导。工委做好相关落实工作。压紧压实机关党建责任。坚持"书记抓、抓书记",落实"三单二述一查"工作机制,推动直属机关基层党组织书记向工委述职、基层支部向上级党组织述职,实现基层党组织书记述职全覆盖。研究制发机关党建工作考核赋分办法,发挥考核指挥棒作用。抓好基层党建突出问题整改落实。从面上普遍推进过渡到点上重点关注,与市委巡察办建立机关党建巡察问题反馈机制,掌握被巡察单位存在的机关党建问题,实行销号管理,督促相关单位整改落实,全年对18家市直机关单位进行重点督导。组织开展党费和党建活动经费专项检查,整改问题40个,提升党费和党建活动经费管理使用的规范化水平。强化基层组织规范化建设。贯彻落实《中国共产党支部工作条例》,完善支部"堡垒指数"和党员"先锋指数"评价体系,组织开展五强"先锋支部"争创活动。总结提炼支部工作法,评选出"优秀支部工作案例"20佳。建立健全基层党组织换届提醒制度,开展换届提醒制度落实情况的专项检查,对14家直属基层党组织进行按期换届提醒。提高党内组织生活质量。抓住领导干部这个"关键少数",建立领导干部双重组织生活备案制度,推动"三会一课"等各项制度落实。推行"2+X"主题党日活动制度,搭建党员现场教育平台,确立首批13个市直机关主题党日教育基地。提升党务干部队伍建设。建立健全基层党组织书记全员轮训和上岗培训制度,组织开展市直属机关党组织书记和新任党支部书记培训;推动落实将专兼职党务干部工作经历纳入干部履历;开设"党建业问直播间",搭建机关党务干部学习交流的"短平快"平台;完成市机关党建研究会换届工作,调整充实党建特色智库力量。围绕中心跟进机关党建工作,发挥党员干部在"四个舟山"建设中的担当精神。疫情发生以来,工委发挥党建引领作用,把疫情防控作为重点政治任务抓紧抓实。机关党员全动员,号召各级党组织和全体党员率先垂范、积极行动,组织党员干部到一线、到社区开展抗疫工作和抗疫志愿服务;支部建到最前线,全面推行"四上"项目党建工作法,在援鄂和交通卡口等一线阵地建立临时党支部。疫情防控初期,组织做好机关单位人员流动和疫情信息统计上报工作,服务复工复产;疫情防控攻坚阶段,平均每天三分之一的机关干部投入防疫工作中。工委组织开展"我的战疫"先进事迹巡回报告舟山专场活动,向机关基层党组织划拨抗疫专项党费77万元,火线吸收发展6名入党积极分子和20名党员,通报表扬在疫情防控和复工复产一线表现突出的市直机关40个基层党组织和100名党员。助推创城攻坚决战。以"党建+志愿服务"行动为载体,组织开展"文明礼让斑马线""创城文明结对""美丽环境我先行""绿色出行我先行"等多项志愿服务专项活动,发挥机关党员干部在创城工作中的示范引领作用。组织1.3万名机关干部参与"文明交通劝导";组织82家单位与82个小区文明结对,2.1万名机关干部到结对社区开展志愿服务1.52万小时;组织1000余名机关干部在周末集中清理公共绿化带内的垃圾;组织1.3万辆机关私家车参与绿色出行,为创城国测营造良好交通环境和停车秩序。推动机关党员在"兼合式"党支部发挥作用,形成"工作在单位、活动在基层、奉献双岗位"的有效模式。

【思想政治工作】 把党的政治建设摆在首位,促进党员干部自觉践行"两个维护"。组织市直机关"第一时间"传达学习。及时学习中共十九届五中全会精神、习近平考察浙江重要讲话精神以及一系列指示批示精神,推动市直机关党组织掀起习近平重要讲话精神学习贯彻热潮。全年编发反映各机关党组织传达学习情况的专刊12期。深化党的创新理论大学习。对市直机关党员干部学习《习近平谈治国理政》(第三卷)进行部署。完善以党委(党组)理论学习中心组为龙头、科级以上领导干部为重点、党支部政治学习为基础的理论武装格局,推进"学理论、悟初心、话担当",把抓好市直机关党员干部理论武装、推进习近平新时代中国特色社会主义思想走深走实作为首要任务,抓好党员干部学习。开展对党忠诚教育。通过加强理论武装、融入组织生活、注重典型教育、涵养忠诚文化等方式,在市直机关部署“对党忠诚”教育,组织开展“忠诚我们的党”系列活动,举办以“对党忠诚”为主题的市直机关庆祝建党99周年集体政治生日,6000余名机关党员同时参与,活动得到舟山广播电视、《舟山日报》等媒体报道并在线上直播,反响热烈,线上观众近5万人。推进清廉机关建设、模范机关创建。以“双建”为机关党建工作总牵引,推进“双建”工作落实落细,推动完成年度20项重点任务,培育27家重点单位,分类分层推进示范点建设,打造“双建”样本。组织召开全市“双建”工作推进会,对全市“双建”工作进行再动员再部署。

【教育培训工作】 推动机关党建工作深度融入中心工作。在市直机关部署开展市委七届八次、九次、十次全会精神的学习贯彻,统一市直机关党员干部的思想,动员大家围绕打好“五大会战”、建设“四个舟山”拼搏赶超。举办市直机关科级干部十九届四中、五中全会精神轮训班7期,实现机关正科级干部集中轮训全覆盖;创新性开展市直机关普通党员学习习近平思想的集中培训,首批200余名普通党员完成学习。组织开展“身边的典型”宣传展示,推送“锋采”“银领先锋”等先进事迹学习视频,用身边人身边事激励感召党员干部担当履职,选树的6名市直机关好党员、好干部得到“学习强国”等中央、省市级媒体宣传报道。举办以“我们的小康、我们的家乡”为主题的市级机关微型党课比赛,营造“决战脱贫攻坚、决胜全面小康”的氛围。选送6名选手参加全市第十届微型党课大赛,获2个一等奖。举办“我最喜爱的习总书记的一句话”市直机关青年微宣讲比赛。

【党风廉政建设】 落实党风廉政建设主体责任,3次专题研究市直机关党风廉政建设,做到党风廉政建设与机关党建同部署、同检查、同考核。工委贯彻习近平关于全面从严治党的新论述新指示,加强纪律和作风建设,以钉钉子精神纠正“四风”。深化机关作风建设。贯彻落实“三服务”要求,深化“建功五大会战,强服务强效能”作风建设专项行动,推进“一评二访三创”活动,有6000余名机关在职党员走访社区和企业;对机关作风进行民主评议,助推机关内部“最多跑一次”改革,评议得分提高到90.50分。推进正风肃纪。常态化开展党章党规党纪学习,注重以案释纪。贯彻落实习近平关于集中整治形式主义、官僚主义,制止餐饮浪费行为等重要指示精神,通过明察暗访、随机抽查、点穴式检查等方式,组织开展市直机关检查5次。依规依纪依法审理各派驻纪检监察组移送涉嫌违纪违法党员干部案件13件,党纪政务处分13人。加强机关纪委能力建设。优化调整机关纪委片组,举办市直机关纪检干部培训班,提升市直机关纪检干部的业务能力和专业素养。

7月2日,市直机关“忠诚我们的党”集体政治生日活动在舟山报业传媒集团举行(市委直属机关工作委员会提供)

【群团组织建设】 工委班子先后3次研究部署群团工作,加强对群团工作的领导、指导;督促指导涉改单位做好群团组织的同步组建工作,确保群团工作有序推进;调整充实市直机关团工委和妇工委,建立群团组织换届提醒制度。发挥群团凝心聚力作用,办好关心关爱“六项实事”,开展困难党员和职工慰问、开展金秋助学帮扶活动、组织第六届市级机关群体联赛,参赛干部职工2000余人次,组织开展素描、油画等各类文化艺术培训，满足机关不同兴趣爱好需求。走访慰问老党员、困难党员和生病住院党员等150余人；组织青年交友活动，组织妇女创意插花培训和比赛，举办心理健康知识讲座等。

（撰稿：王建成）

老干部工作

【坚持思想引领】 2020年，市老干部局创新思想政治教育方式方法，采取专题辅导、集中培训、座谈讨论、上门送学等多种形式，组织离退休干部学习中共十九届四中、五中全会精神和省、市委全会精神，引导老同志坚定“四个自信”、筑牢“四个意识”。拓展“云端”学习交流阵地，将支部建在“云端”、党员管在“指尖”，组织全市各离退休党支部开展以读习近平在浙江重要讲话，谈学习体会、谈永葆初心、谈作用发挥为主要内容的“一读三谈”主题党日活动；发动离退休干部党支部、老党员，通过线上线下、集中分散等形式，收看全国离退休干部网上专题报告会4场次。老支书、老党员们发声畅谈心得体会，收集心得260余篇，在微信公众号平台选登19次，展示老党员向党红心。

【规范组织建设】 落实《关于推进离退休干部党支部规范化建设的指导意见》，在全市培育标准化离退休干部党支部37个，占比13.3%。抓好骨干队伍，组织市属单位离退休党支部书记专题学习离退休党支部规范化建设等有关党务知识，并召开专题座谈会，就实施规范化建设做交流。探索“五到五亮五联”小区银辉党建工作法，形成一套务实管用长效机制，引导老党员加入居住小区兼合式党支部，发挥优势参与基层社会。该项工作获评全市2020年度组织工作创新项目，并入选全省老干部系统“双十佳创新案例”。

【建言献策】 聚焦新区发展中心大局，紧扣重大项目落地情况、市域治理现代化试点工作、新农村建设等，组织“走、看、促”系列活动，带领老同志走进市综治中心、绿色石化基地、马岙乡村振兴路等。征集“老同志眼中的浙江‘两个高水平’十大新变化”“我为‘两个高水平建设’献一计”等，举办“颂小康　献良策”老干部座谈会，整理汇集老同志为全国文明城市创建、新区交通建设、疫情防控常态化等提出的意见和建议50余条。

【助力抗疫】 新冠肺炎疫情发生以来，全市离退休干部积极行动、同心战疫。156个离退休党支部开展捐款活动，筹集37.3万元。6500余名离退休党员干部、老干部参加疫情防控和复工复产工作，受市委通报表扬13人。“银耀千岛”志愿者、兼合式小区老党员参与巡查检查、防疫宣传、测量体温、信息登记等工作。市委常委、组织部部长蒲晓斌专门批示肯定全市离退休党员干部抗疫工作。

【推进志愿者服务】 结合老干部所能所愿，搭建平台，形成老同志广泛参与的“多层面”志愿服务体系。组建银发政策宣讲队、文明新风宣传队、垃圾分类践行队、文明创城志愿队等“银耀千岛”10+N团队，65个市属离退休党支部认领志愿服务项目。开展“社会治理、银耀有我”志愿服务活动，融入基层“微治理”，助力市域社会治理现代化试点工作。“银耀千岛”志愿团队走进社区、走上街头，开展环境整治、公益宣传、入户调查等活动，以实际行动助力全国文明城市创建决胜战。是年，各类志愿服务时长10200小时。开展“轻舟春风护夕阳”活动，银领志愿队以老助老，常态化开展下海岛、走基层服务老人活动。参加“淘文化”活动，全年开展活动30余场次，惠及基层群众近万人次。创建银领品牌团队、品牌工作室，市级的“东海银辉”宣扬团、定海的“草根宣讲团”“青春护航”帮教队、普陀的“老干部金牌调解队”“银发好网民”、岱山的嘉和社区“道德门诊”、嵊泗的“银摄”服务队，广受群众好评。

【强化政策服务】 落实离休干部各项待遇，将8名离休干部列为重点医疗保健照顾对象，3名离休干部列入享受厅级医疗保健待遇范围。落实进社保专项统筹企业离休干部中的41位人员2020年公用经费增加部分和特需经费增加部分，落实补助资金7.79万元。与市委组织部联合发文，出台《关于进一步规范干部退休有关工作的通知》，设置“六个一”项目，提升退休干部的组织荣誉感、归属感、使命感、幸福感。

【实施精准服务】 在疫情防控期

间,制定《关心关爱老党员老干部七条举措》,做细做实离退休老干部关心关爱。采用上门慰问宣传、上门送药送物、上门理发等方式,多载体及时响应老干部的需求,落实老干部居家期间个性化精准服务措施。开展“关爱到家、联系到人、温暖到心”活动,制作防疫爱心包,上门送防疫物品、公筷公勺。在纪念抗战暨世界反法西斯战争胜利75周年、纪念中国人民志愿军抗美援朝出国作战70周年等时间节点,以及春节、重阳节等重大节日开展多轮集中走访慰问,为老干部送上政治关怀、精神关怀、生活关怀。争取慈善资金为近50位离休干部提供轮椅解决出行难题等。

【提升阵地功能布局】 将兴建“舟山市老年活动中心”列入舟山市“十四五”规划。借势借力、主动嵌入,依托党群服务中心等,建立“家门口的老年大学”教学点8个。在疫情防控常态化的新形势下,灵活运用线上线下的方式组织开展学习教育。开设“空中课堂”“直播讲座”“云橱窗”等,利用微信公众号、直播平台等开展线上教学、线上展示。采取“视频+音频+图片+答疑反馈”开展教学线上互动,方便学员在疫情防控期间居家学习、互动交流,防疫不松懈、学习不断线。

【展示夕阳风采】 搭架子、摆台子,展示老干部风采。结合纪念舟山解放70周年,举办“学讲话精神 展美好未来”老干部书画、摄影、集邮展以及“老兵你好”解放舟山老兵专访、讲舟山革命故事等系列活动,传承红色基因,讴歌发展巨变,展示新区老干部昂扬风貌。鼓励老同志用书画绘写情怀、用镜头聚焦发展,围绕“致敬逆行者”“文明风尚、公筷公勺”“烟蒂不落地、城市更美丽”等内容,开展主题创作,通过线上线下同步展示,扩大社会影响,展示阳光心态。

(撰稿:纪又文)

信访工作

【服务中心大局】 2020年,全市信访部门打好疫情防控攻坚战。贯彻市委各项决策部署,于春节期间对班子成员疫情防控职责进行分工,实施畅通线上信访渠道、强化“12345”平台接听力量等举措。多途径引导群众通过电话、网络等非接触方式表达诉求,减少群众来访集聚产生的疫情风险。发挥市“12345”热线“总客服”“总渠道”作用,增派一线接听力量,建立“现场处置部门-12345平台-防控指挥部”快交快办机制和“市信访局+市防控指挥部督察专项组”双向督办机制,快速对涉疫信访件进行办理。平台在1—3月来电量同比增长2倍的情况下,转交率同比下降35%。全年平台累计受理并按期办结涉疫信访事项8万件次。坚持每日对涉疫信息汇总研判并上报市防控指挥部,其中部分人员无处居住、新舟山人返舟等问题建议被指挥部及相关部门采纳。疫情防控转入常态化后,转入助力复工复产工作中,选派优秀党员骨干参加市政策专班、纾困专班,做好相关工作。服务各项中心工作。配合做好创城工作,抽调精干力量做好“12345”“文明城市创建专线”相关工作,对创城涉及问题实行“全天候受理、全时段交办、全领域监督”,保障一线接线力量,在创城期间来电量同比增长情况下,确保15秒接通率在90%以上。保障村、社区组织换届工作,履行村社换届领导小组成员职责,开展村社换届信访问题排查和办理工作。加强社保医保话务工作力量,社保医保政策调整后来电量剧增时,动员所有人员到前台接线受理,新开设社保专席账号10个,多次组织开展话务员培训,确保及时准确答复群众相关来电。

【集中做好信访工作】 做好初信初访办理工作。是年初,召开全市信访工作会议,举办全市信访系统业务培训班,压实信访工作责任。深化“信访效能指数”,实行月月考评、月月公开,倒逼事权单位及时高效一揽子解决信访矛盾;抓好《浙江省县级领导干部公开接待群众来访工作办法》《关于进一步提高办信质效的意见》的贯彻执行,落实领导干部阅批群众来信、公开定点接访等制度。全年全市市领导阅批群众来信199件次,县级党政领导阅批初次来信占比达到64%,位于全省前列;各级领导累计接访群众335批926人次,推动一批难点热点问题的解决。全市“信、访、网”初次化解率分别为95.54%、98.34%和98.11%,“信、访”初次化解率为全省第一;“信、访、网、电”初信初访按期受理率99.9%,群众对信访部门的满意率99.28%,平均办理时长3.57天。推进信访积案大排查大化解。年初召开全市信访矛盾化解攻坚部署会,以清仓见底为目标,对市、县两级积案梳理排查,建立积案分类三张清单,全部落实县级领导包案,分层分级予以交办。各类积案化解率均位于全省前列,四县(区)全部成功创建"无信访积案县(区)"。抓好"清初信、治重信、消陈信"工作,开展"组团服务消陈信"专项行动,对重复信访进行包案化解。召开重复信访事项交办会,开展重复信访事项化解培训,对重复信访事项进行交办,重点对农村建房事项开展专项督查化解。做好复查复核工作,完成信访事项复查4件,复核2件,依法终结2件,听证1件。

【推动信访领域改革】 聚焦"最多跑一地"目标,按照全省三类建设标准推进矛调中心(信访超市)建设。四县(区)规格为正科级事业单位的矛调中心(信访超市)全部按期建成运行,信访局、政法委、司法局、人社局等主要部门和行业性、专业性社会组织均已入驻各地矛调中心(信访超市),构建"一窗受理、即接即办、多元化解、联合调处"工作格局。推进"软件"提升,紧盯矛盾问题"终点站"目标,建立完善矛调中心(信访超市)即接即办、教育疏导、会商研判、协调办事、公开监督、考核管理等运行机制,由信访综合窗口统一受理群众各类诉求,按事因区分事项类型,分类进行分流、处理、交办、回访、督查等;并结合舟山实际,探索开展"移动超市""视频接访"等工作,实现矛盾纠纷化解"只进一扇门""最多跑一地"。是年,四县(区)矛调中心(信访超市)累计受理各类事项2万余件次。普陀区矛调中心(信访超市)相关工作被10月9日《人民日报》头版报道。聚焦"不来访也能解决问题"目标,强化来电和网上信访工作。加强网上信访工作,规范网上信访办理流程,加大督办督查力度,20件"互联网+督查"网上信访件全部按期办结。以打造"永不打烊的政府机关"为目标,推进市12345热线建设,"智慧信访"项目实施,公积金、健康码智能客服直接答复率超过90%。打造"一把手"接听品牌。是年,市城管局、市公安局、市教育局、市医保局、市海洋与渔业局、市住建局、市水利局、市交通运输局、市市场监管局9家单位"一把手"累计接听群众来电199个,均在3个工作日内办结;"无限舟山"直播观看人数累计超10万人次,其中市海洋与渔业局单场观看超3.5万人次,参与人数创历史新高。创新开展人大代表接听"12345"来电工作,12月份首次活动接听群众有关问题、建议26个。做好市政府领导接听"12345"来电工作安排。"12345"热线作为党委政府了解民情、解决民忧的"主渠道"作用得到加强。加大重复来电督办和回访督查力度,开展人大代表、政协委员、基层干部和媒体代表等组成的"12345"督查员现场回访督办活动,推动解决疑难复杂问题9件,邀请《舟山日报》《舟山晚报》、舟山广电等市级媒体全程参与。全年全市累计回访来电35854件次,回访核实率98.15%,抽查不满意件数为全省最低。在服务群众"民生小事"中提升影响力,做大做强社会服务功能,组织爱心联盟开展各类公益活动,全年累计提供上门社会服务1.62万件,群众满意率99.4%。聚焦"第二政研室"目标,强化数据分析研判。发挥信访系统"民情收集站"作用,通过"信、访、网、电"各渠道定期对信访问题进行分析研判,对发现的信访风险点、矛盾隐患点等通过信访专报、信访预警单形式督促属地做好预案及时化解矛盾纠纷。是年,累计编写周报34期,其中被市领导批示10次;累计发放预警单12件。常态化开展疑难复杂信访事项会商调处机制,对相关信访事项,由各级信访联席办召集相关部门进行会商调处,化解一批难点热点问题。

(撰稿:市信访局)

精神文明建设

【概况】 2020年,全市精神文明建设工作贯彻落实《新时代公民道德建设实施纲要》和《新时代爱国主义教育实施纲要》,发挥精神文明建设在推动社会治理现代化中的作用,开展以全国文明城市创建为龙头的群众性精神文明创建活动,取得成效,以综合测评全国地级提名城市第九名的成绩入选第六届全国文明城市。

【强化创城攻坚】 围绕全国文明城市创建,推进城中村改造、老旧小区改造、城市道路建设、城市景观亮化、违法建筑拆除等攻坚行

11月25日，市委书记俞东来在舟山市创建全国文明城市总结表彰暨再出发动员大会上为“全国文明城市”揭牌（沈磊 摄）

动，优化人居环境。推进专项整治，开展城市牛皮癣、马路市场、农贸市场、社区菜店、交通秩序、乱扔烟蒂等专项整治行动，加大管理处罚力度，城市管理中各种乱象得到制止，沿街卫生秩序得到提升。推进制度创新，完善建立80余项长效管理制度，涵盖创建工作的组织领导、责任分工、工作督查、群众参与、城市管理、公益宣传等方面，为巩固创建成果、防止问题反弹提供制度保障。创新推行创城点位责任制，配备点位长1799人，落实点位责任人16000余人。坚持日常测评制度，每月开展全域测评，实行排名通报，召开会议专题点评。实施城市硬件设施排查制度，确保城市家具完好无损。

【深化公民道德建设】 市委市政府制定出台《关于深入开展新时代爱国主义教育的实施意见》，印发《关于贯彻落实〈新时代公民道德建设实施纲要〉的实施意见》，将爱国主义教育和公民道德建设纳入意识形态工作责任制。开展习近平新时代中国特色社会主义思想学习宣传，培育践行社会主义核心价值观，深化国防教育、移风易俗、诚信建设等文明实践活动。发挥先进模范引领作用，开展“身边好人”评选，挖掘“身边好人”典型，全年入选中国好人1例，浙江好人19例；评选舟山好人78例。开展道德模范、身边好人宣传，开展道德模范走访慰问，组织学习交流，倡导好人有好报的社会风尚。围绕“扣好人生第一粒扣子”主题，开展争做新时代好少年、清明祭英烈等活动，评选新时代好少年。

【发挥精神文明教育作用】 印发《关于在疫情防控中有针对性地开展精神文明教育的通知》，部署开展疫情防控知识宣传、志愿服务等工作。利用宣传栏、广告牌、移动电视、室内外电子屏等形式刊播疫情防控公益广告。发布《致全市广大志愿服务组织、志愿者的倡议书》，倡导在专业机构调配下做好疫情防控相关辅助工作。发动群众治理身边的脏乱差问题，打造干净整洁的生活环境。发动文明单位、文明村镇、文明家庭、文明校园在疫情防控中发挥带头作用，组建电力、医护、电信服务、舆情引导、新居民服务等20余支文明单位志愿服务突击队，共1500余人为抗击疫情提供保障。

【深化“文明细胞”创建】 开展“文明细胞”创建，在各地各部门评选的基础上，评选一批市级文明厂区、文明公交车等“文明细胞”典型，提高活动的参与度和影响力。培育、新增全国文明单位4家，全国文明村镇5个，省级文明单位17家，省级文明村镇15个；完成全国文明单位复评10家，省文明单位复评113家。深化文明家庭创建，以“东海渔嫂”为载体，开展“传承好家风”“心意行动”志愿服务等主题活动，表彰市级文明家庭200户。实施“好家庭信用贷”，让有德家庭得到实惠。

【养成文明好习惯】 抓住文明“关键小节”，开展“垃圾分类、文明就餐、文明出行、重信守诺、随手做志愿、办酒不铺张、烟蒂不落地、文明养犬、文明旅游、文明上网”等与群众密切相关的10大文明好习惯养成行动，引导讲文明话、办文明事、做文明人。设计市民便于接受、乐于参与的活动载体，动员市民参与文明好习惯养成实践活动。深化礼让斑马线、文明旅游等行动，结合疫情防控，

公筷公勺在酒店推行(沈磊　摄)

推广“公筷公勺”行动,出台公筷公勺地方标准。大型宾馆饭店“公筷公勺”使用率100%,斑马线礼让率95%以上。

【提升志愿服务水平】 开展“红动舟山　志愿创城”志愿服务活动,举行全市创建全国文明城市志愿服务决战誓师大会。开展“随手做志愿”好习惯养成行动,开展“烟蒂不落地　城市更美丽”“助力垃圾分类撤桶并点”等为主题的周末公益创城志愿服务活动。深化文明交通志愿劝导,参与志愿者13.2万余人次,累计服务时长39.6万小时。推进志愿服务站点标准化建设,建立学雷锋志愿服务站点884个,覆盖本岛社区、政务大厅、医院、车站码头等公共区域,累计开展服务超过2600场次。

【推进新时代文明实践】 印发《舟山市建设新时代文明实践中心实施方案》,指导各地开展新时代文明实践中心建设。定海区、普陀区入选新一轮全国和省试点,四个县(区)全部完成新时代文明实践中心建设。完成21个新时代文明实践所、203个渔农村实践站建设,定海区实现渔农村和城市社区实践站全覆盖。依托新时代文明实践中心,开展志愿服务活动,组建文明实践志愿服务队伍2000余支,培育出“七彩义工”“东海渔嫂”“区域管家”等特色队伍,开展志愿服务项目500余个,活动7万余场,线上线下参与群众超过50万人次。

(撰稿:包剑辉)

档案史志工作

【概况】 2020年,全市各级综合国家档案馆有全宗1158个,馆藏档案44.5万卷、135.4万件。全市馆藏档案数字化35.9万卷,113.1万件。全市按照建设“重要窗口”海岛风景新目标新定位,开展档案史志“十四五”规划编制,深入“最多跑一次”改革,推进党史研究,开展综合年鉴编写工作。

【围绕中心服务大局】 强化档案工作规划引领。组织开展全市档案事业发展“十三五”规划终期评估工作,开展“十四五”规划编制调研,形成“十四五”规划稿。档案业务督导有序推进。开展档案指导工作。运用“互联网+监管”开展掌上执法检查113次,双随机监管111次。做好档案“三服务”工作。服务企业,跟踪大陆引水三期移民档案工作并开展实地指导,参加舟山大陆引水二期黄金湾水库项目工程竣工移民安置验收会议。服务基层,开展农村土地确权档案工作、社区村体制改革档案整理及档案交接工作“回头看”。协助市污普办组织对市本级全国第二次污染源普查档案自查,完成四县(区)污普档案检查验收。服务群众,完成市属11家及四县(区)的国有企业退休人员档案整理扫描和街道(社区)对接工作。开展“最多跑一次”工作。完善应用电子文件归档、移交和接收一体化的电子档案统一管理平台,统计市建平台及市自建平台归档量。实现全市36个乡镇远程查档全覆盖。数字档案室创建及规范化档案室创建工作。创建完成24家数字档案室,超额完成“十三五”指标。

【档案信息化建设】 投入106.8万元推进馆藏档案数字化工作,至年底,市档案馆已形成纸质档案数字化副本1315万页,电子目录230万条,占馆藏应数字化档案总数的98%以上。按照服务政府数字化转型的要求,接收20家市属单位电子档案容量226.64GB;备份5家市属单位室藏档案数字化成果,数据容量1.54TB。做好数字档案馆的基础设施配置、升级软件功能等整改工作。开展馆室一体化利用试点工作,共享档案数据目录131154条,原文117931件,数据容量593GB,方便各单位档案室的档案利用。完善档案软件管理的技术保障工作。

【档案基础业务建设】 围绕年度工作目标和业务建设评价反馈要求,做好"十三五"扫尾工作。全年市档案馆接收9个全宗865卷6399件。档案编目41个全宗2466卷15.5万件。组织实施馆藏第十二批(1985—1988年形成的档案)172个全宗8689卷16万件档案的开放鉴定工作。累计接待利用档案837人次(其中网上查档、跨馆服务218人次)。

【档案安全体系建设】 加强馆库风险把控,落实安全制度,全年出入库1.65万卷12.2万件。确保档案信息安全,新增加计算机房存储设备2套,登记馆藏310个全宗数据情况,对数字档案资源总库进行备份,开展档案信息系统数据灾难恢复演练的准备工作。落实档案管理安全。坚持系统管理员、安全管理员及安全审计员三员分开。做好政务云数字档案室系统的安全管理工作。

【深化党史研究】 全市党史二卷编纂工作进展顺利。市本级党史二卷终审稿通过市委常委会审议,进入出版阶段。启动《中国共产党舟山历史》第三卷(1979—2002年)编写工作。服务中心大局,围绕舟山解放70周年开展党史宣传。完成《浙江革命英烈传》舟山5名英烈事迹编写工作。市新四军研究会开展党史进学校,为学生讲述革命故事,传承舟山记忆,弘扬党史文化。

【修志编鉴】 根据舟山市机构改革方案和舟山市局级事业机构调整通知,逐一对接各市级改革单位,参考省地方志办公室年鉴篇目及其他地市篇目设置调整《舟山年鉴(2020)》篇目。通过编辑、编纂,完成《舟山年鉴(2020)》总纂,同步完成大事记和杂记编写。做好地方志援藏援疆工作,跟踪西藏《尼玛县志》(二轮),落实送审校对、意见形成。撰写《中国地方志年鉴》舟山部分、《浙江通志·总述》舟山地情概览。《舟山年鉴(2019)》获全国地方志优秀成果(年鉴类)三等奖。

【档案史志宣传工作】 发挥档案馆红色教育基地作用,舟山记忆展厅接待26家单位413人次参观,市人大常委会主任张明超、市委副书记徐张艳等市领导到档案馆参加主题党日活动并实地了解档案工作。推出"舟山记忆"新媒体公众号。市两会期间,在《舟山日报》及新媒体推出"以数字档案馆建设为抓手 以助推发展为己任——舟山市档案系统持续提升公共服务能力"专栏,提升全社会对全市档案信息化建设成果认知。组织开展全市"6·9"国际档案日专题纪念活动,市属单位70余名档案员参加活动。

(撰稿:陈翠)

台湾事务

【概况】 2020年,以中共十九大精神和习近平对台工作重要论述为引领,按照中央对台方针政策和省委、市委对台工作总体部署,

10月10日,国民党原主席洪秀柱(前左二)到舟山考察(沈磊 摄)

在做好涉台疫情防控工作大背景下，突出经贸合作、文化交流、基层往来等重点任务。接待中国国民党前主席、中华青雁和平教育基金会董事长洪秀柱。市委书记俞东来会见洪秀柱一行。

【市委常委会专题研究对台工作】 4月23日，市委书记俞东来主持召开七届市委常委会第九十九次会议，传达省委常委会对台工作精神，研究对台工作安排。会议指出，要把思想和行动统一到中央对台工作方针政策上来，贯彻落实中央、省委有关部署要求，做好对台工作。要加强对台交流合作，落实好重点交流项目和青年交流任务，拓展与台湾民间基层的交流合作。要重视加强“东引台资”工作，台办要发挥职能作用，加强对台经贸合作，谋划落实对台招商引资工作，力争有大的突破。要加强全市对台工作各级机构和队伍建设，提高能力水平，确保各项责任落实。

【舟台交流】 是年，虽受疫情影响，仍有17批181人次台胞到舟山参访。主要交流团组情况如下：

6月22—26日，海峡两岸人文交流关怀协会一行22人在两岸人文交流关怀协会李韩珍的带领下到舟山参加舟山籍“大陆配偶”家乡行活动并举办座谈会。参访团参观舟山市城市规划馆、绿色石化基地、东沙古渔镇等。

8月13—16日，应市台办邀请，台商旺旺集团大陆首席代表林天良带队到舟山考察并参加台商走进自贸区活动。在舟山期间台商参访团实地考察国家远洋渔业基地、海洋产业集聚区等地。此行含呷哺呷哺餐饮集团董事长贺光启，台湾凯鸿环保集团总经理、台湾青年联合会副理事长林蔚丞，中国信托商业银行北京代表处首席代表黄楚渊，朗玛峰创投公司高级合伙人钟东霖，台湾正德海运股份公司董事刘兆沛等11人。

8月18日，台塑集团宁波公司一行10人在总经理周甘祥的带领下到舟山考察绿色石化基地并参加座谈会。

9月12—15日，台商颜峻瑜一行3人到舟山开展舟台乡村振兴交流会。

9月22—24日，在甬台商一行11人在宁波市台办主任许义平的带领下到舟山开展经贸考察和文化交流。在舟山期间先后参访舟山城市展览馆、海洋科学城以及定海、普陀相关企业、文化场所。

9月24—26日，台湾三益创价生技有限公司吴宇建董事长一行2人到舟山进行经贸考察交流。在舟山期间台商吴宇建一行先后赴展茅大健康产业园区、普陀国际健康产业中心实地勘察交流。

11月8—11日，台湾两岸阳光创业促进会一行12人在理事长顾希君带领到舟山参访交流。参访团先后到定海、普陀等地进行交流，并与定海区“美之声”演唱团成员一起开展两岸姐妹联谊活动。

11月23—27日，两岸姐妹互助协会、两岸交流人文关怀协会一行20人在两岸交流人文关怀协会理事长鲍迪芬的带领下参加“海相连·心相印”2020浙台邻里节舟山专场活动。参访团在舟期间参观舟山城市展示馆、三毛故居、缪燧纪念馆等。

【舟台经贸】 跟进舟山涵碧紫金湾文旅融合综合体项目进展情况，推动项目尽快启动。举办台商走进自贸区产业座谈会、舟台乡村振兴交流座谈会。调研了解疫情对台资企业生产经营的影响，服务台企复工复产，解决台资企业复工复产困难。加强政策宣传，深化法律服务。保障各项政策对台企一视同仁，同等享受，指导台胞台企用好用足政策，减轻企业负担。

【涉台事务】 建立疫情防控工作领导小组，开展稳商安商专项行动。健全完善台籍考生中、高考网上办理审核平台，做好全市中小学就读证明和加分认证等相关工作，为对台工作提供保障。开展台胞台企纠纷诉讼排查摸底专项工作。是年，妥善处理各类涉台事务、涉台信访件18起，处理国台办、省台办督办涉台纠纷案件2起(办结2起)，保障涉台领域的安全稳定。

(撰稿：陈徐艳)

责任编辑：孙国生

舟山市人大常委会

市人大常委会领导

主　　任：钟　达（续—2020.04）
　　　　　张明超（2020.04—）
副 主 任：钱　军（续—）
　　　　　李善忠（续—）
　　　　　张　明（续—）
　　　　　周松宽（续—）
　　　　　夏亚红（续—）
　　　　　徐良波（续—）
　　　　　陈　宏（2020.04—）
党组书记：张明超（续—）
党组副书记：钱　军（2020.05—）
秘 书 长：严济岳（续—）
副秘书长：庄和刚（续—）
　　　　　余华安（续—）

概　述

2020年，舟山市人大常委会召开常委会会议8次，常委会主任会议18次，审议和制定地方性法规2件，听取、审议“一府一委两院”工作报告33项，作出决议、决定7项，任免国家机关工作人员57人次，处理代表建议232件，完成全年的目标任务。

把握人大工作正确的政治方向。组织学习习近平考察浙江重要讲话精神、习近平法治思想、习近平关于坚持和完善人民代表大会制度的重要思想、《习近平谈治国理政》第三卷等。全年组织常委会组成人员专题学习3次，召开常委会党组（扩大）会议专题学习会13次，巩固“不忘初心、牢记使命”主题教育成果。坚持党的全面领导，贯彻党委决策部署。出台贯彻落实市委关于疫情防控、经济高质量发展、创城决战、“十四五”规划纲要编制等重大决策部署的具体措施，请示报告人大工作中的重大事项，落实党委人事安排，践行人民代表大会制度。

助力推进疫情防控和经济逆势增长。助推疫情防控和复工复产。听取审议疫情防控专项工作报告；投身战疫一线，捐资捐物累计价值314万元；帮助企业、基层解决抗击疫情和复工复产中遇到的困难。促进经济高质量发展。听取审议半年度国民经济和社会发展计划执行情况、上半年全市经济社会发展情况、数字经济发展情况、预算、决算等报告，支持“六稳”“六保”决策部署落地见效；对4家单位预算执行和安排存在的问题提出针对性意见，首次对政府关于教育、交通方面的两个重大投资项目开展审查监督；审议并批准2020年市本级地方政府债务限额和预算调整方案；听取审议审计工作和审计问题整改落实情况报告，首次审议2019年度全市国有自然资产管理情况报告。推进国家战略加快落地。听取审议全市推进长三角一体化和甬舟一体化发展行动计划情况报告，调研舟山江海联运服务中心建设情况，开展重点项目实施情况调研和工作监督，关注远洋渔业和国家远洋渔业基地发展情况；开展“十四五”规划调研和审议；对“十四五”期间需要谋划的重大政策、重大改革、重大项目、重大平台提出对策建议，形成初审意见，促进规划更具前瞻性和可操作性，为市七届人大六次会议批准“十四五”规划和2035年远景目标纲要奠定基础。

推动民生福祉改善。推动全国文明城市创建。跟踪督查《舟山市文明行为促进条例》实施审议意见落实情况，对《舟山市城市绿化条例》《舟山市户外广告和招牌设置管理条例》实施情况进行检查，通过法治途径助力创城工作；向代表发出“助力文明城市创建、共筑美好宜居家园”倡议书，全市各级人大代表6700余人次参与创城各项工作；开展“督文明法规实施、促文明新风常驻”

代表助力创城决战专项活动。推动社会事业进步。对偏远海岛义务教育工作、全市医疗保障工作开展监督,听取审议《舟山市定海区马岙历史文化名镇保护规划(2018—2035)》编制情况报告,关注“菜篮子”工程建设情况。推动民生实事项目建设。对12项民生实事项目实行“一事一方案、一月一督查、一季一报告、一年一测评”的动态和全程监督;对历年民生实事项目在建设和运行中暴露的问题,开展专题电视问政,代表围绕公园、医疗、养老三大主题,与政府及相关部门负责人进行对话交流,共话对策。打好“三大攻坚战”。围绕打好精准脱贫攻坚战,听取消除集体经济薄弱村审议意见落实情况报告;围绕打好污染防治攻坚战,听取审议全市2019年度环境状况和环境保护目标完成情况报告;围绕打好防范化解重大风险攻坚战,听取审议全市安全生产工作审议意见落实情况报告。

推动法治舟山建设。开展地方立法。制定《舟山市港口船舶污染物管理条例》,明确和规范港口船舶污染物的分类管理、转移处置、保障措施、法律责任;提前介入《舟山市居家养老服务促进条例》的立法起草工作,常委会会议对该条例进行第一次审议。发挥“法律巡视”利剑作用。对《舟山市国家级海洋特别保护区管理条例》实施四年来的效果进行评估,对有关条款提出修改建议;对《浙江省华侨权益保护条例》实施情况进行检查;跟踪监督《宗教事务条例》实施情况审议意见落实情况。推进依法行政。听取法治新区建设和“七五”普法决议贯彻执行情况报告;听取规范性文件备案审查工作情况报告,对政府报备的74件规范性文件进行审查。加强司法监督。制定出台对员额法官检察官开展履职评议的办法;对市中级人民法院9名员额法官开展履职评议,推动法院队伍建设。依法加强和创新社会治理。对社会矛盾纠纷调处化解“最多跑一地”改革工作开展监督,关注扫黑除恶专项斗争工作,为完成村(社区)组织换届选举工作提供法治保障。全年受理群众来信来访175件次。

发挥代表主体作用,增强人大代表履职动力。密切代表与人民群众的联系。新建代表联络站11家,改建10家,20家代表联络站达到“五好六化”建设要求;深化常委会领导与列席常委会会议代表的座谈机制,坚持常委会组成人员联系代表制度。强化代表履职服务保障。加强代表履职信息化建设,构建融履职积分、建议办理、信息互动、学习培训四位一体的代表履职网络平台,基层代表的履职活动次数由以往人均每年10次增加到20次。提升代表建议办理质量。市七届人大五次会议期间提出的建议均按期办理并答复代表,已经解决或基本解决的A类件占67.4%,为历年来最高;建立人代会上审议意见“即交即办”机制,首次对市人代会期间代表提出的35条审议意见进行立即交办。

夯实人大工作基础。坚持与时俱进,提升履职质效。组织开展首届舟山人大工作创新奖评比表彰,组织省人大“与时俱进奖”的组稿申报工作;将“三服务”活动作为改进工作作风的抓手,常委会领导通过“三服务”活动协调解决困难及问题30余个。推进制度建设,强化整体效能。制定提高常委会会议审议质量的意见,提高审议意见的针对性和可操作性;制定专题询问工作办法,对保障和规范常委会依法开展询问、增强监督实效起到推动作用;推进重大事项决定权行使规范化、常态化,督促市政府制定重大决策出台前向市人大报告制度;贯彻省、市委人大工作会议精神,开展督查落实,推进新时代人大工作和建设。加强研究宣传,展示人大形象。常委会主任会议成员牵头开展重点课题调研,召开人大理论专题研讨会;“讲好人大故事,传播人大声音”,推出一批有温度、有品质的作品;注重人大专刊、人大网站、人大公众号、电视报纸、融媒体等宣传阵地的融合运用;强化对外互动与宣传,深化与上海奉贤区人大常委会合作交流机制,范围拓展至长三角七地人大,打造长三角一体化人大工作共同体。

重要会议

【市七届人大五次会议】 4月20—23日在新城市行政中心召开。会议应到代表303人,实到最多时代表285人。会议听取和审查市人民政府工作报告、市人大常委会工作报告、市中级人民法院工作报告、市人民检察院工作报告,审查舟山市2019年国民经济和社会发展计划执行情况与

2020年国民经济和社会发展计划草案的报告，审查2019年全市和市本级预算执行情况及2020年全市和市本级预算草案的报告，批准舟山市2019年国民经济和社会发展计划执行情况的报告、2020年国民经济和社会发展计划，及舟山市2019年市本级预算执行情况的报告和2020年市本级预算。

选举舟山市第七届人民代表大会常务委员会主任、部分副主任和委员，有关专门委员会主任。通过各项工作报告的决议。会上，新当选的七届人民代表大会常务委员会主任、部分副主任和委员及有关专门委员会组成人员举行宪法宣誓仪式。票决2019年舟山市民生实事项目。

【市七届人大常委会会议】 1月20日，召开市人大常委会第三十次会议。会议审议通过《舟山市养犬管理条例（草案）》；讨论提出市七届人大五次会议主席团和秘书长名单（草案）、议案审查委员会组成人员名单（草案）、市七届人大预算审查小组人员名单（草案）、市七届人大五次会议日程（草案）、市七届人大五次会议关于通过各项决议案的表决办法（草案）、市七届人大五次会议选举办法（草案）、市人大有关专门委员会主任委员人选通过办法（草案）；听取市七届人大五次会议筹备工作情况的报告、2020年舟山市民生实事候选建议项目编制情况的报告；初审民生实事候选建议项目；听取和初审关于2019年国民经济和社会发展计划执行情况与2020年国民经济和社会发展计划草案的报告，同意将该报告提交市七届人大五次会议审查；听取和初审关于2019年全市和市本级预算执行情况及2020年全市和市本级预算草案的报告，同意将该报告提交市七届人大五次会议审查；审议通过市监察委员会提请的关于陈宏免职的议案，主任会议提请的关于赵利平等职务任免的议案；审议主任会议提请的关于接受马麟辞职的议案，并作出决定；听取和审议关于代表变动及补选代表的代表资格审查情况报告；确认市七届人大代表资格有效，并予以公告。

4月7日，召开市人大常委会第三十一次会议。会议讨论通过召开市七届人大五次会议的决定，讨论提出市七届人大五次会议日程（草案）、市七届人大五次会议关于通过各项决议案的表决办法（草案）、市七届人大五次会议选举办法（草案）、市人大有关专门委员会主任委员人选通过办法（草案）。

4月28日，召开市人大常委会第三十二次会议。会议审议通过市监察委员会提请的关于免去史舟海职务的议案，市人民检察院提请的关于免去张继跃等法律职务的议案、关于陆瑾等法律职务任免的议案；听取和审议市政府关于全市安全生产工作审议意见落实情况的报告，对全市安全生产工作审议意见落实情况进行满意度测评；听取关于规范性文件备案审查工作情况的报告；听取和审议市政府关于全市新冠肺炎疫情防控专项工作情况的报告、市政府关于全市2019年度环境状况和环境保护目标完成情况的报告。

6月29日至7月1日，召开市人大常委会第三十三次会议。会议审议通过市人民政府提请的关于蒋海平、徐全昌职务任免的议案，市监察委员会提请的关于杨妙君等职务任免的议案；通过市第七届人民代表大会常务委员会代表资格审查委员会组成人员名单；第一次审议《舟山市危险废物管理规定（草案）》；听取和审议市政府关于全市偏远海岛义务教育发展情况的报告、市政府关于《舟山市马岙历史文化名镇保护规划（2018—2035）》编制情况的报告、市政府关于全市远洋渔业及国家远洋渔业基地发展情况的报告、市政府关于全市国有自然资源管理情况的报告、市政府关于数字经济发展情况的报告、市政府关于《浙江省华侨权益保护条例》实施情况的报告；审查和批准市政府关于2020年市本级新增地方政府债务预算调整方案；听取和审议关于代表变动及补选代表的代表资格审查情况报告，确认市七届人大代表资格有效，并予以公告。

8月31日至9月2日，召开市人大常委会第三十四次会议。会议审议通过市人民政府提请的关于免去宝音太职务的议案，关于应亿军等职务任免的议案，关于周军刚、陆沧波职务任免的议案，关于陈腊、周军刚职务任免的议案，市中级人民法院提请的关于王卫东等职务任免的议案，关于杨盛文等职务任免的议案；听取市政府关于2020年上半年民生实事项目进展情况的报告；听取和审议市政府关于2020年国民经济和社会发展计划上半年执行情况的报告；听取市政府关于2020年上半年全市经济社会发展情况报告；听取和审议市政府关于《舟山市城市绿化条例》实施情况的报告、市政府关于《舟山市文明行为促进条例》实施情况审议意见落实情况的报告，对《舟山市文明行为促进条例》实施情况审议意见落实情况进行满意度测评；听取和审议市政府关于全市社会矛盾纠纷调处化解"最多跑一地"改革工作开展情况的报告、市政府关于舟山市2019年财政总决算和市本级财政决算草案的报告。

9月16日，召开市人大常委会第三十五次会议。会议审议通过市人民政府提请的关于赵骏、姜建明职务任免的议案，关于赵骏、魏明职务任免的议案。

10月28—29日，召开市人大常委会第三十六次会议。会议审议通过市中级人民法院提请的关于吕晟免职的议案，市人民检察院提请的关于陈俊等任职的议案，主任会议提请的关于接受赵全军辞职的议案；听取和审议市政府关于全市医疗保障工作情况的报告、市政府关于市七届人大五次会议代表议案建议办理情况的报告；审议通过《舟山市人民代表大会常务委员会专题询问工作办法》；开展对市中级人民法院部分法官履职情况的评议；听取和审查2020年市本级地方政府债务限额和预算调整方案的报告，批准2020年市本级地方政府债务限额和预算调整方案；听取和审议关于代表变动及补选代表的代表资格审查情况报告，确认市七届人大代表资格有效，并予以公告；第二次审议市人大法制委关于《舟山市危险废物管理规定(草案)》修改情况的报告；听取和审议市政府关于推进长三角一体化和甬舟一体化发展行动计划情况的报告。

12月28—30日，召开市人大常委会第三十七次会议。会议审议通过市人民政府提请的关于冯敏刚、张锦职务任免的议案，关于免去俞晓丹职务的议案，市人民检察院提请的关于张亚平任职的议案，主任会议提请的关于王留燕等任职的议案、关于俞永耀等职务任免的议案、关于接受邢学旺等辞职的议案；第一次审议《舟山市居家养老服务促进条例(草案)》；讨论提出《舟山市人民代表大会选举产生或表决通过的国家工作人员宪法宣誓办法(草案)》；第三次审议市人大法制委关于《舟山市港口船舶污染物管理条例(草案)》的审议结果报告；听取和初审舟山市国民经济和社会发展第十三个五年规划纲要实施情况及第十四个五年规划和2035年远景目标纲要草案编制情况的报告；听取和审议市政府民生实事项目实施情况的报告，进行满意度测评，市政府关于"菜篮子"工程建设情况的报告，开展专项工作评议；听取关于《舟山市国家级海洋特别保护区管理条例》立法后评估工作报告；听取和审议市政府关于市本级2019年度预算执行和其他财政收支审计问题整改落实情况的报告，听取2家被审计单位关于审计查出问题整改落实情况的报告，进行满意度测评。

代表工作

【票决民生实事项目】 市七届人大五次会议票决产生12项民生实事项目。包括村卫生室(站)标准化规范化建设，对29个村卫生室(站)进行升级改造，建设(改造)后全市村卫生室(站)规范化率达到50%以上；全市示范型居家养老服务中心建设，完成11家乡镇(街道)居家养老服务中心建设；农村公路路面提升工程，实施农村公路路面大中修，完成30千米；渔农村饮用水达标提标建设，实施渔农村饮用水达标提标工程28项，完成9.3万名渔农民饮用水达标提标工作；智慧化预防接种门诊建设，完成20个预防接种门诊升级改造，建设疫苗安全可追溯、监管全过程、预防接种服务更便捷的智慧化预防接种门诊；陆岛交通改造提升项目，完成4座码头建设，新增更新4艘客渡运船舶；生活小区污水零直排区建设，按照《浙江省污水零直排区建设行动方案》，对62个生活小区内部排水管网实施改造，实现雨污水分流排放，阻断生活污水(废水)流入河道，污染环境；防洪排涝工程建设，实施7项强排工程建设、3座水库扩容整治、3个流域水系综合整治；棚户区改造、保障性安置住房建设，新开工棚户区改造1490套，竣工、交付保障性安置住房3220套、880套；推进助残服务建设，助听助明助行900人，残疾儿童抢救性康复100人，万人以上乡镇、街道实现"残疾人之家"全覆盖，是年新增5家；普通高中办学设施提升工程，推进六横高中等3所高中改扩建项目，六横中学扩建项目年底完工投用，定海一中教学楼改造项目秋季完工投用，白泉高中扩建项目总投资5700万元，2020年完成投资3000万元，年底完成二次结构；高标准生活垃圾分类示范小区建设，创建完成25个省级高标准生活垃圾分类示范小区。

是年，建立由分管副主任领衔、各专委会和相关代表组成的监督小组，做到每个项目都有监督小组，实施全过程监督，并落实"一月一联系、每季一督查、半年一反馈"的工作要求。市七届人大常委会第三十七次会议听取和审议市人民政府《关于2020年度舟山市民生实事项目实施情况的报告》，并进行满意度测评；对2020年舟山市民生实事项目实施情况的总体测评结果为满意。

【组织代表视察检查】 3月2日上午，市人大常委会启动"助推夺取'双胜利'人大代表在行动"活动，号召全市各级人大和人大代表，为疫情防控和复工复产工作贡献力量。省人大代表管志强，市人大代表傅海文各捐赠口罩1万只，定向送往基层疫情防控和企业复工复产一线，助力企业有序复工复产。市人大常委会为两位代表举行捐赠仪式并颁发证书。8月20—21日，省人大代表舟山中心组赴宁波考察，考察了解甬舟一体化和宁波大湾区建设情况，学习宁波在推进甬舟一体化和宁波大湾区建设的先进经验和做法。11月18—20日，全国、省、市三级人大代表就绿色石化基地、"创新舟山"建设和"菜篮子"工程建设情况开展会前集中视察，围绕石化产业发展情况，重点视察项目建设、下游产业配套布局等内容；围绕"创新舟山"建设情况，视察创新平台建设、创新人才建设、新兴产业布局与发展等内容；围绕"菜篮子"工程建设管理情况，视察蔬菜基地、农贸市场、直供点建设管理等内容。视察组察看了解项目情况，并提出具体意见建议，引导代表为重大项目建设凝智聚力。

【督办代表建议】 健全办理机制，通过推行常委会主任会议成员重点督办、政府领导领办重点建议、评选代表好议案好建议和办理工作先进单位等机制，推动代表建议的解决和落实。加强检查督促，通过听取和审议市政府关于建议办理情况报告，把督办建议同代表专题视察、开展执法检查、听取工作报告等多种形式结合起来。强化跟踪督办，通过面上督办、上门督办、重点督办等做法，提高督办工作的实效。市七届人大五次会议期间提出的227件建议全部办结，闭会期间代表提出的5件建议中有2件由于收到时间较晚尚未办结。已办结的230件建议中，已经解决或基本解决的（A类）155件，占总数的67.4%；部分解决或已列入计划解决的（B类）59件，占总数的25.6%；因受条件限制留作参考或不可行的（C类）16件，占总数的7.0%。代表对办理答复表示满意的215件，占93.5%；基本满意的15件，占6.5%。

【开展代表活动】 是年，组织300余人（次）代表开展"服务自由贸易港区、海上花园城市建设"主题活动，组织代表参加市人大常委会开展的视察、调研、执法检查、立法调研、旁听法庭庭审、市领导信访接待日、各类座谈会、听证会、征求意见会等活动。指导市人大代表小组开展各项活动，做好相关服务工作，保障各级人大代表履职。走访看望代表73人，了解代表在日常生活、工作、履职中遇到的实际问题，沟通交流思想，密切与代表的联系。

人大信访与宣传信息工作

【信访工作】 2020年，市人大常委会接待群众来信来访175件。其中，来信136件，占信访总量的77.71%；来访39批122人次，占信访总量的22.29%。申诉类34件，占信访总量的19.43%；求决类117件，占信访总量的66.86%；检举控告类16件，占信访总量的9.14%；意见建议类8件，占4.57%。

疫情防控期间，通过领导走访企业、人大代表进社区、机关志愿者活动等多种途径走近基层群众、了解民情民意。针对群众反映强烈的生活垃圾污染问题，开展专题调研。对督办件，在了解信访诉求的同时，深入调查研究，根据信访诉求，加强同相关部门的联系和协调，依托部门，借助街道、社区，依法依规解决问题。利用县（区）设立的集矛盾多元化解、信息统一指挥、风险综合研判

"三位一体"的社会矛盾纠纷调处化解中心(信访超市)平台,按照属地管理的原则,将由县(区)处理的信访件通过县区人大常委会转交社会矛盾纠纷调处化解中心办理,使信访件办理更有针对性和综合性,推进矛盾化解。

【宣传信息工作】 围绕全国和省市人代会精神的宣传、人大助推夺取疫情防控和复工复产"双胜利"、助力全国文明城市创建、民生实事项目代表票决制等重大活动、重要工作,推出《守望相助 共同战"疫" 人大代表在疫情中彰显担当》《人大代表在行动 齐心浇灌文明花》等宣传报道。连续两年与舟山广播电台合作推出《阳光热线》民生访谈——春天的旋律。推出《养犬"硬核"规矩来了》《市人大"开药方"守护偏远海岛教育》《未来让市民"5分钟见绿,10分钟见园"》等专题报道。开展"督文明法规实施 促文明新风常驻"——代表助力创城攻坚专项活动。在省人大第二届与时俱进奖评选中,舟山打造全媒体时代人大监督样本相关经验做法获评优秀奖。

加强宣传平台阵地建设。与浙报集团舟山分社合作,推出《在路上——人大代表履职风采录》,以微视频方式,对8名省市人大代表进行集中宣传,并在浙江新闻客户端、浙江在线、天目新闻客户端等省级媒体推送,累计点击率143.7万。舟山人大公众号推文398篇,阅读量过千的推文17篇。在巩固提升《舟山人大》杂志、舟山人大门户网站等内部宣传主阵地的同时,做深做实人大联办栏目,"人大代表在行动""人大之窗""人大在线""人大之声"等联办栏目推出专版专栏50余篇。

(撰稿:市人大常委会办公室)

责任编辑:孙国生

舟山市人民政府

市政府领导

市　长:何中伟(续—)
副市长:许小月(续—)
姜建明(续—2020.09.16)
方　维(续—)
俞晓丹
(续—2020.12.30,挂职)
宝音太
(续—2020.08.31,挂职)
陈　隆(续—)
毛江平(续—)
韩　峻(续—)
赵　骏(2020.09.16—)
党组书记:何中伟(续—)
党组副书记:许小月(续—)
浙江舟山群岛新区总规划师:
周建军(续—)
秘书长:王飞跃(续—)
副秘书长:应亿军(续—2020.08.05)
应朝阳(2020.09.11—)
陈仁军(2020.03.12—)
刘丹恺(续—2020.07.03)
金伟民(续—2020.09.11)
李　升(2020.08.05—)
苗成武(续—)
林德伟(续—)
陈　伟(续—)
金　涛(续—)
顾建斌(2020.03.12—)
副秘书长(兼职,部门负责人):
张雷永(续—)
郑　海(续—)
邱福位(续—)

概　述

2020年,面对新冠肺炎疫情、国内国际环境和改革发展稳定任务,市政府做好“六稳”“六保”工作,统筹推进疫情防控和经济社会发展,实现经济逆势增长,保持社会大局稳定,完成市七届人大五次会议确定的目标任务。全市地区生产总值增长12%,增速全省第一。规模以上(下称“规上”)工业增加值、外贸进出口总额、出口额等主要经济指标增速均位居全省前列。

疫情防控和复工复产。疫情发生以来,在全省率先采取居民小区、高校集中封闭隔离措施,关闭景区、宾馆、酒店,启动防输入、打造海陆空立体管控的“铁桶”机制,启动复工复产准备工作,确诊病例数保持全省最少,治愈出院率全省领先,成为全省首个实现疫情图和复工图“双绿色”的城市。降低企业生产成本,企业

1月25日,市长何中伟(左一)检查指导新型冠状病毒肺炎疫情防控工作(沈磊　摄)

用水价下调10%,企业用电价下调5%,非居民用气每立方米下降1.15元。筑牢海上疫情防线,服务保障国际航线换班船员29000人,占全省的81%、全国的四分之一,全部落实闭环管控,未发生本地感染病例。

促进“双招双引”。中石化、中化、航天科工、上海卓然、扑浪科技、霍尼韦尔、SK等一批重大产业项目落户落地,110个亿元以上产业项目取得实质性进展,全年实际到位市外资金524.22亿元。实际利用外资4.02亿美元,增长1.7倍。抓好“2+6”重大项目清单落实,省市县长工程项目落地率达79%,省市重点项目提前完成年度任务,集中开工项目进度全省领先。“双百工程”落地开工项目102个,出让、盘活土地123宗。定海城西未来社区全面开工。定海远洋渔业小镇、沈家门渔港小镇正式命名为省级特色小镇。全年研发经费投入增长32%,规上工业高新技术产业增加值增长96.3%。引进大院名校共建创新载体13家,领军人才创业企业33家,新入库高新技术企业60家。组建东海实验室,新增省级产业创新服务综合体3家。引进高校毕业生1.37万人,“高精尖”人才引育数超出年度指标70%,国家、省“引才计划”入选数增长1.5倍,国家级人才计划入选3人,均创历史新高。

推进城市建设。编制国土空间规划,完成一批“多规合一”村庄规划。实施海上花园城市建设攻坚行动,新建、提升改造城市道路24条,整治隧道12座,整治完成城区道路飞线6条。主要城区、主要城镇实现5G全覆盖,启动智慧停车平台建设,新增停车位1961个。建成城市公园2个,建成中心城区社区公园、口袋公园15个,新增绿道30千米。完成亮灯工程4个,核心区亮化工程初具规模。加快城市有机更新,改造完成老旧小区住宅884幢,受益群众17927户,新开工棚户区改造6178套,完成城中村改造清零409户,新建安置房2811套,安置住户1353户,城镇危房解危947幢。实施防洪排涝三年行动计划,启动“五山分洪”工程。打好治水治污大会战,完成153个污水零直排区建设,新建、改造污水管网17.37千米,创建品质河道100条。推进中央、省生态环保督察和长江经济带生态环境问题整改。实现省级生态文明建设示范县(区)全覆盖。打造美丽城镇省级样板4个,新增省级美丽乡村示范乡镇4个,新时代美丽乡村60个,美丽风景线4条。

成功创建全国文明城市。实施城乡环境综合整治大会战,开展城市乱象专项整治百余项,一大批影响市容市貌的突出问题得到治理,积存垃圾、卫生死角、违章建筑得到清除,36条精品示范街、177条背街小巷旧貌换新颜,在全省首批完成县(区)“基本无违建”创建。城区垃圾分类实现全覆盖,143条主次干道实行撤桶进店,成为全省首个城乡生活垃圾全焚烧城市。颁布文明行为促进条例、城市绿化条例等5部法规,创新实施80余项常态化管理制度,居民小区物业管理覆盖率扩大到91%。城市管理向精细化、智慧化转变。培育文明学校、文明家庭等6000余个,注册志愿者22.6万人,斑马线礼让蔚然成风,城市文明程度明显提升。

加快实施国家战略。自贸试验区新一轮建设起步,国务院改革赋权获批落地,上期所入股浙油中心,跨港区供油试点、低

3月19日,在全市推进城市建设和城市精细化管理大会上颁发2019年度城乡环境综合整治攻坚行动先进集体牌匾(沈磊　摄)

硫油出口退税政策实施。实现油气贸易额5580亿元，原油加工2306万吨，油品储存能力3230万立方米，跨境人民币结算额突破1000亿元。船用燃料油加注量达472.4万吨，海事服务总产出达270亿元。加快布局建设海上LNG登陆中心，规划总量占全国22.5%。油气吞吐量首破亿吨，铁矿石吞吐量达1.73亿吨。铁矿石混配量达1656万吨。实施便企“一件事”集成改革，企业投资全流程审批最多80天，政务服务事项均可“掌上办”。率先开展“证照分离”改革全域全覆盖试点。国际贸易“单一窗口”形成“舟山样板”，船舶通关效率全国领先。

改善民生福祉。完成民生实事项目。高标准打好脱贫攻坚战，出台关爱困难群众系列政策，低收入农户人均可支配收入达1.92万元，居全省第二。城镇登记失业率保持在1.55%。强化“菜篮子”市长负责制，生猪存栏量超额完成省定指标，居民消费价格指数涨幅保持较低水平。学前教育招生服务区制度全面推行，市区普通高中一体招生政策实施，新组建舟山一小、普陀二中2个教育集团，义务教育标准化学校比例达97.6%，“银龄助学”受援范围实现县域、学段全覆盖，出台在舟高校对地方发展贡献度评价体系。举办马拉松、国际铁人三项等体育赛事，新建25家渔农村文化礼堂，改造提升一批图书馆、博物馆、体育场馆。国家级卫生乡镇占比全省领先，6个重点海岛开设住院服务，在全省率先实现特殊病门诊医疗费用异地联网刷卡结算，高血压、糖尿病等12个病种纳入门诊慢性病保障范围。累计建成29家示范型居家养老服务中心，探索建设“幸福驿家”。开展国家市域社会治理现代化试点。创建省级食品安全城市。打好扫黑除恶收官战。全面禁止和打击海上非法采砂行为。生产安全事故起数和死亡人数分别下降22%和20.5%，人民群众安全感满意率位居全省前列，获全省首批一星“平安金鼎”。

9月28日，食品安全宣传周活动现场（沈磊　摄）

是年，市政府持续加强作风建设，建立重点工作清单，推行工作项目化，实施晾晒制度，整肃庸政懒政怠政，破除“中梗阻”，抓落实。加强法治政府建设，完善政府重大决策规则，接受人大监督、政协民主监督、司法监督和社会监督，推进依法行政。重视发挥新区决策咨询委和新区顾问作用。加强廉政建设，压紧压实全面从严治党主体责任，落实中央八项规定精神，开展工程项目招投标、征地拆迁等领域专项治理，“三公”经费支出下降19.6%。惩处各类腐败行为，一批违纪违法案件得到查处。

重要会议

【市政府全体会议】 2020年7月31日，受新冠肺炎疫情影响，以视频会议形式（视联网）召开市政府第七次全体会议，主会场设在新城，各县（区）政府、功能区管委会设分会场。会议的主要任务：深入贯彻落实省委十四届七次全会、省政府第六次全体会议和市委七届九次全会精神，总结上半年政府工作，谋划推进下半年政府工作和争先创优行动，确保完成政府全年目标任务，交出建设“四个舟山”和展示“重要窗口”海岛风景线的优异答卷。

【市政府常务会议】 是年，市政府召开政府常务会议11次，主要内容：传达贯彻习近平关于防汛救灾工作的重要指示精神、省政府第五次全体会议和全市招商引资招才引智大会精神、省长袁家军在省政府第四十二次常务会议上的讲话精神、全省危化品运输安全“铁拳整治”专项行动视频会议精神等。

审议《舟山市工程建设项目“清单制＋告知承诺制”审批制度改革试点方案(送审稿)》《舟山市人民政府关于既有住宅加装电梯工作的实施意见(试行)(送审稿)》《舟山市地下空间综合开发利用管理办法(送审稿)》《舟山市行政机关合同管理办法(送审稿)》《舟山市危险废物管理规定(草案)(送审稿)》《关于支持外贸企业保订单拓市场的若干意见(送审稿)》《关于给予进入马峙锚地受油船舶引航费用支持方案》《关于实行外贸货物港务费征收奖励方案》《2020年舟山市法治政府建设工作要点(送审稿)》《舟山市“三线一单”生态环境分区管控方案(送审稿)》《关于进一步做好稳就业工作的实施意见(送审稿)》《舟山市促进汽车消费的若干意见(送审稿)》《舟山市汽车促销补贴发放细则(送审稿)》《舟山市第二轮安全生产综合治理三年行动计划(送审稿)》《区域能源贸易结算中心行动方案(送审稿)》《年初财政预算之外单次追加预算安排超过100万元的申请事项》《舟山市养犬重点管理区和一般管理区的通告》《舟山市个人诚信分管理办法(试行)(送审稿)》《舟山市(中国〈浙江〉自由贸易试验区)涉企经营许可告知承诺管理暂行办法(送审稿)》《关于学前教育深化改革规范发展的实施方案(送审稿)》《在舟高等院校服务地方发展贡献度评价办法(送审稿)》《舟山市新型基础设施建设三年行动计划(2020—2022年)(送审稿)》《舟山市“无废城市”建设工作实施方案(送审稿)》《关于进一步加强金融工作支持全市经济高质量发展的意见(送审稿)》《舟山市人民政府关于贯彻〈舟山市养犬管理条例〉的实施意见(送审稿)》《舟山市救灾物资储备管理实施细则(送审稿)》《非居民用气价格调价方案(送审稿)》《关于加快人力资源服务业发展的实施意见(送审稿)》《舟山市基层中医师承培养工作实施方案(送审稿)》《舟山市迎接2020年中国营商环境评价工作方案(送审稿)》《关于促进舟山市海岛精品民宿发展的指导意见(送审稿)》《关于推进海绵城市建设的实施意见(送审稿)》《关于改革完善医疗卫生行业综合监管制度实施意见(送审稿)》《舟山市加快培育氢能产业发展的指导意见(送审稿)》《关于进一步加强塑料污染治理的实施方案(送审稿)》《舟山市居家养老服务促进条例(草案)》《舟山市固定污染源排污许可规范化管理的指导意见(送审稿)》《舟山市生态环境机构监测监察执法垂直管理制度改革实施方案(送审稿)》《舟山市人民政府重大决策出台前向市人大报告制度(送审稿)》《关于公布市政府规章、行政规范性文件清理结果(送审稿)》《关于促进3岁以下婴幼儿照护服务发展的实施意见(送审稿)》《舟山市农村房屋安全隐患排查整治工作实施方案(送审稿)》《舟山市餐饮服务业油烟管理办法(送审稿)》《舟山市整治突出毒品问题三年行动计划(2021—2023)(送审稿)》《关于进一步做好被征地农民参加基本养老保险的有关政策(送审稿)》《舟山市政府法律顾问管理办法(送审稿)》等重要文件。

听取关于推进浙江海事局船员评估中心建设项目、关于拟给予丁鑫军等三名见义勇为人员记二等功、省政府“2+6”清单和市政府“三张清单”落实情况、关于《市属行政机关、事业单位、国有或控股企业市外联络机构、人员、资产清理规范方案》、关于2020年国务院政府特殊津贴拟推荐人选情况、关于普陀区渔业安全生产工作整改落实情况、舟山市污水处理厂项目建设相关事宜、关于2020年全市“六保”工作上半年总体推进情况、“2+6”重大项目清单1—5月完成情况、关于全市上半年经济运行情况、争先创优行动及各专班工作、文明校园创建情况、市外资产及人员清理规范工作情况、东部战区空军租用浪岗山列岛情况、海洋产业集聚区管委会财政出借款处理情况、2020年度舟山市人民政府重大行政决策目录编制工作情况、关于舟山市救灾物资储备库情况、舟山海洋综合开发投资公司向浙江石油化工有限公司资本金出资情况、舟山(浙江自贸试验区)“证照分离”改革全覆盖试点工作、全市扶贫开发工作情况、全市危化品运输“铁拳整治”情况、油气产业链全生命周期专项整治情况、国务院安委会对浙江省2019年度安全生产和消防工作考核巡查情况、舟山市法治政府建设和综合行政执法改革工作情况、《舟山市开发区(园区)整合提升总体方案》、加强“十四五”期间全市食品药品安全工作、2020年前三季度市政府工作报告重点工作任务及省市民生实事项目推进情况、关于甬舟铁路项目建设重大事项决策情况和新建宁波至舟山铁路PPP项目实施方案、舟山市2020年治水治污工作情况和下一阶段工作、全市知识产权工作情况、关于黄泽山至鱼山油品管道项目投资建设方案、关于石化基地管委会在编人员年终考核奖发放标准情况、关于加快发展体育赛事经济打造中国水上休闲运动示范区、关于《舟山海岛旅游与水上运动产业发展规划》编制项目资金使用、关于舟山市污泥处理厂、舟山市污水处理厂(一期)及三江污水处理厂项目工程推进情况、关于进一步加强全市冬春火灾防控工作等重要事项情况汇报。

【市政府专题会议】 是年,市政府召开专题会议48次,主要内容:加快推进改革发展,召开研究县(区)生态环境部门管理体制改革、市食品药品检验检测研究院机构改革、市建筑业管理服务中心质量安全管理科“检测中心”脱钩改制、新城管委会民政工作体制调整、六横“十四五”产业发展规划、六横跨海大桥有限责任公司管理体制和注册资本等事宜、舟山国际海事服务公司组建、舟山国家远洋渔业基地建设指挥部撤销等专题会议;推动重大项目建设,召开研究协调甬舟铁路前期工作、关键控制性工程开工建设方案、现代海洋产业创新服务综合体园区规划建设、定沈快速路提升改造工程等3个新立项项目资金筹措、东西快速路浦新线道口封闭工程、舟山长乔海洋世界项目建设、浙石化请求协调解决重点事项、册子—马目输油管道建设、市口腔医院迁建、万达地块规划一路地下空间开发、蓬莱—鱼东220千伏线路工程建设等专题会议;加强民生和社会保障,召开研究市本级义务教育阶段教师工资待遇保障、开通至普陀殡仪服务中心公交路线、舟山二小学生上放学交通运输、白沙区域供水一体化、全市综合供能服务站建设、无人机岛际配送、瑞金医院舟山分院医疗服务价格调整、市级公安民警住房公积金和住房公积金补贴缴存基数调整、2020年东海音乐节筹备、城市管理(综合行政执法)队伍建设、定海区昌国街道示范型居家养老服务中心选址等专题会议;强化生态环境保护,召开研究落实舟山市污水处理厂项目建设、垃圾海运及飞灰填埋处理、长江经济带警示曝光问题整改、小干岛污泥污染问题处置、金塘岛、册子岛医疗废物运输、老塘山至金塘西堠危化品通道建设和运行、迎接第二轮中央生态环境保护督察等专题会议;推动历史遗留问题解决,召开研究民航华东局30亩(2公顷)土地回收、全省人防系统巡视巡察联动整改、海洋科学城科创园A区房产处置、金寿小区4套市属房产无偿划转、螺门渔港历史遗留问题处置、省交通集团土地资源补偿落实、舟山大陆引水三期工程审计中发现问题整改、普陀长宏公司租赁原德兴部分地块事宜等专题会议。

重要决策

【加快新区经济发展】 推动经济平稳发展 2020年2月,印发《关于应对疫情支持小微企业渡过难关的意见》,帮助小微企业减轻疫情影响、推动复工复产。4月,印发《关于进一步实施招商引资“一号工程”的若干意见》,加强新形势下招商引资工作,加大对外开放力度,推动新区、自贸试验区高质量发展。5月,印发《关于支持外贸企业保订单拓市场的若干意见》,通过加大金融帮扶支持、加大出口信用保险支持、加大多元化开拓国内外市场力度、支持舟山国际海事服务基地建设等十方面举措,引导支持外贸企业保订单拓市场,确保稳住全市外贸进出口基本盘。同月,印发《舟山市促进汽车消费的若干意见(2020—2022年)》,围绕加快淘汰更新老旧汽车、落实汽车以旧换新政策、激发汽车消费市场潜力等九条措施,提振汽车消费信心,增强汽车消费市场活力,促进汽车市场转型升级。同月,印发《舟山市新型基础设施建设三年行动计划(2020—2022年)》,聚焦数字基础设施、融合基础设施、创新基础设施三大重点方向,实施一批新基建项目,推动新基建与各行业融合发展,在全省率先建成覆盖全域、功能完善、具有鲜明海洋海岛特色的新型基础设施体系,计划到2022年,全市新基建累计完成投资200亿元以上。11月,印发《推进宁波舟山一体化发展2020年工作要点》,提出谋划建设甬舟一体化合作先行区、升级建设宁波舟山港一体化2.0、推进基础设施互联互通、推进产业创新协同发展、推进改革开放联动发展、推动人才发展一体化等9个方面工作要点,进一步深化甬舟一体化工作。

促进产业转型升级　3月,印发《关于加快推进制造业高质量发展的若干意见》,通过聚力提质扩量增效、新旧动能转换、数字经济赋能、竞争优势提升、服务保障优化等五个方面20条措施,推动制造业高质量发展。7月,印发《舟山市低效企业整治提升实施方案》,将低效企业、低效区块、低效用地作为主要整治提升对象,集聚发展优势产业、优质企业,激发全市产业升级和动能转换新活力。同月,印发《中国(浙江)自由贸易试验区国际航行船舶保税油经营管理办法》,通过精简市场准入程序,扩大市场准入条件,允许更多不同性质的企业进入保税燃料油供应市场,加快中国(浙江)自由贸易试验区国际航行船舶保税油业务发展。8月,印发《区域能源贸易结算中心建设实施方案》,提出以油气产业为核心,搭建能源贸易结算中心"四梁八柱"主体结构,构建一个由龙头企业、重点企业、集群企业共同组成的能源结算综合体,通过五年努力,培育千亿级以上结算主体4家,百亿级以上结算主体8家,推动跨境人民币结算量突破2500亿元,打造一个万亿级能源贸易结算中心。同月,印发《加快推进舟山市远洋渔业高质量发展若干政策》,提出到2024年,全市远洋渔船规模达到700艘,远洋渔业捕捞、物流、加工、贸易及远洋特色小镇旅游等全产业链产出达到800亿元,建成全产业链发展的中国远洋渔业第一强市。9月,印发《新时期舟山远洋渔业高质量发展五年行动计划(2020年—2024年)》。11月,印发《关于建立舟山市保税船用燃油供应驳船和仓储资源共建共享机制的实施意见》,通过建立"一个平台、四个机制、一个规划",强化舟山保税船用燃油供应中心硬件基础保障能力,推动保燃供应仓储和驳船资源共建共享。12月,印发《关于加快培育舟山市氢能产业发展的指导意见》,立足全市及周边天然气、工业副产气、风电能资源的优势,提出以氢能储运、加注和发电供热应用装备及关键零部件制造为基础,以船舶、海洋运输、港口物流、海岛综合能源、氢能国际交易等方面海洋氢能示范应用为特色,以招引国际氢能产业先进技术和自主研发创新相结合,将舟山建设成国内具有影响力的氢能海洋应用示范城市——"海上氢岛"。

发展现代服务业　5月,印发《关于推进5G移动通信基础设施建设的实施意见》,提出到2020年建设5G基站1000个以上,实现城区和渔农村重点乡镇(街道)5G信号全覆盖,重点区域连片优质覆盖;到2022年建成5G基站3000个,实现本岛、县城及其他渔农村乡镇(街道)、重点行政村5G信号全覆盖,建成全省领先的5G应用示范城市。6月,印发《关于降低马岙锚地受油船舶引航费收费标准的通知》,吸引船舶进入马岙锚地加油,促进舟山内锚地保税燃料油加注业务的拓展。同月,印发《关于减免货物港务费的通知》,落实降费减负工作,促进口岸营商环境优化。8月,印发《关于促进和规范游艇经济健康发展的指导意见》,规范提升游艇运营安全管理水平,打造特色鲜明、布局合理、优势互补、管理规范的海岛休闲旅游业态和产品,建设国际一流的水上休闲运动基地。9月,印发《关于加快人力资源服务业发展的实施意见》,通过扶持人力资源产业园建设、创新优化许可管理制度、鼓励创办人力资源服务企业等八大举措,力争在五年内使全市人力资源服务企业机构达到250家以上,产业规模达到50亿元以上,培育人力资源服务龙头骨干企业5家以上。

加大科技创新力度　4月,印发《关于贯彻〈舟山市科技创新促进条例〉的实施意见》。5月,印发《关于深入实施创新驱动发展战略推动高质量发展的若干意见》,通过对企业技术研发经费投入、高新技术企业培育、重大产业技术攻关、创新平台载体建设等实施大力度奖励,激发企业创新积极性。10月,印发《关于成立东海实验室(智慧海洋实验室)的通知》,围绕"机制－装备－产业化应用一体"的海洋科技研发特色思路,聚焦陆海联动相关的海洋环境立体感知、海洋资源绿色开发、海洋物流智慧联动、海洋环境安全保障四个研究领域,开展前沿基础研究和关键技术攻关,推进前沿基础研究、应用技术研究和产业化开发的有机互动与深度融合。

强化金融服务支撑　2月,

印发《关于进一步加强全市企业复工复产金融支持的通知》,通过用好央行再贷款资金、开展企业复工复产信贷纾困、降低企业融资成本等九大举措,加强对企业复工复产的金融支持,实现“两确保、三争取”目标。5月,印发《关于建立健全市级涉农资金统筹整合长效机制的实施意见》,提升财政支农政策效果和支农资金使用效益,推进渔农业渔农村现代化。6月,印发《关于支持央行一万亿再贷款低息资金落地工作的通知》,实施融资畅通工程,引入市外资金,争取再贷款资金多落地、快落地。8月,印发《金融支持舟山稳企业保就业实施方案》,推动重点行业、领域融资覆盖面不断扩大,推动企业可持续经营能力显著提高,实现稳企业保就业目标。9月,印发《进一步加强金融工作支持全市经济高质量发展的意见》,打通金融服务实体经济的堵点痛点,为全市经济高质量发展提供金融保障。

【全面深化改革】 3月,印发《2020年舟山市深化“最多跑一次”改革推进政府数字化转型工作要点》,深化“最多跑一次”改革,实施重点领域重大项目,推进“掌上办事、掌上办公”之城建设,确保政府数字化转型取得实质性突破。4月,印发《浙江自贸试验区(舟山市)实行“告知承诺”涉企经营许可事项新增目录》,对涉企经营许可事项采取更大力度的改革举措,推进改革事项、方式和内容的优化提级,推动告知承诺事项扩面提质,打造浙江自贸区特色的告知承诺审批模式。同月,印发《舟山市加快推进社会信用体系建设构建以信用为基础的新型监管机制的实施方案》。6月,印发《舟山市工程建设项目“清单制+告知承诺制”审批制度改革试点方案》,提出要推进改革创新,在优化营商环境上取得更大成效,争取形成“舟山模式”在全省乃至全国推广。7月,印发《舟山市[中国(浙江)自由贸易试验区]涉企经营许可告知承诺管理暂行办法》。9月,印发《关于成立推进新时代舟山产业工人队伍建设改革工作协调小组的通知》,加快构建产业工人培养体系,推进产业工人队伍建设改革。

【发展社会事业】 加快教育事业发展 9月,印发《在舟高等院校服务地方发展贡献度评价办法》,围绕地方和高校重点工作,突出创业创新这一关键,释放高校人才、科研等优势,提升产业转化成果。10月,印发《舟山市学前教育深化改革规范发展实施方案》,聚焦学前教育发展不平衡不充分问题,健全学前教育经费保障制度,加强教师队伍建设,探索符合舟山实际的幼托服务模式,推动全市学前教育普及普惠发展走在全省前列。

深化卫生事业改革 9月,印发《舟山市基层中医师承培养工作实施方案》。11月,印发《关于推进健康舟山行动的实施意见》。12月,印发《关于改革完善医疗卫生行业综合监管制度的实施意见》,建立健全科学有效的综合监管机制,落实落细贯穿医疗服务全链条的综合监管举措。同月,印发《舟山市全面做实基本医疗保险市级统筹试点方案(试行)》。

繁荣新区文体事业 7月,印发《关于部分文物更名和公布第九批市级文物保护单位的通知》,更名朱家住宅(朱占山老宅)等不可移动文物5处,公布定海区城东街道朱葆三墓等市级文物保护单位13处。12月,印发《关于公布第六批市级非物质文化遗产(传统医药类)代表性项目名录的通知》,将毛伟平六环水罐定位瘀痹通络疗法和针灸(嵊泗温针灸)2个项目列为第六批市级非物质文化遗产(传统医药类)代表性项目。12月,印发《关于表彰舟山市第十七次社会科学优秀成果奖的通报》,评出社会科学优秀成果奖48项。

加快养老事业发展 4月,印发《关于成立〈舟山市居家养老服务条例〉立法起草领导小组和草案起草工作小组的通知》,建立健全政府引导鼓励、多元主体参与的居家养老服务机制,发挥政府引导作用,推进社区、企业、社会组织自身发展,强化家庭主体责任,完善居家养老服务工作。

【强化民生保障】 3月,印发《关于调整城乡居民最低生活保障标准的通知》,调整后全市城乡最低生活保障标准为每人每月810元,年最低生活保障标准9720元。4月,印发《关于印发舟山市临时救助实施办法的通知》,明确相关救助标准、救助时限、救助措施,为基层实施临时救助提供操作指南。同月,印发《关于高质量推进新时代民政工作打造民生幸福新高地的意见》,提出28条具体举措,谋划打造更高质量、更有温度的民政事业。6月,印发《关于促进粮油产业稳定发展的通知》,强化粮食综合生产能力,力争完成全年粮食目标任务。同月,印发《关于开展既有住宅加装电梯工作的实施意见(试行)》,遵循"业主主体、社区主导、政府引导、各方支持"原则,推进既有住宅加装电梯工作。7月,印发《关于进一步做好稳就业工作的实施意见》,统筹做好高校毕业生、退役军人等重点人群就业工作,加大困难人员就业援助力度,提供更多就业岗位,确保就业形势持续平稳。同月,印发《关于打造海岛服务驿站的实施意见》,解决离岛服务短缺问题,打通离岛民生服务"最后一公里",提升海岛居民的获得感、幸福感和安全感。12月,印发《关于促进3岁以下婴幼儿照护服务发展的实施意见》,提出到2020年,婴幼儿照护服务的政策体系和标准规范体系初步建立;到2025年,婴幼儿照护服务的政策体系、标准规范体系不断健全,城乡社区婴幼儿照护服务机构覆盖率、幼儿园托班设置率、婴幼儿入托率明显提高,婴幼儿照护服务水平明显提升。同月,印发《关于印发舟山市最低生活保障实施办法的通知》。

【推进城乡一体化】 提升渔农村建设水平　3月,印发《关于表彰2019年度乡村振兴工作先进集体的通报》。同月,印发《关于深化"千村示范、万村整治"工程高水平建设新时代美丽乡村实施意见》,明确"岛岛是花园,村村见美景"的海岛乡村大花园建设目标。同月,印发《关于进一步推进我市村级集体经济高质量发展的实施意见》,通过强化土地保障、优化资金配置、深化改革创新等举措,全面推进村级集体经济高质量发展。10月,印发《关于高质量做好村(社区)组织换届选举工作的实施意见》。

12月4日,全市深化"千万工程"建设新时代美丽乡村现场会在普陀召开。图为市领导何中伟(前左)等考察展茅街道路下徐村(沈磊　摄)

加强城市规划、建设和管理　3月,印发《舟山市2020年海上花园城市建设攻坚行动实施方案》,持续推进海上花园城市建设攻坚行动,加快实现城市面貌大变样。4月,印发《2020年全市综合交通大会战攻坚行动方案》,推进交通基础设施建设,优化全市综合交通格局,推动交通运输高质量发展。同月,印发《2020年全市"五大会战"五张清单》。5月,印发《〈舟山市文明行为促进条例〉社会服务折抵处罚实施办法(试行)》《舟山市地下空间综合开发利用管理办法》《2020年舟山市道路交通安全综合治理攻坚行动工作方案》。6月,印发《关于成立舟山市美丽城镇建设工作领导小组的通知》,突出问题导向和效果导向,加快补齐短板,推进美丽城镇建设不断深入,形成共建共治共享良好局面。7月,印发《关于进一步打好"综合交通大会战"建设高水平交通强市的实施意见》。8月,印发《关于进一步优化城镇落户政策的通知》,通过放宽落户政策、提高政策待遇等途径,加快推进城市人口集聚。同月,印发《关于贯彻〈舟山市养犬管理条例〉的实施意见》。12月,印发《舟山市行政执法多领域"首错免罚"清单模式实施办法》,进一步改进行政执法理念,规范行政执法行为,为各类市场主体营造更好法治化营商环境,为打造"重要窗口"海岛风景线提供有效法治保障。同月,印发《关于推进海绵城市建设的实施意见》《舟山市文明城市常态化建设管理三年行动计划(2021年—2023年)》。

【加强生态建设】 4月，印发《舟山市2020年治水治污大会战实施方案》《舟山市油品储运、船舶修造业油类污染物转运、处置联单及监管制度》。5月，印发《舟山市2020年城镇生活垃圾分类行动计划》，明确提出城镇生活垃圾总量基本实现“零增长”，回收利用率达到45%以上，资源化利用率和无害化处置率达到100%，实现全域焚烧处理和“零填埋”。7月，印发《舟山市生态文明建设示范市创建工作实施方案》，提出在已有生态文明建设成果基础上，深入开展全域生态文明建设示范区创建工作。8月，印发《舟山市“三线一单”生态环境分区管控方案》，通过“划框子、定规则”，优化空间布局、调整产业结构、控制发展规模、保障生态功能，为战略环评与规划环评落地以及项目环评管理提供依据和支撑，为加强生态环境保护、促进形成绿色发展方式和生产生活方式提供抓手。9月，印发《舟山市“无废城市”建设工作实施方案》，计划到2022年底，市和县（区）均争取完成省级“无废城市”建设，基本实现产废无增长、资源无浪费、设施无缺口、固废无倾倒、废水无直排、废气无异味。同月，印发《舟山市自然资源统一确权登记工作方案》《关于全面禁止非法交易和滥食野生动物妥善处置在养野生动物的实施意见》。11月，印发《市属（部省属在舟）有关单位生态环境保护责任清单（试行）》。12月，印发《舟山市生态环境机构监测监察执法垂直管理制度改革实施方案》《关于舟山市固定污染源排污许可规范化管理的实施意见》。

【建设平安舟山】 4月，印发《舟山市船舶污染事故应急预案》《舟山市海上保税油供油项目事故应急预案》《舟山市海上溢油应急预案》，持续推进船舶污染应急能力建设，提升海上污染救治能力。同月，印发《印发舟山市防汛防台指挥工作指南（试行）》《舟山市渔业安全“铁拳整治2020”专项行动方案》。6月，印发《2020年舟山市食品药品安全工作要点》，推进市域食品药品安全治理现代化，守住不发生区域性、系统性食品药品安全问题的底线。8月，印发《舟山市防汛防旱防台应急预案》。9月，印发《关于开展第一次全市自然灾害综合风险普查的通知》，掌握全市自然灾害风险隐患情况，提升全社会抵御自然灾害的综合防范能力。同月，印发《舟山市重大决策社会风险评估报告评审工作制度》《舟山市重大决策社会风险评估专家库管理办法》。10月，印发《舟山市救灾物资储备管理实施细则》，加强和规范救灾物资储备管理，提高全市应对突发事件能力，保证灾区群众基本生活和社会稳定。

【加强政府建设】 打造服务型政府 6月，印发《2020年舟山市政务公开要点》，推进政务公开，为增强政府公信力执行力、深化“放管服”改革、优化营商环境、加快法治政府和服务型政府建设提供支撑。9月，印发《舟山市迎接2020年中国营商环境评价工作方案》。12月，印发《关于开展市政府领导现场接听12345热线工作的通知》，发挥12345热线的作用，搭建更为便捷顺畅的综合性政务服务大平台，提升城市管理治理的信息化水平。

推进政府依法行政 3月，印发《舟山市人民政府2020年立法计划》。6月，印发《2020年舟山市法治政府建设工作要点》，提出推进政府职能依法全面履行、完善依法行政制度体系、健全重大行政决策机制、坚持严格规范公正文明执法、加强行政权力监督制约、依法化解社会矛盾纠纷、夯实法治政府建设保障等六项主要工作。7月，印发《舟山市政府规章立法后评估办法》，对评估原则、评估主体、评估范围、评估程序与方法、评估内容、评估报告以及评估结果的运用等作出规定。12月，印发《舟山市人民政府重大决策出台前向市人大报告制度》，规范重大行政决策行为，促进依法决策、科学决策和民主决策。

强化政府作风建设 5月，印发《舟山市行政机关行政应诉办法》，对行政机关应诉情形、应诉责任、应诉程序等作出规定，提高行政机关工作人员的应诉能力和水平。6月，印发《2020年党风廉政建设和反腐败工作组织领导与责任分工》，加强党风廉政建设和反腐败工作，履行党风廉政建设工作中的主体责任，确保反腐倡廉各项任务的落实。7月，印发《关于全面落实预算绩效管理的实施意见》，优化财政资源配置，提高财政资金使用绩效。12月，印发《关于公布市政府规章、行政规范性文件清理结果的通知》，纳入清理范围的市政府规章3件,决定保留2件,修改1件;纳入清理范围的行政规范性文件517件,决定保留368件,修改38件,废止111件。

办公室工作

【服务大局】 围绕市委、市政府中心工作,发挥"综合协调、督查落实、信息调研、参谋决策"的职能作用,提升办公室服务水平,为打好"五大会战"、建设"四个舟山"和打造"重要窗口"海岛风景线提供保障。

做好新冠肺炎疫情防控工作。强化人员保障,疫情防控期间,组织人员投入疫情防控工作;抓好防控办各项工作,协助搭建疫情防控指挥架构,起草发布防控办文件200余件,办结任务单146件,撰写各种防控办材料500余件,保障各类会议110余次,加强冬春季疫情专项督查和整改;强化科学防疫,综合应用"一库一码一图一指数"数字化工具和基层治理系统等平台,织密"海陆空"三张防控网,创新开发"疫情防控四联单",强化人员管控。

保障政府重点工作。协助推进重大国家战略落地实施。加快融入长三角一体化,跟进浙沪洋山合作开发研究工作,出台《推进宁波舟山一体化发展2020年工作要点》,推进浙江自贸试验区油气全产业链建设,完善基地建设方案。协助推进重大项目建设。加强对接,促成与诚通、华腾等央企签署战略合作协议,加快长乔海洋世界、卓然石化等项目的落地进度。是年,全市总投资5亿元以上重大产业项目开工22个,其中世界500强企业及先进制造业项目7个。协助做好全市招商引资招才引智工作。落实招商引资"一月一签三会"等要求,下发招商引资"一号工程"任务单61期。协助做好"争先创优"工作。组建专班运作,保障好专班各类办公需求,办好省、市月例会,建立精密智控机制加快推动复工复产,多项指标处于全省前列。协助做好各级民生实事工程。盯紧省市民生实事工程,协助做好情况收集、推进会组织和督查工作,确保实事项目100%完成。

助推文明城市创建。开展各类志愿服务活动40余次,800余人次参与,协助开展创城专项检查90余次,协调做好市政府领导宣讲等活动,建立完善台账资料。打造最优营商环境。协助做好国家营商环境检查,100%实现企业投资项目审批"最多80天",70%以上民生事项可在基层办理。完成建议提案办理。全年分办、督办省"两会"建议提案13件,市"两会"建议提案489件,办结率、办理满意率均为100%。完成各类专项检查。做好中央巡视组、省委党风廉政检查组、国务院大督查等各类专项检查迎检工作,编撰、提供各种文字材料百余份。做好大型活动保障。协助完成油商大会、重点项目开工、甬舟铁路开工等重大活动的保障工作。助力"三服务"工作。协助市政府领导走访企业70余家次,梳理问题89个,办结83个,办结率93%。

【提升服务水平】 做好文字保障工作。起草完成市政府各类工作汇报、会议材料等文稿1200余篇。加强文件审核,把握好公文的合理性、合法性、可行性、规范性等关口,校对各类文件错误1300余处,提高公文质量。持续做好文件精简工作,创新采取总量控制、分配名额、动态调整的方式控制发文数量。全年发文423件,比上年减少4.5%,其中三类文件数量58件,同比减少4.2%。全年收处文件9000余件,其中传阅办理文件6672件,各类简报信息1528件。

做好服务保障工作。协调组织全市性会议、市政府全体会议、常务会议、专题会议等的会务保障工作,全年保障各类会议623次,其中全市性重大会议38次,与上年基本持平。统筹安排市政府领导公务活动,制定调研、出访、走访、慰问、活动及会议方案、计划1500余个,接待服务各类来访293批次,协调安排市政府领导参加会议(活动)76批(次)。

强化执行能力。梳理164项省、市政府工作报告重点任务,对进度落后项目开展专项督查,确保各项任务落实。围绕"五大会战""民生实事项目建设"等重点工作任务,采取"互联网+督查",实行专项督查,开展各类专项督查30余次。完善晾晒机制,每月对招商引资、双百工程推进情况进行晾晒,累计编发晾晒台10期,通过倒逼推动效率提升。跟进、督促落实市政府领导批示件,办理各类批示件(含信访件)1353件,确保件件有落实。完成51个工作制度和33张政务流程图汇编,以落实制度为抓手强化办公室执行能力。

【提升工作质量】 数字政务取得实效。推进舟山大脑应用建设。完成数据可视化平台、统一视频解析能力平台等平台部署,上线卫生健康、综合治理、政务服务等主题驾驶舱。推进机关内部“最多跑一次”改革。公务员“一件事”、机关合同管理等事项接入内跑平台,平台办件量达88532件。完成重点改革任务。自贸区“告知承诺”许可审批事项破百项,领先全国18个自贸区。沿海船舶“多证联办”、渔事综合服务等事项已发挥作用。推进多业务协同应用建设。完成海事服务、油品贸易、城市精细化管理等场景应用建设。

保障基础数据。强化浙政钉管理。完成浙政钉2.0版数据迁移,完善浙政钉通讯录、头像等管理。保障视频会议。提高视频会议使用率,降低疫情影响,累计保障视联网视频会议324次。推进制度建设。出台《数据安全管理规范》《数据运维管理规范》等5个管理办法,推动数字化建设多部门协同合作。推进公共数据体系建设。完成公共数据2.0建设,上线运行1490个事项。完成数据归集目录326个。做好基础软硬件保障。完成内部计算机软硬件系统安装和维护。维护行政中心网络,排除故障160余次。

提升政务公开力度。规范建立目录。规范政府信息公开主体资格和公开目录,建立268个市本级政府信息主动公开目录。规范处理答复。规范政府信息公开答复,制定26个答复文本,处理信息公开申请22件。纵深推进信息公开工作。完成规范性文件政策解读100%配套,推进建议提案办理公开,完善重点民生信息、公共安全管理等五大领域信息公开,完成对全市276个政务新媒体的监管。规范信息公开发布平台。建立统一建设、监测、管理的信息公开平台,落实政务公开内容监测,提高政府公开信息正确率。

加强信息宣传。提高信息质量。围绕《政府工作报告》、省市民生实事项目等重点工作报送信息。编辑《政务信息》176期,获市领导批示17条;省政府办公厅录用信息20条,省政府领导批示7条;国务院办公厅录用60条,国务院领导批示5条。凸显信息特色。重点围绕自贸试验区等国家战略实施情况、最能展现舟山海洋经济特色和优势的向上报送信息,凸显地方特色。夯实信息基础工作。压实单位政务信息工作责任,通过培训、学习、交流加强信息队伍建设。依托“浙政钉”部署工作,点评信息,实时交流,提高综合水平。

“菜篮子”保障稳步提升。加强基地建设稳定生产供给。建成蔬菜放心菜园1000亩(66.67公顷),完善蔬菜生产保险政策,建立保障型蔬菜基地。提高生猪生产能力,存栏达6.13万头,同比增长110.65%,完成省定任务。紧盯重点确保CPI低位运行。储备冻猪肉455吨,精准调控猪肉价格。新建“菜篮子”供应店14家,供应低价食品2万余吨,确保市场平稳运行。探索“鱼篮子”供应新模式。建立“鱼篮子”运行平台,完成27个“鱼篮子”销售点(店),减少中间环节,降低零售价格,提升群众满意度。

提升组织管理水平。加强选人用人管理。落实选人用人规定,办理人员招录、调动、挂职等手续40人。加大人才引进力度,引进聘任制公务员、人才储备、事业统招等人员3人。完善机构设置和管理。完成大数据管理中心和公报室“三定”方案制定和岗位设置。完成工资制度改革、工资变动、晋档晋级、公积金基数调整等工作。提高老干部服务管理水平。定期向老干部传达上级精神。做好节假日慰问、生病住院探望等工作,组织老干部参观展茅新农村建设等各类活动,完成退休干部违规兼职问题专项整治“回头看”工作。

加强后勤保障工作。执行财务制度。按照精简节约的原则,把好资金使用关。做好固定资产登记,重新梳理登记固定资产。规范提升接待服务。按照“八项规定”精神执行接待任务,实现既合规又热情。保障办公需求。规范用车制度,调配公务用车,做好用车登记。合理分配办公用房,根据人员变化及时调整房间。做好办公用品购买、登记和管理工作,保障办公需求。做好内部管理。整理完善数字化档案,提升档案规范化水平。做好办公室全体干部年度值班安排。做好其他保障工作。执行垃圾分类,按时定点投放各类垃圾,完成文件集中打浆处理,做好办公室控烟、消防和节能相关工作。

(撰稿:市政府办公室)

应急管理

【概况】 2020年,应急管理工作深化安全生产“1+X”责任体系,强化执法,推动重点工作落实,采用信息化手段,完善“1+N”应急救援预案体系,提高应急管理能力。

【加强统筹协调】 市委常委会、市政府常务会议多次听取应急管理有关工作汇报,市政府组织专题会议研究油气安全、海上安全、防汛防台等工作,市委理论学习中心组就城市安全发展和应急管理召开学习会。深化安全生产“1+X”责任体系,搭建防汛防台指挥机构“1办+13个专项组”架构,明确任务分工,强化行业安全监管责任。通过强化执法,施行“保险+服务+科技”模式,继续推行安全生产社会化服务,助力企业提升安全管理水平,开展“班组安全竞赛”,落实“低头捡黄金”隐患排查奖励制度,提升企业隐患排查整治主动性。组织开展“护航复工复产安全生产攻坚行动”、渔业安全暗访督查、汛前汛中督查检查等活动,推动重点工作落实,实行重大隐患清单式管理,31个市级挂牌隐患全部完成整改。

【智慧应急信息化】 围绕防控精准化、指挥信息化,抓好以应急指挥中心、应急指挥平台为重点的“一中心、三图、三网、一系统”建设,初步形成以防汛防台为基础的应急指挥体系。建成1500平方米的舟山市应急指挥中心,建成防汛防台应急指挥一张图,救援指挥一张图、资源调度一张图,对受灾点实施救援时所需的气象、水文、应急救援资源等要素进行智能匹配、推送,为救援指挥提供支撑,形成资源物资的可视化调度能力。新建卫星通信网、应急指挥网和可视化指挥网,形成各种复杂环境下视频调度和会商能力。开发建设“舟山城区防汛防台信息发布系统”,在全市部署242套无线广播系统,实现紧急情况信息及时发布。加强海上安全监管平台建设,实现海上监管数据信息整合,被省政府评为数字化示范项目。

【完善“1+N”应急救援预案体系】 修订完善1个突发事件总体应急预案,15个专项应急预案,开展石油炼化全过程、全要素的实战拉动演练、2020年舟山跨海大桥危化品运输事故应急演练、大型储罐全液面火灾增援实战演练等,提高应急救援队伍的应急作战能力。应急物资装备配备进一步强化,全市投入4100余万元增配一批防灾应急装备和物资,四县(区)及消防、城管等部门均配备防涝强排车。

(撰稿:市应急管理局)

招商引资

【概况】 2020年,全市实际到位市外资金524.22亿元,创历史新高,完成目标任务的104.8%。实际使用外资4.02亿美元,比上年增长1.7倍,完成目标任务的100.5%。自贸区内新增各类企业7357家,完成目标任务的147.1%,其中新增油气企业1880家。全市取得实质性进展的亿元以上产业项目110个,其中已开工或运营的项目56个,已取得土地或租赁厂房的项目21个,已完成公司注册的项目23个,已签订投资协议的项目10个;110个项目中,世界500强投资项目10个;50亿元以上项目6个,20亿~50亿元级项目11个,10亿~20亿元级项目9个。

【体制机制创新】 出台《关于进一步实施招商引资“一号工程”的若干意见》,市投促中心与大宗商品交易中心完成整合。强化驻外招商,选派一批干部充实北京、上海、杭州、深圳四个驻外机构,利用各自资源,搭建招商网络,捕捉招商信息,扑浪科技量子点膜项目等一批项目签约落地。

【重大产业谋划】 围绕国务院赋权方案,相关部门绘制招商要素图,梳理目标企业库,形成油气交易、国际海事服务、油气储运、跨境人民币结算、油气贸易、农产品贸易、医疗健康、融资租赁、石化中下游等9个领域招商图谱。建立石化产业全球50强企业招商工作专班,组建6个小分队,招引外资石化龙头企业,陆续对接BP、科思创、北欧化学、朗盛、亨斯迈、埃尼、托普索、科慕、卡博特等40多家外资石化企业,霍尼韦尔-浙石化新型炼油催化剂、新奥SK产业合作等项目落地实施。

【重大招商活动】 开展网络推

介签约，克服疫情影响，分别于3月25日举行中国（浙江）自由贸易试验区"云招商"对接会，6月9日举行中国（浙江）自由贸易试验区油气全产业链网上产业对接会，累计促成19个项目签约，总投资约351亿元。开展现场推介签约，分别以普陀山－朱家尖、海洋产业集聚区、岱山为主场开展"一月一签"活动，促成长乔海洋世界项目、浙江一塑聚苯乙烯生产基地项目、上海卓然石化设备模块化生产项目等9个重大项目签约，总投资144.5亿元。开展专题推介，围绕新区、自贸区重点发展产业加大对外宣传力度，分别在北京、上海等地举办新区产业对接会；在上海举办舟山绿色石化基地2020（上海）招商宣传推介及产业对接会，在杭州举办石化外资企业高层对接会，全年累计举办各类推介活动10余场。

（撰稿：何骥）

政务服务

【概况】 2020年，市政务服务办通过创新开展"最多跑一次"改革特色比学展示，定期晾晒"领跑指数"，激活全市"最多跑一次"改革工作。1个创新案例被国家职能转变和"放管服"改革协调小组办公室刊发推广，1个创新案例登上省委改革办刊物《领跑者》，7个创新案例登上省委改革办刊物《竞跑者》。

是年，开展政务服务2.0对接工作。根据浙江省下发的1762项政务服务事项，开展2.0事项对接工作，上线运行事项1550项，上线运行率88%。

创新数字政务服务新模式，在各级行政服务中心全面推行"刷脸通办"。610项政务服务事项纳入电子身份证信息共享应用范围，实现群众"刷码办事"。216个"一证通办"、30个"智能秒办"政务服务事项接入综合性自助服务终端机。"海岛民生驿站""'智慧+'自助警务超市"试点在全市进行扩面。市本级3282个政务服务事项实现"浙里办"掌上办事。

10月20日，国务院第七次大督查"深化'放管服'改革优化营商环境"专题组对舟山市"证照分离"改革和9个许可事项审批情况开展实地检查，总体情况良好。

【政务服务集中化】 推进"一门办"。市行政服务中心完成大厅整合搬迁工作，将在外的社保、医保和公积金3个分中心整合搬迁进市行政服务中心，仅保留交警一个分中心。岱山县、嵊泗县完成县级大厅整合搬迁工作，实现所有事"一门办"。

【推进跨区通办】 推进"跨区通办"，梳理"全市通办"事项885项。全市所有乡镇（街道）全部配置综合性自助服务终端机。推进长三角政务服务一体化工作。市县两级行政服务中心均设立长三角政务服务一体化专窗，实现甬舟两地企业注册、人才合作、户籍业务等方面多事项甬舟一体化通办。

【创设"舟到办"】 推进常办业务自助化，启动24小时政务服务自助一体机"舟到办"建设，实现与政务服务2.0平台、财政公共支付平台、医院医疗挂号、市民卡、社保、公积金等系统数据对接，可办常办事项达268项。

6月9日，浙洽会油气产业链网上对接会举行现场签约仪式（市投资促进中心提供）

市行政服务中心公积金办事专区(市政务服务办提供)

【推进“浙里办”App掌上办事】 推进“浙里办”App建设。整合公积金、人社、就业、智慧城管、民生警务、市民卡服务、工程查询6个部门App,统一办事入口。优化“浙里办”(舟山)App站点功能,开发人才码、健康码查询、舟山交通、舟山“一件事”等23项便民服务应用,提升用户体验度。加强“浙里办”App应用推广,线上线下多渠道宣传,引导群众到“浙里办”App舟山站点办事,提升掌上办比例。是年,全市“浙里办”注册用户达69.11万人,占常住人口的58.77%,日活跃度1.28万人。

“浙里办”App应用推广进社区(市政务服务办提供)

【升级群众企业“一件事”】 是年,围绕公民个人和企业两个生命周期,依法梳理、整合、再造审批流程,实行公民、企业51件“一件事”全流程标准化办理,从群众和企业角度做好“一件事”梳理归集,深化“一件事”改革系统集成和数据共享应用,高质量实施“一件事”网上、掌上联办,51件“一件事”办理环节、跑腿次数、申请材料、经办时间分别减少62%、84%、51%和62%。全市办理一件事54.51万件,网上申报50.15万件,网上申报率92%。

【推进“无证明化”改革】 以创建“无证明”城市为目标,市政务服务办牵头,全市各部门对照国家部委、省厅局证明事项清理指导意见,进一步做好证明事项梳理,公布取消一批证明事项。市级各部门直接取消109项证明材料,194项证明材料清单通过数据共享、部门核查、告知承诺制等多途径让申请人免予提交,实现“要证明”向“无证明”转变。通过清理,全市无地方设定的证明事项,保留14项有法律法规依据、确需提交的证明材料清单。依托政务服务网建立“遗失声明”统一公示平台,统一免费发布69类遗失声明,实现证件遗失补办“一件事”全流程“最多跑一次”。深化“无证明”改革案例入选“五大会战”

创新案例直播展示活动并获创新案例奖。

【推进水电气网协同报装改革】是年，市政务服务办牵头，联合水电气部门，推进水电气网协同报装改革。借助投资项目审批管理系统3.0平台，由分头多次申请整合为一表申请，报装信息"打包提前推送"到涉及的公共服务企业，企业后台人员到现场"一次完成"联合踏勘，借助数据共享平台，实现材料互通共用。其中对外线施工许可实施"告知承诺"制，建设单位对施工过程安全、破路破绿恢复等作出承诺后，通过系统备案后即可直接组织施工，促使各部门将实施"告知承诺"制的限额从原来的100米提高到500米，保持全国领先水平。

【优化政务服务营商环境】以建设政务服务极优环境为目标，制定《建设最优营商环境(政务服务)行动方案(2020年)》，推进各项领域改革工作。实现"证照分离"改革全覆盖，在2019年12月公布首批60项"告知承诺"事项基础上，提级新增至109项，涉企许可事项办理时间由过去的平均12.8天压缩到3天，效率提升61%。深化工程建设项目审批制度改革，推行工程建设项目"清单制＋告知承诺制"审批制度改革试点，率先在全省开发建成竣工图电子化管理系统并试运行，电子化竣工图实现自动获取，实行施工图自审承诺制，为企业早开工至少提前20天。不动产交易登记更便利，实行不动产抵押登记与抵押贷款"一件事"办理，74%银行的不动产抵押登记业务实现"零跑腿"，不动产登记电子证书(证明)在金融机构、公积金中心等部门全面应用。10月，第一次参加全国营商环境政务服务指标的评价。

【推动公共场所服务大提升】在省定9类公共场所服务提升的基础上，创新3类服务改革领域，形成舟山"1+9+2"公共场所服务提升任务清单。将普陀山景区作为试点公共服务优化提升的"当头炮"，实施提升改造项目37项，投入资金近5000万元，景区线上支付率达到80%。围绕"改革在身边·公共场所服务大提升"，全媒体展现改革举措和成效。向省报送亮点项目9个，4个项目入围全省展示评选。

(撰稿：张健薇)

公共资源交易

【概况】2020年，市政务服务办公室(公共资源交易管理委员会办公室)制定出台《建设最优营商环境(公共资源交易)行动方案(2020年)》，规范招投标领域优化营商环境工作机制。修订完成《舟山市非必须招标工程建设项目简易招投标管理办法》，强化对非必招项目的管理。制定出台《关于进一步加强工程建设项目招投标源头管理和动态管理的通知》，强化源头管理和动态管理。实施全市招投标情况月报制度，1—12月，市本级(含功能区)受理必招项目(标段)206个，工程控制价1249193.95万元，全部为公开招标。非必招项目进平台交易151

2020年舟山市招投标交易总量

表12

交易类别		项目数(个)	标底金额(万元)	成交金额(万元)	节约资金/溢价(万元)	节约率/增收率
工程建设	(合计)	323	1029255.60	957766.79	71488.81	6.95%
	必招	190	1008513.36	938178.95	70334.41	6.97%
	非必招	133	20742.24	19587.84	1154.40	5.57%
政府采购	分散采购					
	集中采购	37	65633.14	62165.23	3467.92	5.28%
土地交易		49	505600.98	530532.57	24931.59	4.93%
产权交易		161	63922.08	65673.28	1751.20	2.74%
矿产交易						
排污权		10		330.67		
海域使用权						
(总计)		580	1664411.80	1616468.53	101639.52	6.11%

个,工程控制价22151.80万元。其中公开招标89个,工程控制价13853.52万元;邀请招标44个,工程控制价7017.08万元。

是年,市本级累计完成交易580项,实际成交161.65亿元,节增资金10.16亿元,平均资金节增率6.1%。其中建设工程进场交易323项,实际成交95.78亿元;组织实施政府集中采购37次,实际采购金额6.22亿元;土地出让进场交易49宗,成交金额53.05亿元,比上年减少36.41%。

【优化招投标领域营商环境】 是年,制定出台《建设最优营商环境(公共资源交易)行动方案(2020年)》。根据《国家发展改革委办公厅关于开展2020年中国营商环境评价有关工作的通知》,组织成立全国营商环境评价(招标投标)迎评工作专班。对照营商环境评价招标投标一级指标和二级指标,将填报内容细分成53个填报环节,准备提供115项需要佐证材料的小点,407份佐证材料,网页、平台截图338张,实景图片10张,各种典型案例22份,统计通用企业(单位)样本全量表(招标投标)涉及企业2582家,协调各县(区)、功能区指导42家企业完成营商环境调查填报工作。提供全市现行有效的招投标文件资料85份,省、国家级文件资料9份。

【征聘、培训市综合性评标专家库评标专家】 是年,根据《关于进一步加强舟山市综合性评标专家库建设严格评标专家管理的意见》和《关于进一步开展舟山市综合性评标专家库评标专家征聘工作的通知》要求,征聘专家62人,对全市89名专家进行集中培训。

【上线运行“不见面开标”大厅】 为做好招投标领域新型冠状病毒防控工作,根据国家、省和市有关防控要求,印发《关于疫情防控期间进一步做好全市工程建设项目招投标工作的通知》及补充通知,指导协调开发实施投标文件远程解密,为疫情防控期间全市工程建设项目招投标顺利实施提供保障。制定《舟山市电子招投标系统监管平台建设方案》和《舟山市不见面开标大厅建设方案》。引进第三方公证机构,试行“不见面”开标,投标人在网上投标,自行远程解密,在线查看投标结果等,在保障项目按时交易的同时,最大程度避免人员聚集,节省企业投标成本,实现疫情防控和推进项目双赢。12月下旬,全市首个以“不见面开标”模式进行交易的公共资源项目完成招投标。组织3场培训班,对296名招标代理单位和投标人从业人员进行不见面开标系统培训。

【创新电子保函服务】 根据国家和浙江省关于在公共资源交易领域电子保函替代投标保证金的相关工作要求,年底上线运行全省首创公共资源交易电子保函服务平台,实现电子保函从申请、开具、传输、管理、运用5大环节全流程电子化办理,在降低企业交易成本、促进中小微企业成长等方面发挥作用。1—12月,全市累计出具电子保函8484笔,涉及担保总额约23.47亿元,为企业释放资金压力约23.35亿元。

【提升政府采购标准化水平】 围绕依法采购、优质服务、规范操作、廉洁高效、物有所值的采购目标,完成各项采购任务。出台《政府采购项目电子交易操作管理制度》。实现电子交易业务操作流程全市统一,将原政府采购流程由15项精简至10项,并明确采购关键环节及注意事项,与政采云电子平台操作对应。全面梳理格式范本。根据政府采购相关法律法规及财部门的有关规定,重新制定出台采购文件范本、采购需求范本,条款更加细化、表述更加精准,规范化程度进一步得到提升。主动服务重大项目。对社会关注度高、影响大的公开招标项目,定点采购项目提前介入、主动服务,创新定点采购方式,将会议培训机构入围由线下评审改为线上申请通过,受到采购人及供应商的一致好评。

【严抓网超价格违规行为】 按照《浙江省政府采购电子卖场采购管理暂行办法》,加强网上超市管理,规范网上超市供应商准许资格、上架商品、供应商退出、合同规则管理等审核操作。建立供应商联系群,加强对供应商的业务指导,促使供应商较快掌握网上超市操作及程序。加强网上超市价格动态监管,引进政采云网超价格巡检机制,

处理违规供应商,规范采购行为,净化网超市场环境,培育网超诚信体系。全年开展3期网上超市商品价格巡检,监测供应商568家,商品3583件,处理违规供应商67家。

【推进平台整合共享】 坚持应进必进、统一规范、公开透明、服务高效的原则，主动对接有关部门，稳步推进公共资源交易平台交易整合共享工作。有序做好海域使用权、无居民海岛使用权、排污权等各种资源类、资产类、特许经营类等公共资源交易业务的受理和承办，提高公共资源配置效率和公平性。推进市县一体化平台建设，实现岱山、嵊泗在市中心远程评标，实现跨区域有选择远程异地评标、实现多CA互认和主体库共享。

（撰稿：张健薇）

外事工作

【概况】 2020年，受新冠肺炎疫情影响，舟山市无赴国（境）外重要访问团组。接待国（境）外来访团组1批15人次，民间友好团体3批15人次。全年受疫情影响，办理因私签证13人次。处理各类涉外案（事）件37起，办结37起，其间无重大外事纠纷和涉外舆情。是年，市外办机关党支部获得“舟山市抗击新冠肺炎疫情先进集体”荣誉称号。

【重要工作】 抗击新冠肺炎疫情防控工作开展以来，市外办全员上岗，高质量完成涉外防疫工作，建立“1+4”（1个领导班子+4个工作组）工作机制。境内防控阶段，做好到舟山外国人核准及提前摸排与管理服务工作；境外防控工作启动后，将全办力量融入防控专班各组。统筹调度相关工作，做好人员核查、接进和涉外服务工作。配合牵头组建、开通各县（区）驻市防办的调度专班，统筹协调解决各类问题，做好境外接进工作，并抽调精干力量参加管控组、嘉兴大云接进工作。舟山市创新开展境外到舟山人员一对一联系人制度，即由属地政府指定专人，一对一落实境外到舟山人员的全流程管控服务，以确保境外到舟山人员的严格受控进入和全程闭环管理。市外办牵头成立“一对一联系人”核实专班，全年核实信息14950条。做好“快捷通道”对上联系信息统计及接进指导等工作，收到1326人“快捷通道”来华邀请函申请，351名外籍人员通过“快捷通道”入舟。下发外国人告知书、开通多语种24小时热线电话、建立在舟外国人微信交流群等，及时回应并协处外籍人士诉求，在舟外国人微信平台答疑、劝返等200多次，接听热线电话380次，热线答疑协调60余件次，翻译文本2万余字，提供防疫一线远程翻译服务30余次。守好“海上大门”，配合打好疫情防控海上战役。联合相关部门梳理远洋渔船外籍船员入境问题并向上反馈，获外交部相关批复。

处理疫情防控期间相关涉外案（事）件 因疫情影响，渔船在外因避风、加油补给受限引发的紧急求助和涉外纠纷以及外籍船员提出的在舟外轮上换班诉求与政策冲突等相关涉外案（事）件大幅增加，注重加强与相关国家驻华使领馆的沟通联络，向相关使领馆及外籍人士做好到舟山管控政策答复工作，回应相关国家驻华使领馆等对本国公民在舟情况的关切，妥善处置相关涉外案（事）件37件，办结37件，其间无重大外事纠纷和涉外舆情。

做好重大会议外事服务保障 服务保障2020国际油气贸易与海事服务高峰论坛——世界油商大会专题会议、舟山群岛（上海）产业投资对接会、浙江－新加坡理事会海事服务专题线上交流分享会等重大会议，相关工作受到市领导的肯定。

协调赴基里巴斯专家组乘船出境 1月，中国、基里巴斯（下称“基”）两国政府签署援基里巴斯农渔业技术合作项目立项换文。参与该项目实施的湖北省6名专家原定于1月启程赴基，因受新冠肺炎疫情影响，暂缓派出。9月16日，舟山市收到外交部明电，为专家组办理乘船出境等相关手续提供帮助。舟山市秉持简化手续、特事特办原则，加急办理疫情防控期间人员登船及船只离境审批手续。9月21日，6名援基专家搭乘“开创102号”冷藏运输船自舟山港离境赴基。

外事信息交流信息报送 围绕舟山群岛新区、自贸区特色产业、重点项目、招商引资等，通过向驻外机构报送相关内容信息，做好对外推介，全年策划推送绿色石化基地、东北亚保税船用燃料油加注中心2个专题，助推自贸区向全球推介。

【主要来访】 俄罗斯西北联邦区总统代表处项目融资中心代表团一行考察舟山 1月18—20日，俄罗斯西北联邦区总统代表处项目融资中心代表团一行考察舟山,市委副书记、市长何中伟会见代表团并座谈。代表团一行先后考察航空产业园、绿城育华国际学校、江海联运中心、新奥LNG公司等地,考察了解舟山群岛新区投资环境。

新加坡企业发展局副司长郑光裕一行访问舟山 8月27日,新加坡企业发展局中国司副司长郑光裕一行访问舟山,副市长韩峻会见代表团并座谈,向新加坡代表团介绍舟山经济社会发展情况及下一步舟山产业发展方向,新加坡代表团肯定舟山取得的成效,并感谢舟山对新加坡企业的关心和支持,表示将继续致力于与浙江和舟山合作,双方围绕深化合作进行交流。

泰国驻上海总领馆领事许剑岑一行访问舟山 9月17—18日,泰国驻上海总领馆领事许剑岑一行访问舟山,双方围绕普陀山泰式凉亭修缮事宜开展交流。

埃塞俄比亚总领事魏澜一行访问舟山 12月21日,埃塞俄比亚总领事魏澜一行访问舟山,双方围绕加深舟山与埃塞俄比亚贸易合作与投资进行交流。

【友好城市交流】 **疫情时期的"云端"交流** 疫情常态化下,对外友好交流相对受限,友好交流转至"云端",开启线上友好交流模式。保持互通信函联络机制。是年,舟山市与国际友城市政府及民间友好人士、机构等围绕疫情防控、节庆祝贺互通信函30余次。突出国际合力战疫主题。通过主动对接,在抗疫物资互赠、分享抗疫经验等方面深化友好交流,联系国(境)外组织、机构进行采购和捐赠,收到国内捐赠口罩5.1万只,向日本、韩国、希腊、菲律宾等相关友城以及海外华人捐赠口罩10万只。互助友好交流升温。与乌克兰尼古拉耶夫市、希腊莱夫卡达市互相慰问、互通节日祝贺,并进一步推进高校、人文等项目交流合作;在与日本气仙沼市在疫情问候和捐赠中,双方友情逐步升温,日本气仙沼市向舟山市特意致感谢信函及赠送"大渔旗"。

日本气仙沼市向舟山市赠送的大渔旗(市外事办提供)

推动与秘鲁钦博特、印度本地治里结好工作 为推动与秘鲁钦博特市、印度本地治里市两地结好做好基础工作,线上与两地互发疫情慰问信函及节庆日祝福信函;与秘鲁钦博特的交流,注重通过秘鲁驻沪总领馆商务处进行沟通联络,推动舟山市设在秘鲁钦博特市的舟山远洋渔业南美服务中心开启工作;与印度本地治里的交流,继市友协与印度本地治里印中友好协会签署建立友好交流合作关系备忘录,11月,受邀"云参加"本地治里举办的徐梵澄诞辰111周年及徐梵澄文化研究中心开幕式,并表达祝贺。

筹备与江华郡结好20周年纪念活动 筹备舟山与韩国江华郡结好20周年系列活动,在做好疫情相关以及节庆祝福的信函往来等基础工作基础上,保持与江华郡的沟通联系,帮助搜集20周年相关友好交流资料、撰写纪念刊创刊词、谋划纪念方案等,为2021年20周年纪念做好准备。

(撰稿:晏梨花)

决策咨询

【课题研究】 2020年,围绕新区经济社会发展重大问题和市委、市政府重要战略构想,以问题为导向,强调实用性和可操作性,深入基层,开展课题研究,全年完成调研课题9个。

围绕新区顶层设计开展前瞻性研究。在《关于提升岱山战略地位推进全市新一轮高质量发展的研究报告》中提出，随着“舟岱大桥”贯通，岱山本岛将与舟山本岛相连，岱山在全市中的战略地位和作用将日渐显现，从全市一体化角度拟将岱山新一轮发展在战略上确定为实现全市经济新一轮发展的主战场、接轨长三角一体化发展的桥头堡、推进创新开放新高地的先导区和打造舟山中心城区的副中心；《关于未来十年我市人口总量适度增长的思考与对策研究》根据舟山市近十年人口总量和结构变化情况及其影响，通过国内先进城市比较及舟山市人口承载力水平分析，提出未来十年舟山市人口总量规模的增长目标。

针对经济发展和重大项目推进过程中产生的问题开展研究。《关于完善我市现代化港口集疏运体系的思考》通过分析舟山港口集疏运体系建设运行现状和存在问题，提出通过深化创新水水中转、强化布局水管中转、谋划布局水铁中转和适度发展水陆中转，形成“集之方便，疏之流畅”的局面，从而提升舟山港口的影响力、竞争力，提升舟山港口城市品位；《关于高质量可持续发展夜间经济的调查和建议》提出，发展夜间经济需要热火朝天，但更需要持之以恒，作为整个经济发展的重要组成部分，夜间经济同样也需要高质量可持续发展，推进文化事业发展，满足人们精神文化需求，是高质量可持续发展夜间经济的重要途径。

为推进传统产业升级进行战略性研究。《关于以建设海岛公园为契机系统推进我市海洋旅游高质量发展的调查与建议》提出，根据舟山市的资源条件，立足当前，着眼长远，紧贴舟山实际，践行“两山”理论，以全面建成“诗画浙江·海上花园”中国最佳海岛旅游目的地、国际海鲜美食旅游目的地为目标，实现旅游业快速健康发展；《关于加快推进我市海洋食品工业新发展的建议》基于多方对疫情及后疫情时期世界经济走向研判，提出海洋食品工业应该在努力维护出口生产和贸易的同时，着眼于行业发展，在“十四五”期间抢抓机遇，把战略重心适时移至国内市场，运筹谋划加快发展新布局，加快调整，鼓励转产，化危为机；在上年报送《关于积极推进海水养殖提质增效绿色发展的调查与思考》并得到市委书记俞东来批示的基础上，《关于高起点制订实施我市海水养殖“十四五”规划、进一步推进蓝色经济迅猛发展的调查与建议》跟踪了解全国沿海地区海水养殖发展趋势，跟踪调研舟山近一年来海水养殖态势，提出“技术先行科学推进、注重特色品牌推进、政府激励政策推进、形成合力全面推进”四点建议。

为推进公共管理水平进行探索性研究。《市域治理现代化背景下进一步推进我市社会组织建设的对策与建议》在分析社会组织建设取得的主要成效及存在“短板”后提出，遵循市场经济发展客观规律，加快政府职能转变，建立健全社会组织培育管理和赋权赋能的长效机制，规范提升社会组织参与社会治理的社会化、法治化、智能化、专业化水平。

调研课题得到市领导的肯定，多数课题得到市委、市政府主要领导的批示，为市委、市政府的决策提供重要参考。俞东来就《关于提升岱山战略地位推进全市新一轮高质量发展的研究报告》批示，要求发改委“结合十四五规划作一研究”；就《关于未来十年我市人口总量适度增长的思考与对策研究》批示：“人口问题十分重要，请市发改委结合十四五规划予以研究”；俞东来和市长何中伟分别就《关于以建设海岛公园为契机系统推进我市海洋旅游高质量发展的调查与建议》《市域治理现代化背景下进一步推进我市社会组织建设的对策与建议》等课题作出批示。

决策咨询委对市政府“政府工作报告”和自然资源和规划局提交的《市国土空间总体规划（2020—2035年）》等征求意见稿组织委员讨论，提出咨询意见，不少意见得到肯定和采纳。驻会有关委员发挥自身专长，参加市内外相关部门有关研究课题和工程方案的评审。

【委员建议】 发挥《舟山咨询》作为咨询委员发表个人咨询意见和研究成果平台的重要作用，鼓励咨询委员根据舟山经济社会发展的实际，结合本职工作及业务专长，就经济社会发展中社会关注、群众关心的问题，以个人署名等方式提出看法建议供市领导参阅。是年，刊发14期，《关于舟山发展高铁经济的两点建议》《服务长江三角洲区域一体化发展积极打造舟山油气储运和绿色石化产业发展新格局》等涉及全市经济、社会发展和改革开放重大举措的相关内容,《发展舟山群岛新区现代航运服务业的对策建议》《积极推进智能航运产业发展助力舟山新区海洋经济发展》等涉及全市产业政策、生产力布局和重大项目建设方面的内容,《关于提高我市农地利用率增加农产品有效供给的建议》等涉及城市规划及重大基础设施建设项目方面的内容,《关于深化完善城市社区综合治理的几点建议》《关于进一步清理规整渔农村野外杆线的建议》等涉及社会公共管理重大事务和党的建设、法治建设方面的相关内容。市领导就一些咨询报告作出批示,相关职能部门采纳委员们所提的合理建议。在《长三角区域一体化与舟山十四五规划研讨会纪要》上,市长何中伟批示要求有关负责人"将有价值的建议吸纳到政府工作报告";咨询委员提出的《关于协调有关部门调整今年居民生活用电分档额度的建议》得到何中伟批示后,有关部门经过深入调研,采纳该建议;《关于加快建设我市个人诚信体系助推"创城决战"的建议》得到副市长许小月批示。

【开放合作】 坚持开放式咨询研究,利用与市属各部门联系紧密的有利条件,加强与各方面社会力量的合作交流,发挥部门领导业务情况熟悉等优势,在课题调研和撰写过程中,建立不同层次、不同形式的协作关系,通过多渠道、多途径凝智聚力,借智力资源,实现优势互补,提高调研课题的层次和课题成果的影响力,提升决策咨询服务水准,扩大决策咨询的影响力。是年,在与市内其他研究机构合作方面进行一些有益的探索,《关于未来十年我市人口总量适度增长的思考与对策研究》《关于以建设海岛公园为契机系统推进我市海洋旅游高质量发展的调查与建议》等课题都有市属部门领导及业务处室的参与。加强与省咨询委的战略合作关系,在其所开展的"现代化区域军民融合海防体系建设创新研究"等课题调研过程中,搜集舟山情况并提供相应材料及意见。开展与兄弟市决策咨询机构的合作交流,做好山东滨州发展研究中心、宁波咨询委来访的接待工作。

(撰稿:杨超)

机关事务工作

【疫情防控与服务复工复产】 全面打赢服务保障攻坚战、平安大院阵地战、联防联控协同战、复工复产助攻战。落实行政中心疫情防控主体责任,成立行政中心疫情防控专班,部署落实市行政中心疫情防控措施,抓好常态化疫情防控不放松,确保行政中心安全平稳有序运行。开展"三服务"活动,组织机关党员干部下沉到社区、企业等一线,发挥好基层战疫"好帮手"、企业复产"助攻手"作用,干部职工开展结对社区抗疫志愿服务500余小时200余人次参与;落实境外返回舟山人员"点对点"可控接送,派车143车次,备勤107辆大客车;通过搭建扶贫产品便捷渠道、举办展销活动、以购代销等形式,当好复产扶贫"服务员",完成扶贫金额约249万元;落实减租政策,为69家小微企业、个体工商户减免2—4月房租85万余元。

【统一管理新提升】 完成市本级行政事业单位办公用房统一权属登记40余处;制定出台《市属单位市外房产使用管理办法》,完成京沪杭等地11套市外房产集中移交本中心统一管理;完成全市831家单位348处办公用房信息统计报告。绿色机关建设走深走实,推进节约型机关创建,指导市海洋文化艺术中心等2家公共机构获"国家级节约型公共机构示范单位"称号,指导市中医院等8家公共机构获"浙江省节约型公共机构示范单位"称号,市行政中心作为全省6家水效领跑者单位之一等待国家评审;围绕"双控"目标,开展用能监察,人均综合能耗、单位建筑面积综合能耗、人均水耗分别同比下降10.74%、3.64%和5.41%,实现"十三五"规划目标。推进全市党政机关生活垃圾精准分类全覆盖,建立"红黑榜"定期通报机制,创建全市党政机关垃圾分类"示范单位",实施市行政中心垃圾分类"样板工程",新建投用市行政中心垃圾集置点12处,展现垃圾分类工作"新时尚"。推动公务用车"一张网"建设,提升公务出行服务质量和保障能力;完成市本级公务用车统计报告,注册统计单位72家,公务用车1050辆;深化精细调度,与商务租车平台联动保障,提升运力,拒单率同比下降2.79%。修订完善《中心临时资产管理办法》及操作流程,初步形成"公物仓”性质资产管理制度规范，并选址设立临时资产仓库，专人专管，全年为全市9个临时机构及重大会议提供资产设备121件次。

【服务保障新贡献】 坚持“迈小步不停步，永远在进步”的服务理念，围绕机关有序运转目标、干部职工合理诉求导向，营造“注重细节、追求完美、做到极致”的服务形象，持续增强机关干部职工的获得感，为各类服务保障作出新贡献。完成2020年国际油气贸易与海事服务高峰论坛、观音文化园开园仪式等各类公务接待451批次，接待总人数6544人次，接待总量12384人次。完成市“两会”、全市招商引资招才引智大会等各类会议保障1150场次13.35万人次；为重大活动提供外派礼仪服务8次60余人次。完成派车任务17950单，安全行驶97.5万千米，保障重大公务活动2725单。机关食堂优化功能布局，实施餐厅改造，打造健康餐厅，推进智慧餐饮，5家机关食堂保障就餐91.2万人次。响应习近平关于制止餐饮浪费的重要指示精神，做好文明餐桌“加减法”，落实“小份菜”“半价菜”、自助餐厅限量供应餐盘、合理利用边角料等餐饮节约措施，餐饮浪费现象改观。助力文明创城，开展创城攻坚专项巡查30余次，15次以抄告单形式督促各单位落实100余项问题整改；推进“烟蒂不落地”专项整治，新增灭烟柱、户外吸烟点垃圾桶19个，增设禁烟标识、提示牌180余块，构建无烟政府。基建维修保质保量，投资近1亿元，实施2020年度市级机关办公用房维修改造项目、行政中心停车场改造及周边道路路面整治工程等基建及设备设施项目。加强与市公安局、信访局等联动，形成快速处理安保体系，阻拦异常访客351批次840人次，处置群访58批次1326人次。在服务链延伸上有新突破，聚焦后勤服务保障热点，以打造“机关干部之家”为目标，在机关理发室、医务室、母婴室、缝纫室、修鞋室的基础上，引入多功能平价超市，增设自助洗车设备、咖啡机、车船售票机等，为机关办事、出行、购物等提供多样化便捷服务。提供理发服务1.3万余人次，医疗服务8000余人次，便利服务约5万人次，各类服务保障交出“零失误”“零差错”“零事故”的高分报表。建立行政中心服务质量监管委员会、后勤治理钉钉群、社会化服务单位绩效考核评估机制，开展“楼长制”和网络工单工作，通过线上线下融合，打通服务机关“最后一公里”，满足机关干部职工需求，提升服务能效。

（撰稿：沈丹维）

接待工作

【概况】 2020年，市接待中心围绕新区、自贸区工作中心和机关事务管理工作大局，深化舟山接待品牌建设，克服新冠疫情带来的不利影响，落实各项防疫举措，按照“高效、规范、精细、节俭”的接待要求，完成各项接待任务，交出疫情下防控工作与政务接待工作有机融合、“零失误”“零差错”的高分报表，为把舟山建成“新时代全面展示中国特色社会主义制度优越性的重要窗口”海岛风景线提供后勤保障。

【创新公务接待新模式】 开辟政务接待独立区域。为确保接待安全和来宾有效隔离，开辟市机关食堂一楼小餐厅和三楼自助餐厅作为政务接待场地，调整桌椅位置，推出政务接待简餐；要求全市疫情防控期间指定的保障酒店必须设立用于政务接待的独立楼层和用餐区域，保证住房和用餐绝对安全卫生，确保不发生接待卫生事故。调整政务接待用餐形式。根据防控要求，实行“分餐制”，一人一桌，盒饭为主，桌椅面对面摆放，中间相距两米左右；落实“自助餐”形式，一人一夹，每名客人间隔1.5米以上自助取餐；创新“自助桌餐”方式，餐台自助餐+少量桌面菜肴形式，严格使用公筷公勺，避免人员聚集和交叉使用餐具；推行市领导圆桌分餐位上餐叙方式，得到市领导认可并实施。落实来宾入住“无接触”。指导督促酒店方执行消毒杀菌、体温监控、健康上岗、实名登记，落实来宾入住“无接触”，来宾通过“绿码”+“测温”，根据接待中心提供的房号直接入住，在来宾房间里放置口罩、消毒洗手液等常规防疫物品；离开时，通过特殊设置的区域进行相关费用结算。

【完成各项接待任务】 是年，完成各类接待任务451批次，接待总人数6544人次，工作量12384人次。其中，二级警卫任务1批；三级警卫任务3批；部级61批，接待人数1582人次，部级领导81人次，工作量3663人次；厅级219

批,接待人数2309人次,厅级领导587人次,工作量3142人次。

警卫任务　全年承接三级警卫3批次,分别为6月13日至16日,全国政协副主席何维一行到舟山;10月9日至11日,全国人大常委会原副委员长周铁农一行到舟山;10月9日至12日,国民党前主席、中华青雁和平教育基金会董事长洪秀柱一行到舟山。二级警卫1批次:10月3日至4日,中央政治局委员、全国人大常委会副委员长王晨一行到舟山。

重大会务及活动的接待保障　完成省级金融机构支持舟山高质量发展恳谈会、2020国际油气贸易与海事服务高峰论坛、共建长三角一体化油气交易市场推进会、观音文化园开园活动、综合交通重大项目开工活动和甬舟铁路开工仪式、舟山海外联谊会七届一次理事大会等会务保障任务。

部级领导到舟山接待任务　先后接待原省委书记车俊一行,省委书记袁家军一行,省委常委、组织部部长黄建发一行,副省长朱从玖一行,省长郑栅洁一行,应急管理部党组成员、副部长孙华山一行,省政协主席葛慧君一行,省委常委、统战部部长熊建平一行,副省长成岳冲一行,省人大党组副书记、副主任李卫宁一行,副省长刘小涛一行,省委常委、常务副省长冯飞一行,省政协副主席、党组副书记孙景淼一行,省政协副主席吴晶一行,副省长高兴夫一行,退役军人事务部副部长朱天舒一行,省人大常委会副主任史济锡一行,青海省副省长杨逢春一行,中央国安办副主任刘海星一行,国务院国资委副主任翁杰明一行,陕西省政协党组副书记、副主席祝列克一行等部级领导81人次。

各类巡视组、考核组、调研组、考察团接待任务　主要有省平安考核抽查组、省村(社区)组织换届联系督导组、中央第三生态环保督察组、沪苏浙皖三省一市政协联合调研组、浙江选举产生的十三届全国人大代表第二小组一行、2020文明创城国测组、省委第三巡回指导组、省信访调研组、中央改革办督查组、省疫情防控和复工复产指导组、省专项审计组、省高校换届考察组等62批,1048人次,工作量3073人次。

各类商务考察团接待任务　主要有中石油、中石化、中海油、中储粮集团、杭钢集团、省交通投资集团、省海港集团、杭州长乔旅游投资集团、中国华腾工业公司、中国诚通公司、波音中国公司、阿里巴巴、中交疏浚公司、中国融通公司、新奥集团、浙能集团、物产中大集团、钧石集团、上海期货交易所、中国商飞公司等89批,接待任务1557人次,工作量2285人次。

各类党政代表团及境内外考察团接待任务　主要有杭州市党政代表团、杭州市老干部考察团、重庆奉节县考察组、达州市党政代表团、俄罗斯西北联邦区总统代表处融资中心董事会主席西德罗夫·亚历山大一行等5批。随行保障市党政代表团外出考察1次,为10月26—29日赴海南省学习考察。

(撰稿:王秋娇)

开发海洋振兴舟山促进会

【联谊活动】 1月3日,舟山海外联谊会在深圳举行2020在港舟山籍乡亲迎春团拜会,舟山市在港的8个同乡社团及舟山在深企业联合会220余位乡亲代表应邀出席团拜会。市政协党组书记、市委统战部部长王伟到会致辞。大会希望全市在港各同乡社团始终秉承爱国爱港优良传统,团结引导广大旅港乡亲,加强联谊交流,参与社会事务,为依法止暴制乱、恢复秩序,维护香港长期繁荣稳定作出贡献。希望香港各同乡社团和各位乡贤共系故土家园之情,共担造福桑梓之责,共尽助推发展之力,不断推进舟港两地合作交流,为舟山群岛新区建设多作贡献。

1月4日,杭州市舟山商会二届三次会员大会在岱山开元大酒店举行。杭州市舟山商会会员企业家、在杭浙商企业家、在杭异地商会会长、秘书长及岱山县相关部门领导、嘉宾百余人参加会议。

5月21日下午,市投资促进中心副主任郑宏标一行到杭州商会调研。杭州商会秘书长傅贤云及副会长、杭州正山化工有限公司总经理王朋,常务理事杭州唯品淘信息科技有限公司董事长徐明等参加座谈。会上商会介绍其组织架构、服务职能等相关事宜,郑宏标介绍一系列重大项目在舟山落地实施的最新进展和情况及下一步重点招商领域及方向等。王朋和徐明介绍公司主营业务、主打产品、经营现状和优秀项目案例,及与舟山的部分产业进行的对接合作意向。双方就今后加强合作交流、资源共享、信息互通达成共识。

6月12日,舟山市工商联副主席兼秘书长吕茂兴一行赴杭州商会调研,商会秘书长傅贤云陪同走访商会副会长单位浙江建院建筑规划设计院。双方就服务会员企业以及加强自身建设、组织建设、经济服务和商会承接政府职能转移等进行交流。

6月12日,杭州商会会长夏赛丽到盟省委“烛光行动”示范基地舟山市明珠学参加爱心捐赠仪式。仪式上夏赛丽爱心基金会捐赠2万余元的书、文具一批,并将为优秀学生、优秀老师设立奖学金提供资助。

9月28日,北京舟山商会秘书长支敏、舟山市投资促进中心驻北京招商机构负责人王国富一行到访上海市舟山商会并进行座谈交流。商议与北京舟山商会建立两地商会的工作机制,加强兄弟商会组织联系,为两地商会会员更好地提供投资、合作机会。

【组织建设】 7月25日,舟山市江西商会成立。罗卫峰当选为舟山江西商会会长。至年底,赣商在舟山开办企业300多家,到舟山发展的江西籍人士4万余人。所从事行业大多分布在生物科技、新能源、船舶工程、装修建材、铝合金、旅游开发、海鲜批发等商贸行业。会上166位在舟山江西籍人士捐赠近12万元,用于支援遭受洪涝灾害的江西灾后救灾工作。罗卫峰表示,商会将以携手、沟通、发展、共赢为主题,在舟山打造赣商品牌,推动赣舟两地经济文化交流。

8月14日,宁波市舟山商会会长会议和会长理事扩大会议在国大雷迪森广场酒店举行。商会常务副会长、副会长、理事及嘉宾近40位会员参加会议。会议由会长郑嘉丰主持。总结上半年商会工作开展情况并讨论下半年的商会活动。会议重点审议通过商会2位副会长和4位理事的增补事宜,增补宁波领拓进出口有限公司总经理姚巨辉、宁波发现国际物流有限公司董事长周舰为副会长;宁波绿壹泰日用品有限公司总经理戴武波、宁波鄞州泰酷保温科技有限公司总经理金辉、浙江达人股份有限公司CEO韩琦、宁波斯维特装饰材料有限公司总经理任波为理事。

8月21日下午,定海在外大学生联合会在定海成立,并发布联合会会徽及京津冀、上海、杭州、宁波四大联络站。会上推选23名大学生担任联合会骨干,承担日常管理、会员拓展等职能,并向他们颁发聘书。定海在外大学生联合会是定海籍大学生自愿组成、自主管理的非营利性青年社会组织,旨在为大学生与政府、企业间搭建交流、实践、引才平台,争取资源共享,实现共同进步。

9月10日,宁波市舟山商会党支部筹备会议利召开。会议通过四项议程:审议通过《宁波市舟山商会党支部书记选举办法(草案)》,推选监票人、计票人,选举党支部书记,党支部书记发言、作任职承诺和后组党支部工作计划汇报。审议通过《宁波市舟山商会党支部书记选举办法(草案)》,根据选举办法规定,陈林红当选党支部书记。

【会员风采】 1月24日,杭州市舟山商会会长夏赛丽为疫区提供紧缺物资并组织募集善款,认捐5万元并在微信群内发动募捐倡议,2个小时内超额达成12万元募捐目标,并将善款全数捐赠给湖北省黄冈市浠水县人民医院。

1月28日,北京舟山海促会会长赵文权捐赠1000万元守护最美逆行者。蓝色光标捐赠1000万元参与联合发起,为抗疫英雄保驾护航。

3月7日,上海市舟山商会常务副会长单位可盈贸易有限公司登上新闻晨报,主题为“信用让消费更放心”荣誉榜。可盈的全体党员为第一线警察战士采购消毒液等必需品,送到第一线。为抗疫在特需一线封闭人员,提供其所需的安全食品、日用品等,并向红十字会捐款1万元人民币用于购买口罩等防护用品。

3月26日,浙江省第十三届人民代表大会常务委员会第十九次会议在杭州举行,杭州商会执行会长律师陈沸被任命为浙江省人大财政经济委员会委员、浙江省人大常委会预算工作委员会委员。

5月15日下午,浙江省第十三届人民代表大会常务委员会第二十一次会议在杭州召开,杭州商会执行会长、建纬(杭州)律师事务所主任陈沸应邀列席会议。会议在表决通过地方性法规与系列任命后,举行任命书颁发仪式。浙江省委书记、省人大常委会主任车俊向陈沸颁发任命书。

8月2日,舟山市安徽商会为安徽阜阳王家坝灾区筹措爱心款10余万元,爱心衣物1000余件。与舟山市红十字会对接,购买两车救灾物资支援安徽阜南、颍上县灾区。

7月,杭州市舟山商会正式成为中国国际商会浙江商会常务理事单位。杭州市舟山商会将在“一带一路”国家战略下帮助商会的会员企业在与世界各国开展贸易、投资和经济合作交流活动中打开通道,实现企业增值。

【回馈家乡　传播乡讯】 1月6日,杭州商会会长夏赛丽通过“长江阳光教育基金绿色通道”,从欧洲采购3万只口罩,价值20余万元,捐赠给舟山多家医院。

2月14日下午,舟山市普陀区北京工商业企业家联合会及在京普陀人、北京道泽(上泽)律师事务所道泽公益慈善基金联合向普陀医院捐赠800只N95口罩和10万元爱心捐款,助力家乡的疫情防控工作。

舟山海促会微信群为各地海促会之间的信息快速传播、完整交流、及时共享等提供平台的优势更加明显,为联络乡情起到促进作用。

全年发行《振兴舟山》杂志4期,发行量7200余册,成为在外舟山人了解家乡社会经济发展的一个重要途径。

(撰稿:周霞)

责任编辑:孙国生

政协舟山市委员会

市政协领导

主　　席:江建国(续—2020.04)
王　伟(2020.04—)
副 主 席:忻海平(续—2020.04)
夏文忠(续—)
道　慈(续—)
谢永和(续—)
邬振悦(续—)
孙小晓(续—)
张伟平(续—)
贝璐国(续—)
干松章(2020.04—)
董文平(2020.04—)
党组书记:王　伟(续—)
党组副书记:忻海平(续—2020.05)
夏文忠(2020.05—)
王高瞻(2020.05—)
秘 书 长:乐海华(续—)
副秘书长:陶松珠(续—)
鲍红璐(续—)
俞意萍(兼,续—)
任珊红(兼,续—)
虞旭伟(兼,续—)
陈康翔(兼,续—)

概　述

2020年,中国人民政治协商会议舟山市委员会(下称“市政协”)设1个办公室和8个专门委员会:提案委员会、委员工作委员会、经济委员会、渔农业渔农村和资源环境委员会、教科卫体委员会、社会法制和民族宗教委员会、文化文史和学习委员会、港澳台侨和外事委员会。是年,市政协学习贯彻习近平关于加强和改进人民政协工作的重要思想,围绕全市工作大局,团结带领参加人民政协的各党派团体和社会各界人士,发扬民主和增进团结相互贯通、建言资政和凝聚共识双向发力,不断提高政治协商、民主监督、参政议政水平,为推动经济社会发展贡献政协智慧和力量。中共舟山市委重视政协工作。市委书记、市长参加“请你来协商”等政协重大活动并作重要讲话,市党政领导领办重点提案17件,批示各类建言成果46件次,出席政协相关会议和活动78人次。

坚定政治站位　思想引领政治担当。学习贯彻习近平新时代中国特色社会主义思想、中共十九大和十九届二中、三中、四中、五中全会精神,领会习近平考察浙江重要讲话精神,贯彻落实中央和省市委政协工作会议精神。坚持和创新学习制度,组织传达学习中央和省市委重要会议精神。全年召开常委会会议8次,主席会议10次。开展习近平关于加强和改进人民政协工作的重要思想学习研讨活动,依托市政协理论研究会召开以“人民政协专门协商机构作用与统战功能研究”为主题的理论研讨会。

突出政协党建。加强市政协中共政治、思想、组织、作风和纪律建设,为政协履职提供保障。坚持在市委领导下开展工作,围绕市委决策部署履职尽责,执行重大事项、重要工作、重点履职活动请示报告制度,制订实施重大协商计划,配合市委对省市委政协工作会议精神贯彻落实情况进行专项督查。根据市委《关于落实中央和省委、市委政协工作会议主要任务分工方案》要求,列出28项具体任务,实行项目化管理,作为全年工作的重点。落实新时代党的建设总要求,召开全市政协系统党的建设工作座谈会,成立党建工作领导小组,制定市政协党建工作要点。发挥中共党员委员在政协重要会议、重要学习考察、专题视察调研、集中学习培训等活动中的示范带动作用,按规定程序设立临时党组织。按照市委统一安排,市政协主席会议成员参与“三服务”活动,参与观音文化园建设、全国文明城市创建、沈家门渔港小镇打造等重点项目、重点工作。

紧抓疫情防控。统筹抓好疫情防控和政协履职工作，制定出台市政协《关于全面助推疫情防控和经济社会发展工作的意见》，发动全市各级政协组织、政协各参加单位、政协委员和机关干部行动起来，助推打赢疫情防控阻击战。引导委员针对疫情防控中出现的难点、重点、盲点问题，开展"以医废为重点的固废无害化处理情况"专题调研，反映社情民意信息92篇，其中《加强快递和外卖从业人员疫情防护工作的建议》《疫情影响下一次性餐具使用亟待引起关注》等多篇社情民意信息得到市政府主要领导批示。政协委员立足各自岗位，参与救治病人、捐款捐物、稳产稳岗、保障供应等工作，其中援鄂医生、农工党党员吴常裕被授予省抗击新冠肺炎疫情先进个人和"最美政协人"荣誉称号。

凸显协商成效　聚焦专门协商机构这一职能定位，按照市委"打造舟山政协工作金名片"的要求，推进"请你来协商"平台建设，组织召开各类协商会议60余次，形成一批有价值的协商成果，为党委政府科学决策、有效施策提供支持。

聚焦经济高质量发展。围绕市委市政府打好高质量发展组合拳的有关部署，开展系列协商议政，为经济平稳健康可持续发展献计献策。重点关注自贸区建设，通过主席会议调研、委员视察等形式，为"衢山定位"建言献策，形成《关于加快衢山岛开放开发步伐，打造中国大宗商品双循环重要枢纽的调研报告》，助推自贸区新一轮大开发大开放。重点关注夜间经济发展，利用专题协商会、党派联合调研、提案"回头看"等形式对协商成果实行闭环管理，助推"海上夜游"等一批夜经济项目兴起。重点关注民营企业在"六稳""六保"中的重要作用，以"强化政企联动，推进民营经济高质量发展"为主题，召开"请你来协商"专题协商会，并首次采用网络议政方式，征集到260余名委员的90余条意见建议，促成有关部门出台相关工作措施。重点关注科技创新工作，就推动"科技新政"落实开展深入调研，形成《高质量发展背景下我市科技创新面临的困难与对策建议》，提出"理顺中国(舟山)海洋科学城现行体制""培育具有高成长性的创新型企业"等意见建议，助力建设富有海洋特色的创新型城市。

聚焦市域治理现代化。围绕全国市域社会治理现代化试点城市建设，发挥专门协商机构在国家治理体系中的重要作用，助力党委政府集众智、谋良策、抓落实。依托政协全会的大会发言，从"未来社区创建""群众'家门口'村居服务"等角度为市域治理现代化支招。依托"请你来协商"活动，围绕"加强和完善村社治理"等议题召开专题协商会，邀请在社区治理一线的村社书记参加协商发言，扩大社会各界代表和普通群众在协商民主活动中的参与面。依托提案办理协商形式，将"全装修住宅质量监管""水产品供应链创新与应用"等政协领导督办的重点提案列入"X"协商，丰富协商内容。依托市政协委员县(区)工作室、社情民意信息联络点等协商载体，发挥政协委员在基层协商中的桥梁纽带作用，围绕"幸福社区"建设、"村规民约·社区公约"建设等议题开展基层协商，拓展协商民主的深度和广度，让协商民主"飞入寻常百姓家"。

聚焦区域一体化。围绕舟山系列国家战略落地落实，引导委员通过政协各种协商平台，助推区域一体化"顶层设计"。发挥政治协商会议平台作用，就"十四五"规划建议开展专题协商，并提出"加快建设甬舟一体化合作先行区""打造对接上海都市圈的桥头堡"等前瞻性建议。发挥专题议政性常委会会议平台作用，在"加快融入长三角一体化发展步伐"课题调研中，提出"南北并进、联甬接沪"跨区域合作的主要路径，与前两年调研互为补充、形成系列，为市委、市政府决策提供参考。发挥社情民意信息"直通车"平台作用，引导委员向省政协提交《加快洋山区块开发推动浙沪港口合作，共同探索建设长三角一体化自由贸易港》等，推动协商成果的有效转化。发挥全国政协、省政协委员履职平台作用，提交"规划建设天然群岛鱼类牧场""支持舟山加快甬舟一体化"等方面的提案，所提意见建议得到有关方面高度重视。

坚持履职为民　围绕民生实事建言献策。抓住涉及人民群众利益的实际问题，把脉民生问题发展瓶颈，提出破解方案。围绕"学前教育发展""海上花园城市绿化体系建设""新时代爱国主义教育基地建设""离岛卫生事业发展”“婴幼儿公共托育服务体系建设”“村级集体经济发展”等民生热点问题,组织开展各类视察、调研、协商活动,履职地点拓展到偏远海岛、机关学校、工厂车间、田间地头,提出意见建议358条。开展政府民生实事办理情况专项督查,围绕“菜篮子”蔬菜基地建设情况开展主席会议视察,形成的视察报告得到市领导批示。完善民生类重点提案办理协商机制,通过主席会议成员督办重点提案、重点提案面对面协商、“背靠背”网上评议等举措,形成主动融入办理过程、及时了解办理进展、评价考核办理结果的良性工作机制。四次会议审查立案256件提案,其中民生领域占65%,涉及教育、卫生、交通、社会保障等各方面,成为政府制定相关政策法规的重要参考。

围绕民生热点强化民主监督。围绕创建全国文明城市,向全体政协委员制发《投身总决战,同圆创城梦》公开信,组织委员进社区、看商场、巡道路、访群众,开展多种形式的专题调研、视察活动,提出23条对策建议。开展“政协委员与文明同行”活动,引导全市政协系统带头使用公勺公筷、带头开展“光盘行动”。围绕生活垃圾分类处理工作,连续第三年开展专项集体民主监督,从“源头分类减量”“资源回收利用”“处理能力提升”等三个方面建言。参与联动民主监督,组织参加“高水平全面建成小康社会补短板工作”“社会治理领域‘最多跑一地’”“长三角区域污染防治协作机制落实情况”等监督性调研,推动相关工作改进和政策措施出台。

围绕民生难点畅通服务渠道。探索建立政协委员直接联系服务群众的长效机制,畅通履职为民、密切联系群众“最后一公里”的最佳路径。发挥市政协委员专家服务团专业优势,打造“六送下乡”为民服务品牌,向基层群众赠送药品、书籍、体育器材、农资物品、公勺公筷等,为居民群众解决具体问题,使政协委员成为党和政府联络群众的桥梁和纽带。强化社情民意信息民意表达功能,新选聘35名特邀信息员,全年上报《政协专报》70期,转部门204篇次,其中《关于加快推进富翅互通堵点交通管理的建议》等21篇社情民意信息得到市领导批示。为做好新冠肺炎疫情之后的复工复产工作,市政协主席会议成员到委员所在企业走访调研,向企业宣传好中央和省市委惠企政策、了解反映委员所在企业复工复产所面临的困难、帮助企业争取支持,为企业做好跟进服务。

凝聚共识 注重多党合作。尊重和保障各民主党派、工商联、无党派人士的民主权利,为其履职建言搭建平台、创造条件,鼓励和支持其建真言、献良策。加强政协协商和政党协商的相互衔接、有机融合,邀请党派团体和无党派人士参加市政协组织的调研、视察和座谈研讨等活动,联合党派围绕“公共卫生突发事件防控能力建设”开展联合调研。强化政协界别建设,召开界别工作会议,健全主席会议成员联系界别机制。加强对各党派团体参加政协共同性事务的协商,落实对接协调机制,建立党外委员谈心谈话制度,形成良好的合作共事氛围。是年,市各民主党派、工商联、无党派人士提交采用的政协大会发言、集体提案和社情民意信息分别占总量的55%、19.6%和85.5%。

注重团结。拓展工作领域,依托舟山总商会、沪舟医卫、舟山新社会阶层、远洋渔业等4家委员会客厅,延伸履职触角,大团结大联合的功能日趋显现。总商会委员会客厅成为政协助推民营经济发展的抓手,促成普陀农商银行与舟山民宿的战略协作,市政府主要领导出席会客厅活动、进行现场办公。4家委员会客厅全年开展各类活动18场,达到“一个委员”影响“一众人群”的乘数效应。加强与宗教团体和宗教界人士的联系,联系指导观音文化园建设,帮助反映和协调解决有关困难。加强与香港委员和港澳台侨特邀人士联系交流,与市侨联共同开展“激活海外人脉资源助推新区发展”调研,指导香港舟山政协委员联谊会开展工作,组织学习香港基本法、香港维护国家安全法。完善政协理论研究会、政协之友联谊会等社团内部管理机制,发挥社团团结联谊作用。

注重协同配合。接受上级政协的指导,配合全国政协、省政协开展“协调推进海洋资源保护与开发”“加强军地依法保护渔民位公共海域捕捞权益”“激发民营企业科技创新活动”等相关调研视察活动。加强与县(区)政协的工作联系,推动工作提质增效。邀请县(区)政协委员列席市政协专题会议，参加相关活动。发挥住舟山省政协委员在助推舟山经济社会发展中的作用，省政协十二届三次会议期间，围绕“推进远洋渔业可持续发展”“加大船舶工业支持力度”等议题提交15件提案。坚持政协各专委会与市政府部门对口联系制度，各有关部门支持配合政协组织的调研、视察活动，采纳政协提出的意见建议，接受民主监督的意识进一步增强。扩大与外地政协的联系交流，市外37批次政协考察团到舟山调研学习，舟山经济社会发展的成功做法得到多方面推介。

加强自身建设　坚持把加强政协委员和机关干部队伍建设作为推动政协事业发展的重要保障，发挥政协委员的主体作用，提升政协工作的制度化、规范化、程序化水平。

规范机关建设。突出专委会工作特点和优势，修订完善专门委员会通则和专委会与党政部门对口联系制度，梳理完善机关内部12项运行规则和各项管理制度，形成一套系统完备、科学规范的制度机制。树立重实干、重实绩的用人导向，完善机关工作人员考核办法、干部选拔任用工作规定等制度，引导机关干部更好地服务工作大局、服务政协履职、服务政协委员。

提升履职能力。树牢“委员强则政协强”理念，修订完善《政协舟山市委员会委员履职服务管理办法》《政协舟山市委员会关于委员履行职责情况统计与通报办法》《政协舟山市委员会关于进一步加强和改进界别工作发挥界别作用的意见》《市政协界别和常委、委员年度述职实施办法》等规范性文件，规范委员履职管理。优化提案办理程序，依托市政协提案管理平台首次采取线上履职方式，通过互联网架起委员与承办单位之间沟通的桥梁。推进协商民主制度建设，提请市委出台《舟山市政协开展“请你来协商”平台建设工作的实施意见》，并制定实施细则，研究出台《政协舟山市委员会关于进一步提高协商议政质量的若干意见》等制度，确保政治协商活动有章可依、有规可循。畅通知情明政渠道，组织委员听取“一府两院”工作及防洪排涝等情况通报，为政协委员知晓“上情”创造条件。

扩大政协影响。坚持全局工作系统宣传、重点工作集中宣传、特色工作深度宣传，开展“宣传人民政协好新闻”评选活动，加强与新闻媒体的联系沟通，发挥宣传矩阵作用，讲好政协故事，传播政协声音，全年开办“政协委员与新区同行”电视专栏12期，《舟山日报》专版12版，“政协之声”广播节目50期，在《人民政协报》《联谊报》以及“学习强国”“同心苑”等省级以上媒体发表原创新闻稿件100余篇次。开展“协商民主进高校”活动，成立市政协和浙海大联合工作小组，强化顶层设计、细化工作方案，工作成效得到省政协肯定。加强文史资料工作，编辑出版《战士第二故乡——庆祝舟山解放70周年》，启动《同心同行》征编工作，与《舟山晚报》共同刊出45期《千岛文史》专栏，发挥存史、资政、团结、育人的作用。

重要会议

【市政协七届四次会议】 2020年4月20—22日在新城举行。会议应到委员303人，实到269人，因疫情影响和因事因病请假34人。市委、市人大常委会、市政府、新区党工委、新区管委会、市中级人民法院、市人民检察院、海洋产业集聚区管委会领导出席会议。

会议审议批准江建国代表政协第七届舟山市委员会常务委员会所作的工作报告，审议批准政协第七届舟山市委员会常务委员会提案工作情况报告，审议批准政协第七届舟山市委员会第四次会议决议，审议批准政协第七届舟山市委员会提案委员会关于七届四次会议提案审查情况的报告。委员们列席舟山市第七届人民代表大会第五次会议，听取并赞同市长何中伟所作的政府工作报告，赞同市中级人民法院工作报告、市人民检察院工作报告及其他报告。会议同意江建国辞去政协第七届舟山市委员会主席职务。会议补选政协第七届舟山市委员会主席，副主席2人，常务委员4人。

【市政协常委会议】 全年召开8次常委会议。

1月16日，召开七届二十三次常委会议。会议审议通过补选主席、副主席、常务委员候选人建议名单，审议通过关于同意徐志伟辞去政协第七届舟山市委员会常务委员职务的决定；审议政协第七届舟山市委员会第四次会议选举办法(草案);审议通过政协第七届舟山市委员会第四次会议日程;审议通过政协第七届舟山市委员会第四次会议各次大会执行主席和主持人名单;审议通过政协第七届舟山市委员会第四次会议秘书长、副秘书长名单;审议通过政协第七届舟山市委员会常务委员会工作报告;审议通过政协第七届舟山市委员会常务委员会关于七届三次会议以来提案工作情况的报告;审议通过政协第七届舟山市委员会常务委员会工作报告报告人和政协第七届舟山市委员会常务委员会关于七届三次会议以来提案工作情况的报告报告人名单;审议通过关于授权主席会议审议市政协七届二十三次常委会议未尽事宜的决定。

3月20日,召开七届二十四次常委会议。会议审议通过关于免去韩建成政协第七届舟山市委员会常务委员、委员职务的决定,审议通过关于同意陈礼松辞去政协第七届舟山市委员会常务委员会职务、不再担任提案委副主任的决定,审议通过补选常务委员候选人建议名单。

4月18日,召开七届二十五次常委会议。会议审议市政协七届四次会议选举办法(草案)。

4月22日,召开七届二十六次常委会议。会议审议通过市政协七届四次会议选举办法,候选人名单,总监票人、副总监票人、监票人名单;审议市政协提案委员会关于七届四次会议提案审查情况的报告(草案)和市政协七届四次会议决议(草案);审议通过有关人事事项。

7月7日,召开七届二十七次常委(扩大)会议。会议以视频形式听取省政协副主席孙景淼作政协工作专题报告,听取市政府关于全市防洪排涝工作情况的通报,审议通过《政协舟山市委员会关于委员履行职责情况统计与通报办法(修订稿)》。

7月29日,召开七届二十八次常委(扩大)会议。会议围绕舟山"全国文明城市创建工作"开展专题议政,审议通过《政协舟山市委员会委员履职服务管理办法》。

8月27日,召开七届二十九次常委会议。会议审议通过《高质量发展背景下我市科技创新面临的困难与对策建议》,审议通过《关于更好发挥村社在市域治理现代化中基础性作用的调研报告》。

10月27日,召开七届三十次常委会议。会议听取全市法院工作情况通报,听取全市检察工作情况通报,审议通过有关人事事项,审议通过《关于加快推进跨区域合作,深度融入长三角一体化发展的调研报告》和《关于我市绿化体系建设情况的调研报告》,审议通过《中国人民政治协商会议舟山市委员会专门委员会通则(修订稿)》。

委员调研视察、民主监督、参政议政和提案工作

【调研视察、民主监督、参政议政】

3—8月,组织开展"更好发挥村社在市域治理现代化中的基础性作用"常委会课题调研,形成《关于更好发挥村社在市域治理现代化中基础性作用的调研报告》,并开展常委会议政性协商,提出"完善治理架构、抓牢治理重点、提升治理水平、加大治理保障"等四方面12条对策建议,助推舟山创建全国市域社会治理现代化试点城市。

4—6月,就公共卫生突发事件防控能力建设情况开展调研,形成《加快提升防控能力 有效应对公共卫生突发事件》调研报告,提出意见建议:进一步推进公共卫生应急防控体系建设,以区域医疗中心建设,促进医疗领域供给侧改革,全面做好突发重大公共卫生事件应急保障体系建设,完善海上公共卫生应急防控体系建设,聚焦风险管控、完善群防群控机制,推进公共卫生突发事件防控能力建设。

4—7月,就加强科技创新、推动新区高质量发展开展调研,形成《高质量发展背景下我市科技创新面临的困难与对策建议》调研报告,提出意见建议:进一步营造科技创新良好氛围、理顺科技创新工作体制、提高科技创新研发投入力度、构建科技创新产业格局等。

4—8月,就城乡生活垃圾分类处理开展专项集体民主监督,形成《"城乡生活垃圾分类处理"专项集体民主监督情况报告》,提出意见建议:加快推进两网融合体系建设,加大垃圾综合处理设施建设力度,强化垃圾分类处理工作考核奖惩,提高垃圾分类社会参与度。

4—10月,开展关于持续开展"主动融入长三角一体化发展"

课题调研,形成《关于加快推进跨区域合作深度融入长三角一体化发展的调研报告》,围绕舟山与沪甬两地跨区域合作中经济和产业发展有关问题展开,提出“南北并进,联甬接沪”跨地区合作的主要路径和重点工作,加快推进和推动“南翼”的甬舟合作先行区与“北翼”的浙沪海上合作示范区。

5月,组织开展全市“菜篮子”蔬菜基地建设情况专题视察,形成《关于我市“菜篮子”蔬菜基地建设情况的视察建议》,提出意见建议:抓住稳产基础,提升基地综合能力;抓住保供目标,构建产销对接长效机制;抓住提质关键,推进产地准出体系实施落地;抓住惠民根本,夯实群众获得感;抓住增收核心,推动菜农生产积极性。

5—9月,就关于全市绿化体系建设情况开展调研,形成《加强绿化体系建设　擦亮“海上花园”名片——关于我市绿化体系建设情况的调研报告》,提出意见建议:明确路径方向,注重全域布局,突出海岛特色,追求花园品质;理顺工作体系,完善机制,深化规划,统筹建管,全民参与;强化基础保障,政策保障,资金保障,队伍保障,科技保障。

6月,市政协与省政协第六民主监督小组和各县(区)政协围绕高水平全面建成小康社会补短板情况开展三级政协联动专项集体民主监督,形成《舟山市政协围绕高水平全面建成小康社会补短板开展三级政协联动民主监督的情况报告》,提出意见建议:聚焦改革开放创新,激发区域发展活力;加快产业结构调整,增强经济综合实力;优化民生服务保障,提高群众“获得感”;提升城市服务能级,展示花园城市风景线。

6—12月,市政协经济委组织开展“加快村级集体经济发展”专委会课题调研,形成《加快推进我市村级集体经济高质量发展的建议》调研报告,提出意见建议:提高思想认识,增强发展动力;加强队伍建设,提高发展能力;强化要素支持,消除发展瓶颈;创新发展思路,谋划发展项目;加强组织领导,形成发展合力。

7月,就全市全国文明城市创建工作开展专项集体民主监督。通过明察暗访相结合的方式,牵头组织百余名委员重点对创建区块进行监督检查,为期一个月。查找出5大类177个问题,提出23条对策建议,获得市创建办和各创城专项组的采纳落实。

8月,开展“社会治理领域‘最多跑一地’”三级政协联动民主监督。根据省政协统一部署,市县(区)两级政协组织100余名委员,率先对县级社会矛盾纠纷调处化解中心建设和运行情况开展调研座谈,提出意见建议63条,助力“最多跑一次”改革在社会治理领域的创新运用和落地落细。

9月,市政协开展婴幼儿公共托育服务体系建设情况专题视察,提出意见建议:做好托育机构的规范管理,推进托育服务的有序发展,营造爱婴护婴的良好社会氛围。

9—11月,市政协围绕“加快推进衢山岛整体综合开发利用”开展调研,形成《关于加快衢山岛开放开发步伐打造中国大宗商品双循环重要枢纽的调研报告》,从15个方面提出加快衢山岛开放开发的意见建议:加快建设“黄小双”大型油品储运基地,加快建设东北亚铁矿石分销中心,加快开辟北部港区海事服务供应市场,研究推进衢山南LNG储运基地建设,建设海上特别海事服务区,培育现代航运服务业;先行推动油气全产业链深化开放,发展特色海洋产业,实施高度自由的大宗商品货物船舶通关政策,实施高标准的“一线放开、二线管住”大宗商品投资贸易自由化,实施大宗商品贸易交易资金便利进出的跨境金融管理制度;实施具有国际竞争力的税收制度和政策,实施“五个自由”政策制度体系,实施离岛免税政策;实施“双15%”和“30%”特殊税收政策。

10月,就离岛卫生事业发展现状开展专题视察,提出意见建议:鼓励各级医疗卫生机构抓好常态化疫情防控工作,深入“实施健康中国战略”,要求各级政协助推民生改善和卫生健康事业发展等工作。

【提案工作】 是年,市政协委员,各民主党派、工商联、各人民团体、各界别和政协各专门委员会,以提案形式提出意见建议289件,其中闭会后16件,经审查并案后,立案256件。按照工作职能,立案提案交96个单位承办,全部办复。其中所提问题已解决或基本解决的139件,占立案提案的54.3%;正在解决或已列入计划解决的112件,占立案提案的43.7%;因条件限制暂不能解决而留作参考的5件,占立案提案的2%。提案涵盖全市经济和社会发展的各个方面。

在经济建设方面提出提案61件。主要涉及优化营商环境、助推企业帮扶政策落地、推进油品全产业链发展、做强海洋大数据产业、培育海洋高科技服务业、构筑国际海事服务基地、发展船舶融资租赁、调整外贸结构、发展夜间经济、加快渔业高质量发展、创新水产加工供应方式、加强绿色农产品生产管理、完善政策性农业保险等方面。其中关于加快推动夜间经济的提案，被市府办出台的《关于加快推进夜间经济发展的实施意见》吸收，商务、文旅等部门打造滨海湾夜游、520幸福街、晚风市集等十大标志性项目。关于推动水产业高质量发展的提案，经信部门把建议转化为举措，构建水产品供应链大数据平台，配套土地和政策，创新企业金融支持平台建设，推动水产品供应链创新与应用。关于村级集体经济高质量发展的提案，农业农村部门以解决实际问题为目标，加强指导和引导，加大政策扶持，助推村级集体经济发展。关于提升自贸区海事服务水平的提案，港航部门从加快配套建设、争取政策突破、打造"三船"品牌、优化营商环境、强化人才保障方面作出回应。

在政治建设方面提出提案41件。主要涉及完善政治协商制度、加强民族宗教工作、健全法治保障体系、强化政务信息公开、提升基层治理能力、推进未来社区创建、加快信用体系建设、提升城市文明水平、推进移风易俗、重视人才引进培养、推行居民积分管理、放开落户限制等。关于巩固创城成果、推行公筷公勺等提案，市文明办在推进相关工作时应纳尽纳，城市面貌和社会秩序发生明显变化，规模以上餐饮业公筷公勺配备率100%，使用率近70%。关于推进未来社区创建的提案，发改部门高度重视，在编制《未来社区建设三年行动计划》时吸收，并将健全工作机制，确定创建目标，开展项目试点，在"十四五"期间加快推进实施。

在文化建设方面提出提案37件。主要涉及加快文旅融合发展、提升旅游发展空间、开发特色文创旅游产品、打造研学游品牌城市、繁荣夜间文化、增进甬舟文化交流、振兴舟山老字号、修复名人故居、均衡各阶段教育发展、规范学生校内外托管、重视心理健康和危机干预、培育优质高教资源、加快体育事业发展等。关于打造舟山特色文创产品的提案，宣传、文旅部门加快产品开发和成果转化，推出"舟山心意"系列文创纪念品、日用品、食品、茶品等，通过线上线下销售扩大产业链，增强品牌影响力。针对社会关注度极高、多件提案提及的重视学生心理健康教育的建议，教育部门回应，加快学校"心理辅导室标准化"创建，加强专职教师配备，深化排查，重视干预，多途径开展心理健康教育，加强社会协作，共促学生心理健康。关于规范校外托管机构管理的提案，市场监管部门高度重视，从完善管理、落实保障、创新服务机制等方面采取措施，推进校内托管服务全面普及。

在社会建设方面提出提案95件。主要涉及做好新冠肺炎疫情防控、健全公共卫生体系和应急能力建设、加强医保基金监管、优化地下管网建设、提升城区防洪排涝能力、加快老旧小区改造、加强精装房质量监管、搭建物业智慧监管平台、治理交通安全隐患、加大食品卫生保障、助推家政服务业发展、重视失能老人看护难题、加强婴幼儿照护服务等。关于加强全装修住宅质量监管的提案，住建等部门将建议意见的落实作为改进工作的重要依据，提出全装修住宅监管一系列办法并强化实施。关于提升居家养老服务的相关提案，民政部门以满足老年人服务需求为导向，开展适老化改造，升级智慧平台建设，增加便民服务、养老咨询、健康养生等内容，满足老年人综合需求。关于健全公共卫生服务体系建设的提案，卫健部门通过完善管理体系，制定应对措施，健全监测体系，加快硬件建设，促进公共卫生建设不断完善。关于推进渔农村农贸市场建设的提案，市场监管部门吸纳建议，推进市场提升改造和星级创建，众多菜场旧貌换新颜。一批涉及完善道路设施、疏导交通拥堵点、缓解停车难等提案，市交通运输、公安、住建等部门研究施策，提案相关问题逐步落实。

在生态文明建设方面提出提案22件。主要涉及优化旅游景观设计、完善公园绿地建设管理、加强环境卫生管理、推进垃圾精准分类投放、整治餐饮油烟污染、推行公共场所全面禁烟、减少"白色污染"、提倡低碳出行、加强船舶污染防控、加强水域保护、规范海砂开采等。关于生活垃圾精准分类的提案，城管部门借鉴参考，提出的新建小区同步规划配建垃圾投放设施等建议得到采纳。关于加强船舶污染防控的提案,港航等部门主动作为,加强应急处置能力建设、强化污染物管理控制、加大船舶修造业环保整治等建议逐一落实。关于整治城区餐饮油烟污染的提案,有关部门逐条研究,通过集中整治、限期整改、改变经营业态、完善布局规划等具体举措,缓解城区餐饮油烟污染扰民问题。

市委、市政府重视支持市政协提案工作,市委书记俞东来、市长何中伟阅批提案10件并领办重点提案,市委市政府领导均领办重点提案,市政府向市政协常委会专题通报提案办理情况已成惯例。市政协主席会议成员每人督办1件重点提案,并参与督办调研、协商和督查、反馈。各承办单位加强组织领导,把提案办理作为密切联系群众、推动工作的过程,提高问题解决率和委员满意率。

市政协重视提案工作,学习贯彻习近平关于加强和改进人民政协工作的重要思想,坚持"围绕中心、服务大局、提高质量、讲求实效"的提案工作方针,在提高提案质量,创新工作机制,增强办理实效等方面发力,促进提案工作提质增效。

树立精品意识,提升提案质量。注重选题引导,通过各种方式公开征集提案线索,下发提案征集通知和选题参考目录,引导委员把着眼点放到党政工作的重点、难点以及群众关注的焦点、热点问题上来,使提案紧扣中心、贴近群众;注重集体提案培育,通过增加集体提案在重点提案及优秀提案中的比重、提高履职考核分值等办法,引导鼓励党派、团体、界别和专委会发挥集体智慧和力量,集体提案质量和比重均有提高,全年提出集体提案62件,占22%;加强撰写指导,对篇幅太长、调研不深、建议不具体的提案,与提案者沟通提出修改意见,26件提案完善后二次提交,做好大会发言转化指导工作,大会发言转提案27件;严格立案审查,对照立案标准,多关口加强提案审查,对不符合立案条件的提案,提交提案委全体会议集体研究决定,并与委员沟通,8件未立案提案作为意见建议转有关部门办理。

深化提案督办,提升办理实效。抓重点促示范,对书记市长批示的提案,党政领导领办、主席会议成员督办、党派团体的重点提案进行重点督办;抓协商促共识,邀请提案者、各党派、有关专委会参与,采取视察、座谈、征求意见及现场督办等多种方式协商,形成更广泛丰富的协商格局;抓跟踪促落实,选择办理难度大、工作推进慢、问题需迫切解决的提案进行回访并跟踪督办,组织提办双方现场踏勘,共同研究对策,助推承诺事项的落实;抓融合促互动,主席会议成员和专委会对部分提案以"请你来协商"形式进行协商督办,将提案办理与协商工作相互衔接、有机融合、整体推进,提高办理效果。

创新工作方法,提升服务能力。建立提案"快速通道",为应对疫情防控需要,按照特事特办、急事急办的原则,对有关疫情防控及其他时效性强的提案第一时间审查立案后送有关部门办理,确保提案及时有效发挥作用;优化提案审查办法,根据疫情防控特殊情况,提案审查改变常规流程,借助提案管理系统,发挥网络优势,收案、分类、审查各层面同时交替进行,提高工作效率,为优化提案审查步骤积累经验;推行清单制度,在重点提案试行基础上,推行提案工作清单制度,在培养委员清单式撰写提案的思维和习惯的同时,提高承办单位办理的针对性,促使双方认真对待提案工作,提高提案质量,助推精准办理;实施网上跟踪评议,借助升级后的提案动态管理系统,实时跟踪提案办理工作进度,实现"背靠背"网上反馈评价,反映提案者态度和提案办理效果。

(撰稿:市政协)

责任编辑:孙国生

中共舟山市纪律检查委员会（舟山市监察委员会）

市纪委领导

书　记：周　峰（续—2020.12）
　　　　章青山（2020.12—）
常务副书记：张佩飞（2020.06—）
副书记：张佩飞（续—2020.06）
　　　　杨妙君（女）（2020.05—）
常　委：史舟海（续—2020.02）
　　　　杨妙君（女）（续—2020.05）
　　　　侯学钧（2020.05—）
　　　　赵　峰（续—）
　　　　赵路夷（2020.04—）（挂职）
　　　　俞志良（2020.05—）

市监委领导

主　任：周　峰（续—）
副主任：陈　宏（续—2020.01）
　　　　张佩飞（续—）
　　　　杨妙君（女）（2020.06—）
委　员：史舟海（续—2020.04）
　　　　杨妙君（女）（续—2020.06）
　　　　侯学钧（续—2020.06）
　　　　赵　峰（2020.06—）
　　　　俞志良（2020.06—）
　　　　林技科（2020.06—）

概　述

2020年，全市纪检监察机关在省纪委省监委和市委的领导下，面对新冠肺炎疫情和错综复杂的国内外形势，把握全市党风廉政建设和反腐败工作阶段性特征，立足职责职能，主动担当作为，持续深化正风肃纪反腐，发挥监督保障执行、促进完善发展作用，践行“两个维护”、巩固深化作风建设、构建上下联动巡察网、加强日常监督、推进“三项改革”、增强群众获得感、推进不敢腐不能腐不想腐，推动中国特色社会主义监督制度在舟山生动实践，推进清廉舟山建设，纪检监察工作呈现高质量发展的良好态势。

重要会议

【市纪委七届五次全会】 1月21日在新城举行。出席会议的市纪委委员28人，列席211人。市委书记、新区党工委书记俞东来出席会议并讲话。市委常委和有关市领导出席会议。有关方面负责人参加会议。会议回顾全市2019年纪检监察工作，部署2020年任务。审议通过周峰代表市纪委常委会所作的《在全面从严治党中展现忠诚担当　为奋力干出逆周期经济飞扬新气象提供坚强保障》的工作报告。传达学习十九届中央纪委四次全会和省纪委十四届五次全会精神。听取和评议普陀山－朱家尖管委会、市卫生健康委、市市场监督管理局、市海洋与渔业局党委（党组）书记述责述廉报告。

【市纪委常委会会议】 全年召开常委会会议23次，学习习近平系列重要讲话和重要指示批示精神，传达学习上级重要会议精神、重要文件、重要讲话精神，审议市纪委七届五次全会工作报告、《舟山市监察委员会特约监察员工作细则》《关于“重要窗口”海岛风景线建设中彰显纪检监察担当　奋力推进中国特色社会主义监督制度在舟山生动实践的实施方案》等重要文件和警示教育基地信息化设备升级改造项目建设及应急电力设施改造等采购方案，研究召开全市纪委全会、全市纪检监察工作会议等，研究开展疫情防控监督检查等事项，讨论有关组织人事事项，研究自身建设、党风廉政、宣传教育、调研法规、信访举报、审查调查、正风肃纪、案件审理、预决算安排等工作事项。

政治监督

【强化重大决策部署监督】 开展

专项监督,督促推动疫情防控、复工复产、“六稳”、“六保”、三大攻坚战、创建文明城市等中央和省委、市委决策部署落地见效。牵头负责全市疫情防控督查工作,形成“查、督、改”工作闭环,查处防疫责任落实不到位、失职渎职等违规违纪问题63起,处理90人。督促推进“最多跑一次”改革,协同开展“减税降费”监督检查,推动落实惠企纾困“五减”资金约33亿元。会同市文明办出台文明城市创建工作责任办法,对2起创城推进不力问题迅速调查,追责7人。

【推动政治监督具体化、常态化】

印发《关于进一步明确2020年度政治监督工作任务的通知》,做到政治监督年度有计划、季度有清单、定期有检查,通过线上对78家单位进行网络考评和线下对19家单位开展实地政治生态监督等,推动各地各单位落实主体责任及“四清单”“两档案”“两报告”制度。

【履行监督首责】 推动纪律监督、监察监督、派驻监督、巡察监督融会贯通、同向发力,综合运用谈话函询、检查抽查等措施,做实日常监督。综合发挥党性教育、政策感召、纪法威慑的功效,全年运用监督执纪“四种形态”(一、经常开展批评和自我批评、约谈函询,让“红红脸、出出汗”成为常态;二、党纪轻处分、组织调整成为违纪处理的大多数;三、党纪重处分、重大职务调整的成为少数;四、严重违纪涉嫌违法立案审查的成为极少数)处理1341人次,其中一、二、三、四种形态分别占比74.7%、18.9%、3.4%、3%。坚持以案说纪,用好典型案例和忏悔录强化警示教育,深化“一案五必须”(每查结一起典型案件都必须进行案件通报、查摆剖析、警示教育、整改建制、回访督促)常态化机制,持续开展“一把手”讲廉活动,推动党员干部把“不敢”的敬畏转化为“不想”的自律。全市10名党员干部主动投案,55名党员干部主动到纪检监察机关说清问题。支持干部担当作为、干事创业,常态化开展失实检举控告澄清工作,全市回访关爱受处分人员174人。

基层治理

【抓好清廉村居建设专项工作】

开展强化清廉村居建设专项行动,整治突出问题、完善权力监督、净化基层风气,查处侵害群众利益腐败和作风问题,推动清廉舟山建设向基层延伸、向纵深推进。制定清廉村居创建标准和考评指数,在定海区召开全市现场推进会,由点带面推动清廉村居示范点从“盆景”到“风景”。以“最多跑一地”的理念推进“三清三提升”,对“多年、多层、多头”信访举报开展专项攻坚,推动形成一批涉纪“无积访村、无积访岛”。县(区)纪检监察来访接待窗口全部入驻“矛调中心”,全市检举控告量、初次举报量、重复举报量分别下降49.6%、42.1%、74.2%。

【护航村级组织换届】 通过村社巡察市县大联动、村社干部问题线索大排查等把好村社换届后备人选入口关,联审村干部候选人6869人次,否决候选人资格17人,其中“一肩挑”候选人5人,为8名受到不实举报和诬告陷害的村干部澄清正名。通过村社巡察全覆盖,从严查处村干部违纪违法问题,移交问题线索95件,给予党纪政务处分12人,反馈各类问题1558个,督促完善村级“三资”管理等制度30余项。

【整治群众身边腐败和作风问题】

召开全市扶贫领域专项监督工作推进会,开展扶贫监督市县乡三级联查。全年查处扶贫领域问题26起32人,给予党纪政务处分11人,查处涉案金额92万余元,通报典型问题6起7人。针对群众反映强烈的新城拆迁中抢养抢种、乱评估、公职人员滥用职权等问题集中攻坚办案,9人被留置,15人被起诉,挽回直接经济损失850万元。完成“扫黑除恶”专项斗争决胜之年、收官之年任务,深挖细查任伟兵、李文平案背后“保护伞”,推动实现线索清仓、案件清结、伞网清除。专项斗争开展以来,全市累计查处涉黑涉恶腐败和“保护伞”74件,党纪政务处分74人,移送司法机关17人。

反腐败

【高压惩腐肃贪】 在全系统推广部署检举举报平台,推进纪检监察全业务全流程上网,赋能执纪办案。持续保持反腐高压,全市立案385件,党纪政务处分317人,其中县处级干部17人,乡科级干部58人,留置调查33人,移送司法12人,挽回经济损失1500余万元。对海洋集聚区管委会原党委委员、副主任叶某杰,市水务集团原总工程师邵某才等严重违纪违法问题进行审查调查并移送司法;查处市社科联原主席韩某成严重违纪违法问题,给予其开除党籍、政务撤职处分,降为一级主任科员;查处普陀区人大常委会原党组成员、副主任陈某法违规投资入股问题,给予其撤销党内职务、政务撤职处分,降为一级主任科员。

【推动建章立制】 针对监督检查、审查调查发现的问题,分析查找廉政风险点和体制机制漏洞,注重用好纪律检查建议书、监察建议书等,督促相关部门抓整改、补短板,推动形成以制度管人管事的长效机制。市纪委市监委全年制发纪律检查建议书、监察建议书13份,提出建议41个,推动解决问题55个。如针对市公安局经侦支队原支队长张某儿违纪违法案件,制发纪律检查建议书,督促出台公安机关办理经济犯罪案件若干规定,堵塞办案漏洞。

【深化警示教育】 将警示教育作为案件查处的重要一环,通过拍摄警示教育片、开展以案释纪释法、规范党纪政务处分宣布仪式、全程指导参加案发单位民主生活会等,推进"三不"一体发力。全市有13名党员干部主动投案,57名党员干部主动到纪检监察机关说清问题。

纠治"四风"

【持续正风肃纪】 防止享乐奢靡之风反弹回潮,推动落实中央八项规定及其实施细则精神,紧盯易发多发老问题和隐形变异新动向,常态化开展正风肃纪,"一月一主题"通报曝光,持续释放全面从严、一严到底的信号。全市查处享乐奢靡问题84起,处理100人,党纪政务处分67人,比上年分别下降20.8%、23.1%、29.5%。从讲政治的高度整治形式主义、官僚主义,加强对省委40条基层减负措施贯彻落实情况的监督检查,治理贯彻党中央决策部署只表态不落实、维护群众利益不担当不作为等问题,推动解决文风会风不实不正、表格多检查多等困扰基层的形式主义问题。全市查处形式主义、官僚主义问题62起,处理78人,党纪政务处分31人,查处问题数占"四风"问题总数比重同比上升16.6个百分点。

【深化专项整治】 贯彻习近平关于制止餐饮浪费行为重要指示精神,发挥特约监察员作用,开展专项监督,督促完善制度,培育"厉行节约、反对浪费"的文明风气。开展公共资源中私人会所整治"回头看",以及违规收受礼品礼金、"烟票"背后的"四风"、统计数据造假等问题专项整治,并推动源头治理。利用集中查处部分领导干部违规投资入股问题之机,推动系统性、领域性治理,以查处陈某法案举一反三,部署开展违规投资入股、经商办企业、借贷等问题专项整治,全市自查3.4万余人,报告相关问题127人,立案审查16人;会同组织部门开展违规兼职取酬问题"回头看",深入核查问题线索,通报3起退休领导干部违规兼职取酬问题,督促推动制度规定落到实处。

巡　察

【推进巡察全覆盖】 建立《舟山市委巡察组工作规则》《巡察报告问题底稿管理办法》等制度,推进巡察机构规范化建设。七届市委以来,至2020年底,开展七轮巡察,巡察78个市(新区)属单位党组织,覆盖率92%;累计发现各类问题2500余个,党纪政务处分126人,其中县处级干部34人,移送司法机关11人,清退各类违规费用1400余万元。

【构建上下联动监督网】 对新城和普陀山－朱家尖两个功能区下辖31个村级党组织开展提级巡察,发现各类问题271个,移交问题线索12件。配合省委巡视定海区委各项工作,对双桥街道党工委进行提级巡察。坚持一体谋划、一体部署,对市、县(区)两级财政部门和政协机关开展上下联动归口巡察,强化市对县(区)巡察的引导推动功能。

【巩固巡察成果】 围绕做实巡察整改,对18家已巡察单位开展回访检查,巩固巡察成果。对巡察发现的系统性、普遍性问题,提出巡察反馈意见和纪检监察建议,督促建章立制,对重大典型问题形成专题报告供党委政府参阅决策。2020年督促被巡察单位建章立制274项,相关建言2次获市委主要领导批示肯定,并推动开展专项处置工作。打造的"一专三督双链条"巡察整改模式被上级肯定,相关做法在中国纪检监察报新探索栏目整版刊发。

监督体系改革

【提升反腐综合治理效能】 发挥市委反腐败协调小组职能作用,制定出台追逃防逃追赃协调机制工作规则、司法工作人员相关职务犯罪调查(侦查)协作机制,推动建立国有企业境外腐败协助机制,推进监察机关同司法机关、执法部门的法法贯通协助。

【深化派驻机构改革】 深化"六个一体化",将派驻机构中原16个政法专项编制调整为党政群行政编制,实现编制"一个性质";制定干部管理办法,实现机关和派驻干部管理"一个盘子";出台考核办法,实现派驻机构、国企、高校纪委考评"一个平台"。紧跟全市开发区(园区)整合提升工作,研究谋划开发区(园区)纪检监察机构建设方案。

【推动监察职能向基层延伸】 着眼全面推进乡镇(街道)监察办规范化建设,规范信访举报、问题线索处置、案件查处等纪检监察业务,指导建立考核办法、履职清单等内部管理制度和片组协作、结对互助等工作机制。评选表彰10个示范监察办,传导责任压力。全市39个乡镇(街道)纪检监察机构自办案件全部破零,全年立案182件,同比上升85.7%。在全市村(社区)设立监察工作联络站,配备站长409人,联络员1311人,出台村居监察工作联络站工作办法,推动监察办+联络站+村(居)监会一体履职,提升监督合力。

(撰稿:余泽晶)

责任编辑:孙国生

新任市级领导简介

市人大常委会主任张明超简介

张明超 男，1963年9月出生，浙江新昌人。1984年8月参加工作，1985年12月加入中国共产党，浙江大学经贸学院政治经济学专业毕业，在职研究生学历，农学学士学位。

1980年9月，浙江农业大学园艺系果树专业学习；1984年8月，椒江市山东乡团委书记（其间，1984年8—11月省委党校青年干部培训班学习）；1985年3月，椒江市山东乡副乡长；1986年3月，椒江市山东乡党委副书记、乡长；1988年9月，椒江市葭芷区委副书记、区长；1989年11月，椒江市洪家区委副书记、区长；1992年5月，台州市椒江区（椒江市）海门街道党委书记；1994年12月，台州市海门港务管理局副局长、党委副书记（其间，1995年5月至1997年6月浙江大学经贸学院政治经济学专业研究生班学习）；1998年10月，台州市港务管理局局长、党委书记；2000年6月，台州市林业局局长、党组书记（其间，2003年7—11月省经济管理研究班学习）；2005年6月，温岭市委副书记（正处级）；2006年2月，温岭市委副书记、市人大常委会主任（其间，2006年3—6月省委党校中青班学习）；2006年7月，嘉兴市秀洲区委副书记、副区长、代区长，2007年2月区长；2010年2月，嘉善县委书记；2011年11月，嘉兴市委、市政府副秘书长（正县处长级）；2011年12月，舟山市委常委、组织部部长兼市委党校校长；2013年4月，舟山市委常委、组织部部长，浙江舟山群岛新区党工委委员兼市委党校校长；2018年4月，舟山市委常委、组织部部长，浙江舟山群岛新区党工委委员，市人才工作领导小组办公室主任兼市委党校校长；2019年5月，舟山市人大常委会党组副书记（副厅长级）；2019年12月，舟山市人大常委会党组书记（副厅长级）；2020年4月，舟山市人大常委会主任、党组书记。

2011年12月起当选为中共舟山市第五、六、七届委员会委员。

市政协主席王伟简介

王伟 男，1965年2月出生，山东菏泽人。1982年9月参加工作，1990年1月加入中国共产党，省委党校区域经济学专业毕业，省委党校研究生学历。

1982年9月，嵊泗县财税局嵊山财税所干部；1983年3月，嵊泗县财税局泗礁财税所干部；1984年7月，嵊泗县财税局稽征所干部；1986年1月，嵊泗县财税局人秘股干部（其间，1987年9月至1989年7月上海财经大学财税专业大专班脱产学习）；1989年7月，嵊泗县财税局稽征所副所长；1991年12月，舟山市财税局预算科干部；1994年1月，舟山市财税局预算科副科长；1996年9月，舟山市财税局基建处处长、预算处副处长；1998年5月，舟山市财政（地税）局局长助理、基建处处长、预算处副处长；1998年7月，舟山市财政（地税）局局长助理、预算处（税政处）处长；1998年9月，舟山市财政局党组成员、局长助理、预算处（税政处）处长；1999年10月，舟山市财政局副局长、党组成员（其间，2000年9月至2002年6月浙江财经学院财政学专业在职大学学习）；2002年12月，舟山市财政局副局长、党组成员兼市社科联副主席；2003年12月，岱山县委副书记；2004年7月，岱山县委副书记、副县长，2004年12月代县长，2005年3月县长；2008年9月，舟山市财政局局长、党组书记，2008

年10月市地税局局长;2010年11月,岱山县委书记,舟山市财政局局长、党组书记,市地税局局长;2010年12月,岱山县委书记,2011年2月县人大常委会主任;2012年1月,岱山县委书记,2013年12月提名市政协副主席候选人,2014年1月市政协党组成员(2009年9月至2012年7月省委党校研究生班区域经济学专业学习);2014年2月,舟山市政协副主席、党组成员,岱山县委书记;2015年10月,舟山市政协副主席、党组成员,岱山县委书记,舟山绿色石化基地管委会党组副书记(兼);2016年10月,舟山市政协副主席、党组成员,舟山绿色石化基地管委会党组副书记(兼),2017年2月浙江舟山群岛新区党工委委员;2017年3月,舟山市委常委、统战部部长,新区党工委委员,市政协副主席、党组成员;2017年4月,舟山市委常委、统战部部长,新区党工委委员;2019年12月,舟山市委统战部部长,市政协党组书记;2020年4月,舟山市政协主席、党组书记,市委统战部部长(2020年5月免)。

2007年3月起当选为中共舟山市第五、六、七届委员会委员。

市委常委、新区党工委委员、市纪委书记、市监委主任章青山简介

章青山 男,1973年6月出生,浙江杭州人。2001年7月参加工作,1996年5月加入中国共产党,中南财经政法大学诉讼法学专业毕业,研究生学历,法学硕士学位。

1994年9月,中南政法学院法学专业学习;1998年9月,中南财经政法大学诉讼法学专业研究生学习;2001年7月,浙江省高级人民法院经济审判第一庭干部;2002年4月,省高级人民法院民事审判第二庭干部;2002年8月,省高级人民法院民事审判第二庭书记员、副科级;2005年3月,省高级人民法院民事审判第二庭助理审判员,2005年12月正科级(其间,2007年5月至2008年5月挂任文成县百丈漈镇党委委员、副镇长);2008年12月,省高级人民法院组织人事处助理审判员;2011年5月,省高级人民法院组织人事处副处长、审判员;2013年12月,省高级人民法院组织人事处副处长(主持工作)、审判员;2014年7月,省高级人民法院组织人事处处长、审判员,2018年8月宁波海事法院党组副书记(其间,2017年9月至2017年12月省委党校中青一班学习);2018年9月,宁波海事法院党组副书记(副厅长级)、2018年10月副院长,2019年12月二级高级法官;2020年12月,舟山市委常委,浙江舟山群岛新区党工委委员,市纪委书记、市监委主任候选人。

市委常委、新区党工委委员、市政协党组副书记、市委统战部部长王高瞻简介

王高瞻 男,1973年5月出生,浙江江山人。1997年8月参加工作,2001年6月加入中国共产党,省委党校区域经济学专业毕业,省委党校研究生学历。

1993年9月,华侨大学中文系汉语言文学专业学习;1997年8月,省委统战部干部;1998年8月,省委统战部综合处科员;2001年10月,省委统战部民宗处副主任科员;2004年11月,省委统战部民宗处主任科员(2003年9月至2006年7月省委党校区域经济学专业在职研究生班学习);2008年11月,省委统战部联络处副处长(2007年1月至2009年12月香港中联办协调部帮助工作;2011年2—4月浙江行政学院处级公务员任职培训班学习);2013年4月,省委统战部联络处处长;2016年9月,省委统战部干部处处长;2018年8月,省委统战部部务会议成员、干部处处长(其间,2018年9—12月省委党校中青一班学习);2020年5月,舟山市委常委,新区党工委委员,市政协党组副书记,市委统战部部长。

市委常委、新区党工委委员姜建明简介

姜建明 男,1962年10月出生,浙江岱山人。1980年3月参加工作,1984年4月加入中国共产党,中央党校函授学院经济管理专业毕业,中央党校大学学历。

1980年3月,岱山县岱中税务组办事员;1983年4月,岱山县岱中公社水利员;1984年7月,岱山县岱中乡总会计(其间,1989年4月至1990年4月浙江省经济管理干部学院“专业证书”班财会专业学习);1990年6月,岱山县岱中乡乡长助理;1991年3月,岱

山县岱中乡副乡长;1992年5月,岱山县岱东乡乡长助理;1992年12月,岱山县岱东乡乡长助理、党委副书记;1993年3月,岱山县岱东乡党委副书记、乡长;1995年1月,岱山县岱东乡党委书记、乡长;1995年3月,岱山县岱东乡党委书记;1995年11月,岱山县泥峙镇党委书记;1997年2月,岱山县政府党组成员、办公室主任(1994年8月至1997年6月中央党校函授学院经济管理专业在职大专学习);1998年3月,岱山县委委员、副县长(其间,1999年8月至2001年12月中央党校函授学院经济管理专业在职大学学习);2002年6月,舟山市政府副秘书长;2003年4月,舟山市政府副秘书长、办公室党组成员(其间,2003年8—12月浙江省委党校中青班学习);2004年11月,舟山市政府副秘书长、办公室党组成员,舟山经济开发区管委会主任、党组书记;2005年6月,舟山市政府副秘书长、办公室党组成员,舟山经济开发区管委会主任、党委书记;2006年11月,舟山市普陀区委副书记、副区长、代区长;2007年3月,舟山市普陀区委副书记、区长;2011年3月,舟山市财政局局长、党组书记,市地方税务局局长;2013年8月,舟山市委秘书长;2013年9月,舟山市委秘书长,浙江舟山群岛新区党工委管委会办公室党组书记、主任,市地方税务局局长;2013年12月,舟山市委秘书长,浙江舟山群岛新区党工委管委会办公室主任、党组书记;2015年7月,舟山市政府副市长、党组成员,浙江舟山群岛新区管委会副主任、市委秘书长,浙江舟山群岛新区党工委管委会办公室主任、党组书记;2016年3月,舟山市政府副市长、党组成员,浙江舟山群岛新区管委会副主任,2017年8月自贸区管委会副主任;2020年8月,舟山市委常委,市政府副市长(2020年9月免)、党组成员,新区党工委委员。

市人大常委会党组副书记钱军简介

钱军 男,1963年8月出生,浙江舟山人。1982年8月参加工作,1984年12月加入中国共产党,中央党校函授学院经济管理专业、华东师范大学、澳门科技大学行政与管理学院工商管理市场学专业毕业,中央党校大学学历,工商管理硕士。

1979年9月,浙江师范学院舟山分校中文系中文专业学习;1982年8月,定海一中总辅导员、教工团支委;1984年7月,舟山地(市)委组织部干事;1989年3月,舟山市委组织部办公室副主任(其间,1991年7月至1992年6月下派舟山纺织厂锻炼);1992年6月,共青团舟山市委副书记、党组成员(主持工作);1993年2月,共青团舟山市委书记、党组书记;1996年5月,浙江省青联常委,共青团舟山市委书记、党组书记、市青联主席(1992年10月至1997年3月当选为共青团浙江省委委员);1997年3月,嵊泗县委副书记(正县处级)兼县委组织部部长(1995年8月至1997年12月中央党校函授学院经济管理专业在职大学学习;2000年7月至2002年4月华东师范大学、澳门科技大学行政与管理学院工商管理市场学专业在职学习,获工商管理硕士学位);2002年6月,舟山市教育局局长、党委书记(其间,2004年3—6月省委党校中青班学习);2006年6月,浙江国际海运职业技术学院党委书记,舟山市教育局局长、党委书记;2006年8月,浙江国际海运职业技术学院党委书记;2006年12月,浙江国际海运职业技术学院党委书记、舟山电大党委书记;2010年8月,浙江国际海运职业技术学院党委书记;2012年1月,舟山市人大常委会党组成员;2012年2月,舟山市人大常委会副主任、党组成员,2019年12月市计划生育协会会长;2020年5月,舟山市人大常委会副主任、党组副书记,2020年12月一级巡视员,市计划生育协会会长。

市人大常委会副主任陈宏简介

陈宏 男,1963年7月出生,浙江舟山人。1980年12月参加工作,1984年1月加入中国共产党,浙江省委党校法律专业毕业,省委党校大学学历。

1980年12月,普陀县东极粮管所会计;1983年12月,借调到普陀县人民检察院工作;1984年8月,普陀县(区)人民检察院助理检察员、检察员(1990年8月任经济科副科长);1991年8月,舟山市普陀区人民检察院侦查局副局长;1993年9月,舟山市普陀区人民检察院财税检察室主任;1995年8月,舟山市普陀区人民检察院贪污贿赂侦查局局长;1997年9月,舟山市普陀区人民检察院党组成员、贪污贿赂侦查局局长;1998年4月,舟山市普陀区人民检察院党组成员、副检察长(其间,1998年9月至2000年7月浙江省委党校法律专业在职大学学习);2002年12月,舟山市人民检察院反贪污贿赂局局长(正科级);2003年2月,舟山市人民检察院党组成员、反贪污贿赂局局长(正科级);2003年8月,舟山市人民检察院党组成员、反贪污贿赂局局长(副县处级);2004年7月,舟山市定海区人民检察院党组书记、副检察长、代检察长,2005年3月检察长;2009年5月,舟山市人民检察院副检察长、党组成员兼反贪污贿赂局局长,定海区人民检察院检察长、党组书记;2009年11月,舟山市人民检察院副检察长、党组成员兼反贪污贿赂局局长;2011年2月,舟山市纪委副书记;2016年11月,舟山市纪委常务副书记;2017年4月,舟山市纪委常务副书记,市监察委员会副主任;2019年12月,舟山市人大常委会党组成员,市监察委员会副主任(2020年1月免);2020年4月,舟山市人大常委会副主任、党组成员。

2017年3月起当选为中共舟山市第七届委员会委员。

副市长、新区管委会副主任、自贸区管委会副主任、市公安局局长赵骏简介

赵骏 男,1972年2月出生,浙江绍兴人。1990年8月参加工作,1997年12月加入中国共产党,浙江大学成人教育学院行政管理专业毕业,在职大学学历,法学学士。

1986年9月,杭州市人民警察学校学习;1990年8月,杭州市公安局交警支队拱墅大队见习;1991年3月,杭州市公安局交警支队办公室见习;1991年8月,杭州市公安局交警支队办公室办事员;1992年8月,杭州市公安局交警支队办公室科员(1991年10月至1994年12月中国人民公安大学公安管理专业自学考试专科学习);2000年7月,杭州市公安局交警支队办公室秘书科科长(副科级);2003年5月,杭州市公安局交警支队办公室秘书科科长(正科级)(2000年9月至2003年7月浙江大学成人教育学院行政管理专业本科班学习);2006年4月,杭州市公安局交警支队办公室副主任;2008年12月,杭州市公安局交警支队拱墅大队教导员;2010年1月,杭州市公安局交警支队办公室主任;2012年2月,杭州市公安局办公室主任;2014年4月,杭州市西湖区委常委,公安分局党委书记、局长;2015年6月,杭州市西湖区委常委,公安分局党委书记、局长、督察长;2016年12月,杭州市萧山区委常委,公安分局党委书记、局长、督察长;2017年2月,省公安厅反恐怖总队总队长,2017年3月一级高级警长;2019年1月,省公安厅情指联勤中心主任、一级高级警长;2019年4月,省公安厅情指联勤中心主任、二级警务专员;2020年6月,省公安厅情报指挥中心主任、二级警务专员;2020年8月,浙江舟山群岛新区管委会副主任,中国(浙江)自由贸易试验区管委会副主任;2020年9月,舟山市政府副市长、党组成员,浙江舟山群岛新区管委会副主任,中国(浙江)自由贸易试验区管委会副主任,市公安局局长、党委书记、督察长(兼),市委政法委副书记(兼)。

市政协党组副书记夏文忠简介

夏文忠 男,1962年9月出生,浙江舟山人。1986年8月参加工作,1985年12月加入中国共产党,浙江省委党校文化社会学专业、清华大学高级管理人员工商管理专业毕业,省委党校研究生学历,高级管理人员工商管理硕士学位。

1982年9月,浙江师范大学政教系政治专业学习;1986年8月,舟山市教委教研室、教育科工作(其间在舟山师专兼课一年);1990年11月起,舟山市委办公室信息督查科副科级秘书、副科长(主持工作)、科长;1995年3月,舟山市委办公室室务会议成员、秘书处处长;2000年6月,舟山市教委副主任、党委委员;2001年9月,舟山市教育局副局长、党委委员,2002年1月兼工会主席;2002年9月,舟山市政府副秘书长,2003年4月市政府办公室党组成员(其间,2003年3月至2006年1月浙江省委党校研究生班文化社会学专业学习;2004年8—11月在瑞典乌普萨拉大学参加省委

组织部举办的领导干部经济和公共管理研修班学习)；2006年11月，舟山市科学技术局局长、党组书记兼市地震局局长，2007年9月兼浙江省海洋开发研究院院长(2006年3月至2008年1月清华大学高级管理人员工商管理专业在职学习，获高级管理人员工商管理硕士学位)；2009年5月，舟山市发展和改革委员会主任、党组书记；2011年9月，舟山海洋产业集聚区管委会主任，舟山市发展和改革委员会主任、党组书记；2012年1月，舟山海洋产业集聚区管委会主任，舟山经济开发区管委会党委书记，舟山保税港区管委会(筹)主任，2012年2月市政府党组成员；2012年8月，舟山市政府党组成员，舟山海洋产业集聚区管委会主任，舟山海洋产业集聚区管委会[舟山经济开发区管委会、舟山港综合保税区(筹)管委会]党委书记；2013年9月，舟山市政府党组成员，舟山海洋产业集聚区管委会主任，新区海洋产业集聚区管委会(舟山经济开发区管委会)、舟山港综合保税区管委会党委书记，2013年12月市政协副主席候选人，2014年1月市政协党组成员；2014年2月，舟山市政协副主席、党组成员，市政府党组成员，舟山海洋产业集聚区管委会主任，新区海洋产业集聚区管委会(舟山经济开发区管委会)、舟山港综合保税区管委会党委书记；2014年3月，舟山市政协副主席、党组成员，舟山海洋产业集聚区管委会主任(2014年4月免)，2017年8月中国(浙江)自由贸易试验区管理委员会副主任；2020年5月，舟山市政协副主席、党组副书记；2021年3月，一级巡视员，中国(浙江)自由贸易试验区管理委员会副主任。

2007年3月至2012年2月当选为中共舟山市第五届委员会候补委员；2012年2月至2017年3月当选为中共舟山市第六届委员会委员。

市政协副主席干松章简介

干松章 男，1966年4月出生，浙江舟山人。1986年5月参加工作，1992年6月加入中国共产党，香港理工大学酒店及旅游业管理专业毕业，在职研究生学历，理学硕士学位。

1986年5月，定海县(区)沥港镇政府统计员(聘用)；1993年12月，舟山市定海区沥港镇政府企办副主任、主任；1995年11月，舟山市定海区沥港镇党委委员、副镇长(1996年3月当选)(其间，1995年12月杭州电子工业学院统计学专业自考大专毕业)；1997年10月，舟山市定海区沥港镇党委副书记、镇长(1998年2月当选)(其间，1998年8—12月挂任乐清市柳市镇镇长助理；2001年4—6月挂任上海柴油机股份有限公司总经理助理)；2001年7月，舟山市定海区金塘镇党委副书记、镇长(2002年1月当选)(1999年8月至2001年12月中央党校函授学院行政管理专业在职大学学习)；2002年9月，舟山市普陀山管理局副局长(2002年10月任)、党委委员；2006年12月，舟山市普陀山风景名胜区管理委员会副主任(2007年1月任)、党委委员；2007年2月，舟山市旅游局党组书记；2007年5月，舟山市旅游局局长、党组书记；2008年8月，舟山市旅游局局长、党组书记，普陀山旅游开发股份有限公司董事长(兼)；2009年11月，舟山市旅游局局长、党组书记，舟山群岛旅游投资开发有限责任公司董事长(兼)；2010年12月，舟山市旅游委员会主任、党组书记，舟山海洋旅游综合改革试验区管理委员会主任；2012年2月，舟山市旅游委员会主任、党组书记，舟山海洋旅游综合改革试验区管理委员会主任，舟山群岛旅游投资开发有限责任公司党委书记(兼)；2013年9月，舟山市商务局局长，市商务局、市贸促支会党组书记；2013年12月，舟山市商务局局长，市商务局、市贸促会党组书记(2013年9月至2015年9月香港理工大学酒店及旅游业管理专业在职研究生学习，获理学硕士学位)；2018年12月，舟山市商务局局长，市商务局、市贸促会党组书记，市粮食和物资储备局局长；2019年3月，浙江舟山群岛新区普陀山－朱家尖管委会(市普陀山风景名胜区管委会)党委书记、主任，2019年11月一级调研员，2019年12月市政协党组成员；2020年4月，舟山市政协副主席、党组成员，新区普陀山－朱家尖管委会(市普陀山风景名胜区管委会)党委书记、主任。

2012年2月至2017年1月当选为中共舟山市第六届委员会候补委员；2017年1月至2017年3月当选为中共舟山市第六届

委员会委员;2017年3月至2020年1月当选为中共舟山市第七届委员会候补委员;2020年1月起递补为中共舟山市第七届委员会委员。

市政协副主席董文平简介

董文平 男,1966年4月出生,浙江舟山人。1985年4月参加工作,1986年11月加入中国共产党,中央党校函授学院经济管理专业毕业,中央党校大学学历。

1985年4月,舟山市普陀县(区)朱家尖乡政府统计员;1987年5月,舟山市普陀区朱家尖乡统计员、团委副书记(主持工作);1992年8月,舟山市普陀区朱家尖镇党政办公室主任;1994年10月,舟山市普陀区朱家尖镇党委委员、副镇长(1995年3月当选);1995年11月,舟山市普陀区朱家尖镇党委副书记、副镇长;1998年5月,舟山市普陀区朱家尖镇党委副书记、副镇长、朱家尖风景旅游管委会副主任;1998年7月,舟山市普陀区螺门乡党委书记、乡政府主要负责人;1998年11月,舟山市普陀区螺门乡党委书记、乡长(1999年2月当选)(1996年8月至1999年6月浙江省委党校函授学院经济管理专业在职大专学习;1997年10月至1999年12月同济大学经济与管理学院MBA课程进修班学习);2000年9月,舟山市普陀区桃花镇党委书记;2001年9月,舟山市普陀区桃花镇党委书记、人大主席(2002年1月当选)、桃花风景旅游管委会主任(2002年6月任)(2001年8月至2003年12月中央党校函授学院经济管理专业在职大学学习;2002年8—11月舟山市中青年干部培训班学习);2004年11月,舟山市普陀区沈家门街道党委书记、沈家门开发建设管委会主任(2004年12月任);2006年5月,舟山市新城管委会副主任(2006年6月任)、党委委员;2007年6月,舟山市新城管委会党委副书记、副主任(其间,2009年9月至2009年12月省委党校中青年干部培训班学习);2010年4月,舟山市新城管委会党委副书记、主任;2012年4月,舟山市新城管委会党委副书记、主任,舟山海洋产业集聚区管委会副主任(兼);2013年8月,浙江舟山群岛新区新城管委会党委副书记、主任;2017年4月,浙江舟山群岛新区新城管委会党委书记、主任,市政协党组成员(2019年12月任);2020年4月,舟山市政协副主席、党组成员,浙江舟山群岛新区新城管委会党委书记、主任(2020年6月免)。

2017年3月起当选为中共舟山市第七届委员会候补委员。

(撰稿:许伊娜)

责任编辑:徐飞舟

市（新区）直属机关及县（区）负责人名录

市委工作部门及直属单位

市纪律检查委员会监察委员会机关

市监委与市纪委合署办公。

市纪委书记　周　峰（续—2020.12）
　章青山（2020.12—）
常务副书记　张佩飞（2020.06—）
副书记　张佩飞（续—2020.06）
　杨妙君（女，2020.05—）
常　委　史舟海（续—2020.02）
　杨妙君（女，续—2020.05）
　侯学钧（2020.05—）
　赵　峰（续—）
　俞志良（2020.05—）
　赵路夷（女，挂职，2020.04—）
市监委主任　周　峰（续—）
副主任　陈　宏（续—2020.01）
　张佩飞（续—）
　杨妙君（女，2020.06—）
委　员　史舟海（续—2020.04）
　杨妙君（女，续—2020.06）
　侯学钧（续—2020.06）
　赵　峰（2020.06—）
　俞志良（2020.06—）
　林技科（2020.05—）

市委办公室（新区党工委管委会办公室）

新区党工委管委会办公室与市委办公室合署办公。挂市档案局、市委机要局（市密码管理局）、市委保密委员会办公室（市国家保密局）牌子。

市委办室务会议召集人　刘永艺（续—）
主　任　郑学军（续—）
副主任　胡志军（续—2020.06）
　莫瑞安（续—）
　徐剑锋（续—）
　张旭峰（2020.07—）
纪检组组长　陈建庆（续—）
新区办主任　刘永艺（续—）
副主任　王飞跃（兼，续—）
　郑学军（续—）
　应亿军（兼，续—2020.07）
　应朝阳（兼，2020.08—）
　任爱珍（女，兼，续—）
　徐剑波（续—2020.02）
　徐文平（兼，续—）

市委组织部

挂市委新经济与新社会组织工作委员会、市公务员局牌子。

部　长　蒲晓斌（续—）
常务副部长　史舟海（2020.02—）
副部长　陈芬芬（女，兼，续—）
　苏　玳（女，兼，续—2020.02）
　冯敏刚（兼，续—2020.12）
　赵全军（续—2020.10）
　张　未（女，续—2020.02）
　张　未（女，兼，2020.02—）
　胡　侃（续—）
纪检组组长　陈　翔（续—）

市委宣传部

挂市委市政府新闻办公室、市精神文明建设委员会办公室、市新闻出版局、市互联网信息办公室牌子。

部　长　沈国通（续—）

常务副部长　张跃良(续—)
副部长　章隽达(续—)
施宏斌(续—2020.11)
张品方(兼,续—2020.05)
罗岱生(兼,续—2020.12)
朱永华(2020.11—)
夏朝军(兼,2020.12—)
纪检组组长　施胜强(续—)

市委网络安全和信息化委员会办公室

设在市委宣传部。

主　任　章隽达(续—)
副主任　吕金华(续—)
专职副主任　徐海平(2020.02—)

市精神文明建设指导中心

由市委宣传部管理。

主　任　罗岱生(续—2020.12)
夏朝军(2020.12—)
副主任　郑军伦(续—2020.11)
夏朝军(续—2020.12)
陈　泽(续—)
项玲静(女,2020.12—)

市委统战部

挂市民族宗教事务局、市政府侨务办公室牌子。

部　长　王　伟(续—2020.04)
王高瞻(2020.05—)
常务副部长　徐智忠(续—2020.05)
刘丹恺(2020.06—)
副部长　周开龙(续—)
陈宏成(续—)
余良峰(挂职,续—2020.04)
郭纪兵(续—)
张军华(兼,续—)
余　凯(挂职,2020.04—)
纪检组组长　刘　峰(续—2020.11)

市委政法委员会

书　记　徐张艳(女,续—)
常务副书记　夏凯慧(续—)
副书记　魏　明(兼,续—2020.09)
许小月(兼,续—)
赵　骏(2020.09—)
林群珠(女,续—)
孔双龙(续—)

市委市政府政策研究室(新区发展研究院)

挂新区政策研究室牌子。新区发展研究院隶属市委市政府政策研究室。

政研室主任　徐文平(续—)
副主任　孙建军(续—)
章军志(续—2020.04)
何　军(2020.06—)
章文斌(续—2020.06)
章安腾(2020.06—)
发展研究院院长　徐文平(续—)
副院长　何　军(续—)

市委机构编制委员会办公室

归口市委组织部管理。

主　任　冯敏刚(续—2020.12)
夏学忠(2020.12—)
副主任　夏学忠(续—2020.12)
虞卓华(续—)

市委台湾工作办公室

挂舟山市人民政府台湾事务办公室牌子。

主　任　胡本祥(续—)
副主任　刘　宁(续—)
丁志刚(续—)

市委直属机关工作委员会

书　记　陈　涛(续—2020.02)
刘永艺(兼,2020.02—)
常务副书记　陈　涛(2020.02—)
副书记　王裕存(续—)
纪工委书记　赵　峰(续—)

市委巡察工作领导小组办公室

设在市纪律检查委员会。

主　任　史舟海(续—)
副主任　屠军杰(2020.11—)

市委市政府信访局

局长、党组书记　陈　刚(续—)
副局长　朱红儿(女,续—2020.07)
杨金和(2020.12—)
徐国华(续—)
张文光(续—)

市委老干部局

归口市委组织部管理。

局　长　苏　玳(女,续—2020.02)
　　　　张　未(女,2020.02—)
副局长　金　军(续—)
　　　　陈敏刚(续—)

市委党校

校　长　蒲晓斌(兼,续—)
党委书记、副校长　张伟存(续—2020.04)
常务副校长　张伟存(2020.04—)
副校长　高会峰(续—)
　　　　张信国(续—)
　　　　彭定友(2020.12—)

舟山日报社

社长、党组书记　石焕斌(续—)
党组副书记、总编辑、副社长
　　　　黄忠海(续—)
党组副书记、副总编辑、副社长
　　　　虞万军(2020.11—)
副社长　周贤侠(续—)
副总编辑　刘雨业(续—)
　　　　吴崇杰(续—)
　　　　钟传宏(续—)

市档案馆(史志研究室)

由市委办公室管理。
馆长、党组书记　刘旭军(续—)
副馆长　李　杰(续—2020.02)
　　　　胡　光(续—)
　　　　周国洪(续—)

市人大各专委会及常委会工作部门

办公室

机关党组书记　严济岳(续—)
机关党组副书记、主任　庄和刚(续—)
副主任　邵　军(续—)
　　　　钱海玲(女,续—)
纪检组组长　鲍永清(续—2020.06)
　　　　王　彦(2020.12—)

研究室

主　任　邵姜群(女,续—)
副主任　冯国海(续—)

代表工作委员会

主　任　邢学旺(续—2020.12)
　　　　俞永耀(2020.12—)
副主任　王伟苗(续—)
　　　　毛国锋(续—)

法制委员会

主任委员　郑耿德(续—)
副主任委员　罗锡炎(续—)

法制工作委员会

主　任　郑耿德(续—)
副主任　罗锡炎(续—)
　　　　徐艾青(女,续—)

监察和司法委员会

主任委员　马　麟(续—2020.01)
　　　　赵利平(2020.04—)

监察和司法工作委员会

主　任　马　麟(续—2020.01)
　　　　赵利平(2020.01—)
副主任　赵利平(续—2020.01)
　　　　黄世忠(续—)
　　　　罗和平(续—)

财政经济委员会

主任委员　余本年(续—2020.12)
副主任委员　翁满芬(女,续—)

财政经济工作委员会

主　任　余本年(续—2020.12)
　　　　李友国(2020.12—)
副主任　翁满芬(女,续—)
　　　　史伟忠(续—)

城乡建设环境资源保护委员会

主任委员　缪和平(续—2020.12)
副主任委员　杨莺莺(女,续—)

城乡建设环境资源保护工作委员会

主　任　缪和平(续—2020.12)
　　　　颜兆祥(2020.12—)
副主任　杨莺莺(女,续—)
　　　　章毓法(续—)

渔农业和渔农村委员会

主任委员　薛剑平(续—)
副主任委员　王忠达(续—)

渔农业和渔农村工作委员会

主　任　薛剑平（续—）
副主任　王忠达（续—）
陆文武（续—）

教育科技文化卫生委员会

主任委员　周　汉（续—）

教育科技文化卫生工作委员会

主　任　周　汉（续—）
副主任　郭建民（续—）
夏前峰（续—）

民族宗教华侨外事委员会

主任委员　毛松国（续—）
副主任委员　李敏霞（女，续—）

民族宗教华侨外事工作委员会

主　任　毛松国（续—）
副主任　李敏霞（女，续—）
俞福军（续—）

社会建设委员会

主任委员　孙景良（续—）

社会建设工作委员会

主　任　孙景良（续—）
副主任　胡一燕（女，续—）

信访办公室

为市人大常委会副县（处）级办事机构。

主　任　舒芬芳（女，续—）

市政府工作部门及直属单位

市政府办公室

挂市大数据发展管理局牌子。

党组书记　王飞跃（续—）
主　任　应亿军（续—2020.08）
应朝阳（2020.09—）
党组副书记　应亿军（续—2020.07）
应朝阳（2020.08—）
副主任　顾建斌（续—2020.03）
洪祝华（续—）
张　磊（续—）
吴　玮（挂职，续—）
邱建军（2020.07—）
凌永红（2020.12—）
纪检组组长　王和芬（女，续—）

市大数据管理中心

由市政府办公室管理。

主　任　张　浩（续—）

市发展和改革委员会

主任、党组书记　於树波（续—）
党组副书记　韦建华（续—2020.05）
副主任　韦建华（续—2020.06）
倪福堂（续—）
戴曙洲（续—）
张　翼（续—）
周金荣（续—）
沈　权（续—）
纪检组组长　兰保卫（续—）

市铁路建设中心

由市发改委管理。

主　任　裘　烨（续—2020.05）
罗士瑾（2020.05—）

市经济和信息化局

党组书记　苏为泽（续—2020.07）
应亿军（2020.07—）
局　长　苏为泽（续—2020.08）
应亿军（2020.08—）
党组副书记、副局长　王夕华（续—）
副局长　康　专（续—）
陈通平（续—）
祝　健（女，挂职，续—2020.05）
陈杰辉（续—2020.09）

市教育局

党委书记　祝幸安（续—2020.12）
陈海波（2020.12—）
局　长　祝幸安（续—）
党委副书记　杨永明（续—）
副局长　曾时尚（续—2020.10）
王靖军（续—）
汤赛虹（女，续—）
王舟勇（2020.05—）
纪检组组长　高士兵（续—）

市科学技术局

局长、党组书记　郭力泉（续—）

副局长　　潘祖平（续—2020.02）
　　陈文斌（续—）
　　袁　嵘（续—）
　　赵　璞（2020.12—）
　　沈方英（女，挂职，续—2020.05）

省海洋开发研究院

由市科技局管理。

院　长　　郑　斌（续—2020.09）
　　胡　骏（2020.09—）
副院长　　胡　骏（续—2020.09）

市公安局

局长、党委书记　　魏　明（续—2020.09）
　　赵　骏（2020.09—）
党委副书记、常务副局长　　姚国平（续—）
党委副书记　　周雷波（续—）
副局长　　於石头（续—）
　　周四海（续—）
　　应朝阳（续—2020.09）
　　张哲均（2020.06—）
纪检组组长　　许佰军（续—）

市民政局

局长、党组书记　　徐爱华（女，续—）
党组副书记、副局长　　王宏民（续—）
副局长　　马远辉（续—）
　　傅其海（续—）
　　毛海东（续—）

市司法局

挂市行政复议局牌子。

局长、党组书记　　李东明（续—）
副局长　　何伟平（续—）
　　贺永明（续—）
　　林海江（续—）
　　李　蓓（女，续—）
　　施存军（续—）

市强制隔离戒毒所

第一政委　　李东明（兼，续—）
所　长　　虞仙平（续—2020.07）
　　黄舟波（2020.07—）
政　委　　倪铁宏（2020.03—）

市财政局

挂市国有资产监督管理委员会牌子。

局长、党委书记　　顾央军（续—）
党委副书记、副局长　　曹国英（女，续—）
副局长　　王海平（续—）
　　宁小军（续—）
　　王醒飞（续—）
　　韩志波（2020.07—）
纪检组组长　　邓兆俊（续—）

市人力资源和社会保障局

局长、党组书记　　陈芬芬（女，续—）
党组副书记　　郑　斑（2020.11—）
副局长　　郑　斑（2020.12—）
　　於立斌（续—）
　　张　建（挂职，续—2020.05）
　　阎英群（女，续—2020.10）

市社会保险事业管理中心

由市人力资源和社会保障局管理。

局　长　　吴新利（续—）

市就业管理中心

由市人力资源和社会保障局管理。挂舟山海员就业服务中心牌子。

局　长　　薛余斌（2020.02—）

市自然资源和规划局

挂市林业局牌子。

局长、党委书记　　王　勇（续—）
党委副书记　　邵志坚（2020.11—）
副局长　　邵志坚（续—）
　　李天富（续—）
　　虞定武（续—）
　　夏文跃（续—）
　　李鸿斌（续—）
　　胡治校（续—）
　　楼加金（续—）
　　夏志光（2020.08—）
　　黄　广（挂职，2020.04—）
纪检组组长　　虞国海（续—）

市生态环境局

挂市生态环境保护综合行政执法队牌子。

局　长　　张　锦（女，续—2020.12）
　　冯敏刚（2020.12—）
党组书记　　张　锦（女，续—2020.11）
　　冯敏刚（2020.11—）
党组副书记、副局长　　於敏峰（续—2020.08）
副局长　　洪志标（续—）

汪国权(续—)

市住房和城乡建设局

局长、党委书记 郐剑波(续—)
副局长 林伟国(续—)
黄林伟(续—)
傅继昂(续—)

市建筑业管理服务中心

由市住房和城乡建设局管理。
主　任 黄林伟(续—)

市住房保障和房产管理中心

由市住房和城乡建设局管理。
主　任 陈丽娜(女,续—)

市交通运输局

局长、党委书记 全世国(续—)
副局长 蒋海平(续—2020.05)
董海明(2020.07—)
黄先永(续—)
方志浩(续—2020.03)
邱一虹(女,续—)
陈仁军(续—2020.03)
陈国林(女,兼,2020.05—)
朱　宏(兼,续—2020.05)
陆斌海(2020.07—)

市公路与运输管理中心

由市交通运输局管理。
主任、党委书记 邬勤平(续—)

市交通运输行政执法队

由市交通运输局管理。
队　长 陆斌海(续—2020.07)
何波英(2020.07—)

市水利局

党组书记 何国忠(续—2020.06)
於敏峰(2020.07—)
局　长 何国忠(续—2020.08)
於敏峰(2020.08—)
副局长 王洪波(续—)
赵晓波(挂职,续—)
鲍国光(2020.03—)

市农业农村局

挂市农业综合行政执法队牌子。
局长、党组书记 洪　碧(女,续—)
副局长 叶维寅(续—)
胡志军(2020.07—)
叶激华(续—)
虞斌波(续—)

市商务局

挂市粮食和物资储备局牌子。
局长、党组书记 张　捷(续—)
副局长 薛余斌(续—2020.02)
陈建设(续—)
黄红华(挂职,续—2020.05)
李进城(续—)
郑　杰(2020.02—)
王舒立(挂职,2020.05—)

市文化和广电旅游体育局

挂舟山市文化市场综合行政执法队牌子。
党组书记、副局长 陆深海(续—)
局　长 曹　泓(女,续—)
副局长 王骏涛(续—)
刘志勇(续—)
王国文(续—)
郭文杰(续—)
徐　海(续—)
厉春雷(2020.05—)

市卫生健康委员会

市计划生育协会机关与市卫生健康委员会合署办公。
主任、党委书记 杜自力(续—)
党委副书记 厉仁军(2020.02—)
副主任 厉仁军(续—2020.03)
方　涛(续—)
李海飞(女,续—)
楼世峰(续—)
王　臻(挂职,续—2020.05)
金秀国(续—)
王淑芬(女,续—)
纪检组组长 司　勇(续—)

市退役军人事务局

局长、党组书记 刘　涛(续—)
副局长 李　昌(续—)
陶慧芳(女,续—)
傅国平(续—)

市应急管理局

局长、党委书记　蔡志军(续—)
副局长　施亚平(续—)
朱舟波(续—)
张　均(续—)
汪成元(2020.07—)

市审计局

局长、党组书记　陆沧波(续—2020.08)
周军刚(2020.08—)
副局长　钱　宁(续—2020.03)
翁维波(续—)

市政府外事办公室

挂市人民政府港澳事务办公室牌子。
主任、党组书记　陈利文(续—)
副主任　庄海波(续—)
熊华峰(续—)

市市场监督管理局

挂市知识产权局牌子。
局长、党委书记　王富海(续—)
副局长　孙海芬(女,续—)
陈　皑(续—)
卢　波(续—)
汪志宏(续—)
赵伟明(续—)

市食品药品检验检测研究院

由市市场监督管理局管理。
党委书记　梅宏辉(续—)
院　长　王萍亚(女,续—)

市市场监管综合行政执法队

由市市场监督管理局管理。
队　长　鲍华君(女,续—)

市政府金融工作办公室

主任、党组书记　吴登宽(续—)
副主任　张　曙(续—)
水开明(续—)

市统计局

局长、党组书记　沈室渊(续—)
副局长　陈忠年(续—)
孔海英(女,续—)

市社会经济调查队

由市统计局管理。
队　长　沈室渊(续—)

市医疗保障局

局长、党组书记　周军刚(续—2020.08)
陈　腊(2020.08—)
党组副书记　陈　腊(续—2020.08)
顾飞舟(2020.11—)
副局长　顾飞舟(2020.12—)
阮剑鸿(续—)

市人民防空办公室

挂市民防局牌子。
主任、党组书记　郑方斌(续—)
副主任　李少华(续—)

市城市管理局(市综合行政执法局)

局长、党组书记　俞连军(续—)
副局长　胡雄伟(续—)
林　静(女,续—)
邱郁青(续—)
鲍国庆(续—)
张　杰(2020.07—)

市海洋与渔业局

挂市海洋行政执法局牌子。
局长、党组书记　蔡朝才(续—)
副局长　王晓波(续—)
李增辉(续—)
吴　海(2020.08—)

市港航和口岸管理局

挂市港航行政执法队牌子。
局　长　徐全昌(续—2020.06)
蒋海平(2020.06—)
党委书记　徐全昌(续—2020.05)
蒋海平(2020.05—)
副局长　郭　波(续—)
方志浩(2020.02—)
王满央(续—)
丁　涛(续—)
沈军恩(续—)
林海伟(续—)

市港航事业发展中心

由市港航和口岸管理局管理。
主　任　徐全昌(续—2020.05)
蒋海平(2020.05—)

副主任　　方志浩(2020.03—)
　　锁旭东(续—)

舟山引航站

由市港航事业发展中心管理。

站　长　　陈伟丰(续—)
党委书记　　李培年(续—)

新区管委会驻北京联络处

挂招商引资服务中心牌子,由市政府办公室管理。

主任、党组书记　　邱福位(续—)
副主任　　石初浩(续—2020.05)
　　傅伊云(2020.05—)

新区管委会驻上海联络处

挂招商引资服务中心牌子,由市政府办公室管理。

主　任　　周　炯(2020.02—2020.09)
副主任(主持工作)　　周　炯(续—2020.02)
　　林振宇(2020.05—)
副主任　　唐金吉(2020.08—)

新区管委会驻杭州联络处

挂招商引资服务中心牌子,由市政府办公室管理。

主任、党组书记　　朱杰成(续—)
副主任　　王智仡(续—2020.08)
　　叶劲松(2020.08—)

浙江大学舟山海洋研究中心

主　任　　徐　文(浙大委派,续—2020.06)
　　王瑞飞(浙大委派,2020.06—)
副主任　　翁永孟(续—2020.06)
　　金卫勇(浙大委派,续—)
　　泮红文(女,2020.06—)
　　翁满军(2020.06—)

市大桥建设管理中心

由市交通运输局管理。挂舟山跨海大桥管理中心牌子。

主任、党组书记　　张雷永(续—)
党组副书记　　张　维(女,2020.06—)
副主任　　宗　勇(宁波市委派,2020.07—)
　　顾伟存(宁波市委派,续—2020.07)
　　董海明(续—2020.07)
　　陈伟君(宁波市委派,兼,续—)
　　姜论海(续—)
　　赵志军(续—)
　　许憬晖(女,续—)

新区决策咨询委办公室

主　任　　王骏涛(续—)

市政务服务办公室

挂舟山市公共资源交易管理委员会办公室、舟山市最多跑一次改革办公室牌子。

主　任　　孙丹燕(女,续—2020.09)
　　金伟民(2020.09—)
党组书记　　孙丹燕(女,续—2020.08)
　　金伟民(2020.08—)
副主任　　孙晓华(女,续—2020.05)
　　虞科鲁(续—)
　　石初浩(2020.05—)
　　乐　观(续—)

市公共资源交易中心

由市政务服务办公室管理。

主　任　　林振宇(续—2020.05)
　　孙晓华(女,2020.05—)

中国(浙江)自由贸易试验区综合服务中心

主　任　　黄义盛(续—)

中国(浙江)自由贸易试验区综合协调局

局　长　　俞　斌(续—)
副局长　　冯必君(续—)
　　叶仙富(续—)
　　江宇奇(女,挂职,2020.04—)

中国(浙江)自由贸易试验区政策法规局

局　长　　应仲民(续—2020.08)
　　陈华清(2020.11—)
副局长　　陈华清(续—2020.11)
　　朱海洋(挂职,续—2020.04)
　　胡朝麟(续—)

市机关事务管理中心

挂市委市政府接待中心牌子。

主任、党组书记　　陈海波(续—)
副主任　　宋良元(续—)
　　刘海斌(续—)
　　徐　敏(2020.05—)

舟山广播电视总台、编委会

台　长　　颜兆祥(续—)
党组书记　　颜兆祥(续—2020.12)
　　史　军(2020.12—)

党组副书记、总编　钱　军(续—)
副台长、副总编　史　军(续—2020.12)
　　欧阳晓明(续—)
　　李信平(续—)

市投资促进中心

2020年4月,中国(舟山)大宗商品交易中心与舟山市投资促进中心整合,重新组建舟山市投资促进中心。是市政府直属公益一类事业单位,为正处级。保留中国(舟山)大宗商品交易中心牌子。

主任、党组书记　李方军(续—)
党组副书记　林旭波(2020.04—)
副主任　周敏华(续—2020.05)
　　林旭波(2020.05—)
　　陈　洁(女,2020.05—)
　　刘志辉(续—)
　　俞骥科(2020.12—)

中国(舟山)大宗商品交易中心

2020年4月,中国(舟山)大宗商品交易中心与舟山市投资促进中心整合,重新组建舟山市投资促进中心。

主　任　贝璐国(续—2020.05)
党组副书记　林旭波(续—2020.04)
副主任　林旭波(续—2020.05)
　　陈　洁(女,续—2020.05)

市住房公积金管理中心

党组书记、主任　林　文(续—)

市供销合作社——市供销合作社联合社

2020年12月,舟山市供销合作社更名为舟山市供销合作社联合社。

主任、党组书记　张　群(续—)
副主任　魏芳军(续—)
　　王　飞(续—)
　　舒　华(续—2020.12)
监事会主任　舒　华(2020.12—)

浙江国际海运职业技术学院

党委书记　陈松华(续—2020.07)
　　苏为泽(2020.07—)
党委副书记、院长　吴中平(续—)
党委副书记　孔志光(2020.07—)
副院长　孔志光(续—2020.08)
　　李　丽(女,续—)
　　曹志斌(续—)
　　夏志刚(2020.05—)
纪委书记　江爱芬(女,续—)

浙江舟山群岛新区旅游与健康职业学院

党委书记　姚奇富(续—)
党委副书记、院长　郑能波(续—)
党委副书记　王旭光(续—2020.11)
副院长　张朝阳(续—)
　　孔志华(续—)
纪委书记　俞志良(续—2020.05)
　　方　波(2020.07—)

舟山教育学院

由市教育局管理的事业单位。

院长、党委书记　江　平(续—)

舟山蓉浦学院

由市教育局管理的事业单位。

院长、党委书记　周建军(续—)

政协舟山市委员会工作机构

办公室

机关党组书记　乐海华(续—2020.12)
　　罗岱生(2020.12—)
主任、机关党组副书记　陶松珠(女,续—)
副主任　苗定夫(续—)
　　唐益鸣(续—)
纪检组组长　沈剑岳(续—2020.06)

提案委员会

主　任　张友华(续—)
副主任　陈礼松(续—2020.04)
　　林　伟(续—)
　　沈东波(女,续—)

委员工作委员会

主　任　郑华卫(续—)
副主任　林燕敏(女,续—)
　　卢　竑(女,续—)

经济委员会

主　任　夏仁康(续—)
副主任　周之翔(续—)
　　邬扬全(续—)

渔农业渔农村和资源环境委员会

主　任　吴国员(续—)
副主任　戴晓忠(续—)
　　　　宋贤斌(续—)

教科卫体委员会

主　任　夏龙义(续—)
副主任　姜　敏(续—)
　　　　李莹梅(女,续—)

社会法制和民族宗教委员会

主　任　严国强(续—)
副主任　刘英凡(女,续—)
　　　　李军锋(续—)

文化文史和学习委员会

主　任　包江雁(续—)
副主任　冯迎丰(续—)
　　　　李朝颖(续—)

港澳台侨和外事委员会

主　任　詹志军(续—)
副主任　张海军(续—)

新区工作部门及直属单位

舟山绿色石化基地管理委员会

主任、党组书记　郑　海(续—)
常务副主任　胡国祥(续—2020.11)
副主任　迟祖民(续—)
　　　　项存平(兼,续—2020.07)
　　　　王存璋(续—)
　　　　冯连芳(挂职,续—2020.04)
　　　　程致高(续—)
　　　　俞文苗(续—)

新区航空产业园管委会(市民用航空管理局)

挂市民用航空管理局牌子。

主任、党组书记　李友国(续—)
副主任　刘生波(续—)
　　　　戎其跃(续—)
　　　　王怀金(续—)
　　　　王全忠(续—)
　　　　费　翔(挂职,续—2020.04)
　　　　王浩斌(续—)

新区海洋产业集聚区管委会

舟山高新技术产业园区管委会、舟山港综合保税区管委会与海洋产业集聚区管委会合署办公。

主任、党委书记　陈　麟(续—)
党委副书记、副主任　韦晓红(女,续—)
副主任　范静慧(女,挂职,续—)
　　　　陆平跃(续—)
　　　　叶同杰(续—2020.09)
　　　　许　琰(续—)
　　　　陆俊臻(续—)
　　　　陈　博(续—)
　　　　庄优芳(女,2020.07—)
纪检组组长　林备瑜(续—)

舟山高新技术产业园区管委会

主　任　陈　麟(续—)
副主任　陆平跃(续—)
　　　　叶同杰(续—2020.09)
　　　　陈　博(续—)
　　　　庄优芳(女,2020.07—)

舟山港综合保税区管委会

主　任　韦晓红(女,续—)
副主任　徐洪刚(挂职,续—2020.04)
　　　　许　琰(续—)
　　　　陆俊臻(续—)

新区新城管委会

党委书记　董文平(续—)
主　任　董文平(续—2020.06)
　　　　张文科(2020.06—)
党委副书记　张文科(2020.06—)
副主任　王　涛(续—)
　　　　徐朝斌(续—2020.08)
　　　　黄圣亚(女,续—)
　　　　周怀逸(兼,续—)
　　　　戴汉鹏(续—)
　　　　竺最波(女,续—)
　　　　肖　涛(2020.11—)
纪委书记　王　彦(续—2020.12)

中国(舟山)海洋科学城建设管理中心

由新城管委会管理。

主任、党组书记　王平伟(续—)
副主任　周朝阳(续—)
　　　　张谷燕(女,续—)

何 军(续—)
成 聪(续—)

新区普陀山－朱家尖管委会(市普陀山风景名胜区管委会)

党委书记、主任 干松章(续—)
党委副书记、常务副主任 刘明永(续—2020.11)
副主任 丁宏斌(续—2020.01)
孙军尔(续—)
许文峰(兼,续—)
张 晖(续—)
刘方晖(续—)
张宏华(兼,续—2020.06)
郭涤寰(续—)
蔡敏波(女,2020.02—)
纪检组组长 郑方胜(续—)

新区金塘管委会

党委书记 庄继艳(女,续—)
党委副书记、主任 毛铁年(续—)
党委副书记、副主任 齐友国(续—2020.02)
副主任 韦华舟(续—)
丁水华(续—)
朱彦波(续—)
武 扬(挂职,续—2020.04)
陈 杰(续—)
严 华(2020.02—)
倪冠军(挂职,2020.04—)

新区六横管委会

党委书记 张立军(续—)
党委副书记、主任 徐炜波(续—2020.06)
何国忠(2020.06—)
副主任 吴子奇(续—)
李广东(续—)
吕 辉(续—)
忻丁世(续—)
王海涛(续—2020.11)
白希勇(2020.11—)

市级群团组织

市总工会

主 席 周松宽(兼,续—)
党组书记、副主席 郑 洪(续—)
副主席 刘银涛(续—)
吴建新(续—)
王 珺(女,续—)
唐进伟(兼,续—)
丁兆冈(兼,续—)
米 卿(挂职,2020.09—)

共青团舟山市委

书记、党组书记 黄江荣(续—)
副书记 陈 涛(续—)
楼春颖(女,挂职,续—)
崔俊杰(2020.06—)
金可泽(兼,续—)
刘豪伟(兼,续—)

市妇女联合会

主席、党组书记 於颖颖(女,续—)
副主席 邵 情(女,续—)
刘晓芬(女,续—)
胡一燕(女,挂职,续—2020.08)
邬玮玮(女,兼,续—)
吴素月(女,兼,续—)
戴舒意(女,挂职,2020.08—)

市文学艺术界联合会

党组书记 张跃良(续—2020.11)
张 辉(2020.11—)
主 席 杨亚儿(女,续—)
副主席 张 辉(续—)
戎际双(续—)
王 颖(兼,续—2020.11)
王志良(兼,续—2020.11)
来 其(兼,续—2020.11)
邬传统(兼,续—2020.11)
丁宏斌(兼,续—2020.11)
王敏杰(兼,续—2020.11)
周 波(兼,续—2020.11)
韩伟表(兼,2020.11—)
王国文(兼,2020.11—)
孙军尔(兼,2020.11—)
陈娜君(女,兼,续—)

市科学技术协会

主席、党组书记 叶亚君(女,续—)

副主席　吴瑜良(续—)
赵　峰(续—)
任林盛(女,挂职,续—2020.09)
章　耀(挂职,2020.08—)
徐汉祥(兼,续—)
郑　斌(兼,续—)
张国强(兼,续—)
宋金宝(兼,续—)
王加斌(兼,续—)
杨　东(兼,续—)
林　东(兼,续—)
吴中平(兼,续—)

市归国华侨联合会

主席、党组书记　陆　意(女,续—)
副主席　傅伊云(续—2020.09)
陈　晨(挂职,续—)
邬传统(兼,续—)
於立斌(兼,续—)
李灵萍(女,兼,续—)
翁志龙(兼,续—)
陆效军(兼,续—)
陶性于(兼,续—)

市贸促会

会长、党组书记　宋晓斌(续—)
副会长　王洛松(续—)
叶君武(续—)

市残疾人联合会

理事长、党组书记　俞永耀(续—)
副理事长　徐　敏(续—2020.08)
马兰中(续—)
李晓斌(2020.05—)
袁相波(挂职,续—2020.09)
楼　宝(兼,续—)
钟王燕(女,挂职,续—)
郭绍磊(挂职,2020.09—)

市社会科学界联合会

主　席　韩建成(续—2020.03)
施宏斌(2020.12—)
党组书记　韩建成(续—2020.03)
施宏斌(2020.11—)
副主席　王文涛(女,续—)
郎　勇(续—)
黄建钢(兼,续—2020.12)
赵利平(兼,续—2020.12)
张新杰(兼,续—2020.12)
孙建军(兼,续—2020.12)
王　捷(兼,2020.12—)
孔志光(兼,2020.12—)
何　军(兼,2020.12—)
张信国(兼,2020.12—)
张朝阳(兼,2020.12—)

市红十字会

会　长　方　维(女,续—)
党组书记、常务副会长　余海刚(续—)
副会长　叶跃胜(续—)
许　平(续—)
高　潮(挂职,2020.10—)
祝幸安(兼,续—2020.10)
陆沧波(兼,续—2020.10)
杜自力(兼,续—2020.10)
袁德新(兼,续—2020.10)
韦晓红(女,兼,续—2020.10)
惟　航(兼,续—2020.10)
苗成武(兼,2020.10—)
汤赛虹(女,兼,2020.10—)
马远辉(兼,2020.10—)
方　涛(兼,2020.10—)
张国强(兼,续—)
定　明(兼,2020.10—)
马震洲(兼,续—)
史宁健(兼,续—)

市计划生育协会

副会长　方　维(女,兼,续—)
杜自力(兼,续—)

市青年联合会

主　席　黄江荣(兼,续—)
副主席　陈　涛(兼,续—)
陈华清(兼,续—)
徐向东(兼,续—)
张　杰(兼,续—)
王佳佳(兼,女,续—)

民主党派与工商联

民革舟山市委会

主任委员　张伟平（续—）
专职副主任委员　俞意萍（女，续—）
副主任委员　潘祖平（兼，续—）
　刘勇平（兼，续—）

民盟舟山市委会

主任委员　谢永和（续—）
专职副主任委员　任珊红（女，续—）
副主任委员　沈万祥（兼，续—）
　郑　斌（兼，续—）

民建舟山市工委会

主任委员　曹　泓（女，续—）

民进舟山市委会

主任委员　贝璐国（续—）
专职副主任委员　汤赛虹（女，续—）
副主任委员　虞旭伟（续—）
　张波涛（兼，续—）
　王敏杰（兼，续—）

农工党舟山市委会

主任委员　孙小晓（女，续—）
专职副主任委员　鲍红璐（女，续—）
副主任委员　刘奋伟（兼，续—）
　王淑芬（兼，续—）
　韩亚玲（女，2020.12—）

九三学社舟山市委会

主任委员　方　维（女，续—）
专职副主任委员　陈康翔（续—）
副主任委员　余华安（兼，续—）
　杨莺莺（女，兼，续—）

市工商业联合会

主　席　庄伟意（续—）
党组书记、副主席　张军华（续—）
副主席　吕茂兴（续—2020.12）
　陈先彬（续—）
　陈　璘（挂职，2020.12—）
　陈建铭（兼，续—）
　林坚定（兼，续—）
　金虹芸（女，兼，续—）
　李国锋（兼，续—）
　马震洲（兼，续—）
　董伟国（兼，续—）
　陈惠龙（兼，续—）
　周亚国（兼，续—）
　张志加（兼，续—）
　李忠峰（兼，续—）
　袁海波（兼，续—）
　武　平（兼，续—）

市中级人民法院

院长、党组书记　孙公幸（续—）
党组副书记、副院长　董凯友（续—）
副院长　杨海涛（续—）
　宋存国（续—）
　周红兵（续—）
纪检组组长　冯海波（续—）

市人民检察院

检察长、党组书记　黄　辉（续—）
党组副书记、副检察长　王良军（续—）
副检察长　虞英波（续—）
　王　彬（续—）
　王旭征（女，续—）
　张亚平（挂职，2020.12—）
纪检组组长　卢云星（续—）

省部属驻市机构

市国家安全局

局长、党委书记　李　达（续—2020.02）

国家税务总局舟山市税务局

局长、党委书记　宋根松（续—）
副局长　郑茂元（续—2020.04）
　罗列民（续—2020.04）

唐维维（女，续—）
毕韶峰（女，续—）
童　武（2020.07—）
邬传统（续—）
纪检组组长　徐小刚（续—）

市烟草专卖局（省烟草公司舟山市公司）

局长、党组书记（经理）　徐永祥（续—）
党组副书记、副局长　宋晓峰（续—）
副局长　俞晓锋（续—）
副经理　姚佩佩（女，续—）
纪检组组长　袁卫东（续—）

省盐业集团舟山市盐业有限公司

董事长、总经理　娄　栋（续—）
副总经理　陆国良（续—）

市气象局

局长、党组书记　何文岳（续—）
副局长　黄　辉（续—）
赵海林（续—）
纪检组组长　吴清林（续—2020.05）
徐超俊（2020.05—）

市无线电管理局

局　长　何学群（续—）

国家统计局舟山调查队

队长、党组书记　毛显进（续—）
副队长　贺金昌（续—）
洪传东（续—）
纪检组组长　徐建平（续—）

中国邮政集团有限公司舟山市分公司

总经理、党委书记　尤庆华（2020.04—）
副总经理　李象刚（续—）
盛兴刚（2020.04—）
纪委书记　周旗奋（女，续—）

市邮政管理局

局长、党组书记　朱　宏（续—2020.02）
陈国林（女，2020.02—）
副局长、纪检组组长　王海月（女，续—2020.09）
樊　涛（2020.09—）

中国电信股份有限公司舟山分公司

总经理、党委书记　蔡旭东（续—）
副总经理　夏海伦（续—）
殷武伟（续—）
苏效东（续—）
纪委书记　殷武伟（续—2020.08）
夏海伦（2020.08—）

中国移动通信集团浙江有限公司舟山分公司

总经理、党委书记　黄建平（续—）
副总经理　汪益军（续—）
赵晓潭（续—2020.01）
袁宏路（2020.01—）
孙克雄（2020.12—）
副总经理、纪委书记　孙岱象（续—）

中国联通网络通信有限公司舟山分公司

总经理、党委书记　林华奇（续—）
副总经理　余志跃（续—2020.04）
徐焱巧（续—）
郭飞英（女，续—）
严　伟（2020.04—）
纪检组组长　傅醉岳（续—）

中国铁塔股份有限公司舟山市分公司

党委书记、总经理　洪卫华（续—2020.07）
张　华（2020.07—）
副总经理　戴智恩（续—2020.07）
副总经理、纪委书记　吴　涛（2020.07—）

舟山海洋生态环境监测站

站　长　邵君波（续—）
副站长　唐静亮（续—）
方　杰（续—）

浙江大学海洋学院

院　长　王立忠（续—）
党委书记、副院长　王瑞飞（兼，续—）
常务副院长　徐　文（续—）
党委副书记、副院长　阮　啸（兼，续—）
副院长　韩喜球（女，续—）
王晓萍（女，续—）
陶向阳（续—）
党委副书记、纪委书记　陈　庆（续—）

浙江海洋大学

党委书记　严小军（续—）
校长、党委副书记　陈建孟（续—）
党委副书记　叶　舟（续—）
王　捷（续—）
副校长　徐士元（续—）

徐汉祥(续—)
谢永和(续—)
吴承亮(续—2020.08)
王瑞飞(续—)
张真柱(2020.08—)
纪委书记 刘秀丽(女,续—)

舟山海关

关长、党委书记 冯仲良(续—2020.12)
吴伟栋(女,2020.12—)
第一副关长 宋亚武(续—2020.06)
副关长 郑志斌(续—)
孟　军(续—2020.02)
徐　超(续—)
谭青安(续—)

舟山海事局

局长、党委书记 池方庆(续—)
政委、党委副书记、纪委书记
林谦科(续—)
副局长 徐　进(续—)
陈和平(续—)
张忠表(续—)

中国水产舟山海洋渔业有限公司

董事长、党委书记 董恩和(续—)
党委副书记、总经理 周张帆(续—)
副总经理 张宝泉(续—)
石胜旗(续—)
纪委书记 翁伟虎(续—)

中国船级社舟山办事处

副主任(主持工作) 裘学峰(续—2020.09)
副主任 傅　斌(续—)
夏普镇(续—)

市级金融机构

中国人民银行舟山市中心支行

行长、党委书记 闫真宇(续—2020.07)
明秀文(2020.07—)
副行长 邬群珊(女,续—)
刘海应(续—)
鲍华峥(女,续—)

纪委书记 王巩华(续—)

中国银行保险监督管理委员会舟山监管分局

局长、党委书记 朱燕军(续—2020.08)
俞　威(2020.08—)
副局长 陈　微(女,续—)
纪委书记 盛　烨(续—2020.11)
卢　晓(女,2020.11—)

中国工商银行股份有限公司舟山分行

行　长 黄震宇(续—2020.02)
张志平(2020.02—)
党委书记 黄震宇(续—2020.01)
张志平(2020.01—)
党委副书记 周大伟(2020.11—)
副行长 许劲松(续—)
柴志安(续—)
朱礼春(2020.11—)
纪委书记 李松国(续—2020.07)
王　峰(2020.07—)

中国农业银行股份有限公司舟山分行

行　长 郑方彪(续—2020.01)
刘金潮(2020.04—)
党委书记 刘金潮(续—)
副行长 刘金潮(续—2020.04)
应万军(续—)
姚　军(续—)
纪委书记 赵晓军(续—)

中国银行股份有限公司舟山市分行

行　长 刘其先(续—2020.07)
林圣宽(2020.07—)
党委书记 刘其先(续—2020.07)
林圣宽(2020.11—)
副行长 曾小海(续—)
冯存军(续—)
金　韦(续—)
汤晶晶(女,挂职,续—)
纪委书记 沈万里(续—2020.11)
张浩军(2020.11—)

中国建设银行股份有限公司舟山分行

行长、党委书记 章　奇(续—)
党委副书记 潘鹏年(续—2020.01)
副行长 金伟强(续—2020.10)

夏文浩(续—)
马依群(女,续—2020.08)
王雅民(2020.12—)
徐杨义(2020.11—)
黄圣儿(2020.12—)
纪检组组长 潘鹏年(续—2020.01)
潘以将(2020.10—)

中国农业发展银行舟山市分行

行长、党委书记 陈立成(续—)
副行长 胡舟军(续—)
张海波(续—)
费适凌(女,续—)
纪委书记 胡舟军(续—)

中国人民财产保险股份有限公司舟山市分公司

总经理、党委书记 王立军(续—)
副总经理 阙定杰(续—)
曾　儿(女,续—)

中国太平洋财产保险股份有限公司舟山中心支公司

总经理、党委书记 郑　杰(续—)
副总经理、纪委书记 庄晓波(女,续—)

中国太平洋人寿保险股份有限公司舟山中心支公司

总经理、党委书记 叶晓森(续—)
副总经理 刘佩忠(续—)

各县(区)党政机构

中共定海区委

书　记 庄继艳(女,续—)
副书记 侯富光(续—)
顾飞舟(续—2020.11)
邵　辉(2020.11—)
毛铁年(兼,续—)
常　委 何徐华(女,续—)
郑飞科(续—)
林世军(续—)
陈海平(续—2020.02)
林剑彪(续—2020.11)
邵　辉(续—2020.11)
徐峻峰(挂职,续—2020.11)
崔亚东(续—)
夏　泉(2020.02—)
丁伟民(2020.11—)
江　舟(2020.11—)

定海区人大常委会

主　任 余河通(续—2020.12)
副主任 林伟康(续—2020.12)
范　纲(续—)
张伟旭(续—2020.02)
孙忠定(续—2020.02)
齐友国(2020.01—)
王华杰(续—)
王金康(续—)

定海区人民政府

区　长 侯富光(续—)
副区长 林剑彪(续—2020.12)
吴红卫(续—2020.12)
夏　泉(续—)
王其锋(2020.08—)
杨　健(续—)
屠定玉(女,续—)
董凯龙(续—)
徐峻峰(挂职,续—2020.11)
刘世君(续—)

政协定海区委员会

主　席 车志宽(续—2020.01)
陆沧波(2020.01—)
副主席 方家慧(续—2020.01)
柳跃军(续—)
陈礼松(2020.01—)
夏江龙(续—)
林志刚(续—)
陆翰恺(续—)

定海区人民法院

院　长 赵　晖(续—2020.01)
徐文斌(2020.01—)

定海区人民检察院

检察长 乐志盛(续—)

中共普陀区委

书　记 张立军(续—)
副书记 潘晓辉(续—2020.06)
徐炜波(兼,续—2020.06)

徐炜波(2020.06—)
张文科(续—2020.06)
孙丹燕(女,2020.06—)
何国忠(兼,2020.06—)
常　委　李　升(续—2020.07)
王引权(续—2020.05)
虞万军(续—2020.11)
李　明(续—)
徐俊军(续—)
张海斌(续—)
诸葛明海(续—)
凌永红(续—2020.08)
陆林海(挂职,续—2020.11)
马长青(挂职,续—2020.12)
单伯勋(2020.08—)
吴红卫(2020.11—)

普陀区人大常委会

主　任　戴灵芝(女,续—)
副主任　张伟国(续—)
陈春汉(续—)
陈国法(续—2020.06)
王洲琼(续—)
顾志月(续—)
陈　红(女,续—)

普陀区人民政府

区　长　潘晓辉(续—2020.06)
代区长　徐炜波(2020.06—)
副区长　张海斌(续—)
丁伟民(续—2020.12)
张宏华(2020.06—)
贺邵兵(续—2020.04)
杨海滨(续—)
郑　珽(续—2020.12)
李　莉(女,续—)
陈　蔚(女,挂职,续—2020.01)
张　勇(续—)
陆林海(挂职,续—2020.12)
马长青(挂职,续—)
乐舟龙(2020.12—)
钱善凤(挂职,2020.12—)

政协普陀区委员会

主　席　张禾波(续—)
副主席　焦兰萍(女,续—2020.01)
丁宏斌(2020.01—)
孙德明(续—)
沈　聪(续—)
吴壮青(续—)
杨建华(兼,续—)

普陀区人民法院

院　长　冯曙波(女,续—)

普陀区人民检察院

检察长　寿利根(续—)

中共岱山县委

书　记　周国岭(续—)
副书记　孙志龙(续—)
陈海平(2020.02—)
常　委　朱永华(续—2020.11)
徐　新(2020.04—)
陈琳尹(女,续—)
周国宏(续—2020.05)
施静海(续—)
方海英(女,续—)
张剑光(续—)
徐华军(挂职,续—2020.11)
王锡兵(续—)
叶　军(续—)
郁曙军(2020.05—)
庄晨辉(2020.11—)

岱山县人大常委会

主　任　沈兆幸(2020.01—)
副主任　沈兆幸(续—2020.01)
蔡松岳(续—)
夏红艳(女,续—)
王雅珠(女,续—)
童信宇(续—)
孔德科(2020.01—)

岱山县人民政府

县　长　孙志龙(2020.01—)
代县长　孙志龙(续—2020.01)
副县长　陈琳尹(女,续—)
赵丁义(续—)
刘奋伟(续—)
郁曙军(续—2020.06)

庄晨辉(续—2020.12)
徐华军(挂职,续—2020.12)
孙世华(2020.06—)
司徒贤存(续—)
赵红波(2020.12—)
宫钦飞(挂职,2020.12—)

政协岱山县委员会

主　席　陈雅君(女,续—)
副主席　赵加平(续—2020.01)
俞赛飞(女,续—)
吴志琴(女,2020.01—)
方信伦(续—)
夏　昊(续—)
邬建芬(女,兼,续—)

岱山县人民法院

院　长　金旭光(续—)

岱山县人民检察院

检察长　卢宏辉(续—)

中共嵊泗县委

书　记　方　敏(续—)
副书记　邵　雷(续—)
杨　松(续—)
刘永革(续—)
常　委　马海龙(续—)
方顺红(续—)
郑晓红(女,续—)
刘立峰(续—)
宋　晖(续—)
陈完章(2020.05—)
傅志刚(续—)

嵊泗县人大常委会

主　任　周振海(续—)
副主任　虞曙红(女,续—)
唐金吉(续—2020.08)
李锡年(续—)
潘浙海(续—)
金　峰(2020.01—)

嵊泗县人民政府

县　长　邵　雷(续—)
副县长　方顺红(续—)
孙世华(续—2020.05)
陈完章(续—2020.05)
周国宏(2020.05—)
林　琳(女,续—)
丁维东(2020.05—)
郑科峰(续—)

政协嵊泗县委员会

主　席　狄承勇(续—)
副主席　沈　军(续—2020.10)
傅雅芳(女,续—)
黄迎春(女,续—)
方延安(续—)
孙雪梅(女,续—)

嵊泗县人民法院

代院长　卢增华(续—)

嵊泗县人民检察院

检察长　黄志刚(续—)

(撰稿:许伊娜)

责任编辑:徐飞舟

中国国民党革命委员会舟山市委员会

【概况】 2020年，中国国民党革命委员会舟山市委员会(下称“民革市委会”)下辖8个支部、9个专门委员会，全年发展党员11人。至年底，有党员161人，平均年龄51.8岁，其中女党员67人，离退休党员39人，中级以上职称105人，有民革特色65人。党员中担任省十一届政协委员2人；第七届市人大代表3人，其中常委1人；第七届市政协委员17人，其中副主席1人，常委4人；第十七届定海区人大代表1人，其中常委1人；第六届定海区政协委员10人，其中常委4人；第五届普陀区政协委员9人，其中常委2人。

是年，民革市委会被评为民革全省宣传思想工作先进集体，获2019—2020年民革全省参政议政先进集体三等奖；市属第一支部、市属第二支部被评为民革省级示范支部(第二批)，市属第三支部被评为民革全省社会服务先进集体；是年，有1位党员被评为民革全省宣传思想工作先进个人，1位党员被评为民革全省社会服务个人，1位党员被评为民革全省祖统联谊先进个人，1位党员获民革全省组织工作先进个人，1位党员获2019—2020年民革全省参政议政先进个人一等奖，1位党员获民革全省社情民意信息工作先进个人三等奖，8位党员被授予“浙江民革防控抗疫先进个人”。

【学习宣传】 加强思想政治建设。围绕民革中央、省委会主题教育活动，加强政治理论学习，开展形式多样的思想教育。组织开展学习习近平总书记浙江考察重要讲话精神、全国“两会”精神、省委书记袁家军在省委党校2020年秋季开学典礼上的讲话精神、中共十九届四中全会精神、中共十九届五中全会精神、民革中央十三届四中全会精神、中央经济工作会议精神以及中共浙江省委、中共舟山市委全会和省市统一战线读书会精神等。通过写体会、谈感受、说心得等方式，将政治理论学习与工作实践相结合，学以致用。暑期读书会期间，专题学习《中华人民共和国民法典》。走进结对单位、企业、社区开展普法宣讲活动，彰显民革“法制”特色，助力法治舟山建设。各基层支部根据民革市委会要求，举行各种形式的学习会。此外，组织参加省、市政协，省委、市委统战部，民革省委会、市委会，以及市各民主党派联合举办的各类专题学习培训等。通过各种途径分层分类学习，上下联动，实现理论学习全覆盖。

主题教育创新载体。年初，组织开展班子民主生活会，总结“不忘合作初心，继续携手前进”主题教育开展过程中的经验和不足，结合党员意见建议，深入剖析，创新载体，多措并举，全面整改。利用微信公众号进行主题教育榜样人物事迹推送。开展“纪念孙中山先生逝世95周年”主题教育系列活动。3月，开展“传承中山精神　共育海岛花园”为主题的植树节纪念活动；5月，组织党员观看纪录片《孙中山》；5—8月，举行“纪念孙中山先生逝世95周年·朗读者”活动。14组选手通过微信公众号，在线上诵读孙中山先生诗词、故事以及党员缅怀中山先生的原创作品等。10月，线上展示两期“纪念孙中山先生逝世95周年”党员书画摄影作品，通过微信公众号展出7位党员33幅摄影和书画作品；组织各支部党员代表，赴广州、中山市参加“观故居，走多党合作之路”主题教育活动，走访孙中山故居、中山纪念堂等，在孙中山精神的萌发地接受民革党史再教育；开展党员政治生日赠书活动,温馨提示党员入党日期,重温加入民革的初心。

【参政议政】 省市"两会"提案 2位党员参加省政协十二届三次会议,提交提案7件;报送的集体提案《弘扬乡贤文化,推动新乡贤参与乡村治理的建议》获省政协优秀提案;1位党员被评为省政协履职成绩突出委员。在市政协七届四次会议上,提交大会发言6篇,其中书面发言5篇,《加快供应链创新与应用 推动水产品业高质量发展》的大会口头发言获市长何中伟批示;提交集体提案12件(其中联合提案1件),2件提案得到市委、市政府主要领导批示。5件集体提案、3件个人提案被列为市政协重点提案。《关于加快推进我市老旧楼房加装电梯的建议》等5件集体提案,《关于进一步做好全国文明城市创建工作的几点建议》等2件个人提案获市政协2019年度优秀提案。党内17位市政协委员,提交个人提案26件。民革界别组在市政协五年一次的界别工作会议上,作为市各民主党派代表在会上作先进典型发言。在市七届人大五次会议上,党员提出的《关于加快推进普陀山移动支付场景建设的建议》被市人大评为2019年度好议案好建议。

政党协商建言 参加政治协商、政党协商和专题协商,围绕舟山发展大局和群众关注的社会民生建言献策。7月,参加中共市委七届九次全会有关重大事项政党协商会,吸纳党员意见建议,深化调研,提出"补足舟山危化品运输和应急救援短板,打造海岛平安风景线"和"以发展航空培训服务产业为抓手,为推进建设先进制造业目标夯基固本"的建议;11月,参加中共市委"高水平推进市域治理现代化"专题协商会,针对矛盾调处"最多跑一地"重复建设和信息孤岛等问题提出协商建议;12月,参加中共市委"十四五"规划建议专题协商会,围绕推进舟山海岛植物园建设、重视舟山市历史文化古迹保护和政府保障性住房交易政策等方面提出意见建议。组织参加市政协"请你来协商"、提案办理协商、法检两院以及其他重要部门召开的情况通报会、意见建议征求会等,发表协商意见建议。

社情民意全员参与 重视社情民意工作,将"写一则社情民意信息"纳入新党员培养"七个一"工程,坚持每年组织党员开展社情民意信息工作培训。在"同舟议政"参政议政研讨会的基础上,推出"瀛洲海谈会"发掘社情民意,每个支部培养若干社情民意信息骨干,发动机关党员撰写社情民意信息。2位老党员分别撰写《城市垃圾桶,也需要美颜》《关于命名〈普陀十二新景〉的建议》等建议上报政协,至11月底,收到党员上交的社情民意近百篇,17篇获市政协专报,34篇转部门,被市政协录用数量再超上年。

民主监督突出重点 围绕疫情防控、全国文明城市创建、市域治理现代化、优化营商环境等重点内容,抓好民主监督工作。3月,走访多家市民革党员开办的企业,了解疫情防控、复工复产及优惠政策落实情况。7月,组织定海、临城、普陀三地党员联动开展"随手拍,随时提"创城民主监督活

8月26日,民革市委会主委张伟平(右二)率民革市委会调研组赴市行政服务中心市交警支队车管所等窗口开展监督调研活动(民革市委会提供)

动，梳理相关问题50余条，上报有关部门；8—9月，开展“高水平推进市域治理现代化”专项监督调研，并在政党协商会上发表监督建议；11—12月，开展全市“转供电”工作推进情况调研，督促有关部门攻顽疾破壁垒，落实国家减费降本政策。党员中的各级政协委员、人大代表、特约监督员等通过行风检查，参加情况通报、民主恳谈、电视问政、阳光热线等渠道，提出意见和建议。

完善履职机制　落实参政议政研讨会制度。6月、11月，2次召开“同舟议政”参政议政研讨会暨信息宣传工作座谈会。深化课题招投标制度。是年，收到各支部、专委会及个人课题20余件，内容涉及疫情背景下全市风险应对能力提升、乡村振兴、法制环境建设、海岛旅游、城市品质建设等。在省委会参政议政工作研讨会上，3篇课题入选参政议政研讨会材料、11篇入选参政议政工作会议材料交流，其中《关于浙江医养康产业发展的建议》在研讨会上作口头发言交流。坚持参政议政特聘专家制度。坚持举行参政议政特聘专家座谈会，借助特聘专家资源，汇集智力优势。年初，《关于推动以石油为核心的大宗物资国家战略储备模式改革的建议》提案经民革渠道带到全国两会并得到国家能源局采纳的答复，实现连续七年全国政协有提案。专家团队提出的《重视我市历史文化古迹保护和开发，提升城市内涵》成为市政党协商会上建言内容，《关于取消国内低硫油炼化厂生产配额管理的建议》在省委会参政议政研讨会上作书面交流。

常态化课题调研　6月，赴市人力资源和社会保障局开展“我市社保、就业工作进展”专题调研；9月，赴杭州开展医养康结合课题调研；11月，参与全市各民主党派市委会(工委)“推进舟山绿色石化产业集群发展”课题调研。6月和12月，协同绍兴民革“打造高能级现代化城市体系”课题组、杭州民革“推动杭州自贸区高质量发展”课题组到舟山共同开展调研工作。增强党员参政议政敏感性，许奇峰、沈惠军等提出“转供电”等民革市委会调研课题，引起相关部门重视。

【社会服务】　提升“博爱·牵手”品牌。1月，民革市委会社法委赴儿童福利院奉献爱心；6月，民革市委会社会服务委赴市重点工程宁波舟山港主通道项目，开展“博爱·牵手”重点工程项目夏日送药送清凉活动；10月，省特级教师、定海区总支党员袁优红赴贵州纳雍送教；11月，组织党员参加市民主党派“同舟·健康行”社会服务。与杭州台企会加强交流，助力舟山对台招商；方国康作为市侨联常委，利用各种活动场合及“舟山海莲侨芯”侨眷微信群与移居海外的侨胞台胞交流联谊。2021年1月，市属第三支部被评为民革全省社会服务先进集体，普陀区支部被评为民革全省祖统联谊先进集体，1位党员被评为民革全省社会服务个人，1位党员被评为民革全省祖统联谊先进个人。

助力抗击新冠疫情。1月26日，民革市委会发动全体党员捐款，筹集善款118900余元(其中周伯翰、张叶分别捐款6万元和2万元)；筹集4000余只口罩，走访慰问一线防疫单位。党员发挥联系广泛的优势，多方筹措各类防护用品。筹集防护服赠送高速路政疫情防控队员；通过私人渠道订购1.4万只口罩，优先供给一线党员及民革市委会；利用在美国留学的各种关系争取防护物资，向舟山市医院赠送口罩和手套等。党员中的医护人员投入疫情防控一线；众多党员坚守岗位，做好疫情布控、物资调配、秩序维护、隔离劝导、排摸登记、防疫宣传等工作。8月，有8位党员被授予“浙江民革防控抗疫先进个人”。

开展党员企业走访调研，了解疫情之下企业经营状况。动员党员围绕疫情防控和复工复产重点难点问题进行线上线下研讨，撰写社情民意，向省委会、市政协报送信息，为市委、市政府出谋划策。疫情防控期间，13篇信息被市政协录用，4篇信息被省委会录用。在舟山民革微信群发布“新冠肺炎”疫情防控相关资讯，号召党员按照要求应对疫情。

【组织建设】　重视基层组织政治交接，完成基层组织集中换届。推进全国示范支部、省级示范支部和市委统战部“星级支部”创建，完善基层组织规范化建设工作。

建立健全民革市委会各项制度，贯彻落实民主集中制，增进班子成员分工协作，提升能力。开展领导班子和成员述职与民主评议工作，开好班子民主生活会。发挥内部监督委员会作用，加强对基层组织换届、评优评先等工作的监督。重视班子和党员干部廉洁自律教育，落实反腐倡廉责任。

5月，“舟山民革党员之家”举行启用仪式。是年，先后举行民革市委会“同舟议政”暨信息宣传工作座谈会、“同舟·摄影”分享交流会、“瀛洲海谈会”、民革党员书画沙龙、观影等活动。各支部在“党员之家”举行支部会议、讲座培训以及开展各类研讨交流活动等。2021年1月，“舟山民革党员之家”被省委会评为2020年度五有民革党员之家。

以“人人争当伯乐”为号召，动员全体党员推荐高层次人才加入民革。张伟平获2019年度浙江民革“伯乐奖”。是年，发展新党员11人，平均年龄34岁，有民革界别特色新成员占64%。为做好民革党员梯队建设，出台新党员培养“七个一”工程(即参加一次培训、阅读一本民革党史书籍、做一次思想体会微分享、参加一次监督调研、撰写一则社情民意信息、参与一次社会服务活动、参加一次专委会活动)。组织参加市委组织部中青干部培训。

提升机关服务。至12月底，舟山民革微信平台发布信息171篇，印发《舟山民革》期刊4期。向各级部门推送各类信息，与相关媒体建立联系机制，做好外宣工作。《市委会组织开展纪念孙中山逝世95周年暨植树节活动》等报道分别在《团结报》、民革中央网站刊登转载。民革市委会“六型”机关建设工作经验在省委会机关工作会议上进行专题交流。

(撰稿：寿似波)

中国民主同盟舟山市委员会

【概况】 2020年，中国民主同盟舟山市委员会(下称“民盟市委会”)下辖3个总支，8个支部，全年发展盟员14人，净增率3.3%，大学以上文化程度占100%，中上层人士占86%，重点分工领域占78.6%，代表人士1人。至年末，全市有盟员308人，大学以上文化程度占比85.9%，中上层人士占比92.4%，中高级职称占比88.9%，重点界别占比68.5%。盟员中担任省十二届政协委员2人(其中常委1人)；市七届人大代表3人(其中常委1人)，市七届政协委员18人(其中副主席1人，常委5人)；各县(区)人大代表3人(其中副主任1人)，各县(区)政协委员13人(其中副主席2人，常委1人)。盟员中担任副处级以上干部5人，各级各类特约员8人。

是年，民盟中央副主席龙庄伟到舟山调研指导盟务工作，市长何中伟、市委统战部部长王高瞻等走访民盟市委会。连续第三年被民盟中央评为思想政治建设和宣传工作先进集体，第三次被民盟中央评为社会服务工作先进集体，被民盟省委会评为“不忘合作初心 继续携手前进”主题教育活动先进单位、盟务工作先进集体和抗疫工作先进集体。被市政协评为反映社情民意信息工作先进单位一等奖等。

是年，盟员秉承“奔走国是、关注民生”优良传统，岗位建功。桂福坤的“开放海域养殖设施高海况潜降关键技术与核心装备联合研发”项目与郑斌的“东海渔业资源精深加工与高值利用模式

9月29日，民盟中央副主席龙庄伟(中)到舟山桃花镇“民盟同心·专家工作站”调研社会服务工作(民盟市委会提供)

示范”项目被确定为国家重点研发计划项目，谢永和的“船舶强度与结构设计”与黄永良的“浪尖上的海洋体育——海岛野外生存”被确定为国家一流课程，程继红主持的国家社科基金重点项目“中国海洋古文献总目提要”成果鉴定等级良好，徐波主持的舟山方言词典项目被教育部立项，倪浓水《普陀山文化史》获市社科联舟山市第十七次社会科学优秀成果一等奖，顾颖编导的《渔家》、孙琪编导的《可咸可甜》等节目在浙江省农村文化礼堂建设成果展演中获各项金奖，申请国家发明专利6项，在省级以上刊物发表各类论文、著作等18篇。

【同心抗疫】 面对突发的新冠肺炎疫情，贯彻落实党委政府“两手硬、两战赢”的决策部署，响应民盟省委会号召，发出《关于助力打赢新型冠状病毒肺炎疫情攻坚战的倡议书》，动员全市各级民盟组织和盟员发挥自身优势，主动作为，聚合力共抗疫。

在疫情突发之初，发动各基层组织和盟员捐款捐物，助力疫情防控。通过同心公益基金向红十字会捐款20万元，专款用于抗疫物资采购。老盟员章祖民夫妇捐出退休金2万元，4位企业界盟员捐款9900元。全市有231名盟员参与捐款，累计捐款28.5万元。并通过民盟省委会组织采购，定向向舟山医院等医疗单位捐赠口罩17440个。

疫情防控期间，全市28位医卫界盟员坚守岗位，战斗在抗击疫情第一线。大年初一，李海峰作为第一批舟山援鄂医疗队队长驰援武汉，李世波担当舟山负压病房负责人，陈宜、林武、张志超等奋战在负压病房、疾控中心等医疗救治最前线。孙瑜等作为基层一线工作者放弃休息，坚守本职岗位；教师盟员开展线上教学，坚持停课不停学；文艺界盟员创作歌曲、诗歌、书画等抗疫主题文艺作品30余件，传播正能量。10位盟员参与抗疫心理法律咨询服务，众多盟员参与人员排查、卡口执勤等志愿服务。

开展“致力抗疫 服务发展”同心献策专项行动，上报抗疫类社情民意信息50余件，其中《疫期落实“停课不停学”的建议》等3篇信息得到市领导批示，《高度重视年夜饭期间疫情传播的建议》等信息得到有关部门的采纳和落实。为助力企业复工复产，民盟市委会建立服务盟员企业清单，走访盟员企业，了解企业在疫情防控和复工复产中存在的问题并协调解决。直属支部盟员律师主导编撰《疫情期间企业生产经营法律问答手册》，为企业疫情下合规经营和防范风险提供法律指导。

李世波、李海峰获盟中央抗疫先进个人，李世波被评为浙江省抗疫先进个人，李海峰被评为中国好人，医卫、定海区、普陀区、直属4个支部被民盟省委会评为抗疫先进集体，李海峰、李世波、陈宜、林武、张志超、章祖民、孙瑜、曹春宇、杨其润、朱旭东10位盟员被民盟省委会评为抗疫先进个人。

【学习宣传】 深入学习习近平新时代中国特色社会主义思想。学习习近平系列重要讲话精神，坚持领导班子理论学习中心组和暑期读书会学习制度，领导班子成员带头交流学习体会，引领全市广大盟员组织提升政治站位，夯实共同思想政治基础。是年，民盟市委会和各基层组织组织各类专题学习会36次，参加盟员600余人次。

推进“不忘合作初心 继续携手前进”主题教育活动。举办“最美的你——‘见证·初心’经典讲述抗疫故事专场活动”，通过6位抗疫一线盟员的亲历讲述和盟员创作的文艺作品演绎，展现抗疫民盟人风采。组织拍摄视频《桃花岛的故事》，展示浙海大总支建设“民盟同心·专家工作站”助力海岛乡村振兴的民盟好故事，视频节目参与民盟浙江省委会“见证·初心”经典讲述线上展播活动。开展“走基地 悟初心”主题教育活动，组织新任支部委员赴浙江盟史馆、杭州城市大脑运营指挥中心等地开展现场教学活动。直属、医卫支部开展“3·19”建盟日纪念活动，举办线上微故事讲述和钉钉会议，纪念民盟成立79周年。浙海大、教育、新城、直属、文艺等基层组织赴金华、台州、绍兴等民盟传统教育基地参观学习，赴登步岛开展“铭记历史 共创未来——庆祝舟山解放70周年”主题教育活动。

规范舟山民盟内刊、网站、公众号和工作群的管理，制订《民盟舟山市委会宣传平台管理办法》。加大公众号宣传力度，全年发布推文152篇。在抗疫期间，设立抗疫特别报道专栏，通过舟山民盟网站和公众号编发抗疫专题宣传报道27篇,报道盟员162人次。加强与新闻媒体沟通,宣传盟员抗疫故事,盟员先进事迹被省级以上媒体报道60余次,其中《"抗疫尖刀班"的家国情怀》《没有时间害怕,我的时间要用来救治》等被《团结报》、《光明报》、中新网等媒体刊登转载。编印《同心同行——民盟舟山市委会社会服务品牌活动纪实》画册。组织盟内政协委员参与市政协口述史料征编活动,上报征文8篇。

【组织建设】 是年,成立换届工作领导小组,制订《民盟舟山市基层组织2020年换届工作实施意见》,编印换届工作手册。历时4月余,完成10个支部的换届,成立新城总支部和教育总支部。各基层组织现有支部委员65人,平均年龄41.5岁,其中新任支部委员24人。

规范组织建设。开展"走基层、访盟员、听意见"活动,开好领导班子民主生活会,针对问题整改。修订完善《民盟舟山市基层组织量化考核办法》,鼓励基层组织参与盟省委"双十佳支部"和市委统战部"星级支部"创建活动。新城总支部被民盟中央授予"盟务工作先进基层组织"称号,文艺支部被民盟中央评为思想宣传政治建设和宣传工作先进集体,医卫支部被民盟省委会评为"特色支部",新城总支部、浙海大总支部被评为全市民主党派"五星支部"。加强盟员之家建设,开展"公益书画沙龙"和暑期公益书画培训,为零基础绘画爱好者举办"愉你初见——盟员之家公益油画沙龙迎新春作品展"。组织老盟员开展"我和我的家乡"重阳节主题活动,组织盟员参加舟山群岛马拉松健身跑活动。

健全制度建设。对民盟市委会会议、学习、工作、考核、基层组织、机关管理等六大类制度全面梳理,逐项讨论修订,完善出台《民盟舟山市委会学习培训制度》《关于进一步加强盟员之家建设的意见》《民盟市委会委员履行职责的规定》等制度10余项。

【参政议政】 围绕中心工作开展民主监督。将"深化'最多跑一地'改革,助力基层治理现代化'重要窗口'建设"作为专项民主监督调研课题。成立以民盟市委会主委为组长的专项民主监督小组,赴市政法委、市信访局、定海区矛调中心等地开展民主监督调研。各基层组织相应成立小分队,赴金塘、岑港等地调研基层"最多跑一地"改革情况。通过走访、座谈、实地了解等方式深入调研形成报告,并在市政党协商会议上建言,助推"最多跑一地"改革持续向纵深推进。组织民盟界别政协委员,赴定海开展文明城市创建专项督查,助力创城工作。

依托协商平台致力凝聚共识。参加中共党委、政府、政协各种协商会、座谈会,根据政党协商和政协协商年度安排,制订工作计划,提前开展调研,做好各类协商会议的发言准备工作。全年民盟市委会主要领导及市政协委员参加政党协商7次,参加政协"请你来协商"等专题协商活动12次,围绕发展夜间经济、建设"幸福舟山""舟山市'十四五'规划建议""新时代爱国主义教育基地建设""海上花园城市绿化体系建设"等议题,在会上作专题发言。省政协常委谢永和代表民盟省委会,在省政协"培养青少年的家国情怀"专题协商会上作《上好思想政治课 筑牢育人主阵地》主题发言。市政协委员林志刚牵头组建远洋渔业政协委员会客厅,助力远洋渔业高质量发展。

立足"两会"平台展现民盟风采。在市政协七届四次会议上,市委会提交大会发言3件,集体提案9件,个人提案17件,提案涉及工业经济、文化教育、生态文明、医药卫生、民生保障、社会治理等领域。《关于促进舟山科技型中小企业高质量发展的建议》口头发言,获市长批示;《关于进一步完善综合执法改革 推进基层治理现代化的建议》等3件集体提案获市主要领导批示;《加快推动夜间经济 着力提升"品质舟山"建设》等5件集体提案被列为重点提案;《关于加强我市全装修住宅质量监管的建议》由市政协主席王伟亲自督办,并多次开展现场调研和协商座谈会,许多建议得到采纳。

开展调查研究助力提质增效。完善参政议政工作机制,召开2次参政议政工作推进会议,坚持课题立项制度,民盟市委会领导领衔重点课题,围绕水产加工、绿色石化、应急管理等开展调研。是年,民盟市委会和各基层组织、专委会完成《浙江水产加工业高质量发展研究》《科学推进海洋牧场建设 促进近海渔业转型升级》等盟省委重要课题和委托课题,形成《关于进一步推进我市应急管理体系和能力现代化建设的建议》等14份调研报告。组织盟员参加盟中央和盟省委各类论坛活动，提交论文9篇。奚增灵《新形势下促进民营企业再发展的相关建议》被民盟中央评选为民盟第六届经济论坛优秀论文，邬玮玮、许凯峰论文分别被民盟浙江省委会“盟声议政”教育、民生法治论坛评为优秀论文。加强民盟政协界别工作，组织民盟政协委员视察调研全市非遗文化保护传承工作。

关注民生民意提升履职水平。加大社情民意信息工作力度，举办社情民意信息培训活动，邀请盟省委调研部郑海员作社情民意信息撰写专题讲座。全年收集社情民意信息203条，其中《关于从全国范围抽调医学工程技术人员紧急驰援湖北的建议》等3条信息被省政协、省委统战部采用，《关于进一步完善校外培训机构治理机制的建议》等13条信息被盟省委采用，《关于融合“夜游3.0” 推进新城南部夜景带建设开发的建议》等36条信息被市政协采用，《加快推进富翅互通堵点交通管理方案研究》等5条信息得到市领导批示。

【社会服务】 疫情防控期间，民盟市委会领导赴舟山市明珠学校走访调研，朱旭东向学校捐赠口罩800个，帮助解决学校的复学防疫物资需求。盟省委联合舟山市夏赛丽爱心基金会和舟山迁客文化发展有限公司向学校捐赠价值2万余元的图书和学习用品。民盟中央及民盟舟山市委会红十字同心公益基金分别向学校捐赠5万元，帮助学校配置教学辅助设备和软件资源。邀请省剪纸、书法名家为明珠学校学生作公益讲座。在学校打造民盟长廊，展示民盟历史和“烛光行动”活动成果。戴瑜赴盟省委“雏鹰·关爱之家”示范点——松阳县古市中学开展“送教下乡”服务活动。

推进桃花岛“民盟同心·专家工作站”建设，开展科普教育文化活动和水产养殖服务，组织盟内外专家，为桃花镇机关干部开展民法典讲座，为桃花镇中心学校学生开展书法、围棋辅导；浙海大总支携手桃花镇青年干部开展青年人才联谊拓展活动。

组织医卫界、法律界盟员赴定海区大沙村开展“同舟·健康行”服务活动，为村民送医送药，提供法律科技咨询服务。组织华夏书画学会舟山分会盟员在定海区干䃰镇龙潭社区等地举行“迎新春 送春联”服务活动。普陀区支部组织盟员赴虾峙镇东晓村，为41位托老所老人送去服务和温暖。文艺支部联合舟山市艺术剧院，走进舟山市社会福利中心，用戏曲传递温情祝福。

参与盟省委“云上服务”工作，浙海大等高校盟员在“民盟同心·云上服务”平台上开展高考志愿填报咨询服务和公益讲座。李世波为市强戒所学员作线上戒毒知识讲座。民盟浙江华夏书画学会在舟山绿城育华（国际）学校设立舟山市首个艺术教育基地，在学校美术馆举办“墨妙诗华”民盟浙江华夏书画学会书画交流展。华夏书画学会舟山分会、定海区支部和定海区文联联合举办“文艺助力 决胜小康”写生作品展。

（撰稿：王立平）

6月12日，在舟山市明珠学校举行舟山市夏赛丽爱心基金会、舟山迁客文化发展有限公司捐赠活动（民盟市委会提供）

中国民主建国会舟山市工委

【概况】 2020年，中国民主建国会舟山市工作委员会（下称“民建市工委”)下辖3个支部，即定海区支部、普陀区支部、新城支部。是年，发展新会员3人，均为大学以上学历，其中硕士1人，中级职称2人。至年底，全市有会员63人，平均年龄45.5岁，经济界会员占74.6%，大专以上学历占95.2%，其中博士5人，硕士16人。中级职称26人占41.3%，副高职称13人占20.6%，正高职称2人占3.2%。其中企业高级管理人员38人，政府机关10人(正处级1人，副处级1人，正科级3人)，科研院所6人。会员中担任省政协第十二届委员1人，市七届人大代表4人(其中常委1人)，市七届政协委员8人(其中常委4人)，县区政协委员8人，各级各类特约人员6人。

是年，民建舟山市工委被省委会授予“民建全省抗击新冠肺炎疫情先进集体”，定海区支部被授予民建浙江省先进基层组织。曹泓被授予“民建全国抗击新冠肺炎疫情先进个人”，鲍中南被授予浙江省民建优秀会员，曹泓、徐海耿被授予“民建全省抗击新冠肺炎疫情先进个人”。

【学习宣传】 夯实思想政治基础。是年，民建市工委加强理论武装，夯实多党合作思想政治基础。工委和支部分层组织学习中共十九大及十九届五中全会精神、习近平浙江考察重要讲话精神、民建中央十一届三中及四中全会精神、全国及省市“两会”精神等，参加民建省市领导班子培训班、全省民建机关干部培训班、全省民建骨干会员培训班、全省民建基层主委培训班及全市统一战线读书会、政协读书会、理论研讨会、专题报告会，办好暑期读书会，全年民建市工委及各支部共组织学习12次，参加省市学习培训10次。省委会主委陈小平，副主委张明华、计勇强到舟山开展思想作风建设调研，市委统战部部长王高瞻看望机关干部并与工委班子交流谈心。

营造学习宣传氛围。围绕“纪念民建成立75周年”，民建市工委组织开展口述会史、登山联谊、“民建课堂”“走故居、悟初心”等系列活动，增强凝聚力和向心力。发挥“舟山民建”微信公众号宣传阵地作用，发布宣传信息81篇，其中17篇被民建中央录用，56篇被民建省委会录用，3篇被《团结报》录用，2篇被《联谊报》录用，2篇被《情系中华》专版录用，2件作品分别被市政协、市委宣传部评为全市好新闻一、三等奖。

12月16日，在杭州召开的中国民主建国会成立75周年浙江民建成立65周年纪念会暨先进表彰会上，民建舟山市工委获评抗疫先进集体(民建市工委提供)

【组织建设】 加强自身建设。是年，召开5次民建市工委会议，对工委重要工作研讨部署。完善民建市工委班子联系支部制度，班子领导带班参加各支部的课题调研、民主监督、社会服务等活动。基层组织建设有序推进。7月11日，成立民建舟山市工委新城支部。7月23日、9月26日，普陀区、定海区2个支部完成换届，增补支部委员各1人。筹建“智慧民建”信息化项目，推进支部和会员的量化考核和评优创先。

推进“民建之家”建设。市级“民建之家”拟建于定海刘鸿生故居，已完成选址与策划。定海区支部、普陀区支部“民建之家”有序运行，全年开展专题学习会、议政沙龙、工作研讨会等活动8次，逐步建成集学习教育、参政议政、联谊交友于一体的会员之家。

开展对口联系。年初，民建市工委主委带班走访市商务局、市应急管理局和市城市管理局(综合行政执法局)3家对口联系单位，交流工作、共商发展，达成“重要信息共交流、重要活动共参加、重点课题共调研”等共识。全年互相参加年度工作会议3次，联合开展课题调研、商讨工作12次，拓展对口联系内容，强化对口联系实效。

【参政议政】 履职“两会”。在省“两会”上，集体提案《扩大内循环背景下高质量推进全省海岛公园建设的建议》《以油品全产业链为核心打造舟山自贸港区先行区的建议》被采用转化为民建省委会提交省政协十二届四次会议团体提案。在市“两会”上，提交大会口头发言1篇，书面发言1篇，集体提案3件，个人提案6件，人大议案9件。联合提案《关于加快推动夜间经济，着力提升“品质舟山”建设的建议》获市委书记、新区党工委书记俞东来批示；集体提案《关于进一步加强船舶污染防控的建议》获市委副书记、市长何中伟批示。

民主协商建言。在政党协商会上，围绕“幸福舟山”建设、优化营商环境、“高水平推进市域治理现代化”、“十四五”规划等作专题发言。参加全市经济社会发展和党风廉政建设、监委工作情况通报会，“请你来协商”专题协商会，重大项目建设知情明政视察活动等，多渠道、多形式提出问题和建议，提高协商实效。

提升社情民意。制定《民建市工委社情民意工作规则》，组建一支以年轻会员为主要力量的信息员队伍，年内召开信息员工作会议2次，全年报送《关于提供优惠政策帮助受疫情影响中小企业渡过难关的建议》《关于落实国家战略促进浙江自贸区油气全产业链发展税收政策的建议》等社情民意信息22条，其中13条被省委会、市政协录用，获评市政协“社情民意信息工作三等奖”。

民主监督增实效。出台《“高水平推进市域治理现代化，展示‘重要窗口’海岛社会治理风景线”专项民主监督工作实施方案》等方案3件，开展基层社会治理、创建文明城市、民营经济营商环境等专项民主监督5次，以民主监督报告、社情民意信息和问题清单等形式提出建议，助推市委、市政府重要工作的落实和部分问题的解决。6名会员被市监委、市司法局、市综合执法局等部门聘为特约监督员、行风监督员。

【社会服务】 是年，开展“思源扶贫——产业帮扶”“思源敬老——情系敬老院”“思源助学——牵手贫困学子”“思源救助——应急救援”等活动，深化“思源工程”品牌建设。引导会员参与河北丰宁县消费扶贫、四川达州扶贫和市内外结对，完成河北丰宁爱心捐款2万元，消费扶贫5.7万余元。在新冠肺炎疫情突发期间，发动全市会员捐款38.55万元，捐赠物资48.91万元，其中捐赠口罩10.41万只，医用防护服100套，额温枪60把。抗疫综述《守望相助，等待春暖花开》在《情系中华》杂志专版刊登。

5月31日，民建市工委牵手贫困学子在朱家尖开展“点亮心愿、圆梦六一”爱心公益活动(民建市工委提供)

针对疫情防控期间不少会员企业运营严重受挫、面临“复工难”与“难复工”的境况，出台《关于深化“三服务”开展疫情防控期间联系服务会员企业工作的通知》，建立班子成员联系会员企业制度。主委曹泓、专职副主委刘娜带队走访会员企业，送政策、送服务、提振信心、助企纾困，助推会员企业打赢疫情防控和复工复产攻坚战。10月14—15日，邀请48位全省民建企业家在舟山召开助推舟山经济发展对接会，民建企业家与市区有关负责人就新区产业政策、项目合作展开深入探讨与交流。

（撰稿：洪玲）

中国民主促进会舟山市委员会

【概况】 2020年，中国民主促进会舟山市委员会(下称“民进市委会”)下辖7个支部，下设开明画院和企业家联谊会，成立参政议政专门工作委员会。至年底，有会员167人，平均年龄52.4岁，其中女会员75人，离退休会员45人，中高级职称会员136人。教育界占35.9%，人大政协和政府机关占24.6%，医卫界占11.4%，公有制经济界占9.6%，另有会员系新的社会阶层人士或分布在科技、文艺、出版等界别。会员中担任省十一届政协委员1人，市七届人大代表4人(其中常委1人)，市七届政协委员14人(其中副主席1人，常委3人)，区人大代表2人(其中常委1人)，区政协委员12人(其中副主席1人，常委2人)。

【参政议政】 市“两会”上，为“四个舟山”建设和“五大会战”建言资政。提交大会发言材料3篇，其中《大力推进未来社区创建 提升社区治理现代化水平》被选为大会口头发言；《重视中小学心理健康教育 共同守护阳光心灵》《以族缘文化为纽带 加快推进“甬舟一体化”进程》2篇作为书面发言；提交集体提案11件，人大个人建议案8件，委员个人提案14件。提案围绕“四个舟山”建设、社会治理、经济高质量发展、环境污染整治等经济社会各个方面提出意见和建议，引起市领导和有关媒体的重视。其中大会口头发言《大力推进未来社区创建 提升社区治理现代化水平》和各民主党派、市政协经济委联合提交的《关于加快推动夜间经济，着力提升“品质舟山”建设的建议》2件提案获市委书记、新区党工委书记俞东来批示。

市政协七届四次会议上，民进市委会提交的《关于促进渔农民就业增收 助推乡村振兴的建议》《提升物业管理水平 打造文明品质小区》，党派联合提交的《关于构建“市县医联·县域医共”体系，助力“幸福舟山”建设的建议》被评为年度优秀提案。

年初至12月10日，收到会员撰写的社情民意信息156篇，其中49篇系“我为建设‘四个舟山’献一策”活动期间收到；编报95篇次，被民进中央、省政协、省委统战部、民进省委会、《舟山信息》和市政协录用40篇次。其中《船员换班通道开启后或造成港口疫情反复 亟需做好相关防护工作》被民进中央录用，《新冠肺炎疫情下企业转产防疫物资不可一哄而上 仍需把好准入关并给予规范》被省委统战部录用，《新冠肺炎疫情下抵质押贷款开展愈

11月10日，民进市委会主委贝璐国(左六)带队赴嘉兴开展绿色石化产业集群发展联合调研(民进市委会提供)

加困难　建议加大对优质企业的信用贷款支持》等多篇被省委会录用,《消防应急救援车辆及人员物资应享有免费过渡权》等32篇被市政协录用。

是年,成立参政议政专门工作委员会,组织开展培训学习、议政调研和课题征集活动,征集调研课题18个且全部结题。申报的课题《加强基层卫生人才培养与使用激励,推进县域医共体建设》被省委会评为参政议政优秀成果二等奖。牵头全市各民主党派联合调研,围绕"发挥优势　合理布局　推进舟山绿色石化产业集群发展"赴岱山县、金塘管委会及宁波市、嘉兴市开展联合调研。

【学习宣传】 专题组织学习贯彻习近平新时代中国特色社会主义思想和学习传达中共十九届五中全会精神,开展各种学习活动8次,学习习近平在2020年2月有关疫情防控工作和健全国家公共卫生应急管理体系的讲话精神、习近平在浙江考察时的重要讲话精神、党外人士座谈会上的讲话精神、蔡达峰在民进学习贯彻两会精神座谈会上的讲话精神和省委十四届八次全会精神、市委领导干部会议精神等。组织班子成员和各支部新一届负责人赴杭州开展"不忘合作初心、祭念民进先贤"主题活动,拜谒马叙伦家族墓园,参观马叙伦历史资料陈列馆。发动民进政协委员参与《同心同行》口述史料征编出版工作,做好会史资料的抢救,完成多党合作历史传统记录工程。

全年编印《舟山民进》会刊4期,更新网站和微信公众号90篇,讲好民进史、民进人、民进事、民进情。注重宣传内容挖掘,围绕履职能力建设主题年和抗疫工作突出重点工作和典型人物。向政协系统、统战系统、上级民进以及各大媒体平台报送信息56篇。《同舟共济战"疫"情　共克时艰勇担当》《各民主党派舟山市委会(工委)联合调研　推进绿色石化产业集群发展》等多篇文章被澎湃新闻、民进中央、联谊报、浙江民进、舟山日报等录用。组织会员参加民进全省开明教育论坛征文,会员撰写的《实施学前教育招生"服务区"制度　促进学前教育普惠优质发展》获评省委会第四届开明教育论坛征文二等奖。

【组织建设】 落实《各民主党派市委会(工委)关于建立民主党派领导班子民主生活会(谈心会)制度座谈会纪要》精神,将问题整改工作作为严格会内政治生活的首要任务,针对2019年民主生活会(谈心会)查摆的问题进行整改。推进代表人士队伍建设,推荐20余人参加省委会组织的民进全省骨干培训班、民进履职能力建设培训班,市委组织部组织的初任县处级干部培训班、市委统战部组织的民主党派基层负责人培训班。全年发展新会员12人,平均年龄38.9岁,其中4人分布在教育主界别;转入2人,其中1人担任副县处级领导职务。

研究出台《关于2020年基层组织换届工作的意见》,指导各基层组织完成换届。拆分文教支部为文化传媒支部和教育支部。民进市委会下辖七个支部分别为市属第一支部、新城支部、文化传媒支部、教育支部、医卫支部、定海支部、普陀支部。调整会员组织关系,将一批长期无故不参加支部组织生活、不缴纳会费的会员转由民进市委会机关直接联系。

是年,民进市委会被省委会评为社会服务工作先进单位,定海支部被省委会评为优秀基层组织。1名会员被民进浙江省委会评为优秀基层组织负责人,1名会员获省委会"开明先锋"称号。会员王敏杰当选省美术家协会副主席兼秘书长;会员余王波入选首批浙江省文艺名家孵化计划,其综合材料绘画作品《碎》入选第三届全国综合材料绘画双年展;会员朱国安作品《船坞》入选中国美术家协会主办的"决胜全面小康"第二届全国农民画展,并获入会资格作品;会员傅国耀发明的"一种地质勘察用岩层取样装置"获实用新型专利;会员赵向炯获评浙江省"最美环保人"荣誉称号。

【社会服务】 依托民进服务岛、名医工作室、开明画院、企业家联谊会等平台开展社会服务,赴民进服务岛开展赠书活动,向虾峙图书馆捐赠一批海岛群众所需的实用书籍。春节前夕开明画院走进星岛社区城市驿站开展庚子(2020)年"春联万家"活动。

联合兄弟党派共建"同舟"服务品牌,坚持面向基层、服务民生,发挥民主党派特色优势,服务乡村振兴战略实施,组织开展"同舟·健康行"服务活动走进小沙街道,为村民送医送药,免费为群众义诊千余人次,发放药品12000元,农资用品5000元,健康教育

1月10日，民进市委会到临城星岛社区开展"邻里守望 新春送福"庚子(2020)年"春联万家"活动(民进市委会提供)

宣传册300余册，为大沙村生活困难家庭送去慰问金6800元。

(撰稿：周永伟)

中国农工民主党舟山市委员会

【概况】 2020年，农工党舟山市委员会(下称"农工党市委会")新成立1个支部，下辖3个总支、6个支部；新发展党员11人，离世2人。第七届委员会完成届中调整工作，原专职副主委因工作调离免去职务，补选副主任委员1人。至年底，全市有党员259人，其中医药卫生、人口资源、生态环境领域142人，占54.8%；高中级职称235人，占90.7%；离退休党员87人，占33.6%。党员中担任省人大代表1人，省政协委员2人；市人大代表7人(其中常委1人)，市政协委员17人(其中副主席1人，常委5人)；县(区)人大代表2人(其中常委1人)，县(区)政协委员29人(其中副主席2人，常委5人)。

【政党协商】 是年，参加发展夜经济、打造"重要窗口"海岛风景线、建设"幸福舟山"、开展高水平推进市域治理现代化、"十四五"规划和重大人事事项等专题协商会，提出"发挥卫生健康体系整体效能，推进健康舟山建设"等多项建议，为中共舟山市委、市政府科学决策、有效施策提供参考。组织骨干党员参加全市党风廉政建设和反腐败工作、全市经济社会发展和法院、检察院工作等情况通报会，以及重大项目建设知情明政视察等10余场相关活动。

【参政议政】 在省"两会"上，3名省人大代表和省政协委员提交议案建议3件，提案4件。在市"两会"上，向市政协七届四次会议提交大会口头发言1件，书面发言3件，集体提案10件；党员中的市政协委员提交个人提案26件，市人大代表提交议案建议11件。农工党界别组领衔的联合提案《加快发展夜间经济，助推品质舟山建设》和集体提案《关于加大海洋高技术服务业培育力度，不断推进"创新舟山"建设》得到市委书记批示；《推动"家门口"服务体系提质增能，切实提升我市城乡基层治理水平和能力》得到市长和市委副书记批示。其中《加快发展夜间经济，助推品质舟山建设》被列为市政协首次"请你来协商"的协商课题，促成市政府出台《关于加快推进夜间经济发展的实施意见》。《关于运用"互联网+"智慧养老，加快居家养老服务提质增效的建议》等10件议案、提案被列为市领导领办件、重点建议和重点提案。其中提案《关于加强精装修商品房质量监管的建议》由市委书记领办。

是年，农工党市委会被省委会评为2020年度参政议政工作先进集体，3名党员被省委会评为2020年度参政议政工作先进个人。

【民主监督】 重点做好中共舟山市委赋予统一战线"以'重要窗口'海岛风景线为标准，高水平推进市域治理现代化，确保做好'两手硬两战赢'"的专项民主监督工作。赴市属相关部门和四个县(区)开展"健全突发公共卫生事件应急管理体系"监督调研，发现问题30余项，形成专题调研报告。开展公共场所母婴室建设专项民主监督，发现问题10余项，及时与相关部门沟通，助力全国文明

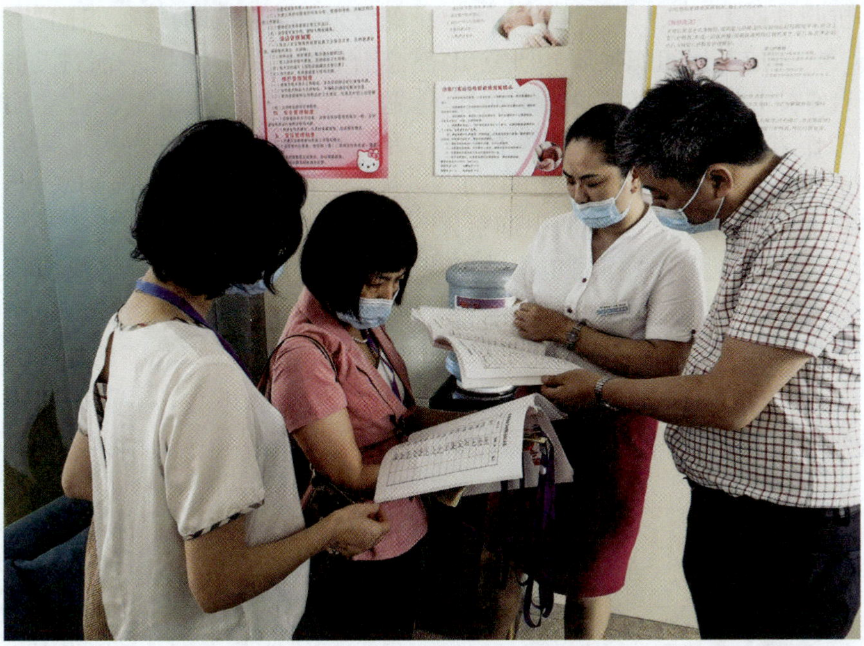

7—8 月，农工党市委会开展公共场所母婴室建设专项民主监督。图为母婴室检查现场(农工党市委会提供)

城市创建。是年，3 名党员被市属相关部门聘为特约监督员。至年底，12 名党员被聘为市属单位特约监督员。

【社情民意信息工作】 是年，举办“瀛洲荟”社情民意信息沙龙 3 期。全年报送社情民意信息 140 余条，88 条被市级以上部门采用。其中《尽快制定儿童专用口罩国家标准的建议》和《关于加强境外输入性疫情防控工作的建议》2 条被全国政协采用；《加快洋山区块开发，推动浙沪港口合作，共同探索建设长三角一体化自由贸易港》被省政协录用，并获副省长批示；2 件被市政协专报，获市领导批示。农工党市委会获省委会 2020 年度反映社情民意工作先进集体。1 名党员被农工党中央评为 2018—2019 年全党反映社情民意信息工作先进个人；2 名党员被省委会评为 2020 年度反映社情民意先进个人。

【社会服务】 年初，响应中共舟山市委抗疫工作号召，向各基层组织和全体党员发出同心抗疫倡议。党员吴常裕跟随舟山市第三批援鄂医疗队奔赴武汉，在方舱医院工作 49 天。全市有 120 余名党员参加抗疫攻坚工作，其中有 60 余人长时间奋斗在抗疫一线。党员捐款、捐物 4.7 万元。视情开展社会服务基地工作。疫情最困难时期，为新城社区卫生服务中心健康服务基地争取口罩 500 只，为“蓝色星空”社会服务基地送去口罩 100 只。疫情防控工作常态化以后，联合省委会聘请省内特殊教育专家和儿童医疗专家，在新城社区卫生服务中心健康服务基地“前进讲堂”，为特殊儿童家长举办相关知识咨询和讲座，并为特殊儿童进行健康体检。联合市政协赴临城街道毛竹山村开展“送健康下乡义诊”活动，赴小沙街道开展“同舟·健康行”社会服务活动，发放药品、农资用品 3 万元，发放健康教育宣传册 300 余册，为大沙村生活困难家庭送去慰问金 0.68 万元，服务群众 1000 余人次。

11 月 12 日，农工党市委会联合省委会开展共建“蓝色星空”服务基地活动为特殊儿童家庭开展讲座和咨询(农工党市委会提供)

修改完善《同心·前进慈善基金管理使用办法》,规范基金管理,发挥基金作用。捐赠11万元用于慰问全市援鄂一线医务人员。走访慰问抗疫一线优秀农工党员、困难家庭9户,资助贫困生9人,使用基金3.84万元。

1名援鄂党员分别被农工党中央授予农工党抗击新冠肺炎疫情先进个人,被省委、省政府授予浙江省抗击新冠肺炎疫情先进个人,被省政协授予“最美政协人”荣誉称号;1名党员被共青团中央授予全国抗击新冠肺炎疫情青年志愿服务先进个人称号;7名党员被省委会授予“抗疫一线优秀党员”荣誉称号。2个支部被省委会授予2020年度社会服务先进集体,3名党员被省委会授予2020年度社会服务先进个人。

【组织建设】 以中国农工民主党成立90周年为契机,加强农工党党史宣传教育,深化“不忘合作初心,继续携手前进”主题教育活动。组织开展“同心凝共识,建功新时代”经典诵读大型活动。组织参与农工党中央和省委会举办的“我与农工党”征文、党史知识竞赛、摄影展等系列活动。在农工党中央纪念大会上,农工党市委会被农工党中央授予纪念中国农工民主党成立90周年“先进集体”,2个总支部分别被授予优秀基层组织和参政议政工作先进集体,1名党员被授予“优秀党员”,2名党员被授予“先进个人”等称号。重视青年骨干党员成长培养,选派23名基层组织负责人和骨干党员到省、市社会主义学院学习,1名党员受市委组织部委派赴杭州挂职。

完成基层组织换届。研究出台《农工党舟山市基层组织换届工作方案》,编发《基层组织换届工作指导手册》,新成立新城医卫支部,对新城支部进行届中调整,7个基层组织完成换届工作。抓好“星级”基层组织创建工作。2个支部分获2019年度“五星级”和“四星级”基层组织。3个支部被省委会评为2020年度先进基层组织。

(撰稿:邵燕娜)

九三学社舟山市委员会

【概况】 2020年,九三学社舟山市委员会(下称“社市委”)下辖8个支社、5个专门委员会、1个理论研究小组、1家诊所、1个艺术团。全年发展新社员13人,平均年龄35.8岁,其中高级职称2人,中级职称10人,博士2人,硕士6人。全市现有社员223人,平均年龄54岁,中高级职称占比88.8%,科技、高教、医卫界等主体界别占比62.3%。科级及以上干部30人。社员中,担任县级以上人大代表、政协委员职务的41人,其中省人大代表1人,省政协委员1人。

【学习宣传】 重视政治理论学习,学习领会习近平新时代中国特色社会主义思想,学习贯彻中共十九届五中全会精神、习近平考察浙江重要讲话精神和《习近平谈治国理政》第三卷,增强落实中共中央和省委、市委决策部署的思想自觉和行动自觉。巩固“不忘合作初心,继续携手前进”主题教育活动成果,组织社员参加专题政治辅导“网络课堂”。举办九三学社创建75周年系列活动,召开民主科学座谈会,邀请老社员讲述履职亲身经历,组织青年社员赴重庆开展社史教育,回顾民主党派发展历史及多党合作历程,传承弘扬九三学社“爱国、民主、科学”优良传统。

是年,在市级及以上媒体发表信息70篇,其中38篇被社中央、社省委录用,7篇新闻作品被团结网、联谊报等媒体刊登。《主委变主播,带货上千万》获2019—2020年度九三学社全国优秀新闻作品二等奖。《海上应急救助机制脆弱 九三学社舟山市委会提出建议》获2019年度舟山市宣传人民政协好新闻二等奖。

【新冠疫情防控】 走访企业,开展以指导疫情防控、复工复产为主题的“三服务”活动,宣传助企政策。利用网站、微信公众号等宣传平台,传达上级关于防疫决策部署和相关要求,宣传疫情防控、复工复产先进事迹,传播正能量,凝聚信心。

疫情防控期间,社市委启动信息处理“24小时在线”运行机制。各支社围绕疫情防控,提交社情民意信息200余条,其中8条被社省委录用、9条被市政协录用,大部分信息通过“快速通道”转送有关部门落实。为助力常态化防疫,社市委就民营企业高质量发展、高校疫情防控长效机制建立等提出建议。

组织动员各支社及社员服从

大局、参与防疫。全市20余名医卫界社员坚守岗位,90余名社员坚守疫情防控和复工复产一线,众多社员通过各种形式参与防疫、助力防疫。舟山医院支社被社省委评为抗击新冠肺炎疫情先进集体;社员钟碧峰被社中央评为抗击新冠肺炎疫情先进个人,社员罗雯斌、梅娜被社省委评为抗击新冠肺炎疫情先进个人。部分社员事迹被“学习强国”平台采用。全社捐款捐物价值75万余元。

【参政议政】 参加中共市委、市政协组织召开的协商会议,就政府工作报告、“十四五”规划编制、市域治理现代化建设和加快全市夜经济发展、海上花园城绿化体系建设、疫情背景下民营企业高质量发展等,提出意见建议,获市委领导肯定,部分意见建议被采纳落实。

省“两会”期间,提交提案建议9件;市“两会”期间,提交大会口头发言材料1篇,书面发言2篇,集体提案9件,个人提案建议27件。其中3件集体提案被列为市领导领办、督办重点提案,《关于强化住宅全装修行业监管 推进和谐社会建设》得到市长何中伟批示。

【社情民意】 围绕市委、市政府中心工作、重点关注领域,开展“我为新区献一策”活动,向社省委、市政协、市委统战部报送各类社情民意信息110条。其中,《建议加强对我国砂石料运输船舶管理》等3条信息被社中央录用,《长三角港口群一体化发展的对策建议》获省长郑栅洁批示,3条建议获市领导批示。

【调研监督】 征集参政议政素材,全年招标立项课题12个。围绕市委、市政府决策部署、改革重点难点和民生热点问题,社市委班子成员领衔,分别就创建全国文明城市、助推舟山市夜间经济发展、推进市域治理现代化、完善老旧小区改造体制机制等课题开展调研监督,形成高质量调研报告,部分建议被政府、相关部门采纳落实。

供大黄鱼、对虾及淡水鱼养殖病害检测,提出治疗处理方案。寒潮来袭,科技支社、定海支社赴“同心”服务基地等地,指导农户科学做好防寒抗冻工作。海大支社创新载体,推进学生创业能力锻炼提升。

围绕文明城市创建,组织开展“舟山有你 更加美丽”环保烟袋发放活动,发放烟袋8万余只。联合舟山医院、市红十字会继续推进“苏心工程”,完成培训100名学员。推进“灯塔计划”,给予海岛群众更多关爱。

9月4日,社市委组织社员赴市住建局开展专项民主监督调研活动(社市委提供)

【社会服务】 是年,组织开展“九三科技服务月”“百名专家下海岛”“九三讲堂”“同舟·健康行”等活动,并筹建天文爱好者协会,普及推广健康养身、农林养殖、天文观测、法律法规等知识,惠及群众5000余人次。

海研所支社、海职院支社专家多次赴定海、普陀,为养殖户提

【组织建设】 完成8个基层支社换届工作。选举出一批年纪轻、素质好、参政议政能力强、热心党派工作的社员进入支部班子,实现基层组织政治交接。是年,科技支社被社省委评为先进基层组织。

加强人才队伍建设。社市委班子成员走访社员工作单位,完善青年骨干社员跟踪培养机制。多

名社员参加社省委民主党派中青年骨干培训班、基层工作研讨班，全市民主党派基层组织负责人培训班和市委中青年干部培训班。

【科研成果】 是年，全市社员发表学术论文42篇(SCI论文7篇)，申报国家专利30项，完成课题22项(国家科学基金项目1项)，出版著作3部。3名社员参与的课题获评省级及以上奖项。

(撰稿：九三学社市委会)

舟山市工商业联合会

2020年，舟山市工商业联合会(下称“市工商联”)紧扣“两个健康”工作主题，以服务民营经济高质量发展为主线，围绕中心，致力“重要窗口”海岛风景线建设。

【坚持政治引领】 是年，召开主席(会长)办公会议和党组(扩大)会议学习传达，下发《关于认真学习贯彻习近平总书记在企业家座谈会上的重要讲话精神的通知》和《关于认真学习贯彻党的十九届五中全会精神的通知》，组建新时代民营企业家宣讲团，“以企业家讲，讲给企业家听”，举办多场十九届五中全会专题宣讲会，组织企业家参加省委、省政协宣讲会，通过座谈会等多种形式，组织带动民营经济人士和商协会组织学习。

坚持“大宣讲”“微培训”结合，“线上”“线下”互动，做大做响“商会大讲堂”培训品牌。联合海洋产业集聚区商会邀请浙江省区域经济促进会专家开展国内外经济形势、疫情应对讲座，邀请省经信厅领导就《浙江省民营企业发展促进条例》等进行重点宣讲和解读，举办“互联网+新媒体”平台运营、税法知识等主题培训，组织全市商协会党建工作者开展党务知识培训。

【同心共战疫情】 成立疫情防控工作领导小组，统筹协调各县(区)工商联、商会组织和会员企业调动资源，开展疫情防控。发布《舟山市工商业联合会(总商会)致广大民营企业家的公开信》，号召民营企业家投入疫情阻击战。建立疫情防控信息平台，摸排在鄂舟商名单，掌握人数、籍贯、人员流向、身体情况等相关信息，先后落实停产管控会员企业5782家，劝阻企业复工20家，取消商会聚集性活动4场次。

发出《全市民营企业家积极承担社会责任倡议》，全市民营企业和商会组织捐款捐物。1月25日，市总商会副会长、浙江黎明智造股份有限公司董事长俞黎明向华中科技大学同济医学院附属协和医院捐赠爱心款100万元。全市500余家(位)民营企业(新生代企业家)、商会组织和个人，共捐款捐物1046.2万元。其间，2221家会员企业承诺疫情影响期间员工带薪休息，2222家会员企业承诺疫情影响期间不解除员工劳动合同。全市各级工商联运用各种媒介，及时跟进宣传，市工商联微信公众号开设“众志成城抗疫情、舟山民企在行动”“复工复产”等专栏，发布抗疫新闻43期134篇，普陀区工商联与舟山晚报合作开设《普陀商人》专栏，专题报道企业“战疫”典型事迹，为企业点赞鼓劲。

组织精干力量，开展“助企抗疫情、联企复生产”专项行动，梳理市工商联执委企业复工复产问题202条，联系市人社局协调帮助解决企业外地员工返岗难题46例，发布口罩、消毒液等各类防疫物资采购信息12条，免收2020年会费近60万元。联合舟山温州商会制订《疫情防控期间企业扶持政策汇编》，联合浙江六合(舟山)律师事务所共同编写疫情防控期间企业生产经营法律问答手册。联合人行舟山中支开展百地千名行长助企复工复产活动，为存在金融需求的54家企业协调解决优惠贷款及一般性贷款1.5亿元，推广浙里贷平台，缓解企业资金压力。发挥市工商联转贷资金作用，疫情以来为126家次企业转贷156次，累计转贷5.5亿元，并减免转贷逾期企业违约金近20万元。定海金塘商会被评为全国抗疫先进商会。

【助推民营经济高质量发展】 深化“三服务”工作，全年开展各类服务活动20余次，受惠企业1500余家次。组织商协会走进检察院、公安局，开展“六稳”“六保”护航民企发展开放日活动；发挥市工商联法律顾问、民营经济服务站和总商会律师服务团作用，开展“法雨春风”法律服务活动，完成企业法治体检1142家，参与排查涉企矛盾纠纷215件，维护民营企业和民营企业家合法权益；深化与银保监分局、人行舟山中支合作，开展“百名行长进民企、百家民企评银行”暖春行动，建立百名行长服务民营企业长效机制，打通企业融资难点和堵点，助力小微企业平安“过冬”；深化与人保局合作，开展东西部劳务协作，两地合作办学培训船员知识，多渠道引进达州学生和务工人员，实现“保就业”和解决“用工难”两手抓。

多层次创新政企交流平台，打造亲清政商关系新生态。联合市旅游协会、水产品出口加工协会举办政银企座谈会2场次。联合市发改委、市生态环境局、市检察院三级联动高质量举办“亲清直通车·政企恳谈会”15场次，收集的意见建议通过“三服务”平台交各有关部门办理落实，推动“五减”等各项政策落地落细。

坚持“走出去、请进来”，邀请宁波市镇海区新生代企业家代表赴舟山考察，交流非公企业党建、新生代企业家培养等方面经验做法，共建定海－镇海新生代企业家友好联谊会；参与省浙商青蓝接力专项调研，推荐新生代企业家参加省新生代企业家青蓝接力培训班，9名新生代企业家当选浙江省新生代企业家联谊会三届理事会理事；组织新生代企业家代表赴甬台参加“企业家创新能力提升”培训，加大新生代企业家教育培养力度。开展“双走访”活动，市工商联领导赴四县(区)走访新经济新业态民营经济代表人士，倾听新生代企业家心声。开展新生代企业家调查摸底，指导新生代企业家联谊会换届工作，推进新生代企业家队伍发展壮大。

【服务大局履职尽责】 市政协七届四次会议上，庄伟意作题为《关于提升金融服务水平 助推民营经济高质量发展的建议》的大会发言，市长何中伟、副市长宝音太分别批示，指示相关部门抓好落实。在调研的基础上提交《关于打通北向沿海环岛公路的建议》等集体提案5件，政协工商联界别委员提交委员提案9件，所有提案均得到有效办理。市政协七届三次会议上提交的《关于促进水产行业整体转型升级的建议》提案被评为市政协2019年度优秀提案，市工商联界别活动组被评为市政协2019年度先进界别活动组。联合市政协经济委开展“强化政企联动，推动民营经济高质量发展”调研活动，走访企业10余家，分层分类召开座谈会4场次，组织企业家参与市政协“请你来协商”专题协商，会上围绕疫情防控常态化形势下更好地推动民营企业高质量发展代表工商联作主题发言。联合市人大法制工委召开《浙江民营企业发展促进条例》专题座谈会，共商民企发展，推进惠企政策落实落地。注重日常走访和意见收集整理，畅通企业诉求渠道，全年撰写《疫情形势变化对我市水产出口企业的影响及对策建议》《关于进一步加大企业水、电、气优惠力度的建议》等《民企反映与呼声》7期，均得到市领导批示。全年开展民营企业社会责任、营商环境、运营情况等专题调研10余项，动员560家次企业参与调研，召开座谈会43场，发放调研问卷2000余份。鼓励、支持、引导民营企业家投身全国文明城市创建工作，发出《助力创建全国文明城市倡议书》，联合各创城专项组帮助各相关企业严格按照创建标准规范提升，确保静态指标不扣分，动态指标少失分。各级工商联机关干部参与创城志愿活动，其中彭杰被评为市全国文明城市创建工作先进个人。

【助力脱贫攻坚】 市工商联带领市吉林商会、安徽商会、湖南商会、河南商会、新区石化船运商会、新城商会、国际海运船东商会、温州商会与四川凉山、达州

9月15日，第二期舟山－达州“海员班”结业(市工商联提供)

开展东西部扶贫结对，与6个村签订村企扶贫结对协议，捐赠帮扶资金40万元。组织县(区)工商联负责人和企业家代表赴吉林长春参加吉浙“百家企业手拉手”启动仪式暨对口合作经贸考察活动，与松原市企业家开展经贸合作交流，邀请四川达州企业家代表赴舟山市交流考察，就产业扶贫协作、劳务合作等进行探讨。舟山－达州第二期“海员班”结业，所有毕业海员实习上岗，帮助建档立卡贫困人员高质量脱贫就业。

【组织建设】 根据《舟山市工商业联合会深化改革实施方案》，优化完善市工商联职能，对接市委编委办调整机构编制规定，对接市两新工委、市直机关工委，成立总商会党委，理顺商会各层级党建工作体系。制定印发《市工商联领导联系基层、联系企业、联系行业工作方案》《市工商联机关干部“进企走亲连心”制度》，转变市工商联机关工作作风，做到去行政化、去机关化。出台《舟山市工商联所属商协会管理暂行办法》，规范商会管理，制订《舟山市工商联开展“四好商会”创建工作的实施意见》，开展市级“四好”商会创建，新认定市级“四好”商会13家，推荐市优秀商会参与省级“百家示范”商会创建工作，定海区盐仓商会被评为全省首批“百家示范”商会。联合吉林商会、台州商会举办第二届异地商会商务交流活动。

是年，吸纳市港口协会、旅游协会、水产品出口加工协会为团体会员，新成立舟山江西商会、舟山湖州商会。开展“新时代工商联的新样子大讨论活动”，开展“手拉手”互学活动，承办省“奔跑的工商联”互学互促交流活动，邀请普陀区工商联走进市工商联机关座谈交流，与宁波、绍兴、台州等市工商联开展交流互学。

3月，召开党员大会进行换届选举，选举产生新一届支部委员会。

(撰稿：赖小洁)

责任编辑：李轶

舟山市总工会

【概况】 2020年，舟山市总工会紧扣强化职工思想引领、服务经济复苏发展、参与市域治理和“四个舟山”建设重点，发挥工会职能优势，各项工作取得积极成效。至年底，全市建有基层工会组织3307个，其中独立基层工会2916个，联合基层工会391个，涵盖单位11018家；职工338492人，工会会员326843人。

【参与疫情防控】 向全市工会干部和职工群众发出《抗击新冠肺炎疫情倡议书》，组织各级工会干部、工会志愿者、劳模先进等参与疫情防控工作。利用各级工会媒体，发布疫情通报、有关政策、防护知识以及工会抗疫动态等超过5000条，阅读量超过100万人次。制定抗疫一线等相关人员关心关爱7项举措，专门筹集、下拨帮扶资金250余万元，第一时间做好援鄂医疗队员、抗疫一线医护人员及家属慰问工作。开展抗疫一线职工疗休养活动，全市360余名抗疫一线医护人员、基层干部职工以及援鄂医疗队员参加免费疗休养。

【助力复工复产】 开展“三服务”活动，围绕企业最关心、最急需的问题，推出助力企业复工“暖心十一条”，从复工指导、资金支持、职工关爱等各方面加强对企业的支持。落实企业工会经费缓减50%和小微企业工会经费全额返还政策，对全市符合条件的小微企业上缴工会经费实行全额返还，降本减负工会经费3941万元。开通服务民营企业创业创新小额贷款贴息补助申请“绿色通道”，全年补助小微企业58家，补助金额123万余元。围绕企业招工难问题，组织网上助力企业招工活动10余次，联合市人社局开展专场招聘活动2次，协助开展返工复产人员接送慰问3000余人次。助推旅游餐饮服务等产业复苏，出台市内疗休养政策，全市超过5万名职工参加，直接消费超亿元。

【凝聚思想合力】 组织劳模工匠、一线抗疫人员等先进人物深入企业、基层、班组开展宣讲活动，引导职工增强新时代工人阶级的自豪感和使命感。组织“红五月”系列活动，弘扬主旋律、凝聚正能量。组织开展“咱们工人

4月26日，市总工会进企业开展“三服务”活动（穆红燕　摄）

有力量"职工劳动场景图片征集活动,征集图片1500余份,展示全市各行各业职工建设四个舟山的热情与成就。开展"寻找职工达人"专题活动,建立200余名职工达人数据库,组织职工达人送培训送文艺活动60余场。推进职工文化阵地建设,新建全国和省级职工书屋6个,开展送文化服务进基层进企业活动120余场。各基层工会发挥区域性职工活动中心、职工之家、职工书屋等阵地作用,组织开展普惠共享服务活动。

5月7日,市总工会组织2020年"红五月"劳模先进事迹宣讲活动。图为舟山中远海运重工劳模先进事迹报告会后合影留念(夏赵丹 摄)

【服务经济发展】 组织开展"当好主力军、建功新时代"重点工程立功竞赛活动。在全市范围内选树市级重点工程立功竞赛示范项目20个,以点带面,推进重点工程立功竞赛活动开展。开展"当好主人翁、建功新时代"主题劳动竞赛,组织以创建"工人先锋号"为载体的"六型班组"建设劳动竞赛项目50个,全市参与职工超过6万余人,为全市重点工作推进提供坚强服务保障。发挥全市职工技术服务队(讲师团)作用,全年为中小企业提供技术服务120余次。巩固深化"创文明厂区 做文明职工"专题活动,舟山市汇邦建材有限公司等20家企业被评为"舟山市文明厂区",钟新等50名职工获"舟山市文明职工标兵"称号,企业厂容厂貌进一步改观,职工文明素质继续改善提升。

【提升职工技能素质】 推进产业工人队伍建设改革工作,牵头制定改革实施方案,组织召开协调小组会议,明确改革时间表、路线图,确定省、市级试点县(区)和非公企业试点。联合市人社局,开展港贸物流、绿色石化、金牌导游等技能比武和劳动竞赛20余项,晋升技术等级800余人,其中农民工400余人。组织实施"农民工学历与能力提升行动",举办各类培训班2000余场次,参加职工超过5万人次,4000余名职工提升技术等级,其中农民工2500余人。组队参加省级以上职工职业技能竞赛活动,6名职工获浙江"金蓝领"称号。推进名师带徒工作,全市劳模(高技能人才)师徒结对230对。开展第四批劳模(工匠)创新工作室评比活动,命名市级创新工作室19家,选树省级创新工作室3家。开展职工技术创新、合理化建议征集、"五小"技术革新、先进操作法推广等活动,全市推行技术革新项目212个,提出合理化建议4000余件,推广先进操作法173项。

【构建和谐劳动关系】 联合人社、经信、商务等部门开展职工队伍情况专项排查,排查重点企业180余家,收集意见建议560余条,帮助解决问题50余个。会同法院、司法局、人社局等建立劳动争议纠纷多元化解机制,畅通工会法律援助"绿色通道",全年为职工提供法律援助154起,调处各类劳动争议纠纷231起,为职工挽回经济损失860余万元。继续深化职工维权平台建设,在偏远海岛企业、"职工之家"建设10个"工会法律智能服务终端",加快构建工会24小时法律服务系统,打造职工"半小时法律服务圈"。舟山市总工会构建劳动争议多元化解机制探索职工维权"舟山模式"得到省总工会主要领导批示。围绕稳企业、稳经济、稳发展工作主线,全面开展2020年工资集体协商工作,全市集体协商建制企业(行业)达到67.5%以上,职工对集体协商工作的参与率达到74.5%以上,知晓率达到83.75%以上。联合市应急管理局、市卫健委开展“安康杯”竞赛活动,全年组织职工查找事故隐患和职业危害4000余件。开展“尊法守法·携手筑梦”公益法律服务和“红五月”法治宣传进企业系列活动60余场,引导职工理性维权、依法维权,筑牢职工队伍稳定“第一道防线”。

【帮扶服务职工】 建立和完善临时救助和常态化帮扶相结合的职工解困脱困工作机制,全年落实困难帮扶资金超过300余万元,全市203户市级以上建档困难职工家庭实现帮扶全覆盖。持续深入开展送温暖系列活动,全年慰问困难职工592人次,发放帮扶资金89.68万元,走访工程建设工地40余个,慰问一线劳动者12000余人次,服务返乡农民工9000余人次。支援对口帮扶地区脱贫,发动职工开展消费扶贫攻坚行动,全市职工参加3.5万人,帮扶资金307万元。完善职工医疗互助保障“一站式”办理,推进职工医疗互助保障工作提质扩面,全市参保职工总数超过11.5万人,互助报销医疗费用860万元,帮助职工1.54万人次。继续深化“五一爱心驿站”、妈咪暖心小屋等职工服务阵地建设,关心青年职工婚恋问题,常态化开展职工交友联谊活动,更好满足职工需求。深化“最多跑一次”改革,实施市本级职工疗休养承办旅行社备案审查和负面清单管理。继续开展高温慰问等活动,督促企业落实职工高温作业劳动保护措施,为高温环境作业人员送去清凉。

【基层工会改革】 开展“基层工会改革年”活动,以乡镇(街道)总工会和非公企业工会为重点,指导建立乡镇(街道)工会主席述职评议和定期交流研讨制度。在全市非公企业中建立工会工作指导员制度,加强对非公有制企业工会工作的指导。继续加强对远洋渔业小镇工会联盟指导,开展共享设施挂牌、职工文艺展演、工会干部业务培训等活动,小镇工会联盟逐步走上正轨并发挥作用。围绕“八大群体”集中建会工作,创新工会组织体制和职工入会方式,继续加大重点行业、重点区域、新建企业的建会力度,全年新建基层工会组织64家,一批物流行业联合工会、民宿行业联合工会、汽车城联合工会、商铺一条街联合工会等组建,工会组织覆盖面、工作覆盖面扩大。加强基层工会干部队伍建设,新招录职业化工会工作者9人,培训基层工会干部300余人。建立完善全市工会“推优入党”工作机制,全年向各级党组织推优160人。

【推进工会女职工工作】 结合工会组建专项行动,推进女职工组织同步组建工作,小微企业、开发区和工业园区等工会女职工组织组建力度持续加大,组织覆盖率达到99%以上。组织开展“最美的瞬间·工作的我(们)”微视频征集活动,以微视频形式宣传展示抗疫一线女职工的事迹。推进企业集体合同与女职工劳动保护专项集体合同“三同步”,全市有女职工组织的企业女职工专项集体合同签订率超过97%。继续以女职工“四期”保护为重点,把女职工禁忌劳动列入“安康杯”竞赛活动,全市执行女职工“四期”保护和女职工禁忌劳动规定的企业比例超过90%,覆盖女职工11万余人。以关爱“特困期、特殊期”女职工为重点,借势借力开展女职工关爱行动,市、县(区)两级工会女职工组织走访慰问困难女职工300余人次,发放帮扶资金80余万元。开设“女职工成长课堂”,邀请压力管理、亲子教育、法律知识、中医保健、商务礼仪等方面的专家、老师,为女职工授课10场次。推进妈咪暖心小屋等女职工服务阵地建设,全年新建妈咪暖心小屋9家,创建省级示范小屋3家;开展女职委维权行动月专题活动,全市各级女职工组织开展心理咨询讲座、法律法规宣传以及各类服务200余次,参与女职工7000余人次。

【加强工会自身建设】 坚持党建引领,加强内部监督,形成党建、纪检和内部建设工作合力。完成新一轮科级干部聘任工作,组织开展“深化三服务、调研解难题”以及“当一周工人、体工会初心”主题活动,开设工情直通车等职工意见需求反馈通道,进一步增进与一线职工的感情。发挥经审监督职能,全年开展工会经费计拨上缴、工会经费收支等各类审查审计38次,指导40家企事业单位落实40余项审计整改意见,审计监督作用充分发挥,工会经费使用管理进一步规范。全部收回市工人文化宫娱乐出租房屋，推进整体改造工作，提高资产使用效能。继续加强机关党建、宣传等工作，工会老干部、统计、档案、信访等工作稳步推进。

（撰稿：蒋海凤）

共青团舟山市委

【概况】 2020年，共青团舟山市委员会(下称“团市委”)团结带领全市团员青年助推疫情防控和经济社会发展，在助力打好“五大会战”、建设“四个舟山”进程中推动团的各项工作实现新发展。是年，全团深化“青年大学习”网上主题团课。11个志愿服务项目在国赛省赛中获奖；培育打造市级“青创农场”10家，省级“青创农场”6家，培训“新农人”57人，2家青创农场获省赛三等奖。实施“高校毕业生聚舟计划”“家燕归巢”本土人才回归计划，提供暑期实习岗位467个，新建大学生到舟山就业创业联络站8个。培育扶持青年“双创”项目64个，其中6个项目获省赛1金1银2铜2优。全市志愿服务综合活跃率超64.6%，持续领跑全省。创城志愿服务领域实现三年“国测”零扣分。至12月底，有基层团组织3269个，基层团委149个，团工委58个，团总支64个，团支部2998个。

【志愿服务】 完成创城志愿服务工作任务。常态化做好学雷锋志愿服务站点运行，至年底，全市范围内已建立学雷锋志愿服务站点844个，覆盖本岛社区、公共文化设施、政务大厅、医院、车站码头、景区景点等区域，至12月底，各站点累计开展服务7600余场。持续做好主要交通路口文明劝导志愿服务，参与志愿者7万余人次，累计服务时长11万小时。落实岗前培训制度，分层分类面向上岗志愿者开展全覆盖轮训，确保服务到位、行为规范，志愿者劝导能力和管事率进一步提高。举办“红动舟山”志愿服务集中行动，不断扩大“周末公益”“城市啄木鸟”等志愿服务品牌影响力，常态化开展“清理小烟蒂，创出大文明”志愿服务。是年，全市开展各类创城志愿服务活动3.19万场，参与志愿者超过90万人次。选树志愿服务骨干，评选表彰最美志愿服务先进典型121例，其中最美战疫志愿者32人，依托本地主流媒体宣传志愿者、志愿服务团队优秀事迹，提升志愿服务支持率、知晓率。主动融入市域治理现代化建设。投身新冠肺炎疫情防控一线，组织开展路口卡点管理、社区排查治理、隔离点服务、医务人员帮扶等志愿服务7210余场次，投入志愿服务力量13.6万余人次，累计时数超过30万小时，在疫情防控和基层治理中发挥独特作用。推进青年志愿者服务社区专项行动，开展社区“六关爱”、平安巡防、基层矛盾调解、重点青少年群体帮扶等志愿服务活动超过1.2万场，位列全省第四。做好2020舟山群岛马拉松志愿服务保障工作，近五年累计服务世界油商大会、国际海岛旅游大会、舟山群岛马拉松等重大赛会14场，招募并投入志愿者9300余人次，向国内外嘉宾展示舟山志愿者良好形象。志愿服务特色优质项目不断涌现。做强志愿服务项目创投平台，加大各领域志愿服务组织培育力度，近三年累计培育各类志愿服务项目51个，投入资金90余万元，涌

12月5日，在新城举行“红动舟山”——创建全国文明城市志愿服务再出发暨“派单式”志愿服务启动仪式(团市委提供)

现出一批“牵手公益”“电亮夕阳红”“修而立”等志愿服务品牌项目。推报本地项目参加国家级、省级志愿服务项目大赛，近三年取得国赛1金1银、省赛2金5银12铜的成绩。市红十字会海岛巡回医疗队巡回医疗志愿服务项目获全国学雷锋志愿服务最佳志愿服务项目。协助做好浙江省首届志愿服务展示交流会布展宣传工作，近20个本地优秀项目参与展示，体现近年来志愿服务事业发展成效。完善“志愿汇”平台建设，该平台自2016年启用至今，全市有注册志愿者22.6万人，志愿服务组织9100个，开展志愿服务活动11.3万场，参与志愿者超过330万人次，签到时数达610万小时，全市志愿者综合活跃度达64.58%，在全省连续排名第一。强化平台日常管理，落实活动发布和审核机制，驳回或关停不规范活动4400余个，扣除虚假时数4万余小时，推动志愿服务活动诚信规范化。启动“派单式”志愿服务信息系统，针对群众需求分类打造志愿服务专业队伍，提升供需对接精准度和服务实效性。丰富志愿者激励嘉许载体，推出2批志愿者回馈礼遇券，发放超过10万张，探索“志愿贷”等优惠政策，提升志愿者礼遇，其中“志愿贷”在“志愿汇”App上线。用活用好“关爱”好人专项资金，做强做大“时间银行”回馈项目，常态化慰问骨干、困难志愿者250余人次。

【服务青少年】 汇聚大学生人才，促燕归巢。推进“家燕归巢”大学生暑期社会实习。继续开展政务(企业)实习，征集135家单位的245个政务(企业)实习岗位，提供426个实习名额，全部完成人岗对接。开展“青春弄潮东海 学子逐梦舟山”社会实践活动。结合舟山发展规划推出4大专项12大主题，吸引28支实践队、170余名学生报名参加。“家燕归巢”创新活动载体，推出“舟山学子舟山行——走进舟山骄傲”系列活动，带领大学生走进舟山绿色石化基地、远洋渔业小镇、海力生集团等舟山重大项目基地、传统企业等。加强激励。2020年“家燕归巢 青春留舟”宣讲暨大学生暑期社会实践活动总结表彰大会上表彰21位优秀实习生和24支优秀实践队。在高校联络站的阵地基础上，聘请10位舟山籍在外优秀学子作为“青春舟山代言人”，以青年学生独特的视角、青春的朝气、多样的方式，凝聚起推介舟山的洪流。加强平台建设。整合全市青年人才创新创业政策，推出“舟山青年”人才政策平台。平台汇集全市青年人才住房、就业、创业、发展支持和青年综合服务保障政策等全市最新最全8大类青年人才政策，并开展云端推荐，累计对外推荐15万余人次，吸引舟山学子回乡发展。推进“舟山市红领巾学院”建设，加强少先队员思想政治教育和实践教育，完成少先队队长学校学员招募、培训一期。推进少先队改革，新增2所学校成立学校少工委，联合市教育局在全市范围内开展少先队“示范队室(角)”评定工作，组织全市少先队辅导员代表参加浙江省少先队专题培训班，加强少先队组织文化建设和队伍建设。开展少先队基层改革试点工作，探索出台少先队新队员分批入队方案、“红领巾奖章”实施细则、县级少先队辅导员考核评价实施细则和少先队辅导员绩效

7月10日，舟山市推选的“修而立”——东海工匠助残技能培训公益课堂志愿服务项目在2020年浙江省青年志愿服务项目大赛中获得金奖(团市委提供)

工资计算办法。深化"红领巾学院"品牌项目。依托"红领巾e站1013"阵地,做精"沿着总书记的脚步走"精品课程,完成"沿着习爷爷的足迹,寻访美丽舟山"红色研学课程开发、视频拍摄制作和研学路线发布。组织全市少先队员参与"99公益日"活动,当日筹得7万余元爱心基金。开展"书传万里童心相依"新疆儿童图书室援建项目图书捐赠活动,全市范围内收集捐赠图书38097册,推进"百校十万'石榴籽'"工程和舟山市青少年"真善美"种子工程。开展"战疫情　学先锋　话未来"主题云队课和市级"红领巾学院"思政微队课大赛,引导少年队员牢固树立"从小学先锋　长大做先锋"的思想意识。开展"浙江省少先队三优秀"和"新时代好少年"学习宣传活动,少先队舟山第一小学大队等6个少先队组织获"浙江省优秀少先队集体"称号,乐栩嘉等9名少先队员获"浙江省优秀少先队员"称号,余丹春等9名少先队辅导员获"浙江省优秀少先队辅导员"称号。市级评选产生20位舟山市"新时代好少年",普陀区朱家尖小学的谢子扬获评2020年浙江省"新时代好少年"。举办舟山市庆祝中国少年先锋队成立71周年主题队日活动。在活动上聘请舟山市4位抗疫英雄为舟山市少先队校外辅导员,评定20位2020年度"舟山市优秀少先队员"、20位"舟山市优秀少先队辅导员"、10个"舟山市优秀少先队集体",对舟山市红领巾研学路线进行发布,用丰富的形式献礼中国少年先锋队建队71周年。开展"传承红色基因　培育时代新人"舟山市少先队争章技能展示活动。张音等4名辅导员老师获得金奖,并代表舟山市赴省参加争章技能大赛,斩获4个银奖。举办"共享阳光　快乐成长"第九届舟山市新居民子女才艺展示活动暨"寻访真善美　争做好少年"征文比赛,推动"真善美"思想政治引领落地落实,鼓励和激发新居民子女进行文学创作,增强对第二故乡舟山的热爱和归属感。响应中央关于精准扶贫、教育扶贫号召,组织全市各界青年、青联委员加入结对帮扶工作行列,全方位实施青少年交流交往交融、学业助力、团队组织共建行动,援助资金40万元。10月,组织部分青年代表、青联委员赴新疆阿克苏、阿拉尔开展结对帮扶活动,推进精准扶贫、爱心助学、青年交流等工作。援助兵团一师捐建捐助"舟疆青帆爱心书屋"20万元(含1万册图书征集捐赠)。实施青少年学业助力行动,开展圆梦"微"心愿项目,捐助阿克苏、兵团一师等地困境家庭青少年"微"心愿750个,价值18万元。实施团队组织共建行动,援助兵团一师十团中学少先队鼓号器材2万元。

【共青团改革】 完成省级基层组织改革试点任务,市、县(区)"一专一站两联"制度基本落实。强化政治吸纳,引导快递外卖小哥、蓝天救援队、带货主播等新兴青年群体加入共青团、青年志愿者队伍。推进规范化建设。全年新建社会领域团组织306家,新增两新组织团建190家,实现"青年之家"乡镇(街道)全覆盖,完成"双百双提升"五年攻坚行动,累计整改基层团组织40家。深化"智慧团建",社会领域团组织密度提升、毕业离校团员组织关系转接、新发展团员档案录入等实现无缝对接。落实从严治团。深化积分入团,从严把好入团关。是年,全

7月31日,2020家燕归巢"舟山学子舟山行"第一期活动合影留念(团市委提供)

市初中、高中团学比分别控制在11%、56%,14～28周岁团青比为33%。抓好团干部管理,配齐配强各级团干部队伍,市、县级团的领导机关班子配备率、干部配备率均达到100%。开展全市团组织负责人培训班,完成团干部参与全国团干部调训、考试任务,提升团干部业务能力水平。增强团员队伍先进性,进一步严格入团程序标准,严控团学比、团青比,自2017年全省严格执行团员发展管理制度以来,全市发展团员8050人。推广积分入团试点工作成效,打破团员名额传统分配模式,将"青年大学习""志愿服务时数25小时"作为入团前提条件,激发团员荣誉感。落实"三会两制一课"制度和"三亮三比"团员亮分制管理机制,推动团员亮身份、亮承诺、亮业绩。打造"清廉共青团",抓作风建设,引导团干部扣好人生第一颗扣子,在讲政治、守规矩方面从严要求,提升廉洁自律意识和拒腐防变能力。推荐优秀青年骨干进入村社"两委"班子并兼任团组织负责人,村(社)换届后35周岁以下优秀青年进入"两委"班子累计1764人。

【组织建设】 推动全市团员青年参与青年大学习网上主题团课,团员每周学习完成率超过80%,位居全省前列。发动各级团组织学习习近平考察浙江重要讲话精神和2020年秋季学期中央党校中青年干部培训班上以及全国抗击新冠肺炎疫情表彰大会上的讲话精神等,覆盖各级团员团干部3800余人次。组建舟山青年讲师团,吸纳机关单位干部、党校老师、民营企业负责人、社区干部、志愿者等110余名青年讲师。是年,面向各领域青年开展理论宣讲360余场,受益青年6.5万人次。常态化运行微信、微博等团属新媒体账号,持续推广全市团属微信"公众号+个人号"模式,深化构建微信"红色组织阵地",打造线上组织员。团市委本级新增微信视频号、抖音号,建立常态化运营机制。做好全市团属新媒体账号排摸和管理,通过引入青年语言、增强内容供给、创新表达方式、提升互动水平等方式,持续巩固提升团属网络阵地平台影响力。疫情防控期间做好科学防疫倡导宣传工作,通过新媒体发布志愿者招募令、志愿者保险、全市团员青年抗击疫情动态、防疫小贴士等推送840余篇。围绕"浙江省网络安全宣传周"和"青少年日",组织各级团组织联动发布"网络安全"主题海报、宣传小视频,浏览量超过2万人次。抓牢新中国成立71周年、五四运动101周年等时间节点,开展"承五四薪火 扬青春风帆""绽放战疫青春·坚定制度自信""展青年担当"等主题团日活动1100余场,覆盖团员2.37万余人次。依托青少年活动中心等团属阵地,面向青少年深入开展核心价值观教育实践活动,将思想引领从校内延伸至校外,不断融入生活。围绕"爱国""文明""敬业"等主题开展"传承红色基因 争做时代少年""文明创城在行动,垃圾分类我先行"等社会主义核心价值观系列活动10余场,覆盖青少年1200余人。

(撰稿:林金华)

舟山市妇女联合会

【概况】 至2020年底,舟山市妇女联合会(下称"市妇联")下辖县(区)妇联组织4个,管委会妇工委4个,机关事业单位妇委会(妇工委)35个,乡镇妇联22个,街道妇联14个,社区(村)妇工委(妇联)407个,两新组织妇联35个,高校妇联(妇工委)3个,下属团体会员3个。

是年,做深做实线上线下"百千万巾帼大宣讲",发动各级妇联执委、优秀妇女代表、女性社会组织、"东海渔嫂"宣传员等开展习近平新时代中国特色社会主义思想宣传宣讲。全年开展各类宣讲1000余场,覆盖20余万人次。成立市三八红旗手(集体)联盟,加强典型引领,通过看望慰问老年三八红旗手、献礼抗疫巾帼英雄、开展故事宣讲等形式形成薪火相传的示范效应。以庆祝舟山解放70周年为契机,结合市妇联70年发展历程,开展"我们的七十年"主题音视频、H5宣传,激发全市妇联干部、妇女群众爱国爱家的情怀。

3月,市妇联被评为2019年度乡村振兴工作先进集体。4月,被评为2019年度全市综合考核党群综合类一等奖、2019年度法治舟山(政府)建设优秀单位。9月,舟山医院ICU护士长郑汉阳被评为一线女医护人员抗击新冠肺炎疫情全国三八红旗手。10月,定海区美之声演唱团被评为2019年度全国三八红旗集体。12月,新城管委会千岛街道浦西社区党委第一书记张亚清、舟山商贸集团有限公司定海分公司桔园菜场妇联被评为抗击新冠肺炎疫情浙江省三八红旗手(集体)。

【助力疫情防控阻击战】 上下联动,开展“聚力东海渔嫂抗疫情、守护幸福舟山最美家”“你赴疫线,我表心意”“特别的爱给特别的你”等爱心行动,20万名“东海渔嫂”参与。发挥新媒体平台宣传引领作用,开展线上防疫宣传665次,网上课程和指导服务321次。发动市属妇委会、女性社会组织为全市援鄂医护人员家庭和“双一线”家庭提供一对一服务,送餐449份,提供家政保洁服务1025小时,为援鄂女医护人员送去特需用品和“妈妈的味道”特色美食。发动全市女干部联谊会、女企业家、党员干部等为医护人员捐款捐物近200万元,筑起线下和云端2个抗疫阵地。

【打响“东海渔嫂”品牌】 在市委统一领导下,与市委政法委共同组建“东海渔嫂”参与社会治理工作指导中心,以双牵头模式专班化运作,统筹推进全市“东海渔嫂”品牌工作,加强“东海渔嫂”规范化管理和赋权赋能赋誉,实行“块上中心制、条上联盟制,条块三融合”。加强“东海渔嫂”专业化队伍建设,在1158支由妇联引领的“东海渔嫂”队伍基础上组建382支专业化骨干队伍,即“东海渔嫂十大员”(宣传员、调解员、禁毒员、反诈员、渔安员、助老员、洁美员、城管员、代办员和监督员)队伍,由市委宣传部、市海洋与渔业局、市公安局等9大部门开展对口指导培训,促进“东海渔嫂”在全国文明城市创建、抗击新冠肺炎疫情等全市重大工作中发挥重要作用。加强“东海渔嫂”理论研究,编撰形成2020年妇女研究文集。联合市委政法委举办“东海渔嫂”参与社会治理实践周活动,通过“东海渔嫂”参与社会治理情景报告会、现场推进会和理论研讨会推进品牌工作迭代升级。其中“东海渔嫂”参与社会治理研讨会由中国妇女报、舟山市委联合主办,市委政法委和市妇联承办,邀请中央党校、复旦大学等国内知名专家教授参与研讨,为“东海渔嫂”创新发展提供路径启示,受到社会各界高度评价。注重“东海渔嫂”品牌外宣,提升媒体知名度。是年,在人民网、新华社、《法治日报》、《中国妇女报》、学习强国、《浙江日报》等省级以上媒体发表39篇相关报道。“东海渔嫂”获评2020年度浙江省优秀巾帼志愿者,并入围全国巾帼志愿十大感动人物。

【推进妇女创业就业】 分组开展“三联六助”,下基层服务助力复工复产。为女企业家、女创客复工复产和“后疫情时代”的创业就业持续赋能,链接“云”平台推进“十百千万巾帼云创行动”,实施“东海渔嫂”电商提升项目、“岛居舟山女主人成长”项目培训29次,受益1万余人次。链接北京幽兰国际女子学院资源开展“直播营销培训课”等。在全省新时代美丽乡村现场会、东海开渔节暨舟山远洋渔市节等重大活动中搭建“妈妈的味道”展示平台,开展展销16场,王佳佳等7位农创妇女被评为省百名最美巾帼新农人。举办家政员提升培训班,做好“最美巾帼家政人”选树培育工作,古兰玉等8位家政人被评为省级“最美家政人”。巾帼文明岗创建工作提质扩面,全市有22家单位争创全国巾帼文明岗,国家税务总局舟山市税务局第二分局出口退税股、舟山市公安局出入境接待大厅、国网浙江省电力有限公司岱山县供电公司客户服务中心营业部和舟山商贸集团有限公司定海分公司桔园菜场4家单位获评全国巾帼文明岗,普陀区沈家门街道妇联主席邵小燕和舟山市商务局商贸发展处处长余咏获评全国巾帼建功标兵。

【推进家庭文明建设】 以全国文明城市创建为契机,推进“幸福舟山·最美家”综合服务平台建设。市、县(区)联动,举办第二届家庭文化节,多载体展示家庭文明建设成果,吸引5万余人次参与。实施舟山名家风故事挖掘推广项目,掀起发扬传承家风文化的热潮。深化最美系列创评,评选产生各级各类家庭典范3000余户,其中全国文明家庭1户,全国五好家庭1户,全国最美家庭1户,全国“抗疫”最美家庭1户,省级“绿色家庭”6户。推进美丽庭院成片打造,形成美丽庭院示范区域4个。发挥最美家庭等先进引领作用,开展“文明从家庭出发”创城总动员,推进垃圾分类、公筷公勺等文明习惯养成和志愿服务常态化开展。牵头出台《舟山市推进〈浙江省家庭教育促进条例〉的实施意见》,推进《全市社区家长学校规范化建设标准》落地执行,强化对全市社区家长学校建设督导检查。创新实施文明家庭和最美家庭动态管理和礼遇机制，制定出台《舟山市文明家庭和最美家庭管理办法》。是年，为全市首批89户“双美”家庭链接争取7大类26项优惠政策和服务，营造“有德者更有得”的社会氛围。

11月30日，市妇联在舟山日报社开展“幸福舟山”礼遇“双美”家庭活动（江佩佩 摄）

【加强妇儿维权关爱】 履行市妇儿工委办职责，抓好“十三五”妇女儿童规划终期评估，攻坚落实重难点指标，高质量完成省妇儿工委到舟山督导评估相关工作。牵头制订《舟山市儿童之家建设三年行动计划（2020—2022）》。继续深化1委+4会工作机制（市妇儿工委领导下的妇女儿童合法权益保障、妇女创业创新、家庭教育和家庭成长以及妇女儿童宣传工作联席会议制度），新增市委政法委、市信访局、市人大常委会社会（工）委、市政协社会法制和民族宗教委员会4家成员单位。发挥“东海渔嫂律师妈妈团”等团队作用，加强法律知识普及和权益维护，促进民法典、反家暴法等法律法规的宣传和落实。联合14家单位成立舟山市未成年人保护联盟，出台《舟山市妇女儿童维权工作及重大侵权案件联动联防工作方案》等工作机制7个。畅通12338维权热线，处理来电来访案件182件。在幸福社区推进建设92家婚姻家庭辅导室，加强矛盾纠纷调处力度。分类开展“阿拉娘家人”服务，市、县（区）两级投入资金68.5万元，推进31个服务项目，其中守护海娃·点亮童年——女童防性侵公益项目被列为2020年浙江省优秀巾帼志愿服务项目。

【开展八大破难行动】 对标省妇联深化妇联组织建设改革，实施“八大破难行动”部署，以破一批、固一批、亮一批为方向，实施组织覆盖攻坚行动、整体优化提升行动、人才培优推优行动、头雁培训赋能行动、入户联企走亲行动、社会组织培育行动、网络引领增强行动和“三度”评价提质行动。制定市、县（区）两级《深化妇联组织建设改革“重点破难行动”实施方案》，通过“问题清单、目标清单、任务清单”实现精准服务。以“市县组团、蹲点指导”“对标对表、自我强化”的形式，选择“一县一区一管委会”为示范点，以深入开展“基层组织建设服务年”活动为载体，重点破解基层组织建设八大难题。90%以上市县妇联干部深入基层蹲点，平均蹲点服务时间达15天，帮助基层破解难题271个，指导建立工作机制491个，带动执委开展“四必访”9979户，建立重点家庭三色档案2016个。

【基层妇联组织建设提质增效】 提前介入、主动对接全市村社党组织换届工作，以40个省试点村社和30个提前完成的渔业村为切入点，把优秀妇联干部、执委纳入党委视野，提高参选率和入选率，确保村社党组织换届工作中女性参与基层民主管理四项指标的有效落实。是年，全市“一肩挑”村女性正职比例达13.9%，居全省第一。18名村妇联主席当选为村“一肩挑”书记。规范提升基层妇联工作，编撰基层组织妇联换届工作流程一本通，指导全市村社妇联换届工作开展。至年底，全市406个需换届的村妇联组织完成换届，选举产生执委314人，新发展主席、副主席78人。通过举办全市妇联执委培训班和基层妇联主席培训班、实施执委项目认领机制等，提升执委履职能力和基层妇联组织的工作水平，市、县（区）两级执委认领实施项目75个，建立执委工作室、执委调解室和执委联络站10个。加强“四新”领域和高校妇建工作,指导浙江海洋大学和舟山群岛新区旅游与健康职业技术学院2家高校建立妇联组织,指导市卫健系统建立全市首家局办系统妇联。是年,新建“四新”组织妇联9家。

(撰稿:江佩佩)

舟山市科学技术协会

【概况】 2020年,舟山市科学技术协会(下称“市科协”)贯彻落实中央、省、市委决策部署,开展“三服务”活动,举荐优秀科技工作者,加强基层组织建设,强化科技工作者政治引领。服务抗击新冠肺炎疫情、科技企业复工复产、创建全国文明城市、乡村振兴战略、党和政府科学决策,助推“四个舟山”建设。邀请院士专家指导全市产业发展,促成院士专家和相关企事业合作,推进院士之家建设,推进甬舟科协合作,助推高端智力集聚舟山市,赋能产业高质量发展。组织主题科普活动,推进民生科普工作,开展青少年科技教育,推进科普阵地建设,提升全市公民科学素质。

是年,30名科技工作者获市级“科技追梦人”称号,6名科技工作者获省级“科技追梦人”称号。开展学术活动100余项,中国青年女科学家论坛、第十七届长三角科技论坛船舶工业发展分论坛、浙江自贸区试验区“海洋工程技术”国际学术论坛等具有影响力的学术活动落地舟山。

【加强基层组织建设】 指导市老科学技术工作者协会(下称“老科协”)完成换届工作,邀请省老科协会长茅临生、市委副书记徐张艳、副市长陈隆及老领导等出席换届大会。指导定海区和岱山县科协完成换届。浙江海洋大学科协成立并召开第一次代表大会。

9月19日,在科普节启动仪式上为省级“科技追梦人”颁奖(市科协提供)

兴业集团、海力生集团、黎明智造有限公司等企业科协相继成立。是年,全市建有高校科协2家,企业科协21家,园区科协3家,基层科协组织进一步壮大。企业科协工作得到省科协表彰,3个单位获全省优秀企业科协组织,6人获省优秀企业科协工作者和科技工作者,3人入选省级企业“创新达人”,其中浙江宏宇工程勘察设计有限公司董事长、科协主席李国庆被聘为“创新达人宣讲代表”。

【助力疫情防控与复工复产】 服务新冠肺炎疫情防控、科技企业复工复产。成立抗疫应急科普领导小组,建立25支共3000余人的应急科普宣传队伍。发挥“海陆空”融媒体科普宣传优势,开展抗疫应急科普宣传,发出倡议书和慰问信,拍摄“防疫前线最美抗疫人”宣传片,动员科技工作者参与抗疫应急科普,及时解惑辟谣、稳定人心。舟山市应急科普的做法得到中国科协和省委办相关简报的典型介绍。疫情防控期间,将“一手抓疫情防控,一手抓复工复产”精神要求落到实处,线上线下做好抗疫暖企宣传工作。开展线上企情调研,及时摸排梳理企业的实际困难和需求。指导各级科协、学(协)会宣传推广中国科协“绿平台”和省科协“We+抗疫暖企云服务平台”,推介国家、省、市各类暖企政策173条。

【服务创建全国文明城市】 按照文明城市创建标准,对第一代市科技馆进行升级改造。开展创城科普宣传,在全市社区电子屏滚动播放科普知识和创城文明用语。指导各级科协组织依托科技场馆、科普教育基地开展社会主义核心价值观教育,举办各类活动172次,受众21万人次,发放科普资料、宣传品10万余份。打造"科学大爆炸"电视栏目科普宣传工作品牌。全年栏目播出52期,播出科普小知识内容3000条次,抗疫科普图文5600幅次。是年,市科协获称市全国文明城市创建工作先进集体,市科技馆学雷锋志愿服务站获称市志愿服务先进集体,2人获称市全国文明城市创建工作先进个人,1人获称市志愿服务先进个人。

【服务乡村振兴战略】 贯彻落实乡村振兴战略实施方案,依托农函大教学培训工作平台,开展各种形式的科学普及、渔农村科技培训和技术推广,培养各类渔农村实用人才2万余人,推动渔农民科技致富。组织参加浙江省农民高级职称申报工作,2位农技专家获评农高职职称。在全省农函大工作会议中介绍"坚持政治引领、突出科技培训、助力乡村振兴"的舟山农函大工作经验,在全省科协三长会议上典型介绍"舟山市科协农村三长三模试点助力乡村振兴",受到省科协领导和同仁的肯定认可。

【服务党和政府科学决策】 围绕市委市政府中心工作,发挥各学(协)会作用和科协科技界市人大代表、政协委员的作用,开展重点、热点问题调研和咨询活动,形成一批高质量的科技工作者建议和议案、提案,供党委、政府科学决策。市老科协组织编写的《关于舟山市开展工业企业智能化技术改造的几点认识和建议》分别得到市长何中伟、市委副书记徐张艳、副市长陈隆的批示肯定;《关于科学点亮滨海新城,为海上花园城增光添彩的建议》形成市政协专报,得到副市长毛江平批示肯定。

【邀请院士专家指导全市产业发展】 以"促进科技经济融合"为主题,开展"服务企业、服务基层、服务群众"活动。年初,走访兴业集团、海力生集团、浙江黎明发动机智造有限公司等有关企业、基层科协组织和科技工作者,了解有关企业需求,对接上级科协组织,精准寻找相关院士专家,破解全市产业的痛点、难点,服务全市经济社会发展。是年,邀请郑晓静、王基铭、吴有生、宫先仪、朱永官、郑裕国、杨学明、孙斌勇等20余名院士专家到舟山调研或讲课,为全市经济社会发展建言献策。中国科协副主席、中国科学院院士郑晓静出席在舟山召开的中国青年女科学家论坛,指导全市环境保护与生态修复工作。中国工程院院士郑裕国出席第二届自贸区国际青年学者论坛,共谋海洋创新发展。中国工程院院士吴有生出席长三角船舶论坛,为全市船舶产业献计献策。乌克兰工程院院士尤里·赛门索夫出席2020甬舟绿色石化论坛,助力绿色石化产业发展。

【促成院士专家和相关企事业合作】 全年柔性引进C类以上院士专家8人。院士朱永官及其团队与市疾控中心、舟山青兰科技有限公司签约,开展海水资源综合利用与绿色生态开发领域方面的合作。院士汪旭光及其团队与大昌建设集团有限公司合作,服务全市爆破行业发展。国务院特殊津贴获得者、中国水产科学研究院黄海水产研究所副所长李健与市水产研究所合作,服务全市水产养殖产业发展。普陀区科协引进上海中医药大学附属岳阳医院神经内科主任韩燕与普陀医院合作,推进全市神经内科中西医

11月2日,院士专家齐聚舟山,共谋海洋创新发展。图为中国科学院院士郑裕国作报告(市科协提供)

结合诊治工作。

【推进院士之家建设】 拓展院士之家物理空间,营造院士文化氛围,制作完成“舟山院士之家宣传片”,在舟山电视台等核心媒体开展院士宣传100余次。保持舟山籍院士和进家院士的联络,拜访舒兴田、陈联寿等院士,节日期间开展院士慰问工作。对接省科协有关部门,争取舟山智慧岛列入省“院士之家”试点。完成《“舟山院士之家”及院士专家合作项目专项资金管理办法》送审稿,规范院士之家活动。院士之家全面投入运营,接待院士专家8批次20余人。

【推进甬舟科协合作】 签订甬舟科协合作备忘录,开展甬舟两地科协学习交流活动,双方在院士之家、学会服务站、海智基地、科普教育基地建设等方面进行有效的合作。12月9日,以“凝聚甬舟科技智慧,助力绿色石化发展”为主题的甬舟绿色石化论坛在舟山举行,浙海大石化学院和宁波市化工学会等单位建立联系,共同服务浙石化、中海油等石化企业。组织舟山市企业赴宁波参加“科创中国”产业对接活动,和相关专家建立联系。

【科普活动】 先后组织科普节、全国科普日、全国科技活动周、全民终身学习周、“5·12”防灾减灾日等主题活动。联合市属相关单位在全市开展以“决胜全面小康,践行科技为民”为主题的大型群众性科普活动48项,举办科普日启动仪式暨科普嘉年华主会场活动,辐射公众10余万人次。是年,市科协获评全国科普日活动优秀组织单位,1人获得全国科普工作先进个人。开展“我为创新舟山建设建言献策”科普征文比赛、网上科普报告讲座、网上青少年科普秀等网上科普系列活动。推进科普融媒体成效,“科学大爆炸”电视节目内容和市科协官网、“阿拉讲科学”微信公众号、400余台科普电子屏等融合链接,扩大科普覆盖面。配合完成2020年中国公民科学素质舟山区域调查工作,创全国文明城市区域(定海区、普陀区)公民科学素质水平首次达到全省平均。

推进民生科普工作。联合市应急局等部门,开展全市防灾减灾科普知识线上线下科普大宣传活动,通过科普电子屏以及部分小区广告屏、200余个社区村科普宣传橱窗高密度宣传防灾减灾,通过公众号、微信和QQ群等新媒体平台发送安全常识类信息260条,受教育人数达12万余人次。开展“防范金融诈骗”“文化医疗科技”“治水治污”等三下乡活动9次,向群众免费分发科普书籍3000余册,环保袋1000余只。

【青少年科技教育】 联合教育局举办第二十届全市中小学生科技节,吸引全市47所学校近500名科技小能手参赛。组织参加全省“冲刺科学+”大型益智竞赛活动,海选参赛人次达1.6万人,舟山市选手获城市赛全省最高分,参赛人次和成绩均列全省首位。开展科技辅导员、人工智能竞赛等培训活动8次,全市30余所学校近500名科技辅导员参加培训。第三十四届全省青少年科技创新大赛取得新成绩,全市43项作品获奖,其中一等奖5项。

(撰稿:陈凤武)

舟山市社会科学界联合会

【概况】 2020年,舟山市社会科学界联合会(下称“市社科联”)围绕中心,服务大局,主动作为,破解制约全市社科事业发展的突出问题,提升理论研究、学术活动、社科普及、社团管理工作水平。全年立项课题117项;组织第十七次市社科优秀成果奖评审工作;出版资助3部理论著作;组织开展“社科普及周”和科普基层行活动;编辑出版《舟山社会科学》杂志,报送《社科要报》供市领导和相关部门参阅。至年底,所属学会、协会、研究会40家,会员9000余人。完成市社科联换届,12月17日,组织召开舟山市社会科学界联合会第七次代表大会,修改《舟山市社会科学界联合会章程》,选举产生市社科联第七届理事会领导班子。是年,被浙江省社科联评为全省社科普及工作优秀单位。

【课题研究】 是年,立项重点课题25项,一般课题65项,与市委统战部联合招标课题7项,委托课题20项。动员社科界专家学者申报省级课题30余项,其中《浙江海上丝路史话》等16项课题获省社科联立项。立项课题中近40%课题围绕“四个舟山”建设中重难点问题立项,形成一批具有较高理论价值和应用价值的理论成果。10余项研究成果被有关部门采用,其中《对建设面向国际的"零残忍"化妆品产业示范区的思考与建议》《天津东疆飞机租赁模式对浙江自贸区航空产业发展的启示》,受到市委书记俞东来和市长何中伟的高度重视,并做了重要批示。

2020年度舟山市社会科学重点研究课题立项名单

表13

课题名称	成果形式	负责人	单位
家庭建设是构建全基层社会治理格局的基础性工程——东海渔嫂在家庭建设中彰显独特作用	研究报告	於颖颖	舟山市妇女研究会
乡村振兴背景下农村集体产权公共所有制改革创新研究	论文	林群珠	舟山市法学会
以地方历史文化资源助推干部教育培训机制研究——以舟山鸦片战争历史资源为例	研究报告	于海腾	舟山市哲学学会
基于英军决策层原始文献的鸦片战争第一次战役详考	专著	邱波彤	舟山日报
"里斯本丸"沉船事件的史事地位与和平意义研究	研究报告	胡　牧	舟山绿眉毛海洋文化传播有限公司
定海区"理论面对面"走心工程提升宣教水平的实践与思考	调研报告	冯季红	定海区委宣传部
"两山"理论的普陀实践	调研报告	张立军	中共舟山市普陀区委
岱山县石化中下游产业发展战略研究	论文	金　晖	岱山县经信局
全面建成小康社会视域下海岛地区人口困境问题的探讨——以嵊泗县为例	论文	柴芬娜	嵊泗县委党校
江海联运现代服务体系建设路径及对策研究	研究报告	倪晓磊	浙江大学舟山海洋研究中心
中国(浙江)自贸区油气信用指数研究与探索	调研报告	刘海应	中国人民银行舟山市中心支行
新冠肺炎防治背景下"网格化管理、组团式服务"的组织再造研究——以舟山市为例	论文	林　巧	中共舟山市委党校
舟山建设全球海洋中心城市的基本方略	论文	顾自刚	中共舟山市委党校
综合行政执法:理法依据、实践探索与现实问题——基于舟山五大领域综合行政执法改革的个案分析	研究报告	丁友良	中共舟山市委党校
浙沪自贸区联动发展的战略意义与推进对策研究	研究报告	胡细华	浙江海洋大学
舟山市"十四五"时期开放型经济高质量发展研究	研究报告	俞树彪	浙江海洋大学
民国时期舟山群岛渔业文献整理与研究	论文	方胜华	浙江海洋大学
浙江自贸试验区推动油气全产业链高质量发展研究	研究报告	宫敏丽	浙江海洋大学
浙江自贸试验区与全省开放大平台联动发展战略研究	研究报告	方　晨	浙江海洋大学
疫情新阶段舟山市复工复产措施研究	研究报告	李秀辉	浙江海洋大学
舟山智慧海洋城市建设研究	论文	顾协国	浙江海洋大学
清代日本漂流民在舟山的史料整理与研究	研究报告	孙　峰	浙江国际海运职业技术学院
地方高校毕业生服务区域经济发展模式研究——以舟山市为例	研究报告	曹志斌	浙江国际海运职业技术学院
战"疫"背景下舟山群岛新区加快推进"互联网+农业"的对策研究	研究报告	郭飞军	浙江国际海运职业技术学院
文旅融合背景下舟山海岛旅游民宿发展研究	调研报告	张海涛	浙江舟山群岛新区旅游与健康职业学院

2020年度舟山市社会科学一般研究课题立项名单

表14

课题名称	成果形式	负责人	单位
完善重大疫情防控机制研究	研究报告	耿相魁	舟山市法学会
美国“三反”经验对浙江自贸区“数字自贸”建设的启示	调研报告	鲍华峥	中国人民银行舟山市中心支行
舟山市“阿拉过端午嘞”节日活动调查报告	调查报告	沈奕汝	浙江省舟山市文化馆
地域文化视野下博物馆衍生读物的创作研究	论文	王　光	舟山博物馆
舟山市打造帆船跳岛拉力赛策略研究	论文	李海州	舟山市帆船帆板运动协会
礼佛的美学	著作	陈　晟	舟山市普陀山书院
关于人大制度、人大工作与市域治理现代化的实践和思考	调研报告	冯国海	市人大常委会
多维度视角的全域历史文化群体性保护研究——以舟山为例	论文	应朝栋	舟山市城市规划设计研究院有限公司
基于浙江数字化转型工程建设,实现医院档案管理“最多跑一次”电子化归档工作	研究报告	徐淑异 杨　光	舟山医院
职业院校联合中小学开展劳动教育的实践研究	结题报告	何晓颖	舟山技师学院
舟山新一轮港产城融合高质量发展思考	论文	张毅肆	舟山港口协会
普陀山观音道场与两岸四地的传播与影响	学术论文	金　涛	定海海洋历史文化研究会
破肚将军蓝理	著作	吴顺珠	舟山市观赏石协会
“两山”理念与舟山市域社会治理现代化的路径研究	调研报告	刘　琦	定海区司法局
公安视角下远洋渔业发展平安护航的探索与实践——以定海区为例	调研论文	孙　震	舟山市公安局定海区分局
甬舟高铁经济下白泉经济发展战略思考及对策	论文	余燕娜	定海区会计·珠算学会
社会治理现代化视域下沿海基层检察监督机制之完善	论文	乐志盛	定海区人民检察院
发展网红经济,打通“两山”转化通道——基于“两山理论”在海岛的创新实践研究	论文	李　珍	普陀区委党校
疫情背景下普陀区中小学线上教育现状及发展趋势	调研报告	徐朝挺	普陀区教育局
长三角一体化背景下普陀发展“飞地经济”的SWOT分析及战略选择	论文	王高举	普陀区委党校
打造新时代“海上枫桥经验”检察版的构想	调研报告	寿利根	普陀区人民检察院
实施乡村民主法治助力基层依法治理	调研论文	毛　华	岱山县司法局
海岛版未来社区的实践与思考——以长西村为例	调查报告	方安娜	岱山县长涂镇政府
关于海岛旅游资源保护性开发的研究——以舟山东极岛为例	论文	王　晓	岱山县委党校
舟山绿色石化基地刑事犯罪实证调查与防控对策研究	调研报告	卢宏辉	岱山县人民检察院
嵊泗县滨海休闲体育旅游发展研究	论文	刘立峰	嵊泗县委宣传部
基于两山理论的海岛特色经济发展模式探讨——以新建社区为例	论文	张春晓	中共舟山市委党校
兼合式党组织建设面临问题分析与破解路径研究	研究报告	汪善翔	中共舟山市委党校
后疫情时代加快健全舟山公共卫生应急管理体系的对策研究	研究报告	肖　威	中共舟山市委党校
舟山保税燃料油供应产业发展研究——基于产业政策转型的视角	研究报告	庄韶辉	中共舟山市委党校

续表 14

课　题　名　称	成果形式	负责人	单　位
海洋文化视域下浙江海洋渔业类碑刻的发掘与整理	研究报告	郑俊华	浙江海洋大学
海上丝路视阈下普陀《沈院》在中韩文化交流中的价值衍射研究	研究报告	陈　默	浙江海洋大学
经典教学理论的县域课堂应用	研究报告	宋秋前	浙江海洋大学
表达性艺术治疗对中小学心理健康教育的干预研究	研究论文	丁芳盛	浙江海洋大学
舟山建设全球海洋中心城市的战略意义与推进策略	研究报告	叶　芳	浙江海洋大学
舟山人口变动对产业结构转型升级的影响研究	研究报告	应海盛	浙江海洋大学
“公益星期天”——海岛平民子弟国学启蒙教育推广研究	论文	马忠杰	浙江海洋大学
1700 年:詹姆士·坎宁安从舟山寄往伦敦的书信研究	论文	姚艳波	浙江海洋大学
舟山群岛新区汉英公示语翻译问题研究	研究报告	鲁京晶	浙江海洋大学
上海图书馆藏稀见舟山进士王修植史料整理与考释	研究报告	韩　真	浙江海洋大学
开放型经济背景下舟山服务贸易发展研究	研究报告	刘　杨	浙江海洋大学
疫情对舟山市休闲渔业发展的影响分析	研究报告	陈静娜	浙江海洋大学
自贸区联动背景下舟山海水产品贸易体系优化研究	研究报告	王洪清	浙江海洋大学
舟山市经济责任审计实践与思考	研究报告	黄月眉	浙江海洋大学
对嵊泗枸杞岛开展休闲潜水项目的调查研究	研究报告	王裕桂	浙江海洋大学
基于“舟山三农农副产品综合批发市场”小农户农产品电商平台发展研究	论文	李月琴	浙江海洋大学
全国文明城市创建过程中志愿者权益保障机制研究	研究报告	朱晓武	浙江海洋大学
如何提高城市治理能力——以智慧城市建设为视角	研究报告、论文	方志华	浙江海洋大学
在本土高校慕课中推动舟山城市形象宣传的探索与实践	调研报告	任文轩	浙江海洋大学
舟山红色资源转化为高校教学资源的路径研究	调研报告	陶爱萍	浙江海洋大学
后新冠肺炎疫情时期促进舟山市餐饮业健康发展的对策研究	研究报告	池海波	浙江海洋大学
新民歌运动中的舟山新诗研究	论文	周驰觐	浙江海洋大学
新时代渔业全产业链的建设路径研究	研究报告	吕煜昕	浙江大学舟山海洋研究中心
大数据背景下做好人才培养质量提升的对策研究	研究报告	舒伟权	浙江国际海运职业技术学院
舟山市“兼合式”党组织建设与作用发挥研究	研究报告	黄　承	浙江国际海运职业技术学院
数字媒体视域下舟山海洋非遗数字化传播研究——以舟山船模工艺为例	研究报告	马露瑶	浙江国际海运职业技术学院
“五治融合”视域下舟山市社区治理动员型参与机制研究	论 文	戴智明	浙江国际海运职业技术学院
服务自贸区油气全产业链下高职石化类专业产教融合的路径探索	研究报告	秦传高	浙江国际海运职业技术学院
舟山市社区在新冠肺炎疫情防控中的治理模式研究	研究报告	金　洁	浙江国际海运职业技术学院
关检融合新形势下高职教育服务于自贸区建设的改革与探索——以报关为例	研究报告	李宇宏	浙江国际海运职业技术学院
语域视阈下舟山佛教文化外宣英译研究	研究报告	侯慧凡	浙江舟山群岛新区旅游与健康职业学院

续表 14

课　题　名　称	成果形式	负责人	单　位
新时代“蚂蚁岛精神”融入大学生思政教育的路径研究——以舟山市为例	研究报告	李长亮	浙江舟山群岛新区旅游与健康职业学院
疫情后期舟山市地方政府债务资金使用效率提升策略研究	研究报告	彭城瀚	浙江舟山群岛新区旅游与健康职业学院
发展海洋旅游产业背景下舟山涉外英语人才培养策略研究	论文	严　倩	浙江舟山群岛新区旅游与健康职业学院
舟山“绿、富、美”“三位一体”建设道路的研究	研究报告	吕　亮	浙江舟山群的新区旅游与健康职业学院

2020 年度统一战线理论研究招标课题立项名单

表 15

课　题　名　称	负责人	单　位
新时代新的社会阶层人士实践基地作用发挥研究:以舟山市为例	王旭明	浙江海洋大学
新生代企业家健康成长研究	于海腾	舟山市委党校
软法之治:舟山基层宗教治理法治化的一种路径——基于岱山县的实践	郑　硕	岱山县委党校
新乡贤工作实践与探索	贝静红	浙江海洋大学
舟山在宗教中国化发展方向的探索与实践	汪晓阳	浙江海洋大学
民主党派参政议政工作机制研究	胡　刚	浙江省社会主义学院
民主党派基层组织建设的实践与探索	李　腾	浙江省社会主义学院

2020 年度委托课题立项名单

表 16

课　题　名　称	负责人	单　位
蚂蚁岛创业史研究	欧阳城旺	浙江海洋大学
蚂蚁岛精神奋斗观研究	贝静红	浙江海洋大学
蚂蚁岛精神的内涵与时代价值	杨菊平	浙江海洋大学
蚂蚁岛精神关联性研究	翁志军	浙江海洋大学
蚂蚁岛精神的海洋特质与新使命研究	王建友	浙江海洋大学
蚂蚁岛精神新时代传承研究	余红艳	浙江海洋大学
蚂蚁岛精神与女性创业研究	龚　鹰	浙江海洋大学
唯物史观视域下蚂蚁岛生产关系变革研究	张中飞	浙江海洋大学
蚂蚁岛精神:全面奔小康中的历史路径与未来发展研究	顾协国	浙江海洋大学
蚂蚁岛精神的传统意蕴、时代价值及创新发展——基于“四个舟山”建设的视角	庄韶辉	舟山市委党校
论蚂蚁岛精神的先进文化特性及时代价值	于海腾	舟山市委党校
浙江自贸区扩区背景下红色教育资源的整合提升研究——以蚂蚁岛等为例	胡　佳	舟山市委党校

续表 16

课　题　名　称	负责人	单　位
蚂蚁岛精神在浙江自贸区制度创新中的融合与发展研究	陆瑜琦	舟山市委党校
传承蚂蚁岛精神与提升舟山文化软实力的研究	鲍红英	普陀区委党校
新媒体时代下"蚂蚁岛精神"的传播研究	秦少帅	舟山市委党校
蚂蚁岛精神与践行群众路线研究	夏志刚	浙江国际海运职业技术学院
蚂蚁岛精神与海岛妇女运动创新实践研究	刘笑菊	浙江国际海运职业技术学院
蚂蚁岛创业史文献档案集成	孙　峰	浙江国际海运职业技术学院
图说蚂蚁岛精神——历史镜头下的蚂蚁岛创业史(社科普及读本)	徐　英	浙江国际海运职业技术学院
从习近平关于蚂蚁岛精神重要论述看新时代舟山精神"半边天"	杜　岩	市妇女理论研究会

2020 年获浙江省社科联课题立项名单

表 17

课　题　名　称	负责人	单　位
浙江海上丝路史话	石一民	浙江海洋大学石化与能源工程学院
浙江海洋盐业史话	武　锋	浙江海洋大学人文学院、教师教育学院
浙江海岛观音文化史话	闵泽平	浙江海洋大学人文学院、教师教育学院
浙江海洋文学史话	倪浓水	浙江海洋大学人文学院、教师教育学院
浙江海防史话	程继红	浙江海洋大学教务处
浙江海洋艺术史话	韩伟表	浙江海洋大学图书馆
浙江海洋文化史话丛书	韩伟表	浙江海洋大学图书馆
舟山群岛海洋遗产读本	瞿明刚	浙江海洋大学师范学院
浙江吴语方言韵律节奏类型学研究	李　桠	浙江海洋大学外国语学院
16—19 世纪中国沿海英语文献史料总目提要	姚艳波	浙江海洋大学外语学院
长三角沿海区域渔业海洋垃圾治理体系研究	陈莉莉	浙江海洋大学经管学院
海洋命运共同体视域下海洋环境跨界治理机制创新研究	全永波	浙江海洋大学经济与管理学院
晚清时期西方小说在中国传播与接收研究	陆国飞	浙江海洋大学外国语学院
中国海洋管理机构职能协同与治理现代化研究	崔旺来	浙江海洋大学经济与管理学院
托勒密二世时代埃及对外关系研究	韩　翔	浙江海洋大学师范学院
海域资源高质量开发利用机制重构	王晓慧	浙江海洋大学经管学院

【社会科学优秀成果评奖】 根据《舟山市社会科学优秀成果奖励办法》,组织开展第十七次社会科学优秀成果评选活动,对舟山市2017—2018 年度社会科学优秀成果进行评选,评出社科优秀成果 48 项,其中一等奖 6 项,二等奖 12 项,三等奖 30 项。大部分课题围绕"四个舟山"建设的实际需求,针对性强,应用价值高,对促进舟山的经济和社会发展有着重要的作用。

舟山市第十七次社会科学优秀成果奖获奖名单

表 18

成　果　名　称	成果形式	单位(负责人)
一等奖(6 项)		
“一带一路”统领下浙江自贸区和自贸港建设法律问题研究	研究报告	夏凯慧等
关于加快舟山船舶产业转型升级的调研报告	研究报告	王　辉
关于舟山建设国家绿色渔业实验基地的研究	论文	刘舜斌
舟山群岛新旧地名录	著作	王建富
普陀山文化史	著作	倪浓水
双屿港史料选编	著作	金国平　贝武权
二等奖(12 项)		
舟山群岛新区发展新格局下市妇联改革路径探索	研究报告	於颖颖等
健全舟山绿色石化基地法治保障的建议	研究报告	耿相魁等
浙江自由贸易试验区制度创新研究	论文	林群珠等
“五调联动”架构下基层矛盾多元化解决机制研究——以普陀区为例	研究报告	林巧等
科技支撑引领舟山群岛新区发展的战略思考	论文	郭力泉等
把宁波舟山港打造成国际强港的对策建议	研究报告	徐士元
商品与信用:货币理论的两种本质观——兼论宏观经济学的重建	论文	李秀辉
舟山绿色石化基地海岛岸线综合保护研究	论文	张新杰
黄式三黄以周礼学文献辑笺	文献著作	程继红
舟山海洋文化史学论集	著作	盛观熙
舟山群岛传统渔家游艺集萃	著作	马丽卿等
群岛世范　舟山家谱家风家事	著作	翁源昌
三等奖(30 项)		
两性和谐的理性思考之在舟山的实践与探索	研究报告	张未等
习近平思想政治教育观在浙江的实践——以最美浙江人现象为例	论文	贝静红
习近平海洋战略思想与舟山海洋事业发展	论文	王建友
大学生社会实践导论	著作	刘煜等
从“全世界无产者联合起来”到“构建人类命运共同体”——共产党人对人类幸福和命运的关切与思考	论文	葛传根
迈向女性文化的新蓝海:新时代中国特色社会主义女性文化建设研究	研究报告	潘飞等
新形势下开展基层政协新闻宣传工作的实践与思考	论文	董慧明等
基于第三方满意度测评的医院优质化服务实践	论文	张国强等
讲好定海故事　焕发理论宣讲生机——“我们都是定海人”好声音讲好故事主题宣讲的实践与思考	论文	定海区社科联课题组
比较视野下浙江自贸试验区事中事后监管体系建设研究	论文	丁友良
长江经济带战略下长三角周边地区接轨上海的策略研究——以嵊泗县“与沪同城”战略为例	研究报告	柴芬娜

续表 18

成　果　名　称	成果形式	单位(负责人)
舟山群岛新区创新创业蓝皮书	论文	吕煜昕
中国(浙江)自由贸易试验区探索更大改革自主权的若干思考	论文	叶芳
海岛旅游独特性研究	论文	杨奇美
环境约束下海域资源开发保护的思路与建议	论文	王晓慧
海岛型石化基地应急救援影响机制和能力评估研究	著作	叶继红等
健全舟山国际船舶低硫燃料油供应体系研究——基于需求导向的视角	论文	庄韶辉
关于舟山布局航空全产业链发展的思考	论文	顾自刚
深入推进我省农业供给侧结构性改革研究——以"三渔"问题为视角	研究报告	杨金明等
舟山石油化工全产业链发展研究	研究报告	郑忠义等
舟山共享单车应用危机预警与管理建议	研究报告	季扬沁
舟山非物质文化遗产读本	著作	吴青兰
清末民初翻译小说目录(1800—1919)	著作	陆国飞
舟山群岛海洋民俗文化初探	著作	陈默
翁洲走书	专著	孙峰
高职院校英语竞赛与课堂教学效率研究	论文	张青青
中国共产党岱山历史大事记(1949—1993)	著作	岱山县史志办公室
电影《渔光曲》外景地考证	论文	秦良杰
SCI 和 SSCI 收录的期刊投稿进行性研究	读本	黄洁清
穿越千年—嵊泗地名与地域文化	专著	嵊泗县民政局、嵊泗海洋文化研究会

【出版资助】 为支持优秀社会科学著作出版,规范社科著作资助,促进社会科学事业发展,根据《舟山市社会科学著作资助办法》,组织评审工作,经审定,《南菁书院课艺合集》等3部著作符合资助条件,被列为2020年舟山市社会科学著作资助项目。拨付资助经费6万元。

2020 年社科著作出版资助名单

表 19

姓名	著作名称	单位	金额(万元)
程继红	南菁书院课艺合集	浙江海洋大学	2
张发平	高校反腐败化研究	浙江海洋大学	2
邱妤玥	中英第一次血战	舟山日报社	2

【社科普及】 围绕"共享小康社会,建设'重要窗口'"主题,组织开展"社科普及周"活动。采用现场咨询服务、报告会、知识讲座、图片展等活动形式,受益群众达5万余人次。"社科普及周"已成为引导社会舆论、普及社科知识、推动理论大众化的重要载体和平台。与市科协等单位共同举办以"决胜全面小康,践行科技为民"为主题的舟山市第十八届科普节暨2020年全国科普日科普嘉年华活动;与市教育局等单位共同组织开展"全民终身学习周"活动;年初疫情控制后,根据群众需求,组织浙江海洋大学教师志愿者和学生志愿者启动"公益星期天"海岛平民子弟国学经典启蒙教育公益活动;与舟山广播交通97合作,开展舟山老街巷等社科知识普及互动活动。继续开展

社科普及基地创建活动,命名定海三毛祖居等5家单位为第四批“舟山市社会科学普及基地”,至年底,全市已建有市级科普基地19家。

【阵地建设】 办好舟山市人文社会科学核心期刊《舟山社会科学》杂志。是年,围绕中心工作加强约稿、组稿和栏目建设;在办刊内容上强化对舟山地方特色的调查研究和新情况新问题的总结和提炼;在稿源的管理上,加强重大问题的约稿和重点课题的选登工作,强化精品意识,服务意识。全年编辑出版《舟山社会科学》杂志4期,刊登文章120余篇。办好“舟山社科网”,指定专人负责,及时更新内容,同时在经费上给予保障,确保网络平台正常运转。办好《社科要报》,将研究成果及时转化利用,以《社科要报》的形式报送市有关领导和有关部门参阅。

【学会工作】 是年,市社科联现有学会、协会、研究会40家,会员9000余人。依据《浙江省社会团体管理办法》,结合实际,加强对学会的指导和管理,市社科联2位副主席先后带队赴市地名学会、“黄式三、黄以周”研究会、市新四军历史研究会、市金融学会、市钱币学会等开展指导调研。参加并指导市律师协会组织的“纪念律师制度恢复40周年暨舟山律师协会成立25周年纪念”活动、市远程教育学会年会、新四军历史研究会组织的纪念舟山解放70周年座谈会等。

(撰稿:赵芝云)

舟山市文学艺术界联合会

【概况】 2020年,舟山市文学艺术界联合会(下称“市文联”)团结引领全市文艺工作者围绕中心、服务大局,履行好“举旗帜、聚民心、育新人、兴文化、展形象”的使命任务。是年,会员在省级以上文艺展赛(报刊)入选、发表、获奖的文艺作品300余件。至年底,市文联有市级文艺家协会会员1909人,省级会员665人,国家级会员124人。全年刊发《海中洲》文艺杂志6期,《浙江舟山群岛新区艺刊》2期。

【以艺战“疫”】 响应市委新冠疫情防控工作的总体部署要求,动员文艺工作者和文艺爱好者开展“战疫情,促复工”为主题的文艺作品征集活动。是年,创作各类文艺作品1900余篇(幅),先后在市内、省内乃至国内文艺刊物、新媒体平台刊登,推出《浙江舟山群岛新区艺刊》“战‘疫’专辑”(2020年第1期,总08期),结集出版《舟山市抗疫文学作品选》。

【“庆祝舟山解放70周年”美术书法摄影展】 是年,组织全市文艺工作者开展“庆祝舟山解放70周年”美术书法摄影展,该活动由市委宣传部、市文化和广电旅游体育局、市文学艺术界联合会联合主办,市书法家协会、市美术家协会、市摄影家协会承办,2月在媒体发布公告后正式启动,4月向全市文艺工作者、社会各界文艺爱好者征集、组织创作文艺作品300余件,5月15—31日在舟山市美术馆举行展览,展出各类作品70

5月15—31日,庆祝舟山解放70周年美术、书法、摄影作品展在舟山美术馆展出。图为展览海报(市摄影家协会提供)

幅。通过文学、美术、摄影三种艺术形式，宣传展示舟山解放以来舟山社会经济发展的重大成就、舟山人民生产生活的新变化和获得感幸福感。

【打造文艺精品标识】 是年，市文联围绕建设“四个舟山”，全面展示“重要窗口”海岛风景线的目标，通过文艺创作、展演打造品质高端、海洋特色鲜明的舟山文艺标识。组织创作主题文艺作品，全面展示“重要窗口”海岛风景线的新气象。加强海洋文艺精品创作，组织申报的中篇小说集《地狱航船》、“大海·家园”舟山渔民画创作工程等项目，入选中共浙江省委宣传部2019年度文化艺术发展基金精品创作项目；举办“美丽海岛、重要窗口”舟山影像大型展览和“海上烟花秀”网络视频直播活动，展示“四个舟山”建设成就；推出《舟山有意思》《舟山史话》《普陀山史话》《舟山民国史话》《中国海洋民俗十六讲》、电影《东极日出》等一批展示海洋文化特色的成果，打造城市文化名片。组织承办高端文艺活动，对外宣传展示“重要窗口”海岛风景线的新亮点。先后参与承办中国国家画院“海疆万里行”写生创作（舟山段）采风活动、浙江作协网络作家海岛体验营活动、2020“黄鱼故乡、仙岛衢山”全省摄影大赛等重大文艺活动，邀请全省文艺名家通过创作采风宣传展示舟山。

【文艺志愿服务】 是年，市文联落实市委关于“三服务”工作要求，指导各团体会员坚持面向基层、服务群众，开展各种形式文艺志愿服务活动。先后主办“5·23”中国志愿者日浦西社区惠民演出、“迎中秋庆国庆”联情联谊演出、送“福”进万家春联书写活动、“军民鱼水情　共筑中国梦”军营慰问演出、“激情千岛——爱满金秋　舞韵飞扬”舞蹈展演晚会、“送影视下乡”公益放映、民间文艺下乡演出等文艺志愿服务；创办2家“创作驿站”、“海岛梨园”首届少儿戏曲夏令营等服务阵地；开展“戏曲进校园”、市公安局特警支队宣传片公益拍摄、手机影视制作培训，组织“送影视下乡”、公益放映、影视艺术团文艺惠民演出等活动。

10月24日，在定海文化广场组织举办“爱满金秋，舞韵飞扬”全市舞蹈公益演出（市舞蹈家协会提供）

【文艺舟军培养】 是年，着眼综合素质提升，加快培育文艺舟军。加强文艺人才政治理论素养。组织开展市文联第七届委员会理论学习会2次，传达中共十九届五中全会精神学习。组织市直属文艺家协会班子领导学习中共十九届五中全会精神和习近平系列重要讲话，编印下发政治理论《学习资料》近300份。指导各团体会员单位推荐报送会员参加省级协会组织的“习近平新时代中国特色社会主义思想培训班”，提升政治修养、坚定文化自信。扩宽人才发掘吸纳渠道。组织开展各类活动，为挖掘新人新作，举办舟山市首届书坛新人新作展、2020年全市舞蹈门类创作培训班等活动。扩展文艺人才学习“充电”渠道，先后推荐30余名文艺工作者参加国家、省市各类文艺人才培训班，入选“首届浙江名家孵化计划”等高端人才培养计划。继续搭建各门类创作精研渠道。组织舟山市小说散文创作改稿会、岱山小说创作研讨会等，邀请国内名刊主编指导创作。

【深化文联改革】 是年，市文联深化改革稳步推进，更新充实文联组织机体。11月20日，舟山市文学艺术界联合会第八次代表大会在新城举行，来自全市文艺界的代表及各界嘉宾230余人参加。大会选举产生市文联第八届委员会及主席团，杨亚儿当选为市文联第八届委员会主席，张辉、戎际双、韩伟表、王国文、孙军尔、陈娜君当选为市文联第八届委员会副主席。大会审议通过市文联第七届委员会工作报告，谋划制定"十四五"期间全市文学艺术事业发展的目标任务。把握换届契机，指导10个市直属文艺家协会完成换届。按照德才兼备的选拔标准选出新一届主席团成员，将基层一线、中青年文艺家以及"文艺两新"组织中的优秀代表充实到协会领导班子中，推动协会班子广泛性、专业化和年轻化。继续推动文联组织向基层延伸。建立市网络作家协会等"两新"文艺组织，扶持摇滚乐队等新文艺团体，新文艺工作者入会人数增加，成为繁荣文艺创作的重要力量。

（撰稿：马鲁纤）

舟山市残疾人联合会

【概况】 2020年，舟山市残疾人联合会(下称"市残联")持续深化残联改革，加强基层残联建设。围绕"四个舟山"建设和群团改革重点工作任务，推进残疾人工作领域治理体系和治理能力现代化，持续完善政策、增加投入、加强保障、优化服务，提升残疾人的获得感、幸福感、安全感。至12月，全市持证残疾人33704人。按残疾类别划分，视力残疾3284人，听力残疾5776人，言语残疾260人，肢体残疾15139人，智力残疾2497人，精神残疾3760人，多重残疾2988人。按残疾程度划分，一级6391人，二级8781人，三级9796人，四级8736人，一、二级重度残疾人占持证残疾人总数的45%。

【民生实事项目】 残疾人助听助明助行服务和"残疾人之家"建设列入市政府民生实事项目，困难残疾人家庭无障碍改造和"残疾人之家"建设列入省政府民生实事项目。全市开展助听助明助行服务1514人，完成年度任务指标数的168.2%，其中配发助听器689台，配置轮椅501例，适配假肢69例，补助髋膝关节置换手术126例，实施白内障复明手术36例。对有康复需求和适应指征残疾儿童实施抢救性康复214人，完成年度任务指标数的214%。其中听力残疾儿童人工耳蜗手术3人次，残疾儿童听力语言康复14人次，残疾儿童脑瘫康复32人次，残疾儿童智力康复42人次，孤独症儿童康复85人次，残疾儿童辅具、矫形器适配29人次，肢体矫治术2人次，贫困残疾儿童生活补贴6人次，人工耳蜗处理器升级补贴1人次。实施困难残疾人家庭无障碍改造221户，完成年度任务指标数的110.5%。分别在虾峙镇、岱东镇、临城街道、桃花镇、岱西镇新建并启用"残疾人之家"5家，均达到三星级"残疾人之家"标准。助力海岛幸福驿站建设，为5家海岛幸福驿站免费配发助残设施。省市民生实事项目全年指标任务全部提前超额完成。

【助残惠残】 印发《关于加强残疾人家庭医生签约服务工作的通知》，残疾人家庭医生签约服务费用由财政全额保障；印发《关于开展舟山市慈善助残危房改造项目的通知》，通过慈善助残资金对残疾困难户危房改造自筹资金给予保障，全市困难残疾人家庭危房改造费用除政府补贴外的自负部分不足1万元的由慈善资金全额保障，超过1万元的由慈善资金保障50%，最高不超过3万元，全市困难残疾人家庭住房改造71户；会同市财政局、市人社局出台《关于进一步落实残疾人就业创业扶持政策的通知》，通过普惠和特惠相结合、一次性补助和经常性扶持相结合，整合近几年残疾人就业创业相关政策，结合全市残疾人就业创业实际，在用人单位安置残疾人就业、残疾人职业技能培训、残疾人就业创业基地建设等方面给予政策扶持和补助，鼓励推动残疾人就业创业。

开展无障碍社区创建，全市5个创建社区全部通过市级考核验收。推进残疾人法律救助站建设，5个救助站正式运行，累计接访141余人次，为35起残疾人涉法案件提供法律援助。提升助残志愿者队伍规范化建设水平，丰富志愿服务活动内涵，加强品牌培育，全年开展助残志愿服务活动14项20余次，创城抗疫志愿服务30余次。与浙江慈航服务队合作开展全市净居亮居工程，向全市26户困难残疾人家庭赠送净居亮居物资。开展"四访四助"活动：助力危房改造，走访并落实困难残疾人危房户7户；年家庭人均收入8000元以下的困难残疾人清零；按照“一人一策、一人一案”的要求，对全市11名残疾人大学生建档立案，开展就业指导帮扶，除1人继续升学以外，其余10人全部落实就业；为68户残疾人实施“净居亮居”工程，居住环境显著改善。深化残疾人慰问救助机制，开展助残日等走访慰问及临时救助，全市慰问困难残疾人1437户，安排慰问资金142.4万元。

【信息化建设】 实施残疾人事业信息化三年行动计划，以深化“最多跑一次”改革为牵引，创新应用现代信息技术手段，为残疾人享受高效便捷服务提供支撑。推进助残服务2.0建设，残疾人证办理等8个助残服务事项实现“网上办、掌上办”。加强和规范残疾人证管理，实施残疾人证信息交换直通车项目。改造提升市残联官网和微信公众号，推进网站无障碍建设。利用智慧残联大数据平台，科学高效开展残疾人动态更新工作。强化部门统筹协调，建立完善与民政、社保等部门数据共享的联动机制。实施残疾人远程康复服务新模式，立足海岛实际构建线上远程诊疗、线下上门服务的“双线”康复网络，让身处偏远海岛、行动不便的残疾人足不出户即可享受高品质服务。

【基层组织建设】 强化残疾人专职委员队伍建设，出台《舟山市基层残疾人专职委员（工作者）管理办法》，印发《舟山市市本级基层残疾人专职委员（工作者）考核实施办法（试行）》。建立村（社区）残疾人工作联络员制度，开展专门协会骨干培训班，建立专门协会兼合式党支部，发挥专门协会在基层协会建设中的特殊作用。

【残联系统疫情防控战】 残联党组专题研究部署疫情防控工作，第一时间传达疫情防控工作要求，出台发布残联系统《关于进一步做好新型冠状病毒感染的肺炎疫情防控工作的通知》，制定《市残联防控疫情实施方案》。坚持“最严”标准，对残疾人托养中心进行封闭管理，残疾人之家、盲人按摩机构、康复机构等根据疫情防控要求严格落实各项防疫举措，确保涉残机构安全。坚持“最优”服务，机关运行正常，日常工作不间断，开展“两问两送”服务，为残疾人和涉残机构送去口罩、温度计等防疫物资，实施残疾儿童线上远程康复指导，满足最困难群体的要求。做好复工复产工作，从严控制复工时间，做好防消护准备，人员摸排等工作，开展盲人医疗按摩机构疫情防控补助，残疾人托养机构和康复机构陆续复工，运行良好，取得残联系统“两手硬、两战赢”的目标。

【兜底保障】 落实残疾人两项补贴政策，实施动态管理，开展“两项补贴”发放情况排查，确保精准施策，做到村（社区）每月一次，乡镇（街道）每季度一次，县区、管委会每半年一次，市级每年一次的定期复核。4月，根据城乡居民最低生活保障标准调整困难残疾人生活补贴标准，由原来的每月216元增加到每月243元。全市7185人享受困难残疾人生活补贴，发放补助资金1853.41万元；18551人享受重度残疾人护理补贴，发放补助资金4705.93万元。

【就业服务】 联合市人力社保局共同举办2020年残疾人专场招聘会，推出17个就业岗位，19人达成就业意向。开展残疾人就

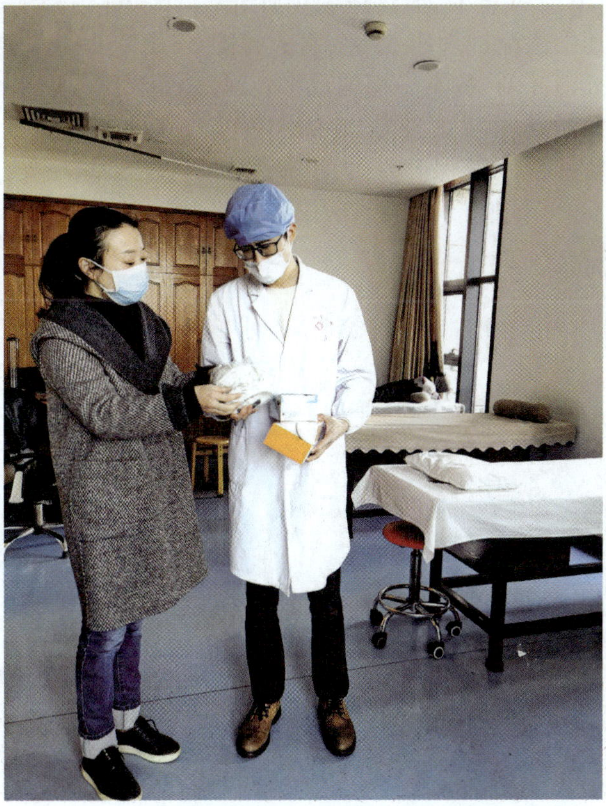

2月20日，市残联为盲人医疗按摩机构送防疫物资（杨吟春　摄）

业培训情况专项调研，建立劳动年龄段残疾人个人档案。残疾人职业技能培训工作有所提升，结合残疾人身体差异和市场需求，开展花卉栽培、中餐烹饪、电子商务等多种形式的技能培训，全年完成残疾人技能培训748人次，新增就业327人，完成任务数的106.9%和109%。持续推进残疾人就业安置工作，从2020年起，市、县（区）残工委按计划依次推出行政、事业单位岗位安置残疾人就业，五年为一个周期，确保每年至少安置1名残疾人在党政机关就业，安置1名残疾人在事业单位就业。全市推出1个行政机关岗位、1个事业单位岗位、5个国有企业岗位。

【精准康复】 辅具适配个性化，其中适配护理床53张，盲人智能眼镜8副，各类小额辅具120例，大额辅具货币补贴35例。落实精神残服药保障及补助，统筹协调采取社区配药模式，就近便利保障持证精神残疾人服务基本抗精神药物费用，全市保障精神残疾服药2768人，覆盖率100%。深入开展康复救助，为35名残疾人提供偏瘫、截瘫、骨关节疾病和神经损伤康复治疗补助。与慈善部门联合，向20户残疾人家庭发放祥生慈善助医卡和购药卡。为570名从事个体经营及灵活就业的重度和贫困残疾人提供城镇职工医保补助，投入经费163万元。深化康医康教合作项目，加强与上海复旦大学附属儿科医院和浙江特教学院的联系，采取线上指导、视频交流等方式开展技术培训，举办3期集中培训活动，培训康复治疗师40余人次。

【文体活动】 与《舟山日报》《舟山晚报》合作开辟残疾人事业宣传专栏，推出全市抗疫、就业等专版。通过“点亮心灯——百名困难残疾人微心愿认领”活动、“千荷公益”残疾儿童书法培训等活动，营造全社会关心关爱残疾人的良好氛围。实施文化助残“五个一”工程，为全市2000余名困难和重度残疾人开展赠书送报、游园观展和文化活动。丰富残疾人文化艺术周和体育健身周活动，举办全市第二届残疾人书画摄影大赛、全市残疾人飞镖锦标赛和第二届残疾人旱地冰壶锦标赛，开展赠送体育器材进重度残疾人家庭活动，全市赠送拉力绳、握力器、哑铃、健身球等体育器材683件。启动全市“观影无障碍·志愿暖人心”专项活动，全市各级各类艺术团队开展特殊艺术演出30场次，观看人数5000人次。舟山市陈艳萍被评为省第二届“最美残疾人”。

（撰稿：童李燕）

8月12日，在东港泰如丽呈酒店举办舟山市残疾人飞镖锦标赛（虞斌雁　摄）

舟山市归国华侨联合会

【概况】 2020年，舟山市归国华侨联合会（下称“市侨联”）夯实政治基础，打好疫情防控阻击战和复工复产攻坚战，服务中心大局、助推新区发展，加大新侨涵养、推动创新创业，加强侨团建设、拓展海外工作，加强自身建设、夯实基层基础，完成各项工作任务。

【为侨服务】 开展“三服务”活动，全年受理处理侨胞侨眷来信来访、华侨华人子女办理入学证明等事项10余件，办理涉侨中考高考加分2人；开展“侨资企业服务年”活动，走访调研侨企，宣传疫情防控知识，为侨企送去口罩8000只，消毒液200千克，测温仪19只；梳理汇总侨企复工复产遇到的问题和困难，编印《疫情期间企业生产经营法律问题问答手册》，对接金融机构，协调解决复工复产中的资金流转问题。组织开展《中华人民共和国民法典》解读和侨(港澳)资企业税务知识讲座；市侨商会捐款8万元开展“2020年侨商爱心奖助学”活动；市留联会(留学人员和家属联谊会)组织侨界医护人员下海岛为当地侨胞、留学生家属和社区开展“不忘初心、情暖侨心”义诊；走访慰问困难侨界群众和涉侨家庭40余户，发放慰问品、慰问金13万元；举办庆祝舟山解放70周年侨界书画摄影作品展、“迎中秋·庆国庆”侨界人士走进展茅联谊联情活动；为“半岛船业”开放码头接应外籍船舶修理，解决外籍船舶不能进港维修的国际问题。

【招商引资】 是年，通过举办“浙籍侨商家乡行——走进自贸区”专场活动，签订“百名侨商助力浙江自贸区”协议。浙江中锐新材料科技有限公司的新材料项目、浙江华日实业投资有限公司的液氮速冻装备产业化及冷链物流配套项目、宁波全贸信息技术有限公司的促外贸拓市场平台搭建项目、香港华信集团的华信康养项目、浙江农合物流有限公司的“统仓统配”物流项目、杭州融裔投资管理合伙企业的侨创园项目6个侨商项目现场签约，意向投资金额近60亿元，新材料项目获批“5313”行动计划(围绕新区“十三五”发展布局和战略性新兴产业发展，力争在5年内，引进培育100名科技创业领军人才、20个科技创业领军团队、30名科技创业家，其中自主申报入选国家、省等省部级领军及以上层次人才50人)。成立舟山侨界“同舟·共享”联盟，囊括成员单位72家，涵盖“一带一路”沿线重要侨团、知名侨领和部分省内侨商组织，聘请联盟顾问6人，联盟大使15人，订立《舟山侨界“同舟·共享”联盟工作规则》和《舟山侨界“同舟·共享”联盟盟约》。

【联络联谊】 与宁波市侨联签署“甬舟侨务一体化”合作发展战略协议，建立宁波、舟山两地侨联主席联席会议、工作热线、优势品牌协作融合等机制，邀请宁波基层侨联干部到舟山授课，宁波的部分区县市侨联与舟山的四个县(区)侨联分别缔结“友好侨联”协议，从服务经济发展、依法维护侨益、参与社会建设、推动侨联改革等方面开展深度合作。疫情防控期间，联合挪威中文学校，举办3期、历时45天的“亲情中华·为你讲故事”网上夏令营活动，面向50名挪威华裔青少年宣讲中国故事，传播中华文化，获得对祖籍国的认同。关注新侨创业创新，会同组织部人才处及时向海外发布舟山人才政策和就业资讯，吸收新生代侨商企业家加入市侨商会，邀请人民日报海外版记者采访青年侨商，讲好新侨创业故事。注重侨脉传承，建立全省首个海岛“侨思馆”，宣传长白侨胞在外拼搏的奋斗史和回报桑梓的奉献史，通过海外联络群，推介舟山侨界人文史迹，传播舟山侨界声音。

【侨心向党】 国内疫情开始时发动海外舟山侨胞向武汉、浙江省内、舟山市内捐款捐防疫物资，累计捐赠物资和资金折合人民币120余万元，口罩约20万只；海外疫情发生后，向海外舟山社团、留

8月6日，宁波市侨联与舟山市侨联签订甬舟侨务一体化协议(周国华　摄)

学人员寄送口罩、防护服约20万只(件),折合人民币20万元;疫苗研制出后,为300余名回舟山和即将出国的留学生接种新冠疫苗。市侨联被中国侨联评为“全国侨联系统抗击新冠肺炎疫情先进集体”,徐荣被评为“全国侨联系统抗击新冠肺炎疫情先进个人”,侨商会被评为“全国侨联系统助力脱贫攻坚先进集体”,高亭镇“侨之家”被评为“全国侨联系统优秀‘侨胞之家’”;侨联机关党支部被市委、市政府、市委组织部分别评为“舟山市先进基层党组织”“舟山市抗击新冠肺炎疫情先进集体”“在疫情防控和复工复产一线表现突出的基层党支部”;市委、市政府联合表彰王飞、张璐敏为“创建全国文明城市工作先进个人”。因抗疫,市委、市政府向舟山籍海外同胞及关心支持舟山的爱国爱乡人士等20余个海外协会和个人发感谢信。

【加强队伍建设】 1月10日,召开市侨联七届五次全委会和七届五次常委会,审议市侨联常委会工作报告,表彰先进,通过有关人事事项,市委常委、统战部部长王高瞻出席会议并作重要讲话。举办全市侨务干部培训班和侨眷培训班各1期;召开全市基层侨联组织建设工作推进会,开展经验交流互学互鉴,评选侨联基层组织“示范单位”和星级“侨胞之家”,通过表彰先进引领侨联事业高质量发展。岱山高亭“侨之家”获全省侨联系统先进集体荣誉称号。面向浙江海洋大学和浙江国际海运职业技术学院成立侨留联会,借力高校资源举办“海燕集结”夏令营等活动。市留联会通过轮值会长制拓展活动载体,提供留学服务,打造侨智分享等品牌。

(撰稿:周国华)

中国国际贸易促进委员会舟山市委员会

【概况】 2020年,中国国际贸易促进委员会舟山市委员会(中国国际商会舟山商会)(下称“市贸促会”)以打好“五大会战”、建设“四个舟山”为工作主线,贯彻落实“六稳”“六保”系列工作部署,支持企业抵御疫情冲击,稳外贸、保订单、拓市场,聚焦系统深化改革,为自贸试验区法治化营商环境和开放型经济体系建设做出贸促贡献。

【助力“两战”】 助力疫情防控阻击战、复工复产攻坚战。疫情发生之后,市贸促会迅速行动,成立贸易投资部和法律服务保障部2个专班,制定出台《舟山市贸促会(国际商会)助力企业应对疫情共渡难关九项举措》。预判涉外经贸合同受疫情影响存在违约法律风险,开通24小时不可抗力事实性证明“绿色通道”,2月5日出具首批不可抗力事实性证明书。全年累计为16家企业免费出具不可抗力事实性证明22份,涉及合同金额近4亿元。推出24小时企业服务热线,了解企业复工复产情况和存在的问题,针对市里出台的相关企业纾困政策落实情况开展调研和走访。全年累计开展“一对一”线上专项联系1300余次,线上联系企业420余家,实地走访企业80余家,收集各类问题130条,有关问题反馈至相关职能部门共同协调处理,其中85条问题得到解决和改善。发动会员企业向武汉及相关慈善机构捐款捐物,疫情防控期间累计捐赠金额达121.6万元(含物资价值)。通过海外信息网提供防疫物资采购信息,全年为相关职能部门和复工企业提供涉及医用口罩、防护服、护目镜、额温枪等物资采购信息50余条,涉及数量达231.28万件(个)。

【落实“六稳六保”】 国内外知名展会因疫情停滞,市贸促会及时调整组展参展方式,与专业展览公司联合开展“线上展览”。1月,市贸促会组织9家企业首次以“舟山金塘塑机螺杆”整体形象亮相孟买国际塑料展,达成意向合同成交额900余万美元,进一步提升舟山塑机螺杆行业的国际知名度和整体品牌效应。全年组织305家企业参加线上及线下展览21场,较上年增长17.3%;累计达成意向合同金额2900余万美元,较上年增长61.1%,参展企业数量及意向成交金额逆市上扬。助力开展招商引资工作,通过“投资中国”平台、自贸试验区与国际投资线上论坛,推介自贸试验区油气产业和舟山重点招商项目。构建贸促联络网,与国内9家沿海沿江地市贸促会开展联络或互访,分别与宁波市贸促会和东营市贸促会签署《甬舟贸促一体化发展合作协议》和《贸促机构友好合作协议》。持续开展经贸对接活动,举办舟山与埃塞俄比亚贸易投资交流会,会上浙江台意德塑机制造有限公司就赴埃塞俄比亚投资建厂达成初步意向。联合有关商业银行，创新举办舟山出口水产行业银企对接沙龙，组织10家银行与27家出口水产企业进行面对面交流，累计新增授信和贷款7900万元，减轻企业融资压力。采用线上和线下培训相结合的方式，联合海关、银行、律所、融媒体及知名展览公司就疫情后涉及的政策、金融、法律等问题开展培训，全年累计举办12场培训，1400余人次参加。针对中美贸易摩擦，组织舟山企业参加对美加征关税商品市场化采购排除申请，至年底，4家企业8个税号的商品得到排除，减免关税284万美元。依托中国贸促会浙江舟山水产品、船舶修造2个国家级贸易摩擦预警平台，借助网站、微信公众号、微信群、钉钉群等载体，全年累计向企业发布各类疫情防控、经贸预警、贸易投资、海事法律等信息3830条，帮助企业把握形势、科学决策。

【法律服务】 全力推动多元化商事纠纷解决体系建设，自贸试验区海事商事纠纷调解中心正式运营，首批60位调解员获得聘书。制定出台《调解规则》《调解员聘任及考核管理办法》等规章，其中《调解规则》被第三方评估机构毕马威认定为可复制推广可行性等级为强，并入选浙江自贸试验区第六批制度创新成果案例，为当事人高效、低成本化解经贸纠纷提供清晰指引。配合中国海仲委浙江自贸试验区仲裁中心开展工作，对接舟山市中级人民法院、宁波海事法院自贸试验区法庭、舟山市仲裁委，引导和帮助企业在国际化经营中通过仲裁方式维护合法权益。打造“送法入企”品牌，邀请来自中国海仲委、市对外经贸协会、高校、律所和银行的权威人士，以塑机螺杆、水产品、船舶修造、食品加工等行业为重点，

6月18日，“送法入企”活动启动仪式在金塘举行（叶恩达　摄）

累计开展“送法入企”系列活动4场，走访企业35家，实现县（区）全覆盖；指导企业处置各类商事法律问题73件，其中60件问题得到解决。整合贸促系统和本地法律人才资源，组建法律专家服务团队。开设法律服务热线，全天候接受企业涉外商事法律事务咨询，以最快速度和权威资源为企业提供支持，全年累计接受法律咨询770余次。发挥国际贸易“单一窗口”和“两证合一”优势，全年有1300余份产地证通过“单一窗口”申请，约占产地证总量的

8月21日，市贸促会举办第五期“贸促讲堂”暨疫情背景下互联网展览新业态培训班（叶恩达　摄）

50%;企业自主打印产地证1328份,占产地证总量的52.68%。全年出具一般原产地证书2300余份,比上年增长13.63%,新增注册企业24家。

【深化改革】 机构改革顺利完成,市贸促会的内设机构“对外联络部(会展部)”更名为“贸易投资促进部(会员事务部)”。各县(区)贸促会全部实现有牌子、有人员编制、有工作场所。召开市国际商会四届二次会员代表大会暨改革动员大会,成立常务理事会作为国际商会的决策机构,进一步理顺国际商会的领导体制和管理机制;制定出台《会费收缴和使用管理办法》《商会薪酬制度》等规章,促进国际商会良性运行;国际商会秘书处挂牌成立。商会会员队伍进一步壮大,全年新发展副会长企业1家,普通会员企业11家。至年底,舟山市国际商会拥有会员单位280家,其中副会长单位34家,理事单位58家,普通会员单位188家,遍布全市水产、旅游、塑机、电商等各行各业。

(撰稿:王奇琛)

舟山市红十字会

【概况】 2020年,市红十字会履行人道职责,开展新冠肺炎疫情防控工作,完成各项年度目标任务,红十字事业发展取得新成就,群团改革工作取得新进展。全年接受捐赠款物1792万元,支出捐赠款物1860万元。全市红十字会系统支出东西部对口帮扶资金101万元。全年开展救护培训320期,其中普及培训263期,培训28532人,救护员培训57期,培训救护员2757人。全市组织开展流动医院下乡82次,服务3.39万人次。全年组织开展红十字志愿服务328次,服务群众48689人次,参加志愿服务志愿者2981人次。红十字博爱家园融入全市海岛服务驿站项目,完成2家“博爱家园”建设。10月13日,召开舟山市红十字会第六次会员代表大会。大会审议通过《舟山市红十字会第五届理事会工作报告》《舟山市红十字事业发展规划纲要(2020—2024年)》的决议,选举产生市红十字会新一届理事会和新一届监事会。县(区)级红十字会党组实现全覆盖。

【救灾救助】 开展助困、助学、助医活动,“普济白血病救助”“普济困难救助金”等项目,支出救助款43.34万元。开展“红十字博爱送万家”活动,为全市753户困难家庭送去73万元爱心款物。加强统战工作,与民盟舟山市委会合作开展助学工作,支出民盟公益基金50000元。开展对口扶贫工作,深入四川达州市的万源市、宣汉县看望慰问困难群众,全市红十字会系统支出帮扶资金101万元,超额完成市对口支援工作领导小组下达的对口帮扶任务。

【疫情防控】 成立领导小组,发布募捐公告,接受社会捐赠。至12月,收到捐赠款物1581.61万元,其中捐赠款1466.21万元,捐赠物资115.41万元。规范使用捐赠款物,全部用于疫情防控及复工复产复学。制订出台疫情防控捐赠款物管理办法,主动接受监督,向社会公开捐赠款物接收和使用情况,发布捐赠款物情况公示9次,做到规范公开透明。组织“市红十字联防联控志愿队”赴舟山跨海大桥出入口监测点协助开展志愿服务工作,捐赠防疫用品和救护箱等支持基层社区博

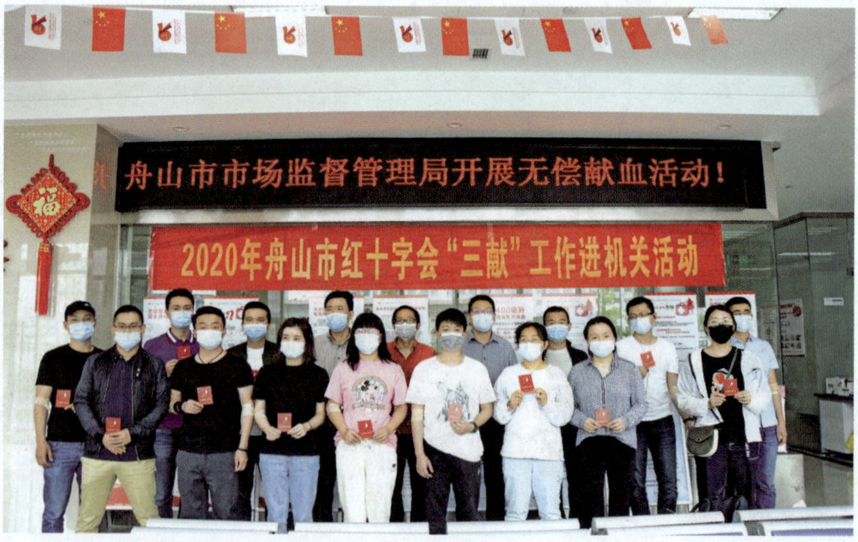

5月22日,市红十字会开展“三献”工作进机关活动。图为市市场监督管理局无偿献血者合影(吴英　摄)

爱家园开展防疫工作。

【生命关爱工作】 开展浙江省红十字会实施的“小桔灯”助学项目，向7位家庭困难的捐献者孩子发放助学补贴2.5万元。完成器官捐献“生命礼赞”场所建设，做好全国文明城市创建中“三献”工作进机关等宣传活动。全年全市新增人体器官（组织、遗体）捐献登记志愿者817人，累计1614人。实现2例人体器官（组织）捐献。新增造血干细胞捐献登记志愿者104人，累计3089人。

【救护培训】 以健康舟山建设为牵引，持续推进健康素养进渔农村文化礼堂工作，联合舟山晚报、九三学社舟山市委会举办红十字“救在身边”应急救护培训全民公开课。全面实施应急救护培训进学校、进社区、进农村、进机关、进企业，服务“五大会战”、自贸区建设、文明城市创建、舟山群岛马拉松等全市中心工作和重要活动。举办二级应急救护培训师培训班，组织师资参加省红十字会技能比赛和红十字总会培训，督促各县（区）落实应急救护培训平台的使用，进一步规范应急救护培训流程。持续推进学校红十字会建设，指导舟山四小成立校红十字会、绿城育华学校举办红十字青少年夏令营等，做好应急救护培训和水上安全教育进校园工作。8月，与市应急局联合组织社会应急救援队伍培训，40名学员参与。

【宣传传播】 发挥网络舆情处置领导小组作用，掌控网络意识形态工作领导权。健全完善媒体合作机制，加强与市级媒体的互动，在《舟山晚报》开设“大爱红十字”专栏，刊发专题宣传3期。对红十字会工作的重要节点、重要事件、重要人物进行跟踪报道，在市级及以上报刊、电视台等媒体刊播红十字相关信息141条次，在自媒体（网站、微信等）刊出信息136条（次），在全社会宣传红十字好声音和传播“人道、博爱、奉献”红十字精神，提高红十字会公信力。

（撰稿：蔡长凤）

舟山市慈善总会

【概况】 2020年，舟山市慈善总会围绕“突出重点，精准有效，加大力度”，以为民解困、为民服务为重点，开展助老、助孤、助学、助医、助残、济困、救灾等慈善救助工作，救助门类和慈善惠及面不断扩大，改善民生的成效更加明显。全年募集款物2559.55万元，支出救助款物2762.24万元，救助贫困对象1.97万余人次，分别占全市总募集款物（8736.98万元）、总支出救助款物（6918.96万元）、总救助对象（6.15万余人次）的29.2%、39.9%、32%。惠及79家（次）非营利机构。帮助指导市机关事务管理中心、市商贸集团有限公司、浙江凯灵船厂（舟山四八零六工厂）、市委组织部4家单位成立慈善分会，开展慈善救助。至年底，有市属分会72家，全年募集善款717.31万元，支出救助款物483.44万元。

【抗击疫情】 1月28日，舟山市慈善总会开通疫情防控捐赠社会通道。全体工作人员放弃节假日全天候上班，厘清责任、明确分工，做好捐赠接受、数据统计、信息发布等工作，为行动不便捐赠者提供上门服务。筹集防疫专项

3月5日，戏剧演唱协会为武汉疫情捐款（王周群　摄）

资金484.72万元，支出350.09万元；接收捐赠防疫物资15批次，价值72.32万元(已全部拨付使用)。定期把专项物资使用情况在总会网站和微信公众号上进行公示(发布22期)，自觉接受纪委、审计等部门的检查和社会各界的监督。为防控卡点招募输送骨干义工100余人次，为多家企业、学校、养老机构等复产复工复学做出积极贡献。

【善款募集】 是年，以“慈善一日捐”“互联网+”筹款模式、项目化募捐等载体，开展慈善款(物)募集，全年募集慈善款2559.55万元，为2021年慈善救助打下资金基础。爱心企业(个人)支持。祥生集团捐款500万元，普陀山佛教协会捐款425万元，舟山爱尔光明眼科医院有限公司捐款86万元，市烟草公司捐款50万元等。8—9月，开展“慈善一日捐”活动，募集善款682.03万元，创历史新高。其中89家市直机关、企事业单位捐款198.43万元，6.41万人(次)捐款483.6万元。通过舟山日报“党报大篷车”、舟山晚报“爱心桥”、舟山广电“汪大姐来了”以及“轻松筹”等平台，募得善款183.32万元。

【慈善关爱】 “情暖千家”春节送温暖活动 和市属72家分会安排363.39万元救助慰问金，为生活困难家庭送上春节融融暖意。为市本级临城210户困难群众和14名精简职工等困难家庭发放救助慰问金18.9万余元；向全市困难家庭发放“祥生集团千户慈善助医卡和购药卡”999份、99.9万元；向市本级16名困难尿毒症患者发放救助金12.8万元；向53位困难劳模发放救助慰问款5.39万元；与其他单位合作，联手开展抗战老兵、渔农村老妇女干部、烈士遗属等慰问活动，支出救助款物25.1万余元；走访敬老院，慰问孤寡老年人，支出近2万元；总会支出约68.6万元专项资金“反哺”企业，开展企业困难职工生活救助；市属72家慈善分会对各自所属困难群众进行慰问救助，支出慰问款近124万元。

项目救助 “圆梦大学”助学类项目，设有舟山市慈善总会助学金、黎明助学金、万事达助学金、兴中助学金等，资助贫困学生500余人次，支出助学金220万元。“普济生命慈光”，由普陀山佛协冠名，资助全市符合条件的困难大病患者，发放救助金330万元。“白内障复明工程”，为全市55周岁以上的白内障患者实施公益普查及免费手术，缓解舟山市低视力患者人群及困难老人看病难、看病贵问题。重阳助老，出资30万元开展助老活动，入户走访慰问困难老人，开展“重阳慈善送大戏”等活动。关爱残疾人，走访慰问困难残疾人，支出24.8万余元。相继开展“关爱孤儿成长”“计划生育关怀”和义工分会配套资助等项目，支出67.16万元。

应急性助困 对遭遇突发事件、意外伤害、重大疾病或其他特殊原因导致生活陷入困境，其他社会救助暂时无法覆盖或救助之后基本生活仍有困难的家庭或个人，给予应急、过渡性救助。临时救助困难群众121人，支出救助金58.4万余元。

“慈善造血型”扶贫 由普陀山佛协冠名，资助符合条件的扶贫基地50万元。支援四川万源市和宣汉县100万元，用于开展助老、助困、助残、助学等7个慈善扶贫项目。

其他救助 除常规的物质经济救助扶贫外，不断探索新的服务形式，整合社会资源，形成救助合力，开展多样化帮扶。拨付6.5万元给金平助老服务队深入社区、空巢老人家里，为有需要的老人开展理发、洗脚等贴心服务；支出19万元，与市妇联合作“阿拉娘家人”12个公益项目。与舟山爱尔光明眼科医院有限公司合作开展“热血铸军魂·爱尔助从戎”拥军爱民慈善公益活动，活动一期投入资金30万元，其中市慈善总会配套10万元；联合益民医药管理有限公司设立总额为75万元的“益民医药慈善基金”，为全市困难群众免费提供药品和常规医疗服务。

【打造全市首个“融慈善”平台】 为创新融合，通过链接政府福利救助资源和民间爱心力量，搭建一个更广阔、更有影响力的帮扶平台，让困难群众得到更有效的救助，2019年11月，全市首个“融慈善”平台——阿福哥工作室启动。

工作室和主流媒体合力，扩大慈善品牌效应，让困难家庭得到更有效的救助。助残日，工作室联合舟山网发起“邀您许下百个微心愿”，为困难残疾人实现心愿145个，物资价值近4万元；儿童节，联合《舟山日报》发起“心

语心愿　圆梦六一”，为困难家庭青少年儿童实现心愿251个，物资价值近7万元；开学季，联合《舟山晚报》发起“爱心点燃希望”，为全市56位困境青少年学子筹集助学金16.8万元。工作室还联合爱心组织和单位策划开展“逆流而上　防疫宣传”“书循环爱循环”“慈善菜篮”“福娃送福”“公益一杯水”“夏日送清凉”“‘义＋医’爱心行动”“慈善助农”等慈善公益活动。

工作室定位为“政府关心、市民关注、社会需要”，突破原有的救助模式，通过链接政府福利救助资源和民间爱心力量，开通爱心热线接受市民各类困难求助，包括助学助老、扶贫帮困、人员走失救援以及慈善政策和其他公益服务咨询等，帮助解决群众求助的实际问题。是年，工作室接访171起，平均不到3天就有1起群众求助。其中，困难求助类29起，政策咨询类81起，特殊应急类（人员走失等）53起，办结率100%。收到锦旗19面。发起网络众筹项目13个，筹集善款183.22万元。慈善救援队直接或间接帮助找回58名走失老人和离家出走青少年。

8月20日，开展夏日送清凉主题活动，为环卫工人、街道社区创城人员、外卖骑手、交通干警等人员送去总价值3万余元的清凉物资（王周群　摄）

3月25日，走失老人鲍英信家属送来锦旗，感谢舟山慈善总会阿福工作室帮他们找回家人（王周群　摄）

【慈善宣传】 利用舟山天慈网、舟山慈善微信公众号、慈善简报等载体，传播慈善工作实时动态，及时公告公示慈善捐款、慈善救助等信息，以信息化提升透明度，以透明度带动慈善公信力建设。通过“互联网＋慈善”，让更多的人便捷地参与慈善，奉献爱心，倡导“人人可慈善”的社会氛围。开展经常性的公益服务下海岛入社区进敬老院等，让群众随时看到“慈善在行动”。

开展慈善宣传月系列活动　9月5日是第五个全国“慈善日”，也是慈善法实施4周年。为宣传贯彻慈善法，弘扬传统与社会主义新时期慈善文化，传播扶贫、济困、扶老、助孤等慈善理念,推动全市慈善文化建设与发展,市慈善总会在全市开展以“聚焦脱贫攻坚,携手助力疫情防控”为主题的系列活动。联合《汪大姐来了》栏目播出“你好,慈善人”采访专题,9月5日在市客运中心、码头等公共场合滚动播放慈善宣传口号,报刊专版刊登市慈善总会特色工作开展等。

联手公益团队开展各类活动 对慈善重大活动和慈善公益好人好事进行报道。联合广电《汪大姐来了》栏目,开展“致敬逆行者 温暖送家人”“致敬守门人”“致敬老劳模”等专题活动,让慈善融入社会,激发社会各界参与热情。联合《舟山日报》“阿福哥主题报道”、《舟山晚报》和舟山网“阿福哥在线”等栏目开通慈善救助渠道,打通求助和救助之间的快速通道,让社会各界感受到慈善的力量。

组织开展评优评先 褒扬慈善典型,宣传慈善光荣的氛围。2月,舟山市张勇等4人入选舟山市“慈善爱心奖”;4月,俞福宏等40名慈善志愿者入选省“战役群英”优秀个人,市慈善总会和定海区慈善总会及市中心血站3个战役案例入选省“战役典型”优秀案例;6月,张帅等58人入选舟山市第二届“祥生杯”慈善公益先进人物抗疫先锋等。

(撰稿:王周群)

责任编辑:童涵

法　治

立法工作

【概况】 2020年，市人大常委会围绕中心服务大局，推进科学立法、民主立法、依法立法，提高立法质量和效率，取得新的成效。编制完成2021年立法计划，发挥立法引领推动作用。制定完成《舟山市养犬管理条例》，审议通过《舟山市港口船舶污染物管理条例》。《舟山市居家养老服务促进条例》经过一审审议。助推《舟山市科技创新促进条例》《舟山市养犬管理条例》两部地方性法规的实施，召开宣传贯彻工作座谈会。强化备案审查工作。向省人大常委会报送备案地方性法规2件和常委会决定1件，接收备案规范性文件74件。

【制定地方性法规】 1月20日，舟山市第七届人民代表大会常务委员会第三十次会议通过《舟山市养犬管理条例》，并报经浙江省第十三届人民代表大会常务委员会第十九次会议批准，自2020年9月1日起施行。12月30日舟山市第七届人民代表大会常务委员会第三十七次会议审议通过《舟山市港口船舶污染物管理条例》，并第一次审议《舟山市居家养老服务促进条例》。

【加强立法相关工作】 制定2021年度立法计划。继续审议项目1项，为《舟山市居家养老服务促进条例》；初次审议项目3项，分别为《舟山市普陀山风景名胜区管理条例》、修改《舟山市国家级海洋特别保护区管理条例》、修正《舟山市物业管理条例》相关条款；预备项目3项，分别为《舟山市网格化服务管理条例》《舟山市海岛历史文化街区和历史建筑保护条例》《舟山市市容和环境卫生管理条例》；调研项目3项，分别为《舟山市燃气管理条例》《舟山市文物保护管理条例》《舟山市电梯安全管理规定》。强化备案审查工作。依法做好规范性文件备案审查工作，发挥网上备案审查平台作用，并向常委会专题报告工作情况。加强与党委、政府备案审查工作机构的衔接联动和与市人大机关各专委(室)、各县(区)人大常委会的协作配合，增强主动审查的力度。加强沟通协调，妥善处理公民提出的审查建议。清理与上位法规定不一致的地方性法规。推进法规有效实施。宣传贯彻《舟山市养犬管理条例》《舟山市科技创新促进条例》。对《舟山市城市绿化条例》《舟山市户外广告和招牌设置管理条例》实施情况进行执法检查，跟踪检查《舟山市文明行为促进条例》实施情况审议意见落实情况。启动《舟山市海洋特别保护区管理条例》立法后评估工作。完善立法工作机制，与市政府联合制定《关于加强法规规章配套规定制定工作的实施意见》，保障和促进舟山地方性法规的贯彻实施。

（撰稿：市人大办）

政法委工作

【概况】 2020年，全市政法工作以打造全国最安全城市为目标，启动全国市域社会治理现代化试点城市创建工作，推进平安舟山建设、法治舟山建设，连续十五年被省委、省政府命名为“平安市”，获首批“一星平安金鼎”。

【市委政法工作会议暨全市信访工作会议】 3月20日上午，在新城举行。会议肯定上一年度全市政法信访工作成效，表扬2019年度全市综治维稳工作成绩突出集体和个人，通报2019年度全市信访工作目标管理考核情况，明确2020年全市政法信访工作的要求:要以打好“五大会战”、建设“四个舟山”为核心,树立“发展是第一要务”的大局意识,争创全国市域社会治理现代化试点城市,为推进国家重大战略、自贸试验区建设、民营企业发展提供法治保障、营造良好法治环境;要打造“风险防范”工程、“善治精品”工程、“智治融合”工程、“固本强基”工程,推进政法信访工作现代化,打造全国最安全城市,推动新时代政法信访工作开创新局面,为高水平全面建成小康社会做出贡献。

【全市建设平安舟山暨市域社会治理现代化试点城市工作会议】 5月15日上午在新城召开,会议肯定全市上年平安建设工作,明确2020年全市平安建设工作任务:以走在前列的标准,高水平推进平安建设,全力建设全国市域社会治理现代化试点城市,展示“重要窗口”的海岛社会治理风景线;加快在常态化疫情防控中使生产生活走上正常轨道,推进“最多跑一地”改革,防范化解重大矛盾风险,开展突出问题专项整治,完善突发公共事件应急管理体系,夯实平安建设基层基础;狠抓市域社会治理试点城市三年行动计划落实,凝聚推进平安建设的强大动能。

【维护社会大局稳定】 围绕全国“两会”、十一、十九届五中全会、第三届上海进博会等重要节点,启动重大活动维稳安保等级响应,落实每日涉稳情况“零报告”“日会商”“六长直报”(在重大活动维稳安保相关等级响应期间,市委副书记、政法委书记,市委政法委常务副书记,市委政法委分管副书记,公安局长,信访局长,常务副市长,就当地每日涉稳动态直接向省对应的领导报送)、值班备勤等工作制度,完成各项维稳安保任务。强化风险防控,建立项目基地社会事务集成治理模式,指导岱山县建立绿色石化基地矛调中心。在全省率先试点实施重大决策社会风险评估全过程监管模式,相继做好甬舟高速复线、中石化LNG等重大项目社会风险评估。

【实体化运作疫情防控指挥部】 自疫情防控工作开展以来,市疫情防控指挥部设在市综治中心,全面进驻各专项组开展工作,实体化运作,统筹抓好疫情防控和维护社会稳定工作。明确市政法委委务会议成员、政治部主任常年驻点负责管控组工作,市、县(区)两级政法委落实管控组职责,发挥基层社会治理“一中心、四平台、一网格”体系优势,风险隐患有效化解、信访案件快速办理、违法犯罪得到震慑、复工复产有序推进,在疫情防控的指挥调度、信息汇总分析等方面发挥重要作用,全年确诊病例为全省最少。

【推进反邪教工作】 按照“去存量、控增量、防变量”的总体要求,坚持高位推动,市委将反邪教工作纳入市委理论学习中心组学习内容,就防范遏制邪教利用疫情渗透反宣进行研究部署。将反邪教工作纳入平安建设和市域社会治理现代化试点工作三年行动计划,实行目标化管理、项目化推进。强化宣传教育,先后举办“无邪舟山”书法作品展暨全市反邪教宣传月启动仪式、反宗教极端思想宣传活动,成立反邪教宣讲队,开展“群众反邪”,研究制定“群众反邪”实施意见,健全完善群众动员机制。全年开展各类反邪教宣讲活动90余场次,举办各类宣传活动168场次,张贴宣传资料3800余份,发放宣传资料7万余份,悬挂、播放宣传标语800余条,播放视频11万余次,举办各类知识竞赛49期,设摊宣传120余场次。

【推进市域社会治理现代化】 向中央政法委成功申报全国市域社会治理现代化第一期城市,建立由市委书记、市长任双组长的市域社会治理现代化工作领导小组,制定出台《舟山市推进市域社会治理现代化试点工作三年行动计划(2020—2022年)》,将市域社会治理纳入经济社会发展大局来谋划。组织召开创建全国市域社会治理现代化试点城市工作推进会,实施以完善6大体系、落实18项重点任务为核心的“618”工程。健全“1141”社会治理体系,协同推进一综治中心、一矛调中心、基层治理四平台、一全科网格工作,“AI+社会治理”、八项实名制、“东海渔嫂”等社会治理品牌质效不断凸显。

【推进平安舟山建设】 以夺取平安建设“十六连冠”为目标,召开年度全市平安舟山建设大会,全面部署年度平安建设工作。修订完善平安考核条款,下发《平安考核条款责任清单》《平安考核扣分事项清单》《平安督导检查发现问题隐患整改清单》“三张清单”，探索建立“平安日报”制度，落实平安建设常态评价机制，压实各地各部门平安建设责任。紧盯影响全市平安建设的重点难点问题，开展“固安除患2020”专项行动，开展2轮平安暗访督查活动，对全市所有县(区)、管委会及所属20个乡镇(街道)暗访督查全覆盖，对检查结果进行全市通报，并对突出问题和安全隐患责令限期整改。利用传统媒体+“两微一端”等新型媒体，开展“平安大讲堂”和平安、普法等宣传“八进”“五进”活动，调动社会各方参与平安建设积极性。结合全国文明城市创建，发动社会力量参与平安志愿者活动，深入基层开展专业平安志愿服务。全市已建立平安志愿者队伍460余支，注册平安志愿者达7万余人，累计开展活动3600余次，服务时数超35万余小时。建成市级政法融媒体中心，加强政法和平安建设宣传工作，矛盾纠纷化解最多跑一地在《人民日报》头版刊登、“舟山政法”抖音号获全国政法系统第三、全省十佳。

【组织开展“固安除患2020”专项行动】 以打造全国最安全城市为总目标，直面平安建设问题短板，拉高标杆，建立上下联动、协调配合、规范有序的平安建设工作机制，有效控制各类案件和事故的发生，开展平安建设“固安除患2020”专项行动。全市社会政治持续稳定，人民群众安全感满意率居全省前列，命案、“五类”(强奸、放火、爆炸、绑架、劫持)恶性、“两抢”(抢劫、抢夺)案件破案率均为100%，各类生产安全事故起数、死亡人数实现双下降，未发生造成重大影响的食品药品安全和生态环境事件。

【打造“东海渔嫂”品牌】 以“中心抓统筹、部门建联盟、镇街组队伍、条块强联动”为要求，成立市、县、乡三级“东海渔嫂”参与社会治理指导中心，明确指导中心主要组成单位及工作职责。组建“十大员”，推行“10+X”建员模式，由镇(街)在原有女性社会组织和各类自治组织的基础上，吸纳符合条件的成年女性，组建“东海渔嫂”宣传员、监督员、禁毒员、反诈员、助老员、调解员、洁美员、城管员、渔安员、代办员十大员队伍。加强赋权赋能，根据十大员参与社会治理的能力需求，组织开展学习培训和现场指导、教学实践，引导其参加相关职业资格考试等，提高其能力素质，激活渔嫂新动能。11月，举办研讨会、现场推进会、情景报告会三会一体“东海渔嫂”参与社会治理实践周活动。

【深化新时代“海上枫桥”】 建立上下联动的四级调处机制，形成纵横交错的工作网格，做强“海上娘舅船”等民间调解组织。巩固区域交流协作机制，开展“联心、联谊、联利、联事”等协作联动。创新海上联合处置机制，建立海上“一警一员一艇和联席、联勤、联调、联同”的“3+4”治安管控工作机制，实行扁平化指挥、联动化处置。加强科技引领，将“雪亮工程”建设与海上治理相结合，推进“蓝色天眼”工程，建立岛屿科技管控系统、海上网格信息管控系统。开展“红帆示范船”“海上先锋”“瀛洲红帆”等争创活动，引导“红帆船”党员船老大在海上矛盾纠纷化解、海上安全生产、海上抢险救灾等方面树标杆、做表率。7月，“海上枫桥”海上综合治理与服务创新试点被商务部评为“自由贸易试验区制度创新成果复制推广工作情况及第三批‘最佳实践案例’”。

【打好扫黑除恶“收官战”】 11月17日上午，全市扫黑除恶专项斗争视频推进会召开。会议贯彻全省扫黑除恶专项斗争视频推进会精神，肯定扫黑除恶专项斗争取得的阶段性成效，要求全面深入推进扫黑除恶专项斗争“六清”“六建”和收官工作。坚持把扫黑除恶专项斗争作为平安建设的一项战略性、基础性工程来抓，围绕中央、省委关于决胜年的部署要求，开展“十大专项行动”，落实“六清”+“六建”措施，清理积案，打击现行，清除伞网，清缴黑财，持续整治整改，宣传展示重大成果，健全完善机制，实现“五个确保”目标，为“四个舟山”建设营造良好的社会治安环境。

【深化社会治理八项实名制】 八项实名制纳入市委、市政府重点工作内容，常态化开展，全市26个水路客运站点和41条航线均实现实名制售票验票，寄递物流、瓶装燃气、散装汽油销售、手机卡信息、出租房屋等实名制建设效果显著。建立实名制工作明察暗访、进展情况报告等制度，开展专项组明察暗访、邀请记者参与暗访曝光和部门联合专项检查行动,查处违法违规企业(单位)和行业网(站)点。落实企业主体责任,落实对各分支机构、营业销售网(站)点、社会渠道代理商等管理责任。推进实名信息系统建设和应用,寄递物流实名制规范信息系统应用,客运购票推行实名制售票系统,信息数据统一上传至“交通云”平台,瓶装燃气销售推进实名制“二维码”信息化建设,散装汽油实行定点销售制,“公安备案、实名登记、专机加油、监控覆盖”管控标准,出租房屋等方面推进收集端移动采集系统覆盖。

【完善流动人口服务管理工作】 实施新型居住证制度,推行“积分入学”“积分入住”等项目,三年来全市受理流动人口子女申请“积分入学”4000余人,推出公租房指标100余套,各项公共服务提供指标逐年增长。将居住证登记自主申报、居住证网上受理等功能接入民生警务平台,并推动相关事项在浙里办、浙江政务网上线办理,确保所有居住证业务“跑一次”。加强流动人口基础工作,推进居住出租房屋“旅馆式”管理工作,流动人口规模在3000人以上的14个村(社区)全部建立“旅馆总台”,明确流动人口和居住出租房屋信息登记报送、治安管理等制度规定。

【提升政法队伍建设水平】 贯彻落实《中国共产党政法工作条例》和省委5个配套规定制度,修订完善《舟山市政法委员会和政法单位党委(党组)重大事项请示报告制度》,制定《中共舟山市委政法委员会工作规则》《委务会议议事决策规则》《市委政法委工作例会制度》等。组织全市政法系统300余名科级以上领导干部分批开展政治轮训,提升思想政治建设水平。以“最强党支部”建设活动为抓手,在抗击新冠疫情、“文明城市创建”等重点工作中发挥支部战斗堡垒作用和党员先锋模范作用,机关党委和4名党员被评为疫情防控和复工复产一线表现突出基层党组织和党员,1名党员被评为“浙江省抗击新冠肺炎疫情先进个人”。

【加强执法司法公信力】 推进执法司法规范化水平提升年活动,制定“七个一”工程特色任务清单,两级党委政法委书记带头走访调研政法单位,对“关键少数”实行一对一谈话全覆盖,促进问题和整改“两张清单”见边见底。探索党委政法委执法监督与人大监督、政协民主监督、检察机关法律监督、群众和舆论监督相结合的“五督联合”,推动单链条式执法监督向协同联动的系统化立体监督转变。制定出台《党委政法委执法监督与检察机关法律监督衔接配合工作实施细则(试行)》,创设党委政法委“交办单”和检察机关“请示报告单”制度,提升执法监督工作精细化和精准度。建立自贸试验区法律事务联席会议制度,协调解决自贸片区内虚拟注册企业送达地址同步承诺制度,助力自贸区法治营商环境建设。推进政法一体化单轨制协同办案,单轨制数字卷宗应用率达90%。

【提升法学研究水平】 以法学会群团改革为契机,制定《舟山市法学会深化改革方案》,加强“一县一品”特色品牌建设,全市两级法学会个人会员达968人。组织法学法律工作者参加论坛征文、课题申报。《完善重大疫情防控机制研究》等课题被市社科联和省法学会作为年度课题立项,《集体土地上房屋征收中协议补偿与决定补偿制度研究》等七项课题在“第十七届长三角法学论坛”“第二届浙江省乡村振兴论坛”上获奖。组织开展以“市域社会治理现代化”为主题的专题研讨会,形成相关研究成果45篇。发挥法学会人才库“智囊团”作用,先后参与《舟山市养犬管理条例》《〈舟山市文明行为促进条例〉社会服务折抵处罚实施办法》和《〈舟山市物业管理条例〉实施意见》等多部地方法规的研究、起草、修改和评估工作,助推新区科学立法。

(撰稿:乐诗朦)

公　安

【概况】 2020年,全市公安机关围绕“四大警务”(智能警务、护航警务、质效警务、先锋警务)建设,统筹推进疫情防控和维护稳定工作,为展示“重要窗口”海岛风景线营造安全稳定的社会环境。有效警情比上年下降6.56%,刑事立案3434起,同比下降30.7%,其中侵财案件同比下降39.8%,盗窃案件同比下降

6月2日，普陀公安分局东港派出所民警驾驶警用平衡车在辖区夜市街巡逻(邹训永　摄)

65.2%，电信网络诈骗案件同比下降5.3%，全口径道路交通事故同比下降9.13%，命案、“五类”恶性、“两抢”案件破案率均为100%。市局被评为2020年度全省市级公安机关综合实绩评估优秀单位。

【打好扫黑除恶收官战】　是年，公安机关坚持线索排摸四长[派出所所长、刑侦大队大队长、县(区)局分管刑侦工作副局长、县(区)局局长]责任制，采取发动群众、专业摸排、大数据研判等手段，常态滚动排摸，研究创新“资金降维溯源”线索核查技战法，提升线索核查质效。完成重点涉黑涉恶专案攻坚、线索清仓、逃犯清零三项任务。黑恶团伙案件打处数列全省第七，三类地区第一。专项斗争期间，全市累计摧毁黑恶团伙25个，抓获团伙成员298人，破获团伙案件314起，查扣非法资产1.95亿元；打处“套路贷”案件31件，抓获涉案人员170人，逮捕122人；打处网络黑恶案件30件，抓获犯罪嫌疑人71人。清除3个外来势力犯罪集团。

【打击电信网络诈骗犯罪】　是年，市公安机关与国家计算机网络应急技术处理协调中心浙江分中心达成战略合作协议，完成“反诈之眼3.0版”数据池拓展工作，预警劝阻疑似被骗群体2.8万人次，挽回经济损失2.1亿余元。2批次挂牌督办17起重点案件，破获省内外案件121起，抓获通信网络诈骗犯罪嫌疑人372人，同比上升33.80%，侦破“12·24”等一批在全国有影响的特大电信网络诈骗案件。打击电信网络诈骗犯罪整体绩效位列全省第二。针对境外电信网络诈骗“窝点”“金主”大多藏匿境外的特点，研判境外窝点线索，追查幕后出资者、组织者的身份和下落，侦破案件8起，抓获犯罪嫌疑人60余人。其中部督“12·24”特大“杀猪盘”诈骗案获公安部副部长杜航伟、副省长王双全批示肯定。

【打击跨境赌博犯罪】　是年，市公安机关创新建立“清单推送、情报线索滚动排摸、通报约谈、‘一案双查’、工作奖惩、日常运行、信息报送”七项打击整治跨境网络赌博犯罪机制，被省厅认可并在全省推广。通过警情梳理串并、旧案溯源深挖、源头线索拓展，强化内外协同作战。打掉跨境赌博犯罪团伙49个，查扣冻结资金12.6亿元。打击赌场金主、股东14人，黑灰产团伙头目45人，涉赌代理推广人员223人。

【打击经济犯罪活动】　是年，市公安局联合市税务局设立税务犯罪研判中心，出台《舟山市税警协作工作机制》，研发“涉税犯罪预警监测台”，得到副省长、公安厅厅长王双全批示肯定。在涉税、反洗钱、金融等领域发起17起全国“云端”集群，破获“1·08”物流企业特大虚开发票案、“6·18”虚开发票案、“6·22”榴莲变票虚开发票案、“9·24”棉花变票虚开发票案等多起大要案件，查实涉案空壳公司达700余家，虚开金额300余亿元，得到省厅主要领导批示肯定。劝返潜逃加拿大6年的重大经济犯罪嫌疑人谢某回国投案。

【成立全省首支海防缉私支队】　6月18日，市公安局举行海防缉私支队揭牌仪式，标志全省首支公安海防缉私队伍正式成立并投入运作。海防缉私支队前身为2019年1月1日武警舟山市公安边防支队整体划转到公安后成立的舟山市公安局海防支队,主要负责出海船舶(船民)管理、无人岛屿治安管理和协助有关部门执行海上执法任务等职责。5月29日,市委机构编制委员会办公室批复,舟山市公安局海防支队更名为舟山市公安局海防缉私支队,在原海防支队职责基础上,增加防范和打击沿海地区偷渡、走私犯罪活动等职责,主要办理国家禁止进出口的货物、物品、废物案,非法经营和销售伪劣产品案,组织、运送他人偷越国(边)境案、偷越国(边)境案,无合法来源证明进口成品油等案件。海防缉私支队下设指挥中心、缉私侦查、预防综治、综合保障等内设机构。是年,连续破获案值千万元以上的走私成品油团伙案件及案值5000余万元的"11·21"特大香烟走私案件。

【抗击疫情】 是年,市公安机关统筹"疫情、舆情、社情",坚持前移关卡、精密智控,在全省率先推广"返舟人员申报系统"和"新居民登记系统",投入4.7万余人次警力,做好防境外输入、守隔离安全、战旅游旺季、查冷链物流、控秋冬反弹等工作,构建返舟人员智控闭环,全市未发生因疫情引发的重大敏感案事件,公安监管场所和警营队伍实现"零输入、零感染、零减员"。12名特警队员驰援武汉完成增援任务,获上级公安机关表彰。

【助力"六稳""六保"】 2月14日,市公安局出台《全市公安机关服务保障企业返工复工十六条措施》,营造和谐畅通的发展环境、平安稳定的治安环境、便捷高效的服务环境和公正严明的法治环境。是年,市公安机关为全市30个重大工程开展"平安定制",为250个重点项目落实项目警官,在绿色石化基地等重点项目健全并完善"连队化+科技化"管理,确保项目平安有序推进。推动设立危化品专项执法站,建立完善"大数据+网格化+全链条"危化品运输防控体系。

2月17日,岱山县公安局鱼山警务站的民辅警在舟山绿色石化基地巡逻(邹训永　摄)

【旅游警务建设】 5月19日,市公安局出台《全市公安机关服务保障旅游经济发展十八条措施》。"十八条"内容包括确保活动安全有序提升、保障涉游环境整治提升、助推旅游安全品质提升、推进旅游交通安全提升、促进涉游事项服务提升五个方面。举行护航旅游经济发展誓师大会暨普陀山"警秀洛迦"旅游警务品牌发布仪式,深化普陀山"全国旅游警务特色样板"建设,推进普陀山分局"朱冰警务室"建设。

【深化"海上枫桥经验"】 深化"枫桥式公安派出所"创建,重点培育派出所6个,交警中队3个,建设"离岛警务""数字金塘"品牌。全市192名责任区民警兼任村(居)副书记或主任助理。建成定海芙蓉洲路、岱山东沙古镇联勤警务站9个,以党建统领各方资源,提升部门融合,缩小执法管理服务半径。深度培育"东海渔嫂"社会组织,牵头组建禁毒队38支476人,反诈队41支494人。县级公安机关信访室全部纳入县级矛调中心,初信初访化解率98.6%。

【打造"远洋警务"舟山样板】 是年,市公安局指导定海分局成立全国首个远洋渔业专业派出所，打造“智安港区”“智安园区”“智安渔船”一体化，对36家远洋渔业企业、616艘注册船舶、1.1万余名船员进行数据建档，逐船安装“船载监控云平台”及远程一键报警系统，破解远洋救助、治安管理等难题，打造“远洋警务”全国样板。

【“无诈校园”建设】 是年，市公安局联合市教育局在全市校园开展“无诈校园”建设，全市涉校电诈案件同比下降18.9%。组建由市公安局、市教育局、全市各高校、中小学、幼儿园为成员单位的“无诈校园”工作小组，构建“学校负责，老师引领，学生参与，家长协同”的四级网格化防范体系，组织公安“93反诈”专业队、东海渔嫂反诈员、反诈志愿者等社会团体入校开展宣讲。抓住开学报到、家长会等重点时段，通过“一张卡片”“一堂讲座”“一次考试”等方式开展反诈宣防。抓住刷单、游戏交易、注销学生贷等涉校重点诈骗类型，开展精准防范，联合当地美术家协会组织开展全市少儿防诈骗绘画大赛。

【养犬管理】 9月1日，由市人大常务委员会审议通过的《舟山市养犬管理条例》正式施行。条例明确规定公安机关为养犬管理工作的主管部门，负责犬只准养登记、违反准养登记相关行为和放任犬只恐吓他人、犬只扰民等违反治安管理行为的查处以及狂犬的捕杀工作。市公安局公布《禁养烈性犬名录及大型犬标准》《养犬重点管理区和一般管理区通告》等信息，在治安支队成立执法保障大队，做好许可登记及信息系统等相关工作，落实犬只准养登记、违反准养登记违反治安管理行为的查处等工作。是年，全市登记准养犬只8560只，条例实施满90日过渡期后，全市处罚未办理犬只准养登记犬主4人，涉犬投诉举报总体平稳。

【深化“最多跑一次”改革】 是年，市公安机关推进政务服务2.0平台建设，全面启用“智慧+”自助警务超市，提供居民身份证补领和换证办理、出入境港澳台旅游签注、交通违章查询和自助缴费办理等16项自助服务和153项办事指南，缓解实体窗口办事压力，提升群众办事自助性和便捷度，公安事项“网上办”“掌上办”实现率分别达100%、94%。推进长三角警务一体化“放管服”改革，10月12日起在舟山、宁波推开3大类33项户籍业务“跨城通办”服务，115个高频事项一站式“跨省协办”。建立国际船员紧急通关“即时受理审批”制度，实现24小时内办结通关。完善公安基层服务窗口“1+X”模式，127个公安事权向偏远海岛派出所、警务站下沉下放，实现“办事不出岛”。全市31个派出所窗口均入驻乡镇便民服务中心，“一窗办理、一口办结”机制作为自贸区三年评估创新案例在全省复制推广，外籍人员工作许可和居留证件3天内办结。建设“身边”车管所，在4S机动车销售店、二手车交易市场增设4家临牌核发代办点，在邮政网点增设7家“警邮”代办点，在银行、保险公司增设2家代办点。

【交通秩序综合治理】 深化文明交通长效机制建设，全市交通守法率保持95%以上，酒驾万车查处率、重复报警压降率列全省第一，交通事故亡人数同比下降23.2%。针对公职人员交通违法问题，推动党委政府将其纳入干部德绩考核。针对多发交通事故，建立市领导“领衔破题”制度，推行亡人事故“即时介入、12小时溯源、24小时整改”。针对事故多发路段，邀请专家团队研商方案，试点开展“交通组织提升工程”，对城区319个红绿灯进行配时优化，打通交通“微循环”6处。推动外卖快递骑手交通文明记分管理列入市政府社会信用体系推广项目，实行“一人一车一档一号”登记管理，对骑手交通违法行为进行记分停运。联动交通运输部门组建工程行业协会，引入第三方平台，对全市1600余辆工程车实行24小时动态监管，工程车亡人事故同比下降200%。在发生事故的乡镇和企业，逐一建立“交通治理警示宣教站”，发放整改任务书，明确量化指标，落实达标销号。将2255名交通事故高危人员纳入常态宣教名单，对10次以上交通违法未处理车辆落实重点布控并教育提醒。每月实名曝光不礼让斑马线、开车使用手机、闯红灯等交通违法行为。

【深化情指行一体化作战】 搭建以情指行合成作战中心为龙头，情报中心、侦查中心、智治中心、警风民意访评中心为支撑，其他中心为补充的“1+4+X”情指行一体化作战整体架构，完善合成作战中心运行机制，强化“红蓝对抗”封控拦截演练、桌面推演及“1、3、5”分钟快速反应圈演练。建立“负秒接警”机制，研发110接处警秒级响应系统平台，实现警情快接快处。

【建设“人像感知网”】 市公安局对接市委政法委，以平安办名义下发《关于推进全市雪亮工程“人像感知网”建设的通知》，配套制定《舟山市重点行业涉及公共区域人脸建设规范》。是年，公安机关依托“雪亮工程”二期，建成视频监控327个，人脸卡口2030套，车辆卡口97套，接入社会面视频监控1615个。开展感知终端基础数据治理，提升基础信息准确率及设备在线率和完好率。

【建设“智安”工程】 是年，全市落实“智安”工程建设资金2000余万元，定海、岱山将其纳入政府年度民生实事项目。会同市委政法委、市住建局等部门联合下发《关于进一步加强新建住宅小区配套智能安防设施建设的通知》，出台《舟山市“智安小区”建设规范（试行）》，实现技防设施与小区建设同步设计、同步施工、同步验收，确保新建小区建成就成为标准化的“智安小区”。全市新建“智安小区”刑事发案率下降32.5%，其中零发案小区达到85个。打造小区“智慧安防大脑”，累计发现疑似未登记人员3万余人。在“7·18”定海西园小区命案侦破中，“智安小区”数据汇聚平台为确认犯罪嫌疑人身份发挥重要作用。在党政机关、学校、医院、银行、三电油气等不同行业推广“智安单位”建设示范点，新建“智安单位”225家，实现重点行业全覆盖。

【“海岸卫士”平台建设】 实施“海岸卫士”工程，开展全市岸线码头走私风险隐患排查，整合雷达、远程云台等现代感知技术，构建智能控制圈，与科技企业协作共建“市域治理现代化研创中心”，开发“海岸卫士”指挥防控平台，构建“岸线—岛屿—港口”三级“智能防控圈”，将全市重点船舶、码头、易登陆滩涂点、油库存等反走私要素全量纳入数据库实时动态管理，在沈家门渔港同步推进“科技管控港”建设，搭建船舶动态监测平台，海陆双向全链条、闭环式管控初有效果。

11月9日，岱山县公安局无人机巡查队巡查辖区渔港码头（邹训永　摄）

【科技应用】 市公安局建成“市域治理现代化研创中心”，流动人口常态严密管理、港区重点要素管控等治安管理难点实现突破。2次开展全市公安机关信息化应用能力实战大练兵活动，培养一批擅于信息化综合应用、精通实战化研判的尖端人才，创新实施科技应用人才“五级四圈”（以全警基础、中层干部、尖端人才、复合型组合、复合型人才五个培养层级为载体，打造全警意识增强圈、中层科技干部效应圈、尖端人才引领圈、复合人才攻坚圈）建设工程，全市31名80后、90后科技应用人才提任所队中层干部。

【深化执法规范化建设】 开展“执法规范化水平提升年”活动，深化“教科书式执法”创新实践，组建100名骨干师资团队，自主研发执法学习平台，制作执法视频片41个，汇编执法指引等规范160个。完成全市公安执法办案管理中心建设“近期、中期、远期”规划，县级执法办案管理中心全部建成并投入运用。政法一体化单轨制办案工作试点经验在全市推广应用，轻案快办机制渐趋完善，全市公安行政快办率73.48%，刑拘直诉率18.63%，居全省第二。

【党建引领】 市公安局升级政治生活馆，深化定海盐仓所"警示教育"、普陀展茅所"党建+"、岱山鱼山警务站"淬炼育警"基地建设，打造"1+3"全市公安思想政治工作特色品牌，培育刑侦支队"93反诈警盾"等6支先锋警队、出入境管理局党支部等4个"最强党支部"和巡特警支队党支部"千岛金盾"9个"优秀党建品牌"。

【素质强警】 8月18日，市公安局投资2.3亿元、建设占地110亩（7.33公顷）的舟山市综合警务（反恐）训练基地落成启用。是年，舟山公安机关建立"党委领导、政工协调、警种主训、分级实施"的大练兵常态化机制，细化练兵计划，基本训练实现全警覆盖。组织"舟山公安·周日论坛"活动，引导民警"在研究状态下工作"。全年全市15个团队23名民警在省级以上比武竞赛中获奖。2人被评为部级"标兵个人"。开展优秀课程评审，26门课程被评为市级优秀课程。

【从严治警】 开展"坚持政治建警全面从严治警"教育整顿，开展"非正常消费、非正常交友、非正常娱乐"问题专项整治。市局整合政治部、机关党委（纪委）、督察、审计、法制（信访）等监督力量，成立"大监督"中心，创新实施"啄木鸟巡诊"工程，对体制机制等领域、执法办案等环节开展巡诊，及时发现问题、整改帮扶。开展"排雷行动"，修订饮酒报备、值班备勤、民警借调等局纪局规。健全"督考推"一体化工作机制，建成视频督察智能侦测系统和移动督察App。

【暖警爱警】 细化落实减负基层关爱民警措施，建立市局机关警力每日成建制增援基层等机制，全市性会议和"三类"文件同比下降33.3%、65.6%。对接市财政局等部门，落实值勤岗位津贴、法定工作日之外加班补贴，市政府专题会议通过，市本级公安机关一类值勤岗位津贴发放比例提升至50%，交警、普陀山分局、新城分局加班补贴、执勤岗位津贴按县级公安机关标准执行。全市四个县（区）公安局（分局）均落实派驻乡镇基层所队民警享受乡镇补贴政策。严打袭警辱警行为，办理侵权案件67起。

【启动"三优工程"】 1月10日，市公安局制定《全市公安机关拥警爱民"三优工程"建设工作实施方案》，通过两年努力，在公共服务领域实施对民警"优先、优待、优惠"政策，在全社会营造浓厚崇警爱警氛围，逐步构建具有"舟山味""海岛味"的现代警务工作职业保障体系。是年，落地普陀山景区门票免费、窗口服务优先、加油购物优惠等90个措施，挂牌成立全省首家"拥警民宿"，涵盖299个服务点。12月24日，"三优工程"被省公安厅评为2020年全省公安改革优秀实践案例。

【典型培树】 是年，舟山公安机关557个集体和个人被记功嘉奖。定海分局副局长刘军获评"全国抗疫先进个人"，因救人被严重烧伤的定海分局岑港派出所所长林剑被授予"公安二级英模"荣誉称号。

【常住人口数据】 至11月30日，全市总人口962028人，总户数376073户，平均每户2.56人。男女性别比97（女=100）。总人口同比减少3962人，年增长率为−4.11‰。出生登记人口4830人，出生率5.01‰；死亡登记7807人，死亡率8.10‰。人口自然增加−2977人，自然增长率为−3.09‰。迁入5731人，迁出6643人，机械增长−912人，机械增长率为−0.95‰。全市城镇人口561440人，户籍城镇化率为58.36%，同比增加34051人。

2020年全市常住人口基本数据

表20　　单位：人

地区	合计	性别		户数（户）	城镇人口	出生	死亡	迁入	迁出	同比增加
		男	女							
全市	962028	473521	488507	376073	561440	4830	7807	5731	6643	−3962
定海	400968	197001	203967	158145	265750	2368	2992	3840	2573	1586
普陀	313676	154931	158745	111683	163499	1581	2584	985	1144	−2118
岱山	173733	85764	87969	76231	90409	618	1624	602	2246	−2692
嵊泗	73651	35825	37826	30014	41782	263	607	304	680	−738

【流动人口数据】 6月30日,全市流动人口时点数为465505人。其中,男性309681人,女性155824人。流动人口数同比增加34518人,上升8.0%。流动人口从事职业主要集中在务工、就读,两者所占比例分别为80.3%、6.9%。

2020年全市流动人口基本数据

表21 单位:人

地区	合计	性别		同比增加
		男	女	
全市	465505	309681	155824	34518
定海	188872	118234	70638	27332
普陀	156131	97829	58302	8992
岱山	104540	83498	21042	−1822
嵊泗	15962	10120	5842	16

【临时入境人员和常住境外人员情况】 是年,全市公安出入境管理部门登记管理临时到舟山外国人和"四种人"(华侨、港、澳、台)32924人次,其中外国人20659人次,华侨242人次,港澳同胞7632人次,台湾居民4391人次。全市实有常住境外人员1500人,其中外国人816人,台湾居民537人,港澳居民127人,华侨20人。

【公民因私出国(境)审批】 全年全市公安出入境管理部门受理审批出国出境申请14764人次,同比下降77.6%。其中,批准出国申请10383人次,批准往来港澳申请3701人次(其中旅游3215人次,商务49人次,探亲124人次,定居2人次,逗留46人次,其他16人次,通行证249人次),批准赴台湾申请665人次(其中探亲285人次,团队旅游222人次,商务3人次,定居10人次,通行证133人次,其他12人次),出入境通行证15人次。

【境外人员签证、签注】 全年全市公安出入境管理部门签发各类外国人证件3241人次,同比下降63.8%。其中,M字签证(发给赴中国进行商业贸易活动的人员)351人次,Q2字签证[发给赴中国短期(不超过180日)探亲的居住在中国境内的中国公民的亲属和具有中国永久居留资格的外国人的亲属]2人次,S2字签证[发给赴中国短期(不超过180日)探亲的因工作、学习等事由在中国境内停留居留的外国人的家庭成员(配偶、父母、子女、子女的配偶、兄弟姐妹、祖父母、外祖父母、孙子女、外孙子女以及配偶的父母)以及因其他私人事务需要在中国境内停留的人员]5人次,延期签证496人次,停留证件1860人次,外国人居留许可527人次。签发台湾居民证件105人次,同比下降64.5%。其中,五年期台胞证98人次,一次台胞证2人次,定居5人次。

【车辆和驾驶员】 至年底,全市机动车总保有量为236940辆,其中汽车210925辆,摩托车23575辆,挂车2440辆。驾驶人366404人,其中3年以下驾龄人员74115人。

【交通事故】 全年全市发生道路交通事故411起,死亡67人,受伤417人,直接经济损失138.57万元,四项指数同比分别下降8.46%、18.29%、8.55%和21.08%。

【交通违法查处】 全年全市交警部门查处各类道路交通违法行为705286起,行政拘留428人,吊销驾驶证487本,暂扣机动车驾驶证1084本,罚款6885万余元。其中,无证驾驶759起,酒后驾驶1585起(含醉酒驾驶283起),超速行驶31236起,处理非机动车违法170566起,行人和乘车人交通违法2871起。

(撰稿:宋敏红)

检　察

【概况】 2020年,全市检察机关围绕市委"奋力开启'四个舟山'建设新征程,全面展示'重要窗口'海岛风景线"决策部署,把握省委出台《进一步加强检察机关法律监督工作的若干意见》历史机遇,坚持"特色发展、质量为要",开展执法司法规范化水平提升年活动。全年全市检察机关受理审查逮捕案件571件972人,其中批捕722人;受理审查起诉案件1378件2427人,已审结中起诉1604人;受理职务犯罪案件11件12人,已提起公诉9件10人,不诉0人。依法纠正侦查活动违法20件，监督立案、撤案23人，纠正漏捕、漏诉15人，提起刑事抗诉9件，法院改判5件。19件案件被确定为全国、全省检察机关典型、精品、优秀案例，25名干警在全省业务竞赛中获奖或被纳入全国、全省专项人才库。为党委政府建言献策，海洋司法管理体制、海洋检察工作、社会风险防范等调研信息得到最高检主要领导、省委、市委领导等批示28篇次。研究课题或文章获省级以上立项、表彰或公开发表48篇次。"舟山检察"头条号获评浙江政法抖音头条号创新奖，并进入全国优秀检察新媒体百佳。两级检察院另有集体、个人获"全省扫黑除恶专项斗争成绩突出集体""全国特赦检察工作表现突出个人"等市级以上荣誉38项。

【疫情防控工作】 2月，联合法院、公安出台《疫情防控期间涉疫情案件办理工作意见》，强化沟通协作，建立工作机制，确保涉疫情犯罪、违法行为得到及时查处。普陀区检察院起诉的全市首例虚假销售口罩诈骗案被告人被判处有期徒刑10年6个月。对全市看守所、强制医疗机构开展专项巡回检察，强化疫情防控的同时注意保障在押人员合法权益。做好疫情防控期间线上检察"云服务"，向社会提供案件程序性信息查询、远程诉讼服务677人次。结合基层调研，及时反映远洋渔船外籍船员滞留风险隐患问题，得到省委书记车俊、省政府常务副省长等领导批示。全市检察干警到基层一线开展各类服务保障1100余人次，为防疫工作人员送"爱心餐"的全市"最美战疫志愿者"、支援进岛卡点的定海检察巾帼志愿服务队等典型事迹得到最高人民检察院官方公众号、《浙江日报》等报道。

【扫黑除恶专项斗争】 按照"六清"行动、"十大专项行动"等部署，2月调整市检察院扫黑除恶专项斗争领导小组成员，3月出台《全市检察机关"扫黑除恶决战决胜年"行动方案》，打好专项斗争收官战。专项斗争实施以来，起诉涉黑恶案件34件251人，发现并移送线索115条，向有关行业、单位制发6份检察建议、2份情况反映，实现检察环节"案件清结""线索清仓"，助推"伞网清除""行业清源"。依法对李某平等13人涉嫌组织、领导黑社会性质组织等罪一案，引导侦查、提起公诉，提出案后社会治理信息《加强农村基础工程领域综合治理的几点建议》，得到市委、市政府领导的重视。

【服务民营企业发展】 贯彻《浙江省民营企业发展促进条例》，护航民企发展，全年办理涉侵害民营企业案件66件141人，对涉企人员依法不批捕27人，不起诉120人。2月，出台《舟山市人民检察院关于做好疫情防控期间服务中小微企业和民营经济的意见》，其间向1400余家企业发出《新冠肺炎疫情期间刑事法律风险提示》，编制《口罩生产企业法律政策"十问十答"》，为企业转战口罩生产法治护航，相关工作举措入选全省检察机关助力企业复工复产十大典型事例。全年召开服务保障民营企业发展"三四"主题日、服务"六稳""六保"护航民企发展检察开放日、民营企业家座谈会等活动，搭建面对面交流平台，打通服务与保障民营经济发展的"最后一公里"。岱山县检察院精准服务浙石化重大项目，在全省率先出台《涉企案件刑事合规办理规程》，实现刑事合规业务提升，做到全面防控、全面监管。

【海洋检察理论创新与实践发展研讨会】 10月26日在舟山召开，由检察日报社、浙江省人民检察院

10月26日，海洋检察理论创新与实践发展研讨会在舟山召开（市检察院提供）

主办,舟山市人民检察院、浙江海洋大学、舟山海洋与渔业局联合承办,上海、天津、浙江、广东、福建、海南等11省(市)检察机关、海洋检察专家学者、涉海部门代表等近200人出席会议。研讨会就海洋治理与海洋检察、海洋生态文明与海洋检察、“四大检察”与海洋检察等问题展开探讨,提出一体化创新推进海洋检察工作发展的对策建议,为推动海洋治理现代化建设提供更为优质的法治产品和检察产品。会上,11个省(市、自治区)检察机关联合发布《深化海洋检察工作一体化发展舟山倡议》,就加强海洋检察合作达成共识。倡议提出,沿海检察机关要做到“六个坚持”(坚持“三个自觉”,担当服务保障建设海洋强国的政治责任;以办案为中心,依法保护海洋经济发展;立足检察监督职责,增强服务保障聚合效应;强化配合联动,构建海洋检察协作新格局;做实智慧赋能,提升海洋检察专业能力水平;注重宣传教育,落实“谁执法、谁普法”)。

9月9日,市检察院与中国海洋大学协作打造海洋法治研究实践基地(市检察院提供)

【海洋检察工作】 以争创“全国一流”为目标,深化海洋检察工作,全年办理涉海各类案件111件168人。

建立检警协作机制。3月13日,市检察院驻舟山海警局检察官办公室正式揭牌成立,成为全国首家检察机关在海警部门设立的检察官办公室,双方会签出台《关于加强检警协作配合的若干意见》,在机制共建、办案对接、联合行动、业务互动等方面加强协作配合,服务保障舟山海域综合治理和自贸试验区发展。

加强海洋领域公益诉讼,开展保护海洋野生动物资源、打击非法破坏海砂资源等专项监督,办理涉海龟、海马、海砂等系列案件,其中破坏海洋野生动物资源保护民事公益诉讼案获评全国检察机关专项监督典型案例,最高人民检察院将此案例列为“生物多样性司法保护”国际研讨会的介绍案例。在全国检察机关“守护海洋”专项监督总结会上,作为唯一的地级市作经验交流发言。

3月13日,全国首家驻海警局检察官办公室揭牌成立(市检察院提供)

开展检校合作,与中国海洋大学、上海海事大学、宁波大学法学院协作打造海洋检察研究实践基地,共同开展重大海洋检

5月29日，市检察院和岱山县检察院联合驻浙石化检察服务工作站成立（市检察院提供）

察课题研究；建立海洋检察智库，聘请12名涉海类高校专家教授担任智库成员；建立学术研究导师制，指导提升海洋司法理论研究能力和法律综合素能。舟山"1+4"海洋公益诉讼检察创新实践基地创建项目获省检察院批复。舟山海洋检察立体化监督工作机制获评全省检察机关九大创新成果之一。

【服务自贸区建设】 构建"金融检察、涉税检察、反走私检察、服务民企"四位一体的自贸检察工作格局，加强与自贸管委会、法院、公安、金融、海关等部门的沟通会商，推动自贸区法律事务联席会议制度落地。5月29日，市检察院和岱山县检察院联合驻浙石化检察服务工作站成立，签订《检企共建协作书》，依托服务站前移服务"窗口"，准确把握企业司法需求，提供优质有效的检察服务产品。6月，与市金融办共同出台《关于建立自贸区金融风险防控工作机制的意见》，针对利用自贸区优惠、便利政策而衍生的虚假期货交易、虚增贷款信用资质等违法犯罪活动，坚持预防与打击并重，打造健康的金融生态。

【服务"三大攻坚战"】 打好防范化解重大风险、精准脱贫、污染防治三大攻坚战。加强金融风险防控，依法审查逮捕、审查起诉非法吸收公众存款、骗取贷款、虚开增值税专用发票等犯罪73件212人，依法对一起在舟山综保区注册公司后虚开增值税专用发票8.9亿元的案件提起公诉。司法救助助力脱贫攻坚，为23名因案致贫当事人发放救助金34.1万元。践行"绿水青山就是金山银山"，开展守护"美丽河湖海"、保护古树等专项行动，依法起诉破坏环境资源犯罪15件48人，办理生态环境和资源保护公益诉讼案件90件。定海区检察院推动港口扬尘污染治理、守护"碧海银滩"等工作登上《人民日报》客户端、《浙江日报》头版。

【民生领域检察保障】 助力"平安舟山"，依法审查起诉侵害公民人身权利犯罪136件153人，侵犯公民财产权利犯罪460件706人。加大对电信网络诈骗、网络赌博等犯罪的打击力度，依法起诉115件297人。"5·14"特大跨境通信网络诈骗案提起公诉的95名被告人全部获有罪判决。深入开展"落实食品药品安全'四个最严'要求"专项行动，依法起诉危害食药安全犯罪28件36人，办理涉饮用水源、食药品安全等公益诉讼案件62件。

【未成年人司法保护】 加强未成年人司法保护。8月，在市委政法委支持推动下，联合市委宣传部、法院、教育、公安、民政等14家单位共建全市未成年人保护联盟，会签《关于建立舟山市未成年人保护联盟落实未成年人保护社会治理的实施意见》，推动形成未成年人保护大格局。定海区检察院联合相关部门在全市率先推出密切接触未成年人岗位入职查询和从业禁止制度。全年依法批准逮捕、起诉涉未成年人犯罪72人，对涉嫌犯罪的未成年人不批准逮捕、不起诉45人。加强未成年人司法救助，救助"事实无人抚养儿童"4人12万元，并提供多元化帮扶举措。加强未成年人法治宣教，牵头修订已投入使用的中职学校法治教材，制作未成年人法治网课，举办以"人生之旅，法治相伴"为主题的"检察长开学第一课"活动，全年开展各

9月9日,20余名师生代表走进市检察院开展“开学第一课”活动(市检察院提供)

类法治进校园活动13场,受众约3000人次。

【参与社会治理】 深化诉源治理,坚持少捕慎诉,全年对无罪、罪轻或证据不足的,不批准逮捕237人,不起诉634人。落实酒驾醉驾新标准,对涉危险驾驶案依法不起诉124人,被判处缓刑41人。开展毒品犯罪案件专项监督工作。3月,与市邮政管理局联合签署《加强寄递行业监管合作备忘录》,预防犯罪分子利用寄递服务实施毒品犯罪;6月,与市公安局联合出台《关于建立启动毒品定量检测提示机制的意见》,提高毒品案件办案质效。推动东海渔嫂监督员工作。5月,出台《关于在全市检察机关部署开展“东海渔嫂监督员”建设年活动的实施方案》,成立“东海渔嫂监督员”团队和监督员联盟,聘任“东海渔嫂监督员”190余人,邀请参加案件公开听证、司法救助调查、公益诉讼现场取证、检察开放日等活动,拓展检察机关法律监督线索来源。

【深化检察服务便民】 参与“最多跑一地”改革,各县(区)12309检察服务中心全面入驻县级社会矛盾纠纷调处化解中心,先后建立关于加强检调对接合力参与诉源治理为内容的联动工作机制。落实“群众信访件件有回复”,实现七日内程序性回复、三个月内办理过程或结果答复率两个100%。连续十四年检察环节无进京信访案件。6月,两级检察院同步开展“民有所呼、我有所应——群众信访件件有回复”新时代检察宣传周活动,向群众宣传信访工作、12309检察服务中心职能等相关内容。强化律师权益保障。4月,召开“构建良性互动检律关系”主题检察开放日活动,全年接待律师及当事人线上“跑零次”远程阅卷、案件信息查询等1500余人次,办理阻碍律师执业权利案件7件。加强军地协作,12月,与杭州军事检察院联合开展“检护利剑、法润兵心”检察官送法进军营活动。

6月9日,市检察院联合定海区检察院开展检察宣传周活动(市检察院提供)

【争取法律监督支持】 贯彻落实省委《进一步加强检察机关法律监督工作的若干意见》。5月，推动市委出台《进一步加强检察机关法律监督工作的实施意见》，借助党委、人大、政府、政协及相关单位的力量，加强对检察机关法律监督工作的支持配合，优化监督环境，提升监督权威。同月，在市委政法委支持下牵头起草并出台《党委政法委执法监督与检察机关法律监督衔接配合工作实施细则（试行）》，增强监督合力，提升监督质效。4家县（区）检察院争取当地党委支持，均已推动出台相关工作意见或任务清单。

【刑事检察工作】 依法履行指控犯罪主导责任，深化捕诉一体机制，全年批准逮捕各类刑事犯罪722人，起诉1604人，依法监督纠正立案、撤案23人，纠正漏捕漏诉15人，侦查活动违法20件，依法提出抗诉9件，已改判5件。维护国家安全，依法起诉危害国家安全犯罪7件8人。在办理“德金国际”网络诈骗系列案中，依法提出追漏56人，追加诈骗金额6000余万元。强化认罪认罚工作，8月，与法院、公安、司法局会签《进一步推进舟山市刑事案件认罪认罚从宽制度工作的意见》，认罪认罚从宽制度适用率提高到85.9%。6月，与公安、海关、国安、海警部门分别会签《重大案件侦查终结前开展讯问合法性核查工作的若干规定》，全年开展讯问合法性核查33人。加强刑事执行监督，对指定居所监视居住执行、剥夺政治权利执行、财产刑执行、强制医疗执行等发出书面监督意见15份。

【民事检察、行政检察工作】 强化民事检察工作，全年办理生效民事判决、裁定、调解书监督案件68件，提请抗诉4件，提出再审检察建议19件，法院采纳13件，提出民事执行监督检察建议3件。打击虚假诉讼，办理相关民间借贷纠纷案19件。推进案件审查公开听证制度，全年全市组织公开听证4次5件，促进息诉罢访，提升检察机关办案透明度。促进依法行政，全年办理行政生效裁判监督案件10件，办理行政审判活动监督案件7件，均得到采纳；办理行政非诉执行监督案件13件，行政争议实质性化解案件5件。参与制定《关于在行政复议应诉中实质化解行政争议的若干意见》，促成行政争议实质性化解，实现案结事了政和。

【公益诉讼工作】 开展“公益诉讼守护美好生活”之民生安全检察等专项行动，与环保、水利、市场监管等部门在生态环境保护、保健品安全、无障碍设施、加油站安全等领域开展工作，全年办理公益诉讼案件177件，其中行政公益诉讼163件，民事公益诉讼14件。普陀区检察院办理最高检督办的沈家门渔港船舶污染海洋行政公益诉讼案，得到妥善解决。开展新领域公益诉讼，岱山县检察院在全国率先督促有关部门推进5艘碍航沉船打捞清除工作，维护海域航道安全。6月，出台《舟山市检察机关公益诉讼调查取证工作指引（试行）》，强化公益诉讼调查取证工作的规范性，完善公益诉讼技术手段，两级院全面建成公益诉讼快速检测实验室。推动将检察公益诉讼纳入市委党校领导干部培训课程，增选5名专家充实公益诉讼专业咨询委员会。

【协同办理职务犯罪案件】 强化与监委的衔接配合制约，建立《关于司法工作人员相关职务犯罪调查（侦查）协作机制》，形成反腐合力，全年受理监委移送审查起诉案件11件12人，已提起公诉9件10人。依法行使法律赋予的侦查权。6月，出台《舟山市检察机关司法工作人员相关职务犯罪案件问题线索管理工作办法》；11月，成立对司法工作人员相关职务犯罪侦查指挥领导小组及专门办案组，全年立案查处司法工作人员利用职权实施损害司法公正犯罪2件2人，均已判决生效。

【抓好案件质量提升】 全面开展执法司法规范化水平提升年活动。3月，成立领导小组，出台《舟山市人民检察院关于开展执法司法规范化水平提升年活动的方案》《舟山市人民检察院关于执法司法规范化水平提升年活动的任务清单》，制定任务清单53项，开展征求意见、问题排查及案件回访活动，经梳理查摆问题69条，对可以立即解决的，第一时间整改到位，对需要常态推进落实的，明确整改举措和时限。完善案件质量内部监督机制。2月，出台《流程监控案件化办理工作规范指引》，全年办理流程监控案件290余件，发送流程监控通知书16份。

完善检察官联席会议、业务分析研判等机制，对548件案件开展质量评查，对检察官“放权不放任，用权受监督”。全市检察机关刑事“案－件比”1.33。

【检察公共关系建设】 向市人大常委会报告法律监督工作阶段性情况，向市政协、各民主党派、工商联和无党派人士通报检察工作。两会后，全面梳理人大代表、政协委员在“两会”上提出的77条意见建议，落实回复，办结人大代表议案、政协委员提案5件。11月，出台《舟山市人民检察院关于深入推进人大代表政协委员走访工作的通知》，实现在舟全国、省、市人大代表、市政协委员走访全覆盖，听取代表委员意见建议，并做好整改落实回复。邀请社会各界人士走进检察机关，参加检察开放日、公开听证等活动360余人次。加强检务公开，每季度向社会公布检察主要业务数据。加大以案释法力度，省级以上媒体宣传150余篇次。

【提升检察工作能力】 贯彻《中国共产党政法工作条例》及省委五个配套规定。深化司法责任制综合配套改革，完善以办案实绩为导向的检察官绩效考评机制，两级检察院领导带头直接办案399件，列席同级法院审委会27次。对员额实施动态调整，率先在全省面向基层公开遴选员额检察官。消除打听过问案件零报告现象，执行“三个规定”和重大事项报告制度，全年有63名干警报告156件，运用监督执纪“第一种形态”15人次。在市委政法委领导下，推进全市政法一体化单轨制协同办案工作，单轨制办案率提高到97%。对定海区检察院开展巡察，推动整改。制定《加强检察专业人才队伍建设的意见》，搭建多元化干部历练培养平台。加强检法、检警、检律互动，邀请法官开展民事、行政业务讲座，接收海警人员挂职，应邀面向全省海警部门介绍办案实务，举办检律控辩大赛。办好《群岛检视》，完善提升院史馆、检察文化中心功能。是年，市检察院王东方被评为全国检察机关特赦检察工作表现突出个人，市检察院傅红燕被评为《法治日报》宣传报道工作优秀个人，定海区检察院陈洪娜被评为全国检察宣传先进个人。

（撰稿：何怡群）

法　院

【概况】 2020年，全市法院履行审判职能，做好疫情防控司法应对，为建设“四个舟山”、展示“重要窗口”海岛风景线提供司法保障。全市法院收案21355件，办结21991件，比上年分别下降3.26%和1.31%。是年，15个集体、41人获省市级以上表彰，普陀区人民法院被评为“全国法院先进集体”，定海区人民法院邱依君被评为“全国法院办案标兵”。

【一审刑事案件审理】 审结为境外非法提供国家秘密等危害国家安全犯罪7件，审结故意杀人、抢劫等严重暴力犯罪案件185件。打击涉众型经济犯罪，审结开设赌场、电信网络诈骗等案件104件。依法审结以陈某杰为首的犯罪集团在缅甸组织偷渡人员实施网络诈骗案，95名被告人获刑15年4个月至6个月不等。开展禁毒斗争，审结毒品犯罪案件61件，判处毒贩王某康死刑。保持惩治腐败高压态势，审结贪污贿赂、渎职等案件15件16人，追回赃款1285万元。坚持宽严相济，准确适用认罪认罚从宽制度，对643名具有从轻情节的罪犯依法判处

12月，市中级人民法院对普陀东港海景时代广场145套商铺进行“带租拍卖”。图为执行法官和物业公司进行沟通(陈晓迪　摄)

缓刑、管制或拘役。

是年,全市法院新收一审刑事案件950件,审结979件,同比分别下降5.0%和0.9%。判处罪犯1798人,其中判处5年以上有期徒刑至死刑的224人。

【一审民商事案件审理】 深化家事审判改革,更加注重对家庭成员人格、安全、情感的保护,审结家事案件917件。加强民间借贷协同治理,加强职业放贷人名录动态管理,遏制高利放贷,该类纠纷在2019年下降40.28%后再下降27.8%,审结1965件。推动成立市建筑工程人民调解委员会,审结涉商品房、建设工程等纠纷案件794件,促进房地产市场平稳健康发展。市中级人民法院对东港海景时代广场145套商铺进行“带租拍卖”。用心用情用法做好涉军维权工作,依法维护国防利益和军人、军属合法权益,审结涉军案件16件。

是年,全市法院新收一审民商事案件8629件,审结8723件,同比分别下降8.7%和9.0%。

【一审行政案件审理】 加强行政争议源头化解,推进行政争议调解中心入驻矛调中心,全市行政案件首次出现两位数下降。推进行政争议实质性化解,在全省首创建议式调解引导机制。市中级人民法院成功调解一起标的额逾亿元的招商引资行政协议案件,助力优化法治软环境。推动行政机关负责人出庭应诉,市政府负责人带头出庭应诉,全市出庭应诉率90.37%。深化司法与行政良性互动,发布府院联动十大工作清单,助力新时代法治政府建设。

是年,全市法院新收一审行政案件194件,审结217件,同比分别下降22%和17.5%。

【二审案件审理】 市中级人民法院全年受理二审案件969件,其中刑事案件103件,民商事案件786件,行政案件80件;审结1016件,其中依法维持一审法院裁判(包括撤回上诉)的767件,占75.5%,改判、发回重审94件,占9.2%,调解结案144件,占14.2%。

【服务疫情防控大局】 发挥司法稳秩序、护民生作用。2月,市中级人民法院联合市人民检察院、市公安局出台《疫情防控期间涉疫情案件办理工作意见》,建立涉疫情案件办理快速响应、多方联动机制。同月,监督支持政府依法防疫,市中级人民法院出台《关于发挥行政审判职能支持政府依法开展新型冠状病毒肺炎疫情防控工作的若干意见》,围绕防疫应急处置、治安管理等9大重点领域提示风险,建立疫情防控行政执法与行政审判专项联席会议机制,提高依法行政水平。同月,市中级人民法院出台《关于应对疫情服务保障企业健康发展的实施意见》15条,会同市工商联、市贸促会等搭建畅通民营企业诉求平台,发布涉合同履行、劳动用工等司法应对指南25份,向市住建局、建筑和房地产两大行业协会、主要房地产公司发送专项司法建议,引导船舶企业等申请不可抗力证明,最大程度减少法律风险。3月,围绕旅游、房地产、螺杆、油气交易等舟山重要产业,研判疫情对经济运行及社会治理的潜在影响,并向党委政府作专题报告,提出加强企业精准帮扶、强化质量监管、深化诉源治理等5条建议。灵活运用司法措施,帮助企业打通梗阻、增进动能,相关工作多次获市委领导批示肯定。完善服务“六稳”“六保”司法举措,加大对市场主体的帮扶力度,走访企业207家,助力快复工、全复产。

【健全解决执行难长效机制】 7月,由中共舟山市委全面依法治市委员会发布《关于加强综合治理从源头切实解决执行难问题的实施意见》,向20余家协作单位分解落实工作任务,市、各县(区)均在当地政法委支持下出台相应实施意见,将解决执行难工作纳入平安舟山、法治舟山建设、营商环境和信用城市考评体系。以不动产登记为突破口,建立不动产网络执行集中查控机制,在全市范围内实现不动产查询、查解封一体化线上办理。通过“一键推送、一次联办”,解决“部门来回跑”的问题,实现不动产信息全天候自动查询,不动产查解封登记批量申请、智能反馈,平均办理时间从1.5天大幅缩短至20分钟。9月底,全市开展护航“六稳”“六保”专项执行行动,两级法院均出台专项实施方案,排摸清理“五类案件”台账底数746件。开展涉民生案件专项集中执行活动,开辟涉民生案件执行绿色通道,定海法院开展的“重阳暴”、岱山法院的鱼山民工工资专项执行活动等,执结案件609件,到位标的4441.96万元,司法救助19人次

10月25日晚，定海法院开展专项执行"重阳暴"行动(倪媛媛　摄)

19.6万元。开展金融债权全市统筹执行。针对天禄、中浪、和润及其关联企业的金融借款合同纠纷案件93件申请金额60亿元由市中级人民法院统筹执行，由执行局长带领骨干团队，与市金融办建立联席会议机制，协助市金融办处置不良贷款29.5亿元，全市不良贷款率较年初下降1.26个百分点。强化立审执破兼顾，健全"自动履行为主、强制执行为辅"的长效工作机制，自动履行率提升至41.55%。实施信用惩戒，将6501名失信被执行人纳入舟山个人信用分体系，依法及时删除失信名单600人次。是年，全市法院办结执行案件8903件，执行到位金额33.42亿元。

【优化法治营商环境】　对标世界银行"执行合同"等三项指标，开展优化法治营商环境专项行动，依法平等保护各类市场主体的合法权益。审结涉企纠纷3157件，解决争议标的110.88亿元。市中级人民法院灵活运用"分期履行、分批解保"方式高效调处一起合同纠纷，促进涉困企业有序经营，6500余万元债务全部履行到位，入选全省法院优化营商环境典型案例。加强金融纠纷治理，审结金融借款纠纷1060件，协助处置不良债权41.64亿元，防范化解金融风险。发挥破产审判促进市场主体优胜劣汰的重要作用，协同提升注销登记等办理破产便利化水平。审结破产案件28件，盘活土地资源2611.5亩(174.1公顷)，厂房35.1万平方米，安置职工758人。

深化自贸区司法服务举措，妥善处置绿色石化基地建设工程、劳动争议等纠纷，保障重大项目有序推进。应对国际油价大幅波动，审结油气交易、信用证等自贸商事纠纷86件，涉案金额14.08亿元。重拳惩治涉自贸犯罪，审结走私油品、虚开增值税发票等犯罪案件34件。加大对地理标志"舟山带鱼""阿克苏苹果"等商标保护力度，深化知识产权审判"三合一"，审结知识产权案件73件，服务创新驱动战略。

【决胜扫黑除恶专项斗争】　贯彻依法严惩方针，开展"六清"行动，创新"远程视频＋现场开庭"模式，重启疫期庭审"快进键"，推动黑恶案件全部清零。三年来，全市法院审结黑恶案件30件244人，依法惩处一批非法放贷、开设赌场的黑恶势力。坚持"不拔高、不降格"原则，对8件50人未以黑恶定性，在李某平等13人涉黑案中一审判处首要分子有期徒刑16年。攻坚"黑财清底"，黑恶案件财产刑执行到位金额1621万元，到位率99.1%。参与行业整治，关于加强黑车市场整治的司法建议获评全省十佳。

【推进智慧法院建设】　实施全流程、全要素无纸化办案，促进审判体系和审判能力现代化，无纸化办案率99.21%。智慧法院在疫情防控期间实现"审判执行不停摆、公平正义不止步"。加强政法一体化办案平台应用，推进数字卷宗流转、涉案财物移交在线办理。深化司法大数据应用，加强司法预警分析，为党委政府决策提供参考。是年，全市法院运用移动微法院流转案件15902件，网上调解400件，移动开庭109件。

【李某平等13人涉黑案】　2012年7月，被告人李某平成立工农兵基础公司，吸纳、拉拢、招揽本案各被告人陆续加入该公司，逐步形成黑社会性质组织，有组织地实施违法犯罪活动23起。其中强迫交易9起，涉及工程款1300余万元；串通投标6起，涉及工程额1100余万元；敲诈勒索3起，得赃款21.1万元；寻衅滋事4起，殴打他人1起。被告人李某平个人实施故意毁坏财物犯罪1起，实施强迫交易1起，被告人张某、丁某波共同实施敲诈勒索犯罪1起。该犯罪组织通过实施违法犯罪活动，逐渐形成对永华村土石方挖掘等简易工程、地方材料供应等基础工程业务的垄断，严重破坏永华村当地正常的社会经济秩序。

2020年12月7日，市中级人民法院作出一审宣判，被告人李某平组织、领导黑社会性质组织，被告人毛某芳等5人积极参加黑社会性质组织，被告人王某超等7人参加黑社会性质组织，李某平行为已构成组织、领导黑社会性质组织罪，毛某芳等12人行为均已构成参加黑社会性质组织罪。判处被告人李某平有期徒刑16年，剥夺政治权利4年，并处没收个人全部财产，并处罚金人民币37万元；其余被告人分别被判处有期徒刑12年6个月至1年2个月不等，并处罚金9万元至1万元不等；责令相关被告人退赔经济损失、上缴违法所得。

【酒驾肇事逃逸坠楼案】 2018年12月29日晚，舟山某小区门口发生一起交通肇事逃逸案件。民警调查后发现，肇事车车主为41岁男子郭某，遂前往其位于新城某小区住处查找车辆、核实情况。民警到达郭某住处后，在门外敲门要求其配合调查，几分钟后，郭某妻子打开家门告知门外民警，郭某从10楼的家中不慎坠楼。当日，郭某经医院抢救无效后死亡。根据现场勘查及调查情况，警方认定郭某系在家中阳台外利用绳索下楼过程中不慎坠楼。经过警方检验，死者郭某血液酒精含量为158毫克/100毫升，已达醉驾标准。警方经进一步调查取证，证实郭某为前述交通肇事逃逸案嫌疑人。

10月28日，舟山中院开庭审理李某平等13人涉黑案件。图为被告人被特警带入审判庭（陈晓迪 摄）

郭某亡故后，其家人以郭某生前投保的一份意外伤害险向保险公司提出保险理赔，要求赔偿保险金20万元。2019年5月，保险公司就该案作出理赔决定通知书，决定不予给付保险金，理由是郭某坠楼的事件发生在其醉酒期间，符合保险合同中的相关免责条款，即“被保险人在醉酒或者受酒精、毒品、管制药品影响期间遭受意外而致身故或者伤残的，保险人不承担给付保险金的责任”。之后，郭某家人起诉保险公司。

定海法院审理后认为，郭某坠楼死亡属于案涉保险合同所承保的意外事件，符合保险条款约定的赔付条件；且案涉保险合同系双方通过电话方式订立，在保险公司提供的保险人与投保人郭某的电话录音中，保险公司虽然对免责条款予以提示，但未对免责条款的具体内容作出明确说明，因此免责条款不产生效力。故一审法院判决保险公司赔付郭某家人20万元保险金。二审期间，当事双方未向法院提交新证据。市中级人民法院虽然对一审法院查明的事实予以确认，但最终依法撤销一审法院的民事判决。2020年2月20日，市中级人民法院作出终审判决，认为二审争议焦点在于郭某不慎坠楼身故是否属于“意外伤害”。本案中，郭某为逃避执法部门的调查，从10楼阳台利用绳索攀爬下楼，该行为本身缺乏合法性。且郭某进行的是不必要的冒险行为,该结果的发生不符合案涉保险合同所约定的“意外伤害”之构成要件。综上,市中级人民法院认定郭某的坠楼身故不属于意外事故,保险公司的上诉请求成立。该案坚持把社会主义核心价值观融入司法工作,强化“谁有错谁担责”、拒绝“和稀泥”的规则导向,被写入省高级人民法院工作报告。

【海舟、宏鹰破产清算案】 海舟公司、宏鹰公司系位于岱山县经济开发区的两家相邻企业。2018年,岱山法院先后对该两家企业进行破产清算,因其资产体量大、区块位置特殊均流拍;2019年后,确定海舟公司、宏鹰公司作为项目招引的配套资产。为确保项目招引顺利进行,该院将破产企业核心资产整体打包处置,探索“标准地”拍卖模式,借助企业破产府院联动10项机制,先后就企业减免税费、土地权证办理等召开专题协调会12次,逐一解决资产处置中的瓶颈性问题。发挥破产周转资金作用,协调县破产工作指导小组为海舟公司垫付职工工资债权2800余万元,防范化解涉稳风险。经岱山县经济开发区招商引资,2020年5月28日,卓然公司分别以1亿元、6.75亿元的价格竞得两家企业上述财产,实现债权人权益保障、破产资产有效盘活、优质项目引进的多方共赢局面。

【金塘法庭服务螺杆企业】 浙江某塑机公司是金塘螺杆行业的龙头企业。4月,该公司与四川某机械公司签订承揽合同,约定由其制作两种规格型号的熔喷布螺杆若干套。交付螺杆后,四川某机械公司以规格型号不符、交付延迟等为由发函给该公司,并将大部分熔喷布螺杆运送堆放至该公司厂区。双方僵持不下,浙江某塑机公司遂向定海法院提起诉讼。

经诉前调解未果,法院正式立案受理该案,由法院驻舟山市金塘塑机螺杆行业协会巡回法庭(下称“螺杆法庭”)法官承办。经了解,双方公司有近20年的良好业务往来。8月,在金塘塑机螺杆行业协会调解员和“螺杆法庭”法官的共同协调下,双方握手言和,由四川某机械公司自行运回堆放在浙江某塑机公司厂区的螺杆,并促成另一笔生意。该案入选全省“三服务”典型案例。

(撰稿:陈倩琳)

司法行政

【概况】 2020年,市司法局自觉提高政治站位,在聚焦疫情防控头等大事中主动担当,在围绕党委政府中心工作中积极作为,完成全年目标任务。推动法治舟山建设向乡村延伸,加强地方法制建设,运用多种行政服务手段,促进全市法治,为文明城市创建奠定法治基础。

【法治舟山建设】 是年,推动法治舟山建设提档升级,为打造“重要窗口”海岛风景线提供法治保障。

建设制度体系,筑牢法治舟山建设基础。学习贯彻习近平法治思想,健全法治建设推进机制,优化任务清单、责任清单、问题清单“三张清单抓落实”,法治舟山(法治政府)建设考评细则“一个细则管考评”的“3+1”运行体系。强化法治建设实体化运行,完善全面依法治市委员会办公室、司法协调小组、立法协调小组、执法协调小组、守法普法协调小组“一办四组”扁平化工作架构,实现依法治县(区)办秘书科设置“全覆盖”。完善法治建设专项督察机制,组织开展行政决策目录化管理、乡镇(街道)合法性审查全覆盖等专项督察。推进法治建设规范化,法治巡察、第一责任人述职述法、宪法宣誓、法治监督员等工作机制实现全覆盖,全面依法治市工作进入制度化、常态化、规范化轨道。推进依法行政,加快基本建成法治政府。舟山市工程建设项目审批制度改革被命名为第一批全国法治政府建设示范项目,定海区“构筑依法行政监督制约四大体系”入选全省县乡法治政府建设“最佳实践”项目。“最多跑一次”改革提速扩面,“证照分离”改革“告知承诺”事项在全国率先破百。基层一支队伍管执法“秀山模式”落地实施,海洋领域综合行政执法改革经验被全省推广。规范重大行政决策程序,实现市县乡三级政府及其部门重大行政决策目录化管理全覆盖。创新优化行政机关合同管理,在全省率先实行合同管理“全生命周期”数字化办理。打造行政复议“舟山样板”,行政复议规范化建设位居全省第五位,全省首创市政府领导出庭应诉工作规定,全市新收行政诉讼案件下降22.1%，败诉率下降4.9%，行政机关负责人出庭应诉率上升17.9%，逐渐打响行政争议总量最少、行政诉讼败诉率最低、行政复议调撤率最高、办案效率最快的"四最"法治品牌。提升依法治理水平，推动法治社会一体建设。推动在法治轨道上依法防控疫情，加强涉疫情决策合法性审查，加强涉疫情普法宣传和矛盾纠纷化解。推进司法公正工作，深化司法体制综合配套改革，加强智慧司法建设，海洋检察工作影响力进一步扩大。扫黑除恶三年成效显著，涉恶刑事发案连年显著下降，社会治安局势持续向好。加强县级矛盾纠纷调处化解中心建设，实现矛盾纠纷调处化解"最多跑一地"，推动诉源治理工作系统化常态化。打造体现舟山法治底蕴"普法新高地"，推动宪法宣传活动制度化，做优民法典普法宣传，推进法治乡村建设。

【政府立法】 加强重点领域立法。按期完成《舟山市港口船舶污染物管理条例》立法任务，为浙江省首部危险废物管理专门立法；推进《舟山市居家养老服务促进条例》立法工作。完善政府立法工作机制，出台《舟山市政府规章立法后评估办法》《关于加强法规规章配套规定制定工作的实施意见》，并在全省首创配套规定与法规规章草案同步研究、起草、实施的体制机制。推进地方立法贯彻实施，召开《舟山市科技创新促进条例》《舟山市养犬管理条例》宣传贯彻会，出台关于贯彻条例的实施意见；组织开展省市两级法规规章配套规定制定情况清理自查工作，督促相关责任单位及时制定；组织开展《舟山市国家级海洋特别保护区机动车管理办法》实施情况立法后评估。

开展立法网络听证。8月19日，市司法局会同起草单位共同召开立法听证会，并利用互联网技术首次实现现场与网络同步听证，听取社会各界对《舟山市居家养老服务促进条例(草案)》的意见和建议，为全省首例地方立法网络听证。把立法听证会"搬"上网，是结合疫情防控实际，扩大公众参与立法范围、深度，推进"开门立法"的创举。

举办地方立法论坛。12月31日，市司法局牵头，会同市人大常委会法工委、浙江海洋大学联合举办以"高质量推进地方立法"为主题的全市首次地方立法论坛。

【社区矫正】 7月9日，成立舟山市社区矫正委员会。各县(区)于9月份之前全部成立社区矫正委员会。11月17日，召开全市社区矫正委员会第一次会议，市委常委、常务副市长、市矫正委主任许小月出席会议并讲话。加强《中华人民共和国社区矫正法》宣传。制作两部社区矫正法颁布实施视频宣传片，开展主题宣传活动26场，发放宣传册6000余份，开展集中教育学习矫正法40场次，参加630人，发送相关法律内容2000余条。加强执法规范化建设。开展"提升年"案件评查工作、"百案回访评公正"和执法质量考评工作，对2019年度办结的调查评估、警告、治安处罚等6类执法案卷进行质量评查，落实"回头看"。落实严密管控措施，实现疫情期间社区矫正对象零犯罪、零脱管、零漏管阶段性工作目标，社区矫正安全稳定工作形势持续保持平稳。疫情防控期间，全市42名社区矫正对象参与志愿服务，41名社区矫正对象参与捐款、捐物23.6万元。落实疫情防控期间监狱视频会见帮教工作，按要求完成视频点位建设，对接监所单位，全年开展视频会见帮教686人次，提升人民群众司法获得感和满意度。

【行政复议】 是年，市复议局新收行政复议案件94件，较上年同期上升59.32%，纠错率、调撤率分别为14.61%和31.46%，较上年同期分别下降0.91和18.54个百分点。30日内办结率和60日内办结率分别为28.09%和60.67%，较上年同期分别下降8.12和10.02个百分点。市行政复议局集体议案率100%，实地调查率80%以上，疑难案件听取专家委员意见7次，行政复议案件被起诉至法院16件，败诉率为零，多项办案指标走在全省前列。

【行政争议调解】 在市法院、市复议局设立分中心，与海事法院建立联动调解机制，累计化解行政争议45件。5月，创新出台《在行政复议应诉中实质化解行政争议的若干意见》。10月，研究制定《关于审理阻碍职务行政处罚的指导意见》。12月，协调召开第九次府院联席会议，视频发布败诉纠错典型案例和行政争议化解典型案例，市政府、市法院、市检察院签订《关于深化府院联动机制建设的备忘录》，全方位、多层次、多角度深化府院联动,成为具有里程碑意义的府院联动新“名片”。

【政府法律事务】 合法性审查工作。审查市政府及市政府办公室行政规范性文件99件;向省政府、市人大报备66件;备案各县(区)政府和市政府所属各部门行政规范性文件271件;审查本局行政规范性文件2件,备案2件。审查各类市政府及市府办合同、政府招商合同、重大项目建设合同18件;备案市级所属部门各类合同694件,退回需条款更正的合同24件。行政规范性文件清理工作。结合“证照分离”改革、《优化营商环境条例》《浙江省民营企业发展促进条例》专项清理工作和“民法典”专项清理工作要求,对市政府规章、市政府行政规范性文件进行全面清理。此次纳入清理范围的市政府规章3件,经审核,决定保留2件,修改1件;纳入清理范围的行政规范性文件510件,经审核,决定保留368件,拟修改36件,拟废止106件。市政府常务会议学法机制。会同市府办推进市政府常务会议学法制度的落实,全年安排学法活动4次。采用视频讲座、专题学习、会前学习等多种方式,邀请市内外法律学者、法律工作者以及政府部门负责人进行专题讲解,内容涉及《中华人民共和国民法典》《中华人民共和国预算法实施条例》《浙江省民营企业发展促进条例》以及政府法律风险防控等。

【执法监督】 制定出台《舟山市行政执法多领域“首错免罚”清单模式实施办法》。对发改、教育、公安、资源规划、住建、交通运输、海洋渔业、港航口岸、水利、农业农村、文广旅体、综合行政执法等12个领域114项没有造成危害后果的首次、轻微违法行为,可“首错免罚”。全省首创建立首批行政执法监督基层联系点,确立联系点8个,涵盖企业、商会、社区和乡镇政府等不同单位。全市首家基层综合行政执法队成立,以秀山乡政府名义正式对外执法,实现乡域内“一支队伍管执法”。

【“七五”普法总结验收】 全市完成“七五”普法总结验收工作。8月5—15日,开展全市“七五”普法检查验收工作,全市成立4个检查组,由市委常委、宣传部部长、守法普法协调小组组长沈国通和市委常委、常务副市长许小月,市人大常委会副主任陈宏,市政协副主席贝璐国三位副组长担任检查组长,协调小组成员单位有关人员及市人大代表、市政协委员担任成员,开展“七五”普法组织保障、重点内容宣传、重点活动开展、普法责任制、法治文化和法治阵地建设等情况检查。10月底,舟山市参加浙江省司法厅“七五”普法专家评审汇报会,通过全省验收。

【宪法宣传】 11月30至12月6日,全市组织开展第三个宪法宣传周暨2020年“12·4”国家宪法日系列宣传活动。活动由市委宣传部、市普法办牵头,以“深入学习宣传习近平法治思想　大力弘扬宪法精神”为主题,组织全市130多家单位、团体开展宪法、民法典等学习宣传活动320余场,发布各类宪法宣传报道190余条,发放宣传资料(品)42000余份,参与群众16余万人次。12月11日上午,作为2020年“宪法宣传周”系列活动之一的“普法用法·五教同行”——浙江省以宪法为主题的“十百千万”普法工程授牌仪式在舟山举行。这是舟山首次承办该项活动。省民宗委副主任陈振华,省司法厅副厅长、省普法办主任劳泓出席活动,舟山市委常委、统战部部长王高瞻致辞,全省民宗、普法系统干部,宗教界人士和信教群众代表200余人参加活动。活动公布2020年省级宗教普法示范点和省级宗教法治宣传教育基地名单并现场授牌。

【人民调解工作】 是年,全市有各级人民调解组织540个,人民调解员3268人。调处各类纠纷14485起,涉及金额近6.85亿元,其中疑难复杂纠纷1608起。新冠疫情发生之后,全市人民调解员队伍中有3500余人次参与疫情防控工作,开展矛盾纠纷排查538次,涉及群众5万余人次,通过线上调解和“非接触”调解48起。专职调解员队伍建设继续加强,从年初104人增至299人,实现行业性专业性调解组织专职调解员全覆盖。组建人数达到494人的“东海渔嫂”调解志愿者队伍44支,参与化解矛盾纠纷调解715起。成立舟山市建筑工程纠纷人民调解委员会和舟山市银行业保险业人民调解委员会,与政法委等部门出台《关于推进金融纠纷多元化解机制建设的实施意见》。确保矛盾纠纷化解“跑一地”，推动调解组织入驻县级矛调中心，实现4个县级人民调解委员会全部入驻。定海区交通事故纠纷人民调解委员会被评为全国模范人民调解委员会，赵行法、倪华国被评为全国模范人民调解员；定海区人民调解委员会驻定海法院调解工作室、普陀区人民调解委员会芦锡明调解工作室、嵊泗县医疗纠纷人民调解委员会倪华国调解工作室被省司法厅命名为金牌调解工作室。

【基层法治工作】 2018—2020年，舟山部署落实省“民主法治村(社区)”建设三年行动计划，通过活跃村(社区)“法治细胞”、挖掘传统海洋文化特色，健全完善“自治、法治、德治”相结合的乡村治理体系，丰富基层群众的法治文化生活。三年来，全市创建2个全国级、31个省级、70个市级民主法治村(社区)，省级及以上民主法治村(社区)覆盖率达15.5%。全市基层法治队伍建设得到加强，培育法治带头人278个，法律明白人281个，实现全市278个行政村全覆盖。

实现所有乡镇(街道)直属司法所全覆盖；高亭司法所、菜园司法所成功创建“枫桥式”司法所，六横司法所入围省级培优育新司法所创建名单。建立人民陪审员候选人信息库，完成170名人民陪审员到期选任工作。完成首届人民监督员的届末考核，并通过法定程序选任产生89名第二届市级人民监督员，组织人民监督员参加70起各类案件的监督评议和检察开放日等活动。全年对36名刑满释放人员发放扶贫帮困金55240元，帮助刑释人员解决生产、生活中的实际困难。

【公共法律服务】 推进公证改革。4月29日，依据《中共舟山市委机构编制委员会办公室关于印发〈浙江省舟山市阳光公证处机构编制规定〉的通知》，浙江省舟山市阳光公证处、浙江省舟山市方正公证处、浙江省舟山市海韵公证处整合组建浙江省舟山市阳光公证处。印发《舟山市司法局关于舟山市阳光公证处运行和管理的办法》。围绕企业和群众在疫情防控期间的特殊公证法律服务需求，全市各家公证处开展不可抗力事件公证免费服务，推出系列公证服务“暖企暖民”举措，简化手续缩短流程，缩短公证办理时限，开展“容缺受理制”申办公证，简化材料清单，声明类公证事项即时出证。全市各公证处办理各类公证9516件(其中国内公证6761件，涉外公证2755件)。

完善法律服务。是年，市司法局持续打造海岛公共法律智慧服务2.0新模式，以数字化改革引擎推进公共法律服务“三台融合”建设，建设“公证E岛通”互联网服务品牌，提升公共法律服务的“知晓率、首选率、满意率”。建设完成“公证E岛通”项目，实现6大类111小项的公证法律服务(偏远海岛和渔农村)远程办、(12348法网)在线办、(一体机)自助办、(指尖上的法律服务超市)掌上办。全年提供有关法律咨询意见1081个，其中涉及房屋租赁合同的履行及租金减免事宜咨询、中标人因疫情影响未及时签约等各类法律问题290余件次。

持续开展法律援助。全市建成106个法律援助工作站、409个工作点，形成机构完善、覆盖城乡的法律援助组织体系。是年，全市各级法律援助机构接待法律咨询14165人次，其中来访咨询5609批次，“12348”来电咨询8448人次，办理法律帮助1498件，法律援助1740件，为困难群众挽回经济损失1991.24万元。

规范司法鉴定。抓《司法鉴定管理条例》《司法鉴定执业分类管理目录》等法规和规章的贯彻落实和执业规范化建设，开展“司法黄牛”专项整治活动，组织2家司法鉴定所开展警示教育活动，排查清理鉴定行业重点领域和重点环节。强化互联网+信息化平台线上管理优势，实现对司法鉴定案件全流程统一监管，形成及时感知、科学决策、主动服务、职能监管的新型管理形式。全年办理司法鉴定案件812件。

【“执法司法规范化水平提升年”活动】 推进“执法司法规范化水平提升年”活动，加强干部队伍建设，挖掘系统内的先进典型，开展各类先进典型选树评比活动，加强全市司法行政干部先进典型的宣传引导。全年全市司法行政系统6个单位集体和20余人受到省级以上表彰，其中市强制隔离戒毒所洪驰凯获全国司法行政系统抗击疫情先进个人荣誉称号。

【参与新冠疫情防控工作】 新冠疫情发生初期，市局55名机关干部连续48天，轮流进入市局结对的尚东城小区协助开展新冠疫情防控志愿服务活动，累计192人次。成立由24名专业骨干律师组成的疫情防控法律服务团,编写《疫情防控涉法百问》,解答企业咨询,为企业开展法治体检,助力企业复工复产。

【法考工作】 10月31日至11月1日,2020年国家统一法律职业资格考试舟山考区客观题考试在浙江海洋大学长峙校区举行。全市542人报名参加该次考试,同比增长30.3%,实际参考410人,参考率75.6%。客观题通过率41%,主观题通过率51.7%,主客观题当年通过率19.5%。

【律师行业管理】 优化海岛法律服务资源。年初引进浙江智仁律师事务所在嵊泗县设立分所。依托浙江省"1+1"法律援助志愿行动,充实岱山、嵊泗海岛法律服务力量,岱山、嵊泗两地海岛县律师队伍力量同比增长32.1%。开展市内帮扶,本岛规模相对较大的5家律所与岱山、嵊泗结对开展律所管理、业务学习、人才培养等方面的帮扶工作,帮助海岛小所规范壮大。全年全市新增律师39人,新增实习律师25人。

提升法律服务队伍素质。制定并实施青年律师培养"青蓝计划",高质量选拔省、市、县三级青年律师人才22人。丰富律师培训载体,选派优秀党员律师参加自贸区"创新赋能"培训班,举办青年骨干律师培训班和全市基层法律服务工作者培训班;举办"名优专业律师与青年律师座谈会",开展5期青年律师对话协会会长主题沙龙;与市检察院联合举办舟山市第五届公诉人律师控辩大赛,培养和发掘一批业务水平强的青年律师。开展行业教育整顿活动、案件倒查专项活动以及律师违规兼职等专项清理活动,办结行政处罚案件3起,律师协会和基层法律服务协会惩戒各1起。

加强律师行业党建工作。各支部组建妇女儿童公益维权团、"空中律师"公益咨询团、青少年公益普法团、民营企业法律服务团、涉军法律服务团等五支公益法律服务团,开展各类法律服务110余场,全市律师开展民法典公益讲座200余场,受众人数达12000余人。六和支部获评全省"三强双进"党支部,瀛泰支部获评全市"最强支部";在全市两新党组织"312培育"工程中,瀛泰支部入选全市"精品示范"党支部,京衡支部和六和支部入选"争先创优"党支部。

【强制隔离戒毒】 落实新冠疫情防控工作要求,以"源头防控+硬核隔离+精密智控"的基本思路,确保"零感染"。疫情防控期间,组织换防21批次,累计252人次参与封闭执勤。树立场所安全治理理念,聚焦防逃、防自杀猝死、防违禁品流入等安全重点,开展安全隐患排查,落实整改措施。开展执法规范化水平提升年活动,提升全国统一的司法行政戒毒工作基本模式质量,对标部戒毒局验收标准,部署开展全国统一戒毒模式自查自验暨星级戒毒所高质量运行"回头看",补短板、强弱项、夯基础。是年,市强制隔离戒毒所被司法部戒毒管理局评为2020年度安全管理"六无"强制隔离戒毒所。

(撰稿:王志明)

责任编辑:孙国生

军　事

舟山警备区

【年度开训动员】 2020年1月2日，习近平向全军发布开训动员令。舟山警备区（下称“警备区”）官兵按照“以战领训、按纲施训”要求，开展新年度军事训练。警备区把练兵备战作为第一要务，推进实战化训练，坚持“仗怎么打兵就怎么练”，为实战实训、以战领训，研透作战任务奠定基础。

【完成2020年度征兵工作】 1月16日上午，舟山市政府、警备区召开2020年全市“两征两退”改革暨征兵工作电视电话会议。副市长姜建明，警备区司令员王京东、政委唐春所、副司令员郑定距，各县（区）人民政府副县（区）长，人武部部长、政委，市县两级征兵工作领导小组成员单位负责人参加，郑定距主持。完成男、女义务兵，直招士官征集工作，兵员质量较往年有新突破。

【组织召开党委四届六次全体（扩大）会议】 1月20日，舟山警备区党委四届六次全体（扩大）会议在警备区机关召开，警备区党委第一书记、舟山市委书记俞东来出席会议并讲话。警备区党委书记唐春所主持会议并作党委工作报告，党委副书记王京东讲话，警备区党委第一书记、舟山市委书记俞东来就抓好新年度工作提出意见：强化政治统揽，贯彻强国强军部署紧跟新步伐；聚力备战打仗，提增国防动员效益打造新样板；贯彻“三个过硬”，夯实全面建设根基开创新局面；弘扬双拥传统，密切军政军民关系彰显新气象。警备区党委常委、委员及基层官兵代表参加。会议表彰警备区2019年度先进单位和先进个人。

1月16日上午，舟山市政府、警备区召开2020年全市“两征两退”改革暨征兵工作电视电话会议（舟山警备区提供）

【完成年度民兵整组工作】 1月16日和1月21日，分别召开民兵整组任务部署和业务培训会，一、二季度完成全市基干民兵分队组织整顿工作；7月份迎接全省后备力量建设“十三五”规划暨深化民兵调整改革落实情况检查考评，考评成绩总体较好。通过整组，基干民兵力量布局更加优化、编制规模更加合理、专业种类更加齐全，适应遂行任务需要。

【团单位纪委书记暨兼职纪检监察工作人员网上培训会】 3月

19日上午举行。其间，组织观看《国家监察》系列辅导视频，并融入法规学习、政策解读、专家讲座等多种学习方式。

【警备区军事职业教育】 4月18日，参加省军区全面推开军事职业教育任务部署会。会后，拟制下发警备区全面推开军事职业教育的通知，制订警备区本级军事职业教育建设方案，并组织所属人员完成2020年军事职业教育个人学习计划网上填报和审核。根据警备区军事职业教育建设方案，细化“四室一节点”等相关基础设施建设方案。

【爱国卫生月营区卫生整治活动】 5月8日，围绕“弘扬传统、革除陋习、培塑新风”组织开展第三十二个爱国卫生月活动。活动落实季节性及传染病防治措施，做好疫情防控，整顿营区环境卫生，消除“四害”，完善生活卫生设施，落实饮食卫生制度，强化公共场所卫生监管，普及现代健康理念，增强官兵的责任意识、健康意识、卫生意识、环境意识，提高官兵的健康素养。

【组织专武干部和民兵干部集训】 5月17—23日，组织全市专武干部、民兵干部到民兵训练基地展开为期一周的集中训练，主要安排训练大纲规定的相关基础理论和基本技能课目与考核。

【组织“七一”主题党日活动】 7月1日，开展先进基层党组织和优秀共产党员表彰大会，警备区司令员王京东宣读通报，2个先进基层党支部、8名优秀共产党员受到表彰奖励。战备建设处参谋高崇、定海区人武部军事科长俞建林2名优秀共产党员代表围绕“守初心、担使命，做新时代奋斗者”作事迹报告；警备区纪委书记、副司令员郑定距围绕“保持政治定力、防范政治风险”进行专题党课辅导。

【调研社会化保障工作】 7月15日，警备区副司令员郑定距带领调研组一行7人先后赴31610部队、海警舟山大队调研部队社会化保障工作，海防处等有关领导参与调研。调研组先后听取调研单位的相关情况，了解重难点工作，帮助驻舟部队梳理军地沟通脉络等。

【组织浙江省第三届岗位练兵比武（舟山分赛场）暨应急应战响应能力检验评估】 7月28—29日，各县（区）人武部开展浙江省第三届民兵岗位练兵比武（舟山分赛场），4支参赛队参加。嵊泗、定海分别获得第一、二名。

【浙江省军区政委修长智到舟山地区检查调研】 7月30—31日，浙江省军区政委修长智率工作组到舟山地区检查调研。警备区司令员王京东、政委唐春所等陪同。修长智一行听取警备区全面建设情况汇报，视察警备区机关和外岛人武部，调研舟山长宏国际船舶修造有限公司、鱼山岛浙江石化等企业民兵建设情况。

【开展第二十个“全民国防教育日”宣传活动】 9月19日上午，在舟山艺术剧院，围绕“奋进新时代、聚力强军梦”主题开展由舟山市国防教育委员会办公室、舟山警备区政治工作处联合举办的第二十个“全民国防教育日”暨浙江省第九个“国防教育宣传周”宣传活动。通过宣传，增强干部群众忧患意识、依法履行国防义务的责任意识。其间，全市各级党政机关、驻舟部队、企事业单位、学校和社会团体开展群众性主题宣传教育活动；国防教育讲师团深入各企事业单位、学校宣传国防知识；浙江海洋大学举办宣传活动，号召大学生关注国防建设，增强国防意识。

【组织召开宣读命令大会】 10月8日下午，浙江省军区通过视频会议方式组织新调整师级单位主官任职宣读命令大会，省军区司令员冯文平宣读中央军委国防动员部关于任命吕社生为舟山警备区政治委员的命令。省军区宣读命令大会结束后，警备区继续组织会议，舟山警备区司令员王京东主持。

【舟山市委议军会暨“军事日”活动】 11月4日上午在舟山警备区机关召开。警备区党委第一书记、市委书记俞东来，市国动委主任、市长何中伟，市委常委和市四套班子领导，警备区政委吕社生、司令员王京东，警备区机关处以上领导，各县（区）人武部党委第一书记、主官等参加。各县（区）人武部党委第一书记依次作党管武装工作述职报告，警备区司令员王京东代表警备区党委向市委报告国防动员和后备力量建设情况，与会领导围绕党管武装工作组织讨论研究。警备区党委第一书记、市委书记俞东来围绕“坚决扛起党管武装政治责任，坚定不移加强国防动员后备力量建设，巩固发展军政军民团结良好局面”作总结讲话。

11 月 4 日，舟山市委议军会暨“军事日”活动在舟山警备区机关召开（舟山警备区提供）

【参加和保障浙江省第三届岗位练兵比武暨应战能力检验评估】 12 月 3 日，浙江省第三届岗位练兵比武暨应战能力检验评估在舟山市民兵训练基地组织开展，全省 800 余名官兵参加，区分陆上、海上两个赛场，包括保交护路、过泊补给等 11 个课目。警备区在完成比武保障任务的同时，获得海上综合第二名，被评为应急应战一级单位。

【做好新冠疫情防控】 新冠肺炎疫情突发以来，警备区 9 次召开常委会、疫情防控领导小组会议，开展疫情防控形势分析研判，抓好全区疫情整体管控。组织疫情防控宣传教育，发放宣传手册 2000 余册，筹措配发口罩、体温计、消毒液、防护服等防护物资 2000 余件。利用华其山民兵训练基地，设置 30 余个集中隔离房间，用于归队人员集中隔离。每周三次组织机关营区和公寓区消杀，为隔离家庭提供代购服务。加强与地方卫健委、退役军人事务局和驻舟部队联系，建立信息互通，联防联控机制。全区疫情防控态势平稳，未出现确诊病例和疑似病例。

（撰稿：杨俊）

人民防空

【地下空间开发】 在保障防空地下室战时功能安全可靠的基础上，协调市城投集团在新城中央花园开建大型地下兼顾工程和滨海大道体育路社会公共停车场项目。

【人防规划编制工作】 启动新城城北区块人防控规编制工作，与自然资源规划部门的地面控规编制一并推进。在全市多个重要核心区块的控规中提出人防要求，在利用土地资源的基础上，科学推进地下空间开发利用，鼓励城市地下空间互联互通。开展编制普陀区重要区块人防控制性详细规划，坚持以规划引领人防工程产权制度改革。

【人防执法检查】 开展全市防空地下室平时使用和维护管理大检查活动，完成对全市防空地下室 100% 的第三方检测工作。检测情况汇总整理后，责令 53 个项目限期整改，对其中 13 个整改不力的项目以书面形式移送综合执法部门提请进行行政处罚。

【人防行政审批】 在优化审批流程基础上，精简报审材料、压缩审批时间、优化审批流程、提高服务质量。有审批、处罚、征收、公共服务等列入“最多跑一次”事项 21 项，其中 20 项已完成“即办件”的流程再梳理和服务再优化工作，承诺期限压缩比 100%。

【人防指挥部建设】 是年，市、县（区）全部落实人防指挥部常态化运行机制。完善市、县（区）人防指挥部编成方案，调整人民防空指挥部组成部门人员，落实由县

(区)人防部门主要负责人担任指挥部办公室主任要求。全年完成人防重点镇指挥平台建设2个。通过指挥平台建设落实乡镇人防指挥部建设,推进市、县(区)、乡镇三级指挥部体系建设。全市4个县(区)人防指挥部组织开展演习,各县(区)指挥长亲临现场组织指挥,各人防指挥部成员单位、相关重要经济目标单位和人防专业队参与观摩和演习,演习正规有序。

【人防指挥场所建设】 开展全市人防指挥所管理与维护大检查工作,并对市基本指挥所进行升级改造。完善基本指挥所网络建设及通信保障手段;与大型超市签订战备食品储备协议,设立食品储藏库;增加空气质量检测仪和直饮水系统;补充医药品、防化及战备器材库物资,从实战出发提升基本指挥所的各项保障功能。

【人防疏散体系建设】 对接协调乡镇街道、督促县(区)人防办推进建设疏散基地。普陀区展茅街道疏散基地编制预算,列入2021年建设计划;舟山技师学院确定设计方案。下半年,开展全市人民防空疏散方案修编工作,主要针对战时重要经济目标毗邻区和重要军事目标毗邻区的人口疏散展开论证,对原有方案进行补充和完善。

【人防警报体系建设】 开展全市防空警报器大检查工作,寻找防空警报盲区,制作全市警报器覆盖范围电子地图,掌握防空警报覆盖范围,做到全局把控,科学规划全市警报器安装点,提高全市警报覆盖率。全年全市新购买警报器16台。4月4日、5月12日和9月18日,全市81台警报器参加试鸣,鸣响率100%。

【重要经济目标防护】 完成《浙江省石油储备库(地面)类重要经济目标防护导则》编制工作,是浙江省首个重要经济目标防护省级导则。根据重要经济目标防护标准,完善重要经济目标综合防护能力。全市二级以上重要经济目标单位视频信号均通过专线接入市人防指挥系统。

【人防演习演训】 10月,组织演习。演习做到"实地、实装、实演、实案"演习模式和"重要经济目标单位平时生产队战时转为战斗队"防护概念再实践、再推广和再提升。

【人防队伍建设】 拓展人防队伍建设向学校、企业、社区发展,坚持民防与群防相结合。继成立市人防蓝天救援队后,11月份成立舟山飞鲸人防救援队;与舟山技师学院达成意向,拟成立舟山人防技师学院志愿者队伍。两支队伍为普陀展茅疏散基地和舟山技师学院疏散基地配建人防行动力量。是年,全市人防各支队伍参与抗击新冠肺炎疫情与创城服务等行动,受到社会赞誉。

【人防宣传教育工作】 推广宣传好的模式经验,与临城街道田螺峙社区达成协议,成立新城地区第二个社区人防宣传示范点。与无线舟山、掌上舟山和舟山网签订协议,全年推送人防要闻、宣传视频、活动报道等20余次。创建舟山人防微信公众号,推送人防各类活动信息20余次,组织"3·1"国际民防日和新中国人民防空成立70周年纪念日活动,微信公众号知识问答活动吸引5000人次参与,公众号关注人数已超过4000人。舟山市中小学防空防灾体验馆为市属学校轮训专用教室,全年开设人防教育课程60余节,受教育学生3000人。全市中学小学有97所开展人防宣传教育活动,受教育学生超40000人。

(撰稿:李永奇)

武警舟山支队

【概况】 2020年,武警舟山支队(下称"支队")学习贯彻习近平强军思想,着眼应对强敌斗争复杂形势,紧扣疫情防控特殊背景,勇担规划攻坚阶段任务,持续夯基,接力续跑,连续三十八年执勤安全无事故,连续二十二年实现"四无"(无刑事案件、无严重违纪、无失泄密问题、无等级事故)。

【提升遂行任务能力】 着眼应对强敌斗争准备和履行"两个维护"使命任务,区分机关龙头、教员教头、部队大头、干部重头、特战拳头抓好实战实训,坚持党委定期议、主官站排头,采取"自主建设、合建共用、协议租用"方式破解训练场地难题,教导队评定为武警部队一级单位,落实军事训练"一票否决",给7人记功、18人嘉奖。获得"巅峰-2020·浙江总队”特战侦察比武团体第一，尖刀小队第二，5 个专业第一和 3 个专业第二，机要专业技能考核团体第一，预备特战队员集训个人全能前三，教练员比武团体第四，支队被总队表彰为军事训练先进单位。开展“学法规、查隐患、补漏洞、保安全”执勤安全教育整顿和“修学推方案”活动，规范值班首长、值勤席位、作战勤务值班员值勤工作，现场观摩统一监门哨兵验证、应急小组情况处置流程，加强哨兵“三能”和应急分队“五快”训练，完成“智慧磐石”和“一室一站”建设，协调整改执勤隐患 15 处，定海、普陀中队分别处置执勤险情 1 起。全年完成武装押解、城市联勤武装巡逻和普陀山香会维护秩序任务。坚持面上控、重点备、常态抓，修订完善 4 类行动方案，与公安部门建立情报共享机制，开展“卫士 -2020·浙江”演习，部队“两个不经，一个保持”能力持续提升。

【破解重点项目问题】 按照成立 1 个专班、制定 1 套方案、拉出 1 张时间表、绘制 1 张路线图、每月上报 1 次情况“5 个 1”思路，系统梳理 8 类 76 项具体建设项目，紧盯 8 个百分百和 8 加 5 硬性指标，支队党委常委分关把口、克服疫情影响、倒排时间节点、打通梗阻，各项建设保质保量完成。争取“区长专项经费”维修定海中队营房，推进执勤一中队新建营房，改善官兵工作生活环境，消除安全隐患。坚持新官理旧账，完成“清仓归零”“财务采购专项清查”11 项问题整治，收缴多发福利费和航海补助费 29.14 万元。

【坚持依法治军】 开展“条令年”和“法规学守用”活动，落实机关“四个一”和基层“1234”管理模式，组织“四表一簿”、日常行为规范观摩会，纠治土政策土规定，部队“四个秩序”更加正规。贯彻落实《安全工作八个规范》《军队保密规定》等，制订《在外人员管理规定》《请销假补充规定》《手机管理细则》，坚持日翻安全计时牌、周安全隐患汇总、月安全分析、季讲评督促，开展安全管理领域 7 个重难点问题整治和“暑期百日安全竞赛”，深化“尊干爱兵、兵兵友爱”“深知兵、真爱兵”和“五不一有”活动，内部关系纯度温度得到提升。组织“三支队伍”培训、核心涉密人员政治考核、涉网问题专项整治、“飓风 -2020”，每月开展“安全警示日”，支队被武警部队表彰为安全工作先进单位，执勤二中队、嵊泗中队和 5 人被总队表彰为安全工作先进单位和个人。

【加强基层建设】 制定《按纲服务指导基层计划》，压紧支队党委常委挂钩、股队结对责任链路，发挥机关基层距离近的优势，党委成员错时蹲点、每月列席按纲建队形势分析会，倾听基层心声、查阶段性工作推进、查经常性工作落实、盯问题整改。开展纲要“学、知、用”和“学法规规范，履职责使命”活动，开展“双争”评比，组织到兄弟单位参观学习、拓宽视野，培养按纲抓建的明白人实干家。岱山中队、嵊泗中队、执勤一中队被评为“四铁”先进中队。兑现办好 9 件实事，慰问救济困难官兵，解决官兵家属随调、子女入学和评残等。

【后勤保障建设】 建设打仗型后勤力量，优化“一组三队”战勤编组，组织战勤编组拉动、战备库室规范观摩会，做好战储物资补充。将专业训练纳入周表、融入演训任务，组织炊事员、驾驶员、军械员、司务长集训，推荐后勤技术学兵培训，23 名炊事员获国家职业资格技能鉴定等级证书。响应“厉行节约、过紧日子”号召，严把经费审批关口，阳光透明组织大宗物资采购，清查资产，审计离任大中队主官，轮岗交流后勤领域人员，配发药品和理疗器材，先后完成机关食堂改造、舟山船艇大队码头新建、定海中队和普陀中队更换电磁灶、嵊泗中队营具更新，采购配备训练器材。按照“早餐蛋奶加肉菜，牛羊水产天天换，谷物果蔬品种多”调剂伙食，组织开展爱国卫生月，推开垃圾分类，“装备日”做法被总队转发。落实疫情防控各项规定要求，抓好测体温、亮健康码、佩戴口罩和卫生消杀，实现“零感染、零输入、零扩散”目标。

【支队党委扩大会议】 1 月 26 日，支队召开党委一届五次全体（扩大）会议暨 2020 年度总结表彰大会。会议贯彻中共十九大精神，学习贯彻习近平系列决策指示和军委、武警部队党委、总队党委扩大会议精神，总结分析 2020 年部队建设形势，研究部署 2021 年度工作任务。

【联勤武装巡逻】 5 月 19—30 日，

“巅峰 –2020·浙江总队”特战侦察比武场景(武警舟山支队提供)

为防范打击暴力恐怖和违法犯罪活动,维持“两会”期间社会秩序,支队组织联勤武装巡逻勤务。

【武警部队“巅峰 –2020·浙江总队”侦察比武】 9月17—18日,在总队统一领导下组织巅峰比武,设置3个大项内容,其中包括22个课目。获总队“巅峰”比武团体第一。

(撰稿:陈尚龙)

责任编辑:孙国生

海洋与渔业

2020年，全市海洋与渔业工作围绕市委、市政府决策部署，抓产业和安全，重点推进"一条鱼"全产业链发展，加快国家远洋渔业基地和国家绿色渔业实验基地建设，落实渔业安全专项整治和基层基础改革，实现渔业经济平稳增长。

渔业经济

【概况】 2020年，全市渔业经济总体平稳增长。全市渔业总产量179.16万吨，渔业总产值168.11亿元，比上年分别增长2.06%和4.44%。其中，地方渔业产量176.36万吨，渔业产出163.74亿元，同比分别增长1.94%和3.62%。全市渔业生产鱼类69.25万吨，同比减少4.06%；虾类19.96万吨，同比减少10.45%；蟹类12.43万吨，同比减少6.05%；头足类49.45万吨，同比增产21.07%；贝类27.27万吨，同比增产5.85%；藻类5214吨，同比增产8.22%。

【海洋捕捞分作业产量】 是年，受伏季休渔期的延长和减船转产等政策因素影响，使得国内捕捞作业时间减短，生产单位减少，产量与上年相比有较大幅度下降。

2020年全市渔业各行业产量产出情况

表22

分　行　业	产量（吨）	比上年增长（%）	产出（万元）	比上年增长（%）
全市	1791610	2.06	1681131	4.44
地方渔业	1763579	1.94	1637388	3.62
海洋捕捞(国内捕捞)	867254	-6.10	836498	1.17
远洋捕捞	630509	16.34	639232	9.61
地方远洋渔业	602478	16.66	595489	7.53
水产养殖	293847	1.33	202074	3.32
海水养殖	292221	2.52	200199	4.88
淡水养殖	1626	-67.20	1875	-60.11

2020年全市分区域水产品总产量与总产出情况

表23

分行业	产量（吨）	比上年增长（%）	产出（万元）	比上年增长（%）
全市	1791610	2.06	1681131	4.44
地方渔业	1763579	1.94	1637388	3.62
定海	191560	18.53	248909	16.01
普陀	859303	5.06	833413	5.39
岱山	335785	-12.01	354539	-3.60
嵊泗	404962	2.68	244270	3.30

2020年全市渔业分品种产量

表24

分 类	产量(吨)	比上年增长(%)	分 类	产量(吨)	比上年增长(%)
(合计)	1791610	2.06	虾 类	199564	-10.45
鱼 类	692495	-4.06	毛 虾	38717	-10.36
大黄鱼	2669	57.28	对 虾	47323	-20.35
小黄鱼	59945	15.28	鹰爪虾	60649	8.34
带 鱼	80744	-6.92	蟹 类	124273	-6.05
鲳 鱼	26023	23.88	梭子蟹	109433	-3.05
鳓 鱼	580	-74.66	青 蟹	95	46.15
马鲛鱼	4646	-33.61	头足类	494471	21.07
鳗 鱼	30161	45.56	乌 贼	1687	63.63
鲐鲹鱼	39827	-16.95	鱿 鱼	490473	21.04
马面鱼	1510	108.28	章 鱼	2172	1.26
鳀 鱼	995	-17.29	贝 类	272748	5.85
鲷 鱼	1400	14.01	蚶	11968	-15.21
梅 鱼	82582	-17.76	贻 贝	212964	12.26
方头鱼	3055	-4.95	蛤	19623	-15.95
玉筋鱼	24789	1.59	藻 类	5214	8.22
白姑鱼	11338	-14.74	海 蜇	2447	-44.18
黄姑鱼	5387	-14.17			

7月30日,岱山县中心渔港蟹笼船待装开捕(沈磊 摄)

2020年海洋捕捞分作业产量(国内捕捞)

表25

作 业	分作业产量(吨)		比上年增长(%)
	2020年	2019年	
(合计)	867254	923567	-6.10
对 拖	26774	19060	40.47
单 拖	54529	58057	-6.08
拖 虾	241028	246206	-2.10
围 网	62543	59761	4.66
钓 业	5804	11124	-47.82
刺 网	84893	87594	-3.08
帆布网	245019	263884	-7.15
涨 网	70715	82630	-14.42
蟹 笼	51128	58355	-12.38
其他捕捞	24821	36896	-32.73

【水产品加工与进出口】 全市有水产品加工企业305家,其中规模以上企业59家。水产企业面对新冠肺炎疫情、渔业资源衰退,国内外复杂多变的经济形势和企业经济效益下滑等大背景,水产品出口呈高位波动态势。全市水产品出口总量10.05万吨,贸易额4.6亿美元,同比分别减少25.08%和17.26%;水产品加工量67.77万吨,加工产值122.5亿元,同比分别减少10.57%和22.20%;水产品交易市场3个,交易量92.03万吨,交易额167.6亿元,同比分别增长3.06%和7.37%。

【远洋渔业】 全市有远洋渔业企业37家,远洋渔船607艘,全年完成7艘渔船的更新改造,“宁泰

疫情防控期间，远洋渔船进港调度工作场景（海洋与渔业局提供）

冷8”“宁泰冷6”“中巨冷1”3艘鱿鱼冷藏运输船通过欧盟卫生注册，欧盟卫生注册远洋渔船总数达到83艘。强化远洋渔业境外疫情防输入管控，通过压实企业责任、完善管控方案、建立排摸机制，发挥“两调度+五环节”工作机制作用，执行专用锚地、专用码头、专车转运、专用集中隔离点“四专”措施，确保远洋渔船疫情防控无缝闭环管理。全年调度接进船只348艘次，完成7020名船员转运工作（其中接进外籍船员822人），所有入境船员核酸检测均为阴性。强化远洋船员行前法治、涉外和安全培训教育，全年完成103期各类安全教育培训，参训人数达5688人。

【海水养殖】 全市海水养殖面积3977公顷，海水养殖产量29.22万吨，产值20.02亿元，同比分别增长2.53%和4.87%。其中，贻贝产量21.3万吨，同比增长12.26%。推进大黄鱼养殖产业创新及规模化养殖，全市大黄鱼养殖产量2669吨，同比增长57.37%，普陀六横悬山大围栏大黄鱼养殖项目完成围栏基本建设，并开展养殖试验。继续实施“舟山岱衢族大黄鱼产业创新发展”项目，推进大黄鱼保重及种质更新工作，全年完成保活大黄鱼50尾，并培育放流大黄鱼苗种100万尾。继续推进围塘养殖尾水治理工作，全年全市完成尾水治理面积14061.38亩（937.43公顷），占全市规模以上海水池塘养殖面积的53.3%，完成年度任务的136%。继续推动渔业健康养殖示范创建工作，全市创建成功18家省级水产健康养殖示范场，创建嵊泗县为省级渔业健康养殖示范县，培育定海区开展渔业健康养殖示范县创建工作。

【绿色渔业】 是年，农业农村部渔业渔政管理局函复，支持舟山市的绿色渔业综合改革试点方案，舟山市正式启动绿色渔业改革。农业农村部渔业渔政管理局到舟山市组织开展国家新材料渔船发展集中研讨，谋划“十四五”新材料渔船发展思路。完成舟山沿岸绿色捕捞方式研究，为沿岸渔业资源特别是经济鱼类的可持续利用及带动当地休闲渔业的发展提供新思路；完成舟山渔场食物链研究工作，为舟山渔场配额管理打下理论基础；完成体验式休闲渔业渔获物的调查，为体验式休闲渔业特许捕捞提供依据。

【初级水产品质量安全】 继续着重抓初级水产品质量监管工作，先后制定并完成6个方案，分别为日常监督抽检200批次，梭子蟹、大黄鱼专项风险监测任务80批次，例行风险监测160批次，养殖水质监测160批次，疫情防控期间水产品抽检60批次，贝类应急抽检26批次。累计完成省部级监督抽检、风险监测等任务728

普陀区六横镇悬山岛海域大围栏养殖（海洋与渔业局提供）

批次。继续做好带鱼区域品牌建设工作。加大对养殖主体执法力度,开展违规养殖专项整治行动,整改处罚定海区2家三项制度不规范企业,开展2次水产品质量安全培训工作,提高养殖户初级水产品质量安全意识,落实合格证制度。

【休闲渔业】 根据渔业资源、旅游资源、休闲渔船配套的码头设施等资源和基础设施条件,审核《嵊泗县休闲渔业发展规划(2020—2022年)》,获市政府批复;完成全年休闲渔业监测工作。

【渔港建设】 是年,岱山县高亭中心渔港整治维护项目通过农业农村部竣工验收。嵊泗中心渔港二期建设工程(东港区)、浙江省舟山市虾峙一级渔港扩建工程、浙江省嵊泗县黄龙渔港建设工程和岱山县渔业船舶避风锚地升级改造项目通过交工验收。渔港续建项目11个,完成建设投资15867.89万元,其中浙江省定海区西码头中心渔港扩建工程完成投资3800万元,浙江省舟山市沈家门中心渔港扩建工程完成投资500.43万元,浙江省舟山市台门一级渔港扩建工程完成投资1000.34万元,浙江省舟山市虾峙一级渔港扩建工程完成投资700.12万元,浙江省舟山中心渔港维护疏浚工程完成投资764万元,浙江省舟山市虾峙一级渔港维护疏浚工程完成投资638万元,岱山县大衢渔港扩建工程完成投资125万元,浙江省岱山县大衢渔港维护疏浚工程完成投资3328万元,浙江省嵊泗县嵊泗中心渔港(新港区)二期工程完成投资2506万元,浙江省嵊泗县黄龙渔港建设工程完成投资290万元,嵊泗县洋山大岙渔港建设工程完成投资2216万元。渔港新建项目1个,定海区西码头中心渔港疏浚工程完成建设投资2400万元。

渔政渔监、船检、执法

【渔政渔监管理】 落实渔业安全生产管理责任,加强预警监控管理,保持全市渔业安全生产形势和渔区社会稳定。2020年,全市整合基层渔船管理组织53个,建设点验中心27个。排查安全风险隐患,摸排渔船5963艘,落实整改隐患渔船1123艘。加强培训教育,开展渔船船长"面对面"安全教育6841人次,培训挂靠渔船船东船长190人,培训职务船员2723人,培训普通船员10916人。处理海事渔事纠纷调解,全市渔业主管部门受理各类海事渔事纠纷253起,直接经济损失4953万元,全年调处渔事纠纷232起,年度纠纷结案率91.6%。开展渔船海难救助,实施海上应急救助533起,救助渔船532艘,救助遇险渔民4717人次,调度渔船互救547艘次,公务船救助50艘次,投入救助费用1692.16万元,挽回经济损失1.39亿元。是年,全市国内渔业安全统计口径内发生事故7起,死亡7人,比上年事故起数减少4起,死亡人数下降2人。

【渔船检验】 是年,国内渔业船舶检验发证5811艘(市处201艘,普陀1711艘,岱山2252艘,嵊泗1166艘,定海481艘)。舟山区域新建开工渔船167艘(市处53艘,普陀19艘,岱山63艘,嵊泗1艘,定海31艘)。全市修理4205只气胀救生筏,并同县(区)渔业主管部门,检查9家筏站,并新认可筏站1家。全年受理螺旋桨、发电机组、配电板、舵机、油污水分离器等各类产品检验1497件。配合省"一打三整治"协调办对"套牌渔船"船龄修正的要求,按照上级船检的操作办法,协调第三方机构进行实船船龄勘验,并组织相关专家评定,全年完成154艘渔船的勘验和评定。为解决生态环境领域突出问题,全市部分主力渔船修造企业关闭,上年伏休期间渔船修理能力与所需修理渔船数量矛盾凸显。对政府扶持的岱山两家新成立的修船能力较强的船厂进行评定认可,使之在伏季修船前投入生产。

部署全年防污染设备的整治,船长小于35米国内海洋渔船的防油污设备配备,具体为船长35米以下且总吨位50吨以上的渔船配备油污水分离器或油污水贮存柜、总吨位50吨以下且船长12米及以上配备油污水储存柜、船长12米以下配备油污水收集桶、其他防污染设备(防油类污染、防生活污水污染、防垃圾污染)的配备及设置,按要求,全市需整治渔业船舶3892艘,至年底整治完成。对市所属渔船,逐船核查渔业船舶的稳性计算书等稳性资料存档情况。对无稳性计算资料,或稳性计算书未经审查批准的,一律要求补充相关试验并进行校核计算或重新审查。对数据达不到规范要求的，要求渔船立即落实整改工作。对2002年底以前建造的蟹笼渔船和2003年底以前建造的帆张网渔船进行稳性的全面整治。原浙江省渔船检验局《蟹笼渔船型船稳性数据汇总表》文件及《关于同意实施〈帆张网渔船限制装载渔具的检验暂行规定〉的通知》文件不再使用。每船在年底之前必须具备相应的倾斜试验报告和稳性计算书，不再进行相似船型的稳性参考。

根据省局要求，制定国内渔船督查方案，根据全市渔船检验工作的重点和具体要求，对各县（区）开展7次不同形式和内容的督查。对2019年的号灯整治工作及防油污、防生活污水、防垃圾污染工作进行“回头看”，查漏补缺，纠正发现的问题。加强对建造渔船、老旧高危渔船检验质量的监督，严格执行开工前和渔船建造重点环节的检查，建造渔船严格按图施工，未发生“未批先建”和不按图施工现象。对相关技术参数（艉轴套直径、艉框尺寸、基座尺寸、齿轮箱速比等）在满足规范的前提下作适当的取值范围限制，防止建造时及完工后更换主机及相关设备。加强船用产品检验，对重要船用产品加强抽检力度，舾装件、救生筏、通信导航设备、轴系加工质量等进行针对性的专项检查、检测。根据市海洋与渔业局的工作要求，对渔业船舶进行安全检查，并协助局执法部门参加渔业执法铁拳行动等，协助市走私办对查办的船舶进行核查，协助局执法大队核定渔政渔监船的修理工程项目。

【海洋与渔业执法】 根据《关于开展依法打击海上非法采砂专项行动的通知》组织海洋与渔业、海警、海事、交通运输等部门开展依法打击海上非法采砂专项行动。在市委、市政府决策部署下，形成以海上管控合力、快速反应及铁腕整治等威慑手段，推进舟山海洋经济发展。市海洋行政执法大队围绕“海盾”“碧海”“护岛”专项执法行动，加大海域、海洋环境、无居民海岛执法检查，并加强海岸线、航道锚地、绿色石化基地海底油气管道（电缆）巡航检查。全年全市开展海洋执法检查650余次，出动船艇440余航次，航程13700余海里，检查用海项目290余个，检查无居民海岛412个，派出执法人员3000余人次，立案查处各类海洋违法案件24起，收缴罚款89747.18万元。

是年，围绕市委、市政府、局党组中心工作和海洋与渔业执法工作的总体要求，做好渔业船舶“海上安全月”专项整治行动海上检查，推进“铁拳整治2020”海上渔船安全专项联合执法行动，落实“中国渔政亮剑2020”系列专项执法行动，抓伏休管理和涉渔疫情防控，推动渔业安全生产执法。全市组织渔政执法检查3344次，参加执法人员26508人次，执法船艇2490艘次，航程161060.45海里，检查渔船8050艘，现场（限期）整改2209艘次；查获涉渔“三无”船舶199艘，没收违禁渔获物34716千克，清理违禁渔具29205顶；查处违规案件771起，收缴罚没款835.8万元，移送司法机关立案31起，移送人员40人；开展初级水产品专项执法检查16次，检查养殖厂家87家，出动执法人员96人次，出动执法车辆16辆次，车辆行驶约2650千米；检查高

8月11日，在嵊泗海域开展开捕前渔船安全执法检查（海洋与渔业局提供）

速出口、市场、饭店、码头等场所（点）5414个；强化伏休宣传工作，发放伏休宣传资料、宣传品32324份。舟山海洋行政执法大队被农业农村部评为“中国渔政亮剑2020”系列专项执法行动先进单位。“中国海监7018”船在抢险救灾任务中获集体三等功。

根据省、市新型冠状病毒肺炎疫情工作领导小组会议有关要求，落实防范打击非法入境“净海”专项行动，组织全市执法船艇进行岸线管控和海上巡航检查，对各渔港或渔业码头进行巡航，登临查验各类渔船并对船上从业人员进行疫情防控宣传，发放《新型冠状病毒感染的肺炎健康科普知识》宣传手册2500余份。海上巡航期间出动执法人力6516人次，出动执法船艇515艘次，巡航25680海里，检查各渔港或渔业码头30个，检查渔船483艘次，对从业人员宣传1683人，查验人员1801人，筑牢海上巡控、渔港管控、陆上宣传的三道防线，封堵海上疫情输入漏洞，实现海上疫情“零输入”。

【海洋与渔业执法装备建设】 加强执法装备建设，提升海上执法能力，计划租用无人机海上巡航执法和卫星租赁服务。签订无人机租赁项目合同与卫星租赁服务合同，卫星租赁服务包括卫星宽带服务、卫星电话机、防腐蚀摄像机、船载Wi-Fi服务。

【海洋与渔业信息化建设与管理】

市海洋与渔业信息中心在渔船安全动态管理、信息化建设提升、信息服务支撑运行等方面开展渔业智慧平台建设和安全动态值班值守等工作事项。是年，市海洋与渔业信息中心（渔业应急指挥中心）参与修订《舟山市渔船安全点验规定》等6项渔船安全管理制度，完善渔业应急指挥中心渔船编组情况抽查制度、应急值班督查抽查工作要点等内容。抓好渔船常态化安全监管，在4月14日至5月1日、12月16日至翌年2月4日两个阶段，紧急启动渔业安全应急机制，由市主要领导到渔业应急指挥中心带班值班，重点开展渔船安全生产夜间“黑色5小时”点验核实与安全督查，对全市5660余艘国内渔船进行动态监控，实施渔船点验1615轮次，核查2小时离线渔船30000余艘次，核查敏感水域渔船431艘次，处置平湖油气管道一级以上报警18420余次，市信息中心累计进行渔船安全动态干预1300余艘次，安全管控、应急信息反馈率达到100%。

通过数字渔业平台，向渔区管理人员和渔民老大发布突发恶劣天气、台风、浓雾预警、航行警告、事故通报等动态信息1100余次，发送扫黑除恶、禁毒、反走私、守信用等警示宣传信息400余次，合计达400余万人次；通过渔船救助信息系统平台发送终端示警和救助信息6万余条次，通过渔船安全点验微信群向船老大发送每日气象、恶劣天气、事故通报等信息800余次。使用多种信息化手段传达到船头，做好渔船生产信息宣传警示和安全预警保障。

开展全天候值班值守工作，针对海上大风、寒潮、浓雾、台风等频发的灾害性天气，强化渔业安全应急事件处置。值班期间，核实渔船救助信息系统平台报警671条，其中确认6起为沉船事故；核实渔船406应急示位标报警93艘（次），其中确认3起为沉船事故；处置110、12345平台等应急事件107起。应急事件指挥和救助中，人员救助65起，成功救助人员175人次，其他报警29起，实现事件接报警、反馈率100%，在“4·12”“11·13”渔船事件中首先反应并处置。

牵头组织舟山智慧海渔综合管理服务平台、全市1683艘高危渔船卫星语音终端通话服务项目等建设实施，开展从应用需求、方案、评审、立项、招标、合同签订和组织实施等系列工作；指导县（区）开展渔船安全信息化设备和装备升级改造，完成全市渔船AIS智能终端更新860套，继续推广配备带有“人员落水报警功能”的渔民救生防水雨裤12000件，探索试点渔船“船用黑匣子”应用等。渔业生产信息化向数字化升级，渔船安全向智慧化管控。

渔业科技、渔经管理

【水产科技创新】 2020年，推进水产科技创新，强化“一条鱼”科技攻关，到位科研经费530余万元，实施“舟山市岱衢族大黄鱼产业创新发展”“浙江省重点研发计划项目——海水特色鱼类规模化繁育及生态养殖关键技术研究与示范”“浙江省级星创天地项目——舟山对虾健康高效养殖星创天地”等重点科研项目约20个。全年新保活野生大黄鱼亲鱼约50尾，培育舟山大黄鱼苗种约400万尾，岱衢族大黄鱼单位水体苗种繁育数量和技术水平创历史新高，繁育野生大黄鱼子一代苗种100余万尾，为岱衢族大黄鱼种业发展、产业发展提供有力技术支撑；累计储备特色品种——美洲黑石斑培育亲本1710尾，培育苗种150万尾；绿鳍马面鲀亲本351尾，培育苗种21.6万尾，建立舟山市普陀区优辰水产养殖合作社等养殖示范点8家，为全市海水特色鱼类养殖提供新品种，加快特色鱼类季节性养殖向全年养殖（"C"型养殖周期到"O"型养殖周期）发展；依托舟山对虾健康高效养殖星创天地科技创新载体，为普陀登步东润养殖企业、舟山市华祥水产养殖有限公司、定海区旭旺水产养殖场等13家对虾养殖示范点开展"送服务下基层、送技术到塘头"活动，现场开展新型在线溶氧检测系统使用和新技术服务，服务辐射面积2700余亩（180余公顷）；实施浙北地区秋茄培育技术优化及处理养殖尾水应用关键技术研究和示范，引种红树60000株，建立普陀登步东润养殖企业等5个示范点，获省农业丰收奖三等奖1项。

1月14日，舟山长宏国际船舶修造有限公司正在建造深水养殖大网箱（市海洋与渔业局提供）

【渔技推广】 全面推进水产养殖优良品种和生态高效模式，开展渔业主推品种、主推模式与技术联合行动，确定以南美白对虾、三疣梭子蟹、大黄鱼、厚壳贻贝、缢蛏等6个品种作为年度主推品种，重点推广以配合饲料替代幼杂鱼养殖技术、海淡水池塘养殖尾水生态处理技术、虾类设施大棚养殖技术、海水围塘多营养层次立体养殖技术、深水大网箱养殖技术等作为主推养殖技术。全市扶持建立科技示范户155户，核心示范面积15824亩（1054.93公顷），推广总面积33670亩（2244.67公顷）。

5月20日，市政协副主席孙小晓（右四）一行到舟山水产研究所朱家尖科研基地调研岱瞿族大黄鱼培育（市海洋与渔业局提供）

【防疫检疫】 开展水生动物防疫检疫，全年完成118批次（包括59批次南美白对虾、23批次海水鱼类、36批次水样）样品检测任务；完成6个批次南美白对虾苗种样品检疫任务。全市设立水产养殖病害测报点36个，测报总面积433.26公顷；其中，定海区15个测报点118.4公顷，普陀区7个测报点151公顷，岱山县11个测报点160.33公顷，嵊泗县3个测报点3.53公顷。按照养殖品种分，全年检测南美白对虾134.4公顷,三疣梭子蟹290.00公顷,大黄鱼8.66公顷,贻贝0.20公顷。

【增殖放流】 继续组织参与增殖放流工作,全市累计完成放流大黄鱼、黑鲷、黄姑鱼、日本对虾、三疣梭子蟹、曼氏无针乌贼、厚壳贻贝等15个物种46批次共18.4亿单位,投入资金2024.4万元。其中,市本级放流63505万单位,投入资金721万元;定海区放流7038万单位,投入资金49万元;普陀区放流23283万单位,投入资金390万元;岱山县放流27665万单位,投入资金330万元;嵊泗县放流62089万单位;投入资金534.4万元。

【专业技术队伍】 至年底,全市海洋与渔业局系统拥有专业技术人员219人,比上年减少21人。其中高级职称26人,与上年人数持平;中级职称103人,比上年减少15人;初级职称90人,比上年减少人6人。从学历情况看,研究生37人,比上年减少2人;本科生129人,比上年减少18人;大专及以下53人,比上年减少1人。因市、县(区)海洋与渔业局事业单位机构改革、人员划转、退休等情况,总体人数相较上年度有所下降。引进国内重点高校、科研院所全日制硕士研究生和本科生,鼓励各类技术人员参加在职教育、继续教育、专业培训;舟山市海洋与渔业工程技术中级职务评审委员会于12月召开评审会议,首次采取线上评审方式,评审推荐水产养殖高级工程师2人,通过水产养殖、渔业船舶等2名初、中级专业技术任职资格。

【渔技培训】 全年全市组织船员培训考试233期(班),参训人数14401人。其中,普通船员培训考试189期(班),参训人数12098人;职务船员培训考试38期,参训人数1881人;机驾长和油小证培训考试6期,参训人数422人。

5月22日,放流船上,技术人员进行曼氏无针乌贼增殖放流(市海洋与渔业局提供)

【渔业经营体制创新】 全市继续做好培育渔业专业合作社、渔业管理服务站、海洋捕捞公司等管渔组织建设。完善和规范渔业股份合作制,规范老大、股东、雇工的行为,稳定渔船生产经营。协同做好推进"三位一体"渔农合联建设工作。加强基层渔船管理组织规范化建设,基层渔船管理组织管理渔船数量达到100～150艘左右,鼓励有条件的县(区)跨乡镇(街道)合并设立基层渔船管理组织。将全市现有的128个基层渔船管理组织整合为52个,缩减76个。加强基层渔船管理组织负责人和管理人员队伍建设,明确基层渔船管理组织的管理职责,加强运行经费的保障。加强示范性渔民专业合作社、示范性家庭渔场建设。至年底,全市有渔民专业合作社122家,其中捕捞25家,养殖90家,加工5家,服务2家;家庭渔场57家。按级别分,其中国家级示范社5家,省级示范社19家,省级示范性家庭渔场5家,市级示范社23家,市级示范性家庭渔场7家,市级规范化合作社42家。新增市级示范性渔民专业合作社3家,市级规范化合作社5家。

学会团体

【舟山市海洋与渔业经济学会】 2020年,学会会员撰写并发表调研报告和论文约30篇,其中在省级以上刊物发表或作学术交流

10余篇。学会会员有1项研究成果获评舟山市第十七次社会科学优秀成果一等奖,组织会员参加2020“渔业高质量发展论坛”、2020年中国国际渔业合作论坛等各级研讨会,参加“12·4”宪法日活动、蓝海卫士志愿者活动。办好《舟山渔业》杂志,开展学术交流,扩大舟山渔业影响。

【舟山市远洋渔业协会】 是年,协会发挥作为企业和政府之间的桥梁纽带和企业与市场之间中介的两大服务职能,与各部门联动,严防远洋船员境外新冠肺炎输入。协会微信公众号发布70余条动态信息,编印《舟山市远洋渔业协会简讯》12期。组织培训,助力企业复工复产,协同市局培训中心和审批服务中心组织市8家远洋企业59名新船员和20名老船员进行远洋渔业六小证和换证培训,举办2次全市在港远洋船长(大副)涉外法规培训班和1次西南大西洋公海鱿钓项目管理人员(经营船东)从业资格考试培训,合计培训260余人,包括全市在港的150余名船长(大副)、30家鱿钓企业负责人、行业协会人员以及50余名船东。协助舟山国家远洋渔业基地建设指挥部做好远洋渔业企业对运回基地的远洋自捕水产品进行补贴申报的审核工作,借此统一远洋渔业企业每季度上报时限以及细分各类远洋水产品品种及每个品种的运回总数。组织17家会员单位,募捐1984箱、16.25吨重量、总货值474860元的国内水产品、远洋水产品至武汉各大医院。编写并制作“远洋渔船船员新冠肺炎疫情防控操作指南”KT板,按船只发给全市远洋企业,向远洋船员普及相关疫情防控知识,引导船员正确地防范新冠病毒。严格审核船员随船出境作业相关规定材料,自3月6日起,办理船员出入境手续合计311船次,船员7000余人。及时掌握各企业外籍船员情况,包括作业中和随船入舟船员动态,整理、汇总“舟山市远洋渔业外籍船员企业一对一周联系表”与“在舟外籍船员动态日报表”,并同市渔业主管部门和出入境管理局实现信息共享,供其统筹决策。调度管理由大洋世家3艘金枪鱼捕捞船建立的远洋渔业海上医疗服务平台,为市远洋渔船提供远程医疗诊治服务。牵头原条鱿鱼合作销售,克服企业因疫情突发鱿鱼出口受阻危机,全市销售秘鲁原条鱿鱼7万余吨。

【舟山市水产流通与加工行业协会】 是年,由于新冠肺炎疫情影响,中国国际渔业博览会取消。组织舟山水产企业和相关单位参加浙江农博会,受邀参加第十八届中国国际农产品交易会及厦门国际海鲜展,并作为协办单位参加由中国水产流通与加工协会举办的中国水产大会,推介市海鲜品牌,拓宽国内外市场。做好“舟山带鱼、舟山大黄鱼、舟山三疣梭子蟹、舟山鲳鱼”地理证明商标和“舟山海鲜”浙江区域名牌推广使用,已授权47家企业、149个产品使用地理证明商标,并在全国范围内维权,提起商标侵权及不正当竞争诉讼4起。继续做好输欧海洋捕捞产品和中西太平洋渔业委员会的金枪鱼出口申报等服务工作,为全市52家欧盟出口企业办理合法捕捞证明2800份,涉及水产品43000吨,金额14亿元。倡导组建绿色渔业发展创新联盟,开展海产品船载流态冰浆快速预冷技术研究与装备应用及分布式水产废弃物处理技术装备研发及应用等共性技术攻关2项,形成绿色渔业重大技术问题开展联合攻关机制。

【渔业互保协会舟山办事处】 落实渔业领域安全生产责任保险,出台系列优惠政策和便民举措,遏制渔民因灾返贫现象。是年,全市参加雇主责任险63958人,参加渔业互保渔船5372艘,享受各级财政补贴4256万元,无理赔奖励金3063万元;受理互保理赔案件2497起,支付各类赔款20002万元。

(撰稿:市海洋与渔业局)

中国水产舟山海洋渔业有限公司

【概况】 2020年,中国水产舟山海洋渔业有限公司(下称“舟渔公司”)按照当地政府和中国农发集团的统一部署和要求,坚持一手抓疫情防控,一手抓复工复产,推进各项生产经营和改革。全年实现营业收入18.56亿元,实现利税3888万元。至年底,舟渔公司的净资产总额10.10亿元,比“十二五”末的2.37亿元增长了326%。

是年,舟渔公司被国务院国资委党委授予“中央企业信访工作先进集体”荣誉称号;被中国农

改造后的舟渔公司厂区和码头岸线现场(范银芳　摄)

发集团评为2019年度经营管理业绩考核“A级”单位,被浙江省安全生产委员会评为“中央在浙企业2019年度安全生产目标管理责任制考核优秀单位”。

【科技创新与品牌建设】　是年,舟渔公司围绕产业需求导向,扩大“产学研”战略合作,与上海海洋大学共同成立“国家远洋渔业工程技术研究中心舟渔分中心”,与浙江大学共建“海产品高值化加工新技术与装备研发中心”,被认定为“舟山市首批现代海洋产业创新服务综合体服务单位”。作为第一起草单位修订国家标准《GB/T 23497—2009 鱿鱼丝》,全年申报18项专利,其中12项专利已获授权。

被浙江省老字号企业协会、浙江百年老字号研究院授予“浙江省金牌老字号”称号;列入全国“最美绿色食品企业”榜单;被浙江省绿色农产品协会授予首届“浙江最美精品绿色农产品企业”。“明珠”品牌获“舟叁鲜”优质特色农产品公用品牌授权,入选“浙江出口名牌”“中国农业品牌公共服务平台水产品推荐品牌”,被浙江省消费者权益保护委员会列入“首届浙江特色伴手礼”名录,再次获得“长三角名优食品”称号。报送的“冷风烘道对于烤鱼片生产工艺改进及经济环境效益的影响”项目获第三届浙江省青工创新创效大赛“绿色产品”优秀奖。

舟渔职工之家(舟渔食堂)(范银芳　摄)

【重大转型和项目改革】　加快中国农发明珠工业园项目建设进度,各项工程进度达到预期。推进舟渔公司厂区和码头岸线的改造,如期完成厂区安全环境提升整治和冷库、油库、码头(海关监管码头)、污水处理站、职工之家(舟渔食堂)、周边配套楼幢的安全提升改造和新档案馆改建工作。配合完成滨海大道舟渔高架和桥下平台项目建设并投入使用,全年未发生等级责任事故,较好完成年度节能环保指标。实现入渔阿根廷专属经济区鱿鱼钓项目“生产—回运—销售”闭环管理,开启过洋性捕捞序幕。完成3700余名退休职工社会化管理移交工作。

(撰稿:柳超宇)

责任编辑:徐飞舟

农　业

概　述

2020年，高质量推进农业农村转型发展，实施新时代“三农”工作，打造乡村振兴的海岛样板。是年，全市农林牧渔业总产值282.07亿元，其中农业总产值10.35亿元，牧业总产值4.09亿元，林业总产值0.21亿元。

抓好重要农产品增产保供。组建“争先创优”农业工作专班，抓好粮食、生猪、蔬菜等重要农产品增产保供。出台《关于促进粮油产业稳定发展的通知》，引导鼓励农户扩大粮食种植面积，完成4570亩（304.67公顷）粮功区非粮化整治和抛荒地治理，全年完成粮食播种面积7.9万亩（5266.67公顷），同比增加4500亩（300公顷）。全国首批数字化牧场定海华晟牧场建成运行，岱山万头牧场开工建设，全市生猪存栏达6.3万头，完成省定任务的210%，完成省下达粮食、生猪生产任务；稳定“菜篮子”生产，制定落实疫情防控期间蔬菜生产保供扶持政策，帮助农户销售滞销蔬菜2500吨，全年完成蔬菜播种面积10万余亩（6666.67公顷余），保障菜篮子产品供给。

打造海岛乡村大花园。打响美丽乡村特色品牌，出台《关于深化“千村示范、万村整治”工程高水平建设新时代美丽乡村的实施意见》，明确“岛岛是花园，村村见美景”的海岛乡村大花园建设目标。召开全市深化“千万工程”建设新时代美丽乡村现场会，全面展示海岛美丽乡村建设成效。是年，全市省美丽乡村示范县覆盖率75%、位居全省第二，市级以上美丽乡村精品村覆盖率60%。美丽乡村建设三年攻坚收官，新增省市级美丽乡村精品村24个，美丽风景线4条，培育美丽庭院2050户。普陀白沙港村获评2020年中国美丽休闲乡村。美丽乡村建设“花鸟模式”在全省现场会上作经验交流。攻坚渔农村创城，推进渔农村乡镇（街道）创城工作，实施新一轮高标准整洁村庄专项行动，开展“洁美杯”竞赛和“最美村”“整改村”评比，组建“东海渔嫂”洁美员队伍，整治渔农村环境卫生、违法搭建问题，夯实全国文明城市创建的乡村基础。推进渔农村垃圾、厕所、污水“三大革命”，落实环境卫生长效管理机制，渔农村人居环境整治三年行动收官。

发展渔农村美丽经济。推动农业产业高质量发展，建设定海国家一、二、三产融合发展先导区，建成省市重点农业乡镇8个，做强农业与文化、旅游深度融合经济。打造普陀展茅田园综合体、定海马岙海上河姆渡等农旅融合示范样板。普陀展茅获评全国“一村一品”示范村镇。推进农业农村数字赋能，完成12个农业种养基地数字化改造，打造普陀智慧田园等一批示范项目；做精乡村农旅融合文章，3月14日在普陀田园综合体举办全市乡村旅游恢复运营仪式，推动乡村旅游恢复。全年普陀田园综合体接待游客近40万人次，比上年增长20%；花鸟岛“定制旅游”接待游客5万余人次，同比增长4%。举办首届“浙江定海美丽乡村周”活动，吸引市内外游客10余万人。打造“海稻梦想·荷荷美美”等美丽乡村夜经济，建设主要交通道路沿线景观农业1万余亩（666.67公顷余）；发展海岛特色渔农家民宿，打造具有海岛风味、渔家风情、时尚休闲的特色渔农家民宿，引进漫居、秘境、大乐之野等一批知名民宿品牌，培育嵊泗东海五渔村等一批渔农家乐民宿特色村，打响“东海人家”全市渔农家民宿统一品牌。全市现有渔农家乐民宿2710家，从业人员1.3万余人，带动渔农户和村集体增收。

深化渔农村改革发展。推进集体经济发展，出台《关于进一步推进我市村级集体经济高质量发展的实施意见》，明确此后三年集体经济发展目标、主要路径和保障措施。制定落实土地补偿费留存20%政策意见，确定59个村级发展项目，推进集体经济发展。全市96.8%的行政村集体经济总收入达30万元以上且经营性收入达15万元以上，超额完成年度目标；激活海岛万幢农房，推进闲置农房盘活利用，出台政策文件，搭建全省首个市级闲置农房交易平台，在普陀虾峙召开现场推进会，划定重点区域25个，集中力量打造普陀路下徐等各具海岛特色主题的"网红"示范地，形成海岛农房盘活"花鸟模式"，得到市长何中伟批示肯定。全市累计激活闲置农房3200余套，渔农民户均增收3万余元；打赢脱贫攻坚战，实施低收入渔农户全面小康计划，推动落实低收入渔农户信息核查、就业创业、结对帮扶等"六个全覆盖"，实现"两不愁三保障"突出问题等"三清零"。全年全市低收入渔农户人均可支配收入19163元，同比增长10.4%，低收入渔农户与渔农民人均可支配收入比缩小至0.49:1，低收入农户数量减少到7319户9484人。

构建渔农民幸福家园。做好村级组织换届工作，立足部门职责，做好村经济合作社换届选举工作，研究制定经合社换届工作规程，加强指导督查，严肃换届纪律，确保经合社换届工作平稳有序、基本完成；提升乡村善治水平，聚焦"四治融合"，创建省级善治示范村54个。制订全市清廉村居建设标准，召开现场推进会，创建示范点35个。岱山县东沙镇"四治融合"的乡村治理经验获评省十大乡村振兴模式；破解乡村振兴要素制约，出台《关于支持乡村人才振兴的实施意见》，举办全市首场乡村振兴人才招聘会，全年新招引农业农村领域大学生近300人。普陀区开展省新时代美丽乡村综合集成改革试点，统筹推进农村土地制度、集体产权制度、城乡融合体制、农村金融体制等改革。抓好岱山县衢山镇皇坟村开展国家级第二轮土地承包到期后再延长30年试点工作；完成乡村振兴考核任务，制定年度乡村振兴《任务清单》和《考核办法》，加强统筹协调、指导督查，在43项省考核指标的基础上，攻坚完成7大类104项年度任务。建立常态化督查机制，组织10余次市、县(区)乡村振兴工作大督查，定期通报进度。

种植业

【主要农作物种植面积和产量】 2020年，全市农作物播种面积及产量与上年比略有增加。是年，全市农作物播种面积15540公顷，其中粮食播种面积7.9万亩(5266.67公顷)，新增粮食播种面积0.4万亩(266.67公顷)。粮食产量2.85万吨，油菜籽产量1988吨，蔬菜种植产量11.91万吨。

【全国农作物种质资源普查与收集】 自2019年4月，第三次全国农作物种质资源普查与收集行动启动以来，结合省种子总站下达的"舟山海岛地区特色种质资源调查、收集与保护项目"，种质资源普查小组基本完成对本岛定海区块、金塘岛、嵊泗县、岱山县、六横岛区域调查收集工作，累计收集海萝卜、黄心芹、红皮花生、豇豆等地方特色种质资源207份，其中蔬菜种质资源173份，粮油牧草种质资源34份，对收集到的品种进行植物学分类，然后对相似的品种初步鉴别归类，为下一步的生物学特征特性调查打好基础。在马岙科研基地建成5亩(333平方米)海岛特色种质资源圃1个，用于特色种质资源的性状调查、种质保护及培育开发。是年，在种质资源圃内完成32份农作物种质资源的特征特性调查及提纯复壮，促进海岛特色种质资源长期观察与保存工作。

【农业生产保障工程】 贯彻省、市"创先争优"行动部署，组建市粮油工作专班，提请市政府出台《关于促进粮油产业稳定发展的通知》，调整全市粮食生产奖补政策，召开粮食种植大户座谈会，引

2020年全市主要粮食作物种植面积及产量情况

表26

项目	晚稻	大小麦	玉米	大豆	小豆类	番薯	马铃薯
面积(公顷)	2206.67	253.33	420	280	480	1193.33	406.67
总产(吨)	17481.5	1018.6	2105.5	912.4	1531.7	4181.6	1427.2

3月6日，种质资源调研团队在岱山秀山开展种质资源调研收集工作(市农业农村局提供)

导鼓励农户扩大粮食种植面积，确保粮食稳产增产。是年，定海区马岙张友权家庭农场等4家农业主体开展展示示范工作。安排水稻、玉米、大豆等作物展示示范品种60余个，核心示范点5个，示范面积250亩(16.67公顷)，其中水稻210亩(14公顷)，玉米和大豆40亩(2.67公顷)；加强品种管理，督导种子企业落实绿色主导品种良种，宣传主导品种技术，提高主导品种面积和良种覆盖率。全市粮食种子储备数量6.5万千克，油菜种子储备0.04万千克，农药储备13.17吨，化肥储备1500吨，财政储备资金26万元。

抓好"米袋子、菜篮子"基地建设。完成粮食生产功能区提标改造1000亩(66.67公顷)，制定疫情防控期间蔬菜生产保供财政扶持政策，对规模蔬菜种植户，市县补助800元/亩(12000元/公顷)，经审核，540亩(36公顷)保障基地获得补助；明确放心菜园申报条件，全年建设放心菜园1000亩(66.67公顷)，其中打造精品蔬菜基地270亩(18公顷)，提升改造730亩(48.67公顷)；开展农田抛荒治理行动，全市排查出农田抛荒治理地块74块，4567.1亩(304.47公顷)，基本实现北向疏港公路、东西快速路等主干道沿线两侧农田抛荒率控制在5%以内，消灭农田集中区域"天窗"式抛荒地，保障全市粮食生产和冬种生产；实施"五园一基地"创建，全年组织推进定海张师傅蜜橘专业合作社等精品果园3家，普陀蓝祥生态农业放心菜园1家，普陀山海天佛茶基地生态茶园1家等省级"五园一基地"创建。

【农业绿色发展】 开展绿色农业生产。指导普陀、岱山创建农业绿色发展先行县，岱山岱西和普陀桃花2个省级农业绿色示范区和6个市级农业绿色发展示范区建设，建立高品质绿色科技示范基地10个。实施"肥药两制"改革。在农业绿色发展先行县率先实施肥药两制改革，23家农资经营店实现化肥、农药实名制购买，50家经营主体实施肥药定额制施用。推广绿色主导品种，督导种子企业落实主导品种良种，宣传主导品种技术，形成经营推广的正面导向，提高主导品种面积和良种覆盖率。是年，水稻绿色主导品种为嘉67、秀水14、浙粳优1578等，种植面积3.3万亩(2200公顷)，占全市水稻总面积的85.3%。推进绿色防控和统防统治。全市在水稻、水果等生产基地，建立省级绿色防控示范点5个，示范面积0.6万亩(400公顷)；通过强化栽培技术管理、推广绿色防控单项技术，促进绿色防控技术推广应用，全市绿色防控推广面积4.86万亩(3240公顷)次，化学农药减量64.9吨。指导专业合作社、家庭农场等农业生产主体转变防控方式，开展统防统治。全市粮食及经济作物统防统治面积4.92万亩(3280公顷)，其中粮食作物2.66万亩(1773.33公顷)，经济作物2.26万亩(1506.67公顷)。推广节约型农业技术和测土配方施肥。科学提高施肥水平，减少化肥用量，探索其他社会力量参与测土配方施肥的运作模式，推进测土配方施肥技术和秸秆还田技术。建立覆盖全市主要农作物的配方肥体系，指导科学施肥，规范农企合作。全市推广测土配方施肥技术22.43万亩(149.53平方千米)次，主要农作物测土配方施肥覆盖率93.7%，减少不合理施用化肥20.8吨，推广商品有机肥2.18万吨。

各县(区)统一委托省站招标，谱尼监测有限公司中标，对全市7.34万亩(4893.33公顷)永久基本农田示范区内布设的14个土壤污染防治常规监测点，开展土壤重金属、有机污染等土壤环境质量指标监测；对全市农业“两区一基地”内建设的3个土壤污染防治综合监测点，开展包括灌溉用水、土壤、农产品在内的土壤地力、重金属、有机污染物等指标的监测，建立土壤污染防治3个综合监测点开展土壤－农产品协同监测；在粮食生产功能区、现代农业园区等基础条件较好、农业面源污染相对严重的区域建设农田氮磷生态拦截沟渠，通过对农田排放水氮磷等养分作滞留拦截生物处理和植物吸附等技术，防止排入河道污染水体，改善沟渠环境条件。是年，在普陀区桃花镇小桥头农业综合产业园内新建氮磷生态拦截沟渠系统，对周边120亩(8公顷)农田排水进行氮磷拦截，经第三方检测，出水水质达到Ⅳ类水标准。

畜牧养殖业

【主要肉禽存(产)量情况】 2020年，全市生猪存栏6.28万头，比上年增长106.43%，完成年度存栏3万头目标任务的102.5%；出栏5.80万头，同比增长16.3%；能繁母猪存栏5766头，同比增长26.34%。全市家禽存栏23.36万羽，出栏33.69万羽，全市畜牧业生产形势总体保持平稳。

【畜牧业转型升级】 以绿色发展为导向，提高畜牧生产水平。推进美丽牧场建设。以减量化、清洁化、资源化、优质化为重点，推进牧场“美丽”建设，完成创建1家省级美丽牧场、3家市级美丽牧场(其中1家省市同创)，全市16家猪场均建设成为美丽生态牧场；推进畜禽养殖废弃物高水平资源化利用。对符合条件的养殖场通过配套沼液车、输送管网、田间喷滴灌等设施，推行农牧对接、沼液沼渣循环利用；推进兽用抗菌药减量和环保型饲料推广示范场创建。完成沟头井牧场兽药减量化示范创建工作，并根据省里部署进一步推进示范场和试点工作，确保达到源头减量和节能减排效果。

【挖掘生猪增产潜能】 推进空栏场复养。在做好清洗消毒、环境监测和防疫评估等工作后，全市空栏场复养进展顺利。上半年成功复养2家(定海王阿枚生猪养殖场和岱山联达牧场)，增加生猪存栏2200余头，帮定海顺达牧场和张琪初养猪场引进种猪、肉猪1000余头。推进改扩建增养。实地督促指导普陀沟头井养殖场改扩建项目，至年底完工投产，较改扩建之前增加生猪存栏2000头，出栏4000头。推进新建新养。对标“六化”要求，加快岱山徐丰农业有限公司建设；省定任务定海华晟牧场投产，生猪存栏3.04万头；落实场岱山徐丰农业有限公司开工建设，完成整体项目的24%。

【畜禽养殖废弃物资源化利用】 坚持保供给与优环境并重，以种养结合、农牧循环为主要路径，推进畜禽粪污资源化利用各项工作。全年全市保留16家规模生猪养殖场全部完成治污设施配套和改造提升，并通过农业或环保部门验收，粪污处理设施装备配套率100%；全市畜禽排泄物采用农牧结合资源化利用、工业化处理纳管、达标排放等方式处理，畜禽粪污综合利用率(无害化处理率)达到90%以上。从“场区布局合理、设施制度完善、生产全程清洁、资源循环利用、整体绿化美化、产出

定海华晟牧场全景(市农业农村局提供)

安全高效”六大方面、39项指标入手，实现由个别美丽到全域美丽的跃升，全年全市16家规模养殖场完成市级美丽牧场建设（其中省级7家）。以市政府名义对全市畜禽养殖废弃物高水平资源化利用工作进行总体部署，市本级与定海区先后被省厅评定为优秀等级，并创建2家农牧对接绿色循环体、1家兽药减量和环保型示范场。全市保留规模猪场全部安装在线监控并接入环保监管平台，建立健全县、乡、村三级网格化巡查机制，确保长效防控。市生物酵解中心正常运营，建立病死动物无害化处理和保险联动机制，确保病死动物无害化处理率100%。

【无害化处理长效监管】 规范无害化处理体系运行监管，实行无害化处理与生猪保险“四联单”制度，落实规模化猪场病死猪无害化处理补助政策；加强动物卫生监管体系、监管手段、监管体制等建设，提升动物卫生综合治理能力，动物检疫、集中无害化处理运行、流通防疫等监管工作实现信息化监管。是年，舟山市生物酵解中心（病死动物无害化处理中心）累计无害化处理死亡生猪13355头，实现视频定位全过程监管。

【屠宰行业监管】 推进消洗中心建设。在进入舟山前端定海岑港区域和华晟牧场分别建设2个消洗中心，提高生物安全防范水平，至年底均已投入使用。加强屠宰环节消洗，督促屠宰企业增加消洗设施，严格生猪运输车辆的清洗消毒，确保出场车辆清洁卫生。加强对生产车间、待宰圈等关键部位和环节清洗消毒，并建立消毒台账，确保场区环境安全。强化死亡动物无害化监管，实行无害化处理与生猪保险“四联单”制度，保证本岛病死动物集中收集、无害化处理全覆盖。加大厂区和进出车辆清洗消毒频次，不定期对收集的病死猪及环境样品进行采样监测。

【重大动物疫病防控】 坚持集中免疫和日常免疫相结合，重点对高致病性禽流感、口蹄疫、高致病性猪蓝耳病、猪瘟、小反刍兽疫全面强制免疫。是年，全市采集并检测口蹄疫血清样品1271份，其中猪血清样品874份，免疫抗体合格率80.89%，羊血清397份，免疫抗体合格率76.07%；高致病性禽流感收集并检测H5型禽流感样品1558份，H5亚型禽流感免疫抗体合格率94.42%，其中采集鸡血清952份，免疫抗体合格率94.85%，采集鸭血清218份，免疫抗体合格率91.74%；采集并检测H7型禽流感样品720份，H7亚型禽流感免疫抗体合格率94.44%，其中采集鸡血清611份，免疫抗体合格率94.59%，采集鸭血清109份，免疫抗体合格率93.58%；采集并检测高致病性猪蓝耳病免疫血清样品414份，免疫抗体合格率94.2%，病原检测216份，均为阴性；非洲猪瘟各类病原学样品检测7403份，其中市本级屠宰场99份，无害化处理厂865份，生猪养殖场882份，省外调入产品5557份，免疫抗体合格率均达到农业农村部规定的70%标准。

农田建设

【高标准农田建设】 2020年，根据《国务院办公厅关于切实加强

10月25日，专家在普陀六横开展新建高标准农田立项评审工作（市农业农村局提供）

高标准农田建设提升国家粮食安全保障能力的意见》和省厅要求，为加强高标准农田建设，提升农田基础设施和防灾减灾能力，委托第三方规划设计公司编制全市各地《高标准农田建设十四五规划》，了解已建成高标准农田建设情况，掌握下一步新建高标准农田建设潜力。全市建成高标准农田12612亩(840.8公顷)，其中定海区5063亩(337.53公顷)，普陀区5525亩(368.33公顷)，岱山县2024亩(134.93公顷)。

【耕地质量管理】 推进耕地质量保护与提升，印发《2020年舟山市耕地保护与质量提升促进化肥减量增效项目实施方案》，通过抽取土壤样本，提出因缺补缺，采用冬绿肥种植、秸秆还田推广、轮作模式创新、土壤深耕深翻等技术，鼓励商品有机肥推广应用，激发农民使用商品有机肥积极性，改变农民施肥习惯，改善土壤理化性质。倡导农户施用沼液、沼渣、畜禽排泄物等有机肥，提高土壤的有机质含量，实现农田地力等级提升，并编制《2018年度舟山市自然资源资产(耕地)负载表》。继续开展标准农田地力提升，设立长期定位监测点，在岱山县高亭镇新增省级国家标准长期定位监测点1个，全市有省级耕地地力监测点5个，完善耕地质量监测网络。继续通过与省农科院环土所院地合作做好定海、普陀、岱山四个省级长期定位监测点的水稻肥料试验，优化全市耕地质量监测点动态变化监测。是年，开展4个标准农田置换项目，占用标准农田总面积5.7761公顷。

农业机械

【概况】 2020年，全市农机化工作围绕以服务保障粮食、生猪等重要农产品增产保供为导向，抓好农业领域"机器换人"和农机安全"专项整治"，全市上道路行驶拖拉机全域"清零"，"一县三基地"示范创建高标准"交卷"，农机化各项工作交出高分报表。是年，全市完成水稻机械化耕作、栽植、机收面积分别为3.793万亩(2528.67公顷)、2.19万亩(1460公顷)和3.791万亩(2527.33公顷)，分别占播种面积的98.1%、56.06%和98%。全市水稻耕种收综合机械化率85.6%，较上一年度上升4.7个百分点；其中水稻机械化栽植环节首次突破50%以上，粮食批次烘干能力达380吨。

【农机领域"机器换人"】 对标创建标准和建设规范，突出水稻生产全产业链机械化发展，注重新技术新装备应用、社会化服务体系和"平安农机"示范县建设等统筹推进，补齐水稻集中育供秧、机械化栽植、农机社会化服务等方面水平"短板"。是年，完成一批创建任务，新建省级农业"机器换人"示范基地3个(定海2个，普陀1个)；推广一批新农机装备，全年新引进纯农田耕作大中型拖拉机18台，水稻高速插秧机13台，精量穴直播机6台，水稻侧深施肥机(撒肥机)13台，联合收割机7台，秸秆粉碎还田机6台，谷物烘干机3台并改造生物质燃料锅炉，一批适用农机装备设施相继加入农业生产序列，粮油产业生产机械装备更新换代，农业生产宜机化作业条件改善。

【农机服务指导】 组建专班专项推进，在春耕备耕、夏收夏种、秋收冬种等关键农时，加强农机技术指导，强化农机生产服务调度，发挥农机专业合作社等服务主体的主力军作用，推行代收、代烘、代耕等作业服务，全年投入各类农业机械近2110台。

【落实农机购置补贴】 各实施县(区)规范落实农机购置补贴政策绩效管理制度，推广使用手机App申请农机补贴，突出补贴信息公开、强化补贴机具核实、规范补贴资金拨付。是年，全市安排中央农机购置补贴资金340万元，购置享受农机补贴机具365台(套)，使用中央农机补贴资金152.55万元，市、县(区)安排配套补助资金97.9万元。

【农机安全监管】 完善监管体系，落实农机安全监管职责，全面评估全市农机安全生产形势和重大风险，明确领导工作职责，定期分析农机安全生产形势并开展督查行动，通报安全生产形势，研究解决工作开展中存在的问题，重点对遏制农机事故、落实安全生产责任制、"平安农机"示范创建、农机领域隐患排查治理、拖拉机专项整治等工作进行强调和部署。结合"三联三送三落实"活动，开展农业机械免费实地检验工作，全年走访农机专业合作社、农机大户22家(次)，检验联合收割机139台，纯农田拖拉机90

台，插秧机69台，检验率分别达90%、100%、97%；开展拖拉机专项整治工作“回头看”，印发《关于开展拖拉机专项整治工作“回头看”行动的通知》，全市排摸核实上道路行驶拖拉机395台，排摸新增“漏网”外省籍和已达报废年限或无牌证本地拖拉机51台；开展联合执法33次，出动执法人员128人次，查处拖拉机各类违法行为15台次，查扣外省籍变型拖拉机1台，报废拖拉机21台；加强“秋收冬种”农机安全生产工作，印发《关于切实加强全市“秋收冬种”农机安全生产工作的通知》，全市开展安全检查20次，出动检查人员80人次，检查各类农业机械223台次，检查维修点15家，发现隐患20条，整改20条，整改率100%；深入推进上道路行驶拖拉机专项整治，11月30日，实现全域上道路行驶拖拉机“清零”，全市累计拆解报废上道路行驶拖拉机1809台，其中本市注册登记拖拉机987台，外省籍变型拖拉机822台；累计补助各项资金669.51万元。全市拖拉机全面退出营运运输市场回归农业生产，为全市道路交通安全消除一项重要安全隐患；通过农机安全生产事故警示教育、全市农机事故应急处置演练，提升全市农业机械事故应急救援处置工作水平，全市发放各类农机安全宣传资料2200余份，发送农机安全短信5500余条，制作标语、横幅、展板、宣传专栏等62个，深入企业、农村、社区宣传53场次，参与人数达1058人次。全市发未生上道路行驶的拖拉机事故及其他道路外和农业机械安全责任死亡事故，同比上年事故起数、死亡人数、受伤人数分别减少3起、1人、3人，农机事故起数、死亡人数、万台死亡率三项指标未突破省、市控制指标。

渔农村美丽经济

【美丽乡村建设】 2020年，围绕打造“岛岛是花园”美丽乡村金名片目标任务，培育新时代美丽乡村精品村、达标村、美丽乡镇、风景线等，推进渔农村面貌从一处美、一片美到全域美。以市委、市政府名义下发《关于深化“千村示范、万村整治”工程高水平建设新时代美丽乡村的实施意见》，系统谋划新时代美丽乡村建设的“四梁八柱”。制定《舟山市新时代美丽乡村全域发展创建标准》，确定以岛、镇、带为单位组团发展和以空心岛(村)为单位振兴复活的“3+1”全域发展模式，实现海岛乡村“盆景”变“风景”、“苗圃”成“花园”。打好全市美丽乡村建设三年攻坚行动的收官战，逐月开展项目评价，全程掌握建设进度。是年，24个省市级美丽乡村精品村完成项目建设，投入建设资金10134.6万元；创建新时代美丽乡村达标村60个，其中新时代美丽乡村精品村30个，完成年度任务的100%；完成新时代美丽乡镇培育4个，完成年度任务的100%；完成美丽风景线4条，完成年度任务的100%；完成美丽庭院创建2200户，完成年度任务的100%；1个历史文化重点村秀北村完成三年建设任务，累计建成项目38个，投入建设资金2572.77万元，超额完成计划目标。定海柳行村、普陀东极村、岱山倭井潭村、嵊泗边礁村等省市美丽乡村精品村建设成效明显，成为市民休闲旅游新的打卡点；定海庙桥村、团结村成为2020年“浙江定海美丽乡村周”向与会代表现场展示的精品点位。嵊泗花鸟岛美丽小岛打造经验在全省深化“千万工程”建设新时代美丽乡村现场会上作典型发言。普

12月4日，全市深化“千万工程”建设新时代美丽乡村现场会在普陀召开(市农业农村局提供)

陀展茅、定海马岙等美丽乡镇,岱山小长涂岛、嵊泗黄龙岛等美丽小岛打造成果及成效在全市深化“千万工程”建设新时代美丽乡村现场会上得到与会市领导与代表的肯定;通过规范提升、创建评比、宣传推介,全市认定渔农家精品民宿1000家,梳理推出乡村旅游精品线路60条。

【景观农业打造】 建设美丽田园,打造生态景观线,形成“春有花、夏有果、秋有收、冬有绿”的四季多彩生态景观格局,引导鼓励农户种植油菜、大小麦、紫云英等冬季景观经济作物,减少季节性抛荒,开展大田创意景观农业打造工作,通过彩色油菜、彩色水稻种植,绘制大田农业景观画,全年建设大田创意景观农业点27个,初步打造以北向疏港公路、定海马北线、双小线为主的农业景观带,打造景观农业面积10706亩(713.73公顷),通过景观农业打造,为推动乡村休闲旅游发展创造条件。

【“一标一品”产业建设】 根据《浙江省精品绿色农产品基地创建办法》,组织开展省级精品绿色农产品基地创建,探索以县域特色优势农产品为主线,以规模新型农业经营主体为重点,整建制推进绿色食品认定的融合发展新模式,完成岱山蓬莱仙芝——海岛特色水果省级绿色精品基地创建,通过整体申请认定的发展模式,促进绿色食品快速发展;按照“挖掘培育一批、登记保护一批、提升发展一批、淘汰出局一批”工作思路,推进地理标志农产品登记保护,新增“嵊泗贻贝”和“登步黄金瓜”农产品地理标志产品2个,总数达6个;争取普陀佛茶国家地理标志农产品保护工程,获得项目资金500万元;推进绿色食品认定,全年新增绿色食品11个,有效期内绿色食品46个,农产品地理标志产品6个,绿色优质农产品比率达到56.54%。

【“舟叁鲜”区域公用品牌发布】 历时10个多月,“舟叁鲜”品牌标识和广告语“寻味四方鲜在舟山”于10月12日发布,体现“鲜活、味美”舟山农产品特质,展示鲜活物美、海味浓郁的舟山农产品形象。发布会上遴选25家首批品牌授权使用单位和45个品牌重点推荐,展示近年来品牌农业的发展成果;通过区域公共品牌的发布,为整合全市农产品品牌,提升品牌竞争力,唱响舟山农产品知名度打下基础,推动海岛特色精致渔农业发展,打造高质量的海岛乡村产业。

普陀展茅美丽乡村田园综合体(市农业农村局提供)

【展示展销活动谋划】 多举措助推全市名特优农产品销售。构建全市产销平台,吸纳市菜篮子公司、三农批发市场、三江购物等市内外商家,助推84家生产主体直接与采购商对话合作,拓展销售渠道;搭好线上线下平台,助推农产品展示展销。与舟山广电、舟山晚报线上合作,以“农产品+直播”形式,助销优质农产品。开展直播带货活动5次,每次直播观看量上万人次,达到预期效果,继续通过舟山发布平台开展“微助农”活动,解决农户滞销问题;组织参加“农行杯”首届浙江省农播超级联赛启动仪式以及现场的展示展销,吸引2.3余万人次围观;舟山晚报农产品公共直播基地获浙江省农播示范基地授牌。与市机关事务管理中心、定海区农合联、海山农汇电子商务有限公司线下协同合作,举办“舟山市暨对口扶贫(协作)地区农产品进机关展示展销活动”。

【对口帮扶】 多平台协同推广,助力销售。“海山农汇”“舟山发布”等微信公众号推介发布松原、达州优质农产品12条(次),阅读量2500次以上;舟山市名特优农产品体验中心推广松原、达州优质农产品,在原有大米、油、黄牛肉、菇类、水果五大类的基础上，增加香肠、腊肉等加工品，全年累计销售额达到60余万元。多方式精准帮扶，助力推广。根据舟山、达州两市签订的对口帮扶框架协议，舟山为达州无偿提供店面及冷藏库房用于名特优农产品的展示展销，打造达州市名特优农产品直营店；舟山市农业农村局和市机关事务管理中心联合主办"舟山市暨对口扶贫（协作）地区农产品进机关展示展销活动"，专门开设扶贫协作展区，重点展示四川达州、吉林松原、新疆等对口扶贫（协作）地区特色优质产品40余种。加强宣传展示，助推销量。依托市名特优农产品定海体验中心，设立吉林松原、四川宣汉等地特色农副产品线下体验点，通过发放宣传册、举办产品展示活动等方式宣传。

农业项目建设

【农业产业平台建设】 2020年，创建完成省市特色农业强镇。以省级特色农业强镇和市级重点农业乡镇创建为抓手，全域建设主导产业明显、三产融合发展的农业特色强镇。指导定海小沙、普陀桃花成功创建省级特色农业强镇，完成马岙、小沙、桃花、秀山创建市级重点农业乡镇。以3000亩（200公顷）美丽田园为版图，通过实施观音米水稻全产业链提升项目、美丽田园博览园项目、七彩玫瑰体验园项目等创意景观农业，打造三产融合的田园综合体。累计总投资3亿元，壮大渔农业龙头企业。规范农业龙头企业认定和运行监测管理，优化服务，推进农业产业化经营和农业龙头企业有序发展，开展国家、省、区级农业龙头企业申报和监测工作。全市市级农业龙头企业49家，省级25家，国家级5家。利用资源禀赋和产业特点，打造独具特色的"一村一品"，对朱家尖莲花村民宿业和嵊泗枸杞镇贻贝产业做好定期监测工作。是年，成功申报展茅街道鱿鱼特色产业"一村一品"乡镇。

2月2日，农技专家团队在朱家尖蔬菜种植基地开展农技推广与服务工作（市农业农村局提供）

【农业科研项目】 推进"登步黄金瓜提纯复壮及标准化种植技术研究"等10个在研科研项目稳步实施。完成登步黄金瓜提纯复壮，供种100亩（6.67公顷）量，推广标准化栽培技术覆盖面积510亩（34公顷），分别在定海和朱家尖建立登步黄金瓜示范点各1个；开展"茄子耐低温弱光品种筛选及相关栽培技术研究"，完成"小冬瓜耐高温品种的筛选及配套栽培技术研究"等科研项目5个；"面向远航船舰的新型智能蔬菜生产设备研制与应用示范"项目团队研发的智能栽培箱，配载在"北京海洋领导者号"破冰船上；"海上菜园"团队继船用金玉兰智能培育设备后又研制出桌面式微型船用植物工厂，为远洋船员提供新鲜叶菜品种选择；2020年度浙江省瓜菜新品种展示示范项目，集中展示近年来浙江省瓜菜新品种77个，春玉米、秋大豆等旱粮新品种46个，并组织各县（区）、乡镇（街道）农技站负责人、瓜菜种植专业户等100余人参与瓜菜栽培技术培训；承担省种子总站下达的各类农作物新品种区域性比较试验展示示范任务12组和省农业科技创新发展项目 2 项，涉及水稻、棉花、大豆等区试品种 70 个，试验面积 16 亩(1.07 公顷)。开展省农业科技创新发展项目“浙贝母优质高效安全生产技术示范”项目，建立舟山浙贝母优质高效安全生产技术示范基地 50 亩(3.33 公顷)，试验形成标准化栽培技术并展示示范；完成“葡萄限根栽培技术研究与示范”项目限根栽培材料的购置与准备，其中在田园牧歌生态农业专业合作社完成葡萄起垄，用于葡萄垄式限根栽培模式，在农业科学研究院马岙基地完成水泥池建设可控根器容器搭建，分别用于箱框式限根栽培模式及控根器式限根栽培模式。根据本地实际，开展本地特色叶菜黑油筒、茄子、小冬瓜育种工作，筛选性状优良茄子组合 2 份，其中 1 份适宜舟山消费习惯且产量较高；筛选获得 10 份果型呈椭圆形的特小型冬瓜材料，获得 2 份果型较小的杂交冬瓜组合。

【农业农村项目资金督查】 加强资金项目规范管理。编制部门预算，优化支出结构，重点保障“六稳”“六保”重大政策和重大项目实施，提高预算编制的精准性、科学性和合理性；配合做好归口管理的涉农专项资金的整合，将市农村农业局原有的渔农村建设专项和现代农业发展专项与其他农口部门政府专项整合归并建立乡村振兴大专项，实行“大专项 + 任务清单”管理模式，下达资金任务清单；加强部门专项的整合归并，强化预算约束，增强专项资金分配透明度，做到预决算信息和专项资金全过程管理信息公开，规范预算管理。配合做好项目审计和专项督查工作。

农业行政执法

【概况】 2020 年，以维护农业生产安全、维护农民合法权益和保障农产品质量安全为目标，开展“绿剑”系列集中执法行动 4 次，出动执法人员 4597 人次，检查各类生产经营主体 2728 家次，完成种子、农药等农业投入品监督抽检 123 批次，纠正不规范经营行为 129 次，下发责令整改通知书 24 份，结办行政处罚案件 22 起(其中农产品质量案件 5 起)，移送市场监管部门肥料案件 1 起，案件查处率 100%，罚没款 7 万余元；指导普陀、岱山开展“肥药两制”改革省级农资店创建工作，已完成 23 家省级农资店创建工作。

【植物疫情防控】 根据省植物疫情监测与防控工作要求，在调查、实地查看基础上，调整设立 25 个市级植物疫情监测点，并下达全市植物疫情监测工作任务，在全市范围内组织开展黄瓜绿斑驳花叶病毒病、梨树疫病、番薯茎腐病、红火蚁、柑橘黄龙病、一枝黄花 6 种疫情专项调查，未发现新的植物检疫性有害生物，全年全市防控一枝黄花 13725 余亩(915 公顷)，比上年减少 970 亩(64.67 公顷)，主要区域农田、果园清除率 100%，城区预征土地、城区绿化地带、主要河道和主要交通要道两侧持续保持控制状态。

【农产品质量安全管理】 加强农产品质量安全数据库管理，升级

10 月 15 日，舟山市新城“海上菜园”桌面式微型船用植物工厂亮相舟山市青年创新创效优秀成果发布会(市农业科学研究院提供)

追溯平台，对系统内规模以上主体进行动态管理与调整。全市入库且正常运行的规模以上渔农业主体418家，其中定海166家，普陀118家，岱山94家，嵊泗9家，新城11家，普陀山－朱家尖管委会20家；有59家生产主体进入国家级追溯平台，有一证一码可追溯主体357家，全市开具机打合格证追溯"二合一码"32万张，散户使用纸质合格证2万余张，全市农产品质量安全追溯体系基本成型。深化信用体系建设，开展"红黑名单"制度管理。全市有评定红名单107家次，黑名单0家；开展对全市规模主体进行信用分级，全市录入信用级别主体271家，其中A级生产主体3家，B级生产主体217家，C级主体51家，暂无D/E级主体。

【农产品质量安全检查】 构建检测预警体系，加强检测抽样力度，基本实现监测抽检全覆盖，全年完成农业农村部检测省厅完成年度例行抽检样品300批次，4批次不合格，合格率98.66%，其中在地农产品抽取212批次，2批次不合格，合格率99.06%，开展草莓、畜禽、西甜瓜、茶叶等专项抽检，抽取样品657批次，合格率99.85%；全市26个涉农乡镇（街道）均设立快速检测室，配备检测设备和人员，并对公众免费开放，不断规范监测工作程序，建立检测工作制度和检测规程，检测记录及时网上录入工作，全市累计产快检数据18996条，合格率99.94%；联合市海洋与渔业部门开展"利剑"行动，涵盖农业投入品与农产品生产全过程，打击违法违规行为，震慑违法分子，形成检查指导、检测预警、执法查处协作局面，全市检查生产经营主体895家次，出动执法人员1950人次，查处农产品质量安全案件6起，保障农产品质量安全。

农业科技

【科技推广与服务】 省级（定海）农作物品种区域试验站是舟山市加快农作物优良品种引进推广的重要平台，2020年实施水稻、大豆、玉米、棉花等近70个作物品种的区域性试验，试验面积16亩（1.07公顷）；通过科技特派员、星创天地等平台开展新品种、新技术的指导与服务，引进推广"阳光玫瑰""寒香蜜"等葡萄新品种9个，种植面积近50亩（3.33公顷）；推广西甜瓜新品种5个，累计种植面积近100亩（6.67公顷）。

【科技宣传与培训】 组织定海区关工委、普陀区第二中学等师生参观马岙现代农业科研示范基地，与普陀城北小学、舟山中旭科创双语学校、普陀区青少年宫建立长期合作交流，提升马岙科研基地的科普宣传成效；成立"科研帮扶结对"专家服务团队，结对农业主体20家，向种植大户赠送150余亩（10余公顷）的瓜菜新品种种子，助力科技兴农；组织青年技术人员开展"节瓜（小冬瓜）栽培技术""瓜菜绿色生产技术""西甜瓜嫁接技术""我省西甜瓜生产现状及优质品质介绍""果蔬采收保鲜技术"等农业课堂培训，累计培训农户约500人次。

【科技项目获奖】 "海上菜园"项目获第四届浙江省农村创业创新

6月5日，全市西甜瓜栽培技术培训会在定海召开（市农业科学研究院提供）

大赛二等奖;“远洋船用绿叶类蔬菜设施数字精准化生产关键技术研究”项目获浙江省农业农村厅技术进步二等奖;“海岛叶菜高效安全生产技术示范”项目、“水稻绿色高产高效生产技术集成与推广应用”项目获浙江省农业丰收奖三等奖。

渔农村改革

【开展宅基地管理机制改革】 2020年,按照机构改革的职责划分要求和《中华人民共和国土地管理法》规定,推进市、县农业农村部门与自然资源规划、综合行政执法部门在数据共享、村庄规划、用地指标、农转用报批、建房审批、违法处置等方面衔接、配合,推动全市宅基地管理和改革工作平稳过渡,承接到位。按照省农业厅《关于做好2020年农民建房“一件事”办理的通知》落实相关事项,按照“最多跑一次”要求,出台《舟山市渔农民建房“一件事”审批办事指南(2020版)》,基本完成“农民建房一件事”办理网上审批系统建设。深化宅基地“三权分置”改革,加强流转后的闲置宅基地使用经营权登记颁证和使用管理,制定具体的登记颁证和注销流程、地上建筑物的翻建和维修流程、宅基地使用经营权抵押贷款流程等,夯实万幢闲置农房激活行动政策基础。

【实施闲置农房激活行动】 围绕年度目标,实施万幢闲置农房激活行动,制定配套政策,出台《舟山市渔农村闲置农房盘活利用管理办法》,对闲置农房盘活利用流程和事后管理作出具体规定。出台《舟山市渔农村闲置农房盘活利用示范区评定标准(试行)》,明确建设内容和标准。召开会议部署。9月24—25日,在普陀区虾峙镇召开全市闲置农房盘活利用暨渔农家民宿发展现场推进会,总结前阶段和部署下阶段的工作任务,推动闲置农房盘活利用工作深入开展。划定重点区域。按照“农房盘活意愿强、农房集聚效应大、农房盘活成功率高”原则,把区块自然风景秀丽,人文环境良好,基础设施健全,传统文化浓厚,多数已创建美丽乡村或者列入美丽乡村建设计划,盘活利用闲置农房基础较好的25个区域,划定为可盘活利用的闲置宅基地及农房重点区域。开展信息调查。组织各地对划定的25个重点区域内的闲置农房进行初步摸底,处于闲置状态的农房4056套;为提高信息质量,委托第三方专业公司,对重点区域开展调查,重点掌握农户信息、房屋基础信息、附属房屋及风貌信息、资源转化利用信息等。发布闲置信息。通过1.0版全市闲置农房信息发布平台,把部分闲置农房信息予以发布,发布841套,其中2020年新发布300户渔农户闲置农房信息。为提升发布效果,与市工行合作,开发新的闲置农房信息发布交易平台,通过增加图片、视频等方式丰富闲置农房信息内容,加载金融服务等提高平台功能,在新平台上新发布2000余户渔农户闲置农房信息。谋划推介项目。组织各地以重点区域为主,根据闲置农房状况,结合海洋资源及乡村产业资源,谋划25个闲置农房盘活利用项目,包括已经在开发建设、有意想投资者和计

9月25日,全市闲置农房盘活利用现场推进会在普陀虾峙召开(市农业农村局提供)

划开发的储备项目,涉及闲置农房1500套左右。通过《浙江日报》《浙江农村信息报》以及“舟山新区三农”“舟山广电”微信公众号等各类媒体集中推送推介19个项目。开展示范区创建。各地确定12个闲置农房盘活利用示范区创建项目,计划分三年创建完成。重点选择定海干礁镇新建村、普陀虾峙镇东晓村河泥漕、岱山岱东镇涂口村上船跳、嵊泗花鸟乡花鸟村4个已经建成的项目或已有较好基础的项目进行创建。是年,全市累计盘活闲置农房3200余套。

【土地承包经营权延长试点】 探索土地承包到期后经营权再延长30年试点工作,在岱山县衢山镇皇坟村开展国家第二轮土地承包到期后再延长30年试点,印发《岱山县第二轮土地承包到期后再延长30年试点工作实施意见》《第二轮土地承包到期后再延长30年工作方案》,成立由县长为组长的试点工作领导小组,明确工作任务,落实部门责任分工,指导乡镇、村研定具体延包政策。试点村拟订《第二轮土地承包到期后再延长30年实施细则》,9月17日在社员代表大会上全票表决通过。按照农业部《农村土地承包合同》样式,重新签订土地承包合同。

渔农村建设

【数字渔农村建设】 贯彻落实国家、省有关数字乡村建设的战略部署,围绕乡村振兴各项重要方面和重点内容,加强数字赋能,促进信息化管理。与市委网信办、市发改委、市经济局联合下发《2020年舟山市数字乡村发展任务清单》,细化年度数字乡村工作内容,明确提升乡村信息基础设施、推动渔农业生产管理数字化、提升乡村治理信息化水平等12方面27项工作目标,涉及24个有关部门。完成第二批省级数字农业工厂创建6个(包括渔业),渔农业种养基地数字化改造22个。完成普陀田园综合体智慧田园项目,开发集数字乡村、智慧旅游、大数据管理、农业物联网和质量追溯等系统集成的数字田园项目。加强数字化特色应用,开展完成市蔬菜基地智慧信息管理系统,强化全市蔬菜产销对接,动态掌握全市蔬菜生产情况,对接舟山市城市级“智慧菜篮子”流通体系系统,实现生产端到流通端的全程数字化。继续推进农业农村公共服务数字化建设。依托农民信箱等载体搭建网上信息服务渠道,优化网上咨询服务。实施信息进村入户工程,提升益农信息社服务功能。利用乡村便民服务中心、农民信箱联络站、农资、电商等网点,推进村级益农信息社建设,开展公益服务、便民服务及电子商务、培训体验等服务。

【发展渔农村集体经济】 制定支持政策。出台《关于进一步推进我市村级集体经济高质量发展的实施意见》,提出此后三年的发展目标、主要路径和保障措施。出台《关于切实做好村集体土地补偿费管理使用工作的指导意见》,指导督促村集体落实市委、市政府精神,足额提取土地补偿费用于发展集体经济和公益事业建设。出台《关于调整渔农村集体经济发展结对帮扶单位名单的通知》,深化结对帮扶,动员社会力量支持集体经济发展。谋划发展项目。引导各村谋划村级集体经济发展项目,以项目促进集体经济发展。是年,年收入30万元以

岱山县高亭镇大岐村近百亩波斯菊盛开(沈磊　摄)

下、年经营性收入15万元以下的集体经济相对薄弱村谋划20个，其中定海6个，普陀5个，岱山6个，嵊泗3个；抱团项目1个，为岱山岱西的商贸综合大楼，涉及岱西的6个相对薄弱村和2个其他村；其他村谋划39个，其中定海7个，普陀14个，岱山12个，嵊泗4个，新城1个，普陀山－朱家尖1个。59个项目中，其中资源开发型10个，物业经营型17个，资产盘活型8个，村庄经营型17个，生产服务型7个。落实年度消薄任务。确定2020年全市所有行政村年收入达到10万元以上且经营性收入达到5万元以上，其中村集体年收入达到30万元以上且经营性收入15万元以上的行政村占总行政村数的91%以上，其中年收入30万元以下、年经营性收入15万元以下的集体经济相对薄弱村消除40%以上。根据40%标准要求，落实全年计划消薄村名单和措施，并要求相对薄弱村较少的县(区)、功能区加大力度。全市现有280个行政村总收入6.55亿元，比上年增长6.44%，经营性收入4.05亿元，比上年增长8.19%，总收入10万元且经营性收入5万元以上的村占100%，消除省定相对薄弱村13个，总收入20万元且经营性收入10万元以上的村达95.36%，其中经营性收入50万元以上的村达60.71%。

【乡村产业融合发展】 以“特色化、差异化、集聚化、融合化、规范化”引领为原则，发展充满“海味”的渔农家乐乡村休闲旅游。促进集聚发展。开展省级休闲乡村和渔农家乐集聚村建设，推进2020年度塔湾村、蚂蚁岛、花鸟村3个农家乐集聚村项目和马岙村、东极镇、白沙岛3个省级休闲乡村建设。打造精品民宿。通过规范提升、创建评比、宣传推介，全市渔农家乐的基础设施、服务设施、生态环境、卫生状况、服务质量得到改善。至年底，认定渔农家精品民宿1000家，梳理推出乡村旅游精品线路60条，《舟山市人民政府办公室关于推进渔农家乐转型升级发展的实施意见》收官。发展农旅融合。挖掘农业多种功能，推进“农业＋旅游”“农业＋互联网”“农业＋研学”“农业＋康养”等，发展新产业新业态，增强休闲农庄发展活力，推动培育一批业态丰富的精品休闲农庄。定海马岙新青农家庭农场与众鑫体验等素质拓展机构合作，进行研学游、体验游，全年接待3万余人次。

【强化渔农村农机社会服务能力】 通过“机器换人”示范创建和农机补贴政策推动，开展基础条件成熟的定海飞舟农机专业社、荣丰农机专业合作社创建省级农机示范合作社和农机综合服务中心，通过规范运行、监测管理、提升壮大等措施，拓展服务内容，延伸服务链条，促进农机服务产业提档升级，满足区域机械化生产作业服务服务。通过培育创建，2家农机服务主体在集中育供秧、机插、机耕、植保、机收、烘干及维修等农机社会化服务方面发挥示范带动作用，年作业服务面积在2000亩(133.33公顷)以上；围绕现代农业产业化发展需求，因地制宜开展新型农机实用人才教育培训，引导一批“80后”“90后”“农创客”“农二代”加入农机队伍行列，至年底全市已有5家农机专业合作社由“80后”新人接管；培养农机教练、驾驶操作、维修保养等实用人才，全年通过省级集中培训全市新增4名职业农机教练员。

【强化渔农村动物诊疗机构管理】

为加强对动物诊疗场所的监督检查，将日常监管与集中抽查相结合，规范辖区内诊疗机构运作，查处未取得“动物诊疗许可证”擅自营业、超出动物诊疗许可核定的范围从事诊疗活动、不规范使用兽药等违法违规行为。全年全市开展监督检查42次，出动执法人员187人次，总体情况较好，对于发现的问题，责令其限期整改。其中，对将人用药品用于动物的违法行为进行查处，立案1件，罚款1万元；全市有18家动物诊疗机构，较上年新增4家，其中市本级3家，定海区6家，普陀区5家，岱山县2家，嵊泗县2家，均已取得动物诊疗许可证并按要求配备执业兽医师，具有固定营业地点，符合国家规定的动物防疫条件，有与诊疗规模相适应的设施设备以及相关制度。

【打好渔农村蓝天保卫战】 以保护渔农村生态环境，防治大气污染为目标，组织农业“两区”经营户、粮油种植大户和家庭农场等农业主体签订禁止焚烧秸秆推进综合利用的承诺书，引导科学利用秸秆，落实主体责任；加快区域性秸秆处理中心建设，利用省级现代生态循环农业专项资金，加快区域性秸秆处理中心建设，提高农作物秸秆综合利用率，全年建成市级农村秸秆加工利用示范点2个，北蝉工业开发区建秸秆有机肥利用加工示范点1个，开展利用秸秆与畜禽养殖粪便和水产品加工废弃物发酵制成混合颗粒有机肥，年生产颗粒有机肥2000吨；马岙镇建秸秆全量利用示范方300亩（20公顷），主要推广秸秆粉碎直接还田技术和秸秆收贮加工利用；整合土地资源，为联合收割作业提供条件，在普陀区展茅街道打造田园综合体，整合田间区块面积3500亩（233.33公顷），将农作物秸秆通过机械化粉碎和旋耕机作业直接混埋还田；强化推广秸秆"五化"利用技术，开展以推广秸秆肥料化利用的水稻玉米直接粉碎还田技术为主，辅助开展秸秆能源化、基料化、原料化、饲料化利用技术。是年，全市农村秸秆总量2.87万吨，秸秆利用量2.83万吨，利用率98.61%。其中，作肥料利用2.79万吨，利用率98.64%；作饲料利用300吨，利用率1.19%；作能源利用50吨，利用率0.17%。

【渔农民素质培训】 以针对性、实用性及有效性为目标，加大农村实用技术人才技能培训力度。培训农村实用人才1846人，完成年度目标的119.48%。培育高素质农民队伍。围绕海岛农业产业发展，发挥农民田间学校和实训基地作用，多形式开展高素质农民培育，累计培养高素质农民375人，完成年度目标的124.58%，并择优选派有意愿学员进入浙江农业大学等大中专院校继续深造。开展农业农村业务培训。根据"三农工作"总体需求，开展形式多样的培养教育活动；全年完成农业广播电视学校中专招生任务40人，并组织完成教学工作；牵头组织18名选手参加全省农业职业技能大赛，获得农产品质量安全检测、农机驾驶操作二等奖各1人，农作物病虫害防治三等奖2人，农机修理、农产品质量安全检测、动物疫病防治三等奖各1人，取得历年最好成绩；组织参加第四届浙江省农村创业创新大赛，在省总决赛中获得初创组二等奖。

【建立职业农民培育师资库】 完善教育培训体系。按照"政府主导，高校支撑，社会参与"的原则，建立市级"农民学院"、县级"农民学校"、乡镇"田间学校"三级教育培训体系，发挥市农广校（农民教育培训中心）在新型职业农民培育中的重要作用，形成学历教育、职业技能鉴定、继续教育与新型职业农民培育接轨的新格局，为农民培训由低层次和分散性培训向中高级和系统性培训升级搭建良好平台。选好抓好师资队伍。根据培训产业需求，建立全市新型职业农民培育师资库，聘请高级教授、高校老师、一线农业专家、农业领军人才和乡土专家等各类人才作为兼职教师，至年底有入库师资37人。通过选优配强师资，确保每个专业都有"精品课"，每堂课都有"含金量"，增强农民学习意愿。搭建信息服务桥梁。通过农民信箱、微信群、QQ群等现代信息化服务手段，搭建信息技术服务桥梁，建立起专家与学员、学员与学员之间多向信息交流平台，随时为学员提供各项创业服务信息。依托互联网络，结合农业科技云平台、农业教育培训微信等网络平台，建立渔农民网络课堂，组织农民参加在线学习。加强产业融合。为提高渔农民培育的参与性和实践性，根据农业产业特点，开展省级新型职业农民实训基地和省级田间学校的创建工作，鼓励引导产业园区（基地）、农民专业合作社、家庭农场等创建现代农业科技示范基地，逐步形成一批可看、可学、可操作的新型职业农民实训基地。全市有农民实训基地1个，田间学校10所。

【助推全国文明城市创建】 建立渔农村乡镇（街道）文明城市创建点位责任制，12个渔农村创城乡镇（街道）确定具体责任点位（区域）361个，责任人及工作人员4040人。继续实行局领导包干渔农村乡镇（街道）创城责任制，全局累计督查人员586人次，排摸发现各类问题1276个，完成整治1268个。开展渔农村环境卫生和违法搭建的全面清除行动，"两区两委"24个乡镇（街道）161个渔农村，清理废弃杂物4858.6吨，农业生产废弃物3140吨，村内沟渠139.6千米，乱接乱拉122处；排查违法搭建887处，拆除887处。市农业农村局获评全国文明城市创建先进集体。

【渔农村环境整治】 深化整洁村庄专项行动，在整洁村庄二年专项行动基础上，提升整治标准，出台《高标准推进整洁村庄专项行动》,以“五清四化一倡导”为要求,明确整治方向,落实精细管理,拓展工作内涵,提升渔农村的整体形象和个性品位,全市累计清理各类陈年垃圾12000余吨,整治房前屋后乱堆乱放2760余处,整治乱贴乱画1034处,各地参与集中整治的干部群众42900余人次,投入资金4900余万元。深入开展乡镇(街道)“洁美杯”季度竞赛、渔农村“最美村”“整改村”月度评比。至年底,开展“洁美杯”竞赛4次,“最美村”“整改村”评比7次,20个乡镇(街道)获得“洁美杯”,39个村获评“最美村”、23个村被评为“整改村”。“两强一化,破解渔农村环境卫生顽疾”经验做法获评市“五大会战”创新案例。全域开展渔农村生活垃圾分类处理,实现生活垃圾分类行政村覆盖率100%,垃圾总量零增长、垃圾零填埋和无害化处理率100%,资源化利用率达到99%以上,回收利用率46%左右。定海区洪家村、定海区新建村、普陀区黄杨尖村、普陀区沙岙村、岱山县双合村、岱山县龙头村、嵊泗边礁村、嵊泗县峙岙村8个省级高标准垃圾分类示范村完成建设。

【“一米菜园”打造】 各县(区)、功能区围绕“聚菜园小美,成乡村大美”主题,结合高标准整洁村庄专项行动,启动“一米菜园”试点工作。是年,定海区东风村、团结村、马岙村,普陀区黄杨尖村、东晓村、青龙村,岱山北峰村、长西村、双合村,嵊泗县基湖村、黄沙村、花鸟村等“一米菜园”试点村完成建设任务,改造各类菜园面积近20亩(1.33公顷)。其中,房前屋后私家菜园约17亩(1.13公顷),农户房前屋后闲置土地约0.75亩(500平方米),闲置集体用地约2.1亩(0.14公顷)。

【农业经营主体培育】 按照“有资质、有技能、有规模、有设施、有规范、有效益”等示范性家庭农场创建标准,指导30家家庭农场开展省、市、县级示范性家庭农场创建,以示范性家庭农场创建为抓手,健全农业经营管理机制,引导家庭农场完善农业生产条件,推行规模化、专业化、标准化生产,提高生产经营和产品质量安全水平。按照“管理规范化、生产标准化、产品安全化、经营品牌化、成员技能化”标准,加强对农民专业合作社的指导和服务,指导24家规范化农民合作社进一步规范提升,6家农民合作社培育市级示范性专业合作社,引导和推动农民合作社加强内部管理,完善章程制度,增强服务带动能力,强化示范创建引领。

【创新渔农村治理机制】 开展以基层政治生态良好、履行职责清正廉洁、决策监督机制健全、经济财务行为规范、清廉文化氛围浓厚为标准的清廉村居建设,以清廉村居建设为抓手,促进乡村治理。召开全市清廉村居建设推进现场会,部署全市清廉村居建设;制订“清廉村居”建设内容及评价标准体系,指导清廉村居建设;全年完成35个清廉村居示范点创建,以点带面,示范引领全市清廉村居建设。以自治、法治、德治和智治等四治融合发展的省级善治村创建,以省级善治村创建为抓手,促进乡村治理。年初,按照省定的目标任务,经县(区)、功能区申报,经市相关部门审定,确定55个村作为2020年省级善治村创建村,并经市、县联审,推荐上报54个村。

【政策性农业保险】 推进农业保险“提标、扩面、增品”,促进政策性农业保险高质量发展,防范化解农业生产经营面临的自然灾害和市场价格波动等多重风险,在稳住农业基本盘、发挥“三农”压舱石等方面作用凸显,为推进农业农村现代化发展与实现乡村振兴战略提供保障。是年,舟山市政策性农业保险共保体为774户次农户提供6.08亿元的保险保障,同比增长14.07%;收取保费1335万元,同比增长52.05%;投保数量912417单位,同比增长4.77%,各级财政补贴保费1238万元,各级财政补贴资金占总保费92.73%;中央财政补贴440万元,占总保费32.95%;省级财政补贴502万元,占总保费37.60%;市级财政补贴120万元,占总保费8.99%;县级财政补贴176万元,占总保费13.18%;承保险种包括生猪保险、能繁母猪保险、大棚保险、水稻保险、大棚西瓜保险、露地西瓜保险、葡萄保险、棚内蔬菜保险、露地蔬菜保险、小麦保险、叶菜价格指数保险、公益林保险、经济林保险、草莓保险14个险种。主要规模险种中,生猪保险保费规模895万元,占比67.04%;大棚保险保费规模191万元,占比14.31%;水稻保险保费规模97万元,占比7.27%;能繁母猪保费规模75万元，占比5.62%；全市为751户次农户赔付720万元，简单赔付率54%。其中，养殖险赔款655万元，简单赔付率68%，种植险赔款65万元，简单赔付率20%，林木险无赔付。

【帮扶结对助脱贫增收】 围绕“三清零”，借助网格管理载体，结合“一户一策一干部”制度，开展走访入户、包干到人的低收入渔农户年家庭人均收入8000元以下专项摸排行动。是年，低收入农户数量减少到7319户9484人。强化兜底保障力度，提高低保标准至每人每月810元，在基本医疗保险+大病保险+医疗救助+商业医疗补充保险保障基础上，增加医疗补充政策性保险，实现符合条件的困难群众100%资助参保。是年，医疗救助金支出2605万元。建立困难家庭危房改造进展“一周一通报”制度，一户一方案精细化改造118户C、D级危房；制定覆盖学前、义务、中等职业、普通高中以及民办学校就读的困难学生补助政策，阻断贫困代际传递；巩固拓展2017—2019年消除集体经济薄弱村三年行动成果，启动村级集体经济巩固提升三年行动。是年，消除省定相对薄弱村13个，全市97.50%的行政村达到总收入20万元且经营性收入10万元以上。落实市、县、乡、村四级书记齐抓共管责任制，建立“党政联引、商企联引、社会联引”的扶贫帮扶联动机制，形成相融共通部门联动扶贫格局；抓好结对帮扶，建立“村村有部门、户户有干部、月月有走访”机制，抓好“一户一策一干部”落实跟踪，执行每个建档立卡低收入渔农户结对一名干部定点定期走访联系。是年，机关干部累计结对低收入家庭近2万户次，累计帮扶资金近3200万元。

【渔农村指导员工作】 加强渔农村指导员管理，配合组织部门，通过个人自荐、单位推荐和相关部门“直接点名”方式，择优选派79名市级机关干部到渔农村担任渔农村工作指导员，健全指导员日常管理机制，组织培训，定期召开座谈会，发挥农村指导员作用。全市268名指导员联系落实项目245个，筹集扶贫、捐赠资金341.2万元，走访农户26705次，调处矛盾纠纷及群众上访1178起，最多跑一次代办申报、帮助准备材料980人次。

【历史文化村落保护】 做好历史文化村落规划设计工作，全年新启动2个历史文化重点村，5月完成规划设计后通过省级规划评审，计划完成13个建设项目，投入建设资金3300余万元；完成2018年启动的1个重点村和1个一般村的建设项目，完成建设项目30个，投入建设资金约2300万元。2019年启动的2个重点村及1个一般村有序推进，已完成7个项目建设，投入资金约1400万元；挖掘各地农耕文化资源，开展二十四节气等农耕文化活动调查摸底及申报工作，岱山县的祭海谢洋大典入选二十四节气活动。

（撰稿：严中琪）

责任编辑：孙国生

渔民穿“龙裤”的来历

“捕鱼郎”的故事和渔民穿“龙裤”的来历,据传起源于秦朝。秦始皇驾崩后秦二世为皇,当时赵高专权,欺秦二世年轻无知,意欲篡位,暗地勾结海盗,欺骗秦二世,去东海之滨观看万家灯会。

秦二世来到舟山,被海盗围得水泄不通,保驾将军连战俱败,秦二世无奈,只得挂出免战牌求和,要求海盗缓期一个月(其实是缓兵之计),说愿意交出玉玺并写降书,一面暗中差人连夜过港,骑千里马回京,向朝廷告急,速速发兵相救,谁知一个月限期已到,未见朝廷救兵到来,而海盗连连紧逼,秦二世在悔恨之下朝天叹道:“此赵高误我也!”叹罢,将玉玺狠命投入海中,正在此时,朝廷救兵奋勇而至,打得海盗鼠窜而逃。

事平之后,秦二世想起玉玺已经投入海中,不能回朝,就出榜发动所有渔民去海中打捞,如捞上玉玺者奖以重赏,有官加官,无官封官。赏榜既出,凡会游水的人个个入海打捞,果然有人捞上玉玺。秦二世大喜过望,在匆忙之间,急速回京,仔细一看,玉玺已缺一角,原来秦二世在抛扔时,怒气勃发,用力过猛,玉玺在礁石上碰撞,因此缺角。秦二世立即叫玉师用黄金镶补,为此,后人把“金狮玉印”改为“金镶玉印”。

一日,秦二世在宫中想起玉玺失而复得一事,已不知从海中捞上玉玺的是谁,便问左右,个个面面相觑,无人知道捞印之人。

秦二世心急,速遣大臣前来东海查访,谁知冒功者极多,分不清真伪,钦差大臣只好回京复命,次日早朝,秦二世问众大臣对海中捞印之事如何处理,大臣们纷纷争论不息,一时难以断定,最后,在众大臣建议下,只得把所有的渔民加封为“捕鱼郎”,并赐以龙裤。皇帝身上穿龙袍,捕鱼郎下身穿龙裤,从此,有了“捕鱼郎”穿龙裤的习俗。

概 述

2020年,全市经信系统根据市委、市政府的决策部署,落实"六稳""六保"任务,抓好疫情防控,开展有效服务,推进重点工作,统筹做好疫情防控和经济发展,全市工业经济实现平稳较快增长。

工业经济较快增长。全市规模以上(下称"规上")工业产值1572.4亿元,比上年增长64.0%,规上工业增加值497.9亿元,同比增长60.2%,增速均居全省第一。工业投资同比增长16.3%。新产品产值增速同比增长207.7%,增速居全省第一。装备制造业增加值、战略性新兴产业增加值和高新技术产业增加值增速分别为18%、9.2%和96.3%。规上工业企业实现利润总额91.2亿元,同比增长5.6倍。全市工业经济各项指标增速均保持全省前列。

主导产业总体稳健。船舶工业持续增长,产值同比增长21.7%,全年全市交船完工161.4万载重吨,新接订单123.3万载重吨,手持订单391.1万载重吨;全年全市修理船舶3671艘。石油化工业因浙石化产能释放,拉动行业产值增长232.8%。电力生产供应业同比增长10.6%,机械制造业同比增长24.3%,水泥及制品业同比增长14.1%,电子电机业同比增长9%。水产加工业和汽配制造业受新冠疫情等影响,同比分别下降26.6%和21.6%。

转型升级稳步推进。深化"亩均论英雄"改革,开展低效企业整治提升,推动工业经济增值提效。全年改造提升亩均税收2万元以下低效工业企业596家,完成落后产能淘汰涉及企业22家,推进一批环境保护、安全生产、节能降耗等不达标企业整治,完成"低散乱"企业整治69家,完成全市"低散乱"小船厂整治,"绿色船舶修理企业规范管理"改革成果在全国复制推广。加快一批成长型企业发展,培育国家级专精特新"小巨人"企业3家,隐形冠军及培育企业8家,浙石化入选省"雄鹰行动"培育企业名单,实现零的突破,"小升规"企业50家,10家企业列入省"放水养鱼"优质企业培育库。推进小微企业提升改造向园区集聚,全年新建成小微企业园3个。

创新能力不断加强。推进智能制造数字化转型,实施智能化改造项目103项,新引入认定5家智能制造工程服务机构,完成企业智能化诊断服务52家,新增工业机器人406台,搭建机械、汽配行业工业互联网平台,开展5家螺杆企业工业互联网试点建设。新认定7家企业市级企业技术中心和1家省级企业技术中心,完成省级工业新产品(新技术)鉴定备案35项,9家企业申报"浙江制造精品";实施11项校企合作示范项目,组建炼化一体化与新材料、海洋生物食品、船舶与海工三大省产业链协同创新共同体,4家船企开建省内首制船。

船舶工业

【概况】 2020年,新冠肺炎疫情对全市船舶工业带来巨大冲击。按照国家、省、市关于统筹推进疫情防控和经济社会发展工作的部署要求,船舶工业企业克服疫情带来的不利影响,推进复工复产。行业经济运行总体保持增长,造船行业交船难、接单难、盈利难等问题突出,修船行业受国际海事组织(IMO)2020限硫令影响,产值比上年大幅提升,但因国际疫情影响,船舶工业依然面临巨大挑战。全市规模以上(下称"规上")船舶修造业实现产值241.1

亿元,比上年增长21.7%,占全市规上工业的15.3%。全市船舶出口186.9亿元,同比增长19.9%,占全市出口的31.8%。

全市交船完工161.4万载重吨,同比下降30%;新接订单123.3万载重吨,同比增长2.1%;手持订单391.1万载重吨,同比下降15.3%;三大指标分别占全国的4.2%、4.3%和5.5%,同比分别下降2.1、上升0.1和下降0.2个百分点。

全市修理各类船舶3671艘,修理产值141.3亿元;其中,修理外轮1883艘,实现产值55.1亿元,同比增长24.7%。全市修船企业基本处于饱和状态,受国际海事组织2020年限硫令影响,脱硫塔改造业务增多,大部分重点修船企业全年完成改装20条以上。

9月8日,常石集团(舟山)造船有限公司新船交付下水(沈磊 摄)

【统筹推进疫情防控和复工复产】 年初,随着国内疫情得到控制,全市船舶行业企业全面复工复产,生产秩序基本恢复正常。船舶企业利用信息技术手段和"5G+AR"等新技术,创新运用"云检验""云交付"等工作方式保障正常生产。全年主要生产经营指标完成情况好于预期。全市船企执行各级防控部门各项规章制度,严格守住疫情海上输入关口,全年全市修理、改装国际航行船舶1883艘,随船入厂国际船员超过4万人,船企无一人感染。

【船舶行业转型升级】 全市船企通过多渠道加强与央企、名企的交流对接,吸引和推动其以多种形式参与合作重组,海舟修造船、海天船舶、宏鹰拆船等船企完成兼并重组。加强改造升级,推进浙江友联邮轮改装基地项目、中天重工二期基础设施建设等项目。11月29日,浙江友联首艘邮轮改装进厂。一批重点船企发挥自身制造优势,对接本地重大项目并向外拓展,加快多元化转型,重点发展桥梁钢结构、风电装备、石化装备等非船装备。长宏国际、增洲重工、惠生海工等非船业务质与量提升。

【推进绿色修船】 7月,舟山市"绿色船舶修理企业规范管理"入选国务院自由贸易试验区第六批改革试点经验向全国复制推广。10月,舟山市在大连海事展向全国介绍舟山绿色修船经验。市经信、生态环境、应急管理等部门开展第三批绿色修船企业认定,新增绿色修船企业6家,全市绿色修船企业达到17家,其中4家为绿色修船示范企业。全市各大船企推进经济适用清洁修船装备和工艺的研制与应用,万邦永跃率先实现超高压水除锈全覆盖并加快研发绿色除锈、喷涂一体化,中远海运重工、太平洋海工、鑫亚船舶、龙山船厂等超高压水除锈比例提升。随着绿色、智能修船装备不断改装升级,船企修船模式加速转型,豪华邮轮、海洋钻井平台、半潜式深海渔场、脱硫塔改装等业务大幅增加。

【拓展高新船舶修理】 稳定常规船型修理业务,研发应用精度焊接装备、5G+AR技术、坞修机器人、超高压水除锈设备等绿色、智能修船装备,拓展附加值更高的船舶改装、高端船舶修理和动力系统维修。中远海运重工承修中国首艘自主运营的豪华邮轮"鼓浪屿号",浙江友联承修首个海洋钻井平台"勘探七号"和首艘豪华邮轮"太平洋世界号",长宏国际协助建设SSFF150单柱半潜式深海渔场"海峡1号"。脱硫塔改装等高附加值项目比例大幅提升,全年完成改装200艘以上,全市修船产值大幅增长。

（撰稿：陈军）

石油化工业

2020 年，绿色石化基地一期项目全面投产，成为拉动全市工业经济快速发展的重要增长极。是年，全市规模以上（下称“规

1 月 1 日，浙石化 4000 万吨每年炼化一体化项目（一期）全面投产（沈磊 摄）

上”）石化行业实现产值 815.8 亿元，比上年增长 232.8%，占规上工业比重达 51.9%，全年累计投资石油化工项目 19 个，投资金额 366.3 亿元，同比增长 10.5%。至年底，舟山绿色石化产业基地一期项目全面达产，常减压装置负荷已达 130%，乙烯、丙烯等装置也超 100%负荷运行，累计加工原油 2306 万吨；二期正加快进度，预计到 2021 年底全部建成投产。围绕乙烯、丙烯、芳烃和石化配套四大产业链，加快绿色石化产业链衔接，完成炼化一体化与化工新材料项目。

（撰稿：张哲凤）

机械工业

2020 年，全市机械工业产业类别包括塑机螺杆、纺织机械、汽车配件、船舶配件等。

【机械制造行业】 全市有华业塑机、金星螺杆、光明塑机、栋斌橡塑、德玛吉实业等 19 家规模以上机械制造（下称“规上”）企业，主要集中在定海区金塘西堠工业园区，全年全市规上机械行业实现总产值 73.3 亿元，比上年增长 24.3%。

【汽车配件行业】 全市有黎明智造、浙江炜驰、岱美汽配、银岱汽配等 17 家规上汽配生产企业，多数集中分布在岱山本岛的汽配产业园，小部分分布在定海区、普陀区和海洋经济集聚区。是年，受汽车工业整体下行及中美贸易摩擦影响，汽车消费市场的持续下滑，全年规模以上汽配制造业实现总产值 25 亿元，同比下降 21.6%。

【工业投资】 是年，全市机械汽配工业投资项目 33 项，投资额 1.4 亿元，同比下降 66.7%，占全市比重的 0.3%。主要有浙江黎明智造股份有限公司智能工厂改造及信息系统升级建设项目、浙江华业塑料机械有限公司年产 100 套

2 月 16 日，舟山市弘美机械制造有限公司复工生产（沈磊 摄）

环保型酒糟脱水造粒螺杆技改项目、舟山德玛吉实业有限公司年产1000套高速激光熔覆螺杆技改项目、浙江宏捷机械科技有限公司套筒螺杆和挤出成型模具及挤出生产线项目、舟山境界机械科技有限公司的年产3000套螺杆项目、森森集团股份有限公司年产130万台智能泵及年产5万套水族箱柜项目等,一批先进和自动化的设备及技术应用为企业提升竞争力、生产能力和效率提供保障。

(撰稿:陈军)

数字经济核心产业

【概况】 2020年,全市贯彻省委、省政府数字经济“一号工程”的决策部署,实施数字经济五年行动计划,培育发展新兴产业。是年,全市规模以上(下称“规上”)数字经济企业48家,数字经济核心产业实现营业收入38.73亿元;数字经济核心产业实现增加值25.46亿元,现价比上年增长12.3%。

【行业发展】 是年,电子制造业浙江同博科技发展有限公司、舟山晨光电器有限公司实现50%以上的营收增长。软件和信息服务业舟山大舟网络科技股份有限公司、舟山市智慧城市运营有限公司营收同比增长超过70%,中船(浙江)海洋科技有限公司、百胜安科科技股份有限公司均达到30%以上增长。培育本土数字经济企业,遴选10个软件创新能力产业化项目和2个数字产业园区,给予软件创新能力产业化专项资金重点支持。全年全市新增规上数字经济核心企业11家。全市规上数字经济核心产业实现产值38.73亿元,其中规上电子信息制造业实现营业收入13.54亿元,规上软件和信息服务业实现营业收入25.19亿元。

4月17日,舟山移动公司工程技术人员在浙江海洋大学后山上安装5G设备助推数字经济发展(沈磊　摄)

【招商引资】 围绕数字经济产业发展,引进钧石硅晶光伏板、扑浪量子点膜等电子信息材料项目,引进海上通信设备、高压水除漆除锈机器人等涉海类制造项目。推进浙江原邦材料科技有限公司、舟山晨光电器有限公司的新产线建设以及浙江碳景科技有限公司、富通住电海缆有限公司等新引进企业的厂房建设。

【产业布局】 至年底,中国(舟山)海洋科学城累计入驻大数据、人工智能等数字经济相关企业50家,集聚从业人员810余人,年营业收入总额达2.4亿元,企业累计获得软件著作权119项;定海海洋科学城入驻海洋大数据、人工智能等数字经济相关企业累计达到22家,集聚从业人员330人,年营业收入总额达1.1亿元,企业累计登记软件著作权128项;在杭州飞地“舟创未来”被省数字经济发展领导小组办公室评为第一批省级数字经济“飞地”示范基地。启动定海·虹口协同创新中心建设,并开园运营,入驻企业5家;普陀湾(上海)众创码头正式开园,11家企业入驻;岱山数字经济大楼、嵊泗金港电创园等数字产业平台企业集聚势头较好。

(撰稿:郑哲)

水产加工业

【概况】 2020年,舟山市水产加工业形成一个以冷冻加工为主,休闲系列制品为辅的多样化水产品加工体系。是年，全市规模以上水产加工企业107家，年加工能力110万吨，冷藏能力40万吨，拥有各类冷库300余座及相应的生产设施设备。受新冠疫情的影响，全年规模以上水产加工业实现产值93.2亿元，比上年下降26.6%。全年舟山市水产品出口量243278.2吨，出口额662271.2万元，同比分别下降20.22%和16.26%，出口整体下降但呈现减缓之势。

【水产品加工】 水产加工原料包括群众渔船在东海近外海捕捞的经济鱼类，以及远洋渔船在北太平洋、东南太平洋及西南大西洋捕捞的鱿鱼、鲣鱼、金枪鱼、竹荚鱼、秋刀鱼等。舟山水产加工品种仍以鱼类(包括鲣鱼、金枪鱼)、头足类、虾类、蟹类及其制品为主。远洋自捕鱼运回和进口一般贸易快速发展。鱿鱼等头足类、金枪鱼类(包括鲣鱼)和鲭鱼等上层鱼类，作为原料加工后再出口比重攀升，占到舟山水产品出口总量的64.7%和总额的59.6%。由于近海资源的衰退、休渔期延长和渔业政策收紧等因素，继续影响东海虾蟹类及近海鱼类的整体捕捞产量，原料不足倒逼相关加工企业加快技术改造和发展精深加工，提高产品附加值。

【水产品出口】 日本、欧盟、韩国、泰国、美国归类为传统出口市场，合计出口重量和金额比重分别为56.4%和69.2%，分别增加了4.1和1.5个百分点。以俄罗斯、阿尔及利亚、越南、伊朗等剩余出口国家和地区为主的新兴市场，出口所占比重下降。是年，墨西哥、智利为代表的拉丁美洲以及印度尼西亚、马来西亚为代表的东盟六国成为舟山水产品出口亮点，贸易增长。通过减免关税和方便相关电子证书等效签发，拓展周边市场促进贸易发展，实施RCEP(《区域全面经济伙伴关系协定》)，印度尼西亚和马来西亚等国家出口量快速增长。

(撰稿：张波娜)

盐 业

【概况】 2020年，随着盐业产业成本不断提高，晒盐行业日渐萎缩，盐民转产。至年底，全市所有盐场均已废弃或停止晒盐。为保障新区建设，盐田废转力度加大。是年，由市市场监督管理局负责全市食盐质量安全管理与监督执法。由市卫生健康委根据省食盐加碘标准，结合舟山市碘营养水平，提出舟山市食盐加碘标准建议。

【食盐生产】 全市有2家盐业生产企业，分别为浙江舟山远东进口海盐制品有限责任公司和浙江绿海制盐有限责任公司，全年产量分别为12万吨和2.65万吨，全年合计产量14.65万吨，产值合计1.4亿元。

【食盐销售】 全市有5家食盐定点批发企业，分别为浙江省盐业集团舟山市盐业有限公司、浙江绿海制盐有限责任公司、浙江舟山远东海盐制品有限责任公司、浙江省岱山县盐业公司、嵊泗县盐业公司。是年，全市各盐业公司销售各类盐产品8896.6吨，比上年下降7.02%。其中大包装盐销售7459.2吨，同比下降11%；小包装食盐销售1236.45吨，同比增长10.3%。因鱿鱼捕获减少，以至腌制鱿鱼的食品加工用盐销售下降，全市大包装盐销量同比下降幅度较大。

(撰稿：张波娜)

其他消费品工业

【舟山市粮油加工产业】 2020年，舟山市粮油加工产业实现产值44.7亿元，其中舟山良海粮油有限公司实现工业总产值34.8亿元，比上年增长44.6%。主要企业包括舟山中海粮油工业有限公司和舟山良海粮油有限公司，产业拥有年加工270万吨大豆的生产能力，主要产品为豆油和豆粕。

【医药制造业】 是年，全市医药制造业共实现产值3.05亿元，有规模以上企业3家。主要产品品种仍是原来传统产品，以原料药、片剂、胶囊、软胶囊、散剂、冲剂、油剂等为主。

【化纤制造业】 舟山化纤制造业规模以上企业主要为舟山欣欣化纤有限公司。舟山欣欣化纤有限公司主要生产各种聚酯切片、涤纶长丝、全牵伸丝、各种规格涤纶低弹丝、花色变形丝等，全年产值为0.6亿元。

【纺织服装业】 受疫情影响等，纺织服装业下滑幅度较大，全市规模以上纺织服装企业6家，实现产值5.7亿元，同比下降41.9%。年产值过亿元企业舟山东方印染有限公司主营纺织印染产品、染化料助剂、生活用布、工业用布等。其他规上纺织服装企业华达毛纺织、浙江金鹰共创纺织、舟山创苑、达利针织、畚金针织服装厂等形成自身发展模式和特点，以普通制衣、针织服装、毛纺织、化纤织造等产品为主，在国内外形成较为稳定的销售渠道。

（撰稿：张波娜）

电力产业

【概况】 2020年，全市第二个海上风电项目——岱山4号海上风电项目正式建成投运，总装机容量234兆瓦。至年底，总装机容量400兆瓦的嵊泗2号海上风电场完成海上升压站吊装，总装机容量282兆瓦的嵊泗5号、6号海上风电场完成4台风机安装，建成三峡国家级潮流能示范工程。

【火电】 国能舟山发电有限责任公司（舟山电厂）是舟山电网内唯一的主力电厂，2台机组，总装机容量650兆瓦；浙能六横电厂2台机组，总装机容量2060兆瓦，接入大陆电网统一调度。

【风电】 全市并网的风电装机容量648.5兆瓦。其中陆上风电场5座，岱山衢山风电场一、二期60.5兆瓦，定海岑港风电场45兆瓦，定海长白风电场12兆瓦，定海金塘风电场25.5兆瓦，嵊泗东绿华风电场19.5兆瓦；海上风电场2座，国电舟山普陀6号海上风电场252兆瓦，中广核岱山4号海上风电场234兆瓦。

【光伏发电】 全市并网的光伏发电装机容量163.8兆瓦，其中集中式光伏电站（六横电厂）33.2兆瓦，企业分布式光伏124.8兆瓦，居民家庭屋顶光伏5.8兆瓦。

全省发电容量最大的光伏电站——舟山六横电厂光伏电站（徐栋梁　摄）

【其他非化石能源发电】 全市唯一的垃圾焚烧电厂旺能垃圾焚烧电厂装机容量27兆瓦。海洋能发电示范项目LHD模块化大型海洋潮流能发电机组示范项目装机容量1.7兆瓦，摘箬山潮流能发电设备示范项目装机容量0.83兆瓦，三峡国家级潮流能示范工程首台0.45兆瓦潮流能发电示范机组已下水调试。

（撰稿：李明道）

供　电

【概况】 2020年，舟山地区全社会用电量103.38亿千瓦时，比上年增长57.85%。全社会最高负荷196.50万千瓦，同比增长55.5%。舟山电网主要通过4回500千伏线路，3回110千伏交流线路与浙江大陆电网相连。全网有500千伏变电站1座，变电容量300万千伏安。拥有35千伏及以上交流公用变电站65座，总计变电容量751万千伏安。其中220千伏公用变电站8座，主变22台，总容量492万千伏安；110千伏公用变电站30座，主变63台，总容量299万千伏安；35千伏公用变电站26座，主变51台，总容量78万千伏安。±200千伏直流换流站5座，总容量116万千伏安，±50千伏直流换流站一座，容量6万千伏安。35千伏及以上输电线路3102千米。

【电网发展】 是年，完成《舟山市“十四五”电网发展规划报告》等系列规划成果。促成将嵊泗5号、6号和岱山4号海上风电接入岱山渔山岛鱼东220千伏输变电站，实现大型海上风电就近集中在大型石化基地消纳先例。项目前期快速推进，完成110千伏及以上项目可研编制6项，取得可研批复4项，核准9项。谋划舟山北向500千伏联网通道和鱼山岛供电方案研究。服务保障鱼山石化项目供电，提前9个月建成220千伏鱼东输变电工程，并促成全省首条高速公路跨海大桥预留220千伏随桥电缆通道，填补省内空白。按期投产鱼山第三回220千伏线路、蓬莱扩建等五项工程。贯彻落实脱贫攻坚战略部署，完成西藏援建配网工程项目。开工建设洛迦—鱼东线路工程等项目。位于舟山新城的220千伏葛仙变电站获得浙江省建设工程“钱江杯”，500千伏舟山联网工程获国家电网公司优质工程金奖。

【供电服务】 落实舟山市关于优化营商环境的各项决策部署，成立电力营商环境提升办公室，提升“获得电力”指数。创新发布全国首个“力调电费码”，惠及企业2727家，获浙江自贸区制度创新成果奖。编制发布全市重点企业复工电力指数报告，协助政府指导企业复工复产，得到市政府领导批示肯定。支持企业复工复产，推出20项惠民助企举措，累计为企业降价减费6.72亿元。加大转供电费码推广力度，清退金额557万元，确保降价政策有效传递到用户。成立鱼山供电中心，保障石化基地供电需求。开展鱼山保电专项行动，累计保电106天。落实14项服务举措，打造公司油气全产业链专属服务体系。加强政企合作，分别与海警局和综合执法局联合成立海上、陆上联合执法办公室，处置锚泊事件和临近带电线路安全隐患。服务浙江清洁能源示范省创建，打造电采暖、港口岸电等示范项目，实现电能替代1.2亿千瓦时，助力能源消费向绿色低碳转型。

5月4日，220千伏鱼山第三回路最后一根海底电缆登陆鱼山岛东部海堤。图为海底电缆登陆作业（国网舟山供电公司提供）

【电力科技】 建成国内首个直流电缆系统全工况试验平台，提升直流电缆试验研究能力。在电缆线路输送能力提升等方面持续开展技术攻关，提升220千伏鱼山线路载流量。完成两批次535千伏直流电缆型式试验，助力535千伏交联聚乙烯绝缘电缆国产化。完成实验室中国计量认证（CMA）扩项，具备电缆全参数检测能力。获批国网公司“电力电缆电气性能技术标准实验室”，成为国网公司第二批20家技术标准验证实验室之一。发布国网公司企业标准12项，申报海外发明专利1项。科技创新取得新突破，获得国际质量管理大赛铂金奖和国际发明金奖、管理创新国家奖和行业一等奖、中电建协科技进步一等奖等荣誉。

（撰稿：金晨星）

责任编辑：徐飞舟

“船魂灵”由来

据《舟山博物》记载,“船魂灵”为舟山船饰文化的又一奇特之处。“船魂灵”俗称“水魂灵”。它既是一种船饰,也是渔民敬龙崇龙,视船为木龙,期望木龙有灵性,以求庇护的图腾崇拜心理的反映,体现了船饰文化的深刻丰富内涵。

渔民造新船时,当船的骨架(俗称“龙骨”)搭成后,即取一小块硬木,在硬木上挖个小小圆孔,将替作“船魂灵”的铜板(或铜钿、银圆),钉在小木块的圆孔中央,然后定置于渔船或冰鲜船的水舱。

古时铜板、铜钿或银圆,大多铸有龙的图案或帝王年号,而帝王往往又被视为“真龙天子”,将铸有龙和“真龙天子”年号的铜板、铜钿或银圆作为船魂灵象征物,置于木龙的水舱中,木龙成了真龙、活龙,就有了克制海国万物,至高无上的尊严和力量。此外,人们信奉金银铜铁能镇邪避灾。将此船魂灵置于船之心腹部位的水舱,而整条船又置身于大海,喻示渔船或冰鲜船即为有灵魂和神威之物,以庇佑一年四季皆漂泊在茫茫大海、时常与风流险滩打交道的渔民或船工。渔民造新船时,还特意挑选铸有“顺治通宝”“乾隆通宝”字样的铜钱作为船魂灵,借顺治之“顺风顺水”和乾隆之“兴隆发达”的意愿而图吉利。

商　贸

商务事业

【概况】 2020年，全市商务系统打好“五大会战”，建设“四个舟山”，突出“稳外贸、稳外资、促消费、强改革、惠民生”五大核心任务，推动商务经济持续稳定发展。外资、外贸主要经济指标增速位列全省第一，自贸区改革获重大突破，被省商务厅考核为全省商务系统目标责任制考核综合绩效优秀单位。全市外贸进出口额1667.3亿元，比上年增长21.6%；其中，出口额588.1亿元，同比增长17.4%，进口额1079.21亿元，同比增长24.0%。全市服务贸易进出口额97.08亿元，同比增长34.11%。实际利用外资4.02亿美元，同比增长1.7倍。完成境外投资中方投资额1.85亿美元。完成国外经济合作营业额8.89亿美元，同比增长11.9%。实现社会消费品零售总额同比下降7.5%，降幅逐渐收窄；完成网络零售80.6亿元，同比增长29.7%。

【国内贸易】 消费市场受疫情影响　全市社会消费品零售总额同比下降7.5%。实现全社会批发业销售额同比增长6.6%，其中限上批发业销售额同比增长14.2%。全社会住宿餐饮业营业额同比下降18.9%，限额以上住宿餐饮业营业额同比下降21.6%。

促进消费　出台《提振消费促进经济稳定增长的实施意见》等3个促消费政策文件，稳定传统大众消费，释放新兴消费潜力。建立全市促消费产业联盟，形成促消费合力。开展出口转内销工作，推动28家外贸企业入驻浙江政彩云平台。全市发放6000余万元消费券，直接拉动消费额超3亿元。举办全省首场惠民团车节、汽车补贴促销等活动，活动期间售出车辆3344辆，直接拉动消费约6亿元。开展“消费促进月”“金秋购物节”等促销费活动，举办各类促销活动70余场次，推动全市消费逐月复苏，社零降幅逐月收窄。

拓展消费场景业态　加快步行街改造提升，舟山“潮生夜市”520幸福街正式开街，被评为省级特色步行街。杉杉普陀天地商圈智慧化改造提升，获省级智慧商圈试点。制定出台推进夜间经济发展实施意见，构建“城区+景区+商区+村庄”四位一体夜

5月18日，舟山520幸福街·潮生夜市在普陀东港开街（普陀区政府提供）

间经济体系，推出夜间经济十大标志性项目，普陀区获省级夜间经济试点城市。

促进供应链创新与应用　争取到中央服务业农商互联资金1745万元，推进5个供应链项目建设，获省政府供应链创新与应用专项激励资金600万元，为全省第二。争取省级商务资金600万元，加快推进全市批发零售业改造提升工作，新城凯虹购物中心等17个试点项目建设取得成效。

推进农村商贸振兴　普陀区六横镇成功创建省级现代商贸特色镇，定海区万金湖社区等6个社区(村)成功创建省级商贸发展示范村。累计培育电商专业村12个，省级电子商务示范村5个，省级电商镇1个。东西部对口合作成果显著，推进"舟鲜入达""达菜入舟"项目建设，完成500万元对口合作消费扶贫采购任务。组织参加达州市举办的秦巴交易会。

【对外贸易】　货物进出口增速全省领先　全市外贸进出口额1667.3亿元，同比增长21.6%。外贸出口占全国比重上升到3.28‰。对"一带一路"57个国家进出口总值763.62亿元，同比增长39.8%，占全市外贸进出口总额的45.8%。造船出口64.55亿元，同比下降32.9%；外轮修理出口122.32亿元，同比增长1.0倍，烟气脱硫装置出口32.74亿元，同比增长55.0%；油品出口244.95亿元，同比增长31.3%；水产品出口66.56亿元，同比下降16.3%。全市大宗商品实现进出口额1099.92亿元，同比增长26.8%，占全市进出口比重的66.0%。自贸试验区实现进出口额1236.19亿元，同比增长45.3%。

实施稳外贸政策措施　下发《舟山市关于支持外贸企业保订单拓市场的若干意见》，落实地方配套资金和"五减"政策，加大出口信保、市场开拓等十方面帮扶力度，拨付首批两直资金5400余万元，涉及企业327家。联动省中信保，实施信保扩面降费，对全市出口额在500万美元以下的外贸企业实施出口信用保险政府联保政策全覆盖，实际保险费率降低10%～30%，使出口企业得到更多实惠。

拓展多元化市场　克服疫情防控期间国内外展会无法举办的困境，组织开展"云展会""云洽谈"等云服务。支持并培训帮扶外贸进出口企业参加广交会、消博会等系列"出口网上交易会"，自主举办舟山市水产品网上交易会欧洲专场、俄罗斯专场、日韩专场及海事服务专场·欧洲站等，为企业多渠道拓展国内外市场创造有利条件；进博会期间全市签订采购项目4个，签约金额12亿元，完成省里下达的采购任务。

【服务贸易】　全市服务贸易实现进出口额208.77亿元，同比增长8.7%。其中，进口34.6亿元，同比增长12.4%；出口174.17亿元，同比增长7.9%。国际运输与海事服务、电信计算机和信息服务、建筑及相关工程支撑全市服贸进出口，三类服务占全市服务贸易进出口比重的92.0%。推动国际海事服务基地建设。经市政府审批保税油经营资格企业有11家。完成首单加工贸易项下保税燃料油混兑出口退税试点，赋予浙石油上港等2家企业船用保税油供应资质，新批中石化中海等2家船用保税燃料油混兑资质，全年完成船用保税燃料油直供量472.4万吨，同比增长15.14%。

【利用外资】　提升实际外资利用　全年实际利用外资4.02亿美元，提前一个月完成市政府下达的目标任务，同比增长1.7倍，利用外资增幅列全省第一。优化外资结构，制造业、油气储运加工等实体产业类项目实际利用外资3.66亿美元，占比91.0%。股权收购、并购、风险投资等成为利用外资的重要模式，新加坡万邦、韩国SK等溢价收购项目，实际利用外资1.9亿美元。

推进产业链招商　依托自贸区油气产业政策突破，引进嘉能可、维多、托克、道达尔等一批世界500强油品跨国公司和协力石油、周大福能源等众多国际性油品贸易企业。发布外商投资网上办事指南。浙洽会期间，推出云论坛、云招商等9场专项活动，签约6个项目，投资总额281亿元。

促进自贸试验区建设　全年自贸试验区新设外商投资企业49家，占全市新设外资企业的76.6%，合同利用外资9.07亿美元，占全市合同利用外资额的54.4%；实际利用外资2.35亿美元，占全市实际利用外资额的58.5%。

创新机制保障　建立重点外资项目专班服务机制，重点外资项目由局主要领导牵头，实施一个项目一个专班服务。全年梳理出全市 30 个重点外资项目，明确主体，压实责任，确保全市外资工作取得突破。

【对外经济合作】 境外投资目的地取得突破　全年全市实现境外投资总额 1.9 亿美元，其中中方投资额 1.85 亿美元。新增肯尼亚、毛里塔尼亚、刚果、越南和维尔京群岛境外投资地，全市境外投资覆盖至 33 个国家和地区；投资领域从传统船舶代理、船舶贸易、渔业捕捞、大豆贸易等拓展到油品全产业链、铝合金板材、纺织品批发零售、纸制品的制造加工销售等。

境外投资大项目带动作用明显　全年全市新设 15 个境外投资项目，其中浙石化在新加坡设立的浙石化私人有限公司，中方投资额 1 亿美元，占全市中方投资额比重的 54.1%。全年对"一带一路"实现境外中方投资额 1.39 亿美元，占全市境外中方投资额的 75.1%，占比同比上升 24.8 个百分点。

外经合作营业额稳定增长　全年实现国外经济合作营业额 8.89 亿美元，同比增长 11.9%。远洋渔业和外派海员仍是国外经济合作主要收入来源，全年完成对外承包工程营业额 7.71 亿美元，同比增长 22.3%；完成对外劳务合作营业额 1.18 亿美元，同比下降 28.3%。期末在外人数 1.49 万人，同比下降 12.4%。

【电子商务】 网络零售增速全省领先　全年实现网络零售额 80.6 亿元，同比增长 29.7%。居民网络消费额 194.1 亿元，同比增长 4.3%。

推进"数字生活新服务"工程　打造集"交通出行""文旅服务""网上菜场""网上餐厅""网上超市""网上市场""网上家政服务"等多功能于一体的"数字生活新服务平台"，挖掘培育同城购生活消费电商平台 8 家；发展以供应链管理、线上线下一体等为特征的新零售企业 13 家，其中 5 家被评为省级新零售示范企业。

完善电商服务体系　搭建跨境电商孵化平台，推动外贸企业开展跨境业务。完善市电子商务公共服务中心、市电子商务促进会组织体系，加强全市电商服务能力；授权开设"京东商城中国特产·舟山馆""天猫商城舟山原产地商品官方旗舰店"，助力舟山产业数字化转型。组织举办水产企业、跨境电商、新零售、新农人、东海渔嫂等 7 期电商类培训，受训千余人次。

开展线上促销　举办 2020 线上东海开渔节系列活动，其间舟山市全平台实现网络零售额超 20 亿元，开展各类直播助销活动，联合国内知名电商平台、视频平台，举办舟山海鲜年货节直播、舟山小黄鱼云溯源直播、舟山梭子蟹直播等活动，开展"美好生活浙播季"直播活动 70 余场。引导帮助 30 余家传统企业开展线上营销，助推解决各类地方农产品销售难的问题。

【自贸试验区建设】 关键性油品政策取得突破。落实油气全产业链开放发展 26 条若干措施，到商务部争取政策落地，浙江自贸试验区油气贸易政策取得重大突破。4 月 22 日，浙石化 100 万吨低硫燃料油出口配额获得商务部批准，浙石化成为全国首家获出口配额的民营炼化企业。7 月 7 日，浙石化成品油出口资格获商

10 月 16 日，2020 年国际油气贸易与海事服务高峰论坛在朱家尖国际会议中心举办。图为市商务局局长张捷介绍区域能源贸易消费结算中心建设实施方案（市商务局提供）

务部批准,浙石化成为除五大央企外全国首家获得成品油出口资格的民营炼化企业。10月30日,浙石油贸易有限公司原油非国营进口资格获得商务部批准,成为浙江自贸试验区第三家原油进口牌照企业。11月18日,浙石化100万吨成品油出口配额正式获商务部批准。12月4日,浙石化开始成品油出口,解决企业成品油库存高、出口难的问题,打通浙石化原油进口和成品油出口全产业链条。

推进区域能源贸易消费结算中心建设。瞄准"十四五"打造万亿级消费贸易结算中心目标,以中石化、中石油、浙油中心、浙能为核心搭建起舟山市油气贸易"四梁八柱"主体框架,制定区域能源贸易消费结算中心实施方案、行动计划、任务清单,举办3场油气贸易沙龙和论坛,引进中化能源物流总部、香港联合能源、中石化中海等油气贸易公司落户舟山,全年油气贸易额5580亿元。

【国际农产品贸易中心建设】 全年农贸中心完成农产品贸易交易额238.23亿元,完成目标200亿元的119.1%。引进产业链企业7家,注册资金2.53亿元。农贸中心被省政府评为省级进口贸易创新示范区。

推进重点项目建设　总投资30亿元的大洋世家海洋食品制造产业园开工建设。舟山综保区跨境电商保税备货模式(1210)正式获得国务院批复同意,浙台经贸区获得对台小额贸易资质。

促进产业链招商　招引产业链农产品企业7家,注册资金2.03亿元,进博会国际农产品贸易对接会邀请包括邦吉、路易达孚等世界粮商在内企业60余家,签约项目10个,签约金额达10.5亿元。

融合政策研究创新　农贸中心建设"十四五"规划基本完成,允许对非关税配额粮食以港口存放方式办理检验检疫审批等政策研究被采纳写入国务院《浙江自贸试验区扩区方案》。

【商务领域"最多跑一次"改革】 推进商务领域"最多跑一次"改革和政务服务数字化转型,网上办、掌上办、跑零次均达到100%,推进商务领域"证照分离"改革,成品油零售经营资格等4项许可全部实现告知承诺制。"互联网+监管"和"双随机、一公开"检查实现常态化,监管事项覆盖率、应用信用规则率和跨部门监管率均达到100%。外贸"订单+清单"监测预警系统填报率和响应率保持90%以上,落实外商投资准入前国民待遇加负面清单管理制度。在疫情防控期间推出线下"零见面"、线上"零距离"。

(撰稿:李道合)

舟山商贸集团有限公司

【概况】 2020年,舟山商贸集团做好"六稳"工作,落实"六保"任务,面对新冠肺炎疫情以及市场竞争,加强形势研判,调整经营策略,强化对标管理,规范成本核算,实施精细管理,开源节流、降本增效,加快综合业务转型升级,提高存量资产经营水平。全年按国资委考核口径实现营业收入7.2亿元,相比年度营业收入考核目标值4.92亿元增长2.28亿元,增长比例为46.34%。

【"菜篮子"工程建设】 是年,加大保供惠民力度,直供店全年平价供应菜篮子商品19385吨,实现销售额29886万元,比上年增长12.2%,菜篮子商品全年让利2550万元。加大平价供应力度,发挥国企直供店保供稳价作用,定海、普陀、新城三个主城区国有农贸市场蔬菜、猪肉、蛋类、豆制品、水产品价格持平且低于宁波市场同类菜价,达到市政府调控目标任务,实现CPI增幅全省最低。扩大产销对接范围,对接基地16家,对接品种达80余种,全年对接蔬菜约8200吨,占总进货数量的80%左右,较宁波蔬菜批发市场进货降低成本13%以上。其中对接达州蔬菜36批次,数量约912吨,消费扶贫金额342万元,超额完成年度扶贫任务。加强直供店建设与管理,完成新增菜篮子直供店4家目标任务,加强菜篮子直供店精细化管理;丰富供应品种,增设"鱼篮子"销售点10家,超额完成年度建设任务;推广"网鲜生"配送便民服务,服务覆盖定海、普陀、新城、长峙岛等主要城区;加强线下团购配送服务,团购配送单位39家,团购业务量同比增长30%。

【市场提升改造】 是年,做好市场提升改造工作。投入资金对定海南珍菜场,普陀平阳浦市场、桃花市场,新城勾山市场,六横台门市场等进行提升改造;按照省级放心市场创建、星级市场评定要求,推进创建工作,完成7家省级放心农贸市场和9家星级农贸市场创建任务;集团所属桔园菜场被纳入第一批“五化”市场创建名单,在为消费者和经营户提供便利化、人性化、特色化方面作先行尝试,并通过考核。

【行业管理】 是年,集团所属各农贸市场坚持防疫创城双促进,提升市场管理水平;加大重点行业摊位租金减免力度,国有农贸市场摊位租金得到合理调控。抓好经营性企业管理。民爆公司探索和改进工作方法,全年销售工业炸药3260吨,工业雷管18万发,索类火工品40万米,配送各类炸药2800吨,实现营业收入3900万元;二手车公司面临多家市场的竞争,打造“特色市场”,全年交易7300辆,实现营业收入380万元;银企联(盛海)公司稳步拓展市内省外动产监管点,尝试油气类贸易,全年实现营业收入1亿元;外贸公司开拓业务,实现营业收入5000万元;二轻企业调整产业布局,推动企业转型发展,打造投资管理板块,投资项目的税前年化收益率均达9%以上。加强企业参股股权管理,舟山市智慧城市运营有限公司49%的股权无偿划转国有公司管理,杭钢小型轧钢股份有限公司20万股权高于原价转让,实现资产保值增值。开展对标一流管理提升行动,编制《舟山商贸集团对标一流管理提升行动实施方案》。

【安全生产】 明确安全生产(消防安全)管理责任,强化安全生产主体责任落实。全年组织开展安全监督检查6次,检查下属市场、直供店、小商品市场、二手车市场、民爆仓库、租赁房屋等64个经营(重点)场所,下发隐患整改通知单23份,发现安全隐患49个,隐患整改率100%。建立重大节日食品安全专项督查制度,完善食品安全应急预案,明确责任分工,加大索证索票工作力度,严把市场准入关。全年检测上市商品253143批次,检测出不合格食品11批次,合格率99.99%。完善信访工作机制,解决合理诉求,把信访与矛盾化解在萌芽状态。是年,办理上级转办举报件1件,办理12345平台举报件35件,接待上门来访、来电人员31批次,解决办理历史遗留问题诉求30件,阳光热线上线2次。

(撰稿:田荣华)

供销合作经济

【概况】 2020年,面对新冠疫情,全市供销合作社以服务“三农”为主旨,增强社有经济,深化综合改革,注重盘活多方资源,开拓创新、狠抓落实。各项工作协调发展,社有经济稳中有升,提升服务渔农村功能。

【推进依法治社】 多次与市委组织部、编办协调,向市委专题提交书面报告,推进供销合作社“三会”制度(社员代表大会领导下的理事会、监事会制度)建立,于12月17日召开舟山市供销合作社联合社第一次代表大会。抓好省供销社下达的十项综合改革目标的分解与落实,召开任务部署会和工作推进会,采用月报、季报的形式跟踪落实县(区)社“三会”制度建设等工作推进情况,保证各项工作的全面落实。系统学习宪法、民法典等法律书目,邀请市社法律顾问律师商英系统解读民法典;凡涉及“三重一大”事项,均邀请派驻纪检组监督指导,市社签订的相关合同、起草的办法草案、出台的相关规定、执行的协议均请律师进行严格把关。

【做好疫情防控和安全工作】 加大防控力度,做好人员排查、供应

2020年全市供销系统机构情况

表27　　单位:家

项　　目	合计	市本级	定海	普陀	岱山	嵊泗
机构总数(个)	69	11	22	15	11	10
其中:市供销社	1	1				
市社企业	8	8				
县(区)供销社	4		1	1	1	1
县(区)社企业	28		11	7	5	5
基层供销社	28	2	10	7	5	4

保障、复工复产、减免房租等工作;成立疫情防控领导小组,建立2个专班,落实五项机制,对全系统674家出租房进行逐户排摸;协调绿通车运输和蔬菜调运工作,每日安排绿通车外调100吨蔬菜保障市场需求;加大对系统承租户扶持力度,全系统减免房租432万元,延期支付房租300万元,受益单位400余家,其中企业12家,合作经济组织1家,其他市场主体387家,并为蔬菜经营户减免手续费70万元。成立安全工作领导小组,签订《安全生产目标管理责任书》。组织"安全生产月"活动,抓好安全教育,下发安全宣传画册,开展安全检查,组织消防安全演练,完善年度安全台账,确保系统全年安全稳定。

【抓好农资供应工作】 2月10日,全市供销系统所有农资企业全部复工,53家销售网点开门营业。3月12日,市供销和农合联组织开展春耕生产支农惠农下乡服务活动,向农业专业合作社赠送4000个口罩和10吨优质化肥。落实化肥5517吨,销售3823吨,库存1694吨;调入农药158.5吨,销售144.3吨,库存14.2吨,保障农业生产的需求。出台《化肥农药储备管理实施细则》,完成1200吨化肥淡季储备、1500吨化肥应急储备和13.37吨农药应急储备任务,落实化肥淡季储备补贴67.03万元,农药应急储备补贴8.8万元。

【社有经济稳中有进】 抓好稳增长、促转型、防风险各项工作的落实,确保社有经济稳中有进,完成年初确定的主要经济指标。突出海岛经济特色,做好渔农经济结合发展文章,采取"基地+农户、线上+线下、批发+惠民、农贸+自销+供应会"模式,在新行业、新业态、新领域加强突破;加大开放办社力度,向冷链、物流等行业拓展,加大与美团等平台的合作,组织线上销售和网红直播带货,推进社有经济做大做强;全市供销系统全年实现总经营收入20.46亿元,同比增长5.1%,销售总额19.89亿元,同比增长5.5%,其中农产品购进7.5亿元,同比增长43.7%;农产品市场交易额3.19亿元,同比增长2.8%。在疫情对经济发展带来巨大影响下,市本级实现利润166万元,超额完成年初确立的100万元利润指标任务。

2020全市供销系统主要经济指标执行情况

表28 单位:万元

指 标	合计	市本级	定海	普陀	岱山	嵊泗
总经营收入	204652	44552	42564	59001	30475	28061
商品销售总额	198929	44552	42564	53278	30475	28061
总购进额	75233	4664	8099	32417	23512	6541
利税总额	915	314	−30	518	38	75
其中:利润	463	166	−74	298	24	49
税费	452	148	44	220	14	26
所有者权益	18415	3167	8454	3512	1469	1813

【为农服务】 完善全市渔农合联组织体系和功能 抓好产业渔农合联建设,组建渔业、茶业、粮食、果蔬等产业渔农合联6家,被省农合联认定为第一批省级产业农合联4家。加强渔农合联区域公用品牌建设,成立舟叁鲜农业开发有限公司,重点做好品牌运行推广、展示展销等工作。打造"老供销"菜篮子惠民店品牌,采取基地+直采+直供方式,降低终端零售价格,为市民提供"一站式"全品类采购服务。加强现代农业综合服务中心建设。以供销社农资供应网点、乡镇农合联农业生产服务中心为基础,组建现代农业综合服务中心16家,省级现代农业综合服务中心累计达到5家,全奇庄园果蔬专业合作社和金友定分别被省农合联评定为第二届"全省十佳合作经济组织""全省十佳合作经济人物"。

推进考核目标任务的完成 制定市供销社2020年乡村振兴工作要点,分解落实市社系统乡村振兴考核目标任务,做好月度统计报表及工作进展报告。全年组织为农服务培训10期,向农业农村部推荐申报全国示范性专业合作社1家,提升改造薄弱基层社4家,新建产业农合联2家,专业合作社6家,区域农业服务中心2家,村级综合服务社10家;新建"老供销"惠民店2家,打造"鱼篮子"品牌,建有"鱼篮子"销售点7个,其中“鱼篮子”销售店1个;完善市、县、乡“三位一体”的绿色回收体系,设有“两废”回收网点63个,覆盖全市各县(区)。落实废弃农药包装物回收补贴107.39万元,废弃农地膜回收补贴75.66万元,回收废弃农药包装物约391.95万只,回收废弃农地膜125.37吨,处置率100%。做好结对帮扶和扶贫工作,委托舟山龙荫专业合作社、舟山市定海区阿华家庭农场销售贫困地区的优质农副产品,全年实现销售额108万元,完成100万元消费扶贫考核任务。研究拨付帮扶款10万元,盘活岱西镇火箭村“水上乐园”项目,实现村集体收入30万元、经营性收入15万元消薄目标。

做好民生供应保障工作　市本级将普陀区12家菜店纳入“老供销”惠民店体系,民生保障覆盖主要城区,惠及东极等偏远海岛。与市内外蔬菜基地产销对接740亩(49.33公顷),对接量10106吨;蔬菜批发交易量35125吨,交易额8677万元;做好蔬菜农残检测工作,完成抽检各类蔬菜16836批次,检测合格率99.87%,销毁农残超标蔬菜1100千克。抓好“数字菜篮子”一期工程建设,实现与市“菜篮子”系统共享。推进农业信贷担保服务,发放担保贷款10738万元,涉及粮食、果蔬、水产品收购加工等多个领域。

(撰稿:王梦娜)

2020年市蔬菜批发交易市场交易及农残检测情况

表29

项　目	合　计	本地菜	外地菜
成交数量(吨)	35125	12430	22695
成交金额(万元)	8677	2670	6007
每千克平均价格(元)	2.47	2.15	2.65
抽检批次	16836	1464	15372
合格批次	16814	1461	15353
合格率(%)	99.87	99.80	99.88
销毁批次	22	3	19
销毁数量(千克)	1100	150	950

2020年全市供销系统专业合作社、综合服务社情况

表30

项　目	合计	市本级	定海	普陀	岱山	嵊泗
专业合作社数(个)	81	7	21	18	18	17
股金总额(万元)	9534	2435	2797	978	1298	2026
其中:供销社股金(万元)	2478	1	454	24	316	1683
种(养)面积(公顷)	4419.07	133.33	565.07	444	1396.67	1880
销售额(万元)	55030	6697	9445	4335	11463	23090

2020年全市供销系统农业生产资料供应情况

表31

指　标	合计	市本级	定海	普陀	岱山	嵊泗
农资供应总值(万元)	4267	1024	1518	806	415	504
化肥(实物)(吨)	12314	4118	4964	1996	1236	
农药(吨)	469	81	224	117	47	
农用薄膜(吨)	137	54	59	7	17	

烟草专卖

2020年,全市销售卷烟30亿支,实现销售收入30.56亿元,税利8.62亿元,利润总额3.85亿元。

是年,全市查获涉烟违法案件577起,查获卷烟2044件,案值2051万元。全市4家单位均破获加热不燃烧卷烟网络案,抓获犯罪嫌疑人43人,涉案金额7000余万元。普陀、岱山查获2起特大海上走私卷烟案。做好政务2.0改革、“好差评”等工作,办理网上申请3065件,网上办证率98.96%,办件好评率100%。完善“红色代办点”和办证“抢单”O2O服务模式,“党建+互联网+政务服务”模式获光明日报新媒体报道。

是年,浙江省舟山市烟草专

10月31日,市烟草专卖局、普陀区烟草专卖局联合舟山海警局查获涉嫌特大海上走私卷烟案,案值超1400万元(蒋梦婷　摄)

卖局(公司)捐赠90万元,个人捐款3.87万元,用于各项社会公益活动。

(撰稿:市烟草专卖局)

个私商业、餐饮业、服务业、住宿业

【概况】 2020年,全市从事商业、餐饮住宿、服务业的个体工商户、私营企业82970户,从业人员177987人,注册资金2675.3751亿元。与上年相比,分别增长7.61%、5.19%和15.42%。

【个体工商户】 是年,全市从事商业、餐饮住宿、服务业的个体工商户64413户,从业人员106114人,注册资金75.2612亿元,同比分别增长6.61%、3.35%和17.58%。

【私营企业】 是年,全市从事商

2020年全市个私商业、餐饮业、服务业、住宿业情况

表32

行　业	项　　目	户数(户)	从业人员(人)	投资者(人)	注册资金(万元)
总　计		82970	177987	95775	26753751
总计比上年增减(%)		7.61	5.19	8.19	15.42
商业	合计	57262	117264	68775	25663126
	合计比上年增长(%)	7.4	6.9	8.35	15.85
	个体工商户	40772	57142	40772	318030
	私营企业	16490	60122	28003	25345096
餐饮、住宿业	合计	15322	37440	15697	607608
	合计比上年增长(%)	11.77	3.53	11.48	7.21
	个体工商户	14677	31563	14677	370825
	私营企业	645	5877	1020	236783
服务业	合计	10386	23283	11303	483017
	合计比上年增长(%)	3.02	−0.28	3.09	5.25
	个体工商户	8964	17409	8964	63757
	私营企业	1422	5874	2339	419260

业、餐饮住宿、服务业的私营企业18557户，投资者31362人，雇工人数71873人，注册资金2600.1139亿元，同比分别增长11.21%、11.61%、8.05%和15.36%。

（撰稿：虞哲迪）

粮食流通和物资储备

【概况】 2020年，全市粮食物资工作围绕贯彻落实"大粮食安全观"，做好"六稳"工作，落实"六保"任务；强化粮油应急举措，助推全市疫情防控和社会经济发展；深化粮食产销合作，专班推进粮食增产保供；实施"优质粮食工程"，夯实粮食产业发展基础；规范军粮供应，提升军粮保障能力，粮食物资保障工作得到较好落实。全市地方储备粮落实12.14万吨（含成品粮6150吨）。完成750吨食用油及405吨冻猪肉储备任务。

【粮食产销合作】 对接宁波市粮食和物资储备局，签订"甬舟粮食安全保障一体化"战略合作协议，双方在扩大和深化粮食产销合作、推动两地粮食产业经济融合发展、构建区域粮食安全保障一体化体系建设、共同应对区域粮食安全挑战等方面形成共识。

组织开展松原粮食进舟山现场推介活动。配合松原市粮食局在新城惠众广场组织"吉浙好粮缘　全球云相荐"2020松原粮食进舟山活动，现场签订储备粮代储协议。双方组织召开粮食产销协作洽谈会，两地7对粮食企业签订产销合作协议。粮得丰农业有限公司等2家粮食企业在吉林松原市签订5500亩（366.67公顷）土地租赁协议，舟山设立2家吉林大米专卖店，粮食市场保障能力得到加强。

组织粮食订单收购。制定出台市本级粮食订单收购政策，调整粮食订单收购奖励标准，农户每交售50千克晚粳稻奖励由原来的15元提高到20元，每亩最高奖励由120元提高到180元。全年市本级收购晚稻谷2561吨，比上年增长23.3%，收购数量为历年之最。

【粮食应急保供】 完善粮食应急和粮食经营奖励政策　出台《2020年市本级粮食应急和粮食经营补助考核办法》，加大对增加经营库存、产销直接对接和实施"五优联动"试点工作的奖励力度，全市主要经营企业成品粮月平均库存3800吨。

加强粮油市场动态监测和预警分析　建立粮油应急工作日报告制度，准确掌握全市粮食供应、库存和价格动态变动情况，每周在局网站公布粮油价格信息。落实储备成品粮规模，分解落实新增2840吨成品粮储备任务。落实粮食经营企业最低库存量制度，鼓励经营企业增加库存。

健全粮食应急工作体系　制定应急成品粮供应预案和晚稻谷应急加工预案，优化调整应急供应网点，落实应急成品粮运输配送企业，组织人员对应急加工厂进行设备检修，确保应急加工能开得动、供得上。

加强粮食流通质量监管　加强储备粮质量监管和执法力度，组织开展全市粮油安全储存和安全生产检查2次，组织实施全省政策性粮食库存数量和质量大清查发现问题整改"回头看"专项行动。推进"星级粮库"建设，市粮食局直属粮库、普陀区中心粮库、岱山县中心粮库和嵊泗县中心粮库通过"三星级粮库"复评。

【粮食产业】 提高粮油产业集聚规模　中储粮集团浙江粮食仓储

10月13日，中储粮集团独立董事成员到舟山考察中储粮浙江粮食仓储物流项目（市商务局提供）

物流项目落地,提升园区粮油产业集聚效应。全年粮油加工量198.2万吨,同比增长91%;全市粮油工业总产值超过57.4亿元,同比增长13.9%。

推进粮食仓储重点项目 良海粮油9万吨仓储项目稳步推进,省直属粮库三期15万吨仓储项目建设进度完成年度目标。总投资超20亿元中储粮浙江粮食仓储物流项目落地,一期50万吨项目开工建设,为打造粮食储备基地,发展粮食产业经济创造条件。

开展"优质粮食工程"建设 加快推进粮油加工业供给侧结构性改革,支持企业开展大豆精深加工,延伸产业链,提升价值链,打造供应链。申请中央补助资金240万元支持良海粮油15万吨小包装食用油生产线技改提升项目,协助企业开展市场产品推广及品牌建设。

【救灾物资应急保障】 制定《舟山市救灾物资储备管理实施细则》。落实救灾物资储备计划,完成市级两批150万元应急救灾物资招标采购。争取省粮食和物资储备局下拨专项资金150万元,完成舟山救灾物资储备库(浙东分库)规范化改造。修订《舟山市商务局防汛防台应急预案》《舟山市民生物资保障防汛防台专项组防汛防台工作指南》,做好防汛防台准备。协调省应急物资保障中心与市粮食收储有限公司签订省级救灾物资储备代储协议。明确市粮食收储公司承储市本级救灾物资,负责市救灾物资储备库(浙东分库)的日常管理。

(撰稿:李道合)

责任编辑:李轶

城乡建设与城市管理

概　述

2020年，围绕海上花园城市建设目标，实施城镇老旧小区改造、城中村改造安置房建设、中心城区重点区块改造、美丽城镇和美丽村庄建设、"三改一拆"违法建筑拆除、城市道路建设与提升、城市景观亮化建设、城市公园绿化绿道建设、城市污水环卫排涝设施建设、生活岸线整治提升等十大攻坚行动，加快实现城市面貌大变样。是年，全市完成"三改"面积51.49万平方米，"一拆"（拆除违法建筑）面积43.61万平方米，分别完成全年工作目标任务的171.63%、145.38%，均超额完成省下达任务，其中旧住宅区改造50.19万平方米，旧厂区改造1.3万平方米；全市实施城中村改造安置房建设项目20个（续建项目18个，新建项目2个），累计已完成投资77.25亿元。交通治堵方面，全年全市打通断头路4条，拓宽瓶颈路4条，新建城市道路14条（其中完成3条），滨海大道舟渔高架段建成通车，合计完成道路建设11条、6.96千米。开展美丽宜居示范村建设，5处省级美丽宜居示范村通过验收，其中普陀区桃花镇连治山村、岱山县岱东镇龙头村被评为省级考核优秀。是年，全市排查鉴定出农村困难家庭危房118户，全部改造完成。在定海、新城、普陀完成15个社区口袋公园建设，形成多个"家门口的公园"。完成绿道建设32.2千米，20.73公顷。

是年，舟山市及定海、普陀、岱山、嵊泗四县（区）城建档案馆（室）新增档案16395卷，照片3591张，光盘4975张，其中市城建档案馆新接收工程项目档案163个，案卷10564卷，照片1892张，光盘4928张。至年底，全市有库藏档案193090卷，录音带、录像带76盒，照片56723张，光盘6136张，其中市城建档案馆库藏档案114018卷，占全市库藏的59.05%。市城建档案馆接待查阅档案人员280人次，查阅档案810卷次，复印档案7841张。

是年，全市房地产市场总体运行态势基本保持平稳。全市累计完成房地产开发投资额223.6亿元，商品房销售面积141.43万平方米，其中住宅销售面积118.22万平方米（11023套），二手住宅成交量11987套，成交面积107.5万平方米。全市新开工棚户区改造安置住房6178套，基本建成2977套，竣工5888套，交付入住2086套。发放城镇住房保障家庭租赁补贴3700户，其中新增家庭1005户，均完成年度目标任务。

三改一拆和城中村改造

【整治督查】 2020年，推进违法建筑治理工作，坚持"防、控、拆"相结合，强化存量违建处置，做好新增违建防控。开展全市河道及小流域沿线违法建筑整治行动。历时3个月（4—6月）集中整治，全市河道及小流域区域99处违法建筑点位，违建面积5570.83平方米，如期完成拆除整治，提升全市山洪灾害防御能力和防汛防台安全保障水平。4—9月，集中开展住宅小区违法建筑整治行动，重点整治违建问题突出的18个小区。拆除91个违建点，拆除面积1786.48平方米。全年全市创建2个无违建县，7个"基本无违建县（区）"，成为全省首批完成县（区）"基本无违建"目标的地级市。螺塘线创建为"省级绿化美化精品道路"和"省级特色精品道路"，滨海大道（定海段、新城段）创建为"省级绿化美化精品道路"。在《舟山日报》《舟山晚报》及舟山

省级绿化美化精品道路——滨海大道(洪宇　摄)

电台等市级媒体开辟专题，报道工作动态、亮点成效、问题点位，对存在问题及时督促整改。

【超额完成省对市"拆、改"任务】 全年全市完成"三改"面积51.49万平方米，"一拆"(拆除违法建筑)面积43.61万平方米，分别完成全年工作目标任务的171.63%、145.38%，均超额完成省下达任务，其中旧住宅区改造50.19万平方米，旧厂区改造1.3万平方米。至年底，全市累计拆后土地利用面积517.32万平方米，利用率85.2%。

【城中村改造】 是年，印发《2020全市城中村改造安置房建设和拆迁清零推进工作方案》，加快拆迁安置房建设和拆迁清零工作。定期召开市城中村改造办公室工作例会，及时掌握安置房项目进展情况，发现并协调解决出现的重大问题；加强信息报送，强化上下联动，督促各县区及时、主动报送信息；定期不定期督查项目推进情况，发现帮助解决存在的问题，对推进不力，项目进展迟缓的予以通报；会同领导小组成员单位对各地安置房建设完成情况进行全面考核，考核成绩纳入市政府对各县(区)政府、功能区管委会的年度目标考核。是年，全市实施城中村改造安置房建设项目20个(续建项目18个，新建项目2个)，其中普陀区城北A-05地块、新城管委会金鸡山二期、惠民公寓二期、普陀山－朱家尖管委会盐厂安置小区A地块4个安置项目已竣工，涉及套数2281套，房屋建筑面积44.23万平方米。累计完成投资77.25亿元。各县(区)、功能区围绕清零目标任务，推进城中村改造清零，完成清零409户(其中定海96户，普陀36户，新城272户，普陀山－朱家尖5户)，保障净地出让。

市政建设

【滨海大道舟渔高架工程】 续建工程。由舟山普陀城市投资发展集团有限公司开发建设，由高架桥工程、承台、引桥道路工程、路灯工程、混凝土防腐涂装、标志标线、舟渔平台工程7个系列工程组成，总造价约3.3亿元。2018年8月1日正式开工，2020年5月28号正式通车。

【千岛路提升改造工程】 千岛路南起海景道，北至东西快速路，全

提升改造后的千岛路(市住建局提供)

长约4.2千米。该次提升改造与海天大道同标准施工，提升改造包括道路、桥梁拼宽、道路照明等内容。千岛路(海景道—东西快速通道)提升改造工程项目总投资3.8亿元，分为二期五个标段同时施工，一期为东西快速路—新城大道，二期为新城大道—海景道，由舟山海城建设有限公司负责建设。2月开工，7月底全线完成道路改造并恢复双向通车。9月底完成所有绿化景观提升。

【主城区公共停车位建设】 主城区新增停车位1961个，完成率196.1%，其中公共停车位完成1043个，完成率348%，超额完成省、市考核任务。

【智慧停车系统建设】 根据市委、市政府部署要求，市住建局牵头抓紧谋划，统筹推进中心城区智慧停车系统建设工作(创新打造集停车服务、收费结算、车位共享、停车诱导等功能于一体的城市智慧停车云服务模式，建立统一的全市智慧停车平台)。是年，智慧停车中心城区一体化建设运营管理体系搭建完成，智慧停车决策社会稳定性评估工作完成，软件系统平台建成并上线运行，新城翁浦公园停车场、樱花公园停车场、港岛路路侧停车位等试点项目完成信息化改造并试运行。

【海绵城市建设】 全市贯彻落实国务院、浙江省政府关于"建设海绵城市"的战略部署，坚持规划引领、试点示范、因地制宜，推进海绵城市建设，呈现"试点项目有亮点，推进工作有机制，建设管理有依据"局面。是年，舟山市新城海绵城市示范区内无积水，樱花公园湿塘蓄水作用明显，缓解汇水分区内雨水径流；桥畔二期项目体现地面渗蓄功能，排解降雨及时；长峙岛商业住宅及如心广场综合海绵措施提升长峙岛整体调蓄滞洪能力，避免内涝。至6月，全市完成海绵城市建设16.7157平方千米，2019年全市建成区面积66.79平方千米，占比25.03%。2020年12月17日，舟山市人民政府办公室下发《关于推进海绵城市建设的实施意见》。

【污水处理设施、污水管网建设】 舟山市污水处理厂一期由城投集团负责采用EPC模式(设计采购施工总承包模式)，12月5日开工建设。配套主管网完成5千米建设；配套污泥处置设施于12月6日开工建设。推进岱山县高亭污水处理厂扩建工程开工建设；嵊泗县泗礁本岛污水处理厂迁建工程至年底完成土建工程量的80%；朱家尖城区生活污水处理厂扩建完成总工程量的23%。加大市政配套管网建设力度，扩大截污纳管范围，推进舟山市污水处理厂配套主管网工程等重大管网项目，全年新改建完成城镇市政污水管网17.3千米。根据全市各城镇污水处理厂实际运行情况，结合各个污水处理厂扩建计划，谋划并逐步启动岱山县衢山镇污水处理厂、金塘大浦口污水处理中心、六横污水处理厂等污水处理厂清洁排放标准改造前期工作。

【定海城北大绿地提升改造】 定海湿地公园东临蟠洋山路，位于东皋高架东南侧、海天大道东北侧，总面积4.08万平方米，水系面积1万平方米，硬质铺装约0.28万平方米，绿化面积约2.56万平方米。提升改造内容包括绿化工程、硬质景观工程，其中硬质景观包括铺装、儿童游乐园、廊架、亲

提升改造后的定海湿地公园(市住建局提供)

水平台、景观亭、自然驳岸、自行车雨棚、停车位以及相应的照明、给排水等配套工程。整个公园主要由环形慢跑绿道、滨水步道以及游园人行步道串联,分为滨水景观区、阳光草坪区、户外休闲区和文化展示区4大功能区。阳光草坪区中心景观主要以环形绿道结合阳光草坪的方式处理,保留部分原有树种,结合公园主要出入口的布置、休闲平台,特色观景台,形成多功能的阳光草坪空间。滨水景观区则保留原有水系,通过植物的梳理修剪、水系面积的扩大、路网系统的布置,结合亲水平台、特色石桥、特色绿岛的布置,打造景观绿岛,种植郁金香花海。城北湿地公园推行海绵城市公园建设理念,为市民提供休闲娱乐的同时,通过堆坡理水、打通水系,多处采用透水铺装,打造湿地景观,提升城市低洼区域的防洪排涝能力,缓解内涝现象。项目总投资1728万元,7月进场施工,于2021年元旦试开园,2021年2月完工。

【鲁家峙红石体育公园】 续建工程。位于舟山市普陀区鲁家峙北侧中心地块,用地面积37831平方米,其中绿化面积16134平方米,硬质铺装面积8044平方米,景观水系水域面积3977平方米,地下车库建筑面积6479平方米。主要建设内容包括运动场地、空中廊桥、园林景观、地下车库及其他相关附属设施。项目于2017年6月开工,2020年7月底竣工。

【桥畔公园二期、三期】 续建工程。沿滨海大道北侧展开,西起临城港岛路,东至茶山浦,总面积约6.4万平方米。公园以科技为主题,二、三期分别建设有科普馆、民俗馆,建有标准篮球场4个,草地滚球场1个,在公园周边设置129个停车位。是年,完成年度投资1000万元,完成房建工程外立面、科普换幕墙、室外附属工程、景观水池及绿化等相关设施建立。

【临长路沿线绿化景观提升】 项目位于临城新区,北起329国道,南至新城大道,项目总长约2.46千米,总面积122626平方米,其中绿化面积116141平方米,景观、园路、亲水平台、公厕等6485平方米。沿线绿化项目分三个标段开展施工。一、二标段主要对新城大道至329国道路段的中央绿带、两侧绿带进行提升,于2019年底竣工。三标段主要对体育路至329国道路段的东侧河边绿化进行建设,2020年9月开工,12月完工。项目年度投资4500万元。

【市级彩化苗木培育苗圃】 工程位于临城长峙岛王家墩,总用地面积约70000平方米,总投资980万元。主要建设内容包括新建连栋塑料薄膜大棚约18400平方米,连栋玻璃大棚约2000平方米,精品苗木基地约19000平方米,材料仓库及管理房600平方米,停车场200平方米及配套道路、水电、挡墙等基础设施。项目实施有利于提升绿化彩化苗木自给率。8月开工,12月竣工。

【口袋公园】 是年,全市建成15座口袋公园。

定海白虎山社区公园 位于白虎山路108号,有3处点位,利用原有游园和闲置空地,打造成口袋公园,设置桌凳、座椅、健身设施等。

西园社区公园 又称西园街心公园,位于定海兴中路东侧,结合定海旧城改造,拆除原有老旧设施,重新改造。通过绿化种植、设施安装、场地铺装等,进一步扩大公园承载力。

东园社区公园 位于定海东园新村内,东园社区结合老旧社区内的公共区域改造,打造4个供居民休憩的场所,结合树池设置休闲座椅,进行场地改造等,并新增红色党建阵地及社区宣传橱窗。

昌东社区公园 位于定海区昌东新村原昌东乐苑,利用原有宅前空地,结合老旧小区改造,修整原有的破损路面与老旧设施。

港北社区公园 位于定海东港浦小区内,对原有老旧环境进行整改提升,重新进行路面铺装、树池营造、绿化补种。

普陀区船厂路小游园 位于沈家门船厂路杨帆花苑与金叶市场之间,是一座富有中式园林气息的小游园。河道水质净化设备预留场地升级改造,一道中式景观墙遮挡电力设施。

海天楼健身公园 位于普陀区东海西路沿线海天楼旁,占地约4000平方米,公园设置羽毛球场、篮球场、健身角等运动区域。

鲁家峙1号河道沿线口袋公园 位于普陀区鲁家峙瑞和家园西门附近,结合河道改造提升时建造,占地面积约为200平方米,沿河道增设坐凳、凉亭、在河道上有通往凉亭的连廊。

鲁家峙3号河道沿线口袋公园 位于普陀区鲁家峙琪鲁家园北门附近，结合河道改造提升时建造，占地面积约300平方米，沿河道增设石凳、亲水平台、凉亭，种植各类绿植。

中大街口袋公园 位于普陀区沈家门中大街沿线每味先快餐店内侧，新街小区中间，占地面积约200平方米，结合老旧小区改造对小公园进行绿化改造，配套石凳、凉亭等设施。

公园沿河而建，河边设一座木亭。

万阳社区公园 位于临城万阳桥两侧，面积约5400平方米。公园南北走向，下穿经过万阳桥，设置凉亭、广场、园凳等设施。

田螺峙社区公园 位于临城媒创园区北侧，总面积约4850平方米，公园对原有河道北岸进行提升改造，增设景观游步道、庭院灯、座椅等设施，新增设停车位缓解周边停车难的问题。

（撰稿：翁秋燕）

口袋公园——新城杉林公园（新城住建局提供）

新城杉林公园 位于海天大道以北，临长路东侧，面积约7000平方米。在原有杉树的基础上，游步道两侧增植成片的水杉，形成富有特点的杉林小径。园中设有入口小广场、建设器材、公共卫生间等设施。

千岛路南段口袋公园 位于临城千岛路（海宇道至海天大道）中间隔离带，面积约6200平方米。园中设有市民休闲小广场、景观游步道等，并配备座椅等基础设施。

桃湾公园 位于临城千岛路翁山路路口，面积约1300平方米。

3月30日，市委书记俞东来（右五）到定海调研垃圾分类工作（沈磊　摄）

城市管理

【概况】 2020年，抓好城市精细化管理，重点对标“洁化、序化、绿化、美化、亮化”要求，提升城市管理水平。完成《舟山市城管导则》评估工作，出台《舟山市户外广告设置技术规范（试行）》和《舟山市户外招牌设置技术规范（试行）》，通过制定具有海岛特色的户外广告与户外招牌设置规范，推进城市管理标准化精细化水平；依托基于GIS（地理信息系统）的精细化管理项目，推进“智慧街面＋非现场执法”、城区内涝防控、精准化执法、餐厨垃圾监管等新功能的应用，拓展城市智能化管控手段；出台《舟山市城区内涝应急防控工作方案》《舟山市城区精准化内涝防控工作指南（试行）》，组织编制城区道路易涝点“一路一策”，提升城市内涝防控水平。加快城市管理立法进度，开展《舟山市生活垃圾分类管理规定》《舟山市城镇燃气管理条例》立法调研、起草,印发《舟山市综合行政执法局重大行政执法决定法制审核目录清单》《舟山市综合行政执法局重大执法决定法制审核流程图》《舟山市综合行政执法局行政执法音像记录事项清单》等,规范执法行为。

贯彻落实全市城乡环境综合整治暨海上花园城市建设工作会议精神,部署开展年度“品质舟山”建设工作任务,围绕全国文明城市创建主线,推进2020年城乡环境综合整治大会战“八项行动”,清理城市各类乱象,规范城市秩序,改善城市环境。1月,舟山市正式被命名为国家园林城市。深化园林城市创建,开展城市公园服务大提升,实施公园绿地提升改造,强化依法依规建绿护绿,持续推进“优质综合公园、绿化美化示范路、街容示范街”等创建工作。舟山市获选省级园林式居住区(单位)3个,优质综合公园3个,绿化美化示范路3条,街容示范街3条。至年底,全市建成区绿化覆盖率42.05%,绿地率37.04%,人均公共绿地面积16.74平方米。

【制定户外广告、招牌设置技术规范】 根据《舟山市户外广告和招牌设置管理条例》要求,12月30日,编制完成《舟山市户外广告设置技术规范(试行)》和《舟山市户外招牌设置技术规范(试行)》。2个规范适用于本市城市建成区的户外广告和招牌的设置及其管理工作,不涉及公益广告。主要规定了户外广告和招牌设施分类、基本设置要求、分类设置要求、照明要求、安全要求、设施设置管理要求以及设计、制作、安装与施工、维护与保养、验收与检测的全流程要求。

【开展“非现场执法”推进年活动】 4月21日,印发《“非现场执法”推进年活动实施方案》,破解城管系统执法难题。围绕创建全国文明城市,依托智慧城管数据资源和信息技术优势,利用智慧城管平台视频监控资源,发挥“智慧街面”自动发现优势。推进“互联网+执法”,通过“双随机一公开”检查、专项检查等“互联网+监管”模式,扩大案件来源。加强与资规、住建、市监等部门联动,加强案件移交、数据共享、证据互认,深化部门配合协作机制。是年,全市各执法部门累计立案(除机动车违停案件外)10735件,结案10515件,比上年分别增长179.9%和189.8%。非现场执法案件累计立案(除机动车违停案件外)3728件,结案3543件,较上年仅办理21件非现场执法案件,进步巨大。

【智慧城管平台建设】 市智慧城管指挥中心推进基于GIS的城市精细化管理暨智慧城管二期项目建设,配备519套设备预警监测城区内涝水情,为12类55000余个部件加上“数字身份证”,使用1627个餐厨垃圾桶RFID(射频识别)标签绑定584家餐饮单位,整合65个示范小区智能垃圾桶,增设200套果壳箱满溢监测设备,新增各类高清视频监控设备327路,完成生活垃圾全流程管理精细化场景、执法管理精细化场景、市政安全管理精细化场景及决策分析可视化场景四大功能场景建设,具备初验条件。6月,岱山县智慧城管建成并投入运行;7月,嵊泗县智慧城管平台完成项目验收;至年底,普-朱智慧城管建设基本完成,进入试运行阶段。是年,立案事部件问题95622件,结案93242件,结案率97.5%;其中通过智能发现事部件8775件,立案8669件,办理8663件。智慧城管应用全年新增注册用户1500余人,收集有效案件1254条,处置案件1245条,咨询回复9条。

【开展城乡环境综合整治大会战“八项行动”】 围绕“品质舟山”建设和全国文明城市创建主线,市城管局为城乡环境综合整治大会战牵头单位。3月,市委、市政府组织召开全市城乡环境综合整治暨海上花园城市建设工作会议,启动2020年大会战行动。

精品示范街(路)建设行动 按照《舟山市精品示范街创建标准》,继续推进8条街(路)建设任务,重点围绕建筑立面、店招店牌、市政设施、园林绿化、环境秩序进行改造提升和规范整治,落实常态化、长效化管理机制,达到街(路)设施完好、卫生整洁、管理到位。8条街(路)全部按计划完工,整体效果良好。

背街小巷整治提升行动 围绕创建全国文明城市目标,对10条街巷路面不平、路灯不亮、污水乱排、管线乱拉等问题进行全面建设改造,对主次干道和农贸市场周边176条街巷和基础设施按创城测评标准进行全面改造提升，并落实“路长制”门前三包、垃圾定点定时清运、绿化养护等日常管理措施。10条背街小巷建设任务全部按计划完工，176条背街小巷管理到位，均通过创城国测。

住宅小区周边餐饮油烟扰民整治行动　对住宅小区和商住楼周边142家餐饮店开展集中整治，落实油烟排放污染防治措施，定期对油烟净化设备进行清洗，关停19家不符合开设条件的门店，油烟扰民现象明显下降。制定出台《舟山市餐饮服务业油烟管理办法》，加强餐饮服务业源头管控工作。

瓶装液化气市场整治行动　30家瓶装燃气企业全部签订安全生产责任制，问题排查和治理全覆盖，消除安全隐患。开展城镇燃气安全用气（燃气热水器）专项整治行动，入户排查20.38万户，排查出直排式、违规使用、超期使用、“三无”等燃气热水器使用不规范问题3.66万个，全部限期落实整改，保障居民安全用气。

住宅小区违法建筑整治行动　重点整治的18个居民小区拆除违建点位91处，拆除违建面积1786.5平方米，小区内基本无非法搭建的侵占公共空间、破坏公共绿地、影响公共安全、有损建筑物外观的建（构）筑物。建立执法部门、房管部门及物业服务企业联防联控机制，由物业服务企业负责日常巡查，发现违建线索及时移交执法部门，房管部门负责对物业服务企业绩效考核，严防居民小区新违建的产生。

城区外卖服务业规范整治行动　交警部门制定出台《舟山市外卖快递骑手交通文明记分管理暂行规定》，并于5月10日起全面推行。以实施违法记分量化管理、推进外卖企业“标准化”管理、开展政企联动协同共治为抓手，全市计分331人次，其中记满12分的15人，有3家外卖企业被重点约谈，查处骑手交通违法行为729起，提升从业人员文明素养，规范外卖行业经营秩序。

城区快递服务业规范整治行动　查处快递车辆随意变更车道、闯红灯、逆向行驶、不戴头盔、乱停车等交通违法行为及快递经营者占用城市人行道、公共场地进行堆放、分拣、派送等违法违规行为2000余起，上门宣传引导全市300余家快递网点，督促落实主体责任，加强对从业人员的道路交通安全培训。将快递企业在经营过程中形成的重大违法信息纳入舟山市快递市场法人主体信用评定，作为实施快递市场分级分类监管的重要决策依据。

建筑垃圾乱倾倒专项治理行动　对本岛范围建筑垃圾乱倾倒，造成环境脏乱差的55个点位进行集中整治，通过追踪溯源，严格执法，落实防控等措施，全面消除卫生死角和脏乱差问题。制定出台《舟山市建筑垃圾管理办法》，规范建筑垃圾管理处置工作。岱山县和嵊泗县分别出台县域建筑垃圾管理实施意见和处置流程，提高全市建筑垃圾规范化管理水平。

【推进垃圾分类革命】　出台《舟山市2020年城镇生活垃圾分类行动计划》，推进源头减量、回收利用、制度创新、能力提升、文明风尚五大攻坚行动。全市城区分类覆盖面达到100%，岱山、嵊泗县城达到95%；创建完成25个省级高标准分类示范小区。全市生活垃圾产生量为47.24万吨，同比下降0.3%，实现负增长；回收利用率达到45%，资源化利用率和无害化处置率100%，实现全域焚烧处理和“零填埋”。在65个居民小区实施撤桶并点，143条主次干道实施撤桶进店，落实“定时定点”投放制度，党政机关、企事业单位、学校、医院、酒店等公共机构垃圾分类示范行动和减量行动全面开展，垃圾分类宣传深入人心。

【深化园林城市创建工作】　4月，市创建国家园林城市工作领导小组印发《舟山市推进省级园林城市（城镇）创建三年（2020—2022年）行动计划》，全面启动省级园林城市和园林城镇创建工作，其中岱山县、嵊泗县完成省级园林城市创建申报，力争于2021年创建成功省级园林城市；金塘、六横、衢山3个小城市试点镇完成省级园林城镇创建实施方案。

持续推进省级“优质综合公园、绿化美化示范路、街容示范街”“省级园林式居住区（单位）”创建工作。12月，省住建厅公布2020年度创建名单，全市获评省级园林式居住区3个（舟山玫瑰园西区诚园、浙能蓝园、祥生·御江湾），园林式单位3个［中共舟山市委党校、舟山市普陀第二中学、舟山绿城育华（国际）学校］，优质综合公园3座（定海公园、青龙山公园、儿童公园），绿化美化示范路3条［海州路、百里滨海大

街容示范街——合兴路(王春晓　摄)

道新城段、金沙大道(大桥东至普陀山机场段)],街容示范街3条(总府路、金城街、合兴路)。

【开展公园服务大提升】 为推进公共场所服务大提升“五化行动”,市城管局、市委改革办、市跑改办等6家单位联合印发《舟山市城市公园服务大提升行动方案》,明确利用三年时间,至2022年底,基本完成全市城市公园的提升改造任务,实现三星级以上城市公园100%覆盖。是年,10座城市公园(海山公园、定海海滨公园、舟山鸦片战争遗址公园、翁浦公园、翁山公园、舟山儿童公园、莲花洋公园、武岭湿地公园、鲁家峙莲桥公园、东港海滨公园)通过提升改造达到五星标准。

【市政燃气】 至年底,全市城区道路长度892.01千米,道路面积1630.4平方米,人均城市道路面积21.37平方米,建成区路网密度8.24千米/平方千米,排水管道长度1296.25千米,其中污水管道760.81千米,雨水533.44千米。是年,全市13家污水处理厂,日设计处理能力20.5万吨/天,污水处理总量9495.25万吨,全年COD(化学需氧量)削减量11492吨,氨氮削减量1422吨。城市污水处理率96.06%,较上年提升0.92%。市本级再生水利用量3739.48万吨,利用率26.26%。城区天然气销售气量8774.35吨,液化石油气销售气量31884.84吨,燃气普及率100%。

推进污水零直排生活小区建设,至年底,累计完成零直排生活小区82个(其中定海10个,新城10个,普陀山-朱家尖4个,嵊泗6个,普陀30个,岱山22个),超额完成省厅创建30个“污水零直排”生活小区年度目标任务;强化城市内涝管控,制定并印发《舟山市城区内涝应急防控工作方案》《舟山市城区精准化内涝防控工作指南(试行)》,安装40套超声波水位监测仪、100套雨水管网井口水位满溢报警器,拆除8处阻水堵水违法建筑物,新增应急排涝设施9600立方米/小时;持续推进城镇燃气行业监管,联合资源规划部门发布“城镇燃气设施安全保护范围”;全市核发城镇燃气经营企业29家。管道燃气方面,全市有临城双阳、岛北、金塘、六横和岱山6个液化天然气场站(其中岱山2个)、1个管输天然气门站,已敷设燃气管道约1127千米,有管道天然气用户24.6万户;瓶装燃气方面,全市有17个液化石油气储配站,流通的燃气瓶51.2万余只,用户10.2万户;7月,市城管局联合市公安局、市交通局、市市场监管局开展燃气监管执法“雷霆行动”,对两区两委5个燃气企业储配站集中联合执法检查,并随机抽取10户燃气用户进行入户调查核实,发现各类问题25个,下发整改通知书6份,立案调查5起。是年,全市排查燃气用户40.39万户,排查出各类隐患9.42万个,其中直排式、“三无”热水器7613只,烟道未接出室外、破损等问题6442个,隐患整改率99.73%,专项整治行动取得显著成效。

(撰稿:舒珍)

住房保障与房地产管理

【概况】 2020年,全市房地产市场受多种因素叠加影响有所波动,总体运行基本平稳。从市场表现来看,一季度受新冠肺炎疫情影响,全市房地产市场整体低迷,商品房成交量明显缩减;二季度,随着防疫形势的平稳和受周边市场回升的带动,房地产市场逐渐回归常态,成交量逐月回升;三季度起,因压制的需求集中释放后支撑度减弱,市场逐步进入平淡期。全年全市累计完成房地产开发投资额223.6亿元,比上年增长6.0%。全市商品房销售面积141.43万平方米,同比上升18.94%;其中,住宅销售面积118.22万平方米(11023套),同比上升14.07%。全市商品住宅网签备案成交均价为15192元/平方米,同比下降2.27%。至年底,全市商品住宅库存164.62万平方米,同比上升11.76%,库存消化周期稳定在16.8个月,处于合理区间范围。二手住宅成交量11987套,成交面积107.5万平方米,同比上升3.9%。

【房地产市场监管】 贯彻房地产市场调控的主体责任,落实《舟山市促进房地产市场平稳健康发展长效机制实施方案》的要求,完成省住房工作协调委员会对舟山市主体责任制落实情况的督查。加强房地产市场的监测分析,建立房地产市场调控多部门分析研判机制,形成完整的房地产市场监测数据分析链,定期形成市场专报。加强对预售资金的监管,将常态化的监管与重要环节监管相结合,防范房地产金融风险。科学把控土地供应,将区域性调控和结构化调控相结合,出台《关于进一步推进房屋征收货币化安置工作的通知》,推动棚改货币化安置政策落地见效,联动化解商品房库存压力。通过搭建平台,拓宽市场销售渠道,筹办首届“网上云房博会”,通过VR看房、网上直播等形式助推房企业线上成交商品房450套;联合多家部门举办2020年房博会,2天达成意向608组。针对疫情防控期间全市房地产市场低迷现状,在政策允许范围内,降低资金监管额度、物业保修金、预售条件等方面门槛,减轻企业压力。会同市中院、市场监管局等多家部门,为企业提供房产销售及交房疫情防控等方面的法律服务,并为房企出具多张商品房延迟交付指导意见函。通过优化部门联动,在全省首创建立多部门“新版商品房合同联合会审机制”,全市累计完成商品住房新版合同会商100余份,预防商品住宅全装修合同纠纷,维护买卖双方的合法权益。

【住房保障管理与改革】 修筑公租房新冠疫情防控“安全墙”。因公租房小区居住外来人口多,分布地域广,2月,市本级、各县(区)住建部门,通过系统梳理、上门排摸,多渠道排查承租人员,前移防控关口,累计排查全市公租房实物配租在保家庭8700户。全市公租房小区物业服务企业及运营管理单位,全力协助属地街道、社区做好管理区域疫情防控工作。2月3日,全市范围内暂停公租房保障现场受理公告,全面推行线上办理,“不见面”办事阻断传播渠道。

【保障性安居工程项目】 是年,全市新开工棚户区改造安置住房6178套,基本建成2977套,竣工5888套,交付入住2086套。发放城镇住房保障家庭租赁补贴3700户,其中新增家庭1005户,发放租赁补贴约1570万元。均完成省建设厅下达的目标任务。争取上级补助资金1.2253亿元,其中2020年省住房和城乡建设专项资金1644万元,中央财政专项资金757万元,中央基础设施配套补助资金9852万元。争取棚改专项债额度5.2亿元。

【住房保障】 印发《舟山市住房和城乡建设局关于进一步做好城镇社会救助家庭公共租赁住房保障工作的通知》,各地在此基础上完成具体保障方案或措施。督促各地住建部门主动对接民政,排摸社会救助家庭住房等情况,对符合条件的给予保障,通过主动排摸、审核,近150户家庭享受公租房保障政策。督促各地出台2020年受理通告或文件,提高租赁补贴标准,将人均租赁补贴保障面积16平方米提升至18平方米,户均从32平方米提升至36平方米,将住房保障收入审核线调整至上年人均可支配收入线,其中市本级从上年低于49217元放宽至低于53568元,各县(区)均做相应调整,明确通过整体配租或租赁补贴等方式,对公交、环卫等一线职工住房困难问题予以保障。

【白蚁防治】 加强白蚁监测控制技术推广与应用,全年受理新建房屋白蚁预防项目32个,面积112.32万平方米。应用环保型白蚁防治技术完成施工项目31个,总建筑面积约148万平方米,安装环保型白蚁监控装置5008套。全市新技术应用率达98.52%。规范物资仓库管理和监测控制技术应用,制定完成《舟山市白蚁防治所白蚁监控装置及物品进库、保管和出库领用登记制度(试行)》和《新建房屋白蚁预防工程施工项目质量管理规定(试行)》。落实"一村三名"白蚁防治专项工作,根据《浙江省传统村落和历史文化名城名镇名村白蚁防治专项工作三年行动计划》,制定全市三年行动计划实施方案,确定对金塘大鹏岛村、东沙镇、庙子湖村等8个历史名城名镇名村进行白蚁防治专项治理。"舟山市定海区大鹏岛村白蚁综合治理方案"项目被浙江省白蚁防治中心确定为2020年度省级示范项目,为全市全面推进传统村落和历史文化名城名镇名村的白蚁防治工作提供标杆。

【资产管理】 加强规范运作,做好国有资产保值增值工作。做好资产清查,规范系统数据;做好流程管理,完善内控制度;做好资产运作,确保保值增值。完成中心国有房产移交前的准备工作,西大街27号等28处房屋的公开拍租工作。全年收缴房屋租金895.8万元,其中住宅租金7.9万元,非住宅租金703.5万元,疫情期间按照政策减免租金184.4万元。加强隐患排查,做好房屋安全管理工作,进一步保障房屋安全,全年分批次完成69处房屋的现场排查,发送各类安全提醒600余条,发放消防安全材料60多份;做好维护保养,进一步保障主体结构安全。全年完成各类维修、整改项目66起,耗资25万余元;完成西大街21号等40处老旧砖木结构、隐患较大的非住宅房屋财产保险工作,涉保房屋建筑面积8405.34平方米,涉保金额1681.07万元。

【危房解危】 全面排查城镇房屋安全隐患。完成疫情防疫隔离点安全隐患排查30处、17.87万平方米;累计排查城镇公共房屋3279幢,有非住宅危房58幢;累计排查住宅房屋4500幢,有住宅危房947幢,所有危房已通过"腾拆修控"措施落实解危。全面排查在住危房人员信息。通过全面摸底调查,在"省基层防汛防台体系信息管理系统"完成居住人员信息录入731人次,实现"浙江安全码"100%赋码。全面实现房屋信息数字化管理,依托"浙江省房屋安全信息系统",完成住宅、非住宅危房信息及产权人信息更新录入工作。

【物业管理】 疫情防控期间,陆续下发《关于物业小区做好新型冠状病毒感染肺炎疫情防控工作的通知》《物业管理小区疫情防控工作指导标准》,要求物业服务企业严格做好疫情防控,为全面复工提供保障。全市97家物业服务企业、6000余名物业从业人员投入防控工作,263个物管小区实现疫情防控100%全覆盖。推进居民小区物业管理全覆盖工作,制定下发《舟山市居民小区物业管理全覆盖工作实施方案》和《舟山市居民小区物业管理全覆盖工作考核办法》,建立市、县(区、功能区)、街道(镇)、社区四级联动工作机制,新增物业管理住宅2029幢,居民小区物业管理覆盖率达到91%以上,提前超额完成年度目标任务。建立物业服务质量量化考核机制,每季度开展物管小区考评工作,物业服务企业实行"红黑榜"名单公示并进行媒体通报。加强行业人员业务培训,组织举办《舟山市物业管理条例》解读暨全国物业项目经理线下培训会,配合完成全国物业行业项目经理职业资格证书考证工作。做好物业管理区域内防汛防台工作,制定《舟山市物业管理住宅小区地下空间精准化防汛防台防涝工作指南(试行)》,组织召开全市物业管理小区地下空间防汛防台防涝工作现场会。加强物业行业监管,39家物业服务企业入围2020年度浙江省物业服务企业信用等级评定结果,其中A级及以上有11家。加强物业专项维修资金监管,归集物业专项维修资金4727.95万元,使用906.31万元;归集物业保修金1399.99万元,使用50.6万元。

(撰稿:翁秋燕)

住房公积金管理

【概况】 2020年,全市住房公积金管理以服务保障民生为主线,以数字化转型工作为依托,应对形势变化,打造"惠民公积金""智慧公积金""清廉公积金""文明公积金""安全公积金",各项工作取得新突破。是年,全市归集住房公积金38.31亿元,比上年增长7.61%,归集余额88.37亿元,较年初增长6.9亿元。全市正常缴存单位3698家,正常缴存职工152351人,净增职工人数13884人。提取住房公积金31.40亿元,同比增长18.85%。发放贷款4210户,发放金额14.79亿元,同比增长12.39%。全市贷款余额

87.16亿元，存贷比98.62%，较上年末下降11.78个百分点。住房消费额累计完成41.09亿元。全市住房公积金业务收入3.29亿元，业务支出2.14亿元，实现增值收益1.15亿元，逾期贷款金额16.32万元，贷款逾期率0.0019%。

【住房公积金政策调整】 是年，住房公积金政策调整及执行情况，包括当年缴存基数限额及确定方法、缴存比例等缴存政策调整情况，当年提取政策调整情况，当年个人住房贷款最高贷款额度、贷款条件等贷款政策调整情况，当年住房公积金存贷款利率执行标准等，支持老旧小区改造政策落实情况。职工住房公积金月缴存工资基数上限为市统计部门公布的2019年度全市职工月平均工资8870元的3倍；最低缴存基数按2019年度养老保险最低缴费基数3322元计算。缴存政策未调整。提取政策调整职工还贷期间住房公积金提取间隔期，由原有的每间隔3年提取一次调整为每间隔1年提取一次。贷款政策未调整。公积金存贷款利率按照中国人民银行公布的公积金存贷款利率执行。印发《关于既有住宅加装电梯提取住房公积金的通知》《关于改革完善住房公积金有关政策的通知》等文件，规定舟山市行政区域内缴存职工及其直系亲属（配偶、父母、子女）既有住宅加装电梯的，可在加装电梯建设工程规划许可证发证后两年内申请提取住房公积金；住房公积金缴存职工及其直系亲属既有住宅列入县、区级以上政府老旧小区改造计划，并已实施改造的，统一实施计划中个人分摊支付的费用可向缴存地住房公积金管理中心申请办理提取住房公积金。

【公积金缴存业务】 缴存职工中，国家机关和事业单位占35.03%，国有企业占15.04%，城镇集体企业占0.10%，外商投资企业占1.23%，城镇私营企业及其他城镇企业占44.18%，民办非企业单位和社会团体占2.65%，灵活就业人员占0.01%，其他占1.76%；中、低收入占98.92%，高收入占1.08%。新开户职工中，国家机关和事业单位占16.68%，国有企业占7.89%，城镇集体企业占0.24%，外商投资企业占1.24%，城镇私营企业及其他城镇企业占69.32%，民办非企业单位和社会团体占1.61%，灵活就业人员占0%，其他占3.02%；中、低收入占99.66%，高收入占0.34%。

【公积金提取业务】 提取金额中，购买、建造、翻建、大修自住住房占24.53%，偿还购房贷款本息占56.17%，租赁住房占3.05%，支持老旧小区改造占0%，离休和退休提取占10.32%，完全丧失劳动能力并与单位终止劳动关系提取占1.71%，出境定居占0%，其他占4.22%。提取职工中，中、低收入占96.19%，高收入占3.81%。

【公积金住房贷款业务】 支持职工购建房47.39万平方米（含公转商贴息贷款），年末个人住房贷款市场占有率（含公转商贴息贷款）为14.12%，比上年末减少0.81个百分点。通过申请住房公积金个人住房贷款，节约职工购房利息支出54092.94万元。职工贷款笔数中，购房建筑面积90（含）平方米以下占42.78%，90～144（含）平方米占54.68%，144平方米以上占2.54%；购买新房占61.02%（其中购买保障性住房占0%），购买二手房占38.69%，建造、翻建、大修自住住房占比为0，其他占0.29%。职工贷款笔数中，单缴存职工申请贷款占39.79%，双缴存职工申请贷款占59.98%，三人及以上缴存职工共同申请贷款占0.23%。贷款职工中，30岁（含）以下占33.21%，30～40岁（含）占42.59 %，40～50岁（含）占18.29%，50岁以上占5.91%；首次申请贷款占84.04%，二次及以上申请贷款占15.96%；中、低收入占99.12%，高收入占0.88%。

【住房贡献率】 是年，个人住房贷款发放额、公转商贴息贷款发放额、项目贷款发放额、住房消费提取额的总和与当年缴存额的比率为111.43%，比上年增加12.53个百分点。

【服务质量改进】 推进住房公积金服务"跨省通办"工作情况，改进服务网点、服务设施、服务手段、综合服务平台建设和其他网络载体建设服务情况等。

落实住建部住房公积金服务"跨省通办"工作 是年，实现个人住房公积金缴存及贷款信息查询、出具贷款职工住房公积金缴存使用证明、正常退休提取住房公积金3项服务事项"跨省通办"。

正式启用浙江政务服务平台2.0 实现共享数据自动填充，

大幅提升部门信息共享覆盖率、共享数据传输效率和共享信息准确性,“一证通办”体验进一步优化。

“在线办”比例持续提升　以疫情防控为契机,推广“网上办”“掌上办”,引导缴存单位和职工通过浙江政务服务网、“浙里办”App等途径办理公积金相关业务,公积金业务全年在线办理量达46000余笔,线上办结率达90%以上。

多部门“一件事”联办上线　通过部门协作、数据共享,由中心主导推动上线“公积金贷款一件事”联办系统。加强与市委组织部等相关部门的工作对接,加大系统开发力度,形成规范统一的办事流程和标准,“公务员一件事”“企业开办一件事”“事业单位人员全周期管理一件事”等相继上线运行。

“无证明通办”覆盖全域　进一步优化延伸网点布局,全市延伸网点数量达65个,覆盖全市全部乡镇。延伸网点与中心窗口“统一政策、统一网络、统一系统、统一操作”,下放数据共享权限,客户可在任何网点无证明办理所有个人公积金业务。

【信息化建设】　升级改造信息系统,贯彻落实基础数据标准,接入结算应用系统等。是年,中心投入信息化建设费用119万元。为推进浙江省“政务服务2.0”和“长三角一网通办”等工作任务,对全市住房公积金核心业务进行升级改造,改进综合服务平台服务功能。

(撰稿:方海英)

建筑业

【概况】　是年,全市入统建筑业企业完成建筑业总产值212.02亿元,比上年下降11.4%,其中市外产值42.69亿元,省外产值9.85亿元,同比分别下降18.4%和45.3%,施工外向度20.1%,建筑工程面积1230万平方米,其中新开工面积280万平方米,竣工面积181万平方米。实现主营业务收入192.35亿元,利税总额11.63亿元,吸纳建筑业就业人员6.6万人。全市有造价咨询企业甲级9家,乙级3家,乙级(暂定期一年)2家。

【建筑业企业及从业人员资质资格管理】　是年,全市新增建筑业企业资质核准34家,资质44项。其中市属9家企业,9项资质;定海8家企业,13项资质;普陀12家企业,15项资质;岱山3家企业,4项资质;嵊泗2家企业,3项资质。另外全市有38家建筑业企业资质增项,累计增项55项资质。其中市属12家企业,增18项资质;定海6家企业,增9项资质;普陀11家企业,增11项资质;岱山5家企业,增7项资质;嵊泗4家企业,增10项资质。全市工程监理企业15家(其中甲级7家,乙级5家,丙级3家)。工程质量检测企业15家。全市资质企业(含建筑业、工程监理、招标代理、造价咨询、质量检测)在“浙江省建筑业市场监管与诚信信息平台”人员入库备案21737人次,其中注册人员3588人次(一级注册建造师634人次,二级注册建造师2506人次,注册监理工程师258人次,注册造价工程师190人次),职称人员4456人次,现场管理人员6631人次,技术工人7062人次。

【建筑市场信用体系建设】　至年底,现有170家建筑业企业申请纳入信用信息管理系统,根据《舟山市建筑施工企业信用评价标准(试行)(2019版)》、日常监管情况并结合其基础信用信息和其他相关信用信息对上述企业进行信用评价。是年,完成12次动态信用评价,170家企业中AA级21家,A级34家,B级87家,C级18家。

【农民工工资支付保障】　推进“舟山建筑业无欠薪行动”,配合市防处办做好工程建设领域工资支付全过程监管平台搭建,完成房建市政类工程项目实名制管理平台与工资支付监管平台共享实名制考勤相关数据接口研发,将工地考勤数据实时上传至工程建设领域工资支付全过程监管平台。每月向工程建设领域工资支付全过程监管平台上传住建部门的工程项目许可信息,至年底上传430条工程项目许可信息。

落实工资保证金差异化缴存,合理减轻守信企业的经营负担。市住建局根据相关文件规定对8家建筑业施工企业经核实后继续做出免缴决定;对市外进舟企业经核实后退还工资保证金,退还47家企业农民工工资支付保证金4450万元。

减轻建筑业企业负担,激发

建筑市场主体活力，按照《关于在全省工程建设领域改革保证金制度的通知》要求，开展建筑工程领域保证金制度改革。至11月底，75家建筑企业农民工工资保证金采用保函形式缴纳。涉及资金8280万元，替代率较上年有明显提升。

按照省建设厅《关于进一步深化建筑业2020年度根治欠薪工作的通知》的要求，组织各级建设主管部门对310个工程项目进行现场检查，排查出5个工程项目存在欠薪隐患。各级建设主管部门及时跟进协调处理，保障农民工按时领取工资，化解欠薪隐患。

【建筑市场监管】 加大对各类违法违规行为的检查频率及处罚，严厉打击和整治建筑市场违法发包、违法分包、转包及挂靠等违法乱象，全年组织开展全市工程质量安全综合执法检查活动2次，检查范围覆盖全市辖区内两县两区和五个功能区，抽查在建工程36个，建筑面积223.98万平方米，下发停工整改通知书3份，限期整改通知书25份，对42家企业和43名责任人作出相应处理。开展建筑业企业资质动态核查，全年检查80家企业，14家建筑业企业资质全部符合标准要求，66家企业存在问题被责令限期整改。其中2020年度建筑业企业资质专项检查行动中，整改期止，经各县(区)复查仍有8家企业的15项资质不符合资质标准要求；2020年双随机检查中，仍有7家企业9项资质未整改完成。是年，累计对辖区内23家预拌混凝土企业进行61家次抽查，抽检水泥、砂石含泥量、砂石氯离子含量136个样品批次，预拌混凝土企业质量管理和控制总体符合要求。

开展全市建设工程质量检测机构专项检查，涉及检测机构12家，累计提出整改建议34项。各检测机构均在资质许可范围内从事建设工程检测活动。有完善的组织机构和质量保证体系及检测管理制度，能独立开展检测工作；能认真开展内审和管理评审工作；主要仪器设备配备齐全且能有效运行；对检测发现的不合格报告能在规定时间内上报。

【建设工程质量安全监管】 创新工程质量安全监管模式，强化质量标准化管理，建立工程质量样板引路制度，采取随机检查、飞行抽查等方式，加强工程质量安全监管，全年开展常规检查在建项目1612个次，组织开展督导会议71次，组织约谈37次，发现一般安全隐患5098条，签发限期整改通知书364份，签发停工整改通知书55份。全年全市新办理质量监督手续252项，对42个住宅工程进行分户验收监督检查，抽查457套，分户验收覆盖率100%。落实法定代表人授权书、工程质量终身责任承诺书和永久性标牌三项制度，实现覆盖率100%。开展“三服务”活动，全力做好全市住房和城乡建筑行业疫情防控和企业复工复产工作，开展工程质量安全提升行动、起重机械专项治理、全市建筑工程脚手架和模板支撑系统专项整治、建筑起重机械安全专项整治、建筑施工危险性较大的分部分项工程安全专项治理，建筑工地文明施工标准化，推进建筑工地“创城”工作，加强建筑施工消防安全专项整治等。

危大工程安全监管。加强超过一定规模危险性较大分部分项工程安全管理。建立完善危险性较大的分部分项工程公示备案制度，对超规模危险性较大分部分项工程实施情况进行公示，对其专项施工方案论证情况及后续审批程序落实情况进行审查备案，分部分项工程实施前进行专项监督交底，加强分部分项工程施工过程中关键环节、重点部位的监督检查，遏制较大及以上安全生产事故的发生。是年，新增超规模分部分项36项，组织监督交底55次，专项抽查40次。执行建筑起重机械登记管理制度，全年召开起重机械联络员会议2次，办理起重机械注册登记14台，安装登记133台次，使用登记148台次，拆除登记199台次。强化起重机械使用过程的监督检查，全年抽查74个在建工程，检查建筑起重机械298台。发现一般隐患732条，重大隐患9条，当场停用正在使用的塔吊79台，井架29台，签发限期整改通知书37份，签发停工整改通知书4份。推进“智慧工地”建设。根据《关于启用“舟山市智慧工地管理系统平台”的通知》要求，至年底建成“智慧工地”132个，并对“平台”实名制管理、塔吊监测、视频监控等三大模块在使用过程中存在的问题进行全面梳理，由“平台”运营服务商进行优化处理，完善应用内容和程序。推进建筑施工领域安全生产责任保险工作，建立建筑施工安全生产标准化考评制度,推进建筑施工安全治理标准化,建立完善事故应急救援预案,提高事故防范能力。

是年,全市施工企业创省建设工程“钱江杯”奖(优质工程)5项,“海山杯”奖(优质工程)7项。全市有20个工程被评为市级安全文明标准化工地,14个工程被评为省级安全文明标准化工地。

【招投标与造价管理】 在疫情防控期间调整工程项目招投标活动工作流程,将工程项目招投标活动的备案工作均改为线上备案流程办理;转发关于新冠肺炎疫情防控期间有关建设工程计价指导意见的通知,印发《关于印发在疫情防控期间我市房屋建筑和市政基础设施工程招投标活动有关事项的通知》,整理应对疫情相关文件汇编,组织造价相关人员疫情相关计价政策文件应用及索赔实例的网络学习,化解因疫情可能产生的工程争议和招投标问题。

出台《关于进一步完善建设工程和市政公用工程施工招投标的若干暂行规定》,规范市场竞争秩序,减少围标、串标行为。出台《舟山市房屋建筑和市政公用工程监理招标文件示范文本》,规范工程监理招标投标行为,推动网络招投标工作开展及工程监理行业健康发展。

市建设工程质量检测有限公司主动联系财政、发改部门出台转发《关于在房屋建筑和市政基础设施工程中推行施工过程结算的实施意见》,推进施工过程结算,做好《浙江省工程建设其他费用定额》(2018版)等七部概算定额宣贯培训工作。

组织开展舟山市第三届工程造价技能大赛并组队参加浙江省第三届工程造价技能竞赛,浙江恒诚工程管理咨询有限公司的郁松菡和舟山市博创建设咨询有限公司的叶宁获“金牌造价工程师”称号,市建设工程质量检测有限公司被授予“最佳协作奖”。

9月,出台《舟山市商品混凝土信息价测算工作指引》,出台商品混凝土信息价测算实施细则,规范商品混凝土信息价测算发布工作。

全年市本级受理79个工程项目的招投标备案,均为公开招标项目,中标金额51.9850亿元,工程造价平均浮动率为8.91%。处理2起招投标投诉事件。全年市内14家中介机构造价咨询收入10260万元,招标代理收入4402万元,业务总收入5.31亿元。全年完成计价解释6件,计价争议调解7件,涉及工程造价6.43亿元,调解涉及金额885万元。

【开展建筑市场扫黑除恶专项斗争工作】 持续推进扫黑除恶专项斗争工作。围绕扫黑除恶“治本年”深挖整治、长效常治年度目标任务,深入排查本行业领域涉黑涉恶线索和异常情况,至年底,排查工程项目680余个次,企业160余家,梳理信访件2060余件,开展质量安全综合执法检查、预拌混凝土干混砂浆企业专项检查、造价咨询与招标代理企业专项检查、检测企业专项检查等建筑市场专项整治工作;结合监管实际,出台7项建筑市场长效管理制度,谋划常态化工作,创造安全稳定的行业环境。

【推进建筑工业化发展】 贯彻落实《关于推进绿色建筑和建筑工业化发展的实施意见》《关于加快推进住宅全装修工作的指导意见》,推进装配式建筑项目落地,出台《市住建局、市规划局、进一步明确在我市本岛区域范围内实施采用装配式建筑具体要求的通知》,进一步明确本岛范围内新出让土地的装配式建筑实施要求。

为构建舟山市建筑工业化技术交流平台,牵头组建全市建筑工业化专家委员会。负责对建筑工业化企业发展技术指导和项目建设方案技术论证等工作,发挥专业委员会在技术和人才方面优势。组织培训和学习,多次组织有关部门和企业到各地进行建筑工业化考察及交流活动,学习先进经验。6月,邀请省专家到舟山开展建筑工业化相关政策和标准宣贯培训,使建筑工业化有关工程管理人员和技术人员进一步了解建筑工业化政策和舟山建筑装配式的发展方向。

是年,全市新开工装配式项目26个,建筑面积107.19万平方米,完成省厅下达年度目标任务(100万平方米)的107.19%;其中,新开装配式住宅和公共建筑面积达82.1万平方米,完成省厅下达年度目标任务(50万平方米)的164.2%;新开工全装修项目建筑面积达156.45万平方米,完成省厅下达年度目标任务(100万平方米)的156.45%。

县城建设

【岱山县城】 2020年，全县住房和城乡建设工作围绕打造“海上花园城”的奋斗目标和建设“品质岱山”的工作主线，创新工作思路，用新发展理念谋划和推动住房城乡建设领域各项工作任务，全县城市品位不断提升。实施城市建设政府投资项目20个，完成固定资产投资8.90亿元。全县建筑业完成总产值18.60亿元，完成房地产开发投资18.32亿元，商品住宅成交均价10885元/平方米。至年底，建成区面积8.45平方千米，实有城市道路面积168.73万平方米，排水管道长度136.85千米。县城人均地下结建防护面积2.0平方米。是年，岱山县住房和城乡建设局（简称县住建局）被市住建局评为2020年度全市住房城乡建设系统目标责任制考核优秀单位、2020年度全市住房城乡建设系统先进集体。

市政建设　持续推进交通治堵工作，县治堵办拟定《2020年度岱山县治理城市交通拥堵工作实施方案》，分解工作职责，落实工作任务，协调解决难点问题，督查考核工作实绩。7月始，全面实施八大行动，至年底完成港湾式候车厅改造（包括嵌入式停靠站）、新增城市道路0.4千米。改建城市道路（长河路品质提升改造）约2.6千米。

是年，原计划改造老旧小区63幢，实际完成71幢，投入资金7065.3万元，涉及群众1237户。其中人民路改造项目25幢，通过“非集中”公开招标形式进行开标，成为全市疫情防控期间实施的首个“非集中”公开招投标项目。蓬莱新村一小区计划改造16幢，实际完成改造17幢。沿港中路改造项目22幢，结合“美丽渔港活力港湾”规划，旨在打造高标准的沿海滨港带。新增清泰路沿街改造项目7幢，已完成验收。

岱山县高亭城区污水处理厂扩建工程位于徐福大道与聚星路交会处西南侧，拟用地面积45491平方米，工程总投资3.2亿元。该工程分综合处理厂区和预处理厂区建设，综合处理厂区收集高亭中心城区和经济开发部分生活污水，预处理厂区主要收集海洋生物产业园产生的工业废水。综合处理厂区建设规模3万吨/日，其中扩建2万吨/日，预处理厂区建设规模0.4万吨/日。11月5日完成工程招投标。

岱山县垃圾中转站项目位于东沙镇杨家岙水库东50米，占地面积约34.8亩（2.32公顷），设计规模按照生活垃圾压缩规模300吨/日，装修垃圾处理规模120吨/日，大件垃圾处理规模15吨/日，园林垃圾处理规模2吨/日建设，渗沥液处理规模50吨/日。项目总投资8800万元。

城区建设　岱山蓬莱森林公园项目，位于磨盘山，主要内容为新建“安澜阁”，总建筑面积1973平方米，地上六层建筑面积1049平方米，地下一层建筑面积924平方米，以及为周边居民提供健身休憩场所，总面积1050亩（70公顷），区内植被茂密，主要进行部分坟墓拆迁，部分绿化建设。项目总投资1亿元。是年，完成安澜阁内部装修和周边环境打造和坟墓拆迁数量调查摸底工作。

长河路品质二次提升工程，长河路（沿港西路至衢山大道）2.6千米，西起育才路路口，东至长剑大道，主要完成车行道白改黑，人行道局部翻新，总投资2700万元。

岱山采霞路改扩建一、二期工程，采霞路改扩建一期工程，位于紫宸府地块北侧道路，长250米，宽15米，投资1084万元。采霞路改扩建二期工程，改建现有采霞路，道路长150米，宽32米，投资477万元。已完成工程建设并竣工验收，通车使用。

2019—2020年新老城区纳污管网维护建设，投资约1000万元（其中2019年投资450万元，2020年投资550万元），主要对新老城区约1.5千米污水管网进行开挖式和非开挖式修复，修复1号污水泵站并投入运行。正式投入运行后，可有效改善新老城区污水排放的现状，为实现新老城区污水管网接顺、污水零直排打好基础。

是年，高亭城区排涝能力提升工程，建设内容为梳理城区排涝瓶颈、治理部分易受灾点位，主要包括教育局点位、衢山大道点位等易受灾点位的治理，长河东端新增强排泵，解决暴雨天气的长河排涝问题，增强整个城区强排能力。项目总投资1000万元。已完工并完成验收。

建筑业　深入开展建筑工程“标化工地”创建活动。岱山绿城蔚蓝公寓三期B区工程、高亭中心菜场迁建工程、岱山县公安局衢山派出所及交警大队衢山中队业务技术用房、岱山县职教园区学生宿舍楼工程(4号、5号)、衢山镇万南万北新村周边配套道路工程被评为“2020年度舟山市房屋建筑工程和市政公用工程安全文明标准化工地”。浙江宝晟建设有限公司被评为“舟山市建筑业先进建筑业企业”。全县建筑业完成县内外总产值18.60亿元,比上年下降4.61%。是年,全县累计完成工程招投标项目100项,其中公开招标56项,邀请招标44项,工程预算投资额8.28亿元,实际中标价7.19亿元,节约资金1.09亿元。全年应招标项目的招标率达到100%,通过招标,工程造价平均下浮率为5.7%。

是年,全县绿色建筑项目6个,建设规模5.8万平方米,其中二星级绿色建筑2个,二星级绿色建筑占比达到33%。严格执行新建建筑节能标准,新建建筑节能执行率100%。完成高星级绿色建筑“岱山县中心幼儿园城西分园”1项,可再生能源18万平方米。

岱山县辖区内新增受监工程27个,新增受监面积约14.28万平方米。全县房屋建筑工程竣工验收项目26个,建筑面积约为56.92万平方米;市政基础设施工程竣工验收项目4个,工程造价约为5972万元。6月2日,岱山县首次举办市级建筑工程质量安全施工标准化管理现场观摩会,在县原技校地块住宅小区工程现场召开,全市住建系统行业主管部门以及全市各建筑企业相关负责人200余名代表参加。

房地产业 是年,房地产开发投资18.32亿元,比上年增长34.4%,其中住宅投资17.03亿元,同比增长42.3%;商品房施工面积102.91万平方米,同比增长18.3%;商品房竣工面积32.46万平方米;商品房销售面积10.87万平方米,同比减少39.8%。商品住宅成交均价为10885元/平方米。年末全县剩余可供市场销售商品住宅面积17.98万平方米,比上年末减少14.5%。全年批准4件商品房预售许可,商品房预售上市面积23.96万平方米,同比增长209.5%;做好紫宸府、君宸府等5个商品房项目商品房现售备案工作。审核二手房交易审核1523件,建筑面积29.58万平方米,同比分别增长18.15%和146.71%。

办理新建房屋白蚁预防公共服务受理单13件,面积18.57万平方米,新建白蚁施工3件,面积12.37万平方米,白蚁灭治上门服务308户,安装监测装置400套。

根据创城方案,会同相关职能部门对居民小区进行整治,推进机动车停车位、电动车充电桩改造工作,至12月底,太阳城一区改造完成105个机动车停车位,三区改造完成24处电动车充电桩,半岛城市花园改造完成203个机动车停车位。

完成物业承接查验备案5件,物业竣工验收5件,住宅专项维修资金、房改房维修基金使用审核62件,保修金使用审核12件,业主委员会备案审核3件;各类信访投诉392件;归集住宅专项维修资金3234万元。制定出台《岱山县物业服务项目前期招标投标管理办法(试行)》《关于做好业主委员会发挥自治作用的指导意见》《岱山县居民小区物业管理服务质量考核奖励实施办法(试行)》,完成72幢无物业管理的楼宇实施物业管理。

推进住房保障工作,至年底,2011—2016年棚户区安置房竣工442套,交付442套,交付率100%;2017年棚户区安置房竣工140套,交付136套,交付率97%。公共租赁住房申请实行常态化申请,新增中低收入家庭租金补贴61户,实际在保租赁补贴271户,发放中低收入租金补贴151.5万元;新增环卫工人1人,以租金补贴方式给予保障。做好紧缺型引进人才公共租赁住房分配工作,分配61户。对参与新冠疫情防控一线的医护行业公租房保障对象,给予减免2个月的租金,减免43户3.2万元。对公租房保障家庭进行跟踪检查,至12月底停发租金补贴24户,退出公租房56户。完成直管公房维修5处,房屋建筑面积350平方米。开展每月一次及台风汛期直管公房安全巡查工作。做好138户高亭、东沙直管公房租户资格审查工作,新申请入户6户,因租赁资格不符合予以清退2户。

专项工作 6月,制定出台《岱山县2020年海上花园城市建设攻坚行动实施方案》,明确全年实施城中村改造、城乡老旧小区和危旧房改造、“三改一拆”违法建筑拆除、美丽城镇和美丽村庄建设、城市道路及交通大通道建设、中心城区提升、城市景观亮化建设、城乡公园绿化建设、城乡给排水及水利建设、公共服务设施提升改造十大攻坚行动,34类72个项目,完成投资31.49亿元。全县列入舟山市2020年海上花园

城建设攻坚行动级计划有19个项目,完成投资9.39亿元。

全县把深化"三改一拆""四边三化"行动、巩固"无违建县"创建成果作为主抓手,以"去存量、控新增"为重点,坚持拆、改、用结合,推进"三改一拆""四边三化"行动和巩固"无违建"创建成果工作。实现存量违建全面"清零",拆除违法建筑1.18万平方米,完成市定年度任务118%。在巩固"两路两侧"整治成果基础上,对重点问题点位再次进行排摸,发现重点问题点位15处,于10月提前完成年度整治任务;省级精品道路"板燕线"通过复评。完成拆后建筑垃圾清理、场地平整,推进违建拆后清理工作。继续落实"即查即拆"制度,对正在发生的违法建设行为,做到"及时发现、及时报告、及时拆除"。常态化运行防违控违综合管理平台,定时抽查各乡镇巡查轨迹,保持对新增违法建筑的"零容忍"。

推进安居工程建设。原技校地块住宅小区,为大畲片区配套安置房项目,用地面积4.47万平方米,总建筑面积15.03万平方米,新建11幢高层,层数从17至30层不等。至年底,主体结构完成100%,装饰装修分部完成95%,附属工程市政工程完成40%。累计投资7.6亿元。顺峰家园二期,为闸口片区配套安置房项目,用地面积1.66万平方米,总建筑面积4.27万平方米,新建6幢11层小高层。至12月底,主体结构完成100%,装饰装修完成52%,累计完成投资2亿元。东海地块住宅小区,为东海片区配套安置房项目。用地面积3.72万平方米,总建筑面积11.9万平方米,新建11幢高层住宅和1幢8层办公楼。至年底,土方开挖完成100%,地下室结构完成100%。累计完成投资4.01亿元。山外地块住宅小区,用地面积6.35万平方米,总建筑面积22.25万平方米,新建13幢高层,层数从17至27层不等。至年底,地下室结构完成100%,上部主体结构完成50%。累计完成投资8.29亿元。

排查公共房屋602幢,建筑面积87.89万平方米,新排查出丙类6幢,通过鉴定确定3幢C级危房,至年底全部通过维修加固解危。对全县所有登记在册尚未实质性解危的城镇危房开展人员转移基础信息排查,全面摸清在自然灾害天气时需转移人员底数,通过应用"浙江安全码"实现对人员转移的精准管控,排查642人数。

村镇建设　根据省建设厅《关于做好农村危房常态化长效治理改造工作的通知》以及《关于决战决胜脱贫攻坚高水平做好农村困难群众危房改造工作的通知》,于5月25日前核实确定全县1697户困难家庭户,并在浙江省农村房屋信息管理系统全部录入。其中低保户1481户,低保边缘户207户,五保分散供养户9户。经第三方鉴定,鉴定确认25户危房,20户C级危房,5户D级危房。是年,25户C、D级危房在9月底全部解危完成。

秀山乡秀北村、岱东镇北峰村列入省2020年美丽宜居示范村创建村。联系衔接相关设计单位,落实美丽宜居示范村建设规划(暨村庄设计)编制工作。12月,岱东镇龙头村和衢山高涂村通过专家组验收,其中岱东龙头村为优秀验收村庄,衢山高涂村为合格验收村庄。

年初制定《岱山县美丽城镇建设行动计划》。东沙镇率先达到工业特色型美丽城镇创建基本要求;岱山县"五镇一乡"计划实施美丽城镇建设项目205个,总投资5.29亿元。至12月,全县205个项目全部开工,完成投资额5.29亿元,占年度总投资的100%。其中,东沙镇37个建设项目完成投资6887万元,占年度投资的100%,并于12月通过省美丽城镇考核组的考核验收,被省城乡环境整治工作领导小组评为2020年浙江省美丽城镇达标城镇,被岱山县评为2020年度新时代美丽城镇建设优秀城镇。又经市美丽办综合评定和考核反馈,确定岱山县东沙镇为2020年度美丽城镇市级样板。

【嵊泗县城】 是年,市下达嵊泗县"三改一拆"行动目标任务为拆除违建800平方米,风貌改造6800平方米。实际拆除违法建筑815平方米,完成全年工作目标任务的101.87%;完成改造面积7280平方米,完成全年工作目标任务的107.05%。根据"全市河道及小流域沿线违法建筑整治行动"和"舟山市2020年住宅小区违法建筑整治行动"要求,整治2处住宅小区违建与9处河道及小流域沿线违法建筑。

城镇老旧小区改造　完成实施老旧小区改造项目3个,分别

嵊泗县(沈磊　摄)

为城市社区老旧小区改造工程、横山园危旧房加固及老旧小区改造工程和长春园老旧小区改造工程。共49幢,改造户数1072户,改造面积77978平方米,改造类型均为示范类,涉及防盗窗户数879户,总投资4900万元。

美丽城镇和美丽村庄建设　启动小城镇环境综合整治2.0版,即美丽城镇建设。推进全县2个样板镇和4个一般镇创建。花鸟乡美丽城镇样板镇通过省级考评。是年,有4个村庄正在创建省级美丽宜居示范村(2018年度青沙村、2019年度石柱村和龙泉村、2020年度南港村),其中青沙通过省级验收,石柱村、龙泉村按原定工作计划推进,黄龙乡南港村完成村庄规划设计。

农村生活污水治理运维　重点完成农村生活污水处理第三方运维单位服务采购招标工作。按照省、市统一要求,全县有30吨以上农村污水处理设施25个,9月份提前完成25个设施标准化创建及复核任务,总投资39万元。年度投资409万元新建污水处理设施4座,投资330万元提升改造污水处理设施3座。是年,农村生活污水治理设施运维管理工作被评为"省级优秀"。

城市建设　完成嵊泗县兴海路延伸改造工程、仰天院路道路及综合管线改造工程、城区市民休闲广场新建工程。城镇绿道建设工程完成总工程量的30%,完成投资100万元。泗礁本岛污水处理厂迁建工程,全年完成总工程量的50%,完成投资3420万元。城镇污水管网建设,完成配套管网工程4千米,完成投资1930万元。生活岸线整治提升,完成项目工程60%,完成投资111.7万元。

城乡公共房屋安全隐患排查　开展全县城乡公共房屋和住宅房屋的安全隐患排查工作。排查城乡公共房屋399幢,建筑面积308370平方米,发现3幢D级危房、2幢C级危房。排查124幢城镇住宅房屋,发现2幢C级危房。完成"安全码"赋码工作。对全县未实质性解危的21幢住宅房屋139户人员信息,录入省城镇房屋既有房屋系统。对安全隐患突出的嵊山镇2幢C级危房2户5人信息录入省防汛防台系统。

农村困难家庭危房改造　根据省厅关于决战决脱贫攻坚农村困难家庭危房改造工作要求,联系民政、残联及各乡镇完成对全县501户困难家庭住房情况排摸,在此基础上经鉴定确认C级危房13户,占2.6%。至9月底,13户经确认实施改造的C级困难家庭危房全部完成改造。

开展城区危旧房治理工作　投资278万元完成6幢C级直管公房维修加固工程;投资847万元完成横山园5幢C级危房维修加固结合老旧小区改造工程;完成9幢公共建筑的维修加固,实施拆除2幢。全年对31幢C级危房进行动态监控。

住房保障　完成新增低收入家庭租赁补贴19户,在保家庭89户,发放租赁补贴金额51.82万元。完成实物配租68户,办理公租房退出51户(人才公寓退出41户)。开展低收入家庭主动保障工作。对摸底发现的29户低收入家庭进行审核,10户家庭纳入保障范围。

房地产市场管理　至年底,全县房地产开发投资约1.2亿元,新建商品房销售331套,销售面积2.35万平方米。是年,商品房库存1178套,面积7.25万平方米。二手房市场全年销售523套,销售面积6.09万平方米,销售金额40886万元。受疫情影响,较上年新建商品住宅成交量下降51%,

成交均价下降15%,二手房成交量下降45%,均价基本不变。

装修管理 全年完成住宅装修备案135户,其中委托建筑协会专家现场勘查出具意见书39份。

物业管理 全年累计受理房屋维修项目152件,验收审核143件,累计支付维修金额85.6万元。

建筑业 全县有19家建筑业企业,全年产值7.35亿元,同比增长11%。企业资质增项7项,涉及3家企业;企业资质核准6项,涉及2家企业。招标备案项目126项,总造价6.62亿元,监督开标项目116项,中标造价4.68亿元,其中公开招标38项,造价3.37亿元;邀请招标78项,造价1.31亿元。勘察项目备案30项,涉及勘察单位11家,设计项目备案7项,涉及设计单位7家。办理施工许可证56个,总建筑面积24.65万平方米,总造价7.63亿元。完成既有公共建筑节能改造1132平方米。申报高星级绿色建筑1项。新建装配式建筑面积0.61万平方米。完成可再生能源建筑面积6万平方米。开展智能化管理,推进"智慧工地建设",落实"舟山市智慧工地管理系统平台"应用,12个在建工地安装进出门禁系统、人脸识别、视频监控、塔吊球机等设备进行智能化管理。

工程质量安全管理 完成竣工验收项目47项,造价2.60亿万元。完成建设工程消防竣工验收设计备案1个,竣工验收消防备案14个,消防设计审查9个,消防验收5个。开展全县建筑施工质量安全综合执法检查3次,全年建筑行业未发生一起安全事故,安全生产趋于平稳,各类事故控制指标和直接经济损失均为零。

行政审批 全年住建行政审批窗口完成工作1562件,其中住房类手续办理971件,消防类手续29件,招投标类352件,其他建筑业手续210件。

历史建筑测绘建档 启动对嵊泗县第一批7处历史建筑的测绘建档、挂牌设计、保护图则编制,测绘建档达到简略测绘要求。7处历史建筑测绘建档和历史建筑挂牌工作全部完成。

土地征收 完成对金平黄泥坎与小岙之间三角区块的部分点位收回和收回、收购的政策出台,海滨东路右侧区块的摸底和征收政策处置办法的出台。完成支付土地使用权收回补偿款6117.06万元,补偿款税金补助1132.6万元,拆除费、评估费、测绘费等65.5万元。

村镇建设

【美丽宜居示范村创建】 2020年,全市有普陀区六横镇荷花村、普陀区桃花镇连治山村、岱山县岱东镇龙头村、岱山县衢山镇高涂村、嵊泗县菜园镇青沙村5处省级美丽宜居示范村通过验收,其中普陀区桃花镇连治山村、岱山县岱东镇龙头村被评为省级考核优秀。至年底,全市列入创建试点62个,其中国家级示范村2个,通过创建验收53个。

【传统村落保护】 推进国家级传统村落修缮保护,深化落实金塘大鹏岛国家级传统村落修缮,完成新入选的第五批国家级传统村落普陀区东极镇庙子湖村传统村落保护规划编制。开展市级传统村落"回头看"工作,督促、指导以往年度评定出的8个市级传统村落修缮保护工作。是年,全市有定海区金塘镇大鹏岛村、普陀区东极镇庙子湖村、岱山县东沙镇东沙村3处国家级传统村落,普陀区朱家尖街道白沙港村、嵊泗县黄龙乡峙岙村2处省级传统村落。

【农村危房治理改造】 贯彻落实全省农村危房改造脱贫攻坚电视电话会议精神,全面推进农村困难家庭危旧房治理改造。全市排查鉴定出农村困难家庭危房118户,全部改造完成,下发省、市两级补助资金236万元,其中省补177万元,市补59万元。开展"舟山市农村危旧房现状排查"项目,梳理舟山市农村危旧房分布现状,结合防汛防台工作部署要求,划定危险等级,提出危旧房防汛防台对策措施。开展全市农村房屋安全隐患排查整治,至12月31日完成第一阶段的任务目标,排查录入农房总计62092户,其中用作生产经营的农村自建房7302户,未用作生产经营的农村自建房46187户,非自建房6220户。

【农村生活污水治理】 加强农村生活污水治理工作。全年全市完成191个30吨以上农村生活污水处理设施标准化运维点,并录入和完善"浙江省农村生活污水治理设施运维监管服务平台"上的"三表一单"基础信息,实现30

吨以上农村生活污水处理设施标准化运维全覆盖。开工新建改建农村生活污水处理设施45座,超额完成省定目标。开展全市渔农村污水运维培训,邀请省级专家到舟山讲座、现场培训指导;开展运维管理“回头看”和专项督查工作,会同市治水办、市农办、市生态环境等部门,对全市农村污水运维进行全面检查,梳理出问题40余条,并予以督促落实。

【村庄规划编制】 全市重点建设打造普陀区白沙港村村庄设计试点落地二期工程,完成100%建设工程量。对现有农村住房通用图集进行扩编,新增图集8套,发布电子化农村住房通用图集,在舟山建设信息港农房通用图集专栏刊登以供本市农村建房户自行选择下载使用。启动农房设计服务指导下乡工作,为每座乡镇提供设计师驻点服务,利用市级平台,为确需提升改造的项目提供设计指导。

(撰稿:翁秋燕)

责任编辑:童涵

经济开发与产业集聚

浙江舟山群岛新区海洋产业集聚区

【概况】 2020年，浙江舟山群岛新区海洋产业集聚区财政总收入37.14亿元，比上年增长22%；地方税收收入18.05亿元，同比增长30.2%。规模以上(下称“规上”)工业总产值59.94亿元，同比增长8.6%；规上工业增加值17.43亿元，同比增长26.9%。固定资产投资12.88亿元；限额以上批发业销售额1220.9亿元，同比增长21%；规上服务业营业收入25.4亿元，同比增长8.7%。累计完成企业注册5611家，同比增长20.4%，园区累计在册企业突破17000家。综保区一线进出境累计货值34.94亿美元，同比增长16.4%。全年实现保税燃料油直供量472.4万吨，同比增长15.1%，蝉联全国第一。

【疫情防控】 贯彻落实中央、省、市关于疫情防控和复工复产的决策部署，下沉企业，开展排查，累计开展企业巡查指导200余家次。做好企业服务工作，出台急需开工企业防控方案，出台系列惠企政策，指导企业疫情防控和复工复产。累计为园区企业补助交通补贴、租金减免等各类资金624万元，下达各类技术改造、科技创新补助资金近2000万元，推动企业产能复苏。

【招商引资】 围绕进口替代新材料、高端制造、海洋生物等重点招商产业，招引与舟山市产业特点相匹配的龙头型、基地型项目，以大项目带动大发展。全年签约项目23个，其中20亿元以上项目2个，10亿元以上项目1个，5亿元以上项目3个，1亿元以上项目17个，协议利用资金106.6亿元。完成市外资金到位49.7亿元，实际利用外资7669万美元，合同利用外资2.87亿美元，8个项目实现当年签约当年投产，签约总投资5亿元的准时达全球罐式LNG供应链转运项目，引进总投资约10亿元的中铁宝桥东南钢结构生产基地项目，盘活闲置资产7.39万平方米。“以小聚大”打造智能制造小微园区，签约1亿元以上智能机械制造项目7家。

【项目推进】 推动项目建设，推进20个重点建设项目，累计完成投资12.1亿元。新奥液化天然气配套管道项目于8月通气，正式供气浙江省网；宏发舟山产业园

舟山港综合保税区码头(新区海洋产业集聚区管委会提供)

项目部分厂房完工;原邦新材料项目一期主体结构结顶,二期正加快实施;碳景光电、富通住电、一塑聚苯乙烯等一批高质量产业项目建设按计划快速推进。市综合警务(反恐)训练基地迁建、宏捷机械设备生产等项目竣工。加快推进20个政府投资项目。钓梁经七路、5000吨级码头接线、纬四道西段及经三路配套桥梁等一批路网、水系建设工程顺利完工。推进高新区二期路网、智慧园区交通设施改造及维稳中心装修改造等工程。

【科技创新】 提升科技创新平台孵化能力,强化创新主体培育能力。全年新培育高新技术企业9家,科技型中小企业26家,新增企业专利授权94项。企业研究与开发费用支出1.33亿元,同比增长79.4%。4家企业纳入"小升规"培育库,10家企业纳入"专精特新"培育库。新增市级众创空间1家,创新创业承载面积近1万平方米,累计培育企业40余家。加快"招才引智"步伐,全年引进国内外高级别专家学者11人,"银龄工程师"2人,高校毕业生669人。举办第四届海洋经济创业大赛先进制造行业赛。"5313"申报项目31个,其中12个项目进入答辩环节,5个项目落户。

【对外开放】 构建全方位对外开放新格局,融入浙江自贸区油气全产业链建设,发挥自贸区、综保区功能叠加优势,发挥集聚效应。园区油品企业累计5885家,其中新增1654家,占全市新增总量的九成以上;实现贸易额4057.55亿元,占全市总量的72%以上,成为浙江自贸区油品企业最集聚的区域。综保区融资租赁企业[含SPV(特殊目的载体)]104家,全年实现税收3.78亿元,新增投放额455.8亿元,占全市总量的90%以上,累计投放额达1103.6亿元。推进国际高端动物蛋白冷链物流配送基地建设,全年进口肉类、冰鲜货值4658.5万美元。全年引进跨境电商企业7家,完成跨境电商零售进口(1210监管模式)政策落地试单工作。全年实现跨境电商零售进口货值1326万元,打造多种业务模式协同发展的进口化妆品、宠物产品集聚地。

【园区建设】 开展园区国土空间规划前期专题研究,编制完成国土空间开发现状评估和实施评估。跟进控制性详细规划滚动修编,启动新材料产业园产业发展规划、控制性详细规划、规划环评编制。打造产城融合新高地,北马峙生活服务配套中心完成工程量的40%,新港邻里中心一期完成启用前准备。巩固"基本无违建园区"创建成果,拆除违法建筑12处,面积0.4万平方米。筑牢安全生产防线,全年未发生安全生产责任事故。持续开展大走访、大排查、大整治,全年累计开展企业检查230余家次。制度化、规范化开展信访工作,妥善化解农民工欠薪等纠纷,保障园区和谐稳定。做好防汛防台工作,保障公共安全。

【国家战略落地】 *推进保税船用燃料油直供业务* 克服新冠肺炎疫情、国际油价波动和"限硫令"等不利因素影响,保税船用燃料油直供量居供油港全国第一、世界前八。全年累计结算量848.9万吨,同比增长35.9%,占全国总量的一半以上,为全市外贸贡献约40%出口值。首次实现舟山地方牌照企业"浙沪跨港燃供"业务。持续扩大混兑业务优势。全年混兑调和量达246万吨。

推动铁矿石分销中心建设 东北亚铁矿石仓储、配送、加工及分销中心建设快速推进。铁矿石吞吐量达6622.7万吨,同比增长13.4%;累计完成混配矿1656.4万吨,同比增长5.4%。总投资额43亿元的巴西淡水河谷合资建设鼠浪湖西三区铁矿石码头项目落户衢山分区。

【优化营商环境】 推动企业服务标准化、规范化。出台《建设最优营商环境2020年行动方案》,配齐银行、保险、公章刻制等服务机构,优化场地布局、功能设置和办理流程。提高为企业服务的效率,行政许可事项网上办、掌上办、跑零次比例均达100%,即办事项比例93.5%,承诺时限压缩比达98.3%。推进政务服务2.0建设,159项事项接入浙江政务服务2.0平台。压缩企业注册、办税的时间和精简环节,企业开办网办率达99.9%;纳税网办率97.3%。深化审批制度改革,打造投资项目服务"一个窗口、一次办理"模式,全年为16个项目提供全流程"陪跑"服务。落实"降本减负"金额7.5亿元,"五减"金额1.14亿元。

完善核心要素资源有效供

给。通过强化土地、能源、资金等要素供给，保障园区企业健康发展。钓梁区块527公顷围填海历史遗留问题处置方案获得自然资源部批准，解决园区后备土地资源不足的问题。推进"220kV集聚变"建设，统筹规划园区电力保障体系，补齐电力配套设施短板。开发建设(集团)公司累计发行非公开发行公司债券15亿元，在全市首创双品种期限同天发行方案，完成20亿元债券(PPN)发行额度审批。

（撰稿：新区海洋产业集聚区管委会）

舟山绿色石化基地

【概况】 2020年，舟山绿色石化基地(下称"基地")管委会保障浙石化4000万吨/年炼化一体化项目一期达产、安全运营，推进二期项目报批建设，开展三期围填海先导工程，加快推进建设，完成全年各项任务。全年基地完成固定资产投资373亿元，累计加工原油2306万吨，实现产值748亿元。二期工程完成整体形象进度54%，炼油、化工板块均已进入设备安装高峰期。全年基地42次被中央、省等各级电视台、融媒体、日报、新闻客户端等播报宣传。

【推进规划修编及各类审批】 围绕浙石化第三套140万吨/年乙烯，加快开展基地总体发展规划、规划环评修编，完成总体发展规划修编(2019年)初稿，基地热电联产规划、区域能评修编同步推进。至2月，炼化一体化项目一期及8个配套工程项目核准备案等报批工作全部完成，报建工作进入收尾阶段，推进验收事项。整理完成项目二期及配套工程项目报批报建事项初稿，继续实施挂图作战，确定专人对接跟进，定期更新汇总。会同市发改委编制完成舟山市石化产业发展布局规划课题研究，并于10月通过专家评审。自主编制完成舟山万亿石化产业集群研究报告，提交市发改委。

【推进各类要素保障和政策争取】 基地东区577公顷填海竣工海域于2月通过验收，协调分批完成浙石化新奥(舟山)燃气有限公司天然气输配工程、浙石化－霍尼韦尔催化剂项目及炼化一体化项目二期部分土地出让工作。获交通运输部原则同意开展修编鱼山作业区规划方案，相关工作加紧开展。基地一、二期能耗获准实行国家单列。协助浙石化取得原油进口、成品油出口资质和配额，累计获得原油进口配额2000万吨、100万吨低硫船用燃料油和100万吨成品油出口配额，成为全国唯一一家获得成品油出口资质和配额的民营炼化企业。申报获评2020年度中国化工园区潜力园区10强。申报省级化工园区评价认定，通过初审、专家评审环节，列入拟通过认定为合格园区的名单，已完成公示。

【帮助企业解决问题推进项目】 全年石化办组织召集领导小组各专项组、市级相关部门召开工作例会和专题会议近20次，管委会与浙石化建立每周协调机制，协调解决企业在项目推进中遇到的问题，包括用水用电保障、导流堤工程、鱼唇湖生态修复、危化品滚装码头改造和运输、电力保障、中央生态环境保护督察问题，督促和帮扶浙石化加快整改、土地出让、招商引资政策落实、燃气管道经营资质、安全环保、防雷、消防设计方案讨论和审查等，帮助企业做好疫情防控和复工复产，保

舟山绿色石化基地生产夜景(舟山绿色石化基地管委会提供)

障生产链、补齐供应链、打通销售链,解决原料和产品运输以及高库存等问题,实现项目一期及配套工程全程平稳运行且常减压装置满负荷运行。

【抓紧实施基地工程】 基本完成基地二期场地工程,矿山开采爆破工程、东侧促淤堤工程、东区吹填成陆等均建设完成,基地场地排水工程中南随塘河工程建设完成,1号、5号水闸均建成投用。小鱼山开山工程按需进行,鱼唇湖生态修复完成工程量的70%。应急指挥中心项目临时指挥中心大厅监控平台建成入驻,逐步开展相关工作。根据国家、省、市领导指示精神,基地管委会加快协调推进基地三期有关工作,先期启动导流堤工程,该项目用海预审意见、项目核准和初步设计获批复,推进工程EPC(设计采购施工总承包)招标。

【推进基础设施配套保障】 围绕炼化一体化项目用电负荷要求,加快推进电力保障各项措施。马目—鱼山220千伏第三回路海缆敷设完成并送电投入运行,鱼东变和蓬莱—鱼东220千伏线路工程、鱼山大桥随桥电缆敷设年底建成,洛迦—鱼东220千伏线路工程计划与舟岱大桥同步建成,基地二期电力保障已明确责任边界,三期电源点研究完成初稿;鱼山大桥和基地市政接管养持续推进,鱼山大桥禁航航标已全部发布动态信息,起草完成《鱼山大桥运行管理暂行办法》并发布实施。完成新时代大道路面工程并实现通车,建成基地市政供水工程和鱼山大桥自来水管线过桥工程,保障基地日常用水。推进基地环境卫生整治,完成并发布基地环境卫生综合整治方案,开展生活营区卫生整治及检查,推进解决生活营区公共道路保洁工作无人管等问题,基地现场环境卫生大幅改善。做好基地新冠肺炎疫情防控各项工作,探索"铁桶管理""白名单准入""缓冲留观"等疫情防控创新举措,全年基地无疑似或确诊病例。

【完善安全环保监管体系】 强化安全管理 通过形成专委会季度工作例会机制、打造"掌上鱼山"、借助第三方专业化监管、推动安全管理制度化等举措,优化基地安全监管模式。通过邀请专家指导服务,举办应急管理体系审核培训,推进安全管理体系评估;开展危化品专项治理三年行动等,强化工艺安全管理。完善防台应急预案体系,建设应急广播系统,加强防台宣传,建立市、管委会(县)、浙石化及其承包单位四级应急(消防)联动响应机制,开展区域消防演练,与岱山县建立防台体系,召集124家主要一级承包商参与防台演练,强化应急管理和应急反应。建立完善石化基地重大风险防控体系,已对98个重大危险源进行备案,同步开始制作"红橙黄蓝"四色安全风险分布图,并接入危化品安全生产风险监测预警系统。基地安全生产形势总体平稳,未发生较大及以上安全生产事故。

深化生态环境监管 完善基地生态环境监管机制。通过定期组织召开生态环境保护联席会、整合杜邦环保咨询等,提升环境咨询效率;初步建立"1+3"模式的环境管理体系框架,初步实现以绿色发展为主题,覆盖企业排污、环境预警、风险防控和环境应

舟山绿色石化基地码头使用围油栏保护环境(舟山绿色石化基地管委会提供)

急的全面环境管理体系。初步建立石化基地环境监测监控预警监管体系。建设完成7个环境大气自动监测站，基地走航监测车配备到位，基地环境监测监控预警与监管平台验收投用，督促企业完成50套在线监测系统联网，全年基地及周边区域背景值监测完成3季监测。做好生态环境日常监管。开展现场执法检查及监测采样91次，累计出动500余人次。制定印发《基地污染源和风险监督管理手册》《基地企业环境安全隐患自查工作制度》和《舟山绿色石化基地高风险移动放射源探伤作业辐射环境安全监管工作制度》；主动服务企业，开展臭气异味整治、环保“三同时”等各项环保专项工作，强化问题导向，加快推进企业问题整改。做好中央环保督察配合工作，按照“一案一策一专班”工作要求，梳理问题整改清单，成立问题整改工作专班，实行整改销号制，督促浙石化落实问题整改到位，针对28项问题，整改完成并销项8项。未发生较大及以上突发环境事件，未发生因环境污染引起的群体性事件。

【招商引资】 基地管委会年度招商引资目标为实际使用外资8600万美元，实际到位外资4458万美元，完成目标任务的51.8%；目标引进50亿元以上重大石化项目2个，10～20级石化中下游产业项目3个，至年底落地项目5个（霍尼韦尔催化剂项目、德荣化工项目、丙烯腈项目、浙石化新增140万吨/年乙烯项目、浙石化新奥基地天然气输配管网项目），其中外资项目1个。在谈以及储备项目包括浙石化与外商合资百万吨级醋酸项目、科思创－浙石化光气法聚碳酸酯项目、台塑项目等。研究制定石化中下游产业链招商图谱，完善招商项目库。举办舟山绿色石化基地（上海）专题推介会，参加舟山群岛新区2020上海产业投资对接会，参加第三届中国进口博览会。

【完善管理体制、机制】 针对基地管理中遇到的责任边界不清、工作职责不清、定位不清等问题，按照市委副书记华伟的指示，基地管委会配合市委编办对基地管理体制机制作进一步研究。针对基地运营与施工并行的特点，完善基地安防、现场施工、安全环保、项目准入评审等相关制度，并逐步建立健全产业发展、项目培育、立项审批、科技创新、经贸统计等相关工作流程，促进基地从建设期向运营期的过渡转型。加大引才育才留才力度，争取环保、安全2名高端人才引进名额。

（撰稿：陈海航）

浙江舟山群岛新区航空产业园

【概况】 2020年，由于波音737MAX飞机复飞时间一再推迟，加上疫情持续影响和中美贸易关系的不确定性，波音项目产能未能按照预期充分释放。航空产业园管委会重点围绕飞机客舱内饰、维修改装、航空培训、无人机、航空文旅、通航制造等领域，加大项目招引力度对接军民航和口岸等相关单位，做好737MAX飞机复飞前的各项服务保障，协调对接安监、环保、海关、税务等相关部门，为波音项目恢复运营做好准备。

【波音737完工和交付中心项目】
至年底，波音项目所有单体已全面移交，完工中心的员工开展飞机喷漆培训工作。项目获浙江省“钱江杯”优质工程奖项和“浙江省建筑安全文明标准化工地”奖项；交付中心和完工中心两个建筑分别获得美国绿色建筑委员会认证的能源与环境设计先锋奖（LEED认证）金奖和银奖，并获得中国绿色建筑认证，成为“双认证”的项目，且该项目入选“鲁班奖”名单。全年安全生产工时近700万工时，没有发生一起人员伤亡事故。

【招商引资】 全年通过视频会议形式开展“云招商”活动7次，先后20余批次赴北京、上海、西安、镇江、青岛、杭州等地开展招商引资活动，主动对接航天科工、西飞、捷德航空、大道航空、菲舍尔、霍尼韦尔、顺丰航空、省机电集团、北航通航研究院等单位，寻求合作机会，为将舟山打造成为全球重要航空制造基地提供项目储备。经多次对接洽谈，科可瑞尔航空客舱信息化总部、中航客舱先进座椅和IFEC（机载娱乐/信息化系统）总部、中航一飞院飞机制造、空客H225/H215直升机总装线及配套、莱特兄弟飞行模拟器全产业链等5个重点项目取得进展，投资方明确落户意向，提出落地政策诉求，提交市政府多次召开专题会议研究决策,市领导多次批示。其中,总投资1亿元的科可瑞尔航空客舱信息化总部项目已签署投资协议,中航客舱先进座椅和IFEC总部项目已提交航空工业集团总部决策,中航一飞院飞机制造项目正在开展第三方评估。引入第三方专业机构,与中航规划研究院签署战略合作协议,就项目评估、招商信息、规划咨询等方面形成深度合作。完成《舟山飞机客舱内饰产业发展路径研究》和《"打造百亿级航空产业集群"行动计划》课题,梳理产业链全景图和目标招引企业清单,研究产业发展具体实施路径。结合舟山特色资源优势,谋划中航客舱内饰制造基地、中国商飞C919完工和交付中心等重大战略项目在舟山落地。结合在谈项目,对公务机、直升机、全货机、无人机、维修改装、飞行模拟器等产业进行专项研究,完成调研报告6篇。

【口岸申报】 会同市港航与口岸局、普陀山机场有限公司开展普陀山机场口岸开放第三次临时开放的申报,第三次申报临时开放的请示于2月由浙江省政府上报给国家口岸管理办公室。做好航空口岸二期非现场配套建设的选址工作,对多套选址方案进行比选,方案已上报市政府等待批复。

【综保区空港分区运作】 在调研综保区空港分区和综保区本岛片区海关监管设施设备运行实际的基础上,制定符合自身实际的空港分区软硬件设施设备维保管理模式,建立长效维保机制,签订空港分区安防系统日常维保合同,空港分区信息化软件运行系统、金关二期升级改造和海关职能卡口系统3个项目进行政府采购。安排专人每日对空港分区进行巡查,对发现问题及时修复解决。

（撰稿:袁佳慧）

新城功能区

【概况】 2020年,新城以建设中国海上花园城市样板区为目标,实现经济逆势增长,城市品质提升,区域治理现代化水平提高。全年完成固定资产投资100.14亿元,财政总收入23.33亿元,地方财政收入15.62亿元,地方税收收入15.25亿元。新城辖区常住40133户、107479人,城镇人口92732人,城镇化率86.28%。新城辖区常住户籍人口40133户、107479人,城镇人口92732人,城镇化率86.28%。区域面积88.3平方千米,有2个街道,27个社区居民委员会,13个村委会。

【疫情防控】 建立疫情网格化管控机制,防控初期对居民小区、村、公共场所、特殊场所等各类"小门",严格实行体温检测、绿码通行、一个出入口管理等受控进入措施,各类宗教场所、电影院、老年人活动中心、红白喜事房等场所全部关闭。建立"一对一"全过程无缝隙管控机制,对高风险地区人员、密接人员实行定点封闭隔离,浙大海洋学院、求是苑成为全省第一个封闭隔离高校和小区,市委党校、元森大酒店2个集中隔离点累计隔离人员1650人。按照要求做好人员居家隔离,累计隔离4964人。常态化管控期间高度关注船舶修造、冷链运输等风险行业,严格做好人员医学检测、隔离观察等工作,重点人群核酸检测4000余人次,检测船只81艘,检测船员2080人,查封不合格冷冻冷藏企业37家。

【经济发展】 全年完成固定资产投资100.14亿元,比上年下降19.7%;实际利用市外资金35.04亿元,完成全年目标任务35亿元的100.1%;实际利用外资2547万美元,完成全年目标2500万美元的101.9%。引进航运企业62家,其中示范效应的海事及航运服务企业17家,头部(龙头)企业3家。全年企业地方税收1.63亿元,完成年度任务101.8%。有限额以上批发和零售业147家,其中批发业127家,零售业20家;限额以上批发业销售额1336.05亿元,同比增长15.9%;限额以上零售业实现销售额11.02亿元,同比增长25.1%。新城有限额以上住宿和餐饮业20家,其中住宿业3家,餐饮业17家;限额以上住宿营业额0.11亿元,同比下降40.9%;限额以上餐饮业营业额1.82亿元,同比增长24.5%。工业实现总产值71.32亿元,同比增长33.9%;其中规模以上工业总产值68.45亿元,同比增长35.2%;规模以上工业增加值22.84亿元,同比增长32.0%。区域内新增市场主体2252户,市场主体总量达15297户,注册资本(金)2805.16亿元,同比分别增长4.16%和12.05%。港口货物吞吐量3739万吨,同比增长0.2%。

【新城建设】 完善城市布局，完成《新城功能区国土空间总体规划研究》“三线”（生态保护红线、永久基本农田、城镇开发边界）划定初步方案，完成小干岛区块09建设组团和科创园核心地块城市设计，完成鼓吹山东南、金岛路、中梁北部商业等7个区块控规编制。推进品质工程，完成政府投资27亿元。千岛路提升改造、定沈路西段、体育路北延伸段、怡岛路北延伸段、核心区三期亮化、海天大道沿线亮化、桥畔公园三期、5个社区口袋公园等项目全面建成，推进小干岛“611”工程、中央公园等项目，滨海大道中段提升改造开工。完善市政基础建设，新建2座人行天桥、2处地下通道、16个公交候车亭，配建公共停车位770个，新建6.81千米雨水管网、5.3千米污水管网，完成农村公路大中修工程5千米，新设公交站点5个。建成全市首个“智慧三防”信息化平台，完成各类水利工程11项，建设“美丽河道”1.8千米，治理河道水域面积8.87公顷。建设县级美丽乡村精品村4个，创建美丽庭院100户，完成市级彩化苗木培育苗圃建设，完成高标准农田建设50亩（3.33公顷）。优化配套设施，江海商务广场、高云邻里中心相继开园开业，长峙岛如心小镇成为全国小镇建设典范，万达广场、长峙岛西部商业中心、茶山浦水街已经开工；海洋文化艺术中心二期基本建成，舟山第六小学投入使用，长峙岛西部幼儿园、翁浦幼儿园长峙园区、鼓吹山幼儿园正抓紧实施。查补环境短板，浦西21幢老旧小区改造完成，金岛路城中村改造完成70%拆除；20个示范小区“撤桶并点”、12条主次干道“撤桶进店”工作全面完成；推进环境治理，整治餐饮油烟污染24家，整治背街小巷45条，清理建筑垃圾乱倾倒点位10个，完成海岸线整治修复5.13千米。

2020年新城重点项目建设情况

表33

项目名称	项目实施或责任单位	计划投资额（万元）		完成投资额（万元）		完成年度计划（%）
		计划总投资	2020年计划	自开工累计完成	2020年完成	
市重点建设项目（22个）		2409689	290580	788974	317176	109.15
续建项目		2013872	205280	692977	221179	107.75
中央公园	舟山海城建设有限公司	35000	15000	23760	17500	116.67
高云农贸市场	舟山市鸿丰置业有限公司	19181	7280	17280	7280	100.00
舟山·海港城	浙江舟山中轴置业有限公司	270000	45000	128708	52800	117.33
舟山和润集团总部大楼项目	大昌建设集团有限公司	51305	5000	25043	5440	108.80
舟山新城惠民公寓二期项目	舟山海洋教育投资有限公司	70261	10000	60436	10000	100.00
杜家岭安置小区七期	舟山海城置业有限公司	163000	40000	132519	42519	106.30
金鸡山安置小区二期	舟山海城置业有限公司	43491	13000	35579	13000	100.00
舟山自贸金融中心	中交舟山千岛中央商务区开发有限公司	220823	20000	30000	20000	100.00
商联大厦项目	舟山温商商贸服务有限公司	24600	3000	14855	3140	104.67
江海大厦项目	舟山江海金融商品服务中心有限公司	16000	3000	15797	4500	150.00
江海商务广场	舟山江海金融商品服务中心有限公司	50744	5000	44000	5000	100.00
舟山嵊泗至定海公路小干—长峙通道工程	浙江自由贸易试验区小干岛商务区建设控股有限公司	49467	10000	45000	10000	100.00
舟山千岛中央商务区基础设施建设项目	浙江自由贸易试验区小干岛商务区建设控股有限公司	1000000	29000	120000	30000	103.45

续表 33

项目名称	项目实施或责任单位	计划投资额（万元）		完成投资额（万元）		完成年度计划（%）
		计划总投资	2020年计划	自开工累计完成	2020年完成	
新建项目		395817	85300	95997	95997	112.54
新城旅游集散中心	舟山新城旅游集散中心有限公司	22000	10000	10070	10070	100.70
蒲东拆迁安置小区项目	舟山海城置业有限公司	73000	17700	17700	17700	100.00
山门拆迁安置小区项目(二期)	舟山海城置业有限公司	71000	21300	21363	21363	100.30
鼓吹山西侧区块幼儿园	舟山海城置业有限公司	10000	5300	400	400	7.55
千岛路(海景道—定沈快速通道)提升改造工程(一期)	舟山海城建设有限公司	18000	8000	18000	18000	225.00
千岛国家海洋湿地公园—海景道(临长路—体育路)提升改造工程(含道路下穿)	舟山海城建设有限公司	22000	3000	900	900	30.00
新城长峙岛禾仁颐养院	舟山禾仁养老产业发展有限公司	24817	5000	6305	6305	126.10
慧峰(中国)舟山海洋科技园	浙江自贸区慧峰投资发展有限公司	100000	10000	10259	10259	102.59
新城万丈塘(中段)提升改造工程	舟山海城建设有限公司	55000	5000	11000	11000	220.00

2020年新城房地产开发投资情况

表 34

指标	单位	2020年	2019年	同比增长(%)
房地产开发投资额	万元	624598	687096	-9.1
其中:国有控股	万元	155723	18956	7.0倍
非国有控股	万元	468875	668140	-29.8
其中:民间投资	万元	468875	668140	-29.8
按构成分				
建筑工程	万元	310408	255591	21.4
安装工程	万元	37861	42351	-10.6
设备工器具购置	万元	8526	10775	-20.9
其他费用	万元	267803	378379	-29.2
其中:旧建筑物购置费	万元	6	0	
其中:土地购置费	万元	192643	338367	-43.1
房屋施工面积	万平方米	297.12	246.73	20.4
其中:住宅	万平方米	228.05	187.92	21.4
商品房销售面积	万平方米	44.38	43.92	1.0
其中:住宅	万平方米	43.05	42.54	1.2
商品房销售额	万元	723157	784641	-7.8
其中:住宅	万元	700350	761038	-8.0
商品住宅销售套数	套	3986	3517	13.3
商品房待售面积	万平方米	22.53	27.51	-18.1
其中:住宅	万平方米	3.79	8.45	-55.1

【文明城市创建】 加强环境薄弱区域管理，主次干道、商业大街、背街小巷全面实行“一公里一人”管理，渔农村、城乡接合部全面开展“四清四整”行动，农贸市场、背街小巷全面进行基础设施改造提升，居民小区全面实行驻点管理，加紧落实使用公筷公勺、公共场所有序排队、设置1米线等新增内容，解决一批创城难点、痛点、热点问题。完善日常管理机制，建立部门联动响应机制，推行“城管＋交警＋特警”等跨部门合作模式，对乱停车等现象持续保持高压态势，开展集中整治。创新管理方法，城区洗车店、快递服务门店实行视频管控，落实积分制管理办法。贯彻落实《文明行为促进条例》，查处各类交通违法3.4万件，处罚220起乱丢烟蒂、41起河道钓鱼、17起犬只不牵领。压实点位责任制，配备点位长241人，点位工作人员8000余人，第三方力量5000余人。加强日常督查考核，实行点位责任追究制，建立第三方考核管理办法，各类问题发现率、交办率、整改率大幅提升。

【专项工程】 “交通治堵”专项工程 完善交通路网，完成体育路（新城大道—金岛路）、怡岛路（新城大道—千岛路）、定沈路西接工程等，启动小干岛内配套基础设施道路等工程。完成19个公交候车厅的新建（改建）任务，新增1个港湾式停靠站，城区500米半径内公交站点覆盖率100%。增加停车泊位，完成金鸡山二期安置小区配建停车位640个，利用新城大桥桥下空间建设130个公共停车位。疏通交通堵点，完成市政府南门和翁浦公园2处地下通道及浦西公园人行天桥工程，建成1座浦西天桥人行过街设施，改善交通。

“五水共治”专项工程 印发《新城管委会镇、村级河（湖）长履职评价考核办法（试行）》《新城管委会镇、村级“河（湖）长”履职评价考核细则（试行）》，落实委级河（湖）长10人，街道级河（湖）长32人，村级河（湖）长55人，街道级滩长11人，村级滩长6人；投资1700万元，完成临城河部分河段（定沈路临城桥—海天大道翁浦桥）、临城河支河部分河段（临城河主河—财富酒店西）、田螺峙河部分河段（海天大道翁浦桥—田螺峙东桥）等1.8千米河道进行美丽河湖建设，治理河道水域面积8.87公顷；拆除临城河尚存的河埠头洗衣台，完成临城河上游斯巴达狗场规模化家禽养殖处置，完成临城河两侧建筑工地工棚拆除，在千岛路与新城大道交叉口公共厕所旁建设一体化污水处置设施，解决桃湾路、新城路、千岛路雨水管雨污混流现象，完成临城河支河（厂里河）的边坡治理工程；清理新城近10千米受污染的海岸线，降低污染造成的环境破坏程度，加强滩涂保洁力度，保洁范围从原先新城本岛7.2千米扩大到包括新城本岛、长峙岛东侧、北侧五个海塘总计16.34千米。

“三改一拆”专项工程 完成省“基本无违建”考核验收组的验收接待工作，在参与基本无违建创建的全省30个县（市、区）中位于前列。推进完成违建拆除任务，全年拆除违建3.33万平方米，年任务完成率104.06%。推进河道及小流域沿线违法建筑整治，以“全面拉网、不留死角”为目标，组织属地街道排摸出小流域沿线存在安全隐患的违法建筑20处合计约432平方米，主汛期前完成拆除整治。协调推进住宅小区违法占用公共空间建设专项行动，排摸新城5个任务住宅小区确定后岸新村、红楠海苑、新城颐景园存在违法建设17处，全部完成拆除工作。开展“拔钉清零”专项行动，为重大项目推进扫清障碍，全年完成清零272户。落实政策处理“拔钉”任务22大项，保障怡岛路（新城大道—千岛路）道路工程、新城大道（富丽岛路—小干大桥）接线工程、富丽岛路北段延伸（新城大道—沈白线）、荷花安置小区等项目建设进度。落实“四边三化”问题整治，完成15个“四边三化”点位整治，其中乱搭乱建2处，绿化缺失12处，乱堆乱放1处，合计整治面积约11900平方米，新增绿化面积约10100平方米。

“扫黑除恶”专项工程 对专项斗争前两年工作中核查办结的50余条线索开展回头看行动，通过多种渠道获取各类线索10条并逐一按要求开展核查，刑事打击处理九类涉恶犯罪嫌疑人55人（不包含套路贷），摧毁恶势力团伙1个，打击处理成员6人，打击处理“套路贷”案件1起，打击处理成员3人。出台《新城公安分局涉黑涉恶重点人员管控工作规范》，加强涉黑涉恶重点人员管控，掌握辖区涉黑涉恶犯罪重点人员情况，列管并常态管控黑恶重点人员25人。

【招商引资】 是年，浙江恒鸿国际航运项目与岱山船厂签订造船合同并开始建造船舶，绿城长峙岛西部商业中心项目、长峙岛绿城幼儿园项目、海运学院西侧万达商业项目、兴中扩建项目开工建设，中化能源物流总部项目租赁办公用房，舟基农业农副产品冷链配送全国总部项目完成项目公司注册并资金部分到位。

【安置住房保障】 全年计划开工保障性安居工程4316套，基本建成2501套，竣工1560套，均完成年度目标。其中新开工蒲东拆迁安置小区726套，山门拆迁安置小区（二期）767套，荷花拆迁安置小区1179套，城北拆迁安置小区1644套，杜家岭七期安置小区2501套基本建成，金鸡山二期522套和惠民公寓二期1038套竣工。全年排查248户农村困难家庭危房，鉴定D级危房2户，完成拆除重建；完成21幢浦西老旧小区改造，涉及总户数566户，改造面积40226平方米。

【拆迁安置】 完成永华村、老碶村、双阳村、惠民桥村、合兴村、荷花村、东荡村、万二村、万三村、中湾村、马鞍村、岙山村、长峙村、同胜村、城隍头村、高峰村、勾山等行政村集体土地房屋征收127户，建筑面积0.93万平方米。累计完成土地征收19.837亩（1.32公顷），其中王家墩村土地16.087亩（1.07公顷），胜山村插花同胜村林地2亩（1333平方米），高峰村土地1.75亩（1167平方米）。完成房屋安置1062套，其中红楠海苑交付56套，累计安置1216套；红梅海苑交付8套，累计安置1407套；万阳花园交付113套，累计安置2147套；金鸡花苑交付40套，累计安置517套；万和苑于1月完成抽签选房工作，安置482套；新碶花苑于8月完成抽签选房工作，安置363套。完成老年人过渡房安置205套。完成祖堂安置202间。

【渔农村管理】 投资400万元用于完成临城街道三官堂村、甬东村、甬庆村、东蟹峙村四县（区）级美丽渔农村建设和临城街道毛竹山村、千岛街道浦东村新时代美丽乡村建设，基本完成建设内容；投资20万元完成50户美丽庭院创建；50亩（3.33公顷）高标准农田建设完成方案评审。新增速生蔬菜种植85亩（5.67公顷），发放种植补贴6.8万元。完成粮食生产目标任务1800亩（120公顷），其中100亩（6.67公顷）水稻种植通过代耕代种方式足额完成，全部收割并达到亩产500余千克。整治一枝黄花，主要道路两旁等重点区域耕地抛荒率不超过5%；新增市级农旅采摘基地1家，培育完成农创客3人。继续落实“企业结村社、消除薄弱村”等工作措施，对经营性收入在15万以下的村社开展企业结对帮扶，除高峰村外其余12个行政村总收入均达到30万元以上，经营性收入均达到15万元以上，完成上级下达指标任务的92.3%。休闲农业和乡村旅游达到12万人次，旅游收入280万元。

【社会管理】 落实“两项补贴”区域残疾人享受困难生活补贴累计395人次，发放生活补贴91.98万元（补贴标准1月1日起由216元提升至243元）；享受重度护理补贴累计1178人次，发放重度护理补贴247.43万元。为176名残疾人提供“助听、助明、助行”服务，为44名新城籍残疾儿童提供康复救助；开展“无障碍设施进家庭”行动，全年已确认23户残疾人无障碍进家庭，已完成确认及入户安装；开展成人康复救助19人。

做好退役军人事务管理 辖区退役军人服务站全覆盖，创建完成2个“新时代枫桥式退役军人服务站”，7个“示范型”退役军人服务站。为重点优抚对象发放优抚保障金；为60周岁以上退役老年士兵发放生活补助金；春节期间及八一期间为重点优抚对象发放慰问金。

推进科教培训 全年街道社区62人、企业35人参加“劳动关系协调员技能提升培训”，街道12人次参加“劳动纠纷治理一体化经办平台应用培训”“全面推广应用工程建设领域工资支付全过程监管平台培训”，企业有48人参加“就业创业政策暨劳动争议调解员培训”，9人参加“企业营商环境研讨会”。服务全国文明城市创建工作和疫情科学防控宣传，联合社区学院在24个社区（村）开设教学点，全年培训近2万人次。提升科普基础设施，加强科普阵地建设，打造“喜果农场”科普教育基地。投入3万元在舟中社区建造标准科普宣传画廊并投入使用。

开展计生红卫工作 5月25日,启动城乡参保居民免费体检工作。为新城辖区2950名70周岁以上且符合接种条件的老年人提供一次流感疫苗自愿、免费接种服务。推进普及现场应急救护工作,组织急救培训101人,普及培训2052人。做好新城计生特殊家庭、0～24周岁独生子女的保险工作,全年有585人列入奖扶对象,特扶对象141人,后遗症对象6人,发放奖特扶资金180.14万元,15412名独生子女和188名特殊家庭成员纳入计生保险,费用14.51万元。

做好社保一次性参保缴费工作和城乡居民医疗保险参保工作 完成全年新增劳动力8500人的目标,缓解企业用工缺口。受理企业稳岗补贴15笔,合计金额18.03万元。办理灵活就业社保补贴141人,为24家符合条件的企业办理创业担保贷款申请,审批通过22家,发放贷款金额545万元。

做好新城爱国卫生工作 结合全国"第32个爱国卫生月"等活动,全年组织开展环境卫生整治活动15次,督查暗访9次,处置市容环境卫生问题156件,通过"国家卫生城市省级综合评估暗访"工作。开展各项病媒生物防治工作,10月通过"省病媒生物C级评估"。创建健康示范单位18家,健康促进学校9家,健康促进医院1家,健康示范家庭256户。在浦西、翁洲、绿岛等6家文化礼堂开展健康素养进渔农村文化礼堂活动,开展大小活动80余次,服务百姓4000人次。

【基层治理】 做好来信来访接待工作,浙里访平台本级处理来信件16件,网信件75件,互联网+督查件2件,来访件67件(其中包括市领导接待日交办件7件),国家信访局重要网站留言交办件3件,中央巡视组交办件7件,总办理量为170件,同比增长13.3%。全年12345处置信访投诉4537件,平均月受理378件,受理急件2021件;按期受理率100%,按期答复率100%,回访率97.72%,核实率97.04%,信访部门满意率99.73%,责任单位满意率99.44%;网络问政135件,其中咨询58件,投诉47件,建议30件,答复率98.5%。加强"四个平台"工作机制和网格走访,上报各类事项12060条,办结率99.9%;网格员工作日平安通手机平均在线率达到90%以上,在线时长达标率95%以上,在线里程达标率85%以上,信息上报量90%以上,重点人员与重点场所走访率达到100%。完成2年投资435.6万元的视频监控建设任务,新增前端点位安装监控数205个,租赁295套,基本实现重点区域重点部位、农村路口及新建道路等视频监控的全覆盖。在30个居民小区安装了人脸识别、车辆识别、全景监控、物联网技术应用。

【基层党建】 创新党员教育培训方式方法,建立全市首家以功能区为主体的基层党校——"新城党校",开设"新城大讲堂"4期。村社组织换届选举工作全面完成,其间开展各类走访调研300余次,谈心谈话900余人次,解决毛竹山村集体资产定向分配等问题。完成毛竹山村、蒲岙村2个重点示范村打造,打造全市首家由离退休党员构成的"兼合式"党支部——"兼合式"银辉党支部,成立千岛街道基层党建"红色头雁"工作室,培育绿城"党建+学乐小镇"等两新党建品牌。加强执纪监督,配合做好村级组织提级巡察,开展首次委内巡查,进驻委属单位2家;从严查办各类问题案件,累计党纪政务立案16起,党纪政纪处分18人。

(撰稿:张玲玲)

中国(舟山)海洋科学城

【概况】 2020年,中国(舟山)海洋科学城入驻企业154家,注册资金7.1亿元;完成实际到位市外资金4.16亿元。全年招引虎鲸智能科技、欧迅海事科技、悦读信息科技等25家数字经济相关企业;实施发明专利产业化3项,市校合作项目2项,新引进大院名校共建创新载体1家,大数据、创新创业方面有税源的实体产业项目5个。

【智慧海洋大数据中心】 探索建立基于海洋大数据的海洋数字产业生态圈,提升海洋科学城行业影响力和发展维度空间。完成项目建设方案编制,推进系统主体框架,争取项目资金4000万元。至年底,完成展厅建设,做好系统上线准备。

智慧海洋大数据中心展厅(张超越 摄)

【智慧海洋海试保障基地】 利用基地保障服务功能,加大涉海类科研院所、高等院校、涉海企业等招商力度,为海洋工程服务、海洋科学考察、海洋教学实践提供保障,促进海上信息化手段的应用。完成1号码头维修、2号码头采购安装、市政道路、总装调试间、服务中心等工程;加快基地市场化运营,多次对接长沙金信诺公司,深化运营管理组建方案。

【智慧海洋产业工程师协同创新中心】 依托海洋电子信息政产学研一体化等平台,聚焦海洋感知、海洋通信、海洋数据、海洋智能应用四大领域,加强与国际国内知名高校、科研院所、企业多方合作,面向全球招募相关工程师人才。基本完成中心方案组建,成立协同创新科技公司,招募运行团队。

【重点项目建设】 全年完成投资27200万元。优化企业空间布局,加强闲置空间盘活,斥资4200万元回购A9号楼,盘活8000平方米办公用房。慧峰海洋科技园完成地下室施工进入主体施工,国海舟山海洋科技研发基地项目(市政附属)完工,A9号楼智慧海洋大数据中心、协同创新中心展示大厅建设完成,A12号楼展厅大屏改造完成。

【引才育才】 引进符合科学城定位的高端项目和高层次人才。全年柔性引进省部级及以上人才3人,推荐5人自主申报省领军型创新创业团队等项目;组建教授(专家)工作室2家;注册10个“5313”项目。新增年营收入上千万“5313”企业1家。承办第四届新区全球海洋经济创业大赛智慧科技行业赛、第二届“海洋经济”国际青年学者论坛。

【企业培育】 加强大学生双创基地建设,打造“园区+专业孵化器+科研院所+实体企业”新型孵化器“创客码头”,形成科创园A区创客码头、中浪海景创客码头、大学生双创总部基地三大孵化基地和“大甬东”产业化基地共5.5万平方米联动发展的孵化空间。全年有12个大学生创业项目(团队)入驻大学生双创基地,新增入驻企业7家,6个项目开展对接洽谈;参与举办全国大学生创业大赛城市赛4场及舟山总决赛。中船海洋、海呐科技等4家获评高新技术企业,培育金成环保、特斯拉等6家科技型中小企业;推荐青兰科技、优威科技等6家省高成长科技型中小企业,获评省级新产品试制计划企业4家。

【创新生态】 落实“三服务”,健全完善园区企业联系制度,落实疫情防控各项工作。落实企业减负减费政策,全年拨付企业房租减免、房租补助疫情资金和政策兑现资金等8500余万元。参与组织开展企业招聘会24场,推出150余个岗位。建立入驻企业评价体系,出台《关于鼓励科技创新创业的若干政策(试行)》《关于入驻企业评价办法(试行)》等政策,加大对高质量、高产出科技型企业政策扶持力度。加强创新发展政策扶持,实施软件产业发展和创新驱动发展专项资金项目申报。健全金融服务体系。搭建企业融资服务平台,通过科学城E家-金融超市为企业解决资金需求,打造宜商宜业的营商环境;拓展融资渠道,优化融资结构,全年完成融资约1亿元,其中中心融资5600万余元。

(撰稿:张超越)

金塘功能区

【概况】 2020年,金塘功能区实

现地区生产总值40.9亿元；实现工业总产值86.9亿元，比上年增长10.2%；完成固定资产投资10.4亿元；完成港口货物吞吐量2100.69万吨，集装箱吞吐量突破136.3万标箱，同比增长2.5%；实现财政总收入4.34亿元，同比增长9.82%，其中一般公共预算收入2.67亿元，同比增长9.3%；城镇常住居民人均可支配收入77100元，农渔村常住居民人均可支配收入41119元，分别增长8.1%和8.3%。至年底，金塘岛下辖13个村，户籍人口39504人，常住人口约52000人。

【防疫工作】 做好疫情防控，国内疫情高峰期间在东堠大转盘等点位设置24小时检查站，守住入岛第一道防线。全年排查各类人员8万余人次，办理绿色通行证1.13万张，实施居家观察2530人次。首创国际船舶修理"开工令"制度，杜绝疫情从海上输入。落实"一对一"驻企服务制度，帮扶企业推进复工复产，企业复工复产工作全市领先。

【塑机螺杆】 推进螺杆产业高质量发展，全年产值75亿元，同比增长10.5%。全年新增隐形冠军企业1家，国家高新技术企业3家，省级科技型中小企业22家。开工建设炮台山塑机螺杆小微工业园，引入宁波冠腾有限公司统筹打造数字化园区规划编制和智能制造云上平台。推进"互联网+""机器人+"工程，对满足条件的8个塑机螺杆智能化技术改造项目给予资金补助1000万元。

大浦口集装箱码头二阶段工程（金塘管委会提供）

【重点项目】 聚焦重大优质产业、重大基础设施、重大公共服务等重点投资领域，紧盯目标任务，抢抓时间节点，确保各项目有序推进。

大浦口集装箱码头二阶段工程　系省重点项目，计划建造2个10万吨级和1个7万吨级集装箱泊位，总投资34亿元。至年底，3号泊位完成主体建设，全年完成投资1.83亿元。

金塘文旅健康物流小镇一期工程　系市重点项目，该工程包含两个子项目，分别为李园酒店项目与华业地块专家公寓楼项目。至年底，李园酒店项目完成主体建设，华业地块专家公寓楼项目进场施工，全年完成投资10810万元。

光明智能减速箱装备中心工程　系市重点项目，规划用地97亩（6.47公顷），建筑面积3.8万平方米，新建厂房、办公楼、宿舍楼等，项目总投资6亿元。是年，项目开工建设，至年底完成投资6050万元。

金丰和园项目　项目总用地4.4万平方米，建筑面积4.5万平方米，建设住宅9幢（420户），商业用房1幢，项目总投资3亿元。至年底，完成施工建设，全年完成投资5000万元。

沥港幼儿园迁建工程　项目规划建设用地6386平方米，总建筑面积5821平方米，规划班级

沥港幼儿园迁建工程基本建成（金塘管委会提供）

15个,可满足450名儿童入学需求,项目总投资3000万元。至年底,项目完成建设,全年完成投资2430万元。

澳洲肉牛进境加工项目　建设1座12000头的隔离场,1座年屠宰肉牛10万头的屠宰厂,项目总投资5.5亿元。至年底,项目进入全面收尾阶段,隔离场全面完工,定点屠宰厂、指定口岸等完成验收。

金塘新材料产业园　申请金塘北部围垦部分区域纳入绿色石化基地扩区规划范围,谋划培育新材料产业发展。是年,启动区块总规编制工作。

大陆引水三期金塘岛引水工程　系国家172项节水供水重大水利工程,概算投资1.5亿元,起点岚山加压泵站,终点龙王堂水库,建设宁波陆上输水管道、跨海输水管道、金塘陆上输水管道及附属建筑物等,全长29.2千米。是年,浇筑镇墩2个,制作排气阀井4个,完成工程投资755万元。

【招商引资】 围绕金塘产业发展定位,以制造业、石化产业类项目招引为重点,加强平台招商、"云招商",建立完善招商项目库、企业库。是年,签约金塘塑机螺杆产业园区、丽港新天地综合体和金塘物流园区等项目,实际到位市外资金12.2亿元,利用外资1515万美元,新增市外注册企业12家。

【基础设施建设】 实施整洁村庄行动,推进美丽村庄建设,布点新建旅游星级公厕1座,改造垃圾池327个,创建培育景区村庄8个,柳行村和仙居村获评AAA级景区村庄。完善公共基础设施,西堠交通信号灯建设工程、沥港观前山洪沟工程、农村公路大中修工程建设完工,品质河道建设工程、小卫平水库、和建海塘除险加固等工程加快推进。

【城乡建设】 高标准绘制城市建设蓝图,推进国土空间规划金塘片区规划研究入,鱼龙山、炮台山、金星商业区、山潭、河平等区块控规完成编制,金塘高铁新镇控制性详细规划完成初稿。常态化开展市容环境卫生整治,持续深化"网格长、路长"管理模式,小区物业管理实现全覆盖,累计完成拆除面积28360.3平方米,完成全年目标的141.8%。

【社会民生】 支持教育卫生事业发展,完成沥港幼儿园迁建工程建设,出资开通宁波教师返乡班车;持续提升金塘卫生院软硬件设施,制定出台医务工作者奖励办法。精准帮扶困难群众,累计发放各类补助、慰问金900余万元,完成农村困难户危房解危验收21户。深化"平安金塘""法治金塘"建设,来信、来访、来电办结率达到100%。

(撰稿:夏远玲)

六横功能区

【概况】 2020年,六横功能区实现规模以上(下称"规上")工业产值110.7亿元,比上年增长11.3%;规上工业增加值增速16%;财政总收入10.6亿元,其中一般公共预算收入7.27亿元,剔除调控因素后同口径增长12%;城镇常住居民人均可支配收入62310元,渔农村常住居民人均可支配收入45505元,分别增长3.6%和10%。

【疫情防控】 坚持科学防治、精密智控,严防境外疫情输入,突出抓好外籍商务人员来六横申报管控服务、船舶订单审核、船员核酸检测、驻企服务等措施,累计完成入境船舶船员核酸检测1.1万人次,审核船舶订单349艘,完成船员换班1300余人。开展重点人员疫苗接种,完成1.6万人次重点工作人员疫苗接种。抓好隔离点及医院防控,实施领导带班值守制度,完成千荷大酒店、东鸿大酒店两个隔离点提升改造,完成普陀医院六横分院发热门诊及感染病房改造。健全物防工作机制,抓好进口冷链食品防控。疫情防控与经济发展并重,推动复工复产,包机包车包船远赴云南、沈阳、安徽等地累计接返工人1600余人,保障企业正常生产。

【招商引资】 全年到位市外资金14亿元,完成年度目标的116%;实际利用外资1561万美元,完成年度目标的104%。引进中石化LNG接收站、万洋仪表船配产业园、锡力氢燃料电池研发生产、浦江气体制氢及加注等一批重大项目。

【重大项目】 浙能六横LNG接收站项目完成土地摘牌,临时道路和围栏工程开工建设;中石化六横LNG接收站项目完成公司注册及土地验收。中奥油品储运扩建、盛达船用燃料油中转加注

六横小湖村接线道路(六横管委会提供)

基地项目进入全面建设阶段,龙山船厂脱硫塔制造、油泥无害化处置项目完工并投产,沙岙码头候渡区扩建工程投入使用,商业综合体、盛海清洁能源、悬山海洋牧场、大岙码头候船大厅、小湖村接线道路、“一心三湖十园”、“三联供”等项目均稳步推进。

【临港工业】 探索推广“5G+船舶造修技术”运用,推进六横船舶修造绿色标准化体系建设。全年实现船舶修造业产值71.4亿元,同比增长36.5%,完成船舶修理832艘,其中外轮658艘,完成造船交付11艘。能源产业企稳向好,火力、风力、光伏等发电产业协同发展,浙能六横电厂、海上风电、光伏发电等项目保持平稳运行,全年实现发电总量104.1亿千瓦时。海上风电项目获评国家优质工程金奖。引导五金仪表产业集聚化、规模化、高端化发展,加快推进万洋仪表船配产业园建设,开展低效企业整治,完成31家低效工业企业整治提升。

【临港服务业】 以打造大宗战略物资加工贸易岛为目标,拓展“大物流”产业平台,现代服务业规模扩大。浙能港口、宝武港口等物流企业产能持续释放,全年港口货物吞吐量突破8200万吨,创历史新高。突破“大旅游”产业,挖掘六横南部丰富的岸线岛礁资源,加快推进国际海钓公园规划编制和海岸带保护修复工程,打造国际海洋休闲生态岛。推出“四免游”政策,开辟“海上花园,风情六横”一日游路线,创建完成18个A级景区村庄,实现A级景区村庄全覆盖。全年旅游接待人数313.4万人次,旅游总收入18.2亿元,同比均增长4.3%。

【渔农业】 渔农业坚持走规模化精品化发展道路,全年实现渔农产值11.9亿元。加快渔农产品品牌创建推广,新增“佛渡紫菜”和“四方利”商标,至年底有注册渔农业商标12个。完成高标准农田建设和“旱改水”耕地质量提升项目。开展农田水利基础设施建设,完成2座水库、8座山塘除险加固工程,提升农业供水保障能力。

【城市建设】 开展第四轮小城市培育试点和龙山深蓝小镇建设,特色小镇考核连续三年获评优秀。小城市配套日臻完善,天合广场商业综合体进入收尾阶段,华谊家园小区交付使用,“三联供”项目将在2021年上半年投入试运营,“一心三湖十园”中央行政公园三湖工程基本完工,完成8幢老旧小区改造、荷花小区配套设施提升工程、2幢D级危房收购和150户渔农村危房改造,

六横宝武集团武港码头(六横管委会提供)

推进小区物业管理提升工作，实现居民小区物业管理全覆盖。交通设施进一步完善，完成沙岙码头候渡区配套附属用房、小湖村接线道路等工程，提升改造渡船1艘，更新农村客运班车16辆，大岙码头候船厅大楼和悬山交通（旅游）码头建设加快推进。

【城乡环境】 全民动员决战决胜文明城市创建，被市委、市政府评为全市全国文明城市创建工作先进集体。投资6.2亿元，完成31个项目建设，创建新时代美丽城镇建设省级样板，获全省剿灭劣Ⅴ类水工作突出贡献集体称号。开展城乡环境综合整治大会战六大行动，超额完成城镇燃气热水器整治任务，完成双塘街道立面改造。做好第二轮中央生态环境保护督察反馈问题整改，完成黄岩潭垃圾填埋场、长江经济带船舶与港口污染突出问题整治。推进治水治污大会战，凤舞河被评为省级美丽河湖，完成文景苑、香榭花园2个污水零直排小区，大浦河、滚龙河2条品质河道创建，推进龙山片防洪扩排工程。推进渔农村垃圾分类，全岛环卫设施提升一期工程投入使用，垃圾出岛体系更加完善。推进公厕革命，完成78座渔农村公厕无障碍设施改造。实施“五彩六横”美丽乡村提升工程，完成沙浦新村省级美丽乡村精品村和张家塘、杜庄村2个市级美丽乡村精品村创建，完成4个渔农村生活污水提标改造工程，优化渔农村人居环境。

【城市管理】 投资7000万元的六横智慧城市（智慧海）管理中心进行软件开发和硬件安装。推进“三改一拆”“四边三化”行动，累计拆违2.9万平方米，“三改”2.4万平方米，提前超额完成全年任务。深化城市精细化管理，取缔、完成引摊入市流动摊贩4200余摊次，清理乱堆物、卫生死角700余处，规范乱停车行为4000余起。推进农村占用耕地建房、农村房屋安全隐患排查整治、道路交通安全综合治理等专项整治行动，深化城市治堵工作，提升道路交通安全设施和管理水平。加强国土资源管理，完成批而未供土地消化255亩（17公顷），闲置土地处置120亩（8公顷）。

【行政审批服务】 深化“最多跑一次”改革，694项政务服务事项网上办事实现率达100%，民生事项128项全部实现“一证通办”。加速推进“一件事”改革，开通“水电气网一件事”专窗。完成政务服务系统2.0版和“舟到办”系统集成工作，梳理政务事项452项。市民中心广场建成使用，社会治理与政务服务中心投入运行，打造1个智慧政务服务大厅、33个便民服务站点和若干公共领域、企业园区的“1+X+N”智慧政务服务体系，服务大厅应用智能机器人、多媒体自助引导终端等智能设备，实现24小时服务。全面应用投资在线审批监管平台3.0版，完成项目赋码57个。推进一般企业投资项目审批“最多80天”改革，实现率达100%。

【改革创新】 实施“标准地”承诺制改革，全年出让“标准地”3块。开展2019年度“亩均论英雄”企业综合评价工作。新增2家国家高新技术企业和6家省级科技型中小企业，14家区企业研发开发中心通过审核，完成工业技改投资4.7亿元。严格规范招投标管理和政府采购，加强工程建设项目招投标管理，建成招投标线上无纸化审批系统，优化项目审批流程。

3月7日，六横社会治理与政务服务中心智慧大厅启用（沈磊　摄）

【民生保障】 提升教育质量，峧头中学中考总平均分位列全区第三，六横中学高考本科率47.2%。提升学校基础设施，完成六横中学改扩建附属工程、峧头中学南边环境提升工程、峧头中学体艺楼顶改造项目，实验幼儿园园舍新建工程待确定项目选址和建设规模后进入设计阶段。加大医疗卫生投入力度，完成普陀医院六横分院放射科CT室改造，启用PCR实验室，新建峧头新村卫生室，成功创建国家卫生镇。社会保障更加有力，城乡居民基本养老保险和医疗保险参保率均达99%以上。完善养老服务体系，六横镇示范型居家养老服务中心投入运营。加大就业培训力度，新增就业岗位808个。完善防范处置企业欠薪工作机制，调处劳资纠纷15起。环岛汽车公交项目、杜庄至台门公路路灯、双塘街道立面改造工程完工。全岛环卫工程提升改造二期项目，管理用房、配电房、消防水池完成土建工程，附属工程完成场地平整。城区防洪排涝系统工程，台门长寿路周边污水改造工程、峧头城区局部雨污水改造工程完工，龙山片防洪扩排工程完成工程量30%。老旧小区及危旧房屋改造提升工程，完成老旧小区改造和D级危房收购。六横殡仪服务中心项目完成总工程量78%。

【平安六横】 完成镇级社会治理综合服务中心和33个村(社区)社会治理综合服务站建设，建成信访接待大厅，推进社会治理"最多跑一地"。推进"三治融合"示范村和民主法治村建设，做好台门、平峧等5个省级善治示范村、东靖社区省民主法治村和台门社区市级民主法治村创建工作。推进智慧控制岛建设，提升治安防控水平，刑事治安案件发案数同比下降38.3%。推进基层治理"四个平台"建设。推进"七五"普法和"六五"依法治理工作。

(撰稿：刘思思)

小干岛商务区

【概况】 2020年，小干岛开发建设指挥部围绕打造海上花园城、自贸商务区的目标要求，提升站位、拉高标杆，加速推进招商引资、基础设施建设等各项工作，区块开发建设取得新的进展。

【招商引资】 抓重点企业招引，引进中化能源物流有限公司、上海蔓意船舶技术服务有限公司等知名企业落户小干岛。加强宣传推介力度，举办2场招商专题推介会，提高小干岛区块在全国范围的知名度，吸引大批客商前来参观、考察、洽谈；推进企业服务，为已招商落地的企业做好政策兑现、跟踪服务、综合协调等工作，根据《小干岛区块产业扶持政策》兑现上年度企业扶持资金683万余元，惠及航运服务类、油品类、类金融三大主要行业企业10家。是年，小干岛区块新增注册企业83家，注册资金约12亿元，实际利用外资1425万美元。至年底，小干岛区块累计注册企业351家，注册资金195.81亿元，实际到位资金88.07亿元，实际利用外资5755万美元。

【基础设施建设】 推进"611"(六条市政道路、一座桥梁、一条中央绿谷景观带)工程，全年完成基础设施工程投资4亿元。6条市政道路建设全面铺开，至年底，经二十八路完成沥青路面施工，完成形象进度的90%；其他5条道路完成总形象进度的50%；小干—长峙通道工程完成形象进度的60%；中央绿谷景观带完成概念方案及代建单位招标。

即将完工的经二十八路(市小干岛开发建设指挥部提供)

【规划及要素保障】 整岛控规优化方案已召开专家咨询会且获得一致认可,完成整岛景观顶层设计及南岸沿海景观设计,同步推进多组团城市设计;开展小干岛西部围堤工程历史遗留问题处理方案编制及围填海历史遗留问题处理工作;推进在建项目及部分组团用地报批,落实用地指标;多渠道融资,争取政府专项债,确保项目建设资金保障到位。

(撰稿:市小干岛开发建设指挥部)

浙江定海工业园区科技创新培育中心(张静琼　摄)

浙江定海工业园区

【概况】 2020年,浙江定海工业园区(下称"园区")围绕制造业高质量发展和高能级产业平台打造,推进园区"高新化、智能化、绿色化",围绕双招双引、项目推进、配套服务、创新发展等重点工作,加快实施产业转型升级、园区提档升级,打造定海发展企业和服务企业的重要窗口形象。是年,完成固定资产投资5.22亿元,其中工业投资3.85亿元,技改投入2.73亿元。实现工业总产值107亿元,其中规模以上工业产值102.03亿元。实现规上工业增加值31.97亿元。实现总税收7900万元,其中地方性税收收入5579万元。实现外贸出口额23.3亿元,比上年增长20.56%。实际到位市外资金7.55亿元。落地1亿元以上项目3个。

【高标准打造"两园一中心"】 园区科技创新培育中心("5313"特色产业园) 整体工程完成竣工验收,中心综合楼(1—2层)展示中心完成装修。6月与绿丞实业(上海)股份有限公司形成战略合作,签订运维合作协议。是年,中心通过浙江省小微企业园认定,入驻浙江优众新材料科技有限公司,与2个"5313"人才项目(胡春义、郑兴伟)签订入驻协议。

中小企业产业园　重点招引方向以先进实体制造业为主,招引符合园区产业规划和招商方向的土地需求量小、技术含量高、亩均税收可观的小而精项目。至年底,产业园完成初步规划。

海洋通信新材料产业园(绿色石化拓区)　产业发展研究规划已召开部门意见征求会,并完善修改。完成绿色石化拓区方案省主要相关部门意见征求,抓紧做好总体规划。

【做好"双招双引"】 树立全员招商意识,围绕产业链条、以企引企、以商招商、园区招商等,加大"双招双引"(招商引资、招才引智)力度。推进双马集团生物基可降解高分子材料及制品研发项目、浙交工与中铁九桥钢结构合作项目、宁波航通预制构件工程有限公司项目、上海立源生态工程有限公司海洋环保平台项目、中扬能源年产20万吨聚苯乙烯项目等重点招商项目。申报领军型创新团队2人(个)(优众段小霞、优众李宁),引进省部级以上人才2人(金迈科技赵宇光、科鑫常可可)。完成"5313"项目申报8个。

【推进项目建设】 加快推进重点在建项目,招商局港口(舟山)滚装物流项目,完成投资6230万元,码头部分已开港运营。森森集团智能化生产基地项目一期项目完成总工程量的95%,完成年度投资7000万元。浙交工舟山建筑工业化分公司预制基地项目完成用地规划许可证和审图,工程规划许可公示。

【发行公司债券】 园区联合定海

区交通局共同申请12亿元非公开发行公司债券发行工作，于5月19日获上海证券交易所批复，并于9月末正式公开发行。

【绿色安全发展】 采取“政府+公司”管理模式，开展“环保管家”工作。对园区违章违建开展全面排查并落实整改，拆除违章约5000平方米。完成“护航复工复产安全生产攻坚行动”。推进小微企业安全生产专项整治行动和消防安全工作。

【提升园区承载能力】 开展低效资源整治专项行动，加大闲置厂房、土地、低效企业整治力度，扩增量、挖存量，提升土地利用集约化水平，推动资源向优势企业、优势区域集中。是年，园区涉及工业低效企业18家，低效服务业4家，完成低效工业企业整治提升13家，完成低效服务企业整治提升2家。促成中浪仓储闲置厂房出租、金澳部分厂房出租给蓝焰燃气，推动优石、蓝洋、优众公司股权重组项目。

【深化“三服务”活动】 制定出台《定海工业园区关于开展“三服务”活动的实施方案》，建立园区委领导及中层干部分包联系服务企业责任制，实行“周入企、月调度、季汇报、年考评”工作机制，一企一策针对性地研究和落实帮扶措施，落实服务企业、服务项目各项工作。协调长宏国际帮扶园区企业（增洲）。通过“三服务”活动，在疫情防控、项目推进、招商注册等方面帮助企业解决大小问题100余件。

【强化要素保障】 持续推进各项基础工程建设进度，提高园区硬件设施配套水平。推进园区19号、14号、13号道路工程建设，其中19号道路工程基本完工。完成创园大道路灯改造工程。启动园区污水处理厂工程升级改造工程，联合园区排污企业安装污水排放监管系统，改善水资源环境。

（撰稿：张静琼）

浙江普陀经济开发区

【概况】 2020年，浙江普陀经济开发区（下称“开发区”）围绕区委区政府重点工作部署，深化科技创新服务、企业培育、项目招引、平台建设等工作，全年实现财政收入36.8亿元，比上年增长2.97%；规模以上（下称“规上”）工业总产值217.3亿元，同比增长0.2%；规上工业增加值59.5亿元，同比增长1.9%；实际利用外资9003万美元，同比增长815%；出口总额4.9亿美元，同比增长−5.29%。

【招商引资】 是年，开发区围绕海洋新兴产业、绿色修船装备制造、海洋生物肽等领域，开展优势企业引进工作，项目总体呈现层次高、质量好、前景广的良好态势。重点聚焦油气贸易、智能制造、海洋生物肽等核心产业，确立产业链招商重点方向，形成中下游配套产业集群，培育发展新动力。是年，东白莲油品储运基地项目、青山金钵盂岛临港产业园项目、深圳扑浪创新量子点膜项目、华超海洋生物肽项目、烽顺现代智能冷链物流项目先后落地。其中20亿～50亿元级重大产业项目2个，分别是投资60亿元的东白莲油品储运基地项目和投资22亿元的青山金钵盂岛临港产业园项目；10亿～20亿元级重大产业项目2个，分别是投资15亿元的中水股份金枪鱼捕捞基地项目和投资10亿元的深圳扑浪创新量子点膜项目。

【加快船舶修造业发展】 扶持船舶修造业以绿色为底色、以高附加值为特色，向“高端造船、精品修船”转型。打造全国绿色修船基地，万邦永跃获得全国唯一“绿色修船示范企业”称号，向国内外企业出售整套绿色修船高端装备。成立普陀区船舶修造行业协会，发挥桥梁纽带作用。推进脱硫塔安装等高标准、高附加值修船业务，至年底完成脱硫塔安装业务182艘，压载水系统改装业务195艘，船舶修理业规上工业产值实现高速增长；外轮修造产值占全市的60%，全国的23%。

【提高水产加工业附加值】 鼓励水产加工业开展以金枪鱼、鱿鱼等远洋产品为主的生产线自动化技改，全区水产加工自动化设备普及率达到60%，精深加工率达到55%。以海洋肽为突破口，提高原料综合利用率和产品附加值。荣和生物已正式投产，全年预计实现产值2000万元；丰宇海洋肽产业园、海欣海洋肽、华锋海洋生物多肽等项目开工建设。推进水产品精深加工产业创新服务综合体建设，为水产加工企业提供技术研发、成果中试、检验检测等覆盖全链条的“一站式”保姆服务。

【提升科技创新实力】 完善创新政策保障 出台《全社会研发投入提升攻坚专项三年行动计划》,在全市率先实施研发投入后补助政策,对24家上年度研发投入强度达标企业给予310万元政策奖励。至年底,开发区规上工业企业研发费用支出总额同比增长10%以上。

实施“双倍增”行动 建立科技企业梯队培育库,鼓励传统企业向高新技术企业转型。全年新培育省级科技型企业61家,新申报国家高新技术企业17家。至年底,高新技术产业增加值占工业增加值比重20%以上。

推进企业研发机构建设 在全市率先启动并提前实现规上工业企业研发机构全覆盖。是年,培育省级企业技术中心1家,区级企业研发中心83家,集聚科技人员600余人。研发机构全覆盖,研发投入提升。

壮大企业人才集群 通过顾问指导、短期兼职和柔性合作等方式,鼓励企业招引高层次人才,引进5名银龄工程师、3名“高精尖”人才,中科立德波塔连科获评市级海外工程师,推荐海士德林宏治申报省西湖友谊奖。举办第五届生命健康创新创业大赛,完成推荐“5313”创新创业领军人才项目8个,引进注册企业2家,签订落户协议5家。

【实施重大项目攻坚工程】 是年,开发区2个省重点项目完成投资3.6亿元,完成年度计划的100%;20个市重点项目完成投资23.4亿元,完成年度计划的117.8%;69个区重点项目,完成投资48.2亿元,完成年度计划的47.6%。抓好市“双百工程”落地,做好项目全过程智控监管。18个双百产业项目中,14个项目已开工,3个项目已供地,1个项目已签约。

(撰稿:浙江普陀经济开发区管委会)

浙江省岱山经济开发区

【概况】 2020年,浙江省岱山经济开发区(下称“开发区”)构建石化产业链,服务国家战略,加快建设重大平台和重大产业项目,重点做好体制机制完善、招商引资、僵尸企业处置、营商环境优化、基础设施配套等工作,全面重塑产业格局,经济指标向好。是年,开发区“整合提升区”实现工业总产值888.62亿元,比上年增长209.5%;税收收入19.7亿元,同比增长6.0%。“核心区”实现工业总产值45.4亿元,同比增长13.3%;税收收入2.8亿元,同比增长2.8%。

【体制机制改革】 5月,岱山县委、县政府印发《浙江省岱山经济开发区管理运行体制机制调整完善方案》,对开发区管理运行体制机制进行改革。

实行“党工委+”体制 设中共岱山经济开发区工作委员会,与浙江岱山经济开发区管理委员会合署办公,中共岱山经济开发区工作委员会书记由县委常委兼任。开发区管委会下设5个内设机构,分别为综合办公室、招商科、规划管理科、安全生产环保科、经济运行科;下设2个事业单位,分别为岱山县经济开发服务中心、岱山县北部开发建设管理中心。

分区管理 根据产业布局和服务管理范围,分为“整合提升区”和“核心区”。“整合提升区”基本包含全县工业区块。“核心区”实行“一区两片”管理模式,“一区”指岱山经济开发区,“两片”指本岛西南片区和东沙汽配小镇片区,面积为11.9平方千米,其中本岛西南片区面积8.9平方千米。“核心区”有入驻企业137家,其中规模以上企业31家,年产值亿元以上13家。

完善投融资体制 整合“核心区”国有企业,组建经济开发区环城投资集团有限公司,与管委会实行“政企分开”,统筹负责开发区投资管理、资产经营管理及基础配套设施建设,拓展物流运输、市政管理等业务范畴,增强企业自身造血能力。完善财政分成制度,“核心区”每年税费收入给予开发区一定比例分成,兼顾属地乡镇利益。改革完善薪酬制度,开发区干部奖金参照乡镇奖金发放标准,激发干部干事创业热情。

【招商引资】 构建“引进一个重大项目、带动形成一个产业集群”的发展格局。

做好产业链谋划 抢抓浙石化投产机遇,谋深谋细乙烯、丙烯、芳烃、生产配套等产业链,全面排摸浙石化可外供的19个品种,逐级细化产品链,梳理出英国BP、霍尼韦尔、德荣化工等200余家目标企业,精心绘就招商图谱。

精准招商引项目　组建专业招商组和招商小分队,根据招商图谱一家企业一家企业对接,一个节点一个节点攻坚。全年招引各类项目40个,其中30亿元以上项目1个,20亿元以上项目1个,10亿元以上项目1个,合同利用资金66.2亿元,实际到位资金15.7亿元。通过招引上海卓然,相继吸引沈阳鼓风机集团等16家上下游企业,实现炼油装置、乙烯装置、风机、压缩机、塔器、仪表仪器、管件材料等石化装置上下游制造企业集群发展。

推动项目投产　对一些重大投资项目,实行挂图作战,排出具体工作目标,明确时间表、任务表、责任表,抓项目落地开工。加快建设项目总投资80亿元的石化装置全产业链,达产后可实现年产值120亿元以上;总投资20亿元的润和项目达产后可实现年产值38亿元。

【处置“僵尸企业”】 建立联动工作机制,组建工作专班,健全完善府院联合工作机制。全年处置“僵尸企业”6家,盘活土地2071亩(138.07公顷)。加大企业收储力度,对资产价值高、区位优势明显的企业,开投集团通过市场化手段依法进行收储,为未来发展储备空间。6月,县开发投资集团耗资1.87亿元收购海天船厂,计划发展石化循环经济产业,临时对厂区内闲置宿舍楼、办公用房及场地进行提升改造,为800余名鱼山外溢人员提供临时住宿。加快实现“腾笼换鸟”,全面梳理区域内闲置地块情况,利用招商项目引进等方式,盘活现有土地岸线资源。针对宏鹰、海舟、晨业地块等僵尸企业,制定“一企一策”处置方案,前后召开8次工作推进会和协调会,解决村民债务、风景区规划调整、航道论证、审批服务等难题10余项,促成盘活土地1685亩(112.33公顷),涉及资金8.93亿元。

【打造创新平台】 立足新材料、汽船配等产业创新、转化需求,推动科技创新“1+X”产业平台(“1”为开发区立足产业需求侧改革,搭建园区内科技创新综合平台;“X”代表开发区产业发展导向所需求的产业创新方向)。中国科学院宁波材料技术与工程研究所与岱山县人民政府签署合作协议,加快项目前期工作;岱山汽船配内饰密封件产业创新服务综合体入选浙江省产业创新服务综合体创建名单,为汽船配产业发展提供创新平台。打通石化新材料产业延伸至汽船配产业通道,实现“实验室”到“生产车间”零障碍,一家PDCPD(聚双环戊二烯)项目在谈,可用作汽车零部件原材料。强化企业主体创新地位,卓然、润和、瑞程、舟富、晨光、奥博等一批规模以上企业布局建设企业研究院。加快创新人才集聚,对接石化产业、园区规划等领域专家,扩充开发区新材料产业专家库,搭建“宁波人才飞地”,全力招引高学历、紧缺型人才,上海卓然带来研发人员250人。

【完善园区基础设施配套】 全面升级开发区综合配套工程,基本完成总投资29亿元的岱山县产业新城综合配套区(未来社区)项目编制规划方案,项目一期正式

3月完工的德馨南路(浙江省岱山经济开发区管委会提供)

动工。新建德馨南路、远航路三期和海云路道路1.2千米,新增污水管网4千米,完成场地平整近千亩,新建产业孵化基地二期、污水处理厂、新材料产业园基础设施提升工程、2000吨级危险品码头提标工程等项目。是年,区内71家企业内部管网和高亭片公共部分完成摸排及整改,完成“污水零直排区”创建工作。推动2000吨级危险品码头升级、1万吨级公共物流码头(海天船厂)改造,提升园区配套能力。

【实施“三服务”2.0版】 完善审批服务,在经开大厦设立行政审批服务综合窗口,建立“一站式”审批服务机制,建立“容缺+承诺”“代办+代跑”“专窗+专人”等工作机制。全年接待企业53家,办理各项业务64项,“岱山县为园区企业提供‘一站式’就近办审批服务”等经验做法入选《竞跑者》。抓好企业落地培育,持续加大现有优质企业支持力度,促进企业进一步扩能增效,实现逆势增长;推进在建企业加速建设、投产,实现产能释放。是年,晨光电器、奥博管业等多家企业新增投资,中交三航局、瑞程石化等多个项目投产运营。

【“数字园区”建设】 把数字化运用到开发区基础设施建设和产业发展中。依托未来社区建设“智慧楼宇”,打造智慧展厅、智慧管控、智慧办公、智慧研发等智慧场景。投资6400万元开工建设新材料产业技术智控中心,设置智慧城市规划展厅、智慧管控中心,年底前完成主体结构;投资1500万元建设“数字孪生城市”CIM平台一期,建立开发区地理信息模型,提供园区“规建管”一体化的数字服务支撑;投资1000万元搭建仓储物流网络平台,依托数字化做好仓储、物流、港航等方面的统一平台化服务。加快高新技术项目建设和传统工业转型升级,重点推进数字车间、工业互联、企业上云。晨光电器引入直流无刷电机自动化生产线,在克服疫情影响用工紧张的同时,产值增长51.4%。

(撰稿:浙江省岱山经济开发区管委会)

责任编辑:徐飞舟

水利水务

概述

2020年，舟山市水利局贯彻新时代治水方针，按照“水利工程补短板，水利行业强监管”总要求，抓疫情防控和水利建设，打好“五大会战”，统筹推进水利高质量发展，为“四个舟山”建设奠定水利保障。全年累计完成水利投资20.25亿元，投资完成率122%。

推进重点水利工程建设。克服疫情影响，抢抓政策窗口重要机遇期，推进重点项目建设，扩大水利有效投资。省百项千亿定海强排工程完工项目13个，完成计划投资1.52亿元。推进舟山大陆引水三期工程，岛际引水工程岱山段基本完成，大沙调蓄水库完成蓄水验收。定海中心片区排涝提升工程东山段提前开工建设。舟山海塘加固工程开工建设海塘22条，完成提升改造5千米。

强化水资源保障力度。加强与省级部门和宁波市的对接，甬舟供水一体化列入宁波舟山一体化发展行动方案。争取将舟山域外引优质水工程纳入全省水资源优化配置重大引调水项目，并谋划对接浙江水网和国家骨干水网。嵊泗大陆引水工程列入长三角一体化三年行动计划，开展海域论证、路由勘探和海洋环评等前期工作。深化饮用水水源治理工作，完成长弄堂和新罗家岙2座水库的综合治理工程。推进重要饮用水水源地安全保障达标建设，完成9座县级以上饮用水水源地安全保障达标建设自评估工作。实施普陀东极和嵊泗洋山、枸杞、花鸟海水淡化新建和扩容提升工程，全市海水淡化规模达到32.64万吨/日，边远海岛用水保障得到加强。

定海青林(大沙)调蓄水库主体工程(曹继党　摄)

突出民生水利项目建设。提升防洪排涝能力，完成强排泵站、河道整治和调蓄分洪项目45个，全市新增沿海强排能力42立方米/秒，缓解城区内涝问题。渔农村饮用水达标提标三年行动收官，新增渔农村受益人口27.8万人，城乡规模化供水工程覆盖人口比例达到95%，22座千吨万人以上水厂全部完成清洁供水数字化建设，走在全省前列。水生态环境持续改善，全市1060千米河道全部完成划界，创建省级美丽河湖4处，“乐水小镇”4个，“水美乡村”16个，中小河流综合治理27.8千米，县级以上无违建河道7.03千米。完成山塘、水库、闸站综合整治和除险加固工程27处。

抓好水旱灾害防御工作。全面落实防汛备汛措施，加强防汛检查和水工程调度，修订完善方案预案，组织开展应急演练5次，完成风险隐患整改135处。加强水旱灾害分析会商,做好提前防御部署,全年启动水旱灾害防御应急响应5次,发布预警短信800余条,确保全市水利工程平稳度汛。实施水文防汛“5+1”工程,完成新建改建水文测站30个。完善山洪灾害预警及防范机制,动态更新风险对象清单和预警阈值,划定山洪灾害防治重要村落179个,建立防御对象清单3051人。加强防汛抢险技术支撑,组建水旱灾害防御专家库。做好旱情应对工作,严格取用水管控措施,强化水质检测和节水宣传,发挥水利工程抗旱作用,做好城乡供水保障工作。

提升水利行业监管能力。强化水资源刚性约束,全市用水总量得到有效控制,用水效率得到明显提高,全市万元地区生产总值用水量11.30立方米,万元工业增加值用水量10.84立方米,处于全省领先水平。持续推进河湖“清四乱”行动,完成“四乱”问题整改3处,恢复水域面积338平方米。强化工程运行管理,完成51项水利工程标化创建,竣工验收40余项。强化水利工程建设管理,督促整改各类问题223个,问责约谈监理企业2家,停工整顿项目3个,实现全年零事故。持续推进节水工作,高标准制定《舟山节水行动实施方案》,完成11个节水标杆示范工程和25个节水型居民小区、节水型公共机构创建,浙江海洋大学完成节水型高校创建。开展“让节约用水,成为舟山时尚”“3·22”世界水日和中国水周主题宣传活动,节水意识和水法治观念深入人心。

深化水利改革转型。深化水利行业“最多跑一次”改革,持续减证便民,开展“水、电、气、网络”报装一件事办理和取水许可电子证照改革。首次推行涉水审批事项“不见面”网上审查,探索涉水项目综合监管,减少企业陪同次数。做好绿色石化、甬舟铁路、新奥LNG等重大项目审批服务,助推自贸区建设,优化营商环境。全面推行农民工工资“工程保函”管理,累计退还保证金近千万元。深化综合行政执法改革,完成61项水行政处罚事项划转工作。全面完成16.16万亩(10773.33公顷)农业水价综合改革任务,实现农业水价综合改革全覆盖。加快推进水利数字化转型,完成水利工程健康码和市水利数据中心建设,数据仓储存量达2.7亿条。完成市级水管理平台“五统一”建设,水域动态保护项目和城镇及小流域洪涝预警项目投入运行。

加强水利队伍建设。落实从严治党主体责任,建立健全市、县党风廉政建设工作联动机制,完成事业单位改革和职级改革。深化“清廉水利”建设,完善廉政风险防控机制,强化廉政警示教育,持续纠治“四风”问题,确保党风廉政建设常抓不懈。深化“善水惠民”党建服务品牌创建,开展党建引领业务、助推“三服务”系列活动,组织党员干部深入防汛防台、抗疫和创城一线,确保汛期平安和抗疫大局。优化年轻干部培养机制,明确干部培养教育、选拔聘任各项措施,加强水利人才储备。落实助力市场主体纾困政策,组建帮扶工作专班,确保水利行业率先复工复产。

水利工程建设

【海水淡化工程】 衢山镇海水淡化三期工程　续建工程。位于岱山县衢山镇岛斗村西碗,新建5000吨/日海水淡化设施,项目总投资4371.78万元。2016年1月开工,2018年8月主体完工,并进行设备安装。2020年10月完工并投入试运行,年度完成投资472万元,累计完成工程建设投资4372万元。

洋山镇海水淡化扩容提升工程　续建工程。位于嵊泗县洋山镇外云鹅山塘外,新建设计能力为328立方米/时水利循环澄清池,设计能力为320立方米/时无阀滤池,设计蓄水能力为585立方米海水清水池,新建主厂房、门卫、配电间等建筑面积735平方米,新建淡水池、超滤产水池、海水清水池等构筑物建筑面积487平方米。工程总投资为2198.93万元。2019年10月开工,进行主厂房、配电间等土建施工。2020年12月完工并投入试运行,年度完成投资1199万元,累计完成工程建设投资2199万元。

花鸟乡海水淡化厂一期工程　续建工程。位于嵊泗县花鸟村西子洋区域,分期建设,一期建设1000吨/日海水淡化设施,主要建设主厂房、附属用房、海水取水口、清水池、产水水池等建构物,总建筑面积约1065平方米;安装500吨/日海水淡化设备和500吨/日水库水处理设备各一套。海水淡化采用预处理+超滤+反渗透膜工艺,水库水处理采用预处理＋超滤工艺。总投资2900万元，2019年3月开工。2020年11月完工并投入试运行，年度完成投资1900万元，累计完成工程建设投资2900万元。

枸杞乡海水淡化三期工程 续建工程。位于嵊泗县枸杞乡，新建取水泵房一座，建筑面积约80平方米；新建气浮装置两座，构筑面积约170平方米；新建超滤车间一座，建筑面积约105平方米；扩容泵房一座，建筑面积约111平方米；新建600平方米海水池一座，构筑面积114平方米；新建取水管网及其他附属设备等，购置安装2000吨/日海水淡化设备及其相关供电设备。总投资2122.05万元，2019年4月开工。2020年12月完工并投入试运行，完成年度投资1122万元，累计完成工程建设投资2122万元。

舟山绿色石化基地海水淡化工程 续建工程。位于浙江省舟山市舟山绿色石化基地内（岱山县鱼山岛），项目总用地面积126058平方米，总建筑面积71398平方米，海水淡化总规模241500吨/日，分期建设实施（近中远期）。建设单位为舟山市鱼山石化工程有限公司，项目近中期投资15.52亿元，建设工期为2017—2020年。至年底，项目已基本完工，年度完成投资5.13亿元，累计完成工程建设投资15.04亿元。

【滩涂围垦】 鱼山绿色石化基地围填海工程 续建工程。位于岱山县大、小鱼山岛，主要是在大鱼山的东西两侧开展围填海工程，为舟山绿色石化项目提供必需的建设用地。建设内容为工程填海成陆总面积17.35平方千米，新建围堤12.85千米，项目估算总投资183.75亿元。2015年实质性启动以来，14个标段施工进展顺利。至年底，项目除整改堤段外已基本完工，完成年度投资60133万元，累计完成工程建设投资85.36亿元。

长涂双剑涂围垦加固工程 续建工程。位于岱山县长涂镇大长涂岛东南侧，围涂面积11270亩（751.33公顷），由海堤和水闸组成。加固方案分二期实施，一期实施西片围区周边西围堤加固、磨盘山水闸修复及磨盘山至狗山咀隔堤加固；二期实施东片东围堤未建堤段和已建堤段加固。变更设计初设于2016年8月批复，工程概算投资5.87亿元，一期加固工程于2017年1月进入施工阶段，完成扭王块浇筑和安装、外海宽平台结构、埋石砼挡墙和钢筋砼防浪墙等大部分工程内容。一期附属工程于2019年5月开始施工，完成子堤填筑。至2020年底，项目已完工，完成年度投资787万元，累计完成工程建设投资4.47亿元。

小洋山围垦一期AB区海堤提标及场地吹填工程 续建工程。位于嵊泗县境内、小洋山岛至大指头岛之间的海域，地处上海国际航运中心洋山深水港区北侧。建设内容包括：加高现有防护促淤潜堤长2843.1米，堤顶高程7.0米，防浪标准为20年一遇；加高1号-a围堤潜堤段长79.8米，堤顶高程7.0米，防浪标准为50年一遇；加高回填区至+6.5米，吹填成陆面积约101.29万平方米，吹填量469万立方米。总投资103455万元，2019年11月开工。至年底，完成年度投资5000万元，累计完成工程建设投资7700万元。

【工程管理】 河道治理 完成河道综合治理27.81千米，其中定海区舟山群岛水系岑港烟墩片河库连通综合治理工程完成12.93千米，定海区舟山群岛水系大沙

定海区大沙中心河（曹继党 摄）

片河库连通综合治理工程完成11.06千米，普陀区舟山群岛水系六横岛台门(梅峙至小铜盘闸段)综合治理工程完成3.82千米。这些项目通过新建护岸、护岸提升、清淤疏浚、水系连通0.478千米，新(拆)建水闸、交叉建筑物等，提高行洪排涝能力，提升水质，美化环境。

美丽河湖、“乐水小镇”和“水美乡村”创建　是年，创建完成岑港河库水系、白泉片河库水系、凤舞河和桂太河库水系4项美丽河湖工程；创建完成定海区盐仓街道和金塘镇、普陀区东港街道、岱山县高亭镇4个“乐水小镇”；创建完成定海区盐仓街道新螺头村等16个“水美乡村”。

定海岑港美丽河湖工程(曹继党　摄)

河湖管理与保护　对全市所有规定范围水域进行新一轮调查，并形成报告，审查后上报省水利厅；结合全年度的水域调查工作，在调查的基础上，按照最新的河道名录，完成所有河道的划界工作，累计完成1060千米河道的划界；做好河道“清四乱”工作，结合特别、专项检查等，加强河道的日常巡查工作，发现“四乱”问题的，按照“一事一清单”要求，及时解决。至年底，河湖“清四乱”问题数3个，及时、动态清零、销号。

水利工程运行管理　水利工程标准化创建收官，完成工程标化创建51处，累计完成工程标化创建633处；开展水库安全度汛专项行动落实“三个责任人”“三项重要措施”，做好水利部、省水利厅检查发现的问题整改；按照水库、水闸工程管理规范要求，完成1座中型水库、6座小型水库的控制运行方案审查审批，确保重要水利工程管理规范，运行有序；累计完成97座(条)水利工程的安全鉴定，实现超期鉴定海塘全部销号，超额完成省水利厅下达的目标任务。

【农田水利工程】　渔农村饮用水达标提标工程　是年，提前完成渔农村饮用水达标提标三年任务。至9月底，31处项目全部完工，完成年度达标提标人口14.5万人，三年累计完成达标提标人口27.8万人。千人以上和千人以下水费收缴率100%，居全省首位。

渔农村供水发展与山塘综合整治　全面推进城乡清洁供水数字化管理工作，至9月底，22座千吨万人以上水厂全部完成清洁供水数字化管理工作。全市计划整治山塘10座，其中市本级5座，定海区1座，普陀区1座，岱山县3座。至年底，完成山塘综合整治10座，完成年度任务的100%。在古井第三次普查的105座古井基础上，新增257座古井，完善古

新城万丈塘提升工程(曹继党　摄)

井的坐标工作,出版《井里乾坤》。

农业水价综合改革工作 是年为全市农业水价综合改革的收官之年。至10月底,完成农业水价综合改革任务1.21万亩(806.67公顷),完成年度任务的100%,实现全市16.16万亩(10773.33公顷)的农业水价综合改革全覆盖,在此基础上完成各县(区)农业水价综合改革的验收工作。市本级和定海区获得全省农业水价综合改革考核优秀,其中定海获得100.4的高分。

水土保持监督检查与天地一体化建设工作 坚持预防监督和治理工作两手抓,加快水土流失治理。至年底,完成水土流失治理面积4.13平方千米,对2019年24个验收项目进行核查;开展水土保持天地一体化工作,利用卫星遥感对2020年136个图斑进行复核检查,检查项目131个,督促整改项目5个,督办项目1个,查处项目1个。

防汛信息安全管理

【防汛安全检查】 根据市防指和省厅的统一部署,组织开展水旱灾害防御汛前检查工作,重点检查水工程安全度汛责任制和各类责任人落实情况、应急预案、度汛方案、抢险避险方案的修订情况、抢险救援物资储备和队伍落实情况、水工程运行情况等。组织开展防台安全风险隐患大排查,全市各级水利部门出动检查人员1100余人次,检查工程1400余处,发现风险隐患135个,全部落实整改或相应的安全措施,确保水利工程安全度汛。

【山洪灾害防御与应急抢险物资落实】 开展山洪灾害防御能力提升项目建设,完成山洪灾害调查、分析评价,预警指标的确定,防御对象和责任对象清单的编制。开展“浙江安全码”排查、录入和赋码工作,完成山洪灾害危险区2290人赋码。做好山洪灾害预警工作,强降水期间,全市发布预警短信800余条,涉及12000余人次。市本级落实新的防汛物资仓库,面积增加到500余平方米,储备大流量水泵、麻(编织)袋、钢管钢绳、发电机、应急照明设备等一批防汛抢险物资。成立30余人的水旱灾害防御抢险专家小组,为水利工程抢险做好技术支撑工作。

【水管理平台试点与水雨情室改造】 完成市级水管理平台“五统一”建设,相关平台应用整合接入至水管理平台;水利数据中心迁移到政务云,实现省、市、县数据互联互通;完成水旱灾害防御大屏模块等功能升级,开展河湖库保护模块设计。完成水雨情室大屏安装、强弱电布设、控制操作台以及防汛值班室提升改造等工作,并增加一套视联网会商系统,确保应急期间随时与市防指进行会商。

水利管理

【水利行业投资】 受新增项目小洋山围垦一期工程Ab区海堤提标及场地吹填工程投资增长拉动,全市完成水利投资20.25亿元,年度投资计划完成率122%,超额完成年度计划投资任务。完成重大水利项目投资8.1亿元,年度投资计划完成率105%,其中定海强排、舟山大陆引水三期工程投资超额完成,定海水系综合治理完成,海塘加固工程基本完成。

【水利管理业投资】 全市纳入省水利管理业统计的水利项目有74个,完成投资22.74亿元,比上年减少38%,未达到10%增长目标要求;其中,重大项目15个,完成投资20.26亿元,占89.1%;绿色石化基地项目完成投资16.79亿元,占73.8%,同比减少9.3亿元,下降36%。是年,水利管理业投资负增长主要是受舟山绿色石化基地水利项目投资的大幅回调、重大水利项目新增后劲不足及统计部门对入库项目从严审核等影响。

【水利资金管理】 会同市财政局分三批次下达市级水利发展资金8060万元(其中综合因素补助2400万元,城防项目补助3000万元,其他约束性项目补助2660万元)。下达2020年中央和省级水利建设与发展专项资金14155万元,其中中央200万元,省级13955万元(包括重大项目补助12760万元和面上项目补助1195万元)。

【舟山群岛新区定海强排工程】 计划实施13个项目(7个闸站,3个水库扩容,3个流域河道治理项目),计划投资1.52亿元,其中定海片和普陀片分别计划投资0.53

亿元和0.99亿元。至年底,完成年度投资1.86亿元,年度投资计划完成率123%,定海片和普陀片分别完成0.71亿元和1.15亿元,年度投资计划完成率分别为134%和117%,均超额完成年度计划投资。

【海塘加固工程】 计划实施22条22千米,计划投资3.76亿元,其中新城片1.7亿元,普陀山-朱家尖片0.3亿元,定海片1.0亿元,普陀片0.5亿元,岱山片0.2亿元、嵊泗片0.06亿元。至年底,完成年度投资3.5亿元,年度投资计划完成率93%,基本完成年度计划投资。分片区看,岱山片计划投资超额完成115%,定海片、普陀片和新城片完成100%,嵊泗片和普陀山-朱家尖片受用海审批等影响未完成年度计划投资。

【水利工程规划前期工作】 按照省、市"十四五"水安全保障规划编制要求,梳理舟山市水安全保障"十四五"规划思路和海塘安澜、水资源优化利用等八大类水利建设项目,向省水利厅专题对接汇报"十四五"及中远期重大水利项目规划情况。按照甬舟一体化年度工作目标,与宁波市水利局、宁波市供水集团、舟山市水务集团多次沟通对接,对甬舟水务一体化方案作深入分析探讨。加强与省水利厅的对接,争取将舟山域外引优质水列入省水安全保障"十四五"规划,在全省水资源优化联调工程谋划中统筹考虑。

【嵊泗大陆引水工程】 该项工程纳入长三角一体化三年行动计划,开展海域论证、海洋环评、路由勘察及工可报告等前期工作,至年底,可行性研究报告以及海底路由和海洋环评专项完成初稿;完成通航影响条件评价、规划用地预审工作。

【海塘安澜规划方案】 按照省水利厅要求,委托市水利勘测设计院开展市本级和各县(区)海塘安澜"一县一方案"编制工作,10月26日通过初步方案专家技术咨询审查,修改后的送审方案于12月中下旬完成专家审查。

【水利工程开展情况】 是年,全市计划实施的19座水库除险加固工程均已如期开工,其中9项工程提前完成,列入省民生实事项目的8座水库全部完成并通过完工检查验收,提前并超额完成年度目标任务。22条22千米海塘加固项目如期完成年度目标,所有项目实现全部开工,年度完成海塘加固5千米,完成年度目标的125%。沿塘闸站工程按计划推进,年度计划实施的14座闸站工程均开工建设,8项工程如期完工,全市再增沿海强排能力42立方米/秒。

【水利工程建设管理】 是年,对全市24项重点工程组织开展自查自纠,查找各类问题223个,督促有关项目及时组织开展整改,对专项治理行动中检查发现存在突出问题的项目停工整改1项,约谈监理企业2家,约谈有关责任人6人。全市新增11座水库除险加固工程列入中央防汛抗旱提升工程补助计划,清除南洞水库、龙潭水库等工程历史遗留问题。推进验收清零行动,通过清单化管理、不定期视频会商和重点项目集中指导服务等不同形式加强督促指导,完成验收40余项。

【水利工程质量和安全监管】 水利工程建设质量安全总体保持平稳,全年零事故。累计出动200余人次组织开展93次质量监督与安全检查,监督受监工程第三方检测工作20余次,出具检查意见76份,监督检查意见、建议和

岱山南浦闸站(曹继党 摄)

要求，均已督促整改落实，对部分隐患较大的问题进行抽查复核；组织参加质量监督交底22次，工程协调会5次，重要隐蔽单元工程联合验收19次，外观评定9次，参加工程完工验收、阶段验收并提交评价意见5次，参加工程竣工验收并提交质量监督报告7份。

【工程质量检测监管与抽检】 推进质量监督App使用、质量监督网上办理和工程网上开工备案等，提升监管信息化水平；督促参建单位按照规定项目、数量和频次开展自检、平行抽检和第三方检测，对重要隐蔽工程、关键部位检测和验收，派员到现场进行监督见证，提高材料检测权威性、规范性；组织开展2019—2020年度面上水利工程质量抽检，对45个工程进行质量抽检，对检查发现的问题逐一督促整改。

【水利建设市场管理】 整理汇编《新冠肺炎疫情防控惠企政策摘编》200余份分发工地和企业，帮助企业知晓有关优惠政策；落实惠企减负措施，印发关于加快推行工程保函方式缴纳保证金的通知，在水利行业推进保函替代现金缴纳农民工工资保证金的减负措施，为企业减负；按照诚信激励的政策，退还两年内未发生欠薪企业的农民工工资保证金，累计退还近1000万元；落实农民工工资保障措施，水利行业未发生恶性欠薪案件。

【水利招投标监管】 按照分级管理原则备案市本级水利项目招标招标文件12项并监督项目开标；妥善处理招投标投诉，持续开展招投标领域专项整治工作；做好局内部招标工作，按照规范、便捷的总体要求做好内部小额项目交易监管，全年监督内部招标项目20余项。

【水资源管理常规工作】 全市取水许可总量为10160.95万立方米，计划下达总量为9100.70万立方米，其中市本级为5601.2万立方米。根据《浙江省取水许可和水资源费征收管理办法》的要求，按照50万立方米以上每月一缴、50万立方米以下每季度一缴的频次收缴水资源费；落实省委、省政府制订的助力市场主体解困政策，对7—12月期间的取水按规定标准的80%征收。全市年征收水资源费1620.9万元，其中市本级1053.6万元。编制完成2019年度水资源公报、2019年度水资源管理年报。

【最严格水资源管理制度】 通过省对舟山市2020年度的考核。全市用水总量2.1478亿立方米（含舟山绿色石化海水淡化用水量），万元国内生产总值用水量和万元工业增加值用水量分别为10.78立方米（当年价）和10.85立方米（当年价），全市用水总量得到控制、用水效率得到提高；城镇饮用水水源地水质达标率100%。

【取用水管理专项整治行动】 按照水利部和省水利厅的统一部署，结合舟山市实际，制定《舟山市取用水管理专项整治行动方案》，通过告知书、宣传册等形式，向社会广泛宣传整治行动的重要意义和工作要求，引导取水单位和个人依法配合核查登记工作。全市核查取水工程（设施）273处，需整改的取水项目48个，其中小型农田灌溉取水项目37个，小型农饮水取水项目6个，其他项目5个。

【饮用水水源治理工作】 抓好全市重点饮用水源水库的综合治理，完成嵊泗长弄堂和岱山衢山新罗家岙2座水库的综合治理工程；完成定海虹桥、岑港、洞岙－陈岙，普陀应家湾－芦东－沙田岙，岱山小高亭和嵊泗长弄堂9座水库的安全保障达标建设自评估工作；完成11个本岛乡镇（街道）原水水质考核资料审核以及原水水量、水质核定；完成舟山本岛饮用水源水库计量、监控设施建设和舟山饮用水水库水资源监控平台建设，经过试运行，于5月底完成该项目的竣工验收工作；完成2020年度监测工作，全市饮用水水源水库水质达标率100%。

【保供水、抓节水】 计划新建供水管网10千米，改造供水管网30千米，实际完成新建供水管网11.7千米，完成率117%；完成改造供水管网36.4千米，完成率121%。疫情防控期间，组织开展复工复产供水安全生产专项检查，并落实好疫情防控期间的各项工作，确保供水安全。高标准制定《舟山节水行动实施方案》，完成1个节水标杆酒店、10个节水标杆小区；指导浙江海洋大学进行节水型高校的创建工作，并完成省厅的现场考核验收；完成屋顶集雨等雨水收集系统100处，完成改造节水器具5000套,完成17家企业的水平衡测试,创建完成11家节水型企业、6个节水型居民小区、6个市级节水型公共机构,定海区水利局完成水利行业节水机关创建并通过验收,2个省级节水宣传教育基地已完工。

【水资源开发利用研究】 谋划以定海岑港水库、洞岙水库分别为舟山本岛西部、东部调节中心水库,以普陀大使岙水库和定海陈岙水库(洞岙水库)、虹桥水库、白泉岭下水库(长春岭水库)等为舟山本岛四大片区主要调节水库,利用大陆引水两条原水管线连接作用,结合中水回用水厂和海水淡化水厂形成"二核二线四片多点"的水资源配置空间格局。为充分利用常规水资源,谋划通过建设5项引水入库工程和32座水库的库库联网工程,可增加可供水量约1300万立方米。为充分利用雨洪资源,谋划将岑港水库和洞岙水库扩容至5000万立方米和1500万立方米,结合相应的雨洪资源集聚设施的建设,可利用10年一遇的雨洪资源约3700万立方米和1000万立方米。为全面提升水资源管理水平,按照开源与节流总体思路,强化节水刚性约束,编制完成《舟山市新时期治水方针先行示范区》《舟山市对标新加坡节水工作方案》,为下一步节水工作提出方向。

【水利审改工作】 做好政务服务2.0系统建设、工程建设项目清单制告知承诺制改革、一般企业投资项目审批"最多80天"改革和投资在线平台3.0应用。深入"水、电、气、网络"报装一件事改革,将电力工程涉水审批承诺制扩大至500米范围。实施涉水项目综合监管,优化行政资源,减轻企业负担,为推进下步涉水验收标准化、审批承诺制改革,为实现审批、监管一条龙管理、一站式服务,促进"三评合一"区域水评奠定基础。

【水利审批工作】 总办件量136件,其中涉及"最多跑一次"事项办件量124件。窗口直接办理事项124件,其中许可件77件(涉河涉塘17件,水土保持方案56件,取水许可4件),备案件37件(生产建设项目水土保持设施验收备案),核定临时用水申请计划10件。受理办结局内部流转事项12件,其中收发水利工程竣工验收8件,水库、水闸控制运用计划核定2件,水库降等1件,水库报废1件。海洋产业集聚区水保登记6件。完成政务服务网电子归档并移交36卷,3.0系统办理69件,2.0系统17件。

【水利窗口建设】 是年,组织审查会议50余次,勘测现场50余次。接受用户接待、咨询答疑100余次,材料审核128件,情况反馈30余件。参与方案设计审查15次。完成"投资项目高效审批"考核及各类报表统计,保持同进驻市行政服务中心相关窗口单位的工作联系,通报项目办理情况,实现审批部门信息共享。多次对接绿色石化、甬舟铁路、六横大桥、新奥LNG等重点项目,为企业提供政策和技术服务。

【安全生产与监管】 在汛期及重要时间节点发文《关于开展舟山市水利行业安全生产集中整治行动的通知》《舟山市水利局关于做好"两会"期间水利安全生产工作的通知》《舟山市水利局关于印发全市水利安全生产专项整治三年行动实施方案的通知》《舟山市水利局关于印发防汛设施和涉河涉堤工程安全隐患检查方案的通知》,并组织进行疫情防控期、复工复产期、"两会"期间和汛前汛中检查,分5个小组安全检查各县(区)20组次。针对检查发现的安全隐患,以书面形式及时反馈给各被检查单位。

【安全生产宣教与"双重预防机制"建设】 组织开展水利行业"安全生产月""安全生产万里行"等主题宣传教育活动,参与"一把手"谈水利安全生产、水利安全生产知识网络竞赛、"水安将军"趣味答题等具有行业特色的活动,利用网站、微信和宣传栏等开展安全生产宣传教育活动。悬挂标语(横幅)50余条,张贴宣传海报200余张,发放宣传资料470余份,举行安全知识竞赛5场。举办风险分级管控和隐患排查治理培训班,各县(区)和市本级单位50余人参加。开展危险源辨识和隐患排查,在安全系统中已录入危险源1573个。

【无违建河道创建】 加大巡查频率,市、功能区、乡镇(街道)联合对2条创建河道开展全程步巡,排查出24处疑似违建点,核实确认违建点16处,逐个制订整改拆除措施,明确时间节点,结合当地"三改一拆"计划,整治拆除工作有序推进。全年累计拆除违建点11处4414.15平方米，清理平整5处，核查8处土地权属、建设时间、批准文号等相关资料，完成2条县级河道7.03千米的创建任务。

【水政联合执法与监察】 牵头组织开展饮用水水源地“禁泳、禁钓、禁网”专项联合执法行动，参与配合市环保局、综合行政执法局、市治水办以及县(区)水利部门开展的联合执法活动4次，劝离饮用水源地游泳、钓鱼者10人。

【综合行政执法改革工作】 完成省权力事项库水行政处罚事项131项、强制事项16项的认领工作，配置执法人员角色，开展测试案件录入，确保“省办案系统”启用工作顺利推进。按照《浙江省人民政府办公厅关于公布浙江省综合行政执法事项统一目录的通知》要求，结合近几年水行政执法实际，完成61项水行政处罚事项划转综合行政执法部门的工作。

【水政执法工作】 加强日常巡查，累计出动334人次、42车次，巡查河道278.420千米，水库44.783平方千米，重点巡查对象11个，实地巡查10座海塘(22座/次)、32座水库(98座/次)、15座山塘(24座/次)、34条河道(158条/次)、8座闸门(32座/次)，日常巡查中现场劝阻处理35次。做好信访查处工作，受理举报、投诉、信访件8起，均妥善处理。

【水法宣传】 与舟山报业传媒集团联合开展以新闻、报刊、舟山水利官方微信等主流媒体专题宣传，开展公益广告漫画、水知识有奖问答、小记者短视频制作、创意文章和节水绘画作品评比、户外广告屏及城市电视播放宣传片等多种线上形式系列宣传。定海区组织志愿者70余人在大沙水库开展以“坚持节水优先，建设幸福河湖”为主题的志愿服务活动；普陀区以短信群发的宣传形式向广大群众宣传节水、惜水、爱水的良好风尚；岱山县安排宣传车在各乡镇开展巡回宣传；嵊泗县利用县级多媒体多方位开展宣传。

【水文汛前测报工作】 组织开展水文测站检查，委托设备维护单位逐站检查水文测站设施设备，针对水位不准、雨量筒堵塞、电瓶电压低、遥测终端故障等问题，进行水位校核和设备的维修、更换。抽查全市国家基本站4个，重要水库站6个，河道站3个，重点检查站点自动测报系统运行情况、设备维护保养、站容站貌、安全设施。配合省水文管理中心对全市水文测报和安全生产汛前准备情况进行督查，重点督查定海长春岭水文站、定海潮位站、新城雨量站、岱山潮位站，对长春岭水文站存在的无应急电源、卫星电话及雨量观测场内杂草多等问题及时整改。

【水文测站建设和管理工作】 完成水文“五大工程”，新建改建通信双保障自动测报站6个；完成水文补短板项目，提升改造重要潮位站1个，新建改建水位站29个，安装人工水尺9套，配备四增配(卫星电话、应急电源、望远镜、强力手电筒)10套，遥测终端备份10套和三个双保障站等建设15套。对原来测报标准较低的老碶头闸站、定海潮位站、原电厂二桥站等水位站实施提升改造；做好市本级59个水文测站的运行维护管理，委托第三方完成全年4次常规维护保养，更换电瓶16处，遥测终端3处，及水位计、雨量筒、太阳能板、设备箱等各1处。

【水文监测情报预报工作】 密切监视梅雨期和台风暴雨期水雨情，及时做好水雨情信息报送，编制梅雨期水情快报2期，水情简报6期。完成定海潮位站、虹桥水库站、岑港水库站3个省级报汛站的每日人工报汛，定海老碶头站(白泉主河)、定海南善桥站(双桥前门畈河)、普陀糯米村站(朱家尖四丈河)、普陀龙山站(六横龙泉河)4个省级报汛站的自动报汛，其余接入省水雨情信息平台的水文测站水雨情信息完成全年自动实时上报。开展长春岭水文测站人工流量测验30次。

【水质监测工作】 做好1个国家重点水质站(虹桥水库)和7个县级以上集中式饮用水水源地水质监测以及其他60个监测点水质监测，完成2020年度水质监测任务，编制《水资源质量通报》6期，委托嘉兴求源检测有限公司完成1个国家地下水监测站采样和水质检测及评价。配合做好省水资源监测中心内部质量审核组对分中心2019年内部质量审核相关工作。组织开展分中心2019年度管理评审。根据省厅有关要求，组织开展分中心实验室危化品安全管理自查,配合做好省水利厅安全生产攻坚行动专项督查组对分中心实验室督查的相关工作,重点督查分中心实验室危化品管理情况,对存在的有毒物品入库登记管理、领取和使用不规范,相关警示标识不足等问题,督促相关单位严格按照危化品特别是有毒有害物品使用和管理办法,对相关问题限期整改。

【水利勘测设计经营情况】 新签订勘测设计等合同 162 份,合同总金额 1918.4 万元。其中主要有设计合同 43 份,合同金额 521.4 万元;咨询合同 76 份,合同金额 1016.9 万元;水保合同 3 份,合同金额 26 万元;地质勘察合同 32 份,合同金额 312.6 万元;施工图审查合同 8 份,合同金额 41.5 万元。合同完成金额 1345 万元左右。全年勘测设计收费 1829.5 万元右,其中 2020 年度开票收入 1384.4 万元,以往年度开票收入 445.1 万元。

【勘察设计咨询工作】 完成舟山市岱山县岱西镇火箭盐场区域集中垦造耕地(现代农业观光园区)围栏项目实施方案,沈家门街道涨塞浦内闸暗渠疏通工程,舟山市大丰溪山洪沟防洪治理工程,舟山市本级水位站(老碶头闸、王家桥、定海潮位)提升改造工程实施方案,岱山县岱东镇王家岙水库除险加固,舟山嵊泗至定海公路小干—长峙通道工程涉马鞍东塘安全运行影响,舟山市定海区水利工程补短板实施方案,浙江省海塘安澜千亿工程规划方案(2020—2030)等 83 个主要设计咨询项目。完成舟山市临城街道长峙谢家山海塘地质勘察工程,长峙岛海底滑坡应急抢险工程,岱山铜锣海塘除险加固工程,舟山市定海城区排涝提升工程,秀山秀东水闸,中化兴中库区海堤工程,中化兴中库区大涂面,中化兴中库区新后岸,岱山县水系连通及水资源综合利用工程,岱山县秸秆综合处理中心项目工程,临城街道西溪岭水库安全鉴定工程,临城街道陈岙水库安全鉴定工程等 45 个主要地质勘察项目。

【市水利学会工作】 开展第二十八届“3·22”世界水日、第三十三届“中国水周”水利科普宣传系列活动,组织参与由市科技局、科协举办的“舟山群岛新区科技周”系列活动和“舟山市第十八届科普节暨 2020 年全国科普日新城科普嘉年华”宣传活动;组织会员参加浙江省水利学会第十次会员代表大会、浙江省水利学会 2020 浙江省学术年会暨科技治水峰会;组织会员参与“第四届浙江省水利学会优秀论文评选”和“水利科技创新奖提名”工作;组织全市水利科技志愿服务队队员投身社区防疫工作,走访会员单位,为水利行业复产复工提供技术支持。

【企业改制划转】 舟山市水利勘测设计院有序开展转制工作,于 12 月开展设计院清产核资专项审计,核定设计院资产情况,后对人员安置方案、企业划转方式及工作流程等进行明确,与城投集团按清理规范工作要求签订无偿划转协议、企业委托管理协议及托管备忘录等协议,明确权利和义务,办理相关手续,履行监管职责,确保公司平稳过渡。

(撰稿:曹继党)

水务管理

【概况】 2020 年,水务集团坚持把城乡供水作为服务民生、保障发展的头等大事,全力完成供水、引水核心任务。自来水供水一体化持续推进,深度处理基本实现全覆盖,居民用水品质提高。坚持贯彻全市“治水治污”“品质舟山”等重大决策部署,市本级污水处理能力和标准提高,总体能力提升至 17.3 万吨,城镇污水处理厂全部完成一级 A 提标工作,污水收集范围不断扩大,城市水环境品质提升。累计实施工程项目 30 余项,完成投资约 30 亿元。大陆引水三期工程完成投资 20 亿元,建成库容 888 万立方米水库一座,输送管道超过 60 千米,总体进度达到预期要求。原水工程完成投资 3.6 亿元,实施 4 座水库除险加固工程,7 座水库物理隔离栏建设工程,对 4 座水库进行“一库一策”治理,新建水资源整合管道 38.45 千米,泵站 2 座,完成 6 座水库、4 座泵站标准化创建工作。污水工程完成投资 6.87 亿元,实施 3 座污水处理厂能力提升工程,新增污水处理能力每日 5.5 万吨;对 3 座污水厂实施除臭系统改造,新建污水配套主管网 36.98 千米;实施污水处理城乡一体化,收购、托管乡镇污水处理厂各 1 座;托管 33 座污水泵站。所有项目工程效益均正常发挥,成效显著。

【城区制供水】 至年底,有市属水库9个,不定期多次安排实地检查,确保供水安全。是年,供原水9035万立方米(其中大陆引水3750万立方米,本地供水5285万立方米,分别占总量的24%、76%),比上年增加108万立方米。全年自来水制水量11484万立方米,比上年增长4.8%,供水量11231万立方米,同比增长4.9%;售水量10172万立方米,同比增长5.4%。管网水综合合格率100%,有效保障城乡用水需求。

2020年全市市属水库供水情况

表35 单位:万立方米

库　名	正常库容	年底总水量	年底可供水量	年供水量
虹桥水库	1015	441	301	1781
黄金湾水库	851	362	262	4448
岑港水库	627	188	138	621
城北水库	111	52	32	254
芦东水库	119	59	24	217
天竺水库	17.2	0	0	0
合兴水库	21.6	10.7	9.2	0
三甲塘水库	4.5	0	0	0
展茅平地水库	328	135	105	238

【引供水安全管理】 抓好水库管理运行工作　上半年,完成7座中小型水库控制运用计划编制及批复,并严格执行。落实市级库长制,按照市级库长指示精神,落实各项管理工作,全年完成库长制季报4期,专报2期。10月28日通过省级"回头看"考核,普陀山合兴和天竺2个新创标水库于11月6日通过市级考核。落实人员培训和经费管理,组织水库管理人员参加水库安全培训,落实水库监控、遥测等设备维修养护经费,完成设备定期养护。

做好泵站管理工作　对大陆引水及重要供水泵站分阶段进行停机维修养护,全年进行设备改造安装任务28次,保养维修任务91次,主要完成大陆引水李溪渡泵站2号机新增变频柜启动改造安装、马目预处理厂取水泵房2台250千瓦立式斜流泵安装调试、展茅塔岭下临时应急泵房拆除等任务。

落实管线管理工作　全年完成供水管道应急抢修60余次,管道改道7次,流量计更换20次,管线排污16次,按计划开展原水管线巡查工作,全年巡查40余次。

继续保护水源环境　4月8日制定下发《关于做好省生态环保督察迎检工作的通知》,规范各项迎检措施,明确职责分工,通过4月中下旬省级环保督查和年底中央环保督查复查。水源巡查队全年劝阻、驱离垂钓、放生、野餐及游泳人员1962余人次,清理移交执法部门渔网具198套,与城管、环保等执法部门联合执法18次,同比下降22.2%。完成《水源地巡查简报》3期,做好水源保护相关宣传工作。各管理处根据自身情况落实放养鱼苗生物净水、周边绿化环境改造、垃圾打捞清运等各项措施,保护饮用水水源地环境。

【城市节水】 是年,科学合理调度水源,智慧水务中城市节水信息化管理系统进入调试阶段,节水工作有成效。

城市节水宣传继续深入　节水宣传在做好疫情防控的前提下开展,根据住建部《关于做好2020年全国城市节约用水宣传周工作的通知》以及"养成节水好习惯,树立绿色新风尚"主题,围绕全市节水中心工作,编制《2020年舟山市城市节约用水宣传周活动方案》,根据方案,开展多媒体线上宣传、节水宣传进社区、节水宣传进校园,开设节水教育大讲堂等形式多样的活动,宣传节约用水工作,动员市民共同关注水资源。活动现场以展板的形式向社区居民介绍全市水资源现状、节水的重要性以及生活中节水的小窍门,发放《居民家庭生活节水手册》,为社区居民提供用水咨询、节水器具预约改造登记等服务。

城市节水信息化管理系统取得实质性进展　上半年,城市节水信息化管理子系统研发工作取得实质性进展,基本完成系统开发,进入调试阶段。该系统投入运行后,将为全市的城市节水工作提供信息化管理平台,特别是为市区城镇非居民用水超定额累进加价制度的实施提供科技管理手段。

节水载体建设和节水器具改造工作继续推进 创建节水型企业5家,节水型小区6家,建设节水型公共机构10家;企业开展水平衡测试11家。节水器具改造范围扩大到嵊泗、岱山、金塘、普陀展茅等周边地区,计划改造节水型水嘴和卫生洁具5000余套,其中定海盐仓1500套,普陀虾峙1500套,岱山秀山1000套,嵊泗黄龙1000套,至年底全部完成。与浙江海洋大学达成建设意向,由浙江海洋大学出具初步建设方案,分步打造校园节水教育基地。协助市机关事务管理局申报"水效领跑者"——舟山海洋文化中心,协助市水利局节水办完成省节水标杆小区(桂花城、御江湾、新新家园等)及省节水标杆校园(浙江海洋大学)的申报。开展节水定额修编和计划户管理。是年,为计划户开展专项节水服务40余次,内容包括查漏、咨询、统计、节水工程验收等。2019年底,将部分非居民计划户由原来的超计划改为超定额累进加价,实行三档收费;2020年,选择学校、机关事业、医院、宾馆、饭店10家单位进行试点。

【城区污水处理水平不断提高】 全年(市本级6座污水厂)处理污水总量4422万吨,本岛正常纳管的污水基本得到有效处理;COD(化学需氧量)污染物削减量1.67万吨,氨氮削减量1822吨;污泥处理量5.21万吨,再生水回用量982万吨;各污水厂负荷率、达标率均达到市城管局下达的污染减排计划和指标要求。

【大陆引水三期工程】 续建工程。由"一库八线"组成。建设内容包括宁波至黄金湾水库引水三期工程、舟山本岛输配水工程、岛际引水工程、大沙调蓄水库工程以及水务调度信息化管理系统。至10月底,实际累计已到位资金24.4665亿元,其中国家拨款1179万元,省级拨款2.7643亿元,市、县拨款1.8843亿元,国开基金3.05亿元,国开行项目贷款12.1亿元,政府债券置换2.4亿元(只承担利息),三期工程专项债2.15亿元。至年底,累计完成投资23261万元,年投资完成率155%。工程累计完成投资231537万元。

宁波镇海至定海马目段跨海输水管道工程正在实施锚损管道修复工作。大沙调蓄水库工程4月完成合同工程验收,6月完成水库下闸蓄水阶段移民安置验收,11月12日召开水库下闸蓄水验收会。宁波陆上段工程,由泵站工程和管道工程两部分组成。管道工程于3月开工,已完成沉井16座,完成42%,管道敷设4185米,完成25.8%;泵站工程于4月开工,完成岚山泵站总体形象进度的60%。岛际引水工程,岱山段引水工程总体进度为99%,金塘岛引水工程总体进度为27.2%。金塘岛引水工程由跨海管道和陆上管道组成,跨海段输水管道(全长20.97千米)还未开工,陆上段(全长11.798千米)累计管道敷设9318米,完成82.9%,其中金塘岛陆上段(3118米)已完成,宁波段累计敷设6640米,完成率76.5%。岱山段引水

舟山水务调度监测展示中心(市水务集团提供)

工程分泵站工程和管道工程两部分，管道工程（全长66.98千米），10月完成岱山至衢山海底管道敷设（全长16496米），管道工程部分建设任务全部完成，泵站工程建设内容包括3座泵站，其中秀山岛加压泵站于2019年建设完成，2020年3月马岙加压泵站完成改造调试，12月岱北加压泵站建设基本完成。水务调度信息化系统2019年10月开工，除宁波李溪度和岚山泵站正在实施改造，普陀山合心水库和三甲塘正在开展除险加固无法进行设备安装外，其余所有硬件设备安装完成，业务系统完成开发，准备投入试运行。水务调度信息化管理系统总体进度为85%，完成主要硬件设备安装与调试工作，完成业务系统内部开发测试与云中心部署。

【普陀山天竺水库除险加固工程】 总投资723万元，完成趾脚混凝土基础浇捣、库区清淤和帷幕灌浆钻孔，进行坝基回填、坝面凿毛和帷幕灌浆，至年底完成工程量的50%。

【三甲塘综合整治工程】 三甲塘位于普陀山。该工程主要内容包括坝体加固、溢洪道加固、库底清淤、原管理房拆除。工程概算总投资537.85万元。至年底，完成主体工程建设，进行工程扫尾工作。

7月15日，市污水处理厂配套主管网工程展茅海上段DN 1200沉管接口施工（市水务集团提供）

【舟山市污水处理厂配套主管网工程】 该工程概算总投资54919.21万元，主要新建一座20万立方米/日临城污水总泵站，新建一条长约14.6千米的污水管网。2019年底，完成施工招标工作。2020年受疫情影响，于4月开工建设，至年底完成隧洞主洞口2.6千米，支洞口5.2千米；完成管线压力管3.9千米，重力管1.5千米，累计完成5.4千米，超额完成年度5千米计划，完成投资15000万元，超出计划的150%。

【普陀区勾山污水处理厂改造及配套主管网工程】 该工程概算投资约2500万元，主要将勾山污水处理厂改造为预处理厂，新建泵站、中控系统并配套1.5千米管网。因疫情影响，市属国有企业2020年投资项目5月12日正式发文，6月底前启动该项目，又因该区块用地性质复杂，控规调整等因素，前期审批受阻。多次与新城管委会、职能部门对接、协调，按计划完成年度工作，完成投资250万元。

【普陀区展茅污水处理厂改造及配套主管网工程】 该工程概算投资约1000万元，将展茅污水处理厂改造成预处理厂，新建泵站、中控系统并配套管网。6月底前启动该项目，按计划完成年度投资额100万元。

（撰稿：童飞凤）

责任编辑：童涵

舟山“七月半”习俗

舟山民间至今仍流传有做“七月半羹饭”祭祀祖先的习俗,它是旧时“七月半”节日的孑遗,俗称“七月半”“鬼节”或“中元节”。

农历七月十五夜晚,旧时在海岛城乡是一个很热闹的节日。据《舟山市志·民情风俗》记载:“(七月十五日)前后数日在村口设坛,请僧道打醮放焰口、高悬蜈蚣旗,路边挂冥锭、纸衣,地上摆酒食,舍施野鬼;扎制鬼王、黑白无常、童男童女、纸塔等纸神、纸物,置于坛旁。祀毕,烧化纸锭、纸衣、纸神,于空中放天灯,在海上放水灯,敬送神祇,驱逐野鬼,祈求水陆平安。”由此看来,“七月半”节日的主要活动有二项:一是“祭祀鬼魂,普度亡灵”;二是“放灯敬神,祈求平安”。

普度的主打节目是设坛放焰口。放焰口又作施放焰口,是一种根据《救拔焰口饿鬼陀罗尼经》而举行的施食饿鬼的法事。该法会系以饿鬼道众生为主要施食对象,则饿鬼皆得超度;亦为对死者追荐的佛事之一。

放水灯是“七月半”活动的高潮。旧时的水灯有两种形式,一种用红绿纸制成,形如莲花,纸用油鞣过,落水不会渗漏,内放菜油、灯芯,一种用木板或篾丝制成,外糊五色纸,内点小蜡烛。这些水灯都是本地善男信女亲手制作送来的,所以大小不一,花样各异。放水灯的任务,一般都由渡船和渔船上的人担当,据说他们在海上生活劳作,更加希冀得到孤魂野鬼的帮衬而不出事故。放的时候要备好几只船一起撑到埠头、渡口或港湾,待落潮时分,大家齐心协力,点的点,放的放。方法也很巧妙,把点好的灯放在米筛上,一待放满,即将米筛浸入水中,灯就浮在水面顺流而去。数千只灯要在短时间内放入水中,非相当熟练之手法是难以胜任的;因为时间一长,先头点的灯油会耗尽,或者前面点的会被水流冲散。这时,天上明月当空,水中一平如镜,数千只闪闪发光的彩灯,争相漂移,煞是好看。有时,一阵旋风,把一条线流向的灯吹得四面星散,或者把几只灯吹到岸边,看灯的人们就会指指点点地议论开来,说“那只红色的灯被孤魂收去了”“那只绿色的灯被野鬼抢去了……”待火灭灯尽,大家才陆续回家。

旧时缺乏科学引导,以致迷信盛行,现时这种活动在年轻人的生活里已逐渐淡去。

自然资源和规划

概 述

2020年，全市自然资源和规划部门按照“抓党建、拓空间、突保障、修生态、强监管、优民生、促融合”的总体要求，全面落实“两手硬、两战赢”决策部署，统筹自然资源和规划工作。

是年，开展“两山”理念提出15周年纪念活动。优化国土空间规划布局，全面开展国土空间规划编制，基本形成国土空间规划框架；围绕新区建设，做好重大资源要素保障，确保甬舟铁路、绿色石化基地、甬舟高速复线等一批重大项目顺利推进。践行山水林田湖草海岛生命共同体的生态系统观，持续推进生态保护与修复。聚焦“最多跑一次”，全面推进重点领域和关键环节改革，民生权益保障不断提高。

做好新冠肺炎疫情疫源防控工作，在全市开展打击野生动物违法犯罪行为，依法查处非法猎捕、出售、收购、运输野生动物等违法行为。其间对野生动物繁育场所，餐饮饭店、农贸市场、花鸟市场场所开展专项检查，检查酒店宾馆200家，农贸市场70处，农家乐35家，野生动物驯养繁殖场所50余家，野生动物迁通道100余处，古玩经营场所7家。侦办林业行政案件38起，林业行政罚款56万余元，收缴野生动物4只。推进省自然资源厅优先保障疫情防控建设项目用地等支持复工复产的“17条”政策落地，开展“三服务”活动，推出首办负责、特事特办和驻企服务等5项创新工作机制，实行延期缴纳履约保证金、“容缺受理”、不动产登记“不见面”服务等5方面创新服务措施，助推企业复工复产。

自然资源调查监测

【概况】 2020年，根据国家统一部署，开展第三次全国国土调查统一时点更新工作，并以国土“三调”为基础开展自然资源调查监测，逐步查清全市森林、草原、水、湿地、沙漠等各类自然资源范围边界、种类、数量、质量、分布、权属和开发利用状况。完成年度城市建成区“一区两率”监测工作，推广国情普查监测成果应用。

【海洋基础调查】 是年，完成全市有居民海岛海岸线修测，形成岸线修测成果数据集和专题图集，提交岸段13152条。完成岱山县全民所有海洋自然资源资产清查，开展沿海滩涂（潮间带）调查监测、海洋空间要素补充调查、海域使用精细化管理补充调查等海域使用精细化管理调查工作。

【森林资源年度监测】 全面抓好森林资源年度监测工作，组织开展并完成森林资源年度监测（变更调查）、公益林区划落界和“森林资源一张图”整合完善，全面做好森林资源动态数据更新，确保年度变更数据及时准确上图入库，优化提升森林资源“一张图”，促进林业管理数字化转型，森林资源监测管理和考核评价更加规范高效。

国土空间规划

【概况】 2020年，围绕“总量不增加、质量有提高、生态要提升”三项原则，抓好“增总量、减容量、优岸线、调边界”四大关键，做好规划废、优、建、融，统筹推进“多规合一”，通盘考虑全业态布局，高质量推进国土空间规划编制，进一步拓展发展空间。

【国土空间总体规划】 全面推进市、县两级国土空间总体规划编制,统筹推进生态红线评估调整、自然保护地整合优化和海洋“两空间内部一红线”、城镇开发边界试划等工作,完成国土空间规划战略实施路径、空间格局、陆海空间统筹、乡村特色发展、土地整治与用地保障能力、生态网络格局等7个专题研究阶段性成果,重点开展城市发展战略和目标愿景、国土空间保护和开发利用格局、海洋产业与创新空间布局以及交通、市政和公共服务支撑体系规划,初步形成陆海统筹市域国土空间总体规划方案。

【控制性详细规划编制与实施】 加快推进中心城区城市有机更新,持续开展《甬舟铁路舟山站、马岙站、金塘站及周边区域控制性详细规划》等规划编制,完成朱家尖机场单元、六横小郭巨临港产业园一期等产业项目和普陀区东港沿山单元等重要区域城市开发更新以及新城鼓吹山单元等重要公共设施相关控规编制工作,全年完成46项控规并获市政府批复,规划用地面积10.93平方千米。

【乡村“多规合一”】 贯彻落实乡村振兴战略,结合舟山实际,探索整岛编制一个“多规合一”的实用性村庄规划。指导完成《舟山市定海区环南街道盘峙村庄规划》《舟山市普陀区沈家门街道登步村庄规划》等8项村庄规划。

【规划编制与课题研究】 推进《舟山历史文化名城保护规划》等规划编制,完成《舟山中心城区绿色(山城海)廊道空间控制规划》《舟山市城市核心区慢行系统实施规划》等规划编制,形成《海上花园城市指标体系研究》《基于生态安全格局下的海岛城市空间和岸线资源的耦合研究》《群岛生态空间保护格局优化研究》等课题成果。

土地资源开发利用

【概况】 2020年,市自然资源和规划局聚焦国家战略实施,高质量保障新区建设土地资源要素需求,全年土地供应平稳有序;推进资源节约高效利用,土地利用效率提升;健全土地市场体系,资源价格体系更加完善。

【土地供应】 是年,全市供应土地237宗,面积1.579万亩(1052.67公顷)。其中供应商品住宅等经营性项目31宗,面积1063.5亩(70.9公顷),落实“房住不炒”政策,确保房地产市场平稳有序,住宅用地涨幅控制在5%以内;工矿仓储用地52宗,面积8743.8亩(582.92公顷);保障综合交通项目用地61宗,面积2061.7亩(137.45公顷),保障民生工程项目用地93宗,面积3921亩(261.4公顷)。

【节约集约利用】 贯彻落实“增存挂钩”机制,推进存量土地盘活,消化批而未供土地5220亩(348公顷),盘活存量建设用地10000亩(666.7公顷),处置闲置土地1808亩(120.5公顷),再开发低效用地4383亩(292.2公顷),分别完成年度目标的131%、323%、180.8%、122%。完成闲置土地二次招商项目1宗,招商金额20亿元,盘活闲置土地200亩(13.33公顷)。全市土地利用结构更加合理,节约集约利用水平提升。

【健全土地市场体系】 推进城乡统一的建设用地市场建设,执行禁止、限制用地目录以及各类土地使用标准,执行产业用地政策,探索创新工业用地配置方式,完善差别化供地政策。启动城镇标定地价公示、集体建设用地和农用地基准地价制订工作,使自然资源价格体系更加完善。推进集体经营性建设用地入市工作,按照“试点先行,以点带面”的原则,在普陀区完成2宗集体经营性建设用地入市工作,探索明确入市规则和入市政策。

生态保护与修复

【概况】 2020年,深入践行“绿水青山就是金山银山”理念,围绕山水林田湖草共同体,坚持海岛修复治理“一盘棋”,统筹推进国土空间生态保护与修复,构建生态综合治理大格局。

【加强耕地保护】 是年,全市批准建设占用耕地面积550亩(36.67公顷),同比下降42%。至年底,实有耕地保有量38.05万亩(253.66平方千米),比新一轮规划确定的2020年末耕地保有量多30086亩(2005.73公顷),耕地质量平均等别8.58等,总体与上年持平,守住耕地数量红线和质量底线。

【开展土地整治】 是年，完成垦造耕地项目5个，新增耕地面积272亩（18.13公顷）；实施农村土地综合整治项目1个，面积18.825亩（1.25公顷）。全年复垦农村建设用地11.769亩（0.78公顷），表土剥离827.249亩（55.15公顷）。完成永久基本农田数据更新，划定储备区14806亩（987.07公顷）。

普陀鲁家峙北岸线景观提升改造工程整治后的鲁家峙北岸线二期（市资源规划局普陀分局提供）

【推进全域土地综合整治与生态修复工程】 是年，按照《全域土地综合整治与生态修复工程三年行动计划（2018—2020年）》，全市新启动全域土地综合整治与生态修复工程5个，首批实施的2个项目完成竣工验收。

岱山县岱西镇摇星浦等四社区全域土地综合与生态修复工程——稻田画试种成果（俞尚彬 摄）

【矿山生态修复】 推进废弃矿山综合整治，全面完成省废弃矿山治理三年行动，推进省矿山生态环境保护与治理计划，新开工治理废弃矿山45个，新增交工验收矿山23个，废弃矿山治理率达90%以上。

【绿色矿山建设】 全面落实绿色矿山建设和矿山粉尘防治工作，对新设矿山一律在合同中明确要求，确保“不欠新账”。是年，全市矿山粉尘防治达标率100%。3家矿山纳入全国绿色矿山名录库，其中浙江交投矿业有限公司岑港街道桃夭门社区大皇山建筑用石料凝灰岩矿在第三方评估得分居全省第一。

【海洋生态修复】 是年，推进海洋生态修复与保护，完成历史遗留中央海域试用金项目验收和省海岸线整治修复三年行动计划，完成海岸线整治修复48.95千米，完成6个历史中央海域使用金项目验收，完成普陀蓝色海湾整治行动项目，修复滨海湿地27.34公顷，修复海岛5个。

（撰稿：余伟）

林业资源管理

【概况】 2020年，围绕巩固国家森林城市创建成果，将生态林业建设融入美丽舟山建设，加强森林资源保护，发展林业产业，打造海上森林城市。全年全市完成造林更新面积8889亩(592.6公顷),新植珍贵树木32.3万株。

【义务植树】 组织开展春季植树节义务植树活动和“11·6”秋季植树日活动,推进军民林、“三八”林、共青林等各类纪念林的营建和树木认养认种,开展生态文化村落、最美系列评选等活动,全年全市军民累计参加义务植树31.4万人次,植树35.3万株,创建省级生态文化基地1处。

【森林舟山建设】 重点实施山地森林质量提升、平原绿化扩面、珍贵树种发展和古树名木保护等四大工程。全年全市完成造林更新面积8889亩(592.6公顷),新植珍贵树32.3万株,平原绿化5722亩(381.47公顷),彩色健康森林建设8200亩(546.67公顷)。创建省级森林城镇3个(定海区小沙街道、岱山县东沙镇、岱山县岱东镇),省级一村万树示范村9个(定海区盐仓街道颂河村、岑港街道涨次村、马岙街道团结村,普陀区六横镇张家塘村、虾峙镇晨港村、朱家尖街道白沙村,岱山县岱东镇涂口村、东沙镇司基村,嵊泗县五龙乡边礁村)。

【森林资源保护】 加强公益林建设与管理,规范公益林惠民资金发放,全年全市发放公益林补偿资金2340.89万元,其中省级以上财政资金2191.95万元,地方配套148.94万元。做好以松材线虫病为主的林业有害生物除治工作,全年完成松材线虫病除治清理面积4112亩(274.13公顷)。定海区五峙山列岛鸟类省级自然保护区组织实施鸟类中华凤头燕鸥种群的恢复与保护工作。

【林业产业发展】 以林业特色产业增效致富工程项目为载体,以林业标准化推广示范技术为支撑,坚持科技示范带动,完善“合作社+基地+农户”的标准化推广模式,增强带动林农增收致富能力,推动创品牌、创特色之路。全年全市果树种植面积9.44万亩(6293.33公顷),总产量6.36万吨;茶园总面积9408亩(627.2公顷),茶叶总产量27.79吨;林业育苗面积5608亩(373.87公顷),培育苗木1317万株,其中容器育苗35万株。做大做强生态经营、休闲观光、示范带动、农民增收的林业发展产业,构建生态、生活、生产“三生融合”的海岛森林休闲旅游业。

【林区治安管控】 打击各类破坏森林和野生动植物资源违法犯罪活动,保护全市森林生态安全。开展“禁种铲毒”“2020雷霆行动”“依法打击破坏野生动物资源违法犯罪”“昆仑二号”等专项行动。森林公安机关开展对涉林重点领域黑恶势力及线索的排查和深挖工作,做好案件侦办工作,建立与网安、技侦、海关等警种的情报信息互通机制,加强信息研判应用,关注电商、微信等网络销售平台,拓宽案件来源。“禁种铲毒”专项行动期间,通过分发禁种铲毒宣传资料等方式,宣传党和政府禁毒工作的方针、政策。深入林区、偏远海岛(乡村)、种养殖场,宣传普及《中华人民共和国禁毒法》,增强群众的防毒拒毒的意识。其间,协同市公安局禁毒支队开展禁毒勘探工作。

【林政资源保护】 加强涉林垦造耕地监管,按省“十个范围”规定从严控制利用林地垦造耕地,未

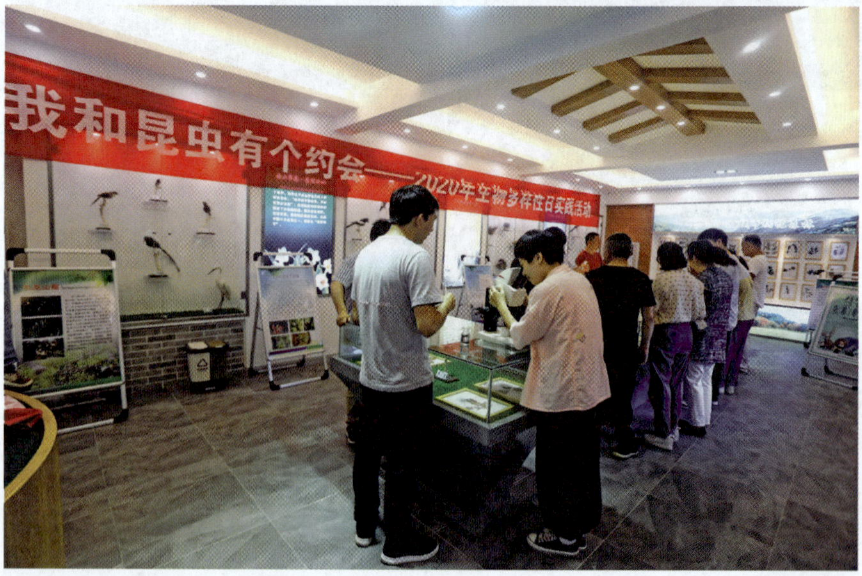

5月22日,市自然资源和规划(林业)局在定海长岗山森林公园进行生物多样性现场宣传(陈斌　摄)

发生利用林地垦造耕地的情况。规范使用林地行为,做好征占用林地审核审批工作,严把审核审批关。全年全市办理各类建设项目使用林地项目113项,涉及林地面积304.7公顷。

【陆生野生动植物管理】 推进舟山市陆生野生动物救护站(定海)和普陀鹅耳枥珍稀濒危野生植物保护、中华凤头燕鸥种群保护等项目建设。“爱鸟周”和“陆生野生动物宣传月”期间,开展专题宣传活动,通过展示爱鸟护鸟宣传图板,倡导共同关注、关爱鸟类等野生动物的理念,制止猎捕野生鸟类的违法行为,引导公众关注野生动物资源保护。开展救助和保护野生动物工作,全年接到救助电话80余次,救助野生鸟类50只。

【创建“浙江省现代国有林场”】 12月24日,舟山林场被浙江省林业局正式命名“浙江省现代国有林场”。至年底,林场总经营面积2547亩(169.8公顷),其中林地面积2430亩(162公顷),森林覆盖率达到92.34%;生态公益林面积2332亩(155.47公顷),全部为省级公益林,占林地面积比例为95.97%,近三年森林抚育面积900亩(60公顷),森林病虫害防治面积900亩(60公顷)。长岗山省级森林公园经过多年的建设和发展,已形成集旅游、休闲、养生、锻炼于一体的城市森林旅游公园,近三年进出人次年均达到13万以上。

【自然保护地管理】 开展全市自然保护地整合优化工作,完成所有自然保护地的调查摸底、整合优化调整方案、整合优化预案及分述报告编制。组织开展全市风景名胜区大检查自查自纠行动及绿盾自然保护地专项检查,规范做好风景名胜区内建设活动审批。

【森林消防】 落实森林消防行政首长负责制,层层签订森林消防工作责任状,把森林消防列入平安舟山建设的一项重要内容。全市有专业、半专业森林消防队伍47支、1315人,其中四个县(区)和普陀山均组建一支25人以上的专业森林消防队伍,乡(镇)按每1000亩(66.67公顷)配一名护林员的标准配备护林员748人,并全面启用护林员GPS巡护系统,随时掌握护林员到岗到位情况。开展森林消防活动,组织护林员、林技员进村入林,深入各社区(村),通过喊话器、分发宣传资料等方式开展流动宣传,提醒群众自觉维护森林防火安全,在舟山交通97和新闻99.8整点播报森林防火提示语音,全市发送手机短信180万余条,森林消防宣传旗1.2万余面,张贴禁火令2400张。全年全市出动管护人员3.5万次,派出督查组256次,从源头上消除众多火灾隐患,实现全年森林火灾零发生。

(撰稿:陈斌)

海洋综合管理

【概况】 2020年,结合国土空间规划编制及自然资源部海洋“两空间一红线”划定试点工作,衔接国家战略实施,加强陆海统筹,落实细化海洋空间划分、用途管制和产业布局等要求,构建陆海一体化的保护和开发利用空间格局,规范用海用岛秩序,生态红线、自然岸线得到进一步保护和修复,海洋资源利用效率提高。

【海洋资源开发利用】 是年,审批94宗用海项目,批准用海总面积1391.73公顷,其中新增用海项目36宗693.75公顷,批准变更(含续期、转让)项目58宗,用海面积697.98公顷。

【历史围填海处置】 完成围填海处置671.06公顷,其中已确权已填海未利用处置完成178.58公顷,已确权未完成填海处置完成374.92公顷,未确权已填成陆处置完成117.57公顷。舟山惠生海洋工程有限公司围填海项目12.97公顷及舟山市钓梁区块围填海527.55公顷2个单报处理方案获自然资源部批复。

【海底管线管理】 新铺设海底管线5条。开展全市海底管线数据年度更新,清查全市300余条海底管道通道,完成舟山电力、输水、输气、输油、通信等行业未来对海底管线用海需求调查并根据需求判定廊道规划的空间尺度,谋划甬舟海底管廊带规划,共建甬舟海底管线保护机制。

【海岛管理】 组织开展舟山市全部1941个无居民海岛开发利用现状调查工作,全面掌握全市无居民海岛开发利用现状。组织开展2020年度已批准用岛(担峙岛、渔山小山屿、峙岗山屿、黄沙礁)监视监测工作,掌握已批准无居民海岛及其周边海域生态环境基本情况。

【海域使用动态监管】 全年围填海项目监视监测6个,监测面积368.99公顷。填海项目竣工海域使用验收测量核查监测6次,累计测量面积112.89公顷。出具用海项目复核意见40份。海域动管系统共计配号项目99个,其中初始登记配号28个,变更登记配号71个。联合市海洋执法部门,完成用海用岛疑点疑区核查13个,核查面积1.36公顷。

(撰稿:刘宣汝)

民生服务

【概况】 2020年,围绕群众所急所需所盼,在优化营商环境、不动产登记、自然灾害防御等领域,兜住民生底线,办好民生实事。

【优化营商环境】 做好2020年中国营商环境评价(登记财产)指标迎检工作,优化不动产涉税登记事项的税费缴纳方式和办理流程,推行不动产登记无证明化,在市区范围内对抵押登记实施"一地办",推出不动产登记"异地见证"服务,疫情防控期间针对不动产登记便民利企创新多项措施。

【不动产登记】 深化不动产登记改革,扩大信息互通共享,实行"一码管地"实现全市登记数据成果汇交全覆盖,全年颁发证书64948本,颁发证明49518本。推进"互联网+不动产登记",实现不动产抵押登记"总对总"联办全覆盖,有序推进政务服务2.0建设。打造农房确权登记"一件事",实现农房确权登记线上、线下均可申请。推进林权统一登记工作。

【地质灾害防治】 巩固"除险安居"三年行动成果,开展"整体智治"三年行动,抓实全面化精细化风险防控,全省率先建立风险"一张图",完成1:2000乡镇风险调查项目1处(衢山镇),推进1处(白泉镇),新建专业监测点6处,联合气象部门完成山区雨量监测站建设18处。全年发布地质灾害气象告知提示6次,预警19次,发送短信1万余条,巡查隐患风险区域880点次,打造具有舟山特色的地灾预警预报指挥管理平台。加快推进地质灾害工程治理,省下达的13处和排查发现的29处地质灾害隐患点全部治理完毕。

【海洋灾害防御】 全面完成海洋灾害防御三年行动,整治海洋灾害隐患区40个,划定风暴潮重点防御区6个,建成10个海洋综合减灾社区,综合减灾能力全面提升。推进"智慧海洋"工程,海洋观测数据到报率95%以上,开展海上航线精细化预报试点工作,海洋预警观测和重大涉海工程预警服务保障水平有效提升。全市发布风暴潮、海浪预警报71次,24小时海洋灾害(风暴潮和海浪)预警报准确率达到80%以上。

(撰稿:余伟)

测绘事业发展

【概况】 2020年,树立大测绘、大产业理念,服务新区建设大局,提升测绘工作科技支撑力,构建自然资源数字化治理平台,提升测绘服务经济、服务社会、服务民生能力。

【市场监管】 联合住房和城乡建设部门开展房地产领域"问题地图"回头看工作,对辖区内12家房地产开发企业销售场所进行"问题地图"专项检查,对发现问题跟踪落实整改。开展双随机检查,对全市30个测绘小项的测绘成果质量抽查,其中综合测绘项目占70%以上。建立"综合测绘"机构名录,31家测绘资质单位列入名录。全年资质认定办理1项,地图审核6项。

【基础测绘】 全市安排测绘专项资金约1949.8万元,更新约436平方千米1:500基础地形数据和约725平方千米1:2000基础地形数据;新增陆域实景三维88.4平方千米,生产临城部分范围地下空间三维数据;做好全市基础控制网巡查和复测、国家CORS[利用多基站网络RTK技术建立的连续运行(卫星定位服务)参考站]基准站巡查和全市影像图获取工作。

【"数字城市"地理空间框架建设】 投入资金580万元,建成舟山市GIS(地理信息系统)服务平台,作为"舟山大脑1117"架构中空

8月29日，市自然资源和规划局举行测绘宣传日广场活动（郑林华　摄）

间基础信息设施的支撑平台，支撑“舟山大脑”、服务自然资源数字化转型，为落实“最多跑一次”改革和政府数字化转型提供更全面的基础地理信息数据。

【测绘宣传】 开展“8·29”测绘法宣传日系列宣传，开展国家版图宣传进学校、进社区活动。通过宣传日广场活动、微信公众号、公交车载电视、社区和学校宣传栏等多种渠道对测绘法进行为期2个月的集中宣传，扩大全社会版图意识。

（撰稿：庄巧蕾）

责任编辑：童涵

海岛年俗图景——祭灶掸尘(一)

“廿三祭祭灶，廿四掸掸尘”，这是流传甚久的习俗，俗称过小年，它是整个年节活动的开始。祭灶和掸尘似乎是毫不搭界的两件事，实际上却有着十分密切的关联。小时候大人们总会讲年俗的故事，玉皇大帝的小女儿偏偏看上了善于助人为乐为人称道的垒灶的“张灶王”，没有办法，只得封张灶王这个女婿为“九天东厨司命灶王府君”，负责管理各家的灶火，那么玉帝女儿就成了灶神奶奶。可灶神奶奶不领这个情，常常回娘家偷些好吃的东西分给天下的穷人。玉帝知道后非常生气，命令一年只准他们上天一次。玉帝还嫌女儿他们从人间带来一身灰尘，就赐给她一把扫帚，带回民间。人们听说了玉帝这一命令，于是在灶神上天时祭祀送行，送走灶神后掸尘除污，让玉帝看看人间的清净。

祭灶就是送灶君上天。灶君我们本地又称“灶径菩萨”。据说，灶神在夏朝就已经成了民间尊崇的一位大神。《论语》中，就有“与其媚于奥，宁媚于灶”的话(奥，古人居室之西南隅，乃一家尊者所居。灶乃烹煮食物之所。大意是说敬重家尊，不如敬重灶君更直接有效)，可见灶君在当时就很受崇敬。

旧时，舟山这一带最信灶径菩萨。那时家里的灶间都是台式的土灶，大多两眼灶，可安放两口镬(有大小之分)，中间有汤锅。灶台上面有灶头，灶头一般像书架，上层可放油盐之类，灶头上面，就设有“灶径菩萨”的神龛，像一个小小房亭，叫灶君堂。传说玉皇大帝封他为“九天东厨司命灶王府君”，负责管理各家的灶火。

民以食为天，灶君天天注视着每户人家的吃喝用度，可是每家的保护神啊。到了腊月廿三灶径菩萨便要升天，去向天上的玉皇大帝汇报这一家人的善行或恶行，玉皇大帝根据灶径菩萨的汇报，再将这一家在新的一年中应该得到的吉凶祸福的命运交于灶径菩萨之手。希望灶君“上天言好事，下界保平安”，实在是人性本能。

舟山本地的祭灶似乎没有这么多的祭品。腊月廿三那天在黄昏入夜之时，先到灶头前面，摆上桌子，向设在灶壁神龛中的灶径菩萨敬香，并供上祭灶果。祭灶果有红球、白球、麻球、油枣、白脚、黑麻糖等，还有香喷喷的炒倭豆和黄豆等等，或8色，或12色。供毕，将贴了一年的灶君神像与黄黄的纸扎的马一起烧掉，祈求他在玉皇大帝面前多奏好事，保佑一家平安，“灶君封位口，四季无灾愁”。于是双手合十，望着袅袅的香烟，虔诚地送灶径菩萨上天去了。

生态环境

概 述

2020年，舟山市生态环境工作聚焦建设“重要窗口”海岛风景线，污染防治攻坚战等重点任务高效落实，重大项目监管服务持续优化，第二轮中央生态环保督察平稳有序，国家生态文明建设示范市创建继续深化，新区生态环境质量稳中向好，全市生态文明建设呈现良好发展态势。连续十一年（2009—2019）获生态省建设和美丽浙江建设考核优秀。国家生态文明建设示范县（区）占比全省领先，省级生态文明建设示范县（区）实现全覆盖。全市四个县（区）均成立生态文明建设委员会。

是年，全市生态环境质量继续保持优良水平。市区环境空气质量达到国家二级标准，$PM_{2.5}$日均浓度17微克/立方米，比上年下降15.0%，空气质量优良率97.8%，同比上升1.1个百分点，空气质量继续保持全省第一、全国第三。国控、省控地表水监测断面、交接断面和县级以上集中式饮用水源地水质达标率均保持100%，近岸海域生态环境质量保持稳定改善。全市区域环境噪声达到国家标准要求。

生态文明建设

【生态文明建设工作部署】 2020年，召开争创国家生态文明建设示范市暨全市治水治污大会战工作会议，编制《美丽舟山建设规划纲要（2020—2035年）》，印发《舟山市生态文明建设示范市创建工作实施方案》。推行生态环境状况报告制度，实现市、县、乡镇（街道）执行率100%。

【生态示范创建】 是年，舟山市连续第十一年获生态省建设和美丽浙江建设考核优秀。定海区被命名为第四批省级生态文明建设示范县（区），全市省级生态文明建设示范县（区）实现全覆盖，国家生态文明建设示范县（区）占比全省领先。“绿色船舶修理企业规范管理”被国务院列入在全国范围内复制推广的改革事项。全国首创开展绿色渔业综合体制试点改革，东海渔业资源精深加工与高值利用模式示范项目获国家“蓝色粮仓科技创新”重点专项项目。

【生态系统保护】 印发“三线一单”生态环境分区管控方案。7部门联合开展“绿盾2020”自然保护地强化监督工作，实地督查1个自然保护区、1个湿地公园和2个风景名胜区。编制完成各自然保护地调整方案，自然保护地勘界定标2个，湿地保护成效评估4个，海洋保护地建设3个。对全市47家野生动物人工繁育场和经营单位开展全覆盖巡查，查处案件1起，完成陆生野生动物许可事项“双随机”抽查。推进珍稀濒危野生动植物抢救保护工程，培育普陀鹅耳枥4000株，中华凤头燕鸥数量稳步上升。实施“六大森林”建设，新增国土绿化8890亩（592.67公顷），新植珍贵树37.62万株，珍贵彩色森林8200亩（546.67公顷），松材线虫病防治4112亩（274.13公顷），建成一村万树示范村9个，推进村35个，创建省现代国有林场1个，古树名木救助保护1株。全面停止天然林商业性采伐，完成公益林年度更新和补偿资金发放。完成废弃矿山生态修复三年行动，29处全部完成，实现清零。新增3家矿山纳入全国绿色矿山名录，册子大皇山矿成为华东沿海露天石料矿绿色矿业新标杆。启动实施6处美丽宜居示范村创建，东极镇等6个小城镇通过美丽城镇创建,其中4个获评省级样板。实现省级卫生乡镇全覆盖的基础上,新增国家卫生乡镇9个。推进美丽交通走廊建设,建成美丽经济交通走廊202千米,新建和改造提升农村公路70千米。打造"千万工程"升级版,建成新时代美丽乡村达标村60个,示范乡镇4个,精品村22个,主题风景线4条。完成生态岸线整治38千米,普陀蓝湾项目完成竣工验收,创建水产健康养殖示范场18家,启动创建渔业健康养殖示范县1个,创成国家级海洋牧场示范区2个。休渔期间,投入2000余万元,放流大黄鱼、黑鲷、黄姑鱼、梭子蟹、厚壳贻贝、曼氏无针乌贼、等边浅蛤等品种幼体(卵)16亿单位。

治水治污大会战

【蓝天保卫战】 完善制度保障 制定并实施《2020年细颗粒物和臭氧"双控双减"实施方案》《舟山市机动车排放联合监管机制》《开展汽车排放检验与维护(I/M)制度试点工作方案》,加大大气污染治理工作力度,细化分解全市大气污染防治各项工作任务,将大气污染防治工作纳入各级政府工作的考核指标中。

VOCs整治 以工业涂装、船舶修造、橡胶等行业为重点,通过源头削减、过程管控、末端治理等方式,鼓励企业污染防治技术创新,深入推进企业VOCs治理,全年完成45家重点行业VOCs整治任务。

燃煤锅炉综合整治 深入推进高污染燃料锅炉淘汰和锅炉综合整治工作,全年淘汰8台35蒸吨/小时以下燃煤锅炉,完成19台燃气锅炉低氮改造。开展工业炉窑整治,累计治理有组织排放炉窑14台,无组织排放炉窑35台。

柴油货车污染治理攻坚战 持续推进《舟山市柴油货车污染治理攻坚战行动计划》,全市在用柴油车监督抽测排放合格率达到95%以上,基本消除冒黑烟现象。7月1日起,城市车辆实施国六标准;全年重型柴油车注册登记前环保上线检验2187辆;完成1000辆重型柴油车排放远程在线监控安装联网;实施排放检验与维护(I/M)制度,纳入I站6家,M站56家,累计治理超标车辆1287车次;开展常态化路检路查,全年人工抽检柴油货车650辆,实现全市尾气超标上路首罚;健全机动车排放黑名单监管制度,定期公示超标黑名单车辆名单;累计完成1757台机械非道路移动机械环保标牌发放;提前淘汰国三及以下排放标准营运柴油货车1909辆。

【"五水共治"碧水行动】 "污水零直排区"建设 根据全市截污纳管实际,按照"边排摸、边设计、边建设"的要求,推进"污水零直排区"调查和建设工作。是年,完成省定6个乡镇(街道)、3个工业园区、30个生活小区的创建任务,超额完成43个小区和2个乡的建设任务,其中岱山县完成全域"污水零直排区"建设。

"品质河道"建设 以立体式"水下森林"生态修复为主要手段,创建"品质河道"30条,完成三年打造100条的目标任务。定海白泉河库水系、岑港河库水系,岱山衢山桂太河库水系,普陀六横凤舞河4条水系入选省级"美丽河湖",创建4个"乐水小镇"和16个"水美乡村"。是年,全市1个国控断面、2个省控断面、3个

7月28日,定海海泳路河道清淤(徐栋梁 摄)

省控交接断面以及所有县控以上断面水质全部达标，县级以上集中式饮用水源地和千吨万人水源地水质达标率均为100%；水环境质量状况较近年有较大提升。

提高城乡污水处理能力　三江污水处理厂、嵊泗县泗礁本岛污水处理厂迁建、高亭污水处理厂2万吨/日扩建、朱家尖区域污水处理厂改扩建等工程有序推进，舟山市污水处理厂和配套主管网工程启动实施，新建、改造污水管网20千米，开工建设（改造）农村生活污水处理设施45座，全市30吨以上农村生活污水处理设施标准化运维实现全覆盖。实施海塘提标加固等防洪排涝建设项目75个，城区防洪排涝体系进一步完善，新建雨水管网10.51千米，新建（改造）供水管网48.1千米，清淤排水管网1000千米。全面推进节水型社会建设，新建124处雨水收集系统，改造节水器具5023套，完成22个节水示范单位创建，实现全域县域节水型社会建设。

近岸海域环境污染防治　全省首个"蓝色海湾整治行动"项目"舟山蓝色海湾整治行动"通过验收，是海洋生态补偿机制在浙江实践的又一重大成果，整治修复海岸线38千米。开展渔船防污染设备专项整治，全市3892艘船长35米以下的国内海洋渔船全部完成防污染设施设备安装，22个二级以上渔港全部配置油污水、生活污水及生活垃圾收集设施；配置船舶污染物收集或处置设施，完成400总吨以上货船生活污水系统改造244艘，完成营运客船整改86艘；推动船舶污染物接收能力建设，舟山港域有船舶油污水接收单位25家，油污水接收船80艘，油包专用接收船7艘，现有垃圾接收企业18家，垃圾接收车13辆，垃圾接收船8艘；创建渔业健康养殖示范，成功创建18家省级水产健康养殖示范场，完成养殖尾水治理面积14061.38亩（937.43公顷），嵊泗县基本实现泡沫浮球零新增，完成新型养殖浮球替代33.11万只。

营造全民治水护水氛围　升级改造"舟山市河湖长制管理平台"，总河长（市长），总湾长（副市长）等带头巡河护滩，各级河（湖）长、湾（滩）长累计开展巡查96784次，发现并解决问题1511个。出台涉水问题举报奖励办法，推行公众护水"绿水币"制度，开展"阿拉当河长"全民巡河护河行动，平台注册人数近2万人。

【"清废""净土"行动】 土壤环境质量调查　累计完成全市重点行业企业99个地块调查和基础信息采集，完成27个地块的现场采样工作。确定10家土壤重点监管企业，全部完成自行监测并向社会公开。完善土壤环境监测网络，开展重点企业和重点工业园区（集聚区）周边土壤环境监测网络建设，在舟山团鸡山垃圾填埋场布设地下水监测点位，在舟山绿色石化基地布设国考地下水环境监测点位。全面完成耕地土壤环境质量类别划分工作。开展10批次省级林产品质量安全监测任务，组织开展3个蔬菜样品检测，结果均合格。全市污染地块安全利用率100%，受污染耕地安全利用率100%，无因土壤污染引发农产品超标和污染地块违规开发事件发生。

全域"无废城市"建设　市县两级印发"无废城市"建设工作实施方案，完成目标清单、任务清单、项目清单、责任清单"四张清单"编制。完成《舟山市港口

6月4日，在新城开展"六五世界环境日——阿拉来巡河"志愿活动（王曈　摄）

3月31日，舟山市召开重点行业企业用地土壤污染状况调查试点采样现场工作会(王曈　摄)

船舶污染物管理条例》地方立法工作，成为国内首部规范港口船舶污染物管理的地方性法规。危险废物处置能力得到较大提升，六横麦哲伦7万吨/年油泥和废油漆桶利用项目建成投运，舟山纳海公司6万吨/年油泥处理项目建成，全市油泥处置能力与实际需求基本匹配。鱼山石化3.6万吨/年危废焚烧项目建成投运，舟山市危险废物填埋场一期项目、浙江佳宁生态环保科技有限公司2.5万吨/年废包装利用项目主体工程建成，岱山经济开发区污水处理厂工业污泥堆肥项目顺利投产。加强生活垃圾源头减量管理，所有城市及建制镇已建立生活垃圾处理收费制度，城区和渔农村生活垃圾分类基本覆盖，县城生活垃圾分类覆盖面95%以上，累计创建省级高标准生活垃圾分类示范小区82个，省级高标准生活垃圾分类示范村20个，城镇和渔农村生活垃圾无害化处置率稳定在100%。开展城乡生活垃圾回收利用，推进“垃圾分类+资源回收”两网融合体系建设，40%以上的城镇生活小区已建成回收站点，回收有害垃圾1926.83千克，可回收物1588.48吨，全市城镇生活垃圾回收利用率45.12%，渔农村生活垃圾回收利用率45.8%。推进快递包装绿色治理，开发绿色环保包装新材料，全年平均每件快递包装耗材减少10%以上，循环中转袋使用比例提高到75%以上，行业绿色包装材料应用达到50%以上。推广绿色建筑，全面完成2020年度建筑节能一类工作目标，开展省级绿色建筑及建筑节能推广应用工作试点示范，全市新墙材生产比例达100%，城镇建筑新墙材使用比例达95%以上，全市散墙行业企业固体废弃物综合利用约160余万吨。

农业面源污染防治　严控化肥农药使用量。是年，全市测土配方施肥技术推广面积22.43万亩(149.53平方千米)，主要农作物测土配方施肥技术覆盖率93.71%，推广有机肥2.05吨，减少不合理化肥用量20.7吨，减少农药使用量超过4吨，推进全市农业化肥农药减量增效。强化畜禽养殖污染防治。在前期畜禽养殖废弃物“一场一策”“一县一方案”的基础上，制定实施《舟山市畜禽养殖废弃物高水平资源化利用工作方案》，采用农牧结合资源化利用、工业化处理纳管、达标排放等方式，畜禽粪污综合利用率(无害化处理率)达到90%以上。全市保留16家规模生猪养殖场全部完成治污设施配套和改造提升并通过农业或生态环境部门验收，粪污处理设施装备配套率100%。完善农业废弃物回收体系，回收废弃农药包装物计48.28吨，处置48.25吨，回收废弃农地膜计151.32吨，处置151.32吨。新建(普陀区桃花镇)农田氮磷生态拦截沟渠示范系统1条；新建省级美丽生态牧场1家，创建省级以上水产健康养殖示范场18个。形成2个市级农村秸秆加工利用示范点。全市农村秸秆总量2.87万吨，利用量2.83万吨，利用率98.61%。

生态环境保护督察执法

【中央、省生态环保督察】 2020年，中央环保督察反馈问题合力整改有效。至年底，11个第一轮中央环保督察问题完成整改10个,剩余1个为长期坚持;38个省生态环保督察问题完成整改29个。第二轮中央生态环保督察初步反馈问题涉及舟山市有12个问题(9个全省共性,3个舟山市个性),全部制定针对性整改方案,各整改工程项目均取得实质性进展。

【环境执法监管】 是年,全市生态环境部门成立绿剑特别行动队,建立全市生态环境执法人才库,强化公检法环四部门协调联动,组织开展消耗臭氧层物质(ODS)执法检查、"碧海2020"海洋生态环境保护、危险废物等领域安全专项整治三年行动、打击危险废物违法犯罪、"排污许可"专项执法行动、"迎接第二轮中央生态环境保护督察"专项执法行动、低效企业整治四季度攻坚清零行动等专项行动,推行"五步三清单"工作法,为企业更好落实生态环境保护主体责任提供更多便利。研究制定《重大生态环境违法行为认定标准》,累计出动环境执法人员11574人次,检查企业4570家次,立案处罚118件,比上年增长9.3%,下达行政处罚决定书81件,处罚金额256.36万元;五类案件32件,同比增长23.1%(其中查封扣押24件,限停产2件,移送行政拘留3件拘留3人,涉嫌刑事犯罪3件刑拘11人),全市行政处罚立案数和五类案件数较上年同期稳中有升。全市受理环境信访223件,同比下降20%,处理率100%,环境信访量持续下降。制定2批环境监督执法"正面清单",纳入全市企业401家,以污染源在线监控、视频监控、大数据分析等科技手段,累计对纳入清单的企业和项目开展非现场检查320次。

4月20日,市生态环境局开展"排污许可"专项执法行动。图为检查污水处理设施(王曈 摄)

【强化环境安全体系】 严格落实值班值守制度,妥善处置舟山海域"宁大10"轮触礁事件等突发事件。县(区)级人民政府突发环境事件应急预案、县级及以上集中式饮用水水源突发环境事件应急预案以及绿色石化化工园区突发环境事件应急预案均已完成编制备案。重点风险源企业和涉危涉重企业按计划进行三年滚动修订;会同嵊泗分局开展全市突发环境事件应急处置暨船舶溢油及防污染综合处置应急演练。建设绿色石化基地应急监管体系。编制甬舟区域突发环境事件应急预案和省级环境应急物资库建设方案,修订《舟山市油品全产业链生态环境应急操作手册》,对辖区内涉石油化工、重金属、危险废物等重点环境风险源名录企业开展环境安全隐患排查150家次,排查出环境安全隐患36处,全部整改完成。

【加强环境信访调处】 高质量完成第二轮中央生态环境保护督察信访工作,本轮中央督察组向舟山市移交信访件62件,信访件数量全省最低。建立信访投诉信息共享预警机制与领导包案制度,严格按照《2020年舟山市生态环境局领导干部接访工作方案》要求,做好市局领导接访和带案下访工作,依法、精准、高效办理12345平台交办的各项事项。深入开展环境污染矛盾纠纷排查和重要信访问题梳理工作。全市生态环境部门加强环境污染矛盾纠纷和环境风险隐患排摸和调处,掌握信访动态，做好群众反映热点、敏感问题以及各类矛盾纠纷的排查工作，妥善处理环境信访案件，全年全市排查梳理出环境污染矛盾纠纷2件，全部完成化解。执行重要环境信访、群体性事件及突发环境事件信息“零报告”制度，未出现因环境问题引发进京上访或群体性事件的发生。组织开展信访工作大练兵大比武活动。

环境监管与服务

【完善企业生态环境服务机制】2020年，出台《关于落实进一步优化生态环境监管服务推动经济高质量发展的若干举措》《舟山市生态环境局关于深入开展“三服务”活动支持企业复工复产的意见》《舟山市生态环境局服务企业示范行动实施方案》，系统推进生态环境保护服务企业常态长效机制。开展“十百千”行动，实行结对服务清单化管理，结对服务企业86家。组织召开“亲清直通车·政企恳谈会”，作为全省首个召开第二期政企恳谈会的地市，报送省生态环境厅全市政企恳谈会问题建议42条。累计通过“五步三清单”工作法帮助企业发现并告知相关环境问题与整改意见400余条，帮扶复工复产企业1430家次，运用环评“告知承诺制”服务项目132个。

【建立绿色石化营运期监测监管和应急体系】舟山绿色石化环境监测监控预警与监管平台投入运行，绿色石化基地50个污染源自动监控站点监测数据接入平台，石化基地周边6个空气自动站建设项目均已投入运行。制定《2020年甬舟环境应急演习暨宁波市突发环境事件应急演练剧本》并完成演练。指导嵊泗分局开展2020年舟山市突发环境事件应急处置暨船舶溢油及防污染综合处置应急演练，全市重点环境风险源企业均按计划开展应急演练工作。

6月18日，省专家组到舟山市调研环境质量自动监测设施运行状况(王瞳　摄)

【危险废物处置和监管】开展工业固废专项整治，启动小微产废企业危险废物统一收运工作，在县(区)建设小微收集点；出台制度加强船舶污染物海陆联动监管，船舶水污染物信息化监管平台于10月15日正式上线运行，实现数据在线填报、监管部门信息共享；提升固体废物转运信息化监管能力，全市危险品运输车辆智能视频监控设备安装率100%，严格执行危险废物转移联单制度，做到车辆轨迹可查、危废信息可查、装卸地点可查。建立危险废物价格调节机制，发布《舟山市发展和改革委员会关于调整我市医疗废物集中无害化处置收费标准的通知》；核定油泥利用处置收费标准，发布《关于核定危险废物处置收费标准的批复》。

【辐射环境监管】至年底，全市辐射工作单位121家，其中放射源使用单位9家，有放射源206枚(Ⅳ类源104枚，Ⅴ类源102枚)；射线装置使用单位112家，有射线装置308台(Ⅱ类射线装置49台，Ⅲ类射线装置259台)。完成辐射相关行政许可办理事项69个，辐射安全许可证办理事项29个，辐射类环评审批4个，放射源省内转移使用报告事项32个，放射源转让审批4个。开展2020年核与辐射安全隐患排查工作，以全市的涉放射源单位和X射线移动探伤单位为重点排查单位，开展全面的辐射安全隐患排查整治。全市生态环境部门出动执法人员69人次，检查企业34家，累计发放整改通知书2份。

【修船行业整治】 全市88家“低、散、乱”修船企业中，52家通过实施场地硬化、规范油污水和固废处置等完成阶段性治理任务，33家停产，3家企业正在整治。修船业绿色化、智能化、高端化发展加快，13家企业被评为“绿色修船企业”，4家企业被评为“绿色修船示范企业”。7月，舟山市“绿色船舶修理企业规范管理”成功入选国务院自由贸易试验区第六批改革试点经验。

【总量控制】 是年，继续规范和深化排污权交易，在稳定开展定期电子竞价的基础上，结合竞价实际和许可证全面核发情况，出台《舟山市生态环境局关于进一步规范主要污染物排污权有偿使用和交易工作的通知》，得到省级部门高度肯定并向全省推广。舟山市交易制度中，较有特色的定额转让机制有效运行，对若干重点项目的排污权事项实行一事一议。至年底，全市累计排污权有偿使用和交易金额达1.39亿元，其中2020年新增1408万元。全市四项主要污染物排污权储备量出让79笔，出让化学需氧量87.68吨，氨氮19.45吨，二氧化硫4.07吨，氮氧化物20.80吨。全年全市主要水污染物化学需氧量新增量105.12吨，总削减量(重点工程减排量)729.96吨，较上年排放量同比减排4.25%，较2015年排放量累计减排17.62%；氨氮新增量13.72吨，总削减量(重点工程减排量)79.42吨，较上年排放量同比减排4.23%，较2015年排放量累计减排22.89%；二氧化硫排放量10937.71吨，总减排量128.85吨，较上年同比减排1.16%，较2015年累计减排13.68%；氮氧化物排放量13320.18吨，总减排量396.53吨，较上年同比减排2.89%，较2015年累计减排11.49%。均完成国家下达的总量控制目标。

【环保宣传】 全市利用“6·5”世界环境日、浙江生态日、生物多样性日、海洋日、低碳日等开展专题宣传，组织纪念“两山”理念15周年文艺晚会、“美丽舟山，我是行动者”志愿服务、“美丽舟山·绿色人物”评选等系列活动。千岛海洋环保公益团队、民间河长、“东海渔嫂”“城市啄木鸟”等环保公益组织开展公益活动300余场，千岛海洋环保公益团队的何力获评全国“百名最美生态环保志愿者”。

7月2日，市生态局联合舟山海运职业学院在港岛大桥绿道开展“绿色低碳，骑乐无穷”活动(王曈　摄)

环境状况

【陆域水环境】 地表水水质状况　2020年，全市21个市控以上地表水监测断面，水质Ⅰ类2个，Ⅱ类10个，Ⅲ类7个，Ⅳ类2个，分别占9.5%、47.6%、33.3%、9.5%。全市市控以上地表水功能区水质达标率100%，Ⅰ至Ⅲ类水质比例90.5%，均与上年一致。

集中式饮用水水源地水质状况　是年，全市9个县级以上集中式生活饮用水水源地全部达到Ⅲ类水质标准要求，水质达标率100%；13个重要乡镇集中式生活饮用水源地全部达到Ⅲ类水质标

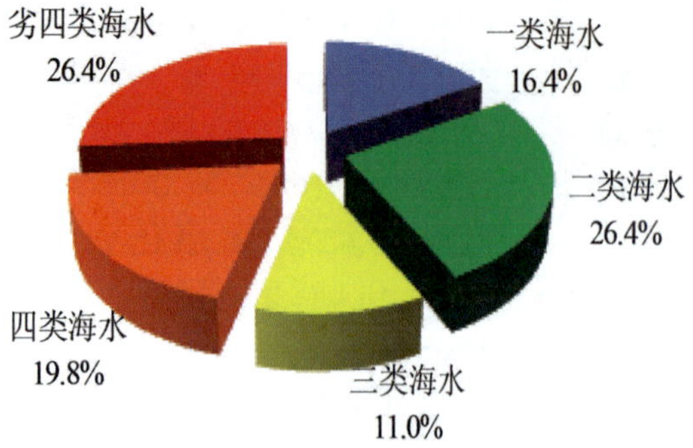

图 2:2020 年舟山市近岸海域水质类别示意图

准要求，水质达标率 100%。

【海洋生态环境】 近岸海域水质　是年，全市近岸海域一类海水占 16.4%，二类海水占 26.4%，三类海水占 11.0%，四类海水占 19.8%，劣四类海水占 26.4%。按面积统计，全市近岸海域水体 26.4%为重和严重富营养，22.0%为中度富营养，13.2%为轻度富营养，38.4%为贫营养。从区域看，四个县(区)中，嵊泗海区、岱山海区和定海海区富营养化指数分别为 2.92、3.70 和 4.00，总体处于中度富营养状态；普陀海区富营养化指数为 0.89，总体处于中度营养化状态。与上年相比，一类海水比例下降 4.4 个百分点，二类海水比例上升 8.8 个百分点，三类比例下降 6.6 个百分点，四类海水比例上升 15.4 个百分点，劣四类水质比例下降 26.4 个百分点，主要超标指标无机氮和活性磷酸盐均值均有所下降，总体水质状况保持稳定。

贝类生物体质量　是年，舟山市近岸海域所监测的贝类生物质量 100%为第二类，最大超标指标为镉，与上年比较，生物质量类别比例持平。

表层沉积物　是年，舟山市近岸海域表层沉积物质量优良，86.8%为第一类，13.2%为第二类。与上年比较，质量级别保持一致，四个县(区)海域表层沉积物质量均为优良。

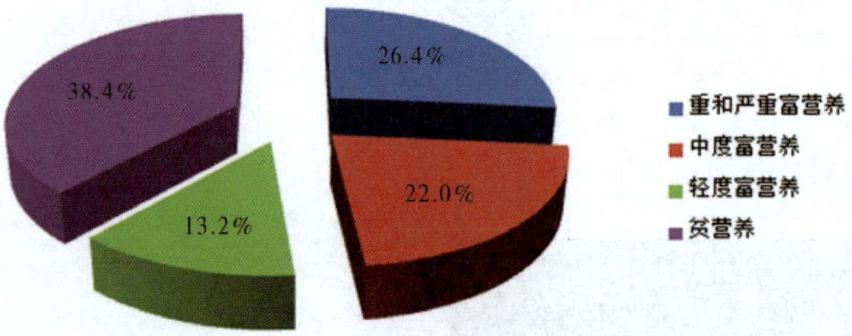

图 3:2020 年舟山市近岸海域水体富营养化分级比例

【城市空气环境】 城市空气质量　是年，全市环境空气质量排名全国第三。全市空气质量优良，市区日空气质量优良率 97.8%，同比上升 1.1 个百分点。全市 SO_2、NO_2、CO 浓度达到《环境空气质量标准》(GB 3095—2012)一级标准，O_3、PM_{10}、$PM_{2.5}$ 达到二级标准。市区空气质量优良天数 358 天，优 196 天，良 162 天，轻度污染 7 天，中度污染 1 天，首要污染物均为 O_3。

2020 年舟山市集中式饮用水水源地水质状况

表 36

断面名称	虹桥水库*	城北水库*	岑港水库*	陈岙水库*	洞岙水库*	芦东水库*	应家湾水库*	长弄堂水库*	小高亭水库*	勾山水库	黄金湾水库	龙潭水库	长春岭水库	狭门水库	蚂蝗山水库	白泉岭下水库	金林水库	红卫水库	昌门里水库	大使岙水库	沙田岙水库	枫树水库	磨心水库
水质类	Ⅱ	Ⅱ	Ⅱ	Ⅱ	Ⅱ	Ⅱ	Ⅱ	Ⅱ	Ⅲ	Ⅱ	Ⅲ	Ⅰ	Ⅰ	Ⅰ	Ⅱ	Ⅲ	Ⅱ	停测	Ⅰ	Ⅱ	Ⅱ	Ⅲ	Ⅱ

说明：标*为县级以上(含市区)集中式生活饮用水水源地

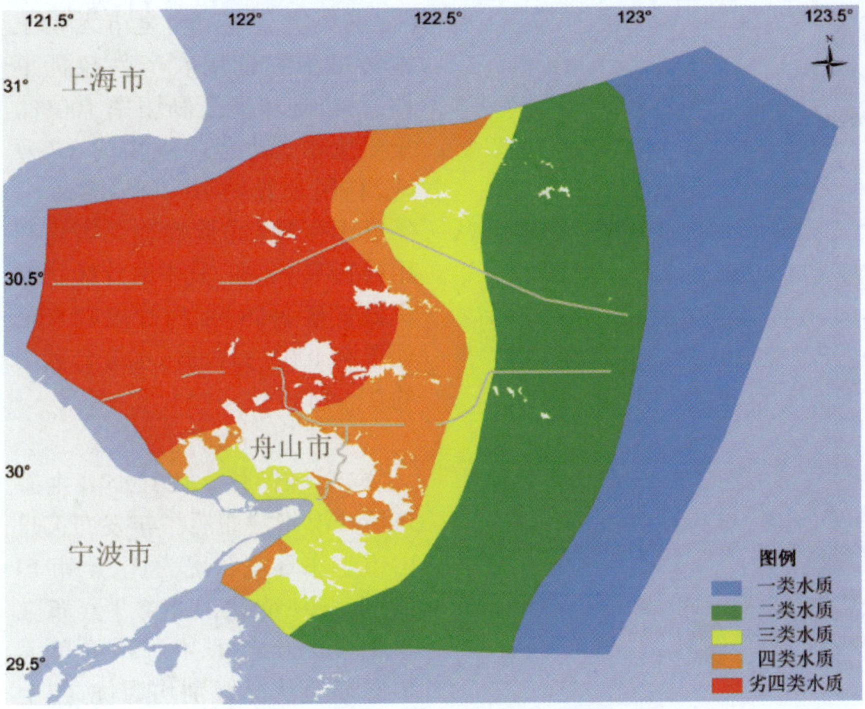

图 4:2020 年舟山市近岸海域水质分布图

酸雨　是年，舟山市降水 pH 年均值 4.84，属轻酸雨区，pH 年均值同比降低 0.20，降水酸性程度有所上升，酸雨率 88.4%，属酸雨高发区。全年降水月份均为酸雨。其中，8 月 pH 月均值最高 5.53，2 月 pH 月均值最低 4.40。全年降水 pH 月均值≤ 5.0 的有 8 个月（1—5 月、9—10 月和 12 月）。

【城市声环境】　区域环境噪声　是年，全市区域环境噪声达到国家标准（55 分贝）要求，平均等效声级 52.2 分贝。其中，市区 52.3 分贝，岱山 52.9 分贝，嵊泗 51.0 分贝，除定海和嵊泗比上年下降外，其他区域均比上年上升。影响城市区域声环境的主要噪声源类型为生活噪声，占各类声源的 61.0%。其他声源构成比例分别为交通源 20.1%，工业源 2.6%，施工源 6.1%，其他源 10.1%。

交通噪声　全市交通噪声平均等效声级 64.6 分贝，强度为一级，评价为好。其中市区 65.3 分贝，岱山 63.4 分贝，嵊泗 66.0 分贝，均达到国家标准（低于 70 分贝）要求。

功能区噪声　全市功能区定点噪声昼夜平均等效声级范围 40.5 ~ 69.1 分贝，比上年范围增大，其中昼间等效声级范围 40.7 ~ 70.8 分贝，夜间等效声级范围 30.1 ~ 59.8 分贝。各功能区声环境质量监测 160 点次，昼间、夜间各 80 点次，其中昼间达标率 93.8%；夜间达标率 88.8%，昼夜间平均达标率 91.2%，比上年均略有下降。

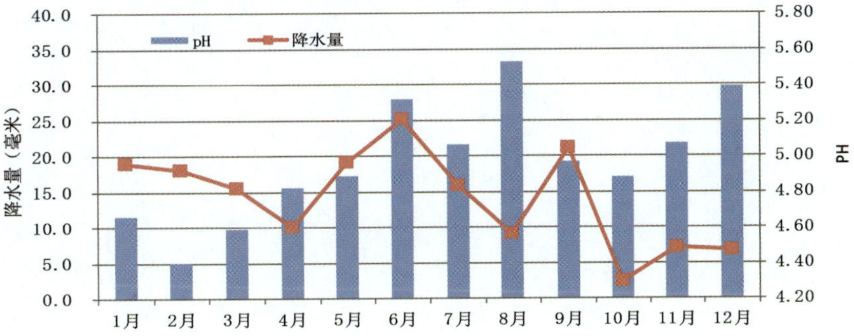

图 5:2020 年舟山市降水 pH 均值和酸雨率（%）月度变化情况

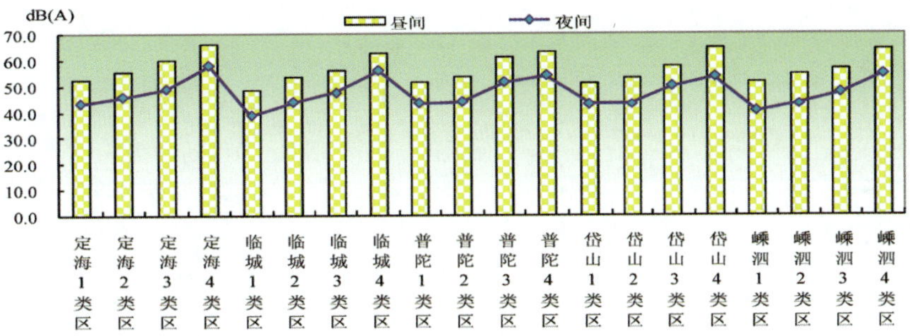

图 6:2020 年舟山市各功能区定点噪声平均等效声级比较

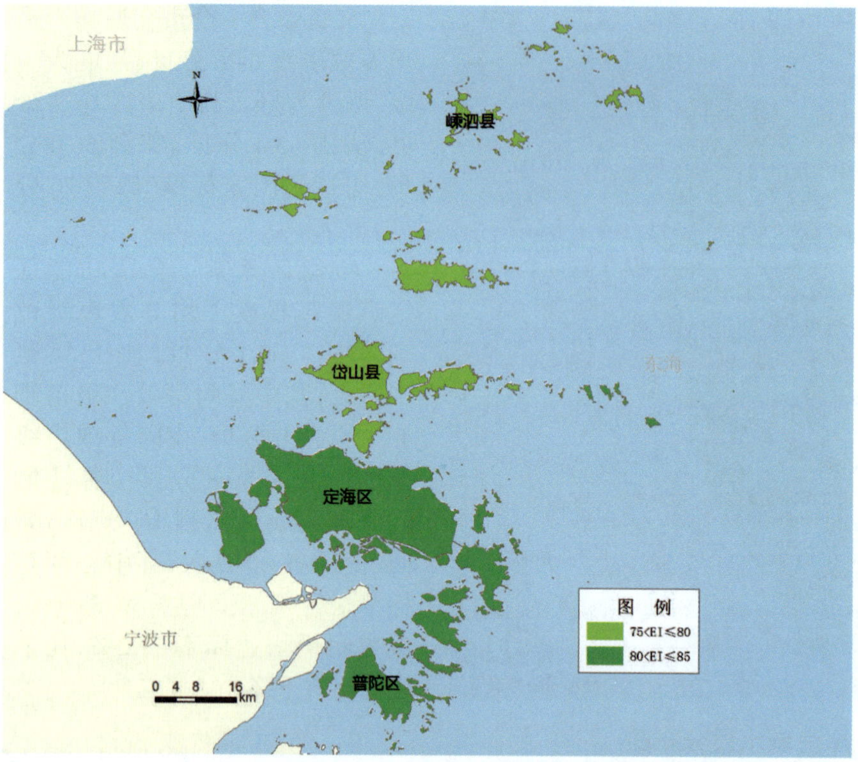

图 7:2019 年舟山市市区和各县域生态环境状况分布

【土壤环境】 是年,全市无因土壤污染引发食用农产品超标事件,污染地块安全利用率 100%。全年全市产生危险废物约 8.7 万吨,利用处置约 10 万吨(含上一年度库存量),危险废物无害化利用处置率 100%,其中医疗废物收集处置量 2155 吨,医疗废物安全处置率 100%;含油污水综合利用约 21 万吨。

【生态环境评估】 2019 年(生态环境状况指数滞后一年发布),舟山市生态环境状况为优,全市 EI 值(生态环境状况指数)分布在 77.8 ~ 83.0 之间,4 个评价单元生态环境状况级别均为优,与上年一致,各评价单元 EI 值按降序排列依次为:普陀区、定海区、岱山县、嵊泗县。

(撰稿:林译濛)

责任编辑:童涵

概　述

2020年,受新冠肺炎疫情影响,全市完成道路旅客运输量1162万人次,比上年同期减少52.57%;客运周转量54908万人千米,比上年减少54.24%。完成道路货物运输7235万吨,货运周转量1257482万吨千米。全市水路旅客运输量2479.92万人次,同比减少23.31%,旅客周转量34876.29万人千米,同比减少33.65%。全年交通大会战77个攻坚项目累计完成投资74.1亿元,为年度计划73亿元的101.5%,完成年度目标;坚持"水陆并举、彰显特色",因地制宜,持续推动"四好海岛公路"和"四好海岛水路"两个体系建设;重大交通基础建设工程,按照时间节点有序推进,宁波舟山港主通道——舟岱大桥提前合龙;526国道改建工程、舟山南部景观公路、小干至长峙通道、鲁家峙至东港公路等一批重点基础性工程按时间节点有序推进。宁波至舟山铁路项目落地,12月11日,省人民政府办公厅复函同意甬舟铁路项目PPP实施方案,省财政厅完成PPP项目库入库工作,并报财政部,12月开工建设。甬舟高速复线金塘至大沙段,工可报告和选址及用地专题上报,用海预审获批,地震安评备案。全市交通运输系统各项安全指标均控制在省市考核指标内。

重大项目建设

2020年,全市交通大会战各责任单位围绕年度攻坚行动目标任务,按照统一部署,开展系列有效工作,完成或超额完成年度目标任务。

【宁波舟山港主通道】 续建工程。全长36.777千米,其中海上桥梁长25.618千米,桥梁占比86.58%,概算总投资约163.24亿元。包括富翅门大桥、鱼山大桥和舟岱大桥。至年底,工程累计完成投资149亿元,总体形象达到91%。其中,舟岱大桥完成投资30亿元,总体形象达到88%;累计完成路基100%,桥梁93%,隧道100%,实现主线合龙。

【526国道岱山段改建工程】 续建工程。起点为岱山双合,与在建宁波舟山港主通道鱼山大桥东端(鱼山石化疏港公路)相接;终点位于江南岛,与在建岱山至舟山疏港公路相接。全长23.638千米,设支线两条约6千米。一级公路标准设计,设计速度80千米/小时,双向四车道,主线标准段路幅宽度28.50、26.50、25.50米。总投资概算44.66亿元。是年,完成投资10.105亿元,完成年度投资计划的101%,开工累计完成投资30.20亿元。江二村跨线桥及匝道桥下部构造全部完成,彩霞路至标尾段(K22+345—K24+455)建成通车,完成岱西至江南大桥段工程量的51.6%。

【526国道嵊泗段改建工程】 续建工程。起于李柱山大桥嵊泗段本岛侧桥头,终于李柱山码头侧桥头。路线全长34.881千米,全线设桥6座,地下通道1座,采用二级、三级公路标准设计,预算总额11.25亿元。是年,继续进行中心渔港特大桥段、小菜园桥梁、基湖段地下通道施工等节段施工,累计完成路基50%,桥梁70%,隧道100%。至年底完成投资2.5亿元,累计完成投资9.45亿元。

【普陀至开化公路舟山朱家尖段公路工程】 续建工程。主线全长10.769千米,其中K0+000—K8+739.530段按一级公路标准建设,K8+739.530—K11+

5月1日，检查组对526国道岱山段改建工程重点项目的实体质量、安全生产等情况开展检查(市交通运输局提供)

0.85.547段按二级公路兼顾城市功能建设；地下通道450米/1座，隧道1030米/1座，桥梁526.6米/15座。有支线1全长4.406千米，支线2全长2.474千米，支线3全长1.714千米。2019年1月，主线通车，支线1完工，支线2完成工程量80%。至2020年底，支线2余下工程量完成90%。

公路建设

【嵊泗至定海公路马岙至定海疏港公路工程】 续建工程。起点位于马岙港区规划园区道路与马北线交叉处，终点位于文化路与昌洲大道相交处，全线长约11千米，项目概算总投资约6.7亿元。12月30日，项目第一段(定海文化路至虹桥互通段)全部建成通车。第二段(虹桥互通至长春岭水库段)于6月开工，至年底完成该标段形象进度的51%，年度完成投资2.5亿元。

【321省道定海至盐仓段调整工程】 为旧路改建工程，对原路线进行重新调整。路段西起茅岭墩，桩号K3+514，沿现状道路向北展线，至茅岭线与321省道(72省道)交叉口处继续向北，沿茅叉线连接至原329国道，终点桩号为K4+801.808。工程全长约1.288千米，按双向四车道采用一级公路兼顾城市道路功能标准设计，设计时速60千米。工程概算总投资约2.8亿元，6月，正式开工建设。至年底累计完成工程量85%，道路主体工程完成，年度累计完成投资3500万元。

【定海五山生态旅游带(五山公园绿道)东山段建设工程】 续建工程。起点位于定海东山庆丰，终点为葆山公园。主要建设一条生态景观道路，包括绿道游径、服务系统、重要节点、基础设施、标识系统，全长约4.12千米，总投资约0.98亿元。2019年6月获工可批复，同年10月完成施工招标，年底进场开工建设。2020年2月开工建设，至年底完成主体道路工程，完成年度投资4000万元。

【定海通村联网公路工程】 涉6个镇(街道)10条村道，建设里程7.7千米。项目实施由各乡镇(街道)落实，定海区交通运输局负责项目计划申报，工程质量监督和行业技术指导、项目验收、资金补助等工作。5月初，工程陆续实施，10月底全部建成，完成投资额723万元。

【新城农村公路路面大中修工程】 含2条公路，路线分别是长岙线K3+300—K7+687、三官堂至大干农村公路(简称三大线)K10+867—K11+541。长岙线起点位于长峙岛新城大桥南接线，沿西北方向穿过长峙岛，左弯至外丁家北到达海塘，靠海塘内侧沿西南方向到达郑家马鞍，终点至于岙山，全长4.387千米。三大线位于舟山市中部，自定海区三官堂起，经城东、临城、勾山等街道社区，终于普陀区大干，全长0.674千米。工程内容主要为挖除原沥青混凝土路面及水泥混凝土路面，回填水泥稳定碎石基层、中粒式沥青混凝土和细粒式沥青混凝土；土路肩压顶，水沟修复以及交通安全设施施工等。5月31日正式开工，8月31日全部完工。

【定海区农村公路大中修工程】 含8条公路，分别是：东汪线

K0+000—K1+300、碇下线K0+350—K2+900、三华线K15+185—K17+866、马黄线K4+890—K5+690、华海线K0+000—K1+300、三大线K0+193—K1+160、卫蛟线K0+000—K3+062、东河线K1+378—K5+232，共25.751千米。东汪线、碇下线、三华线、马黄线、华海线、三大线都为铣刨原沥青路面后加铺4厘米AC-13C沥青，卫蛟线为对水泥路面病害进行处治并更换破碎板，东河线为病害处理。7月20日开工，9月19日完工。

【定海环南街道摘箬山海岛整治修复工程(西岙至北岙)路面工程】 主要为水泥稳定碎石层及沥青砼路面加铺，路线长1.596千米。路基采用四级公路技术标准，速度20千米/小时，路基标准段宽4.5米，弯道处加宽。2019年12月15日开工，2020年1月20日完工。

【329国道杭朱线坝桥至东皋岭隧道西段沥青路面修复工程】 位于329国道杭朱线坝桥至东皋岭隧道西段K252+300—K253+670(海天大道市政段)处。路面修复范围为左右两幅车行道，总长1370米，宽度约16米，主要修复方案为铣刨4厘米原沥青路面，加铺4厘米厚SMA-13沥青玛蹄脂碎石面层。5月19日开工，5月24日完工。

【普陀鲁家峙至东港公路工程】 续建工程。起于普陀沈家门鲁家峙东侧，终于海州路与晨晖街交叉口，线路终点桩号K2＋225，路线全长约2.225千米，该项目是全省第一条公路工程海底盾构隧道，总投资11.27亿元，采用“海底盾构隧道＋山岭隧道”建设方案，海底盾构隧道长785米，山岭隧道长745米。一级公路标准设计，设计时速60千米，路基宽度23.5米，按分离式断面布设。其中隧道自刺棚山东港侧爆破开挖贯通至沈家门滨港路盾构接收井处，双洞双向四车道，余为敞开段及接线路基段，山岭隧道段单洞及明挖段9.75米(单洞)，净高均为5米，最大纵坡4.5%。2017年12月开工，至2020年底，东港侧山岭隧道西洞开挖支护至760米，东洞开挖支护至707米，沈家门接收井完成围护结构，开始进行主体侧墙施工。海底盾构隧道785米，自鲁家峙东侧工作井向沈家门渔港海底掘进，穿越至滨港路盾构接收井底，双洞双向四车道，单洞行车道净宽8.75米，净高均为5米，最大纵坡4.5%。西洞盾构掘进329环658米。是年，鲁家峙至东港公路工程完成投资2.2亿元，累计完成8.4亿元，工程总体形象进度达到74.85%。

【普陀“四好农村路”路网完善】 是年，普陀区对11条农村公路进行路网完善。“四好农村路”分布于六横、东港、展茅、登步4乡镇街道，施工里程达9.3千米，投入资金1048万元。主要建设内容为对原路面进行处理并加铺水泥混凝土面层，建设周期7—11月。

【普陀展茅至东港美丽公路接线工程】 位于舟山市普陀区展茅，路线起点位于展茅至东港公路K0+120处，起点桩号为K0+000，路线沿现状老路延伸展线，穿过中部现有农田，利用晓辉1号桥跨越大展河支流，连接到晓辉工业园现有晓辉二路，终点桩号为K0+268.46。路线全长0.268千米。采用四级公路标准设计，路面类型为沥青混凝土路面，设计速度为20千米/小时，标准路基宽度8.0米，路面宽度7.0米，土路肩宽度2米×0.5米。总用地面积约2048平方米，项目总投资概算约547万元，建设周期9—11月，累计完成投资547万元。

【岱山衢山上洞礁至六条溪公路工程】 续建工程。起点位于岱山衢山枕潮线隧道东口约220米处，路线向东北方向，经岛勃山垭口、下洞礁村、绕过外山嘴后，经过西鸡笼村、下鸡笼村至西长沙村，穿过东长沙村、小东岳村，至大东岳村，途径沙龙村路段，利用改建后的四石线，至凉峙村，直至终点六条溪。工程采用双向两车道，三级公路标准设计，设计速度40千米/小时。总投资约1.45亿元。2018年3月开工建设，2020年9月完工。

【衢山西长沙至里高涂至外泥螺山公路工程】 起于衢山岛西长沙村东侧，终于外泥螺山西侧，道路总长6.226千米。全线设置桥梁1座，涵洞26道，平交3处。K3+033.383—K6+125.103段按二级公路设计，设计速度60千米/小时。项目投资额约1.13亿元。年底开工，完成投资额2000万元，完成年度投资计划的133%，完成路基施工的50%。

【岱山海丰至浪仇线公路工程】 新建工程,位于岱山本岛。路线全长2.669千米,其中K0+000—K2+253段为二级公路,道路宽10米;K2+253—K2+669.382段为城市道路,道路宽24米;沿线设置桥梁6座,箱涵2座。项目起点位于浪塘线K5+500处,路线往南展线,经火箭盐场后,终点位于浪仇线K3+230处。项目投资约6128万元。年底开工,完成投资额2000万元,完成路基施工的20%。

【嵊泗至定海公路嵊泗嵊山至枸杞段改建工程】 续建工程。起于嵊山东崖绝壁景区附近,终于枸杞车客渡码头。路线全长11.7千米,设大中桥4座,预算总额2.41亿元。是年,进行1号、3号桥施工及枸杞段路基路面工程施工。全年完成70%路基、45%桥涵、35%路面,完成投资5000万元,累计完成投资2亿元。

【嵊泗边礁岙船厂至渡口码头公路改建工程】 续建工程。桩号K0+000—K0+887.023,线路全长约887米,设计速度30千米/小时。2019年6月开工,至2020年底,改建工程完工。

【嵊泗峙岙至南港公路工程】 续建工程。起于峙岙码头附近,终于南岗村并与南岗码头相接,路线全长7.026千米。全线按四级公路标准设计。其中峙岙至大岙路段,总投资4500万元。2017年8月开工建设,2019年底,路基与路面工程基本完工,累计完成投资6000万元。2020年,完成投资900万元,年至底,续建工程完工。

陆岛交通码头建设

【定海岑港钓山交通码头扩建工程】 续建工程。位于定海区岑港街道,在岑港和钓山侧各新建1座300总吨级客运码头泊位及相应的配套设施,设计年通过能力7.44万人次。另配建1个候船室,建筑面积约80平方米,项目用海面积3851平方米,使用港口岸线96米,用地面积231平方米。趸船长48米,宽9米,2艘趸船通过钢引桥、桥台墩、栈桥连接至后方陆域。工程概算约1871万元,2019年12月开工,2020年9月完成码头主体工程,年底完成全部工程并投入使用,年度累计完成投资1371万元。

【定海大猫合兴交通码头工程】 位于定海大猫岛北部原合兴车渡码头处,新建500总吨级客运码头1座(1个500总吨级客运泊位)及相应的陆域配套设施。拆除现有交通码头,在原交通码头外侧新建1座60米×12米的靠泊平台,新建1座15.5米×8米的栈桥和1座总面积580平方米的架空平台与后方陆域链接,工程概算1571万元。5月开工建设,12月完工并投入使用,年度累计完成投资1071万元。

【定海册子交通码头工程】 位于定海册子岛南岸,现货运码头外侧新建500总吨级交通码头1座及相应的陆域配套设施。码头通过能力11.7万人次/年。总用海面积0.3858公顷,使用岸线60米。拟对现有码头进行改造后在其前沿新建1座码头靠泊平台,改造后的栈桥长22.1米,宽8米,现有码头平台改造后长47.6米、宽10米,新建靠泊平台尺寸为60米×10米,工程概算约1517万元。5月开工建设,12月完成主体工程,累计完成投资1517万元。

【普陀湖泥交通码头工程】 续建工程。位于普陀虾峙湖泥岛,拆除原交通码头,新建500总吨级码头1座,工程投资概算2020万元。码头采用高桩梁板式结构,码头轴线方位取N117°—N297°,前沿线布置在-5米等深线处。码头平台长60米,宽10米,顶面高程3.5米,通过新建栈桥与后方陆域连接,栈桥位于码头平台东南侧,与码头平台呈"L"形布置,长46.5米,宽9米,顶面高程3.5米。陆域部分均利用原交通码头陆域,原交通码头进港道路翻修,总长度约343米。原候船室拆除,原址新建1座72平方米的候船室,室外场地翻修,总面积约345平方米。码头年设计通过能力3.48万人次。用地面积约0.1404公顷,用海面积约0.3611公顷,使用岸线60米。2019年9月开工,2020年6月完工,累计完成投资1907万元。

【普陀柴山陆岛交通码头工程】 续建工程。位于普陀白沙柴山岛南岸。新建500总吨级客运码头1座及相应配套设施。项目概算投资2257万元。码头前沿线位于-3.9~-4.3米水深之间,前沿设500总吨级客运泊位1个。平台尺度60米×12米,后方靠南侧设栈桥1座,尺度62米×8米。在平台后方新建20米×30米架空平台1座,上方设候船室。码头通过长152.4米、宽3.5米的接线道路与港外道路相连。平台面高程均为3.40米,道路标高3.14～3.40米。码头年设计通过能力6万人次。用地面积约623平方米,用海面积约4463平方米,使用岸线60米。2019年9月开工,2020年10月完工,累计完成投资2206万元。

【普陀葫芦交通码头工程】 续建工程。位于葫芦岛西南部,在现老交通码头西北侧约193米处新建1座500总吨级客运码头。码头由1座平台和1座栈桥组成,码头平台尺寸为60.0米×10.0米,呈北—南走向,其前沿线布置在−4.9～−5.2米之间,码头面高程为3.2米。平台与栈桥成"L"形布置,栈桥平面尺寸为长72米×6.0米(中心线长度),面高程3.20米。项目陆域位于码头后方东侧,通过新建的接岸道路与码头栈桥连接,接岸道路宽6.0米,长约60米。陆域场地占地面积760平方米,内布置候船楼1座,占地面积200平方米(一层),场地标高设计为3.2米。码头年设计通过能力9.28万人次。用地面积约0.0954公顷,用海面积约0.3438公顷,使用岸线60米。2019年12月开工,2020年12月完工,累计完成投资2022万元。

【普陀东极庙子湖客运码头工程】

位于东极镇庙子湖岛南岙,现有交通码头西南侧。新建1个1000总吨级(兼靠2个500总吨级)客运泊位以及配套设施,水工结构按3000总吨设计,设计年通过能力旅客68万人次。拟用海面积控制在2.4371公顷内,使用港口岸线140米。新建码头位于现有客运码头西南侧10米,前沿线与现有交通码头齐平,位于−8～−12米等深线之间。码头平台长140米,宽16米,前沿布置1个1000总吨级(兼顾2个500总吨级)客运泊位,后方设1座55米×8米栈桥,并通过长10米、宽6米的通道与现有客运码头连接。码头平台面高程4.00米,栈桥高程4.00～5.30米,通道高程3.50～4.00米。项目总投资3964万元,至年底完成施工招标。

【普陀桃花悬鹁鸪客运码头工程】

位于普陀区桃花悬鹁鸪岛西北侧,鹁鸪门水道东岸。新建1个500总吨级客运泊位及相应的配套设施,设计年通过能力客运量1.39万人次。项目用海面积约0.4682公顷,使用港口岸线60米。拆除现有埠头,在接岸处新建1座60米×12米的靠泊平台,码头前沿线位于−5米等深线附近,方位角为N145°—N 325°,码头顶面高程为3.4米;码头平台通过新建1座105米×7米的栈桥与后方陆域链接,栈桥顶面高程3.4～3.8米,与码头平台呈"T"形布置。总投资1926万元,至年底完成施工招标。

【岱山县燕窝山陆岛交通码头工程】 续建工程。位于岱山本岛西北侧燕窝山附近。新建2个3000吨级车渡泊位及2个1000吨级客运泊位,同时兼靠1万吨级邮轮,另新建1条防波堤长约650米(采用透空式防波堤结构形式),码头平台通过1座长1022米的栈桥与后方陆域相接。后方陆域总占地面积7.446公顷,主要布置候船楼、车辆待渡区、停车场、港区道路及绿化等附属设施。项目运作采用EPC+PPP模式,建设期3年,运行期12年。工程总投资约6.89亿元。2019年8月开工。2020年,完成投资26060万元,完成年度投资计划的104.24%,开工累计完成投资52852万元。完成防波堤工程量的73%。

【岱山衢山岛万良客运码头工程】

位于岱山衢山岛东部,鼠浪湖对面,新建1座500总吨级客运泊位及相应配套设施,设计年通过能力客23.4万人次。项目总投资约3874万元。10月开工,至年底完成投资2040万元,完成年度投资计划的102%,完成码头水工结构施工50%。

【岱山大岞山交通码头改扩建工程】 位于岱山大岞山,在现有300吨级客运码头前沿扩建500吨级客运泊位1个,新建码头平台72米×12米,码头顶面高程3.2米。新建码头利用现有码头平台及栈桥与后方陆域连接,现有交通码头平台及栈桥整体提高至3.20米。整座码头平台前沿呈东北至西南走向,泊位总长度72米。码头设计通过能力7.5万人次/年,估算投资约1700万元。年底开工,完成投资600万元,完成年度投资计划的300%,完成码头水工结构施工量的30%。

【嵊泗县黄龙交通码头工程】 续建工程。位于嵊泗黄龙岛,新建1000总吨级(水工结构按靠泊3000总吨级客运船舶设计)客货泊位1个及相应配套设施,设计年通过能力客7.3万人次,货7.6万吨。2019年5月开工,2020年底完工。累计投资3010万元。

【嵊泗泗礁岛车客渡码头工程】 位于嵊泗泗礁岛,新建2个1000总吨级客运泊位(结构按3000总吨级设计)和1个3000总吨级车渡泊位以及相应的配套设施。设计年通过能力132.7万人次,车辆设计年通过能力4.8万辆。2018年完成工可报告编制工作,2019年完成设计方案定稿及工可批复。2020年,完成工程项目各项前期审批流程,11月全面开工,后进行施工平台及桩基建设,累计完成投资5000万元。

【嵊泗沈家湾车客渡码头三期工程】 位于嵊泗沈家湾客运站内。新建1个3000吨级客货滚装泊位和1个1000吨级客轮泊位以及相应配套设施(包括进港道路拓宽、新建停车场、候船设施等),新增陆域面积约5.8公顷。泊位年旅客吞吐量59.23万人次,年车辆吞吐量6.59万车次。陆域总平面布置,新增社会停车场、客运站、人行廊道和道路等。2019年完成工可批复。2020年,工程各项前期审批流程完成,11月全面开工,完成栈桥、桩基、预制构建工程量施工。累计投资5000万元。

站场建设

【概况】 2020年,全市持续开展码头站场设施和服务标准化建设,实施洁化、美化、功能化、数字化、特色化“五化”提升工程,提升后的码头站场成为海岛集散中心和门户形象,形成国内领先的高品质水路客运码头站点集群。建成枢纽站、首末站、停保场9处,缓解公共交通场站配套不足、建设滞后问题。实行统一设计,统一管理,分步建成智能化公交候车亭。至年底,智能化公交候车亭514个,基本达到本岛城区全覆盖。

【宁波北仑圆山车客渡站场(码头)】 位于宁波圆山岛的西南侧,与圆山岛最近点距离约346米,与规划的东方电缆项目码头最近点距离350米。码头呈“品”字形布置,轴线方位角为71°—251°,由2座3000吨级车渡泊位靠泊平台、1座1000吨级客运泊位靠泊平台、2座液压钢吊桥、1座候船平台及1座栈桥组成。设计车客通过能力客126.1万人/年,车42.6万辆/年;占用岸线约350米,投资估算28000万元。至年底,完成初设文本,并进行施工图设计评审及批复。

【东港(半升洞)客运站场(码头)】 位于舟山市普陀区东港东南角,对现有车客渡码头拆除后新建3个1000总吨级客运泊位(兼靠6艘300总吨级高速客轮)及相应配套设施,码头设计通过能力445万人次/年。新建客运大楼、服务设施综合体及港湾道路等相关配套设施,包括6400平方米候船室,365个社会车辆停车位。站场项目主要包括南侧地块码头站场工程、北侧配套服务设施综合体工程以及滨港路道路工程,项目总用地面积29262平方米,总建筑面积42328平方米。计划总投资75507万元,至年底已完成码头工程量70%,进行桩基施工,预制构件制作,站场已完成降水、防水、地下筏板、地下一层结构施工,完成海上围堰施工前作业。

【岱山交通集散中心】 位于岱山岱西。主要建设内容由客运中心、首末公交站及配套商业组成。项目总用地规划面积约240亩(16公顷),建设面积约1万平方米,项目投资约为3.5亿元。5月,项目启动,年度完成投资4000万元(政策处理等),至年底,确定总平面方案布置,完成场地回填,项目尚处评估中。

【嵊泗县小菜园交通站场改扩建工程】 位于嵊泗小菜园。新建2个1000总吨级客运泊位(泊位长度满足同时靠泊3艘500总吨级客船,码头水工结构按靠泊3000总吨级客船设计)及相应配套设施,设计年通过能力69.1万人次。后方陆域拆除现有候船室及临时停车场,新建候船楼。2019年8月开工,至2020年完成2个码头泊位建设。累计完成投资4925万元。

【嵊泗交通旅游集散中心】 位于

李柱山码头东北侧，为泗礁岛车客渡码头的配套工程。以一级集散中心设计，主要建设1座地上三层，地下一层的旅游交通集散中心。地上主要功能为站房通高大厅、售票区、售票大厅、旅游服务空间、候船区、商业区、办公空间、辅助用房和管理用房等。地下主要功能为机动车库、出租车和公交车的上下客区、设备用房、消防水池等。项目计划估算总投资2.41亿元，用地面积35678平方米，总建筑面积23476平方米。2019年主要进行因项目选址和建设方案论证。2020年度完成项目征地等政策处理工作，并完成工可及初步设计报告编制工作。2020年底进行项目临建设施建设工作。

四好农村路建设

2020年，全市持续高水平推进"四好农村路"建设。是年，全市完成农村公路新改建70千米，路面维修90千米，安防工程30千米，改造危桥病隧7座，建设普通公路服务站4个，创建示范乡镇5个。新造客渡船4艘，提升改造14艘，新建提升改造陆岛交通码头16座，列入3年行动计划创建的7条"美丽航线"，年底全部完成复评验收。

2018年，制定出台《舟山市高水平建设"四好农村路"三年（2018—2020）实施方案》，打造"四好海岛公路"和"四好海岛水路"两个体系。至2020年末，总投资75.3亿元，完成省考核投资30.5亿元的239%，市考核投资75亿元的100.3%。创建定海、嵊泗2个省级示范县及定海马岙、普陀六横等15个示范乡镇，助推海岛乡村振兴和高水平推进小康社会建设。

三年来，累计新改建公路257千米，路面维修252千米，建设安防工程151千米，改造危桥病隧14座，实现农村公路建制村通畅率100%，农村等外公路全面消除。打造"美丽公路+"模式助力乡村振兴，创建美丽经济交通走廊202千米，4年时间累计创建579千米。因地制宜打造出长南线、螺塘线、板燕线、左岸公路等一批具有海岛特色的美丽公路。

提升改造陆岛交通码头泊位88个，农村渡口16个，在全省率先实现100人以上岛屿陆岛交通码头全覆盖，1000人以上岛屿一岛两码头，3000人以上岛屿滚装码头全覆盖的目标。建设乡镇运输服务站7个，村级物流服务点220个，港湾式公交停车站163个，更新农村客车92辆，全市城乡客运一体化均达到AAAAA评级。新建改造客渡运船舶86艘，拥有176艘船、86条航线、86个站点，构成水上客运大网络，基本形成岛际航线2小时交通圈。其间，财政保障、管养力量和监督考核机制落地落实，县道县管、乡村道（农村渡口）乡镇统管的体制不断强化，三级路长制和码头长制全面建立，农村公路养护覆盖率和经常性养护率均达100%，优良路率92%，路面技术状况指数逐年提高。争取部省对海岛水路政策的扶持，突破以往海岛水路领域存在的政策扶持短板。

交通管理

【疫情防控期间运输保障工作】 2020年，做好疫情防控期间运输保障工作，确保主城区公交线路不停运，应急运输跟得上，做到"人流物流畅通"。牵头完成境外人员嘉兴大云转运工作，累计转

至2月18日，全市的省市重点续建项目全部复工。图为2月20日上午，在滨海大道普陀段第三标段上工人们正在进行混泥土浇筑（沈磊　摄）

运320车、487人；落实疫情防控常态化管理，落实客运场站卫生防护措施，规范客运站点、公交车、出租车人员进出口罩佩戴检查及验码验证工作，坚持客运场站、营运车辆日常清洁工作；落实跨市长途客车入舟人员验码测温工作，并对重点区域入舟人流加强管控；配合定海区政府做好远洋渔业船员上岸转运工作，累计转运5500余人。针对建设项目特点出台《舟山市交通建设工程返工人员防控保障工作指导意见》，指导各在建项目落实防疫各项措施及时掌握相关企业疫情防控、人员返工情况；全面摸排梳理交通在建项目情况，科学合理制定复工时间，印发《关于加快推进全市交通建设项目有序复工的通知》，采取“一企一策”精准服务，推动项目创造条件尽早复工。2月10日，宁波舟山港主通道项目复工，成为全省最早复工的公路项目，2月28日，全市20个在建交通项目全面复工，提前完成省、市下达的任务。

【交通行政执法改革】 是年，针对交通系统行政审批、行政执法改革后出现的情况，先后出台《关于明确交通运输综合行政执法有关具体事项的通知》《关于调整行政审批主体并启用舟山市交通运输局行政审批专用章的通知》《关于启用舟山市交通运输局行政执法专用章的通知》《行政审批专用章使用管理办法》《行政执法专用章使用管理办法》《关于深化最多跑一次改革 规范机构改革后行政审批工作的实施意见》等有关文件，建立行政执法案件分级分管理机制，保障行政执法顺利运作。

【执法队伍建设】 制定交通运输行政执法培训工作计划，举办为期4天的交通运输综合行政执法骨干培训班，邀请专家、学者对民法典、浙江省公路条例、危化品运输等内容进行专题授课。组织参加省厅综合执法比武活动，新提升的17名科级干部进行宪法集中宣誓仪式。

【交通运输安全管理】 是年，全市交通运输行业未发生省厅考核范围内死亡责任事故，发生市安委会考核范围内事故2起，死亡2人，均为出租车道路交通事故。发生考核范围外死亡事故6起，均为货运车辆行车事故。安全生产形势继续保持平稳态势。

做好疫情防控与复工复产 按照中央和省、市疫情防控工作部署要求，对运输安全环节疫情防控工作进行安排布置，做好疫情防控综合协调职能并进驻市公共场所，协调做好卫生防护、重点人员管控、运输政策调整、复工复产复运、重点人员转运等相关工作，做好上情下达及信息汇总上报。

落实安全责任 重点抓好交通运输行业安全生产责任体系、风险防控体系、应急体系“三个体系”建设，印发《关于强化安全生产组织领导调整“一岗双责”职责分工的通知》，分解下达各县(区)、各单位年度安全生产事故及管理指标，并跟进开展督查考核。

做好“三防工作” 是年，组织开展汛前、汛期专项检查，做好应急设备、物资、人员的点验。修订出台舟山市交通运输局《防御自然灾害(三防)工作预案》，拟订交通运输专项组《防汛防台工作指南》，制定《2020年主汛期前重点工作任务清单》，督办完成防台防汛重点工作任务18项。开展公路应急抢险演练。组织做好台风“黑格比”“巴威”的预警、防范、信息报送工作。

抓好节假日安全工作 继续保持高压态势，狠抓交通运输行业安全生产重要节点和关键环节，常抓不懈，重点落实春运、五一、两会、国庆等节假日各项安全措施落实，并加密安全检查频率，组织有关人员深入车站、码头、渡口等现场开展安全生产检查和督查，发现安全问题、隐患，及时纠正、整改。

部署全市交通专项整治工作 印发三年专项整治专项工作方案，制定重点任务及责任分工清单54项，建立工作专班、工作专报等机制。

抓好重点领域安全生产整治 督促做好省市挂牌隐患路段的整改销号，强化深化道路危险货物运输安全管理“雷霆整治”等专项行动。落实工程运输车辆专项整治、危货运输专项整治、桥隧安全隐患排查、挂牌隐患路段治理等，安全形势好转。

强化安全生产文化建设 是年，将习近平关于安全生产重要指示精神纳入局中心学习组学习内容，开展安全生产月和安全生产万里行工作，配套组织集中学习、集中宣讲、集中演练等活动，在主流媒体开展集中宣传。

【深化最多跑一次改革】 持续推进实施最多跑一次改革，推广政务网上办。依托政务服务网、浙里办、自助终端打造交通数字审批窗口，开发从业资格网上报、车辆年审自助办等精品服务，针对常办事项编印“掌上办”操作手册，在微信号、办事大厅、重点企业广泛宣传和推动移动办事，不断提升网上办事便捷度和知晓度。是年，市本级办理行政审批3235件，99%以上的办件通过电脑、手机和自助终端办理。实施“政务服务2.0”工作，配合省交通运输厅开展事项拆分、办事条件梳理，按成熟一个、确认一个原则在政务服务网进行确认，至年底，完成全部事项的确认工作。推进自贸区证照分离改革全覆盖工作，实施道路普通货运经营许可、道路客运站经营许可两项告知承诺审批。全年全市办理告知承诺审批484件，累计精简材料750份，较法定时限累计减少9700天。实现“水、电、气、网”一件事。根据《浙江省优化营商环境用电报装便利化行动方案》，推进舟山市营商环境的优化，参与并制定《舟山市水、电、气、网络报装“一件事”改革工作方案》，将用水、用电、用气、用网报装整合成一件事，提高用水用电用气用网接入效率和服务水平。

【推进交通公共场所服务大提升】

根据省交通运输厅和市跑改办关于公共场所服务大提升工作要求，会同市委改革办、市跑改办制定全市交通公共场所服务大提升工作方案和5个子方案，聚焦水路客运站、道路客运站、公交站点、高速服务区、民航机场五大交通公共出行领域，覆盖8个县（区、功能区）、24个水路客运站、6个道路客运站（含2个枢纽站）、99个公交停靠站、64个电子站牌、1个高速服务区、1个民航机场。“按照一站一区一方案”的总体要求，各客运站、服务区、机场均对照专项提升方案和服务提升指南，制定站（区）提升方案和年度提升项目表。全市交通公共场所年度提升项目343个，总投资93722.49万元（其中新建重建投资83109.47万元）。

【公路路政管理】 聚焦路域环境“八个无”目标，以公路沿线两侧垃圾清理、路肩边坡整修、道路两侧绿化、路面保洁清理为重点，在日常不间断巡查基础上，开展公路路域环境专项整治行动。是年，全市出动路政执法人员20262人次，清理堆积物898.6立方米，拆除非公路标牌7块，取缔马路市场51摊次，公路沿线整体路容路貌得到改观。

【标志标线管理】 完善指路体系，对329国道舟山段鸭蛋山至舟山西路段32块指路标志进行改造。在完成国道网命名编号调整工作基础上，进行国省道缺失标志情况整治、329国道舟山段限速调整、标志标线日常巡查和维护管理等工作。是年，增设维护公路标志215块，道口标柱103根，漆划标线19472平方米。

【推进公交优先】 是年，持续推进清洁能源公交车更新投放力度，不断提升公交车辆新度系数，全年完成103辆清洁能源公交车上牌并投入运营，全市清洁能源公交车比例达到80%以上。新增优化公交线路32条，开通微公交13条，重点解决社区与学校之间的出行问题。推进公交候车亭新（改）建进度，本岛区域完成公交候车亭新（改）建70个（其中50个列入省民生实事项目）。加快推进公交场站规划与附属设施建设，新城洞岙公交停保场土地规划已通过，党校停保场进入施工前期准备，已完成35个充电桩建设。督促公交公司提升信息化水平，基本完成公交数据大脑系统建设，“舟山公交2.0”App正式上线运营，本岛电子站牌配建工作稳步进行。制定并完善朱家尖观音法界旅游公交保障方案，完成观音法界旅游公交“一快二短”三条线路审批，并投入运营。

【出租车管理】 稳步推进出租车长效管理和品质提升。是年，将出租车运行监测、驾驶员红黑榜、车容车貌、12328投诉等纳入管理考核指标。持续固化和完善出租车严管高压整治态势。开展出租车（网约车）问题清零行动，加强出租车（网约车）暗访督查力度，全年出租车立案处罚39起，罚款19000元。以站场周边为重点，持续开展网约车非法营运专项整治，累计查处20辆，罚款19.3万元，查处车辆即列入“黑名单”在媒体上曝光。开展出租车经营行为非现场督查，每日督查20辆车次，重点督查系安全带、车内吸烟、视频故障遮挡等问题。全年督查出租车3920辆次，合规率90.4%，发现的问题及时向出租车经营公司反馈，整改清零。是年，开展网约车服务质量专项整治，实行网约、巡游新老业态联合惩戒,驾驶员违反服务质量负面清单被封号,车辆不予注册。约谈并督促滴滴出行网约车平台及重点车辆单位“加马”“一汽惠迪”等公司,督促其在推进合规化同时,强化网约车经营服务、文明行车管理。封禁无人证且无办证意愿司机850人。督促网约车平台根据创城标准,编制优化驾驶员积分与派单挂钩的奖励规则,对服务质量低、态度差、安全隐患大的72名网约车驾驶员暂停服务并强制整改。全年累计发布“同创全国文明城市　共筑品质幸福舟山”诚信服务监督台6期,其中红榜2人,黑榜19人(网约车7人),驾驶员列入黑榜人数比上年下降74.7%。是年,对市区1650余名在岗出租车驾驶员开展创建全国文明城市三年全员大培训,统一行为规范。开展线上教育及线下约谈集中培训会议10场、700余人次参会,以强化驾驶员职业道德、优质服务和文明意识。对照创城标准全面排查梳理,联合市公安局交警支队向全体巡游出租车和网约出租车驾驶员寄送《创全国文明城市做文明出租车驾驶员汽车驾驶员》公开信,确保所有车辆和驾驶员迎检准备到位。

探索出租车站场排队候客信用门槛,在普陀山机场出租车站场试点,对违反营运规定、影响城市形象、列入黑名单的车辆,限制其进场候客。为破解群众打车难和出租车停车难、候车难问题,在大型商场、医院等人群密集场所周边多处增设出租车临时候车泊位。

【大桥运营与安全管理】 是年,舟山跨海大桥受疫情影响,进出舟山本岛车流量9366546辆,比上年减少0.7%。全年,大桥水陆全线无发生人员死亡安全责任事故,也未发生危及大桥结构安全事故,大桥持续保持安全平稳态势。

舟山市大桥建设管理中心(舟山跨海大桥管理中心),坚持“安全第一、预防为主、综合治理”方针,落实各项安全措施。春运期间,完善疫情防控预案,细化防控措施,指挥协调防控工作,督促各管理单位负责人靠前指挥,对公共区域加大消毒频次。在疫情防控期间,检查好每一辆进出岛车辆,劝返外来车辆及人员。严控海域,实行24小时信息报送制度,确保与大桥警戒船舶信息畅通。发现警戒船船员存在问题,及时提醒,及时纠正,并准确记录。对发现进入大桥安全警戒区船舶,通过无线监控功能,实时信息传递和监管指挥。1月,针对大桥水域过往船舶私自关闭GPS和卫星设备,造成AIS(船舶自动识别系统)、VTS(船舶交通服务)系统海上监控盲区,在金塘大桥水域安装海上雷达预警系统,弥补安全管理漏洞。3月,将大桥桥面升级改造为高清视频信号,把监控中心模拟信号转换高清数字信号,并协调扩充视频信号路径,做到大桥视频信号全覆盖,为大桥安全通行提供科技支撑。

舟山跨海大桥超限运输检测站(甬舟高速公路路政大队)在定海双桥执勤点出动执法人员3796人次,检查各类车辆(二客一危、冷链车辆)3202辆,处理违法车辆30辆次。

朱家尖跨海大桥现场出动路政人员1913人次,出动巡查6431人次,检测运输车辆4478辆次,与交警开展联合治超51次,其中夜

12月19日,高速公路执法处查处违法车辆(市交通运输局提供)

间联合治超36次，查处违法违规车辆46辆次（均由交警处罚），其中超载超限处罚7辆，违反禁令标志处罚39辆，卸载货物93.42吨，扣分138分，累计罚款5300元。

在朱家尖大桥深化闯禁联合执法工作机制，提高治超非现场执法处罚率，在大桥东出口非现场查获车辆105辆次，查处车辆96辆次，罚款128612元。（该系统2019年初由市公路管理局投资140余万元建成，5月1日正式投入使用）。是年，专业运输车队的超限率从实施非现场执法前的25.1%下降到9%，运输车辆平均总质量从原来的33.5吨下降到29.4吨。对过境超限车辆通过分析研判非现场系统数据掌握其运行规律，制定相应查处方案，以“白加黑”相结合的模式联合辖区交警实施精准打击，遏制违法超限运输行为，确保大桥安全营运。

【信息化建设】 是年，全市交通系统基本建成行业监管平台，其中非现场指挥调度平台和交通运行分析移动端进入运行阶段，水上行业监管工作平台6月底完成开发，8月12日通过终验，实现对水上客运领域的数据分析和视频监控功能。是年，完成嵊泗区域客运站点网上售票系统的融合接入，全市建成水路客运网上售票平台，平台网售覆盖站点达到35个（渡口5个）。

完成综合交通展示分析平台开发工作，重点展现“十三五”期间交通发展成就。根据市大数据局要求，完成舟山大脑交通驾驶舱开发，全面展示综合交通大会战建设成效和两特两强五提升的交通强市建设路径。

拓展健康码场景应用。是年，在抗击疫情，助推复工复产工作中，以客运场站为重点，管住售票环节。升级全市水路、道路客运实名制售票系统及网上售票系统，实现线上、线下售票环节旅客“健康码”状态智能识别功能。将核验关口前移，实现数据赋能、精密智控。

完成市民照片数据接口开发，协同做好水上客运场站人脸识别系统建设工作，并在三江客运站完成人脸识别系统建设试点。

“一部手机行舟山”项目于11月底通过项目初验，重点打造“一键畅行”功能。根据市跑改办和市大数据局要求，10月15日完成跑改办特色比学项目展示汇报工作，并协同海峡轮渡公司、汽运公司做好政务服务一体机功能开发。

是年，开展“互联网+监管”。制定《舟山市交通运输局2020年双随机抽查计划表》，合理设置抽查频次与概率，保证所有任务引用信用规则，对信用等级较差、风险程度较高的企业开展重点检查，做到重点企业全覆盖。设置双随机任务16项，临时双随机任务（跨部门联合检查）4项，设置检查企业93家次，随机抽取执法人员182人次，完成专项检查企业12家次，完成即时检查企业29家次。至年底，完成“双随机”事项覆盖率100%，“双随机”抽查任务设置时引入信用权重的任务数占比50%，跨部门联合“双随机”占比5%的目标。

【精神文明创建】 是年，印发《2020年度舟山市交通运输行业精神文明建设工作要点》《交通运输行业社会主义核心价值观主题实践教育活动实施方案》，按照省厅活动部署要求，开展《2020年社会主义核心价值观主题实践教育月》活动。根据《舟山市“文明细胞”创建活动实施方案》，结合行业实际，组织开展两轮“文明号”评比表彰活动，落实《舟山市全国文明城市创建任务清单（2020年版）》确定的相关工作任务，落实市创建办交办布置的各项工作任务，配合市创建办做好台账申报工作（按计划完成台账申报14条）和国测迎检工作。全年累计召开车站码头专项组工作例会4次，下发督办单37份，完成问题整改235处，并督促做好整改问题回头看。常态化开展“烟头不落地、文明在手中”“礼让斑马线”等文明劝导志愿服务活动；定期组织开展车站码头志愿服务活动；周末、节假日开展公路两侧文明劝导、沿线义务清扫，开展“绿化带垃圾清零”“烟蒂清零”“微心愿”认领等活动，市公路与管理中心志愿者人均服务时间全年达到25小时以上。

深化行业精神文明创建，落实文明单位结对帮扶工作，开展集体经济薄弱村走访帮扶活动。做好全国、省市级文明单位和文明行业推荐、复评工作，开展文明窗口、文明行业、文明岗位、文明标兵等创建评优活动，周安达、夏梅红分别获2020年度“全国交通运输系统先进集体劳动模范”和“全国最美公交司机”称号，海星公司在2020年全国行业职业技能竞赛中获团体第五名。

（撰稿：徐瑞兴）

民用航空

【概况】 2020年,舟山普陀山机场坚持疫情防控和复工复产"两手硬、两战赢"。全年新增舟山至衢州、徐州、惠州、广州、武汉、郑州、长沙及扬州(泰州)8个航点,新引进5家航空公司,北京航线成功转场至大兴机场,加密舟山至青岛、揭阳(潮汕)等航班。至年底,执行23条航线,通达26个城市;周进出港航班量430架次,比上年增长30%。完成旅客吞吐量114万人次,同比下降25%,降幅为全省第三少。7月、8月连续获得全省机场复工复产争先创优活动航空主业第一名。11月8日,单日客流达到7689人次,刷新机场通航以来单日最高纪录。10月旅客吞吐量同比增长47%,在整个民航华东地区44个机场中排名第一。年旅客吞吐量在全国机场中的排名第80位,上升7位,实现对洛阳、柳州等机场的反超。通用航空方面,打造"海岛快巴""沪舟风景快线"旅游通航项目,开通机场至东极、嵊泗、上海金山短途航线。引入一架彩虹四型无人机入驻本场,执行国家突发事件应急测绘任务。全年通航飞行架次增长16.66%。

【疫情防控】 新冠肺炎疫情发生后,机场配合地方政府做好疫情防控常态化工作。全年测温航班9634架次,旅客106万人次,送医学隔离47人,核酸检测422人,红码133人,黄码15人,安检现场拦截布控人员343人,均妥善处置。机场区域防控工作实现"四个零"(零差错、零感染、零传播、零脱管),守住舟山空中门户。2月18日,保障首批乘机返舟复工人员。机场公司在省机场集团抗击新冠疫情总结表彰大会上获集体、个人多个奖项。沈久焱被评为在疫情防控斗争第一线表现突出的"浙江省机场集团优秀共产党员",王行跃、李高峰、郑艳、周红被评为集团抗击新冠肺炎疫情先进个人,舟山机场公司应急保障部被评为集团抗击新冠肺炎疫情先进集体。

【复工复航】 疫情缓解后,机场谋划复产复航。3月30日,上海航班恢复。6月2日,北京航班恢复。7月10日,"青岛—舟山—厦门"航班恢复通航。以7月14日跨省旅游团队业务解禁为节点,航空运输生产快速恢复。7月15日,"济南—舟山—泉州"航班恢复,标志着疫情前原有18个航点全部恢复,并新增徐州、惠州两地直达航班。上半年保障航空器起降5752架次,比上年同期减少46.4%;完成客流量13.23万人次,同比减少62.1%;下半年生产强劲复苏,7—12月旅客吞吐量占到全年总量的85.6%。全年完成货邮吞吐量893.5吨,比上年增长43.5%;保障航班起降20250架次,同比下降16.3%。工程建设方面,2月25日,航站楼改扩建工程复工。3月11日,机场飞行区改扩建工程正式复工,重点建设工程总复工率100%。

【新增航线】 5月3日,开通"徐州—舟山—惠州"航线。该航线由桂林航空公司执飞。

7月29日,"舟山—西安"空中直达航线正式开通。该航班由春秋航空执飞,整个航距2400余千米。

8月8日,"舟山—衢州"航线正式开通,建起连接浙江东西

7月29日,舟山—西安航线首飞。图为普陀山机场为首航进港航班举行"过水门"仪式(沈磊　摄)

8月8日，舟山—衢州航线开通首航（普陀山机场提供）

部的空中通道，也是继7月21日浙江长龙航空开通“杭州—温州”航线以来开通的浙江第二条省内航线。该航线由华夏航空执飞。

10月25日，开通“舟山—郑州”航班。该航班由深圳航空执飞，执飞机型为空客A320。

10月25日，开通“舟山—武汉”航班。该航班由东方航空执飞，执飞机型为空客A320/321。该航班的开通标志着舟山机场通航历史首次直飞武汉，打通了舟山通往中部地区的空中大通道。

10月25日，开通“舟山—扬州（泰州）”航班。该航班由春秋航空执飞，执飞机型为空客A320。

10月27日，开通“舟山—广州”航班。该航班由海南航空执飞，执飞机型为空客A320。

12月5日，开通“舟山—长沙”航班。该航班由北部湾航空执飞，执飞机型为E190。

【通用航空】 8月10日，舟山普陀山机场携手海丰通航，推出“海岛快巴”交通服务产品，是日开通“普陀山机场—东极”航班，8月14日，开通“普陀山机场—嵊泗”航线。是年，“海岛快巴”执飞222班次，运送旅客1825人次。9月16日，舟山普陀山机场携手幸福运和幸福通航，在机场国内航站楼举行“沪舟风景快线”水上飞机首航仪式，这是一条新增的跨省通用航空航线，标志着舟山“一小时交通圈”踏出省门、接轨上海。该项目由幸福运通航公司运营，每周五、周六、周日各一班往返航班，航线飞行约60分钟。9月3日下午，舟山普陀山机场成功保障华东地区首架民用领域的彩虹-4无人机正式首飞，助力浙江乃至整个华东地区的无人机应急测绘能力迈上新台阶。

【规划建设】 8月7日，舟山普陀山机场总体规划修编通过评审。根据规划，舟山普陀山机场定位为：浙东中型国际机场、长三角重要的通用航空基地和航空产业制造基地配套机场。评估近期（至2035年）旅客吞吐量为560万人次，新增2万平方米的国内航站楼；远期（至2050年）旅客吞吐量1000万人次，航站楼总面积达到7.3万平方米。近期延长跑道至3200米，设置18个机位；远期新增两条快速滑行道，站坪设置35个机位（32C3E）和16个通航机位，提升飞行区等级为4E。

9月25日，国际航站楼二期工程完成竣工验收。11月14日，启动国际一期航站楼改造工程，确定新贵宾区总体风格思路。5月21日零时，新建平行滑行道、联络道及站坪启用，新增平行滑行道一条，停机位从11个增加到

9月16日，舟山普陀山机场推出“沪舟风景快线”，开通水上飞机往返上海金山水上机场航线（沈磊　摄）

16个,标志着波音737完工与交付中心普陀山机场飞行区配套改扩建工程全面投用,将提升机场高峰时段航班保障能力,提高跑道利用率,提升机场运行效益。7月16日,舟山波音737完工与交付中心普陀山机场飞行区配套改扩建工程顺利通过第四阶段竣工验收,雨水泵站工程启用,舟山机场成为华东地区首家采用远端控制自动强排功能的支线机场。

【安全生产】 制定“四型机场”建设实施方案和三年行动计划,以“三个敬畏”为主线,强化“三基”建设,通过“平安民航”考核、民航华东地区管理局危险品航空运输安全管理体系建设验收和SCORE(企业可持续发展)项目联合评审。开展安全大整顿,加强薄弱环节风险防范,抓机场机坪安全、运行安全、空防安全、建设安全。6月28日,组织开展“防范外来物,人人做到位”为主题的外来物(FOD)徒步排查活动。8月19日,开展2020年度反恐防暴实战演练。

【服务品质】 开展“民航服务质量体系建设”专项活动、“最多跑一次”改革,升级“祥云服务”旅客感知度,启用“无纸化”通关全流程服务、EMD(电子收费凭证)中性电子收费等举措,推动机场服务便利化、智慧化进程,改善旅客出行体验。建成并启用航站楼“一证通”全流程自助服务,实现楼内5G信号全覆盖。向社会公布新版服务承诺。推出新版官微、官博、官网,打造“空港祥云”主播团队。翻新航站楼标志标牌。完成场区绿化和景观改造二期项目。6月9日,职工换新装。9月9日,成立机场服务质量促进委员会,成为浙江省内首家建立起服务提升联动平台的中小机场。11月17日起,引入225路公交车线进机场。12月7日起,实行“分区过检”,优化机场早高峰时段旅客秩序管理。12月18日,启用新版登机牌。

(撰稿:陈旭)

责任编辑:孙国生

港航与口岸

概　述

2020年，港口货物吞吐量5.7亿吨，比上年增长6.62%。全年累计完成水运工程固定资产投资31.39亿元，完成年度计划30亿元的104.63%。累计完成报省交通运输厅水运固定资产投资40.8亿元，完成年度计划40.4亿元的101%。完成江海联运重大项目投资572.25亿元，完成年度指标500亿元的114.45%。

全市拥有各类水路货运企业280家，包括普货企业178家，成品油企业78家，化学品企业24家。有各类货运船舶1567艘/790万吨，较上年底增加20万吨。

在世界疫情的影响下，舟山港口引航业绩不降反升。全年安全引领船舶11664艘次，比上年增长9%，船舶总吨7亿吨，同比增长9%；引领外轮9238艘次，同比增长8%；引领200米以上大型船舶6827艘次，同比增长7.9%；引领修理船5451艘次，同比增长10%。实现引航费收入2.93亿元，同比增长10.5%。

3月20日，身穿防护服的引航员登临巴拿马籍散货船“MY VISION”轮展开引航工作（沈磊　摄）

港口建设

【大浦口集装箱码头二阶段工程】 续建工程。位于宁波舟山港金塘港区，建设规模为2个10万吨级和3个7万吨级集装箱泊位（水工结构均按靠泊15万吨集装箱船设计）和后方陆域配套堆场设施，设计年吞吐量250万TEU（标准箱），码头岸线长1774米。总投资约64.34亿元。项目分二阶段建设，其中一阶段工程包括7万吨级泊位和10万吨级泊位各1个，于2018年12月完成竣工验收。二阶段工程包括7万吨级泊位2个和10万吨级泊位1个。2019年6月开工，至2020年底累计完成投资15221万元，完成年度计划的103.36%，项目总计完成92%。

【中澳现代产业园（舟山）项目配套码头工程（一期）】 续建工程。位于宁波舟山港金塘港区北部海洋产业及配套码头区，建设3万GT（船舶总吨位）牲畜泊位1个，码头年通过能力45.2万头。项目总投资1.18亿元。于1月通过交工验收。3月，交通运输部批复同意宁波舟山港金塘港区中澳现代

金塘大浦口集装箱码头(沈磊 摄)

产业园项目3万吨级配套码头临时对外开放。

【浙江舟山液化天然气接收及加注站项目一期工程配套码头工程】 续建工程。位于宁波舟山港白泉港区,舟山本岛东北部,黄大洋南侧的梁横山岛附近。项目建设规模为新建1个26.6万立方米LNG船舶卸船泊位,2个3万立方米LNG船舶装船泊位(水工结构按靠泊18万立方米LNG船舶设计),2个LNG槽车滚装船泊位(水工结构按靠泊3万立方米LNG船舶设计),2个工作船泊位。码头岸线总长度1436米,设计年通过能力950万吨。项目批复总概算15.5亿元,2016年4月开工,2019年3月完工。2020年3月,通过省交通运输厅组织的竣工验收。

航道建设

【虾峙门口外30万吨级人工航道扩建工程】 宁波舟山港虾峙门30万吨级人工航道扩建工程是交通运输部"十三五"规划的省、市重点建设项目之一,是响应国家长江经济带发展战略、推进甬舟一体化共商、共建、共养、共享、共管发展机制的沿海高等级航道工程,工程总投资约3.35亿元。3月18日正式开工,全年完成一阶段施工,累计疏浚504万立方米,占总疏浚工程量的45.8%,累计完成投资1亿元。二阶段于11月底开工。

【鱼山航道二期北向5万吨级航道工程】 为配合舟山绿色石化基地项目建设,在鱼山航道一期工程的基础上,推进鱼山航道二期北部5万吨级航道工程,总投资约3.9亿元,9月25日开工,至年底已疏浚190万立方米,占总疏浚工程量的36.8%,完成投资1.1亿元。鱼山南部10万吨级航道完成工可编制并取得批复。

【绿华山海事服务锚地建设】 绿华山海事服务锚地毗邻外航路和东航路,是北上和南下国际船舶的必经之路,具有良好的自然条件和区位优势,是未来船用保税燃料油供应业务的主要增长点。是年,启动绿华山海事服务锚地建设工作,完成工程可行性报告编制并通过评审,年底前完成绿华山海事服务锚地扫海的交工验收工作。

【马岙10万吨级以上空载航道工程完成竣工验收】 为解决舟岱大桥建成后港区大型修造船舶进出实际问题,发挥航道的运营能力和通航效率,开展宁波舟山港马岙公共航道10万吨级以上大型空载船舶航道工程建设。5月21日,工程通过竣工验收正式投入运行,可保障周边修造船企业的正常运作和相关临港海洋产业可持续发展,为舟岱大桥主通航孔等级提升打下基础。

【条帚门外锚地、香炉花瓶礁锚地、宁波舟山港马岙港区公共航道对外公布启用】 6—8月,海事部门相继对条帚门外锚地、香炉花瓶礁锚地、宁波舟山港马岙港区公共航道发布公告正式启用。

宁波舟山港条帚门外锚地工程是浙江省"十三五"海洋重大建设项目之一,锚地总面积32.8平方千米。该锚地主要是为进出条帚门航道15万吨级及以下满载船舶,象山港区5万吨级及以下散货船的待泊、候潮、引航服务使用,兼顾舟山港域保税船用燃料油的加注功能。

香炉花瓶礁锚地位于马岙公共航道口外与东航路衔接点南侧水域,香炉花瓶礁锚地公布总面积为24.15平方千米，锚地东侧为危险品锚地，西侧扩建部分为非危险品锚地，规模均为10万吨级以下船舶候潮、待泊使用。

宁波舟山港马岙港区公共航道是进出舟山中部港域的重要深水航道，由口外航道、灌门航道和龟山航门航道三段组成，航道总长84.2千米。2017年，舟山市港航管理局实施马岙港区公共航道整治工程，分别对灌门航道狭口段、龟山航门网仓礁区域进行炸礁施工，整治后，灌门航道满足10万吨级双向航道通航，龟山航门航道满足5万吨级双向航道通航。

三个航道锚地的公布启用，对营造港区安全通航环境，保障舟山海域船舶通航锚泊需求，助推舟山自贸区保税船用燃料油业务发展具有重要意义。

港航服务管理

【深化“最多跑一次”改革】 2020年，全市港航审批改革走在前列，全国首创舟山籍船舶3部门“12证联办”，在全省率先实现港航许可“证照分离”改革试点全覆盖，告知承诺事项最多，材料最简。“互联网＋政务服务＋执法监督”等数字化转型取得新成效，全年办理“最多跑一次”事项2.8万件，即办率93.3%，承诺时限压缩比98.2%。

【推行“不见面审批”】 疫情期间推行网上办理，所有申请事项均通过浙江政务服务网网上申报、审核、审批。针对需现场取证的企业，根据疫情防控工作要求在市行政服务中心设立“人员无接触取证点”。在省港航管理中心运政处支持下，对于需转报省中心的申请材料，取消企业纸质材料现场核对环节，全流程“无接触办理”，全年办理“最多跑一次”事项24394件，网上申报审批率100%，加盖电子印章率100%。所有事项均在承诺期限内办结，受理、办理零差错。

【推进国际海事服务基地建设】 全年实现海事服务总产值270亿元，供油市场不断拓展，加快推进浙沪跨港供油常态化。国际LNG加注中心加快推进，国内首艘8500立方米LNG加注船加快建设。专业化外轮供应市场形成规模，全年完成物料供应货值48亿元，比上年增长40%。锚地综合海事服务常态化开展，研发建造首批3艘多功能海事服务“舟山船型”。完成小干岛国际海事服务产业园和新城国际海事服务中心规划研究。海事服务企业累计集聚250家，引入润通、宝和等头部企业参与舟山外供市场。船用燃料油供应、检验检测、外轮供应等产业链节点国内领先。

【港航安全】 部署启动第二轮港航安全生产专项整治“三年行动”，组织开展水路危险货物安全“铁拳整治2020”专项行动，建立“双网格长”责任机制，局领导班子成员包干到各县(区)、功能区。对水路货运船舶开展大排查、大整治，拆解船舶14艘，“黑名单”船舶实现清零。牵头开展港内小船专项整治，排摸出未备案港内小型船舶113艘，实施行政强制扣押30艘，拆解4艘，整改79艘。

【行政执法】 全市港航行政执法部门现场巡查861次，出动检查人员2683次，出动巡查车575车次，出动巡查艇483艘次。执法检查港航企业1601家次，检查船舶615艘次。电子巡查709次，执法检查港航企业4782家次，检查船舶1360艘次。

全年港航行政处罚案件67件，结案65件，比上年下降52.8%，处罚款人民币724800元，同比下降42.5%。其中，港政案件14件，同比下降26.3%，罚款人民币38.80万元，同比下降46%；运政案件53件，同比下降56.9%，罚款人民币33.68万元，同比下降46.9%。

【航运业扶持】 梳理对国家有关防控疫情支持政策的具体需求清单，与金融社保等部门对接，帮助企业落实新增贷款8000万元，落实贷款续贷6笔3650万元；减免航运企业房租约5万元；返还失业保险费8.16万元；缓交社保费23.40万元。

【航运业监管】 全市累计检查水路货运企业754家次，发现涉嫌违法违规行为46项，发现各类问题613项，其中548项完成整改，65项正在整改中；发现存在问题企业187家次，其中责令及时纠正110家次，实施预警管理51家次，实施经营资质限期整改26家次。

口岸管理

【通关监管创新】 2020年,市港航和口岸管理局牵头完成24项通关监管专项任务。创新"国际航行船舶转港申报数据复用"并在全国推广,企业申报耗时由原来1小时减少到最短5分钟,国务院优化营商环境政策吹风会专门介绍"舟山经验"。争取8项国家口岸监管新政出台,推动船舶一地备案,全国通用。创新铁矿检验市场全面放开。推动油品监管"先放后检"高效通关。优化国际贸易"单一窗口",推出国际海事服务智慧通关2.0版。舟山口岸无纸化通关保持全国领先,货物进、出口整体通关时限分别压缩至30小时、2小时以内。

【创新宁波舟山港一体化口岸协同监管】 在国内率先实现国际集装箱跨关区中转业务,实现"杭甬两关如一关、转关如转场"的监管模式,实现集装箱出口转关自动放行与自动核销。推动宁波、舟山两地海事部门的联合执法机制和执法互认机制。7月1日起,来往于宁波舟山港的船舶实现监管互认。持续推动铁矿检验监管方式优化,实现检验市场全面放开。

【推进口岸开放】 并联审批,加快口岸开放审批进程。广厦(舟山)能源集团有限公司、舟山金海船业有限公司、舟山市天元船舶修造有限公司、浙江新基海洋工程有限公司及舟山长宏国际船舶再生利用有限公司等5个项目通过对外启用验收。完成《舟山口岸发展"十四五"规划意见》(2021—2025)编制。全市提出拟开放区域面积397.9平方千米,涉及金塘、马岙、定海、白泉、岱山、衢山、沈家门、六横、嵊泗和洋山10个港区、22个项目,包含132座码头(泊位)、1座船坞。

协调省市口岸8个部门打破逐级审批常规,实现重大项目并联办理。黄泽山油品储运等5个项目对外开放启用,确保产能释放。浙石化、澳牛、新奥LNG等4个项目获批临时开放。

5月12日,舟山北部最大油库基地口岸——浙石油黄泽山基地石油中转码头对外开放后首靠外轮(沈磊　摄)

【反走私工作】 与市公安局、市海关缉私局等部门联合开展"国门利剑—2020""净海""打击整治冻品走私"等专项行动,全市反走私形势平稳可控。全年查获各类走私案件22起,总案值约3.3亿元,缉获舟山首宗超大毒品走私案和海上最大香烟走私案。

(撰稿:方交良)

舟山海关

【概况】 2020年,舟山海关监管进出口货物1.5亿吨,比上年增长22.3%;监管进出口总值402.4亿美元,同比增长4.6%;征收两税244.1亿元,同比增长8.2%;审批减免关税金额5.3亿元,同比增长81.2%;监管进出境船舶1.4万艘次,同比增长3.8%。口岸检验检疫防线更加牢固,全年截获进境植物有害生物1.6万种次,同比增长43.2%。

【筑牢口岸疫情防线】 建立高效工作机制,强化联防联控,确保闭环管控。坚持"人""物"同防,实现精准防控。完善内部防控制度,保障防疫物资供应,严密安全防护措施,确保"打胜仗、零感染"。加强出口防疫物资质量安全监管,查获涉嫌不合格非医用口罩910万个。监管来自高

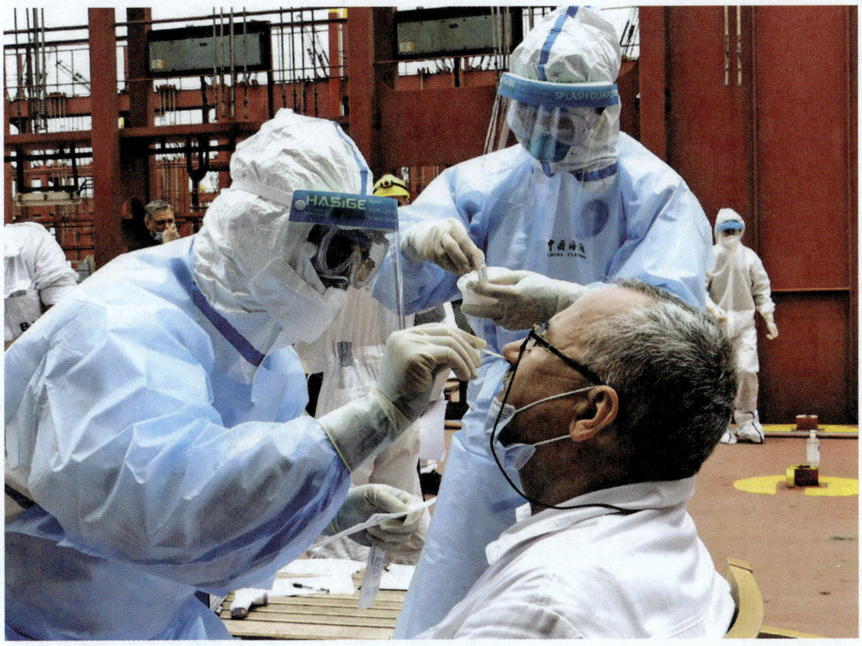

6月，海关关员为入境船舶上的外籍船员开展新冠病毒核酸采样（舟山海关提供）

风险地区进境船舶2232艘次，人员5.1万人次，开展核酸检测2.7万人次；服务保障国际航线换班船员2.9万人，占全省的81%、全国的1/4；抽取食品、集装箱监测新冠肺炎病毒核酸样品1070个。获海关总署和浙江省抗击新冠肺炎疫情先进集体，1人获全国海关抗击新冠肺炎疫情先进个人称号，1人获浙江省担当作为好干部称号。

【强化有效监管】 检验进口原油4912.4万吨，占全国9.1%；检验煤炭745.5万吨，占全国2.5%；检验铁矿5238.6万吨，占全国4.5%；检验粮食535.6万吨，占全国3.8%；检验出口水产品24.3万吨，占全国6.5%；辖区注册渔船数量占全国16.7%，位居全国隶属关前列。做好新一代查验管理系统运用，落实“双随机一公开”等要求，提高查验作业规范性和有效性。查获1批进口固体废物并退运出境。查扣侵犯知识产权货物22.5万件。

【服务地方发展】 实施燃料油出口退税政策，全年审批保税供油472.4万吨，同比增长15.1%，保税供油量全国第一。综保区一线进出口总额227.1亿元，同比增长16.4%。完成保税混矿1704万吨，同比增长8.5%，保税混矿量居全国第一。简化宁波舟山港国际航行船舶转港手续，跨关区集装箱中转业务互通，宁波舟山出口转关货物实现自动放行与自动核销。深化改革创新，在进口原油“先放后检”、国际航行船舶转港数据复用模式改革、渔船国外注册“云评审”、跨港区直供试点业务、探索“保税＋期货”业务创新等方面率先突破、走在全国前列。支持浙石化、新奥LNG等重点企业发展。帮扶进境肉牛隔离检疫场通过海关总署验收。辖区首家民营企业通过AEO（经认证的经营者）高级认证。口岸特色营商环境走在全国前列，进出口整体通关时间低于全国和关区平均水平。

12月，国际航行船舶靠泊宁波舟山港（舟山海关提供）

2020年舟山海关进出口按企业性质分类总值

表37　　单位:万元

项目		出口		进口	
企业性质		出口值	同比增长(%)	进口值	同比增长(%)
舟山市合计		5885945.1	17.5	10714982.2	23.1
国有企业		2491810.8	19.9	2328417.1	−22.2
三资企业	中外合资	590746.1	17.2	840144.5	−46.6
	中外合作	660.3	8.0	9.0	21.8
	外商独资	531165.3	3.3	194059.5	−11.6
	小计	1122571.7	10.2	1034213.0	−42.3
集体企业		12761.6	−45.0	10956.6	−91.0
私营企业		2258801.0	19.5	7341360.2	93.4

2020年舟山海关对主要国家(地区)进出口情况

表38　　单位:万元

出口			进口		
国家(地区)	出口值	同比增长(%)	国家(地区)	进口值	同比增长(%)
(合计)	5885945.1	17.5	(合计)	10714982.2	23.1
拉丁美洲	1167582.0	27.8	沙特阿拉伯	2264355.6	126.8
非洲	957236.3	28.2	东盟	1729716.7	−18.4
欧盟(不含英国)	820172.7	14.5	拉丁美洲	1395765.0	−25.9
中国香港	807811.7	34.7	阿联酋	1093817.8	308.3
东盟	647985.5	−3.4	韩国	744650.0	−12.0
日本	281716.7	−12.7	科威特	533977.7	448.9
韩国	182086.0	18.4	美国	531695.8	275.4
英国	100238.7	−17.4	阿曼	438769.2	358.6
中国台湾	74848.1	12.8	欧盟(不含英国)	412033.3	11.6
美国	73357.3	−22.4	日本	396667.8	−25.2

(撰稿:齐好晔)

嵊泗海关

【概况】 2020年,嵊泗海关检验监管进出口货运值25.45亿美元,较上年减少6.23%;监管进出境船舶440艘次,同比减少0.68%,监管进出境人员5307人次,同比减少12.51%;征收两税21.89亿元,同比减少22.29%,完成审价补税1.01亿元,同比减少39.88%。签发原产地证书61份,涉及货值265.89万美元,同比分别增长29.79%和4.11%。全年检验入境货物358批次,2648.77万吨,货值25.39亿美元,同比分别增长4.68%、−12.12%和6.21%,均为铁矿砂。检出不合格铁矿150批,涉及货值11.33亿美元,批次不合格率41.90%。其中,品质不合格97批,涉及货值6.68亿美元,短重60艘次,为企业挽回直接经济损失359.94万美元。检验出境货物147批次、2686.61吨、611.60万美元,同比分别减少8.13%、7.04%和22.73%,均为水产品。无不合格批次。检疫出入境船舶245艘次,同比减少12.50%;检疫出入境人员5307人次,同比减少12.51%。检出传染病2例,截获病媒生物6批次,截获有害生物4批次。是年,嵊泗海关通过全国文明单位复评。

【疫情防控】 落实两级海关防控工作部署,先后12次专题研究部署疫情防控工作。强化机关疫情防控常态化管理,确保全体职工生命健康安全。建立完善疫情防控各项制度,深化与地方联防联

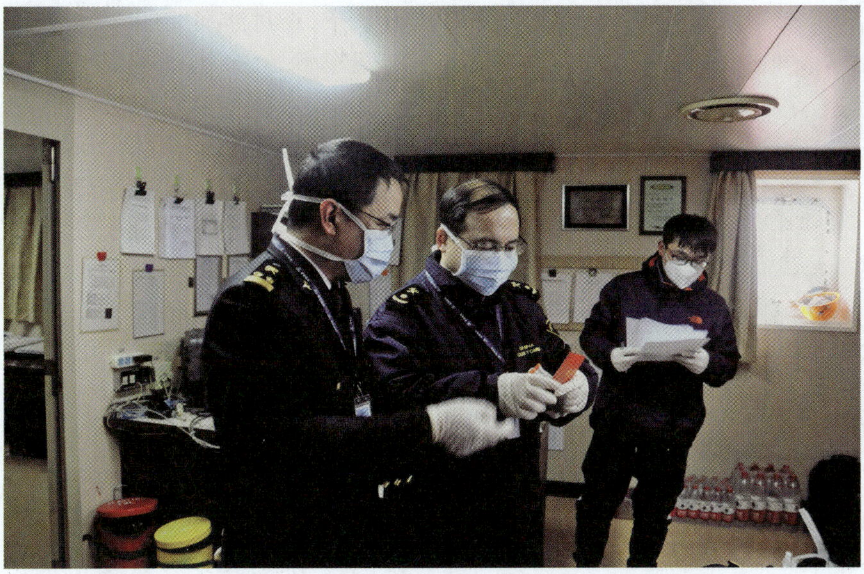

2月13日，嵊泗海关负责人登轮指导开展运输工具检疫工作（嵊泗海关提供）

控，落实技术规范要求，以“清单”形式建立任务底账，逐项明确责任领导、部门，确保实现“零感染、打胜仗”。疫情发生以来，监管入境船员5307人次，实施登临检疫152艘次，开展流行病学调查1875人次。开展采样267人次，检出阳性确诊2例。1人获评全国海关系统抗疫先进个人。

【复工复产】 结合嵊泗辖区实际，研究出台《嵊泗海关帮扶企业复工复产七条措施》。针对疫情期间国内钢企原料供保难题，打破陈规，允许企业远程提交副本后，先办理通关手续，返工后再补交正本；创新监管模式，为企业提供全天候通关服务，实现货物“随到随检随放”。指导辖区水产企业改进技术、整改问题，快速完成对越南、印尼出口注册，帮扶地方民生支柱产业走出因疫情产品滞销困境。

【依法监管】 综合运用现场巡查、视频巡查、登临检查等手段维护国门安全。强化出口水产品监督抽检和安全风险监测，保障出口食品质量安全。深化综合治税，提高税收质量，严把审价重点环节，完成审价补税1.01亿元。运用“人工智能+水尺鉴重”技术提升监管效能，无人机水尺鉴重技术应用比率达70%。加强进口固体废物监管，进口铁矿放射性项目检测覆盖率100%，对固废夹带、检疫风险因子以及有毒有害元素监测覆盖率100%。综合技术服务中心参加铁矿石、铜精矿等4类13项参数能力验证均获通过。

【深化改革】 深化通关一体化，推进改革举措落地。推动国际贸易“单一窗口”标准版各项功能推广应用。是年，嵊泗口岸国际贸易“单一窗口”申报比例100%。深化“两步申报”通关模式，推进大宗商品检验监管模式改革后适用“两步申报”通关工作。推广原产地证书智能审核，加强对辖区申领企业的宣传培训，减少企业申领时间。继续压缩通关时间工作，分析可压缩流程节点，规范优化流程，建立超期未放行预警机制。

【优化口岸营商环境】 推进“最多跑一次”改革，加强企业资质信用管理，推进“多证合一”改革。压缩口岸整体通关时间，优化通关流程，对进口铁矿砂实施“先放后检”、提前报关等便利措施，结合企业需求提供“365天+24小时”通关服务，12月平均通关时间11.11小时，较上年同期压缩三分之一。全面梳理企事业服务经营性收费项目，为企业减轻负担。推行“直卸直装”监管模式，配合杭州海关商检处完成《杭州海关进口铁矿“直卸直装”检验监管工作指南》起草发布。对接企业需求，开展保税业务、税收担保模式创新等相关研究。

【综合治税】 根据大宗散货贸易特点，强化税收风险防控，做好滞期费、运杂费等二次结算工作，重点审核特殊关系影响成交价格。是年，开展专项核查2次，审价补税188宗，补税金额1.01亿元；建立重要税源企业“底账”管理，定期维护“底账”数据，及时发现税收异动，结合企业生产、进口计划，定期编制辖区税收情况分析，提高税收综合治理能力；征收税款21.89亿元。

【业务管理】 梳理完善管理制度

6月18日，嵊泗海关牵头开展嵊泗口岸监管环节应对核辐射突发事件联合演练(嵊泗海关提供)

52条，编制制度汇编，提升内控管理水平。制定《嵊泗海关突发事件应急管理暂行办法》和7个专项应急预案，结合实际，开展应急预案演习7次，提升应急处置能力。

(撰稿：胡杰旻)

海关缉私

【概况】 2020年，按照海关总署和杭州海关的决策部署，以全面开展“国门利剑2020”联合专项行动为契机，锻造“四个铁一般”的高素质过硬缉私队伍，确保辖区进出口贸易持续、健康、稳定推进。是年，舟山海关缉私分局立案侦办各类走私犯罪案件10起，总案值1.52亿元，涉税8276.5万元；采取刑事强制措施36人次(其中刑事拘留14人，取保候审17人，提请逮捕5人)，移送检察院起诉案件7起28人，法院判决12起87人，其中判处实刑39人(其中十年以上有期徒刑14人)，缓刑48人，追缴违法所得736万元。立案调查行政违规案件8起，总案值1387.5万元，涉税538.5万元。全年侦办的10起走私犯罪案件中，有1起被海关总署缉私局列为二级挂牌督办案件。是年，舟山海关缉私分局有4人次受到个人嘉奖，1名民警获“杭州海关先进工作者”称号。

【联合缉私】 开展“国门利剑2020”“蓝天2020”专项行动，与海关业务部门协作，建立严打严防洋垃圾走私的快速反应机制，严查货运渠道藏匿、伪报，打击固废走私。与地方公安联合，通过情报研判阵地布控，严打涉税涉毒走私。是年，立案侦办1起涉嫌走私禁止进出口货物(海砂)案，查获涉嫌走私海砂35000吨；1起特大走私香烟案，抓获犯罪嫌疑人37人，查获涉嫌走私香烟22万余条，查封涉案船舶1艘，扣押涉案车辆10余辆；1起特大毒品走私案，查获可卡因153.94千克；7起成品油走私案，案值10649万元，涉税6647万元，遏制辖区成品油走私反弹。

【智慧缉私】 发挥情报“三导”作用，强化对重点地区、重点行业、重点部位、重点人员的基础调研和排查，积累基础信息，加强阵地控制，提高对走私犯罪的预警监测和精确打击。加强办案科技手段的运用，对接地方公安情报指挥合成作战中心，依靠海关和公安网络科技平台，加强数据分析，提高办案方法的高科技含量。探索多警种、跨关区协同作战模式，与宁波大榭分局、舟山市公安局开展联合行动，打掉2个特大成品油走私团伙；在办理“6·24”走私毒品案、“11·24”走私香烟案中引入公安刑侦、技侦、禁毒、特警、海防缉私和边检等专业警种，组建专案组联合侦办案件，提升办案专业化和高效率。

【反走私综合治理】 配合地方政府完善反走私综合治理工作机制，继续当好党委、政府参谋，提出适合舟山实际的反走私综合治理的意见和建议，推动构建“打、防、管、控”于一体的反走私立体防线。参加市政府组织的打击整治走私犯罪集中行动，协助市反走私领导小组对全市集中开展专项督查、反走私巡回宣传等，推进舟山反走私综合治理工作深入开展。继续加强与地方各职能部门协同配合，不断强化与公安、市场监督管理等部门之间的执法联动工作机制和案件移交处置配合机制，凝聚打私合力。

（撰稿：卢云云）

舟山出入境边防检查

【概况】2020年，检查出入境（港）船舶13881艘次，出入境人员206944人次，船舶同比增长6.7%，人员同比减少3.60%，查处口岸违法违规案件56起，查获人员偷越国（边）境、重大毒品、在逃在控等案事件。是年，检查站作为全国移民管理机构3个站级单位之一被公安部评为“全国公安机关执法示范单位”。

【助力口岸开放发展】 聚焦产业需求，形成创新成果。落实国家移民管理局《关于服务促进长三角航运枢纽建设十项措施》，让保税燃料油“舟山定制”服务措施上升为国家制度。创新推进“三项减免”政策：船舶出境时免予查验船员出入境证件；国内港登船的船员，不再进行人证对照；免收船舶纸质申报单证，免去船方代理和换班船员往返边检窗口办理手续时间。配套推出内外锚地监管一体化、24小时边检通关查验点、诚信管理积分制等服务新举措，变“企业跑”为“边检跑”，优化保税燃料油“即到即加”“加完即走”的通关环境。

聚焦产业升级，助推重点项目。帮扶新奥（舟山）液化天然气有限公司、浙台（舟山普陀）经贸合作区、浙石化、中澳产业园4个码头、10个泊位继续临时对外开放；指导广厦黄泽山石油中转码头、华丰船厂、天元船厂、新基海工物流码头、长宏国际杂货码头6个码头、9个泊位、3个船坞完成对外正式启用。派员入驻浙石化基地园区，为企业提供临时开放业务指导，指导码头完成载运异戊烷、汽油、柴油等炼化品国际航行船舶的通关查验工作。

聚焦民生实事，优化营商环境。推进“放管服”和“最多跑一次”改革，在全省率先上线“边检行政许可网上窗口办理”服务平台，对上下外轮许可、搭靠外轮许可2类边检证件的申办，实行“不见面”边检审批服务。全年边检“网窗”平台业务办理总量11.5万人次，日均办理量超300人次，口岸215家涉外企业和3000余名备案人员注册“网窗”平台。在确保疫情零输入前提下，针对远洋渔企因疫情“用工荒”难题，争取到远洋渔船疫情防控期间携带外籍船员入境便利政策，把“三服务”优化营商环境落到实处。推动边检一证通、锚地共享、企业信息“一地备案、全省认可”等措施落实，加快推进“甬舟一体化”发展。

8月3日，舟山出入境边防检查站获评公安部“全国公安机关执法示范单位”（舟山边检站提供）

【创新优化服务举措】 围绕数字口岸，探索建立新型协同监管模式。参与自贸区数字口岸信息化平台建设，加快推进生物信息识别、港口综合管理信息平台的深化运用。会同港航、海事研究无感监管课题，在小干岛试点建立边检智能卡口，配套研发外籍船员人脸识别小程序，推行锚地船员换班无感化监管模式，初步实现“无人值守、自动识别、数字查验”。对所有“低风险”在港船舶采用“电子”接送船，船舶在港卸货时间压缩25%，全年服务监管散杂货外轮3181艘次，累计为企业节省4700余小时。

围绕复工复产,创新推出特色边检服务举措。围绕国家移民管理局相关政策要求,推出国际航行船舶7×24小时全天候、零等待通关服务;简化外籍船舶在三长角港口间移泊出入港边检手续;一次办结国际航行船舶出入境手续,减少船舶待港时间;实行长三角地区边检行政许可"一地办证、区域通用";为鲜活产品、紧急救助船员开设"海上绿色通道"等多项服务举措。疫情防控期间,累计帮助协调解决疫情防控期间企业生产、通关、办证等方面困难问题136件。

围绕枫桥警务,打造办事不出岛亮点品牌。结合六横、岱山口岸辖区特点,不断探索"枫桥式海港警务区"建设内涵,建立"一区一队、一企一警"勤务机制。特事特办,帮助解决国际邮轮"鼓浪屿""蓝梦之星"等多艘船舶入境修理难题。完成本岛、六横、高亭、金塘、衢山五个区域的边检窗口布局,企业办理船舶和人员入境查验手续从原来3个小时压缩到20分钟,企业群众满意度不断提升。

【筑牢口岸安全防线】 建立建强疫情防控体系 自主研发数据分析模型,与港航、海关、海事、公安等部门建立协作机制,共享数据信息和监控渠道,实现信息互通、资源共用。落实船舶入境轨迹必检、入境人员境外行程必询、入境目的地和通联方式必留、人员采集信息必推的"四必"检查流程。全年累计向全市核查推送重点疫区入境船舶信息2000余艘次,人员信息6万余人次,协助市疫情防控小组核查舟山籍入境人员1800余人次,妥善处置32艘涉疫船舶和97名染疫船员的特殊勤务。

4月3日,舟山边检站民警做好登轮检查出入境船舶准备(舟山边检站提供)

强力净化海上通关环境 在市海上疫情防控领导小组指导下,开展防范打击非法出入境"净海"行动。建设锚地预警管控平台,全方位掌握锚地船舶疫情动态。"净海"行动以来,联合海事、海警开展海上执法行动50余次,出动边检艇107艘次,警力1536人次;排查锚地船舶6100余艘次,列管重点船舶341艘次;发现并处置海上案事件53起,严防疫情从海上输入境内。

做实做细精密智控闭环 推广应用"浙江边检登轮码",对所有在港外轮,推行采集有存档、操作有记录、核查有依据、推送有反馈的"一船一码、一人一码"智能管控模式,通过"网格化+登轮码+大数据",实现登轮人员、船舶轨迹的精准追溯,累计对267708人次上下外轮人员进行信息数据比对及备案查控。深化港区科技管控,开展"无接触"警务,动用微型无人机对疫情风险高、人员密集上下船舶进行辅助巡查和监控,确保现场勤务远程操作、远程督导、安全可靠。

(撰稿:许恺)

马迹山出入境边防检查

【概况】 2020年,马迹山出入境边防检查站把握"稳中求进"工作总基调,学习习近平考察浙江重要讲话精神,贯彻落实省委省政府各项指示要求和国家移民管理局、总站2020年工作会议精神,各项建设有条不紊,有序推进。因工作成绩突出,站党委被总站评为“优秀领导班子”，执勤一队被总站集体嘉奖；执勤一队党支部获评总站“五星级党支部”“先进基层党组织”，机关党支部获评总站“四星级党支部”；执勤一队被评为“抗疫先进集体”、市级“青年文明号”。

【口岸管控】 持续推动“枫桥经验+”在口岸的实践应用，加强与地方党委政府沟通协调，加强与海关、海事、出入境等部门联防联控，加强与涉外企业口岸共管共治共享。与嵊泗海关、嵊泗县卫生与健康局三方签订《新冠肺炎疫情防控期间联防联控协作办法》，与驻地海关签署全面联防联控战略合作协议，与上海洋山出入境边防检查站签订深化口岸联防联控协议，与嵊泗海关签订《应对口岸监管环节恐怖袭击事件合作协议》。完善规范联合登临检查流程和情报会商制度，以港口系统、出入境管理系统等为平台，推广“信息化+诚信体系”管理机制，对口岸涉外企业进行差异化管理，激发企业主动性和积极性。面对新冠肺炎疫情，优化调整现场勤务，科学部署警力，推动线上热线咨询、服务推广和警务公开等项目，发挥微信服务群、公众号和“96321”热线功能，及时公告疫情防控期间出入境政策变动和须知。针对疫情防控期间船方伙食物资供应、中国船员入境换班、受伤船员下地救助等诸多困难提出建议和解决方案。与口岸海事、海关、引航和港区企业协作交流，形成一整套流程链，减少船舶停滞等待时长，降低企业成本，助推地方经济发展。走访涉外企业单位，询问复产复工情况，征求刺激经济发展、便利企业活动意见建议。压缩行政许可审批办结时间，对诚信管理量化分数较高单位人员行政许可期限适度延长。推行“无接触”式业务办理，打消企业人员后顾之忧。

【服务保障】 落实疫情防控相关措施要求，嵊泗本岛解封后，坚持“守好门、管好人”，以最高标准落实返岗人员健康风险评估，筛选1个返岗1个，返岗1个隔离观察1个，堵住疫情输入关口。做好营区病毒消杀工作，坚持每日消毒制度，严格进出单位人员管理，对外单位来访人员，做好登记核查、体温检测、协助消毒、安全提示等工作；疫情防控期间，坚持人力、物力向一线倾斜，为执勤一线民警定制并发放暖心防疫物资包，保障一线执勤民警人身安全。国内疫情形势好转后，完成执勤点、机关食堂、职工之家、会客室、电教室等基建项目收尾工作，一系列新营房设施投入使用，现有公寓房实现拎包入住。

（撰稿：季双双）

海事管理

【概况】 2020年，舟山海事局以水上安全监管为中心，统筹抓好疫情防控和复工复产，支持和服务保障国家战略落地实施和重大项目建设运行，舟山市海上搜救中心和溢油应急中心职能作用发挥显著，全市水上交通安全和防污染形势保持基本稳定。

是年，辖区货物吞吐量5.71亿吨，比上年增长6.6%。旅客监管量3756.95万人次，同比下降31.8%；船舶进出港117.88万艘次，同比上升21.6%，其中国际航行船舶进出口岸查验14288艘次，同比上升7.1%；舟山船载危险货物进出港56388艘次，危险货物进出港数量1.7亿吨，同比分别增长24.9%、40.3%。实施船员考试13179人次，办结海事行政审批办证服务96838件，帮助企业办理船舶融资租赁6艘次，融资金额达到1.57亿元。至年底，全市有公共航路97条，其中万吨级航道17条，30万吨级航道3条；港外港内锚地43处，约500平方千米；已建成跨海桥梁24座，在建通航桥梁2座；各类海底管线168条，架空线116条；码头泊位541个。

【服务舟山群岛新区建设】 助力浙江自贸试验区加速发展。推动浙江海事局支持自贸试验区油气全产业链开放式发展12项举措落地见效。提炼形成4项制度创新成果，研究编制《国际航行船舶联合登临检查指南》。服务保障浙石化、黄泽山、新奥LNG等重点项目码头口岸开放。优化保税燃料油加注锚位布局，实行“多元智控”集约管理，安全保障保税船用燃料油加注413.7万吨，同比增长18.2%。保障重大项目高效营运。围绕解决原油进、产品出难题，支持鱼山绿色石化满负荷运行1周年，安全保障危险货物进出2307.2万吨。支持新奥LNG海底输气管道建成并试运行，加强老塘山至金塘LNG专线安全监管，保障38艘LNG船舶安全接卸260万吨。编制《舟山海域

7月17日,海事护航黄泽山油品码头首靠30万吨级船舶(徐玲江　摄)

大型船舶海事监管手册》,探索完善超大型船舶监管体系,鼠浪湖码头安全接靠40万吨级船舶59艘次,黄泽山油品储运基地开港靠泊122艘次。保障舟岱大桥主通航孔桥合龙,助力甬舟铁路项目开工。服务社会民生。率先落实自贸试验区“证照分离”改革措施,首创船舶证书跨部门“多证联办”系统,参与市“最多跑一次”特色比学展示活动。推进“就近跑一次”政务服务改革,实行全流程网办、异地可办、容缺并联办等举措,平均办结时限提速30%。实施“群岛通办、同城合办”新模式,实现本岛海事处政务一体化归集。完成全国首期特定航线江海直达船舶船员培训,保障西部海员“精准扶贫”班45名学员结业就业。打造面向全国的“邵老师热线”船员服务平台,接听热线电话5000余通。开发港建费申报支付App,推进电子票据应用,实现网缴金额1554.4万元。

【海上疫情防控】　建立统一指挥和立体防控体系。围绕“人员、场所、活动”,落实落细内部防控机制,配足配齐防疫物资装备,形成契合新形势下的工作新秩序。融入市联防联控机制,核查在港国际航行船舶动态,协同开展“净海行动”,实施重点水域联合管控。编制《舟山海事局海上境外疫情输入防控工作指南》,妥善做好涉疫船舶在港安全监管。出台《台风应急响应期间国际航行船舶在船船员应急救助工作方案》,建立“三个一”船员换班工作机制,服务保障船员换班26327人次,救助伤病船员461人次,分别占全国25%和57%。落实“一断三不断”(阻断病毒传播渠道,保障公路交通网络不断、应急运输绿色通道不断、必要的群众生产生活物资运输通道不断)要求,做好油、气、煤、矿等重点物资保通保畅。实施“帮扶企业复工复产十项举措”,组织开展“护航复工复产水上交通安全攻坚月”行动。调整政务服务办理模式,实行网上办、预约办、归集办、展期办。累计减免国家规费7.16亿元,惠及企业115家。

【应急处置】　联合市海洋与渔业局、浙江海洋大学共同建立全国首个商渔船防碰撞警示教育基地。加快海事监管与航海保障

2月5日,海事执法人员上船头加强海上疫情防控(刘浩立　摄)

一体化融合发展，创新应用嵌入式 AIS、电子围栏新技术，降低区域事故风险。推进“两库”“三船”建设，启用外钓岛溢油应急设备库。处置“圣油 238”轮触损、“浙嵊渔 01148”轮沉没 10 人失联等事故险情。处置“宁大 10”轮溢油事故，获副省长陈奕君批示肯定。全年组织开展搜救行动 120 起，救助遇险船舶 35 艘次，遇险人员 593 人，人命搜救成功率 91.4%。

【通航管理】 推动新规划建设航道锚地有序启用，鱼山南部作业区 10 万吨级进港航道完成工可编制并取得批复，香炉花瓶礁锚地和马岙 10 万吨级公共航道建成公告。区域通航等级稳步提升，中部港域通航等级提升至重载 10 万吨级，灌门航道通航等级提升至空载 40 万吨级。一体化通航管理机制初步建成，浙北水域船舶交通组织一体化(一期)试运行，浙沪毗邻水域交通组织一体化机制基本形成。《舟山船舶交通管理系统安全监督管理规则》《舟山灌门航道、龟山航道通航安全管理规定》颁布施行。推进 VTS(船舶交通服务)系统改扩建、迁建工程，融入浙江海上交通智控平台专班建设，完成小板门等 3 个超视距监控布点。

【安全监管举措】 推动出台《舟山市关于促进和规范游艇经济健康发展的指导意见》。推进渡运“公交化”改革，升级实施客渡船安检与体系一体化检查，探索“5+X”企业自律制度，客渡运“12345”特色管理体系基本形成。举办“慈航杯”客运船员大比武。三江客运码头附近水域船舶交通流组织不断优化。推进基层海事处值班室标准化建设，制定《恶劣气象海况预警预控工作指南》，依托 VTS 监控平台发布执法指令，违法行为查处率明显提高。编制船籍港管理工作指南，完善信息定期通报机制，13 艘船舶新获评“安全诚信船舶”，同比增长近 50%。加快推进 320 艘第四批船舶实施 NSM 规则(《中华人民共和国船舶安全营运和防止污染管理规则》)，提升航运公司体系审核质量，审核不通过 2 家，中止审核 1 家。编制《鱼山绿色石化散装化学品安全监管手册》，上线运行船舶水污染物信息化监管平台。

【隐患治理】 滚动排查治理各类安全隐患 122 项，推动 6 项重大安全隐患挂牌督办并完成整改销号。完成 17 艘无主碍航沉船打捞。与舟山海警局联合签署《执法协作配合办法》，完善联动机制，畅通行刑衔接。会同七部门联合发布《关于依法严厉打击海上非法采砂违法犯罪的通告》，根除核心港区非法采砂顽疾。联合市场监督管理部门建立非法货物移送机制，形成内河船“拦、扣、拘、惩、诫”闭环整治体系。推动地方政府建立特定国家船舶联防联控机制。协调船检部门解决干散货船谷物适装难题。携手中化兴中创新建立到港油轮安全质量控制机制。

【专项整治】 以水上交通安全专项整治三年行动为主线，统筹推进各类专项整治行动。完成水上交通安全专项检查月活动，实现 3 个 100% 目标要求。开展无线电专项整治，累计查处违章 337 起，其中“一船多码”8 起。实施供油船及危化品专项治理，滞留危险品船舶 21 艘次。常态化开展水路货运、“两船”、长期逃避海事监

6 月 2 日，舟山海事局与海警局联合打击海上非法内河船舶(王晓燕 摄)

管船舶、小型船舶专项整治,查处“两船”753艘次,移送拘留43人次;梳理长期逃避海事监管船舶428艘,完成销号120艘;排查港内小型船舶589艘,留滞36艘;推动属地政府拆解各类船舶131艘。

【法治海事】 组织开展海事执法技能比武竞赛和执法质量提升月活动,规范执法行为。创新疫情防控期间海事行政执法模式,实行“不见面”水工审批、网上任解职办理等机制。出台“零笔录”办案指南,探索实施“非接触式”行政处罚,全局平均办案时限下降至4.62天。构建以信用为基础的新型海事监管机制,探索海事业务领域的信用分类分级监管,推进跨行业部门的信用联合奖惩机制,系统内率先与银保监部门签署合作备忘录,拓宽海事信用信息的应用。

(撰稿:张成琦)

船舶检验

【概况】 2020年,中国船级社舟山办事处(下称“舟山办事处”)拓展新业务,抓好安全质量管理,服务浙江自贸区建设和江海联运服务中心建设。检验业务量有新增长,完成入级营运检验1238艘次,国内营运船检验979艘次,各类审核510艘次,海工平台3个。完成产品检验257批次。建造检验方面已开工在建船舶40艘次,新造船完工检验17艘。远洋渔船检验不断增加,完成营运检验396艘次;在建远洋渔船6艘,完成建造检验(或重大改建)23艘。

【安全质量管理】 抓好四类重点船舶检验质量的监督管理和隐患排查,确保检验质量不放松。在元旦、春节、五一和十一等节假日期间配合当地政府、海事部门、船公司完成客运船舶航运安全检查工作。做好“四类重点船舶”检验服务。完成各类客船营运检验147艘,完成危险品船营运检验599艘。完成三个“世界之最”检验:世界最大、技术最为先进、环保性能最为优良的集装箱船之一“中海水星”转级检验,世界上最大起重能力浮吊“振华30”转级检验以及全球最大沥青船的转级检验。推进疫情防控和复工复产,帮助船厂处理面临的问题,协调审图进度、产品订货与检验等事宜。加强过程控制,严把建造质量关,开展新造船阶段性检查2艘次,根据船厂实际情况,办事处另行开展内部检查3艘次,重点关注客船、客滚船、油船及化学品船等项目,确保船舶“优生”。

【服务“海上花园城市”建设】 服务国家战略实施和交通强国建设。推进远程检验在实际中的应用,完成3次远程检验技术演示。推动绿色交通发展,与多方签订《共同推进舟山港口船舶使用岸电合作框架协议》。主动服务浙江自贸区、舟山江海联运服务中心建设以及舟山国际LNG加注中心建设,完成2艘新建的江海直达散货船建造检验工作和已投入营运的“江海直达1”轮营运检验服务,参加舟山国际LNG加注中心建设课题中期评审。与舟山海事局、地方船检等多方共同推进多证联办系统运行,以便利举措解决船东困难。发挥技术优势做好技术支持。针对不同客户开展内容多样的技术培训,如单改双燃料的改装检验知识、钻井平台修理检验知识、豪华邮轮修理技术要点及远洋渔船检验安全条件及相关问题等客户技术培训。帮扶小微远洋渔业企业生存发展,为“欣海1236”轮由国内渔船改建为远洋渔船提供技术支持,避免因批文到期而造成经济损失。助推辖区企业复工复产。在疫情防控高压期间,党员、验船师24小时待命并冲锋在检验现场第一线。

提升远洋渔船检验质量。助推辖区远洋渔船高质量发展,参与国家新材料渔船试点工作、玻璃钢渔船专业委员会等多项工作。推进远洋质量摸底专项工作,完成149艘,正在开展45艘。拜访大洋世家等公司,宣贯并动员远洋渔业公司开展安全管理体系评定。推进远洋渔船建造入级,做好在建的金枪鱼围网船检验,提供技术服务。走访舟山宁兴船舶修造有限公司,为企业更名开业提供技术支持,推进其10艘船舶建造检验工作。增强风险意识,做好“荣洲”轮、“龙腾”轮、“龙发”轮检验等船龄三十多年的老旧远洋渔船检验工作。其中,“龙腾”轮为办事处首次受理的南极磷虾产业远洋渔船。

(撰稿:唐之颖)

责任编辑:孙国生

邮政快递

邮政管理

【概况】 2020年,市邮政管理局紧扣行业治理体系和治理能力现代化建设主线,打赢疫情防控阻击战、复工复产攻坚战,推进快递业"两进一出"(快递进厂、快递进村、快递出海)项目。是年,全市邮政行业业务收入(不包括邮政储蓄银行直接营业收入)5.89亿元,比上年增长13.00%;业务总量6.30亿元,同比增长19.13%。其中,快递企业(法人企业16家,分支机构191个)业务量累计2135.65万件,同比增长26.30%;业务收入累计4.05亿元,同比增长19.93%。投递量达到8758.38万件,同比增长28.8%。是年,市邮政管理局获"创建全国文明城市先进集体""城乡环境卫生综合整治先进集体""党建信息工作先进集体"等,岱山邮政支局衢山投递员林朋军被评为"全国邮政行业劳动模范"。

【疫情防控与复工复产】 是年,就疫情防控加强政策传达、工作部署,参与市政府组织的新闻发布会、阳光热线和"交通97"采访,及时回应社会热点、民生关切;引导邮政、快递企业做好民生服务保障,鼓励邮政发挥国企担当。疫情防控期间,向武汉等重点地区运送物资3批次;利用邮政绿色通道寄递邮件255件;全市投递口罩及防疫药品3076件;配送蔬菜9555单,教材7.04万件,普陀申通快递向普陀医院捐款10万元驰援一线医务人员。在复工复产阶段,组建工作专班分赴全市各县(区),建立与县(区)政府及商务等职能部门沟通机制,以网格化形式,点对点指导,分期分批推进海岛邮政业复工复产;指导成立快递行业防疫领导小组和复工复产应急小分队,办理干线快递车辆通行证78份,快递车辆进出小区专用通行证678张,保障智能快件箱投递畅通,打通最后"一百米"。至2月16日,舟山邮政快递企业达成复工率100%目标;行业畅通指数为5分(满分),且为全省首例达到满分。

【邮政业脱贫攻坚】 按照《舟山市邮政业助农增收三年行动方案

2月24日,市邮政管理局向快递企业调剂赠送口罩等防疫物资(顾燕波　摄)

(2018—2020年)》《提升普遍服务特殊服务水平,拓展便民公益服务三年行动计划(2018—2020)》,确保普遍服务网点规模、质量水平达标,建制村通邮正常;组织召开深化"四好农村路"建设交流座谈会,指导邮政企业将全市54个邮政普遍服务网点、320个快递网点、617个渔农村邮乐购站点、305个村邮站和220个"四好农村路"农村物流配送点,结成"最后一公里"用邮配送综合服务网络;加强与乡镇政府对接,打造地方特色精品尤其是服务海岛旅游业,通过邮政与舟报物流合作,代送嵊山、枸杞方向5.8万份《舟山日报》、12.6万件舟报物流物资。

【推动"两进一出"项目】 12月底,推动市政府出台《舟山市快递业"两进一出"工程试点实施方案》,延伸快递服务网络,提升快递供应链服务和末端保障能力。牵头顺丰速运无人机项目,指导完成规划设计、部分空域审批及航线开通和起降点位选址等并成功试飞,为克服舟山离岛众多、居民分散等客观限制,探索实践空域配送奠定基础;利用快快、快邮、快交合作等模式,建设新型物流配送体系,开通码头渡口绿色通道,压缩岛际快件运输时效和成本,联合民政部门打造"幸福驿家"智慧社区平台,实现快递进村服务覆盖率超过80%。

【治理体系和治理能力现代化建设】 机构建设 7月22日,舟山市邮政业安全中心正式获批成立;12月底,与岱山县人民政府联合向省邮政管理局提交《关于设立岱山邮政管理局的请示》,县级机构建设取得关键性突破。

安全生产 在常态化疫情防控基础上,以关爱生命、关注安全为核心,开展规范服务、安全生产集中整治,紧盯"三项制度"(开箱验收、实名收寄、过机安检)落实、"两类物品"(危险化学品、涉枪涉爆物品)管控、"一项规定"(《禁止寄递物品管理规定》)执行,突出抓好实名制管理,达到实名信息上传率99.68%以上,严防涉枪涉爆、涉恐涉毒、涉黄涉非、危化品等禁寄物品进入寄递渠道,做好"双节""两会"、旺季期间行业安全生产和服务保障工作;组织开展"安全生产月"活动,修订行业应急预案,并会同公安、检察院等开展联合检查、安全培训和应急演练,提升行业安全意识和突发事件应急处置能力。是年,检查企业总部及分支机构303家次,出动检查690人次,下发整改通知书27份,立案查处6起,完善寄递从业人员实名档案1553份,并全面完成寄递行业摸底调查,全年全市实现无寄递领域安全事故、重大交通事故、重大安全责任事故,为打造安全邮政、建设平安舟山作出贡献。

绿色邮政建设 推进标准化示范网点、绿色示范网点建设,督促快递企业做好节能减排、绿色递送,指导规范设置店招店牌、提升装修布置、强化操作规范,按照《2020年舟山市邮政快递业绿色发展工作目标》,推进快递包装物回收、垃圾分类专项治理、"三不"(不着地、不抛件、不摆地摊)治理等,全年建成绿色示范点14个;深化与交警、城管等部门协作,整治城区内快递车辆交通违法行为及快递经营者占道作业等不文明行为。

10月20日,省邮政管理局副局长王德奔(中)一行调研指导快递入岛进村工作(顾燕波 摄)

【加强普遍服务保障监督】 是年，受理邮政网点信息变更备案28个；落实机要通信保障“一把手”负责制，检查机要网点和交接转运场所20个（次），覆盖率达285.7%，确保机要通信安全万无一失；做好寄递渠道“扫黄打非”和邮票发行监督检查，维护消费者合法权益；组织邮政普遍服务网点合标检查，全年检查各类网点141个（次），出动检查人员358人次，确保符合《邮政普遍服务标准》要求。

提升群众用户满意度。参与合作建立云商舟山——同城物流平台，构建多元化、智能化、集约化的寄递末端服务体系，以优化整合渔农村小而散的快递点为主，辅以设置智能柜、送件上门等形式，提升不同层次用户体验感，全年受理快递分支机构许可变更104家次，末端网点备案52家次；依法加强行业监管和申诉处理，规范快件末端投递，全年处理12305平台申投诉133件，为用户挽回经济损失6.71万元，满意率达到100%。

推进“最多跑一次”改革。将“停止办理或者限制办理邮政普遍服务特殊服务业务审批”和“撤销提供邮政普遍服务的邮政营业场所审批”两项许可事项接入省政务服务网，实现普服业务“一网通办”，审批“零次跑”。

【优化行业环境提升服务能力】 舟山中通（舟山佳道国际货运代理有限公司）新分拣中心和办公场地于7月投入使用，共8200平方米，处理量15万件/日；普陀申通新建办公和处理场地主体工程于12月底建成，完成投资1200万元，集分拣、中转、车辆停放等于一体，处理量6万件/日。以《关于推进电子商务与快递物流协同发展的实施意见》为抓手，推动落实中央与地方财政事权划分，加强对邮政快递业基础建设布局规划和末端能力建设的保障支持。年初，已有全市城镇住宅兼零售商业用地利用条件中将“设置邮件和快递送达设施”明确列入；市政府区域为快递车辆进出停靠设置专用停车位；在舟山市委市政府印发《关于进一步打好“综合交通大会战”建设高水平交通强市的实施意见》中，邮政快递业被纳入重点工作任务；提供一线快递员人才公寓3套，并将表现优秀员工列入免费疗休养范围。是年，京东、中通、申通等快递企业相继投入冷链寄递项目，海鲜寄递配送业务量220万件，同比增长40.12%，带动海鲜线上销售10亿元。

（撰稿：顾燕波）

1月3日，省邮政管理局副局长黄立群（左三）调研指导海岛邮政普遍服务工作（顾燕波 摄）

中国邮政集团有限公司舟山市分公司

【概况】 2019年12月28日，中国邮政集团有限公司在北京正式揭牌成立。经国务院批准同意，中国邮政集团公司改制更名为中国邮政集团有限公司。改制后的中国邮政集团有限公司由中央管理，是依照《中华人民共和国公司法》组建的国有独资公司，以邮政、快递物流、金融、电子商务等为主业，实行多元化经营。2020年4月17日，中国邮政集团有限公司舟山市分公司（下称“邮政舟山市分公司”）举行换牌仪式。

邮政舟山市分公司下辖一区二县(普陀区、岱山县、嵊泗县)邮政分公司。设有各类邮政网点90个,其中邮政营业所55个,邮储网点35个;位于城区的各类网点13个,农村网点77个。

2020年,舟山邮政有从业人员933人,男性员工448人,女性员工485人,其中含管理类人员28人,技术类人员19人。全市完成业务总收入18158.27万元,完成省公司下达年预算目标的93.12%,高于全省平均水平8.71个百分点位;收入比上年增长2.59%,高于全省平均7.78个百分点。

4月17日,中国邮政集团有限公司舟山市分公司换牌(刘科峰 摄)

【业务发展】 代理金融 金融收入完成9675.92万元,同比增长3.42%,完成省公司年计划的96.87%。全市余额年增7.2亿元,同比多增4.2亿元,列全省第六位,规模迈上68亿元新台阶。其中,白泉网点余额年增8800万元,排名全省网点第八位。利差收入累计增幅5.59%,扭转了利差连续三年负增颓势,红利不断释放。

农村电商 分销业务收入完成1007.87万元,同比增长36.81%,完成省公司计划的107.91%。全市线上自营批销规模完成814万元,完成省公司年度目标的113.21%。其中,支局同心圆生态圈完成序时数字化优质站点217个,完成率108.5%;绑定绿卡站点数444个,完成率277.50%;累计掌柜会员数32947个,完成率205.92%;开通便民服务点数553个,完成率345.63%。完成邮乐小店月均分享699人次,完成月均目标108.20%。重点项目取得突破,市分公司获取舟山定海区域百事区域代理项目,普陀分公司与普陀区税务局合作“税邮”项目,上线10个代征点15个代征窗口,创新“离岛办税”新模式,丰富海岛普服网点服务功能。

惠农项目 惠农项目生态圈销售自营农品436.80万元,完成率138.67%;基地农品52.22万元,完成率130.55%;省内精品农品5.48万元,完成月均目标109.60%。工业品下乡生态圈完成全市自营批销额814.44万元,完成率113.27%;助力脱贫攻坚方面,市分公司借助919电商节活动,电商金融协同开展万单扶贫项目,累计销售扶贫产品(红薯粉丝)万余单近十万元。岱山分公司通过线上线下团购活动,帮助农户销售滞销大白菜约20吨。

快递业务 寄递收入完成3481.06万元,同比增长9.95%,完成省公司年计划的92.34%。其中,完成快递包裹收入1201.28万元,同比增长21.55%;完成标准快递收入1180.94万元,同比增长18.23%;累计完成国际收入418.24万元,同比下降23.61%;完成快递包裹收入1201.28万元,同比增长21.55%。

商企业务 以“三进工程”提升标快、快递包裹寄递量,与移动公司、舟山报业达成战略合作协议,与顺丰竞争取得方正证券公司及市工行多项寄递业务。全市对账单回收率持续稳定至94%,提升近10个百分点。同城特投项目实现快速递增,全年完成同城收入586.19万元,同城业务规模迅速提升。

极速鲜类 极速鲜(海鲜配)项目实施,对标顺丰快递,生鲜梭子蟹配送杭宁朝发夕至,上海线实行次日递。全市完成量收入8.89万件和176.9万元,同比增长208.68%和166.98%,完成省公司收入目标的245.69%,在全省“极速鲜”项目增长率和完成率均位

8月20日，舟山报业与舟山邮政签署战略合作协议（刘科峰　摄）

列第一。

物流业务　烟草配送项目，苏宁易购、橙心优选等配送项目先后引入，成功竞标7412工厂物流运输项目。物流业务收入完成638.38万元，同比增长5.52%，增长率和省公司计划完成率均为全省第一位。

集邮传媒　集邮业务得益于生肖贺岁季业务的发展，创新“佛”文化理念，开发“越来越好－上上签”和“朝圣之路”旅游护照项目，实现业务收入逾200万元，效益显著。

报刊图书　8月21日，报刊业务收入完成1159万元，同比增长19.55%，完成省公司计划117.8%。全市销售《习近平在正定》2716册，完成计划目标129.3%，销售“七进图书”党建套餐12套。

数媒业务　打造新建设区南洞艺谷等18个社区有声图书项目，全年完成数媒45.2万元，完成省公司计划102.6%。

绿色邮政　落实《绿色邮政建设行动实施方案》各项工作目标和要求，广泛使用绿色新型包装箱和45毫米窄胶带，电子面单使用率、电商快件不再二次包装率均已达标，包装废弃物回收装置布放网点24个，超出网点总数30%的目标要求；省内可循环邮袋使用率98.6%；全市新增、更新揽投车辆100%使用新能源车。

【经营改革】根据寄递业务项目制运和标快投递网建设方案，调整寄递经营机构及相关人员，并在条件成熟的全市8家揽投部和3家专业经营部推进众创众享经营机制，进一步释放一线经营活力。优化市本级支局管理架构及职能，组建定海扩权支局和新城扩权支局，充实队伍，理清职责，为邮务类良性发展打下坚实基础。

基础设施　定海东园支局新建“邮乐优鲜”农品、集邮、3C业务和政务服务（警医邮、邮税）功能区块，进一步提升网点的服务能力和经营效益。

普遍服务　实施《提升普遍服务特殊服务水平，拓展便民公益服务三年行动计划（2020）》，提升海岛邮政普遍服务水平。开展“压降平信丢失率”专项活动，严格规范普服邮件各生产环节作业。开展普服邮件时限质量提升活动，全面落实“七必须、七严禁”总体要求。加强客户服务体系建设，开展寄递和金融的竞品服务体验，针对服务短板和薄弱环节开展补差、补缺工作。全市邮政营业投递、邮件丢失、行政监管等各项普遍服务关键指标持续向好。

机要邮件　机要邮件继续保持全年无失密、无丢损的良好传统，为全省机要通信“二十七连冠”作出贡献。

人力资源　是年，调整6名四级领导干部的工作岗位，提任2名四级副领导干部，其中1名为90后年轻干部，并引进1名80后年轻干部担任金融业务部副经理。出台《舟山邮政校招大学生引进和培养工作指导意见》和《舟山市分公司管理及经营骨干交流工作管理办法》，3名年轻骨干交流至县（区）分公司工作，4名年青员工走上见习支行长岗位。

财务管理　加强预算执行情况预警分析，并将预警分析深入县（区）分公司，提升市管县力度。深化寄递业务损益核算体系和金融网点损益核算，强化业财融合，企业提质增效。强化资金管控，开展邮政企业用户欠费拼户串户核销及公款私存专项整治，账期外欠费清理工作，通过强化欠费资金发布匹配管理、长账龄欠费发函询证、日常监控和通报考核，严肃经营纪律和财经纪律，规范户欠费核销及营收缴款工作。

金融风控　防范化解重大风险方面，金融风险管理体系建设和安全生产专项整治工作有序开展，全年实现金融风险无案件、安全生产无事故，平安邮政建设成效明显。市分公司获评2020年度市级平安单位，石荣新获评市级综治工作二等奖。

寄递改革　制定寄递业务降本增效实施方案，聚焦五大环节关键管控要素指标，全面推进舟山寄递业务全面降本增效。至年底，投递、处理及管理支撑环节单价成本较上年有所改善。

（撰稿：胡建军）

责任编辑：童涵

无线电管理·通信

无线电管理

【概况】2020年，贯彻执行国家、省无线电管理方针、政策，根据《中华人民共和国无线电管理条例》和《浙江省无线电管理条例》持续加强无线电管理，维护空中电波秩序，保证各种无线电业务正常进行。至年底，全市有固定无线电监测站11个，含海岛固定站7个，接入全省监测一体化平台2.0系统固定监测站8个，航空专用无线电监测系统1套，空中监测平台1套，水上监测系统1套，移动监测车3部，可搬移站1个，手持式便携监测设备4套，便携式无线电管制系统1套，具备陆、海、空综合监测和测向能力。至年底，全市有各类台站26895个，比上年减少17.34%。其中蜂窝移动基站24212个，同比减少21.37%；广播电台32个，同比减少4个；高频电台2个，与上年持平；甚高频、特高频电台2445个，同比增长121.87%；卫星地球站（发射站）1个，同比减少4个；微波接力站162个，同比减少43.75%；业余电台30个，同比增长9个；其他台站11个。

【无线电行政许可】依法用频设台，全年受理行政许可事项356项，同比增长70.33%。其中，无线电频率使用许可64个（新增54个，变更0，延续4个，注销6个），无线电台（站）设置、使用审批274个（新增196个，变更61个，延续8个，注销9个），无线电识别码核发8个（新增6个，延续2个，注销0个），无线电设备临时进关审批0个，提交无线电频率使用年度报告76份（同比增加2份）；加强5G基站与C波段卫星地球站干扰协调处置工作，协调处理受干扰卫星地球接收站32个；依法有偿使用频谱资源，全年收取频占费72.38万元，同比下降2.69%。

【无线电监督检查】落实打击"黑广播""伪基站"等非法设置无线电台专项行动。全年监听黑广播3007小时，未发现可疑电台，基本肃清全市"黑广播""伪基站"违法活动，确保全市广电系统安全健康播放；开展不明信号及干扰查处工作，协调处置无线电干扰4起，其中水上频道干扰1起，卫星地球站干扰3起，完成军地无线电干扰协调1次；完成"浙政钉－掌上执法"监管平台专项检查任务；完成2020年度"双随机"抽查工作，并利用行政执法监管平台完成审核工作。

【无线电监测】实现利用无线电管理一体化云平台完成日常无线电监测工作，根据工信部无管局要求，完成无线电重点频段监测任务，上报监测月报12份。是年，11个固定监测测向站、1个航空专用无线电监测系统累计监测时长21817小时，完成月报告12份，重要业务保护监测135次，固定站巡检80次；完成运营商81个频段监测。联合普陀山机场建立航空专用频率保护长效机制、航空GPS专用频率干扰协调机制，保障航空通信安全。

【无线电保障】完成市"两会"、舟山马拉松比赛、国际铁人三项等赛事、重大活动无线电安全保障工作；参加市广播电视安全播出领导小组应急演练及市反恐办反恐作战单元演练，持续提升无线电突发事件应急处置能力，防范恶意无线电干扰；完成高考、学考选考、公务员考试、国家医师资格考试、国家统一法律职业资格考试、硕士研究生考试、一级建造师考试、二级建造师考试等无线电保障任务15次，为全市开展重大活动和重要考试提供有效无线电安全保障。

【服务重大项目】 持续深化“三服务”工作，聚焦自贸区重点工程项目，在疫情防控期间减轻企业负担，节约企业开支。在行政许可审批事项大幅增加的情况下，降低频占费收费额度，聚焦自贸（试验）区重点工程项目，兼顾全市中小企业在“疫”情下的艰难处境，保障自贸区重点工程项目顺利开展。先后赴舟山绿色石化基地、波音737飞机完工和交付中心、鼠浪湖矿石码头公司等国家、省重点工程开展“三服务”工作，累计38次。针对舟山绿色石化基地，提前规划，走访调研，开展电磁环境测试，优化无线通信网设计方案，使该公司频率规划由原来42对减少到34对，减少用频8对，即节约频率资源，又为企业节约投资约215万元。

【基础设施建设】 完成枸杞固定站的测试验证工作；通过2019—2020年度固定站运维项目验收；实时推动边海防固定站建设，完成长涂边海防固定站建设，具备空间谱测向机制，保障海上航路和海岛的电磁安全，为舟山绿色石化基地建设提供电磁安全保障。

【无线电宣传工作】 创新打造“有点有面，点面结合”的无线电宣传工作方式。在舟山电视台黄金时间播出无线电宣传片20天，利用墙体屏幕科普无线电管理工作15天。向全市市级机关，四县（区）机关发放国家、省无线电管理条例1000余册；将无线电宣传工作全面融入日常工作中，联合结对社区、无线电重大活动保障和各项考试保障开展“三服务”活动，发放宣传资料，宣传无线电管理新动态、新政策。

（撰稿：付连峰）

中国电信股份有限公司舟山分公司

【概况】 2020年，中国电信股份有限公司舟山分公司（下称“舟山电信”）坚持以客户为中心，以高质量发展为目标，以云改数转为方向，以变革创新为动力，以队伍建设为保证，打造客户领先型企业，构建现代企业治理体系，持续推动企业做大做强做优，争当网络强国主导者、网信安全国家队、数字浙江主力军。全年完成主营收入（含信产）4亿余元，比上年增长4.89%。累计移动5G用户净增3万余户。累计净增宽带1万户。

【市场发展】 至年底，移动过网份额近20%；宽带份额达40%左右；5G用户3万余户，5G用户渗透率9.4%；全屋Wi-Fi用户达3.7万户，渗透率19.2%，提升16个百分点；天翼看家用户达1万余户，渗透率6%，提升4.4个百分点。

智云护航标准化体系逐步形成，优化ICT（信息和通信技术）市场化机制，合同签约额达8000余万元，做深泛酒店、泛园区、泛连锁三大细分市场，天通卫星电话、海洋宽带卫星应用进一步拓展。

【拓展新兴业务】 “114”移车建移车单367924辆次，同比下降1%，其中成功移车270883辆，移车成功率75.67%，同比提高6.37个百分点；完成移车智能AI（人工智能）上线运行；在防疫、创城等特殊重点时期，以云商通、云呼解决话务疏忙和提升外呼效率，保证话务突发需求，满足“12345”的座席紧急扩容需求，抽调人员完成政府部门“重灾区人员劝返工作”外呼服务。

【助力智慧养老】 是年，围绕平台的升级，输出服务能力，跟踪监管9116单（人次）订单，为政府购买服务的结算和考核提供依据。提高“8189316”的服务能力，为老人提供更多便利，全年“8189316”受理话务量（至11月底）31577通。主动呼出关怀27246通，平台处理SOS和定位服务2326次。接受人工服务定位服务23次，SOS 9次，疫情防控期间对舟山市存在失管失控风险的167位民政服务对象帮扶进行电话回访。配合政府部门开展马岙、白泉和长白等地助老服务行动。疫情防控期间，发挥科技优势，前后5次组织“养老院”老人开展远程带着老人逛新区活动，得到老人好评。是年，上门服务和中心受理相结合更换老人终端600余户（不包括腕表）。新发智能700户左右，其中发放智能腕表500余只。

【强化网络保障能力】 城东云计算中心建成机柜300余个，出口带宽400G，峰值利用率172G，定海南珍DC（数据中心）资源池建成465核CPU、864T容量存储的资源能力,沈家门DC资源池云改资源池现有容量35.19T,已使用18.56T,利用率52.74%。组织培训20余场次,参加人员400余人。安装与维护人员100%通过五级以上认证,9人获三级证书,64人获四级证书,10人获电工证书。完成不规范光猫主动整治2000余户,全年完成11487户FTTB(光纤到楼道)迁改,年度完成率71.2%,光端口利用率达60%,位居全省第一。

【5G网络建设】 完成5G基站建设500余个,共享、优化600余个。其中承建283个,合计837台PRRU(5G室内基站名称),实现室外、室内站点到货安装率和开通率均达100%。

【网信安全】 助力地方政府做好网信安防护,被市委确定为首批信创项目承建单位。全年网信安全事件零发生并牵头承办舟山第一届网络安全攻防演练大赛。组建专班配合公安和网信部门开展扫黄打非、反恐反诈相关工作。

【企业降本增效】 持续开展管线专业材料精确化管理,全年累计使用拆旧光缆457皮长千米,折合10700纤芯千米,推广使用提供光缆吊牌83000余块,合计节约成本支出100余万元。开展退铜赔补,完成赔补1500万元,退铜160万元。配合政府旧城改造工作,累计完成900余幢管线整治,完成总进度95.44%。

【打赢疫情防控战役】 强化网络保障,按四个县(区)+五个功能区,成立对应的9支网络保障小组,提供重点业务网络预检预修服务,确保三项服务7×24小时不间断。累计保障专线电路150余条,开通紧急业务27次,出动保障人员200余人次;加强应急通信支撑,组织暖春行动,提供一站式综合信息解决方案,组建由246名技术人员组成的疫情防控通信保障应急突击队,7×24小时全面做好党政、医疗、防疫、卫健系统等重点单位的通信网络支撑保障工作;助力复工复产,搭建复工精准管理平台入选浙江指挥"战疫"获奖案例。落实市政府要求,推出面向复工企业的"三免费"服务,支撑免费云会议250余场,企业云盘用户40余家。为企业复工提供专人线上和线下服务,各类通信服务实行同城24小时竣工完成。

(撰稿:叶海)

9月18日,2020年舟山市第一届"网信杯"安全攻防演练技能大赛在中国电信舟山分公司举行(陈巧璐 摄)

中国联合网络通信有限公司舟山市分公司

【概况】 2020年,中国联合网络通信有限公司舟山市分公司(下称"舟山联通")围绕集团总部"五新"(新治理、新基因、新运营、新动能、新生态)联通建设和省公司"1+4+4"(坚持党建统领,加快互联网化运营、全量用户经营、政企2B2C协同发展、县域全面振兴转型,加快中台运营赋能、价值经营能力、网络运营保障、企业治理能力升级)重点战略任务目标,坚持数字化转型,践行新发展理念,完成既定的各项工作目标,经营业绩稳步向前,完成主营业务收入1.85亿元,全年手机出账用户数近16万户,其中5G用户累计达到4万户,宽带出账用户近3万户。

【抗疫扶贫】 发挥企业信息和技

术优势，实现疫情防控和生产经营两手抓、两促进。在新冠肺炎疫情防控和助力复工复产过程中，出现新城长峙丹枫社区抗疫帮扶突击队、普陀党支部六横区域中心徐蔷薇团队等一批抗疫先进典型。落实党委主体责任，贯彻落实党中央、省公司党委和舟山市政府扶贫工作部署，发挥行业优势，统筹协调、整合资源，确保各项扶贫任务落地执行。至年底，扶贫结对帮扶马岙北海村村集体收入达50余万元，全面达成消薄目标。

【网络建设】 深化共建共享，建设高价值网络。快速推进5G网络建设，高效低成本打造覆盖精、能耗优、体验好的5G精品网络，完成5G建设目标567个站点(其中共享电信247站)，实现市区、县城、发达乡镇、名单制2B业务需求(面向企业的业务需求)、高价值高流量楼宇5G网络覆盖。持续推进4G共建共享，完成206个小区共享任务，解决12个区域的面覆盖问题，46个小区的深度覆盖问题。通过共建共享，节省投资5400余万元。8月6日，舟山联通在舟山通信重点保障区域开通浙江联通首例2100M频段4G、5G联通电信共享基站，5G采用2100M频段SA组网(独立组网方式)且与电信实现共享载波。历时3个月左右，舟山首例2100M频段4G、5G联通电信共享基站在舟山通信重点保障区域开通，基站开通后无线侧指标正常。

【5G项目发展】 以数字化转型为核心，提升用户结构和质量。创新发展，推进平台类信息化项目拓展，带动5G应用与基础业务协同发展。是年，50万元以上项目26个，合同金额4217万元；其中，百万以上项目14个，合同金额3431万元，同比增加1773万元。智慧能源领域，有绿色石化基地应急指挥平台、新奥能源海底管道船舶监控平台等项目；智慧教育领域，有考试院项目、普陀区教育新型教学项目、舟山职业技术学校沃云等项目；智慧文旅医疗领域，有定海中心医院机房IDC托管项目(互联网数据中心主机托管项目)、普陀东顺旅游智慧云平台项目、白沙岛旅游信息化等项目；智慧城市领域，定海分公司远洋小镇智慧港口、普陀分公司东极智慧城市、岱山分公司数字大厦智能化项目、嵊泗分公司农业应急指挥系统等一系列重大项目在县(区)分公司落地。

【客户服务】 聚焦客户感知，构建全触点满意度实时评价体系，网络体验、业务产品体验、渠道触点体验大幅提升，客户感知实时评测，全省排名第二。防范化解服务问题，携号转网、傲慢服务专项申诉有效压降。持续提升VIP客户服务满意度，聚焦星级用户推出星享计划，实施VIP尊享化、差异化服务，满意度测评全省排名第三。每月开展“联通有你客户日”活动，为联通用户提供VIP个性化服务，聘请10余名客户体验师，不断提升服务水平，拓宽社会监督渠道。疫情防控期间，开展网上直播销售111场次，确保客户足不出户也能实现良好便捷的通信服务。

【QC成果获奖】 6月，中国通信

12月1日，中国联通和航天科工相关人员前往岱山县海域测试海上融合组网通信(吕红韦　提供)

协会在河南郑州组织开展2020年信息通信行业优秀QC小组成果发布会，舟山联通星火燎原QC小组成果《提升NSA组网5G速率》获2020年通信行业QC小组活动一等成果奖，使浙江NSA组网（非独立组网，通过4G基站接入5G基站的模式）5G速率提升一个新台阶，增收利润、降本增效显著。

【5G+低轨卫星】 中国联通和航天科工结合双方优势资源及技术，融合5G网络大带宽、低轨卫星网络广覆盖等先进特性，在基于中国联通5G网络的星地融合通信实验组网架构下，在浙江省舟山市岱山县实现端到端移动业务展示。12月1日上午7时15分，低轨宽带互联网卫星过境岱山县海域，演示人员使用5G手机拨打联通移动号码，与岱山县指挥大厅实现通话，声音清晰无卡顿，并体验使用5G手机上网观看视频、发送微信，感受海上5G+卫星互联网通信。中国联通和航天科工在战略合作背景下，首次实现"低轨卫星+5G+物联网"融合网络业务演示，为星地网络融合的技术研究和业务探索迈出积极突破的一步。

（撰稿：刘晶）

中国移动通信集团浙江有限公司舟山分公司

【概况】 2020年，中国移动通信集团浙江有限公司舟山分公司（下称"舟山移动"）完成全年通信服务收入9.03亿元，比上年增长7.35%，完成考核目标；累计通信服务收入全市占比60.96%；实现净利润8534万元，收入利润率9.4%，效益价值持续提升。舟山移动获集团公司"5G领跑"先锋奖，2020年度全省"市场工作突出发展奖""服务综合能力优秀奖"和"专线拓展优秀奖"，普陀山－朱家尖网格、岱北网格被评为2020年度全省明星网格。

【提升市场发展动能】 坚持质量市场发展理念，严控新增发展质量，依托大数据运营和统一线上运营能力，存量客户保拓率全省第一。携号转网形势平稳，全年净携入携出比4.5。智慧牵引扩大优势，把控智慧民宿、智慧家居发展潮流，借力政府以人证一体机发展契机攻坚民宿市场，普陀山宽带份额从25%提升至56%。配套业务顺势增长，大视频（宽带电视）、组网、看家等业务快速发展，宽带电视净增完成全省第一。突破新兴业务发展瓶颈。优化新兴业务产品结构，聚焦视频彩铃、和彩云、咪咕爱看、机伶等粘性业务，全面达成业务规模目标。是年，视频彩铃基础会员通话用户渗透率全省第一。

【稳拓政企市场】 精细化管理商机、提前布局龙头样板、精准把控项目节点、提高产品运营价值，实现集团单位产品收入高速增长，全年收入增幅30%，收入份额全省第二。专线收入全省第二，云收入份额40%，和全省持平。中标舟山市持续运维保障中心项目，率先入围项目集成商，完成市级单位终端替换。开启海上通信应用市场，建立"移动"营销－"中兴"支撑－"铁通"装维的三方合作机制，全年海洋卫星宽带覆盖超500艘渔船。引领数字海岛精品建设，相继中标普陀六横、蚂蚁岛，岱山秀山，嵊泗花鸟岛数字海岛建设，其中六横智慧城市（智慧海）管理中心建设项目，打造中国5G第一海岛，开创舟山"三个第

3月15日，施工人员在安装5G基站（郭佳玮 摄）

一”(全省第一个海岛类城市大脑项目,全省第一个5G海岛项目,舟山第一个5000万元以上项目)。

【网络建设】 5G发展保持领先。5G建设量质并重,全方位规划、全过程管控、全要素支撑,全年开通5G基站900个,项目进度、完成率均为全省第一,获集团公司“5G领跑”先锋奖。覆盖区域基本实现全市一、二类区域连续覆盖。5G技术渗透百业。“5G＋AR船舶云检验”,填补船舶远程AR诊疗空白,“5G＋船舶智慧引航”,形成港口精准引航新标准,“5G＋无人机巡检”,创新远程超高压线路巡检模式,众多优秀5G应用获全国绽放杯、中国工业互联网大赛、省数据创新应用大赛等各大赛奖项。“5G+绿色石化”“5G+智慧港口”“5G+智慧油库”“5G+警务机器人”等创新应用稳步推进。用户规模日益增长。上游紧抓品牌厂商货源,下游管控渠道销售标准,迅速提升5G销量。5G终端客户获全省第二;5G资费客户规模全省第五;5G用户机套匹配率45.6%,全省第五。获全省5G业务发展劳动竞赛二等奖。

【重要活动】 全景舟山5G应用创新中心揭牌仪式 4月26日下午,舟山移动与舟山市委网信办签署5G+VR全景看舟山项目战略合作协议,并举行全景舟山5G应用创新中心授牌仪式。双方签署协议,并进行授牌仪式。“5G+VR全景看舟山项目”项目将以主城区VR全景为核心,以四县(区)子项目为支撑,搭建一个在5G传播技术支撑下的VR全景城市框架。通过未来持续建设,内容将逐步涵盖城市名城古建、公益道德展示、景区展示、学校展示、商业中心展示、企业形象展示的城市全景标签。每个全景视频VR将设计一个主题故事线索,引导受众感受视频当中所有的点位,全方位、多角度展示舟山特色。受众还可以通过VR全景的航拍视角鸟瞰全城,将城市形象一展无遗。

定海分公司助力中化兴中打造“5G+智慧油库”项目落地 4月29日,定海分公司与中化兴中石油转运(舟山)有限公司合作的岙山保税油库“5G+智慧安全帽”应用项目通过测试。项目借助5G+室外型CPE(客户前置设备,一种接收移动信号并以无线Wi-Fi信号转发出来的移动信号接入设备)传输技术,用摄像头精准识别施工人员安全帽佩戴情况,对未佩戴或未规范佩戴安全帽的行为通过管理平台发出预警信息,并通过5G网络,将违规人员的活动视频以及截图上传至云端留痕处理,实现用户全流程安全管控。自投入试运营以来,佩戴规范率从92%提升到100%,闯入危险区域或未在规定区域内施工0次,施工人员在岗率从95%提升至100%,大幅提高安全可靠性和作业效率。至年底,已完成岙山全岛无死角网络测试,后期将以网络测试结果为依据制作岙山岛5G覆盖规划,借此与中化兴中公司达成100余个工作机号码的合作意向。

举办“舟山市智慧港口与智能航运高峰论坛” 12月28日,舟山移动联合舟山市港航和口岸管理局、舟山市海洋大数据产业联合会开展“共建港航新生态、赋能港航新基建”——舟山市智慧港口与智能航运高峰论坛。行业主管部门、海洋大数据产业联合会以及相关企业70余名嘉宾代表,围绕“智慧港口”“智能航运”“5G、人工智能、区块链大数据等技术在港航产业的应用”等主题,展开深入探讨和交流。

(撰稿:周燕)

责任编辑:童涵

金　融

概　述

2020年，全市金融系统围绕“五大会战”和“四个舟山”建设，贯彻执行稳健的货币政策，合理配置金融资源，引导金融支持供给侧结构性改革，探索金融体制机制创新，助力自贸区建设，支持新区经济社会发展。至年末，全市金融机构本外币存款余额2539.99亿元，比年初增加257.87亿元，余额同比增长11.3%；全市金融机构本外币贷款余额2773.76亿元，比年初增加338.07亿元，余额同比增长13.9%；直接融资余额479.44亿元，比上年末增加151.9亿元。

全市金融系统对小微企业和渔农业领域的信贷支持力度加大，小微企业贷款和涉农贷款继续增长。至年末，涉农贷款余额720.35亿元，比年初增加62.13亿元，同比增长9.4%；其中，农村基础设施建设贷款比年初增加16.92亿元，同比增长8.7%。全市小微企业贷款余额641.69亿元，比年初增加66.42亿元，同比增长11.6%。

保险市场“收升支降”。是年，全市保险业实现保费收入39.81亿元，比上年增长5.8%。其中，财产险收入25.59亿元，同比增长6.8%；人身险收入24.21亿元，同比增长5.2%。给赔付支出14.77亿元，同比下降16.1%。其中，财产险赔款支出5.01亿元，同比下降0.2%；人身险支出9.76亿元，同比下降22.4%。

证券市场稳步发展。是年，全市累计转入资金163.36亿元，同比增加16.66亿元，增幅11.4%。其中，个人转入资金162.92亿元，同比增加19.63亿元；企业转入资金0.44亿元，同比减少2.96亿元。全市累计转出资金152.17亿元，同比增加12.82亿元，增幅9.2%。其中，个人转出资金149.62亿元，同比增加14.73亿元；企业转出资金2.54亿元，同比减少1.91亿元。至年末，股市累计沉淀资金20.55亿元，同比增加10.17亿元，累计交易额2840.35亿元，同比增加842.10亿元，增幅42.1%。

2020年舟山市金融机构信贷收支（本外币）

表39　　　　单位：万元

项　　目	年末余额	比年初增加数	
		2020年	2019年
一、本外币存款	25399907	2578738	2434988
住户存款	11346546	1537884	1352924
非金融企业存款	7331003	1225959	536796
广义政府存款	6488133	−191121	436549
二、本外币贷款	27737635	3380690	3989596
短期贷款	7905890	766496	504882
中长期贷款	16265065	1987205	2426079
票据融资	279809	−40651	139965
附：个人消费贷款	5121981	551696	351144

2020 年舟山市地区存贷款统计

表 40　　　　单位:万元

存款(人民币)				贷款(人民币)			
区域	年末余额	比年初增加数		机构名称	年末余额	比年初增加数	
		2020 年	2019 年			2020 年	2019 年
全市	24793051	2579957	2299550	全市合计	27032510	2773183	4144487
市级及定海	15264896	1445502	1475071	市级及定海	18715978	1827419	3071538
普陀	5423514	539045	540454	普陀	5544103	434384	447348
岱山	3146971	537919	166593	岱山	2099744	315206	563262
嵊泗	957670	57491	117432	嵊泗	672685	196174	62338

(撰稿:夏天烨)

中国人民银行舟山市中心支行

【概况】 2020 年,中国人民银行舟山市中支(下称"舟山市中支")落实上级行和市委、市政府各项决策部署,做好疫情防控和经济社会发展金融支持等工作。"订单 + 清单"名单内外贸企业支持率提升;人民币国际化示范区建设稳步推进,结算量突破 1000 亿元;资本项目收入支付便利化真实性审核区块链应用场景试点工作走在全省前列;探索"海上移动支付"应用建设,践行金融为民理念。

【货币信贷管理】 贯彻落实双支柱调控,强化金融托举作用。落实稳健货币政策更加灵活适度要求,应对疫情冲击,出台《2020 年信贷支持舟山市高质量发展的指导意见》,至年末,全市贷款余额 2774 亿元,比年初新增 338 亿元,同比增长 13.9%。加大逆周期调节,印发《舟山市"1+4"资金保障体系专项行动方案》,全市民营经济、制造业、普惠型小微企业贷款余额增速分别为 17.3%、34%、29.7%,均大幅高于全市各项贷款增速;"订单 + 清单"名单内外贸企业支持率 71%。强化重点领域精准滴灌,引导金融机构加大乡村振兴信贷投放,全市涉农贷款增量占全部贷款增量的 18.4%;至年末,涉农贷款、农户贷款余额分别为 720 亿元、249 亿元,同比分别增长 9.4%、20.4%。

强化金融支持复工复产和稳企业保就业工作。出台 18 条金融服务措施和 9 项金融支持政策,内容涉及统筹加强金融支持、服务保障、资金收付、外汇服务、组织保障等工作。建立金融支持稳企业保就业协调机制,推动舟山市政府印发《关于支持一万亿再贷款低息资金落地工作的通知》《金融支持舟山稳企业保就业工作实施方案》,财政、担保等各项惠企政策协同发力。实施五项惠企行动,在做好"1+4"资金保障体系(保障一个融资总量,聚焦民营、小微、制造业和外贸四个领域的金融支持)建设的基础上,开展"行府合作"惠企行动、"百名行长助企业复工复产"专项行动和"保函开立破题"纾困行动、"首贷户"拓展专项行动和"三张清单"公示行动,对接帮扶企业 3000 余家,解决企业融资 174 亿元,为扬帆集团开立 4 艘船舶保函 2.55 亿元,市级银行已对 75 家一级支行下放 0 ~ 500 万元的信贷审批权限。抓政策性资金投放。是年,全市通过降准、再贷款等途径投放政策性资金 30.07 亿元,其中降准资金 13.9 亿元,防疫专项再贷款 3.1 亿元,其他再贷款再贴现 13.07 亿元;12 家金融机构全速对接 38 家防疫重点名单内企业,支持企业 28 家,企业支持率达 73.7%。推进两项创新货币政策工具落地,召开稳企业保就业创新货币政策工具落地专题部署会,通过压实银行机构责任,建立专人专班工作机制,强化监督考核等措施推动两项创新货币政策工具快速落地。至年底，全市法人银行机构累计向568户普惠小微企业实施延期还本付息政策，延期本息金额9.62亿元，累计向753户普惠小微企业发放信用贷款4.82亿元。

【经济金融监测和分析】 加强金融风险监测　加强重点领域风险监测，建立大型风险企业“一企一档”和中小企业“风险清单”，对重点大型集团企业风险开展定期摸排和跟踪监测，组织全市金融机构做好信用风险的防控和处置工作。至年末，全市不良贷款率2.57%，比年初下降1.25个百分点；不良贷款余额71.21亿元，比年初减少39.15亿元。持续深化破产重整机制，组织召开人行、法院、金融机构座谈会，联合定海区法院印发《关于深化合作共同推进企业破产（重整）工作若干问题的纪要》，加强“金融＋司法”合力。持续推进市场化债转股工作。修订印发《舟山市金融机构突发风险事件应急预案》，提升银行机构突发风险事件的预防和应对处置能力。落实存款保险制度，开展存款保险宣传，组织做好存款保险标识上架，增强存款人信心，维护区域金融稳定。

强化监测分析与调查研究　强化常规性监测，提升工业、服务业、房地产、小微企业、银行家等重点监测质效，根据上级行统一安排，企业用工纳入常规监测，结合舟山产业实际建立水产、船舶、航运、油气等重点行业监测制度，推进重点行业企业监测工作。围绕疫情防控、企业复工复产、自贸区建设与经济金融发展热点、难点与堵点等开展针对性调研，重点就疫情影响较大的住宿餐饮与文化旅游等行业开展调研，及时掌握疫情对舟山经济金融运行影响。推进课题研究，《浙江自贸区本外币一体化账户管理体系研究》获2020年度全省人民银行系统重点研究课题一等奖。

【外汇管理】 深化外汇便利化改革　探索油品贸易外汇收支便利化系列创新举措。针对浙江国际油气交易中心有限公司保税油仓单业务，研究现货交易外汇便利化措施；针对中石化等国家龙头保税油企业提出的境外船供油外汇收支便利化的诉求，指导银行按照实质重于形式原则，便利企业开展相应外汇收支业务280笔，跨境收付9605万美元；针对国际航线保税油船供境内外币结算需求，先行先试参照免税商品外汇管理原则，实现保税油加注企业从境外采购保税油和境内加注供油的收支币种的一致性，帮助规避相关汇兑风险。推进贸易收支便利化扩面增效。针对疫情防控期间非舟山本岛企业往来本岛银行办理货物贸易外汇业务存在的不便利，帮助符合试点资格的企业获得贸易外汇收支便利化试点业务资格，累计开展试点业务129笔，金额1.87亿美元。至年末，舟山全辖参与试点企业由1家扩大至5家，试点业务从货物贸易扩大到服务贸易，累计试点业务155笔，金额4.32亿美元。推动资本项目投融资便利化改革。在全省第一批次启动资本项目收入支付便利化真实性审核应用场景试点工作，试点企业9家，试点银行4家。运用区块链平台，抽查业务37笔，合计金额4366.56万美元。并推进资本项目收入支付便利化改革试点。是年，累计办理资本项目收入支付便利化业务436笔，金额1.11亿美元，便利化业务笔数同比增长243.7%。

优化外汇服务　出台便利化举措，发挥外汇保障服务功能。围绕做好疫情防控金融服务、支持企业复工复产，会同出台3个专题文件，拟订15条指导意见。针对疫情防控期间的特殊外汇业务诉求，建立外汇业务“绿色通道”，保障疫情防控物资需求。其间帮助企业办理境外采购防疫物资便利化购付汇业务9笔，金额77万美元，鼓励银行减费让利1.38万元，惠及企业6家。多措并举纾困减负，推动外贸企业更好更快复工复产。搭建“网上办”“预约办”“邮寄办”等非接触式外汇业务窗口办理通道，累计为企业办理外汇窗口业务465笔，平均业务办结时限1～2个工作日。针对企业受疫情影响出现境外收汇延迟、付汇延迟的情况，酌情评估合理性，支持企业开展对应报告业务5730笔，金额68.36亿美元。助力辖内重点项目，增强外汇专项服务。针对辖内纳入省级重点企业库的6家涉汇企业，探索开展外汇局和银行联合的“1+1”专项外汇服务制度。针对辖内重点造船企业因境外疫情发酵影响资金周转现实需求，采取事前指导、预审材料、当日即办即结等“订单式”服务措施，支持企业跨境投融资。全年支持辖内重点项目企业开展境外借债登记8886.72万美元，比上年增长3.89%。在全省率先启动“外汇支持稳外贸稳外资云直播月系列公益课堂”，通过运用腾讯直播课堂的新媒体模式，向社会公众和金融机构宣讲各项外汇惠企利民新举措，线上收播达2000人次。

防范外汇风险　加强外汇事中事后监测管理。建立自贸区标识企业专项监测机制，按月对浙江自贸区标识企业开展专项监测分析。针对浙江自贸区油品贸易等特色行业，开展疫情背景下对涉外企业影响的专题调研10余次。做好舆情对跨境资金流动影响的专题监测工作。围绕热点，协助省外汇管理局主稿舆情专报40期。

【支付结算】支持疫情防控和复工复产　发布疫情防控期间支付结算工作指导意见，部署银行机构开辟绿色通道，实现电子渠道、上门办理、就近网点业务通办等方式保障支付服务不间断。全市新开防疫相关账户18户，划转防疫相关资金1.31亿元。小额支付系统开放业务金额上限，累计处理业务381万笔，金额1068亿元。助力商家复工复产，辖内银行机构推广线上销售平台为企业拓宽产品销路，并投入200余万元专项资金补贴商户线上销售，线下给予减免手续费435.3万元。

开展移动支付之城建设　建立完善移动支付建设工作机制，牵头制定全市移动支付之城建设方案和重点工作任务清单。是年，全市移动支付活跃用户达到80余万户，交易笔数7.66亿笔，同比增长32.99%。探索“海上移动支付”应用建设，实现渔需物资采购补给、途中运输交易、水产收购养殖交易、海上加油、客船途中消费、智慧码头智能售票、海岛民宿消费等场景移动支付应用，全年交易5.4亿元。升级银行卡助农服务，全市有102个助农服务点开通移动支付方式办理银行卡助农服务业务，全年实现助农取款扫码2.27万笔，金额908.33万元；代理缴费、转账扫码947笔，金额9.78万元。

深化银行账户管理改革　优化账户服务管理工作，抓好账户风险防控。对自贸区内企业账户加强风险管理，要求银行机构对自贸区企业以虚拟、集中地址申请开户的账户不得“一刀切”拒绝开户，把握好服务企业与风险防控的关系，为全市招商引资企业提供良好营商环境。探索事后核查手段，事后核查企业银行账户开户留存信息的真实性，全年舟山市中支事后核查备案类业务8363笔。对异常开户情形较多的银行机构加强重点监管，发出风险提示5份。

打击治理跨境赌博、电信诈骗　督促全市银行加强账户开立和使用管理。开展风险合规专项整治行动，组织全市银行机构排查存量账户、异常开户和频繁出境人员账户。严格开户管理，督导银行机构利用人脸识别、电信数据信息交互等技术手段做好账户实名制管理，合理设定客户风险等级，实施账户分类分级管理。运用线上线下多种渠道做好宣传教育，推进消费者权益保护和风险提示工作。

【国库管理】经理国库　跟进自贸区财税体制改革后参数维护等配合支持工作。排查农村养老保险滞留情况，推动城乡居民社保费移动支付方式征缴。推动非税收入税务征收和电子化直缴入库，以及海关保证金电子化征缴，全年办理国库收入1153.06亿元，同比下降9.64%；做好个人所得税汇算清缴、增值税留抵退税等工作，实施退库滚动审核模式，做到“即来、即审、即办”，保障减免资金退付加速度，助力减税降费政策快速落地，全年办理退库10.41万笔，同比增长1.17倍。坚持战疫情、促发展，开辟“绿色通道”，保障防疫资金拨付零延误。建立直达机制，保障“两直”（直达市县基层、直接惠企利民）资金兑付点对点，全年办理国库支出807.93亿元，同比下降14.33%；其中防疫资金340笔、1.15亿元，“两直”资金12.55亿元。实现对账电子化，完善预算收入校验系统，提高对账和报表核对质效。

国债发行　建立储蓄国债兑付常态化管理机制，深化渔农村国债服务示范点建设。是年，全市发行四期储蓄国债(凭证式)和四期储蓄国债(电子式)，实际发行金额1.39亿元。

【货币发行和现金管理】货币发行和现金管理　做好大额现金管理试点工作。组织做好大额现金管理试点政策的媒体宣传和现场咨询，借助金融机构电子屏开展为期2个月的滚动宣传，累计发放宣传手册逾2万份。做好大额现金管理系统的上线调试和运行维护，全年分别对2152笔对公、

6819笔对私大额现金交易开展监测，累计金额227378.14亿元。

推动现金管理创新业务试点　推进普陀山现金服务示范区复评，完成嵊泗菜园镇现金服务示范区创建申报。推动跨区域硬币自循环工作，全年舟山地区回笼硬币4253.86万枚，金额3464.28万元，其中部分跨区域由宁波清分，自循环硬币1233.36万枚，金额829.38万元。

做好疫情背景下现金供应和管理　对内全面做好回笼现金、业务场所和现金机具消毒，优先保证原封新券供应。对外严格落实现金收支两条线管理，关闭辖内金融机构1009台自助设备的存取款循环功能，暂停银行间现金调剂业务，指导做好辖内3台被新冠肺炎患者使用过的ATM机具的消毒和封存。是年，全辖累计投放90.22亿元，回笼84.83亿元，执行调拨发行基金命令29次，累计调入、调出发行基金4953箱（袋），金额45.16亿元。

【反假货币】　整合金融系统和政府有关部门资源，升级强化全市反假货币联席工作机制。召开舟山市反假货币工作联席会议。市委宣传部（网信办）、市中级人民法院、检察院、教育局、公安局、财政局、交通运输局、文广旅体局、市场监管局、舟山海关、市国安局、人行舟山市中支、舟山银保监分局、市邮政管理局、四大国有商业银行、省联社舟山办事处、邮政储蓄银行舟山市分行等部门和单位的分管领导参加。以2019版各券别防伪为重点，深入社区、市场开展宣传。做好钱币学会日常工作。是年，累计收缴假人民币24486张（枚），面额396608元。

【反洗钱工作】　依照双随机原则，依法合规开展反洗钱执法检查。通过系统随机抽取确定定海德商村镇银行为反洗钱执法检查对象，并参加对嵊泗农商银行的综合业务执法检查。探索“以案倒查”、上下联动、区域联动的工作机制，完善方式方法。丰富非现场监管工具。对辖内7家法人义务机构和65家非法人义务机构开展风险评估和分类评级，合理评估法人金融机构在内控制度与组织架构、客户身份识别和交易记录保存、可疑交易报告、合规文化、风险防控、工作配合等方面的情况，分析义务机构面临的洗钱风险，明确相应改进措施。实施“织网工程”，开展可疑交易联合研判，打造以舟山市中支反洗钱科为核心，以义务机构反洗钱工作联络员为重要节点，各业务条线人员为触角的蛛网式可疑交易和异常行为监测网，发现和预警异常信息。制定出台《舟山市可疑交易信息联合研判制度》，建立可疑交易联合研判专班，定期或实时开展情况交流，提高可疑交易分析质效。

【征信管理】　加强征信监管　规范征信业务。对嵊泗农商行进行征信管理现场执法检查，实地核验其征信业务的合规性，调阅各类档案300余份，涉及数据条目3000余条。组织开展2020年征信信息安全核查工作，各级人行对辖内3家接入机构进行3次征信信息安全核查，完成《2020年舟山市中支征信信息安全核查工作报告》。组织全辖各级人行对辖内6家接入机构及其分支机构开展6次“征信业务现场检查回头看”工作，汇总完成《关于开展舟山市“征信业务现场检查回头看”的工作总结》。

推进社会信用体系建设　嵊泗县创建辖内第一个“省级信用县”，辖内省级信用村、乡、县三级农村信用体系雏形初步形成，农村信用体系建设取得阶段性成效。与政府部门协作，加强信用建设联合奖惩工作。配合市发改委出台《舟山市守信联合激励和失信联合惩戒措施清单（2020版）》，及时进行意见反馈，涉及条目70余项；继续做好食品安全联合惩戒工作，对嵊泗县7名食品安全领域违规的个体工商户进行食安联合惩戒通报；与市海洋渔业局会商关于对渔业管理主体开展联合奖惩事宜，并达成一致意见，深化辖内部门业务协同和联合奖惩工作。开展信用修复工作，为破产重整企业修复信用，在企业征信系统中登记舟山豪舟控股集团有限公司等8家机构破产重组判决信息，协助企业信用增级争取金融支持。

提升征信服务　推广征信中心两大融资平台。完成人民银行杭州中支布置的考核任务，全年平台融资成交金额超百亿元。并完成应收账款融资服务平台用户新注册77个，其中小微型企业60个，占比77.9%；用户开通55个，其中小微型企业44个，占比80%。推进存货融资服务平台在自贸区的试点工作。建立人民银行总行征信中心、杭州中支、舟山市中支三级联动，人民银行、存货融资服务平台、资金提供方和仓储方多方参与的沟通协调机制，并密切联系。先后于4月、6月和9月，组织召开直连征信中心的视频工作会议，交流业务推进意见和建议，达成广泛共识。

【金融稳定管理】 完成对20家金融机构综合评价工作，评定A等行6个，B等行14个；加强新设金融机构开业管理，做好1家新设机构的开业服务和管理。开展金融机构执行重大事项及重要信息报告制度情况自查和督查，全年向杭州中支报送2起重大事项报告，督促金融机构报送重大事项报告52起。

【金融创新】 加大金融创新实现跨境人民币业务迅猛发展。出台《浙江自贸试验区大宗商品跨境贸易人民币国际化示范区建设2020年工作方案》，全年累计结算量1048亿元，同比增长9%。提升贸易投融资便利化水平，省市联动出台《浙江自贸区优质企业跨境人民币贸易投资便利化方案》等三项便利化政策，范围从油品贸易扩展至其他贸易投融资领域。试点以来，21家贸易优质企业纳入“白名单”，累计办理便利化结算123笔、19.95亿元，其中油品贸易便利化业务66笔、19.47亿元。开展“清单式”对接和“一对一”辅导，办理油品转口贸易3笔、4904万元。推动福费廷转卖、风险参与等创新业务，资本项下结算量超900亿元，惠及企业800余家。指导辖内金融机构落地自贸区首单全口径跨境融资项下票据资产跨境转让业务。

加强金融创新推动区域金融改革进程。做大做实跨境人民币业务，推动出台《人民币国际化示范区建设2020年工作方案》，深化创新驱动，推动油品贸易试点政策扩面增量，提升贸易投融资便利化水平，推进人民币国际化示范区建设，全年完成跨境人民币结算量1048亿元，同比增长9.2%。强化外汇管理改革创新，简化经常项目外汇收支流程，支持服务油品全产业链特色业务发展，支持保税油仓单现货交易方案设计，推动外汇业务扩面增量。争取新一轮金融创新举措，推进本外币合一账户试点，推进存货融资服务平台试点工作。强化部门合作机制，深化自贸区反洗钱风险防范工作，打造可疑交易和异常行为监测网，创新反洗钱工作新机制。

（撰稿：夏天烨）

银行业保险业监督管理

【概况】 2020年，中国银行保险监督管理委员会舟山监管分局（下称“舟山银保监分局”）统筹推进疫情防控和经济社会发展“六稳”“六保”中心工作，深化金融供给侧结构性改革，防范化解金融风险，保障舟山经济金融平稳健康发展。

【助力复工复产】 印发舟山银行业保险业支持复工复产“双十条”工作意见，明确疫情防控期间以及后疫情时期金融服务重点。创新复工复产政策落地“五级分类”评估工作办法，提取20项核心指标开展持续跟踪，有的放矢指导机构强化落地质量。是年，全市银行业累计为复工企业新发放贷

3月4日，舟山银保监分局负责人走访企业了解复工复产情况（舟山银保监分局提供）

款631.38亿元，实施阶段性延期还本贷款134.00亿元，实施阶段性延期支付的利息0.91亿元，合计减息让利3.23亿元。落地全省首单企业疫情防控综合保险，累计为224家复工复产企业提供防疫风险保障7910万元。深化保证金领域保险机制运用，为企业释放保证金超20亿元。联动市发改委等5部门大力推进中小企业"双保"应急融资工作，至年底辖内19家银行机构与省级或市县(区)政策性担保机构建立正式合作，累计放款1.87亿元，稳定中小企业就业5994人。

【服务实体经济】 开展金融支持制造业高质量发展、支持小微企业园高质量发展、支持乡村振兴三大专项行动，按照舟山产业特色与经济发展实际，深化重点领域金融"滴灌"。至年末，辖内各项贷款余额2773.85亿元，较年初增长13.84%；其中制造业贷款增长34.85%，高于各项贷款平均增速21个百分点。小微企业园及园内企业贷款较年初增长64.21%，加权平均年化利率同比下降0.76个百分点。全年培育乡村振兴金融服务样板村、产业振兴亮点工程各6个，农户建档覆盖率提升至91.21%。推进"百行进万企"融资对接工作，累计达成实际授信306家，金额合计9.73亿元。保险业发挥风险保障功能，累计提供风险保障1.81万亿元，比上年增长13.43%。创新交通事故"网上一体处理"改革和"网格化"防汛防台新模式，实现电梯综合责任保险、首台(套)重大技术装备保险项目落地。

【深化风险防控】 紧盯重点机构、重点大户，坚持充分、真实反映风险，加强省、市两级联动，压实机构主体责任，凝聚政银法各方合力，"一户一策"制定风险处置方案，推进大型集团企业风险出清。全年督促银行机构处置不良贷款67.17亿元，上挂不良贷款31.29亿元；年末辖内银行不良贷款率2.57%，较全年最高点下降1.2个百分点。推进市场乱象整治，全年派出7个现场检查组对6家机构实施现场检查，发现问题139个，涉及业务金额22.3亿元。加强监管，全年完成行政处罚14件，总处罚金额653万元。密切关注法人机构单体风险，实施监审联动四项机制，提升案防与合规监管效能。加强与主发起行、地方政府沟通对接，推进辖内高风险法人机构风险化解。推进华夏人寿、天安财险等分支机构接管各项工作，未发生重大舆情事件和金融稳定风险。

【完善金融服务】 制定银行业保险业支持浙江自贸试验区油气全产业链开放发展工作方案，重点部署11项工作举措。创新自贸区金融服务指数及应用体系，动态监测金融服务情况。是年，浙江自贸试验区各项贷款增长22.12%，其中油品产业贷款增长44.41%，通过非保本理财资金、债券承销等途径为自贸区企业引入资金47.32亿元。推动全国首笔保税油品仓单质押融资业务落地，联合自贸区政策法规局制定保税油品仓单质押融资业务管理办法，共同打造该业务领域"舟山标准"。全国首创船舶综合金融服务平台，组建全省首个航运保险中心，创新远洋保赔险，金融支持自贸试验区海事服务基地建设。推动各银行机构向上争取授信审批等有关政策落地27条。丰富监管工具，创新"五色图"法小微支行市场定位纠偏体系，"一行一级一色"分类推进监管措施，全年小微支行小微企业贷款增长近四成。

【推进消保维权】 推动银行业、保险业"消费者港湾"标准化建设。贯彻银保监会信访举报投诉三个办法，制订出台分局操作细则。指导市银行业协会、市保险业协会制订各自行业"消费者港湾"建设标准，督促各机构压实主体责任，打造"海上枫桥"升级版。是年，舟山银保监分局累计完成处理各类信访举报投诉事项112件。成立舟山市银行业、保险业人民调解委员会，加强与市法院、地方矛调中心对接，建立健全覆盖全市四个县(区)的金融纠纷多元化解机制。是年，舟山银行业人民调解委员会受理各类咨询投诉32起，成功调解29起，涉及金额239.47万元，赔偿金额0.67万元；舟山保险业人民调解委员会调解纠纷130件，涉及索赔金额1370.82万元，调解成功金额1120.9万元。组织指导各银行保险机构开展"3·15""金融知识进万家"教育宣传活动，活动涉及辖内400余个银行保险机构网点，累计开展活动近700次。

(撰稿：方琪)

地方金融管理

【概况】 2020年,市金融办围绕市委、市政府中心工作和年度目标任务,依法高效履职,统筹推进经济金融高质量发展,为建设"重要窗口"海岛风景线提供金融支撑。至年末,全市有银行业金融机构27家,其中7家法人机构,21家分支机构;有市级保险公司分支机构24家,其中政策性保险机构1家;证券营业部15家;期货营业部3家;金融租赁公司1家。地方金融组织有小额贷款公司9家,融资担保公司8家,典当行及分支机构11家,融资租赁公司277家,其他地方各类交易场所2家,从事资金互助的农民专业合作社2家,民间融资服务企业1家。

小额贷款公司 至年末,全市正常运营小额贷款公司9家,注册资本总额6.85亿元,贷款余额8.87亿元,比年初增加0.08亿元。

融资担保公司 至年末,全市有融资担保公司8家,其中政府性融资担保公司7家,民营担保公司1家;担保余额7.28亿元,比年初减少0.29亿元。

典当 至年末,全市有典当行及分支机构11家;全市典当总额3.34亿元,典当余额1.05亿元,典当利息收入513.12万元。

融资租赁 至年末,全市有融资租赁公司277家,其中内资融资租赁公司40家,外资融资租赁公司237家。全市融资租赁公司业务余额约426.06亿元,比上年增长12.07%。

其他地方各类交易场所 共2家,分别是浙江国际油气交易中心和浙江海港大宗商品交易中心。是年,浙江国际油气交易中心全年营业收入同比增长275.72%,利润总额同比增长50.97%,累计集聚会员企业1852家。会员企业实现贸易量5487.64万吨,同比增长69.41%;实现贸易额1957.48亿元,同比增长37.30%。线上交易额同比增长82.69%。供应链业务贸易量同比增长300.70%;贸易额同比增长200.08%。

资金互助农民专业合作社 至年末,全市有从事信用互助业务的农民专业合作社2家,注册资本8万元,会员数量87人,从业人员4人,年末互助金发放余额121万元,发放户数10户,全年发放金额160万元,开业后互助金累放金额763万元。

【实施融资畅通工程】 出台一系列文件政策,支持企业疫情防控期间复工复产和保障重大工业项目资金需求。至年末,全市银行机构贷款余额2773.76亿元,比年初增加338.07亿元,同比增长13.9%。督促全市银行机构落实减息降费、"三减联动"等政策,推动信贷利率水平持续下行。年末,全市贷款利率5.08%,同比下降0.56个百分点。全市累计实现"三减联动"政策金额3351.87万元,完成省新冠疫情防控办《关于印发落实落细受疫情影响企业减租减息减支联动措施实施方案的通知》目标任务的111.73%;全市金融机构累计为企业减息4.88亿元,完成该目标任务的127.75%。成立金融顾问工作室,为企业提供金融顾问服务。吸引省内金融

6月22日,市委市政府召开省级金融机构支持舟山高质量发展恳谈会,6家省级金融机构与市政府签订战略合作协议(市金融办提供)

资源支持，组织召开省级金融机构支持舟山高质量发展恳谈会，推动6家省级金融机构与市政府签订战略合作协议，意向总授信3650亿元。

【防范金融风险】 防控企业“两链”风险，建立“五张清单”报送工作机制，在12月开展不良贷款风险化解处置攻坚，关注企业金融风险情况，加大风险处置力度。压实属地责任，加强排查监测预警，分类施策开展帮扶及风险化解，阻断资金链、担保链风险传递扩散。打击逃废债，发挥联合打击机制作用，市公安局会同市金融办、人行舟山市中支、舟山银保监分局重点打击逃废债。巩固互金整治和处非工作成果，开展非法集资风险及广告资讯信息排查活动、金融风险“天罗地网”监测防控系统建设推广应用，以及金融风险网格化管理业务培训和非法集资陈案处置攻坚行动等方面工作，非法集资陈案处置化解取得阶段性成果。

【加强自贸区金融改革创新】 国际油气交易中心建设　全年实现油品等大宗商品交易额7790.89亿元，其中油品交易额5858.44亿元，分别超额完成5000亿元、3500亿元的年度目标。推动浙油中心股权优化，注册资金扩张到2亿元。上期所集团战略入股获证监会批准，这是上期所首次对证监会系统外地方机构进行股权投资。加强对浙油中心监管指导力度，完成股权变更、交易品种备案转报，推进挂牌、单向竞价交易模式变更评审论证工作，推动上期标准仓单平台“浙油中心报价专区”建设。

融资租赁产业发展　至年末，全市融资租赁业务余额426.06亿元，同比增长12.07%。排查全市融资租赁企业，分类建立融资租赁企业电子档案。推动重点融资租赁企业加快发展，浙银金租开业三年累计缴纳税收超过8亿元。举办自贸区金融机构与融资租赁企业对接座谈会，推动开展银租、租租合作交流。加强监管，推动失联空壳融资租赁企业退出。

【推进企业上市挂牌】 全年新增新三板挂牌企业1家，浙江股权交易中心挂牌企业35家；浙江黎明智造上报证监会审核，大洋世家在浙江证监局辅导备案，报会的各项前期准备工作稳步推动。举办科创板创业板注册制改革专业政策解读会和全市企业上市工作推进会；精准服务重点后备企业，点对点指导重点拟上市企业，针对7家重点拟上市企业在上市推进过程中遇到的问题，逐个研究和解决。完善上市挂牌企业后备资源库，完成对入库40家企业的评估和调整工作。

【促进地方金融组织规范发展】 加强小贷公司管理，开展年度监管评级工作，落实小额贷款公司专项风险检查，督促小贷公司合规经营、严控风险。推进典当行年审整改落实，完成典当年审及评级工作及变更审核工作。做好民间融资和信用体系建设，指导做好对定海民间融资服务中心管理，推动民间融资活动阳光化、规范化。完善政策性融资担保体系建设，压实县（区）属地责任，提升政策性担保机构服务能力，降低担保费率。至年末，全市政府性担保机构为疫情防控和复工复产企业减免担保费用240.74万元，完成省下达目标任务的160.5%。

【推进自贸区金融产业集聚】 推进外资金融机构招引工作，多次赴上海等地招引外资银行等外资金融机构。推进法人金融机构筹建工作，争取首家全国性商业信用保险法人机构筹建，研究论证项目可行性，排摸符合发起人条件的企业，并加强与省级相关部门的沟通汇报，根据银保监会反馈对接调整主发起人以及其他重要事项。推进民营银行（海洋科技银行）筹建，多次与有关企业就筹建民营银行事宜就行对接，并专程赴企业调研推进筹备事宜。引入金融机构分支机构，长城证券舟山营业部正式开业，宁波银行舟山分行获批筹建，全省首家航运保险中心——人保财险浙江（自贸区）航运保险中心营业部正式获批成立。

（撰稿：刘欣）

中国农业发展银行舟山市分行

【概况】 2020年，中国农业发展银行舟山市分行落实新冠肺炎防疫抗疫，支持复工复产，合规管理风险。全年发放贷款21.63亿元，年末各项贷款余额165.16亿元，比年初增加5.23亿元，增幅3.27%；其中，生猪、小微贷款分别净增1700万元、690万元。日均存款余额34.31亿元,现拨备后FTP利润(商业银行内部资金定向转移带来的利润)1.78亿元。不良贷款保持零发生零余额。

【支持疫情防控和企业复工复产】 加大对疫情防控及经济社会发展的信贷支持力度。通过信贷应急通道授信应急救灾贷款5000万元并投放1107万元,通过复工复产通道发放优惠贷款46笔,金额17.29亿元,向企业让利1400万元。落实总行减费让利政策,全行新发放贷款加权平均利率4.12%,低于全市银行业平均水平近50个基点。支持审批延期还本付息8户,涉及到期贷款18848万元,减轻企业利息负担超过25万元。全年新准入小微企业3家,投放小微企业贷款2200万元,平均融资利率3%。

【服务“保供稳价”】 服务“米袋子”“菜篮子”工程,发放贷款18768万元,支持收购、调入、储备粮油4.5万吨,粮油供应市场份额达到331.41%,完成省行下达任务的158%。支持生猪全产业链发展,投放生猪贷款1700万元,支持养殖近5万头生猪,稳定本地猪肉市场供应,率先完成省分行下达的全年目标任务。

【支持“乡村振兴”】 拓展农村路网、人居环境、水利等农业农村基础设施建设业务。全年新获批农业农村基础设施建设项目12个,金额45.15亿元,累计支持项目16个,发放中长期贷款16.88亿元。其中,支持改善农村人居项目6个,金额8.63亿元;城乡一体化项目3个,金额1.65亿元;农村水利项目2个,金额0.9亿元。拓展创新业务领域,支持远洋渔业发展,新增支持远洋产业企业2家,发放流动资金贷款2笔,金额0.4亿元,缓解企业因疫情影响导致的流动性风险。

【服务脱贫攻坚】 号召6家客户通过帮扶、消费等多种形式助力脱贫攻坚,筹集扶贫资金24万元,带动42名贫困人口平均每年增收2380余元,累计发放扶贫贷款1.72亿元。开展消费扶贫,全行员工在“农发易购”等平台购买贫困地区农产品41671.9元。

【风险管理】 加强涉债贷款管理和风险化解工作,按还款计划或提前归还贷款13.48亿元,其中提前收回财政化解计划覆盖范围外的隐性债务贷款3000万元。与风险企业协调,全额收回粮油调控贷款5300万元,提前收回粮油购销贷款307.80万元。至年末,农业农村基础设施建设类贷款继续保持无不良、无逾期、无欠息“三无”目标。强化风险合规专员设置和考核管理,初步构建“横向到边、纵向到底”的内控合规体系。完成岱山、嵊泗信贷组撤销,相关业务划转至市分行客户业务部,资产并入市分行核算,人员分流至市分行及普陀区支行。

(撰稿:柳舟辉)

中国工商银行股份有限公司舟山分行

【概况】 2020年,中国工商银行股份有限公司舟山分行(下称“工行舟山分行”)贯彻落实市委、市政府、监管部门和上级行决策部署,坚守金融本源,优化产品服务,扩大信贷投放,为疫情防控、

3月3日,工行舟山分行负责人走访海力生集团有限公司(夏露 摄)

复工复产和制造业、民营经济、小微企业发展提供金融支持。年末，本外币各项存款余额478.32亿元，各项贷款余额386.15亿元，均位居全市银行业金融机构首位。

是年，工行舟山分行围绕国家战略和区域发展规划，建立包括规上企业、纳税前100强、重点行业客户、特色产业客户的目标客户群，单列专项规模，保障信贷资源有序投入，助力制造业技术升级、产能扩大和产业链延伸。凭借资金、科技、网络、产品等方面的优势，对优质民营客户在营销资源配备、资金规模配置、行业限额管理等方面予以倾斜，通过新增授信、办理项目融资、保函等方式增强客户黏性，确保民营企业贷款增长。依托"经营快贷""e抵快贷""网贷通"等优势产品，推广"民宿贷""渔业贷"等特色产品，以及"抗疫贷""用工贷""税易贷"等场景类产品，加大"首贷户"拓展力度，支持小微企业、个体工商户纾困发展，推进普惠金融业务提速增效。对受疫情影响较大、经营出现困难或尚未复工的企业，不盲目抽贷、断贷、压贷，按照"应延尽延"要求，通过展期、再融资、续贷、调整还款计划等方式做好融资接续安排，落实变更结息周期、适当下调利率、延迟本息偿还等措施，防止资金链断裂，满足企业复工复产与持续经营需求。

【上线"工银e政务"平台】 2月7日，工行舟山分行首个"互联网+政务服务+金融"智能化政务综合服务方案——"工银e政务"平台在舟山一家红十字会上线，以解决在家办公、远程OA等需求。"工银e政务"是依托ECOS（嵌入式可配置操作系统）智慧银行系统，面向各类政府客户搭建的统一营销服务平台，一揽子提供账户资金收支管理等基础性金融服务。

【首发"抗疫贷"】 2月12日，工行舟山分行发放首笔"抗疫贷"。"抗疫贷"是指向参与疫情防治或生产、供应疫情防控所需物资企业提供的专项用于疫情防控工作的小微企业融资产品。

【上线新冠肺炎疫情防控应急物资管理系统】 2月20日，首个新冠肺炎疫情防控应急物资管理系统在舟山某行政机关上线。新冠肺炎疫情防控应急物资管理系统运用云计算等技术，实现对应急物资分发下拨、上报、统计分析等信息化管理，用户通过手机或者访问互联网其他设备均可接入使用。

【首发疫情防控专项再贷款】 2月25日，工行舟山分行向舟山一家制药企业新增授信4000万元，并发放首笔贷款，专项用于采购疫情防控药品原材料。专项再贷款政策是一项特殊的政策安排，专门用于支持金融机构向疫情防控重点企业提供优惠利率贷款，进入重点名单的企业可以享受此项政策红利。

【推广"用工贷"助力复工复产】 3月3日，工行舟山分行上线普惠金融新产品"用工贷"，加大对小微企业信贷投放力度，助力企业复工复产。"用工贷"是工行线上融资"经营快贷"中的场景之一，依据小微客户代发工资、结算流水、金融资产等数据建立客户模型，为小微客户提供的一款线上信用贷款产品，融资额度最高200万元，期限最长1年，额度循环使用，随借随还。

【上线校园防疫登记管理系统】 3月中旬，工行舟山分行在舟山10余所学校上线校园防疫登记管理系统，提供线上健康报备、登记渠道等服务，避免因人员集聚导致病毒传播的风险。校园防疫登记管理系统通过在线登记、一人一码形式，实现校园场景的无接触信息统计和健康情况报送，实时把握师生群体轨迹信息。

【办理首笔资本项目外汇收入支付便利化业务】 4月16日，工行舟山分行办理首笔资本项目外汇收入支付便利化业务。资本项目外汇收入包括外汇资本金、境内资产变现账户内资金、境内再投资专用账户内资金、外币外债资金和境外上市调回资金。资本项目外汇收入支付便利化试点是国家外汇管理局大力推进跨境投资自由化便利化、持续推进资本项目可兑换改革的最新举措，企业可以在免于提前审单情况下，凭支付命令在银行办理资本项下的外汇收入支付使用。

【实现代理同业开立信用证业务"零"突破】 4月21日，工行舟山分行代理某银行业金融机构舟山分行开立国际进口信用证，实现代理同业开立信用证业务"零"的突破。代理同业开立信用证业务是指委托行根据其公司客户申请,委托工行作为开证行,为客户开立国际/国内信用证的业务。

【办理首笔跨境人民币结算便利化业务】 5月12日,工行舟山分行为舟山一家名单内优质企业办理跨境人民币结算便利化业务。名单内优质企业只需凭《跨境业务人民币结算收/付款说明》或收付款指令即可提交申请办理货物贸易、服务贸易跨境人民币结算以及资本项目人民币收入资金在境内支付使用。

【"税易贷"助力小微企业】 5月22日,定海一家小微企业通过工行舟山分行普惠金融信用产品"税易贷"获得贷款。"税易贷"是工行基于税务部门提供的小微客户涉税信息,以及客户在行内外经营类、资产类等多维度数据构建客户筛选、额度测算及风险监测模型,为符合要求的小微客户提供标准化小额信用贷款,突破了银行传统以企业财务报表为主的评价授信方式,实现以小微企业纳税额、纳税信用和银行信用积累为主的评价授信新模式。

【办理首笔法人客户网上质押融资业务】 5月28日,工行舟山分行为舟山一家企业办理法人客户网上质押融资业务,即线上法人理财购买、质押、开立电子银行承兑汇票。法人客户网上质押融资是指工行为法人客户提供以金融资产质押方式办理的表内外融资业务,包括网上质押贷款、网上质押开立银行承兑汇票两种业务模式。

【开办外币预约取现业务】 6月22日,工行舟山分行办理首笔外币预约取现业务。外币预约取现业务是个人客户通过手机银行约定领取外币现金的网点、币种、金额和日期,由银行现金营运中心集中实施外币现钞分拣、标准化二维码封装、配送至客户指定网点,由客户在约定日期到指定网点以无介质形式完成封包领取外币现钞的新模式。

【办理首笔法人客户直驱记账贷款】 6月24日,工行舟山分行办理一笔小企业固定资产构建贷款直驱记账业务。法人客户直驱记账贷款是通过金融科技手段对法人客户贷款业务流程进行优化改进推出的新业务。"直驱"是指贷款审批结束后,在贷款发放阶段,客户经理直接在系统发起放款指令后,由系统将贷款资金发放到指定账户,完成贷款发放流程。

【"减证便民"助力"无证明城市"】 6月26日,《舟山市第一批金融领域取消的证明材料清章》出炉,经银行梳理上报、司法局审核把关,工行舟山分行确定首批取消17项证明材料。其中,涉及企业工商变更登记情况证明、户口迁移证明、无犯罪记录证明、学历和技术职称相关证明、信息移交协议相关证明、办理资金划转相关证明等14项证明材料、证明文件直接取消,居住地址证明、登报的遗失证明由申请人自行承诺,刻章(变更、挂失或立案)有关证明材料可通过"遗失证明"网上公示平台查询。

【办理首笔"单一窗口"在线融资"跨境贷"】 7月17日,工行舟山分行办理首单"中国国际贸易单一窗口金融服务"在线贷款业务"跨境贷"。"单一窗口"是由国家口岸管理办公室主导建设的集报关、税务、银行服务于一体的口岸贸易线上平台。"跨境贷"是工行与海关总署合作,基于进出口企业真实的报关单、税单、海关企业信用评级等数据,建立业务模型,为优质进出口企业提供的线上信用贷款业务。

【办理首笔增强型掉存通业务】 7月30日,工行舟山分行为舟山一家企业办理首笔增强型掉存通业务。增强型掉存通业务是通过两笔不同期限、金融相同、方向相反的远期外汇买卖,按外汇掉期的市场价格,近端把美元存款转换成欧元存款,远端把欧元换回美元,在帮助客户提高外汇存款收益同时,增加银行外汇买卖中间业务收入。

【发放首笔泛交易链法人经营快贷】 8月4日,工行舟山分行为舟山一家招商引资企业发放首笔泛交易链法人经营快贷,具有无须抵押、流程简便、提款方便等特点。泛交易链法人经营快贷是指银行与优质核心企业合作,围绕产业链中的信息流、物流、资金流等数据,为核心企业上下游小微客户在劳动用工、设备更新、原材料采购等方面融资需求提供的线上信用贷款。

【最大金额海外代付业务落地】 8月28日,工行舟山分行为某重点客户办理一笔进口预付款融资项下海外代付业务，金额9000万美元。海外代付是指银行根据进口商资信状况，在其出具信托收据并承担融资费用的前提下，由境内银行指示其海外代理行代进口商在信用证、进口代付、T/T（电汇）付款等结算方式下，支付进口货款所提供的短期融资方式。

【推出增值税专用发票预约配送业务】 8月28日，工行舟山分行完成首笔客户线上申请的增值税专用发票集中打印寄送业务，实现“线上申请+后台处理+物流配送”一站式服务。

【推广渔农村闲置农房信息发布与交易平台】 9月24日，工行舟山分行与舟山市农业农村局合作开发的“舟山市渔农村闲置农房信息发布与交易平台”亮相全市闲置农房盘活利用暨渔农房民宿发展现场推进会。舟山市渔农村闲置农房信息发布与交易平台是工行舟山分行根据市农业农村局业务需求，通过自主经营、合作开发、个体出租、集体收储等模式，推进宅基地“三权分置”改革及闲置农房盘活利用的信息化合作平台，涵盖闲置农房信息发布、交易、金融服务等功能。

【推出“尾款贷”】 10月15日，一位个体私营业主从工行舟山分行获得一笔新型贷款，贷款金额的40%在五年内等额还本付息，剩余的60%只需按每月付息，五年后再还本金即可，成为工行舟山分行“尾款贷”首位借款人。“尾款贷”是工行基于企业投资回本、生产周期长且回笼资金稳定，而面向个体工商户和私营业主推出的一款个人抵押经营贷款，通过延长部分本金归还期限减轻客户还本付息的压力。

【柜面人脸识别打造无介质服务新模式】 10月26日，工行舟山分行投产无介质服务模式，将人脸识别技术运用到柜面服务中，客户无须携带卡、折等介质，柜面通过客户拍照环节采集人脸图像和视频流，自动监测和跟踪人脸，与身份证照片进行对比识别，在存款取款、账户注册、信息查询、密码重置等业务办理过程中即可实现人脸识别。

【全面启用存款保险标识】 根据人民银行统一部署，11月28日起，工行舟山分行辖属营业网点统一使用存款保险标识。存款保险标识由中国人民银行统一设计，构成要素包括存款保险形象图案、“存款保险”中英文文字、“本机构吸收的本外币存款依据《存款保险条例》受到保护”文字和“中国人民银行授权使用”文字。

【个人贷款余额突破100亿元】 11月末，工行舟山分行个人贷款余额100.09亿元，成为全市首家个人贷款余额超100亿元的银行业金融机构。优化个人贷款业务结构，推出个人住房、个人消费、个人经营性三大类10多款个人贷款产品，涵盖住房、商用房、汽车、车位、家居消费、文化消费、综合消费、个人信用、个人经营等领域。关注、跟进房地产开发，储备房企业务资源；注重与住房公积金管理中心联系，加强公积金与商业贷款联动营销，密切与中介机构合作，争取优质按揭项目、非房地产开发项目资源，扩大二手房贷款市场份额。推进个人贷款运营中心建设，强化业务处理能力，加快审批投放速度，制订差别化利率实施细则，吸引客户办理个人住房按揭贷款。严格执行“亲见、亲签”双人调查制度，防范不良风险，促进个人住房贷款健康发展。

【首笔医疗行业数字供应链融资落地】 12月3日，舟山一家医院上游供应商线上提款成功，工行舟山分行首笔“医疗行业数字供应链融资”落地。供应链融资即通过供应链的应收款融资，供应链上的核心企业及其相关的上下游配套企业作为一个整体，根据供应链中企业的交易关系和行业特点制定基于货权及现金流控制的整体金融解决方案的一种融资模式。

【办理首笔“双保”应急贷款】 12月31日，工行舟山分行启动双保应急融资支持机制，为舟山一家水产企业发放“保就业、保市场”应急贷款500万元。双保应急融资支持机制是浙江省通过政银企协同联动，引导银行资金精准支持受疫情影响急需融资的应急融资支持机制。

【发展消费分期付款业务】 是年，工行舟山分行发挥信用卡信贷功能，引导和帮助持卡人将潜在的消费需求转变为实际消费，推出融e借、幸福分期、房抵e分期、家装分期、车位分期等业务，多方位满足居民购车、租房、家装、婚庆、教育、旅行等大额消费需求。全年累计投放消费分期付款3.61亿元，信用卡支持消费、拉动消费、促进消费作用日益明显。

【落实“断卡”行动防范欺诈风险】 落实以打击、治理、惩戒非法开办贩卖“银行卡、电话卡”有关违法犯罪团伙为主要内容的“断卡行动”，提升外部骗诈风险防控能力和管理水平。全年防堵外部欺诈风险事件10起，涉及金额32万元，协助公安机关查询、布控疑似账户2128户，成功止付65户，金额251.57万元，追回客户被骗资金1.5万元。

【提升线上线下一体化服务】 实施客户服务全流程线上化、订单化改造，构建线上便捷办理、流程无缝衔接、信息实时交互的线上线下一体化运营模式。推出借记卡换卡不换号、个人资信证明、历史明细打印、对公凭证预约购买、增值税专票预约打印、吞没卡领取、个贷结清证明、个贷历史明细、外币预约取现等个人及对公业务场景，加大无接触服务供给，让客户“一次都不用跑”。推出“无介质”服务模式，选取客户需求较高的个人存取款、账户信息查询、个人历史明细查询、电子银行注册、密码重置等多种业务场景，提升客户服务体验，满足客户“出门不带卡”的需求。坚持“数据驱动、场景获客”理念，围绕“经营快贷”“网贷通”“数字供应链”三大主力产品，打造“小微e贷”线上化产品体系。

【推进绿色信贷建设】 贯彻落实浙江银行业绿色金融“行动计划”，加大绿色产业、绿色企业和清洁能源、节能环保、循环经济等绿色经济领域的信贷投放，支持“美丽浙江”建设。倡导绿色金融理念，培育信贷人员自觉形成促进可持续发展的行为习惯，传递绿色金融政策和绿色金融专业知识，在贷款调查、贷款审查、授信审批、合同签订、贷款发放及贷后管理等环节，严格落实环保“一票否决制”和一把手负总责、分管领导亲自抓、相关部门具体抓的环保风险防控机制。完善绿色金融工作绩效评价和激励机制，完善信贷行为积分管理办法考核指标，强化绿色金融合规管理；将绿色信贷纳入行长经营绩效考核，对政策执行不到位、被环保处罚尚未结案客户办理融资的，直接扣减相应考核指标；建立健全环保违规问责制，对工作不尽职导致环保调查不到位、为存在环保问题客户提供新增融资的，严格问责相关人员。落实绿色金融差异化服务机制，对拟提供融资支持的客户按照绿色信贷分类标准，分合格、观察、整改三大类在系统中准确录入客户绿色信贷分类标识，履行绿色信贷分类调整审核职责。落实专人每周不少于1次登录各级环保信息网页查询企业环保违法信息，多渠道主动收集、密切关注环保处罚、环保信访、媒体曝光等环保信息，定期排查辖内客户环境风险。严格环保信息处理机制，对动态监测过程中发现客户存在环保问题或环保风险隐患的，完成风险核查、下发风险提示、制定应急处理方案、采取风险控制措施，包括严格控制融资总量、现有融资予以压退、下调绿色信贷分类标识和贷款质量分类等。

【“春融行动”助力稳外贸稳外资】 是年，面对全球疫情和市场剧烈波动对外贸企业的影响，工行舟山分行落实“春融行动”，利用中国(浙江)自贸试验区的政策优势，发挥工行渠道覆盖面广、技术先进、产品齐全、资金雄厚等服务优势，致力金融互联互通，提供全方位、全链条的跨境金融服务，解决外贸企业在进出口贸易融资中的痛点难点，助力“稳外贸、稳外资”工作。全年国际结算量84.82亿美元，年末国际贸易融资余额2.06亿美元。为某保税燃料油加注企业办理全市首笔油气全产业链跨境融资业务，金额4300万元；落地首单“中国国际贸易单一窗口金融服务”在线贷款业务“跨境贷”和首笔服务贸易项下进口信用证开立业务；为某重点企业办理金额9000万美元的进口预付款融资项下海外代付业务。借助国家外汇管理局在浙江省开展资本项目外汇收入支付便利化试点带来的便利，为某外商投资企业办理首笔资本项目外汇收入支付便利化业务；根据《浙江自贸区优质企业和油品优质企业跨境人民币贸易投资便利化方案》，为一家纺织企业办理首笔跨境人民币贸易投资便利化业务；根据国家外汇管理局《关于优化外汇管理支持涉外业务发展的通知》，为一家客户大宗货物贸易差额退回办理免予登记的退汇业务。

（撰稿：陈文光）

中国农业银行股份有限公司舟山分行

【概况】 2020年，中国农业银行股份有限公司舟山分行（下称“农行舟山分行”）围绕市委、市政府、监管部门、上级行党委的各项决策部署和工作要求，加大信贷支持地方经济力度，创新做大自贸区金融，协同优化金融环境，创新金融科技，助力“四个舟山”建设。至年末，农行舟山分行各项存款余额344.44亿元，比年初增加44.5亿元；各项贷款余额411.08亿元，比年初增加37.47亿元。

【支持地方经济发展】 是年，农行舟山分行连续四年获支持地方经济发展考评一等奖，在2020年度浙江省万家民企评银行活动中，获得市级“民企最满意银行”称号。全年新增信贷资金投放37.47亿元，主要支持浙能嵊泗风电项目、舟山跨海大桥经营固定资产贷款、城投小干岛基础设施专项债配套融资项目、浙石化二期项目等一批政府主导、基础设施类优质项目。重点增加对绿色信贷、基础产业、先进制造业、战略性新兴产业等信贷支持。基础产业贷款、战略新兴产业贷款、绿色信贷余额分别比年初增加11.72亿元、9.56亿元、8.50亿元，国有企业贷款、制造业贷款占比分别比年初提高5.01个百分点、5.43个百分点。7月23日，农行舟山分行与舟山市政府就甬舟铁路等11个项目签订合作意向。

【服务“三农”】 优化“三农”信贷结构，服务乡村振兴战略。至年末，农行舟山分行农户贷款余额5.72亿元，比年初增加2.27亿元，增长65.82%；惠农e贷余额4.97亿元，比年初增加2.65亿元，增长114%。县域贷款、涉农贷款增速等指标均高于全行贷款增速，各项监管要求全面达标。

创新惠农产品服务模式，为“三农”客户定制“美丽海岛贷”“惠农e贷”“渔船舶抵押贷款”等特色产品，支持舟山海洋捕捞、水产品养殖加工等产业发展和渔民创业致富。“渔船舶抵押贷款”全年新增发放1.28亿元，满足渔农民的生产经营资金需求。在全市推广“惠农通”工程，搭建移动支付场景，创建星级服务点，使渔农民足不出户就能享受金融服务。全年新增惠农通服务点34个，创建星级服务点10个。

助力脱贫攻坚，通过消费扶贫、帮助销售、东西部协作扶贫等方式，推进对贵州黄平、四川凉山的对口帮扶，全年完成消费扶贫自主采购33.11万元，帮助销售144万元。选派业务骨干到全市8个乡镇挂职，继续当好“金融参谋”，在乡村发展中奉献农行力量，彰显农行担当。

【普惠金融服务小微企业】 加大对小微企业首贷、续贷、信用贷款投放力度，全年向438户小微企业投放贷款38.77亿元，银保监、央行两大口径普惠金融贷款分别比年初增加11.98亿元、10.26亿元。全年新增普惠型小微企业法人客户207户，小微企业首贷户99户。

推出“小微网贷”“抵押e贷”“纳税e贷”等小微线上产品，发挥线上贷款申请便捷、自动审批、放款灵活、利率优惠等特点，为小微企业提供融资便利。推广“短转中”“年审贷”“续捷e贷”等中期流贷和无还本续贷业务，减少小微企业经常性贷款周转，缓解企业资金压力，降低综合融资成本。依托浙江省金融综合服务平台、E周融平台、“浙里办”、银税互动、工商小微云等平台，提供多渠道、全流程线上融资服务。运用大数据技术增强对企业信用的分析、识别能力，提升放贷效率。

完善小微金融服务体系，以农行舟山分行普惠金融事业部为管理机构，以定海支行为普惠金融专营机构，全市27家网点具体对接，构建以点带面、层层铺开的小微金融服务体系，下沉服务重心，拓宽小微金融覆盖面。开展“百行进万企”“百地千名行长助企业复工复产”“三服务”等活动，实地走访了解企业金融需求，宣传解读各项金融惠企政策，定制个性化金融服务方案，提高金融政策普及度和银企对接精准度。

【创新金融科技服务】 全年新建2家自助服务点。6月，投入使用全市农行首家5G智慧银行——新城支行。融入人工智能、大数据、移动互联技术，围绕“智慧运营平台”，集智能化业务处理、综合化服务和高效率运行管理为一体，实现客户精准感知、产品量身定制、业务场景融合、服务一站交付,创新金融科技服务。推动“无证明城市”和“最多跑一次”改革工作,推进“存量周转类小微用信业务提前申报机制”和信贷业务运作流程“一次调查、一次审查、一次审批”,简化审批环节、优化审批服务、推进制度完善,全年制定细化措施13条,取消证明材料17项,提高金融服务便利性。

【支持疫情防控和复工复产】 落实各项疫情防控措施,落实降息、减费、让利,支持重点企业恢复生产,全年减免利息合计超6000万元。与舟山市融资担保有限公司建立“双保”应急融资担保合作,发放“双保”应急贷款350万元。配合监管机构开展“普及金融知识万里行”“普及金融知识,守住‘钱袋子’”等金融知识普及活动。

（撰稿:冯笑笑）

中国建设银行股份有限公司舟山分行

【概况】 2020年,中国建设银行股份有限公司舟山分行(下称“建行舟山分行”)以“高质量发展、新金融实践”为主线,聚焦疫情防控和生产经营,主动融入舟山群岛新区、浙江自贸区建设,深化改革、谋划发展,持续发挥国有大行经济“助推器”和金融“稳定器”的作用。至年末,建行舟山分行一般性存款总量282亿元,比年初新增21亿元;各项贷款余额222.8亿元,比年初新增29.1亿元。存贷款加力提速,对公核心存款日均余额较年初新增11.8亿元,个人核心存款时点余额较年初新增18.27亿元。各项贷款222.83亿元,比年初新增29.15亿元。

【服务地方经济建设】 是年,建行舟山分行结合舟山经济规划和自贸区发展特色,加快优质项目营销和储备。全年实现浙江石油化工有限公司4000万吨/年炼化一体化项目(一期)工程、浙江浙能国电投嵊泗海上风力发电项目、中广核嵊泗海上风电项目等全市基础设施、绿色能源、油气产业项目新投放约39亿元,对公贷款比年初新增24亿元。推进民营企业、制造业等重点领域信贷支持,研究制定方案帮扶企业复工复产。至年末,民营企业贷款余额、制造业贷款余额分别为71.4亿元、54.4亿元,分别较年初新增约10亿元、11.3亿元。通过降低利息、费用减免、利息延付等多措施,减息让利0.7亿元。

【参与国际业务】 在跨境出口风险参与、福费廷等国际业务领域获突破。围绕油气行业客户,实现国际信用证、海外代付等表内外资产投放累计约70亿元,比上年增长75%。实现国际结算量12.8亿元,同比增长84%。

【风险防控】 加强“预、监、管”体系建设,落实全面风险管理。加强与政府、法院等沟通,通过法律诉讼、催讨、批量转让、核销等多种渠道推进不良贷款处置,全年处置存量不良贷款1.47亿元。

【发展普惠金融】 以“惠懂你App”“小微快贷”等平台产品为载体,运用零售化作业和精细化管理、线上和线下融合的普惠业务发展模式,加快推进业务发展。至年底,普惠金融贷款余额11.94亿元,比年初新增3.52亿元;普惠两增口径客户1587户,比年初新增319户。丰富普惠金融产品服务体系,创新推出“浙叶云贷”“商户云贷”“船老大贷”等,全省首创推出以产品超市模式推介,“惠懂你”对接融入“自游宝”“裕农通”,服务点覆盖全市。支持企业复工复产,实现全市首笔标准“双保”应急贷款落地,新增首贷户84户,累计发放首贷户贷款1.6亿元。推广“舟山E周融”、浙江省金融综合服务应用,分别实现平台授信笔数653笔、187笔。

【推进住房租赁】 强化G端(政府端)连接,围绕支付和房源每季开展专项活动,上线智慧房管、交易资金监管两大数字房产系统,对接浙江海洋大学、浙江舟山群岛健康与旅游职业学院推进智慧宿舍管理项目,培育住房租赁新生态。

【发展数字金融】 开启智慧政务的“建行模式”。是年,建行舟山分行搭建“优政+利企+便民+拓客”多维度场景,推进数字金融发展。

推动与舟山市司法局独家合作搭建“智慧司法”平台助力司法信息化建设;与舟山市民政局独家合作搭建“幸福驿站”平台助力打通离岛民生服务“最后一公里”;与六横管委会合作搭建互联网医院提供破除地域限制的线上就医服务;与舟山市政务办合作上线STM(超级柜员机)渠道

不动产权证书、社会保险参保证明等45项证照查询打印。

为一企业自主研发“智慧厂区”平台，全国首创。上线银企智联6家。做强善融平台，疫情防控期间帮助阿开渔获、东海渔嫂、普陀山食品公司等当地品牌企业去库存、渡难关。与舟旅集团开展合作，实现聚合支付覆盖普陀山车船、景区门票、酒店住宿、舟旅线上商城等旅游资源。

移动金融交易量占比、理财产品移动成交量(额)、快捷支付有交易客户、全年新增生态场景活跃e账户、善融商城交易额等多项指标均列系统前列。推广“悦生活”平台应用，年末有平台场景数167个，比年初新增27个。累计上线无感停车项目44个，覆盖重点景区、商圈。上线智慧餐饮应用平台11家，打造完成全省首个刷脸示范商圈。

深化大数据网络化客户经营，通过神算子平台加强客群分析和标签梳理，全年创建活动38个，累计短信触达客户37万人次。

【助力乡村振兴】 保持金融助力乡村振兴工作力度，加大扶贫、涉农领域信贷投放，扩大“渔老大贷”自主创新产品应用，打造金融助力乡村振兴的海岛样板。结合舟山当地渔农村特点，拓展渔农村C端(客户端)客户，打造“裕农学堂”，服务农户近4000户，服务点活跃率100%，推动“裕农通”由“村村通”走向“点点活”。

【提升金融智慧服务】 在就医指导平台“微医”，接入微信公众号推出“防控疫情”专栏。组织开展“建行劳动者港湾，鼠年送福活动”“情暖港湾，同粥共建”腊八节公益活动、“粽情港湾，情意相通”端午主题活动、“夏日送清凉”“冬日送温暖”等公益活动，上线“新冠肺炎疫情实时救助平台”，建成住房金融服务中心、健康服务、军人特色等主题网点18个。

（撰稿：建行舟山分行）

中国银行股份有限公司舟山市分行

【概况】 2020年，中国银行股份有限公司舟山市分行(下称“中行舟山市分行”)面对新冠疫情和全球经济下行的双重冲击，实现发展质量、结构、规模、速度、效益、安全统一，较好地完成全年工作任务。全年实现营业收入5.34亿元，其中净利息收入4.31亿元，比上年增长15.42%；实现拨备前利润3.69亿元，同比增长15.45%。至年末，中行舟山市分行本外币各项存款总额156.67亿元，本外币各项贷款总额229.27亿元，较年初新增33.89亿元，增幅17.34%。其中，公司贷款161.37亿元，新增31.81亿元，增幅24.56%；个人贷款67.9亿元，新增2.07亿元，增幅3.15%。四大行口径贷款时点市场份额18.73%，新增1.12个百分点。全年实现跨境人民币结算量286.91亿元，国际结算业务量76.11亿美元，同比增长70.06%；即期结售汇业务量23.69亿美元，同比增长298%。至年末，不良余额(1.82亿元)、不良率(0.8%)实现“双降”，低于全市平均水平(2.57%)。

【融入地方建设】 围绕EVA(经济附加值)指标，融入地方经济发展，支持自贸区“一中心三基地一示范区”建设，服务全市建设“四个舟山”、打好“五大会战”，做大做强业务规模。

支持重大项目　推动中行浙

8月27日，中行浙江省分行支持浙江自贸试验区发展暨重点项目签约活动在新城举行(汤竣焜　摄)

江省分行与舟山市政府建立战略合作关系，承办中行支持浙江自贸区发展暨重点项目签约活动，现场发布《支持自贸区开放发展金融服务十五条》，省分行与浙江自贸区管委会签订战略合作协议，中行舟山市分行与甬舟铁路、绿色石化二期等8个重点项目签订合作协议，签约授信金额总计509亿元。中行舟山市分行全年批复重点授信项目5个，其中浙石化炼化一体化项目二期授信100亿元。至年末，全行制造业贷款余额105.49亿元，新增30.05亿元，增幅39.83%。

支持浙江自贸区建设　落地全国首单自贸区保税油品质押融资业务。牵头中银集团战略入股自贸区内综合性石油化工现货交易平台——浙江国际油气交易中心有限公司，并于7月为中心上线运行"中银E商通"大宗商品及产(股)权交易资金在线支付业务。推进自贸区跨境业务便利化，全年叙做油品贸易跨境人民币结算便利化业务57笔，金额12.41亿元。推进外汇贸易便利化试点工作，全年办理20笔外汇贸易便利化业务，涉及4家企业累计金额1.23亿美元，并落地浙江自贸区首笔服务贸易项下外汇收支便利化业务，涉及金额25.23万美元。先行先试，推广全口径融资项下国内证福费廷资产转卖、联行融资、跨境人民币资金池等创新业务，探索境外联行跨境人民币资产买入等创新业务模式。

强化场景应用、数字应用建设　深耕智慧医疗、智慧校园、智慧园区、智慧党建等场景生态，推广消防、高校、社区"复兴壹号"智慧党建平台，将线上金融服务嫁接到学校、部队、园区以及互联网平台。入围第三代市民卡升级改造项目合作银行、医保电子凭证合作银行，智能柜台建设、移动柜台推广全面落地，加强"来聚财"和"中银智慧付"等商户网络建设，为大商场、综合体、批发及小商品市场等提供收款、结算、理财、授信等一揽子金融服务，助推"智慧舟山"建设。

【助力民营经济复苏】 落实"六稳""六保"工作要求，从授信审批、发放审核、流程保障、尽职免责和容错纠错、降低融资费用、创新产品服务等多方面支持民营企业和实体经济，助力复工复产、复市复业。

助力民营小微企业复工复产　推出"中银企E贷信用贷""中银企E贷银税贷""中银企E贷抵押贷"等系列线上产品，向小微企业提供线上授信服务。支持舟山航运业发展，向上申报油品化学品运输行业"海运贷"服务方案，全年新增获批海运企业10家，授信总额7150万元。为4家疫情防控重点企业清单内企业通过"战疫贷"产品绿色审批通道，快速获批授信总量2270万元。并推出复工贷、续融通等产品，给予利率优惠，开辟绿色通道，并给予各项延期还本付息、减免融资费用等优惠政策，助力个体工商户、小微企业主复工复产。至年末，中行舟山市分行民营企业贷款余额138.71亿元，占全部对公贷款的80.79%，较年初新增38.69亿元，增幅38.68%。推广小微企业无还本续贷业务，全年发放小微企小微企业无还本续贷9840万元，余额为8840万元，占全部普惠小微企业贷款余额的35.87%。

助力普惠金融　与经信部门合作推出中小微企业"雏鹰助飞"专项金融服务方案，全年新增获批29家普惠小微企业，新增授信总量1.88亿元。普惠型小微企业贷款平均贷款利率3.84%，较上年度下降77个基点。"两增两控"口径普惠贷款余额较年初新增2.03亿元，增幅45.9%；普惠型小微授信户数较年初新增59户，增幅18.91%。

【资产管理】 是年，中行舟山市分行完成某集团大额不良核销，平移压退某船舶修造企业不良授信7.51亿元，全年累计清收化解不良资产6.58亿元，收回已核销不良资产458万元。实行公司授信管理体制改革，制定下发《舟山分行2020年区域信贷策略报告》，推进企业联合会商机制，强化大户经营管理责任制，实施大额授信客户定策，对4家大额客户进行授信定策，因客采取防控措施，推动全行不良资产清收化解及资产质量管控工作。至年末，全行增长和选择性增长类行业授信余额136.07亿元，占比84.32%，比年初增加20.85亿元，增幅为18.09%。

(撰稿：汤竣焜)

交通银行股份有限公司舟山分行

【概况】 2020年，交通银行股份有限公司舟山分行(下称"舟山交行")贯彻落实市委市政府和上级行的决策部署，做好疫情防控，支持企业复工复产，提升金融服务实体经济质效。至年末，各项存款余额49.1亿元，各项贷款余额64.17亿元。是年，舟山交行获人民银行舟山中支综合评价B级。

【助力复工复产】 金融支持复产复工，强化疫情防控期间各类金融服务保障。集中资源、优化政策，确保疫情防控金融服务精准有效。统筹调度人员资源，合理安排网点营业，确保金融基本服务、应急服务不断档；支持制造业、小微企业、民营企业复工复产，推进普惠金融、绿色信贷发展。2020年度，舟山交行制造业贷款净增9.72亿元，民营企业贷款净增11.2亿元，绿色贷款净增0.73亿元，涉农贷款净增0.79亿元，普惠两增贷款净增1.75亿元。全年审批发放疫情专项贷款4577万元，推进服务收费减免273笔合计366.46万元。舟山交行班子成员投身“百地千名行长助企业复工复产”客户走访活动，设专人负责推进“百行进万企”“三服务”等活动，落实指导培训。全年行领导带队走访企业94次，为民营和小微企业解决融资需求9.16亿元。实施“一企一策”，分类施策，运用重组等手段给予企业信贷支持，疫情防控期间不盲目停贷、压贷、抽贷、断贷，给予企业“缓冲期”。全年为6户民营困难企业办理无还本续贷13455.5万元。推进金融服务平台管理，全年对接订单117笔，授信金额8.26亿元。

【推进自贸区业务】 全年为自贸区油品企业办理油品贸易结算2.08亿美元，带动结售汇0.88亿美元，国际证开证1.53亿美元，贸易融资0.53亿美元。对接浙江自贸区油品产业链重大项目主体浙江石油化工有限公司，全年为企业开立进口信用证1.36亿美元，进口押汇0.47亿美元，流动资金贷款4.9亿元，开立保函2.15亿元。推广自贸区便利化服务政策。办理舟山市首笔货物贸易外汇收支便利化支出业务，金额140万美元；开办首笔跨境人民币贸易结算便利化汇款业务，金额167.8万元；通过电子渠道办理贸易外汇收支便利化汇款，实现全流程线上办理。全年办理便利化试点业务1.8亿美元。配合监管部门开展跨境人民币和外汇业务知识宣传、外汇业务劳动和技能竞赛宣传等多项线上宣传与竞赛活动。

4月2日，舟山交行行长带队走访企业助力复工复产（王燕燕　摄）

【支持重大项目】 1月，经总行审批通过舟山交行给予浙石化授信敞口20亿元。利用疫情防控期间异地机构核保便利政策，委托萧山分行、嘉兴分行、衢州分行等当地交行协助核保，实现企业授信投放。引入交银租赁子公司对接企业项目，为浙江石油化工有限公司办理项目配套设备的融资租赁业务13亿元，期限2年，租赁价格低于同业租赁公司。

【业务创新】 推进抵质押创新，拓展完善舟山特色产业项目制。扩大原与省农信担保合作的远洋渔业补贴质押项目制范围，批复新增远洋渔船船舶改造资金补贴质押；申报扩大原先与舟渔公司合作的鱿鱼质押项目范围，新增其他海产品质押；申报新增与远洋基地合作的鱿鱼质押项目制。全年新增项目制提用0.33亿元。

银银平台客户接入取得重大突破。参与舟山人行召开的跨境人民币业务推进会，营销某农村商业银行 CIPS(人民币跨境支付系统)清算专户,并开通银银智道平台,成为交行系统全省银银智道平台 CIPS 功能首家客户,为代理跨境人民币业务的推广和同业客户的拓展奠定基础。

【强化风险管控】 至年末,舟山交行不良率为 0.42%,全年实现不良贷款现金清收 2409 万元,累计收回高风险资产本金 3130 万元。对疫情影响下资产质量开展排摸,实现全年未新增高风险资产。开展案防工作,成立交通银行舟山分行内控委员会,并对案防架构进行调整,落实案防责任。开展"预防违法违规放贷、代销业务规范管理、员工异常行为排查、数据信息安全管理、担保管理""五大领域"专项治理,推进内控管理,提升员工案防意识。

(撰稿:王燕燕)

浙江省农村信用社联合社舟山办事处

【概况】 2020 年,浙江省农村信用社联合社舟山办事处(下称"省农信联社舟山办事处")围绕服务"三农"、服务民营小微企业、服务地方经济社会发展,推进大零售和数字化转型,深化海岛普惠金融,为全市经济社会发展作出贡献。是年,全市农信下辖定海海洋农商银行、普陀农商银行、岱山农商银行和嵊泗农商银行,拥有营业网点 135 家,建有丰收驿站(便民金融综合服务点)132 家,基本覆盖舟山所有社区、乡村以及偏远海岛,在编在岗人员 1529 人。至年末,全市农信各项存款余额 514.41 亿元,比年初增加 59.84 亿元,存款市场占有率 20.25%,存款总量、增量和市场占有率均居全市银行业第一。各项贷款余额 377.07 亿元,比年初增加 67.56 亿元,增幅 21.83%,贷款增量、增幅均创近 6 年同期新高。贷款市场占有率 13.59%,贷款增量居全市银行业第一;五级不良贷款余额 4.25 亿元,不良率 1.13%,清收处置不良贷款 2.73 亿元,拨贷比 5.17%,拨备覆盖率 459.71%;实现业务总收入 25.32 亿元,增幅 9.89%,实际利润为 7.74 亿元;全年上缴税收 2.31 亿元。

【助力复工复产】 贯彻落实中央和省委、省政府及市委、市政府统筹推进疫情防控和经济社会发展重要决策部署,用好人民银行两项直达工具和防疫专项再贷款,落实银保监"双保"应急融资支持机制和省农信联社出台的十大举措,捐赠 85 万元用于定点医院采购疫情防控所需物资,设立 13 亿元专项信贷资金,全年发放贷款 144 亿元,支持企业 3789 户,让利金额 6416 万元,其中向 12 家企业发放抗疫专项再贷款 4170 万元,占全市已发放企业数 50%。创新推出"复工贷""复商贷"等特色贷款,通过适当下调贷款利率、调整结息频率、减免逾期利息等方式,加大"T+0"转贷、"续贷通""延贷通"等无缝续贷业务应用,对暂时受困企业予以扶持。

【畅通融资渠道】 深化"三服务",开展"百行进万企"活动,加大对小微企业园区金融支持力度,与合创物流联盟中心、普陀湾众创码头、海洋科学城定海工业园区、干礅远洋渔业小镇、金塘螺

1 月 29 日,定海海洋农商银行向定海春金制衣厂发放全市首笔防疫物资生产贷款(省农信联社舟山办事处提供)

杆小镇等签订战略合作协议，预授信金额超15亿元。与舟山国家远洋渔业基地建设发展集团有限公司签署金融服务战略合作协议，单列10亿元信贷资金助力远洋捕捞、水产品精深加工、冷链物流、渔船修造等远洋渔业产业链发展。开展首贷户拓荒行动，加大“E周融”“总对总线上抵押”等线上平台和“浙里贷”等线上贷款业务推广使用力度，提升金融服务效率。

【深化政银合作】 省农信联社与舟山市政府签订金融服务社会治理合作框架协议，三年计划信贷授信150亿元，推进农信金融服务融入社会治理。助力社区村治理和清廉村居建设，推动“三资”智慧监管系统上线，至年底全市321个村社均已完成“三资”系统布设，覆盖率达100%。与舟山市委“两新”工委联合开展“红色互动”，形成“三活动＋三产品＋三机制”合作模式，与56家“两新”党组织建立党建联盟，走访企业3400余家，开展“万个驿站‘三走进’”活动168次，累计发放“红帆贷”“先锋贷”“人才贷”等特色贷款产品14.63亿元。

【服务海岛乡村振兴】 落实乡村振兴三年十大行动计划，推动实施乡村振兴样板村镇工程，加大乡村振兴信贷投入，巩固乡村振兴主办银行地位。至年末，全市

4月9日，岱山农商银行客户经理走访船老大，了解资金需求，助力海上生产（省农信联社舟山办事处提供）

7月16日，舟山市渔农村农信版“三资”智慧运营监管系统全面启用（省农信联社舟山办事处提供）

农信涉农贷款新增29亿元，增幅14%，占全部新增贷款43%。推广农户小额普惠贷款，完成农户授信15万户，授信金额134亿元，实现农户授信和行政村金融服务覆盖“双百”目标。加强与融资担保公司、农担公司合作，推广“惠农贷”“新农贷”等助农担保贷款产品。做好失地转轨农民社保补缴工作，升级“养老贷”产品，发放专项贷款6872笔3亿元。

【加快数字化和大零售转型步伐】

开展普惠金融提质工程，提高普惠签约转化率、个人有效客户覆盖率和互联网价值客户数。提

高系统性业务合作紧密度，对接市社保局、市民卡公司，做好第三代社保卡招投标及预营销工作。在岱山上线完成法院破产案件管理系统，成为全省农信系统第二家，在普陀和岱山上线破产人账户管理系统。加快智慧应用场景建设，在定海盐仓街道塔山社区试点推广“社区金融云”，在普陀拓展“智慧码头”项目，实现全区各码头智慧售票全覆盖，与普陀公安分局合作现场专项缴费项目，通过互联开放平台实现取保候审金及其他费用的一站缴费功能；作为独家合作金融机构在岱山开展“无感停车”项目，与嵊泗县机关事务局合作推出首个离岛微城“智慧食堂”。推进数字化转型工作，制订数字化转型推进方案，丰富线上存贷产品，全面启用客户经理展业 PAD，激活“数据+走访”组织营销新模式。

【强化风险防控和合规建设】 加强系统工具应用，全面上线风险偏好与限额管理指标监测系统。开展专项风险排查，加强对水产企业、交通物流等重点行业风险监测，摸清风险底数，做实风险分类，加强疫情时期信用风险防控。出台《关于加强大额贷款管理的指导意见》，指导督促各行完善大额贷款管理办法，促进大额贷款管理规范化、标准化、精细化。重视合规教育，上线省联社员工行为管理系统，实施员工全方位动态监测。强化风险排查，组织开展案件风险排查、员工行为排查等专项检查。加强审计监督，加大问题整改力度，搭建监审联动平台，提高审计管理工作成效。

【加强人才队伍和品牌建设】 加快干部人才培养，完成首期舟山农信领军人才培养计划，出台《关于加强农商行中层干部队伍建设的若干要求》，指导督促各行完善相关制度和选拔任用准入退出、考核评价程序，择优选择一批中层助理或助理级主管进行多岗位培养锻炼，建立动态人才后备库，督促完善员工职业发展通道，推进队伍梯队建设。提出加强舟山农信客户经理队伍建设的若干意见，明确全市农信营销队伍建设三年目标，指导督促各行做好客户经理机制建设、薪酬激励和竞争力提升。结合金融支持复工复产、“百行进万企”、“红色互动”等活动，开展海岛普惠金融系列宣传。

（撰稿：省农信联社舟山办事处）

中小商业银行

【概况】 2020 年，舟山市中小商业银行增强风险防控能力，持续推进合规经营，服务经济发展。至年末，全市有中小商业银行分支机构 13 家，其中股份制银行 6 家，城市商业银行 7 家；全年新增 3 个网点，网点合计 56 个，网点继续下沉至乡镇、城郊接合部等偏远地区，覆盖两区一县，包括金塘和衢山。

【深化金融服务】 稳定增强信贷支持。辖内中小商业银行开展提升金融服务水平专项行动，探索“服务面+监测点”工作机制，推动信贷投放扩面增效。至年末，辖内中小商业银行贷款余额 496.86 亿元，较年初增加 38.30 亿元，增幅 8.35%，低于全辖贷款增速 5.49 个百分点，占全辖全部贷款的 17.91%。小微支行市场定位逐步清晰。构建“五色图”评估体系用于评价小微支行支持小微企业质效，推进中小商业银行坚守小微市场定位，提升小微支行的金融服务能力，小微企业

11 月 28 日，绍兴银行舟山金塘小微专营支行开业(金方恩　摄)

信贷投放力度加大。至年末，辖内中小商业银行小微贷款余额217.50亿元，户数11951户。支持企业复工复产。疫情以来，辖内各中小商业银行落实各项惠企帮扶措施，加大信贷纾困力度，落实稳贷增贷措施，从资金供给、还款安排、减费让利、服务效率等方面统筹推进疫情防控与复工复产。全年辖内中小商业银行为2770户、33.18亿元贷款进行延期还本安排，为377户、1562.48万元利息进行延期付息安排，减费让利6247万元。

【防控信用风险】 是年，辖内中小商业银行应对复杂多变的经济金融形势，强化信用风险防范和化解，确保中小商业银行总体信用风险可控，未出现重大信用风险事件。至年末，辖内中小商业银行不良贷款余额2.63亿元，较年初增加0.52亿元，不良率0.53%，低于辖内银行业平均不良率2.04个百分点。全年处置不良贷款11.30亿元，其中浦发银行舟山分行处置不良贷款8.16亿元。

【整治市场乱象】 是年，辖内中小商业银行持续开展市场乱象整治“回头看”工作自查，排查政策执行和风险隐患，总结2017年“三三四十”（三违反、三套利、四不当、银行业存在的十个方面问题）以来乱象整治工作情况。强化整改并落实责任追究，规范经营行为。加强合规文化创建，通过开展案件警示教育、内控合规培训、一把手讲合规等活动进行合规宣传。

村镇银行

【概况】 2020年，舟山辖内有3家村镇银行，分别为定海德商村镇银行、普陀稠州村镇银行、岱山稠州村镇银行。是年，3家村镇银行实施“金融服务进村入社区”“富民惠农金融创新”，提升支农支小服务水平，打造有特点、有口碑的本土小微银行。至年末，辖内3家村镇银行合计资产总额为30.34亿元，比年初增长23.13%；负债总额为24.82亿元，比年初增长35.26%。其中，贷款总额为22.53亿元，比年初增长23.66%；存款总额为22.15亿元，比年初增长28.93%。辖内村镇银行不良贷款余额为0.35亿元，比年初下降18.60%；不良贷款率为1.54%，比年初减少0.82个百分点。

【小微金融市场经营】 辖内村镇银行业务继续下沉服务重心，夯实支农支小经营基础，拓展渔农区金融市场，探索差异化经营模式。定海德商村镇银行开展“普惠金融，银农连心”信用村（社区）试点工作，建立普惠大走访机制，定期召开普惠金融专题报告会议，至年末已建档农户数15200户，农户贷款余额3.79亿元；普陀稠州村镇银行坚持“额小、面广”小微信贷理念，深入农村社区开展走村入户建档工作，并在疫情防控期间开辟绿色通道，为小微客户提供差异化金融服务；岱山稠州村镇银行以支持三农、小微企业为营销目标，全年开展各类外拓营销活动70余次，并利用海岛区域优势，改进渔船评估办法，引入渔船全抵加+担保模式。

【创新产品服务模式】 辖内村镇银行主动利用小法人机构决策灵活与下沉基层的优势，根据当地经济发展特色开展有针对性、接地气的小微金融服务创新。定海德商村镇银行推进不动产抵押线上登记业务，节省客户的信贷办理时间，将不动产抵押登记业务全部平移至线上办理；普陀稠州村镇银行全面推行标类业务“移动PAD”无纸化审批，并在朱家尖泗苏村和棉增村试点启动线上版安心贷产品，至年末授信93户，授信金额1680万元；岱山稠州村镇银行参与“百名行长进万企”工作，助推企业复工复产，并推出“信易贷”产品，破解小微企业融资无抵押物难题。

（撰稿：方琪）

保　险

【概况】 2020年，受新冠疫情影响，保险业务增长面临压力。在舟山银保监分局指导下，各机构通过优化产品理赔标准、创新保险服务方式、支持企业复工复产等措施，减少新冠疫情带来的不利影响。是年，全市保险业完成总保费39.80亿元，比上年增长5.82%；全市赔付支出12.45亿元，同比减少16.63%，其中财产险赔付支出9.76亿元，赔付率62.60%，同比下降22.42%；人身险赔款2.68亿元，同比增长14.38%，给付金额2.32亿元，同

11月13日,舟山市警保联动处理中心在舟山市公安局交通警察支队举行成立仪式(王丽 摄)

比减少12.97%。至年末,全市市级保险机构24家,其中财产险公司12家,寿险公司11家,政策性保险公司1家;支公司31家,营销服务网点56家;保险专业中介机构19家,保险营销员6989人。

【财产险公司实现保费收入15.59亿元】 全市财产险公司实现保费收入15.59亿元,同比增长6.82%,增速上升2.55个百分点。其中车险保费收入8.09亿元,增长1.15%,增速下降7.43个百分点;非车险保险收入7.5亿元,同比增长13.46%,增速上升13.76个百分点。

【人身险公司实现保费收入24.21亿元】 全市人身险公司实现保费收入24.21亿元,同比增长5.18%,增速下降0.03个百分点。其中个险保费收入19.26亿元,增长10.12%,增速上升2.31个百分点;意外短险保费收入0.48亿元,下降9.43%,增速上升18.34个百分点。

2020年舟山市各保险机构经营情况

表41

公司名称	保费收入		赔付支出	
	发生值(万元)	比上年增长(%)	发生值(万元)	比上年增长(%)
中国人民财产保险股份有限公司舟山市分公司	68352.01	6.82	42203.89	−20.66
中国太平洋财产保险股份有限公司舟山中心支公司	26519.06	8.26	18499.90	−12.97
中国人寿财产保险股份有限公司舟山中心支公司	19573.68	10.58	13209.02	−34.89
中国平安财产保险股份有限公司舟山中心支公司	18831.32	10.60	9320.14	−27.37
中华联合财产保险股份有限公司舟山中心支公司	6628.04	9.74	3563.97	−33.98
阳光财产保险股份有限公司舟山中心支公司	5361.77	−8.26	3916.38	−12.56
中国大地财产保险股份有限公司舟山中心支公司	2363.89	−17.30	1893.62	−36.91
天安财产保险股份有限公司舟山中心支公司	3119.64	12.84	1600.57	25.20
浙商财产保险股份有限公司舟山中心支公司	1735.92	−22.99	1185.52	−40.37
永安财产保险股份有限公司舟山中心支公司	2075.42	35.20	939.38	104.18

续表 41

公　司　名　称	保费收入		赔付支出	
	发生值（万元）	比上年增长（%）	发生值（万元）	比上年增长（%）
中银保险有限公司舟山中心支公司	1106.71	−0.91	847.81	−22.71
大家财产保险有限责任公司舟山中心支公司	240.79	0.00	425.39	−22.09
（财险小计）	155908.25		97605.60	
中国人寿保险股份有限公司舟山分公司	63163.32	12.30	7730.01	−14.36
中国太平洋人寿保险股份有限公司舟山中心支公司	48362.70	−1.87	14044.17	32.81
泰康人寿保险有限责任公司浙江舟山中心支公司	21415.02	1.83	727.63	38.44
中国平安人寿保险股份有限公司舟山中心支公司	15764.88	2.00	648.47	−22.74
民生人寿保险股份有限公司舟山中心支公司	3136.72	0.35	81.09	−50.13
中国人民人寿保险股份有限公司舟山市中心支公司	12407.08	−6.60	767.71	90.03
富德生命人寿保险股份有限公司舟山中心支公司	13014.29	40.31	242.61	−41.94
阳光人寿保险股份有限公司舟山中心支公司	6926.98	−5.17	875.47	90.80
华夏人寿保险股份有限公司舟山中心支公司	47029.75	2.15	1567.30	58.08
太平人寿保险有限公司舟山中心支公司	9359.85	42.98	174.31	73.68
华泰人寿保险股份有限公司舟山中心支公司	1563.75	106.00	23.53	1813.01
（寿险小计）	242144.34		26882.30	
（合计）	398052.59		124487.90	

【财产险公司车险占比略下降】 全市财产险公司车险与非车险保费比为 51.88∶48.42，车险所占比例同比下降 2.91 个百分点。车险保费收入增加 917.54 万元，对财产险公司保费增长的贡献率为 9.22%。非车险保费收入上升 9031.9 万元。其中，责任险、保险保证和其他险种保费收入分别增加 3204.77 万元、339.33 万元和 169.95 万元，贡献率分别为 32.21%、3.41%和 1.71%。

【人身险公司结构优化】 全市人身险公司业务结构持续优化。普通寿险产品保费所占比例显著提高，全年保费收入 21.36 亿元，同比增长 9.82%。新单期缴率为 17.13%，同比下降 8.96 个百分点。

【人身险公司赔付支出略微减少】 全市人身险公司累计赔款及给付支出 5.01 亿元，同比减少 0.17%。其中，满期给付 0.87 亿元，同比下降 14.67%；年金给付 1.46 亿元，同比下降 11.93%；死伤医疗给付 0.84 亿元，同比增长 11.1%；短险赔款支出 1.85 亿元，同比增长 15.93%。

【协会工作】 是年，面对疫情影响下的行业服务、自律和协调等工作，市保险业协会（下称“协会”）适应形势变化，找准工作切入点，引导保险市场健康有序。

发展科技信息化建设应用　在舟山银保监分局统一部署下，协会于 2019 年 11 月正式开发航运保险服务平台建设，2020 年 4 月 15 日正式上线运行。至 10 月底，各财险公司上传船舶保险信息 16055 条，其中承保信息 12573 条，理赔信息 3482 条。启动车险在线理赔平台建设，根据市交警支队和舟山银保监分局要求，协

6月23日,市保险行业协会在定海玉兰花园小区开展大型防汛防台应急演练(王丽 摄)

会多方协调,通过程序开发、域名申请、安全证书认证、微信小程序认证等工作,PC端程序和微信小程序均上线使用。该小程序可以实现出警后,通过微信小程序“车险查勘助手”将事故车辆现场照片、受损部位照片传输到PC端,由事故责任方保险公司根据现场照片对受损车辆进行在线定损,实现在线理赔。

做好新冠疫情防控与复产复工工作 协会在新冠疫情期间,成立新冠疫情应对小组,指导辖内机构做好防控工作。印发《关于做好舟山保险业新型冠状病毒肺炎疫情防控工作有关事宜的通知》《关于做好春节假期后辖内保险机构开工和金融服务注意事项的通知》等,指导保险机构落实主体责任,简化理赔流程,保障疫情防控期间的保险服务;指导各保险机构落实“六稳、六保”助力复工复产。至4月底,全市完成政策性企业复工防疫保险A款基础型161单,保费32.2万元,B款增强型63单,保费176.4万元。为224家企业复工复产提供支持;向全辖保险机构发起“同献爱心 共抗疫情”捐款捐物倡议。

推进行业文化建设和保险宣传 在全市保险机构中开展“舟山保险创新评选征集”,鼓励各保险机构对接政策,分析各类保险需求,探索符合自贸区油气全产业链、规上企业、小微企业经营特征等符合舟山海洋经济特点的保险创新产品。推进舟山辖内保险业清廉金融文化建设,成立市保险行业清廉金融文化建设专业委员会,向全市23家保险机构主要负责人发起签约“舟山市保险业清廉金融文化建设倡议书”等活动。

推进消费者保护工作 处理好保险消费纠纷,协会支部书记任第一负责人,协会各部门整体联动,将党建工作与消保工作相融合。全年接待产寿险投诉、咨询共58件,其中12345转办7件,咨询类5件;财产险投诉47件,寿险11件。推进“网上数据一体化处理”,成立保险业人民调解委员会,全年调解纠纷130件,涉及索赔金额1370.82万元,调解成功金额1120.9万元。其中,人身险调解4件,涉及索赔25.66万元,调解金额17.34万元;财险126件,索赔金额1345.17万元,调解金额1103.56万元。做好交通事故快处快撤文明窗口建设,2个机动车辆快处快撤处理中心全年无休,全年处理事故案件5073件。

(撰稿:王丽)

责任编辑:徐飞舟

经济管理

综合调控

【概况】2020年，舟山市发改委贯彻习近平考察浙江重要讲话和全国“两会”精神，落实中央、省市委关于统筹推进新冠肺炎疫情防控和经济社会发展工作的重大决策部署，打好“五大会战”，建设“四个舟山”，靶向发力促“六稳”，当好“重要窗口”的海岛风景线的参与者、推动者。实现经济逆势增长、社会和谐稳定，全市国民经济和社会发展计划执行情况良好。

全市地区生产总值（GDP）增长12%，增速全省第一。除旅游总收入、固定资产投资、社会消费品零售总额、一般公共预算收入、城乡居民收入等指标受疫情影响外，其余均完成目标。规模以上工业增加值、外贸进出口总额、出口额等主要经济指标增速均位居全省前列。

2020年舟山市国民经济和社会发展计划主要指标完成情况

表42

指标	单位	2019年	2020年计划		2020年完成		完成情况评价
			绝对值	增长率（%）	绝对值	增长率（%）	
GDP	亿元	1371.6		10左右		12.0	超额完成
R&D经费支出占GDP比例		1.06	1.3		1.4		完成
规上工业增加值	亿元	293.7		25以上	497.9	60.2	超额完成
港口货物吞吐量	亿吨	5.36	5.67	6	5.71	6.6	完成
旅游总收入	亿元	1054.6	1050	持平	871	-17.4	未完成
水产品总产量	万吨	175.6	178.8	2	179.2	2.1	完成
固定资产投资	亿元	903.1	960	7	917	1.5	未完成
其中：交通投资	亿元			10以上		-25.1	未完成
生态环保、城市更新和水利设施投资	亿元			10以上		-8.8	未完成
高新技术产业投资	亿元			10以上		-8.5	未完成
民间项目投资	亿元			10以上		-5.3	未完成
外贸货物进出口额	亿元	1371.1	1500	9以上	1667	21.6	超额完成
其中：出口	亿元	501.2	500	基本持平	588	17.4	超额完成
服务贸易额	亿元	72.4		正增长	97.1	34.1	完成
实际利用外资	亿美元	5.01	4		4.02		完成
实际到位市外资金	亿元	510.3	500		524.2	2.7	完成

续表 42

指　　标	单位	2019 年	2020 年计划		2020 年完成		完成情况评价
			绝对值	增长率(%)	绝对值	增长率(%)	
社会消费品零售总额	亿元	580.6		5	537	−7.5	未完成
网络零售额	亿元	62.2		15	80.6	29.7	完成
居民消费价格指数	上年 =100	102.3	103 以下		101.9		完成
一般公共预算收入	亿元	155	164	6	159.2	2.8	未完成
城镇常住居民人均可支配收入	元	61479		6.5	63702	3.6	未完成
渔农村常住居民人均可支配收入	元	36784		7	39096	6.3	未完成
城镇新增就业人数	万人	3.32	1.6		4		完成
城镇登记失业率	%	1.76	3 以下		1.55		完成
单位 GDP 能耗	吨标准煤	0.4683	0.41	−3.5	完成省下达目标任务		
单位 GDP 二氧化碳排放量	吨 / 万元		省下达目标				
化学需氧量	万吨	1.2922					
二氧化硫排放量	万吨	0.1691					
氨氮排放量	万吨	0.1359					
氮氧化物排放量	万吨	0.3315					

说明:R&D 指科学研究与试验发展,单位 GDP 能耗不包括浙石化项目,实际利用外资、服务贸易额自 2020 年起调整为商务部口径

【经济监测】 履行调控管理全市宏观经济运行工作职能,加强经济监测预警工作,及时发现经济运行中困难和问题,研究提出解决方案和建议,确保经济平稳运行。

编制年度计划　综合分析国内外发展环境和全市经济发展的内在基础,充分考虑与新区发展规划、“十三五”规划以及省有关指标的衔接,根据市七届人大五次会议对 2020 年经济工作的总体要求和《政府工作报告》的总体安排,提出 2020 年全市国民经济和社会发展计划。计划报告在市七届人大五次会议上审议通过。

加强经济运行监测　运用经济运行监测分析数字化平台,加大对 GDP、三次产业、三大需求、三大收入、新旧动能转换、浙江自贸区等模块指标数据监测,科学分析数据,对其敏感的指标进行数据监测、预警、钻取、图表分析,辅助政府决策科学性和精准性,加强政府管理,提高政府预测预警能力,实现经济调节“用数据说话、用数据决策、用数据管理”。按照省发改委统一部署,继续做好工业和服务业经济监测体系相关工作,对 106 家重点工业和 128 家重点服务业企业,每季度开展企业问卷调查工作,了解企业生产经营情况和存在的困难问题,掌握经济形势分析第一手资料,并撰写季度调查问卷分析报告上报市委市政府。加强对宏观经济形势的综合分析判断,加大对重点经济指标、重大项目推进的跟踪分析,加强对监测中发现问题的研究剖析,不断完善经济运行监测预测机制,分析提出建议和对策,及时向市委、市人大、市政府和省发改委报送相关分析材料,为市委、市政府研判形势和出台政策,提供参考和依据。

【规划管理】 抓好规划谋划,加强规划综合管理工作,强化规划编制、管理和实施。

完成“十三五”规划实施、监测工作　做好“十三五”规划实施、监测和评估工作,推动“十三五”规划收官。

开展“十四五”规划编制工作　研究制订《舟山市国民经济

和社会发展第十四个五年规划和二〇三五年远景目标纲要》编制目录，梳理一批要求纳入国家和省“十四五”规划的“四个重大”相关内容。先后起草形成全市“十四五”规划纲要基本思路研究报告、框架稿、征求意见稿、草案，并提交市“两会”审议通过。

助推自贸区建设　梳理落实《国务院关于支持中国(浙江)自由贸易试验区油气全产业链开放发展若干措施》任务清单；改革赋权26条措施批复，成为全国首个专项自贸试验区更大改革自主权方案；油气全产业链加快建设，浙石化获得成品油、燃料油出口资质和配额，成为第一家获得资质和配额的民营炼厂；浙石油新获批原油非国营贸易进口牌照；新增油品企业1880家。

加强对各专项规划编制的指导和衔接　做好规划立项统筹管理工作，完成编制2020年度市级预算单位规划立项名单，展开2021年度规划立项申报工作。继续做好规划管理数字化工作，市级规划均上线浙江省规划管理数字化平台。

融入长三角一体化　17个项目列入浙江省推进长三角一体化发展重大项目库。沪舟甬跨海通道、小洋北侧集装箱江海联运码头列入《长江三角洲区域交通运输更高质量一体化发展规划》。开展浙沪洋山区域合作开发方案研究，小洋山北作业区规划方案通过部省市联合审查。启动舟山群岛新区2.0版行动计划编制。参与全省“四大”建设，舟山海上花园城列入全省海岛大花园建设的核心区。编制完成《舟山市海岛大花园建设规划》；69个项目列入2020年省海洋经济发展重大建设项目实施计划；3个项目列入大都市区标示性工程，整合提升全市开发区(园区)平台，完成全球海洋中心城市总体方案初稿。

【项目管理】　实施“项目中心制”，以省市重点项目、省市县长工程项目、“双百工程”“三重”项目等为重要抓手，加强要素保障，固定资产投资增长1.5%。

编制投资年度计划　编制下达2020年市重点建设项目投资计形象进度计划、市本级政府投资项目计划、省重大项目推进计划，切实加强项目综合管理和投资监测分析，确保全市有效投资任务分解到位、责任落实到位、计划执行到位。

抓好重点工程推进　深化实施以“四个一”管理运作机制为核心，以项目审批、责任倒逼和联动督考等机制为支撑的“项目中心制”推进“三重”项目建设，推进重大项目全省集中开工。132个市重点项目完成投资689.7亿元，完成率110.2%；其中，49个新增项目开工率达到88%，83个续建项目完成年度计划数的111.7%。浙石化4000万吨/年炼化一体化项目二期主体完工，舟山液化天然气(LNG)接收及加注站连接管道通气运营，舟岱大桥陆域段桥梁贯通，甬舟铁路工程开工建设。

加快推进项目前期工作　实施“省市县长项目工程”，24个省市县长工程项目中19个项目落地开工，落地率79%，超额完成50%的年度计划。“双百工程”落地102个项目，出让或盘活土地123宗，均超额完成目标任务。

【产业升级】　加强产业引导和谋划　谋划第二批13个重大谋划产业方向。牵头开展绿色石化产业配套布局规划研究，推进石化区扩区申报，石化基地整合提升方案获省政府原则同意。推进绿色石化基地新增140万吨每年

5月11日，装载6.9万吨液化天然气的巴拿马籍“ASIA VENTURE”(亚洲探险)轮靠泊新奥舟山LNG接收站码头(沈磊　摄)

乙烯项目、三期项目报批报建程序、前置条件等相关事项，上报省发改委要求新增浙石化4000万吨/年炼化一体化项目进口原油使用量。新奥LNG接收站二期储罐焊接已经完成，正水压试验，舟山液化天然气（LNG）接收及加注站连接管道项目已完成管道铺设、验收投运。中石化浙江舟山六横LNG项目投资合作协议正式签约，并完成可行性研究报告。

促进全市服务业发展 舟山远洋渔业国家冷链物流基地成为全省唯一获批的国家骨干冷链物流基地。舟山国际粮油集散中心入选第三批省级物流示范园区名单。深化服务业“亩均论英雄”改革工作，遴选上报7家“亩产效益”领跑者企业。促进产业融合发展，嵊泗县大洋山“渔光互补”生态高效养殖示范基地农村产业融合发展示范园成为第二批省级示范园创建单位。开展国际油气储运基地建设总体方案、LNG产业链发展、海水综合利用全产业链、海洋氢能产业发展、新能源汽车补助政策等研究。

培育发展新兴产业 发展数字经济。舟山国际互联网数据专用通道获工业和信息化部批复。推进实施百项智能化技术改造项目，推进螺杆、汽配等重点行业领域的工业互联网平台建设，开展螺杆企业工业互联网试点，完成企业上云800余家。国际海事服务加快发展。完成船用燃料油直供量472万吨，增长15.1%，成为全球第八、全国第一大加油港，完成首单跨洋山港区供油示范业务，低硫油出口退税政策落地实施。完成外轮供应货值24亿美元，实现锚地综合海事服务常态化；海事仲裁、国际船舶总代、船级社、航运科技等80家服务业企业和机构入驻新城航运服务集聚区。加快发展健康产业，普陀大健康产业园新招引3家优质企业落户。发展夜间经济，普陀区获得全省13个夜间经济试点城市之一。推动可再生能源示范应用，推进岱山清洁能源示范县和六横新能源示范镇建设，加快岱山、嵊泗海上风电建设，海水淡化能力达到32.6万吨/日。

8月21日晚，舟山首条海上夜游航线——舟山新城滨海湾夜游航线首航。图为“新普济”轮搭载百名游客穿越港岛大桥（沈磊 摄）

【财政金融】 做好全市财政金融运行情况分析和综合协调工作，加大金融扶持和企业债券发行工作力度。用足用好国家发改委奖励的企业债券“直通车”政策，就“直通车”政策进行细化讲解和宣传，解答政策疑问，了解融资需求及相关企业债券发行准备工作进展。是年，向上申报2只企业债券，国家发改委核准2只，发行1只企业债券，金额7亿元。根据国家、省发展改革委统一部署，对舟山市存续期16只企业债券进行年度本息兑付风险系统排查，督促企业做好信息披露，募集资金依照用途使用，募投项目实施，偿债保障措施到位，确保债券本息按期兑付。完成2只政府出资产业投资基金“浙江深改产业发展合伙企业（有限合伙）”及“舟山江海联运产业投资基金合伙企业（有限合伙）”的风险排查工作。

（撰稿：杜知明）

统 计

【概况】 2020年，舟山市统计局按照市委、市政府决策部署，围绕中心工作，强化依法治统理念，强化服务意识，落实防范和惩治统计造假、弄虚作假责任，抓统计数据质量，提高全市统计工作能力，推进统计治理现代化，较好地完成各项统计工作任务。

【统计数据督查】 落实中央、省、市关于统计工作的重大决策部署，落实好中纪委、省纪委和市纪委关于加强统计领域数字造假问题监督执纪问责工作的要求。落实防范和惩治统计造假、弄虚作假责任制，压实防范和惩治统计造假责任。在全市政府统计系统开展全面排查，对2013年1月以来开展防范和惩治统计造假贯彻落实情况、查处案件及问题线索进行“大起底”，每月对县（区）和功能区压实数据质量责任工作情况进行通报。会同市纪委、市监委和国家统计局舟山调查队对四县（区）人民政府开展防范和惩治统计造假专项督查，检查12个相关部门、4个乡镇（街道）和32家企业。建立通报机制，每月将相关情况报送市纪委、市监委，配合纪检监察机关做好相关工作。

【开展“数据质量年”活动】 在全市范围内开展“数据质量年”活动。开展全市统计各专业业务培训，提高统计业务水平；开展统计执法检查、数据质量核查，强化数据质量生命线意识。全年对240家企业（或项目）开展统计执法检查，立案29家。

【统计规范化建设】 为加强国民经济核算数据质量管控，统一地区生产总值（GDP）核算改革的工作流程和方法，制定《舟山市地区生产总值统一核算改革实施方案》。从舟山实际出发，根据不同专业情况，研究制定工业、农业、服务业等7项统计数据质量核查办法，3项统计数据质量和基层基础规范化建设办法，2项统计数据质量管控办法，印发《舟山统计数据管理和发布制度》，加强统计数据管理，规范数据发布。

【统计服务】 加强统计调查，分析影响经济因素状况。为打赢疫情防控阻击战、稳企业稳经济稳发展提供统计支撑，开展疫情影响统计专项调查，掌握疫情防控期间企业复工情况；针对国际油价暴跌，开展自贸区油品全产业链企业的快速调查，为市委、市政府决策提供参考。重点关注经济社会发展的堵点、难点，撰写统计信息、分析、报告，全年撰写统计分析、报告、信息151篇，其中《舟山市规下工业抽样企业复工复产情况分析》《我局全力做好疫情期间工业企业统计监测分析》等统计报告获市领导批示。

加强监测预警，把握经济运行走势。收集各类统计数据信息，了解省及各市GDP配套相关指标运行变化最新情况，跟踪监测GDP核算主要经济指标，做好工业、投资、贸易、服务业、农业农村、社科等统计调查及低收入户全面小康统计监测预警，有效把握经济社会发展趋势。强化对高质量发展指标的监测与分析，配合MEI（经济运行月度评价指数）各专班工作开展统计监测。

突出重点方向，提供统计服务。开展浙江自贸区统计工作，修订完善浙江自贸试验区统计报表，每月印发自贸区月报，研究起草反映自贸区发展的统计信息、分析和报告。完善国家远洋渔业基地统计网络及统计调查、监测制度，建立舟山市海事服务统计体系；加强对绿色石化基地的统计业务指导和培训，选派业务骨干驻点开展绿色石化项目的统计工作帮扶。全年对全市2446家次企业（单位）进行各类业务培训，培训3576人次。

【人口普查】 针对舟山特点，特别是海岛特点，市人口普查办公室提前做好普查小区的岛屿编码，做好渔民渔业、小洋山港区、绿色石化基地、驻舟山部队、宗教教职人员等人口普查工作的对接，创新制定针对性的登记方案，减少错登漏登，确保人口普查数据质量。市“两员”（普查指导员，普查员）任务分配率在全省率先达到100%。

市统计局克服新冠肺炎疫情影响，加强部门协调，督促各级组建普查机构，落实经费物资保障和“两员”选聘。完成综合试点，做好普查小区划分及绘图，开展人口普查业务培训；组织指导全市及各县（区）业务培训普查指导员630人次。

利用报纸、电台、电视台、网络新媒体、车身广告和标语横幅等，开展广泛宣传。通过广播电视和新媒体及“9·20”中国统计开放日、市委市政府主要领导参加登记等重要事件的宣传报道，强化宣传效果，扩大影响。

（撰稿：孙献党）

审计

【概况】 2020年，舟山审计机关完成审计项目88个，其中审计71

个,专项审计调查17个。查处违规金额12664.32万元,损失浪费金额3308.56万元,发现非金额计量问题632个。审计处理处罚金额258459.78万元,移送司法机关、纪检监察机关和有关部门处理事项55件,涉及48人。审计后挽回(避免)损失1307.55万元,核减投资额969.55万元。审计提出建议288条,被采纳288条;推动被审计单位制定、完善规章制度108项;提交审计信息928篇,被批示、采用410篇。向社会公告审计结果55篇。

【财政金融审计】 实施市本级预算执行及决算草案审计,促进相关部门制定5项预算绩效管理制度、11个专项资金管理办法。市、县(区)两级联动开展部门预算执行审计,统一工作方案,统筹大数据应用,实现市级81家一级预算单位数据分析、问题疑点核查全面覆盖;针对审计发现的问题,制作共性问题清单,推动整改落实。

【经济责任审计】 根据新形势要求,调整完善经济责任审计工作联席会议制度和相关议事规则。坚持党政同责、应审必审,加强经济责任审计与政策落实跟踪审计、预算执行审计、自然资源资产离任(任中)审计的统筹融合和相互衔接。全市对33个单位40名领导干部进行经济责任审计,配合市委组织部对9家单位的领导干部进行离任交接。连续八年实行市管领导干部履行经济责任年度报告,报告涉及经济决策金额500余亿元,单位内控制度640余项,房屋、土地等资产280余公顷。印发三大类共146个风险点的《领导干部履行经济责任风险》,发挥防范预警效果。

【固定资产投资审计】 把握政府投资重点领域,结合市人大监督选题,统筹安排滨海大道、新城区域校舍工程等投资审计项目,围绕项目前期、现场管理、资金使用等,指出部分项目前期谋划不充分、违反合同多计取工程费、重复计取临时围墙费、提前支付进度款、项目经理不到位等问题,涉及资金700余万元。根据市政府部署要求,梳理三年多来投资审计涉及的共性问题形成报告,为市政府制定出台加强政府投资项目管理、规范工程建设项目招标办法提供决策参考。将审计发现的普遍性、突出性问题,形成含八大类共203个风险点的《公共投资项目建设风险防范清单》,发放给相关部门和建设单位。

【国企审计】 以促发展、控风险、反腐败作为主攻方向,深入揭示企业经营决策、内控制度执行、资产资金管理等方面问题,取得新的审计成果。根据年度对国企审计,结合历年掌握的情况,针对存在的房产安全、资金存放、食堂管理、企业内审等方面存在的问题,撰写多篇审计专报,提出制度规范的建议。

【民生审计】 抓住各方关切的民生领域,先后开展住房保障、卫生防疫、残疾人保障等专项审计。连续八年组织开展保障性安居工程审计,纠正公租房不规范分配行为,促进本岛范围内无住房的低保低边家庭纳入公租房保障。做好疫情防控资金、捐赠款物专项审计和新增财政资金“两直”(直达市县基层、直接惠企利民)情况专项审计,核查资金12.67亿元,捐赠资金1982.1万元,延伸审计32个政府机构和单位,推进市疫情防控资金和捐赠款物规范化管理。开展舟山市残疾人社会保障情况专项审计调查,推动部分残疾人纳入应保尽保范围,助力出台加强残疾人家庭医生签约服务工作机制和残疾人工作联络员制度。

【审计质量管理】 加强制度建设,修订完善《舟山市审计局审计项目审核复核审理办法》《优秀审计项目评选办法》。加强机制创新,按照“质量控制线”要求,实行项目点评会、业务分析会、半年总结会和业务培训课“三会一课”审计质量控制机制,把关审查各个环节。加强执法检查,连续四年开展对县(区)审计工作报告的审核工作,对照“九项标准”开展审计业务质量检查,建立问题库和整改库,组织整改事项“回头看”。

【审计整改落实】 借助市人大、纪委监委、组织、政府督查室等力量,健全审计整改督查联动机制,合力开展督查检查,力促审计发现问题整改到位。从年度审计整改清单中梳理出一批疑难问题,由市政府督查室牵头,进行书面督查、现场督促,提升整改率。交通、水务系统审计问题整改列入市人大监督计划,市人大针对22

项整改问题，牵头组织联合督查，专题听取整改情况报告督促整改。依托经济责任审计联席会议平台，联合纪委监委、组织、巡察等部门，督查经济责任审计整改落实情况，健全与组织部门对接报告机制，将审计整改工作列入年度部门考核指标，对履职不力的领导干部进行问责。8月，向市人大常委会提交的审计工作报告反映问题58个，其中57个问题整改落实，1个问题在整改中，整改率98.28%。印发《舟山市审计局审计事项移送管理办法》，联合市公安局出台《关于建立案件移送制度和加强工作协作配合的意见》，细化审计事项的移送流程管理。起草《审计整改责任追究办法》，已提交市政府研究决策，强化审计整改责任追究，加大问责力度。

【内审工作】 加强执法检查，连续四年开展对县（区）审计工作报告的审核工作，对照“九项标准”开展审计业务质量检查，建立问题库和整改库，组织整改事项“回头看”。加强国家审计和内部审计联动，与市公安局联合发文制定《关于进一步加强新时代公安审计工作十条意见》，组织47家行政事业单位、5家企业开展部门预算执行内部审计，在对相关单位开展专项审计时，同步开展其下属单位内审项目。1名内审人员被评为全国内部审计先进个人。加强外部监督，修订完善《特约审计员工作办法》，聘任新一届特约审计员，发挥特约审计员对审计质量的监督作用。

（撰稿：傅思佳）

财 政

【概况】 2020年，全市财政系统立足“四个舟山”建设和财政中心工作，统筹疫情防控和经济社会发展，服务“六稳”“六保”工作大局，助力“重要窗口”海岛风景线建设，推动全市经济社会平稳健康发展。全市实现财政总收入254.50亿元，比上年增长10.4%；一般公共预算收入159.20亿元，同比增长2.8%，其中税收收入112.84亿元，增长5.4%。一般公共预算支出312.69亿元，同比下降3.3%，完成年度预算的103.7%。市本级财政总收入117.66亿元，同比增长19.1%；一般公共预算收入70.28亿元，同比增长3.8%。市本级一般公共预算支出123.17亿元，同比下降3.4%。全市和市本级财政收支平衡。

【组织财政收入】 财税联动组织收入　落实疫情防控和减税降费背景下年度财政收入目标，协调全市各区域组织收入进度，强化市财政与税务等部门、县（区）财政部门的收入预测和执行情况统计分析联动，做好税收充分落地工作，确保财政收入平稳增长。

加强非税收入征管　构建统一公共支付平台线上线下一体化收缴模式，全市实现政府非税收入156.35亿元，其中纳入一般公共预算收入管理的非税收入46.36亿元。加快土地出让金清算，完成市级（含两区）土地清算项目127个，涉及土地出让金104.02亿元。

优化收入结构　一般公共预算收入占财政总收入的比重为62.6%，税收收入占一般公共预算收入的比重为70.9%，一般公共预算收入占地区生产总值（GDP）的比重为10.5%。

【统筹疫情防控和复工复产】 建立健全疫情防控政策研究、协调联动、精准测算、信息反馈闭环管理机制，全市累计投入2.96亿元用于医疗救治、人员补助、物资采购等。出台支持小微企业渡过难关财政10条政策，落实各类惠企纾困资金17.8亿元。实施“五减”专项行动，全市合计减税19.59亿元，落实社保费减免、缓缴、返还14.46亿元，减少政府采购供应商资金占用6.68亿元，减免房租1.13亿元，贴息433万元。保障直达资金落地见效，全市收到中央及省级直达资金30.81亿元，分配率100%；统筹15亿元配套建立惠企利民资金池。

【支持经济建设】 争取政策资金　争取到新增债券额度60亿元，中央及省海洋资金13.29亿元；争取到低硫船用燃料油出口退税政策、绿色转化财政专项激励政策等。

保障重点项目建设　全市实现投资225.21亿元，筹措各类建设资金317.02亿元。加强政府投资项目全过程造价管理，完成项目审核505个，审定金额200.75亿元，金额调整率15.3%。推进甬舟一体化建设，完成甬舟铁路PPP项目向财政部报送入库工作。

推动产业发展　出台科技新政,建立财政对科技投入持续稳定增长机制。市本级安排政府数字化转型专项资金1.31亿元,落实数字经济五年行动计划;安排工业发展专项资金6500万元,推进制造业高质量发展;安排江海联运专项资金3500万元,培育航运业稳健发展。发挥中小企业专项信用贷款作用,为全市1412家企业发放10.2亿元。

支持人才战略落地　全市安排人才专项资金1.59亿元,用于人才培育、人才飞地等领域。发挥产业基金招才引智作用,建立完善科创基金相关办法,与相关主体共同组建总规模1亿元的元禾原点杭州贰号基金,完成首轮出资。

【保障民生福祉】 全市民生支出213.71亿元,占一般公共预算支出的比重为68.3%。

保障乡村振兴战略　全市农林水事务支出50.36亿元,构建乡村振兴战略财政政策体系,健全涉农资金统筹整合长效机制,统筹整合9个涉农相关专项2.26亿元。

推动公共服务发展　围绕教育优先理念,投入32.56亿元支持海岛教育均衡发展,舟山市成为全省首批全域实现教育基本现代化的设区市。围绕文化惠民工程,投入8.34亿元构建高质量文旅体融合的现代公共服务体系。围绕创城攻坚,投入城乡社区资金34.70亿元用于基础设施建设、环境治理等,投入3.45亿元支持老旧小区改造。

完善社会保障体系　投入社会保障和就业资金31.28亿元,提高城乡居民低保和重点困难群体补贴标准;修订就业补助资金管理办法,保障就业创业项目。投入卫生健康资金19.65亿元,深化公立医院综合改革,完善基层医疗卫生机构补偿机制,启动银龄助康计划。

支持脱贫攻坚战决胜　投入财政扶贫资金1.26亿元,探索"政府+慈善+保险"扶贫新模式。筹措援疆援藏等资金2451万元,东西部扶贫协作资金5010万元,助力结对帮扶的四川省达州市宣汉县和万源市提前实现脱贫摘帽。

【深化改革监管】 完善区域财政体制制定　重点企业迁移财政利益分配、市区金融业增值税收入分配、增值税留抵退税市级分担、海洋科学城财政收支管理办法等政策,推动区域均衡发展。

深化预算管理改革　推进全面实施预算绩效管理,形成以1个实施意见为主体、1个行动方案为指引、X个管理办法有机融合的"1+1+X"全过程预算绩效管理制度体系。推进部门整体绩效预算改革和部门预算公用经费改革,启动部门预算公用经费改革。

推进"数字财政"建设　深化"最多跑一次"改革,机关内部协同平台办理事项占市本级办理总量的80%。优化部门预算编审机制,实现2021年市本级部门预算编审"一上一下"。推进财政电子票据改革,全市所有公立医院实现门诊和住院医疗收费电子票据业务开通应用。启用政府投资项目审价系统,实现审价流程网络化。

【防范化解风险】 强化节俭政府建设,先后开展三轮支出压减工作,全市累计压减资金8.24亿元;兜牢"三保"(养老保险,失业保险,医疗保险)底线,全市各县(区)均未出现"三保"运行风险。加强政府债务管理,加大化解政府隐性债务风险力度,完成年度目标任务;建立政府债务风险管控机制,全市政府债务率整体保持在低风险水平。牢筑社保基金防线,做好社保费收支预测,获得省级调剂金补助12.15亿元,统筹市级财政资金补充社保基金5.84亿元,动用风险准备金5亿元,确保基金运行安全。

(撰稿:厉豪杰)

税　务

【概况】 2020年,全市税务部门坚持组织收入原则,实现税费收入平稳健康增长。全年组织税费收入294.6亿元,增收30.14亿元,比上年增长11.4%。其中,税收收入210.66亿元,增收21.76亿元,同比增长11.52%;地方级税收收入112.84亿元,增收5.79亿元,同比增长5.4%;社会保险费77.15亿元,增收7.36亿元,同比增长10.54%;非税收入6.79亿元,增收1.02亿元,同比增长17.74%。

【减税降费】 是年,全市税务部门发挥税收职能作用,全力服务"六稳""六保"大局,落实支持疫情防控和经济社会发展税费优惠政策，全年降本减负58.93亿元，“五减”减免税收10.94亿元。落实深化增值税改革和小微企业普惠性税收减免等各项减税降费政策，开展效应分析，确保优惠政策直达快享。2019年年中出台政策在2020年的翘尾新增减税降费减免税收收入11.67亿元，社保降费3321.01万元，非税收入减免117.44万元。2020年新出台政策新增减税降费减免税收收入10.2亿元，社保降费13.48亿元，非税收入减免8365.68万元。发挥税收大数据桥梁纽带作用，助力企业复工复产，帮扶32家疫情受困企业签订购销合同2782万元。优化出口退税服务，办理周期缩短至5个工作日，全年办理出口退(免)税20.1亿元。

【服务发展】 主动服务自贸区发展，在全国率先实现国际航行船舶加注燃料油出口退税政策落地，无车(船)承运网络平台企业代开专票落地，以及混兑调和燃料油出口退税。助力税收充分落地，加强部门协同与信息交换，对重大项目和招引企业开展税源调研，夯实税源基础。配合做好低效企业改造提升工作，做到宣传辅导、纳税评估和税务稽查全覆盖，助推低效企业提质增效。

【税收征管】 坚持完善机制、创新举措、优化方式和数字化转型协同发力，提升征管质效。推进

8月28日，市税务局第二税务分局办税窗口为纳税人缴费人办理相关税费业务(市税务局提供)

征管方式统一，优化税费征管业务流程，初步建立起信用评价、监控预警和风险应对一体协同的新型征管方式。创新设立电子税务局支持中心，推行“非接触式”办税缴费模式，电子税务局网上综合办税率稳定在96%以上。推进增值税普通发票电子化，稳步开展增值税专用发票电子化试点，全年普通发票电子化率达85%。落实个人所得税首次综合所得年度汇算。探索打造智慧征管、智捷服务和智能风控“三位一体”的企业所得税征管模式。强化国际税收管理，实施跨国公司利润水平监控。推进土地增值税清算，迭代升级房地产税收“全税种、全

8月6日，市税务局第一税务分局在舟山绿城房地产开发有限公司了解如心小镇项目进展，宣传税收政策(市税务局提供)

链条”管理模式。推进不动产登记“一件事”改革。推进非税收入征管职责划转,完成退休人员医疗保险费征缴方式调整工作,城乡居民基本医疗保险费征缴率和入库率持续走在全省前列。创新开发“税电基础数据匹配应用程序”,在全省率先破解税电基础信息比对难题。创新成立“税收风险联合研判中心”,强化涉税风险的分析研判。

【纳税服务】 以纳税人、缴费人为中心,优化税费服务。推行优化营商环境办税便利化措施,做好全国纳税人满意度调查和营商环境迎检工作。落实政务服务“好差评”制度,提升服务质效。升级“最多跑一次”事项清单,实现14大类199项涉税事项“最多跑一次”,“互联网+政府服务”核心指标实现“网上办”“零上门”“掌上办”三个100%。纵深推进不动产登记“一件事”,上线新版房地产交易软件税务端,实现不动产登记“网上办”。依托“云技术”在全省率先实现缴费登记“一键即办”、缴费注销“一次不用跑”。推进办税服务厅“智能化”转型升级,设立离岛办税服务网点19个,建立24小时自助办税服务厅(区)7个,实现“办税不出岛”。深化社会化合作服务,创新实施离岛办税定制服务和自助办税跳岛服务,落实重大项目税务服务专员制度。推广应用征纳沟通平台,实施“网格化、组团式”服务模式,成立线上网格云服务团队117个,涵盖企业4.27万家,覆盖面达100%。深化“银税互动”,扩大企业惠及面,实现一站式网上办理。全年线上签约授信1333户次,金额7.48亿元。

【依法治税】 推进法治税务建设,优化税务执法方式,加大税收执法监督力度,打击涉税违法行为。强化执法监督,推进网格化内控建设试点工作,总结评估行政执法“三项制度”试点情况。推进层级督察审计,及时整改减税降费和发票管理等问题,降低执法风险。优化税务执法方式,推行全省税务系统权责清单,强化民事执行与税费征缴“一件事”联动协作机制,落实长三角申报发票类税务违法行为行政处罚裁量基准和税务轻微违法行为“首违不罚”清单。构建“三位一体”的涉税风险税警联合防控体系,波次推进打击虚开骗税两年专项行动,打击“假企业”“假出口”“假申报”等涉税违法犯罪行为。全年立案检查251户,入库查补收入4335万元,协助打掉犯罪团伙12个,抓捕犯罪嫌疑人51人。

(撰稿:毛栋)

市场监督管理

【概况】 2020年,舟山市市场监管系统围绕打好“五大会战”、建设“四个舟山”,重点做好防疫情、稳企业、增动能、惠民生,推进市场监管各项工作。是年,推进“证照分离”改革全覆盖试点工作,开展民生实事项目建设,助力市场主体转型升级,牢守食品、药品、特种设备三大安全底线,保障市场秩序平稳有序。

【加强疫情防控】 在全市所有农贸市场采取“驻场+巡查”机制,设置健康码和体温检查关卡。严

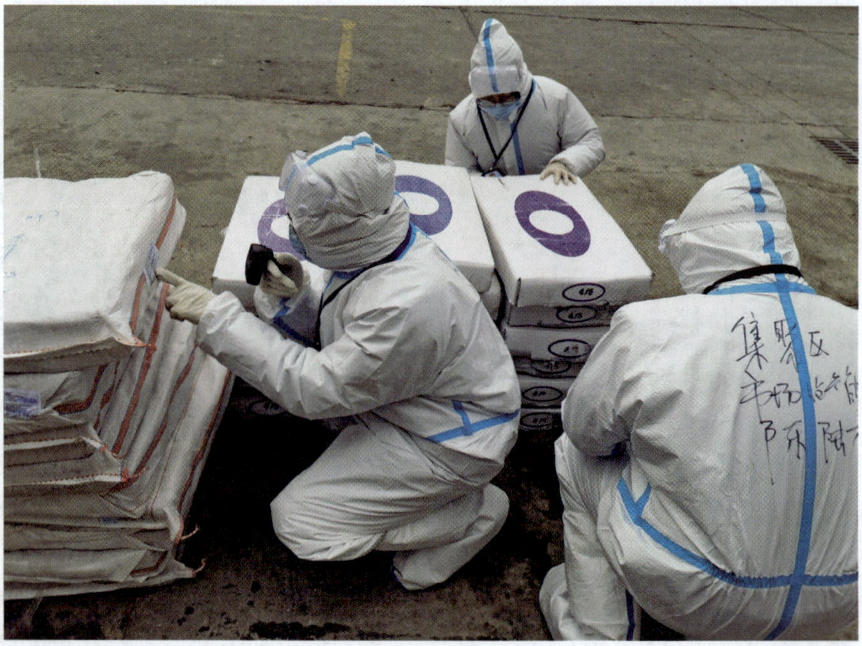

8月10日,对北蝉某食品生产企业进行冷链食品执法检查(市市场监管局提供)

查活禽和野生动物交易行为，确保不发生一起感染事件。全力推行“外卖封签”和“公筷公勺”制度。对全市零售药店购买发热咳嗽药品的相关人员进行身份核验、体温测量和信息登记填报。建立全市主要药品经营企业抗病毒类药品库存周报制度，保障群众用药需求。排查全市问题口罩，查处相关防疫物资案件34起。加强高风险冷链食品全链条管控，第一时间推进“浙冷链”物防系统的应用，重点冷链食品备案率、赋码率均位列全省前列。

【加大市场主体扶持力度】 完成“两直”纾困资金发放工作，对全市19248家小微企业、个体户兑付资金1.59亿元，实现拟补市场主体信息确认率及兑付成功率两个100%目标。鼓励38家国有市场和9家非有市场减免摊位租金2468万元，下属各检测机构共为企业减免各类费用250余万元。开展政银对接，引导海洋农商银行等金融机构向小微企业和个体工商户提供“小微纾困贷”等普惠金融产品。拓宽企业融资渠道，办理知识产权质押、动产抵押68件，融资金额20余亿元。

【推进改革创新】 推进“证照分离”改革全覆盖试点工作，率先探索“以承诺书代替部分或全部申请材料”的改革实践，首创“一表一书”最简告知承诺审批方式，出台全省首个告知承诺管理办法，告知承诺事项破百项。累计减免材料118份，减少审批环节31个，平均减少审批时间22个工作日，办证效率提升88%，被列入省级“创先争优”案例。加速推进“甬舟一体化”建设，设立“甬舟商事登记通办”服务专窗，完成发出首张甬舟通办营业执照。设立国家技术标准创新基地（船舶与海洋工程装备）舟山创新中心，促进船舶与海工领域科技成果标准化、产业化；签订甬舟食品、药品、计量检测以及执法联动等战略合作协议，率先建立市际区域地方标准制定机制，发布实施首项甬舟区域地方标准《港口水上交通气象预警等级》。推进国家知识产权试点城市建设，推动省知识产权质押登记窗口落户，成立市知识产权维权援助中心，海洋科学城获批省级知识产权服务业集聚发展示范区。是年，全市新增发明专利授权863件，同比增长48.79%；新增PCT（专利合作协定）国际专利申请12件，比上年增长50%；每万人发明专利拥有量达到27.56件，同比增长30.8%。

【守牢市场安全底线】 全省率先开展贮运主体食品安全信息备案报告工作；实施全链条规范不合格食品核查处置，不合格食品3个月内核查处置完成率100%；全覆盖检查指导疫情防控医疗器械和集采药品、通过一致性评价药品，市内基本药物生产企业和生产品种抽验覆盖率100%；开展特种设备安全隐患排查治理，推进绿色石化基地安全保障工作；组织重点景区食品安全、市场秩序专项整治，妥善处置“普陀山天价便饭”事件。开展市场监管综合行政执法体制改革，将商务、盐业、物价、专利等领域执法纳入市场监管综合行政执法范围。加大民生消费、网络市场、价格监管等执法力度，先后查获“合发房银”传销案、商业贿赂案、塘渣土石方串通拍卖案、白糖和煤炭无合法来源等一批社会影响较大的大案要案。全市办结各类违法案件

8月28日，在舟山广电新大楼举办2020年舟山市基层食品安全知识竞赛（市市场监管局提供）

1682件，移送公安机关37件，同比分别增长54.31%和54.17%。

【加强检验检测平台建设】 紧贴自贸区石化产业，与国际知名检测巨头联合运营流量计量实验室，开展油、气、水流量计检定、校准、测试服务和科学研究。获批“浙江省博士后工作站”，为浙江自贸区重点产业发展提供人才支持和技术保障。争取进口非特殊用途化妆品检验资质，打造高能级服务平台。至年底，已具备化妆品检测能力参数224项，实现化妆品理化检测能力全覆盖。与医药企业开展毒理实验室资质认定联合申请、实验场地、设备、动物资源共享等合作，通过共享SPF(无特定病原体)级动物实验室资源，破解该院在化妆品毒理实验场地建设瓶颈，补齐非特殊用途化妆品毒理检测的能力短板，提升全资质“进口非特”备案检验机构建设进程。开发特种设备“掌上检验系统”，实现从检验原始数据录入检验报告编制、审核、批准均能在移动终端实现“一条龙”服务，累计出具检验报告7741份。

【推进产业转型升级】 全面推进以“三强一制造”为引领的质量提升行动。至年底，全市有15家企业累计获得“品字标浙江制造”证书21张，产品涵盖机筒螺杆、压力仪表、吸尘器电机、船用防锈漆等多个领域。在全省率先出台《全市关于全面强化知识产权工作的实施意见》，加速推进全市知识产权创造、保护、运用水平；牵头开展小微企业三年成长计划，推进企业转型升级。加大商标品牌培育力度，新增品字标企业9家；新增注册商标1984件，国内有效注册商标达到12300件；新增地理标志商标1件，全市地理标志商标达到20件；新获评省商标品牌示范企业1家，新建商标品牌指导服务站4家。参与制定海洋经济类国家标准4项，制定市地方标准和团体标准12项，普陀区基本公共服务标准化试点项目被列为国家级标准化试点，定海南洞艺谷乡村旅游国家级标准化试点通过考核评估。

8月17日，在市食品药品检验检测研究院举行实验室开放日活动(市市场监管局提供)

【落实民生实事项目】 形成以基层医疗机构＋药品零售连锁企业配送为主、自动售药机为辅的“送药上山进岛”便民服务模式，完成18家便民服务点和12家“网订店送”药房建设，累计销售和代购1000余单，网订店送药品近800单。建成校园智能“阳光厨房”115家，农村家宴放心厨房18家。全面推进“放心消费在浙江”建设，新培育发展放心消费单位5897家。推进省放心农贸市场创建、星级市场建设、“五化”市场转型提升，全市16家放心农贸市场通过验收。实施食品作坊规范提升定标达标行动，建成全市首批“5S”管理的名特优食品作坊和亮化达标小微食品生产企业25家。加大食品安全宣传教育力度，普陀创建通过省食品安全县(区)，全市创建省食品安全市通过第三方评估。

(撰稿：张松玲)

价格管理

【概况】 2020年，舟山市价格管理部门贯彻落实中央、省市委各项决策部署，做好“六稳”工作，落实“六保”任务，推进价格改革，改进价格监管，保持价格总水平基本稳定。全年粮食价格稳定，总体小幅下跌；居民食品价格波动明显，特征复杂；工农业生产资料价格、能源价格涨跌互现。

【粮食价格】 大米价格稳中有跌 从全年走势来看，1—2月受新冠肺炎疫情防控管制影响，价格微幅波动，先跌后涨；3月大米消费量未恢复节前水平，价格总体微跌；4—6月随着疫情的好转，团体需求增加，市场购销基本平稳，价格稳中略涨；7月大米消费处于淡季，市场供应充足，监测的各类大米价格保持稳定；8月大米市场逐渐进入消费旺季，整体走货较前期有所好转，但价格未出现明显波动，总体走势平稳，粳米价格月末略有上扬；9月虽受学校开学团体消费增加、新米上市、双节节前备货等多重影响，但大米市场整体供大于求，价格上涨乏力，基本平稳；10月新季大米陆续上市，推动部分大米进价上涨，大米价格整体略有上涨；11月稻米价格稳中走强，带动下游大米价格上涨，全市大米价格稳中有涨；12月随着元旦及春节的临近，下游需求趋旺，价格稳中有涨。综合各期数据，全年监测的集市早籼米、晚籼米、普通粳米、安徽产特制粳米、东北产特制粳米年均零售价每500克分别为2.07元、2.28元、2.31元、2.31元、2.88元，比上年分别下跌0.96%、0.87%、0.43%、2.12%、0.35%；江苏产特制粳米年均零售价每500克为2.49元，同比上涨0.4%。

面粉价格小幅下跌 1月春节期间受疫情影响，面粉终端需求比往年有所萎缩，价格稳中略跌；2月面粉运输物流成本上升，价格在月初略有上涨后保持平稳；3月终端需求持续疲软，面粉价格未见波动；4—5月在小麦价格上涨、加工成本增加、团体需求增加等多重因素影响下，面粉价格小幅上涨；6月新麦上市，且团体刚需量下降，遏制面粉价格涨势，保持平稳；7月受季节影响，面粉处于季节性消费淡季，且团体消费减弱，舟山市面粉销量清淡，价格保持平稳；8月市面粉市场供应充足，走货稳定，面粉价格未现波动；9月天气转凉，面粉存储条件好转，下游备货量有所增加，但供应充足，价格整体保持稳定；10月面粉市场整体销售情况一般，市面粉价格小幅下跌；11月市面粉市场消费以刚性需求为主，面粉价格小幅波动；12月供需正常，价格略有上涨。综合各期数据，全年监测的集市特一面粉、特二面粉年均零售价每500克分别为2.47元和2.03元，同比分别上涨0.82%和下跌4.25%。

食用油价格总体小幅上涨 1—2月油厂陆续停机休假，且受新冠疫情影响，市场购销清淡，食用油价格以稳为主；3月终端消费不旺，价格微幅波动；4—6月全市食用油购销基本稳定，价格平稳；7月因进口油菜籽受限，供应偏紧，收购价格上涨，菜籽油零售价格随之小幅上涨，食用油价格总体稳中有涨；8月为食用油消费淡季，全市食用油价格总体走势平稳，月末随着开学季临近，市场终端需求逐渐改善，大豆调和油价格上扬；9月天气转凉、学校陆续开学、双节效应等因素促使食用油市场消费趋暖，全市市场货源充足，供需基本稳定，价格未现波动；10月食用油市场供应充裕，部分商家开展促销活动去库存，全市监测的食用油价格小幅波动；11月受大豆、菜籽等原料的价格上涨，推动部分食用油价格上涨，市场总体供应充足，全市食用油价格小幅波动；12月受原料菜籽、大豆价格持续上涨推动食用油价格上涨。综合各期数据，全年全市监测的集市5升装花生油的年均零售价每桶为114.24元，同比下跌0.1%；菜籽油、大豆油、大豆调和油年均零售价每桶分别为52.36元、45.11元、57.59元，同比分别上涨4.1%、1.83%、2.22%。

【居民食品价格】 生猪和猪肉价格总体上涨 1月临近年关市场终端肉类需求增加，加上后期疫情影响，生猪出场价和猪肉零售价均小幅上涨；2月受疫情影响，运输困难生猪供应偏紧，生猪出场价和零售价持续小幅上涨；3月随着疫情的好转，市场供应偏紧局面有所缓解，生猪出场价和猪肉零售价均小幅下跌；4—5月终端肉类市场需求低迷，屠宰场下调生猪收购价格，生猪价格和猪肉零售价持续小幅下跌；6月养殖户惜售情绪不断增加，屠宰场为保障市场供应，持续上调收购价格，生猪价格小幅上涨，猪肉零售价小幅波动；7月受梅雨季影响，生猪运输难度增加，屠宰场上调生猪收购价格，同时养殖户惜售挺价心态不减，致使生猪价格小幅上涨，猪肉零售价也小幅上涨；8月终端肉类市场需求疲软，屠宰场压价收购意图明显，生猪价格先涨后跌，总体微幅上涨，猪肉零售价有所波动，总体小幅上涨；9月生猪存栏量小幅回升，市场供应充足,然而终端需求一般,生猪出场价小幅下跌,猪肉零售价微幅波动;10—11月随着生猪存栏量持续回升,压栏生猪陆续出栏,市场整体供强需弱,生猪出场价和猪肉零售价均持续小幅下跌;12月进入猪肉消费旺季,生猪出场价和猪肉零售价均小幅上涨。综合各期数据,全年全市监测的生猪年均出场价为每500克18.72元,比上年上涨53.48%。全市监测的集市精瘦肉、肋条肉、后腿肉、肋排年均零售价每500克分别为27.56元、32.28元、27.43元、36.09元,同比分别上涨53.37%、55.04%、50.3%、35.88%。

鸡蛋价格总体小幅下跌　1月受疫情影响,整体需求低迷,鸡蛋出场价和零售价均小幅下跌;2月受疫情持续影响,鸡蛋需求量迅速减少,鸡蛋供应端积极消耗库存,鸡蛋出场价格小幅下跌,零售价平稳;3月处于鸡蛋消费淡季,鸡蛋出场价平稳,受疫情影响,学校开学延后,餐饮业恢复缓慢,需求冷清,鸡蛋零售价下跌;4月随着疫情好转,团体性消费逐步增加,鸡蛋出场价小幅上涨,但零售实际需求不足,鸡蛋零售价格小幅下跌;5月鸡蛋库存量较大,整体需求一般,经销商采购积极性较低,鸡蛋出场价和零售价均下跌;6月端午备货行情刺激作用有限,鸡蛋出场价和零售价持续下跌;7月随着暑假到来,学校团体需求减弱,7月中上旬鸡蛋价格较平稳,月末受高温天气影响,蛋鸡产蛋率下降,鸡蛋价格有所上涨,但总体来看鸡蛋出场价及零售价小幅下跌;8月双节临近提前备货提振市场,加上伏天蛋鸡产蛋量下降,鸡蛋价格出场价及零售价均上涨;9月,受开学和中秋节影响,鸡蛋消费需求增加,鸡蛋出场价有所上涨,鸡蛋零售价平稳;10月鸡蛋供应充足,双节效应减弱,鸡蛋出场价走势平稳,但较上个月价格总体上小幅上涨,鸡蛋零售价略有下跌;11月鸡蛋市场货源供应较好,鸡蛋需求一般,鸡蛋出场价及零售价均小幅下跌;12月随着老鸡陆续淘汰,产蛋鸡存栏量减少,供应逐步缩减,鸡蛋出场价和零售价同时小幅上涨。综合各期数据,全年监测的鸡蛋年均出场价为每500克4.4元,同比下跌14.48%。监测的集市鸡蛋年均零售价为每500克5.44元,同比下跌11.4%。

海水产品价格总体小幅下跌　1月受新冠疫情影响,需求大量减少,水产品价格有所下跌;2月渔业作业从月中开始逐步复工,新鲜渔获物在市场上一度断货,市场供需两弱,海水产品价格波动幅度不大;3月渔船恢复稳定作业,复工复产带来需求量增加,水产品价格总体上有所上涨;4月气温适宜,利于海水作业,海水产品供应充足,价格总体小幅下跌;5—6月全市进入全面休渔期,新鲜渔获物锐减,冰冻及养殖类水产品占据市场交易主导地位,价格下跌;7月仍处东海休渔期,水产品市场供应的海产品继续以冰冻类、养殖类为主,全市海产品价格小幅波动;8月拖虾船、笼壶类等渔船开捕,市场上活鲜和冰鲜类水产品逐步替代冰冻类,海产品价格上涨;9月下半月起休渔期全面解禁,新鲜渔获物增加,海产品价格总体小幅波动;10—11月东海渔场气候利于渔船作业,市场各类水产品交易较为活跃,价格持续小幅下跌;12月受冷空气影响,且临近春节市场需求旺盛,价格小幅上涨。综合各期数据,全年监测的集市带鱼、黄鱼、海虾年均零售价每500克分别为24.2元、21.95元、36.83元,同比分别下跌11.23%、3.47%、10.82%。全市监测的五个品种淡水鱼价格以跌为主,监测的集市草鱼、鲤鱼、鲢鱼、鳙鱼、鲫鱼年均零售价每500克分别为11.12元、12.29元、5.8元、12.24元、13.98元,同比分别下跌4.55%、2.61%、4.76%、7.97%和上涨4.02%。

蔬菜价格总体较为平稳　一季度先涨后跌,1月受季节性因素和节日效应拉动影响,价格小幅上涨;2月受新冠疫情影响,部分进货渠道封锁,运输困难,价格上涨明显;3月疫情好转,道路解封,市场交易量逐渐增加,蔬菜价格小幅小跌;二季度持续下跌,4—5月本地蔬菜大量上市,外地蔬菜调运顺畅,供应充裕,蔬菜价格有所下跌;6月虽逢梅雨季节,但未对本市蔬菜价格造成明显影响,价格持续下跌;三季度持续上涨,7—8月受梅雨及高温天气影响,本地蔬菜生产进入淡季,蔬菜价格小幅上涨;9月处于夏秋换季之际,秋菜少量上市,蔬菜价格持续小幅上涨;四季度涨跌互现,10月随着本地时令蔬菜大量上市,蔬菜供应充足,价格基本稳定;11月气候利于蔬菜生长,本地蔬菜产量增加,货源充足,蔬菜价格小幅下跌;12月寒冷天气影响加之元旦临近,蔬菜生产和储运成本增加,价格小幅上涨。综合各期数据，全市重点监测的25个品种蔬菜的年均零售价为每500克4.95元，同比下跌0.2%，16涨9跌。其中涨幅超过10%的品种是大白菜，其年均零售价每500克为2.28元，同比上涨15.15%；跌幅超过10%的品种是冬瓜和小葱，年均零售价每500克分别为2.25元、4.35元，同比分别下跌14.77%、12.65%，其余品种涨跌幅均未超过10%。

【工农业生产资料价格】 钢材价格小幅下跌 1—3月受春节休市、新冠疫情引发的钢企停产，工地停工等因素影响，钢材总体价格持续小幅下跌；4—6月加速复产复工，前期积压的需求与钢厂产能均持续释放，全市钢材价格震荡运行后持续小幅上涨；7—8月淡季效应明显，钢材去库存化进程缓慢，原材料价格不断推高，钢材价格总体小幅上涨；9—11月进入钢市旺季，需求持续向好，全市钢材价格总体小幅上涨；12月钢市终端需求下滑，但原材料价格推动钢材市场价格持续小幅攀升。综合各期数据，监测的重点品种圆钢(Φ16，HPB300)、螺纹钢(Φ12，HRB335)、螺纹钢(Φ22，HRB335)、线材(高线6.5，HPB300)的年均零售价每吨分别为4076.67元、4043.61元、3923.06元、4163.89元，比上年分别下跌5.32%、3.55%、3.66%、3.58%。

水泥价格先跌后涨 一季度水泥市场受到季节性淡季及疫情影响，工地停工后复工缓慢，市场需求萎缩，价格稳中有跌；4—5月建筑工地复工情况好转，水泥市场需求回暖，价格触底反弹；6—7月高温、阴雨天气造成建筑市场需求疲软，水泥价格出现季节性回落；8—9月天气晴好为主，水泥市场逐渐进入旺季，价格小幅上涨；四季度水泥市场行情平稳运行，秋冬季价格持续高位，延续小幅上涨态势。综合各期数据，全年监测的42.5强度散装水泥年均零售价为每吨509.03元，同比下跌2.58%。

化肥价格以稳为主 一季度全市农业用肥储备充足，供应方面受疫情影响较小，价格未见波动；二季度春耕市场需求较旺，化肥价格小幅上涨后保持平稳；三季度全市化肥价格运行平稳，价格未见波动；四季度冬季用肥陆续开展，市场供需总体稳定，全市化肥价格稳中有跌。综合各期数据，监测的尿素(含氮46%)、碳酸氢铵(含氮17%)、过磷酸钙(含磷16%)、氯化钾(含氧化钾60%)、三元复合肥(氯基，含P、N、K各15%)、三元复合肥(硫基，含P、N、K各15%)年均零售价每千克分别为2.42元、1.2元、1.1元、3.74元、3.17元、3.51元。其中氯化钾同比上涨1.63%，尿素、氯基三元复合肥、硫基三元复合肥同比分别下跌0.82%、0.31%、0.85%，碳酸氢铵、过磷酸钙同比持平。

【能源价格】 成品油价格总体下跌 根据国际市场油价变化情况，按照现行成品油价格形成机制和增值税税率调整，全市成品油价格25次调价窗口，8涨6跌11搁浅。综合各期数据，全市监测的92号(国Ⅴ)汽油、95号(国Ⅴ)汽油和0号(国Ⅴ)柴油的年均零售价每吨分别为7715.67元、8152.19元、6336.94元，同比分别下跌14.11%、14.11%、15.31%。全市船用燃料油价格12次调整，6涨6跌。

液化气价格由跌至涨 全年全市液化气价格6次调整，3涨3跌。一季度液化气供需稳定，1—2月价格稳定，未做调整，3月受成品油价格下跌影响，价格调跌两次；二季度液化气价格继续随成品油下跌影响，价格调跌一次；三季度液化气终端需求清淡，价格稳定，未做调整；四季度小幅上涨，10月原油价格上调，给市场带来强劲支撑，且受气温下降影响，终端需求有所增加，价格上调一次；11月供需基本正常，价格未见波动；12月受油价上涨影响，加上天气转冷，需求增加，价格两次调涨。综合各期数据，全年监测的瓶装液化气(14千克)的年均零售价格为每瓶93.65元，同比上涨1.52%。

【深化价格改革】 2月1日起，降低农业生产用电价格，除农业排灌、脱粒和贫困县农业排灌用电外，农业生产用电销售电价平均降低每千瓦时0.1元。新冠肺炎防控期间临时降低企业用气用水用电价格，其中水价气价下调10%；除高耗能行业用户外的电费按原到户电价水平的95%结算。多个景区推出优惠政策，朱家尖、桃花岛等免费开放部分景区，多数景区推出免费领门票、门票优惠等活动。做好疫情防控期间学校收费管理工作，幼儿园开学后允许幼儿家长按自愿原则送幼儿返园，鼓励有家庭照护条件的幼儿继续居家，暂不返园的幼儿保留学籍且不收费,返园幼儿的按月收费。做好交通客运票价工作,新增优化公交线路19条,其中新增线路16条,重点开通12条微公交线路。调整非居民管道天然气最高销售价格,从5.30元/立方米下调为4.15元/立方米。新能源电动汽车公用充电桩充电服务价格实行政府指导价管理,按照充电电量收取。充电服务费(含电费)基准价为每千瓦时1.35元,允许上浮20%,下浮不限,具体价格由经营者在上限范围内自主确定。调整全市医疗废物集中无害化处置收费标准,有固定病床医疗卫生机构,按实际使用病床床位数,每张床每日收取3.60元医疗废物处置费。

【完善价格监测体系】 加强价格监测网络建设。根据形势变化和工作需要,对部分农贸市场和粮油价格监测点进行调整和新增。至年底,有价格监测网点80余家,监测范围包括粮、油、副食品、居民日用消费品、工农业生产资料、交通运输、水、电、气、成品油、医药、教育以及肉、禽、蛋、蔬菜、水产品等500余种重要商品和服务价格,基本做到监测点区域布局合理,监测数据可保持连续性和可比性。对价格监测点开展定期巡查,指导工作,检查台账,尤其针对粮油和副食品价格监测点不定期进行抽查。完成日常价格监测及应急监测任务。严格按照监测报告制度规定,完成各项数据上报任务。开展全市范围35家农贸市场,49个调控品种的价格监测,对本地和周边城市市场价格做好数据汇总,综合分析,态势研判。完成省发改委及市政府发布的价格应急监测任务。开展元旦、春节、清明、端午、中秋、国庆等节假日价格应急监测,开展新冠疫情期间价格应急监测。开展市场调查巡查,及时反映价格异常波动情况,维护市场价格稳定。开展民生价格信息公示。关注粮油肉蛋菜等重要民生商品的价格变化,对重要民生商品开展价格公示,透明物价信息,引导居民消费,优化民生服务,推进“三服务”活动展开。每周公示“菜篮子”价格信息,采集品种80余种,公示50种左右;每月一次公示药品价格,采集品种110余种,公示90余种;每月一次公示超市民生商品价格,采集品种200余种,公示50余种。信息发布渠道覆盖市发改委网站、《舟山晚报》《舟山广播电视报》、微信公众号等媒体。

【推进价格公共服务】 做好价格认定工作。全市各级价格认定机构全年办理各类价格认定案件763件,标的总金额4734.71万元。其中,涉案财物价格认定案件709件,涉纪财物价格认定案件5件,涉税财物价格认定案件39件,其他认定案件10件。开展成本调查监审工作。对管道燃气、城市供水、污水处理、旅游景区、车辆检测、医疗垃圾处理等项目进行成本调查和成本监审,审核企业各项成本数据,分析成本变动情况,核减不合理成本,对审核中发现的疑难问题进行合理的成本调整和数据处置。市本级审核成本总额5.43亿元,核减成本1.17亿元。

(撰稿:虞佳帆)

国有资产监督管理

【概况】 2020年,全市国资系统落实市委、市政府决策部署,立足“四个舟山”建设和国资中心工作,推进国资国企改革,提高国资监管效能,提升国有经济质量效益,增强服务新区建设大局能力,实现国有经济平稳发展。全市国有企业资产总量3226.50亿元,比上年增长10.2%;所有者权益942.52亿元,同比增长5.7%;累计实现营业收入179.16亿元,同比增长8.3%。其中,市属重点国有企业资产总额1674.66亿元,同比增长10.0%;所有者权益总额659.93亿元,同比增长5.0%;累计实现营业总收入119.86亿元,上缴税费3.91亿元,利润总额1.19亿元。

【国有企业改革】 推进浙江盛达海洋股份有限公司IPO(首次公开募股)上市,完成国有股权管理方案和历史沿革确认工作,加快全民所有制企业公司制改制。以国有资本保值增值和企业利润考核为核心,构建符合全省统一要求的经营业绩考核总体框架和指标体系,完善国有企业负责人经营业绩考核与薪酬核定办法,强化考核应用。推进市属国有企业工资决定机制改革,对企业工资总额实行分类分级管理。完成国有企业退休人员社会化管理移交,移交总人数1.4万人,减轻国有企业负担。

【服务中心工作】 落实疫情防控

疫情防控期间，舟山中远海运重工党员志愿者队组织做好复工复产接送工作（市国资委提供）

期间国有企业减免房租工作，免收3个月房租，减免1亿元，帮助市场主体渡过难关。开展常态化志愿服务，组织300余个党组织和5200余名党员干部参与疫情防控与复工复产、创城攻坚志愿服务活动。推进党建与生产经营、业务工作融合发展，62个融合项目取得成效。深化“红色引航”工程，落实“五型五强”模范机关目标，明确重点工作26项。落实《舟山市市属国有企业人才队伍建设指导意见》，指导企业制定人才管理、培养、奖励等方面制度15个，招引国企大学生350人。完善引才育才留才机制，8家市属重点国有企业有经管类人才855人，专业技术人才和技能人才2308人，政工人才213人。

【提升监管效能】 加快职能转变，完善以管资本为主的国有资产监管体制，成立国有资产监督管理工作领导小组，负责国有资产监督、管理等重大问题议事协调；制定市属国资国企重点监管工作事项，推进议事决策制度化、规范化、程序化。加强投资管理，出台《舟山市市属重点国有企业投资监督管理办法（试行）》，发布投资负面清单，全流程监管国有企业对外投资行为。加强资产管理，出台《舟山市市属重点国有企业资产处置监督管理办法（试行）》《舟山市市属重点国有企业采购管理办法（试行）》，规范国有企业资产处置及采购行为，促进国有资产合理流动；开展国企资产大排查，清理规范市属国有企业市外房产。加强预算管理，出台《舟山市市属重点国有企业全面预算管理实施意见（试行）》《关于加强市属重点国有企业财务集中管理体系建设的实施意见》，实现国企全面预算工作科学化。

（撰稿：厉豪杰）

安全生产监督管理

【概况】 2020年，舟山市安全生产管理工作在市委、市政府的领导下，强化责任落实，深化专项整治，夯实基层基础，严格依法监管，全市安全生产形势进一步稳定好转。全年全市发生各类事故32起，死亡35人，比上年分别下降22.0%和20.5%。

【安全生产保障措施】 全年组织2期市级部门、县（区）、乡镇应急管理和安全生产负责人培训班，开展基层应急管理体系建设调查研究。推进应急管理安全生产“十四五”规划、化工行业“十四五”安全规划编制，出台全省首个《油气贸易企业安全准入和事中事后监管的指导意见》，严格准入、压实责任，规范6000家贸易企业。继续在工贸和危化行业推行第三方社会化服务，新增社会化服务企业503家，全市累计3701家，以社会化服务模式提升安全管理水平。与中化舟山应急基地合作共建舟山市应急管理学院，利用安全生产月、防灾减灾周等时机，开设“安全生产大家谈”云课堂，打造应急（安全）体验馆，开展送教上岛、渔船老大面对面教育等活动。

【安全生产专项整治】 推进全市第二轮安全生产综合治理三年行动，结合舟山行业特点，重点突出危化品、海上安全、船舶修造、道路交通、消防等领域全面开展综合治理。

危化品领域安全整治　开展以道路运输、油气安全、城镇燃气、危化品使用等为主要内容的危化品铁拳安全整治，加大鱼山绿色石化基地安全监管力度。检查企业1228家次，车辆8563辆

2020 年全市生产安全事故情况

表 43

区域	制造业		商贸其他		建设施工		道路运输		渔业船舶		水上交通		合计			
	事故起数	死亡人数	事故起数	死亡人数	事故起数	死亡人数	事故起数	死亡人数	事故起数	死亡人数	事故起数	死亡人数	事故起数	同比(%)	死亡人数	同比增长(%)
(合计)	8	8	1	1	5	5	8	8	7	7	3	6	32	−22	35	−20.5
(同比增长%)	净减 4	净减 7	持平	持平	净减 1	净减 1	净减 2	净减 1	净减 4	净减 2	净增 2	净增 2	−22		−20.5	
定海区	4	4	0	0	0	0	5	5	0	0	0	0	9	净减 3	9	净减 2
普陀区	3	3	0	0	0	0	1	1	3	3	1	2	8	净减 3	9	净减 2
岱山县	1	1	1	1	0	0	1	1	2	2	0	0	5	净减 2	5	净减 3
嵊泗县	0	0	0	0	0	0	1	1	2	2	0	0	3	持平	3	持平
海洋产业集聚区	0	0	0	0	1	1	0	0	0	0	0	0	1	净增 1	1	净增 1
新城	0	0	0	0	0	0	0	0	0	0	0	0	0	净减 2	0	净减 5
普陀山－朱家尖	0	0	0	0	0	0	0	0	0	0	0	0	0	持平	0	持平
绿色石化基地	0	0	0	0	4	4	0	0	0	0	0	0	4	净减 2	4	净减 2
市本级	0	0	0	0	0	0	0	0	0	0	2	4	2		4	

次，处罚 69 起。

船舶修造领域安全整治 对全市 91 家船舶修造企业开展全面整治，重点治理有限空间、动火作业、喷涂作业等危险作业，加强全市船舶靠岸修理动火等危险作业安全管理，防控较大事故风险。

海上安全领域安全整治 针对舟山海域实际，协调渔业、港航、海事等部门开展渔业安全“铁拳整治 2020”专项行动和水路货运安全专项整治，严抓渔船编组生产和点验制度的落实，严格管理挂靠渔船，整合渔船管理组织，查处违法违规船舶 200 余艘次，行政拘留 17 人，强制留滞船舶 63 艘次。市政府领导带班开展渔业安全应急值班备勤和暗访检查，通报问题隐患 90 余项，约谈相关负责人 26 人次，辞退 1 人次，免职 2 人次。

【安全生产执法】 组织各县(区)、功能区开展交叉检查执法，提升全员执法的内在动力；修订《行政执法工作规程(试行)》，加强对功能区和乡镇的执法指导；全市应急管理系统在危化品、矿山、烟花爆竹、工矿商贸企业等重点领域，在高温季节、岁末年初等重点时段，依法加大执法力度，提高违法违规成本，依法查处各类违规违章行为。

(撰稿：徐婷婷)

责任编辑：徐飞舟

教　育

概　述

2020年，舟山市教育系统实施教育现代化发展战略，2019年县域教育现代化发展水平省级监测，四县（区）均位列全省92个被监测单位的前20，处全省领先；市、县（区）政府履行教育发展职责，岱山、嵊泗两县代表全市接受2019年度政府履行教育职责情况省级评价，均获评为A等。

党对教育工作的领导全面加强。健全党委教育工作领导小组工作制度，落实党委政府领导联系学校制度。市教育局党委首次对大中小幼、机关事业单位和民办学校党建工作实行分类谋划，率先在市本级和岱山县全域试点实施党组织领导下的校长负责制，市委组织部、市教育局党委联合举办全市中小学党建工作推进会。推动市属高校建立内部巡察制度。市和四县（区）教育局均获浙江省教育内部审计先进集体。

学前教育普及普惠。市委、市政府下发实施《舟山市学前教育深化改革规范发展的实施方案》。全市学前教育第三轮行动计划收官，新建、改建5所幼儿园，停办4所薄弱幼儿园，全市等级幼儿园比例100%；二级及以上幼儿园覆盖率78.1%，较上年提高近4个百分点；普惠性幼儿园比例89%，同比提高5.5个百分点，覆盖率92.86%，同比提高2.28个百分点。学前教育公共服务形成舟山特色，招生服务区制度实现全域覆盖，《中国教育报》、《浙江教育报》、省委教育工作领导小组《教育参阅》等相继报道。

义务教育优质公平。“加强海岛教育三年行动计划”各项政策措施落地见效，偏远海岛教育质量明显回升，全市小学教育质量综合评价位居全省前列。四县（区）小学、初中资源配置七项差异系数分别小于0.35、0.25。新组建教育集团2个，扩大名校集团化办学覆盖面；新增“互联网＋义务教育”城乡结对学校14对21所；新增省义务教育标准化学校3所，全市农村义务教育学校和民办民工子弟学校标准化率100%；启动初中提质强校工程。

普通高中优质特色。“两区一城”普通高中招生录取区域合并及首次招生工作落地，优质示范普通高中定向保底以不低于60%的比例覆盖到所有初中学校。舟山中学、南海实验高中、定海一中、普陀中学4所优质普通高中率先探索特色招生试点，制

4月9日上午，省长袁家军（前中）考察舟山中学（沈磊　摄）

订人才培养方案,区域普通高中多样化特色发展迈出重要一步。是年,全市普通高中高考录取率97.3%,一段率高出全省中位数4个百分点。

职成教育取得新进展。中职学校停办5个专业,新增4个专业;新建5个“双师型”教师培养培训基地,新增4家市级校企合作共同体;开展甬舟“中高职一体化”人才培养合作;省“三名工程”建设项目终期考核优秀率56%;4所职业院校6个专业入选1+X证书制度试点;建立舟山终身学习网和舟山电视“老来乐学堂”免费线上学习平台;完成省民生实事新建老年大学(学堂)7所,成校社区教育进农村文化礼堂覆盖率93%,学习型城市覆盖率100%。

特殊教育启动建设项目。启动舟山市特殊教育学校新建项目建设,项目总投资1.9亿元,为30班规模市级综合型特殊教育学校,涵盖三年学前康复教育、九年义务教育、三年职业高中教育。普通学校新建特殊教育资源教室12个;全市残疾儿童学前入园率96.92%,义务教育入学率100%,高中段入学率93.14%。

教师队伍建设加强。健全师德师风建设长效机制。重视班主任队伍建设,评选新秀班主任50人,中坚班主任30人,增补名师名班主任6人。重视骨干教师培养,70名教师参加新一轮特级教师后备人才培养和青年新锐骨干教师培养,21名教师、校长遴选为浙派名师名校长培养对象,13名教师参加长三角三省一市高端研修和挂职培养。1名教师获评国家“万人计划”,1名教师入选全国师德师风建设专家委员会专家。

“五育并举”协同抓实。聚焦“立德树人”根本任务,加强社会主义核心价值观教育,新增1所全国文明校园,市级文明校园比例96%以上,美丽学校优秀级比例94.2%。实施《立德树人第二轮三年行动计划》,健全“三全”育人机制,抓好大中小学思政课教学,开展思政课教师教学技能比武、优秀教学案例征集和首届中小学生优秀成长导师评选活动。新增德育品牌项目10个,1个典型案例入选教育部首批《中小学德育工作指南》。推行“健康知识+基本运动技能+专项运动技能”体育教学新模式,大一新生体质健康优良率地市排名列全省第三;全市健康促进学校覆盖率80%,10所中小学校获评全国青少年校园篮排球特色学校,10所学校获评省第二批艺术教育实验学校;全市首个智能化学生体质健康监测中心投入使用,为受测学生出具体质健康报告单。推进落实《舟山市中小学劳动教育活动指引(试行)》,劳动教育情况纳入中小学生综合素质评价;2所学校实践课程入选教育部综合实践课程资源库,市级劳动教育优秀校比例31.43%。推进近视防控工作,完成中小学自然采光、人工照明以及课桌椅配置标准化样板教室改造,全面落实学生课间远眺、户外活动制度;建立健全学生视力电子档案并形成数据分析报告,完成近视率下降1个百分点以上的目标。全市中小学教师心理健康教育C级及以上资格证数持证比例超85%,省级心理健康示范点达23.4%,在全省率先实现心理健康教育标准化学校创建率100%;四年级及以上学生全面开展心理普测,落实高危学生实施“一生一策”。6所学校成为省数字家长学校联盟校,首批认定30所市级数字家长学校。

教育治理能力提高。推进政府数字化转型。深化“最多跑一次”改革,实现“入学(园)一件事”改革全覆盖,网上掌上报名覆盖率99%以上。全市万兆教育城域网投入运营;推出“技术与教学融合应用联盟”7大模块38门培训服务课程;评选全市首批智慧校园示范建设校23所,示范创新实验室9个,示范学科教室3个;16个“精品教学空间”“学生学习空间”获省级优秀学习空间。推进智慧安防,完成31家“智安校园”示范点建设;设立“校园访客系统”“校园门禁系统”“校门口人像感知网”三大系统并接入公安大数据;115家学校食堂完成智能“阳光厨房”建设,完成省定目标的115%。强化教育督导。印发实施《舟山市人民政府教育督导委员会工作规程》,市政府任命12名市专职督学,市政府教育督导办聘任61名市兼职督学。开展党委政府相关涉教部门履行教育职责考核和覆盖全域的县(区)政府履行教育职责督导评价。完成“加强海岛教育三年行动计划”中期督导评估,各项政策措施落实情况良好;对全市46所幼儿园开展学前教育规范办园行为专项督导;加强省现代化学校创建指导,按省定名额推荐参评的12所学校获评11所,获评率91.7%,

2020 年舟山市各级各类学校概况

表 44　　　　　　　　　　　　　　　　　　　　　　　　　　　　单位:人

学校类别	学校数	班级数	毕业生数	招生数	在校学生数	预计毕业生数	教职工数	
								其中:专任教师
(合计)	220	3297	29711	32114	117930	20703	12836	9901
基础教育	216	3297	27497	29582	111265	18711	12112	9294
普通中学	41	866	10753	11942	33887	10717	4483	3281
普通高中	12	289	3730	3958	11419	3661		1242
普通初中	29	577	7023	7984	22468	7056		2039
小学	56	1403	8118	8546	50617	7994	3363	3797
幼儿园	118	1016	8611	9081	26663		4237	2190
特殊教育	1	12	15	13	98		29	26
中职教育	4		2214	2532	6665	1992	724	607
高等教育	4		11250	13546	43131	11499	2143	1469
普通高校	4		6852	8292	26858	7964	2143	1469
成人高校			968	2152	7504	3535		
远程教育			3430	3102	8769			
# 电大(开放)			702	336	2697			
远程(函授)			2728	2766	6072			
成人教育	35	1504	161036		73062		225	
成人技培学校	35	1504	161036		73062		225	

说明:按主体校统计原则,九年一贯制、十二年一贯制学校小学部教职工统计到普通中学;“合计”为基础教育与中职教育的数据相加,不含高等教育、成人教育

列各地市第一。依法依规督导各级各类学校规范办学。出台《舟山市校外培训机构设置和管理办法》,建立校外培训机构“白名单”并向社会公布。查处违法违规办学培训机构 60 余家,其中关停无证无照机构 10 余家。

教育行政

【教育现代化发展水平位居全省前列】　浙江省 2019 年度县(市、区)教育现代化发展水平监测结果公布,在全省 92 个被监测县(市、区、功能区)中,有 17 个被监测单位教育现代化水平达成度达到 80%,普陀区、嵊泗县、定海区位列其中;岱山县进入达成度在 75% ~ 80%之间的 22 个被监测单位之列;全市四县(区)平均达成度超过 80%。

【全省教育工作业绩考核先进】　舟山市教育局、普陀区教育局获 2019 年度浙江省教育工作业绩考核先进单位,考核成绩舟山市教育局连续两年在设区市中排名第一。

【疫情防控期间送书上门】　全市中小学延迟开学期间,为做好中小学教材保障工作,根据浙江省新型冠状病毒肺炎疫情防控工作领导小组办公室要求,全市各级教育部门和中小学校在做好防控工作的前提下通过送书上门、邮政快递等方式,将春季教材分送到在舟中小学生手中。

【保障民办普惠性幼儿园办学费用】　中国教育报－中国教育新闻网以《浙江舟山:民办园奖补有了“定心丸”》为题报道舟山市出台《民办普惠性幼儿园民办教

育发展专项资金奖补实施细则》。细则重点对三种类型的政府购买服务入园对象、生均公用经费补助入园对象以及具体的补助标准和金额作出明确规定，是《民办教育发展专项资金管理办法》的拓展和延伸，是对普惠性幼儿园的办园费用给予保障的一项制度性安排。解决各级民办教育专项资金用于扶持民办普惠性幼儿园的补助总量不确定，补助资金年际变化大的问题；发挥财政性民办教育专项资金的政策导向和使用效益，激励相关幼儿园精准预期可获得的补助经费，促使其改善办园条件和提高办园水平，促进全市民办幼儿园健康、可持续发展。

【全省设区市教育局长暑期读书会】 7月24日在岱山举行。会议围绕深化初中教育教学改革、提升初中教育教学质量开展集中学习交流。省教育厅党委书记、厅长陈根芳出席会议并讲话。

【城乡教育共同体建设】 推动“互联网+义务教育”扩面提质，新增14对21所结对帮扶学校，两年累计结对学校26对45所。完成城乡同步课堂759节，远程专递课堂163次，教师网络研修739次，名师专递课堂168节。3篇案例入选全省“互联网+义务教育”城乡学校结对帮扶2020年典型案例。

【做好疫情防控期间“两考”工作】 贯彻落实党中央、国务院关于做好2020年高考工作的总体要求和教育部、省教育厅有关中考、高考“两考”招生考试安全工作电话电视会议精神，应对疫情防控、考试时间变化、考试安全工作、营造良好舆论环境等方面挑战，高标准、严要求做好“两考”工作，确保11099名考生考试安全。“两考”期间，考风考纪良好，考试全过程规范有序。

【修订市本级学生资助政策】 市教育局与市财政局联合修订下发《关于进一步明确舟山市本级学校学生资助政策的通知》，根据浙江省近年出台的学生资助文件精神，结合舟山市本级学校的实际情况，完善和明确市本级学校学生资助政策。对资助对象进行重新分类，增加学前教育伙食费资助，提高义务教育营养餐的资助标准，增加中职教育特殊群体资助生免代收费。通知的发布，为实现应助尽助、精准资助，不让一个学生因家庭困难而失学的工作目标奠定政策基础。

【教育学院开创线上教研新方式】 学院于2月初成立“线上教学指导工作专班”。专班由学院院长及分管副院长、处室长等组成，下设高中、初中、小学及幼教、综合四大组，明确专班与四大组别的具体职责，并以“任务单”形式，压实各学科教研员每周线上巡课(听课)、线上教研责任。专班多次召开专题研讨，起草并印发高中与义教阶段线上教学提示，义教阶段各学科线上教学实施工作建议等内容；开设线上视频会议3次，听取相关线上教学情况汇报，研判线上教育教学中的优势与不足，并对线上教学新教研方式做出调整意见。

7月7日，舟山中学高考考点做好疫情防范工作，考生测温后依序进入学校(沈磊　摄)

基础教育

【概况】 2020年，全市义务教育普通中小学85所，比上年增加2

所。新增舟山第一小学北校区，撤除定海区金塘中学高中部、普陀区六横镇台门学校初中部。全市在校生73085人，同比增加1089人；专任教师5836人，同比增加66人。义务教育入学率、巩固率均为100%。

全市有小学56所，同比增加2所。招生8546人，同比减少228人；在校生50617人，同比增加449人。专任教师3797人，同比增加59人。小学生师比为13.3∶1。小学教师专科及以上学历教师比例99.79%，其中本科及以上学历比例86.65%。中级教师及以上职称比例61.84%，其中副高级占6.53%，同比增长0.38%。45岁以下的专任教师占74.30%，30岁以下的占23.28%。校舍总面积52.88万平方米，仪器设备值17576万元，图书187万册。

全市有初中29所，与上年持平，其中独立初中20所，九年一贯制学校9所。招生7984人，同比增加502人；在校生22468人，同比增加640人。初中专任教师2039人，同比增加7人。生师比11.02∶1。初中教师本科及以上学历教师比例97.35%，同比增长0.55%。中级教师及以上职称比例77.64%，同比下降1.54%，副高级教师及以上职称比例34.92%，同比下降0.46%。45岁以下的专任教师占52.77%，30岁以下的占15.64%。校舍总面积42万平方米，仪器设备值12227万元，图书129万册。

全市义务教育阶段学校有县级及以上骨干教师926人，其中小学606人，初中320人；城区595人，镇区256人，乡村75人。全市义务教育阶段专任教师参加县级及以上培训32826人次。其中，国家级72人次，省级6430人次，市级8008人次，县级18315人次。

义务教育学校办学条件，小学生均校舍建筑面积10.45平方米；生均图书小学37册；小学每百名学生拥有计算机台数21台；小学体育运动场（馆）面积达标校数的比例100%，体育器械配备达标校数比例100%；音乐器材配备达标校数比例100%，美术器材配备达标校数比例100%，数学自然实验仪器达标校数比例100%，建立校园网的学校100%。初中生均校舍建筑面积18.9平方米，生均图书初中57册；每百名学生拥有计算机台数37台。初中体育运动场（馆）面积达标校数的比例100%，体育器械配备达标校数比例100%，音乐器材配备达标校数比例100%，美术器材配备达标校数比例100%，理科实验仪器达标校数比例100%，建立校园网校数比例100%。小学有56所学校建有医务室，有17所配备专职校医，有56所建有心理辅导室；初中有29所学校建有医务室，有20所配备专职校医，有29所建有心理辅导室。

全市学前三年入园率99.97%。全市幼儿园118所，同比减少7所，其中教育部门办、集体办、其他部门办、部队办、地方企业办、事业单位办幼儿园68所，民办50所，其中普惠性民办幼儿园34所。招生9081人，同比增加367人。在园幼儿26663人，同比增加12人。全市幼儿园教师2190人，同比增加14人，幼儿教师专科及以上学历比例98.86%。幼儿高级教师占14.52%，其中小中高占0.37%。45岁以下的专任教师占93.15%，30岁以下的占43.33%。全市幼儿专任教师参加县级及以上培训13424人次。其中国家级2人次，省级3202人次，市级1396人次，县级8822人次。

全市特殊教育学校1所，另设普陀区沈家门第四小学特殊教育点1个。特殊教育义教段在校生207人，其中特殊教育学校在校生82人，小学附设特教班16人，小学随班就读的71人，初中随班就读的38人，小学送教上门44人，初中送教上门12人。特殊学校附设中职班38人。特殊教育学校专任教师30人（包括特殊学校附设中职班专任教师4人），其中受过特教专业培训的教师30人。

全市高中段教育（包括普通高中、职业高中、普通中等专业学校、成人中等专业学校和技工学校）有学校16所，同比减少1所，撤销岱山县大衢中学高中，保留初中。招生6490人，同比增加492人；在校生18084人，同比增加376人。初中毕业生升入高中段学校的比例99.62%。

普通高中学校12所，招生3958人，同比增加157人；在校生11419人，同比增加189人；毕业生3730人，同比减少64人。普通高中专任教师1242人，同比增加6人，生师比9.19∶1。普通高中教师研究生学历115人，占专任教师数的9.26%。普通高中中学一级教师及以上职称比例84.22%，其中中学高级教师占46.38%。45岁以下的专任教师占60.87%,30岁以下的占11.51%。普通高中生均校舍建筑面积46.36平方米,生均图书77本,每百名学生拥有计算机台数36台。普通高中体育运动场(馆)面积达标校数100%,体育器械配备达标校数100%,音乐器材配备达标校数100%,美术器材配备达标校数100%,理科实验仪器达标校数100%,建网学校比例100%。有12所学校建有校医室,配备专职校医11所,有12所建有心理辅导室。

全市普高学校有县级及以上骨干教师315人。其中,城区199人,镇区110人,乡村6人。全市普高专任教师参加县级及以上培训3101人次。其中,国家级3人次,省级592人次,市级2103人次,县级402人次。全市中职专任教师参加县级及以上培训950人次。其中,国家级48人次,省级283人次,市级498人次,县级120人次,出国出境培训1人次。

【全员全程全方位育人】 推进学生成长导师工作,30名导师获评首届中小学生优秀成长导师;班主任育人水平全面提升,1人获评省中小学班主任基本功大赛小学组一等奖,3人获二等奖;加强家校协同,53个家长委员会获评第二届优秀家委会,30所中小学获评首批数字家长学校,19所中小学(幼儿园)家长学校通过市示范家长学校标准;强化育人品牌建设,10个项目获评市第二批德育品牌项目。

【推进劳动实践教育】 落实《舟山市中小学劳动教育活动指引(试行)》,结合现代化学校创建,落实劳动教育课时,将劳动教育情况纳入中小学生综合素质评价内容;组织开展全市中小学劳动教育达标校(优秀校)评比活动,已创建市级优秀校35所,优秀校比例33.98%,达标校比例66.02%。省级劳动实践教育试点工作取得阶段性成效,获评省级劳动教育实践基地3个,两年累计5个,新认定市级中小学生研学实践教育基地7个。

【推动"文明校园"创建全覆盖】

以全国文明城市创建为契机,组织开展"文明校园"创建。全市所有学校完成文明校园创建,创建率100%,其中市级文明校园95所,省级文明校园4所,全国文明校园2所。

【推进提升补短工程】 推进农村幼儿园补短提升和薄弱幼儿园改造工程,通过"一园一策"、"一对一"帮扶等策略,实现全市等级幼儿园全覆盖。加强初中教育补短提升工程,出台《舟山市初中提质强校实施方案》,确定8所补短提升学校和11所培优创建学校。

【构建学前教育公共服务体系】

推动学前教育普惠发展,实现"幼有所育"。通过学前教育供给侧改革,创新实施招生入园"服务区"制度,倒逼学前教育优质均衡发展。全域117所普惠性幼儿园全部实行"服务区"招生。是年,符合条件的8300余名幼儿新生均安排到"相对就近"的普惠性幼儿园入读。5月3日,中国教育报头版头条予以专题报道。

【普通高中出台特色招生章程】

是年,舟山中学、定海一中、南海实验高中、普陀中学4所优质普通高中出台各校特色招生章程,从2021年起,舟山中学实施"强基计划"特色招生,定海一中实施"博雅人文"特色招生,南海实验高中实施"科技创新"特色招生,普陀中学实施"海洋科创"特色招生。舟山中学2021年特色招生计划50人,其余3所高中特色招生计划均为40人,实际录取名额计入上述各校2021年招生计划数和相关高中对初中学校的定向保底分配名额。各校特色招生章程详细列明特色招生的标准、条件和程序等内容。该举措扩大学校招生自主权,促进高中自主确定办学定位和特色发展方向,构建富有特色的学生课程体系和实施体系,有利于推进区域内形成优质普通高中多样化发展的格局。

【加强心理健康教育】 市教育局强化学生心理健康排查检测,重点学生实施清单化管理,建立个人档案,做到分类干预、一人一策。全市累计创建省级心理健康示范点30所,全市中小学均建有标准化心理辅导室,配备专职心理健康教师47人,专职心理教师的配备率40.2%,全市配备专兼职心理健康工作人员的中小学校比例100%,全市教师资格心理教师资格持证率80.57%。

【健康促进学校创建】 是年,定海区大丰中心小学和岱山县高亭小学巩固浙江健康促进学校(金牌)工作通过省级实地评价;定海区舟嵘小学等11所学校(其中定海区6所,普陀区1所,岱山县2所,嵊泗县2所)创建浙江省健康促进学校(银牌)通过市级考核评价;舟山市旅游商贸学校等23所学校(其中定海区8所,普陀区8所,岱山县5所,嵊泗县2所)创建浙江省健康促进学校(铜牌)通过市级及县(区)的考核评价。普陀区鲁家峙幼儿园创建舟山市健康促进幼儿园(金牌)和市新城临长路幼儿园创建舟山市健康促进幼儿园(银牌)工作通过市级考核评估。至年底,全市推广发展健康促进学校(幼儿园)104所,其中金牌26所(含幼儿园8所),银牌22所(含幼儿园5所),铜牌56所(含幼儿园11所)。全市有中小学学校101家(不含特殊教育学校),全市浙江省健康促进学校比例79.21%。

【校园公共卫生建设】 各学校(幼儿园)将传染病防控工作纳入学校工作计划。建立健全传染病疫情、食物中毒事件等突发公共卫生事件报告制度,建立传染病宣传栏,开展防病知识宣传、晨检、因病缺课监测等工作;在食品安全方面,市教育局以“校园食品安全守护行动(2020—2022)”为工作重点。至11月底,全市中小学大宗食品统一配送或定点采购率100%,A、B级食堂占100%,品牌超市进校园占100%,中小学加热保温水、直饮水系统建成率100%,学生食品安全知识知晓率95.5%,学校阳光厨房建成率97.93%。

【调整体育中考方案】 做好统筹安排,确保体育中考顺利进行,拍摄专业指导视频,线上指导学生居家练习。开学复课后确保学校开足开齐体育课,不因疫情关系缩减学生体育课及户外活动时间,增强学生体质。根据疫情发展情况,引导学生重视体育锻炼,出台《舟山市2021届初中毕业生体育中考调整方案》,取消2021届初中毕业生体育中考中的游泳项目,对具体方案进行合理调整。

【架构学校“一校一品”体育教学建设】 经过推荐筛选,定海区沥港中心小学、舟山绿城育华(国际)学校被评为全国足球特色学校,舟山市定海区金塘镇沥港幼儿园、舟山市定海区双桥街道中心幼儿园、舟山市定海区白泉镇玉苑幼儿园、舟山市普陀区展茅街道中心幼儿园、舟山市普陀区东港幼儿园、舟山市新城翁浦幼儿园长峙园区、舟山市新城幼儿园、舟山市新城御景幼儿园8所幼儿园被评为全国足球特色幼儿园,惠民桥小学、定海区城东小学、普陀区六横镇蛟头初级中学为省级足球特色学校,舟山市定海区金塘镇大丰幼儿园、舟山市定海区城西幼儿园、舟山市普陀区沈家门幼儿园、舟山市正行双语幼儿园、舟山市新城绿荷幼儿园5所幼儿园被评为省级足球特色幼儿园,定海小学、沈家门第一小学、南海实验学校惠民桥小学校区、南海实验初中、普陀第二中学、东港中学、南海实验高中、舟山市沈家门中学8所中小学校评为全国青少年校园篮球特色学校,推荐南海实验初中、岱山县衢山镇敬业小学2所学校参评全国青少年校园排球特色学校。审核执行各高中学校的体艺特长生招生规程,完成7所高中学校面向全市县(区)招收体艺特长生115人,少体校学生35人。

【青少年科技教育工作】 举办第二十届中小学生科技节、市本级第二届中小学生科技节,全市近700名选手参赛,其中49所中小学校500余名师生参加现场赛事,线上作品232件。组织参加第三十四届浙江青少年科技创新大赛,全市有51个作品参赛,43个作品获奖,其中一等奖5项,二等奖8项,三等奖30项,6个作品被省里推荐参加全国比赛。

【参加各级各类体育比赛】 是年,举办舟山市第七届中小学生阳光体育运动会,包括篮球、足球、沙足、乒乓球、健美操、击剑6项比赛。组织参加省四大联赛篮球赛,田家炳中学以小组第一的成绩进入全省前八,普陀三中获浙江省第十三届中学生篮球联赛体育道德风尚奖。组织舟山中学、普陀中学、岱山职业技术学校参加浙江省中学生田径运动会,获1金1银5铜,2人成绩达国家一级运动员标准,8人成绩达国家二级运动员标准。

【参加浙江省第二十届中小学生艺术节】 浙江省第二十届中小学生艺术节比赛结果于12月14日揭晓,舟山市中小学校有171件节目(作品)获得奖项,定海区教育局、舟山绿城育华(国际)学校获优秀组织奖。在舞蹈、戏剧类项目中,舟山第二小学《少年志》、普陀区东港中学《遇见》、定海第一中学《天浴》获舞蹈类一等奖,舟山第二小学《双珠凤·兴冲冲奉命把花送》、舟山绿城育华(国际)学校《天下第一楼》、舟山航海学校《生日聚会》获戏剧类一等奖。东港中学、定海一中连续三年受省艺术节组委会邀请参加省中小学生艺术节现场展演。美术作品评选中,舟山选送的中小学生作品有142件获奖,其中一等奖50件,二等奖54件,三等奖38件。

【组织舟山中学线上成人礼】 因疫情影响,根据防控需求,5月3日舟山中学以“十八而志,责任以行”为主题,组织2020届高三学子线上成人礼。除20余名师生及家长代表到校外,其他学生均在家中与父母一起通过钉钉群线上收看直播。本次成人典礼定调为“为大爱发声,为冲锋定格,为英雄塑像,为国家祈福”。上午9点整,舟山中学1999届毕业生、舟山第三批驰援武汉医疗队队长、舟山医院血液内科医生王辉到现场讲述援鄂抗疫的逆行故事。2020届高三学子的云上成人礼在线上线下齐声合唱《明天会更好》的歌声中结束。本次活动受到省市各大媒体的报道,5月4日浙江卫视中国蓝、舟山电视台都发布重要新闻。

【南海学校卫冕全国信息化教学比赛获奖率最高单体学校】 6月10日,中央电化教育馆公布2020年全国教育教学信息化交流展示评比活动结果,南海学校27名教师在全国第十三届中小学新媒体新技术应用能力大赛中获奖,其中一等奖(示范课例)3人,二等奖(典型课例)11人,三等奖(入围课例)13人。获奖比例高出全国获奖率约21.7%,卫冕全国获奖率最高单体学校。

6月6日,南海高中举行高三学子18岁成人仪式(沈磊 摄)

职业教育与成人教育

【概况】 2020年,全市中等职业教育(包括职业高中、普通中等专业学校、成人中等专业学校和技工学校)学校4所,与上年持平。招生2532人,比上年增加335人;在校生6665人(包括特殊学校附设中职班38人),同比增加187人;毕业生2214人,同比减少244人。其中航海类招生362人,旅游服务类502人,加工制造类362人,财经商贸类446人。中等职业教育专任教师607人,同比增加13人,生师比10.98∶1。硕士研究生学历74人,占专任教师数的12.15%,同比增长1.6%。中职中学一级(含讲师)及以上教师占73.31%,其中中学高级(含高级讲师)及以上教师占32.45%。45岁以下的专任教师占57.66%,30岁以下的占11.86%。中等职业学校生均校舍建筑面积(含非学校产权)31.98平方米,生均图书40册,每百名学生拥有计算机台数34台。

舟山电大开放教育成人本专科春季招生336人;在校生2697人,同比增加141人;毕业生702人,同比增加241人。各远程教育点在校生6072人,同比减少970人。是年,成人教育学校35所,结业学员16.10万人次,组织开展渔农民、外来务工人员、下岗失业人员、老年教育等各类乡镇、社区教育培训。

【6所职业院校全部入选省“双高”建设单位】 是年,全市6所职业

院校全部入选省“双高”建设单位。这6所职业院校的入选项目分别是省高职高水平专业群——浙江国际海运职业技术学院航海技术专业、浙江舟山群岛新区旅游与健康职业学院导游专业，省中职高水平学校——舟山职业技术学校，省中职高水平专业——舟山旅游商贸学校旅游服务与管理专业、舟山航海学校船舶驾驶专业、岱山县职业技术学校化学工艺专业。

【举办职业教育校企合作论坛】12月16日，2020年舟山市职业教育校企合作论坛暨“双师型”教师培养培训基地（教师企业实践基地）授牌仪式在舟山职业技术学校举行。教育系统与部分合作企业代表40余人参加，共同探索产教融合、校企合作新思路。认定舟山长宏国际船舶修造有限公司、浙江鼎盛石化工程有限公司、海中洲国际大酒店、浙江炜驰集团、恒尊集团有限公司5家企业为全市首批“双师型”教师培养培训基地（教师企业实践基地）。

【推进甬舟教育一体化】11月19日上午，宁波市教育局与舟山市教育局在舟山签署“甬舟职业教育校际合作框架协议”。深化甬舟两地职业教育合作机制，促进校际交流合作和互学互鉴。宁波、舟山7所职业学校签订框架协议，舟山职业技术学校（舟山技师学院）与宁波市鄞州职业教育中心学校和宁波第二技师学院、舟山航海学校与宁波市职业技术教育中心学校、舟山旅游商贸学校与宁波市古林职业高级中学分别签订合作协议。根据协议，双方将以强化校际沟通为支点撬动甬舟职业教育合作深化，计划在“资源共享、竞赛互通、师生互学、教研联动、合作共建”5个方面协同创新发展。舟山职业技术学校与宁波幼儿师范高等专科学校（宁波教育学院）合作的“学前教育”专业中高职一体化进展顺利，首批招生的30名学生已经入学。

【11个项目入围省中职教育质量提升行动计划名单】是年，舟山成功入围11个省级中职教育质量提升建设项目，其中校企合作共同体1个，德育品牌1个，创新创业教育实验室1个，优秀毕业生1个，学习型城市1个，现代化成校3个，成教品牌3个。

【中职“三名工程”终期验收成绩位居全省前列】完成9个省中职名校、名师、名专业“三名工程”建设项目，通过终期验收，其中获评优秀等级5个，良好3个；优秀率55.6%，优良率88.9%，两项指标均居全省第一。

【职业院校做好“三服务”工作】

为减少疫情对企业产能的影响，助力区域经济复苏，舟山职业院校做好“三服务”工作，解决企业实际困难，支持企业复工复产。启动顶岗实习，制定疫情防控期间职业院校学生顶岗实习有关要求，指导职业院校有序启动疫情防控期间学生顶岗实习，助推企业复工复产；开展线上培训，根据舟山市防控办《关于积极有效应对疫情全力支持服务业平稳健康发展的通知》，推出线上社会培训服务，为受疫情影响停工、半停工的企业职工组织开展各类线上职业培训；推行线上指导，鼓励职业院校教师发挥专业特长，参与企业复工复产，通过QQ、微信、钉钉等服务平台提供安全生产、消毒防护知识宣讲、职业技能指导、设备故障排除维修等为企业提供线上服务。

【举办全民终身学习活动周】11月14日，2020年舟山市全民终身学习活动周开幕式在岱山高亭举行，并在线上全程直播。活动周在疫情防控和经济社会发展“双线作战”形势下，以“全民智学，助力‘双战双赢’”为主题，由市文明办、市教育局、市民政局、市文化广电新闻出版局、市卫生健康委员会、市科学技术协会、市社会科学界联合会共同举办。开幕式启动仪式上表彰年度社区教育各类先进，进行社区教育优秀成果展示。活动周期间全市各级各类社区教育机构举行350余期教育培训活动，累计参与4万余人次。

【实施教育精准脱贫项目】找准“东西部对口援建”和“西部技能人才培养”政策的结合点，推动舟山海员管理协会和辖区航海类院校合作，探索值班水手、机工的联合办学模式，举办“舟山－达州海员班”，形成结对共建、职教交流扶贫新模式，为宁波舟山港港航产业发展“订制”技能人才。是年，由舟山航海学校牵头开办2期“海员班”，40余人实现在舟山就业，月薪达到万元，帮助西部地区贫困劳动力实现高质量脱贫。该教育扶贫项目受到人社部的表彰。

【拓宽深化校企校际合作模式】是年,岱山县职业技术学校继续与浙江国际海运职业技术学院实行中高职一体化联合办学,打造国际邮轮、物流服务与管理等传统专业,加强化学工艺专业建设合作,108名中职学生进入浙江国际海运职业技术学院接受高职教育,其中43名为化工专业。对接鱼山绿色石化基地建设,开拓新的校企合作项目,为浙江鼎盛石化工程有限公司、浙江捷盛石化工程有限公司新招订单培养学生52人;继续与常石集团、海中洲集团等合作,新招常石、海中洲订单班学生55人。深化产教融合,岱山县职业技术学校在浙江鼎盛石化工程有限公司成立“双师型”教师培训培养基地,提高教师实践操作技能;130余名学生与岱山县职业教育集团合作企业签订见习合同。

【构建老年开放教育线上服务体系】将信息技术融入老年教育教学全过程,在实现“零次跑”“一网办”基础上,推动老年人由“信息触网”向“学教乐为”发展。至9月底,有13171名老年学员线上学习,系统评估满意度达95%以上。借助平台,构建起全市老年学员信息数据库,改变人工录入导致统计数据耗时易错的弊病,全域实现各类课程报名人数、学员地域分布和年龄、线上课程点击率、作品上传反馈等相关数据的互通互用和智能分析,完善课程建设和师资配置,提升老年教育的服务能力。

【举办市残疾人中式烹调培训】7月22—30日,由市残联主办的2020年舟山市残疾人中式烹调师培训在普陀职教中心举行。培训通过集中式授课、实操训练、课下群互动等方式进行,确保残疾人可以在实际操作和理论学习中解决疑难,让学员掌握实用的技能。参与本次培训的24名残疾人中,4人参加中级考试,20人参加初级考试,均获得相应中式烹调师等级证书。

民办教育

【概况】2020年,全市有民办中小学校7所,民办幼儿园50所,在校生合计14962人,比上年减少395人,占全市中小学、幼儿园在校生的13.45%。民办普通高中2所,在校生1708人,占全市普高在校生的14.96%。民办普通初中4所(含九年一贯制),初中在校生1678人,占全市初中在校生的7.47%。民办小学在校生4062人,占全市小学在校生的8.02%。民办幼儿园在园幼儿7514人,占全市在园幼儿的28.18%。全市民办学校专任教师总数1216人,占专任教师总数的13.08%。

【印发《舟山市校外培训机构设置和管理办法》】9月1日,舟山市教育局等12部门制定《舟山市校外培训机构设置和管理办法》,细化分工、压实责任,确保校外培训机构规范有序发展,减轻中小学生过重课外负担。在设置标准、机构审批、办学规范、监督管理等方面做出明确规定。

【田家炳中学被认证为省级数字教育资源高中学校】是年,由田家炳中学教师李钟萍独立承担的

6月1日,市委书记、新区党工委书记俞东来(左一)等市领导看望慰问舟山市明珠学校少年儿童(沈磊 摄)

数字史料馆项目《舟山解放70周年教育发展简史馆》被浙江省教育厅认证为省级数字教育资源，并同步上线推送至浙江教育博物馆的主题馆专栏，该校成为全市首家被认证的高中学校。

【全市首个校内艺术教育基地落户舟山育华(国际)学校】 9月30日，民盟浙江华夏书画学会舟山绿城育华(国际)学校艺术教育基地在学校大剧院揭牌。揭牌仪式由民盟舟山市委会主委谢永和主持。全国人大常委会委员、全国人大农业和农村委副主任、民盟中央副主席龙庄伟等，及舟山绿城育华(国际)学校部分师生出席揭牌仪式。民盟浙江华夏书画学会舟山绿城育华(国际)学校艺术教育基地是民盟浙江华夏书画学会设立的第一个艺术教育基地，也是全市首个在校内设立的艺术教育基地。该基地的建立将为教师培养、课程建设等提供优质的教育资源，全方位提升舟山艺术教育的质量和水准。

【办学特色获省民办教育协会认可】 是年，田家炳中学获评“2020年度浙江省民办中小学优秀民办学校”并在由浙江省民办教育协会中小学教育分会组织的“2019美丽校园”评选活动中获评美丽校园。教师周姬娜获评“2020年度浙江省民办中小学优秀教师”，毛科燕等3位教师获“浙江省民办中小学优秀德育工作者称号”。学校坚持“质量立校、人才强校、特色兴校”的办学理念，改善办学条件，完善人才培养体系，提高人才培养质量，学校的体艺特色办学水平在同类学校中居于前列。

【中共舟山绿城育华(国际)学校委员会成立】 经中共舟山市教育局委员会批准，12月31日下午，中共舟山绿城育华(国际)学校委员会成立大会在学校小学阶梯教室召开。全校66名党员及13名特邀嘉宾参加会议。会议选举产生中共舟山绿城育华(国际)学校委员会委员、纪律检查委员会委员。民办学校成立党委，将保证民办教育正确的办学方向，为民办教育发展稳定提供组织保障。

【田家炳基金会奖学金获奖比例创新高】 是年，田家炳中学2020届毕业生郑子琰、陶艺玮、胡诺文、童楠翔等12人获得香港田家炳基金会颁发的“田家炳中学优秀毕业生奖学金”；刘嘉琳、刘梦茹、姚俊羽、厉豪戈等8人获得“田家炳高中毕业生特别奖学金”。该20人分别被南京艺术学院、上海音乐学院、海南大学、中国美术学院等重点高校录取，同时获得总额为8万元的奖学金。获奖人数、获奖金额均为历年之最。

【课本剧《天下第一楼》获奖】 12月，舟山绿城育华(国际)学校选送的由教师黄杰、张晶指导的课本剧《天下第一楼》在浙江省中小学生艺术节上获戏剧类一等奖。学校被浙江省中小学生艺术节组委会授予优秀组织奖。《天下第一楼》由七年级学生谢佳烨、许怀予等11位学生与教师共同创作，经过一个多月的排练，演绎清同治年间至民国初年“福聚德”的风雨飘摇，获得评委们的一致好评。《天下第一楼》剧组还接受舟山电视台的专题采访。

12月14日，舟山绿城育华(国际)学校选送的课本剧《天下第一楼》在浙江省中小学生艺术节上获戏剧类一等奖。图为《天下第一楼》剧照(市教育局提供)

【文化生、体育特长生取得新成绩】 1月15日，第十八届“叶圣陶杯”全国中学生新作文大赛初赛评奖结果在官网正式公布。市田家炳中学有18人获奖。其中，二等奖4人，三等奖5人，优胜奖9人。杨树果等7位语文教师获优秀指导教师奖。1月14—20日，舟山市田家炳中学男子篮球队在丽水市云和县举行的ZSBL浙江省第十三届中学生篮球联赛高中组男子晋级赛上与来自全省各校的24支球队同场竞技获得二等奖。

高等教育

【概况】 2020年，全市有普通高等学校4所，其中普通本科学院1所，普通本科学院下属独立学院1所，高职院校2所。研究生招生793人，在校生1696人，毕业生340人。全市有考生4123人，录取3995人，录取率96.9%。本科录取2626人，占比63.7%。

高等教育全日制本专科招生8292人，比上年增加694人，其中本科招生4332人，同比增加267人；专科和高职招生3167人，同比减少366人。在校生数26858人，同比增加1433人。其中，本科在校生15894人，同比增加711人；专科和高职在校生9268人，同比增加364人。毕业生6852人，同比增加110人。全市普通本、专科招生比58:42。全市普通高等学校教职工2182人，同比增加164人。其中，专任教师1469人，同比增加73人。生师比18.28:1。专任教师中博士研究生学历447人，硕士研究生学历417人，本科学历601人。专任教师中正高级职称194人，占专任教师的13.21%，副高级职称412人，占28.05%。45岁以下的专任教师占66.37%，30岁以下占6.67%。全市普通高校校舍建筑总面积773211.9平方米，生均校舍建筑面积28.79平方米；藏书269万册，生均图书100册；固定资产总值35.9亿元，仪器设备值6.1亿元，生均仪器设备值22890元。

【入选省产教融合“五个一批”建设名单】 产教融合工程项目——浙江国际海运职业技术学院海员培养产教融合工程、绿色石化产教融合实训实习基地，省产学合作协同育人项目——浙江海洋大学基于海洋体育特色大学生创新创业实践、船舶动力技术虚拟仿真实验、土木工程专业产学合作协同育人平台与建设、新文科背景下旅游管理专业课程思政教学实训平台探索，浙江国际海运职业技术学院产教融合驱动下高职石化类专业群专业课程的构建、开发与实施，舟山旅游与健康学院万豪卓越人才学院“产学互融、四岗递进”8个舟山高校项目入选省产教融合“五个一批”建设名单。2家职业院校校企合作单位——舟山长宏国际船舶修造有限公司、常石集团(舟山)造船有限公司入选省产教融合型试点企业。

【浙海大申博工作与重点学科建设】 浙海大整合校内资源，推进海洋科学、水产、船舶与海洋工程3个申博学科建设，授权单位与3个博士点获省学位委员会推荐上报教育部。优化学科顶层设计，启动新一轮学科发展规划编制工作；出台人文社科学术繁荣计划，制定“省部共建”海洋科学一流学科建设实施方案；确立以海洋科学为核心、涉海生命科学、工程科学、人文社科3大学科群为支撑的“一核三群”大海洋科学学科布局。

【浙海大专业建设与人才培养工作】 实施争创一流本科教育2023行动计划，开设海洋科学专业“星颉实验班”并首次招生，5个专业入选首批国家一流专业，2个专业通过专业论证。“金课”建设取得突破，2门课程入选首批国家级一流课程，20门课程入选省级一流课程。本科生考研率从20%提高到26.18%，连续4年创新高。全年30个项目入选教育部产学合作协同育人项目；获A类学科竞赛奖117项；获批国家级科研项目33项，首次获批国家自然科学基金委重点国际合作研究项目，全年到校科研经费1.2亿元，获省部级成果奖7项。

【中国(浙江)自贸试验区“海洋工程技术”国际学术交流论坛】 12月19日举行，由浙海职院和舟山市科学技术局联合主办，主题为“关心海洋，认识海洋，经略海洋”，国内外海洋工程技术研究(设计)院所、高等院校、船舶与海工装备企业、航运企业、海洋科技企业、相关学会与协会以及主管部门的领导、专家学者等170余人参加。《人民日报》(海外版)进行报道。

【商科高职院校东中西部区域合作研讨会】 11月13—15日举行,由中国高等教育学会职业技术教育分会、全国商贸职业教育集团主办,浙江舟山群岛新区旅游与健康职业学院承办。全国48所商科高职院校、10家企业的近200名代表参加会议。

【浙江国际海运职业技术学院支持企业复工复产】 4月中旬,学校成为浙江辖区首批获准开展线上船员培训资格的单位后,累计开展线上培训16期,培训330人次。新增2个特定航线江海直达船舶船员培训(1-1航线、1-2航线),11月2日,开展全国首期长江至宁波舟山港特定航线江海直达船舶船员培训。海船船员培训许可项目达28个。全年开展各级各类社会培训300余期,9206人次。学校以"互联网+继续教育"等特色方式,助力企业复工复产,服务地方,相关工作得到央广网、浙江工人日报、浙江职成教网等多家媒体报道。

【浙江国际海运职业技术学院首届石油化工专业学生毕业】 7月12日,学校石油化工学院2020届石油化工专业83名学生毕业,是自2017年9月石油化工学院办学后的首届毕业生,其中为舟山绿色石化基地输送毕业生18人。与浙江石油化工有限公司开展现代学徒制"订单班",培养学生103人。这是学校服务舟山绿色石化基地国家战略建设,针对性培养专业人才的重要举措。

【浙江国际海运职业技术学院航海技术专业群列入省高水平专业群建设名单】 12月,航海技术专业群被列入浙江省高水平专业群建设名单,学校适应海洋运输产业"智能、高效、环保、安全"与"船岸一体"发展趋势,聚焦海洋运输,深化产教融合,提升办学内涵,培养高素质复合型航海技术技能人才。

队伍建设

【概况】 2020年,全市有专任教师9901人。小学专任教师3797人,专科及以上学历教师比例99.79%,小学高级及以上职称比例6.53%,小学生师比13.33:1;初中专任教师2039人,本科及以上学历教师比例97.35%,中学高级职称比例34.92%,初中生师比11.02:1;普通高中专任教师1242人,其中研究生学历115人,占比9.26%,中学高级职称比例46.38%,普通高中生师比9.19:1;中等职业学校专任教师607人,其中研究生学历74人,占比12.15%,中学高级(含高级讲师)职称比例32.45%,职业高中生师比10.98:1;特殊教育学校专任教师30人,其中受过特教专业培训的教师30人;幼儿园教师2190人,专科及以上学历比例98.86%,幼儿高级职称及以上比例14.52%。普通高校专任教师1469人,其中正高级职称194人,占专任教师的13.21%,高校生师比18.28:1。

是年,全市教师队伍建设落实省委、省政府《关于全面深化新时代教师队伍建设改革的实施意见》,坚持方向、强化保障、突出师德、深化改革,人才引育举措不断创新,管理体制和待遇保障机制更加完善,教师队伍建设取得新成效。

完善优秀毕业生校园招聘和教育部直属师范院校和重点高校教师招聘机制,新入职教师,研究生占比超40%。常态化猎聘招引全国名优及骨干教师2人。加快离岛教师队伍建设,全市定向委托培养计划42人。

强化教师思想政治教育,把师德作为评价教师素质的第一标准,开展常态化暑期师德全员培训。将师德师风建设与"清廉教育、清廉学校"建设相结合,实行师德"一票否决制",整治违规补课、"谢师宴"等师德师风问题。选树优秀师德典型,组织开展第四届"身边的感动"师德征文比赛。1名教师获评教育部2020乡村优秀青年教师培养人选,1名教师被省教育厅推荐全国教师育人楷模,1名教师获评浙江省最美教师,6名教师获省级荣誉,144名教师获市(属)级各类先进。1名入选国家"万人计划",1名入选全国师德师风建设专家委员会专家。

注重教师培养培训,编制名优教师培养"路线图",实施名教师名校长梯队培养计划和"浙江省特级教师""舟山市青年新锐骨干"培养行动;制发《舟山市新秀班主任、中坚班主任评选办法》;健全《舟山市中小学名师工作室研究员、学员管理办法(试行)》;做好省级、国家级各类培训的教师校长选派工作;建立青年教师工作联席会议制度;开展中小学卫生保健教师转岗培训,实现中小学校专职卫生保健教师全覆盖。

创新教师管理机制,出台《舟山市加强中小学(幼儿园)教师试用期管理指导意见》,并启动"杏坛新秀工程"三年行动,盘活教师资源77人。加强岗位管理,制发《关于进一步完善中小学校专业技术岗位设置管理的通知》《市本级教科研专业技术人员选聘管理指导意见》等。深化"县管校聘"改革和"积分制"管理办法。是年,全市义务教育交流的校长和骨干教师占符合条件人员超20%。

完善教师待遇保障机制,制定教师工资与公务员工资长效联动机制,完善教师收入分配激励机制。提高渔农村教师待遇,落实渔农村教师任教津贴、农村教师特岗津贴和乡镇工作补贴。建立教师入职、教师荣休仪式制度,提升教师职业成就感。

【大学生招引】 克服疫情影响,挖掘岗位潜力落实"六稳""六保"工作任务,先后组织县(区)教育局、直属学校到杭州、宁波、浙江师范大学开设3场招聘会,招引大学生397人,完成计划指标数的132.3%,其中市直属学校引进大学生107人,研究生和重点师范院校人数占比46%。

【高精尖人才招引】 与"猎头公司"保持线上沟通交流,反馈所需高精尖人才的资格条件,确保高精尖人才推荐工作常态化开展。突破常规,探索疫情防控下的常态化高精尖人才招引工作,运用钉钉、微信等工具与推荐对象开展线上面试面谈,组织学科教学专家与3名中小学省特级教师、1名信息技术学科奥赛辅导教练进行面试,引进全省特级教师1人,柔性引进省特级教师3人。

【"银龄"教师招引】 为增强"银龄"教师支教岗位吸引力,修订完善"银龄"教师招募工作方案,将待遇标准从每年10万元提高到20万元,将招引对象重点聚焦到退休的省特级教师、正高级教师以及具有高级教师职称的教学名师和骨干教师。全年招募银龄教师18人,其中省特级教师2人,获全国级荣誉2人,省市级荣誉教师8人,宁波退休教师高级教师3人。受援覆盖面实现县域和中小学段全覆盖。"银龄讲学教师支援计划"的相关经验做法在省"最多跑一次"官方微信公众号的"竞跑者"子栏目刊登。

【教师成长梯队建设】 加强骨干教师队伍培养,修订完善《舟山市名校长名班主任名教师工作室考核管理办法》;与华东师范大学合作完成特级教师后备人才第一阶段培训,意向对接18位省内特级教师或名师作为指导教师,为24名培养对象下步名师跟岗、靶向指导奠定基础。遴选的21名教师、校长被确定为浙派名师名校长培养对象,选派4名教师参加长三角三省一市挂职培养;组织开展教坛中坚评选,评选市级教坛中坚31人;加强青年教师队伍培养,组织开展新锐骨干教师第二期培训,举办五年内优秀青年教师素养提升培训班,就教育理念、课堂教学、教科研、班级管理等方面进行能力提升培训。完成2019届新教师试用期培训考核和2020届155名新教师指导教师选配工作,为青年教师分层培训实施打好关键前站。推进优秀青年教师选树力度,组织开展教坛新秀、教坛新苗评选,评选出市级教坛新秀50人,教坛新苗80人,1名教师获评教育部2020乡村优秀青年教师培养人选,10名青年教师在全省教学活动评选中获一等奖。

【完善新教师培养和管理机制】 建立青年教师工作联席会议制度,明确教育行政部门、教研部门、学校、青年教师学习联盟、团工委、工会等各自在青年教师培养过程中的职责和任务,修订完善2020年度青年教师学习联盟考核办法。出台《舟山市加强中小学(幼儿园)教师试用期管理指导意见》,建立新教师试用期转正负面清单,严把转正"入口关"。建立青年教师工作联席会议制度,研究制定《舟山市"杏坛新秀工程"三年行动计划(2020—2022年)》,通过引、育、管、服综合施策,建立起系统的青年教师培养策略和路径。修订出台市本级新教师试用期培训考核办法,重新编印新教师试用期培训考核管理记录册,规范新教师培训要求。

【中小学教师职称制度改革】 与市人社局联合印发《关于进一步完善中小学校专业技术岗位设置管理的通知》,提高中小学校副高级、中级专业技术岗位结构比例,拓展中小学教师职业发展空间。组织开展中小学校专业技术三级岗位竞聘工作,2名优秀中小学教师正高级教师实现晋升。推动中小学教师职称自主评聘改革试点扩面,将全市9所公办普通高中纳入高级以下职称自主评聘改革试点,将市本级17所学校纳入中级以下职称自主评聘改革试点,扩大学校办学自主权,激发教师队伍工作主动性和积极性。推进中等职业学校教师职称制度改革,全市500多名教师完成职称过渡。

【甬舟两地教师队伍一体化培养】 借助宁波在教师培养上的资源,选派中小学名师、名班主任和骨干教师16人参加宁波举办的"甬舟一体化"高端研修合作项目。推进教师培训领域的合作,邀请20名宁波教育教学知名专家到舟山举办的10个教师培训项目中开设讲座、示范课。依托"甬上云校"加强线上教学资源共享。制定2020年"甬舟教育一体化"建设教研工作计划,组织开展甬舟两地高中政治、中职旅游、中职汽修等学科4场线上线下教学研讨活动,选派中职教师参加宁波"新时代·新模式·新课堂"教研活动,两地参与教师300余人次。加强两地学校结对合作,推动舟山市中小学生素质教育实践学校与宁波市(杭州湾)青少年学生实践基地管理中心、宁波市奉化区滕头学生社会实践基地,岱山中学与鄞州高级中学,大衢中学与宁波镇海仁爱中学结对合作,在干部教师交流、课程建设、教科研、学生研学互派等方面达成合作协议。

【率先实行县(区)委教育工作领导小组年度述职】 自2019年舟山市、县(区)两级全部成立党委教育工作领导小组以来,四县(区)委教育工作领导小组在全省率先实行年度述职报告制度。这是舟山加强党对教育工作统一领导的一项创新举措,对完善教育事业领导和工作体制机制,推进从严治党向基层延伸具有重大意义。

【全市教育工会第七次代表大会】 8月24—25日在新城召开。省总工会一级巡视员、省教育工会主席赵祖地,省教育工会组织建设部部长郑喆,市教育局党委书记、局长祝幸安,市总工会副主席、女职委主任王珺,浙江海洋大学工会常务副主席毕港峰,以及市教育局领导班子、各县(区)教育局和学校工会相关负责人参加。大会选举产生由汤赛虹等31人组成的舟山市教育工会第七届委员会。在舟山市教育工会第七届委员会第一次会议上,汤赛虹当选为第七届委员会主席。

【专职卫生保健教师实现全覆盖】 6月8日,联合舟山市卫健委、浙江海洋大学举办的舟山市中小学校卫生保健教师转岗培训开班,全市各中小学77名教师参加,线下集中面授11天,经考试合格后,转岗成为中小学校专职卫生保健教师,以提高全市校园卫生健康保障水平。

【全市教师信息技术应用能力提升工程2.0启动】 10月28日,召开全市教师信息技术应用能力提升工程2.0启动会。市中小学信息技术应用能力提升工程领导小组及相关部门组成人员,市直属中小学(幼儿园)负责人参加。各县(区)通过海岛教研训一体化平台同步观看直播。会议就舟山市中小学教师信息技术提升工程2.0方案进行解读,并介绍全市试点工作的下一步安排及要求。全市遴选76所学校作为下半年提升工程2.0试点学校,整校推进、混合研修、以点带面、学用融合,加快学校信息化教育教学水平。舟山二小北校区作为全省遴选的试点单位之一,作经验分享。华东师范大学、浙江师范大学受邀介绍整校推进方案设计。

【甬舟普高教研一体化开启】 继11月11日至14日宁波、舟山普通高中高三学生英语和七选三学科统一高考、选考模拟考后,宁波、舟山两地教研部门又共同组织十门高考与选科科目的高考、选考复习研讨会,标志着甬舟普高教研一体化全面开启。本次两地的模拟考试采用同一份试题,同时开考;开启同一个阅卷系统,统一阅卷;运用同一套评价模式,统一分析。"三同模式"把舟山与宁波的高三学生评价融为一体,在大数据分析中研究教学得失,以解决舟山学生样本较小、数据分析不精准的问题。

【新晋名班主任名教师工作室授牌大会暨工作室启动会】 5月28日下午召开。市教育局党委书记、局长祝幸安出席会议并讲话,市教育局分管领导等及获评2020年新增名班主任名教师称号的所有人员和工作室代表参加。陈伟斌、缪海静获授名班主任工作室,王玮、朱彩娟、孙妍英和王波芬获授名教师工作室。

【在省中小学班主任基本功大赛中获佳绩】 舟山6位参赛教师在2020年浙江省第九届中小学班主任基本功大赛中获得一等奖1人,二等奖3人,三等奖2人。岱山县高亭中心小学教师柴雪南获小学组一等奖,普陀区朱家尖小学教师傅筱雯获小学组二等奖,定海七中教师钟艳和普陀二中教师缪芳芳获初中组二等奖,南海实验高中教师陈颖颖和戎露获高中组三等奖。

【在2020年浙江省初中科学教学活动评比中获一等奖】 11月10—11日,浙江省初中科学教学活动评比在台州市举行,以"基于学生科学思维能力发展的科学教学"为主题,采用录像评审的方式,评委集中观看录像当场打分。全省各地13名选手参加,评选出一等奖六名,二等奖七名。定海二中青年教师王一玫代表舟山市参加本次比赛并获一等奖。

【在省教学评审中获一等奖】 在全省小学综合实践、初中地方课程和劳技教学评审活动中,沈家门四小周军海、白泉初中张盈盈、东海中学叶露3位教师获得一等奖。

(撰稿:郑秋冰)

责任编辑:孙国生

科技与气象工作

科 技

【概况】 2020年，全市组织实施省部级科技项目493项；争取省级以上科技经费2.41亿元。新培育高新技术企业52家，全市有效高新技术企业累计211家；新增科技型中小微企业191家，全市省级科技型中小企业累计1005家；高新技术产业增加值325.11亿元，比上年增长96.26%，增速位列全省第一；发放创新券2171.66万元，确认使用1513.21万元；全市有效发明专利拥有量3070件，同比增长24.24%；PCT（专利合作协定）国际专利申请量11件，技术交易总额28亿元；新增省级高新技术企业研发中心6家，省级企业研究院2家（其中省级重点农业企业研究院1家）；新增省级产业创新服务综合体3家，新培育省级星创天地1家；新增国家级众创空间1家，省级众创空间3家。

是年，完成"创新舟山"三年行动计划。高新技术产业快速发展，新增高新技术企业144家，高新技术产业增加值占规上工业增加值比重达到65.2%；全市规上工业企业研究开发经费投入增幅、高新技术产业增加值增幅均位列全省第一。全市规上工业企业研发机构覆盖率达54.79%，居全省前列。创新资源有效集聚，全市省级及以上科技孵化器（众创空间）16家（其中国家级2家），省级及以上企业研究院、企业技术中心（研发中心）161家，省级及以上重点实验室（工程技术研究中心）10家。创新能力增强，全市累计引育"高精尖"海洋创新人才161人，引进落户"5313"创新创业领军人才（团队）251个，每万人专业技术人员数1000人以上；新引进到舟山就业创业高校毕业生3.23万人，新培养技能人才4.57万人，其中高技能人才1.6万人，新增专业技术人才1.25万人；提升知识产权运用保护水平，每万人发明专利拥有量25.14件；全市获国家科学技术奖2项，省科学技术奖12项；实施省级以上科技项目1338项，同比前三年（2018—2020年总数比2015—2017年总数）增长63.97%。

创新投入明显增长，建立财政对科技投入的持续稳定增长机制，三年统筹落实中央、省、市科技资金3.87亿元，人才专项资金3.1亿元，科技支出增幅明显高于一般公共预算支出增幅。

【科技体制机制改革】 是年，舟山市科技工作围绕"创新管理机制、增强创新动力、激发创新活力"，贯彻实施国家和省委、省政府出台的系列深化科技体制改革政策，推进科技改革取得新成果。首部地方科技立法《舟山市科技创新促进条例》实施，市委出台《关于贯彻〈舟山市科技创新促进条例〉的实施意见》，提升科技创新工作治理效能。召开全市科技创新工作推进会，市委、市政府出台《关于深入实施创新驱动发展战略推动高质量发展的若干意见》，首次提出企业研发投入的奖补政策，并围绕建设高能级创新平台、推进产业技术创新等方面实施一系列科技新政。制定《2020年舟山市科技体制改革工作要点》，从7个方面、23项要点全面推进科技体制改革工作。

【科技创新平台与载体】 着眼于全面提升区域创新能力，依托现有科技资源优势，加大核心资源整合力度，强化创新平台建设。

舟山国家高新区　舟山国家高新区创建得到科技部认可，进入国务院待批的最后阶段；通过"以升促建"推进高新区建设提升，舟山高新园区和舟山船舶装备高新区发展势头良好。

东海实验室　市政府发文联合浙江大学、自然资源部第二海洋研究所成立东海实验室,并以此为基础争创海洋领域省实验室。省政府明确将优先支持舟山建设海洋领域省实验室,启动东海实验室建设。

滨海科创大走廊　围绕“四个舟山”和“重要窗口”海岛风景线建设目标,谋划建设西起金塘岛,东至航空产业区,全长约53千米、总面积约175平方千米的滨海科创大走廊,总体架构为“一体两翼”即以甬东区块的新城海洋科创中心为核心,以本岛西部定海科创走廊、本岛东部普陀城西科创走廊为两翼,以绿色石化产业园区、金塘、定海工业园区、海洋产业集聚区和航空产业园五片区为延伸,重点培育、支撑海洋电子信息、海洋生物、海洋智能装备、石化新材料、现代航空产业、海洋文化旅游六大产业发展,打造具有全国影响力的长三角海洋科技创新策源地。

绿色石化产业研究院　对接牵头建设绿色石化领域省技术创新中心的荣盛集团,引进其在舟山建设分中心。初步确定舟山分中心为独立法人、开展实体化运作,其中创新中心总部拟选址临城,中试基地拟选址岱山县。

省级产业创新服务综合体　围绕重点产业领域布局建设产业创新服务综合体,新增省级产业创新服务综合体3家,全市5家省级产业创新服务综合体覆盖全市主导产业,整合科研设备10亿元以上,服务企业超6万家次,解决企业技术难题350余个,开发新产品260余个。

中国(舟山)海洋科学城　全年入驻企业173家(其中创新型初创企业77家),注册资金7.43亿元。新获评高新技术企业4家,培育科技型中小企业6家;获评省级新产品试制计划企业4家。新增年营收入上千万“5313”企业1家。推进产学研合作,实施发明专利产业化3项,市校合作项目2项,新引进大院名校共建创新载体1家。全年拨付企业培育资金400余万元。实现税收3.81亿元。

浙江大学海洋学院　是年,科研经费到位2.096亿元,同比增长23.05%。获批立项科研项目204项,合同经费总额约1.6亿元。获批准立项国家自然科学基金项目13项。获批准浙江省基础公益技术研究计划项目2项,浙江省自然科学基金探索项目5项。获批省重点研发计划项目5项。学院教师获2019年度浙江省科学技术进步奖二等奖1项,省科学技术进步奖三等奖1项,省自然科学奖二等奖1项。学院教师发表SCI/SSCI(科学/社会科学引文索引数据库)收录论文364篇(不完全统计),获授权发明专利67项,申请发明专利44项。实现科技成果转化9项,转化率为历年最高。

浙江海洋大学　是年,累计到校科研经费约4917万元,科研项目总数203项,首次申请并获批立项国家自然基金委重点国际(地区)合作研究项目1项;立项国家基金面上项目和青年项目25项,享船时项目1项,转入校内的国家自然科学基金4项;获主持国家重点研发项目2项,参与国家重点研发项目13项;主持浙江省重点研发计划项目3项;省自然科学基金项目和省公益项目21项,其中杰出青年科学基金项目3项,省基金重点项目1项。获100万元以上重大横向课题1项。学校在申报省杰出青年基金方面取得突破,位列省属高校前列。专利授权1054项,其中发明专利570项,实用新型473项,发表SCI论文340篇,公开发表影响因子10.0以上的SCI科技论文4篇;出版著作5部。

浙江省海洋开发研究院　是年,实施省、市、横向委托等在研项目18项,组织新申报各级各类项目19项,立项7项,其中省重点研发项目3项,省公益性科研项目2项;新获授权专利18件(发明专利13件);发表SCI、中文核心期刊等高水平论文16篇,参与出版著作1部,申报奖项2项,获第五届中国创新挑战赛(浙江)暨2020年浙江省技术需求“张榜招贤”大赛二等奖1项。与浙江工业大学联合共建的“中国轻工业食品大分子资源加工技术重点实验室”挂牌,为舟山获批的首个中国轻工业重点实验室。1人入选浙江省青年高层次人才协会会员、舟山市B类人才、舟山市科技追梦人,1人被评为舟山市优秀渔农村工作指导员。

【科技攻关与成果转化】　围绕舟山群岛新区系列国家重大战略落地、传统产业提升、新兴战略产业发展,全市开展科技攻关和成果转化。全市13个项目获2021年度省重点研发计划立项支持,预计可获省级财政科技经费5150

万元。全市5个项目成果获2019年省科技进步奖，其中1个牵头项目成果获省科技进步奖二等奖，4个参与项目成果分获省科技进步奖一、二、三等奖。

科技攻关实现重大突破　多个海洋领域核心技术攻关国内领先。世界首座、世界装机规模最大的海洋潮流能发电站连续运行并网发电时间43个月，持续运行时间保持全球第一；全球最大的2万立方米LNG加注运输船启动建造；全国首座全潜式深远海大黄鱼养殖平台投试生产；国内首次实现全雌黄姑鱼规模化繁育。

成果转化实现历史突破　加快科技成果转移转化，推动产业转型升级，围绕科技成果转化的供给端、需求端、服务端，推进科技成果快速转化。全年全市实现技术合同成交总额28亿元；发布技术需求清单和新技术应用场景清单330条；组织企业参与2020年长三角科技成果联合竞价（拍卖）会，成功竞得2项科技成果，总成交价290万元；组织企业、科研院所参与2020年浙江省技术需求"张榜招贤"大赛，并获大赛二等奖2项，三等奖2项。在11个设区市中，科技成果转化总指数为207.48，较上年提高131.62。

【创新主体培育】　是年，科技创新主体培育创历史新高，新增高新技术企业52家，累计211家；新增省科技型中小企业191家，新增数创历史新高，累计1005家；科技招商工作持续推进，企业创新载体培育有新进展。

科技企业"双倍增"成果　推进科技企业"双倍增"计划。建立科技型企业梯度培育库，强化政策宣传、业务培训和政策保障等支持力度。新增高新技术企业52家，累计211家；新增省科技型中小企业191家，新增数创历史新高，累计数突破1000家。

企业研发体系建设　持续实施规上工业企业研发机构"清零"行动，全市规上工业企业研发机构覆盖率54.79%。

【双招双引】　是年，全市引育"高精尖"海洋创新人才85人，集聚高层次海外人才128人。其中，市科技局引育"高精尖"创新人才16人，同比增长33.3%。入选国家引才计划外国专家1人（外籍院士）；申报省海外工程师21人，入选9人，申报数与入选数均创新高，同比分别增长90.9%与80%。引进世界港口物流优化领域泰斗——韩国专家金甲焕，为全市首个全职引进的外籍院士。完成科技招商任务。引进中科院宁波材料所在岱山投资3亿元建设甬舟（岱山）新材料研究院。

升级实施"5313"行动计划，首次设立"5313"创新专项和飞地专项，举办第四届中国舟山全球海洋经济创业大赛，全年新引进落户"5313"领军人才项目（团队）40个，梯次化培育16家"5313"企业入选科技型中小企业或高新技术企业。

加快海洋科技创新，海洋牧场水下在线监测工作站入选首批海洋牧场科技团队全国工作站；海洋电子信息创新团队在国内率先成功开发Ka波段低轨卫星宽带通信芯片，并在多波束数和单通道功耗上创造世界纪录。

【科技合作与交流】　是年，建立"市—县（区）—企业"三级纵深推进的工作机制，加强与国内外高水平大学、科研机构和领军企业合作，拓宽合作领域、延伸合作深度、拓展合作广度，发挥各方资源和能力优势，将产学研的合作转化为内在需求，提高技术创新效率。

科技合作　受疫情影响全国暂停外国人入境后，舟山市是全省第一批通过"快捷通道"引进外国专家的地市。全市引进大院名校共建"高精尖特"创新载体13家。采用柔性引进高校科研院所在舟山设立转移中心，支持将高校科研院所的科技成果到舟山转化和产业化，并将舟山企业技术难题反馈科研院校寻求解决途径。引进中建材轻工自动化研究所共建普陀技术转移工作站、中国轻工食品大分子资源加工技术重点实验室等创新载体。

开展学术交流活动　开展外国高层次人才智力合作"网上洽谈"与集中"云上签约"活动，联合举办第八届COASTLAB国际会议、中国（浙江）自贸试验区"海洋工程技术"国际交流学术论坛等大型国际科技交流活动；组织参加日本、新加坡、芬兰、澳大利亚等专场国际科技人才交流对接活动5次，对接教授以上外国专家61人，其中外籍院士3人。

【科技创业创新服务】　是年，提升各类创新孵化载体，丰富创业创新活动，强化科技创新氛围营造，激发和提升科技创新生态活力。

创新孵化载体建设　全市新增国家级众创空间1家，省级众创空间3家。至年底，全市有各类科技创业孵化载体27个，覆盖全市各个县(区)；双创场地面积超过50万平方米，孵化创业企业(团队)1400余个。推进“舟创未来”人才飞地建设，在沪杭甬建成6个人才飞地，总面积9200平方米，在全省率先实现市、县(区)两级全覆盖；吸引入驻企业60余家，实现营收超过千万元，集聚人才300余人。

12月25日，市科技局负责人率队到正山智能制造科技股份有限公司开展“三服务”(封建波　摄)

开展创业创新赛事活动　举办第四届·中国浙江舟山群岛新区全球海洋经济创业大赛，大赛分为先进制造、智慧科技、蓝海智造、生命健康、绿色石化、海洋生物六个行业赛。自5月启动以来，举办10场城市赛，征集1000余个项目，经过“云洽谈”和飞地“云选拔”等对接环节，最终15个优质项目获得金银铜奖。有12个项目到舟山落户或即将落户。

5月8日，第四届·中国浙江舟山群岛新区全球海洋经济创业大赛暨甬舟人才活动一体化合作启动仪式在新城举行(王奋芬　摄)

深化科技服务　把“三服务”落到企业急需处，帮助企业解决科技创新等领域的实际问题，产业服务专家团队开展指导培训500余人次，对外服务企业1500家次，帮助企业解决实际技术难题153项，开发新产品31个。《助企参与“一带一路”重点项目》和《助力螺杆产业破解转产难题》2个“三服务”工作成效被省委办公厅作为典型案例。为推进政务服务2.0工作，成立舟山市科技领域“最多跑一次”改革(数字化转型)工作专班，重新梳理政务服务2.0事项33项，部分政务服务事项相关指标处于全省和全市前列。启用新版“科技成果登记系统”和“技术合同登记系统”，实现“零次跑、立即办、无纸化”，实现科技核心业务100%网上办、掌上办。

【科技惠民】 是年，推进科技特

7月15日,科技特派员王国华(中)一行在岱山欢心香蟹家庭农场调研汛情对农作物的影响(蒋华提供)

派员工作,开展科技活动周等科普活动,普及科学知识、宣传科技成就,提升公众科学素质。

农业科技创新载体建设　创建舟富应急保障食品省级重点农业企业研究院和舟山普陀东海重要名贵鱼类规模化网箱养殖星创天地,争取计划经费250万元。全市累计建设省级星创天地5家,覆盖全市渔农业主要产业领域。完善星创天地孵化体系,打造创业工作室,建立创业导师库,加强与涉农高校院所对接,为入驻渔农户提供技术咨询、检验检测、人才培训和成果转化等专业化、社会化服务,已拥有创业导师61人,吸引入驻渔农业创业主体51个,提供创业工位近200个,受服务人数达1000余人次。

开展科技特派员服务乡村振兴工作　全市科技特派员实施科技特派员项目60项,培训渔农民2000余人次,引进新品种11个,示范推广面积1.2万亩(800公顷),建立示范基地5个。岱山岛创建1家省级重点农业企业研究院,登步岛创建1家省级星创天地,实现边远海岛企业高能级渔农业科技创新载体创建零突破。首个国家科技惠民计划项目“舟山群岛网络医疗与网格化健康服务应用示范”通过验收,并破解舟山偏远海岛疫情防控难题。

举办舟山群岛新区科技活动周　联合市委宣传部、市卫健委和市科协举办以“科技战疫　创新强国”为主题的科技活动周,组织全市41家单位、150余名科技人员开展科技活动,推动科技(科普)进企业、进农村、进社区、进校园。全市发放各种科普宣传资料10000余份,制作科普宣传展板80余块,接受服务咨询1000余人次,参与活动的群众2000余人次。活动周期间,开展科普培训、科技咨询、现场义诊和科技知识竞猜等活动,将科普知识传播到千家万户。

5月19日,2020年舟山市科技活动周开幕式在定海文化广场举行(余麟逸　摄)

2020年全市科技计划项目

表45　　单位:项

项目类别	项目数量(项)	分行业			
		工业	农业	渔业	其他
(合计)	767	287	29	177	274
国家级:小计	104	4	1	41	58
国家重点研发计划	34	4	0	18	12
国家自然科学基金	70	0	1	23	46
省级:小计	389	216	7	78	88
省重点研发计划项目	35	13	1	14	7
省级公益性项目	65	1	4	29	31
省软科学研究计划项目	4	0	0	0	4
省自然科学基金项目	63	2	2	26	33
省级新产品试制计划	222	200	0	9	13
市级:小计	158	8	16	35	99
浙江海洋大学专项	25	0	0	8	17
浙江省海洋开发研究院专项	11	0	0	4	7
市公益类项目	100	2	11	14	73
市重大科技研发计划项目	9	6	0	3	0
市科技特派员项目	13	0	5	6	2
县级:小计	116	59	5	23	29
定海区	29	16	3	1	9
普陀区	48	30	1	7	10
岱山县	16	13	1	0	2
嵊泗县	23	0	0	15	8

(撰稿:远飞)

气象工作

【概况】 2020年,全市气象灾害频繁。全市气象部门提前完善业务服务制度,做好服务准备,持续跟踪监测、精细分析研判、及时汇报服务,开展“三服务”活动,实施气象为民服务“八件实事”,对接海洋强国、一带一路、乡村振兴、生态文明建设等国家战略,气象服务效益显著。融入海洋强国战略,6大港区、18个重点港口、4大加注油锚地、14条航线、13大渔场、7个体验式捕捞海域、40万吨巨轮和LNG(天然气)船引航靠离泊、涉海重点工程建设等涉海气象服务在保障气象安全的前提下,促进相关行业生产效益的提升。贯彻甬舟一体化战略,联合宁波局将《港口作业气象预警等级及图标》地标上升为甬舟区域协同标准，浙江自贸试验区将该标准列为新一批制度创新成果候选项目，提升港航气象影响力；面对秋冬旱情，对接宁波市气象局针对姚江流域开展人工增雨作业，保障大陆引水水源。

【人才与科技创新】 夯实导师培养、上下互动的县级业务骨干培养机制，完善专业技术岗位业绩考核办法，常态化开展综合业务知识考试。是年，1名科级干部获评全省气象部门优秀党员，3人入选省局“研究型业务带头人”或“青年英才”。1个项目获省科技厅立项，2个项目获市科技局立项，3个项目获省局立项；市局立项支持12个项目。1项科研成果获省气象科技研究开发与成果转化三等奖。全年在气象期刊发表论文9篇(其中SCI期刊1篇，核心期刊1篇)。1篇技术论文获省局二等奖，3篇预报技术论文入选参加全省交流目录。全省气象行业监测预警职业技能竞赛获优秀组织奖，1人获监测预警服务单项个人第三名。

【气象服务工作】 服务乡村振兴 研制发布18个气象景观类、物候预测类本地化微气候资源服务产品。创建村居气候品牌，2个村社通过全省首批“乡村氧吧”评审。完成1个省级、2个市级气象服务新时代美丽乡村示范点建设。建成69个省级气象防灾减灾标准化社区和12个渔农村文化礼堂气象科普点。摄制乡村振兴成果宣传片38期，结合主持人气象播报，宣传推介乡村美景和特色渔农产品。

提升公共气象服务供给水平 气象灾害预警信息直达式发布扩大到全市所有渔港港长、景区管理员、居住小区物业经理、渔农家乐和民宿业主。与舟山发布、无限舟山、舟山旅游、城市应急广播等更多新媒介建立发布传播机制，扩大预警信息覆盖面受益面。全年有16.7万人通过舟山气象微博、5.1万人通过舟山气象微信、13万人通过气象短信、7万用户(168万次)通过96121气象声讯电话获取气象信息；全年舟山天气网浏览量741万人次，制作播出气象影视节目1460期。优化重大活动气象保障服务形式，完成观音法界开园，铁人三项、舟马等重大活动和春运等重要时节的气象服务保障。

气象科普提升全民防灾减灾意识和能力 以气象灾害宣传为重点，通过微视频、PPT课件、知识手册等多种新形式，利用气象影视、微博、微信、抖音、AAP等多媒体开展气象科普宣传活动。中国台风博物馆获评国家气象科普基地；与旅游局、东极镇政府联合打造海洋气象文化示范点，建成集气象文化与当地气候景观于一体的“极地气象文化长廊”；“2020年科技活动周气象科普进企业”活动被中国科协评为全国科普日优秀活动。全市实现每个县(区)都有校园气象站。

推进气象社会治理 深化“互联网+服务+监管”，推进气象“无证明化”“证照分离”改革，在全省率先实行气球施放资质审批许可承诺制。气象安全纳入市、县(区)政府安全生产目标责任制考核。推进投资项目审批3.0版应用。联合应急、教育、旅游部门开展气象灾害防御重点单位“双随机”安全检查和防雷安全重点单位专项全覆盖检查。制定实施《舟山市防雷安全检查规程》，落实乡镇气象安全属地检查职责。强化绿色石化基地特大工程防雷安全监管，联合石化办督促浙石化履行防雷装置定期检测和防雷装置设计审核、竣工验收许可申报义务，重点加强石化基地检测机构服务监督。与应急局、银保监局联合发文推进三员职责融合。按要求完成区域雷评、自然灾害风险普查、气球施放检查和处罚职能向综合执法局移交等工作。启动《市政府办公室关于进一步加强气象灾害防御工作的意见》《市政府关于贯彻落实浙江省雷电灾害防御和应急办法的意见》2个规范性文件的修订。

(撰稿：谢蕾)

责任编辑：李轶

海岛年俗图景——祭灶掸尘(二)

腊月廿四这一天,家家都掸尘。这种习俗,还有很多传说。最有意思的是“尘”与“陈”谐音,腊月掸尘的含义是“除陈布新”,把一切“穷运”“晦气”等统统扫出门,迎接新年新气象。这样说,很合“民意”,又符人情。据说这种民俗已有二千多年的历史,《礼记》有“凡内外,鸡初鸣……洒扫室堂及庭”之说,《秘奥造宅经》也有“沟渠通浚,屋宇洁净,无秽气,不生瘟疫”的记载。唐宋时期,“扫年”掸尘之风开始盛行;至明清,“扫年”掸尘已经成为全国性的普遍习俗。可见,先人对污秽、尘沫与厄运、疫鬼、疾病之间的关系,认识是明了的,方法也是很有力度的。在去旧迎新之间,掸尽旧年的一切晦气、秽气、浊气和霉气,干干净净迎来新年的好运气,好福气。这不能不说是一种很有意义的卫生活动。

随着经济的发展,老百姓的生活日新月异,卫生意识不断增强。再者,住房也逐渐趋向于套房。但是每年农历腊月廿四,“掸尘”风俗依然没有消失,因为人们心中明白,掸尘不单单是清除庭院内外的陈年积垢,其实也是去除旧岁中遇到的不快,以崭新的面貌迎接新的时辰到来。今天不妨把那些传统习俗中美好的意蕴挖掘出来,改造成新的具有时代特色的内容,使年节的民族性更烈,人情味更浓。

文化广电旅游体育

概　述

2020年，市文化和广电旅游体育局应对新冠肺炎疫情对文广旅体行业带来的冲击，抓好疫情防控和复工复产。推进文广旅体工作主线，为市场复苏聚力，为产业发展赋能，为公共服务提质，为行业治理增效，实现全市文广旅体工作新发展，各项工作位于全省前列。

防控疫情。全市旅游景区、旅游饭店、旅行社、公共文体场馆和文化娱乐场所自1月22日起落实"应关尽关，应停尽停"举措，开展常态化督查，构建全市文广旅体系统疫情防控闭环。全市文广旅体企业执行"场馆关停、业务暂停"政策，并通过企业自救、内部软硬件提升等措施对抗行业萧条。文艺工作者和非遗工作者以小锣书、翁洲走书、方言快板、舟山小调等特色传统文化形式，创作抗击新冠肺炎疫情为主题的文艺作品230余件。建立"常态化"防控机制，打造三码合一的"云游群岛"购票平台。落实景区门票预约制度，全市20余个旅游景区入驻平台，游客预约率80%。普陀山景区整合原有4个票务系统，实现"一票通"，并建立景区分时预约制度。

提振文旅经济。通过强化文旅营销、丰富旅游业态、提升旅游服务等手段，落实旅游经济提振计划。出台《应对疫情影响加快促进文旅体产业复苏的十条措施》，安排2000万元专项资金和体彩公益金用于行业复苏。落实暂退80%旅游服务质量保证金，做好141家旅行社、2086万元的质保金暂退工作。市县联动推出"春暖古城·乐享定海""面朝大海·约'惠'普陀"等全民消费季活动。开展"阿拉过端午嘞"文化习俗分享+直播带货活动、"全民健身·let′s go"体育产品直播带货活动。谋划发展"夜经济"，推出普陀520幸福街、新城湾夜游船等产品，丰富夜间经济业态。通过市场提振，实现全市旅游市场复苏。全市游客人次、旅游收入两项增幅均列全省第一，是全省唯一实现正增长的地市。

全域布局启动海岛公园建设。组织开展海岛公园建设总体规划、编制三年行动计划，初步明确各海岛公园规划范围、主题定位和样板区，重点打造6个核心样板区和8个文化旅游主题岛，海岛公园全域升级方向更加清晰。谋划设立支持海岛公园建设联席会议，强化资金保障、招商引资、宣传营销等方面的制度保障。强化海岛公园政策配套，出台《促进游艇经济发展的实施意见》，市政府常务会议讨论通过《关于促进海岛精品民宿发展的指导意见》。项目投资优化文旅产品业态。普陀山观音法界项目、"南洞·大乐之野"精品民宿群竣工投入运营。朱家尖保利航空小镇、普陀水街旅游综合开发、南洞艺谷文旅融合示范项目、半升洞高端休闲度假区、嵊泗"十里金滩"特色小镇等12个项目开工。举办海岛公园建设招商对接会，编制海岛公园建设招商项目手册。赛事活动迸发体育融合活力。打造贯穿全年的海岛公园赛事活动体系，盘活体育市场拉动文旅消费。建立全市体育产业联合会，打造海岛海洋体育IP，引进举办舟山群岛马拉松、环本岛自行车骑行大会、国际铁人三项赛、帆船拉力赛、马术赛等精品赛事。普陀区国际游艇会景区入选全省运动休闲旅游示范基地，嵊泗县"基湖（皮划艇）–高场湾（水上飞鱼）–五龙（骑行）"入选全省运动休闲旅游精品路线，岱山秀山滑泥项目入选全省运动休闲旅游优秀项目。多维营销强化目的地品牌推广。构建"舟游列岛"品牌营销

3月10日,浙江省文化和旅游重大项目集中开工仪式舟山分会场在定海南洞艺谷景区举办(市文化和广电旅游体育局提供)

体系,策划征集“舟游列岛”品牌LOGO,建立“图游舟山”云图库。构建微信、微博、抖音全系统集成的新媒体宣传矩阵,微博、微信多次跻身全省总榜前列,传播力持续增强。

完善公共文广旅体服务体系。按照“六化”建设的要求,破解基层公共文广旅体服务动能和效能问题,推动公共文化、广电、旅游、体育服务提质增效。公共服务高效供给新探索。推进公共图书馆、A级旅游景区、公共体育场馆三大领域公共场所服务大提升。图书馆网证三证合一在市图书馆试运行,并作为全市领跑者项目上报省跑改办;A级旅游景区服务大提升中的花鸟岛试点被省跑改办评为全省亮点项目;全市8家公共体育场馆均实现预约支付功能。建立普陀山宗教活动场所文物保护部门联动协调机制。定海区率先实施一般不可移动文物“亮牌工程”。市博物馆首次入选全国热搜百强馆。打造全市首批非遗体验基地5家及非遗旅游线路10条。定海区入选国家第二批革命文物保护利用片区分县名单。公共服务均衡发展新抓手。广电低保服务持续保障低保户免费享受有线电视服务,开展“广电进文化礼堂”短视频服务活动和“最多跑一次进客厅”活动。成功创建省“四提升四覆盖”市级工程。开展“体育进文化礼堂”和“百姓健身房”工程。成立定海区青少年体校。公共服务设施配套新提升。推进嵊泗博物馆建设,舟山鸦片战争纪念馆、马岙博物馆完成改造提升。新建定海城东、城南城市书房。提高基层体育场地设施的覆盖面,定海城南体育公园、普陀红石体育公园完工。完成旅游厕所三年行动计划。举办庆祝舟山解放70周年主题美术、书法、摄影作品展,办好“阿拉过节嘞”、新区越剧(戏剧)节等活动。组织全民体育生活节等群众类体育赛事活动近千余次,超过50万以上人次参与。实施博物馆系列四大教育品牌项目70余场,全民健身大讲堂15期。在全省群文音乐、舞蹈、戏剧小品三大门类赛事获得5个金奖,占比达到1/4。

提升文广旅体行业治理能力。按照法治政府建设的要求,构建覆盖“事前、事中、事后”的行业监管体系,强化文广旅体行业监管能力。政府数字化转型加快步伐,搭建完成全市文广旅体数字化平台主体框架,建成一期数字化监管的相关功能模块,收录涵盖景区、场馆、公共服务设施等在内的2400余万条基础数据。建立团队、景区等行业运行监测应用,交通客流、气象灾害和热点舆情等关联行业监测应用及“假日旅游应急指挥”数字化监管综合应用。完成文广旅体系统视频监控平台,接入各类景区、场馆、交通等监控1000余路。“最多跑一次”改革“稳中有进”。实施11个事项在全省率先实行告知承诺制审批。推进政务服务2.0建设,梳理接入验收政务服务2.0事项目录清单,确保依申请政务服务事项网上受理率达100%。全面梳理“无证明化”改革事项清单,通过数据共享取消45项证明材料。梳理系统事中事后监管事项清单,完善监管。推广应用“E查通”小程序,依托数字化监管手段建立“企业自查+县区抽查+市级督查”的三级联动。开展导游分类规范化管理,制定出台《舟山市导游员信用评价与诚信分管理办法(试行)》。部署文旅市场“春风行动”“暑期整治”“秋冬会战”

行动。文明创城告捷。压实全市文化市场管理和文明旅游专项组创建任务，抓好薄弱环节查漏补缺和整改落实。建立全市文广旅体行业创建长效机制，推进文明旅游、"公筷公勺"、垃圾分类、节能降耗等专项机制。海洋文化艺术中心被授予"国家级节约型公共示范单位"。安全责任持续强化。开展文化和旅游市场安全生产专项整治三年行动，完成A级景区旅游新业态排摸，组织全省文化和旅游安全应急培训演练、行业系统消防安全综合演练、旅游安全应急演练等。开展旅行社安全用车、娱乐场所消防安全、政治性有害出版物和宗教非法出版传播查堵等专项整治。依法行政全面夯实。成立局系统专职政策法规处，规范行政规范性文件、政策性文件和机关合同等合法性审查机制，建立公平竞争审查工作制度，对涉及市场主体经济活动的行政规范性文件和其他政策措施进行公平竞争审查。

（撰稿：洋汀怡）

群众艺术

【群文活动】 围绕"抗击疫情""同心奔小康""全国文明城市创建"等主题，全市联动，举办"淘文化"进夜经济、"礼赞新时代　同心奔小康"2020年舟山市文艺创作作品展演、"阿拉过春节嘞"庙会暨"舟山味道"游园会、"阿拉过中秋嘞"新城滨海湾夜游赏月等117场次群众文化活动，累计30余万人次参加。定海区举办2020"唱响定海"网罗新声歌唱大赛16场，179名选手参加，10余万观众在线收看。普陀区举办2020普陀海稻音乐节暨舟山普陀第三届农民丰收节收镰活动、2020中国·沈家门渔港诗会、2020幸福普陀之看戏过大年、"梦圆小康·幸福普陀"2020年普陀区业余文艺团队展演等"最潮海洋风"活动127场次，累计8万余人次参与。岱山县举办2020年百姓文化节、2020"百姓春晚"、仙岛夜精彩·岱山文旅夜市等文旅活动20场次，其中仙岛夜精彩文旅夜市举办24期，192场活动，累计8万人次参与。嵊泗县举办2020年"声动嵊泗"新年流行歌会、2020年"美好生活　全民乐和节"开幕式活动、2020"童心颂双拥"少儿朗诵比赛等各类群众文化活动58场次。普陀山－朱家尖管委会举办"颂美德　传家训"新春孝廉文化活动、"醉美朱家尖"系列文化活动、"宅家抗疫，文化相伴"网络灯谜会等各类群众文化活动40余场次，放映农村电影139场次，惠及群众3万人次。

【文化辅导】 举办"幸福舟山"艺术大讲堂培训50期，5000余人次参与。推出"艺术大讲堂"舟山市全民人文素养提升工程，共200节课，包括书法、舞蹈、朗诵、形体操等课程，参与人数达1万余人次。完成2020浙江省"圆梦青苗，以艺育美"公益美育课堂项目，其中市文化馆沈亚球线上声乐公益课点赞率35078票。市广场舞指导中心面向各广场舞团队开展培训1场，中心特聘辅导员全年开展培训100场，参与人数达2万余人次。定海区开展"百姓课堂Online"艺术培训短视频39期，3840人次线上学习；"学艺直播间"开设31节课，4400人次上线学艺；2020"百姓课堂"文化公益培训秋季班88期，近2000人次参与。普陀区7个镇（街道）、3个管委会开展下基层培训辅导，举办渔民画、舞蹈、表演唱、器乐、小品、广场舞等文化艺术公益培训85期，4000余人次参与；人文大讲堂、百姓大舞台、文化大展厅、艺术大课堂四大公共文化服务品牌活动68场次，4万余人次参与。岱山县文化馆选派业务干部和"种文化"文艺辅导员按需、定点到各文化礼堂、学校进行广场舞、少儿美术、少儿声乐等培训，总计115课时，受益学员12300余人次；岱你"艺"+"益"公益性活动——夏季培训班、秋季培训班，总计468课时，受益学员达8300余人次。嵊泗县建设青少年音乐、美术等艺术培训基地，依托与省艺校合作建立的青少年招生中心做好培训、招生工作，开展辅导26次，受众470余人次；推出"线上汇"公益培训课程29期次，内容包含合唱、美术绘画、排舞、钢琴伴奏、越剧教唱等，参与人数达6600余人次；举办合唱、剪纸、拉丁舞等各类艺术培训班21次，受众人数550人次。普陀山－朱家尖管委会组织开展"我的艺术梦"文化进万家云课堂、"学最美文化，做文明细胞"2020朱家尖全民文化学艺、"圆梦青苗，以艺育人"文化体育培训活动200余课时，参与人数6800余人次。

【文化下乡、文化走亲、线上文化服务活动】 全市开展送戏下乡

615场，送书下乡114680册，送讲座展览下乡353场，文化走亲45次，线上文化服务活动(送戏、讲座、展播展览等)479场，线上活动参与4770471人次。其中市级开创“舟山特色产品＋数字新平台”模式，开设“幸福舟山　端午有礼”直播卖货专场，网上观看量突破155万人次；“市民大展厅”举办展览12场，3万人次参与。定海开展“业余文艺团队云展演”，收集50余支团队60余个作品，六期吸引20余万人次参与在线投票；开展“云上展厅”版块服务、“走进西域——喀什”摄影作品展、“文化走亲，云端悦展”线上文化走亲摄影展等静态展览13期。普陀区首次采用云端直播模式，举办“书香普陀　云享阅读”“4·23”世界读书日系列活动，实现抖音平台现场直播；开通“普陀云上大讲堂”“普陀云上大展厅”，举办线上“阅读马拉松”和直播平台经典朗读比赛，累计举办各类云端线上讲座40场次，云上展览35场次，其他云上阅读推广活动27场次，参与读者达5万余人次；普陀与苏州吴中、金华金东、台州椒江等地开展文化走亲活动，吸引7000余人次参与。岱山赴衢江、临安等地开展7次文化走亲活动。

【人才队伍】 全市有600余名专业文化干部，近800名专兼职基层文化员，各类业余文艺团队1000余支，已登记广场舞队伍200余支，文化志愿者队伍40余支，共8000余人。舟山舞指导中心选送的队伍在浙江省女子体育节中获广场舞·排舞大赛团体第二名、浙江省广场舞·排舞锦标赛规定曲目金奖和自选曲目一等奖。迪丽拜尔获浙江省民族团结进步模范个人。抓好乡镇“三团三社”建设，组建三团三社204支，乡村文艺团队2072支、72000人，文化志愿者7223人。

【文艺理论研究成果】《舟山群文》获2020年度浙江省群众文化报刊评比金奖，摄影论文《品牌特色　创新》发表于国家级刊物《文渊》并获论文一等奖，论文《佛国七月》获浙江省第十一届“中国梦·故乡情”乡村诗歌大赛二等奖，《关于新时期打造传统民俗节日活动品牌的对策思考》和《浅谈群文舞蹈创作中的误区与创新——以〈船上的日子〉为例》在浙江省第二十二届公共文化论坛分获征文二等奖、三等奖。吴筱的歌词《春来临》入选学习强国平台。论文《教场鼓乐助推文化和谐》入选《华枝春满——浙江农村文化礼堂品牌案例选编》并出版；顾颖的征文《从放牛娃到研究馆员——记舟山市普陀区海洋(民间)文学工作室主任忻怡》获浙江省“新时代风采”群文人物事迹征文比赛银奖。

【业余社团】 全市有越情工作室、天浪乐队、青年越剧团、美之声演唱团、夕阳红艺术团、海沙沙艺术团、乡音爱好者协会、双屿艺术团、岛城合唱团等1000余支业余文艺团队，队员4万余人。其中海沙沙艺术团的舞蹈《哈达》在“我要上全运”中获特等奖，舞蹈《吉祥颂》在参加“我要上全运”中获一等奖，舞蹈《中国人》在浙江省曳步舞大奖赛中获特等奖，舞蹈《动感2020》在浙江省曳步舞大奖赛中获二等奖。在疫情防控期间，全市百支团队自发参与疫情防控科普宣传、值守排查登记、便民利民服务、社会秩序引导等志愿者活动3500余次，创作防疫宣传作品百余件，累计捐款4.87万元。

(撰稿：赵思瑜)

精品艺术

【音乐】 全市有18件音乐作品获省级以上奖项或入选省级以上相关展演。作品《东西南北风》在中国第十七届中国西部民歌(花儿)歌会原生态专场的比赛中获银奖；《就喜欢这种感觉》获“新乡村音乐全国歌词大会”三等奖；表演唱《带鱼煮冬菜》、表演唱《农庄小娘》、表演唱《数幸福》入选浙江省农村文化礼堂建设成果展演暨“三团三社”成果展演展示；实时采样演奏与演唱《在四季等你》、男声三重唱《比海更宽广》、表演唱《渔家》获浙江省第十九届音乐新作大赛金奖，女声二重唱《老木船》获银奖；乐队《阳光洒在角落的温度刚好》、男女对唱《后浪》获2020首届长三角原创流行歌曲大赛银奖；组唱《为了春天而来》获2020浙江省第十九届新作演唱演奏大赛“三地一窗口”专场金奖，男女声小组唱《我来了，小康》获银奖；表演唱《数幸福》入选2020年度浙江省十佳优秀歌曲；歌词《老木船》《老外婆》《蓝色的梦》《海蓝蓝，梦蓝蓝》获浙江省2020年“歌颂新时代”歌词大赛银奖,《桥事》《杭之风月》获得铜奖。

【舞蹈】 全市有2件舞蹈作品获省级以上奖项。群舞《可咸可甜》获2020年浙江省群众舞蹈大赛金奖,男子群舞《初·海》获银奖。

【戏曲戏剧】 全市有3件戏剧小品作品获省级以上奖项。小品《父亲的快递》获浙江省第三十一届戏剧小品邀请赛金奖,《妈妈的微笑》《摆摊》分获银奖。

【美术】 全市有29件美术作品获省级以上奖项或入展省级以上相关展览。姜东波作品《冬至》入选第二届"香凝如故"全国美术作品展,张高俊的3件漆画作品《霞归》《晌午的海滩》《船台夜歌》入选新时代、新气象、新表达——全国新文艺群体美术作品展,望潮渔民画团队朱国安、朱松伟、朱松祥、周雪琴、俞松祥、胡凤娜、包凤佴以及姜声慧的8件作品入选"决胜全面小康"第二届全国农民画作品展,徐锋、姜东波2件作品入选浙江风采——决胜全面小康全省美术作品展,普陀渔民画团队的4幅作品、望潮渔民画团队的3幅作品入选浙江省农村文化礼堂建设成果展演暨"三团三社"成果展演展示,6位文化馆干部创作的8幅作品入选省群星美术写生汇报展。

【摄影】 全市有8件(组)摄影作品获省级以上奖项或入展省级以上相关展览。包丽霞作品入选第三届中国·米脂窑洞古城国际摄影周展览,《群鸥闹海》《绿野仙踪》等6幅生态摄影作品入展"昆仑圣殿格尔木"中国长江沿线生态摄影联展,曾其龙的组照《带鱼深加工》获2020年浙江省第十八届摄影艺术展创意商业类金奖。

【书法】 全市有13件(组)书法作品入选省级以上奖项或入展省级以上相关展览。毛寒春的《东坡题跋八则》入展全国第五届正体书法作品展;浙江省首届群星行草书大展中,刘海忠的《草书辛弃疾》获银奖,张军恩的《杨维桢花游记》获提名;胡炳华3件作品分别入展长三角视觉艺术青年艺术家书法作品展、长三角优秀青年书法家精品邀请展、浙江省第二届群文书法干部小品展;王忠军2件作品入展浙江省2020年度群众文艺精品展演展示系列活动(群众文化视觉艺术精品展览)、浙江省第二届群文书法干部小品展;古风书社的5件作品入选浙江省农村文化礼堂建设成果展演暨"三团三社"成果展演展示。

文艺演出与文化交流

【文艺演出】 受疫情影响,市艺术剧院在微信公众号推出舟艺"云"剧场,汇集13部剧院历年精彩演出视频,视频点击量近5万人次。自6月复工复产以来,打造"潮生夜市,东海夜剧场"品牌项目,举办第六届舟山群岛新区越剧(戏剧)节,分别推出21场各类演出、6部经典戏剧;越剧(戏剧)节首次引进婺剧;全年引进话剧、音乐会、儿童剧等各级各类演出及群文性演出75场。市美术馆全年举办"庆祝舟山解放70周年——舟山市美术、书法、摄影作品展"等12场展览。

【文化交流】 做好省国际人文交流基地培育试点对象参评工作,普陀山风景区被评为省国际人文交流优秀单位。市艺术剧院进一步提升文旅大戏《观世音》,于9月23日开启巡演,先后在金华、杭州、湖州、宁波等地演出7场次,复排完成越剧《玉蜻蜓》《双狮宝图》《碧玉簪》三部大戏,前往金华、杭州、湖州等地演出,全年剧团赴外地演出23场次,并带着表演唱《要吃海鲜舟山来》、舞蹈《海岛花月夜》和独唱《海洋之约》等旅游节目,在郑州、西安等地展示舟山特色文化。

(撰稿:胡轶)

文化遗产

【文物、博物】 太平轮事件71周年、张苍水诞辰研讨会召开 1月,由舟山博物馆、舟山市台办主办,舟山市汉文化协会承办,召开太平轮事件71周年研讨会。7月,由舟山博物馆、宁波张苍水故居主办,舟山市地名学研究会、舟山市汉文化协会承办,召开纪念张苍水诞辰400周年研讨会。

定海区对接涉军产权文物建筑安全管理 1月,定海区文物保护考古所对10处涉军产权文物建筑进行安全检查,并向所属部队舟山警备区、海防旅下发整改通知,督促部队整改安全隐患;就市级文保点东岳山抗英遗址保护范围内施工情况及时与海防旅对接。

岱山县海洋文化博物馆开展疫情防控期间线上活动 2—6月,针对疫情防控期间的特殊情况,岱山县海洋文化博物馆利用公众号推出各类活动,内容包括“掌上博览、任你线上畅游”“有奖竞猜”“童心童德,共抗疫情”等。

市文保所实施文物保护区域评估工作 4—7月,根据全省“最多跑一次”改革,对重大基础建设项目事前审批做好服务保障,配合省文物保护考古所落实省级以上平台区域的地面文物调查工作。完成“浙江普陀经济开发区”内六横、虾峙、沈家门、东港、展茅5个区块文物保护区域评估的地面文物调查任务,面积为93.54平方千米的规划线内调查工作全部完成,新发现文物点14处,复查一批三普登录文物点,核实保护现状。

嵊泗县推进嵊泗海洋生态博物馆建设 4月9日,嵊泗县文化和广电旅游体育局成立嵊泗海洋生态博物馆(主馆)筹建工作小组,下设布展文案编写文物史料征集组、展品征集组、施工管理组、顾问组等,争取高标准、高质量完成博物馆建设任务,推动博物馆事业发展。

舟山博物馆举办多场纪念性临时展览 4月11日至8月16日,舟山博物馆举办原创展“战海山——纪念舟山军民抗英斗争180周年”临展,展出15件见证抗英斗争的展品;5月6日至6月30日,舟山博物馆举办原创展“蹈海——纪念舟山解放70周年特展”,展出98件见证舟山解放重生的展品。

普陀山－朱家尖管委会开展石质文物防护工作 5—12月,普陀山－朱家尖管委会开展普陀山白华碑岭约40处露天碑刻玻璃防护工作。

开展六横双屿港考古调查工作 6月4日至7月7日,舟山市文物保护考古所开展六横双屿港古港口遗址调查工作。工作重点位于六横岛西北部五星、大支、涨起港、交头、佛渡一带,基本围绕疑似双屿港古遗址位置进行,通过人工勘探和地面走访调查相结合的调查方法,对上述地域进行覆盖式调查。人工勘探面积约5.6万平方米,发现棕榈湾商周时期古文化遗址1处,为六横岛首次发现有明确文化层的古文化遗址。在勘探区域陆续发现采集到韩瓶、黑釉盏、龙泉窑青瓷、德化窑印花白瓷、越窑刻画花青瓷等碎片,各类青花瓷片等,在涨起港新采集到唐代玉璧底造型的青瓷碗足,为2010年在六横岛苍洞岙一带首次采集到唐代青瓷器物标本后再一次发现。

舟山市第三批摩崖石刻传拓保护项目完成 6—12月,舟山市文物保护考古所组织开展“第三批摩崖石刻传拓项目”,对普陀山、定海区和普陀区剩余26处66款摩崖石刻进行传拓保护工作。至此,舟山范围内摩崖石刻全部得到传拓保护,为后期研究、展示和复原提供纸质实物资料。

舟山博物馆推出抗疫专题展 7月10日至9月20日,舟山博物馆举办原创展“小城大爱——致敬抗疫战场上的凡人英雄”,展出82件见证平凡的个体不平凡的抗疫斗争的展品。

舟山市公布第九批市级文保单位名单 7月17日,舟山市人民政府公布13处第九批市级文物保护单位名单和5处部分不可移动文物更名。至年底,舟山市有全国文物保护单位4处,省级文物保护单位12处,市级文物保护单位67处,县级文物保护单位72处以及文物保护点69处。

举办舟山市文博干部综合素能提升培训班 7月29—31日,市文广旅体局、市文物保护考古所举办全市文博干部综合素能提升培训班,各县(区)文广旅体局、普陀山－朱家尖管委会及新城管委会的文物分管领导、业务科室负责人、文化市场综合执法大队主要负责人,各县(区)乡镇(街道)分管文物工作的负责人等58人参加会议。培训内容包括《文化遗产保护与管理》《习近平新时代中国特色社会主义思想中的文化遗产保护观》《盘活文物资源,推进文旅融合》《中国水下考古概况》等。

舟山博物馆建成可移动文物预防性保护项目 8月,舟山博物馆建成可移动文物预防性保护项目。该项目于2018年12月31日经省文物局批复,获中央财政补助860万元,完成对舟山博物馆展厅和文物库房等馆藏库区恒温恒湿环境改造、文物微环境监控、光源改造等任务。新增综合实验、仪器室,完善各类修复室、实验室工作制度、流程。

岱山县海洋文化博物馆提升讲解水平 9月,岱山县海洋文化博物馆开展讲解员讲解技能业务培训和博物馆研学教育培训,并举办“同讲普通话　携手进小康”暨“2020讲好岱山故事”优秀案例讲解比赛活动。

舟山博物馆举办古玉精品展　10月1日至2021年1月3日，舟山博物馆举办引进临展“玉出山河——南阳地区出土古玉精品展”，展出113件南阳地区出土的新石器时期至汉代的各式精品玉器。

市文物部门联合消防、供电联合开展文物建筑消防安全检查　10月12日至11月13日，为落实浙江省文物建筑三年专项整治行动，市文物保护考古所联合市消防救援支队、电力部门，对全市市级以上文保单位中的建筑类文物保护单位进行消防安全检查。

嵊泗县黄家台遗址考古发掘　10月27日，联合浙江省文物保护考古所对526国道改造工程中涉及的嵊泗基湖黄家台遗址进行考古发掘，为期90天，发现上至河姆渡文化、崧泽文化，下至商周时期的各类器物标本。遗址分布面积千余平方米，为较为少见的沙丘类遗址，考古发掘面积600平方米。在遗址内，清理采集出大量的器物标本，主要包括陶器、石器、动物遗骨、贝壳等，将嵊泗列岛人类活动历史上限前推几千年。

舟山博物馆完成乡村博物馆调研　10月，舟山博物馆依照《乡村博物馆调研方案》，完成对普陀、嵊泗、岱山、定海片区乡村博物馆的调研，并形成调研报告。

舟山市文保所完成衢山海洋文化遗产资源调查　10月，舟山市文物保护考古所完成衢山海洋文化遗产资源调查。首次尝试以海岛陆域为调查范围，开展系统性的海洋文化遗产资源调查。发现先秦古文化遗址2处，面积约1万平方米，采集一批揭示遗址性质内涵的器物标本；实地了解全镇22处不可移动文物保护现状，新发现一批未列入普查对象的遗存点；水下考古调查方面发现3处古陶瓷片遗存点，实地考察记录当地口碑传说的5处古墓葬分布点，1处磨制石器散布点。

嵊泗县举办文物安全培训班　11月5日，嵊泗县文化和广电旅游体育局举办2020年嵊泗县文物安全培训班，全县乡镇文保员、各社区（村）相关工作人员共60余人参加。

舟山博物馆推进信息数字化建设　11月，舟山博物馆建成数字资源管理系统，完成藏品管理系统中近万条基础数据的修改和完善，基本实现藏品数字化管理，完成203件藏品的3D建模。建成网上虚拟展、多媒体互动墙等，提供线上多渠道服务方式。联合市文保所、普陀馆、徐正国博物馆等县、区、民办博物馆共享使用知网文博资源库。

岱山县召开文化遗产保护培训会　12月7日，岱山县召开文化遗产保护培训会，全县各乡镇文化分管领导，各乡镇文化站、旅游办负责人，业余文保员，各文保单位负责人使用人等40余人参会。围绕“文物安全是文物干部的生命线”主题，从岱山县文物现状、文物保护工作内容、文保员工作要求及注意事项等方面展开培训，筑牢文物安全“防火墙”。

市、县（区）、功能区召开文物安全工作会议　12月9日，市文物安全工作会议召开。随后，各县（区）、功能区分别召开文物安全工作会议，并与相关责任单位签署文物安全责任书。

舟山文博研究成果丰硕　是年，舟山博物馆完成省、市级6项课题，包括省级课题《中小博物馆数字博物馆组织架构研究》《基于文化生态学的海岛人居环境建设研究——以舟山群岛为例》，市级课题《舟山博物馆馆藏文物微生物调查及防治》《博物馆海洋文化系列文创产品的研究》《舟山海上丝绸之路研究》《博物馆研学产品开发与应用》，出版《战海山》《闪灼文章——舟山博物馆展览集萃》等；市文保所申报成功《舟山地区摩崖石刻类文物劣化状况调研评估》浙江省文物局省级科技保护项目，实施前期调研准备工作；编辑《舟山文物故事》一书，征稿文章47篇，21万余字，内容涉及舟山群岛范围内古建筑、古桥梁、古墓葬、古遗址、摩崖石刻、近现代重要史迹及代表性建筑等不可移动文物类别。

举办全市博物馆行业安全防范业务培训班　是年，为提升全市文博行业从业人员的安全防患意识和技能，舟山博物馆、舟山博物馆协会联合举办“全市博物馆行业安全防范业务培训班”，全市10余家博物馆，近50名从业人员参加。

全市“2020舟山文物故事”线上讲解比赛　开展由舟山市博物馆协会、舟山市旅游协会主办，舟山博物馆承办的“2020舟山文物故事”线上讲解比赛，舟山博物馆、普陀区博物馆、岱山县海洋文化博物馆等20名选手递交参赛讲解视频，5月27日完成比赛。

岱山县海洋文化博物馆讲解员刘卓璐和舟山博物馆宣教员刘冬燕获专业组一等奖,舟山博物馆的宣教员孙思源获非专业组一等奖。通过比赛推选部分优秀讲解员代表舟山市参加浙江省文物故事大赛。

舟山博物馆宣教活动 舟山博物馆全年开展舟博课堂47场,翁山雅集21场,走读昌国13场,十指灵动38场,文博大讲堂2场及其他主题活动11场。

全市文保单位“四有”档案审查 对2020年度各县(区)、功能区编制的8处市级文保单位记录档案开展“四有”档案审查,作出专家审查结论,“姚公殉难处碑”等6处市保单位的记录档案获得通过,“复翁堂”等2处市保单位的记录档案需修改通过。

联合浙江省水利厅完成古井资源调查工作 联合浙江省水利厅完成全市古井资源调查,调查核实为登记公布不可移动文物的古井166处。

全市文物保护单位修缮工程审查 全年审核审查各级文物保护单位修缮工程设计方案5处,分别是省级文保单位“下法如庵”,市级文物保护单位“瞭望楼”“秀山厉家四房民居”“清一堂”,市级文保点“思刘堂”。

甬舟高速公路复线考古调查 配合省文物考古研究所完成甬舟高速公路复线金塘至大沙段项目沿线考古调查。经勘查核实,确认金塘岛1处不可移动文物“化成寺遗址”处于工程建设影响范围,省文物局出具准予行政许可决定书,正式确认甬舟高速公路复线金塘至大沙段沿线考古调查结果,同意项目选址。

县(区)博物馆展览、参馆情况 普陀区博物馆全年举办各类临时展览6期,包括“珠螺锦贝——甲胄下的柔软生活”“重温红色梦 漫步越七十——纪念舟山解放七十周年主题展”“以艺抗疫 同舟共济”民间非遗作品展、“绣”美渔港——舟山民间传统绣品展、“形异方圆有容乃大”酒容器展、瓷·宴——舟山市收藏家协会会员藏品巡回展等,接待游客12.2万人次。海洋系列博物馆5家分馆全年接待游客9万人次。定海区5家博物馆举办临时展览6个,教育活动23次,进馆观众18.5万人次。普陀区博物馆征集到藏品29件(套),组织开展“普陀文物故事”征集评选活动,征集优秀征文7篇。

舟山博物馆获国家一级博物馆等多项荣誉称号 12月,舟山博物馆成功创建国家一级博物馆。原创展“蹈海——纪念舟山解放70周年特展”获国家文物局年度“弘扬优秀传统文化、培育社会主义核心价值观”100项主题推介展。“走马过红尘——纪念三毛特展”获第十四届全省博物馆陈列展览精品项目优秀奖。“纸上博物馆”获第四届浙江省博物馆免费开放最佳社会教育做法。舟山博物馆首次入选全国热搜百强馆。

【非物质文化遗产】 **公布第六批市级名录(传统医药类)** 12月,市政府正式发文公布第六批市非遗名录(传统医药类)项目,岱山县的毛伟平六环水罐定位瘀痹通络疗法和嵊泗县的针灸(嵊泗温针灸)2个项目入选。至年底,全市公布市级非遗名录81项。

公布市级非遗体验基地 6月,公布干施岙海岛乡村传统乐园(舟山市普陀区展茅新农村休闲服务有限公司)、国和木船技艺馆(浙江岑家木船文化发展有限公司)、东极海潮渔民画体验基地(舟山海潮渔民画开发有限公司)、东沙渔文化体验基地(舟山市东沙横街渔市旅游开发有限公司)、长涂倭井潭硬糕技艺体验基地(岱山县长涂老万顺食品有限公司)5家单位入选舟山市非物质文化遗产体验基地。

公布第四批舟山市级非遗代表性项目和传承人 8月,正式发文公布第四批市级非物质文化遗产项目代表性传承人,定海区的周震康等19人入选。12月,公布第四批市级非物质文化遗产项目(传统医药类)代表性传承人,定海区的顾国和等4人入选。至此,全市先后公布60位市级非遗传承人。

开展第十二个服务传承人活动月活动 通过走访慰问、发放非遗传承人传习补助金、召开传承人座谈会等形式,组织开展服务传承人活动。

举办“文化和自然遗产日”系列宣传活动 6月13日,以“非遗传承·健康生活”为主题的舟山市2020年“文化和自然遗产日”宣传活动暨文化遗产进景区系列展示活动在普陀田园综合体举行,活动内容包括省非遗旅游景区(非遗主题小镇和民俗文化村)授牌仪式、市级非遗生产性保护示范基地授牌仪式、市非遗体验基地授牌仪式、文化遗产类书籍的赠书仪式、非遗表演类项目展演、市非物质文化遗产保护成果图片展、非遗产品展示及展销活动。

举办舟山市非遗“三进·四季行”系列活动 全年举办活动4场，参观人数近2万人次。活动内容包括春季行——嵊泗县“美好生活·全民乐和”活动；夏季行——岱山县“仙岛之约·匠心之旅”文旅夜市启动仪式；秋季行——2020年定海区“九九天长·欢度重阳”民俗活动；冬季行——普陀区非遗进文化礼堂展演。

开展“病毒无情，非遗有爱”——舟山非遗人特艺助战疫活动 发动全市非遗传承人和民间艺人创作作品，宣传防控疫情的基本常识和相关规定。组织非遗产品参加2020年浙江省非遗购物节活动；组织相关单位参加浙江省“非遗薪传奖”传统工艺大展和非遗购物节入驻“拼多多”；以舟山特色产品＋数字新平台的形式，开展相约“云端”端午直播带货专场活动。

开展非遗表演类专项展示活动 组织举办各类传统戏剧曲艺送戏活动。市非遗中心组织开展翁洲走书“新春拜年”展演、“助力抗疫”惠民展演、“曲艺三进”展演、驻场演出等活动120余场；组织开展“浙江好腔调·海韵遗风”2020年传统戏剧（木偶戏）展演活动舟山专场1次，送戏下乡巡演20余场次。惠及群众5万余人次。

组织开展传统技艺、传统美术类省遗项目和省级传承人评估工作 6月，与浙海大人文学院（省级非遗研究基地）合作，成立省遗项目和省级非遗传承人评估组，赴四县（区）对全市传统技艺和传统美术两大门类的12个省级非遗项目和8个省级非遗传承人进行考核评估，并完成传统技艺和传统美术两个非遗门类的整体性评估报告。

推进舟山－丽水非遗保护“山海合作” 10月，组织非遗项目螺钿镶嵌制作工艺、海鲜系列传统加工技艺、舟山渔民画等参加2020丽水“多彩非遗乡村行”秋季云和行活动。同月，两地文旅局联合在嵊泗县举办非物质文化遗产保护工作业务培训班。

开启甬舟非遗保护一体化战略合作 12月，舟山市非遗保护中心与宁波市非遗保护中心共同签署《甬舟非遗保护一体化战略合作协议》，协议围绕政策互鉴、人才培养、资源共享、市场推广、品牌打造等方面开展一体化的合作与探索。

（撰稿：曾燕）

广播电视管理

【疫情防控】 启动全市农村应急广播，发挥其在疫情防控前期的特殊作用。高音喇叭、有线调频喇叭、IP音柱等应急广播响应终端达6961个，覆盖服务人数约60.6万人。为市委党校等防疫隔离点和舟山跨海大桥金塘服务区通行检查车道提供智能监控设施安装和联网运营服务。为防疫隔离点铺设光缆2.9千米，安装和联网监控终端49个。减免全市25家旅游酒店有线电视收视费30余万元。开展广电视听评议，重点突出疫情防控主题。

【强化广电安全播出】 加强疫情背景下的安全播出监管监测，加强安全播出保障体系，规范安全播出、信息安全和运维管理，完善应急防范和广电设施保护措施。重点抓好重要保障期和汛期、台风等极端天气下的安全播出保障和广电设施保护。组织开展安全播出应急演练，防范5G干扰，完成全国“两会”“全国性哀悼活动”“人民至上——全国抗击新型肺炎疫情表彰大会”等一系列重要会议、重要活动安全播出和网络安全保障任务。全年未发生安全播出事件事故，全市安全播出、网络安全和广电设施保护态势良好。

【提升广电公共服务】 以“文化礼堂”为视角，组织开展“广电进文化礼堂”活动，面向全社会公开征集短视频，宣传新农村建设和基层文化建设新成就，传播解决渔农民、渔农村现实问题，展示舟山渔农村积极向上的社会风貌，助力新农村建设，展现乡村振兴新气象。活动期间，通过“抖音”“今日头条”“腾讯”等全国性新媒体平台和“无限舟山”App等传播发布短视频144条，话题播放量达1137.1万次。“广电进文化礼堂”活动被国家广播电视总局录入“国家广电智库”案例。强化广电对农服务，继续实施广电低保服务，确保低保户免费收看有线电视。助力美丽城镇建设，扩大4K电视信号覆盖率，推进“最多跑一次进客厅”行动。发挥应急广播公共服务和应急响应功能，确保汛期应急广播响应及时有效。

【推进广电行业管理】 持续推进全市非法地面卫星电视接收设施（“小耳朵”）整治行动。在全省年度考核中名列全省第二，并推动嵊泗县建设成为浙江省首个“无小耳朵县”。全年全市出动执法检查人员250余人次，现场拆除和收缴非法卫星电视接收设施165套，作出行政处罚案件2件，发出整改通知书230余份，会同市场监管部门依法查处非法销售点1家。加强广播电视频道频率管理，加强公共视听载体和网络视听安全监管，加强保健食品及养生类广播电视广告监管。

（撰稿：郑燕历）

文旅体产业

【概况】 2020年，对2019年全市文旅体产业进行统计，全市文化及相关特色产业增加值62.70亿元，占地区生产总值（GDP）比重4.6%。全市旅游产业增加值113.4亿元，占GDP比重8.3%。全市体育及相关产业增加值8.98亿元，占GDP比重0.66%。

【产业项目】 是年，全市文旅投资建设项目82个，总投资375.64亿元，累计完成投资99.62亿元，完成投资近65亿元。签约嵊泗黄金海岸雷孟德旅游小镇项目、朱家尖长乔海洋世界等一批重大文旅项目。完成康莱德酒店品牌签约，宁波飞扬旅行社在六横注册。编制海岛公园招商项目手册和海岛民宿招商手册，赴南京、上海、杭州等地开展专题招商活动。南洞艺谷文旅融合示范项目、半升洞高端休闲度假区等12个项目开工，观音文化园等一批文化旅游大项目投用。

【定海旅游区】 统筹推进疫情防控和文化旅游发展，复苏市场、提振消费，开发新业态、供给优质产品，开展宣传推广。全年全区旅游总人数1032.21万人次，同比减少30.4%；实现旅游收入105.7亿元，同比减少49.89%。

项目建设 组织开展海岛公园建设总体规划和三年行动计划编制，初步明确规划范围、主题定位、样板区。推进海岛公园重点建设项目10个，其中南洞艺谷文旅融合区项目纳入省重大文旅项目，“南洞·大乐之野”精品民宿群一期竣工投入运营；定海五山生态带完成整体文化创意及景观设计、东山段步道基本建成贯通；干𬒗镇龙潭老街完成建设并开街；远洋渔业小镇推进中国鱿鱼馆建设、园山岛主题岛策划及基础建设工程；马岙海岛古村落建设项目完成马岙博物馆提升工程、建成“村回”民宿群；小沙三毛文化村项目完成三毛祖居展馆、缪燧纪念馆和东风民俗体验馆建设；南部诸岛的主题岛建设项目之一东岠岛加快基础设施建设，新建一座2000吨级游客码头，茶园茶室“岠离”、小坑岗顶露营基地等已向社会开放；盐仓秘境观海民宿度假村项目完成度假村入口道路及形象建设，完成1号楼、2号楼建设装修，3至10号楼加快建设中，新引进非岛文创社群项目。推进国家级景区提质升级，加速“城、镇、村”景区化。南洞艺谷景区跃升国家AAAA级景区，马岙街道成功创建省级风情旅游小镇，全年新增A级旅游厕所5座，新增提升A级景区

11月29日，“神行定海山”全国徒步大会暨浙江省登山健身步道挑战赛（定海站）开赛（市文化和广电旅游体育局提供）

村庄39个,全区A级景区村庄覆盖率达64%。新建村获评“全国乡村旅游重点村”。指导南洞艺谷景区通过国家级服务业标准化试点验收,马岙乡回·未见海休闲度假民宿获评市级精品民宿。打造“诗画浙江·百县千碗——定海米道”IP,高佳庄大酒店、钻石楼大酒店分获“诗画浙江 百县千碗”旗舰店、示范店称号,马岙村回民宿、钻石楼大酒店、高佳庄大酒店分获定海米道特色体验店称号。推进数字化改革,完成文旅体智慧项目1期建设。建成定海非遗民俗馆、古越昌国史迹馆、舟山名人馆、蓝理纪念馆等数字展馆,提供“虚拟游”体验。以“品读定海”活动为载体全面实施文化基因解码工程,梳理出重点文化元素17个。创新打造“定海故事”文创IP,研发设计“定海故事”螺钿瓷杯、“定海山”文具盒等7大品类文创产品,评出十佳城市伴手礼。开设古城书场,开展非遗进景区活动116场。举办“神行定海山”全国徒步大会、2020中国定海“领尚杯”动感单车比赛等体验型赛事,“神行定海山”系列赛事入选省重点培育品牌体育赛事名录库。

宣传促销　推出“春暖古城·乐享定海”消费季活动,发放“定海嗨购券”300万元;举办“诗画浙江·百县千碗——定海米道”“2020乡约定海·东海晚风市集”“首届东海自驾游旅游节”等刺激消费活动,带动2万余游客在定海旅游消费。参与“舟游列岛·GOU GOU GOU”、《百城局长带你游浙江》、非遗购物节等直播带货、网上文旅促进消费活动,利用新媒体传播方式展示形象、推介产品。贯彻“六稳”“六保”工作要求,退还旅行社质保金300余万元,统筹纾困奖补资金200余万元,出台《2020年定海区旅行社、旅游饭店行业发展促进奖励办法》,围绕游客入住、游客参团、旅游线路开发等内容予以奖励。加强市场拓展。根据后疫情时代游客需求,创新设计短途游、一日游“定海微旅行”全域旅游精品线路10条,以“海岛微旅行”“乡村微旅行”“古城微旅行”为主题,联合旅行社开发长白岛拾趣、大猫岛骑行、马岙采摘体验式组团产品,举办“迷城定海——探索古城秘密”活动。对外发布山海乡约之旅、千年探寻之旅、海岛露营之旅等精品线路,联动“华东六省一市”自驾游协会共同打造自驾游精品线路并发布自驾游计划,定海获评“华东六省一市”自驾游示范城市。深化营销推介。在上海虹口首次举办“海上古城”文旅专题推介会,发布针对性优惠政策,深化两地旅游客源互通、市场共拓。构建立体式宣传矩阵,与“马蜂窝”等新媒体平台合作打造“定海故事”线上互动体验专题,针对长三角客源地城市曝光50万+;组织记者、旅游达人团队赴定采风打卡,撰写原创攻略、软文同步在新媒体账号、纸媒、广播平台推广;利用微信、微博、抖音、视频号等流量平台宣传推介。“海上古城”IP入选浙江省首批示范级文化和旅游IP。参与2020海峡旅游博览会、2020中国义乌文旅博会等会展活动。螺钿作品《开国典礼》获2020中国义乌文旅博会工艺美术金奖。

旅游行业与安全管理　按疫情防控要求,以“人治+智治”形式进行闭环式疫情防控管理,实现旅游市场未发生一起“输入性病例”。组织年度安全生产工作会议、游泳场所安全开放工作暨救生员培训班等会议,采用日常监管、重要时段监管等形式开展全行业安全检查、安全预防联动

5月23日,2020乡约定海·东海晚风市集在定海南洞艺谷开启(市文化和广电旅游体育局提供)

检查,坚守安全生产底线。全年出动956人次,对450余家行业单位开展安全检查,完成旅行社安全生产集中整治、冬春火灾防控整治。抓行业监管。构建局系统行业监管点、线、面管理机制,处置1起非法挂牌旅行社门市业务经营场所,协助查处侵害游客权益吊销旅行社许可证案,旅游投诉办结率100%。指导完成旅行社监管平台全年数据补报任务,强化非专职导游人员归属管理,深入推进跨境赌博专项整治工作,依托“E查通”微信小程序等数字平台推进行业智慧化管理。建立行业通报分析制度。抓行业服务。组织举办市、区两级旅游行业技能大比武大练兵,7人次获得市级大比武奖牌,新增5名技师及28个中烹、西点项目高级工。加强行业标准规范化服务,指导行业做好四星级品质旅行社、市级最美民宿等复评复核工作。完成旅游数据统计、行业数据资源普查、乡村旅游数据统计等各类统计工作。在全区星级饭店开展“不主动提供一次性消费用品”行动,倡导绿色消费。

【普陀旅游区】 普陀区成功创建省文旅产业融合试验区,入选省级文化和旅游消费试点城市,获评2020年度全国市辖区旅游综合实力百强区、2019“诗画浙江·百县千碗”工程示范县区,创成普陀区省AAA级景区城,桃花镇等6个省AAA级景区镇,公前村等26个A级景区村,基本实现景区村全覆盖。普陀区文广旅体局获评第五届龙雀奖“年度最佳文旅消费复苏示范单位”。开展线上线下文旅人才培训,吸引学员2000余人次;举办全区导游技能大赛,参加全市金牌导游技能大赛、餐饮职业技能大赛。推出“百万消费”免费领、淡季价预订旺季住宿餐饮、旅行社复工复产奖励等文旅优惠七条措施,开拓“局长带货”模式,在“嗨普陀”平台发放十季文旅体消费券797.7万元,发出文旅体优惠大礼包等14666份,拉动消费2000余万元。全年全区(含普陀山－朱家尖)累计创旅游收入533.368亿元,同比减少6.56%;区本级累计创旅游收入315.59亿元,同比增长11.93%。

项目建设 全区在建项目21个,总投资规模超170亿元,年计划投资34.7亿元,实际完成投资33.78亿元,观音法界、百里滨海大道(普陀段)、鲁家峙体育动力公园、美丽海岛田园综合体、普陀展茅至东港最美公路、东极岛旅游品质综合提升6个项目完工。观音法界累计完成投资53.2亿元,总建筑面积25.81万平方米,完成项目包括观音圣坛、观音法界正法讲寺、居士学院和附属配套工程等,11月14日落成开园,试运营期间累计接待游客约15万人次。百里滨海大道普陀段项目累计完成投资22亿元,西起勾山河(普陀与临城分界),东至墩头码头,全长4800米,宽26米,包括道路、桥梁、排水、照明、景观及其他相关附属设施。展茅至东港最美公路累计完成投资1.2亿元,路线全长约6.2千米,其中主线长约4.6千米,支线长约1.6千米,按四级公路标准建设。鲁家峙体育动力公园累计完成投资2.1亿元,工程总用地面积3.78万平方米,对原有1幢建筑进行立面改造,新建半地下停车场、钢结构景观连廊、篮球场、足球场、门球场、园林绿化、游步道及配套管理用房、地下停车库。东极岛旅游品质综合提升累计完成投资0.25亿元,完成庙子湖倒陡街二期、民房民宿外立面、码头入口区块等提升改造工程和蔬菜市场、休闲影院、夜排档集聚区、极地心情艺术馆等项目建设;更新完善旅游导览标识系统、沿港护栏、游步道等公建设施,布点增设景观小品,美化绿化闲置地块,样板打造黄兴岛国有闲置房产等。美丽海岛田园综合体累计完成投资3.8亿元,项目总面积5000亩(333.33公顷);打造大展河水系观光带、精品果蔬科创园、美丽海岛博览园、观音稻米体验园、休闲湿地观光园和千亩海上玫瑰园一带五园;打造最美村庄干施岙、清新康养上潘孙、花田溪流路下徐三个品质村庄;二十四节气路、农耕亭、海稻体验园、观音莲花苑、有轨观光小火车、亲子乐园等项目开放,举办农民丰收节、丰收田园北极光影乐园灯光秀、海稻音乐节、晚风市集等节会活动;全年累计接待游客38.7万人,同比增长43%。半升洞高端休闲街区累计完成投资19亿元,住宅部分完成主体结构施工,进入室内装修阶段,外墙装饰、市政、景观工程同步进行;商业街区结构全部封顶,地下室墙体完成100%;酒店部分开展前期工作,边坡完成90%。制订《普陀海岛公园建设行动计划(2020—2022)》,基本完成《普陀海岛公园建设规划》编

百里滨海大道普陀段(夏江祥　摄)

制,打造东极岛海岛旅游样板地。

宣传营销　持续运营“嗨普陀”平台并利用该平台完成全年营销推广工作。至年底,平台入驻商家646家,拥有文旅产品4530种,服务人次超过117万人次,交易流水达到232万元。与省厅、腾讯平台、百度平台合作,推出“主播带你游白沙”和“主播带你游虾峙”两场直播活动,其中白沙岛直播当日有783671人次观看,49227人次点赞。自4月起联合普陀区民宿、餐饮、书店、文创产品等多家文旅体商家在线上、线下推出“面朝大海·约‘惠’普陀”文旅优惠七条措施,其中包含“百万消费”免费领、“致敬天使”援鄂医护人员畅快行、“普有心意”景区免费游、“遇见未来”食宿优惠订、“疫去春来”海岛组团游、“望山见海”职工疗休养、“爱·消费”普陀幸福购,结合“5·19”中国旅游日、“520”幸福街·潮生夜市店车、开学浪潮、国庆中秋双节、“蓝绿畅享,嗨游普陀”2020舟山普陀(苏州)文旅推介会、舟山群岛马拉松、中国舟山群岛帆船跳岛拉力赛、金东普陀文旅推介会、“返普归真,福满仙陀”2020“嗨普陀”平台惠民季等活动,发放消费券855.4万元,文旅体优惠大礼包、爆款产品和秒杀产品14666份,拉动普陀文旅体消费超2000万元。5月19日“中国旅游日”,在“520”幸福街开展“局长们带你买好货”现场带货活动,局长们现场带货16款爆款产品,两小时现场订购下单总交易金额4.1万元,带动消费20.7万元。5月23日,由普陀区副区长、文广旅体局局长、相关镇长联合参与“舟游列岛·GOU GOU GOU”直播卖货专场活动,精选12款优质的文旅商品,360余万人在线观看,销售额达145余万元。策划“东海极地逅会如期”大咖带您游东极达人采风活动,并在微博、今日头条等平台进行推广,话题阅读量突破1.6亿次,讨论量超过2.3万次,全网传播量突破1.7亿次。组织参加、开展第十六届海峡旅游博览会暨第六届中国(厦门)国际休闲旅游博览会、诗画浙江文旅周暨2020年浙江旅游交易会、2020蓝绿畅享·嗨游普陀苏州推介会、2020年度“世界看见·诗画浙江海外推广文旅金名片展示周”、第十五届中国义乌文化和旅游产品交易博览会、“舟游列岛　豫见美好”(郑州)推介会、金东文旅推介会、2020浙江省特色旅游商品评选活动、“舟游列岛　丝路相会”(西安)推介会等活动。全年“舟山普陀文旅”抖音号视频发布总数154条,视频总播放量5000万次,总点赞量311万次,累计粉丝量9.3万人,其中“星空”视频播放量达1258.1万次,点赞量107.5万次,该抖音号在2020年抖音短视频平台浙江省政旅系统中排名第五,并且多次上榜全国县级文旅部门抖音号传播力指数排行榜。“舟山普陀文旅”微信号有粉丝59847人,全年推送图文信息303次(390条内容),每周均上榜浙江全域旅游品牌影响力排行周榜,中国旅游报发布的浙江省文旅政务号(4月)排名第五,并多次上榜浙江旅游微信影响力排行榜。

旅游行业与安全管理　全区有旅行社企业51家,其中经营国内旅游业务和入境旅游业务的旅行社47家,具有出境旅游业务资格的旅行社4家,区外分社9家,服务网点(门市部)28家。持证导游员950人,其中专职导游832人,社会兼职导游128人。中级导游员77人,高级导游员5人,英语导游员3人。组织指导三盛铂尔曼大酒店通过绿色饭店评定验收和康桥望湖酒店通过省级品质旅游饭店的评定验收。希尔顿酒店成为全市首家“诗画浙江·百县千碗”示范店,铂尔曼酒店、海中洲国际大酒店、中瀚酒店、老同学排挡(宁兴店)获评“诗画浙江·百县千碗”美食体验店。举办普陀区导游技能大赛,并组织优秀选手参与舟山市导游技能大赛,金秋国际旅行社陈江南获一等奖,康辉国际旅行社王叶玲获二等奖,海中洲国际旅行社王良豪、朱巧莉获三等奖。做好旅游企业疫情防控重点工作,根据不同阶段工作部署指导企业做好防疫物资准备、员工健康监测、重点场所消杀等内部管理以及健康码查验、体温测量、行程轨迹监控、景区预约等。做好消费专班系列工作,抓企业复工复产,出台《普陀区旅行社复工复产奖励实施细则》。召开全区旅游安全(消防)工作会议,与旅游企业签订旅游安全责任书。开展旅游行业消防安全大排查大整治、食品安全监管、防汛防台等安全活动专项整治。开展春节、清明、五一、端午、中秋、国庆等假日旅游安全大检查,并针对汛期、暑假、旺季旅游安全加强隐患排查力度。

【岱山蓬莱旅游区】 是年,岱山累计接待游客800.56万人次,比上年增长7.31%;累计旅游总收入114.59亿元,同比增长7.29%。

项目建设 5月启动《岱山海岛公园建设规划》编制工作。制定《岱山海岛公园建设三年行动计划》,围绕海岛公园的总体定位和发展愿景,完成《岱山海岛公园建设规划》修改稿。规划建设秀山岛文化旅游主题岛。指导凉峙和东岙高品质民宿群落建设项目推进,实施建设沿港路海塘美化、美丽村口打造、岛侧山景观打造、村内绿化提升、铁索桥改造等工程。东岙村对沙龙区域实施建设,完成民宿村墙体立面改造一期工程、入口美化、休闲公园、AAA级公厕及停车场等工程。东岙村成功创评AAA级景区村庄。依托秀山岛滑泥主题公园,滑泥运动成功申报2020年浙江省运动休闲旅游优秀项目。长涂倭井潭获得省级工业游示范基地称号。建立文旅监控平台。完成秀山岛、东沙古镇、鹿栏晴沙、观音山等主要景区及图书馆、博物馆、体育馆等文体场所的视频监控系统建设,实现对主要出入口、停车场及人流密集点等重要区域的整体监控覆盖。项目通过招投标,由中船(浙江)海洋科技有限公司建设实施,6月正式启动开发,9月10日正式上线运营,吸引近300户商家首批签约入驻,囊括景区门票、酒店民宿、旅游线路、美食特产等近250个旅游产品,实现产品预订、行程定制、场馆预约等“一机游”服务功能。依托小程序平台开展新天地开业福利发放等活动。推出岱山旅游“一卡通”。

宣传营销 7月28日,首次尝试“旅游+民俗文化+体育赛事”模式,举办仙岛岱山文旅推介展示活动。8月14日,“我在海边等你”仙岛岱山文旅推介展示在岱东渔人码头举行。9月19日,举行仙岛岱山——2020岱山(金山)文旅专题推介会。10月9—11日,仙岛岱山——2020岱山(宁波)文旅推介暨非遗特色展示亮相宁波天一广场。11月12—14日,仙岛岱山——2020岱山文旅推介走进浙江音乐学院、衢江区、临安区。9月23—25日,参加诗画浙江文旅周暨2020浙江(北京)旅游交易会。11月7—10日,参加“中国义乌文化和旅游产品交易博览会”。11月17—20日,组织参加舟山文旅(西安郑州)推介会。在开往上海,杭州,宁波的交通旅游大巴上添置印有岱山文旅信息的椅背套,进行点对点直线式宣传。3月27日,杭州—宁波高铁广告上线。4月5日,“岱你游”活动的首站——秀山健康游开启。4月14日,出台《2020年旅游企业营销补助资金方案》。4月15日,出台《岱山县疗休养团队奖励政策》。5月4日,“岱你游”活动第三站——岱山二日游启动。5月6日,下发《岱山县疗休养团队奖励政策》的补充通知。5月20日,石马岙社区获评“省级文明示范村”。5月23日,“舟游列岛·GOU GOU GOU”舟山群岛直播卖货专场,超320万网友观看,当场成交1652单,成交额28.35万元。5月29日,推出“岱山有仙气,双零好空气”《舟山·岱山疗休养五日游指南》。6月5日,仙岛夜精彩,向社会征集文旅夜市方案。7月17日,“仙岛夜精彩”岱山文旅夜市暨2020百姓文化节启动。8月11日,寄送市局20份明信片发往希腊友好城市。10月5—9日,文化真人秀《阅读课》剧组在岱山鹿栏晴沙、石里民宿、东沙古镇等景区、民宿,取景拍摄。参与舟山惠民季。针对舟山-宁波-松原-达州四城市民,颁布半价、免费旅游的相关政策。4月3日,岱山发放60万元文旅消费券,支持帮扶文旅企业渡难关。9月10日,“岱你玩”小程序上线,启动发放“爱上岱山”——

1000万元景区消费券活动。12月10日，“爱上岱山”第二波景区消费券发放。12月6日，开展“一起走秀　泥岛花乡”2020海岛公园秀山岛徒步大会推介宣传。

旅游行业与安全管理　制订出台《岱山县A级旅游景区管理制度（试行）》《旅游景区“报平安”制度》，实施旅游景区大整改行动，加强常态化疫情防控，结合创城重点，梳理景区游客服务中心、标识系统、旅游安全、环境卫生、基础设施、旅游厕所等方面8大类95条问题清单，形成全县多部门联动、参与配合的工作格局。推进景区数字化建设，收费景区均安装门禁系统，实现景区售验票系统智能化，游客可在“岱你玩”旅游小程序上自主购票。东沙古渔镇景区通过AAAA级景区资源评估，为下一步AAAA级景区创建打下基础。鹿栏晴沙景区，新增2个标准式沙滩足球场，建成运营300平方米水上闯关游乐园，提升景区母婴室和游客服务中心，规范景区内旅游业态和旅游项目运营，优化升级安全管理体系，规范标识标牌。观音山景区完成景区游客服务中心装修、景区停车场建设、景区标识标牌系统打造、景区登山步道及护栏建设、景区分类垃圾桶安装、监控及Wi-Fi覆盖等工程建设。双合石壁景区、磨心山景区由岱山县蓬莱交投集团接管，投入16万余元，制作公益广告、建立母婴室，配备AED急救设备等。岱山县成功创建浙江省AAA级景区城。东沙镇、秀山乡成功创建浙江省AAA级景区镇。衢山镇东岙村公共厕所成功创建国家AAA级旅游厕所，成为岱山县第二个AAA级旅游厕所。

【嵊泗旅游区】 做好疫情防控和复工复产工作。树立“以文促旅、以旅彰文、和合共生”理念，以创建省级海岛公园为主线，以公共文化发展、旅游品质提升、文旅深度融合为抓手，推进基本公共文化服务标准化建设，启动全域旅游升级版打造，提升文广旅体服务能级，形成发展新优势。

项目建设　推进十里金滩特色小镇建设，开元名庭酒店完成基层施工；小镇会客厅工程基础验收完成。黄金海岸雷孟德旅游小镇取得土地证并进行项目方案深化。黄龙岛东咀头艺术聚落项目启动，大乐之野接手运营石村船说综合体，三家品牌民宿签订投资协议，东咀头土地征收和农房收购正式启动。推进海岛公园建设。完成《关于嵊泗海岛公园建设的调研报告》课题研究，编制完成《嵊泗县海岛公园建设规划（2020—2025年）》评审稿，组建成立嵊泗海岛公园建设工作领导小组，建立联席会议制度，举办专题研讨班，明确嵊泗海岛公园建设4张清单。围绕嵊泗海岛公园建设计划，排定全域景区化工程、交通畅通工程、主题IP和线路工程、绿色景观建设工程、零碳产业工程、幸福渔村工程的6大项目建设、30个子项目。是年，计划完成投资37.26亿元，累计完成投资34.5亿元。加强民宿管理。发行《2020嵊泗县民宿发展白皮书》，出台《关于促进民宿经济高质量发展的若干意见》，拟定《关于嵊泗县扶持发展民宿综合体的实施意见》（征求意见稿）。申报省级白金宿1家，金宿1家，银宿5家，省级主题民宿4家，全市最美民宿15家，市精品民宿165家。民宿规范化成效明显，全县民宿持证率97.2%。民宿品质化持续提升，省级金银宿总量达20家，市级最美民宿30家，市级精品民宿385家，占全县民宿总量38%以上，高端民宿旺季入住率98%以上。民宿户均净收入21.8万元/年，其中单户民宿净收入最高超过200万元/年。加快数字化转型。全域旅游大数据中心搭建完成，接入176路景区景点高清视频监控。全县A级景区完成智能闸机设备安装和景区预约系统运行。花鸟岛数字海岛建设，项目硬件场外施工完成90%，“掌上花鸟”开发完成。

宣传营销　率先发起“浙沪援鄂医护战士嵊泗列岛海上疗休养公益行动”，出台“疫后八策”护航企业。线上发起“好久不见·嵊泗想念”话题，逐步在微博、微信、小红书、抖音等多平台进行发布，单微博话题阅读量达到2.8亿次，讨论量达3万次以上。完成“期待的旅行”2020云旅游——对话文旅当家人系列访谈、“离岛微城慢生活”云上直播和“我和春天有个约会”三场直播活动。配合完成《看我的生活》和《反击》拍摄。获中国旅游出版社举办的“美丽中国全域旅游精品目的地”评选活动荣誉称号。与携程集团签订战略合作协议，组织中外KOL嵊泗采风活动、千万优惠券发放、上海游轮文旅品牌推介会等活动，在11月携程全球合作伙伴年度峰会上获年度营销内容奖，其中优惠券发放政府补贴100万元,带动490余万元消费。加入同程城市“方舟联盟”,组织“好久不见·嵊泗想念”主题产品消费季直播活动,售出价值10万元的各类产品355件,举办中国嵊泗(南京)文旅品牌推介会活动,组织开展全球旅行达人推广季活动。同景域驴妈妈合作,组织参与“舟游列岛”直播卖货专场活动,成交1123单,销售额突破70万元。立足各岛形象主题,培育“一乡一品”文旅节庆,举办东海五渔节、枸杞贻贝文化节、洋山港口文化节、花鸟灯塔艺术节、黄龙渔民开捕节等。举办女子国际公路自行车赛、国际划骑跑三项公开赛等赛事活动。重点推出海岛运动季体旅产品,举办长三角万人徒步大会、全民骑游大会、海岛夏日荧光跑等大众休闲运动项目。推进水上项目与体验旅游相结合,发展体育旅游,引进游艇、摩托艇等水上运动项目,以及滑翔伞、热气球等低空运动项目。创新推出海岛公园产品IP,立足海岛特色,创新发展跳岛游2.0升级版。实施“百县千碗·嵊泗渔味”工程,重点打造“十二渔味”成为舌尖嵊泗IP,创新推出贻贝宴、带鱼饭等产品。加大“渔小鱼”特色旅游商品的研发与布点推广,推动渔民画、渔绳结、渔家剪纸从创作向产品研发转变,打造海岛文创产品IP。

旅游行业与安全管理 按照“一岛一韵、一村一品”的建设格局打造特色精品村镇。全县A级景区村覆盖率75.8%,其中AAA级以上景区村占34.5%;A级景区城镇覆盖率42.8%。计划创建A景区城1个,景区镇5个,景区村11个。花鸟岛国家AAAA级旅游景区完成创建前期工作。黄龙岛省级旅游风情小镇入选创建名单。做好对文旅行业的疫情防控指导、监管、宣传工作和复工复产的指导工作。完善旅游市场监管机制,东部乡镇联合执法由乡镇统筹协调,西部区域继续执行联合执法监管模式。梳理涉及旅游交通、民宿经营、景区管理等问题整改清单22条,跟踪整改进度,确保完成整改。全年举行旅行社、导游和餐饮协会3次行业培训和技能比武。

【普陀山(朱家尖)风景名胜区】

守牢疫情防控职责,抢抓市场营销机遇,提升景区服务品质,功能区文旅体工作取得新成效。普陀山、朱家尖全年累计接待游客1425.06万人次,实现旅游收入109.50亿元,分别同比下降32.04%和32.84%。

项目建设 推进禅意小镇AAAA级景区创建,完成普陀山海岛公园建设发展规划编制,完成朱家尖AAAA级景区整改提升,普陀山镇通过AAAA级景区镇创建,A级景区村达标率60%;加强岛居舟山“最美民宿”建设,新增市级“最美民宿”6家,省级银宿1家;悦来度假酒店、开元观堂等2家酒店通过省级“金桂品质饭店”评审。长乔综合体、览海普陀圣境项目开工。全年引进市外资金约12亿元,实际利用外资1500万美元。投资2.1亿元,打造完成新时代美丽城镇省级样板1个,省级美丽乡村精品村1个,县级美丽乡村精品村6个,新时代美丽乡村6个,景区村3个。发展乡村旅游、健康养生、文化创意等新业态,区域内11个村集体经济经营性收入均达到15万元以上。开展功能区文广旅体系统数据资源普查,打通省市文旅数据平台,景区预约数据和视频监控接入省市文旅数据管控平台。

宣传营销 3月20日景区恢复开放后,组织功能区星级、主题、品质、绿色酒店举行“拥抱春天”网上推介会。配合市文广旅体局开展“还你惠民季”活动,推出9条疗休养线路。举办长三角一体化景区发展大会,宁波舟山两地景区互换宣传广告资源,景区门票互相实施线上销售,旅游大巴直通两地景区。开展航旅合作,与东航等6家航空公司推出航司－机场－景区合作新模式。培育网红经济,鼓励网红导游直播蓄客,小帅等四人组成的“心语天团”抖音粉丝超200万人次,视频点击量超7亿次。完成“5·23”舟山市与驴妈妈合作的“舟游列岛·GOU GOU GOU”直播带货专场活动。普陀山－朱家尖12个产品销售总金额619万元,占舟山驴妈妈专场销售总金额1000万元的62.1%,策划开展2020“缤纷普陀新玩法·穿上汉服去旅行”主题活动和“南海心意”普陀山素食文化直播。开发智慧导览地图,推进电子导览图在普陀山公众号上线。组织文旅企业和特色商品参加第十五届中国义乌文化和旅游产品交易博览会、舟山文旅(郑州、西安)推介会。出台旅游促销政策,推出买门票送240万元旅游消费券的促销活动;推出旅行社10免1的优

“南海心意”普陀山素食文化直播(普陀山－朱家尖管委会提供)

惠政策和功能区规上旅行社住宿奖励政策。发展夜间经济,大青山房车营地、祥生海景排档、丝路啤酒花园、佛教用品博览会和普陀山“梅岑市集”等夜食、夜宿、夜游、夜购项目上线。

旅游行业与安全管理　10月12日,普陀山观音法界竣工,11月14日,观音文化园开园,至年底接待游客超15万人。全市扩大有效投资集中开工仪式签约舟山长乔海洋世界、览海普陀圣境等文旅项目,总签约金额55亿元。完成“百县千碗　舟山味道”美食菜品名录收集,开展酒店行业“不主动提供一次性消费用品”专项行动。规范疫情防控期间旅行社带团管理,与辖区内旅行社签订疫情防控责任书和旅游行业信用承诺书。组织各酒店宾馆开展疫情防控期间防疫工作及疫后复工复产相关培训。组织各大酒店宾馆、旅行社、景区相关从业人员30余人,参加市级烹饪大赛、市级金牌导游大赛、市级线上直播培训、市级人才码平台等相关培训8次。加强重大节假日期间旅游市场安全管理,针对旅游景点景区安全设施维护、应急救援,旅行社安全台账及“不合理低价游”,旅游饭店的食品、客房卫生等问题,加强部门联动,发现问题及时整改。加强文旅场所疫情防控和夏季涉水景区防汛防台检查,督促景区、旅行社制定“一景一策”“一社一策”防汛防台游客转移疏散避险方案。

落实疫情防控各项任务　提前谋划布局,做好武汉等重点地区游客的劝返工作,累计劝返线上预订的重点区域旅客超过5000人。做好景区关闭宣传工作,开展“地毯式”“拉网式”排查,落实常态化防控措施。根据疫情形势,按照省市要求,分批有序开放景区景点,开展涉旅行业疫情防控云培训,实行“预约购票＋测温亮码＋人证合一＋科学限流”准入机制。建立健全最大流量管控和应急响应机制,整合原有4个票务系统实现“一票通”,9月18日起正式实施景区分时预约制度。实施工作日每日一次,双休日每日四次,香会节及重大节假日旅游数据两小时报送制度。

节庆活动　举办第二十二届舟山国际沙雕节、第十届东海音乐节、第十九届观音文化节、2020首届舟山群岛铁人三项赛。

10月12日,普陀山观音法界竣工仪式在朱家尖观音圣坛举行(沈磊　摄)

10月16—18日,在朱家尖南沙景区举办第十届舟山东海音乐节(普陀山－朱家尖管委会提供)

【电影】 城市电影 配合、协助、参与上影联和影城、大光明巨幕影院、时代金球影城3家参股影院开展工作。舟山影城票房收入114.8万元,为上年的52.4%。其他3家投资影城分别为上影联和影城票房395.3万元,为上年的54.4%;时代金球影城203.5万元,为上年的58.6%;新城大光明影城230.7万元,为上年的47.4%。公司直营影院和参股影院的票房总和944.3万元,为上年的53.1%。全市17家影院(新增1家金塘大麦影城,关停1家舟山埃米主题影城)合计票房2284.4万元,为上年的59.1%。公司直营及参股4家影城占全市市场份额41.3%。

农村电影 全市农村放映公益电影5178场次,观众332186人次。其中市属队放映501场,观众45591人次。赴宋都步行街、海洲新天地广场、长峙岛如心小镇、普陀杉杉广场、岱山体育馆一楼等多个夜市点位播放专场电影250场和公益广告宣传150场,观影22245人次。开展“再生资源回收日”“荣耀70年,光影伴同行”庆祝舟山解放70周年本土电影展映、“家好月圆 欢度国庆”电影周等活动。

公益电影 开展“和谐社区公益电影放映活动”80场,发放“阳光电影卡”2000张,参与“全国万场公益放映专场”放映13场,开展“纪念中国人民志愿军抗美援朝出国作战七十周年”放映7场,邀请社会各界抗疫一线人士免费观影,致敬抗疫人员及公共服务者。

技术升级 倡导“无接触式服务”,完善线上平台,更换老旧音响设备和环音系统,购买安装TMS影院自动化管理系统,更换影厅进出场门,邀请专业公司针对影城大楼整体的监控系统进行改造,完成信息数字化接驳工作。

(撰稿:陈展之 方优维 姜慧芬 刘斌泽 夏赟 费思思 姚琼玲)

市场推广

【市场宣传营销】 2020年,整合全市文化、广电、旅游、体育各体系自媒体公众号、微博、新闻网站和外部平台,借力全市旅游咨询服务体系布局全市宣传推广联动网络,共同搭建传播体系,形成文旅体融媒体矩阵。对接省信息中心、浙江日报报业集团、舟山群岛旅游频道、舟山报业集团,以及户外传播媒体开展全年合作,推广特色岛屿及美食;拓展新媒体平台如今日头条、搜狐、腾讯、网易等国内主要大号以及舟山本地全媒体矩阵宣传品牌活动,结合市文广旅体局官方微博、官方微信、官方抖音等开展多项活动话题传播。官方微信公众号粉丝增长37000余人,全年累计发布884篇,其中原创180篇,被诗画浙江文旅资讯微信公众号复制转发10次以上,位居浙江旅游微信影响力排行榜前十名,多次入围前三名。5月、6月舟山群岛旅游微信公众号分别位列全国地市级文旅新媒体传播力第九、第十。官方微博年度粉丝数累计增长54430人,累计发布微博内容4000余条,总阅读量突破4503.1万次,微博点赞、评论、转发等互动达10万余次。其中单条阅读量最高达173万次。全年多次跻身全国市局旅游局微博传播指数TOP 10,

浙江总榜 TOP 3。舟山群岛旅游抖音号粉丝增长 3 万余人，累计点赞数达 133.54 万次，单条最高播放量为 319.9 万次。在中国旅游报发布的 4 月浙江省文旅新媒体传播力指数榜单中，微信和微博传播力名列第一，抖音位列第三。启动新版舟山文旅宣传片拍摄、建立"图游舟山"文广旅体"云图库"、策划征集"舟游列岛"品牌 LOGO、图库更新、设计制作不同种类宣传品等，在市内重点旅游集散点、酒店宾馆、景区等处进行分发宣传。开展"疫去福自来 还你惠民季"为主题的惠民活动。活动期间，全市 20 余家景区，近 200 家商场百货、酒店民宿、饭店餐馆、休闲娱乐等企业参与，通过"惠民季"小程序发放美景、美宿、美食、美乐、美体五大类消费券 50 万张，至 6 月 30 日，线上领取消费券 232903 张，实际线上核销使用消费券近 8 万张，拉动消费近 3000 万元。拍摄制作"市长带你舟游列岛"城市旅游宣传片，在舟山群岛旅游官方抖音短视频平台进行推送，播放量达 117.4 万次，直播带货首篇推文总阅读量超 6 万次。涵盖海岛精品线路、酒店民宿、特色文创产品等 50 余种舟山精品文旅产品，90% 商品售罄，其中酒店民宿类全部售罄，总销售额超 1000 万元。打造舟山十景、网红打卡地，举办"5·19"中国旅游日安游舟山旅游主题活动——"最美海岸线"荧光夜跑活动，办好东海音乐节品牌活动，支持舟山群岛马拉松赛、舟山新城滨海湾夜游等重点品牌活动，配合做好"阿拉过节嘞""舟山味道""海岛户外运动休闲季""美丽舟山千里行"等活动品牌的宣传推广。

【旅游展会】 参加第十六届海峡旅游博览会，开展旅游咨询、市民推介等活动；借助"诗画浙江文旅周（杭州日）暨 2020 浙江（北京）旅游交易会"，以"舟游列岛"主题馆的形式赴北京开展舟山海岛旅游形象展示和推广；赴西安、郑州举行舟山主题推介会及地推路演活动，加强与西安、郑州两地的文旅合作。

【旅游惠民活动】 将惠民范围延展至图书馆、博物馆、体育场馆等文化、体育产业，将活动范围扩展至文化、体育板块。协调全市涵盖普陀山等近 50 个核心景区面向舟山市民免费开放，近百家宾馆、饭店、民宿、渔农家乐等涉旅企业推出 300 余个惠民产品，并开展"福在舟山 云享年味"线上嘉年华惠民活动，普惠民生累计近 40 万人次。

（撰稿：黄瑜晔）

群众体育

【概况】 2020 年，加快基层体育场地设施建设，新建社区多功能运动场 11 个，游泳池 7 个，笼式足球场 7 个，推进全市体育进文化礼堂 50 家，建设百姓健身房 17 家。推进公共体育场馆服务大提升，全市 8 家公共体育场馆均实现预约支付功能且接入浙里办，并按照一馆一方案，实现各自服务大提升任务。在临城、普陀多个城市公园中新建篮球场、门球、足球等体育场地。发展基层体育健身组织，创建老年体育活动中心（俱乐部）10 个，新建健身气功活动站点 1 个，新成立体育协会 3 个。做好群众身边的体育健身指导，开展社会体育指导员、非奥项目教练员、裁判员培训等 12 期，736 名体育爱好者受训，新增注册 190 名二级社会体育指导员，全市拥有社会体育指导员 3273

9 月 5 日下午，舟山市第五届全民休闲皮划艇赛在新城茶山浦公园举办（沈磊　摄）

人。深入社区村文化礼堂,面向基层乡镇街道人群开展全民健身大讲堂活动15期,受训人群8000余人。组织第三届全民体育生活节系列活动、“阿拉过春节嘞”体育嘉年华活动、美丽舟山千里行、“神行定海山”全国徒步大会、舟山群岛帆船跳岛拉力赛、舟山群岛新区第六届全民休闲皮划艇大赛、舟山嵊泗列岛国际划骑跑三项公开赛、朱家尖铁人赛等海洋特色鲜明的品牌赛事,全年累计举办县级以上赛事活动220余项,覆盖参与人数13万余人次。推出全民健身公共服务平台舟山站,系统包含29个运动类目3149个体育运动设施场所信息。组织发动体育场馆、体育社团参加惠民季活动。完成浙江省第五次国民体质监测(舟山站)工作,2020年体育场地统计调查和“健康浙江”体育场地统计调查工作,全国全民健身活动状况调查工作。联合广电周报,开辟《体育朋友圈》栏目,宣传体育健身达人和体育组织30期,引领全民健身新风尚。

【体育总会】 全年指导成立市马拉松与路跑协会、市社会体育指导员协会2家,推进市乒协、市射击击剑协会、市武术协会等体育社团管理层增补及换届工作。至年底,成立市级体育社团38家。市级相关体育单项协会承办舟山市第三届全民体育生活节、中国飞镖公开赛、省业余围棋联赛、全国百城千村健身气功交流展示活动(舟山大会)、“迎亚运风采”浙江省体育摄影大赛(舟山赛区)、省青少年乒乓球积分排名赛、省羽毛球业余联赛、长三角地区毽球比赛等省以上全民健身赛事活动33项,落实全民健身公益培训、活动、社会力量办体育、省级赛事参赛50余项,采购资金达450余万元。

【先进集体、先进个人】 浙江省第三届女子体育节优秀组织奖、体育道德风尚奖 舟山市文化和广电旅游体育局

“十三五”浙江省社会足球场地设施建设先进单位 舟山市文化和广电旅游体育局

2020年浙江省首届文化礼堂运动会、优秀组织奖 舟山市文化和广电旅游体育局

2020年浙江省“五星”社会体育指导员团队 舟山市毽藤球协会

“十三五”浙江省社会足球场地设施建设先进个人 方威畏(定海)、陈中耀(普陀)

2020年浙江省“百佳社会体育指导员” 江礼军(市本级)、干军辉(定海)、周虹(普陀)、刘剑影(岱山)、付培君(朱家尖)

2020年浙江省老年体育活动中心(俱乐部) 定海区金塘镇山潭村、定海区双桥街道紫薇村、定海区小沙街道大沙村、普陀区白沙港村、普陀区东极镇东极村、普陀区沈家门街道大干社区、岱山县高亭镇安澜社区、岱山县衢山镇田涂村、嵊泗县菜园镇菜圃社区、新城千岛街道浦西社区。

(撰稿:李飞杰)

竞技体育

【概况】 2020年,完成市少体校招生方案、项目章程制订及发布、报名工作,新招体育特长生高中段31人,初中段28人。完成2019年度体育贡献奖、人才输送奖及第十三届全国运动会获奖舟山籍运动员的奖励工作。创建省级阳光体育后备人才基地。按照《浙江省体育局关于开展2020—2023周期浙江省体育传统项目学校阳光体育后备人才基地认定工作的通知》精神,推选南海实验学校和沈家门小学2所学校参加评选。通过省级阳光体育后备人才基地的创建,拓宽业余训练网络,培养体育后备人才。完成青少年体育夏令营项目。发布和开展足球、羽毛球、篮球、皮划艇、射击、跆拳道、海岛军事户外拓展运动、航模课程、武术散打等夏令营课程,覆盖全市各区各海岛县,以纯公益的形式送体育培训,帮助民工子弟学校困难学生。集中组织910余名青少年参加30期体育培训及相关活动,其中完成夏令营名额半公益670个名额,全公益240个名额。夏令营每个项目半公益培训时间不少于5天(每天不少于4个小时),全公益培训时间不少于2天(每天不少于4个小时),受训青少年基本掌握一项以上技能。参加全省青少年运动员注册工作。向省局上报984名运动员的数据审核、提交工作。

【举办全市青少年赛事】 举办全市青少年阳光体育运动会,设有篮球、健美操、校园足球、沙滩足球、乒乓球、击剑6个比赛项目,3160名学生参加比赛。

2020年参加全国及亚洲比赛成绩

表46

参加比赛类别	项目	名次	姓名、组别、项目	比赛时间
全国青少年锦标赛	田径	第二名	饶欣雨　女子800米	9.15
全国摔跤冠军赛	摔跤	第三名	季泰宇	11.21—11.29
全国摔跤冠军赛	摔跤	第八名	田钧元	11.21—11.29

2020年参加省级青少年锦标赛、冠军赛成绩

表47

参加比赛类别	项目	名次	姓名、组别、项目	比赛时间
2020浙江省青少年田径锦标赛	田径	第一名	谢雨轩17～18岁女子100米	7.26—7.28
2020浙江省青少年田径锦标赛	田径	第一名	刘哲麟　中学组男子三级跳远	7.26—7.28
2020浙江省青少年田径锦标赛	田径	第二名	王舒澄14岁女子跳高	7.26—7.28
2020浙江省青少年田径锦标赛	田径	第三名	毛翊珊　中学组女子跳高	7.26—7.28
2020浙江省青少年田径锦标赛	田径	第三名	杨丽蓉14岁女子100米	7.26—7.28
2020浙江省青少年田径锦标赛	田径	第三名	李承骆14岁男子标枪	7.26—7.28
2020浙江省青少年田径锦标赛	田径	第三名	刘哲麟　中学组男子跳远	7.26—7.28
2020浙江省青少年田径锦标赛	田径	第三名	刘姿含14岁女子跳高	7.26—7.28
2020浙江省青少年田径锦标赛	田径	第四名	李承骆14岁男子铅球	7.26—7.28
2020浙江省青少年田径锦标赛	田径	第四名	宋志远15～16岁男子400米	7.26—7.28
2020浙江省青少年田径锦标赛	田径	第六名	宋志远13～18岁男子4×400米	7.26—7.28
2020浙江省青少年田径锦标赛	田径	第六名	贝奕帆13～18岁男子4×400米	7.26—7.28
2020浙江省青少年田径锦标赛	田径	第六名	宋志远15～16岁男子800米	7.26—7.28
2020浙江省青少年田径锦标赛	田径	第六名	杨丽蓉14岁女子200米	7.26—7.28
2020浙江省青少年田径锦标赛	田径	第六名	唐钰涵13岁以下女子100米	7.26—7.28
2020浙江省青少年田径锦标赛	田径	第六名	刘彦伶17～18岁女子标枪	7.26—7.28
2020浙江省青少年田径锦标赛	田径	第六名	陈芯缘15～16岁女子3000米	7.26—7.28
2020浙江省青少年田径锦标赛	田径	第六名	叶琪15～16岁女子400米	7.26—7.28
2020浙江省青少年田径锦标赛	田径	第七名	毛翊珊　中学组女子100米	7.26—7.28
2020浙江省青少年田径锦标赛	田径	第八名	叶琪15～16岁女子400米	7.26—7.28
2020浙江省青少年田径锦标赛	田径	第八名	刘彦伶17～18岁女子铁饼	7.26—7.28
2020浙江省青少年田径锦标赛	田径	第四名	肖厚朴中学组男子100米	7.26—7.28
2020浙江省青少年田径锦标赛	田径	第五名	黄歆茹17～18岁组女子100米	7.26—7.28
2020浙江省青少年田径锦标赛	田径	第六名	石荣超13～18岁男子4×400米	7.26—7.28
2020浙江省青少年田径锦标赛	田径	第六名	肖厚朴　中学组男子200米	7.26—7.28
2020浙江省青少年田径锦标赛	田径	第七名	杨立昂　中学组男子铁饼	7.26—7.28

续表 47

参加比赛类别	项目	名次	姓名、组别、项目	比赛时间
2020 浙江省青少年田径锦标赛	田径	第三名	曾天佑 15 ~ 16 岁男子 100 米	7.26—7.28
2020 浙江省青少年田径锦标赛	田径	第三名	曾天佑 15 ~ 16 岁男子 200 米	7.26—7.28
2020 浙江省青少年田径锦标赛	田径	第一名	汪永霖 14 岁男子 3000 米	7.26—7.28
2020 浙江省青少年田径锦标赛	田径	第一名	徐静如 14 岁女子 3000 米	7.26—7.28
2020 浙江省青少年田径锦标赛	田径	第五名	徐静如 14 岁女子 1500 米	7.26—7.28
2020 浙江省青少年田径锦标赛	田径	第二名	汤子豪 13 岁以下男子 1500 米	7.26—7.28
2020 浙江省青少年田径锦标赛	田径	第六名	胡轶婷 14 岁女子 200 米栏	7.26—7.28
2020 浙江省青少年田径锦标赛	田径	第七名	胡轶婷 14 岁女子 100 米栏	7.26—7.28
2020 浙江省青少年田径锦标赛	田径	第六名	陆瑜忻 14 岁女子 800 米	7.26—7.28
2020 浙江省青少年田径锦标赛	田径	第七名	余欣妍 15 ~ 16 岁女子 800 米	7.26—7.28
2020 浙江省青少年田径锦标赛	田径	第八名	夏嫣蔚 13 岁以下女子铁饼	7.26—7.28
2020 浙江省青少年田径锦标赛	田径	第四名	许琼伊 15 ~ 16 岁女子 1500 米	7.26—7.28
2020 浙江省青少年田径锦标赛	田径	第三名	许琼伊 15 ~ 16 岁女子 3000 米	7.26—7.28
2020 浙江省青少年田径锦标赛	田径	第八名	褚楚 15 ~ 16 岁女子 400 米栏	7.26—7.28
2020 浙江省青少年田径锦标赛	田径	第四名	杨佳慧 13 岁以下组女子跳高	7.26—7.28
2020 浙江省青少年田径锦标赛	田径	第八名	谢劲豪 15 ~ 16 岁组男子跳高	7.26—7.28
2020 浙江省青少年田径锦标赛	田径	第六名	於彦含 13 岁以下组女子跳高	7.26—7.28
2020 浙江省青少年田径锦标赛	田径	第六名	张豪城 17 ~ 18 岁组男子跳高	7.26—7.28
2020 浙江省青少年田径锦标赛	田径	第一名	孙凡媛 17 ~ 18 岁组女子跳高	7.26—7.28
2020 浙江省青少年田径锦标赛	田径	第二名	谢亦昕 15 ~ 16 岁组女子跳高	7.26—7.28
2020 浙江省青少年田径锦标赛	田径	第一名	苏虹竞 15 ~ 16 岁组男子跳高	7.26—7.28
2020 浙江省青少年田径锦标赛	田径	第四名	邵天泽 15 ~ 16 岁组男子跳高	7.26—7.28
浙江省青少年儿童田径冠军赛	田径	第一名	徐静如 14 岁女子 800 米	8.10—8.14
浙江省青少年儿童田径冠军赛	田径	第一名	徐静如 14 岁女子 1500 米	8.10—8.14
浙江省青少年儿童田径冠军赛	田径	第二名	余欣妍 15 岁女子 800 米	8.10—8.14
浙江省青少年儿童田径冠军赛	田径	第二名	余欣妍 15 岁女子 1500 米	8.10—8.14
浙江省青少年儿童田径冠军赛	田径	第二名	夏嫣蔚 13 岁女子铅球	8.10—8.14
浙江省青少年儿童田径冠军赛	田径	第一名	乔俊润 15 岁男子 800 米	8.10—8.14
浙江省青少年儿童田径冠军赛	田径	第一名	乔俊润 15 岁男子 1500 米	8.10—8.14
浙江省青少年儿童田径冠军赛	田径	第二名	孙钲淇 15 岁男子 800 米	8.10—8.14
浙江省青少年儿童田径冠军赛	田径	第二名	孙钲淇 15 岁男子 1500 米	8.10—8.14
浙江省青少年儿童田径冠军赛	田径	第七名	蔡浩 15 岁甲组男子跳高	8.10—8.14
浙江省青少年儿童田径冠军赛	田径	第四名	李逸伟 15 岁甲组男子 1500 米	8.10—8.14
浙江省青少年儿童田径冠军赛	田径	第三名	杨佳慧 13 岁甲组女子跳高	8.10—8.14

续表 47

参加比赛类别	项目	名次	姓名、组别、项目	比赛时间
浙江省青少年儿童田径冠军赛	田径	第二名	谢亦昕 13 岁甲组女子跳高	8.10—8.14
浙江省青少年儿童田径冠军赛	田径	第八名	毛博玄 14 岁甲组男子 200 米	8.10—8.14
浙江省青少年儿童田径冠军赛	田径	第三名	李承骆 14 岁甲组男子标枪	8.10—8.14
浙江省青少年儿童田径冠军赛	田径	第四名	李逸伟 15 岁甲组男子 800 米	8.10—8.14
浙江省青少年儿童田径冠军赛	田径	第八名	宗芸竹 13 岁甲组女子跳高	8.10—8.14
浙江省青少年儿童田径冠军赛	田径	第五名	於彦含 12 岁以下甲组女子跳高	8.10—8.14
浙江省青少年儿童田径冠军赛	田径	第三名	李承骆 14 岁甲组男子铅球	8.10—8.14
浙江省青少年儿童田径冠军赛	田径	第七名	毛博玄 14 岁甲组男子 100 米	8.10—8.14
浙江省青少年儿童田径冠军赛	田径	第四名	孟哲涵 12 岁甲组男子 60 米	8.10—8.14
2020 年浙江省青少年飞碟锦标赛	飞碟	第四名	冯俊烨　男子多向个人	7.24—7.26
2020 年浙江省青少年飞碟锦标赛	飞碟	第八名	赵泯淇　男子多向个人	7.24—7.26
2020 年浙江省青少年飞碟锦标赛	飞碟	第三名	李亦辰、冯俊烨、赵泯淇　男子多向团体	7.24—7.26
2020 年浙江省青少年飞碟锦标赛	飞碟	第六名	郑力源　男子双向个人	7.24—7.26
2020 年浙江省青少年飞碟锦标赛	飞碟	第八名	冯俊烨　男子双向个人	7.24—7.26
2020 年浙江省青少年飞碟锦标赛	飞碟	第二名	郑力源、侯逸辰、冯俊烨　男子双向团体	7.24—7.26
2020 年浙江省青少年飞碟锦标赛	飞碟	第四名	陈欣璐女子多向个人	7.24—7.26
2020 年浙江省青少年飞碟锦标赛	飞碟	第二名	陈欣璐、陈思路、吴亭润　女子多向团体	7.24—7.26
2020 年浙江省青少年飞碟锦标赛	飞碟	第四名	潘雨辰　女子双向个人	7.24—7.26
2020 年浙江省青少年飞碟锦标赛	飞碟	第六名	吴亭润　女子双向个人	7.24—7.26
2020 年浙江省青少年飞碟锦标赛	飞碟	第七名	陈欣璐　女子双向个人	7.24—7.26
2020 年浙江省青少年飞碟锦标赛	飞碟	第二名	陈欣璐、潘雨辰、吴亭润　女子双向团体	7.24—7.26
2020 年浙江省青少年飞碟锦标赛	飞碟	第一名	冯俊烨、陈欣璐　多向混合团体	7.24—7.26
2020 浙江省青少年摔跤锦标赛	摔跤	第五名	顾可凡　古典甲组 60kg	8.23—8.27
2020 浙江省青少年摔跤锦标赛	摔跤	第一名	张一凡　古典甲组 75kg	8.23—8.27
2020 浙江省青少年摔跤锦标赛	摔跤	第一名	张哲宁　古典甲组 75kg+	8.23—8.27
2020 浙江省青少年摔跤锦标赛	摔跤	第三名	商露杰　古典甲组 75kg+	8.23—8.27
2020 浙江省青少年摔跤锦标赛	摔跤	第三名	戴博禹　古典乙组 46kg	8.23—8.27
2020 浙江省青少年摔跤锦标赛	摔跤	第三名	夏翊玮　古典乙组 62kg	8.23—8.27
2020 浙江省青少年摔跤锦标赛	摔跤	第三名	叶鑫楠　古典乙组 66kg	8.23—8.27
2020 浙江省青少年摔跤锦标赛	摔跤	第五名	李阿豪　古典丙组 56kg	8.23—8.27
2020 浙江省青少年摔跤锦标赛	摔跤	第五名	徐陌泽　古典丙组 56kg	8.23—8.27
2020 浙江省青少年摔跤锦标赛	摔跤	第五名	刘佩　自由甲组 65kg	8.23—8.27
2020 浙江省青少年摔跤锦标赛	摔跤	第五名	刘亮　自由甲组 70kg	8.23—8.27
2020 浙江省青少年摔跤锦标赛	摔跤	第七名	张卓栋　古典乙组 58kg	8.23—8.27

续表 47

参加比赛类别	项目	名次	姓名、组别、项目	比赛时间
2020 浙江省青少年摔跤锦标赛	摔跤	第七名	朱俊达　古典乙组 66kg+	8.23—8.27
2020 浙江省青少年摔跤锦标赛	摔跤	第七名	凡嘉豪　古典丙组 60kg+	8.23—8.27
2020 年浙江省青少年摔跤冠军赛	摔跤	第一名	刘亮　自由甲组 70kg	11.26—11.27
2020 年浙江省青少年摔跤冠军赛	摔跤	第二名	顾可凡　古典甲组 60kg	11.26—11.27
2020 年浙江省青少年摔跤冠军赛	摔跤	第三名	叶鑫楠　古典乙组 66kg	11.26—11.27
2020 年浙江省青少年摔跤冠军赛	摔跤	第五名	张一凡　古典甲组 75kg+	11.26—11.27
2020 年浙江省青少年摔跤冠军赛	摔跤	第五名	刘佩　自由甲组 65kg	11.26—11.27
2020 年浙江省青少年摔跤冠军赛	摔跤	第七名	胡彦奇　古典乙组 62kg	11.26—11.27
2020 年浙江省青少年女子排球锦标赛	排球	第七名	女子甲组	8.04—8.12
2020 年浙江省青少年女子排球锦标赛	排球	第四名	女子乙组	8.04—8.12
2020 年浙江省青少年男子篮球锦标赛	篮球	第九名	五人制甲组	8.04—8.11
2020 年浙江省青少年男子篮球锦标赛	篮球	第七名	五人制乙组	7.15—7.22
2020 年浙江省青少年男子篮球锦标赛	篮球	第五名	五人制丙组	8.14—8.21
2020 年浙江省青少年男子篮球锦标赛	篮球	第四名	三人制甲组	7.29—8.04
2020 年浙江省青少年男子篮球锦标赛	篮球	第八名	三人制乙组	7.29—8.04
2020 浙江省青少年击剑锦标赛	击剑	第一名	孔艺霖　女子佩剑丙组个人	8.20—8.22
2020 浙江省青少年击剑锦标赛	击剑	第三名	夏浩涵　男子佩剑丙组个人	8.20—8.22
2020 浙江省青少年击剑锦标赛	击剑	第七名	杨翘瑜女子佩剑乙组个人	8.20—8.22
2020 浙江省青少年击剑冠军赛	击剑	第三名	孔艺霖女子佩剑丙组个人	11.13—11.15
2020 年浙江省青少年射击锦标赛	射击	第七名	女子甲组气手枪 10 米 60 发团体陈思钰、杨姝琪、张嘉唯	8.18—8.21
2020 年浙江省中小学生羽毛球积分排名赛(第一站)	羽毛球	第四名	童科翔初中男子单打	7.24—7.26
2020 年浙江省中小学生羽毛球积分排名赛(第二站)	羽毛球	第四名	童科翔　初中男子单打	8.06—8.08
2020 年浙江省青少年儿童羽毛球锦标赛	羽毛球	第二名	童科翔　初中男子单打	8.22—8.30
2020 年浙江省青少年儿童羽毛球锦标赛	羽毛球	第八名	李秉桦、顾锦浩、廖彬杰、张耀元　初中男子团体	8.22—8.30
2020 年浙江省青少年儿童羽毛球锦标赛	羽毛球	第八名	江承翰、方誉臻　男子丙组双打	8.22—8.30
2020 年浙江省青少年儿童羽毛球锦标赛	羽毛球	第八名	翁艺凌、刘子萱　女子丙组双打	8.22—8.30
2020 年浙江省青少年儿童羽毛球锦标赛	羽毛球	第七名	齐钰泽、张耀元　男子甲组团体	8.22—8.30
2020 年浙江省青少年空手道锦标赛	空手道	第三名	王成　男子乙组个人组手 63kg	8.15—8.17
2020 年浙江省青少年空手道锦标赛	空手道	第三名	顾晨煜　男子乙组个人组手 52kg	8.15—8.17
2020 年浙江省青少年跆拳道锦标赛	跆拳道	第二名	黄家豪　男子丙组 56kg+	8.19—8.23
2020 年浙江省青少年跆拳道锦标赛	跆拳道	第二名	何佳潞　女子乙组 63kg	8.19—8.23
2020 年浙江省青少年跆拳道锦标赛	跆拳道	第五名	顾梓航　男子丙组 56kg	8.19—8.23

续表 47

参加比赛类别	项目	名次	姓名、组别、项目	比赛时间
2020 年浙江省青少年跆拳道锦标赛	跆拳道	第五名	周宣呈　女子丙组 52kg+	8.19—8.23
2020 年浙江省青少年跆拳道锦标赛	跆拳道	第五名	张易凡　女子甲组 62kg	8.19—8.23
2020 年青少年空手道冠军赛	空手道	第二名	许依婷　女子甲组团体组手	12.03—12.06
2020 年青少年空手道冠军赛	空手道	第二名	许雯雯　女子甲组团体组手	12.03—12.06
2020 年青少年空手道冠军赛	空手道	第三名	叶欢欢　女子甲组团体组手	12.03—12.06
2020 年青少年空手道冠军赛	空手道	第三名	郑雨菡　女子甲组团体组手	12.03—12.06
2020 年青少年空手道冠军赛	空手道	第二名	郑雨菡　女子甲组个人组手 53kg	12.03—12.06
2020 年青少年空手道冠军赛	空手道	第三名	叶欢欢　女子甲组个人组手 59kg+	12.03—12.06
2020 年青少年空手道冠军赛	空手道	第三名	许雯雯　女子甲组个人组手 48kg	12.03—12.06
2020 年青少年空手道冠军赛	空手道	第三名	许依婷　女子甲组个人组手 53kg	12.03—12.06
2020 年青少年空手道冠军赛	空手道	第三名	叶文涛　男子乙组个人组手 76kg	12.03—12.06
2020 年浙江省青少年武术散打冠军赛	武术散打	第一名	虞卓毅　男子丙组 52kg	12.04—12.06
2020 年浙江省青少年武术散打锦标赛	武术散打	第五名	娄嵊东　男子乙组 65kg	8.10—8.13
2020 年浙江省青少年武术散打冠军赛	武术散打	第五名	李浩鑫　男子丙组 56kg	12.03—12.06
2020 年浙江省青少年武术散打锦标赛	武术散打	第五名	娄嵊东　男子乙组 65kg	8.10—8.13
2020 年浙江省青少年武术散打冠军赛	武术散打	第五名	李浩鑫　男子丙组 56kg	12.03—12.06
2020 年浙江省青少年攀岩锦标赛	攀岩	第七名	谢佳烨、张茗皓、胡诗曼　速度接力赛	8.22—8.24
2020 年浙江省青少年攀岩锦标赛	攀岩	第五名	谢佳烨　男子 B 组速度赛	8.22—8.24
2020 年浙江省青少年攀岩锦标赛	攀岩	第六名	谢佳烨　男子 B 组难度赛	8.22—8.24
2020 年浙江省青少年攀岩锦标赛	攀岩	第七名	谢佳烨　男子 B 组全能赛	8.22—8.24
2020 年浙江省青少年攀岩锦标赛	攀岩	第八名	谢佳烨　男子 B 组攀石赛	8.22—8.24
2020 年浙江省青少年攀岩锦标赛	攀岩		张茗皓　体育道德风尚奖	8.22—8.24
2020 年浙江省青少年攀岩冠军赛	攀岩	第八名	卢宬州　男子 C 组速度赛	12.04—12.06
2020 年浙江省青少年攀岩冠军赛	攀岩	第八名	张茗皓　男子 C 组难度赛	12.04—12.06
2020 年浙江省青少年国际象棋锦标赛	国际象棋	第七名	赵羽芊、邵与费　少年乙组女子团体	8.11—8.14
2020 年浙江省青少年国际象棋锦标赛	国际象棋	第七名	梁骜文　少年甲组男子个人	8.11—8.14
2020 年浙江省青少年国际象棋锦标赛	国际象棋	第七名	丁政豪　少年乙组男子个人	8.11—8.14
2020 年浙江省青少年高尔夫球锦标赛	高尔夫	第六名	黄睿轩张彧畅、李奕霏、王芷言　乙组团体	8.05—8.07
2020 年浙江省青少年沙滩排球锦标赛	沙滩排球	第二名	华皖儿、蔡静姝、夏依帆　女子乙组	7.25—8.29
2020 年浙江省青少年沙滩排球锦标赛	沙滩排球	第四名	贝佳婷、黄天米　女子甲组	7.25—8.29
2020 年浙江省青少年沙滩排球冠军赛	沙滩排球	第三名	华皖儿、吴雨洁　女子乙组	10.12—10.16
2020 年浙江省青少年沙滩排球冠军赛	沙滩排球	第二名	蔡静姝、杨昊、吴黛贤　女子乙组	10.12—10.16
2020 年浙江省青少年车辆模型锦标赛	车辆模型	第三名	金玺 1/8 内燃机越野车竞速赛	8 月
2020 年浙江省青少年车辆模型锦标赛	车辆模型	第二名	沈子显 1/8 内燃机越野车竞速赛	8 月

【举办精品体育赛事】 11月8日，举办铁人三项赛，是全市首次举办的国家C级赛事。配套大青山跑、小铁人滑步车竞赛、铁三名人见面会和尖端运动海边市集铁人三项赛四项活动，吸引8万人围观比赛。活动期间(11月6—7日)朱家尖区域星级酒店的平均入住率达92%，较平常双休日增长30%以上。

11月15日，举办舟山群岛马拉松赛。比赛线路从往年的普陀区延伸至新城滨海大道和长峙岛。“舟马”设全程马拉松、半程马拉松、健身跑、家庭跑4个项目，1.5万人参赛，参赛人数较上年增长23%左右。2020舟山群岛马拉松赛事获浙江省马拉松及路跑协会颁发的“金标马拉松”称号。

12月19日，中国体育彩票长三角马术联赛(舟山)暨浙江省马术总决赛在舟山体育场开幕，浙江、江苏、上海、安徽等地的27支队伍、近180匹马、320组人马组合参赛。

12月19日上午，中国体育彩票长三角马术联赛暨浙江省马术总决赛在舟山举行(沈磊　摄)

【运动员、裁判员、教练员培养情况】 按照等级运动员的审批制度与程序，审批48人获国家二级运动员技术等级称号。输送长期集中训练运动员2人(田径项目：宋志远、谢雨轩)，长期集中训练转试训练运动员1人(田径项目：王彦博)，转正运动员1人(排球项目：沈佳蓉)。组织开展全市裁判员、教练员培训班三期，79名体育骨干参加培训。

(撰稿：郑光　邱莉)

文广旅体数字化

【基础设施建设】 2020年，在全市的21家经营性旅游景区铺设门禁系统，完成景区闸机、票务系统的改造升级。开发“预约码+健康码+最美战疫人码”三码合一的全市景区线上市民预约平台“云游群岛”，20个旅游景区完成预约平台入驻。

分步完成系统内视频监控体系构建。市级视频监控平台与各县(区)、普陀山－朱家尖功能区全部完成对接，并按计划时间节点分批完成AAA级以上景区及市级公共文体场馆相关监控区域的接入工作。已接入横向部门、县(区)功能区、局属单位、自建布点的涵盖景区、公共场馆、交通客运等各类视频监控1000余路。组织专题会议，督促县区完善监控质量，要求覆盖辖区监管对象出入口、聚集点、流动要道、安全隐患点等重点部位，并形成游客从进入、游玩、离开等关键流程监控闭环。

完成数字化监管配套大数据中心建设。通过招标于9月建成集日常行政监测、假日应急研判、远程连线指挥、日常工作会议和业务培训于一体的大数据中心，并于十一假期正式应用于假日旅游值班工作。

制定《舟山市文广旅体系统2020年数字化转型工作实施方案》。依据《浙江省文旅大数据采集标准》编制《舟山市文广旅体系统数据资源普查方案》，采集收录59大类涵盖景区、场馆、公共服务设施等各类基础数据2445万项。

【数字平台建设】 完成数字化平台主体框架搭建及围绕一期数字化监管的相关功能模块。完成旅游主题的数字化监管功能，实现旅游陆海空交通客流监测、景区运行管理、团队动态管理三大数字化监管履职，构建突发应急指挥和假日旅游应急态势分析两大应用场景。建立假日旅游专题分析和数据驾驶舱两大专题综合版块。结合普查工作完成对全市文旅基础设施信息的地图化集成，并具备对主要文体场馆基本服务的监测功能。初步满足假日旅游主要数据分析研判和日常文旅基础行政监管的需要。

【数字化转型】 组建文广旅体系统数字化转型工作领导小组，同步搭建工作专班，加强纵横双向对接联系，形成工作合力，推进数字化转型工作。召开数字化转型专题工作会议，建立有明确工作内容、标准要求和完成时限的清单式管理机制。

（撰稿：刘丁华）

行业管理

【行业安全】 2020年，落实省市防控部门规定和上级文旅部门的指令要求，联合行业协会叫停旅游饭店、酒店堂食和旅行社团队业务；关注并妥善处理各类涉旅纠纷问题；制定发布《舟山市旅游饭店行业疫情防控工作指南》《舟山市旅行社行业疫情常态化工作指南》；组织开展疫情防控落实情况检查，落实旅游饭店、旅行社"三返"人员健康信息报送、涉外因素人员排查和复工后常态化防控；做好疫情防控期间行业信息工作，挖掘行业典型宣传报道。

【行业复苏】 深入企业开展"三服务"工作，调查了解旅行社、饭店餐饮行业受损情况、困难问题和意见建议；召开全市饭店餐饮行业、旅行社行业疫后专题座谈会，分析行业痛点难点，共商应对措施；落实加快文旅体产业复苏的政策，出台《舟山市旅行社复工复产带动消费奖补办法》，完成全市旅行社企业的奖补申报、审核和实施工作；稳定旅游人才队伍，支持开展线上培训，制定出台文广旅体行业疫情防控期间线上培训奖补申请规范性文件，牵头做好申报、公示、初审、联审、上会等相关工作，全市9家单位（协会、企业）累计参训2034人，申请奖补约50万元；发动行业开展自救，鼓励酒店餐饮通过线上平台、外卖方式去库存，组织企业参加"舟游列岛·GOU GOU GOU""幸福舟山·端午有礼"直播带货活动；推进消费专班相关工作，做好全市31家旅游饭店复工复产后每周客房出租率数据统计报送，落实本市疗休养政策，带动旅游消费，多措并举促进市场复苏。

【行业审批】 推进"证照分离"改革全覆盖试点，先后两批次推进行政许可事项告知承诺制改革，制定出台审批业务告知承诺制实施办法（试行）；推进告知承诺事项的落地工作，建立完善事前审批与事中事后监管的对接联络机制，完成11家旅行社设立、2家游艺娱乐场所设立的告知承诺审批落地。配合推进政务服务2.0建设，完成第一批、第二批市级依申请行政许可事项的验收，指导县（区）完成相关事项认领；参照《事项办理端初始配置》做好145个事项相关配置工作；做好进驻中心事项PC端、App端申报易用度自查和整改；启动首批128项许可事项在行政服务中心大厅应用工作。推进无证明化改革，完成"无证明化"改革事项清单梳理，推行证明遗失声明网上免费公示制度。依法开展行政许可，做好疫情防控期间暂停现场办理业务的宣传、告知和解释工作，通过电话咨询指导、网上申报资料、线下邮递材料、免费邮寄服务等方式实现无接触办理。全年累计完成许可业务1749件，其中旅游方面1716件（内资旅行社设立8家，变更备案19家，注销备案7家；导游证换证1535人，导游证核发147人），文化方面20件（网吧补证1家，变更1家，变更备案2家；歌舞娱乐设立1家，延续2家，注销1家；游艺娱乐设立2家，延续1家；演出经纪设立2家，变更1家，注销1家；涉外演出4个；互联网文化经营许可设立1家；演出场所设立1家），文物方面3件（文物修缮施工三级年检1家，市级文物保护单位建设控制地带内建设工程设计方案1件，市县级文物保护单位修缮许可1件），广电方面5件［广播电视设立1家，延续换证1家，广电传送延续1家，接收卫星传送的境外电视节目延续1家，省级行政区域内经营广播电视节目传送（有线）业务审批（变更）1家］，体育方面5件（体育射击场设立1家，游泳池设立3家，游泳池注销1家）。

【行业监管】 落实《舟山市导游规范化管理工作方案》，对全市导游进行规范化管理，全市685位兼职导游纳入市导服中心统一管理；完善旅行社综合管理平台，与上海金棕榈合作，制定平台功能升级建设方案，拟增加兼职导游在线签约、执业准入与退出、导游临时借用、导游服务评价、诚信管理和旅行社电子团档等功能，通过"互联网+"规范导游管理，降低旅行社管理成本。推广应用"E查通"小程序。汇集市场主体信息2000余条，建立文明创城专项检查清单、疫情防控自查清单、安全检查清单等各类检查任务，实现涉旅监管对象的清单化管理、电子化留痕和"企业自查+县区抽查+市级督查"的三级联动。加强对旅行社、星级饭店、旅游景区、旅游咨询服务中心等监测点的现场检查，抓好薄弱环节查漏补缺和整改落实。牵头制定旅游管控工作组实施方案，部署落实涉旅跨境赌博防治工作。联合执法队开展春季行动，打击扰乱市场的突出问题。发布行业监管警示9期和行业监管通报3期，公开执法监管行动成果。协助市公共信用信息平台建设。申报浙江省文化和旅游行业社会信用体系建设试点，落实文化和旅游行业信用监管实施方案，开展旅行社许可信用承诺制实施的事中事后监管检查，制定出台《舟山市导游员信用评价与诚信分管理办法(试行)》。完成文旅系统诚信示范评选工作，推荐参加全市信用单位评选，4家酒店参评，2家入选十强。制定出台《舟山市宾馆酒店行业“不主动提供一次性消费用品”实施方案》，联合市商务局、市市场监管局等部门部署开展限用一次性消费用品、促进垃圾源头减量工作，委托饭店餐饮行业协会对79家监测点进行每月一轮的全覆盖检查。组织开展限用一次性消费用品公益宣传和媒体报道。开展餐饮行业坚决抵制浪费行动计划和行业公益宣传，打好“舌尖上的防疫战”，倡导“文明餐桌行动”，推行公筷公勺和分餐制，引导饭店餐饮行业加强自律、提升服务。

【打造“舟山味道”IP】 成立“百县千碗·舟山味道”工程推进指导小组。按照“百县千碗·舟山味道”任务分解表，推进“百县千碗·舟山味道”工程落地见效。联合市内外主流媒体，推出“舟山味道”“寻味舟山”栏目。举办“舟山味道”大型游园会活动，评选推出舟山味道网络人气商家TOP10、舟山味道20项特色美食套餐、舟山味道美食地图2.0升级版，助推舟山味道品牌。联合“舟山群岛旅游”“最in舟山”等自媒体平台，推出“舟山味道”消费惠民大派送，组织开展“还你惠民季”、“舟游列岛”市长直播带货活动。结合大数据分析，挖掘最受市民游客欢迎的美食产品，联合官方营销平台、企业销售平台以及“舟山易购”“三农汇”“大舟山团购”等平台上线舟山特色美食产品，形成特色美食品牌。拍摄“百县千碗·舟山味道”40道名菜制作工艺视频，做成宣传折页直观展现舟山美食。推进“百县千碗·舟山味道”进景区、饭店、院校等公共服务场所。疫情防控期间开展“停工不停课”餐饮行业技能提升线上培训活动，中式烹调职业技能资格培训班线下实操训练，邀请名厨大师举办“百县千碗·舟山味道”饭店餐饮行业职业经理人培训。举办2020年舟山市烹饪职业技能大赛，完成中式烹饪和西式面点两大赛事活动。

(撰稿：黄定根)

公共服务

【群文机构】 2020年，全市有文化馆5个，图书馆5个，乡镇(街道)综合文化站36个，在职人员322人，设施面积14万余平方米，公共文化机构理事会10个，公共图书馆乡镇分馆22个，文化馆乡镇分馆36个。

【文化礼堂】 建成并通过验收234家渔农村文化礼堂，打造渔农村文化礼堂数字化工程，启动淘文化节目仓建设和送戏下乡监管新手段，实现全市200余个文化礼堂配置5G直播。举办全市渔农村文化礼堂管理员培训班。

【城市书房】 加强对全市20家已建成城市书房管理提升，举办全市城市书房图书管理员培训班，并指导疫情形势下日常有序开放。

【综合文化服务中心】 完成沈家门街道、东极镇综合文化站、桃花镇对峙村等10家综合性文化服务中心提升改建工程。

【旅游厕所】 完成旅游厕所三年行动计划(2018—2020)，全市计划新(改)建旅游厕所123座，完成148座，完成率120.3%，并完成百度App旅游厕所标注工作，标注率96.02%。

【旅游咨询服务中心】 完成全市咨询点资料分发10万余册，完善全市咨询服务点位资源普查数据库，考察调研双桥旅游咨询服务中心运作情况。

【淘文化】 依托“淘文化”平台完成“百团百艺”进文化礼堂、“市民大舞台”和“文化暖心”三大惠民项目471场，观众达9.4万人次。开展“淘文化”进夜经济，举办大比武8场，艺术剧院专场2场和广场舞排舞大展演1场，实施第三方测评手段、建设数字文化仓和5G直播技术。

【海岛服务驿站】 印发《关于加强落实海岛服务驿站相关工作的通知》,依托“淘文化”平台,全市10支艺术团队,开展送戏12场,送电影29场,服务12700人次,配置棋类、健身路径、乒乓球桌等各种健身器材800余件,价值近10万元。

【文化基因解码】 举办全市文化基因解码工程推进会,成立专项工作领导小组和专家指导团,汇总全市重点文化元素66个,其中定海17个,普陀18个,岱山16个,嵊泗15个,推荐岱山县、嵊泗县为年度“文化基因解码”重点支持县。

【“最多跑一次”公共服务延伸】 完成图书馆“最多跑一次”网证使用,完成与“浙里办”App对接,完成图书馆微信公众号改造提升,推进全市“最多跑一次”公共服务延伸至全市所有图书馆及各级分馆。率先在全省实现“信阅线下服务点”四县(区)全覆盖。读者通过“信阅”平台借阅各类新书逾3万册,约占全省线下借阅量的三分之一。开发公众号“场馆预约”模块。完成30%村级基层综合文化中心、农村文化礼堂纳入图书馆业务管理,加快推进基层服务网络建设,实现通借通还。

【阅读推广活动】 是年,各级公共图书馆举办讲座28场,参与读者3337人次,展览18场,参与读者128240人次,培训9场,参与读者255人次,阅读推广活动50场,参与读者15750人次。其中,组织开展元宵节朗读音频征集、“抗击疫情,我们在行动”少儿音频征集、“我的战疫”阅读马拉松线上快闪赛等线上活动8场次,参与读者1860人次。开展线上直播活动4场次。举办以“书·香千岛 智·慧舟山”为主题的全民阅读活动启动仪式和户外阅读活动。继续扩大“全民读书节”“海山听涛”“书香定海”“普陀文化大展厅”“仙岛岱山朗读会”“童阅泗季”等活动品牌的影响力。全年编制新书导读7期,好书推荐12期,专题图书展阅7次。

【特殊群体服务】 做好与省馆视障读物通借通还、视障服务点“你点我送”以及“盲人阅读之星”推荐工作。为全市盲人朋友出借听书机50台,协助市残联开展“观影无障碍·志愿暖人心”专项活动。深化对部队军人、外来务工人员服务,利用公共电子阅览室为外来务工人员提供免费上网、购票指导等服务。

【少儿服务】 开展暑期“小小图书管理员”社会实践活动,以“小鱼儿故事会”“我们的节日”主题活动为主线,结合线上的诗词阅读活动、“香香姐姐绘本屋”及“少儿好书推荐”栏目推送优秀绘本及经典图书。利用亲子室的多媒体设备,定期播放优秀少儿电影等。全年开展少儿活动41场次,参与少儿读者达2000余人次。

【古籍与地方文献】 通过公众号“阿拉舟山人”推出“馆藏美丽乡村”文献推荐6期。与地方文献研究中心专家合作推出“专家带你游舟山”旅游专题6期。整理《舟山地方文献研究文集2020》,收录地方文献研究中心专家成果作品45篇。完成中华版本资源普查登记和收缴书籍312册。完成浙江省地方文献联合目录以及数字化调研工作。

【公共数字文化建设】 增添移动图书馆电子设备,提供超星电子图书2000册,每月更新200册。

【数字资源建设】 加大海图数字资源建设,现有数据库42个,电子资源存储量128T。其中,包括图书450余万种,期刊9000余万本,论文900余万篇,古籍书目830多万条以及中国海洋在线、中国海岛网、NOAA海洋探索库等多个网站资源。全年资源访问量260310人次,下载量47763人次。微信公众号推送402期,阅读量235000余人次,关注公众号读者17482人。

【区域联盟合作】 推进“舟山(浙东)家谱研究中心”筹建工作,11月与宁波市图书馆签订《甬舟家谱资源、信息、研究服务合作协议书》。

【编辑完成《舟山地方文献研究文集(2020)》】 该书以展示舟山地方风俗、历史文化研究为主,收编地方文献研究中心专家发表于各个刊物中关于舟山文史、舟山名人、舟山民俗、舟山地名等方面的研究成果46篇,15余万字。

【志愿者服务】 自2018年舟山市图书馆在职员工志愿者服务队成立以来,累计组织志愿服务1.5万余人次,累计信用时数4.5万小时。服务内容包括读者咨询(办证咨询)、图书整理、书目检索、服务残障读者、文明倡导等常规服务和组织“海山凡音”“快乐课堂”“小鱼儿故事会”等阅读推广活动的专项服务。建立协调机构,指导协调志愿者网上注册、队伍管理,组织志愿者活动。依托志愿服务管理平台,形成志愿者服务管理网络。

(撰稿:赵思瑜　王慧娜)

文化市场综合执法

【综合执法】 2020年,全市日常巡查出动执法人员5265人次,检查场所4972家次;全市执法查处违法违规企业50家次,自然人78人;行政处罚立案调查128件,办结案件126件;全市执法处罚款额367600元,没收非法所得9069.70元,收缴违法物品3902件,停业整顿1家,吊销旅行社许可证1家,结案率100%,无行政复议和行政诉讼。应对调处文旅纠纷。发挥“3+X”旅游市场纠纷投诉调处化解机制作用,全市投诉举报受理96件,诉转案2件,实现投诉办结率100%,回访满意率98%。开展“扫黄打非”工作,以“清源、护苗、净网、固边、秋风”五大专项行动为抓手,组织开展非法出版物传播查堵工作。出动文化市场综合执法人员280人次,检查出版物经营场所170余家次;行政处罚案件18件,收缴非法出版物3902余件(册),查处私藏非法宗教出版物1家,拆除非法地面卫星接收器110套,处罚销售点1家。按照市扫黑办下发的六清任务清单,紧盯行业存在的乱象问题开展专项整治,采取“体验式”暗访、交叉督查等方式开展集中行动,在全市文化娱乐、上网服务营业场所、旅行社、景区景点、旅游集散中心等重点场所加大排查力度

【数字化转型】 提升信息化能力。突出综合集成、数字赋能、闭环管理,以数字化转型推动执法效能提升。推进“互联网＋监管”和“双随机一公开”监管,组织双随机抽查14次,实现“浙政钉·掌上执法系统”应用100%全覆盖。

【疫情防控】 疫情初发期间,关闭网吧、娱乐场所等“三密”场所,发动全市执法人员,保持每日一组执法人员在市场巡查,做到所监管的场所“零开放”,预防聚集性感染。在推进企业复工复产期间,印制疫情防控指南等宣传手册1500余份下发各经营单位,督促企业抓好员工管理、场所消毒工作,上报到舟山人员以及重点疫情地区到舟山人员信息。开展“三服务”活动,深入经营场所现场检查指导,与各复工企业签署《复工企业疫情防控诚信承诺书》,督促企业落实绿码检查、场所消毒、日常巡查、登记汇总等工作制度,把好企业经营“小门”,确保文旅市场“安心游、安心乘、安心宿、安心乐”。

【创建全国文明城市】 根据全国文明城市创建标准,网吧为全国文明城市创建工作的检查点,为实现“不扣分,争满分”的成绩,与公安、卫健等部门协同,联合开展网吧吸烟整治,坚持每日一组执法人员在市场巡查,落实每人分片包干管理。

【执法队伍改革】 根据中共舟山市委机构编制委员会办公室《关于明确舟山市文化市场综合行政执法队有关机构编制事项的复函》,明确市文化市场综合行政执法队主要职责、业务处室和派驻机构、执法队人员编制、其他事项,将文化、旅游两支队伍整合,按照新体制组建文化市场综合行政执法队并挂牌成立。

【成立网络联合执法机制】 由市委网信办、市公安局、市文广旅体局、市市场监管局联合发文《关于成立舟山市互联网联合执法工作联席会议的通知》,成立舟山市互联网联合执法工作联席会议,健全互联网信息内容行政执法协调机制,推进市域网络综合治理体系建设,营造良好网络生态环境和网络安全运行环境。

【审批改革】 根据《游艺娱乐场所设立审批许可告知承诺制实施办法》《歌舞娱乐场所设立审批许可告知承诺制实施办法》《互联网上网服务营业场所经营单位设立审批许可告知承诺制实施办法》《经营性互联网文化单位设立审批许可告知承诺制实施办法》,制定印发舟山市内歌舞娱乐场所、互联网上网服务营业场所经营单位、经营性互联网文化单位、广播电视节目制作经营单位设立审批告知承诺制实施办法。

(撰稿:龚芳)

责任编辑:孙国生

舟山日报社

【概况】 2020年，舟山日报社主办、承办《舟山日报》《舟山晚报》《舟山乡音报》和舟山网，“掌尚舟山”App、“舟山论坛”App、城市电视及16个由微信公众号、视频号、抖音号、微博等组成的新媒体矩阵，围绕市委、市政府中心工作，抓好疫情防控和复工复产，推出“打好五大会战，建设四个舟山”、创建全国文明城市等重大主题报道。推进“体制改革、媒体融合、产业转型”三大工作主线，打造具有海岛特色的新型党报集团，为“重要窗口”海岛风景线提供舆论保障。对《舟山日报》《舟山晚报》、舟山网和“掌尚舟山”App等主要媒体全面改版升级，体现媒体融合新理念，吸纳网络新技术。获浙江新闻奖11件，1件摄影作品进入中国新闻奖40件复评。是年，日报发行量3.8万份，晚报发行量2.5万份。一批员工、项目获省市各级表彰。报业经营超额完成目标任务，经营利润增长。

【舟山日报】 开展市民巡访团活动，加强对创建全国文明城市工作的舆论监督。新推出“海山时评”，体现短、快、准的特点，并将品牌平移到新媒体，社会反响好。做优社论、特约评论员及“海山观察”评论栏目，形成党报系列评论的强大气势。依托网上网下互动跟踪报道“洗桥阿婆”，推进“阿婆桥”落地。专刊副刊通过策划系列化人文报道，收藏展示名人实物，积累文化品牌，推进舟报文创园发展。报送的《中英第一次血战》入选浙江省重大创作课题、浙江省文化艺术发展基金首批项目。“党报大篷车”发挥品牌优势，深入社区海岛，举办多场公益活动，帮助群众，关注弱势群体。

【重大报道】 抗击疫情和复工复产报道　推出“众志成城，坚定打赢疫情防控阻击战”“防控一线·记者连线”“防控一线·记者直击”“一手抓疫情防控、一手抓复工复产”等专题专栏，采编人员奔赴抗疫一线，全面反映全市抗击疫情和复工复产两战双胜利的生动局面。刊发的《我市“战疫”“军工厂”开足马力》《实现清零！舟山新冠肺炎患者昨全部治愈出院》《疫情防控与复工复产两手都得硬》《复工复产，舟山在行动》等报道鼓舞人心，推出《战疫——舟山力量》特刊，以6个版的篇幅，回顾总结舟山在疫情防控的战略决策、医疗救治、复工复产、全民行动等方面的经验做法，彰显舟山人民齐心协力的抗疫精神。

创建全国文明城市宣传报道　推出“创城路上好风景”“一把手访谈”“我在创城一线”“创城文艺”等专栏专版，依托“创城曝光台”和“市民巡访团”两大品牌栏目加强舆论监督。策划出版《创城——舟山印记》，以16个版面全面总结提炼创城精神，并作为创城总结大会会议材料。创城报道中有10余篇稿件得到市领导批示肯定。《对标对表　落实落细　以最好状态最美环境打赢创城攻坚战》《创城三年看“舟”变，请您来当见证者》《空调滴水挡板彰显文明》等报道为创城营造良好氛围。

“打好五大会战，建设四个舟山”等主题报道　推出《坚定经济逆势飞扬的信心》《“十二问”必考题》等系列评论，第一时间发出权威解读。开设“干出逆周期经济飞扬新气象”专栏，围绕工业经济、招商引资、招才引智等主题，刊发10篇系列报道。在浙江自贸试验区迎来挂牌3周年之际，推出一组综述，全方位、多维度总结回顾并展望自贸试验区发展的方方面面。在解放舟山70周年之际，推出系列报道，反映全市各地70年来的发展成就。世界油商大会高峰论坛、走向我们的小康生活、学习贯彻十九届五中全会精神等报道中,以媒体融合贯穿报道始终。刊发的《加快海洋特色制造强市建设步伐　为建设"四个舟山"提供强大动力》《奋力开启"四个舟山"建设新征程　全面展示"重要窗口"海岛风景线》《赋能油气产业　舟山大有可为》等新闻报道反响强烈。

加强舆论监督　是年,"内参与舆情专报"报送58期,受到市委市政府主要领导批示件10个,促进难题解决。开展市民巡访团活动5期,聚焦创城和群众关注的问题,为创城决战营造良好舆论氛围。"三位一体"立体化舆论监督体系得到省委宣传部高度肯定,并在《浙江宣传》上介绍舟山经验。

【舟山晚报】 以"亲民友爱新锐主流"为宗旨,关注民生热点难点,为百姓解忧。面对突发的疫情,策划推出《众志成城抗疫情》版块,深入抗击疫情一线,推出特别报道。疫情后期,报道重点转向"一手抓抗击疫情　一手抓复工复产",策划推出"复苏的城市""重启"等系列专题,助力全市经济发展和城市生活步入正轨。根据媒体特点,推出《整治乱扔烟蒂》《垃圾分类进行时》《关注公筷公勺》《对标国测看细节》《文明是如何炼成的》等栏目,推动创城工作。是年,推出"民间河长在行动大型新闻行动",营造市民爱河护河的良好氛围。推出"共克'食'艰　重启2020岛城餐饮计划""用美食点亮岛城夜经济　市民同吃龙虾宴"等公益活动。《晚报110》栏目坚持监督与服务相结合,聚焦百姓身边事,帮助百姓解决实际问题,维护百姓利益。《鲁家峙一小区圈占绿地快成一楼"标配"》一稿受到市委主要领导批示,得以及时解决。关注菜篮子、交通出行、医疗教育等热点报道,推出连线12345等帮办服务新闻。与报社法律顾问单位合作推出《民法典微学堂》栏目,并同步到新媒体,受到百姓欢迎。开展农产品直播,培训农业直播人员,把直播深入田间,被浙江省农业农村厅评为浙江省农播(舟山)示范基地,是全省唯一一家媒体农播单位。办好和市慈善总会合办的"爱心桥"栏目,通过记者寻访贫困家庭,架起一座连接爱的桥梁。

【舟山乡音报】 是年,半月刊《舟山乡音报》对版面进行重新整合,推出《新区建设》《乡情民生》《舟山故事》《自贸建设》专版,介绍重点项目和"四个舟山"建设,体现乡音报传递乡音联谊乡情的特色。发行范围为美国、英国、德国、法国、日本、新加坡、马来西亚、泰国、加拿大、西班牙、挪威、丹麦、澳大利亚、墨西哥、韩国、朝鲜、瑞典、奥地利等36个国家和中国港、澳、台地区及内地各地。发行量6000余份。

【舟山网】 推出战"疫"报道,以新闻客户端、短视频和H5等多媒体、多形式融合联动,多维发布、立体传播各类权威疫情信息,记录一线感人故事,全网总阅读量超800万。其中,H5作品《这个春节　我们承诺》参与人数超10万。在打好疫情防控阻击战,打响复工复产经济战中贡献媒体力量。作品《童心战"疫"　我们一定"绘"赢》获市抗击疫情好新闻评选活动新媒体创新奖。策划开展"战'疫'有爱,复学有礼"赠送复学包公益活动。在舟山解放70周年主题宣传中,特别策划推出情景式数字媒体交互产品——《东方之舟　逐梦前行》,融合图、文、音、视和动画多种媒体形态,互动性强。"创城"报道力度大,开设《创城曝光台》《创城网红榜》等专栏,承办"创城决战"摄影大赛,收到摄影作品1664幅(组),评选出一等奖作品1件,二等奖作品3件。网络问政平台受理群众投诉咨询1200余件,回复率99%。在微信公众号推出《问政舟山》,开展指尖问政。自主研发的"掌尚舟山"App 3.0版,入选由国家新闻出版总署媒体融合重点实验室组织的2019—2020浙江省新媒体创新应用经典案例。舟山抗疫云系列活动、疫情实时智汇平台被中国城市网盟评为组织创新奖。

【媒体融合】 与全网各大主流平台合作,在新华社现场云、人民日报、人民视频、抖音、天目、澎湃、B站等开通10大舟报融媒体号,整合全网力量扩大影响力。应对疫情,开发"舟报全媒体直播"平台,发展舟报短视频,与中国移动等合作探索5G与媒体融合的多场景应用,举办全市七一政治日直播等一系列重大主题直播活动,成为舟山网络直播的主平台。海上花园城市云论坛通过新华社现场云、腾讯、“掌尚舟山”App等全网同步播放，向全国推介舟山最新城市面貌，得到宁波日报、嘉兴日报等省内主流媒体的集中报道。利用5G技术，“2020东海开渔节舟山全市域直播”特别节目当日在人民日报客户端、人民视频、新华社现场云等全国各大主流平台直播，全国网友参与互动。在日报、晚报推出《舟报视频、身临其境》栏目，通过二维码技术让传统报纸变得可看可听。举办舟山英语频道短视频大赛，组织在舟外籍人士开展线下线上活动，传播舟山好声音。开展云上系列活动，推出线上金融蓝皮书、线上祭英烈等，其中“舟山市云上植树”活动，由市委主要领导现场开通并在网上种下第一棵树，吸引全网参与。是年，时政类微信10万+以上6条。舟报融媒体抖音号关于男孩器官捐献的报道浏览量869万人次，点赞45万个。舟报全媒体直播举办70余场。

【产业经营】 成立定海分社，提高区域综合服务能力。面对疫情对报业经营的冲击，整合经营资源，成立6个融媒行业发展部，推进重大产业突破。集结媒体宣传、广告营销、“舟山易购”电商平台、“舟报物流”配送平台等，为企业“量身定制”服务清单，开展“舟山人购舟山货”“百万广告惠百企”等，免费为500余家企业刊登招聘信息，助力企业复工复产。面对疫情对经营带来的变化，在舟报文创园建设小记者活动大本营，探索教育托管、双休课堂，研发以舟山本土为特色的研学课程。完善文创产业园的配套与定位，完成招商任务，文化与传媒的业态特色鲜明。提升会展业的策划设计水平，舟报会展成为舟山主流会展企业。其中，舟山解放70周年特展以高水平创意被国家文物局评为全国博物馆100项精品展。开展政务培训，高规格培训落地，创智培训成为全市培训产业的主力军。同步发展线上线下经济，在全网主流平台开通直播号，开发直播带货平台。开展幸福普陀30名局长带货直播、爱心助残农优产品直播等40余场直播活动，参与人数超百万人次。拓展云上企业职工、党员培训，开发云党课等新业务，成为新增长点。发展假日经济，策划承办东海开渔节开幕式、岱山双合爱情小镇、全市公益伙伴日等一系列线下活动。在新城新建成37座党报阅报栏，实现5分钟党报阅读圈。“舟山易购”与中国铁通和家商城合作打造线上经济，与丽水市合作开展特色农产品、进口电商业务，与市菜篮子合作在市场设立电商直播点，建设本地化品质电商平台。

（撰稿：雷旭海）

12月14日，舟山市短音视频联盟成立仪式在新城举行（沈磊　摄）

广播电视总台

【概况】 2020年，舟山广播电视总台抓好学习贯彻中共十九届五中全会精神的宣传报道，宣传全市各界学习贯彻情况。策划“重要窗口”“全面建成小康社会”主题宣传，推出系列主题报道。抓好创建全国文明城市系列化、行动化、品牌化特色的宣传报道，打造电视《致敬创城人》人物报道品牌专栏。联合四川、安徽、河南、云南、贵州省新闻媒体推出“一起助力　迎接春天”大型新闻行动，创新实现跨省公益融媒体直播。与央视合作进行“舟山跨海大桥检修”“舟山500千伏输电项目施工”新闻直播活动，与浙江卫视合作进行“一起翱翔”“长江之恋”大型直播活动。全年组织“文明交通安全出行”“新区创业大赛”等品牌公益活动数十项。所属各媒体全年被中央、省级新闻媒体采用稿件超过600篇,新媒体单篇阅读量最高突破130万次。是年,19件作品获得省好新闻奖,其中《春天的列车》获得广电节目奖一等奖;广播《甬舟铁路今天开工,浙江省最后一个不通铁路的设区市将迈入高铁时代》《爱上一座城　名字叫舟山》《泪目:我终于回家了!》,电视《甬舟铁路开工　海岛高铁时代启程》《东海大开捕》直播分别获得浙江新闻奖、广电新闻奖二等奖。电视《致敬创城人》《新区聚焦》栏目获全市2020年度创城新闻品牌栏目(专栏)奖。汪明儿获首届“长三角慈善之星”,何斌获“浙江省抗击新冠肺炎疫情先进个人”,方芳在2019年中国北京世界园艺博览会浙江参展工作中表现突出,受到浙江省政府通报表扬。

以“无限舟山”App为龙头,“舟山广电”微信号、新舟山微博、“舟山广电”抖音号等组成新媒体矩阵,重点开拓新闻主体的各类直播活动,创新推出记者72小时随船出海“直击2020东海开捕融媒体大直播”,同步推出“记者随船出海日记”VLOG系列短视频,央视移动网、央广网、“浙江之声”等同步直播,全网播放量120万次,抖音平台传播量超80万次。“无限舟山”App首次在2020国际油气贸易与海事服务高峰论坛推出3场直播,在线观看超过150万人次。“舟山广电”抖音号全年发布视频1100余条,播放量突破3.8亿次,粉丝突破50万人,成为全市短视频第一阵营。全年实现全网、全球传播,全年总阅读量超过5亿次,拥有粉丝总数近200万人。

事业建设以技术工作规范化运作为重点,制定实施25个应急预案和相关管理制度。先后投入750余万元,新建私有云平台并通过验收,广电新大楼《媒体生产平台搬迁融合升级项目》通过验收。先后投入近40万元,新增一套索贝4K非线性编辑系统,更新蚂蝗山广播电视发射台主用UPS电池和备用UPS主机。获2020年浙江省广播电视节目技术质量金鼎奖9个一等奖,全省十一个市级台排名第一,创历史最好成绩。广播新闻综合频率、交通经济频率、城市生活频率全年分别安全播出6760小时、6100小时、6100小时,电视新闻综合频道、公共生活频道、群岛旅游频道全年均安全播出6954小时。

【重大宣传报道】 “学习贯彻党的十九届五中全会精神”重大主题报道　广播、电视、新媒体开设《学习贯彻十九届五中全会精神》《五中全会在基层》等专栏、专题,推出重大主题系列报道,先后播出《党的十九届五中全会在我市引发热烈反响》《深刻领会　全面贯彻　扎实行动》《新建村打造美丽乡村　中国范例》等报道70余篇(条)。

“重要窗口”“全面建成小康社会”主题报道　广播新闻综合频率《全市新闻联播》《舟广早新闻》节目开设《走向我们的小康生活》专栏、《全面建成小康社会、百城千县万村看发展》专栏、《小康看小岛》专栏、《解放七十年　千岛小康路》专栏,推出重大主题系列报道,播出新闻60余篇,其中新闻“风景这边独好——习近平14次考察与一座海岛城市的崛起”“市委书记俞东来谈舟山如何建设‘重要窗口’海岛风景线”被《浙江新闻联播》节目采用。电视《舟山新闻》节目开设《贯彻落实市委全会精神　全面展示“重要窗口”海岛风景线》专栏、《争先创优　全力抓好经济工作》专栏、《交出经济高分报表　冲刺全年红》专栏及《浙江自贸区三周年答卷》专题,推出《“重要窗口”的自贸风景》系列报道,播出新闻50余条。

“舟山解放成立70周年”主题报道　广播新闻综合频率《全市新闻联播》《舟广早新闻》节目开设《解放七十年,千岛小康路》专栏,播出《“解放七十年,千岛小康路”新闻行动启动》《岱山大峧山岛:生态兴岛　焕发生机》《走向我们的小康生活——蚂蚁岛第一代“女老轨”林妙珠的幸福晚年》等报道30余篇。电视《舟山新闻》《汪大姐来了》节目开设《解放七十年　千岛小康路》专栏、《走向我们的小康生活》专栏、《东西部协作　同走小康路》专栏,推出“解放七十年　千岛小康路”大型新闻行动和《与舟山共成长　见证岛城发展历程》特别节目,播出《新城:红色血脉出发地　花园城市显魅力》《岱山:烽火抗战路　蓬莱焕新姿》《普陀:从荒凉渔村到宜居之城》《嵊泗:转型升级铺就美丽经济发展之路》等报道50余条。

“创建全国文明城市”主题报道　广播、电视新闻节目开设《争创全国文明城市》《你我说创城》

《未成年人思想道德建设》《志愿服务在身边》《垃圾分类进行时》等专栏，推出“主播带你看变化”，组织“我是创城监督员”“把准决战年的文明坐标”“了不起的你”“慈善月月行”等主题新闻行动，全年播出报道1200余篇(条)。电视《新区聚焦》栏目播出创城舆论监督41期，市委书记俞东来、市长何中伟先后在“聚焦专报”批示20余次。

“抗击新冠肺炎疫情”主题报道　广播新闻综合频率《全市新闻联播》《舟广早新闻》开设《众志成城，抗击疫情》专栏、《坚决打好防控阻击战、发展总体战》专栏，广播中心联合“浙江之声”推出四期《直通舟山》栏目，联合四川、安徽、河南、云南、贵州省的新闻媒体推出五场“一起助力，迎接春天”特别节目。全年播出报道400余篇，其中采制录音报道200多篇，被“中国之声”“浙江之声”采用稿件137篇。广播三大频率的微信、微博先后推出报道300余篇。电视《舟山新闻》《汪大姐来了》《讲拨依听》节目开设《战役先锋》《精准防控疫情群英谱》《我是守门人》等子栏目及《新区面孔》人物专栏，推出“不远千里来接你”等系列报道，全年播出报道300余条。

【对外宣传】　是年，广播、电视前三季度外宣得分均位列全省十一市前列。广播全年被“中国之声”采用稿件167篇，其中新媒体120篇，被“浙江之声”采用稿件545篇，其中新媒体383篇，被采用稿件数量创历史新高，蝉联全省外宣工作一等奖。电视全年被央视《新闻联播》节目采用稿件12条，被浙江卫视《浙江新闻联播》节目采用稿件796条，蝉联全省电视新闻协作二等奖。

【升级打造舟山广电星学院】　联手专业从事少儿产业运营的杭州优宝文化传媒有限公司，升级打造舟山星学院。开办以舟山广电主持人为主要师资的小主持培训班，开课招生近千人。联合市教育局成立星学院融媒体小记者团，设立校内、校外融媒体小记者站，本岛范围2000余名学生报名参加。与全市从事少儿艺术培训的各家机构联手成立星学院联盟，组织各类艺术大赛和活动20场。

【摄制完成《观音法界》纪录片】　电视社教中心历时三年拍摄《观音法界》纪录片，于11月底完成摄制工作。观音法界是省、市重点项目，建设过程历时5年。电视社教中心专门成立项目摄制组，采用固定拍摄、延时拍摄、航拍等拍摄方式，追踪纪录项目建设实况，并先后到南京、盐城、泉州、东阳等工艺建设厂家、场所追根溯源。纪录片最终将建筑与工艺完美融合，展现观音法界建筑、文化与艺术之美。

【经营创收】　广电总台广告收入及其他经营创收情况　全年总收入7008万元，同比减少200万元。广告合同备案率100%，广告信用指数全省市级广电机构综合排名第一名。受新冠肺炎疫情冲击的影响，各种活动、视频制作等方面的经营收入大幅度下降。全力应变，有效加强合同起草、条款版本、催款管理的执行力，提高风险防范意识，政务类、金融保险、商贸、教育培训服务类的经营收入升幅，其中政务类和公共事业类的经营收入占总收入的45%。纸质合同归档率90%以上。

广电网络公司网络与数字电视经营情况　是年，舟山广播电视网络公司实现营业总收入7791万元，同比增长14.75%。利润总额1041万元，同比增长98.97%。全年互动用户43771户，净增5997户。全年宽带用户9609户，同比增加236户。全年有线数字电视大众在线用户112655户，同比减少5917户。舟山网络传输有线数字电视频道节目205套，其中标清基本频道节目77套，标清付费频道节目46套，高清基本频道节目28套，高清付费频道节目25套，电视测试节目18套，广播节目11套。4月23日0时，设于新广电大楼机房的全市有线数字电视平台正式启用。新签、新增和安装定海区村(小区)监控项目、交通动态监控项目和人行道礼让抓拍监控926个(件)。配合“政府最多跑一次改革”，完成27台设备的安装调试，签约社会化“人像感知”前端375个，“智能村社”电视端上线。率先探索700兆赫5G的智能海洋创新应用，制定并实施秀山东锚地等4个锚地的700兆赫5G无线覆盖建设方案。开展对香颂湾等29个新建小区有线电视配套项目的工程施工，完成万和苑等40个小区的线路施工、光缆链路信号开通工作，完成覆盖用户约13000户，涉及面积140余万平方米。完成南山郡等10个小区的光纤入户改造。

配合各镇(街道)、小区建立健全基本保障、服务管理、设施维护等方面的长期有效使用管理机制,发挥市本级及定海区4527只应急广播在疫情防控期间的实际效用。实施有线数字电视“广电低保”工程项目,全年有2333户低保家庭免费享用有线数字广播电视基本服务。

【舟山广播电视·新周报】 是年,《舟山广播电视·新周报》坚持正确舆论导向,聚焦抗击新冠肺炎疫情、创建全国文明城市等主题宣传,传播正能量,其中抗击新冠肺炎疫情报道连续推出两期特刊。打造新闻精品,提升报纸整体质感。搭建“新闻+政务”平台,办好10余个联办栏目(版面)。注重公益品牌策划创新,全年组织开展公益行动10余项。

舟山广电总台广播电视作品(节目)2020年度省级获奖名单

一等奖:

广电节目奖(报刊与新闻专稿·通讯):春天的列车	广电报业传媒公司

二等奖:

浙江新闻奖、广电新闻奖(广播消息):甬舟铁路今天开工,浙江省最后一个不通铁路的设区市将迈入高铁时代	广播中心
浙江新闻奖、广电新闻奖(电视消息):甬舟铁路开工 海岛高铁时代启程	电视新闻中心
浙江新闻奖、广电新闻奖(电视新闻现场直播):“东海大开捕”直播	电视新闻中心
浙江新闻奖(新媒体·短视频现场新闻):泪目:我终于回家了!	广播中心
广电节目奖(广播对外传播节目):爱上一座城 名字叫舟山	广播中心
广电节目奖(播音主持·广播新闻主持):浙江舟山-河南“一起助力 迎接春天”大型跨省公益融媒体特别节目	广播中心

三等奖:

浙江新闻奖(重大主题报道·优秀作品):“重要窗口”的自贸风景	电视新闻中心
浙江新闻奖、广电新闻奖(广播新闻专题):约定	广播中心
浙江新闻奖(新媒体·融合创新):“高铁上岛·踏海逐梦”——甬舟铁路开工融媒特别报道	广播中心、全媒体中心
广电节目奖(广播服务类节目):贻贝带毒引发的风波	广播中心
广电节目奖(文艺类·广播戏曲曲艺节目):生生不息的舟山小调	广播中心
广电节目奖(广播公益广告):七哥九妹之文明观看演出	广播中心
广电节目奖(电视公益广告):围疫	电视广告中心
广电节目奖(新媒体·创意互动):手绘H5:为舟山干杯	全媒体中心
广电节目奖(新媒体·新媒体主持):甬舟铁路长啥样?提前带你“乘”高铁!	电视新闻中心
广电节目奖(新媒体·新闻性短视音频):泪目:我终于回家了!	广播中心
广电节目奖(新媒体·新闻直播):“高铁上岛·踏海逐梦”——甬舟铁路开工融媒特别报道	广播中心、全媒体中心
广电节目奖(播音主持·电视新闻播音):2020年9月16日舟山新闻	电视新闻中心

舟山人民广播电台节目时间表

表 48　　新闻综合频率　中波:684 千赫　调频:99.8 兆赫　　（2020 年 4 月实行）

<table>
<tr><th>时间段</th><th>固定概念</th><th>周一至周五</th><th colspan="2">周六 / 周日</th><th>插件</th></tr>
<tr><td>5:25—6:30</td><td rowspan="20">整点资讯
9:00—17:00
整点气象
9:00—20:00
定海之声
11:00
17:00
气象服务站
6:20
11:45
18:20</td><td>早安舟山(6:20 气象)</td><td colspan="2">东海渔农 6:00—6:20</td><td rowspan="20">先锋主播
小贴士
小先锋
来了
舟山小娘</td></tr>
<tr><td>6:30—7:00</td><td colspan="3">《新闻和报纸摘要节目》</td></tr>
<tr><td>7:00—8:00</td><td colspan="3">舟广早新闻</td></tr>
<tr><td>8:00—9:00</td><td>阳光热线</td><td colspan="2">文化专题</td></tr>
<tr><td>9:00—10:00</td><td>远山说新闻</td><td>周末欢乐秀</td><td>金色夕阳</td></tr>
<tr><td>10:00—11:00</td><td>晨阳帮你忙</td><td>小螺号</td><td>空中律师</td></tr>
<tr><td>11:00—12:00</td><td>晨阳帮你忙(11:45 气象)</td><td colspan="2">定海之声 + 千岛时空</td></tr>
<tr><td>12:00—13:00</td><td>我是段子王</td><td colspan="2">998 故事会</td></tr>
<tr><td>13:00—14:00</td><td>音乐沙发</td><td colspan="2">健康乐园</td></tr>
<tr><td>14:00—15:00</td><td>998 下午茶</td><td colspan="2" rowspan="2">空中歌会</td></tr>
<tr><td>15:00—16:00</td><td>社会与法</td></tr>
<tr><td>16:00—17:00</td><td>美食来了</td><td colspan="2">音乐专题</td></tr>
<tr><td>17:00—18:00</td><td>沸点新闻汇</td><td colspan="2">定海之声 + 老歌经典
17:30 东海渔农</td></tr>
<tr><td>18:00—18:30</td><td colspan="3">全市新闻联播(18:20 气象)</td></tr>
<tr><td>18:30—19:00</td><td colspan="3">转播《全国新闻联播》</td></tr>
<tr><td>19:00—20:00</td><td colspan="3">998 风尚金曲</td></tr>
<tr><td>20:00—21:00</td><td colspan="3">广播剧场</td></tr>
<tr><td>21:00—22:00</td><td colspan="3">千书夜读</td></tr>
<tr><td>22:00—23:00</td><td colspan="3">央视 1 套《晚间新闻》
22:30 全市新闻联播(重播)</td></tr>
<tr><td>23:00—24:00</td><td colspan="3">央视新闻频道《24 小时》</td></tr>
</table>

舟山人民广播电台节目时间表

表 49　　交通经济频率　调频:97 兆赫　　（2020 年 12 月实行）

<table>
<tr><th>时间段</th><th>线性插件</th><th>周一至周五</th><th colspan="2">周六 / 周日</th></tr>
<tr><td>5:55—6:00</td><td rowspan="18">交通气象 7:00—22:00
资讯快车道
9:00—17:00
平安小鱼儿
7:45/8:00/9:30/10:30/15:30/16:30/17:00/17:30
股市最新报
9:30/11:30/13:00/15:00
97 新观察 7:00
健康那些事儿
10:30/15:30
我的副驾驶
11:30/18:30
房子那些事儿
12:30/19:30
汽车那些事儿
13:30/20:30
沙克关注 16:30/21:30
远山观天下 18:20</td><td colspan="3">城市序曲</td></tr>
<tr><td>6:00—6:30</td><td colspan="3">健康早餐</td></tr>
<tr><td>6:30—7:00</td><td rowspan="2">97 早高峰</td><td colspan="2" rowspan="3">假日早高峰</td></tr>
<tr><td>7:00—8:00</td></tr>
<tr><td>8:00—9:00</td><td>阳光热线</td></tr>
<tr><td>9:00—10:00</td><td>我的汽车 CD</td><td>人在旅途</td><td>小螺号</td></tr>
<tr><td>10:00—11:00</td><td>住在新区</td><td>音乐爱上车</td><td>97 说道</td></tr>
<tr><td>11:00—12:00</td><td>汽车时代</td><td>音乐爱上车</td><td>音乐爱上车</td></tr>
<tr><td>12:00—13:00</td><td>97 朋友圈</td><td>97 朋友圈</td><td>97 朋友圈</td></tr>
<tr><td>13:00—15:00</td><td>健康新动力</td><td>我的汽车 CD</td><td>我的汽车 CD</td></tr>
<tr><td>15:00—16:30</td><td>拜托啦 97</td><td>我的汽车 CD</td><td>我的汽车 CD</td></tr>
<tr><td>16:30—18:30</td><td>快乐晚高峰</td><td>假日晚高峰</td><td>假日晚高峰</td></tr>
<tr><td rowspan="2">18:30—20:30</td><td rowspan="2">音乐在路上</td><td>中国长三角
18:30—19:30</td><td>淘最在 97
18:30—19:30</td></tr>
<tr><td>音乐在路上
19:30—20:30</td><td>音乐在路上
19:30—20:30</td></tr>
<tr><td>20:30—21:00</td><td>蜻蜓思享会</td><td>蜻蜓思享会</td><td>蜻蜓思享会</td></tr>
<tr><td>21:00—22:30</td><td colspan="3">夜谈</td></tr>
<tr><td>22:30—23:00</td><td colspan="3">晓程故事</td></tr>
<tr><td>23:00—24:00</td><td>我的汽车 CD（重播）</td><td>蜻蜓明星直播间</td><td>蜻蜓空中音乐榜</td></tr>
</table>

舟山人民广播电台节目时间表

表 50　　城市生活频率　调频:91 兆赫

<table>
<tr><th>时间段</th><th>线性插件</th><th>周一至周五</th><th colspan="2">周六/周日</th></tr>
<tr><td>5:55—6:00</td><td rowspan="10">城市气象站 7:00—20:00
91 飞讯 8:03—17:03
汽车音乐榜 13:00/0:00
91 新经典 9:00/19:00
91 小萌宝 8:15/16:30
91 新歌榜 7:00/18:00
体彩 9:00/18:30
91 最新鲜 15:30
周末 17:00</td><td colspan="3">城市序曲</td></tr>
<tr><td>6:00—7:00</td><td colspan="3">音乐早晨</td></tr>
<tr><td>7:00—9:00</td><td colspan="3">音乐早班车</td></tr>
<tr><td>9:00—11:00</td><td>丁源淘音乐</td><td colspan="2">我的光影世界
汽车音乐榜</td></tr>
<tr><td>11:00—11:30</td><td>汽车立体声</td><td rowspan="2">91 旅行家
11:00—14:00</td><td rowspan="2">你的故事我的歌
11:00—14:00</td></tr>
<tr><td>11:30—13:00</td><td>光阴的故事</td></tr>
<tr><td>13:00—15:00</td><td>唱片街 91 号</td><td rowspan="2">有音乐的房子
14:00—17:00</td><td rowspan="2">光阴的故事
14:00—17:00</td></tr>
<tr><td>15:00—16:30</td><td>汽车音乐派</td></tr>
<tr><td>16:30—19:00</td><td>就要好听</td><td colspan="2" rowspan="2">我的音乐盒
17:00—21:00</td></tr>
<tr><td>19:00—21:00</td><td>这些年我们听过的歌</td></tr>
<tr><td colspan="5">21:00 以后与 97 并机直播</td></tr>
<tr><td>21:00—22:30</td><td colspan="4">夜谈</td></tr>
<tr><td>22:30—23:00</td><td colspan="4">晓程故事</td></tr>
<tr><td>23:00—24:00</td><td>我的汽车 CD（重播）</td><td>蜻蜓明星直播间</td><td colspan="2">蜻蜓空中音乐榜</td></tr>
</table>

舟山电视台节目时间表

表 51　　新闻综合频道

播出时间	节目长度	节　目　内　容
6:30	0:05:00	晨曲、节目导视
6:35	0:30:00	《讲拨侬听》重播
7:05	0:10:00	广告
7:15	0:25:00	《舟山新闻》重播(定时)
7:40	0:05:00	广告
7:45	0:25:00	《汪大姐来了》重播
8:10	0:10:00	电视购物
8:20	0:10:00	广告
8:30	0:27:00	纪录片:人文中国(一)
8:57	0:10:00	电视购物
9:07	0:10:00	广告
9:17	0:27:00	纪录片:人文中国(二)

续表 51

播出时间	节目长度	节　目　内　容
9:44	1:00:00	电视购物
10:44	0:15:00	广告
10:59	0:15:00	《渔农天地》重播　《平安舟山》重播(周一)
11:14	0:15:00	广告
11:29	0:15:00	《有啥说啥》重播　《科学大爆炸》重播(周日)　《舟山最生活》重播(周一)
11:44	0:16:00	广告
12:00	0:25:00	《舟山新闻》重播(定时)
12:25	0:05:00	广告
12:30	0:25:00	《汪大姐来了》重播
12:55	0:30:00	电视购物
13:25	0:15:00	广告
13:40	0:27:00	纪录片:人文中国(三)
14:07	0:10:00	电视购物
14:17	0:15:00	广告
14:32	0:27:00	纪录片:人文中国(四)
14:59	0:20:00	电视购物
15:19	0:15:00	广告
15:34	0:27:00	纪录片:人文中国(五)
16:01	0:30:00	电视购物
16:31	0:15:00	广告
16:46	0:15:00	《健康享生活》周二至周三　《舟山最生活》周四至周六　《好孩子》周日　《红绿灯》周一
17:01	0:15:00	广告
17:16	0:30:00	《第一房产》之《品质购房指南》
17:46	0:04:00	节目导视
17:50	0:10:00	广告
18:00	0:25:00	《汪大姐来了》首播(定时)
18:25	0:05:00	广告
18:30	0:25:00	《舟山新闻》首播(定时)
18:55	0:05:00	广告
19:00	0:30:00	转播中央电视台《新闻联播》(定时)
19:30	0:05:00	广告
19:35	0:15:00	《渔农天地》首播(周一至周六)《平安舟山》首播(周日)
19:50	0:05:00	广告
19:55	0:15:00	《有啥说啥》首播(周一至周五)《科学大爆炸》首播(周六)《舟山最生活》首播(周日)
20:10	0:05:00	广告

续表 51

播出时间	节目长度	节　目　内　容
20:15	0:48:00	舟视剧场(一)
21:03	0:05:00	广告
21:08	0:48:00	舟视剧场(二)
21:56	0:04:00	广告
22:00	0:25:00	《汪大姐来了》重播
22:25	0:05:00	广告
22:30	0:25:00	《舟山新闻》重播(定时)
22:55	0:05:00	广告
23:00	0:15:00	《渔农天地》重播(周一至周六)《平安舟山》重播(周日)
23:15	0:05:00	广告
23:20	0:15:00	《有啥说啥》重播(周一至周五)《科学大爆炸》重播(周六)《舟山最生活》重播(周日)
23:35	0:05:00	广告
23:40	0:50:00	午夜剧场(一)
0:30	0:05:00	广告
0:35	0:50:00	午夜剧场(二)
1:25		全天节目结束

舟山电视台节目时间表

表 52

公共生活频道

播出时间	节目长度	节　目　内　容
6:25	0:05:00	节目导视
6:30	0:15:00	广告
6:45	0:15:00	周一《红绿灯》 周二《健康享生活》 周三《健康享生活》 周四《舟山最生活》 周五《舟山最生活》 周六《舟山最生活》 周日《好孩子》(重播)
7:00	0:15:00	广告
7:15	0:20:00	《定海新闻》重播
7:35	0:30:00	电视购物
8:05	0:10:00	广告
8:15	0:45:00	时光剧场(一)
9:00	0:05:00	广告
9:05	0:45:00	时光剧场(二)
9:50	0:05:00	广告
9:55	0:45:00	时光剧场(三)
10:40	1:00:00	电视购物
11:40	0:10:00	《普陀新闻》重播

续表 52

播出时间	节目长度	节目内容
11:50	0:10:00	广告
12:00	0:30:00	《讲拨侬听》重播(定时)
12:30	0:05:00	广告
12:35	0:20:00	《定海新闻》重播
12:55	0:05:00	广告
13:00	0:15:00	周一《红绿灯》 周二《健康享生活》 周三《健康享生活》 周四《舟山最生活》 周五《舟山最生活》 周六《舟山最生活》 周日《好孩子》(重播)
13:15	1:00:00	电视购物
14:15	0:15:00	广告
14:30	0:25:00	纪录片(一)
14:55	0:10:00	广告
15:05	0:25:00	纪录片(二)
15:30	0:10:00	广告
15:40	0:25:00	纪录片(三)
16:05	0:10:00	广告
16:15	0:25:00	纪录片(四)
16:40	0:15:00	广告
16:55	1:00:00	电视购物
17:55	0:10:00	广告
18:05	0:30:00	纪录片(首播)
18:35	0:05:00	广告
18:40	0:20:00	《定海新闻》首播(相对定时)
19:00	0:05:00	广告
19:05	0:30:00	《讲拨侬听》首播(定时)
19:35	0:05:00	广告
19:40	0:10:00	《普陀新闻》首播
19:50	0:15:00	周一《健康享生活》(首播) 周二《健康享生活》(重播) 周三《舟山最生活》(首播) 周四《舟山最生活》(重播) 周五《舟山最生活》(首播) 周六《好孩子》 周日《红绿灯》(首播)
20:05	0:05:00	广告
20:10	0:42:00	生活剧场(一)
20:52	0:05:00	广告
20:57	0:42:00	生活剧场(二)
21:39	0:05:00	广告
21:44	0:42:00	生活剧场(三)
22:26	0:04:00	广告

续表 52

播出时间	节目长度	节　　目　　内　　容
22:30	0:20:00	《定海新闻》重播
22:50	0:05:00	广告
22:55	0:30:00	《讲拨侬听》重播
23:25	0:05:00	广告
23:30	0:15:00	周一《健康享生活》(重播)　周二《健康享生活》(重播)　周三《舟山最生活》(首播)　周四《舟山最生活》(重播)　周五《舟山最生活》(首播)　周六《好孩子》　周日《红绿灯》(首播)
23:45	0:05:00	广告
23:50	0:30:00	纪录片(重播)
0:20		全天节目结束

舟山电视台节目时间表

表 53

群岛旅游频道

播出时间	节目长度	节　　目　　内　　容
6:30	0:05:00	晨曲、节目导视
6:35	1:00:00	《天天时尚》重播
7:35	0:05:00	广告
7:40	0:20:00	《旅游天天看》重播
8:00	0:10:00	广告
8:10	0:45:00	连播剧场(一)
8:55	0:10:00	广告
9:05	0:45:00	连播剧场(二)
9:50	0:10:00	广告
10:00	0:45:00	连播剧场(三)
10:45	0:10:00	广告
10:55	0:30:00	《传奇》重播(周二至周六)《好孩子》重播(周日、周一)
11:25	0:10:00	广告
11:35	0:40:00	电视购物
12:15	0:20:00	《旅游天天看》重播(定时)
12:35	0:10:00	广告
12:45	0:45:00	午后剧场(一)
13:30	0:10:00	广告
13:40	0:45:00	午后剧场(二)
14:25	0:05:00	广告
14:30	0:45:00	午后剧场(三)
15:15	0:05:00	广告

续表53

播出时间	节目长度	节　目　内　容
15:20	1:00:00	《天天时尚》(重播)
16:20	0:05:00	广告
16:25	0:30:00	电视购物
16:55	0:05:00	广告
17:00	0:25:00	动画城
17:25	0:05:00	广告
17:30	0:25:00	《传奇》首播(周一至周五)　《好孩子》首播(周六)重播(周日)(定时)
17:55	0:05:00	广告
18:00	0:45:00	《黄金剧场(一)》(相对定时)
18:45	0:05:00	广告
18:50	0:45:00	黄金剧场(二)
19:35	0:05:00	广告
19:40	0:45:00	黄金剧场(三)
20:25	0:05:00	广告
20:30	0:20:00	《旅游天天看》首播(定时)
20:50	0:10:00	广告
21:00	0:45:00	深夜剧场(一)
21:45	0:05:00	广告
21:50	0:45:00	深夜剧场(二)
22:35	0:05:00	广告
22:40	0:20:00	《旅游天天看》重播
23:00	0:05:00	广告
23:05	1:00:00	《天天时尚》首播
0:05	0:05:00	广告
0:10	0:05:00	导视
0:15	0:00:00	关机

(撰稿:王少星)

责任编辑:李铁

卫生与健康

概　述

2020年，抓好新冠疫情防控工作，实施隔离、集中救治、闭环管控、复工复产、助企政策等，实现“病例数全省最少、患者清零较早、无院内感染发生”，成为全省首个实现“疫情图”“复工图”双绿色的地市。强化海上疫情防控，完善船企审单制度和智慧化预警多点触发机制，掌握所有来港船舶信息。组建6个健康指导团队为6472家企业特别是涉外企业制订防疫技术指南，派遣医务人员通过登舷梯、坐吊篮等方式登船采样6万余人次，救助境外船员，未发生输入疫情。实行“人物并防”策略，组建专业队伍做好集中监管仓内进口冷链食品的采样检测和消杀工作，为涉入港入境船舶修理企业一线工人等重点人群紧急接种新冠疫苗3.3万余人次。打造医疗保障服务链，建设定点医院5家，发热门诊9家，收治床位255张，成立100人重症医疗队和300人后备救治人员储备库；累计建设核酸检测机构15个，日检测能力达到2万余人次；加强隔离点防控措施落实和人员培训，完成30次2.3万余份重点样品专项监测，未检出阳性样本。

夯实健康优先发展战略基石。科学谋划“十四五”发展思路，全面启动规划研究与编制工作。推进健康舟山共建共享，培育“健康细胞”1853家。以创建全国文明城市为抓手，推进爱国卫生运动，国家卫生乡镇占比59%。深入推进长三角一体化战略合作，甬舟两地高标准共建医学专科联盟7个，名医工作室23个，联合举办应急医疗救援演练和海上紧急医学救援实训。市、县级医院均与沪杭两地医疗机构建立长期合作关系，成为全省唯一以全市模式建设胸痛中心的地市。推动卫生健康人才队伍提质扩量，柔性引进高精尖人才8人，招引大学生409人。市政府出台基层中医师承培养和“银龄助康”计划政策，面向全国招引优秀退休医师13人。加快推进国家健康旅游示范基地建设，普陀大健康产业园招引50家优质企业落户，与浙江大学国际树兰医院共建投资5亿元标志性生命健康产业项目——树兰(普陀)医院。开展医养结合服务能力提升项目，各类养老机构与基层医疗卫生机构签约合作比例超过70%。营造优生优育良好环境，完成市计生协换届选举。完成省市民生实事项目，新增3岁以下婴幼儿照护机构5家，托位160个，完成重点人群流感疫苗免费接种2.5万例，高危人群结直肠癌筛查3080例，完成20个智慧化预防接种门诊和29个规范化村卫生室(站)建设。

“三医联动”深层次改革创新。纵深推进公立医院综合改革，实施新一轮等级医院评审。改革完善医疗卫生行业综合监管制度，以清单形式明确成员单位监管职责和任务。加大公立医疗机构综合执法检查力度，出具监督意见书320余份，实施行政处罚35家，罚没款43.5万元。加强整合型医疗卫生服务体系建设，推进国家城市医联体试点工作。构建“互联网+医疗健康”服务闭环，全市所有公立医疗机构均可提供“共享药房与药品配送”服务，医院大型设备检查基层预约机制不断完善，网络医院服务延伸至远洋渔船，打造海陆联动的公海医疗救助体系。深化医疗卫生服务领域“最多跑一次”改革，推进就医体验大提升。实施基层首席全科医生培养项目，培育业务骨干47人。以“优质服务基层行”为抓手，全市69.4%基层医疗卫生机构服务能力达到基本以上要求，家庭医生签约服务覆盖率45.1%。在全省率先落地实施老年健康与医养结合基本公共卫生服务项目。持续改进医疗质量，开展质控联合检查，全市二级以上医院开展临床路径病例数比例61%以上。

是年，全市各级各类医疗卫生机构719家（包括村卫生室），其中医院35家（不含市妇保院），基层医疗卫生机构659家（社区卫生服务中心12家，卫生院24家，社区卫生服务站113家，门诊部34家，诊所、卫生所、医务室330家，村卫生室146家），妇保院（所）5家，卫生监督机构5家，疾病预防控控制中心5家，采供血机构1家，120急救中心（站）4家，其他卫生机构5家。全市医疗卫生机构总人员数12278人（不包括卫生行政部门人员），其中卫生技术人员10128人，执业医师（执业助理医师）4027人，注册护士4003人。每千人卫技人员数8.61人，医生数3.4人，护士数3.4人。

是年，市本级公立医院医疗总费用同比下降11.58%，县（区）级公立医院同比下降10.06%；市本级公立医院门急诊均次费用同比增长4.3%，县（区）级公立医院同比增长4.51%；市本级公立医院出院均次费用同比增长6.73%，县（区）级公立医院同比增长2.45%；市本级公立医院医疗服务收入占比37.05%，县（区）级公立医院医疗服务收入占比32.88%。

年末户籍人口数96.20万人，育龄妇女数20.70万人。户籍出生人口4433人，其中一孩出生2941人，一孩率66.34%，同比上升1.64个百分点；二孩出生1438人，二孩率32.44%，同比下降1.76个百分点；多孩出生54人，多孩率1.22%，同比上升0.12个百分点。全市人口自然增长率-2.84‰。统计出生男婴2285人，女婴2148人，出生人口性别比106。

健康舟山建设

【概况】 2020年，健康舟山建设纳入对县（区）政府政绩考核，各县（区）将健康舟山建设列入党委政府重要议事日程，形成一级抓一级、层层抓落实的工作格局，在重要事项、重大问题上，政府主要领导亲自过问、亲自调研、亲自协调，加大资金和政策保障力度。

【提升健康环境】 推进重点工业园区废气整治，推进“五水共治”，提升生活饮用水水质监测与管理能力，落实工业集聚区污水零直排建设，推进海岛美丽乡村建设，公共体育设施建设纳入发展规划。舟山市全民健身服务平台上线，提升市民群众的体育健康服务水平。加强中小学生体育锻炼，学生每天校内体育活动时间均在1小时以上。中小学生体质健康达标优良率上升，中小学生近视率上升趋势基本控制，并呈下降态势。

【发展健康产业】 是年，集聚资源要素，推进健康产业发展，招引涉及医疗卫生、医药、医疗器械、健康食品、养老、体育健身、健康文化和旅游等领域的健康产业重大项目落地。舟山市及定海区、普陀区、嵊泗县均保持浙江省“平安金鼎”。

【优化健康服务】 是年，推进医疗卫生重大项目建设，按期完成舟山医院感染病大楼、市疾控中心实验楼建设，加快舟山医院急诊大楼建设，启动市妇儿医院门急诊楼、市口腔医院等项目。加强与上级医院深度合作，提升医疗技术水平，深化“双下沉、两提升”长效机制建设。完成20个住人悬水小岛健康小屋建设，可提供远程医疗服务和“一站式”基本医疗服务。舟山市成为全省率先全域提供县级以上医院检查基层分时段精准化预约服务的地级市。在全省率先实现市域范围内“出生一件事”联办和“身后一件事”联办。创新“互联网+养老”服务模式，实现“老年一键通”移动终端发放覆盖全市所有社区，深化社区护理站医养结合试点工作。推进公共场所母婴设施建设，累计建设规范化母婴室68家。近三年全市无孕产妇死亡，平均婴儿死亡率及5岁以下儿童死亡率均低于全省平均水平。实施残疾儿童康复服务和残疾人基本辅具适配制度，残疾人精准康复服务率78.57%。县级以上医院落实医疗服务领域“最多跑一次”20项举措，县域医共体建设55项重点任务完成，市域内居民电子健康卡与电子社保卡（医保卡）“两卡融合、一网通办”基本完成。公立医院综合改革总体平稳，医疗服务价格调整、公立医院绩效考核工作稳步推进。完成“送药上山”进岛便民服务点23个；完成兼具日间照料与全托服务功能的乡镇（街道）居家养老中心建设13家，新建养老机构床位440张；

省级生命健康千亿投资工程项目完成年度投资计划。

【加强健康教育】 实施健康中国、健康浙江、健康舟山建设战略，提高市民健康理念、规范健康生活方式，提高市民健康素养，巩固国家卫生城市及新冠疫情防控成效，利用广播、电视、网络等宣传工具，发挥市、县(区)健康教育讲师团的引领作用，宣传新冠防控及健康基本知识、病媒生物防制等知识，提高群众卫生意识和健康素养。与舟山广电合办《健康享生活》《健康舟山》等专题栏目，合作实施"健康大管家"系列宣教行动。编印《健康舟山建设——市民读本》《舟山市新型冠状病毒肺炎预防控制技术指南》和各类防控疫情健康教育资料，向各县(区)、机关事业单位、村社、企业、校园发放25种68万余份，引导群众保持良好卫生习惯，践行健康生活方式。利用省、市和各县(区)健康讲师团队伍，深入各单位、学校、医院、企业和渔农村文化大礼堂，开展健康知识教育，全年市本级开展百课讲112堂，受教育人数2.18万余人次。

【创建"健康细胞"】 是年，推进各类"健康细胞"创建活动，新创市级"健康细胞"1853家(其中健康家庭1725户，健康示范单位92家，健康学校35家，健康促进医院1家)，普陀区张廷富家庭在全省第二届健康家庭大奖赛决赛中获三等奖。举办第三届全市健康家庭大奖赛和讲师团演讲比赛。向公众普及健康科普知识，倡导健康生活方式，帮助树立健康理念，提升健康素养水平，助推健康舟山建设。是年，全市居民健康素养水平为30.75%，较上年的27.58%提高3.17个百分点。

人口发展

【计划生育政策】 2020年，贯彻执行省卫健委相关会议精神，落实省委调整计划生育"一票否决"有关条款的精神要义，在计划生育涉法信息核查及社会抚养费征收问题的处理等方面把关。全年计划生育涉法信息核查112人。继续完善全面两孩支持体系，加强两孩政策实施以来生育情况的评估分析，加强出生人口动态监测。

【公共场所母婴设施建设】 是年，全市建成规范化母婴室82家，配置率100%。为助力全国文明城市创建，组织开展由各责任部门组成的公共场所母婴设施专项督查，提升城市品质形象。争取到省专项母婴室建设资金100万元，与市财政局联合发文，下达至向定海区和普陀区。

【生育服务制度改革】 继续优化生育登记和再生育审批工作，依托"互联网+生育服务"，实现生育登记办理"最多跑一次"甚至"零跑路"。落实婚育户"一件事"联办服务。全年发放生育登记服务卡4355张，其中线上单办数2223例，婚育户联办数667例，线上办件占生育登记总数的66.36%，比上年上升23.75个百分点。

【计划生育队伍建设】 是年，为提高基层计生干部的工作能力和业务水平，举办全市人口监测与计划生育政策培训班，116名基层计生工作人员参加培训。

【全员人口信息化建设】 加强全员人口基础信息管理，动态监测育龄、自然、机械变动数据，做好统计分析和预警预报，通过常态管理和动态检查相结合，更新户籍和流动人口计生信息。全员人口信息完整率和主要信息准确率达95%以上。根据国家、省卫健委总体部署，指导定海区完成国家监测点全面两孩政策实施情况调查，评估生育政策实施效果，研判人口发展趋势，为政策实施推进提供参考依据。

【出生性别比治理工作】 继续做好出生性别比治理工作，建立生育全程服务、监测、管理体系，建立完善孕情消失倒查机制。与各级医疗机构定期做好信息交换、比对、随访和数据分析。全市性别比111，略有上升。全省取消各设区市出生人口性别比考核指标。

【计划生育奖扶特扶工作】 是年，计划生育奖扶特扶对象资格确认准确率、资金发放满意率均达到100%。全市发放奖扶、特扶资金4488.96万元，其中确认奖扶对象20880人，发放资金2004.48万元；确认特扶对象2949人，发放资金2484.48万元。

【落实计划生育公益金制度】 加

大对计划生育特殊家庭的关怀扶助力度，定期进行关怀慰问，建立计划生育特殊家庭“双岗”联系制，落实联系人责任，建立家庭信息档案，做到责任到人、服务到位、信息到全，计划生育特殊家庭关怀扶助率和责任医生签约率均达到100%，发放公益金约97.30万元。

【“失独”家庭维稳工作】 是年，对新增的计划生育失独家庭、独生子女病残家庭共236户进行走访慰问，保持全市失独家庭零上访。

老龄工作

【概况】 2020年，完成新一轮市老龄委成员单位及委员调整。12月10日，市老龄委召开第一次全体会议。完善老龄工作机制，制定市老龄委工作规则、市老龄委成员单位主要职责、市老龄办工作制度，建立老龄工作联络员队伍，稳步推进各项工作。指导各县(区)加快推进老龄工作机构调整，做好工作衔接，强化议事协调职能。启动应对人口老龄化行动，编制2019年度老龄事业统计公报，开展全市老龄事业发展“十三五”规划总结验收，确保规划主要目标任务按时完成。组织开展第三届全国、全省敬老文明号评选推荐，全市2个集体获评全国敬老文明号，3人获评全国敬老爱老助老模范人物，5个集体获评浙江省敬老文明号。组织开展全市敬老月、老年宣传周等活动，举办“颐养千岛城·幸福夕阳红”全市首届老年主题摄影比赛，弘扬尊老敬老助老社会风尚。

【体系建设】 推进全市二级及以上综合医院、中医医院、老年康复医院老年医学科、康复科建设，全市5家二级及以上综合医院均设置老年医学科(老年病科)，所有公立医疗机构均开设老年人预约就诊绿色通道。至年底，全市有老年康复护理床位1166张，每千名老人拥有以医疗护理为主、兼顾长期照护的医疗机构老年康复护理床位达到4张以上。新增老年健康与医养结合基本公共卫生服务项目，9月与市财政局联合出台《舟山市老年健康与医养结合服务项目实施方案(试行)》，在全省率先展开工作，重点为辖区内65岁及以上老年人提供每年2次医养结合服务，并为高龄、失能、行动不便的老年人提供上门健康评估及服务。鼓励基层医疗卫生机构为临终关怀老年人开设家庭病床，开展居家安宁疗护。推进基层医疗卫生机构与公办养老机构签约合作，各类养老机构能以不同方式为入住老年人提供医疗服务。加强对医养结合机构的联合监管，全市具有医疗卫生和养老服务“双资质”且实际开展服务的医养结合机构9家，疫情初期以及疫情进入常态化以后，市、县两级卫生健康部门联合民政部门，组织医疗专家对辖区内医养结合机构进行多轮专项督查，强化对院感防控、医疗质量、消防安全等的监管，下发整改意见书，确保入住老年人零感染。

【医养结合】 推进基层医疗卫生机构医养结合能力提升项目试点，普陀区桃花镇中心卫生院新设医养结合病房，新城甬东社区卫生服务站与甬东居家养老服务中心一体化发展，重点为周边老年人提供医养结合服务。在普陀天颐老人之家(康久医院)开展全国老龄健康远程医疗服务试点。在新城桂花城社区、普陀山龙沙社区启动第二批老年人心理关爱项目试点。扩大安宁疗护试点，在定海区中心医院、金塘镇中心卫生院开展安宁疗护试点工作基础上，新增5家基层医疗卫生机构开展安宁疗护试点工作。推进社区护理站医养结合试点，加快岱山东沙海阳护理站“长护险+护理站”建设，加强护理站人员招录及培养，拓展服务范围及内涵。推进定海广济仁和“居家养老服务中心+护理服务”建设，开展专业化护理服务，为老年人提供个性化需求服务。

【老年电大】 根据新冠疫情发展态势，强化老年电大分校和教学点线下实体教学、各级老年活动中心开放与管理，随时调整管理办法。完成市老年电大法人变更，新招聘工作人员1人。完成市老年电大2020年度春、秋季招生及教材征订发放。开展老年健康宣传服务活动，提升老年人自我防范、主动健康意识。推进老年文化教育阵地建设，全年创建3个省级示范教学点、7个市级示范教学点。是年，全市有老年电视大学教学点219个，其中省级示范教学点13个，市级示范教学点31个，实现全市老年电视大学教学点社区(村)布局。

医药卫生体制改革

【网络医院建设】 2020年，完成舟山群岛网络医院深化工程，建成远程医疗服务中心（站）208个，其中市级远程医疗服务中心4个，县（区）级远程医疗服务中心4个，基层远程医疗服务站200个。开通远程急会诊、远程专家门诊、双向转诊、预约挂号、远程教学、在线疾病监测、远程放射诊断、远程心电诊断等10余项服务功能。开设18个远程专科，入驻189名副高级以上职称专家和1600余名基层医务人员。全年开展远程医疗服务450189人次，破解偏远海岛"看病难、看病贵"问题。

【医疗卫生服务领域"最多跑一次"】 是年，市卫健委联合市跑改办联合下发《关于印发舟山市深化医疗卫生服务领域"最多跑一次"改革推进就医体验大提升实施方案的通知》，为推进新冠肺炎疫情防控和卫生健康事业发展，提升患者就医体验，推进医疗卫生服务领域"最多跑一次"改革提档升级。围绕诊疗模式、就医环境、服务流程等重点，优化医疗机构就医环境，构建规范化的诊疗模式，营造人性化的就医环境，推进智慧化的院内服务。至年底，各项服务指标上升，实现县级以上公立医院电子票据的全覆盖，完成厕所防跌倒装置改造，加强医疗机构无障碍环境建设。患者高峰期排队挂号时间从原来的全市平均2.52分钟压缩到平均2.40分钟。门诊智慧结算率由原来的71.30%提高到82.12%，病房智慧结算率达到76.89%。三甲综合医院日间手术比例达到20%以上，日间手术病种及术式达到200个以上，平均住院日下降到7天以内，所有医疗机构网络预约挂号服务覆盖全部门诊号源，开展分时段精准预约。所有基层医疗卫生服务机构号源纳入浙江省健康导航平台，所有基层医疗卫生机构开展夜间门急诊服务；所有开设发热门诊的二级以上医疗机构设置预检分诊和挂号、收费、就诊、检查、留观治疗"一条龙"服务的发热门诊。

是年，推进"两卡"融合集成通办，拓展健康医保卡的发行数量和覆盖范围，年底前，县级以上医院两卡融合技术改造完成比例达到91.67%。推进县级及以上医疗机构"互联网+医疗服务"优化升级，丰富互联网医疗、护理、药事服务内涵。加强部门协调，推进互联网医疗服务医保支付政策落地。建成"线上复诊"平台，完善相关信息系统的互联对接，形成"网上看病""在线结算""送药上门"的闭环式规范管理和服务。推进大型设备基层预约项目，强化宣传引导，全年开展服务1722人次。深化完善"远程病理"服务运行机制，提高县级医院病理诊断服务能力，舟山市病理诊断中心完成远程病理会诊33例。完善"互联网+护理服务"服务，全市上线医疗机构11家，上线护士630人，全年开展服务810人次。建立健全"共享药房与药品配送"服务机制，完成全市290余家公立医疗机构的全覆盖，全年服务1593人次。

2月7日，疫情防控期间舟山医院开设远程医疗专家门诊（市卫生健康委员会提供）

医疗事业

【疫情防控】 2020年，为打好疫情攻坚战，做好疫情防控工作，提升舟山市疫情应急处理能力，全市提升医疗机构新冠收治能力与核酸检测能力，指定舟山医院，各县(区)人民医院等5家医疗机构为定点医院，瑞金医院、岱山县中医院为后备定点医院，将市体育中心改建为方舱医院。规范传染病楼、发热门诊(发热诊室)、核酸检测实验室、救护车洗消中心等建设和管理，做好大规模核酸检测预案，加强院感防控，落实医疗机构“一把手”院感第一责任人的责任。

是年，加强重大传染病医疗救治队伍建设，强化呼吸、感染、重症等学科建设。增加公共卫生科(院感科)人员配置，完善“院感工作人人参与”的工作机制，执行院感“零容忍”要求。全市设有负压病房158间，最大可收治新冠病床374张，负压救护车9辆，有11家医疗机构具备独立的核酸检测能力，并在舟山医院建立日最大核酸检测量超3万份的核酸检测基地，对所有医务人员组织多次核酸采样与检测培训。通过质控与网络多个平台对接共享疫情及发热门诊相关信息，做到全市信息共享。

【县域医共体建设】 全市深化县域医共体运行机制和管理体制，以提升基层就诊率和县域就诊率为目标，推动县域整合型医疗卫生服务体系建设，实施“一家人”“一本账”“一盘棋”改革，实现集团化管理、一体化运行和连续式服务。强化清单管理和绩效考评，按省定要求，结合海岛实际，四个县(区)均制定《县域医共体2020年度重点任务清单》，明确年度工作任务，细化部门职责，实施清单化管理。制定完善2020年度医共体考核评价指标体系，实现考核结果与绩效工资总额、医保支付及领导班子奖惩等挂钩，促使医共体各项工作任务落实。

结合疫情防控要求，推动县级医院传染病楼、生物安全实验室等建设，提升县域内医疗救治能力。开展成员单位能力提升工程，推进全－专科联合门诊建设，政府办村卫生室同步纳入医共体管理，乡村一体化率100%。实施乡镇卫生院(社区卫生服务中心)新建、迁建、改扩建项目。出台《舟山市基层中医师承培养工作实施方案》并组织实施，强化基层医疗机构人才队伍建设。推动医共体内信息化建设，实现远程会诊、医学影像诊断、大型设备检查预约、双向转诊、互联网＋护理等应用，共享药房与药品配送实现全市公立医疗机构全覆盖。

2月18日，省委书记车俊(右前一)在舟山医院指导督查疫情防控工作安排(沈磊　摄)

【中医药事业】 完善中医药服务体系建设。推进市中医院“浙江中医药大学附属医院”建设。推进基层中医能力提升工程，加强普陀区、岱山县中医药适宜技术推广基地建设，推广中医药新技术、新疗法，分层分类开展基层中医药适宜技术培训。加大中医药人才培养培训，市卫生健康委联合浙江省中医药大学组织举办护理人员学习中医培训班，招收学员60人。

加强基层中医队伍建设，由市政府印发《舟山市基层中医师承培养工作实施方案》，计划于2021年起在全市启动实施基层中医师承培养工作。联合市总工会办公室举办2020年舟山市卫生健康系统中医护理、临床检验、超声诊断、医疗设备维护技能竞赛并选拔选手参加全省比赛，在浙江省中医护理综合技能竞赛中，舟山队获团体二等奖、个人三等奖。是年，全市65岁以上老年人中医药基本公共卫生服务率60.8%，0～3岁儿童中医药服务率70.34%。

医政科教管理

【医疗安全监管】 2020年，市医学会医疗事故鉴定办公室受理医疗事故鉴定委托15起，中止1起，完成组织鉴定14起。开展医疗执业管理，完成491名卫技人员参加国家医师资格技能考核和300名参加理论考试工作；完成市本级医护人员首次注册94人，变更注册101人，备案20人，注销32人，军队变更3人。建立健全医疗质控工作网络，调整质控中心考核标准，印发《舟山市市级医疗质量控制中心年度目标考核评分细则（2020版）》，明确工作任务，发挥各级质控中心作用，推动各专业领域医疗质量控制和医疗技术水平的同质化。面向全市医疗机构开展2次联合质控检查，检查县级以上医疗机构、市属基层医疗机构和部分民营医院29家，促进医疗机构医疗质量和管理管理水平提升。加强医疗行为监管，继续强化重点监控药品管理，落实各医疗机构对重点监控药品的监测、预警、点评通报制度，健全奖惩考核机制，促进合理用药。

【加强甬舟一体化合作】 是年，舟山市与宁波市在加强医疗服务、卫生健康监督和卫生信息化等领域合作稳步推进，舟山医院、舟山市中医院等医疗机构与宁波市第六医院、宁波市医疗中心李惠利医院等单位共同组建脊柱、关节、手外、心胸外科等7个区域专科联盟；舟山市卫生监督所与宁波市卫生监督所签订《深化甬舟卫生监督工作合作协议》，开展案卷合作评查、执法互查等活动；舟山市急救指挥中心与宁波市急救中心开展院前医疗急救协作，完成甬舟一体化院前急救对接平台建设规划；开展继续教育培训项目合作，舟山市继教办对接宁波市继教办，达成两市继教项目合作开展，项目学分互认机制。

【院前急救服务】 加强急救机构建设，完成疫情常态化下负压救护车配置10辆。举办2期全市院前医疗急救轮训班、1期救护车驾驶员担架员培训班和甬舟院前医疗急救应急医疗救援桌面推演，提高全市院前急救能力水平。市卫健委与市红十字会协作，加强面向普通市民的院前急救宣传，举办2期暑期学生“急救体验日”活动。推动甬舟院前医疗急救一体化合作，深入建设“120”和“110”最美声音使者党建品牌。是年，全市有急救点14个，有市急救指挥中心指挥调度的24小时运行当班救护车15辆；至年底，中心120调度平台受理事件21022个，日均57.4个，平均摘机用时1.94秒，平均急救受调用时71.94秒；全年出车21183次，日均57.9次，送达各医院17276次。

【血液安全管理】 是年，采集全血13113人次，全血血液3744.05升，机采血小板876.5单位，100%来自无偿献血；用血量（红细胞类）3656.1升，同比下降8.3%，血液报废率控制在2.7%，未发生血液安全事件。

【体检工作】 继续做好招生和征兵体检工作，全市受理高校招生体检4097人，组建体检站3个。体检合格325人，合格率7.93%；体检查出专业可不录3772人，占体检总人数的92.07%，学校可不录1人。

【住院医师规范化培训】 是年，招录新学员96人，其中西医学员86人，中医学员10人。参加结业考核学员57人，其中西医学员46人，合格38人，合格率82.6%；中医学员11人，合格9人，合格率81.82%，结业考核综合合格率83.67%。参加年度考核学员128人，合格124人，合格率9.86%。

【医教科研】 完成市医药卫生科研体系调整，调整印发《舟山市卫生健康委员会医学重点学科建设管理办法》《舟山市医药卫生科技计划管理办法》《舟山市医药卫生科研专项资金管理办法》等3个科研体系文件，调整制定《支撑学科评审标准》《优势学科评审标准》《扶持学科评审标准》《医药卫生科技计划项目评审标准（重点项目、一般项目和青年人才项目）》《医药卫生科技计划项目评审标准(推广项目)》等科研评审标准,评审立项科技计划27项(含军地共建5项),重点学科14个(含军地共建4个)。开展省卫健委(中管局)、市科技局科研计划项目申报推荐工作,年内推荐申报省医药(含中医药)卫生科技计划66项,经评审立项的省医药卫生科技计划项目8项,省中医药科技计划3项;市科技计划44项。

【干部保健】 完成全市“两会”、各级警卫任务、第一届自行车骑游大赛、国际贸易与海事服务高峰论坛等医疗保障任务31批次,累计选派医护人员115人次,救护车辆21车次。是年,开展保健医疗经费自查,做好保健对象日常预防保健工作;开展健康宣教,做好健康管理等相关工作。

2020年舟山市医药卫生科技计划立项名单

表54

编 号	项 目 名 称	承担单位	项目负责人
2020ZD01	基于精准医学的URAT1和GLUT9b在痛风性膝关节炎的早期治疗靶点机制研究	舟山医院	金 成
2020ZD02	肠道菌群对儿童脓毒症预后的影响及其作用机制的研究	舟山市妇女儿童医院	黄烈平
2020YA01	Turboflow在线净化－液相色谱－串联质谱法检测舟山市售典型海产品中失忆性贝类毒素及食用风险评估	舟山市疾病预防控制中心	方 力
2020YA02	舟山市智慧化预防接种门诊建设项目研究	舟山市疾病预防控制中心	吴铭宇
2020YA03	MRI对胎儿中枢神经系统畸形的诊断价值	舟山市妇女儿童医院	宋慧玲
2020YA04	COVID-19患者与病毒性流感患者外周血炎性因子表达谱差异分析	舟山医院	周吉航
2020YA05	经皮机械性血栓清除术治疗急性下肢深静脉血栓安全性及疗效分析	普陀医院	林佩达
2020YA06	坎地沙坦诱导肿瘤血管“正常化”促进放疗增敏的研究	舟山市妇女儿童医院	朱 飞
2020YA07	SPATA18对非小细胞肺癌细胞生长的影响	舟山医院	黄燕燕
2020YA08	肺鳞癌患者纵隔淋巴结转移的危险因素分析	舟山医院	刘超武
2020YA09	两种硼替佐米治疗多发性骨髓瘤的疗效及安全性研究	舟山医院	卢 洁
2020YA10	医共体背景下海岛地区护士急救能力云培训模式的研究	普陀医院	翁绮君
2020YB01	骨囊袋填充椎体成形术治疗椎体后壁破损骨质疏松性压缩骨折的效果	舟山市中医院	龙亨国
2020YB02	靶向定位穿刺体外过伸性复位辅助下扩张矫形器搅刮结合分阶段注射PvP术治疗老年胸腰段Kümmell′s病临床疗效观察	舟山市中医院	邵伟伟
2020YB03	《黄帝内经》“因时而治”的思想指导服用塞来昔布对髋关节置换术后镇痛的临床疗效观察	舟山市中医院	傅国海
2020YB04	信息技术在中医院合理用药管理的应用研究	舟山市中医院	黄云娟
2020YB05	膝关节镜下经胫骨隧道缝合术治疗半月板后根撕裂的临床疗效观察	舟山定海广华医院	张文桥
2020YB06	机器人导航辅助椎体成形术打破Kummell病“真空征”障板的临床应用研究	舟山定海广华医院	吴沧陆
2020YB07	关节镜下经肌腱的缝线桥技术治疗肱骨大结节的临床研究	舟山广安医院	罗 军
2020YB08	循经刮痧对痰浊壅肺证肺胀病患者的干预效果观察	舟山市中医院	庄朋凤

续表 54

编 号	项 目 名 称	承担单位	项目负责人
2020RC01	Mieap 分子在 KRAS 突变肺腺癌抗肿瘤免疫中的作用及机制研究	舟山医院	续力云
2020RC02	不同阶段新型冠状病毒肺炎疫情风险评估及疫情反弹情景下的卫生资源需求研究	舟山市疾病预防控制中心	李 鹏
2020JYB01	氨甲环酸多种给药途径对股骨干骨折髓内钉固定术围手术期隐性失血的临床对比研究	东部战区海军医院	卢道云
2020JYB02	重大突发公共卫生事件中护士岗位胜任力培养核心指标体系构建研究	东部战区海军医院	唐洪钦
2020JYB03	幼升小儿童（6 ~ 8 周岁）多生牙流行病学调查及不同类型多生牙微创拔除思路分析	东部战区海军医院	杜锦锦
2020JYB04	腹腔镜术中经腹壁悬吊牵引线置入方法的研究	东部战区海军医院	李殿启
2020JRC01	新型冠状病毒肺炎（COVID-19）专科非计划退出事件及干预策略研究	东部战区海军医院	欧崇阳

2020 年度舟山市医学重点学科创建名单

表 55

学科名称（研究方向）	创建类别	创建单位	学科带头人
胸外科学	支撑学科	舟山医院	陈志军
神经病学（内科方向）	支撑学科	舟山医院	何松彬
妇产科学（生殖内分泌方向）	优势学科	舟山市妇女儿童医院	曹文丽
普通外科学（胃肠外科方向）	优势学科	舟山医院	王立成
心血管病学	优势学科	舟山医院	方 波
外科其他学科（肝胆外科方向）	优势学科	舟山医院	董金良
儿科学（新生儿重症医学方向）	优势学科	舟山市妇女儿童医院	黄烈平
消化病学	优势学科	舟山医院	邱冰峰
普外科学（乳腺外科方向）	扶持学科	舟山市妇女儿童医院	胡 童
重症医学	扶持学科	舟山市中医院	徐 燕
特种医学（高压氧科方向）	优势学科	东部战区海军医院	吴建国
呼吸病学	扶持学科	东部战区海军医院	喻 超
烧伤外科学	扶持学科	东部战区海军医院	晏 鹰
放射医学	扶持学科	东部战区海军医院	徐才国

疾病预防控制

【甲乙类传染病】 2020 年，全市无甲类传染病报告；乙类传染病报告 11 种 2173 例，报告发病率 184.78/10 万，比上年下降 15.99%。比上年增加新型冠状病毒肺炎 1 种，减少麻疹、登革热、流脑、百日咳 4 种。其中，呼吸道传染病类报告猩红热、肺结核、新型冠状病毒肺炎 3 种 323 例，占甲乙类传染病总病例数的 14.86%，同比上升 4.19%；肠道传染病类报告病毒性肝炎（除乙肝、丙肝、丁肝）、痢疾、伤寒副伤寒 3 种 29 例，占甲乙类传染病总例数的 1.33%，同比下降 40.82%；血源及性传播传染病类报告艾滋病、淋病、梅毒及病毒性肝炎中的乙肝、丙肝4种1816例,占甲乙类传染病总例数的83.57%,同比下降17.57%;虫媒及自然疫源性传染病类报告出血热、疟疾2种5例,占甲乙类传染病总例数的0.23%,同比减少13例;无新生儿破伤风报告。

【重点传染病】 是年,全市网络报告新冠肺炎病例17例,年报告发病率1.44/10万,其中确诊病例11例,阳性检测6例;按照县(区)划分,定海区11例,普陀区6例。7月始,全市对未入境的外籍船舶上新冠病毒核酸检测阳性船员进行人道主义医疗救助,至年底,累计救助29艘外籍船舶82名船员,其中男性81人,女性1人;中国籍3人,外籍79人(菲律宾31人,印度21人,孟加拉国11人,俄罗斯、格鲁吉亚各6人,罗马尼亚、希腊、伊朗、印度尼西亚各1人),全部采用闭关管理模式运送到定点医疗机构进行医疗救助,无本地关联密切接触者,未发生本地关联疫情。

全市在零售农贸市场、大型批发市场、大型超市、酒店餐饮、食品生产加工企业、冷链仓储/冷链运输企业和外卖快递企业等962家单位采集样本17019份,其中环境6223份,重点食品6874份,相关从业人员样本3922份,经检测均未检出新冠肺炎病毒核酸阳性样本。采集血清标本442份,检出新冠病毒IgM阳性3例(其中2例弱阳性),IgG阳性1例,阳性检出率0.90%。

流感 全市报告流行性感冒病例5190例,年报告发病率341.35/10万,发病数同比下降43.64%,其中临床诊断病例1186例,实验室确诊病例4004例。流感监测哨点医院登记门(急)诊就诊病例26.05万例,其中流感样病例3.01万例;采集标本1224份,检出流感病毒阳性102份,检出阳性率8.33%,其中甲型H1N1流感8份,甲型H3N2流感17份,乙型Victoria系流感77份。SARI(住院严重急性呼吸道染病例)采集标本79份,核酸检测79份,均未检出阳性标本。

手足口病 开展以幼托机构、学校为重点的疫情防控和医疗机构手足口病病原监测,对重症病例和部分网络报告病例进行个案调查。全市报告手足口病235例,发病率20.03/10万,报告发病数同比下降84.40%,无重症、危重及死亡病例报告。实验室采样送检182份,检出肠道病毒阳性15份,Cox A16病毒阳性1份,Cox A6病毒阳性7份,Cox A10病毒阳性1份,其他肠道病毒阳性6份。全年无手足口病聚焦性疫情报告。

霍乱 全市肠道门诊监测登记腹泻病人2321例,采样检测2320例,采检率99.96%,未检出阳性。5—10月,各县(区)以上综合性医院专科门诊和重点乡镇(中心)卫生院肠道门诊监测点的腹泻病人监测登记1749例,采样检验1748例,采检率99.94%;其间开展外环境监测,采样检测1086份,其中水体729份,海水产品285份,其他72份,检测结果均未检出阳性。重点人群监测31197人份,均阴性。肠出血性大肠杆菌(O157:H7)感染性腹泻全年全市检测腹泻病例215例,均阴性。采样检测食品408份,检测结果均阴性。

伤寒、副伤寒 全市报告7例伤寒病例(包括外籍病例1例),实验室确诊病例3例,临床诊断病例4例;伤寒5例,副伤寒2例。其中,1月1例,2月1例,8月1例,9月2例,10月1例,12月1例;男性4例,女性3例;年龄在19~73岁之间,平均年龄为52.43岁。均已治愈。发病率0.51/10万,发病数同比下降33.33%。全年无暴发疫情发生。全市监测发热病人248例,其中采便培养165份,采血培养166份,均未检出伤寒、副伤寒阳性。5—10月,开展外环境监测,采样检测433份,其中水体294份,海水产品139份,检测结果均为阴性。

细菌性痢疾监测 全市报告细菌性痢疾6例,同比下降50.00%,发病率0.51/10万。采样检测疑似病例926份,外环境检测433份,均为阴性。

艾滋病 全市检测艾滋病抗体244721人次,其中检出报告HIV/AIDS 54例,阳性发现率22.07/10万。全市新确诊艾滋病感染者和病人数54例,其中艾滋病感染者33例,艾滋病人21例,死亡13例。全市有VCT(艾滋病资源咨询检测)门诊13家,累计开展检测前咨询1540人次,进行HIV抗体检测1540例,HIV抗体确诊阳性13例。全市4个国家级哨点和2个省级哨点监测点,监测流动人群408人,性病门诊男性就诊者402人,孕产妇409人,失足妇女409人,青年学生800人,男男性行为人群400人。全市对四类高危人群(男性同性恋者、失足妇女、吸毒人员、性病门诊患者等）累计干预27739人次。至年底，全市现登记存活531人（艾滋病感染者和病人），其中482人接受治疗；完成CD4（艾滋病病毒攻击对象）检测488人。全市新确诊青年学生病例0例，全市新确诊老年病例11例。

结核病　全市网络直报系统报告肺结核病例291例，报告发病率24.74/10万。其中，利福平耐药8例，病原学阳性127例，病原学阴性143例，无病原学结果13例。全市非结防机构网络报告肺结核患者745人，应转诊575例，转诊到位553例，总体到位率96.17%。全市作为首诊断单位通过主动筛查发现耐药肺结核患者4例，全部纳入治疗，纳入治疗率100.00%。登记耐药肺结核患者治疗满疗程5例，成功治疗3例，成功治疗率60%。

狂犬病　是年，全市无人间狂犬病疫情报告。全市25家犬伤门诊报告犬伤暴露人数15130人，其中犬伤10054人，猫伤4273人，其他动物伤803人；按犬伤暴露等级分类，暴露Ⅰ级367人，Ⅱ级6710人，Ⅲ级8053人，使用免疫球蛋白821人次。全年全市发生一犬伤多人事件1起，咬伤2人。

人禽流感监测　开展禽流感职业暴露人群调查，采血样35份送省疾控中心检测，未检出H7N9阳性血清。每月开展外环境监测，采集禽流感外环境样本270份，检出阳性2份，均为H9核酸阳性。

登革热　是年，全市未报告登革热病例。各县（区）疾控中心开展布雷图指数（BI）监测工作，7月BI指数最高，达20.4，11月份最低，为4.1，全市全年BI平均指数为12.08。

发热伴血小板减少综合征　全年报告发热伴血小板减少综合征8例，比上年上升166.67%。其中男性6例，女性2例，无死亡病例。开展游离蜱和寄生蜱监测，全市采集蜱530只，开展社区综合防控措施。

布鲁氏病　全年监测海水产品加工人员和渔民行业人员200人，全部血清经实验室检测，均为阴性，全市未发生布病疫情。

流行性出血热　全年全市报告流行性出血热病例4例，均是男性，平均年龄45.5岁，做好疫情的处置工作。

虫媒寄生虫病　全年血检疟疾“三热病人”（发热在38.5℃以上，临床诊断为疟疾、疑似疟疾、不明发热原因者）988人，检出恶性疟1例，为境外感染。全市“三热病人”血检率0.9‰。

【免疫规划】　接种门诊建设与监测　是年，全市有预防接种门诊40家，规范化预防接种门诊覆盖率100%。疫苗经营管理按照《疫苗流通和预防接种管理条例》执行疫苗进货渠道，免疫规划疫苗采取由省－市－县－接种门诊统一渠道进货方式，非免疫规划疫苗采取由生产企业－县（区）－接种门诊渠道进货方式，疫苗价格按照省物价局要求统一规范执行。全市开展疫苗接种率抽样调查和流动儿童接种率调查。调查显示，舟山本地儿童建卡（证）率100%，单苗全程接种率分别为卡介苗100%，脊灰疫苗100%，百白破疫苗100%，麻疹成分疫苗100%，乙肝疫苗100%，乙肝疫苗首剂及时率96.88%，全程接种率100%。

预防接种安全注射和疑似预防接种异常反应（AEFI）监测　是年，全市AEFI监测系统报告个案142例，无死亡病例和群体性反应报告。报告的个案中经调查为一般反应的118例，占83.10%；异常反应18例，占12.68%；偶合症6例，占4.23%。AEFI发现后48小时内报告率97.18%（国家监测方案要求≥90%），48小时内调查率91.67%（国家监测方案要求≥90%），个案完整率100%（国家监测方案要求100%）。对所有的AEFI均开展调查，每季度对AEFI监测情况进行分析，发现问题，提出改进措施，确保AEFI监测正常运转。

智慧化预防接种门诊建设和70岁以上老年人群免费接种流感疫苗　作为舟山市2020年度民生实事项目，全年建设完成20个预防接种门诊升级改造，建成疫苗安全可追溯、监管全过程、预防接种服务更便捷的智慧化预防接种门诊。按照省级民生项目实施的要求，开展70岁以上老年人流感疫苗免费接种项目，全市到库流感疫苗25040支，为25004名70岁以上老年人群免费接种流感疫苗，报损36支。

【慢性非传染性疾病】　出生、死因和慢性病监测　是年，全市报告户籍死亡7433例；报告糖尿病户籍新发2457例，冠心病急性事件户籍新发350例，脑卒中报告户籍新发3196例，恶性肿瘤报告户籍新发4287例,医院报告伤害病例3399例;全市居民出生率5.01‰,死亡率771.12/10万,婴儿死亡率1.45/‰,5岁以下儿童死亡率3.38/‰;慢性病发病情况:糖尿病254.90/10万,冠心病急性事件36.31/10万,脑卒中331.56/10万,恶性肿瘤444.75/10万;恶性肿瘤中发病顺位前3位为肺癌(1162例),甲状腺癌(530例),胃癌(422例),发病之和占所有部位肿瘤的49.31%,前五位死亡疾病是恶性肿瘤、脑血管病、心脏病、呼吸系统疾病、损伤和中毒,五种疾病占总死亡数的86.51%;居民期望寿命达到80.51岁,男性77.77岁,女性83.28岁。重大慢性病(四类慢性病:恶性肿瘤、心血管疾病、糖尿病和慢性呼吸系统疾病)早死概率8.93%。

社区慢性病综合防治　主要对社区常住人群进行高血压、糖尿病管理。年末,登记高血压患者123672人,管理98418人,规范管理73634人,血压控制64760人,规范管理率74.82%,血压控制率65.80%;登记糖尿病患者34258人,管理27827人,规范管理20633人,血糖控制16203人,规范管理率74.15%,血糖控制率58.22%。

重点慢性病筛查与干预项目　是年,实施省民生实事项目重点人群结直肠癌筛查项目,完成高危评估32812人,结肠镜检查3080人。完成上消化癌机会性筛查4000例。完成肝癌早诊早治项目2500例。岱山县开展肿瘤随访登记项目。嵊泗县开展心血管病高危筛查与干预项目。

【地方病碘缺乏病防治】　全市监测8～10周岁非住校学生尿碘840份,碘盐840份,尿碘中位数为184.6微克/升,合格碘盐食用率40.71%;监测孕妇尿碘420份,碘盐420份,尿碘中位数为120.5微克/升,合格碘盐食用率56.43%,全市孕妇补碘率91.19%;对定海区210名8～10岁儿童进行碘缺乏病病情监测,检测甲状腺容积结果显示,甲状腺肿大人数10人,甲状腺肿大率4.76%。

【学生健康监测】　是年,调查全市各类学校107所,开展学生健康状况综合监测人数73231人,其中小学生41440人,检出营养不良率2.36%,视力不良率43.19%,肥胖率5.82%,恒牙龋患率41.60%,沙眼患病率0.56%;初中生16680人,检出营养不良率4.49%,视力不良率71.24%,肥胖率8.54%,恒牙龋患率22.78%,沙眼患病率0.96%;高中生9107人,检出视力不良率89.90%,营养不良率5.93%,恒牙龋患率18.17%,肥胖率5.82%,沙眼患病率1.23%。

【食品安全风险监测】　是年,市卫健委、市经信局等8部门联合下发《2020年舟山市食品安全风险监测实施方案》。全年完成污染物监测量1192件,年度完成率100.0%,全年食品安全风险监测样品数1.02件/千人,其中食品中微生物及其致病因子监测全年采集婴幼儿配方食品、生食鱼、双壳贝类、生肉熟肉制品、蛋糕面包类、寿司、熟肉制品、皮蛋等6大类8种食品,对食品中肠杆菌科(定性、定量及鉴定)、沙门氏菌、单核细胞增生李斯特氏菌(定性和定量)、金黄色葡萄球菌及其肠毒素(定性和定量)、创伤弧菌、副溶血性弧菌(定性和定量)、河弧菌、霍乱弧菌、溶藻弧菌、诺如病毒、甲肝病毒等微生物及其致病因子污染状况进行监测;食品化学污染物及有害因素监测,采样场所包括养殖场、超市、农贸市场、食杂零售店、餐饮店、学校周边场所和网购等主要场所,涵盖养殖场、流通环节、餐饮环节、网络等主要环节,采集的样品类别包括焙烤食品、淀粉食品、肉及肉制品、水产品及其制品、谷物制品、蔬菜、水果、茶叶、蛋类、调味品、罐头食品、熏烤食品等18大类食品,其中常规监测样品413份,专项监测样品341份,自主检测样品462份。

【食源性疾病监测】　全市食源性疾病监测工作逐步完善市、县并延伸至乡(镇)、社区的食源性疾病监测报告网络,市及各县(区)45家哨点医院及5家疾控中心参与,至年底全市累计上报病例2127份,所有二级及以上医疗机构每月均有病例报告,其中含暴露信息的病例数2127份,暴露信息填报率100.0%;采集病例样本累计1625份,所有哨点医院均按月完成监测任务,在1625份病例样本中检出阳性数食源性致病病原体213份(含部分样本同时检出多种特定病原体),总检出率13.19%,其中副溶血性弧菌76份,沙门氏菌91份,致泻大肠埃希氏菌31份,诺如病毒15份。

卫生应急

【突发事件公共卫生风险评估】2020年，开展突发事件公共卫生风险评估12期(每月1期)。针对当月易发生突发事件的疫情基线、发生风险进行分析评估，提出应对措施建议。开展新型冠状病毒感染专题风险评估19期。全年发布预警公告12期，提出需要重点关注的内容、风险等级和风险管理建议，发布于市卫健委网站、“健康舟山”微信公众号。

【卫生应急培训演练】7月22—25日，举办全市卫生应急知识技能培训班，组织开展卫生健康系统防汛防台应急演练。9月27—29日，举办新冠肺炎等秋冬季传染病防控技术培训班暨新冠肺炎防控模拟演练。11月30日至12月5日，全市各级政府组织开展新冠肺炎聚集性疫情防控应急演练。12月3日，市卫健委与市港航局等联合开展海上打击偷渡防控疫情专项演练。12月16—17日，市卫健委联合宁波市卫健委举行海上紧急医学救援队伍实训活动。

【突发公共卫生事件处置】是年，全市报告突发公共卫生事件及相关事件9起。其中一般事件(Ⅳ级)1起(普陀区沈家门小学流行性感冒聚集性疫情事件)，累计报告发病69例，1月23日结案。相关事件8起，分别为浙江大学海洋学院新型冠状病毒感染的肺炎病例疫情事件，累计发病1例，2月1日结案；浙江大学舟山校区新型冠状病毒感染的肺炎聚集性疫情事件，累计发病5例，2月29日结案；普陀区新型冠状病毒感染的肺炎病例疫情，累计发病1例，2月7日结案；定海区一起新型冠状病毒感染的肺炎病例聚集性疫情事件，累计发病2例，3月2日结案；普陀区新型冠状病毒肺炎聚集性疫情，累计发病4例，3月4日结案；岱山县高亭镇中心幼儿园诺如病毒聚集性疫情，累计发病7例，12月10日结案；定海区白泉高级中学发生水痘聚集性疫情，累计发病19例，2021年1月15日结案；嵊泗县春蕾幼儿园诺如病毒感染聚集性疫情，累计报告发病6例，2021年1月13日结案。8起事件均按照规范要求做好相关防控，无疫情或事件因处理与控制不及时而导致事件扩大现象发生。

卫生监督执法

【公共场所监督】2020年，全市有住宿场所4069家，游泳场所19家，沐浴场所180家，美容美发场所905家，其他场所278家，不发证单位1243家，除不发证单位外，持证率100%。全年对各类公共场所开展双随机检查、日常监督及专项检查，其中检查住宿场所3471家次，检查沐浴场所384家次，检查美容美发场所1695家次，检查营业游泳场所61家次，检查其他场所489家次，监督检查覆盖率48.41%。

公共场所卫生监督量化分级和卫生管理员制度　是年，全面实施公共场所量化分级管理制度，全市实施量化分级的公共场所5451家。其中住宿场所4069家(A级单位23家，B级单位257家，C级单位3789家)，游泳场所19家(A级单位3家，B级单位12家，C级单位4家)，沐浴场所180家(B级单位31家，C级单位149家)，美容美发场所905家(B级单位113家，C级单位792家)，其他公共场所278家(A级单位1家，B级单位91家，C级单位186家)。全市所有重点公共场所的量化分级率100%(不发证单位除外)，对已量化分级的单位均进行信息公示。实施公共场所卫生管理员培训制度，提升卫生管理员合格率，住宿场所、游泳场所卫生管理员合格率分别为96.34%、100%，美容美发场所、沐浴场所、其他场所分别为70.13%、98.73%、70.72%。

重点公共场所监督抽检　是年，全市完成公共场所监督抽检898家(其中住宿场所630家，游泳场所19家，美发美容场所64家，沐浴场所57家，不发证单位58家，其他场所70家)，采集各类公共用品用具13233件，合格率95.54%；采集各类公共场所空气样品1358件，合格率98.75%；采集集中空调通风系统样品211件，合格率97.16%。

公共场所卫生监督专项行动　是年，全市出动卫生监督员100余人次，监督检查游泳场所19家，其中人工游泳场所15家，天然游泳场所4家，对游泳场所的违规行为实施行政处罚7起，罚款2.22万元。开展人工游泳场所水质检测33户次，合格28户次，合格率

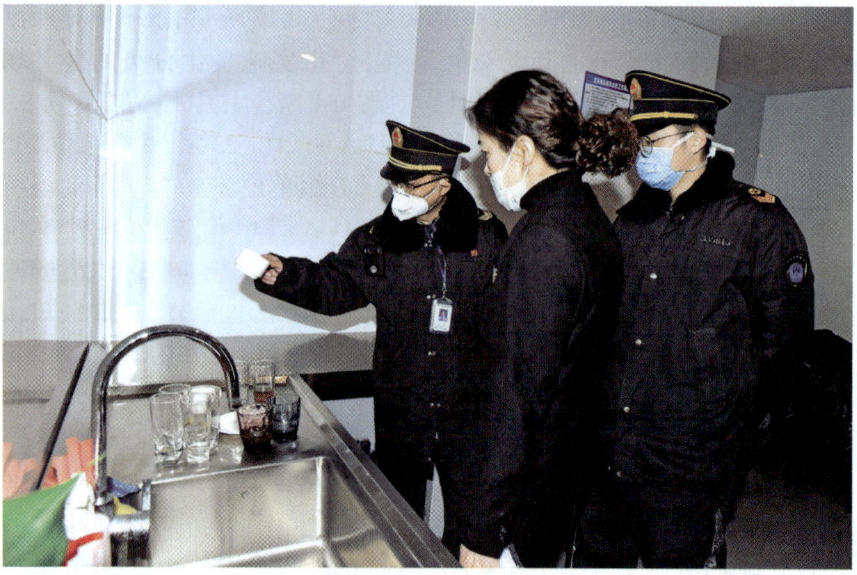

1月29日,岱山县卫生监督所检查人员在该县一酒店对卫生消毒间进行卫生检查(沈磊 摄)

84.85%;采集水质样品421份,其中细菌总数合格率90%,其余监测项目合格率均为100%。疫情防控期间,全市累计监督检查公共场所4915家,对理发美容、沐浴等场所累计开展复工指导1653户次。复工复产期间,对辖区内各类重点场所开展集中空调通风系统专项监督指导工作,梳理集中空调通风系统数量并进行分类分级,累计监督230余家公共场所,抽检40余家。

禁烟执法　是年,全市各级卫生监督部门结合文明城市创建工作,营造控烟氛围,加大执法力度,处罚违禁吸烟154人次,罚款人民币7700元,劝阻1000余人次,室内公共场所违禁吸烟率持续下降。

【饮用水卫生监督】 是年,全市有核发卫生许可证集中式供水单位31家,常规运营27家,季节性运行3家,暂停运行1家,有制供水从业人员239人,均持有效健康合格证明。全市有24家集中式供水单位双随机检查和水质抽检任务,完成23家,完结1家,采集水样152份,合格144份,合格率94.74%;有40家二次供水单位双随机监督抽检任务,完成率100%,采集水样46份,合格34份,合格率73.91%;全市25家涉水产品(水质处理器)经营单位纳入省级"双随机"检查,任务执行率100%。监督检查、水质抽检等结果均按规定进行信息公示。对持证集中式供水单位日常检查,每季度不少于1次,检查118家次,监督覆盖率100%,其中检查小型渔农村饮用水设施12处(不包括部分单村水厂),分布为定海1家,普陀4家,岱山2家,嵊泗5家。

全年抽检集中式供水、二次供水等各类水样303件(包括双随机抽检数量),总体合格率87.79%;其中水源水43件,不合格4件,合格率90.69%,不合格项目主要是粪大肠菌群、阴离子表面活性剂;出厂水42件,不合格2件,合格率95.24%,不合格项目主要是菌落总数、锰;管网末梢水155件,不合格4件,合格率97.42%,不合格项目主要是菌落总数、总大肠菌群、浑浊度;二次供水63件,不合格17件,合格率73.02%,不合格项目主要是余氯、浑浊度。检查涉水产品生产单位2家,涉水产品经营单位25家,现制现售饮用水经营单位5家。2家涉水产品生产企业纳入省级双随机检查,检查覆盖率100%,未发现问题。对25家涉水产品销售单位进行监督检查,抽查涉水产品数85件,未查到无批件涉水产品。对淘宝、1688、京东等网络平台全面开展网商平台涉水产品卫生监督检查,辖区内未发现有经营涉水产品网店。检查现制现售水经营单位5家,检测水样45份,合格44份,合格率97.78%。是年,全市饮用水卫生行政处罚21起,其中集中式供水单位6家,二次供水单位14家,现制现售水经营单位1家,罚款1.935万元。

【学校卫生监督】 是年,全市有各类学校115所,有宿舍9438间,游泳场16家。学校供水以市政(或乡镇)集中式供水为主,其中二次供水学校1所,主要用于学生宿舍生活用水,全市学校无自建设施供水,饮水方式以直饮开水为主,个别学校提供桶装水。开展校园卫生安全健康行动,监督检查学校115家,检查覆盖率100%。对114所学校卫生进行综合监督评价,评价内容包括学校传染病防控、常见病与多发病防治、生活饮用水、教室和生活环境、公共场所及突发公共卫生事件卫生管理等，评价优秀48所，合格46所，不合格0所。对51所学校教学环境生活设施进行卫生监测，监测项目包括教室课桌椅、黑板、采光、照明情况等，检查显示教学环境卫生合格率41.87%（157/375），教室人均面积合格率74.26%（57/77），教室微小气候合格率74.67%(56/75)，其余基本符合要求。3月底起，全市各级卫生监督机构组织开展学校、幼儿园新冠肺炎疫情防控专项监督检查和服务指导工作，对各学校开学前1周至开学后2周分别开展学校疫情防控专项监督检查和巡查，累计出动卫生监督员135人次，出具卫生监督意见书4份，指导意见书32份。开展中高考卫生安全专项保障行动，全市各级卫生监督机构联合教育部门对38个考点及学校周边住宿场所开展专项监督检查，指导相关单位做好突发公共卫生事件的应急处理准备，确保教学环境及生活场所的卫生安全。

【医疗卫生监督】 全市有医疗机构694家(包括三级医疗机构5家，二级医疗机构7家，其他医疗机构682家)，采供血机构1家(市中心血站)。全年查处有证医疗机构违法案件108起，罚款50.89万元，简易程序25起。其中医疗机构违反《医疗纠纷预防和处理条例》等法律法规规定案4起，未按规定填写病历资料案8起，超出核准登记的诊疗科目开展诊疗活动案1起，未按规定开具处方案16起，未取得相应级别抗菌药物处方权的医师开具抗菌药物处方案2起，使用非卫生技术人员从事医疗卫生技术工作案5起，执业助理医师独自执业案2起，使用过期医疗器械案1起，未取得麻醉药品和第一类精神药品处方资格的医师开具麻醉药品和第一类精神药品处方案1起，医务人员违反卫生行政规章规定案1起，未根据突发事件应急处理指挥部的要求严格落实紧急应对措施案10起，违反消毒管理办法案34起，未规范处置医疗废物案20起，未对医废转运人员采取防护措施案1起，未对医废收集、转运、暂存人员进行定期健康体检案1起，未对检验科工作人员进行免疫接种和监测案1起。

对全市8家大型公立医院(其中县级以上综合性医院5家，市级三级以上专科医院3家)展开多角度、全方位、深入性的“会诊式”执法检查。每家医疗机构检查后梳理出违法违规问题平均达20条，并对存在的违法问题均予以立案查处，实施行政处罚8家，罚没款金额达38.765万元，其中6件为处罚金额超过5万元的重大行政处罚。

是年，对全市16家医疗美容机构开展依法执业检查，规范医美服务行业。全市医疗美容相关案件立案33件，结案29件，罚没款57万余元。

是年，全市非法行医立案42起，罚款92.9万元，没收3.69万元，未取得《医疗机构执业许可证》擅自开展诊疗活动7起，罚款22.05万元，没收0.45万元；人员未取得执业医师资格证擅自开展诊疗活动35起，罚款70.85万元，没收3.24万元，其中1起移送公安，1起提起法律诉讼。

【传染病监督】 医疗废物规范处置闭环式监管 是年，全市有54家医疗机构纳入智慧监管，覆盖全部二级以上医疗机构、社区卫生服务中心(乡镇卫生院)、血站以及民营、部分未评级的医院，完成省级任务指标。通过异常数据推送发现违法线索，实施“非现场”行政处罚3起。全市各级卫生健康行政部门与生态环境部门协作，联合开展医疗废物收集处置专项检查和双随机抽查，联合检查期间实施行政处罚5起。制定出台《舟山市医疗废物应急处置方案》，应对新冠疫情常态化下医疗废物、隔离点垃圾等涉疫固废紧急处置工作。

全市对医疗废物运送、处置不规范的违法行为实施行政处罚50起，罚款7.21万元，其中2起处罚对象均为医疗废物集中收集处置单位，舟山市东方环保科技有限公司因传染病防护工作不到位、使用运送医疗废物的车辆运送其他物品的案由被处以2万元、2000元的行政处罚，为全省首例。

集中消毒餐饮具质量安全 落实浙江省餐桌安全治理行动三年计划，加强事中事后监管，结合全市创建食品安全城市各项指标要求，对全市5家餐饮具集中消毒企业抽检279件样品，合格277件，合格率99.3%；抽检产品洗消剂残留指标样品57套，合格率100%；对1家企业实施警告，并通报同级市场监督管理局。不定期开展“舌尖安全”宣传活动。

【职业放射卫生监督】 开展尘毒专项治理和尘肺病防治攻坚行动,落实属地政府职责,与各县(区)政府签订尘肺病防治责任状;强化监管职责,全市各级卫生监督机构结合"双随机"、专项执法检查,累计出动监督员1000余人次,检查各类职业病危害企业近400家次,立案处罚156家,罚款近40万元。

委托第三方机构开发升级舟山市职业健康监管平台,动态掌握用人单位职业健康检查和作业场所职业病危害因素控制等相关信息。利用信息化手段,通过大数据分析违法案件和来源将现场执法转化为非现场执法,解决人力资源不足、执法成本高等问题。

开展用人单位职业卫生管理员培训,分四期对各县(区)列入矿山、冶金、建材、化工、船舶修造等企业负责人和职业卫生管理员进行职业病防治知识培训,受训600余人次。

是年,全市完成备案的职业健康检查机构12家,有2145家企业56979名劳动者开展职业健康检查。发现疑似职业病6例;职业禁忌1499例;新诊断职业病7例,1例为职业性中暑,其余均为尘肺病。

【双随机监督检查】 是年,全市抽取国家、省级双随机体任务1656家,均全部完成,专业类别涵盖公共场所、生活饮用水、放射卫生、传染病管理、医疗服务监督、学校卫生、计划生育、消毒产品、病媒生物、中医等,办理双随机案件572件,处罚覆盖率34.5%,信用规则引用率100%,双随机监督信息均按规定进行公开。

【行政处罚】 是年,行政处罚案件办理和大案要案数量较往年明显提升,全市结案行政处罚案件数2969件,罚没款金额277.20万元。

基层卫生

【概况】 2020年,基层卫生工作统筹疫情防控和医疗业务,以健康舟山建设为主线,以强化基层医疗卫生服务体系综合能力为核心,以做实做细基本公共卫生服务和家庭医生签约服务为抓手,落实疫情防控工作措施,完善服务模式和运行机制,以改善基层群众就医体验。

【基层疫情防控】 在基层医疗卫生机构落实预检分诊规范要求,合理布局基层机构常态化防控诊疗流程,做到健康体检和就诊看病人群分开。开展基层发热诊室建设,全市36家基层机构均建有规范化发热诊室。做好社区防控和重点人群管理,采用基层机构包干隔离点形式,组织医务人员派驻参与35个隔离点的医学观察工作,累计出动超1万人次,管理中观察对象1.38万人,管理居家观察对象21997人。开展复工复学健康指导,以基层医疗卫生机构为主体,开展为期51天的驻企进校健康指导行动,全市抽调基层医务人员980人,服务企业6342家,学校268所,消杀重点场所30万平方米,分发宣传资料27.6万份,健康指导服务覆盖率和企业反映问题处理率达到100%,933名发热学生均得到闭环诊疗处置且未发生疫情。

【基层医疗机构体系建设】 全市现有乡级医疗卫生机构36家,面

2月1日,在岱山县各乡镇的主要入口设立外来车辆和人员信息登记点,强化疫情防控(沈磊 摄)

积达标率97.2%，DR、彩超、全自动生化仪等标配设备配置率98.7%。村级医疗卫生机构238家，其中村卫生室188家，社区卫生服务站50家，全市村级卫生室（站）规范化率70.8%。是年，新城规划社区卫生服务中心迁址建设，对成立千岛街道社区卫生服务中心进行可行性研究；定海继续开展白泉镇中心卫生院、双桥街道社区卫生服务中心的建设装修；普陀对白沙卫生院进行装修改造；嵊泗兴建黄龙乡卫生院。

【民生实事项目】 按照打造"20分钟卫生服务圈"的规划要求，实施村卫生室（站）规范化建设。是年，"村级卫生室（站）规范建设"被列入市民生实事项目，对全市29个设施条件较简陋的村级卫生室（站）补助800万元进行改造，重点突出"工作机制、用房建设、功能布局设置、设施设备配备、人员配置和服务功能承担"六个方面的升级完善。

【基层补偿机制改革】 围绕抓政策落实、抓信息化建设两项重点，推进补偿机制改革，全市均已制定基层医疗卫生机构补偿机制实施办法并完成工作当量测算，对政策保障部分和购买部分做进一步明确。按照《全面推进基层医疗卫生机构补偿机制改革的实施意见》要求，各地实施信息化。

【家庭医生签约服务】 是年，持续完善、落实"10+1"签约服务包，满足不同群体的个性化需求，重点优化残疾人和功能社区签约服务内容。针对海岛空巢老人开展有温度的签约，全年由家庭医生通过手机客户端、微信等手段发送107439条信息，将签约老年人的就诊记录及健康指导知识告知其子女。12家基层医疗卫生机构通过申报培训基地和示范点不断改善服务质量，新城社区卫生服务中心推出签后付模式，签约16509人，签约期满后满意付费15701人，经费到位率95.11%，为全市签约服务提质扩面探索新路子。在7个试点乡镇（街道）开展慢病精细化管理，服务2045人，依托第三方管理云平台和智能居家监测设备，实现健康状况数据采集、监测结果提醒、健康知识推送，在疫情防控期间使患者减少非必要外出，在预防交叉感染情况下实现慢病有效管控。开展签约服务评先评优宣传，在"5•19"举办宣传活动，全市表彰10个省级先进个人和团队、11个市级先进个人和团队，集中进行家医讲述抗疫故事、骑行宣传、家医感悟等宣传活动，拍摄专题视频，普陀山社区卫生服务中心和马岙社区卫生服务中心被评为群众满意签约服务机构。

【基本公共卫生服务】 在第一季度通过第三方评估机制邀请省内专家，对全市项目执行情况进行"寻医问药"，针对性加以培训。在第四季度利用钉钉对230名项目执行者开展绩效评价培训，并下发课件供对照检查。按照"谁建档、谁清理、谁规范"的原则，对现有的电子健康档案进行补充完善，对逻辑错误和不实信息进行甄别清理，规范性清理近2万份非在管或重复的电子健康档案，基本实现常住居民的应管在管。全年分2次对档案进行数据治理，对10个服务项目1944人存在的问题，要求各地组织整改并处理相关责任人。以用促建，通过浙里办、健康舟山微信公众号，整合各信息数据来源，清单式开放个人基本信息、基本公卫健康体检信息、重点人群健康管理信息以及其他医疗服务等信息，至12月底开放率超过50%。做实做细项目服务，以老年人、儿童、孕产妇等重点人群和高血压、糖尿病等重点疾病患者健康管理为主要环节，落实项目，全年电子健康档案建档率90%，各疫苗接种率98%以上，儿童系统管理率90%以上，孕产妇系统管理率90%以上，老年人和高血压、糖尿病规范管理率70%以上。

【基层卫技人员队伍建设】 实施"基层首席全科医生项目"，以舟山医院培训基地和长三角交流为依托，对47名全科医生培养对象开展为期3个月的脱产培训和30天的异地研修，提高基层骨干医疗服务能力。实施"银龄助康"计划，在国内招募13名退休专家医师，其中3名是市级为基层招募，薪酬待遇20万～30万元/人，由市、县两级财政保障，主要为基层提供带教指导和诊疗服务。

妇幼保健

【概况】 2020年，全市妇幼保健工作围绕"十三五"规划目标和省妇幼健康工作要点，以满足群众需求为导向，以建设健康舟山为引领,优化资源配置,提升妇幼健康水平,推动妇幼健康事业高质量发展。

【围产保健及高危妊娠管理】 发挥围产保健协作组作用,加强高危孕产妇管理与急救工作,畅通危急重症转诊救治绿色通道,确保孕产妇抢救工作快速有效开展。开展孕产妇妊娠风险评估“五色”分级,落实高危孕产妇的专案管理和分级管理制度。加大流动孕产妇摸排力度,规范开展流动孕产妇围产保健服务。加强产科质量管理,在助产机构建立多科协作机制,提高快速反应和处置能力。各级医疗保健机构掌握剖宫产手术指征,定期组织剖宫产手术讨论,提高自然分娩率。是年,全市管理户籍产妇4081例,孕产妇系统管理率93.59%,巨大儿发生率5.95%,高危发生率79.74%。抢救孕产妇163例,抢救发生率3.15%,其中危重20例,均抢救成功。全市助产机构剖宫产率41.30%,较上年下降0.85个百分点。流动孕妇保健覆盖率100%,产前检查率99.42%,产后访视率98.39%。早检率65.76%,系统管理率64.86%。

【出生缺陷综合防治】 不断完善出生缺陷防治体系建设,落实出生缺陷综合防治规范,提高出生缺陷综合防治水平。是年,全市婚前医学检查2797人,婚检率69.23%,疾病检出率41.72%,检出指定传染性疾病32例,占检出疾病的2.74%。全市增补叶酸预防神经管缺陷新增服用人数2015人,叶酸服用率96.50%,叶酸服用依从率92.56%,增补叶酸知识知晓率98.40%。定期开展孕前优生健康检查实验室质控,全市五家服务机构在省级实验室室间质量评价中均为优秀。开展免费唐氏及神经管畸形产前筛查、羊水穿刺,为高龄孕产妇提供免费孕期超声和产前会诊超声,新生儿免费遗传代谢病筛查由4种扩展到29种,增加新生儿先天性心脏病筛查,全市出生缺陷三级预防全程服务得到完善,孕产妇最高免费金额可达4000余元/人。是年,开展免费唐氏及神经管畸形产前筛查4700人,查出高风险218人;免费羊水穿刺317人,查出阳性7人;新生儿遗传代谢性疾病筛查5234例,筛查出可疑197例;新生儿听力筛查5220例,确诊听力异常22人;开展新生儿双指标筛查2919例,确诊新生儿先心40例,均得到及时治疗和干预。开展羊水培养441例,异常11例;产前诊断彩超1336例,异常47例;胎儿MRI169例,阳性143例。64例出生缺陷儿在产前

2020年舟山市妇幼保健主要指标

表56

项　　目	指　　标
孕妇早孕建册率	95.03%
孕早期检查率	93.76%
产后访视率	98.53%
孕产妇系统管理率	93.59%
新法接生率	100.00%
产前筛查率	92.26%
住院分娩率	99.98%
出生体重低于2500克比率	4.40%
婚检疾病检出率	42.19%
3岁以下儿童系统管理	96.01%
3岁以下儿童健康管理	99.36%
7岁以下儿童健康管理率	99.52%
新生儿疾病筛查率	99.92%
出生缺陷发生率(县级以上医院监测数据)	468.93/万
母乳喂养率	92.26%
孕产妇死亡率	24.18/十万
围产儿死亡率	4.10‰
新生儿死亡率	0.97‰
婴儿死亡率	1.45‰
5岁以下儿童死亡率	3.38‰
婚前医学检查率	69.23%

终止妊娠，提高出生人口素质。

【托幼健康管理】 推进3岁以下婴幼儿照护服务，根据国家、省相关文件精神，出台《舟山市人民政府办公室关于促进3岁以下婴幼儿照护服务发展的实施意见》。市卫健委联合市委编办、市教育局等5部门出台《关于做好托育机构备案及相关工作的通知》，开展托育机构备案培训，规范备案流程，将通过备案的托育机构信息向群众公开，接受社会监督。是年，通过备案6家，新增3岁以下婴幼儿照护服务机构5家，新增托位160个。加强托育服务人员培训，委托市妇保院相继举办舟山市托育机构负责人及卫生保健老师岗位培训、新上岗卫生保健人员培训、市属及定海区托幼机构新上岗保育员培训，累计培训241人。加强托幼机构卫生保健工作业务管理，加大指导和督查力度，做好疫情下托育防疫督查指导。加强集居儿童膳食管理，做好集居儿童营养性疾病矫治工作。全市有建制镇托幼机构129所，达到卫生保健合格单位129所，卫生保健合格率100%。

【儿童保健】 开展0～3岁儿童发育监测及筛查、自闭症筛查，建立全市儿童早期发育监测、筛查和干预服务体系。提高基层儿保人员筛查技能，促进儿童发育异常的早期识别和诊断。开展0～6岁常住儿童眼保健和视力检查服务，促进儿童视力异常和可疑眼病的早期识别。各级妇幼保健机构以孕妇学校和育儿学校为健康教育基地，开展孕产妇及儿童早期发展的科普宣传授课及咨询，提高孕产妇健康和儿童早期发展重要性认识。开展市级儿童早期发展示范基地及示范点创建工作，推动儿童早期发展工作向乡镇及基层延伸。市妇幼保健院被评为全省儿童早期发展示范基地，普陀区妇幼健康服务中心、岱山县妇幼保健与计划生育服务中心被评为市级儿童早期示范基地。是年，0～3岁儿童发育监测率96.01%，发育筛查率92.91%，确诊异常141例。7岁以下儿童健康管理37282人，健康管理率99.52%；3岁以下系统管理14654人，系统管理率96.01%；专案管理高危儿2766例，确诊全面发育迟缓的59例，语言发育迟缓75例，运动发育迟缓37例，脑瘫2例，其他9例。

【便民服务】 推进"出生一件事"多证联办、网上办、掌上办工作，与省平台对接，提升办事效率，实现数据跑腿、服务到家。简化出生"一件事"办事流程，实现出生医学证明、预防接种证、新生儿户籍登记、医保参保、市民卡等五证一站式联办服务。全市全年减少群众跑腿2万余次，精减材料4万余份。线上办件4934件，占办件量的93.29%，其中6月启动掌上办，办理2585件。通过App公众号，创新开展避孕药具网上领取，实现资源整合，减少浪费，网上成交订单2023单。推广使用母子健康手册App。深化"互联网+"母子健康服务模式，打通婚（孕）检、孕期保健、产时分娩、预防接种、儿童保健等全环节信息，累计注册人员达1.8万人次。

【妇女"两癌"检查项目】 推进城乡妇女免费"两癌"检查。加强人员培训和质量控制，规范服务流程，提高检查质量。开展多渠道宣传，提高群众知晓率和参与性。组织两癌工作技术指导小组专家对全市各个县（区）及市本级承担筛查和进一步接诊工作的医疗保健机构进行专项检查，对工作中存在的问题进行反馈并给予建议，促进两癌工作的规范开展。是年，完成宫颈癌检查9693人，乳腺癌检查10208人；发现宫颈癌4例，乳腺癌9例，均已进行手术治疗。

【艾滋病、梅毒、乙肝母婴阻断项目】 做好"艾梅乙"母婴传播阻断项目。加大临床和保健的合作，重点抓好孕期监测及规范化治疗，确保母婴传播得到有效阻断。召开全市预防艾滋病、梅毒、乙肝母婴传播项目的重点案例分析讨论会。全市发现HIV抗体阳性孕妇5例，HIV抗体阳性产妇1例，其所生儿童早期诊断阴性。随访HIV母亲所生的婴儿4例。梅毒感染产妇40例，治疗率100%，未发现先天梅毒。乙肝阳性母亲所生新生儿281例，乙肝免疫球蛋白注射率99.29%。

【妇幼人群疫情防控】 在全省率先出台《疫情期间孕产妇管理工作流程》，对孕产妇按照有无疫区流行病学史、有无疑似症状、是否密切接触者、是否病例分成四种人群，分别提出健康检查、分娩等医疗服务的工作流程和防交叉感染措施，并随新冠肺炎诊疗和防控方案的更新及时进行调整。加强属地化管理，开展重点人群的排摸和随访工作，动态了解辖区孕产妇和儿童情况。建立一对一的随访联系制度，通过电话或微信等方式跟进随访和管理，必要时落实感控要求，做好个人防护进行上门随访。做好疫情防控期间婚(孕)前、孕产妇和儿童健康检查，分三阶段推行分时、有序、逐步放开的健康检查措施。采取提前预约，精准引导，维持诊间秩序，实行一人一诊室，错峰开展孕产妇、儿童健康检查工作，做到孕产妇及儿童保健门诊的有序分流，避免人群在诊疗区域聚集，减少院内感染风险。

爱国卫生

【巩固国家卫生城市】 2020年，开展第三十二个爱国卫生月活动，助力打赢新冠肺炎疫情阻击战，4月24日，市爱卫办组织全市成员单位机关干部130余人在新城银泰百货和华润万家周边，开展集中捡烟蒂活动。各县(区)结合工作实践，开展特色活动。10月27—29日，通过省爱卫办对舟山市国家卫生城市的年度综合评估。

借力全国文明城市创建、小城镇整治、城乡环境整洁行动、美丽舟山、污水“零直排”等工作，提高国家卫生城市管理水平，为健康舟山建设打下基础。是年，全市有9个乡镇被全国爱卫办命名为国家卫生乡镇，全市累计有11个乡镇通过命名和复审，国家卫生乡镇比例达到59%。新创省卫生村5家，全市累计创建省卫生村28家。定海区干礁镇、金塘镇，普陀区虾峙镇、六横镇、展茅街道，嵊泗县黄龙乡、枸杞乡、嵊山镇新申报下一轮国家卫生乡镇。

印发《舟山市健康乡镇、健康村建设指标》，定海白泉镇、普陀桃花镇、岱山东沙镇和定海白泉万金湖社区、普陀桃花宫前村、岱山东沙镇桥头社区获得市级健康乡镇和健康村命名。

【病媒生物防制】 抓住春、秋冬季有利时机，印发《关于做好2020年全市病媒生物防制工作的通知》，召开全市病媒生物防制工作会议。市疾控中心印发《舟山市2020年病媒生物监测方案的通知》，对全市病媒生物密度进行监测，为疾病的预防及早期发现提供技术支持。在4月和11月统一开展投放鼠药活动，鼠药到位率和覆盖率均达到95%以上。市疾控中心在10月举办全市抗疫国债项目病媒生物监测工作会议，提高专业技术人员的操作能力。动员各地、各部门开展夏、秋季灭蚊蝇及灭蟑螂活动，并在全市范围内选择定海区白泉镇白泉万金湖社区、普陀区展茅街道干施岙村、岱山县秀山乡秀北村、嵊泗县五龙乡黄沙村为2019—2020年舟山市“无蚊村”建设示范点，经评审考核，4个村均基本达到无蚊村标准。10月中旬，省爱卫办对舟山市国卫城市病媒生物防制技术水平评估达到C级(其中蜚蠊控制水平达到A级)。

【改厕工作】 推进农村改厕工作，各县(区)爱卫办加强与改厕乡镇沟通，对尚未完成改厕任务的乡村，年初下达每个村改厕任务。发挥财政投入的引导作用，将改厕工作列入政府考核内容，调动乡镇和群众改厕的积极性，坚持“集中连片、整村推进”，确保完成年度工作目标。全年新建农村户厕325户，全市累计完成农村改厕2943户，农村卫生厕所普及率100%，无害化卫生厕所普及率99.68%。

是年，市爱卫办对全市医疗卫生机构厕所革命进行督查，县(区)爱卫办在对乡镇医疗卫生机构厕所调查摸底的基础上，结合国家卫生乡镇创建和省级卫生乡镇、卫生村巩固工作进行相应督查，通过开展专项整治，达到设施齐全、制度完善、专人管理、环境整洁的标准。全市医疗机构厕所基本符合标准要求。

(撰稿：高榕骏)

医疗保障

【概况】 2020年，全市城乡居民医保参保率稳定在99%以上，完善医疗救助对象及时精准识别机制，资助参保和待遇保障政策落实100%，推进医养护融合发展。是年，市医疗保障局被省医保局评定为年度考核优秀等级和创新先进单位，局机关党支部被市委组织部评为抗疫先进集体。

【医保待遇】 巩固户籍人口参保率　推进参保扩面，完善参保登记、缴费及转移接续办法，避免重复参保。是年，参加城乡居民基本医疗保险527718人，参保率99.43%。

6 月 10 日，市医保局召开基本医疗保险市级统筹专题研讨会(黄凤芝　摄)

完善城乡医保筹资结构　调整筹资水平，人均筹资 1609 元，其中财政补助 1008 元，个人缴费 601 元，人均筹资金额占上年度城乡居民可支配收入的比例从 2.63%提高到 2.78%，个人缴费金额占比从 35.6%提高到 37.4%。

落实医疗救助政策　医疗救助政策、救助对象、救助标准、自助参保政策全市统一，全市起付线、封顶线统一。在全省率先对全市特困、低保、低边人员 2019 年度个人自负医疗费用 5 万元以上的 31 人进行化解工作，医疗救助金化解 12 人，支付 41.8 万元。

推进长护险试点改革　指导岱山县出台《完善岱山县长期护理保险制度实施细则(试行)》，对长护险机构、项目、费用、认定程序作出详细规定。完善 500 元 / 月待遇标准，按居家护理和机构护理不同情形分类实施，取得阶段性成效，被省改革办“竞跑者”栏目推荐。

【医保基金管理】市级统筹省级试点　通过分析市级统筹在医保体制机制、政策设计、经办管理等方面改革中存在的差距和不足，制定以“政策统一，促进公平”“基金统筹，风险共担”等为重点任务的实施方案，开展市级统筹试点创建筹备工作，为全省深化医保改革探索经验。

开展 DRGs(疾病诊断分类)点数法付费改革　是年，根据《舟山市医疗保险住院费用 DRG 点数付费暂行办法实施细则》正式实施住院费用 DRG 点数付费，全市有 27 家医院实施。根据省局发布的《(ZJ-DRG)细分组目录(1.0 版)》分组方案，确定病组 998 个。是年，全市上传病案 13.63 万个，入组病案 13.58 万个，入组率 99.6%，涵盖 900 个病组。对于偏离支付标准的高倍率病案，进行特病单议，确保付费改革顺利运行。

深化“三医联动”改革　做好国家组织药品集中采购和使用试点扩围一至三批采购。国家 4+7(北京、天津、上海、重庆和沈阳、大连、厦门、广州、深圳、成都、西安 11 个城市)集采第一批、第二批药品超额完成规定采购量，减轻参保群众医药支出超亿元。取消市本级、各县(区)公立医院、乡镇社区卫生服务中心医用耗材加成，全年减少医疗支出 800 余万元。推进医疗服务价格改革。对市本级公立医疗机构运行情况，调价增收部分和下调空间数据进行测算比对及审核。在该基础上对相关医院进行考核，确认被考核医院全部完成腾空间任务。

实施医保药品支付改革　贯彻《浙江省医疗保障局关于印发浙江省提升药品集中采购平台功能推进医保药品支付标准全覆盖改革方案的通知》精神，推进医保药品支付标准全覆盖。审核全市二级及以下医疗机构 5000 余个项目和标准，指导民营医疗机构按规定调整医保支付标准。

开展打击欺诈骗保专项治理　对全市各定点医疗机构和定点药店线上检查和现场检查做到 100%，对重点领域借助第三方合作力量进行专项检查，均取得明显成效。全年检查定点医药机构 236 家，处理 149 家，处理医保医师 64 人和参保人员 3 人，追回违规医保费用 1047.71 万元。参加省局组织的异地基金监管飞行检查，查实衢州两家医疗机构违规医保费用 1400 万元。

4月7日,市医保局召开"打击欺诈骗保　维护基金安全"集中宣传月推进会(黄凤芝　摄)

【医保经办服务】 推进"互联网+政务服务"改革。实现所有事项上线办理,全市27个医保服务经办事项全部纳入"网上办、掌上办、跑零次"。推进跨省异地就医门诊直接结算。全市二级及以上医疗医院和大部分基层医疗机构共59家,已接入省内和跨省异地联网结算系统。优化特殊病异地门诊结算流程,率先在全省实现特殊病门诊医疗费用异地联网刷卡结算。

抗击新冠疫情。落实疫情防控期间各项医保政策,全面保障患者医疗费用。在困难时期协调医药机构持续向企业、居民供售口罩约200万只。推进医保经办事项简化办、马上办、特事特办和不见面办理。建立药品配送协调热线电话,解决隔离期间群众配药难问题。统计药店刷卡购药人员信息,协助做好人员排查工作。做好对企业基本医疗保险费单位缴纳部分的减征工作,完成1.3亿元减征目标,实际减征1.6亿元。

(撰稿:夏颖)

责任编辑:孙国生

人力资源和社会保障

概　述

2020年，全市人社系统贯彻落实“两手硬”“两战赢”的决策部署，围绕“六稳”“六保”目标任务，攻坚克难、识变应变，各项工作取得明显成效。就业形势保持总体稳定，全市城镇新增就业40112人，比上年增长20.8%，城镇登记失业率保持在低位。社会保障持续扩面提质，全市户籍法定人员基本养老保险参保率提高到95.77%。人才引育工作取得成效，全市新引进高校毕业生13652人，同比增长26.8%。7月，舟山技师学院获省政府正式批文摘筹，全市新培养高技能人才10228人，同比增长46.7%；新增专技人才5454人，同比增长21.9%。劳动关系保持和谐稳定，实施“鱼山绿色石化基地根治欠薪专项攻坚行动”，岛上40家总包单位全部实现“六项制度”全覆盖，市人社局获评浙江省“无欠薪”县（市、区）建设工作先进集体。全市最低月工资标准1800元，非全日制工作的最低小时工资标准16.5元。至年末，全市企业劳动合同签订率98.1%。仲裁结案率、调解成功率分别提高到95.8%和78.5%，仲裁网办率达到20.6%。创建人社“重要窗口”成果显著，东西部劳务协作“订单”扶贫机制获评2020年“人社扶贫助力全面建成小康社会优秀成果”，并在全国作典型宣讲。

人才引进与培养

【紧缺高端人才引进】 围绕自由贸易、城市建设等重点领域，全年新引进紧缺高端人才88人，自2013年底以来累计引进585人。9月，会同市委人才办、市财政局出台《关于调整市级机关事业单位紧缺专业人才引进管理流程的通知》，从岗位确定、人选入职、经费保障、日常管理、工作监督等方面进一步规范机关事业单位紧缺专业人才引进管理办法。10月，会同市委人才办、市财政局出台《舟山市鼓励企业引进紧缺高端人才实施办法（试行）》，明确市外引进到舟山企业工作的人才引才补助。压实主体责任，优化完善

5月8日，开展企业直播带岗活动。图为舟山市城管局公用事业管理中心工作人员正在直播（市人社局提供）

"谁引进、谁使用、谁负责"的工作体系,激发企业引才用才积极性,破解企业生产经营过程中优秀专业人才短缺问题。引用并重,紧缺高端人才完成岗位职责的同时,围绕市委、市政府关注的重点问题和自贸区建设的重点领域,全年开展重点调研课题10个,行业论坛、智慧沙龙、教学研究等专业指导活动9场,提升人才综合效能。

【持续实施"高校毕业生聚舟计划"】 8月,市政府办公室印发《关于进一步优化城镇落户政策的通知》,出台落户新政,以"最低门槛"落户吸引青年人才到舟山,对中职(含技校)毕业生、全日制大专以上毕业及取得技能等级证书、职业资格证书、职称证书的,可凭证书直接落户,试行人才落户"租售同权"政策,其适龄子女就读义务教育学校可享受"有户有房"政策。创新云端招聘模式,实施"云端招聘+直播带岗"线上招聘全新模式,举办"千企百校"高校毕业生云端招聘季等线上招聘活动36场,"直播带岗"6场。逆行出击精准引才,首次采用"线下专场+驻点代招"模式,从5月起赴兰州等18个城市35所高校举办54场校园招聘会,并与浙江师范大学、金华职业技术学院、兰州理工大学等6所院校签署市校人才工作合作协议。是年,引进各类高校毕业生13652人,其中硕士研究生537人,博士研究生103人,同比分别增长55.65%和6.2%。

【甬舟人社一体化合作】 4月,与宁波联合举办"在浙里·甬抱你"云端招聘特别季——宁波舟山青年人才联合招聘会,做好疫情防控期间高校毕业生就业服务工作,47家舟山单位参加。5月,组织舟山海投集团、浙江兴业集团、舟山城投集团等7家重点企业赴宁波大学举办专场推介招聘活动,是疫情发生以来全市举办的首场赴外校园专场招聘,也是宁波大学上半年接待的第一批校外招聘单位。5月,市委人才办、市人社局、市财政局出台《舟山市教授(专家)工作室建设管理办法(试行)》,加强甬舟两地企业与高校、科研院所的交流合作,引导更多的创新要素向企业聚集。是年,甬舟两地共建教授专家工作室11家。7月,舟山技师学院与宁波幼儿师范高等专科学校开展合作办学,首次招收中高职一体化学前教育专业学生30人。建立劳动保障监察业务交流制度。8月,邀请宁波市劳动保障监察支队对舟岱大桥、东港—鲁家峙公路等工程项目贯彻落实"六项制度"情况进行交叉检查,并组织开展劳动保障监察工作理论和实践问题线上交流研讨,推动欠薪治理工作走在全省前列。推动养老保险跨区域顺畅转移接续,依托浙江省政务服务网公共服务平台,推进两市社保数据共享对接与互认。加强工伤保险合作互通医疗资源,在舟山市参保并认定为工伤的职工,可前往宁波定点医疗机构进行医疗及康复治疗,产生的医疗费用按照规定由工伤保险基金支出。

【人力资源服务业发展】 9月,市政府办公室印发《关于加快人力资源服务业发展的实施意见》,通过五年努力,全市集聚人力资源服务机构达到250家以上,产业规模达到50亿元以上,培育人力资源服务龙头骨干企业5家以上,并提出建设全市人力资源产业园的目标方向。9月底,成立舟山市人力资源服务业协会,首批会员单位67家,涉及全市人力资源服务机构、院校、人才市场和实体企业。至年末,全市有各类人力资源服务企业182家,其中职业中介类57家,劳务派遣类125家。全年新办理人力资源服务许可14家,劳务派遣20家,并有3家机构入选"全省人力资源服务业榜单"。

【人才保障与服务】 是年,持续推进人才服务"一件事",精简申请材料,优化审核流程,配合完成人才服务云平台的建设,并投入使用,实现人才服务前台、后台网办全流程,跨部门流转审核全线上,提高审核效率。全年新增发放高层次人才证398张,市本级通过人才认定1399人,政府奖励236人(68.85万元),津贴发放1403人次(725.6万元),审核通过人才个税奖补67人(403.64万元),审核通过浙石化个税奖励483人(386.71万元)。配租人才公租房(含免租)271人,协调解决家属就业就学申请13人;兑现购房补贴178人(2392.5万元),安家补贴62人(33万元),配套奖励17人(335万元);高校毕业生个税奖励96人(121374.69元),大学生到舟山企业实习补贴49人(15.39万元)。

【专业技术人员管理】 实施专业技术人才知识更新工程，对市专业技术人员继续教育平台进行升级改造。加大高层次人才培养力度。是年，郑国栋、张中雷、张国强入选享受政府特殊津贴人员，潘依雯、张小军入选省“万人计划”青年拔尖人才。新设立省级博士后工作站2家（舟山市质量技术监督检测研究院、浙江黎明智造股份有限公司），全市有博士后工作站11家，其中国家级2家，省级9家。至年末，全市有专业技术人员98908人，其中高级职称专业技术人员7363人，中初级职称专业技术人员91545人。

【职称制度改革】 5月，市人社局、市经信局出台《舟山市水产加工行业初、中级专业技术职务任职资格评价条件》，建立以水产加工人员的工作绩效、创新成果为核心的量化评价标准。6月，市农业农村局、市人社局出台《舟山市职业农民农业技术中级职称评价条件（试行）》，将返乡创业大学生、农创客等职业农民纳入职称评审范围，健全乡村人才评价体系。深入推进教育系统职称制度改革，在全市9所普通高中、17所中小学开展中初级职称自主评价工作。

【职业技能提升行动】 1月，市人社局、市财政局出台《关于做好本市受疫情影响企业职工线上职业培训补贴工作的通知》，将疫情防控期间停工半停工企业职工培训纳入职业技能提升行动专账资金补贴范围。“一企一策”帮助企业制定培训方案，推动受疫情影响企业职工线上职业培训，83家企业完成线上备案，开展职工培训人数3909人次。11月，市人社局、市财政局出台《关于实施以工代训补贴工作的通知》，以工代训补贴采取全程网报的形式，通过自主申报和大数据比对相结合的方式，自动筛选产生符合以工代训补贴条件的人员清单。全市350家企业发起以工代训补贴申请，涉及补贴人数11820人，发放补贴金额613.55万元。是年，全市开展补贴性职业技能培训4.12万人次，实施职业资格鉴定和技能等级认定20924人。新增高技能人才9133人，技能人才总量21.33万人，其中高技能人才7.2万人，占技能人才总量的33.7%。

【企业新型学徒制试点工作】 依托舟山技师学院联手重点企业，按照“校企双制、工学一体”的原则，推进新型学徒制工作，定制开办智能楼宇管理高级工班等，全年639个员工注册为企业新型学徒制学员。

【职业技能大赛】 开展绿色石化、临港制造、海洋旅游、综合服务4个行业领域17个职业（工种）的市级一类比武和2个职业（工种）的市级二类比武。全市1500余名一线职工直接参与一类大比武活动。通过大比武活动晋升技师73人，高级工121人，1人获“舟山市技能大师”称号，52人获“舟山市技术能手”称号。是年，浙江首届技能大赛在宁波举行，全市选派33名选手参与全部30个项目的比赛，取得1个第一、1个第二、2个第四、1个第五的历史最好成绩。

6月12日，舟山市发出全省首批第三方评价机构职业技能等级证书（市人社局提供）

【职业技能等级认定试点工作】 6月12日,全省首批第三方评价机构职业技能等级证书颁发仪式在舟山举行。舟山市技师学院(筹)26名学生获得全省首批第三方评价机构技能等级证书,舟山正式启动技能人才评价重大改革工作。全年完成13家企业和1家第三方评价机构在省平台上备案,8家企业和第三方评价机构开展技能等级认定工作,5219人获技能等级证书。

人事管理

【事业单位公开招聘】 2020年,全市人社系统围绕重点项目建设需要,抓招聘战略机遇期,加强疫情防控,采用"多批次、小规模、专业化"招聘方式,做好招聘工作。市本级发布公开招聘公告31个,推出岗位374个,招聘计划646个,开展各类招聘考试26次,入围体检考察410人。

【重点领域专场招聘会】 根据专业领域特点,全市首次启动城市建设和城市管理领域人才专场招聘,全市各级联动组织,推出自然规划、住建、城管等相关系统28个岗位计划招聘29人,20人入围体检考察,市本级入围5人,其中"双一流"高校本科毕业生8人,硕士研究生12人。

【事业单位工作人员"一件事"改革】 全面推进事业单位工作人员职业生涯全周期管理"一件事"改革,完成全市250余万条信息采集和数据导入。7月15日,"一件事"平台和人事工资系统同步正式运行,与省内试点市同时实现"一件事"平台与省人事工资系统的数据贯通。完成事业单位人事管理与出入编、养老保险、医疗保险、工伤保险、失业保险、公积金6个平台的数据共享,与户口迁入和社保卡实现数据推送,7个事项后续经办业务由原来的51份材料缩减到7个表单和9个附件,613项信息项经两次压缩减至198项,压缩率为68%,并承诺"一件事"发起业务一日之内办结,比省定标准再提速一倍。事业"一件事"办结率位于全省前列。

【关心关爱疫情防控一线人员】 推进落实各级党委政府在岗位晋升、年度评优、先进奖励等方面关心关爱疫情防控一线人员政策。实施疫情防控期间及时奖励,联合市委组织部先后三批对全市31名援鄂医疗队员和在新冠肺炎疫情阻击战中表现突出的7个集体和62名个人给予嘉奖。为抗疫一线医务人员审核发放临时性补贴205万元,涉及897人次。完成全国、全省、全市抗击新冠肺炎疫情表彰推荐评选工作,全市产生2名全国先进个人、30名省先进个人、10个省先进集体、2名省优秀共产党员、3个省先进基层党组织、200名市先进个人、50个市先进集体、40名市优秀共产党员、20个市先进基层党组织。为全市17位符合条件抗疫一线人员优先办理职称(岗位)申报(晋升),其中4位突破单位岗位结构比例晋升。为全市抽调疫情防控一线事业人员核增年度考核优秀名额249个,其中卫健系统医护人员核增优秀名额156个。

【事业单位岗位管理】 针对事业单位机构改革以及清理规范整合后单位被取消机构规格、原设置比例不同的跨行业单位划转至同一主管部门、原设置比例不同的多个单位合并为同一单位等一系列新情况,制订解决方案,审核完成32个主管部门下属135家事业单位岗位设置方案。优化中小学校岗位设置。10月,市人社局、市教育局印发《关于进一步完善中小学校专业技术岗位设置管理的通知》,完成教育系统专技二级岗人选推荐和三级岗聘任工作,激励资深拔尖教师。为甬舟铁路项目办紧缺急需专业技术人才核准副高特设岗位,调动重点项目一线人才积极性。选取浙江国际海运职业技术学院等6家事业单位作为试点,指导单位根据系统性、客观性和规范性的原则,明确各岗位的职责任务、工作标准和聘用条件,完善事业单位岗位管理和聘用工作,打破"因人设岗"顽疾,提升岗位精细化管理水平。

【工资福利】 调整卫生防疫津贴标准,一类津贴标准为每人每月560元,二类津贴标准为每人每月450元,三类津贴标准为每人每月350元,四类津贴标准为每人每月260元;调整机关事业单位精减退职、遗属和计划外长期临时工生活困难补贴标准,分别调整至1605元/月、1335元/月、1165元/月,月增资分别为75元、60元、55元。

【人事考试】 是年,舟山市人事

考试院组织实施人事考试43次，涉及考生5.1万余人次，比上年增长14.4%，其中规模最大的2020年公务员笔试考生近8000人。查处违纪违规行为8起，未发生群体性作弊事件。完善委托命题工作流程和提升命题工作科学化水平，全年委托第三方机构命题63套，主要用于事业单位公开考试，规范全市事业单位自主招聘行为。

【考试防疫】 在实施考试过程中，统筹兼顾考务、防疫和交通疏导等内容，制订考试防疫工作方案和应急处置预案，"三段式"严格落实疫情防控常态化各项要求，实行重点关注考生跟查制度，确保防疫措施落实到位，实现人事考试"零疫情"。

【考试信息化建设】 开展考务微创新应用，购置并启用100台语音播报器，实现统一播放监考指令内容；继续推进人事考试考务智能编排管理系统（二期）软件开发工作，促进考务安排工作更严谨、科学；设计面试计时器，促使面试倒计时更精准；设计考场导引系统，便利考生进行教室查询，在大规模考试中应用成效明显。

就业创业

【城乡就业】 2020年，新增城镇就业人员40112人，城镇登记失业人员再就业4355人，其中就业困难人员再就业2209人，完成创业培训4288人次，年末城镇登记失业率1.55%，零就业家庭实现"动态归零"。发放创业担保贷款363笔，贷款总额7630.5万元；发放创业担保贴息413笔，贴息总额580.02万元。

【就业创业政策】 7月，舟山市人民政府办公室出台《关于进一步做好稳就业工作的实施意见》，全面贯彻落实党中央国务院、省委、省政府关于"六稳""六保"的决策部署，突出在疫情背景下，通过加大产业发展力度、减轻企业成本负担、拓展多样就业渠道、强化重点群体帮扶、开展职业技能培训等多举措来稳就业、促就业。10月，舟山市人社局、财政局联合出台《关于进一步做好稳就业工作的实施细则》，明确创业平台运营补贴、创业服务补贴、农民工一次性创业补贴等6项政策的具体操作依据。

【帮助企业复工复产】 面对新冠肺炎疫情影响，做好企业复工复产期间的用工服务保障工作，专门组建工作专班，依托大数据平台，全面摸排舟山市重点企业复工用工、缺工以及接返人员需求等情况，形成复工复产基础数据库，并组织力量，通过包车、专机、专列等形式，批量接返外地务工人员逾1.5万人。在疫情形势仍旧严峻期间，深入安徽、河南、四川等地开展劳务对接，在接返员工的基础上，与当地建立长效劳务合作机制。批量接返员工的工作被浙江日报、浙江新闻联播、央视新闻直播间等媒体多次报道，并获得人社部认可，取得良好社会反响。

【就业见习】 9月，集中征集就业见习岗位179个。是年，新增见习基地38家，至年末全市累计有见习基地153家，见习规模522人，发放各类见习补贴202.64万元。

2月18日，舟山市首趟免费专机送企业员工回舟复工（市人社局提供）

【高质量就业社区(村)建设】 6月,舟山市就业管理中心印发《关于做好2020年度高质量就业社区(村)建设活动的通知》,推动各县(区)、功能区开展高质量就业社区(村)建设活动。是年,新增高质量就业社区(村)50个,经县(区)推荐、市级综合评定,确定临城街道桃湾园社区等20家为市级高质量就业社区(村)。

【提升公共就业服务水平】 编制《舟山市公共就业服务标准化实务手册》、发布全省创业领域首创的地方标准《自主创业登记管理服务规范》、推进人机联办及服务下沉,实现公共就业服务政策、业务、服务三大体系标准化。比对省建64个事项受理经办流程,提出差异化需求和11个本地化事项,完成历史数据迁移,实现就业系统省级集中。

【全国大学生创业大赛】 7—11月,面向全国组织举办2020年中国·浙江舟山群岛新区全国大学生创业大赛。大赛以"智汇新区、梦起东海"为主题,在舟山召开新闻发布会暨启动仪式,先后在上海、厦门、西安、杭州举办城市赛,在舟山举办总决赛。本次大赛涉及海洋经济、电子商务、物联网、智能制造、新材料、生命健康等多个领域,征集到项目147个,其中博士10人,硕士40人,本科以上学历的占99.3%,创客团队42个,企业团队105个。通过网评、城市赛路演等比拼,23个项目入围总决赛,"黑科技赋能文化、文旅及文创"获得金奖。

【第七届创新创业大赛】 8月,以"汇聚奇思妙想、迸发双创活力"为主题的2020年舟山群岛新区第七届创新创业大赛正式启动。通过县(区)推荐和高校选拔,征集到报名项目40个,经过专家评审,10个项目进入全市决赛。本次大赛首次将四川省达州市创业项目纳入参赛范围,实现山海协作的创业连线,达州市的"小玫瑰大产业"和"扎根红色万源践行扶贫使命"入围全市决赛。10月30日,定海区参赛项目"万坞互联大数据生态系统服务"获大赛一等奖。

11月27日,中国·浙江舟山群岛新区全国大学生创业大赛总决赛在舟山举办(市就业中心提供)

【"大学生创业之星"评选】 8月,启动"大学生创业之星"评选活动,本次评选以"创享青春、逐梦前行"为主题,通过自我推荐和组织推荐方式参选,经过现场答辩、专家评选等环节,择优选出10位"大学生创业之星",授予"大学生创业之星"荣誉称号,颁发荣誉证书和奖金。"大学生创业之星"的事迹在《舟山日报》等平台进行集中宣传。该次评选活动,以社会形象好、创业理念好、经营成效好为衡量,获评的"大学生创业之星"中有返乡创业的海归、也有应届毕业生,创办的企业涉及网络科技、电子商务、食品加工、教育培训等行业。

【推进乡村振兴工作】 践行新发展理念,在加强乡村振兴人才支持、建设渔农村社会保障体系、促进渔农村居民就业创业等方面积极作为。是年,全市举办返乡入乡合作创业带头培训班33期;组织专家助力乡村振兴活动46次;全员就业信息动态登记采集劳动年龄内户籍人口47.58万人,覆盖率98.07%;帮助就业困难人员实现就业2209人;开展农村电商培训2368人次;举办服务乡村振兴专场招聘会5场,提供就业岗位392个;城乡居民基本养老保险人均待遇水平为239.94元/月，较上年225.14元/月增长6.6%。

【深化东西部扶贫劳务协作】 精准聚焦舟山紧缺用工行业，持续深化东西部劳务协作，创新实施“订单”扶贫机制，通过“技能提升+订单就业”双管齐下，为舟山产业发展“订制”技能人才，为西部贫困劳动力就业增收“订制”高薪岗位，为全面建成小康社会“订制”人社发展路径。是年，全市先后开办机电、旅游管理、海员等专业订单班，累计培养学员400余人。创新实施东西部劳务协作“订单”扶贫机制作为“人社扶贫工作优秀案例”，入选2020年全国“人社扶贫助力全面建成小康社会优秀成果”，并作为全国三个优秀案例代表之一上台宣讲。是年，全市帮助中西部22省贫困人员稳定就业7030人，帮助对口帮扶4省贫困人员稳定就业1943人。

【举办各类人力资源招聘会】 是年，全市举办各类人力资源招聘会115场。其中线下招聘会78场，1641家用人单位现场设摊，提供就业岗位6800余个，需求人数3.2万余人，累计入场1.22万人次，求职登记4400余次，达成初步就业意向1388人；举办线上网络招聘会37场，524家企业推出岗位1729个，需求人数11534人。

【丰富“淘就业”平台功能】 为解决疫情防控期间企业复工用人问题，加大供需对接力度，提高人力资源配置效率，新增“舟山市共享用工平台”和“舟山市网络视频招聘平台”功能模块。依托互联网打破企业阶段性用工不平衡现象，提高供求双方网络招聘体验度，全程无接触交流，降低时间成本，提高招聘效率。是年，“淘就业”平台注册企业用户达到1.9万余家，个人注册用户3万余人，申请发布招聘信息2.3万条，浏览量达到298万次，较上年有较大提升。

劳动保障

【应对疫情防控期间劳动关系问题】 2020年，开展新冠肺炎疫情防控工作，成立舟山市因疫情引发群体性劳资纠纷事件工作领导小组，指导全市防疫期间劳动关系调整工作。编制《舟山市人力资源和社会保障局因疫情引发群体性劳资纠纷事件应急预案》，梳理出《舟山市疫情防控期间工资口径汇总》《关于新冠肺炎疫情防控期间劳动关系政策及维权指引》和《疫情期间企业生产经营法律问答手册》，指导用人单位和劳动者规范企业发展和职工权益的关系，引导职工与企业同呼吸共命运，共同渡过难关。

【特殊工时清单式管理改革】 自2019年12月1日起，全市开始实施特殊工时审批清单式管理，对申请实行特殊工时工作制度行政许可的用人单位，经批准后，其清单内岗位实行特殊工时工作制度不需要按周期向人力社保部门报批。至年末，市本级有104家企业加入特殊工时清单式管理目录。

【劳动监察维权维稳】 全年开展劳动保障双随机抽查438起，监督检查用人单位1260家，涉

7月16日，市防范和处置欠薪领导小组办公室督查岱山无欠薪县（区）创建（市人社局提供）

及劳动者4.9万余人。全市各级防处机构协调处理欠薪案件250件,为3454名劳动者追回工资6952.3万元,结案率100%。全年未发生突出的欠薪上访、群访和恶性事件。强化欠薪舆情应对与处置,建立"市+县(区)+乡镇(街道)"三级欠薪舆情反馈和应对机制,组建舆情信息共享、联合处置的工作钉钉群,快速把握欠薪舆情应对主动权,全年处置完毕欠薪舆情111起。

【监察专项行动及"无欠薪"创建】 深入开展根治欠薪夏季、冬季专项行动,每季度对各县(区)开展根治欠薪工作进行督查,通过平台审核、交叉检查、暗访暗查、考核排名等方式进行动态综合评估,促进根治欠薪工作常态长效。全市各级防范和处置欠薪机构做好在建工程项目"三查两清零"工作,对全市所有在建工程进行地毯式排摸,其间检查用人单位1412家,涉及职工人数6.9万人,责令43家企业追发795人工资及赔偿金100.52万元。岱山县通过省级"无欠薪"县(区)创建的考核评审,全市"无欠薪"县(区)全部创建成功,市人社局被浙江省根治欠薪工作领导小组授予浙江省"无欠薪"县(市、区)建设先进集体。

【鱼山石化基地"根治欠薪"工作】 成立鱼山根治欠薪工作专班,先后30余次前往鱼山岛,全力攻坚鱼山项目,召开各类协调会、座谈会、培训会21次,形成石化类项目分账管理三方协议及补充协议,推动鱼山绿色石化基地在建项目总包单位完成银行代发、分账管理等长效机制落实,在岛40余家总包单位签订完毕三方协议及补充协议,实行工程款和工资款分账管理,全年通过专户发放工资9.03亿元,涉及农民工6.73万人。

【欠薪数字化监管】 运用"互联网+"现代化信息手段,打造"工程建设领域工资支付全过程监管平台",建立多部门数据互联共享监管信息库,实行分账管理网上监管,实名制管理网上登记,银行代发网上监管,实现工资支付数字化"智治"监管。全年监管工资发放10.02亿元,涉及农民工48002人。平台入选省"对标争先改革创新"优秀试点项目、省政府"观星台"优秀项目、省"互联网+监管"基层智能监管创新应用、2020全国数字政府优秀案例50强。

【调解仲裁】 是年,全市各级仲裁机构立案受理劳动争议案件1458件,上期结转98件,涉案人数1592人,涉及金额12148.43万元。审理结案1489件,结案率95.7%,其中调解撤诉1175件,调撤率78.9%,结案金额3667.85万元。

【基层调解组织建设】 6月,市人社局、市总工会、市工商联、群岛新区企业联合会/企业家协会印发《关于加强基层协调劳动关系三方机制建设的通知》,完善全市协调劳动关系三方机制工作体系,更好地发挥基层协调劳动关系三方机制在构建和谐劳动关系、推进和谐企业和和谐园区建设中的积极作用;8月,市人社局印发《推进"东海渔嫂"劳动纠纷调解工作室建设工作方案》,全市打造"东海渔嫂"劳动纠纷调解工作室8家。为解决基层调解组织力量不足问题,舟山市仲裁委先后与海事局成立"邵老师"劳动纠纷调解工作室,与上海瀛泰(舟山)律师事务成立"东海渔嫂"劳动纠纷调解工作室,累计接受各类劳动纠纷维权帮扶类电话咨询301件,累计办理法律援助73件,参与电话调解、现场调解35件。

【互联网+调解仲裁】 创新打造"两庭一室",即标准化科技仲裁庭、网络仲裁庭和网络调解室,实现劳动纠纷异地调解仲裁"跑零次"。是年,全市通过网络办案263件,网络办案率20.6%,办案效率从平均45天缩减到35天。项目入选省"对标争先改革创新"优秀试点项目。

【劳动争议裁审衔接】 8月,联合市中级人民法院、市司法局、市总工会召开首届全市劳动人事争议调裁审衔接会议;11月,市人社局、市中级人民法院、市司法局、市总工会四部门联合印发《关于构建劳动争议纠纷多元化解多方联动工作机制的意见》,进一步完善社会矛盾纠纷多元预防调处化解综合机制。

社会保险

【社会保险参保情况】 至2020年末,全市养老保险、失业保险、工伤保险参保人数分别达到83.95、25.82、40.11万人。其中，职工基本养老保险60万人，比上年新增3.76万人；机关事业单位养老保险5.79万人，同比减少0.04万人；城乡居民基本养老保险18.15万人，同比减少1.47万人；被征地农民基本生活保障1.77万人，同比减少0.3万人。全市养老保险户籍法定人员参保率95.77%。

【社会保险基金运行情况】 至年末，全市收缴职工基本养老保险基金69.85亿元，支付77.46亿元，当年收支出现赤字7.51亿元，历年累计结余9.38亿元；收缴机关事业养老保险基金16.22亿元，支付15.57亿元，当年结余0.66亿元，历年累计结余2.92亿元；收缴城乡居民基本养老保险基金4.4亿元，支付3.01亿元，当年结余1.39亿元，历年累计结余5.52亿元；收缴失业保险费1.68亿元，支付2.84亿元，当年收支出现赤字1.16亿元，累计结余3.79亿元；收缴工伤保险费0.48亿元，支付1.39亿元，当年收支出现赤字0.9亿元，历年累计结余4.24亿元。

【养老保险政策调整】 根据全省统一部署，12月，市人社局会同市财政局、市自然资源局、市税务局印发《关于进一步做好被征地农民参加基本养老保险有关工作的通知》，规范被征地农民参加基本养老保险。未达到法定退休年龄的被征地农民按规定参加职工养老保险，不得以事后追补缴费的方式增加被征地农民的缴费年限；已达到法定退休年龄的被征地农民按规定参加城乡居民养老保险，不得违反国家规定纳入职工养老保险参保范围；在城乡居民养老保险制度内增设一档高缴费档次供被征地农民选择。12月7日，全市全面启动被征地农民参加基本养老保险工作，通过专班运行、方案制定、业务培训、风险管控等方式，确保被征地农民参加基本养老保险工作的平稳落地和有序开展。至2021年1月4日，完成各项工作任务，未发生涉稳信息和异动情况，指定账户开设、7867名整改人员业务经办工作及整改人员中领取待遇人员首次待遇发放等工作实现全省"三个率先"。

【养老保险待遇】 10月，市人社局、市财政局出台《关于建立城乡居民基本养老保险待遇确定和基础养老金正常调整机制的实施意见》，从1月起，对65周岁及以上参加城乡居民基本养老保险的老年居民，增发10元/月的老年养老金，调整现有缴费档次和补贴标准，建立城乡居保待遇调整和基础养老金正常调整机制，完善全市城乡居保制度。做好基本养老保险待遇调整与发放，从1月1日起，机关事业、企业退休人员基本养老金分别调整为人均每月7150元、2723元。

【企业职工基本养老保险省级统筹】 规范企业职工基本养老保险当年及跨年度应缴未缴社保费一次性补缴工作。从4月20日起，与用人单位建立劳动关系的参保人员当年应缴未缴的基本养老保险费，经社保机构核准，非本人原因造成的，允许在次年4月30日前一次性补缴；与用人单位建立劳动关系的参保人员跨年度应缴未缴的基本养老保险费，需提供人民法院、审计部门、实施劳动保障监察的行政部门或劳动争议仲裁委员会出具的具有法律效力证明存在劳动关系的相应文书后，允许一次性补缴；人社部、省人社厅关于企业职工基本养老保险一次性补缴另有规定的从其规定。

【落实阶段性社会保险费减免】 对全市中小微企业免征2—12月养老、失业、工伤保险的单位缴费部分；对全市大型企业减半征收2—6月养老、失业、工伤保险的单位缴费部分。阶段性减免社会保险费实施期内全市累计减免社保三险12.56亿元，其中基本养老保险费11.6亿元，失业保险费0.42亿元，工伤保险费0.54亿元，惠及全市2万余家企业。

【失业保险政策调整】 7月，市人社局、市财政局下发《关于贯彻落实扩大失业保险保障范围政策的通知》，落实大龄失业人员失业保险延长待遇政策，自2019年12月起，对领取失业保险金期满仍未就业且距法定退休年龄不足1年的失业人员，继续发放失业保险金至法定退休年龄；阶段性实施失业补助金政策，2020年3—12月领取失业保险金期满仍未就业的失业人员、参保缴费不足1年或参保缴费满1年但因本人原因解除劳动合同的失业人员，可以申领6个月的失业补助金，标准为每人每月500元。进一步推进失业保险金"畅通领、安全办"，对超过法定退休年龄但尚未依法享受基本养老保险待遇的参保失业人员，可申请办理失业登记和失业保险金领取手续；取消失业保险金申领60日限制，失业人员可在失业期间随时办理失业登记并申领失业保险金。

【失业保险待遇】 全市累计发放失业保险金42713人次，发放金额6150.67万元；累计发放失业补助金16806人次，发放金额836.6万元；支付职工基本医疗保险费1111.88万元。落实价格临时补贴政策，并于3月至6月阶段性提高价格临时补贴标准，全年累计发放价格临时补贴418.59万元。

【失业保险稳岗返还】 落实失业保险稳岗返还政策(含社会保险费返还和失业保险费返还)。社会保险费返还名单由人社、财政、税务、经信、市场监管五部门联审认定，为受疫情影响较大的中小微企业返还2019年12月缴纳的社会保险费。加大失业保险费返还力度，对不裁员或少裁员的参保企业返还其上年度实际缴纳失业保险费的50%。依托大数据比对，为符合返还条件的企业自动申报、主动返还，经公示无异议后，返还资金通过社银接口直接拨付到其社保缴费账户。是年，全市返还社会保险费1亿元，惠及企业8287家，职工9.5万人；返还失业保险费3094万元，惠及企业4120家，职工11.4万人。

【失业保险阶段性降低费率】 根据《人力资源社会保障部办公厅财政部办公厅国家税务总局办公厅关于印发〈关于阶段性减免企业社会保险费有关问题的实施意见〉的通知》和《浙江省新型冠状病毒肺炎疫情防控工作领导小组办公室关于做好复工企业用工保障工作的若干意见》，继续实施失业保险单位缴费比例下调政策。全市失业保险单位费率0.5%、个人费率0.5%的政策执行时间延长至2021年4月30日，累计为1.6万余家企业减负超1.25亿元。

【工伤保险政策】 4月，市人社局、市财政局、市卫健委、市应急管理局、市总工会印发《关于建立舟山市工伤预防工作联席会议制度的通知》，建立舟山市工伤预防工作联席会议制度，加强对工伤预防工作的组织领导，统筹推进工伤预防各项工作。6月，市人社局办公室印发《舟山市工伤认定工作规程》，规范全市工伤认定工作，进一步明确工伤认定申请、受理、调查核实、作出决定、送达、效力等事项。8月，市人社局、市财政局、市税务局、市应急管理局印发《舟山市工伤保险浮动费率管理办法》，进一步完善工伤保险费率调整机制，社会保险经办机构在用人单位按行业基准费率缴纳工伤保险费的基础上，根据用人单位上年度(自然年度)的工伤保险费支缴率、工伤事故发生率、安全生产管理及职业病危害程度等因素，核定该用人单位当年度工伤保险费率档次。12月，市人社局、市财政局、市税务局印发《关于阶段性下调工伤保险缴费比例的通知》，2021年1月1日至2021年4月30日，各统筹区根据工伤保险基金累计结余可支付月数对工伤保险费率分别进行下调。2018年5月1日至2018年12月30日期间，各行业单位未下调工伤保险费率的，按《舟山市人力资源和社会保障局舟山市财政局国家税务总局舟山市税务局关于阶段性下调工伤保险缴费比例的通知》进行退费，完成时间为2021年4月30日前。

【工伤保险待遇】 是年，全市认定工伤4200件，享受工伤保险待遇人数4807人，其中工亡待遇338人，伤残待遇4469人。

【工伤保险阶段性降低费率】 1月1日至12月31日，对除一类行业外的其他各类行业现行工伤保险费率下调50%，全市累计减征近6000万元。

【劳动能力鉴定】 是年，全市劳动能力鉴定2016人次，其中工伤职工劳动能力鉴定1929人次，非因工或因病丧失劳动能力程度鉴定87人次。

【社保基金监督】 社会保险经办全面取消手工办理、现金业务、社银人工报盘。委托第三方机构开展工伤保险基金专项检查，分统筹区对企业职工养老保险、工伤保险、失业保险基金运行情况进行安全评估。开展2019年以来企业职工提前退休专项核查，从政策落实、审批管理和违法违规三方面对298名特殊工种、74名因病丧失劳动能力和3名企业军转职工的提前退休进行专项检查。完成对失业保险基金从组织机构控制、业务运行控制、基金财务控制、信息系统控制、内部控制管理与监督5个方面47项指标逐项抽查，重点突出关系转移接续、重要信息变更、补贴发放、待遇支付等重点业务。

【全民参保扩面】10月，全市集中开展全民参保扩面工作，以全民参保登记库户籍人口参保情况为依托，梳理未参保人员数据，开展入户调查，加强政策引导，实施精准扩面，推动辖区内户籍人口应保尽保。落实社保扶贫政策，做好低收入渔农户、困难群体社保政府参保代缴工作，持续扩大基本养老保险覆盖面。

【社保业务信息系统省集中】8月3日，全市正式启用全省统一社保业务经办系统，结合省建系统特点，及时调整网报渠道、社保费征缴期及退休手续、参保中断办理时间，实现业务办理省集中。

【待遇超发核查追缴】加强与公检法等相关部门联系对接，完成市中院获取的83份刑事人员和部稽核系统90名疑似判刑人员数据核查，对超发待遇进行清算追回。至年末，追回超发待遇214.36万元。

【待遇领取资格认证改革】10月，在医保就医、健康码、交通出行、全省火化数据核查比对认证基础上，深入推进社区(村)等基层调查认证工作，并通过认证数据统计分析，建立社保经办机构自主认证机制，全面取消全市33.27万退休待遇领取人员年度资格认证，全省率先实现"无感智证"。

【国有企业退休人员社会化管理】10月，舟山市人社局、财政局、民政局、医保局、档案局印发《舟山市国有企业退休人员社会化管理服务工作实施细则》，自颁布之日起施行。国有企业参保人员办理退休手续后，其管理服务工作与原企业相分离，人员移交街道(乡镇)和社区实行属地管理，提供相应管理服务，并通过社会化发放，确保退休人员基本养老金按时足额发放到位。

【深化"最多跑一次"改革】全面对接政务服务2.0平台，在全省率先完成所有人社政务2.0半管控事项测试、上线、运行，实现四端全应用。创新开发事项标签设置，对所有人社政务服务事项以"服务对象身份类别"+"服务内容"等设置事项标签，申请对象登录人社自助机，选择个性标签，自动生成推荐主题服务包，根据需求办理相应业务，梳理形成事项标签329项，并于5月底在人社自助机上线运行；迭代升级"一件事"联办，创新推出个人创业、工伤处理、多证联办-营利性民办职业技能培训机构开办等"一件事"服务指南；超额完成人社系统"减窗"任务，根据省厅通报，全市人力社保系统人工窗口数从年初的78个精简到28个，精简率达64%，超额完成考核指标，减窗比例位列全省第一。

【"2030"舟山社保人活动】以"相伴2030"为主题，在全市范围内开展"相伴2030""舟山社保人"活动，寻找连续在社保工作20年以上的"舟山社保人"，分两个批次对李冬梅等19名20年舟山社保人和徐后强等3名30年舟山社保人进行授牌。

退休干部管理

【组织开展老干部活动】2020年，市退休干部活动中心接待学习娱乐及健身的退休干部4万余人次。开展"不忘初心，牢记使命"主题教育，组织40名离退休党员赴岱山金维映烈士纪念馆参观、学习。开展离退休干部社会考察活动，组织45名离退休干部赴朱家尖参观"观音法界"。

【抓好离退休干部党建工作】成立离退休干部党总支，下设五个离退休干部党支部。组织召开离退休干部季度学习会，学习《习近平谈治国理政》第三卷、《中国共产党党和国家机关基层组织工作条例》。发动离退休党员捐款支持新冠肺炎疫情防控工作，65人捐款6400元。

【开展老干部慰问】开展春节、"七一"建党日、重阳节期间走访慰问，上门走访看望35名体弱多病、行动不便的老同志，送去组织的关心关怀之情。看望慰问住院病人18人次。完成6名病故老同志后事处理，落实社保及抚恤金等结算工作。

(撰稿：安佳媚)

责任编辑：童涵

民间音乐:普陀渔工号子

渔工号子是海岛渔民在长期的生产劳动实践中自发创造的一种文化现象,它从最初劳动中有节奏的叫喊“嗨、佐”“依拉呵”等简单音乐开始,经无数次的重复和文字口语化的传承,渔工号子逐渐产生了音韵和音谱,最后形成了有节奏、有文字、有名称的渔工号子。

渔工号子种类繁多,凡涉及各种海上劳作的内容,渔工号子都有反映,如《拉网号子》《拔篷号子》《掏鱼号子》《摇橹号子》等。同时,根据劳动强度大小,又分为大号和小号二种。大号渔工号子反映的劳动内容往往高亢、凝重、充满力度,且有人领有人和,俨然如一部大合唱,如《起锚号子》《拔篷号子》等;小号所反映的劳动内容比较轻松,如《吊鱼号子》《掼网号子》等。

普陀是舟山的重点渔区,渔工号子历史悠久,底蕴深厚,民间音乐一般都是口头传承为主,书籍记录收集并不多见。1981 年,舟山市、普陀区的音乐工作者整理出版了“舟山民歌”,收录了“起锚”“拔篷”等 18 种渔工号子以及一批渔歌小调。此后,对这些号子虽未经集中的开发,但这些充满生活气息的音乐素材为当地作曲家所利用,成为音乐创作中不竭的宝库。有代表性的如杨翎创作的“海乡的秋天”“晒鱼鲞”等曲子均从渔工号子中撷取了丰富的音乐元素,数首歌曲在全国群星奖评选中获金奖。

舟山渔工号子特色鲜明,内涵丰富,在众多的民间文艺表演项目中,别树一帜,闪耀着灿烂的光辉。从艺术价值角度而言,它首先具有音乐价值,它以唱的形式存在,音乐元素是它的本质。因此,它是我们了解过去渔工劳动、生活、性格特征最生动的标本和证据。同时,更是现今音乐创作,特别是渔歌创作中最有价值的音乐素材。其次是它的文字价值,不同的语言展示着不同地区和民族的人民的生活习俗和文化传统,渔工号子中的“阿家哩格罗”“杀啦啦啦”等词语,对研究语言的变迁及历史,同样意义深远。渔工号子还有它的形象价值,因号子是一种劳动文化,每首不同的号子都是一幅生动形象的渔工劳作图,从形象感知来说,渔工号子能使我们感知到海岛渔工勇敢粗犷的外在形象和乐观豪放的内心世界。

渔业劳动方式的改变,渔工号子已失去了它存在的基础,但它所凸现的粗犷、豪放的东海人精神,那原始的、发自于生命自然质感的声音,依然令人震撼,值得我们去传承。近几年,在市、区文化部门努力下,一批渔工号子被整理发掘出来,并被列入浙江省非物质文化遗产保护目录。

民　政

概　述

2020年，全市民政系统学习贯彻习近平考察浙江重要讲话精神和关于民政工作重要论述精神，坚持把民政工作作为政治工作和促进共同富裕的基础工程抓紧抓实，克服新冠肺炎疫情影响，统筹抓好疫情防控与复工复产，落实“六稳”“六保”，在服务建设“四个舟山”、展示“重要窗口”海岛风景线中发挥作用。是年，舟山市在全国首创海岛服务驿站“幸福驿家”工作经验被省政府办公厅编入《整体智治唯实惟先现代政府建设案例汇编》，并被中国社会报头版、浙江日报头版刊发；幸福社区建设和嵊泗县“三事分流，分类协商”做法入选浙江省城乡社区治理创新案例；身后“一件事”作为唯一被省民政厅推荐项目入选省观星台优秀应用；地名审批工作经验被省跑改办“竞跑者”刊发推广；4项工作经验做法被《浙江民政信息》刊发推广；《“四个创新”助推破解“村改居”历史难题》项目被评为全市组织工作创新项目。

社会救助

【提高困难群众保障标准】 2020年3月，市民政局提请市政府同意，全市低保标准从每人每月720元调整至每人每月810元，增长12.5%。提高特困人员基本生活供养标准，基本生活标准按不低于当地低保标准的1.3倍发放，每人每月发放1053元，月提高43.7%。及时足额发放困难群众基本生活价格补贴，3—6月物价补贴在原发放基础上再提高1倍。至年底，全市有困难对象10951人，发放各类救助金10597.28万元。其中，低保6983户8586人，发放低保金7572.26万元；低边（低保边缘）844户1645人，发放低边金624.04万元；特困708户720人，发放特困金1027.11万元；根据物价上涨情况及时启动物价补贴发放，为各类群众发放物价补贴1373.87万元。

【完善社会救助制度体系】 提请市政府出台《舟山市临时救助实施办法》，将临时救助分为支出型临时救助和急难型临时救助，明确乡镇（街道）审批4倍低保标准以下临时救助，落实临时救助备用金，确保“快审快救”。制发《舟山市最低生活保障实施办法》，全面落实低保低边对象因就业、参与扶贫项目等原因导致家庭收入超标的渐退期制度，供养义务人家庭和支出型贫困家庭教育、医疗费用扣除制度，重度残疾人、重特大疾病患者“单人户”认定制度等，推动全市社会救助从收入型贫困救助向多维度贫困救助拓展，从关注家庭向关注个体拓展。

【加强因疫致贫等临时救助】 以社会救助联席会议办公室名义制发《关于做好新冠肺炎疫情防控期间困难群众社会救助工作的通知》，坚持因人制宜开展救助帮扶工作。根据新冠疫情防控常态化要求，加大对受疫情影响、连续三个月无收入来源、生活困难的未参保失业人员的排摸和救助力度，帮助其渡过生活难关。全年全市发放临时救助金256.32万元，救助1203人次，其中外来务工人员2人。实施大学生助学，全市405名符合救助条件困难家庭大学生受到资助，发放助学金206.8万元。

【推进社会救助专项治理】 依据2020年社会救助专项治理方案，抽调县（区）工作人员对全市社会救助领域梳理出的7个共性问题整改落实情况进行专题调研和督促。7月,举办全市社会救助综合培训班,全市包括县(区)、乡镇(街道)、村(社区)工作人员100人参加,邀请杭州思锐信息技术股份有限公司、市农业农村局等单位5人授课。8月,召开社会救助联席会,明确成员单位2020年社会救助重点工作任务清单和整改问题清单。梳理总结2018—2020年社会救助专项治理成效,各级民政部门接受群众投诉咨询500余件次,整改救助各类问题50个,给予相关人员警告、诫勉谈话等处理5人,追缴违规救助资金84.3万元,其中新城区域17.6万元。2018年以来,全市新增低保对象1959户2383人,取消低保对象4977户6571人,新增低边对象227户474人,取消低边对象2645户5002人,新增特困对象199户208人,取消特困对象155户156人。

【深化社会救助领域作风建设】以省委、省政府"民政30条"重点督查为契机,将作风建设贯穿到社会救助工作的全过程,推进社会救助专项治理,杜绝基层经办服务中形式主义、官僚主义和不作为、慢作为、乱作为问题。加密困难对象核查排查,自5月起,县(区)民政局每月对困难群众进行一次电子复核,乡镇(街道)每三个月对困难对象进行一次全面核查,社区(村)每月对辖区低保对象进行一次全面核查,确保困难群众家庭状况及时掌握。以"两不愁三保障"和因病致贫、返贫为主要内容,开展低收入群众大摸排,重点查看是否有收入在8000元以下未纳入救助范围的;经查,全市未发现8000元以下困难群众"漏保"问题。

【开展综合救助完善帮扶体系】发挥民政在救助体系中的牵头作用,建立健全统筹协调、责任分工、督查落实机制,形成"基本生活救助+专项救助+慈善救助""物质救助+服务救助"的工作格局。召开精准扶贫医疗救助责任保险工作座谈会,邀请人寿保险公司、慈善总会、县(区)民政局等就责任保险实施中存在的问题和完善措施进行交流。印发《关于加快建立困难群众定期探访制度的通知》,对分散供养特困人员、最低生活保障家庭、低保边缘户等社会救助家庭每季度至少上门探访1次。普陀区、岱山县、新城管委会等通过购买服务、公益创投等方式,引入社会力量开展探访照料服务,提升探访效能。11月,组织县(区)工作人员到各地对探访制度落实情况进行交叉督查。鼓励专业社工参与社会救助,支持引导志愿服务组织、社会服务机构等运用专业优势为社会救助对象提供心理疏导、资源链接、能力提升、社会融入等服务,形成"物质+服务"的救助格局。委托社会组织开展新城区域困难群众探访服务试点工作,取得较好成效。

【流浪乞讨人员救助】是年,全市各救助管理站救助求助人员725人次。其中省内28人次,省外211人次,无法查明地址486人次;其中,精神病人、痴呆傻、危重病人、肢体残疾等求助对象566人次。开展跨地护送,将34名流浪乞讨人员护送到家人身边。开展"寒冬送温暖""酷暑送清凉"专项救助行动,"6·19"全国救助管理和托养机构开放日等活动。创城与救助并举,围绕文明城市创建总体要求及结合救助工作实际,抓好对流浪乞讨人员的救助管理工作及流浪未成年人救助保护工作。

社会福利

【养老服务设施建设】2020年底,全市有养老机构88家,社区居家养老服务照料中心203家,示范型居家养老服务照料中心29家,床位总数10289张,护理型床位5220张。全市民办养老机构42家,床位5577张,床位占比54%。每百名老人拥有社会养老床位数达到6.52张。

【居家养老服务立法】将《舟山市居家养老服务促进条例》列入2020年立法工作计划,成立由市人大常委会和市政府领导为"双组长"的立法起草领导小组。通过召开立法工作座谈会、部门意见征求会、立法听证会等方式,征求各县(区、功能区)、市属部门和群众代表意见,并公开登报征求社会各界意见,不断对条例(草案)进行完善。年底通过市政府常务会议讨论并提交市人大常委会审议。

【民生实事项目】完成11家示范型居家养老服务中心建设。从

2019年底开始启动选址工作，指导各乡镇（街道）科学合理编制建设计划，统筹安排建设资金，强化督促落实职责。提前2个月完成130户困难家庭适老化改造项目。通过研究分析共性和个体需求，采取“一户一档案”“一户一方案”的方法，集中进行专家评估。按照“改造一户、验收一户”原则，分期入户验收，严把工程质量，确保该民生实事项目落到实处。

【“幸福驿家”海岛服务】　市民政局组织协调，20个政府部门、企业、群团组织和四县（区）整合服务功能，依托社会力量，在定海长白、普陀白沙、岱山大长涂、嵊泗绿华4个偏远海岛联合打造海岛服务驿站——“幸福驿家”项目，为海岛群众提供多元化服务。各级政府职能部门、慈善机构、群团组织和社会爱心企业捐赠物资近100万元，开展或安排相关服务活动77次，覆盖群众近7000人，通过信息服务平台收到105条群众需求。被《中国社会报》、央广网、《浙江日报》等媒体刊登和播放，相关信息被“学习强国”学习平台录用。

【智慧养老建设】　迭代升级智慧养老服务平台，增加实时动态场景应用，增强大数据综合分析研判能力，为养老政策制定提供决策参考。实现智慧养老服务平台向县（区）乡镇（街道）迁移，形成全市智慧养老一体化。推进全市养老服务机构信息化建设，在先期14家养老机构接入试点基础上，逐步向全市养老机构和乡镇（街道）示范型居家养老服务中心扩面。完善“8189316”养老服务热线号码功能，增加便民服务、养老咨询、健康养生等内容，丰富平台服务供给。上线发布舟山智慧养老平台公众服务系统“颐舟慧”手机端和2款依托智慧养老平台的智能腕表，给各社区80周岁以上的失智半失智老人和60周岁以上低保低边家庭失能失智老人免费赠送智能腕表。

【养老人才队伍建设】　制定《舟山市（2020—2022）三年养老行业人才培育总体规划及行动》，举办2020年舟山市第三届养老护理员职业技能大赛，开办养老护理技能提升培训班等各类人才培训19批次，对885位养老服务和护理人员开展培训。组建“东海渔嫂”助老员队伍，并纳入养老人才三年培训方案，提升村（社区）助老服务质量。

【儿童福利生活费保障】　至年底，全市有孤儿和各类困境儿童590人，留守儿童96人。其中，孤儿24人（机构养育12人，散居孤儿12人），各类困境儿童566人。市本级福利机构养育孤儿的基本生活保障标准提高到每人每月2120元，社会散居孤儿的基本生活保障标准提高到每人每月1696元。困境儿童基本生活保障标准提高到每人每月339～1696元。其中，福利机构养育的事实无人抚养儿童的基本生活保障标准为每人每月2120元，亲属或个人寄养的为每人每月1696元；低保和低保边缘家庭中的病残儿童基本生活保障标准分别为每人每月1696元；享受低保和低保边缘家庭的儿童基本生活保障标准分别为每人每月848元和每人每月339元；困境家庭儿童基本生活保障标准为每人每月339元。

【孤困儿童阵地品牌】　创新打造“守护海娃”关爱海岛孤困留守儿童特色品牌项目。至年底，开展“守护海娃点亮童年”主题夏令营等各类项目活动15个，256名志愿者参加，惠及儿童13420余人。首次将儿童福利院从市社会福利中心中独立出来，实现体制单设、编制独立、场地独立、运营独立、财政独立。全市因地制宜打造29个示范型儿童之家，90个各具特色的基础型儿童之家。

社会组织管理

【社会组织登记】　至2020年底，全市有社会组织1439家，每万人拥有社会组织数达到14.4个，其中新成立社会组织92家（社会团体34家，社会服务机构58家）。全市拥有乡镇（街道）枢纽型、支持型社会组织39个，覆盖率100%；拥有社区级枢纽型、支持型社会组织332个，覆盖率82%。加强乡镇（街道）、社区社会组织备案工作，全市备案社区社会组织3776家。

【社会组织党建】　至年底，市社会组织综合党委有直接管理正式党支部14家，党员74人，管理功能型支部14家；是年，新发展党员5人，与各社会组织业务主管部门向全市登记在册社会组织派出党建指导员178人，由党建指导员负责对本单位主管的社会组织党建情况进行指导和监督。市社会组织综合党委结合清明节、劳动节、建党节、国庆节等节日，组织安排“忠诚于党”主题教育月、“学党史、铸忠诚”观影交流会、“红色教育基地”研学活动等主题党日活动，全年组织特色活动30余场。

【社会组织年检】 全年完成对372家社会组织年检，其中年检合格347家，占总社会组织数的93%。开展社会组织双随机抽查26家，合格率100%，对未年检的社会组织予以公告，实行黑名单管理，纳入信用舟山征信系统。

【社会组织培育与扶持】 编制公布《2020年社会组织承接政府转移职能和购买服务推荐性目录》，至年底，全市132家社会组织编入推荐性目录，较上年增加27家(其中市本级12家)。全年开展公益创投、为老志愿服务、社会组织评估和社会组织培育发展服务等123个公益服务项目，投入资金482.8万元。其中，市本级开展浙江舟山群岛新区第八届社会组织公益创投大赛，确定28个公益创投项目，协议资助福利彩票公益金136万元，慈善总会资金30万元。实施社会组织能力提升工程，全年举办社会组织党组织书记培训班、社会组织秘书长培训班，培训学员150人。

【社会组织宣传推介】 全年通过“舟山市服务中心微信公众号”、舟山现代社会组织网等平台发布各类活动信息230余条。创城期间，通过微信公众号进行集中宣传；在防疫期间，推出“抗击新冠肺炎疫情 舟山市社会组织在行动”等系列宣传报道。举办第五届“公益伙伴日”，通过举办公益映像馆、公益会客厅等方式，展现社会组织风采，浓厚公益氛围。是年，全市有1家社会组织获得省级优秀社会组织品牌称号，5名社会组织负责人获省级社会组织领军人物荣誉。

【社会组织等级评估】 坚持分类分评，发动全市社会组织参与等级评估，提高参评率。委托北京金凯伟业咨询有限公司开展社会组织等级评估、公益项目绩效评估等各类评估115次。至年底，全市有AAAAA级社会组织18个，AAAA级社会组织54个，AAA级社会组织71个。

基层政权和社区治理

【全市城乡基层自治组织】 至2020年底，全市四县(区)、两功能区管委会下辖36个乡镇(街道)，有127个社区居民委员会、280个村民委员会、3个未改制的渔农村居委会。是年，根据省委统一部署，各地开展新一轮村(社区)组织换届，全市应换届的村委会280个，社区居民委员会126个，至年底全部完成；未改制的3个渔农村居委会于2021年年初完成。

【社区治理与服务创新】 全市城乡社区治理与服务创新实践项目进一步发展。嵊泗县菜园镇以“实施三事分流，开展城乡协商”为主题，申报通过第三批省民政厅“社区治理与服务创新实验区”项目。普陀区通过第二批“实验区”中期验收。至年底，全市已有1个省级“实验区”建成，2个在建。

【幸福社区建设】 根据市“民政28条”精神，出台《舟山市进一步深化“幸福社区”建设实现城市社区全覆盖实施方案》，至年底，全市累计完成119个城乡社区的“幸福社区”建设示范项目，其中城市社区104个，农村社区15个，城市社区覆盖率达82%。

【指导做好新冠肺炎疫情社区防控】 成立局疫情防控工作领导小组，会同市卫健委出台《关于进一步动员全市城乡社区积极开展新型冠状病毒感染的肺炎疫情防控工作的补充通知》，下发疫情防控文件、指南和倡议书16个，开展疫情防控相关政策和防疫知识的宣传；指导动员各地城乡社区工作者、社会组织参与抗疫工作，发挥村规民约、居民公约的作用，引导村、居民履行公民责任、加强自我约束；制定出台《关心关爱疫情防控一线城乡社区工作者的8条措施》和《进一步激励关爱疫情防控一线党员干部和医务工作者的15条举措》。开展社区工作者慰问，落实“一人一帮扶”，为抗疫人员子女和援鄂医护人员家庭提供服务。

【农村社区建设】 组织开展第三批省级农村引领型社区前期评估、遴选和推荐。11个村通过省民政厅验收，全市累计建有省级农村引领型社区52个。

【社区工作者队伍建设】 加强对城乡社区工作者的褒扬,全年有45名城乡社区工作者入选省民政厅"城乡社区千名抗疫人物英雄谱",15名村社工作者被市委组织部、市民政局、市人社局选树为2020年度全市"最美村社工作者",新城管委会临城街道锦湾社区主任任娜芳被民政部评为全国民政系统抗击新冠疫情优秀城乡社区工作者。

区划地名工作

【行政区划与界线管理】 2020年,继续贯彻落实推进新型城镇化战略要求,开展岱山县撤镇设街道前期调研,为决策提供参考意见,助力构建以新区建设和小城镇协调发展的城镇格局。巩固界线界桩管理,推进平安边界建设,部署开展第四轮"定普线"联合巡查和边界纠纷隐患排查处置工作,妥善处置边界纠纷隐患,全长16.75千米边界线走向完整清晰,4块界桩完好无损,边界双方社会稳定,未发生涉界恶性事件和上访事件。

【地名数字化改革】 是年,深入"最多跑一次"改革,探索地名审批六合一"一件事"联办。创新"流程+审批+服务"工作机制,整合事项优化流程,构建快捷审批模式,主动跟进提升服务,服务民生,赢得民心,相关工作经验做法被省跑改办"竞跑者"刊发推广。完善市地名地理信息系统,全部地名地址纸质、电子档案数据录入系统。完成全部数据向省厅统建地名系统归集工作。完成国家地名信息库舟山市地名数据更新完善工作(全市2015—2018年入库数据核实修正,2019年数据入库)。全面对接省政务服务2.0系统。配合开展省统一网格地图绘制和标准地址落图工作。完善地名管理服务"码上办"。

【地名公共服务】 服务市政府中心工作,完成城市骨干道路"海天大道"的统一命名及相关门楼牌调整等后续工作,助力使其成为展示全市海上花园城市形象的"新名片"。编制出版《浙江舟山群岛新区地图》(2020版)。完成舟山市第二次全国地名普查档案立卷归档移交工作。加强地名管理规范化建设,深入"竣测合一"标准地名使用验收改革,规范日常地名命名更名,规范地名标志统一设置,持续开展清理整治不规范地名工作,部署全市路牌门楼牌专项清理整治工作,全力配合做好文明城市创建工作。全市投入整改经费77.9万元,新增路牌148块,维护更换、清洗路牌414块,新设、更换门(楼)牌12914块,整治效果显著,市创建办刊发相关经验做法。全年命名更名56条,编制门牌10806个,地名证明14个,全面提升地名管理服务能力。

【地名文化建设】 编纂出版《定海区地名志》《普陀区地名志》《嵊泗县地名志》和《穿越千年——嵊泗地名与地域文化》等地名图书。按部署开展国家、省标准地名词典和标准地名志舟山稿件的编纂修改工作。组织开展《舟山市标准地名词典》编纂工作。完善地名文化遗产保护制度,市民政局印发《舟山市地名文化遗产保护工作实施方案》。深入地名文化遗产保护工作,开展第二批"浙江省千年古镇(古村落)地名文化遗产"申报工作。参与新增市级文物保护单位考察评估工作。利用各种媒体做好地名文化的科普宣传工作。举办"纪念舟山解放70周年"地名图片展。拍摄地名微电影《地名话定海》。组织舟山地名变迁等讲座。参与由中宣部指导,民政部和国家广播电视总台联合制作的《中国地名大会》的出题、审片、后续宣传等工作。

殡葬工作

【落实惠民殡葬政策】 至2020年底,全市有殡仪馆8个,殡仪服务中心(站)6个,经营性公墓5个,公益性公墓264个,骨灰纪念堂(塔)55个。全年全市实施遗体火化减免7582具,减免基本殡葬服务费用426.8万元,船只租用费用270万元,平均每具减免937元。

【舟山市身后"一件事"联办】 全市身后"一件事"联办平台于2019年8月10日全域上线。2020年,全市受理群众身后"一件事"联办6239件。舟山身后"一件事"改革数字化转型项目列入省民政厅深化"最多跑一次"改革推进政府数字化转型第二批试点项目,舟山市群众"身后一件事"应用入选浙江省多业务协同应用(明星应用)展示平台观星台，为全省该领域唯一入选项目。

【推进移风易俗工作】　有序扩面文明治丧工作。是年，将两区及新城、普朱区域所属的乡镇(街道)建成区和城市主次干道纳入文明治丧区域。本岛城区和朱家尖、普陀山共有2452户出殡，经街道、社区工作组服务引导，选择车行1911户，步行541户，其中541户步行出殡家属未在限定区域主次干道漫游、绕行，在送丧过程中未发现散撒纸钱、路祭跪拜等不文明出殡行为，限定区域文明出殡率继续保持100%。嵊泗县自加压力，于7月20日起，禁止菜园城区居民小区内进行治丧活动，一律停放至县殡仪服务中心，并严禁游街围丧、鸣锣开道、鼓乐吹打、路祭念经等影响城乡环境及扰民行为。倡导居住私房的群众到县殡仪服务中心集中治丧。舟山本岛城区集中办丧率达84.2%。普陀城区集中办丧率高达近90%。试点殡葬礼俗人员规范管理工作。试行全流程介入，严控文明治丧关键人员和环节。定海区出台《定海区丧事服务人员教育管理(暂行)办法》，重点围绕界定管理对象范围、明确对应职责分工、规范从业行为标准、实施动态监督培训等方面提出一系列规范性措施。岱山县起草《关于岱山县党员干部、公职人员带头深化殡葬改革的若干规定(试行)》《岱山县殡仪服务人员管理暂行办法》等文件，规范城乡居民丧葬行为，整治丧葬陋习，引导和规范文明办丧。

【殡葬基础设施建设】　市殡仪馆集中治丧殡仪服务用房扩建项目进入全面施工阶段；岱山县殡仪服务中心改扩建项目进入工程设计阶段；六横殡仪服务中心已完成主体建设，进入室内各功能区布局阶段；新城殡仪服务中心进入工程设计阶段。各地殡仪馆均完成火化炉环保后设备处理的改造升级。

【节地生态安葬】　全市节地生态安葬奖补政策实行全覆盖。推进以骨灰堂、树葬为切入点的节地生态安葬设施建设。启用枸杞(嵊山)骨灰纪念堂，同步关停枸杞(嵊山)乡镇公益性墓地；建成清陵节地生态安葬园；启动嵊泗县生态树葬园区建设，规划面积12677平方米，总投资1650万元，设计墓位2885穴，全年完成投资600万元，完成主体工程量的50%。全市乡镇(街道)节地生态安葬点覆盖率61.1%，节地生态安葬率58%，提前完成省定考核指标。全市通过组织举办各类海葬文化主题活动，推广海葬节地生态安葬方式，逐步提升“彼岸花开”海葬品牌，全年实施海葬81例。

【殡葬文化宣传】　市本级在清明节期间举办以“精准防控、生态清明”为主题的第四届清明文化宣传周活动。实施分类管控祭扫，用好党员、社会组织和志愿者三支队伍，全面做好清明期间政策宣传、劝导说服、分流引导、秩序维护等工作，7620余人次参与现场管控，现场引导劝导群众72884人次。推进“智慧殡葬”建设，倡导并推出“云祭扫”“代祭扫”“远程扫”“预约扫”“共祭扫”等举措，满足群众祭扫、情感寄托需求，筑牢疫情防控和安全祭扫防线。全市预约祭扫总人数11080人。1521人选择云上祭扫；举办公益性集体代寄服务21次，个人代寄55次；举办清明云上祈福仪式，开启祈愿池，放莲花灯，唱响生命赞歌，祭1000余位在普陀莲花洋海葬的先行者。

婚姻工作

【婚姻依法登记】　2020年，全市办理结婚登记4548件，其中国内结婚登记4533件，涉外(港澳台)结婚登记15件；办理离婚登记2447件，其中国内离婚登记2443件，涉外(港澳台)离婚登记4件。补办结(离)婚登记1754件。

2019年10月16日启动“婚姻生育户口”一件事联办工作。2020年，办理婚姻登记4533对，办结生育登记874件，婚姻状况变更3051件。

【探索海岛婚俗改革新路径】　打造户外婚姻登记颁证新基地。依托海岛旅游资源，分别在普陀区海上玫瑰园、岱山双合爱情小镇、新婚林融入婚登颁证元素，建成3处户外婚姻登记颁证基地，为新人提供浪漫而有纪念意义的颁证场所。推行集体婚礼新婚庆模式，在“5·20”网络情人节等特殊节点，嵊泗、岱山、普陀等地相继举办“疫路有你　相守一生”集体颁证活动、首届“恋上岱山情定双合”中式集体婚礼、“幸福普陀　为爱起航”2020普陀首届青

12月12日，在普陀展茅海上玫瑰园举行“幸福普陀　为爱起航”2020普陀首届青年集体婚礼暨婚俗改革试点启动仪式（市民政局提供）

年集体婚礼暨婚俗改革试点启动仪式，发起婚姻领域移风易俗，倡导婚事新办、喜事小办。建立地方领导等特邀颁证师制度。全市制定出台“民政28条”，将建立地方领导等特邀颁证师制度写入其中。各级民政部门结合实际，设计内涵丰富的颁证词，邀请县（区）党委、政府领导担任婚礼证婚人和颁证员，使新人在庄重神圣的国徽下缔结良缘。

【婚姻登记信息化建设】 开启“线上＋线下”婚姻家庭辅导新模式。依托浙江省婚姻家庭辅导线上平台，通过线下公益创投、政府购买服务等方式让专业的社会组织入驻婚姻家庭辅导室，为新人提供婚前辅导、离婚劝导、法律咨询、心理疏导等服务。是年，开展婚前辅导、矛盾劝解、婚姻辅导、法律咨询等婚姻家庭辅导730次，其中专业离婚调解服务371例，劝和率达45.5%。持续推进婚姻登记工作和婚育户“一件事”改革。全面完成1950年以来所有婚姻登记数据扫描等电子化归档工作，录入扫描婚姻历史数据476597条。实现省内内地婚姻全省通办，推进婚育户“一件事”改革，通过部门间“数据”互联共享和内部流转，推进减证便民，深化政府数字化转型。

水库移民工作

【直补移民动态管理】 2020年，强化移民后扶人口动态管理，做好直补人口稽核工作。按照国家政策规定要求，坚持做到新增和核减的直补人口核实到人。经复核，全市有后期扶持直补人口1763人。

【移民后扶项目建设】 是年，完成移民资金项目安排，安排水库移民项目44个，项目平均资金26.16万元。加快移民资金使用进度跟踪，2018年三季度末以前的移民项目全部完成竣工验收，项目竣工验收率100%，资金结报率99.2%，2018年四季度至2020年三季度末的移民扶持项目竣工验收率和移民项目资金支付率均达到70%以上，实现省厅目标考核要求。

【移民后期扶持政策实施情况监测评估】 为贯彻《国务院关于完善大中型水库移民后期扶持政策的意见》和《浙江省人民政府关于完善大中型水库移民后期扶持政策的实施意见》关于加强水库移民后期扶持政策实施情况监测评估工作的要求，聘请浙江省水利水电勘测设计院，对2019年度舟山市大中型水库移民后期扶持政策实施情况开展监测评估。结果显示2019年舟山市后期扶持政策实施各项管理工作情况良好，符合规范化、制度化、科学化的要求，巩固和扩大了历年后期扶持政策实施成果。

【移民后扶项目监督管理】 全市范围内开展2019—2020年度水库移民后扶政策实施情况的监督检查，确保重点检查的县（市、区）不少于30%，对监督检查中发现的问题督促各县（区）做好整改措施，上报整改方案。

【移民后扶资金监督管理】 是年，全市收到水库移民资金1265.66万元，其中直补资金114.66万元，大中型水库移民后扶资金137万元，小型水库移民扶助资金1004万元，监测评估资金10万元。对全市水库移民项目资金开展内审工作，建立监督检查台账，对被审单位的整改情况进行回头看，并督促完成整改。

【新建水库验收】 6月23日，舟山市大陆引水三期工程(大沙调蓄水库)下闸蓄水阶段移民安置验收委员会对工程移民安置项目组织开展验收,通过对该工程的移民资金使用管理、农村移民安置、专项设施改复建、水库库底清理等工程进行实地检查和逐项验收,并经专题会议审议通过移民安置报告,满足水库下闸蓄水条件,大沙调蓄水库下闸蓄水阶段性验收通过。

(撰稿:市民政局)

责任编辑:童涵

社会生活

居民生活

【城乡居民收入与消费支出】2020年,全体常住居民人均可支配收入55830元,比上年增长4.2%。城镇常住居民人均可支配收入63702元,比上年增长3.6%;城镇常住居民人均生活消费支出36478元,同比增长0.4%。全年渔农村常住居民人均可支配收入39096元,同比增长6.3%;渔农村常住居民人均生活消费支出23915元,同比增长0.1%。城镇、渔农村居民收入比为1.63:1。城镇居民恩格尔系数为29.9%,渔农村居民恩格尔系数为32.2%,同比均持平。

【医疗卫生和社会保障】至年末,全市有卫生机构719个(含村卫生室),其中医院35个,社区卫生服务中心(卫生院)36个,社区卫生服务站113个。卫生技术人员(含村卫生室)10128人,其中执业医师4027人,注册护士4003人。医疗卫生机构开放床位6157张。全年免费婚检率69.23%,孕产妇住院分娩率99.98%,一孩率66.34%,二孩率32.44%。

至年末,全市参加基本养老保险人数83.9万人,基本医疗保险参保人数100.8万人,失业保险参保人数25.8万人,工伤保险参保人数40.1万人,生育保险参保人数26.8万人。城乡居民基本医疗保险人均筹资水平1415元,比上年提高30元。

至年末,全市有敬老院39所,社会福利院6所,床位数4517张。城镇"三无"对象集中供养率54.8%,渔农村"五保"老人集中供养率77.2%。城乡居民得到政府最低生活保障人数9509人,其中城镇低保对象1336人,渔农村低保对象8173人。城乡低保对象最低生活补助标准每人每月810元,比上年提高90元。

【城市建设和新渔农村建设】是年,全市新建、改造城市道路20条,拓宽瓶颈路4条,新增公共停车泊位1961个,建成城市公园2个,中心城区社区和口袋公园15个,新增绿道30千米。获评全国文明城市。美丽乡村建设稳步推进。建成24个省市美丽乡村精品村、4条主题风景线,培育美丽庭院2200户。新建改造污水管网17.37千米,河道3条。城区垃圾分类实现全覆盖,成为全省首个城乡生活垃圾全焚烧城市。

【居住环境】全市县级以上城市集中式饮用水水源水质全部达标。全年$PM_{2.5}$平均浓度为17微克/立方米,比上年减少3.0微克/立方米。日空气质量优良达标天数比例为97.8%,比上年提高1.1个百分点,空气质量持续保持全国前三。区域环境噪声平均等效声级52.2分贝。全市达到一、二类海水水质标准的海域面积占42.8%,四类和劣四类海水海域面积占46.2%,比上年下降11.0个百分点,近岸海域环境功能区达标率25.0%,比上年提高17.2个百分点。

(撰稿:徐妍)

民族宗教工作

【概况】2020年,舟山民族宗教工作实现从"治标"到"治本"、从"管得牢"到"管得好"的转变,《浙江舟山:积极推进普陀山佛协"三个建设"》等8项专题工作典型材料在《中国宗教》杂志上发表。

【严控宗教场所疫情传播】年初,按照上级部门要求,及时关停全市所有宗教活动场所和民间信仰场所,并停止一切宗教和民间信仰活动,推迟中国佛学院普陀山学院开学。及时向信教群众发布倡议书，做好宣传教育工作。在“双暂停一延迟”的4个多月里，对关停场所进行检查。6月2日，接到上级通知后，迅速下发《关于进一步落实浙江省有序恢复开放宗教活动场所方案的通知》，并制定《舟山市宗教活动场所有序开放工作指南》和“三不发生一做到”（不发生宗教教职人员疫情感染，不发生宗教活动场所疫情扩散，不发生因疫情产生的舆情，做到场所达标一个开放一个，未达标场所一律暂缓开放）工作目标，全市宗教(民间信仰)场所零感染、无事故。

【引导宗教界开展抗疫慈善捐献】

至年底，全市佛教界捐赠1200万元，基督教界捐献70.7万元，天主教界捐献20.2万元。其中，普陀山佛教协会第一时间向武汉火神山医院捐款1000万元，并向市民政局、市红十字会、市慈善总会、普济医院等14家单位捐款。普陀山佛教协会先后获“中国红十字奉献奖章”“中国红十字博爱奖”等荣誉称号。

【强化工作机制】 把握“三个纳入”（宗教工作纳入各级党委目标责任制考核，纳入领导班子和领导干部综合考核评价，纳入各级党委巡查工作）要求，通过巡查、整改、“回头看”等，明确各级党委宗教事务的主体责任。推进宗教场所“五进”（社会主义核心价值观、国旗国歌、宪法和法律法规、平安创建、中华优秀传统文化进宗教活动场所)，发挥“三人驻点小组”作用，出台《舟山市民族宗教事务工作制度》，从机构建设、队伍建设、制度建设、业务建设、基础建设等方面加强规范化建设。市民宗局与公安局联合召开“全市乡镇(街道)民宗所负责人学习会”，强化基层民宗干部责任意识，规范宗教事务管理工作制度。12月下旬，市委统一战线领导小组牵头，市委统战部、市政法委、市公安局、市委网信办等单位联合开展宗教工作督查。

完善强化市、县(区)、乡镇(街道)、村(社区)四级宗教工作网络，实现从“治标”到“治本”，从“管得住”到“管得好”的转变。召开全市民族宗教工作协调小组扩大会议，及时传达中央、省委最新精神，使各成员单位各司其职，形成齐抓共管的工作局面。召开全市民宗局长会议，部署推进重点任务落实。

【民间信仰点“提质控量”专项工作】 按照属地管理原则，注重引导和培育，实现民间信仰事务管理从规范到提质。出台《舟山市甲类民间信仰活动场所标准(试行)》，对全市410处民间信仰活动场所建立甲类乙类升降机制，全面实行动态管理。组织召开全市民间信仰工作推进会，总结民间信仰事务管理上的成果，推进规范化管理。

【宗教领域普法工作】 市民宗、司法、普法办联合开展宗教领域“2+3”（“2”即召开一次动员会、开展一次互学互比互促活动，“3”即7—9月3个月内每月确定一个系列的法律法规为重点学习宣传内容）系列普法宣传活动。全年组织普法讲座70余次，培训7000余人次。12月11日，2020年度浙江省以宪法为主题的“十百千万”普法工程授牌仪式在舟山市举行，普陀山法雨禅寺、定海天主教堂成为省级宗教普法示范点，定海隆教禅寺、普陀沈家门天主教堂、岱山慈云极乐寺、嵊泗基督教蒙恩堂、普陀山大乘禅院获选省级宗教法治宣传教育基地。

【宗教领域平安场所创建】 强化宗教场所政治安全、人员安全、活动安全、食品安全、消防安全、建筑安全、网信安全、财务安全、财产安全九大安全的“1+9”创建指标体系，市民宗局与市应急局等建立联合工作机制，强化维稳机制，全市宗教事务纳入“四服务一张网”基层社会治理体系，纳入宗教(民间信仰)领域日常巡查。宗教事务信息化管理、动态化管理、线上线下工作融合。全年全市有6处宗教活动场所被评为省级平安宗教活动场所。

【宗教领域反邪教工作】 严格按照《2020年舟山市防范打击邪教组织专项行动实施方案》和省委统战部、省民宗委关于宗教领域防范处理邪教工作文件精神，出台《关于对在公共场所散发宣传品等非法传教活动的处置意见》，联合公安部门制定《舟山市依法查处境外基督教渗透专项行动方案》。

【指导各宗教团体做好五年规划】

以点带面，加快县(区)佛教中国化方向进程。普陀山佛协贯彻落实《坚持佛教中国化方向五年工作规划纲要(2019—2023)》，继续加强制度建设、教风建设、品牌建设。指导市天主教爱国会制定全省首个《舟山市推进天主教中国化五年工作规划纲要实施细则(2020—2024)》。指导市基督教两会按照五年纲要继续推进基督教中国化工作,举办“纪念中国基督教三自爱国运动发起七十周年”活动。

【观音文化园竣工开园】 10月12日,省市“十三五”重点项目观音文化园竣工。11月14日举行开园仪式。开放后日均客流量4500余人次,周末近10000人次。

11月14日,位于朱家尖的观音文化园举行开园仪式(市民宗局提供)

【民族团结进步创建工作】 以中共中央办公厅、国务院办公厅《关于全面深入持久开展民族团结进步创建工作铸牢中华民族共同体意识的意见》为指导,围绕舟山市创建全国文明城市工作,结合舟山实际,提出“三点三面三维度”(突出民族团结进步重点示范培育单位这一点,带动社区学校这一面,辐射到居民和师生这一维度;突出市级民族团结进步教育基地这一点,带动观众读者这一面,辐射到全社会这一维度;突出民族团结工作站和民族艺术工作室及少数民族联谊会这一点,带动特定人群这一面,辐射到外来少数民族群众这一维度)的工作理念,铸牢中华民族共同体意识,加强各民族交往交流交融,促进各族人民“共同团结奋斗,共同繁荣发展”。依法管理,热情服务,促进全市各族群众的融合。

深入开展民族团结进步创建“六进”[进机关、进企业、进乡镇(街道)、进村(社区)、进学校、进宗教活动场所]活动,坚持“一室一站一特色,一点一地一主题”的理念,从工作室(站、点、堂)向周围辐射。利用“四微”(微组织、微平台、微窗口、微热线)平台,开展少数民族服务管理工作。发挥少数民族代表人士的示范带动作用,参与社区的创城、网格服务、治安卫生管理、参加双证制培训班等活动,增强外来少数民族群众的归属感和融入感。

【民族团结进步宣传教育】 通过搭建多位一体的教育平台,把民族团结进步教育纳入国民教育、干部教育、社会教育之中。各级党校(社院)将民族政策和法律法规列入县处级和中青年干部培训班课程。通过演讲比赛、诗朗诵比赛等活动加强青少年思想政治教育。组织少数民族群众参观爱国主义教育基地。在媒体上宣传民族团结进步内容,宣传党和国家的民族政策和相关法律法规。培育舟山鸦片战争纪念馆、浙江海洋大学等一批民族团结教育基地。

【民族团结进步典型培育】 按照省“双百村结对行动”实施方案,筹集60万元帮助金华市武义、兰溪等地的少数民族贫困地区。普陀山佛教协会因帮助少数民族贫困地区脱贫而获“全国脱贫攻坚先进集体”称号。浙江海洋大学、舟山市民宗局2个单位获全省民族团结进步模范集体称号,迪丽拜尔·尼牙孜等4人获全省民族团结进步模范个人称号。定海区檀枫小学、普陀区六横镇、新城迪丽拜尔民族艺术工作室、岱山县秀山乡秀南村、嵊泗县枸杞乡5家单位被确定为省民族团结创建重点培育单位。

(撰稿:张建军)

关心下一代工作

【概况】 2020年,市关工委聚焦党建引领,聚焦融合机制,增添

“五老”(老干部、老战士、老专家、老教师、老模范)正能量和新活力,聚焦探索“五老”志愿注册制度和“五老”团队组织模式等途径、平台,动员、组织“五老”队伍,推进海岛关心下一代事业高质量发展。

【强化关爱举措】 全市各级关工委在加强青少年思想道德建设、抓实主题教育作用发挥、开拓创新工作上下功夫,推动全市关工委工作新发展。多形式开展“特别的你　特别的爱”主题教育活动,促进老少共建、老少共进。组织红色宣讲会,“五老”进校讲述解放登步岛战役的故事;“五老”赴结对社区开展“献爱心　送温暖”活动,赴六横镇看望慰问留守青少年,纾困解难。定海以“庆六一　送关爱”“爱书进校园”“大手牵小手”等系列主题活动,广走访、深慰问,将关心关爱落实落细;普陀开展“护苗行动”——关爱单亲少年儿童项目,为辖区单亲子女、困难孩子送去帮扶关爱;岱山开展“新时代好少年”评选学习宣传活动,择优选树“新时代好少年”,以一批带动一批,营造比学赶超良好氛围;嵊泗结合新冠肺炎疫情防控主题,联系县检察院及关工委宣讲团成员陈士定开设网上服务举措,利用直播平台对青少年宣讲剪纸文化、法制教育等24次。

【做实做强品牌】 全市通过“党建带关键”联盟以项目化形式多轮驱动聚合力共促共为,打造新平台、凝练新品牌、激发新活力,推进关心下一代工作品牌建设。以“三色园”工作法引领各级关工委项目化、具体化开展工作。开展“党史、国史、家乡史”主题教育活动,加强青少年思想道德建设;找位置强担当,构建“党建带关键”新格局,探索将关工委工作触角延伸到社区党支部、党员主体、社会团体、老年大学、临时党支部等加强关工委的组织思想建设和制度建设。定海创建“海山夕阳红”品牌,听爷爷奶奶讲党建故事,通过“五老”结对育新苗,培育近百名新苗。普陀打造“银辉耀党”品牌升级版,注重发挥团队引领作用、先进“五老”榜样作用,搭建“空中课堂”,开办“倾听老人言”抖音短视频栏目,拍摄“烟头不落地”等创城公益广告,

6月13日,定海创建“海山夕阳红”品牌。图为“五老”在蓬莱社区讲故事(袁海静　摄)

6月5日,市关工委赴定海香园社区开展“关爱下一代　牵手向未来”活动(袁海静　摄)

创作战役防疫音频视频作品，主动融入防疫一线。岱山开展“寻找身边先锋，分享榜样故事”学习活动，邀请援鄂护士、最美志愿家庭、先进社区书记为青少年讲述无畏逆行、敬业奉献、乐于公益的先锋感人事迹，帮助青少年扣好人生第一粒扣子。

【推进全域共建】 全市关工委构建工作全域覆盖，形成上下联动、条块结合、齐抓共管的工作格局，实施渐进“清单化”工作模式，开展“全域推进、重点突破、城乡互动、军民融合”的“七进”活动，让具体落实迈入精细。融入社区“大党委”，组织“五老”进校、下村、入户，从思想教育、心理疏导、关爱帮扶等多层面关怀困难、残障、留守青少年，投身市域社会治理现代化试点工作，助力全市创建全国文明城市。赴蓬莱社区开展“大手牵小手 共创文明城”环境整治工作。开展“五老”一对一结对困境家庭行动。赴市强制隔离戒毒所开展零接触“爱心赠书 助力戒毒”活动，送红色书刊、展板，助力“十种文化戒一毒”行动。打造“阅享城南里”定海宋都商圈邻里服务中心，开展“垃圾分一分 家园美丽一百分”创城志愿服务活动、红领巾串门行动之“寻访真善美”等活动，激发榜样力量，实现全面育人。组织召开全市关心下一代工作例会和“补短板、创品牌、树标杆、走前列”工作推进会，推进三年“攀高计划”。普陀发挥舟山海洋优势，做好一批富有海岛特色乡土气息的“关字号”项目；依托蚂蚁岛、展茅、东港中学等现有阵地，开展乡土文学讲座、“五匠”文化传承、做优做强区域特色文化。岱山在岱东上船跳新农村打造县老干部“五老”户外银尚实践基地，设立“乐活工作室”；在老年大学设立“五老”培训基地；组织“五老”助力防疫企业复工复产；组织老干部进渔港渔村零距离向渔民宣传禁渔法律法规、强渔惠渔政策。嵊泗开展帮扶助学活动，40 名困难少儿和 10 名家庭困难大一新生受到资助，并结合六一拓展帮扶渠道，惠及众多困难青少年。

（撰稿：袁海静）

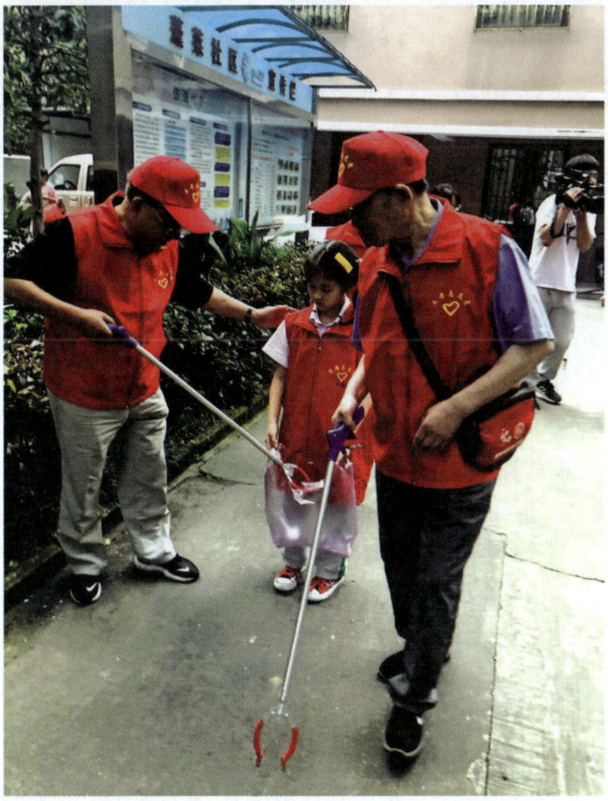

6 月 8 日，市关工委“五老”进蓬莱社区开展“大手牵小手 共创文明城”环境整治工作（袁海静 摄）

退役军人事务

【概况】 2020 年，全市退役军人事务工作坚持以服务经济社会发展、服务国防和军队现代化建设为根本出发点，深入实施思想政治工作年、基层基础基本建设年活动。双拥模范城建设再上新台阶，舟山市第八次被评为全国“双拥模范城”；服务保障体系建设稳步推进，全市建成多家“示范型”“枫桥式”退役军人服务中心（站）；推进退役军人移交安置工作，就业形势持续稳定，全市劳动年龄段退役军人登记失业率仅 1.4%，显著低于全省同类对象平均水平。

【成功创建全国“双拥模范城”】 在 10 月 20 日召开的全国双拥模范城（县）命名暨双拥模范单位和个人表彰大会上，舟山市第八次被命名表彰为全国“双拥模范城”，市委书记俞东来作为代表赴北京领取奖牌并接受习近平、李克强等党和国家领导人会见。舟山市普陀退役军人创业园服务中心获评全国爱国拥军模范单位，全省唯一；东部战区海军医院沈泉医师被评为全国“拥政爱民模

7月23日,舟山市第二届“最美退役军人”发布仪式暨首届“建行杯”退役军人创业创新大赛在舟山广电演播厅举行(蒋琳 摄)

范个人”;驻舟山部队海军竺可桢船被评为全国“爱国拥军模范单位”。

【推进退役军人服务保障体系规范化建设】 启动“枫桥式”退役军人服务站三年建设行动,统筹推进全国“示范型”、全省“枫桥式”退役军人服务中心(站)创建工作。是年,全市有28家基层退役军人服务站通过退役军人事务部“示范型”退役军人服务站考评验收,10家退役军人服务中心(站)被省委退役军人事务工作领导小组命名为新时代“枫桥式”退役军人服务中心(站)。

【扶持退役军人创业创新】 联合普陀区委区政府做大做强全省首家退役军人创业园——舟山普陀退役军人创业园。是年,园区新引进企业6家,新增带动就业200人,实现产值逾1.3亿元。至年底,园区吸引来自全国12个省份的78家退役军人创业团队入驻,带动就业1700余人。7月23日,举办“建行杯”全市第二届“最美退役军人”发布仪式暨首届退役军人创业创新大赛,评选优秀项目10个,向上选送的吴德仁团队“新一代船舶智能移动导航系统”项目分获全国、全省退役军人创业创新大赛二等奖和一等奖。10月31日,举办全市首期退役军人返乡报到暨适应性培训班。

【促进退役军人和随军家属就业】 是年,全市举办退役军人和随军家属专场招聘会4场次。联合东部战区海军在驻舟山部队推广“舟山模式”的随军家属“互联网+”灵活劳务项目,帮助随军家属实现稳定就业。

【成立全市关爱退役军人协会】 9月3日,召开全市退役军人关爱协会成立大会暨第一次会员代表大会,宣布成立全市退役军人关爱协会。协会成立以来,发展会员单位(个人)124家(人),先后组织开展“关爱老兵心理健康”等公益活动7批次,服务全市退役军人和优抚对象。

【加强先进典型选树】 在7月23日举行的舟山市第二届“最美退役军人”发布仪式上,李海军、孙四平等15人获全市第二届“最美退役军人”称号。推荐全市退役军人先进典型参加各类先进典型评选活动,在11月13日举行的浙江省抗击新冠肺炎疫情总结表彰大会上,舟山市退役军人戴军磊被表彰为浙江省抗击新冠肺炎疫情先进个人;在12月7日举行的浙江省双拥工作总结暨模范退役军人表彰大会上,舟山市李世泉、毛伟平、蒋马良3人被授予全省“模范退役军人”荣誉称号。

【完成部分退役军人社会保险接续任务】 完成部分退役士兵社保接续信息排查、资格审查、集中补缴等工作。

【开展褒扬纪念活动】 全市各级烈士陵园组织举办祭扫烈士、历史讲座、主题宣讲等纪念活动120余场次,服务接待群众6万余人次。结合疫情防控形势,推行“云祭扫”“代祭扫”等新祭扫方式,清明期间,全市有47万余人次参与网上祭扫,为32家单位、8个团体、6位烈士亲属提供“代祭扫”服务。“9·30”烈士纪念日当日,组织举办全市英烈祭扫活动,市四套班子主要负责人参加仪式并向烈士纪念碑敬献花圈,全市机关干部、现(退)役军人、中小学生等社会各界代表800余人参加仪式。

【落实优抚优待政策】 开展现役

2020年度舟山退役军人和双拥工作领域省级及以上荣誉集体

表57

荣誉(级别)	单　位
全国双拥模范城(国家级)	舟山市
全国爱国拥军模范单位(国家级)	舟山市普陀退役军人创业园服务中心
全国拥政爱民模范单位(国家级)	驻舟部队海军竺可桢船
浙江省退役军人工作模范单位(省级)	舟山市定海区人力资源和社会保障局、舟山市普陀退役军人创业园服务中心

2020年度舟山退役军人和双拥工作领域省级及以上荣誉个人

表58

荣誉(级别)	姓　名	单位(职务)
全国拥政爱民模范个人(国家级)	沈　泉	东部战区海军医院
浙江省抗击新冠肺炎疫情先进个人(省级)	戴军磊	普陀山－朱家尖管委会普陀山镇白华社区党总支副书记
浙江省“模范退役军人”(省级)	李世泉	舟山市殡仪馆党支部书记
浙江省“模范退役军人”(省级)	毛伟平	浙江舟山科成制药有限公司董事长
浙江省“模范退役军人”(省级)	蒋马良	舟山市定海区白泉镇金山村党委书记
浙江省退役军人工作模范个人(省级)	潘　洵	舟山市普陀区退役军人事务局党组成员、副局长

义务兵父母体检工作,为全市农村现役义务兵父母和享受定期抚恤补助的烈士遗属529人提供免费体检服务;2次提高优抚(优待)金发放标准,向全市优抚对象发放优抚(待)金,人均提标率8%。

【做好移交安置工作】 是年,全市完成军队转业干部安置工作,安置到行政(含参公)岗位占比96.6%,创历年来新高;完成接收符合政府安排工作条件退役士兵,其中安置到事业单位的人占比42.47%,安置到国有企业的人占比56.16%,安置现役军人随调家属。

【加强军休服务管理】 是年,成立军休志愿服务队,下设家电维修、国防教育、医疗服务三个服务小组,开展各类志愿服务活动。组织医疗服务小组联合东部战区海军医院开展“情系海岛·关爱功臣”义务巡诊活动,为840名优抚对象和困难群众提供优质医疗服务,获广泛好评。

【维护退役军人合法权益】 开展退役军人事务部门进驻县级“矛调中心”工作,创新人员、平台、机制“三驻融合”模式,实现矛盾纠纷“一窗口受理、一揽子调处、一站式化解”。

(撰稿:朱宸)

防灾减灾

【概况】 2020年,舟山市应急管理局健全防汛防灾体系,基本建立“多灾种、大应急”应急救援格局,自然灾害防治能力得到提升,全年全市未发生自然灾害亡人事故。

【健全防汛减灾工作体系】 修订完善《舟山市防汛防旱防台应急预案》,试点开展“一小区一策”“一路一策”精细管控城市内涝新举措,缩小管控单元,全市各乡镇(街道)、村(社区)配备卫星电话300台,应急发电机244台,排水泵756台,完成35个避灾安置场所规范化建设和175个避灾场所可视化建设。防御台风和强寒潮期间,市委、市政府领导靠前指挥,全市上下联动,出海渔船均回港避风或在安全水域,游客得到妥善安置,确保台风和强寒潮等灾害影响期间安全平稳。调整完善市森林防灭火指挥部成员,组织开展2020年舟山市暨普陀区扑救重大森林火灾实战应急演练,初步建成全市性的森林防火远程监控管理平台,覆盖全市重点生态公益林区90%以上区域。完成1个省级平台区域地震安全性评价,构建舟山市防震减灾综合服务平台,做好"甬舟铁路"等重大工程项目抗震防要求的政策辅导和咨询服务工作。

【提升自然灾害科学防控能力】

小流域山洪　水利部门牵头对全市301个山洪灾害防治重要村落进行调查分析评价和复核,确定179个山洪灾害重要村落,核定预警阈值,建立山洪灾害防御对象清单2608人,责任人清单1559人,完善4个县(区)和2个功能区共6个县级山洪监测预警平台,形成全市小流域山洪灾害防御"一张图"。

地质灾害　自然资源部门划定风险防范区308个,升级完善地质灾害气象风险预报预警系统,实现对风险防范区灾前、灾中、灾后全过程动态科学管理。

城市内涝　城管部门排查出城区易涝风险点48处,并结合智慧城管平台建设,安装易涝点监测设备48套,雨水井满溢装置100套,河道水位监测设备20套。根据省防指要求,实施人员转移精准管控基础信息排查及"浙江安全码"应用工作,至年底全市录入5000余人,赋码率100%。

【构建防汛防台"六个一"】　"识别一张图",完成包括地质灾害、气象灾害、小流域山洪等风险图叠加工作,形成台风洪涝灾害风险"识别一张图"。"应急一指南",市、县、乡三级均完成防汛防台指南的编制工作,并将编制工作延伸至村、社区。"案例一个库",全面复盘近年来典型案例,汇编完成台风洪水、地质灾害、城市内涝等灾害15个案例,并结合省防指28个相关案例形成案例库,开展线上线下相结合的案例警示教育。"研判一张单、管控一张表",完善并纳入风险"识别一张图"总体设计,将风险提示单和风险管控表嵌入应急指挥平台,实现识别、研判、管控紧密衔接、一体推进。"指挥一平台",实现省市县三级应急指挥通信网络、视频会商、值班值守、物资管理、避灾安置等系统贯通。

【建立"多灾种、大应急"应急救援格局】　实现市、县(区)、基层三级救援网络全覆盖。组织建立危险化学品事故、矿山安全事故、森林火灾、地震地质灾害、台风自然灾害五大灾种9支市级应急救援队伍,队员总数达500余人。指导国家危险化学品应急救援舟山基地建设,打造全国乃至亚洲区域最强海上危化应急救援力量,应急救援辐射500千米,8月20日,基地中化应急船成功处置一期长江口油轮火灾事故,得到应急管理部领导的表扬和肯定,并收到上海市应急管理局感谢信。

(撰稿:徐婷婷)

11月10日,在岙山应急救援基地,市应急管理局为全市五类灾种9支市级专业应急救援队伍授旗(张晓辉　摄)

消防救援

【概况】 2020年,全市消防救援队伍围绕“创优秀领导班子、带人民满意队伍”的总目标,以护航新区消防安全、加快队伍转型升级为首任,成功抗击台风“卡努”,完成弘生大道物流仓库火灾、勾山蜡烛工艺厂火灾等灭火救援任务,保持火灾形势和队伍建设总体稳定。全年全市接警出动1602起,抢救疏散被困人员243人,抢救财产价值6068.6万元。全市发生火灾55起,直接财产损失261.4万元,同比分别下降15.4%、37.7%。

是年,定海大队被省委评为防台救灾先进集体,普陀大队被评为省级“青年文明号”“全省应急管理系统先进集体”,干部家属王少华被部局评为优秀女家属,1人被省应急厅评为“全省应急管理系统先进个人”,2名政府专职队员被省消防救援总队评为首届“火焰蓝”系列活动先进个人,14名指战员立个人三等功。

【提升实战打赢能力】 是年,市消防救援支队紧盯“高低大化”等灭火救援难题,开展专业队编队和消防站实战拉动演练11次,培训轮训14批次。编写《船舶火灾处置手册暨火灾案例汇编》,填补该领域的理论空白。创新编制舟山绿色石化基地“一装置一卡片”32份,做法被省消防救援总队在全省推广。

4月29日,舟山市消防救援支队在中谷储运(舟山)有限公司开展石油化工灾害事故实战拉动演练(市消防救援支队提供)

【浙东战区化工灾害事故跨海实战演练】 6月23日,省消防救援总队在舟山举行浙东战区化工灾害事故跨海实战演练,舟山、宁波、绍兴支队化工灭火救援编队以及公安、环保、卫生等社会联动单位47车、200余人参与演练。演练分为理论教学、跨海远程机动、模拟实战演练三个阶段,设置侦检仪器侦查操、实战指挥平台运用、泡沫校验、全泡沫战术运用等演练科目,重点检验化工灾害事故处置编队实战能力。

6月23日,省消防救援总队在舟山举办浙东战区化工灾害事故跨海实战演练(市消防救援支队提供)

【优化消防安全环境】 是年,市消防救援支队将消防安全专项整治三年行动和三年翻身仗有机融合,推进重点领域专项整治,完成28个老旧小区年度改造、11家重大火灾隐患单位隐患整改任务,发动36个乡镇(街道)对沿街店铺开展全覆盖、无盲区排查行动,在普陀山47处大小寺庙全面推行标准化管理。落实“双六条”措施护航企业复工复产,为“六稳六保”提供消防安全支撑。

【创人民满意消防队伍】 是年,市消防救援支队组织开展“请你来协商”系列活动,在全国率先出台《公众聚集场所投入使用、营业消防安全告知承诺制实施办法》,被舟山市“证照分离”改革领导小组评为“一表一书”式审批示范单位,并被国务院简报点名肯定工作成效。推进创建全国文明城市消防安全管理工作,被市委、市政府评为“创建全国文明城市”先进集体。

11月24日,普陀山消防救援大队邀请“东海渔嫂”进消防(市消防救援支队提供)

【消防安全宣传教育】 是年,市消防救援支队协调市委政法委将消防安全内容纳入“东海渔嫂”品牌,发动560名“东海渔嫂”宣传员在各悬水岛屿开展消防宣讲活动;完成7个县级消防安全教育馆、10个消防安全重点乡镇街道示范宣传体验室和30个农村示范宣传体验点提升改造;开展“僧侣说消防”活动,成效显著,被省消防救援总队在全省推广。

(撰稿:杨中瑞)

责任编辑:童涵

县（区）综情

定海区

【概况】 定海区总面积1444平方千米，其中海域面积875.2平方千米，陆域面积568.8平方千米(含滩涂面积37.74平方千米)。境内有大小岛屿140.5个，其中有居民岛38.5个，无居民岛102个，呈西南—东北排列，由低山、高丘向低丘、平原延伸，属海岛丘陵地貌。海岸线总长428.07千米，其中水深10米以上深水岸线68.70千米，水深20米以上深水岸线43.10千米。东部黄杨尖山，海拔503.6米，为舟山岛最高峰。

至2020年底，全区下辖昌国、环南、城东、临城、千岛、盐仓、小沙、岑港、马岙、双桥10个街道(其中临城街道和千岛街道委托舟山市新城管理委员会管理)，金塘、白泉、干礅3个镇，并设有小沙街道长白管理处、岑港街道册子管理处、白泉镇北蝉管理处，分别为小沙街道、岑港街道、白泉镇派出机构。是年，全区有城市社区43个，有行政村79个。

至年底，全区总户数158145户，总人口400968人，比上年增加1586人，年增长率3.97‰；其中男性197001人，女性203967人，性别比为96.58（女性=100）；全年出生登记2368人，死亡注销2992人，自然负增长624人，自然增长率-1.56‰。全区人口按年龄段分布，18岁以下57482人，18～35岁66818人，35～60岁167477人，60岁以上108831人，60岁以上占总人口的27.14%。

是年，全区实现生产总值(GDP)569.56亿元，比上年增长2.5%。其中，第一产业增加值12.77亿元，同比增长14.8%；第二产业增加值202.85亿元，同比增长0.9%；第三产业增加值353.94亿元，同比增长3.1%。三次产业比例为2.2∶35.6∶62.2。按户籍人口计算，人均地区生产总

2020年定海区户籍人口情况

表59

指　　标	年末数(人)	比重(%)
全区总人口	400968	100.0
其中:男性	197001	49.1
女性	203967	50.9
其中:0～17岁	57842	14.4
18～34岁	66818	16.7
35～59岁	167477	41.8
60岁及以上	108831	27.1

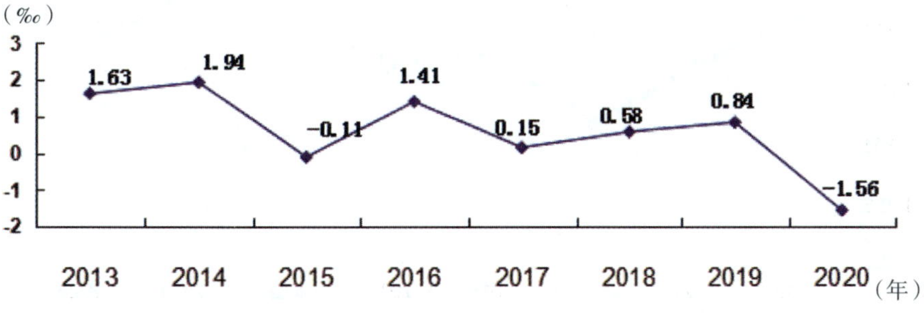

图8:2013—2020年人口自然增长情况

值142328元，约20634美元，同比增长2.0%。“十三五”期间地区生产总值年均增长7.0%。

全年全区实现海洋经济增加值319.17亿元，同比增长3.1%，占GDP的比重为56.0%。

全年全区实现财政总收入52.60亿元，同比增长0.4%，实现一般公共预算收入32.03亿元，同比下降1.5%。在一般公共预算收入中，增值税10.32亿元，同比增长13.7%；企业所得税3.11亿元，同比下降21.9%；个人所得税1.16亿元，同比下降3.0%。一般公共预算支出43.51亿元，同比下降10.2%。其中，一般公共服务支出4.33亿元，同比增长1.1%；教育支出6.33亿元，同比增长0.4%；社会保障和就业支出3.39亿元，同比增长24.3%；医疗卫生和计划生育支出2.69亿元，同比下降2.7%；农林水支出8.76亿元，同比增长0.4%。

全年居民消费价格(CPI)比上年上涨1.9%，其中食品烟酒类价格上涨6.3%。商品零售价格上涨0.9%。工业生产者出厂价格(PPI)下降2.6%。

全年新增城镇就业20349人，年末城镇登记失业率1.53%，比上年下降0.03个百分点。

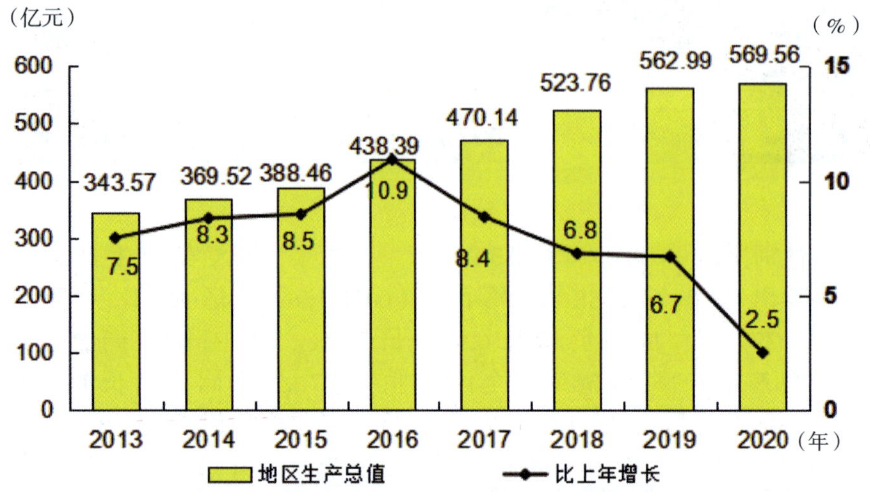

图9：2013—2020年地区生产总值及其增长速度

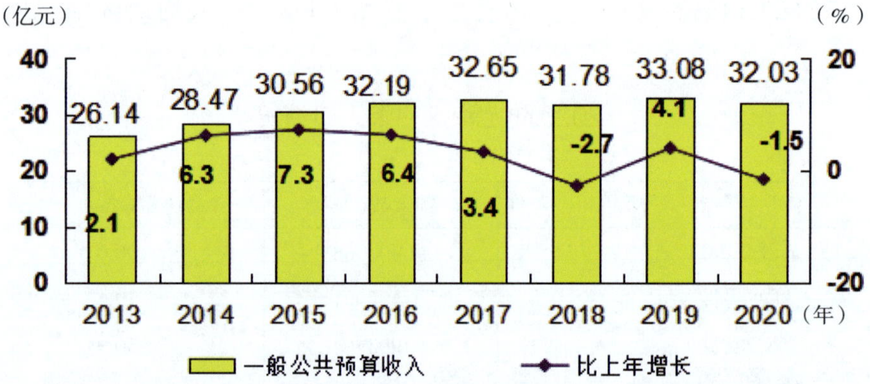

图10：2013—2020年一般公共预算收入及其增长速度

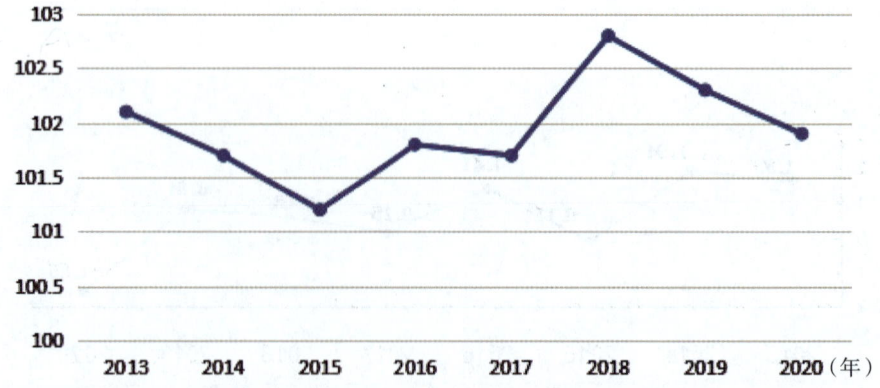

图11：2013—2020年居民消费价格指数(以上年为100)

2020年分大类居民消费价格比上年涨跌幅度

表60

类　别	比上年增长(%)
居民消费价格	1.9
食品烟酒	6.3
衣着	−0.5
居住	−0.8
生活用品及服务	1.5
交通和通信	−3.2
教育文化和娱乐	1.4
医疗保健	4.0
其他用品和服务	4.5

全年新设企业947户,注册资本总额111.19亿元。新增外商投资企业4家,合同外资6.02亿美元。

【农业和农村】 是年,全区农林牧渔业总产值22.78亿元,同比增长14.7%。其中,渔业总产值14.72亿元,同比增长16.2%;农业总产值4.78亿元,同比下降2.0%;畜牧业总产值2.87亿元,同比增长42.7%;林业总产值0.04亿元,同比下降15.5%。

全年粮食作物播种面积3140公顷,同比增长0.5%,粮食产量1.84万吨,同比增长1.6%;蔬菜播种面积3378公顷,同比下降0.4%,蔬菜产量6.81万吨,同比增长2.3%。全区有果园面积3537公顷,同比下降1.4%,全年实现园林水果产量2.16万吨,同比增长7.0%;有茶园面积126公顷,同比下降10.6%,全年实现茶叶产量8吨,与上年持平。

年末生猪存栏4.81万头,同比增长1.7倍;全年生猪出栏3.38万头,同比增长54.3%。年末家禽存栏17.18万只,同比下降4.3%;全年家禽出栏34.21万只,同比增长30.3%。全年肉类总产量0.36万吨,同比增长34.6%,其中猪肉产量0.28万吨,同比增长49.0%。全年鸡鸭鹅蛋产量630吨,同比下降13.5%。

全年水产品总产量19.16万吨,同比增长18.5%。其中近海捕捞产量2.61万吨,同比下降8.5%,远洋捕捞产量16.20万吨,同比增长24.9%。全区海水养殖面积343公顷,同比增长2.7%,海水养殖产量3350吨,同比增长3.0%;淡水养殖面积22公顷,同比增长19.1%,淡水养殖产量131吨,同比增长8.3%。

至年末,全区有机动渔船484艘,比上年末增加66艘。其中,生产渔船436艘,增加59艘;辅助渔船41艘。渔船总吨位19.55万吨,增加4.92万吨,其中生产渔船总吨位17.49万吨,增加4.2万吨。渔船总功率30.65万千瓦,增加7.1万千瓦。其中生产渔船27.22万千瓦,增加6.53万千瓦。

2020年农渔业主要产品产量

表61

农畜产品	产量(吨)	比上年增长(%)	水产品	产量(吨)	比上年增长(%)
粮食	18411	1.6	海水产品	191429	18.5
油料	1476	−9.8	近海捕捞	26067	−8.5
中草药材	2065	10.8	#鱼类	7017	−10.7
蔬菜	68100	2.3	甲壳类	18212	−3.4
茶叶	8	持平	海水养殖	3350	3.0
水果	21638	7.0	远洋捕捞	162012	24.9
肉类	3561	34.6	#鱿鱼	89419	37.5
猪肉	2820	49.0	金枪鱼	51880	−18.0
鸡鸭鹅蛋	630	−13.5	淡水产品	131	8.3

建成部省共建乡村振兴示范区,全国农村一、二、三产业融合发展先导区和省级现代农业园区,全区有效期内地理标志产品1个,绿色食品认证产品16个,无公害农产品24个,主要农产品质量安全省级监测合格率100%。开展精品蔬菜基地打造2个,总面积270亩(18公顷)。省级无公害水产品产地10个,面积147.92公顷。推进一园一基地建设,创建放心菜园和精品蔬菜基地改造提升680亩(45.33公顷);完成5000亩(333.33公顷)高标准农田建设任务的50%;完成华晟牧场市级美丽生态牧场建设。定海远洋渔业小镇被命名为省级特色小镇,创建小沙省级特色农业强镇,建成杨梅博览园。农村生活垃圾分类实现全覆盖,创建省级农村生活垃圾分类处理高标准示范村1个,创建省级美丽宜居示范村2个。

【工业和建筑业】 全年全区144家规模以上工业企业实现产值387.13亿元,同比增长4.0%。其中,重工业产值303.27亿元,同比增长10.0%;轻工业产值83.86亿元,同比下降13.1%。年末,有工业产值上亿企业62家,产值同比增长7.1%,占规模以上工业产值的比重为91.4%。全区规模以上工业增加值同比增长8.3%。工业新产品产值73.53亿元,新产品产值率19.0%。战略性新兴产业、高新技术产业和装备制造业增加值分别增长1.8%、7.9%和19.8%,占规模以上工业增加值的比重分别为3.6%、27.2%和41.7%。

全年规模以上工业企业资产

总计598.09亿元,同比增长1.2%;实现营业收入388.12亿元,同比增长7.2%;实现利税总额20.53亿元,同比增长47.3%,其中利润总额12.37亿元,同比增长96.8%。

全年规模以上工业企业综合能源消耗量90.10万吨标准煤(等价值),同比增长7.6%,单位工业增加值能耗同比下降0.6%。全区工业用电量12.87亿千瓦时,同比增长10.3%。

年末区本级具有资质等级的总承包和专业承包建筑业企业89家。全年全区建筑业增加值57.79亿元,占GDP的比重为10.1%。

【固定资产投资和房地产开发】是年,区本级累计固定资产投资增长5.0%。其中工业投资下降24.2%,服务业投资增长7.9%。生态环保、城市更新和水利设施投资增长68.6%,高新技术产业投资增长1.8%,交通投资下降2.3%,民间项目投资下降25.0%。

全年全区房地产开发投资增长2.0%,其中区本级增长14.1%。全年房地产开发施工面积530.64万平方米,同比增长12.9%,其中新开工面积135.58万平方米,同比下降19.7%;房地产开发竣工面积29.59万平方米,同比下降47.9%。全年商品房销售面积74.41万平方米,同比下降9.9%,其中住宅销售面积70.05万平方米,同比下降7.6%。

【国内贸易和对外经济】全年全区全社会消费品零售总额224.33亿元,同比下降6.8%,其中限额以上消费品零售额49.89亿元,同比下降23.2%。分地区看,城镇地区实现零售总额197.05亿元,同比下降6.6%;农村地区实现零售总额27.28亿元,同比下降7.9%。全年批发业商品销售额增长8.5%,零售业商品销售额下降1.8%,住宿业营业额下降22.7%,餐饮业营业额下降18.4%。

至年末,全区有商品交易市场53个,其中消费品市场48个,生产资料市场5个;全年商品交易市场成交额111.45亿元。年末全区有亿元市场10个,全年实现成交额94.26亿元。

全年全区完成外贸进出口

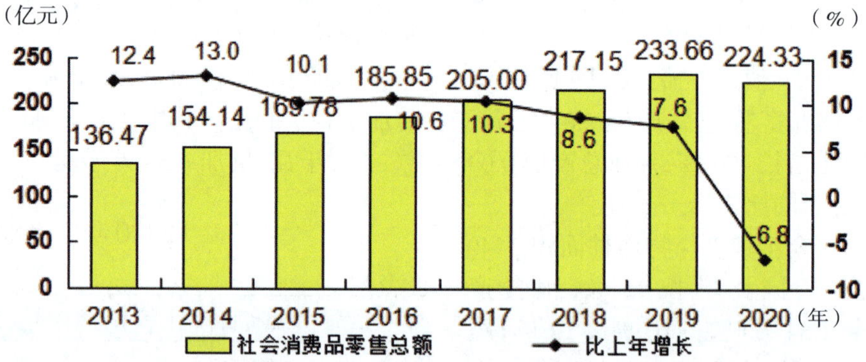

图12:2013—2020年社会消费品零售总额及其增长速度

在限额以上批发零售业零售额中,中西药品类保持正增长,实现零售额7.4%的增速;受国际油价下跌和疫情的持续影响,汽车类、石油及制品类零售额分别同比下降21.9%、27.2%;粮油食品类零售额下降12.2%;服装鞋帽针织品类、日用品类分别同比下降37.6%、39.2%。

总额105.55亿美元,同比增长69.0%。其中,进口总额91.20亿美元,同比增长82.6%;出口总额14.34亿美元,同比增长14.8%。从出口产品分品种看,油品实现出口额2.33亿美元,同比增长3.0%;机电产品实现出口额8.27亿美元,同比增长41.7%,其中船舶实现出口额5.81亿美元,同比

2020年外贸出口总额及其增长速度

表62

指　　标	出口额(亿美元)	比上年增长(%)
出口总额	14.34	14.8
其中:水产品	3.35	-15.8
机电产品	8.27	41.7
#船舶	5.81	45.1
油品	2.33	3.0
其中:欧盟	1.93	4.7
日本	1.17	-20.4
美国	0.23	-40.2
韩国	0.52	-13.5

增长45.1%;水产品实现出口额3.35亿美元,同比下降15.8%;纺织品实现出口额0.13亿美元,同比下降17.2%。分出口国别(地区)看,对日本的出口额1.17亿美元,同比下降20.4%;对欧盟的出口额1.93亿美元,同比增长4.7%;

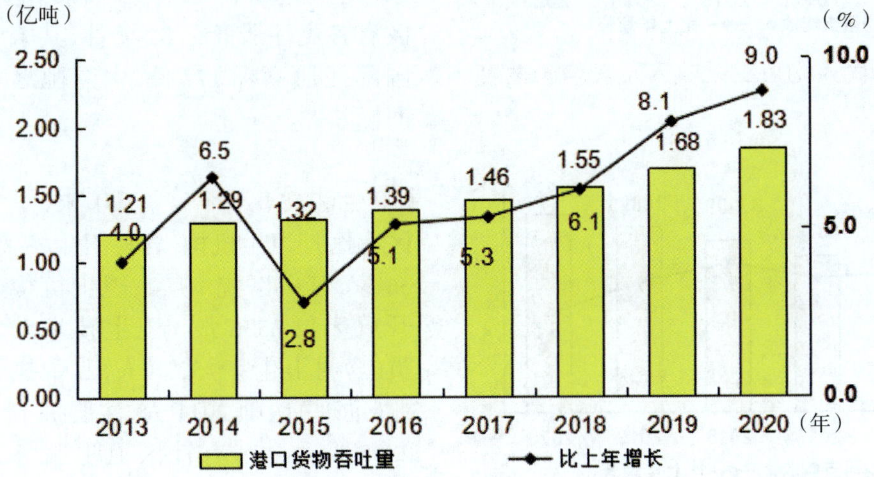

图13:2013—2020年港口货物吞吐量及其增长速度

对美国的出口额0.23亿美元,同比下降40.2%;对韩国的出口额0.52亿美元,同比下降13.5%。

全年批准外资项目6个,合同外资金额5.51亿美元,实际利用外资金额0.75亿美元。

【交通运输、邮电和旅游业】 至年末,全区海上货物运输船舶639艘,海运总运力达到277.99万载重吨。其中,万吨级以上船舶79艘,比上年末增加4艘;运力162.18万载重吨,同比增加5.46万载重吨。年末全区集装箱运输车辆数1042辆,总运力3.18万吨。

全年定海港域港口货物吞吐量1.83亿吨,同比增长9.0%。从主要品种看,石油及天然气吞吐量9328.67万吨,同比增长27.5%;矿建材料4043.46万吨,同比下降10.7%;金属矿石吞吐量932.03万吨,同比下降31.0%;粮油类吞吐量873.27万吨,同比增长21.9%;煤炭及制品吞吐量379.71万吨,同比增长9.3%。全年集装箱吞吐量142.47万标箱,同比增长4.4%。

是年,全区固定电话用户11.24万户,比上年末下降6.3%。移动电话用户105.07万户,增长10.4%。宽带网用户26.96万户,增长2.4%。年末全区有线电视用户数11.27万户,有线电视入户率71.2%。

全年全区接待国内外游客1032.21万人次,同比下降30.4%,其中国内游客1032.01万人次,同比下降30.0%,国际游客1567人次,同比下降98.4%。旅游总收入105.66亿元,同比下降49.9%,其中国内旅游收入105.60亿元,同比下降49.0%;国际旅游收入89.32万美元,同比下降98.4%。年末全区有星级宾馆(饭店)4家,客房总数324间,床位数562张,星级宾馆入住率36.36%。旅行社36家,其中国际旅行社3家,AAAA级景区1个,AAA级旅游景区6个,AA级旅游景区7个,A级旅游景区6个。

【金融和保险业】 是年,市级及定海金融机构本外币存款余额1576.50亿元,其中金融机构人民币存款余额1526.49亿元,比上年末增长10.5%。年末市级及定海金融机构本外币贷款余额1941.87亿元,其中金融机构人民币贷款余额1871.60亿元,比上年末增长10.8%。

全年全区保险公司保费收入27.02亿元,同比增长6.9%。其中财产保险费收入11.02亿元,同比增长8.0%;人身保险费收入16.00亿元,同比增长6.1%。保险公司赔款支出8.90亿元,同比下降18.1%;给付支出1.36亿元,同比下降6.9%。

【人民生活和社会保障】 全年全区全体居民人均可支配收入60668元,同比增长4.3%。其中城镇常住居民人均可支配收入69857元,同比增长3.7%;农渔村常住居民人均可支配收入39227元,同比增长6.5%。城乡收入比为1.78:1。

全体居民人均生活消费支出32858元,同比增长0.4%,其中城镇常住居民人均生活消费支出37580元,同比增长0.4%,农渔村常住居民人均生活消费支出21840元,同比增长0.1%。城镇居民恩格尔系数34.4%,农渔村居民恩格尔系数36.3%。年末,城镇居民人均住房面积43.9平方米,农渔村居民人均住房面积64.0平方米。

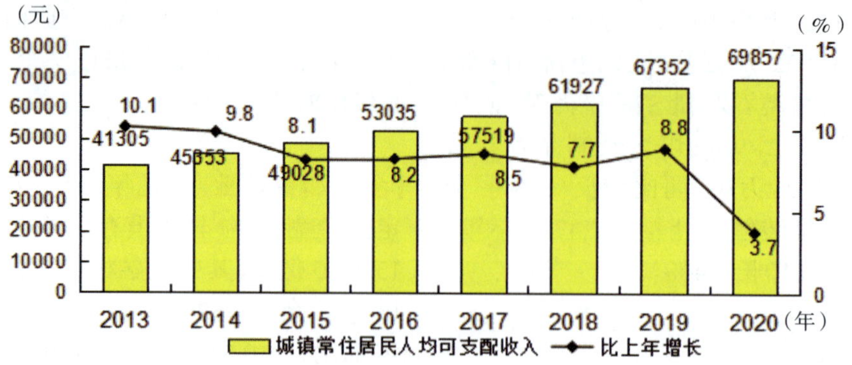

图 14:2013—2020 年城镇常住居民人均可支配收入及其增长速度

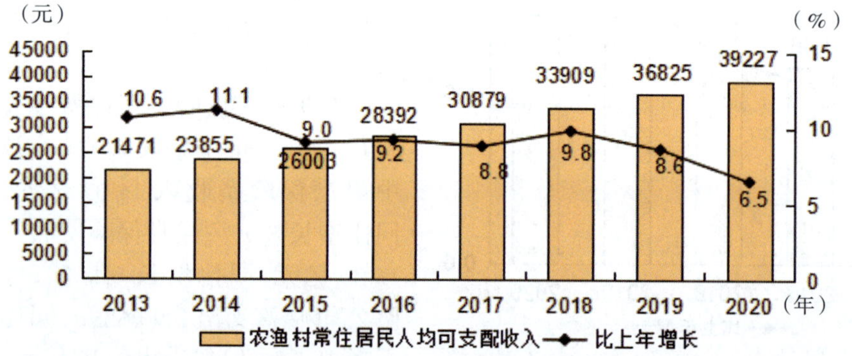

图 15:2013—2020 年农渔村常住居民人均可支配收入及其增长速度

是年,新增就业 20349 人。登记失业率 1.53%,低于上年的 1.56%,基本养老保险期末参保人数 31.26 人,参保率达 95.82%,城乡居民基本医疗保险人数 20.88 人,参保率 99.34%。全年全区人均期望寿命 80.54 岁,比上年增加 0.53 岁。

至年末,全区有敬老院 11 所,社会福利院 3 所,总收养人数 824 人。城镇“三无”对象集中供养率 69%,农渔村“五保”老人集中供养率 95%。城乡居民得到政府最低生活保障人数 2681 人,其中农渔村低保对象 2244 人;城乡低保对象最低生活补助标准均为每人每月 810 元,比上年提高 90 元。

【教育和科学技术】 是年,全区有幼儿园 45 所,全年招生 2933 人,在园幼儿 8719 人。有小学 18 所,全年招生 2734 人;在校生 16995 人;小学学龄儿童入学率 100%。小学生均校舍建筑面积 10.91 平方米,生均图书 42.85 册,每百名学生拥有计算机 24.48 台,小学体育运动场(馆)面积达标的学校比例 100.0%。有初中 13 所,招生 2706 人;在校生 7759 人。初中生均校舍建筑面积 16.98 平方米,生均图书 53.81 册,每百名学生拥有计算机 33.93 台,初中体育运动场(馆)面积达标的学校比例 100%。

幼儿园教师 1328 人,其中专任教师 712 人。义务教育中小学教师 2031 人,其中专任教师 1888 人。全区小学毕业生升学率 100%,初中毕业生升高中段率达到 99.60%。

全年全区申报各类科技项目 208 项,已被立项 158 项,其中省级 99 项,市级 24 项;受理专利申请 2116 项,授权 1909 项,其中授权发明 589 项。年末全区有国家高新技术企业 69 家,比上年增长 12 家,省级科技型中小企业 273 家,比上年增长 22 家。年末,全区有各类注册商标 5294 件,其中国际注册商标 177 件,中国驰名商标 6 件。

【卫生和文化体育】 至年末,全区有医疗卫生机构(含村卫生室)36 家,其中医院 16 家;卫生机构开放床位 3536 张。卫生技术人员(含村卫生室)5278 人,其中执业(助理)医师 2011 人,注册护士 2305 人。全区有社区卫生服务中心(卫生院)7 个,社区卫生服务站 42 个,村卫生室 48 个。全区免费婚检率 65.05%,产前检查率 98.41%,孕产妇住院分娩率 99.92%,孕产妇死亡率 0,计划生育率 98.25%,5 岁以下儿童死亡率 3.15‰。

在定海区图书馆的基础上,建成城东街道城市书房、环南街道城市书房,建构城区“15 分钟阅读圈”。全区有文化艺术表演团体 13 个,艺术表演场所 7 个,文化馆 1 个,文化站 11 个。开展送戏下乡 125 场,送电影 1497 场,送书 33826 册,举办“百姓课堂”文化公益培训 461 期。图书馆、乡镇图书分馆、城市书房等阅读阵地累计接待读者 13 万余人次,文化馆免费举办展览 10 期。

全区举办体育活动与赛事 45 次,参加活动人数 3 万人次。新建和更换全民健身路径 61 套,新增体育场地4万平方米。竞技体育成绩创历史最好，定海五中田径队在省少年儿童田径冠军赛中积分位列全省第十一名，在省田径锦标赛中摘获四金二银三铜，女子沙滩排球在省冠军赛、锦标赛中分获乙组第二、三名和甲组二、四名成绩。

【城市建设和新渔农村建设】 是年，舟山市获评全国文明城市。小洋岙、竹山门、青垒头路等区块改造提升步伐加快，城西未来社区开工建设，和馨苑、畚馨苑、富虹等安置小区顺利交付，420幢老旧住宅改造完成。

城区防洪排涝能力提升三年行动全面实施，五山水利工程(五山公园绿道)东山段主体完工，定海湿地公园建成开放，丰产泵、利民闸、盐河泵站开工建设。建立“一小区一策”“一道路一策”精准防涝机制，基本完成西园新村等首批低洼小区综合改造，提标改造道路管网10条7.3千米，阻水桥梁5座。

美丽乡村建设稳步推进。创建“一环四线”新时代美丽乡村风景线1条；创建新时代美丽乡村达标村19个，新时代美丽乡村精品村7个；完成美丽庭院创建500户。

【能源、环境保护和公共安全】 全社会用电量27.49亿千瓦时，同比增长8.2%。其中工业用电12.87亿千瓦时，增长10.3%；城乡居民生活用电4.95亿千瓦时，增长8.3%。

全区县级以上城市集中式饮用水水源水质全部达标。全年 $PM_{2.5}$ 平均浓度为18微克/立方米，比上年减少4微克/立方米。日空气质量优良达标天数比例96.0%。区域环境噪声平均等效声级49.9分贝。

全年全区发生各类生产安全事故9起，各类生产安全事故死亡(失踪)9人；亿元GDP生产安全事故死亡人数0.016人。根据2020年度“平安浙江”建设人民群众安全感调查结果显示，舟山市人民群众安全感满意率97.68%，参与率77.21%，知晓率92.50%。

【新年登高活动】 1月1日上午，“中国体育彩票”2020年全国新年登高健身大会(舟山分会场)暨“福在舟山——神行定海”新年登高活动在浙江海洋学院东海科技学院举行。本次活动由舟山市定海区人民政府、舟山市文化和广电旅游体育局主办，舟山市定海区文化和广电旅游体育局、舟山市体育中心(市全民健身中心)、舟山市户外运动协会、舟山市体育彩票管理中心等单位承办，舟山市定海区总工会、共青团舟山市定海区委员会、舟山市定海区委直属机关工会工作委员会、舟山市定海区体育总会等单位协办。以“福在舟山　神行定海　新年登高　幸福生活”为主题口号，登高路线从东海科技学院田径场出发，途经东湾、日照、藏经寺、积善寺等观景点，最终再次抵达东湾，全程7千米，最高海拔370米，总爬升470米。活动现场特别设置“趣味游戏区”“美食品尝区”“新年祈福区”等，活动人员可以品尝年糕、番薯片、老鼠团等具有舟山特色的习俗小吃；体验参加“呼吸的力量”“垃圾分类飞行棋”“愤怒的小鸟”等互动小游戏；可以到指定的“福袋墙”抽取属于自己的新年“福袋”。1200余名来自全市各机关单位、社会各界人士以及户外运动爱好者参加。

【抗疫驰援武汉】 2月9日，定海区中心医院的郑杰、丁丽娜作为定海首批赴湖北支援医护人员，从区中心医院出发，赴湖北支援新冠肺炎疫情防控工作。区委书记、区新冠肺炎疫情防控工作领

4月12日，定海举行援鄂医护人员欢迎仪式(定海区史志研究室提供)

导小组第一组长庄继艳,区委副书记、区长、区新冠肺炎疫情防控工作领导小组组长侯富光,副区长屠定玉,为2名医护人员送行。

4月12日,舟山最后一批援鄂医护人员带着“全国卫生健康系统新冠肺炎疫情防控工作先进集体”称号平安返舟,其中包括来自定海区中心医院的医护人员郑杰和丁丽娜。定海举行援鄂医护人员欢迎仪式,区委副书记、区长侯富光,副区长屠定玉参加仪式。

【大洋世家海洋食品制造产业集聚区项目】 3月20日,大洋世家海洋食品制造产业集聚区项目在位于定海区西码头的舟山远洋渔业基地宣布开工。该项目第一期占地面积287.1亩(19.14公顷),总建筑面积150237平方米,投资超过10亿元人民币,计划2022年底建成投产。项目运用现代工程技术、先进生产工艺与智能自动科技、绿色环保的深度融合,投入金枪鱼、鱿鱼、虾、海洋生物制品、健康食品等先进水产品精深加工生产线,集聚研发中心、冷藏物流、金枪鱼文化产业等配套设施,达产后形成金枪鱼等各类水产品年加工和贸易量20万吨以上,年产出30亿元人民币,打造成为全国智能化和现代化程度最高,经营规模最大的综合水产加工基地,助力舟山成为全球主要的金枪鱼加工与交易中心。

【“洗桥阿婆”志愿精神传承仪式】

10月15日,为凝聚更多社会正能量,营造向上向善的良好氛围,在城市社区接力开展以传承“洗桥阿婆”志愿服务精神为主题的志愿服务活动,定海区举办“洗桥阿婆”志愿服务精神传承仪式,区委常委、宣传部部长何徐华为“阿婆桥”揭碑,星火接力志愿服务队代表作表态发言,50余名志愿者现场参与“洗桥”实践。此次活动创新运用“云宣誓”推介,联动镇(街道)志愿服务“分会场”,百余名志愿者宣誓传承“洗桥”精神。

10月15日,以传承“洗桥阿婆”志愿服务精神为主题的志愿服务活动在城市社区接力开展(定海区史志研究室提供)

【中储粮集团浙江(舟山)粮食仓储物流项目】 12月3日,中储粮集团浙江(舟山)粮食仓储物流项目开工仪式在舟山国际粮油产业园区举行。副市长韩峻宣布开工。该项目位于舟山国际粮油产业园,是2020年新增省重点建设项目,也是全区重要产业项目之一,项目总投资约20亿元,拟建设总仓容90万吨,并应用大数据、物联网等技术,推进“互联网+粮食”建设,打造智慧粮库。该项目的落地将进一步扩大园区粮食仓储能力,带动粮食全产业链集群发展,进一步保障国家粮食安全,助力定海当好建设“重要窗口”海岛风景线排头兵。

(撰稿:王英伟)

普陀区

【概况】 普陀区位于舟山群岛东南部,总面积6728平方千米,其中海域面积6269.4平方千米,陆域面积458.6平方千米(含潮间带69.77平方千米)。岛屿743.5个,其中有居民海岛45.5个,无居民海岛698个,自西南向东北呈带状分布。海岸线总长824.4千米。低山丘陵占陆地面积约2/3,港湾平原占陆地面积约1/3。海拔最高为桃花岛对峙山(又名安期峰)

544.4米。

2020年有六横、桃花、虾峙、东极、普陀山5个镇，东港、沈家门、展茅、朱家尖4个街道。蚂蚁岛、白沙岛、登步岛各设管理委员会，为区政府正科级派出机构。年末，全区家庭总户数111683户，户籍人口313676人，其中男154931人，女158745人，性别比为97.60。区境内有普陀山国家级重点风景名胜区(含朱家尖岛东部28.8平方千米)和省级风景区桃花岛风景区，其中普陀山、朱家尖主要由浙江舟山群岛新区普陀山－朱家尖管理委员会管理。

是年，面对新冠肺炎疫情和国内外形势，区委、区政府统筹推进疫情防控和经济社会发展，聚焦“自由贸易先行区、海上花园会客厅”两大定位，打造幸福普陀，获评省争先创优行动最佳实践县(区)。全年实现地区生产总值439.86亿元，按可比价计算(下同)，比上年增长1.3%。分产业看，第一产业实现增加值68.93亿元，同比增长8.4%；第二产业实现增加值110.28亿元，同比增长4.1%；第三产业实现增加值260.65亿元，同比下降2.0%。三次产业结构比例调整为15.7:25.0:59.3。按户籍人口计算，人均地区生产总值(GDP)13.98万元，约2.03万美元，同比增长1.8%。“十三五”期间地区生产总值年均增长6.6%。

全年财政总收入44.89亿元，同比增长7.5%，一般公共预算收入30.46亿元，同比增长4.1%。一般公共预算收入中，增值税8.34亿元，同比下降0.4%；企业所得税3.13亿元，同比增长64.4%；个人所得税0.92亿元，同比增长10.9%。一般公共预算支出61.06亿元，同比下降7.8%。其中一般公共服务支出5.68亿元，同比下降2.3%；教育支出、社会保障和就业支出、卫生健康支出分别为7.13亿元、6.16亿元、4.49亿元，同比分别增长6.4%、2.3%、8.9%。本级财政用于民生支出31.85亿元，同比下降1.3%。

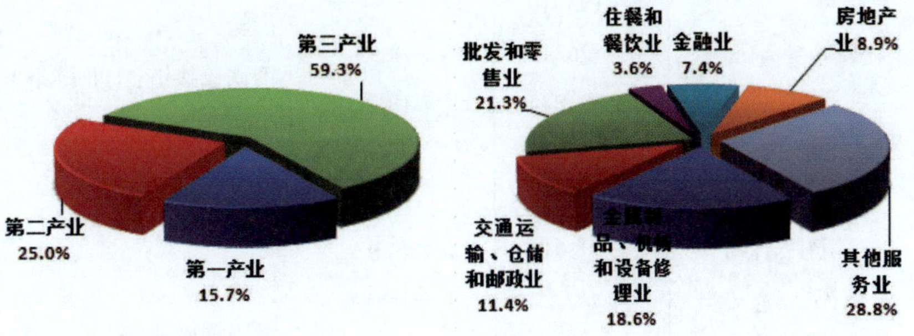

图16:2020年普陀区生产总值及第三产业增加值构成

全年居民消费价格(CPI)同比上涨1.9%。其中，服务项目价格上涨1.2%，消费品价格上涨2.4%。八大类商品中，医疗保健类价格同比上涨4.0%，食品烟酒类价格同比上涨6.3%，居住类价格同比下降0.8%。商品零售价格同比上涨0.9%。工业生产者出厂价格同比下降2.6%。

【渔业】 是年，普陀区渔业总产值124.84亿元(不含渔业服务业)，同比增长8.6%。全年水产品总产量85.93万吨，同比增长5.0%，其中国内捕捞产量34.72万吨，同比下降5.7%。年末有远洋生产渔船449艘，远洋渔业产量46.85万吨，比上年末增长14.7%。海水养殖面积1490公顷，同比下降4.2%；海水养殖产量4.36万吨，同比增长5.0%。

年末机动渔船数2609艘，比上年末减少60艘，其中生产渔船2117艘，同比减少66艘。渔船总吨位65.62万吨，同比下降1.8%，其中生产渔船总吨位51.48万吨，同比增长1.8%。渔船总马力93.53万千瓦，同比增长2.7%，其中生产渔船75.39万千瓦，同比增长2.0%。

【农林牧业】 是年，普陀区农林牧业总产值5.02亿元(含农林牧渔服务业)，同比增长10.8%。其中农业总产值3.45亿元，同比增长2.9%；林业总产值0.08亿元，与上年持平；牧业总产值1.14亿元，同比下降3.6%。全年农作物总播种面积4293.3公顷，同比增长5.6%，其中粮食作物播种面积1186.7公顷，粮食产量0.56万吨；蔬菜产量2.73万吨；水果产量2.91万吨。全年肉类总产量1856吨，同比下降20.2%；其中猪肉产量1658吨，同比下降18.1%。禽蛋产量397吨，同比增长87.3%。全年生猪饲养量3.56万头，同比下降6.3%；其中出栏2.19万头，同比下降13.4%。

2020年普陀区渔农业主要产品产量

表63

产品名称	2020年产量（吨）	比上年增长（%）
一、水产品		
小黄鱼	12452	25.5
带鱼	30085	-4.5
鲳鱼	10450	11.0
鲐鱼	14387	-8.4
梅童鱼	28092	22.8
玉筋鱼	10043	13.0
虾类	123910	-8.7
蟹类	26815	-14.9
头足类	394844	18.2
二、农产品		
粮食	5552	15.2
其中：谷物	3015	45.8
棉花	3	-75.0
油菜籽	802	-11.8
茶叶	36	9.1
水果	29104	1.7
蔬菜	27319	8.4
肉类	1856	-20.2
禽蛋	397	87.3

2020年普陀区规模以上工业主要产品产量

表64

产品名称	计量单位	2020年产量	比上年增长（%）
建筑用天然石料	万立方米	356	-5.6
冷冻水产品	万吨	21	-34.6
饮料酒	千升	6583	-13.8
多色印刷品	对开色令	10934	-10.2
涂料	吨	6806	12.1
化学药品原药	吨	921	55.6
商品混凝土	万立方米	80	3.4
齿轮	吨	553	18.9
钢铁铰接链（工业链条）	吨	5187	6.5
包装专用设备	台	349	9.4
金属紧固件	吨	35943	39.4
减速机	台	2266	18.9
模具	套	81	-8.0
民用钢质船舶	万载重吨	63	-27.5
低压开关板	面	128	23.1
电力电缆	千米	4691	-19.9
电子元件	万只	195474	-1.8
船舶修理	万载重吨	9513	0.7
自来水生产量	万立方米	655	2.0

【工业和建筑业】 全年全区实现工业增加值115.39亿元，同比增长17.1%。年末规模以上工业企业143家，全年规模以上工业总产值同比增长1.4%。其中，重工业产值同比增长12.6%，轻工业产值同比下降19.1%，新产品产值和战略性新兴产业产值同比分别下降0.2%和33.5%，高新技术产业产值同比增长2.8%。规模以上工业销售产值同比增长2.7%，产销率99.8%，其中出口交货值同比增长15%。

全年规模以上临港工业产值同比增长2.9%，其中船舶修造业产值同比增长32.8%，水产加工业产值同比下降20.4%，电力生产业产值同比下降13.6%。

全区规模以上工业企业实现营业收入264.92亿元，同比下降3.8%；实现利税总额21.53亿元，同比增长32.3%，其中利润总额14.64亿元，同比增长43.4%。

全年全社会用电量16.75亿千瓦时，同比增长3.1%。其中，工业用电7.32亿千瓦时，同比增长10.9%；生活用电3.60亿千瓦时，同比下降4.5%。

全年全社会建筑业实现增加值43.27亿元，占GDP的比重为9.8%。年末全区具有资质等级的总承包和专业承包建筑业企业51家，建筑施工面积397.57万平方米，其中新开工面积50.91万平方米。

【固定资产投资和房地产业】 是年，全区固定资产投资同比下降9.2%。从主要投资类别看，工业技改投资、基础设施投资、建筑安装工程投资、民间资本投资同比分别下降46.9%、23.5%、7.2%、9.8%。

全年房地产开发投资增长10.8%，其中住宅投资增长6.2%。全年商品房施工面积253.69万平方米，同比增长25.1%；竣工面积

0.83万平方米,同比下降86.7%;商品房销售面积42.65万平方米,同比下降8.1%;商品房待售面积14.68万平方米,同比下降9.9%。

【交通港口邮电业】 年末,普陀区有货物运输船舶526艘,比上年末增加13艘,总运力228.70万载重吨,同比增长5.4%。全年水、陆货运量14446万吨,同比下降2.6%;水、陆货运周转量1303.13亿吨千米,同比下降4.0%。其中水路货运量11801万吨,水路货运周转量1247.23亿吨千米。水、陆客运量1945万人,比上年下降30.0%;水、陆客运周转量6.27亿人千米,下降38.1%。其中水路客运量1584万人,水路客运周转量1.40亿人千米。

全年港口货物吞吐量9250万吨,同比下降13.5%。其中,进口货运量3765万吨,同比增长1.5%;出口货运量5485万吨,同比下降21.4%。分主要货物种类看:煤炭吞吐量1884万吨,同比下降10.3%;铁矿石吞吐量3596万吨,同比增长15.1%;油品吞吐量830万吨,同比增长24.6%。

全年实现邮电业务收入4.74亿元,同比下降1.7%,其中电信业务收入4.18亿元,同比下降1.1%。年末全区固定电话用户7.03万户,移动电话用户48.25万户,年末宽带接入用户数18.37万户。全年投递函件20.79万件,包件77.63万件;全年订销报纸期发份数2.01万份,订销杂志期发份数1.35万份。

【旅游业】 是年,全区接待国内外游客3870.22万人次,同比下降9.4%。其中,桃花岛和东极镇分别接待游客374.76万人次和29.24万人次,同比分别增长8.2%和12.0%;普陀山和朱家尖分别接待游客611.25万人次和813.80万人次,同比分别下降38.9%和24.1%。全年实现旅游总收入533.37亿元,同比下降6.6%。年末,全区有旅行社56家,限额以上住宿业企业数76家,其中星级宾馆5个,客房数761间,床位数1267张。

【国内贸易】 是年,全区社会消费品零售总额同比下降10.3%。其中限额以上批发和零售业同比下降39.2%;限额以上住宿和餐饮业同比下降22.7%。从限额以上批发和零售业商品销售分类情况来看,中西药品类同比增长57.4%,粮油食品类同比下降35.4%,服装鞋帽针纺织品类同比下降57.2%,金银珠宝类同比下降53.4%,家用电器和音像器材类同比下降47.8%,汽车类同比下降29.3%。

全年批发和零售业商品销售额同比下降3.4%,其中限额以上企业销售额同比下降1.5%。住宿餐饮业营业额同比下降19.1%,其中限额以上企业营业额同比下降22.2%。年末,全区限额以上批发和零售企业143家,限额以上住宿和餐饮企业88家。

年末,全区各类消费品市场26个,全年成交额181.07亿元。其中,消费品综合市场9个,全年成交额2.03亿元;农副产品市场14个,全年成交额178.65亿元;工业消费品市场3个,全年成交额0.39亿元。

【对外经济】 是年,全区实现外贸进出口452.55亿元,比上年下降5.2%,其中出口337.45亿元,增长21.0%。从出口类别来看,船舶出口100.26亿元,增长27.9%;油品出口194.91亿元,增长32.3%;水产品出口40.57亿元,下降14.6%。从出口地区来看,前五位分别为利比里亚、中国香港、巴拿马、马绍尔群岛和日本,全年出口额分别为64.08亿元、56.58亿元、51.55亿元、30.16亿元和15.74亿元,合计占全区出口总额的64.6%。

全年实际到位市外资金62.83亿元,其中市外注册资金34.26亿元,市外固定资产投资额28.57亿元。全年合同外资金额21012万美元,下降70.7%;实际使用外资9004万美元,比上年增长50.5%。

【金融和保险业】 年末,全区金融机构存款余额(本外币)551.77亿元,比年初增加56.63亿元。其中,单位存款余额204.90亿元,比年初增加13.80亿元;个人存款余额339.31亿元,比年初增加43.49亿元。金融机构贷款余额(本外币)554.65亿元,比年初增加42.84亿元。其中,短期贷款余额185.66亿元,比年初增加12.35亿元;中长期贷款余额367.46亿元,比年初增加30.45亿元。

全年保险公司保费收入7.95亿元,同比增长9.2%。其中,财产保险费收入2.83亿元,同比增长12.3%;人身险保费收入5.13亿元,同比增长7.6%。保险公司赔款支出2.16亿元,同比下降

5.3%;保险公司给付支出0.57亿元,同比下降21.8%。

【科学技术与教育】 是年,全区财政投入科技经费12413万元,同比增长5.0%。组织实施各类科技计划项目134项,其中国家级1项,省级67项,市级11项。全年科技成果数15项,申请专利509件,授权618件,其中发明专利授权量261件。国家高新技术企业61家,省级科技型企业339家。

年末,全区有中小学校24所。其中高中3所,全年招生1048人,在校学生3048人;中等职业教育学校招生502人,在校学生1361人;初中7所,全年招生2363人,在校学生6532人;小学13所,全年招生2538人,在校学生15778人。幼儿园32所,全年招生2606人,在园幼儿8111人。全区3～5周岁幼儿入园率99.7%,学前一年入园率99.8%,小学入学率、初中入学率均为100%。小学专任教师大专及以上学历比例99.7%;初中专任教师本科及以上学历比例98.5%。

【文化与体育】 是年,全区有文化馆(站)8个,影剧院数7个。全年组织文艺活动227次,参加人数11.35万人次。年末,图书馆藏书344.09万册,图书馆年流通45.38万人次。年末,全区有线电视用户14.31万户,其中城区7.38万户,电视人口综合覆盖率100%。室外广播农户覆盖率达到99.5%,通村率100%。

全区有各类体育场馆数6个。全年参加区级以上体育运动会2万人次。在省级以上比赛获得奖牌41枚,其中金牌7枚,银牌15枚,铜牌19枚。

【卫生与健康】 年末,全区有各类医疗卫生机构262个,其中医院12家,社区卫生服务中心、卫生院12个,社区卫生服务站14个,村卫生室81个。城乡社区卫生服务人口覆盖率100%。合计卫生技术人员3011人,其中执业(助理)医师1286人,注册护士1039人。医疗床位数1774张。城乡居民人均期望寿命达到80.13岁,孕产妇系统管理率93.05%,7岁以下儿童保健覆盖率99.70%。全年出生人数1581人,死亡人数2584人,人口自然增长率-3.20‰。迁入人口985人,迁出人口1144人,人口机械增长率-0.51‰。60周岁以上人口95475人,占总人口30.4%。

【市政建设和新渔农村建设】 推进全国文明城市创建、城镇生活垃圾分类、生态环境治理等系列行动,城区道路清扫、垃圾日产日清、公厕清掏等保洁率均达100%。创建省级美丽乡村精品村2个(东极、六横沙浦新村),市级美丽乡村精品村4个,美丽风景线1条,新时代美丽乡村16个。

全年供水总量3487万立方米,其中居民家庭用水1299万立方米,生产运营用水1074万立方米。城镇生活垃圾无害化处理率100%,城区生活垃圾分类覆盖面100%。

【环境保护】 是年,普陀城区环境空气质量优良,空气质量优良率98.3%,$PM_{2.5}$年平均浓度16微克/立方米,总体达到二级标准。全区4个市控地表水监测断面地表水质达标率100%,2个县级集中式饮用水源地监测断面全部达到Ⅱ类水质标准。区域环境噪声昼间平均等效声级53.1分贝,总体水平等级为二级。

【人民生活与社会保障】 是年,据抽样调查,全体居民人均可支配收入54412元,同比增长4.2%。其中城镇常住居民人均可支配收入62310元,同比增长3.6%;渔农村常住居民人均可支配收入38593元,同比增长6.3%。城镇常住居民年人均生活消费支出31429元,同比增长0.6%;渔农村常住居民年人均生活消费支出24912元,同比增长0.4%。城镇居民恩格尔系数33.9%;渔农村居民恩格尔系数32.6%。

年末,全区基本养老保险参保人数22.88万人,其中职工基本养老保险参保人数15.79万人,城乡居民社会养老保险参保人数7.09万人。基本医疗保险参保人数27.59万人,其中职工基本医疗保险参保人数10.12万人,城乡居民医疗保险参保人数17.47万人,参保率99.3%;工伤保险、生育保险和被征地农民保险参保人数分别为9.41万人、5.55万人和0.49万人。

年末,全区各种社会福利收养性单位22个,床位2616张,在院人数1008人。城镇“三无”对象集中供养率76.5%,渔农村“五保”老人集中供养率71.0%。城乡居民最低生活保障人数3194人,其中城镇低保对象453人,渔农村低保对象2741人。全年支付低保资金3635万元,城乡居民最低生活保障金标准为每人每月810元。全区社区服务设施数246个，社区综合服务设施覆盖率100%。全年新增就业人数3903人，引导和帮助失业人员再就业899人。年末城镇登记失业数1904人，登记失业率1.52%。

【抗击新冠肺炎疫情】 1月22日，普陀区成立区新型冠状病毒感染的肺炎疫情防控工作领导小组，召开新型肺炎疫情防疫工作专题推进会，及时应对和防控疫情。1月23日，浙江省启动重大公共突发卫生事件一级响应，普陀山朱家尖景区及宗教活动场所(民间信仰场所)根据省、市统一部署暂停开放。1月26日，普陀区调整区新型冠状病毒感染的肺炎疫情防控工作领导小组成员名单，区委书记张立军、区长潘晓辉任组长，领导小组下设办公室。首批援鄂医护人员普陀医院ICU护师虞丹旎、呼吸科护士王少儿先后于1月27日、28日出发驰援武汉，4月上旬返回普陀。1月28日，普陀区确诊首例新型冠状病毒感染的肺炎病例，启用集中隔离点、PCR实验室。2月2日，普陀区首例新型冠状病毒感染的肺炎患者出院。2月10日，区政府出台《关于应对疫情支持小微企业渡过难关的意见》，制定18条支持小微企业渡过难关的措施。2月11日，区委办公室、区政府办公室联合发文《关于深入开展"三服务"活动做好疫情防控和企业复工工作的通知》，提出进一步做好疫情防控工作，有序推动企业恢复正常生产的措施。2月15日，区委办公室、区政府办公室联合发文《关于各级机关部门积极履行职能全力保障疫情防控和正常生产秩序的通知》，要求各级机关部门加大涉疫工作力度，全力维护正常秩序，建立企业服务员制度，加强对企业指导帮扶。2月18日召开全区疫情防控和复工复产专题会议。2月23—25日，由六横管委会、六横公安分局、普陀医院六横分院和舟山中远海运重工有限公司、舟山市鑫亚船舶修造有限公司、舟山市龙山船厂有限公司联合组成的接返小组从杭州乘机赴云南昆明接回145名云南籍工人复工。3月20日起，旅游景区实行有序开放。全区有350名干部驻企帮扶，兑现"五减""两直"等资金11.7亿元；发放消费券2800万元，直接拉动消费1.6亿元。

【第十二届中国国际普陀佛茶文化节暨首届"国际茶日"浙江·舟山站活动】 由普陀区政府、市农业农村局主办，普陀佛茶文化研究会、普陀区农业农村局、普陀区文广旅体局、东港街道办事处、普陀区妇联承办，5月21日上午在普陀区东港塘头佛茶园开幕，首次尝试云直播展示。活动以"福至普陀·缘起佛茶"为主题，以"动态展示"和"客户体验"两种形式，通过"寿""富""康""德""善"五大互动场景让现场来宾体验佛茶采摘、制作、品茗过程。启动"普陀佛茶"线上新销售模式——云直播带货，通过云端平台传播佛茶佛韵，最高在线人数达120万人。推出"共饮一杯普陀佛茶——茶文化进社区活动"、茶文化知识讲座、茶文化知识有奖竞答等配套活动。

【2020年舟山群岛新区第三届"沈家门渔港"全国矶钓名人精英赛】 由普陀区政府主办，沈家门街道、区海洋与渔业局、区文化和广电旅游体育局承办，浙江普陀中街山列岛海洋特别保护区管理局、沈家门渔港小镇发展中心、东极镇政府、舟山海韵海洋文化发展有限公司协办，10月9—11日在东极镇东福山、黄兴岛海域举行。全国各省市及港澳台30支

10月9—11日，在东极镇东福山、黄兴岛海域举行2020年舟山群岛新区第三届"沈家门渔港"全国矶钓名人精英赛(郑宝森　摄)

代表队60名运动员参赛。中国休闲垂钓协会在开幕式上宣布浙江舟山普陀区为东方休闲海钓之都。赛事采用浮游矶钓法,设立对象鱼(鲷类)团体总重量赛、对象鱼(鲷类)个人总重量赛、对象鱼(鲷类)个人单尾重量赛、非对象鱼(杂鱼类)个人单尾重量赛4个项目。沈家门渔港队获对象鱼团体总重量第一名和个人对象鱼单尾冠军。

【2020国际油气贸易与海事服务高峰论坛——世界油商大会专题会议】 由浙江省政府主办,浙江省自贸办、浙江自贸试验区管委会和招商局能源运输公司承办,10月16日在朱家尖舟山国际会议中心举行。设1场主论坛和3场分论坛。副省长朱从玖在主论坛上作主旨演讲。省政府副秘书长高屹,市委书记、新区党工委书记、自贸试验区管委会主任俞东来,宁波市副市长李关定,上海组合港委员会办公室主任徐国毅等出席。市委副书记、自贸试验区管委会副主任华伟主持。130余家企业单位240余名嘉宾参加主论坛。因受新冠肺炎疫情影响,没有邀请境外嘉宾参会,采用“线上+线下”方式进行宣传推介。中新网、央视频、今日头条等10家著名平台客户端在线观看人数超过150万人次。

【2020中国飞镖公开赛(舟山站)】 由中华全国体育总会、中国飞镖协会、舟山市政府主办,10月17日在普陀体育馆开幕。赛事为期两天,以“全民健身,活力中国”为主题,设职业组、中小学生组和市民体验组三大竞赛组别,全国16个省市及舟山市民近800人参赛。设置12个奖项,最高奖金2万元,是历年来全市规格等级最高、奖金总额最多、参赛人数最多的飞镖赛事。这也是舟山首次引进PDC世界职业飞镖锦标赛中国选拔赛。

【2020中国海洋科技产业体系建设高峰论坛】 由普陀区政府和江苏省海洋资源开发研究院主办,普陀经济开发区管委会和浙江极海海洋产业开发有限公司承办,10月17日在普陀区举行。市委副书记、市长何中伟,副市长陈隆,区委书记张立军等出席。论坛以“加速构建海洋科技产业体系,强劲支撑海洋强国战略”为主题,秉承数字海洋、透明海洋、智慧海洋协调发展建设理念,推进全国海洋科技产业体系与海洋强国战略要求相匹配、海洋科学研究与装备技术发展相一致、海洋科技创新与产业体系相衔接等重大战略需求,与会专家就“海洋高端探测装备”“海洋调查测量”“海洋信息智慧运用”三大专题发言。论坛同步举办海洋科技产业建设成果展,组织参观民营调查船“张謇”号。

【2020舟山群岛铁人三项赛】 由省体育局、市政府主办,普陀山－朱家尖管委会、市文化和广电旅游体育局承办,以“潮涌东海,逐梦舟铁”为主题,11月8日上午在朱家尖南沙景区开赛。这是全市首次举办铁人三项赛,为国家C级赛事,分为15个组别开展竞技,800名运动员报名参赛。上海铁人运动俱乐部Peter(德国人)以1小时56分12秒成绩获男子全程35～39岁组冠军;无锡市铁人三项运动协会3名运动员以2小时54秒成绩获接力组冠军。

【2020舟山群岛马拉松赛】 由中国田径协会、省体育局、市政府

11月15日,2020舟山群岛马拉松赛在普陀区东港鸣枪开跑,图为岑万江过终点线(沈磊　摄)

主办,市文化和广电旅游体育局、普陀区政府承办,11月15日在普陀区东港鸣枪开跑。该赛事冠名“绿城如心小镇”,核心主题“健康与欢乐同在”。设置全程马拉松、半程马拉松、4千米健身跑和2千米家庭跑4个项目。全国各地13000余名选手参加比赛,受新冠肺炎疫情影响,没有邀请外国选手参赛。岑万江以2小时17分49秒成绩获全程马拉松男子组冠军,杨花以2小时39分56秒成绩获全程马拉松女子组冠军。关思杨以1小时5分3秒获半程马拉松男子组冠军,张新艳以1小时14分40秒成绩获半程马拉松女子组冠军。

【2020舟山群岛帆船跳岛拉力赛】 由市文化和广电旅游体育局、普陀区政府主办,11月20—22日在普陀举行。全国各地16支队伍、120名选手参赛。16艘参赛帆船从朱家尖漳州湾出发,历经白沙岛赛段和桃花岛赛段(22日回朱家尖赛程因天气原因取消)。舟山白沙岛队获公开组冠军,厦门海通联队获统一组冠军。

【2020海洋科技与产业战略发展高峰论坛】 由工信部电子科学技术委员会、国家海洋信息产业发展联盟、中国电科电子科学研究院、启迪控股股份有限公司、舟山市政府等主办,上海大学人工智能研究院、浙江大学海洋学院、东南大学海洋信息与工程研究院、启迪集群创新研究院、启迪集群科技集团等协办,普陀区政府承办,11月27—28日在普陀区举行。中国工程院院士、计算机应用专家陈纯,中国工程院院士、工业和信息化部海洋信息系统专家组组长陆军等300余名专家学者、企业代表参加。舟山市副市长陈隆,中共普陀区委书记张立军出席论坛并致辞。会上,普陀区和部分企业达成合作。

【普陀论健——细胞与健康创新产业论坛】 由舟山市政府主办,普陀区政府和理实国际大健康产业研究院共同承办,11月29日在普陀区举行。市政协副主席、浙江自贸试验区管委会副主任夏文忠,中共普陀区委书记张立军出席论坛并致辞。论坛围绕“精准、创新、合作、发展”四大主题,聚焦“细胞技术创新与医美抗衰发展”和“细胞技术创新与健康产业应用”两块领域,吸引10家国内知名科研院校、机构,12家医疗机构,130家健康类企业参加。论坛现场举行项目签约仪式,普陀国际健康城、云上华佗数字健康、中航生物普陀等9个健康类项目分别与普陀区相关单位签约,累计投资金额达45亿元。

【浙江省首家天然气交易市场投入运营】 8月,浙江天然气交易市场有限公司在普陀金融小镇注册成立,注册资本为1亿元人民币,由浙能集团牵头,浙能资本控股、中海油、浙油中心、新奥控股、浙能天然气集团和上海天然气交易中心共同投资设立。12月28日正式揭牌,成为浙江省首家、全国第五家投入运营天然气交易平台。是日,历时3个月打造的浙江天然气交易平台启动首笔线上交易业务,完成天然气交易量1.18亿立方米。

【史志工作】 做好《中国共产党普陀历史(1949—1978)》编纂工作,在初稿基础上进行补充、修改、统稿,完成统稿任务约80%。发挥红色资源育人作用,挖掘利用登步岛战斗遗址、东极“里斯本丸”沉船事件纪念馆等党史教育基地价值,上报新增革命遗址(包括社会主义建设时期)和纪念场馆设施5处,并推荐申报蚂蚁岛精神红色教育基地为省级党史教育基地。持续做好党史人物研究、党史文献征集和党史宣传教育等工作。完成《普陀年鉴2019》总纂、校对、出版发行工作,完成《舟山市普陀年鉴2020》启动、编纂和送审工作。指导、推进镇(街道)志编纂,《朱家尖志》于年初出版发行,东港街道地情资料书《滩涂上崛起的新城》内部印刷,《虾峙镇志》处于审稿付印阶段。推进普陀海洋历史文化研究,启动《浙江文史记忆丛书》普陀卷编撰,《历史名镇沈家门》由中国文史出版社正式出版。

(撰稿:陈莉　胡永久)

岱山县

【概况】 2020年末,全县户籍人口173733人,比上年末减少2692人;其中男性人口85764人,女性人口87969人。全年户籍出生人口618人,死亡人口1624人,人口自然增长率-5.7‰。迁入人口602人,迁出人口2246人,机械增长率-9.4‰。根据全省统一初步核算,全年全县地区生产总值(GDP)384.8亿元,按可比价计算(下同),比上年增长58.1%。其中,第一产业增加值36.3亿元,下降10.6%;第二产业增加值256.0亿元,增长113.9%;第三产业增加值92.5亿元,增长8.3%。三次产业结构比例为9.4:66.5:24.1。“十三五”期间地区生产总值年均增长19.7%。全年居民消费价格(CPI)比上年上涨1.9%,其中食品烟酒类价格同比上涨6.3%。服务项目价格同比上涨1.2%,消费品价格同比上涨2.4%。商品零售价格同比上涨0.9%。工业生产者出厂价格同比下降2.6%。全年新增城镇就业人数5611人,城镇失业人员再就业787人,城镇登记失业率1.67%,同比降低0.79个百分点。全年新设企业559个,同比增长12.2%;新设个体工商户2165个,同比减少15.9%。年末在册市场主体16881个,同比增长10.0%,其中企业3754个,增长8.7%。全年财政总收入27.26亿元,比上年增长3.9%。一般公共预算收入18.13亿元,同比增长3.0%,其中增值税5.10亿元,同比下降1.2%,企业所得税和个人所得税分别为2.18亿元和0.51亿元,同比分别增长19.4%和3.5%。一般公共预算支出54.34亿元,同比增长6.8%,其中城乡社区事务支出同比增长33.5%,社会保障与就业支出同比增长7.3%,公共安全支出同比增长5.0%,教育支出同比增长3.5%,科学技术支出同比增长13.0%。

【渔业】 是年,渔业总产值68.08亿元,按可比价计算,同比下降11.0%。水产品总产量33.58万吨,同比下降12.0%;其中,国内捕捞29.90万吨,同比下降6.3%。年末,有渔业专业合作社34家。加大渔船改造力度,改造科技示范船49艘。引导渔民转产转业,渔民双转技能培训156人。年末,有无公害农产品产地和产品认证企业7家,水产健康养殖示范场14家。全年实际水产养殖面积700公顷,产量3.68万吨,同比分别下降18.1%和37.6%。其中,海水养殖面积634公顷,产量3.53万吨,同比分别下降18.4%和34.9%。年末,有机动渔船1929艘,比上年末增加20艘,总吨位35.86万吨,总功率51.71万千瓦,同比分别增长2.0%和0.2%。其中,捕捞渔船1614艘,同比增加27艘,总吨位30.41万吨,总功率36.77万千瓦,同比分别增长1.8%和下降0.2%。

【农林畜牧业】 是年,全县实现农业总产值1.85亿元,按可比价计算,同比增长8.7%;林业总产值0.09亿元,同比增长0.3%;畜牧业总产值0.12亿元,同比增长4.9%。全年粮食作物播种面积892.4公顷,同比增长21.1%,产量0.46万吨,同比增长37.1%。水果播种面积499.27公顷,同比下降2.5%,产量1.07万吨,同比增长1.5%。蔬菜播种面积1431.33公顷,产量2.07万吨,同比分别下降1.8%和0.3%。茶叶播种面积70.6公顷,产量26.4吨,同比分别下降8.2%和7.4%。全年造林面积154.8公顷,零星植树3.0万株,成林抚育面积266.67公顷。森林覆盖率47.35%。全年生猪饲养量1200头,同比增长7.57倍。家禽饲养量6.91万只,同比增长1.9%。肉类产量129.0吨,同比增长9.5%,其中羊肉产量26.0吨,同比下降38.5%,禽肉产量85.0吨,同比增长12.6%。禽蛋产量29.0吨,同比下降28.2%。年末,有国家级无公害农产品42个,绿色食品10个。省级无公害农产品面积965.07公顷。省级农业科技示范基地14个,新增省级高品质绿色科技示范基地3个,市级以上农业龙头企业6家。全年水利总投入5.12亿元,同比减少39.4%。农田有效灌溉面积2350公顷,其中节水灌溉面积1460公顷。累计土地流转面积2万亩(1333.33公顷),农地流转率54%。年末拥有农业机械总动力2.96万千瓦,比上年下降9.8%,当年机耕面积1656.8公顷,同比增长12.9%。全年化肥施用量(折纯)1149吨。

【工业和建筑业】 是年,全县规模以上工业总产值889.62亿元,同比增长206.7%,规模以上工业增加值同比增长131.0%。规模以上工业中,高新技术产业增加值同比增长239.3%,占规模以上工业的89.4%;装备制造业增加值同比增长4.3%,占规模以上工业的9.1%;战略性新兴产业增加值同比增长57.6%,占规模以上工业的1.7%。规模以上工业企业六大主导行业实现总产值873.64亿元,同比增长216.8%,所占比重为98.2%。其中,石油化工业实现总产值747.85亿元,所占比重为84.1%。“十三五”期间规模以上工业增加值年均增长

53.7%。全年规模以上工业企业资产2160.66亿元,实现利税总额84.36亿元,其中利润总额57.34亿元。新产品产值765.09亿元,同比增长3.4倍;新产品产值率86.0%,同比提高26.4个百分点。

全年全县建筑业增加值22.79亿元,同比下降13.6%。年末全县具有资质的总承包和专业承包建筑业企业24家,实现总产值18.95亿元,下降2.8%;房屋建筑施工面积190.14万平方米,增长32.5%;房屋竣工面积21.01万平方米,增长53.8%。

【固定资产投资和房地产开发】 全年全县固定资产投资比上年增长8.0%,其中民间投资增长2.5%,高新技术产业投资下降9.2%,交通投资下降38.3%,生态环保、城市更新和水利设施投资下降28.3%。分产业看,第二产业投资增长17.0%,第三产业投资下降24.5%,其中交通运输仓储邮政业投资下降37.8%,文教卫体娱乐业增长54.3%。

全年房地产开发投资增长34.4%。全年商品房开发面积102.91万平方米,同比增长18.3%;商品房销售面积10.87万平方米,同比下降39.8%;年末商品房待售面积12.47万平方米,同比增长165.1%。

【内外贸易和旅游业】 全年全县实现社会消费品零售总额同比下降2.3%。其中城镇消费品零售额同比下降3.9%;农村消费品零售额同比增长0.3%。按消费类型统计,商品零售额同比下降1.2%;餐饮业收入同比下降10.9%。全年批发和零售业商品销售总额同比增长15.7%,其中限额以上批发和零售业商品销售额同比增长67.5%,全年住宿和餐饮业营业额同比下降12.5%,其中限额以上住宿和餐饮业营业额同比下降6.8%。年末全县有商品交易市场14个。全年商品交易市场成交额6.59亿元,比上年下降35.5%,其中水产品类市场成交额0.35亿元,比上年下降74.5%。全年成交额超亿元的市场1个,实现成交额3.6亿元。全年全县外贸进出口总额92.03亿元,同比下降4.2%。出口额71.40亿元,同比增长2.3%。其中船舶63.09亿元,同比增长5.4%;水产品1.84亿元,同比下降27.0%;汽配、微电机5.89亿元,同比下降17.1%。进口额20.64亿元,同比下降21.5%。年末有自营进出口权的企业197家,其中自营进出口额超200万美元的企业17家。全年实际引进市外资金32.6亿元,实际利用外资6815万美元。全年自贸区内企业125家,其中外商投资企业14家,油品企业5家。

年末有旅行社17家;有星级宾馆3家,客房数378间,床位数661张。有AAA级景区4个。全年接待国内外游客801万人次,实现旅游总收入114.59亿元,同比均增长7.3%。获得省全域旅游示范县称号。

【交通、港口和邮电业】 全年全县货物运输总量5543万吨,同比增长10.1%,货物运输周转量646.03亿吨千米,同比增长3.0%。全年旅客运输总量1355万人,同比下降11.6%,旅客运输周转量24371万人千米,同比下降13.2%。年末有集装箱运输企业72家,比上年末减少9家;车辆数515辆,总吨位1.67万吨,同比分别下降30.3%和29.2%。年末全县民用汽车拥有量24403辆,比上年末增长14.9%;其中私人汽车拥有量20925辆,同比增长14.6%。年末有海运企业41家,在册营运货运船舶258艘,比上年末增加2艘;运力201.00万载重吨,同比增长22.0%。其中万吨级船舶48艘,同比增加8艘,运力164.42万载重吨,同比增长26.4%。

全年港口货物吞吐量18667万吨,比上年增长28.4%。其中金属矿石吞吐量6868万吨,增长18.9%;石油2000万吨,增长4.7倍。年末全县有生产性泊位74个,其中万吨以上深水泊位23个。

全年邮政电信业务收入2.32亿元,同比增长1.8%。其中邮政业务收入0.29亿元,同比下降0.4%;电信业务收入2.03亿元,同比增长2.0%。年末全县固定电话用户2.63万户,比上年末下降7.7%;移动电话用户26.15万户,同比增长6.7%;年末互联网宽带接入用户数9.04万户,同比增长9.2%;完成代理速递业务量0.84万件,同比下降12.5%,其中国际及港澳台特快专递0.01万件,与上年持平。

【金融和保险业】 年末全县有各类金融机构26家。其中银行业机构9家,保险业机构16家,小额贷款公司1家。年末全部金融机构各项存款余额314.70亿元,比年初新增53.79亿元。其中非金融企业存款余额45.25亿元,增加17.94亿元;住户存款余款154.71亿元,增加17.88亿元。各项贷款余额209.97亿元,比年初增加31.52亿元。其中,短期贷款余额39.12亿元,减少0.14亿元;中长期贷款余额169.45亿元,增加30.36亿元。

全年保险机构实现保费收入3.63亿元,同比增长0.1%。其中财产险保费收入1.23亿元,同比增长2.2%;人身险保费收入2.40亿元,同比下降0.9%。全年赔款支出1.01亿元,同比增长4.3%;给付支出0.30亿元,同比下降7.5%。

【科学与教育】 全年组织实施国家级新产品科技项目2项,省级项目35项,市级科技计划和科技合作项目12项。年末,全县高新技术企业25家,省级科技型企业32家,省级企业研究院1家。全县新培育科技型中小企业32家,累计科技型中小企业144家。发放创新券257万元。全年申请专利241件,其中发明54件,授权专利203件,其中发明7件。年末,有各类注册商标1981件,同比增长3.0%,地理标志(包括证明、集体)商标2件,浙江制造团体标准4个。

年末,有小学10所,小学在校生6208人;初中4所,初中在校生2609人,初中升高中段比例99.7%;高中2所,高中在校生1554人,毕业生547人;职业技校在校生653人,毕业生168人;幼儿园17所,在园幼儿3077人。全县高中段学校高考考生595人,录取人数585人。全县有138人报名参加439课次自学考试,合格率74.8%。全县义务教育标准化学校通过率100%。年末各学校配置计算机3792台,图书藏量59.71万册。有3086名外来民工子女在岱山县就读,其中公办学校3086人,流动儿童少年入学率100%。

【文化与体育】 年末,有群众文化馆1个,文化站7个。全年组织举办展览63次,文艺活动318次,举办各类训练班806次,培训28628人次。有公共图书馆1个,图书藏量35.57万册,比上年增长5.5%。有县级广播电视台1个,全年制作广播时间212.1小时,制作电视节目时间874.1小时。全县有线电视用户数5.01万户。广播和电视人口综合覆盖率分别为100%和99.9%。年末有文化礼堂55家,新建7家。

全县有体育场地580个,总场地面积达53.1万平方米。至年底,创建省级社区多功能公共运动场15个,市级小城镇文体健身广场5个。全年举办群众体育活动58次,参加人数13.5万人次,成功举办岱山县第九届运动会、全国风筝锦标赛、中国·岱山岛沙滩高尔夫球挑战赛、全国气排球赛等大型赛事。全年销售体育彩票5044万元,其中飞鱼体育彩票销量2544万元。

【医疗卫生】 年末,有医疗卫生机构119个,其中,县级医院3家,乡镇卫生院(社区卫生服务中心)7个,诊所医务室12个,村卫生室43个,社区卫生服务站4个。医疗机构开放床位547张。卫生技术人员946人,其中执业(助理)医师600人,注册护士504人。全年总诊疗175万人次,其中接待医疗门诊急诊173.4万人次。全年累计报告传染病951例。全年孕产妇621人,保健覆盖率100%,孕产妇早孕建卡率95.1%,孕产妇死亡率零。0～7岁儿童的保健覆盖率99.52%。免费婚检率80.82%。完成城乡居民健康体检0.85万人。计划生育率99.7%,综合节育率77.88%。

【人民生活和社会保障】 全年全体居民人均可支配收入50606元,比上年增长4.5%。全年城镇常住居民人均可支配收入56646元,同比增长3.8%;城镇常住居民人均生活消费支出29169元,同比增长0.3%,恩格尔系数32.5%,同比下降0.1个百分点。全年渔农村常住居民人均可支配收入39238元,同比增长6.3%;渔农村常住居民人均生活消费支出25820元,同比增长0.1%,恩格尔系数34.2%,同比下降0.1个百分点。城镇、渔农村居民收入比1.44:1。年末城镇居民人均住房建筑面积46.40平方米,渔农村居民人均住房建筑面积56.81平方米。

年末,全县参加职工基本养老保险单位2241家,参保人数98318人,同比分别增长13.0%和5.9%;参加城镇职工基本医疗保险单位2227家,参保人数62596人,同比分别增长7.1%和7.5%;参加失业保险的单位2229家,参保人数28275人,同比分别增长14.1%和5.3%;工伤保险参保人数54945人,同比增长1.8%,参加生育保险的人数29555人,同比增长7.6%;参加城乡居民养老保险人数43902人,同比下降7.0%;参加被征地农民转轨企业职工基本养老保险28953人,同比增长1.6%;参加城乡居民医疗保险人数11.06万人,参保率99.5%,人均筹资水平1456元,同比增长1.3%。年末,全县有敬老院7所,社会福利院3所,床位2270张;有各类社会福利企业12家,残疾职工就业人数361人。年末,有1963人纳入政府最低生活保障,其中城镇居民最低生活保障家庭户174户、203人;渔农村居民最低生活保障家庭户1468户、1760人;农村"五保"供养人数126人。全年发放纯低保金2520.4万元。城镇"三无"对象集中供养率78.0%,渔农村"五保"老人集中供养率93.0%。城乡低保对象最低生活补助标准由720元每人每月提高到810元每人每月。

【市政建设】 年末,建成区面积8.45平方千米,实有城市道路面积174.28万平方米,排水管道长度137.52千米,全年供水总量492万吨,天然气供气总量461万立方米。城市生活垃圾无害化处理率100%。城市污水处理率达到90.6%。年末,有建成区园林绿地面积326.31公顷,其中,公园绿地面积127.02公顷;建成区绿化覆盖率41.95%,绿地率38.62%,人均公园绿地面积16.39平方米。

【新渔农村建设】 开展美丽乡村建设,建成省市级精品村6个,打造省级"一村万树"示范村2个,美丽田园示范样板2个,建成油菜彩绘田创意农业示范区块500亩(33.33公顷),彩色健康森林4000亩(266.67公顷),获评省新时代美丽乡村示范县。全覆盖实施渔农村垃圾分类,实现生活垃圾集中收集有效处理建制村比例100%。全县渔农村卫生厕所普及率100%,渔农村累计粪便无害化处理率99.82%。加快实施城中村改造、城乡老旧小区和危旧房改造等十大攻坚行动,累计完成投资31.08亿元。把巩固"无违建县"创建成果作为重要任务,在强势拆除剩余违建,确保有效遏制新增的前提下,全面"清零"违法建筑。全年拆除违法建筑1.18万平方米。全年累计保障公共租赁住房家庭2448户,其中新增129户。新建改造城市道路0.43千米,新增公共停车位512个。

【能源、环境和安全生产】 全年全社会用电量49.00亿千瓦时,同比增长209.8%。其中,工业用电39.22亿千瓦时,同比增长772.3%;城乡居民生活用电1.70亿千瓦时,同比增长8.8%。

全年环境空气质量优良率97.0%。县级以上集中式饮用水源水质达标率100%,水环境功能区水质达标率100%。区域环境噪声平均等效声级52.8分贝,环境噪声达标区总面积6.86平方千米,烟尘控制区总面积8.01平方千米。打好治水治污大会战,完成5条品质河道、3个污水零直排区建设,捧得"大禹鼎"银鼎。

全年全县发生各类生产安全事故5起,死亡(失踪)5人,亿元GDP生产安全事故死亡率1.3%,同比降低1.9个百分点。根据2020年度建设"平安浙江"群众安全感满意率调查结果显示,岱山县群众安全感综合满意率97.92%,参与率83.0%,获得省平安县称号。

【美丽乡村建设】 岱山县围绕深化"千万工程"建设新时代美丽乡村工作目标,以全面实施乡村振兴战略为抓手,推进美丽乡村建设,农村生态环境、生活环境、生产环境发生变化。至1月底,在已有5个乡镇入选的基础上,岱西镇、秀山乡入选2019年度浙江省美丽乡村示范乡镇。岱东镇北峰村、衢山镇东岙村、高亭镇南浦村、岱西镇双合村入选2019年度浙江省美丽乡村特色精品村。

【抗击新冠肺炎】 1月28日,岱山医疗健康集团县第一人民医院护师、90后中共党员罗静静和市、县(区)4名医务人员随浙江第二批抗击新冠肺炎紧急医疗队驰援武汉。4月3日,罗静静返回舟山。4月12日,驰援鄂抗击新冠肺炎的岱山医疗健康集团县第一人民医院2名医务人员夏金松、冯叶柳完成任务后返岱。是日,罗静静被省委、省政府授予"浙江省抗击新冠肺炎疫情先进个人"。

2月7日,岱山县各类生产企业开始复工复产,全县党委政府驰援和企业自救互助"同频共振",确保疫情防控与经济发展两不误。一周后,全县规模以上工业复工53家,复工率100%;重点

1月28日,浙江抗击新冠肺炎紧急医疗队岱山队员出征仪式在岱山县卫生健康局举行(岱山县卫生健康局提供)

外贸复工7家,复工率100%。

【海洋潮流能发电项目在中央电视台播出】 2月10日起,聚焦岱山3.4兆瓦海洋潮流能发电项目,讲述“中国智造”故事,在中央电视台综合频道开始播出,该节目为由中央广播电视总台出品、中国电视剧制作中心有限公司承制的庆祝中华人民共和国成立70周年电视剧《奋进的旋律》。故事重点展示浙江滨江林东新能源集团(滨能集团)研究所创造的3.4兆瓦潮流能发电机组并网发电,跻身世界前列的科技创新成果。

【水路客运售票实现“刷脸支付”】 4月8日,岱山水路客运售票“刷脸支付”功能在高亭客运中心上线,为全市客运服务首例,秀山、竹屿客运中心(站)也陆续推进。在人工售票窗口购票时,旅客可以选择刷脸支付功能。整个操作过程中,旅客无须拿出手机或者现金,直接由现场扫描面部信息得出的个人数据,与后台实名认证的微信及手机号的信息进行实时比对核验,相符通过即可完成支付。

【长涂镇东剑村海防馆开馆】 4月,长涂镇东剑村海防馆开馆并对外开放,该馆由原部队闲置营房及其他辅助设施组成,内设党(团)建培训、研学旅游、老兵第二故乡游和国防军事竞赛区等。在海防馆的不同展览区,通过将兵器、战船模型、名将画像等展板上墙展示,再现长涂海防文化的各个历史场景。海防馆的打造,成为长涂镇“研学之旅”上新的文旅设施。

【220千伏第三回路海底电缆敷设完成】 5月4日,由舟山本岛马目至绿色石化基地220千伏第三回路海底电缆敷设完成,海缆采用国内最先进的海底电缆施工船启帆9号敷设,总长18.35千米,于6月中旬输送电(投产)。前二根海底电缆分别于4月5日和4月20日敷设完成。舟山至鱼山三回路海缆,将满足鱼山绿色石化基地建设发展日益增长的用能需求,对于加快宁波舟山港和舟山自由贸易试验区建设,推动全国海洋经济和蓝色产业更好更快发展具有重要意义。

【纪念岱山解放70周年书籍内部出版发行】 5月,由县档案馆(史志研究室)编著的《初心往事——岱山红色记忆》《岱山解放七十周年热词解读》2本书籍内部出版发行。《岱山解放七十周年热词解读》筛选岱山发展历程中的70个“热词”予以释读,集中刻画经济体制改革的艰辛和先行先试创新的伟大,表现党的政策、方针、路线在岱山的生动实践。《初心往事——岱山红色记忆》分红故事、人物志、忆往昔、报刊纪四部分内容,共十万余字,回顾岱山解放之路,弘扬革命先辈的优良传统。

【舟岱大桥稳步推进】 6月8日,宁波舟山港项目舟岱大桥重达780吨的30米T梁吊装成功,舟岱大桥陆域段桥梁开通,正式进入陆域桥面施工阶段。6月29日,宁波舟山港主通道项目的舟岱大桥主通航孔桥合龙,该大桥总长28千米,是连接舟山本岛与岱山岛的唯一海上通道,其主通航孔桥为三塔双索面钢箱梁斜拉桥,全长1630米,主跨2×550米,能满足10万吨级油轮全潮双孔单向通航要求,建成后将结束岱山

6月8日,舟岱大桥陆域桥梁架通(沈磊　摄)

海上悬岛时代。7月27日,宁波舟山港主通道项目的舟岱大桥南通航孔桥合龙。9月11日,宁波舟山港主通道的舟岱大桥北通航孔合龙。

【全球首台3000吨超级浆态床锻焊加氢反应器吊装就位】 6月10日,由大连核电石化有限公司承制的首台3000吨超级浆态床锻焊加氢反应器在舟山绿色石化基地二期工地吊装就位,该设备总长70米,外径6.15米,壁厚0.32米,是浙石化4000万吨/年炼化一体化二期项目的核心设备,投产后可达到90%以上的渣油转化率,对舟山绿色石化基地提质增效,高质量发展有着重大意义。

6月6日,世界首台3000吨超级浆态床浙江石化锻焊加氧反应器列装(陈伟　摄)

【2020中国·岱山岛沙滩高尔夫球挑战赛举行】 8月30日,"东方蜜月城堡杯"2020中国·岱山岛沙滩高尔夫球挑战赛在岱东鹿栏晴沙景区内举行,来自上海、杭州等地的17支代表队160余名男女选手参加高尔夫S·P赛和体验组IP赛。作为岱山县的重大体育赛事之一,是年对该赛事进行调整,规格从9洞赛提升到18洞赛,更贴近标准草地赛。

【诺亚舟峰景湾幼儿园投入启用】

9月10日,诺亚舟峰景湾幼儿园投入启用,该园总面积5000平方米,办园规模7个班,园内硬件设备按照浙江省一级幼儿园标准配备。设有大型的户外游乐设施、沙水嬉戏区、交通场景区等,还有亲子绘本阅读馆、创意DIY美劳室、科学探索室、厨艺生活馆和功能舞蹈厅等专业活动室。诺亚舟峰景湾幼儿园开设绘本阅读、奥尔夫音乐、溢彩创意美术等经典课程,满足孩子全方面发展需求。诺亚舟国际幼教不偏重幼儿的知识才艺技能学习,更看重幼儿的品德、习惯、技能、学习品质和解决问题能力等方面的培养,为幼儿一生可持续发展奠定基础。

【江南二桥通车】 9月28日零时起,岱山岛—舟山本岛疏港公路江南二桥正式开通试运行。该桥长854.4米,属于岱山蒲门水道复杂海域环境下的跨海特大桥,是岱山岛与秀山岛交通咽喉连接位置,作为526国道岱山段改建工

9月28日零时，岱山岛—舟山本岛疏港公路江南二桥正式通车(岱山县交通运输局提供)

程的重点控制性工程。

【童梦园开园】 9月，位于高亭镇蓬园路以东，人民路延伸段以南的儿童公园经过3个月闭园改造后开园，并更名为童梦园，改造后的童梦园占地面积2800平方米。童梦园主要以户外拓展区和亲子互动区为主，增设滑梯、打击乐器等娱乐设施。

【新天地广场投入营业】 10月1日，位于高亭镇康嘉路与长河路十字路口(原县行政服务中心)大楼所改建的新天地广场投入营业，该广场占地面积约4600平方米，营业面积约3300平方米，设200个地面停车位。16家知名连锁餐饮品牌入驻。

【全国首个海岛幸福驿站投入启用】 10月12日，位于大长涂岛内的全国首个海岛幸福驿站经修缮后投入启用，该站将为群众提供卫生、养老、商品物流、精神文化、便民方面的服务。群众可通过微信、电话和现场下单，享受便捷的理发、配药、代购等各类便民服务。海岛幸福驿站旨在深化“最多跑一次”改革，补齐离岛民生服务短板，解决离岛服务短缺问题，打通离岛民生服务“最后一公里”，逐步提升海岛居民的获得感、幸福感和安全感，成为展示民生幸福新高地海岛亮丽风景线的重要平台。

【“岱马”赛事入选2019年中国马拉松银牌赛事】 10月，岱山海岬半程马拉松暨健康中国马拉松系列赛获2019年中国马拉松银牌赛事。根据2019年马拉松赛事的等级评选标准，岱山海岬半程马拉松赛事在组织管理、赛道打造、宣传营销、海岛文化展示等方面发挥积极作用，促成中国马拉松系列赛岱山站的成功举办，获得赛事组委会的一致好评。岱山海岬半程马拉松还获得最美特色赛事。

【2020年中国·岱山岛国际风筝节举行】 11月7日，2020年中国·岱山岛国际风筝节在岱东鹿栏晴沙景区海滩举行，为期2天，

10月12日，在岱山东剑村举办大长涂海岛服务驿站“幸福驿家”启用仪式(沈泓秀　摄)

11月7日，2020年中国·岱山岛国际风筝节在岱东鹿栏晴沙景区海滩举行(沈磊 摄)

设4个大项15个小项，是岱山县第十一次承办全国风筝锦标赛、第九次承办国际运动风筝比赛。竞赛项目主要以现代风筝、传统风筝、竞技风筝和表演项目为主，立足“岱山——中国风筝岛”品牌，围绕风筝、节赛互动，将体育、旅游、文化和全民健身有机结合。在做好疫情防控的前提下，创新风筝赛事“网上视频展播+现场比赛”的方式，打破场地和时空限制，来自全国各地35支代表队和23支国外网络风筝代表队约200余名选手参赛。

【集体婚礼在双合石壁爱情小镇举行】 11月11日，“恋上岱山 情定双合”集体婚礼在双合石壁爱情小镇举行。在双合村村口，新人们种下属于自己的桃花树，挂上同心牌；跨火盆、揭红盖头之礼、合卺礼，传统婚礼流程给新人带来不一样的体验；摄影师为新人拍摄体现岗位职业元素的结婚照。

【数字岱山大会召开】 11月26—28日，“数字引领岱你未来”数字岱山大会召开，全国各地的专家学者、业界精英共聚岱山，共话数字化发展大计，岱山开启数字之旅、智慧之旅新征程。大会上，艾鸥科技与其他受邀嘉宾分别就《5G新基建、赋能新海洋》《智慧赋能增活力，治理有“数”开新篇》等主题展开深入探究，内容涵盖5G、区块链、大数据等新兴科学技术的发展，为“智慧海洋”建设与构建海洋信息化发展新模式把脉问诊、建言献策。

11月11日，“恋上岱山 情定双合”2020岱山中式集体婚礼举行(沈磊 摄)

【融合组网通信在岱山海域试验成功】 12月1日，由航天科工空间工程发展有限公司和中国联通利用全国首套“低轨卫星互联网+5G网络+物联网”融合组网通信在岱山海域试验成功。该次试验是在完全没有移动网络信号覆盖的情况下，利用全国首套低轨宽带通信技术验证系统和5G轻量级核心网(5GC)、5G基站、语音网关、5G手机以及5G终端CPE等通信设备，在海上构建起5G天基回传通道。低轨宽带互联网卫星过境岱山县海域时，试验人员使用5G手机拨打联通移动号码，体验5G手机上网观看视频、发送微信，开展基于物联网的智慧船舶应用，船员的智能穿戴、船舶视频监视等，感受海上5G+卫星互联网通信。

【中广核岱山4号海上风电场投产运行】 12月25日,中广核岱山4号海上风电场54台风机投产运行;26日,23.4万千瓦海上绿色能源并网,该项目年上网电量达6.18亿千瓦时,全部用于舟山绿色石化基地,可节约标准煤17万吨,减少排放有害气体约47万吨。

【全市首台方舱CT投入运行】 12月,全市首台方舱CT在岱山医疗健康集团县第一人民医院投入运行,该台方舱CT长约9米,宽约4米,总投资227万元。"箱体式"方舱CT,可快速拆装及运输转移,设有病患和医护双通道,配备网络传输技术系统,可实现隔室操作。该移动式方舱CT成像速度快,清晰度高,获取的影像可通过医疗专家远程会诊,同步为患者阅片,为临床医生提供更加准确的参考依据。

(撰稿:虞迪燕)

嵊泗县

【概况】 2020年末,全县户籍总人口73651人,家庭总户数30014户。按性别分,男性35825人,占总人口的48.6%;女性37826人,占总人口的51.4%,性别比为94.71。全年出生人数263人,出生率3.55‰;死亡人口607人,死亡率8.20‰;人口自然增长率-4.67‰,已连续23年负增长。全县迁入人口304人,迁出人口680人,机械增长率-5.11‰。年末全县计划生育率99.3%,比上年末增长0.1个百分点。

是年,全县实现地区生产总值(GDP)116.5亿元,按可比价计算(下同),比上年增长2.1%。其中第一产业增加值35.2亿元,第二产业增加值19.6亿元,第三产业增加值61.7亿元,同比分别增长3.5%、4.3%和0.7%。三次产业结构为30.2:16.8:53.0。按户籍人口计算,人均地区生产总值157384元,按年末汇率(6.8976)折合22817美元。海洋经济增加值占GDP的比重为78.2%。

全年实现财政总收入12.09亿元,同比增长6.2%;一般公共预算收入8.31亿元,同比增长6.5%。其中,增值税1.52亿元,同比增长65.6%,营改增1.19亿元,同比下降9.9%;企业所得税0.54亿元,同比下降25.6%,个人所得税0.17亿元,同比增长2.4%。全年民生事业支出22.36亿元,同比增长0.3%,占一般公共预算支出的73.1%,其中卫生健康、教育和农林水支出同比分别增长12.6%、8.1%和0.8%。

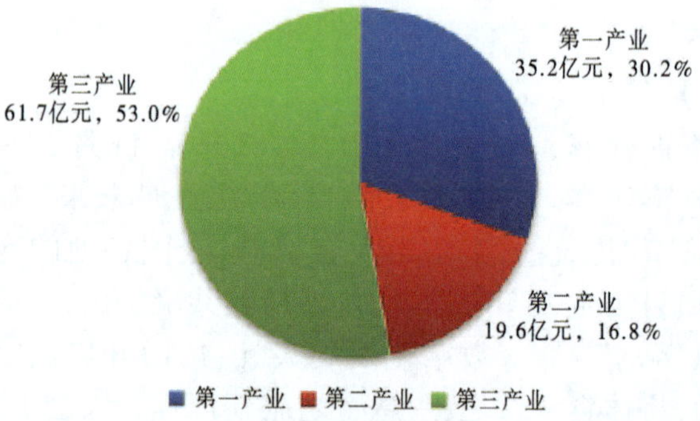

图17:2020年全县三次产业结构构成图

全年居民消费价格指数随着疫情控制以及保供稳价系列政策实施,上涨幅度从年初的3.7%逐渐下降到年末的2.2%,回归经济基本面。其中,服务项目价格和消费品价格同比分别上涨1.8%和2.4%。

【农林牧渔业】 全年实现农林牧渔业总产值57.98亿元,按可比价计算,同比增长3.4%。其中,渔业总产值57.45亿元,同比增长3.4%;种植业总产值1341万元,同比增长4.6%;畜牧业总产值78万元,同比下降35.0%;林业总产值57万元,同比下降6.5%。全年农作物播种面积240公顷,同比下降3.6%。粮食播种面积43公顷,产量195吨,同比分别下降8.0%和4.4%;蔬菜播种面积193公顷,产量2915吨,同比分别下降2.5%和1.9%;水果及果用瓜产量138吨,同比下降5.5%。全年家禽出栏0.98万只,同比增长2.3倍。全年肉类产量20吨,同比增长1.5倍,其中禽肉产量18吨,同比增长2.0倍。

渔业生产基本稳定。全年实现水产品产量40.50万吨,同比增长2.7%。其中,海洋捕捞实现产量19.50万吨,同比下降6.3%。分品种看,除虾类产量1.60万吨,同比增长2.3%外,鱼类、蟹类、头足类产量分别为16.09万吨、1.23万吨、0.40万吨,同比分别下降5.4%、4.9%和15.4%。全年压减渔船349艘,功率2.18万千瓦,超额完成减船转产五年(2016—2020)任务,减船数量完成174.5%,功率压减完成100.39%。休闲渔业稳妥推进,至年底，新型材质休闲渔船52艘，较上年末增加31艘，占全县休闲渔船46.8%。

年末，全县拥有养殖专业合作社28家，深水网箱养殖企业5家。全年海水养殖总面积2.27万亩(1513.33公顷)，实现养殖产量21.00万吨，同比增长12.7%，其中贻贝养殖面积2.19万亩(1460公顷)，产量20.95万吨，同比增长12.8%。稳步推进养殖海域“三权分置”，养殖海域管理更加规范。嵊泗贻贝入选国宴菜单并获中欧互认农产品地理标志，区域品牌建设加强，贻贝全产业链提质升级。深远海智能养殖项目和洋山“渔光互补”项目建设进度持续推进，大黄鱼深水网箱养殖、牡蛎示范养殖项目成效显著，养殖品种多元化发展。省级健康养殖示范场顺利验收，6家养殖企业成功创建省级健康养殖示范场。

年末，全县拥有各种机动渔船2040艘，减少142艘。其中捕捞渔船1078艘，减少153艘；养殖渔船800艘，增加6艘。渔船总功率18.92万千瓦，同比下降1.8%；总吨位12.40万吨，同比下降1.4%。

2020年嵊泗县农林牧渔主要产品产量

表65

产品分类	产量	比上年增长(%)	产品分类	产量	比上年增长(%)
农产品(吨)			水产品(吨)	404962	2.7
粮食	195	-4.4	捕捞产量	194962	-6.3
蔬菜	2915	-1.9	#鱼类	160881	-5.4
水果级果用瓜	138	-5.5	虾类	16024	2.3
畜牧业(吨)			蟹类	12329	-4.9
猪肉			头足类	4028	-15.4
禽肉	18	200	养殖产量	210000	12.7
禽蛋	3		#嵊泗贻贝	209464	12.8

【工业和建筑业】 全年全县10家规模以上工业企业实现产值5.34亿元，同比下降17.3%。分行业看，电力、热力的生产和供应业、非金属矿物制品业、农副食品加工业和非金属矿采选业同比分别下降3.2%、19.3%、27.6%和69.9%。全县规模以上(下称“规上”)工业销售产值5.44亿元，同比下降18.4%，产销率102%；规上工业增加值同比增长1.9%。

年末，全县具有资质等级的总承包和专业承包建筑业企业15家，从业人员平均人数3136人。全年实现建筑业总产值7.55亿元，同比增长14.0%；实现主营业务税金及附加0.04亿元，同比持平。房屋建筑施工面积38.22万平方米，同比下降15.0%，无新开工面积；房屋竣工面积9.94万平方米，同比下降21.4%。

【固定资产投资和房地产业】 全年全县固定资产投资额同比增长2.0倍。分结构看，基础设施投资和建筑安装工程投资同比分别增长2.5倍和1.3倍；高新技术产业投资增长19.3%，生态环保、城市更新和水利设施投资增长18.9%；民间投资和交通投资分别下降59.2%和40.3%。分产业看，第一产业无投资额；第二产业投资增长5.7倍；第三产业投资下降16.4%。

全年房地产开发投资同比下降55.6%。房屋施工面积38.97万平方米，增长5.5%；商品房销售面积1.79万平方米，下降39.7%；商品房销售额2.27亿元，下降24.1%；商品房待售面积1.62万平方米，增长2.8%，其中待售住宅面积0.93万平方米，增长18.1%。

【交通、港口和邮电业】 全年交通运输、仓储和邮政业实现增加值18.9亿元，按可比价计算，同比增长0.6%。全县水、陆货运量4120.26万吨，水、陆货物周转量254.11亿吨千米，同比分别下降0.1%和8.2%；水、陆客运量770.91万人，水、陆客运周转量1.50亿人千米，同比分别下降9.2%和16.0%。年末，全县有货运船舶121艘，比年初减少14艘，总运力67.80万载重吨，下降40.1%；客运船舶25艘，比年初增加1艘，载客量为7144客位，增长3.8%。

年末，全县机动车辆保有量7577辆，其中运营性车辆454辆，

2020 年各种运输方式完成货物和游客运输量

表 66

指标	单位	绝对值	同比增长(%)
客运量	万人	770.91	-9.2
陆上	万人	568.97	-2.1
水上	万人	201.95	-24.8
客运周转量	万人千米	14963.24	-16.0
路上	万人千米	5868.32	-2.1
水上	万人千米	9094.92	-23.1
货运量	万吨	4120.26	-0.1
路上	万吨	217.03	-2.2
水上	万吨	3903.23	持平
货运周转量	万吨千米	2541122.22	-8.2
路上	万吨千米	5460.15	-2.2
水上	万吨千米	2535662.07	-8.2

非运营性车辆 7123 辆。全县实有公共汽车营运车辆数 29 辆,实现客运总量 206 万人次,日均客流量 5634 人次。

交通网络布局不断完善,交通旅游融合发展。是年,开通嵊山(枸杞)至花鸟航线、泗礁本岛 4 条夜间公交线路和嵊泗至上海南站水陆联运班线;优化上海虹桥、宁波水陆联运班线。突破创新不断优化交通运力结构,助推首汽约车平台落地,打破海岛无网约车历史。

全年实现港口货物吞吐量 11300.21 万吨,同比下降 4.2%。其中县本级和申港石油储运码头实现货物吞吐量 4771.44 万吨和 625.87 万吨,同比分别增长 19.9%和 23.9%;马迹山矿石中转基地与绿华散货减载平台实现货物吞吐量 5379.91 万吨和 522.99 万吨,同比分别下降 10.6%和 59.7%。年末,全县拥有港口泊位 24 个,其中生产性泊位 16 个,万吨级以上深水泊位 8 个。

全年完成邮政特快专递 0.45 万件,函件 3.12 万件,机要文件 513 件,包件 4.59 万件。全年订销报刊累计 166.96 万份,同比下降 0.4%;报刊流转额 260.70 万元,同比下降 2.3%;订销杂志累计 8.12 万份,同比增长 7.4%。

【内外贸易和旅游业】 全年全社会消费品零售总额比上年下降 8.3%。批发和零售业商品销售总额比上年增长 7.0%,其中限额以上批发和零售业销售额增长 15.9%;住宿和餐饮业营业额下降 23.7%,其中限额以上住宿和餐饮业营业额下降 28.0%。

年末,全县拥有各类商品交易市场 8 个,累计实现成交额 5.32 亿元,同比下降 9.9%。

全年实现外贸进出口总额 33.72 亿元,同比下降 47.6%。其中进口总额 32.52 亿元,同比下降 45.5%;出口总额 1.20 亿元,同比下降 74.4%。

招商引资持续推进。全年新引进项目 6 个,实际利用市外资金 34 亿元,实际使用外资 2914 万美元,新增企业地方税收 1 亿元,均超额完成年度任务。

全域旅游持续深化,按照“一岛一韵、一村一品”的建设格局,全面推进村村镇镇景区化建设。年末,全县 A 级景区村覆盖率达 75.8%,其中 AAA 级以上景区村占 34.5%;A 级景区城镇覆盖率达到 42.8%。规范引领民宿控量提质,全县有市级精品民宿 550 家,省级金银宿 25 家,市最美民宿 43 家,金银民宿总量位列全市第一。

年末,全县拥有旅行社 30 家,营业收入 8558 万元。拥有宾馆 1117 家,同比增加 26 家。其中,民宿 1007 家,同比增长 2.4%;民宿客房 10131 间,床位 19148 张,同比分别增长 5.1%和 2.5%。全年接待国内外游客 742.30 万人次,实现旅游总收入 106.10 亿元,同比分别下降 3.0%和 2.5%。

【金融和保险业】 年末,全县金融机构各项存款 95.77 亿元,比上年末增长 6.4%。其中,单位存款余额 38.30 亿元,个人存款余额 54.74 亿元,同比分别增长 4.5%和 12.3%。各项贷款余额 67.27 亿元,比上年末增长 41.2%。其中,短期贷款余额 15.03 亿元,中长期贷款余额 51.88 亿元,同比分别增长 1.2%和 62.5%。

全年保险公司保费收入 12073.26 万元,同比下降 15.8%。

其中财产险保费收入5153.86万元,人身险保费收入6919.40万元,同比分别下降22.9%和9.6%。保险公司赔款支出3838.40万元,同比下降53.0%。其中,财产险赔款支出2983.02万元,人身险赔款支出855.38万元,同比分别下降59.0%和4.1%;给付支出999.81万元,同比下降39.1%。

【科学技术与教育】 全年组织实施各级各类科技项目33项,其中市级项目10项,县级项目23项。专利申请量和授权量分别为81件和75件,其中发明专利申请14件,授权6件。科技企业"双倍增"有新成果,全年新推荐高新技术企业2家,新认定省级科技型中小企业10家。重点领域技术攻关取得新实效。依托全国首座全潜式深远海大黄鱼养殖平台"嵊蓝一号",推进深远海大型智能化网箱养殖项目科技攻关,成功申报"开放海域养殖设施高海况潜降关键技术与核心装备联合研发"国家级重点研发项目。

年末,全县有幼儿园8所,其中民办幼儿园1所,在园幼儿1248人;普通小学7所,招生326人,在校学生2156人,毕业学生427人;普通初级中学2所,招生392人,在校学生1166人,毕业生376人;高级中学1所,招生230人,在校学生693人,毕业生258人;成人文化技术教育培训中心1所,在校学生344人,毕业学生151人。2020年学前一年(5周岁)幼儿入园率100.0%,小学毕业生升学率100.0%,初中升高中段比例99.7%,高考上线率98.8%,其中高考一段上线人数33人,较上年增加14人。各类教育协调发展,实施乡镇学前教育管理体制试点改革,完善学前教育招生服务区制度;推进全国义务教育优质均衡发展县创建进程,完成重点整改任务,规范招生和学籍管理;加强特殊教育,成立残疾人教育专家委员会,实施嵊泗中学资源教室建设。

拓宽人才引培渠道,做好人才培养工作,新培养专业技术人才207人,新培养高技能人才498人。年末全县有各类专业技术人员3471人,同比增加152人。其中,高级职称275人,增加13人;中级职称1348人,增加57人;初级职称1848人,增加82人。

【文化、体育和卫生】 全县拥有文化馆3个,乡镇文化站7个,文化礼堂27个;全年举办各类文艺活动59次,文艺培训班60班次,各类展览4场。全县拥有公共图书馆1个,藏书15.60万册,图书流通量1.70万人次;送书下乡10010册,新增图书流通点2家,流通图书3821册次。拥有剧场、影剧院3个,放映电影1909场次,观众人数2.07万人次,放映收入81.50万元;(渔)农村公益数字电影下乡放映376场,观众16290人次;送戏下乡49场,受众人数9800人次。年末,全县拥有广播站、有线电视台(站)8个,广播转播台1个,县城数字电视转播频道76个。全县有线电视用户2.60万户,入户率100%,全部完成数字电视整转,广播节目和电视节目综合覆盖率均达到100.0%。《嵊泗渔歌》入选第五批国家级非物质文化遗产代表性项目名录。

全县拥有体育场馆2个;全年举办全民健身运动25次,参与人数5000余人;举办县级体育比赛22次,参加市级以上体育运动会5次。成功举办女子国际公路自行车赛、国际划骑跑等赛事;承办长三角万人徒步大会、全民骑游大会、海岛夏日荧光跑等大众休闲运动项目。

年末,全县有医疗卫生机构41个,其中医院2个,乡镇卫生院7个,卫生机构3个,门诊部、诊所类9个,社区服务站1个,村卫生室19个。医疗机构实有卫生床位260张,卫生技术人员572人,其中执业医师225人,注册护士202人;每千人拥有医生3人,每千人拥有医院床位3张,城乡社区卫生服务人口覆盖率达到100.0%,全年接待医疗门急诊达60.01万人次。精准施策,打赢新冠肺炎疫情防控战。健全县域医共体绩效考核机制,完善药品供应保障系统,推进医共体改革,远程医疗服务站点实现全覆盖。

【市政建设和新渔农村建设】 年末,全县建成区面积2.47平方千米,实有城市道路长度15.89千米,实有城市道路面积26.88万平方米,建成区绿化覆盖率41.6%,人均公园绿地面积16.54平方米。全县排水管道长度45.8千米,供水总量357万吨。

推进水利水务重点工程建设,夯实水利水务保障基础。全年全县自来水普及率100%,规模化覆盖率98%,供水保证率达到95%以上,水质达标率在95%以上,完成农村饮用水达标提标行动各项任务。全面启动争创全国县级文明城市提名工作，对标创建标准，开展市容整治雷霆行动，全年清理乱堆乱放杂物及望海路渔用物资70余车次，清理各类广告669条；解决机动车、非机动车占压人行道和盲道影响通行等问题，处理违停机动车辆869辆；查处违建面积4312.6平方米。

【节能降耗和环境保护】 全年单位GDP能耗降低率3.63%；规上工业单位增加值能耗比上年下降6.7%。全社会用电量5.66亿千瓦时，同比增长5.6%。其中，城乡居民生活用电量0.68亿千瓦时，同比增长4.1%；小洋山港区用电量3.14亿千瓦时，同比增长11.1%。

全县环境空气质量优良以上天数342天，$PM_{2.5}$优良天数364天，空气质量优良率、$PM_{2.5}$优良率分别为97.4%和100%。县城区域环境噪声平均51.0分贝，环境噪声达标区域面积3.28平方千米。

“两山”发展指数位列全省第六，全国海岛县首位。创新开展环境卫生重点点位“清单式”销号管理，全县城镇生活垃圾无害化处理率100%，整洁村庄和生活垃圾分类处理实现渔农村全覆盖。蓝色海湾整治项目进入自然资源部项目库，完成基湖黑松林水土、海洋生态岸线、废弃矿山等修复治理工程，城镇污水集中处理率达到92.1%，渔农村30吨以上污水处理设施标准化建设实现全覆盖。启动省级园林城市创建，新增绿化造林900亩(60公顷)。全面提升水环境质量，实施集中式饮用水源地水环境评估；高标准完成嵊山镇、黄龙乡和6个生活小区“污水零直排区”建设目标。

【人民生活和社会保障】 根据城乡一体化住户调查，全年全体居民人均可支配收入50154元，同比增长3.9%。按常住地分，城镇常住居民人均可支配收入56526元，同比增长3.1%；渔农村常住居民人均可支配收入37620元，同比增长6.0%，城乡居民收入比为1.50∶1。城镇常住居民人均生活消费支出31690元，渔农村常住居民人均生活消费支出20995元，分别增长0.5%和0.2%，城乡居民恩格尔系数分别为35.4%和43.8%。

全年城镇新增就业1641人，城镇失业人员再就业251人，城乡困难人员实现就业194人，年末城镇登记失业人数422人，城镇登记失业率1.56%。

年末，全县养老保险参保人数61316人，其中职工基本养老保险38968人，城乡居民养老保险22348人；医疗保险参保人数68202人，其中职工基本医疗保险34529人，城乡居民医疗保险33673人；失业保险参保人数11680人；工伤保险参保人数14992人；生育保险参保人数12172人。养老待遇水平不断提高，企业职工人均增资136.04元/月，机关事业人均增资250.69元/月。医疗保障作用持续发挥，至年底县内医保定点医药机构达到20家，城乡居民医疗保险实际参合率达到99.29%。

围绕救助对象精准识别、低保政策有效落实、社会救助日常监管等环节，确保“应保尽保、应退尽退、应救尽救”。年末，全县有低保户414户，低保对象516人，其中城镇低保对象109户、133人；渔农村低保对象305户、383人。继续推进示范型居家养老服务中心，全县有养老服务机构14所，床位509张；敬老院3所，收养40人；全年实际开展配送餐服务15家，覆盖服务20个社区村，配送餐服务老年人260人左右。

全年发生各类安全事故3起，死亡(失踪)3人，其中交通事故1起，火灾事故2起。社会治理更加扎实，扫黑除恶保持全省唯一“零报告”，“两抢”等恶性案件保持零发。获全市首个省禁毒示范县称号，连续15年蝉联“浙江省平安县”称号。

【一星平安金鼎】 4月14日，全省建设平安浙江工作会议公布全省首批“一星平安金鼎”。嵊泗县连续十五年获浙江省平安县称号，被授予“一星平安金鼎”。这是全省目前在平安建设方面能拿到的最高奖项。自2004年参加建设“平安浙江”战略以来，嵊泗持之以恒抓基层社会治理和大平安建设，先后获得“平安鼎”“平安铜鼎”“平安银鼎”“平安金鼎”荣誉，平安建设始终走在全省前列。

【第二届“东海五渔节”】 8月18—25日，在五龙乡黄沙村举行。本次东海五渔节包括五渔潮涌、五渔造集和五渔作浪三大板块。开幕式活动以海洋文化为纽带，凸显“渔歌、渔家、渔画、渔味、渔俗”五渔元素，聚拢渔村饮食特点，描绘海洋生活色彩，将东海五

8月18—25日,在五龙乡黄沙村举行第二届东海五渔节(嵊泗县融媒体中心提供)

渔村历史人文风采与各种艺术表现形式融合。“五渔造集”在五龙黄沙村中心街开市,浓厚的海岛集市风情、特色的五渔文创产品、色香味俱全的美食吸引众多市民和游客前往。

【“碧海9号”投入运营】 9月,有“海上法拉利”之称的“碧海9号”投入营运泗礁—沈家湾,泗礁—嵊山(枸杞),沈家湾—枸杞航线。该船总吨478吨,净吨239吨,船长49.8米,船宽8米,型深3.55米,设计吃水1.68米,载客定额259客位,航速27节,抗风等级为八级。船上增配新型减摇陀螺装置,可以提升整艘船的平衡感,减少乘客晕船的感觉。客舱的公共区域内增设专用的行李架,更加宽敞、舒适。

9月,有“海上法拉利”之称的“碧海9号”投入营运(嵊泗县融媒体中心提供)

【体育比赛】 2020中国最美海岸线徒步大会暨长三角万人徒步大会联赛(嵊泗站) 9月20日举办。来自沪浙苏皖60多家户外俱乐部3000余人参加。此次徒步大会分为7千米半程组和13千米全程组两个组别。队员们沿着国家AAAA级旅游景区“东海五渔村”的最美海岸线和浙江省最美绿道“左岸公路”徒步,全程90%行进在海边绿道上。

2020中国舟山嵊泗列岛国际划骑跑三项公开赛 10月12日举办。该赛事由浙江省体育局主办,舟山市文化和广电旅游体育局、嵊泗县人民政府承办,嵊泗县文化和广电旅游体育局协办,由凯步锐石国际体育(北京)有限公司独家运营。赛事吸引近500名户外运动精英和运动爱好者参赛。划骑跑,是皮划艇、自行车、越野跑的组合,是户外运动项目中的三大主流项目,也是以竞技体育为引领、大众消费参与为特点的体育旅游竞赛项目。划骑跑三项公开组中,中国选手巴特孟开以总成绩2小时24分20秒夺得男子组冠军,中国选手蒋冬梅以总成绩2小时43分43秒获得女子组冠军。

第二届全国女子沙滩足球锦标赛 11月8—11日,在嵊泗县南长涂沙滩举行。该比赛有来自衡水第一中学、辽宁师范大学等8支女足队伍参加,其中包括6支校园足球队、1支地方足协队和1支地方俱乐部队。辽宁师范大学代表队卫冕,浙江大学高水平女足队及沈阳盛杰足球俱乐部分别获得亚军和季军。

10月12日,举办2020中国舟山嵊泗列岛国际划骑跑三项公开赛(嵊泗县融媒体中心提供)

【“嵊泗贻贝”入选中欧地理标志协定保护名录】 9月,中欧地理标志协定在北京签署,协定包括十四条和七个附录,主要规定了地理标志保护规则和地理标志互认清单等内容。“嵊泗贻贝”地理标志入选中欧地理标志协定首批保护名录。枸杞养殖的贻贝出肉率高,品质与鲜度皆是绝佳,不但享誉长三角地区,更远销东南亚、俄罗斯、韩国等。2010年8月,枸杞乡获“中国贻贝之乡”金匾。中欧地理标志协定先期将保护中欧双方各100件地理标志。“嵊泗贻贝”入选中欧地理标志协定保护名录,为产品走出国门、进入欧盟市场奠定基础,提升全县产品的知名度和市场竞争力。

【新一代天气雷达开机运行】 12月,坐落在枸杞岛的嵊泗新一代天气雷达开机,并与全国天气雷达组网运行。新一代雷达站是双偏振多普勒雷达,最大扫描半径460千米,最佳半径230千米,不仅能看到水汽含量信息,还能分析云系移动速度。嵊泗新一代天气雷达站建成后,使全国对东海的探测距离外延100千米,为舟山、宁波、上海等区域的港口、航线、海上作业安全等服务提供探测资料保障,弥补海上探测资料缺乏的现状。对加强台风监测研究,保障东海海域的海上作业、交通运输及国防安全等具有重要的意义。同时将提高苏南、上海和浙北等地区的监测预警能力,提高区域的防灾减灾能力。

【志书出版】《嵊泗教育志(2001—2015年)》 内部发行。该书在《嵊泗教育志》的基础上,记录2001年至2015年间嵊泗教育发展变化的历史风貌。全书约70万字,由序、图照、凡例、综述、大事记、15章专志、重要文章辑存、后记等构成。

《嵊泗县地名志》 年初出版发行。该书是在1990年出版的《嵊泗县地名志》的基础上重新编写。时间断限上起事物发端,下限至2014年。本书分综述、乡镇概况、非行政区域、人工建筑、名胜古迹、海域自然地理实体、陆域自然地理实体、专业部门、地名特产、地名故事、历史地名、地名管理等12编,收录地名2168条,41万余字。

(撰稿:赵华)

责任编辑:童涵

12月,坐落在枸杞岛的嵊泗新一代天气雷达开机(嵊泗县融媒体中心提供)

先进集体与先进人物

全国抗击新冠肺炎疫情先进个人

严剑波　舟山市疾病预防控制中心党总支书记、主任，主任医师

刘　军　舟山市公安局定海区分局党委委员、副局长

全国劳动模范

王沛国　朱家尖街道莲花村党总支副书记、村民委员会主任兼樟州党支部书记

袁海滨　舟山交通投资集团有限公司党委书记、董事长

刘明辉　浙江石油化工有限公司副总裁

全国先进工作者

杨玉斌　嵊泗县花鸟乡党委书记（四级调研员）

全国模范职工之家

嵊泗县洋山镇总工会

弘业建设集团有限公司工会

全国模范职工小家

浙江舟山医院工会急诊工会小组

普陀山环卫管理服务有限公司工会紫竹林南海观音清扫组工会小组

全国优秀工会工作者

沈明杰　浙江飞鲸新材料科技股份有限公司工会主席

全国厂务公开民主管理工作先进单位

国网浙江省电力有限公司舟山供电公司

浙江省抗击新冠肺炎疫情先进个人

杨志强　舟山医院呼吸内科党支部书记，副主任医师（援鄂）

吴文燕（女）　舟山医院甲乳外科护士长助理（援鄂）

沈飞燕（女）　舟山医院神经外科党支部书记、十楼东病区副护士长（援鄂）

罗　斌　舟山医院重症医学科主治医师（援鄂）

王　辉　舟山医院血液内科主治医师（援鄂）

吴常裕　舟山市妇女儿童医院急诊科主任，副主任医师（援鄂）

郭　姝（女）　舟山市妇女儿童医院急诊科副护士长（援鄂）

丛　博　舟山市妇女儿童医院急诊科医师（援鄂）

张　斌　舟山市中医院重症医学科副主任(援鄂)
王赛赛(女)　舟山市中医院康复针推妇科病区护士长(援鄂)
基燕平　舟山市第二人民医院精神康复科副主任(援鄂)
郑　杰　舟山市定海区中心医院三病区副主任(援鄂)
罗静静(女)　岱山县第一人民医院感染科护师(援鄂)
李世波　舟山医院副院长,主任医师
傅维娜(女)　嵊泗县人民医院内科护士长
俞旭明　舟山市新城社区卫生服务中心副主任,副主任医师
唐　安　舟山市疾病预防控制中心副主任,副主任医师
李　侠　舟山市新城管委会临城街道党工委书记
戴军磊　舟山市普朱管委会普陀山镇白华社区党总支副书记
陈彦博　舟山市公安局定海区分局双桥派出所副所长
李银盆　舟山市公安局新城分局巡特警大队大队长
苗成武　舟山市人民政府副秘书长、市府办党组成员
江　腾　舟山市委政法委委务会议成员、政治部主任
锁旭东　舟山市港航和口岸管理局党委委员、港航事业发展中心副主任
陶　杰　舟山市卫生健康委员会医政科教处处长
周　挺　舟山市普陀区委组织部副部长、两新工委书记
徐海虹　舟山市普陀区卫生健康局党组书记、局长
孙继达　舟山市定海区交通运输局党组书记、局长
何　斌　舟山广播电视总台记者
王永华　舟山市菜篮子服务有限公司董事长、经理

2018—2020 年度舟山市模范集体

浙江金达电机电器有限公司
舟山市定海小学
舟山金星水产有限公司
浙江鼎盛石化工程有限公司
嵊泗县疾病预防控制中心
中石化浙江舟山石油有限公司
舟山市铁路建设中心
舟山医院
舟山市公用事业管理中心(舟山市环境卫生管理处)
舟山市特种设备检测研究院

2018—2020 年度舟山市劳动模范

王军安　弘业建设集团有限公司董事长,高级经济师、高级工程师
吴幼雅(女)　舟山市定海区城东街道桔南社区党委书记、居民委员会主任
贺健华　舟山市定海区农渔村经营管理站经济师
周海军　舟山久意达机械有限公司技术部经理,加工中心操作工一级
王佳佳(女)　舟山市全奇庄园果蔬专业合作社理事长,果木助理技师
林仲岳　舟山市正源标准件有限公司董事长,经济师
刘　纬　舟山普陀城市投资发展集团有限公司工程三部部长,高级工程师
周佳永　舟山市龙山船厂有限公司机电工区副主任,工程师
郑金岳　国家税务总局舟山市普陀区税务局四级高级主办,税务师
张明华(女)　舟山市普陀区沈家门街道墩头社区党委书记、居委会主任,社会工作师
江爱国　浙江省岱山中学校长,高级教师

乐　艳(女)　岱山医疗健康集团高亭镇中心卫生院鱼山绿色石化基地门诊部副主任
韩毅昆　浙江省岱山县官山投资开发有限公司维修电工
顾兆平　岱山县衢山镇打水村第一党支部书记、浙岱渔04430船船长
曲　波　嵊泗客运服务有限公司副总站长
王倍军　嵊泗县黄龙乡大岙村党支部书记、村民委员会主任、浙嵊渔05709船船长
俞黎明　浙江黎明智造股份有限公司董事长,高级经济师
翁志海　舟山市普陀山环卫管理服务有限公司党支部书记、总经理
黄明才　浙江省舟山中学党委委员,高级教师
江国松　舟山市公安局普陀区分局副局长、舟山市公安局交通警察支队普陀大队大队长
李世泉　舟山市殡仪馆党支部书记
王君浩　舟山市交通运输行政执法队高速公路执法处副处长(主持工作)
李科峰　舟山市疾病预防控制中心传防科科长,副主任医师
王赛赛(女)　舟山市中医院康复针推妇科病区护士长,副主任护师
甘伟东　舟山市综合行政执法局新城分局局长(市综合行政执法支队新城执法大队大队长)
郭金伟　舟山市机关事务管理中心市机关服务中心副主任,高级烹调技师
夏梅红(女)　舟山市公共交通有限责任公司32路驾驶员
黄建平　中国移动通信集团浙江有限公司舟山分公司党委书记、总经理
颜佳乐(女)　中国建设银行股份有限公司舟山分行业务员,国际结算师

(撰稿:蒋海凤)

责任编辑:童涵

民间舞蹈《跳蚤舞》

跳蚤舞是舟山地区独有的一种民间舞蹈。大约二百多年前，大陆移民渐多，为防火安全，每年过年祭灶时，二人对跳。后来在迎神赛会时，必有此舞，而祭时不用了，但名字仍保留为跳蚤舞。

舟山解放后，因不举行迎神赛会，且这个舞蹈有不健康之处，长期不跳。直到1982年，普陀文化馆为挖掘民间文化进行调查，访问到芦花尚有缪祥伦等几个老民间艺人亲身跳过。于是由祝行哉、赵学敏、李玲玲等经过整理，去芜存精，才把古老的舞蹈推出来，改之以《济公斗火神》的故事。在市里获得优秀演出奖，通过这次演出，让本来不健康的跳蚤舞，有了健康的内容，因此各地都仿效用济公斗火神形式来表演。直到现在，再也没有原来小丑形象出现。

跳蚤舞过去跳法是一男一女对舞。男的头戴草圈，鼻抹白粉，如戏曲中小丑打扮，衣是对襟短靠，也有露胸赤背的。或是穿短衣便装，腰系草绳，手执两条一尺左右的小短棍。女的像新娘打扮，浓妆艳抹，头戴珠冠，身穿女袍或宫装，或穿花袄绣裙，脚穿花鞋，有的还戴茶色雅髦镜，一手撑顶小花伞，一手拿花手帕，行动扭扭捏捏，婷婷袅袅，也有发展穿旗袍，长筒丝袜、高跟鞋的。且女角大部分是男扮演。

舞蹈动作是男角面对女角，双手转舞小棍，以退为进，一纵一跳，作出调戏动作，甚至有猥亵动作。女的则扭着身子不时作出挑逗、引诱动作，有时则避让，一路跳着前进。这个舞，周围要围着绳，有十几个人拉着，使中间成为一个舞蹈表演的场地，不受路人影响。

舞蹈音乐用鼓和锣、钹、小锣，节奏简单。

逝世人物

【徐显伏】 浙江省舟山市人，1946年出生。1973年12月参加工作，同年11月加入中国共产党。历任普陀县渔农机厂技术员、党总支委员，展茅公社党委副书记，舟山地区纪委副书记，嵊泗县委副书记、书记兼县政协主席，舟山市委委员、嵊泗县委书记兼县政协主席，市委常委、副市长，市委副书记、市委副书记兼政法委书记、市委党校校长，舟山市政协主席兼市委政法委书记、市委党校校长，市政协主席、党组书记，舟山市人民政府经济建设咨询委员会副主任，第九届浙江省政协农业和农村工作委员会副主任等职。

2020年11月3日，因病医治无效，在舟山逝世，享年74岁。

（市史志研究室整理）

责任编辑：徐飞舟

民间曲艺:滃州走书

滃州走书源于定海马岙。约在光绪年间，由安阿小从萧山方向卖唱至定海马岙定居，他所带来的是绍兴莲花落经过改革的曲调，原是一人演唱，连鼓带板自己伴奏。演唱内容一般是传奇故事和戏曲故事。安阿小卖唱至普陀区六横岛，因而在该乡产生过6代说唱该曲种的民间艺人，故又称“六横走书”。又六横古属翁州，20世纪70年代有人遂将此曲种改名为“翁州走书”。

二十世纪初，沃阿来迁居六横里岙。沃阿来识文化，因而发展唱大书，有了较大的改革创新，并传艺给侄子沃阿定，改为二人演唱。一人主唱，另一人伴，没有乐器，只是鼓板，并用口伴随。当时在六横、镇海、郭巨一带演唱流传。

马岙一脉，因没发展，再因镇海、宁波的蛟川和莲花文书兴起，唱腔改革，曲调丰富，加上用乐器伴奏，而马岙滃州走书表演形式简单，曲调不多，不能与其竞争，而趋衰落消失。故而只剩六横一脉。

第三代传人沃阿定住大支，收了五个徒弟。五徒弟刘章成，于1963年二月初六(农历)拜师，也是沃阿定关门徒弟。当时六横文化站干部赵学敏教他拉二胡，同时把滃州走书翻成曲谱，于当年五月初六，正式开始在六横书场，用乐器伴奏，得到观众的好评。

后来因“文化大革命”破四旧，书场停办，古书不能唱，为照顾老艺人生活，由六横文化站赵学敏帮助沃阿定根据他亲身参加六横1929—1930年“暴动”的史实，编了《六横“暴动”案》，作为阶级斗争的教材，下乡唱遍六横、虾峙，一年演唱达194场。文化站又编印了《碧海红心》《女队长》《智取威虎山选段》等有滃州走书曲谱的节目，发至六横各俱乐部。并在五星、双塘、小湖办骨干训练班，1966年夏，赵学敏还在积峙大队礼堂示范演唱《碧海红心》，汪亚萍琵琶伴奏。

“文化大革命”后，1984年赵学敏创作《“风流”案》由刘章成、莫美琴演唱，参加市会演获一等奖。2001年赵学敏又创作《把木梳卖给和尚》，由陶根德根据滃州走书曲调改编，由吴萍儿导演，范翠素主唱，参加省会演，获创作、表演二等奖。这对滃州走书改革作了良好的开端，得到省曲艺家协会的肯定和好评。

索引

说　明:

1. 本索引分主题索引、人物索引、随文图照索引、表格(图表)索引和补白索引。主题索引与人物索引首字按数字、字母、汉字先后排列,首字为标点的按第二字排列。其中数字按从 0 ~ 9 升序排序,字母按国际字母表升序排列,不区分大小写;汉字按拼音(同音字按声调)升序排列,首字相同,按第二字排列,依次类推。

2. 索引搜索范围为正文(补白)及随文图照、图表。特载、大事记不列入主题索引检索范围,历史人物不列入人物索引,杂记图片不列入图照索引范围。

3. 标引词后的阿拉伯数字表示页码,数字后的字母(a、b、c)表示自左向右的栏别,没有字母表示在通栏内。

4. 条目等省略的主题词,在主题索引中加以补充调整。

主题索引

数字(0–9)

字母(a–z)

A

B

C

D

E

F

G

H

J

K

L

M

N

P

Q

R

S

T

W

X

Y

Z

人物索引

字母（a–z）

B

C

D

F

G

H

J

M

N

O

P

Q

R

S

T

W

X

Y

Z

随文照片(图片)索引

表格（图表）索引

补白索引

岱山城区图
岱山经济开发区
图例

嵊泗城区图
中心渔港
图例